英国的新马克思主义

The English New-Marxism

增订本

| 上 |

乔瑞金 等◎著

人民出版社

序

学术界都知道,山西大学对科学哲学的研究在国内独占鳌头,享有盛誉。读了这一部题为《英国的新马克思主义》的著作,给我的感觉是,山西大学对当代国外马克思主义哲学的研究异军突起,别开生面。

2011年10月,全国一百多位研究国外马克思主义的专家学者,齐聚山西太原,参加由中国当代国外马克思主义研究会主办、山西大学承办的第六届国外马克思主义论坛。会上,山西大学的乔瑞金教授以及其他数名青年学者上台发言,展现了他们研究国外马克思主义,特别是研究英国新马克思主义的理论成果,给与会者留下了深刻印象。乔瑞金教授在会上还透露,他们已完成《英国的新马克思主义》一书的写作,即将由人民出版社出版。一年后的今天,此书正式面世了。这是国内第一部完整地论述20世纪50年代末以来,特别是苏东剧变以来英国马克思主义研究的著作,是国内研究国外马克思主义哲学的最新理论成果。如允许的话,我在这里谨代表中国当代国外马克思主义研究会,代表国内所有从事国外马克思主义哲学研究的同仁,对本书的出版表示热烈的祝贺!

我知道,随着2011年10月的第六届国外马克思主义论坛的举办,随着本书的出版,我国研究国外马克思主义的"重镇",在复旦大学、南京大学、黑龙江大学、中南财经政法大学、中共中央编译局、中国人民大学等单位后边,一定还得添上山西大学。

进入21世纪以后,山西大学的领导作出重大部署,成立由乔瑞金教授领衔的山西大学马克思主义哲学研究所,强化对马克思主义哲学的研究,以扩大山西大学哲学乃至整个人文社会科学在国内外的影响力。这是一个正确的决定。按照我国的实际情况,一般来说,只有哲学这个学科"站住",整个人文社会科学才能"站住",而只有马克思主义哲学这个二级学科"站住",哲学这个

一级学科才能"站住"。

但是,马克思主义哲学研究的领域十分广泛,必须寻找"突破口"。乔瑞金教授领衔的团队分析目前国内学术界,特别是各高校研究马克思主义哲学的现状,决定把研究的重点放在当代国外马克思主义哲学上。这又是一个正确的选择。从事马克思主义哲学的研究,无非是三个方面:一是对马克思主义哲学经典、马克思主义哲学发展史、马克思主义哲学基本理论的研究;二是使马克思主义面对现实,以"问题"为导向,研究马克思主义哲学前沿、热点问题;三是从事国外马克思主义哲学的研究。这三个方面构成一个有机的整体。从目前国内研究马克思主义哲学比较有成效的单位来看,首先强化对国外马克思主义哲学的研究,借此来推动和促进其他两个方面的研究,不失为研究马克思主义哲学的一个成功路径。研究国外马克思主义哲学在当代中国的理论与实践意义越来越被人们所认可,国外马克思主义哲学成为一门"显学"绝不是偶然的。

我国是从 20 世纪 70 年代末 80 年代初开始从事国外马克思主义哲学研究,特别是"西方马克思主义"哲学研究的。三十多年来,经过几代人的共同努力,可以说是成绩斐然,影响巨大。在国外马克思主义哲学研究这样一个已有相当基础的"高地"上,找出自己的"一席之地"确实也是不容易的。乔瑞金教授领衔的团队仔细地分析了我国国外马克思主义哲学研究的现状,分析了我国研究国外马克思主义的主要单位的优势和长处,决定重点探讨英国的马克思主义哲学研究。这更是一个正确的判断。纵观我国的国外马克思主义哲学研究,确实我们一直关注的是欧洲大陆的马克思主义哲学,在佩里·安德森的《西方马克思主义探讨》这一著作的导向下,我们一直把注意力集中于德国和法国研究马克思主义哲学的一些流派和代表人物那里。这样做在当时的历史阶段或许是必然的、合理的。但毫无疑问,存在着片面性,这就是忽视了对英、美的马克思主义哲学的研究。实际上,英美国家不但有着深厚的马克思主义哲学研究的传统,而且最近几年,在这些国家涌现了一批马克思主义哲学的卓越研究者,他们的研究成果在一定意义上一点也不逊于欧洲大陆国家。特别是英国,那里的以"新左派"为核心的马克思主义哲学研究更是出类拔萃,独树一帜。正因为如此,不时听到一些国内学者强烈呼吁我们对国外马克思主义哲学研究的重点从欧洲大陆转移到英美国家的声音。我们虽然不能完全

同意"转移"的说法，但强化对英美国家的马克思主义哲学研究的探讨则势在必行。在这一点上，可以说乔瑞金教授领衔的团队具有先见之明，他们最早觉察到了我国目前对国外马克思主义哲学研究的缺陷，也最早实现了这种研究重点的"转移"。尽管目前国内也有一些学者致力于对英国马克思主义哲学探讨，而且也已有成果推出，但往往是"单打独斗"，如山西大学那样以团队的形式集中探讨英国马克思主义哲学研究的，据我所知，目前还仅此一家。在我看来，对英国马克思主义哲学研究的探讨，已成了山西大学的一个"拳头产品"。山西大学马克思主义哲学研究所，确切地说，应当称为山西大学国外马克思主义哲学研究所，更确切地说，应当称为山西大学英国马克思主义哲学研究所。

《英国的新马克思主义》整部著作，探讨了从 20 世纪 50 年代末以来英国最著名的十位马克思主义哲学研究者的思想体系。选择这十位理论家的思想进行探讨，基本上反映了当代英国马克思主义哲学研究的概况。稍为不理解的是，不知为什么麦克莱伦没有入选。只要仔细地阅读一下对每位理论家的研究，就可知道作者对研究对象是作出了相当深、相当细的研究的，是花了大力气的，基本上都能抓住每个理论家的思想特点，把其"亮点"提炼了出来。在我看来，整部著作除了对各个理论家的研究具有一定价值之外，最有价值之处还是本书的"导论"和"跋"。作者在"导论"中，分五个方面论述了英国马克思主义哲学研究的理论成果。一般来说，就读者而言，阅读此类著作，最希望看的是在分别论述相关理论家的思想的基础上，把这些理论家的思想综合起来，就所涉及的一些重大理论问题所展开的分析。本书的"导论"所做的就是这方面的工作。当然，恕我直言，就一部研究性的著作来说，仅仅以"导论"的形式进行综合的探讨，分量显得不够。在一定意义上，此书仅仅是研究"英国新马克思主义"的"上篇"，我们期望还有专门从问题切入的"下篇"。也就是说，我们希望不仅看到对"英国新马克思主义"10 位代表人物的论述，还希望进一步看到对"英国新马克思主义"10 个重大理论问题的探讨。作者在"导论"中用了近四万字的篇幅对"英国新马克思主义"作出了"画龙点睛"式的描述，尽管着墨不多，但这是本书的精华。作者对"英国新马克思主义"探讨的理论成果主要体现在这里，有待于我们仔细咀嚼，慢慢消化吸收。

　　总而言之,我认为,本书的问世不仅对我国的国外马克思主义哲学研究,甚至对我国的整个马克思主义哲学的研究,都会带来影响。

　　承蒙瑞金教授厚爱,一再嘱咐我为本书作序。匆忙之中,写下如上文字。是为序!

陈学明

2012 年 9 月 3 日

目　　录

（上）

第一篇　历史研究

第二篇 文化研究

增订本自序

自《英国的新马克思主义》(初版)于 2013 年出版以来,赢得了多方好评,当年获得人民出版社年度十佳图书奖,2014 年获得山西省年度人文社科"百部(篇)工程"一等奖,2016 年获得山西省第九次人文社科研究优秀成果一等奖。在获得各种奖励的同时,更为欣喜的是,广大读者和学界给予了令人鼓舞的重视和青睐,各种介绍、下载和上百次的引用,使作者群体和编辑倍感欣慰,深为感动。

之所以要出版该作品增订本,不仅是因为初版早已没了库存,而是要补充初版差不多一半左右的新内容,以向学界和读者介绍一下我们的最新研究进展,是根据新的情况作出的必要安排,以为共勉。

我们知道,英国的新马克思主义是一个颇为庞大的学术群体,是一个历经几十年、几代学者共同推进的一项探索和丰富马克思主义的大工程,是面对现实的发展了的全球社会和英国实际,在"回到马克思"的口号之下,探寻在高度发展的资本主义现代化社会的基础上,如何践行马克思的科学社会主义思想,实现社会主义在英国乃至世界的成功,推进世界历史的发展进程和人类的解放事业。正是由于学术大家云集,思想深邃丰富,视野领域宽广,专业特征明显,意识内涵独特,观点立场强势,因此,相关研究工作很难一蹴而就,这是不依我们的个人意愿为转移的。

我们在关于英国新马克思主义研究的起点上就确立了一个基本想法,即关于这一方面的研究工作,我们一定要做到准确无误:以文本为基础,以哲学思想把握为目标,从思想大师入手,精选其代表人物,形成若干博士论文,在此基础上,再形成系统化的、整体性的、具有科学特征和批判意识的、体现马克思主义哲学内涵的理论化与实践特征的著作。《英国的新马克思主义》(初版)即是在这一思想意识指导下完成的。

《英国的新马克思主义》（初版）系统分析和整体阐释了经过精心选择的十位英国新马克思主义思想家的学术思想。严格说来，按照我们现在流行的学术标准或从业状况来看，这些思想家没有一位能够称得上是哲学家或哲学工作者。因为他们都在历史学、文学评论、社会学、政治学等领域工作，而且都是该领域的学术"领头羊"。然而，这些人身上却有三个几近一致的符号把他们连接在一起，即马克思主义立场、思想家和几乎是同时代的人。我们很难想象，在同一时代、同一地点的不同学科，会有那么多学术权威都持有马克思主义的基本立场，都尝试在自己的学科领域探索和表达马克思主义的思想意识，而且得到了遥相呼应的相互契合的思维和思想高度，或者说哲学高度。这是世界其他资本主义国家绝无仅有的，会不会后有来者，这就要由世界资本主义向社会主义发展的历史进程决定了。显然，我们是在思想史的视域，在马克思主义哲学史的视域，从马克思主义哲学的高度，来分析和阐释这些思想家的学术思想的，是从整体上和整合的意义上开展工作的。

在本书初版时我们所选定分析和研究的 10 位思想家，包括汤普森、霍布斯鲍姆、威廉斯、柯亨（亦译为柯恩）、伊格尔顿、安德森、佩珀、哈维、吉登斯和科琴，其中，对前八位思想家的分析是在已经完成并通过答辩的博士论文的基础上形成的，最后两位是研究团队中两位教授长期研究的结果，以此来保证学术质量。自 2013 年初版出版以来，我们的研究工作在进一步展开中，其中新增以英国新马克思主义人物为研究对象的博士论文达到 12 篇，截至 2018 年，有 6 篇博士论文通过了答辩，包括霍加特、霍尔、德赛、密里本德、麦金太尔以及奈恩等人。这 6 位都是在国际学术界很有影响的学者，本次出版增订本，主要目的就在于把关于他们的思想分析和阐释收集进来，以使我们对英国新马克思主义的哲学思想有更丰富的理解和认识。

《英国的新马克思主义》（增订本）的出版，除了刚才说的一个目的以外，我还想简略介绍一下目前我们的研究状况，以供大家参考。我国关于英国新马克思主义的全面研究比之关于德、法、意等国的马克思主义研究要整整晚了20 年，直到 21 世纪初才初步开展，但越来越受到重视，越来越看到它的价值，越来越得到深入。就我们研究团队来说，我们是从 2001 年开始相关研究的，先后承担了十多项国家社科基金和教育部人文社科基金项目，主要从如下一些方面开展了研究工作：对英国新马克思主义发展史的梳理；不同发展阶段代

表人物哲学思想的研究;聚焦他们的社会批判、文化与技术批判、政治经济学批判和政治批判的研究;历史主义、结构主义和现实主义研究;分析马克思主义思想研究;文化唯物主义思想和历史—地理唯物主义思想研究;文化与社会认同思想研究;社会主体培育和阶级意识研究;思维方式创新研究;社会治理思想研究;社会主义思想研究以及马克思主义的立场、观点和方法的总体研究等。我们取得了多方面的学术进展,为进一步开展各种专题研究奠定了资料、思想、理论和方法论基础,使人们越来越感觉到开展这方面研究工作的必要性、现实性、重要性、迫切性和可能性。

在《英国的新马克思主义》(增订本)中,我们也根据现在的研究成果和认识,对各章内容在书中的次序做了新的编排。总体上分上下两册、七部分内容,上册包括导论,历史研究(含汤普森和霍布斯鲍姆的哲学思想),文化研究(含威廉斯、霍加特、霍尔和伊格尔顿的哲学思想),经典思想研究(含柯亨和科琴对经典思想的研究)。下册包括政治、经济与道德研究(含密里本德、德赛、麦金太尔的哲学思想),社会发展研究(含安德森、吉登斯、奈恩、佩珀和哈维的哲学思想)以及结语。上下两册的安排是出于技术的需要,字数超百万,一册不好装订;把主要内容分为五篇,则是根据思想特征作出的,是便于研究和阅读。

在这增订本即将出版之际,我写了如上一个说明,以为大家了解一些情况提供参考。发展马克思主义是我们共同的事业,研究和阐释英国新马克思主义的哲学思想,亦是题中之义。

乔瑞金

2020 年初春于山西大学

导　　论

　　英国的新马克思主义,是指从 20 世纪 50 年代末以来在英国产生的旨在把马克思主义本土化的一种学术倾向或研究思潮。其研究从 60 年代进入活跃期,逐渐产生了它的代表人物,并显现出研究的基本特色。70 年代以后,其代表性著作先后出版,从而大大推进了西方国家的马克思主义研究。由于人物众多,思想深邃,研究领域涉及政治、经济和文化等多个方面,很难用一个"学派"来表征,因此,通常人们习惯于笼统地把它称为"新左派"。英国"新左派"特指从 20 世纪 50 年代末到 80 年代的一段时间中在英国产生的马克思主义,在这段时间以前的马克思主义称为传统马克思主义,以后的称为后马克思主义、后结构主义的马克思主义等,用法不一。

　　在我们看来,从 20 世纪 50 年代末以来形成的英国马克思主义,尽管不断转换其研究视角和研究主题,在思想方面也出现诸多差异,但在产生的时代背景、指导思想、研究范式以及目的诉求等方面,基本上具有内在的一致性,存在一些明显可辨的历史传承和内在特质,因此,用"新马克思主义"来指称 20 世纪 50—80 年代及以后在英国产生的一些马克思主义是可取的,这是我们整体工作的一个基本前提。英国学者玛德琳·戴维斯在《英国新左派的马克思主义》的文章中认为,在英国产生的这种新左派的马克思主义是一种"独立的"马克思主义或"新马克思主义"[1],这个论断同我们的看法基本上是一样的。本导论正是在这样一个判断的基础上,尝试就英国新马克思主义产生的时代背景、具体内容和思想特点,做一些初步的分析,以为本书的总纲。

　　英国新马克思主义把现实的人作为研究活动的着眼点,把如何改善人的

---

　　① ［英］玛德琳·戴维斯:《英国新左派的马克思主义》,载张亮编:《英国新左派思想家》,江苏人民出版社 2010 年版,第 9 页。

现实生存状况、改进人的生活方式和提高人的社会实践能力作为研究活动的目标指向。因此，从一开始，他们就坚持人的全面解放的哲学立场，倡导新文化生活方式，展现科学技术的社会意义，表现出强烈的人道主义、文化唯物主义和技术实践论的思想。这些思想构成其基本的哲学倾向。英国新马克思主义以在物质生产高度发达的英国实现社会主义为目标，因而以技术批判、文化批判和社会批判为利剑，直指现代主义的意识形态和资本主义制度本身，通过设计各种各样的理想社会主义社会和开展多种形式的微观社会运动，尝试把理想变为现实。他们以马克思的经典思想为基础，以各种具体的学术领域为对象，结合英国实际，追求思维方式的创新和变革，形成了各种解释模式，先后出现了新历史主义、结构主义和地理—历史唯物主义等诸多形式。这些看似不同的思维范式，其实都是整体主义的不同变种，因而展现出思维方式内在发展的清晰的逻辑特征、历史脉络和学术气息，体现出新的认识论和方法论意义。

英国新马克思主义的各种学术观点和思维范式，形成了尖锐的内部冲突和相互批判，从而推进了自身学术传统的形成和发展，提高了思想的解释能力，凝集了学术队伍，扩大了影响，形成了英国特色。基于这些考虑，我们在本导论中将围绕英国新马克思主义如何回归经典本源、如何创新思维范式、如何批判现代主义的意识形态、如何倡导新文化生活方式，以及他们对理想社会的重新设计和开展的微观革命运动等问题展开逻辑的和历史的讨论，对马克思主义英国化的特点及其意义作出初步的总结。

从某种意义上说，英国的新马克思主义，是对英国自身经验主义的历史主义传统批判和改造的产物。按照历史的发展过程，首先从传统中脱颖而出的是被称为新历史主义或文化唯物主义的学术思想，其代表人物包括历史学家汤普森、霍布斯鲍姆和威廉斯等。这些新历史主义者坚持唯物史观的基本立场，但也表现出明显的英国特色，诸如把马克思主义的核心思想归结为人道主义、历史的总体性、文化唯物主义等，倡导"从下往上看"的历史研究方法，把历史研究的重点放在工业史和社会史统一之上的总体史，展现经验主义的传统，让史实来说话等。

在汤普森、霍布斯鲍姆和威廉斯等人之后成长起来的新一代学者，大体来说都在批判传统思想的基础上继承了新历史主义的思想内核，但在程度和理

念上存有很大的不同,所涉及的领域也更加宽广。例如,威廉斯的学生伊格尔顿,就更多地继承了文化唯物主义的思想,同时也加强了对意识形态的分析和对社会批判与政治批判的关注。对于大多数年轻一代的学者来说,由于受多方面的影响,在对新历史主义的批判和扬弃中发展出新的方向。最早表现出这一特色的就是以结构主义为思想核心的安德森以及分析的马克思主义者柯亨,之后,相继出现了在更广泛学术领域发展马克思主义的热潮,例如,吉登斯在社会学领域对国家权力和社会发展的研究、科琴在科学技术哲学领域对马克思实践哲学的肯定和发展、佩珀在生态学领域以及哈维在地理学领域对马克思主义的研究和发展,等等。我们在这里所列的并没有囊括英国新马克思主义的全部,如麦金太尔在伦理学领域、奈恩在民族学领域、密里本德在政治学领域、德赛在经济哲学领域,以及霍华德在马克思主义经济学史领域所做的工作,等等。

英国学者潘尼奇认为:"英国新左派所开创的精神空间,给当代学术界留下了广泛而不可磨灭的巨大影响。在文化和政治意识方面,它对众多知识分子和学术圈之外的积极分子(特别是英国的)也发挥了相当大的影响。但这个理念也产生了一种新的实践,即去发现新的社会主义政治。"①潘尼奇的看法是对的,我们在本导论和本书中所做的工作,正是想从细微处把这种思想及其影响展现出来。

一、回归经典本源

诚如所知,在世界马克思主义阵营中,英国马克思主义以历史久远、思想深刻、研究问题广泛和特色鲜明越来越为学界所瞩目。受马克思晚年在英国伦敦长期居住和著书立说的影响,也受当时工人阶级革命的强烈冲击,早在19世纪下半叶就产生了英国共产党,同时也吸引了一批学者研究马克思的思想,取得了一系列理论成果,开展了社会主义的革命实践。总体来看,英国马克思主义大概经历了三个发展阶段,即早期向苏联学习形成的具有理性主义特征的马克思主义、中期的历史主义和20世纪下半叶的新马克思主义。多年

---

①　[英]列奥·潘尼奇:《作为社会主义知识分子的拉尔夫·密里本德》,载张亮编:《英国新左派思想家》,江苏人民出版社2010年版,第159页。

以来,由于受苏联、德国、法国以及东欧马克思主义的影响,受英国自身马克思主义滞后发展的现实制约,我国对英国马克思主义基本没有给予特别的关注,缺乏全面的了解。

英国马克思主义学者麦克莱伦在其著作《马克思以后的马克思主义》中认为:"尽管在英国还没有基础广泛的马克思主义政治运动,但他们对马克思主义理论却作出了重大的贡献。"①英国学者麦肯也在其撰写的《理论与历史:E.P.汤普森的政治思想》一书中认为,早在19世纪80年代,英国共产主义历史学家们就开始关注研究社会斗争的不同方面,主要是早期农民斗争的历史、阶级形成时期的社会关系、封建制度灭亡而造成的社会经济的影响以及资本主义的起源等问题,形成了范围广泛的理论,这些理论构成英国马克思主义在其起点上与众不同的特征。②

研究表明,英国马克思主义的理论工作是从历史学家们的研究活动中展开的。在19世纪末,英国共产党内部的历史学家们就从英国传统的科学理性观和自由主义思想得到启示,并在马克思主义内部把二者连在一起,承认历史进步的必然性思想,把社会进步描绘成向着资本主义灭亡的不断运动过程。在20世纪20年代,历史学家们已形成一个较为庞大的群体,甚至在思想上初步形成历史主义的马克思主义。他们试图强调资本主义形成时期的重要性,强调物质增长的意义,尽管这一点体现出他们的民众的历史意识③,却也表现出对马克思主义立场的坚持。那时,英国共产党内绝大多数的马克思主义者,接受了苏联马克思主义对历史唯物主义的解释,形成了马克思主义是社会进化论的基本看法,尤其接受了乔治·普列汉诺夫的看法,认为"马克思解决了在人的生存斗争中社会组织的不同种类是如何起源的问题……马克思主义是进化论在社会科学当中的应用"④。普列汉诺夫认为,马克思恩格斯关于"基础"与"上层建筑"之间关系的认识,主要包括如下一些观点:(1)生产力状况;

---

① [英]戴维·麦克莱伦:《马克思以后的马克思主义》(第3版),李智译,中国人民大学出版社2004年版,第344页。

② Cf.Gerand McCann, *Theory and History : Political Thought of E.P.Thompson*, London : Ashgate Publishing Ltd., 1997, p.9.

③ Cf.Ibid.

④ Georgy Plekhanov, *The Development of the Monist View of History*, Moscow : Progress Pub., 1974, p.24.

（2）以这些生产力为条件的经济关系；（3）建立在既定的经济基础之上的社会政治制度；（4）人的心理状态，部分是直接由经济条件决定的，部分是由基于经济基础之上的整个社会政治制度决定的；（5）反映这种心理状态的各种各样的意识形态。① 普列汉诺夫的这些看法，对于英国早期马克思主义思想的形成，产生了很大的影响。到 20 世纪 30 年代早期，贝尔纳的巨著《科学的社会功能》在英国也得到广泛流传，"科学主义"在共产党内部已经成为大多数知识分子的共有观念。

在 20 世纪 20 年代，随着向左转的学术气候、经济危机以及法西斯主义的出现，在知识分子群体中，产生了资本主义行将崩溃、社会主义的春天即将到来的看法，在一部分人中形成了基于当时的科技能力、政治冲突以及意识形态的实际状况，高效的社会主义的生产方式将代替过时的、枯朽的资本主义的生产方式的观点。这些变化不可避免地影响了马克思主义的历史学家的研究，他们开始远离对古代、对早期资本主义和原始共产主义的研究，而是直接把工人阶级界定为"一种'客观'进步的历史角色"加以思考②，也对共产党给予了越来越多的支持。

历史学家们的研究，涉猎宽泛的领域，如莫里斯·多布主要关注经济史、希尔顿分析中世纪史和农民斗争、唐娜·托尔关注"人民"作为历史运动的主要动力、希尔着眼于英国革命史、霍布斯鲍姆对劳工和农民史的研究，等等。在这些研究工作中，人民创造历史、革命斗争的文化差别性、资本主义的腐朽性、社会结构、社会主体等问题受到高度重视。这些工作表明，一个综合的、历史分析的马克思主义传统的基本原则已经构建起来。

20 世纪 30 年代，随着马克思早期著作的流传和对黑格尔等思想家的批判，许多马克思主义者开始涉猎先前不曾关注的文化、政治和哲学等问题，并形成了"从下往上看历史"的观点，开始把唯物主义和历史学进行独特的综合，把历史"进步"的动力放了下层社会身上，从而批判或抛弃历史的精英决定论，树立了工业和技术决定论的理念。

对英国马克思主义自身发展产生巨大影响并标志新马克思主义产生的重

---

① Cf.Georgy Plekhanov, *Fundamental Problem of Marxism*, New York：International Publishers, 1969, p.76.

② Cf.Gerand McCann, *Theory and History：Political Thought of E.P.Thompson*, p.17.

要历史时刻是 1956 年。在这一年，赫鲁晓夫在苏共二十大上批评斯大林的秘密报告以及苏联入侵匈牙利的政治事件，引发了党内激烈的辩论。许多党员不能把苏联的所作所为与他们的共产主义理想相提并论，许多在人民阵线时期入党的人再也无法接受由莫斯科强加的独裁主义。通过对 1956 年事件的批判与反批判，通过对斯大林问题性质的大辩论，共产党内部部分知识分子党员对党内领导层提出了公开的批评，认为英国共产党对莫斯科的顺从态度是极端错误的，并在《新政治家与论坛》等刊物上发表大量文章，激发了对党的领导层政治动机的怀疑，也使很多知识分子纷纷退出共产党。至 1956 年 11 月，英国 33000 名党员中有超过 7000 人退党，对传统的、亲苏的立场以及对历史唯物主义的简化论的理解给予猛烈抨击。共产党内一部分对马克思主义深信不疑的知识分子，特别是一些较年轻的学者，义无反顾地提出要重新回到马克思的观点，从而形成了对英国自身传统马克思主义的"敌对"和反叛群体，并产生了后来影响深远的《新左派评论》刊物，逐渐使其成长为新马克思主义的理论阵地。围绕《新左派评论》的一批历史学家，倡导回到马克思、准确理解马克思主义的内容和"从下层看历史"的研究方法，他们呼唤大众意识，倡导一种作为合法政治力量的民族的、开放的、共产主义的自由主义。党内理性的科学主义者与自由主义分子之间的争论，不仅为新左派与老左派的截然二分埋下了种子，也预示着新左派的诞生。

新马克思主义产生伊始，就为什么研究马克思主义、如何发展马克思主义、如何使马克思主义的理想成为现实、如何认识马克思主义的现实危机、如何把社会主义变成适应于"人类活动的整个范围"、资本主义为什么能够在经济的和政治的剧变中生存下来、社会主义失败了吗、资本主义以何种方式进行了转变、共产党应该代表谁的利益等问题展开了激烈的辩论，从而开创了英国马克思主义的理论重建。

麦肯认为，由于新左派的出现，发展了一种批判的社会主义，它能够使激进的选择得到普及，并鼓励英国左派内部的争论，以便组织对资本主义的全面批判。事实上，从 1956 年开始的在英国共产党内部的纷争其实是一场运动，尤其是对历史唯物主义的截然对立的解释，割裂了整个队伍，从而使英国马克思主义者们掀起了研究马克思经典著作的热潮，认为只有回到马克思，才能正本清源，才能形成有意义的思想，才能解决英国自己的问题，促使"他们进入

新马克思主义时代,进入学术思想进口、学术理念多元的时代"①,进入回归经典本源的时代。所有这一切,都标志着新马克思主义在英国已经形成。

通过 20 世纪 60 年代和 70 年代的诸多理论研究工作,新马克思主义的一些基本特点逐步形成,大量有影响的著作问世,马克思主义对资本主义现实批判的传统得到发扬光大。新产生的马克思主义者们大多深信社会主义制度的优越性,开始探索不同于苏联的社会主义发展道路,预设社会主义的未来形势,尝试构建美好的理性世界。

二、创新思维范式

英国新马克思主义是在历史主义传统的基础上形成的。因此,他们在回归经典、深入研究马克思主义的过程中,在思维范式上发生了根本性转换,这种转换首先表现为从旧历史主义向新历史主义的跨越,其中汤普森、霍布斯鲍姆、威廉斯等人的工作起了主导性作用,从而形成了在"当代西方颇有影响的史学流派"。他们试图把英国知识分子中的马克思主义历史学家的传统和观点,与工人运动中产生的新思想结合起来,并自称为"新马克思主义史学"②。

爱德华·汤普森作为英国新生代的历史学家,对马克思主义怀有极大的热情,自认"深受马克思主义理论影响,极大地得益于马克思主义史学传统"③。汤普森对马克思主义的阐释关涉许多主题,这为整个 20 世纪后半叶英国的共产主义热潮起到了积极的推动作用。汤普森对历史唯物主义的独特阐释是通过三个关键概念即阶级斗争、工人阶级的生活经历和道德感来完成的。他尝试消除存在于社会主义当中的某种武断成分,通过正确评价工人阶级的地位和作用,展示人性和集体意志,优先考虑社会中的人道观点,将历史运动作为趋向于实现平民理想的过程来认识。在他看来,"资本主义的发展

---

① Antony Easthope, *British Poststructuralism Since 1968*, London and New York: Routledge, 1988, pp.8-12.

② 何兆武、陈启能主编:《当代西方史学理论》,上海社会科学院出版社 2003 年版,第 433—434 页。

③ 刘为:《有立必有破——访英国著名史学家 E.P.汤普森》,《史学理论研究》1992 年第 3 期。

在实现'人类的本性'方面已经明显地暴露出它的局限性,因此,必须通过革命来超越这种局限,这只能是社会主义的逻辑"①。社会主义社会将使人的关系彻底改变,以尊重人来代替尊重财产,以公众福利来代替营利社会,以"社会主义的人"来代替作为资本主义(以及指令性经济的共产主义)象征的"经济的人"。

由于把社会主义的人道主义作为行动原则,汤普森试图把历史唯物主义、威廉·莫利斯的乌托邦主义和自由主义思想谱系综合在一起,作为他阐释历史唯物主义的理论基础,作为他"拯救"工人阶级而重写历史的认识论。汤普森认为,从以往工人阶级的经历来看,斗争是工人阶级取得成功的关键,如陪审制度、养老金、免费卫生保健、劳动权以及参政职责等制度,在很大程度上都是民众斗争的结果,因此,历史唯物主义本身作为一种"解放理论",只有在工人阶级的斗争中才能实现。

以汤普森为代表的新历史主义为他们确立的主题是研究劳工反叛和农民革命的根源,强调通过对统治阶级的批判性分析来研究下层社会,以重新定义作为阶级对立面的这一对关系的特性。他们认识到了工人阶级独特的作用,从把工人阶级当做历史的参与者的视角出发,凸显工人阶级在阶级斗争中的意义,从而与精英主义的把下层社会的作用归入被动的无意义地位的历史学直接对立。

新历史主义者把历史活动看成是一个过程。人本身具有积极的作用,因此,一定要回归历史的"本体",在历史自身的总体性存在的高度上,建构人与客观世界的关系,深入历史的本质。新历史主义的最主要的推动者是霍布斯鲍姆(他甚至被人们认为是"当代西方头号马克思主义历史学家")②,他认为,新历史主义是一种"还原过去的人,尤其是过去的穷人,这是对理论的重大贡献"。总体来看,新历史主义的大多数成员都自觉地运用历史唯物主义的观点和方法进行研究,并把历史研究和现实分析紧密结合起来。他们抱着共产主义的政治信仰,时刻关注当代社会主义运动的发展进程和前进方向,并直接参加了现实的政治斗争。从社会主义人道主义的观点出发,对下层民众

---

① E.P.Thompson, *The Poverty of Theory and Other Essays*, New York：Monthly Review Press, 1978, p.357.

② 参见何兆武、陈启能主编：《当代西方史学理论》,第461页。

的悲苦命运充满同情,把人的自由和解放作为终生奋斗的目标,相信"一个正义而人道的未来社会的根源可以在英国过去的大众性民主斗争中发现"①。

新历史主义在思维范式上首先坚持社会主义人道主义的历史观,通过还原历史的本来面目,使人民从尘封的历史中走出来。他们要从历史中为现实政治斗争寻找动力和根据,找到使英国等西方发达资本主义国家变革为社会主义所依靠的力量。正如霍布斯鲍姆所指出的那样:"使马克思主义渗透进历史科学的主要动力是政治上的动力。几乎所有成为马克思主义者的知识分子,以及所有成为马克思主义历史学家的历史学家,这样做的时候最初都是由于政治信念吸引他们去从事跟马克思结合在一起的事业。马克思主义及其在知识影响历史的出发点是群众性社会主义运动和知识分子政治化的历史。"②整体上看,历史学派运用马克思主义进行历史研究彰显为一种"从下往上看"的研究理念和批判视角,其最具影响力的著作是汤普森的《英国工人阶级的形成》等。

新历史主义者坚持马克思的文本精神,突出工人阶级的社会自觉性,强调阶级意识之于阶级形成和阶级斗争的重要性。在反对"经济决定论"和教条主义的过程中,强调了意识形态的相对独立性,并在强调主观能动性和意识形态相对独立性的过程中,同样也强调经济基础的作用,始终未忽视经济结构对工人阶级生活的决定性影响。汤普森在强调阶级是一种处于发生状态的历史现象时,同时也指出:"阶级是一种文化的和社会的形成,不能孤立地、抽象地而必须按照与其他阶级的关系来给它下定义。"③文化是意识形式的概括,社会是生产关系的总和。阶级是文化意识和社会生产共同作用而形成的晶体,天然地处于一定的、必然的不以其意志为转移的生产关系之中,受到物质生活的生产方式的制约。虽然生产关系是由人创造的,但它一经被创造出来,就成为既有的、现实的客观存在物,它也会反过来制约和改造人。在此意义上,我们说,社会存在决定社会意识,而不是社会意识决定社会存在。这正是历史唯物主义的立足点。以此为前提,唯物史观才强调社会意识对社会存在的反作

①　Edwin A.Roberts,"From the History of Science to the Science of History:Scientists and Historians in the Shaping of British Marxist Theory",*Science and Society*,No.4,October 2005,pp.529-558.

②　[英]埃利克·J.霍布斯鲍姆:《马克思和历史》,易克信译,《第欧根尼》1985年第1期。

③　E.P.Thompson,*The Poverty of Theory and Other Essays*,p.295.

用，从而使二者之间形成了互动关系，社会历史也变成了整体的历史。社会历史是整体的历史同样也是霍布斯鲍姆所坚持的一个基本观点，在《从社会史到社会的历史》中，霍布斯鲍姆明确指出：从根本上说，真正的历史应该是全部的历史，即"总体史"，应包括人类生活的各个层次，应从整体上理解历史。汤普森和霍布斯鲍姆的史学思想凸显了整体论的思维模式。

在英国历史主义和新历史主义传统影响下成长起来的新生代马克思主义者们，其代表是佩里·安德森。由于接受了西方马克思主义者葛兰西和结构主义者阿尔都塞等人的思想，安德森等人开始了对新历史主义的批判性的扬弃，形成了英国式的结构主义的马克思主义，表明英国新马克思主义思维范式的重大转向。安东尼·伊斯茹普认为，这种阿尔都塞式的马克思主义，是一种"试图寻求理论的、科学的和理性主义的"①马克思主义。安德森等人在马克思主义理论和学说遭到种种质疑和危机的时刻，始终坚持站在马克思主义经典的立场上维护着它的纯粹性和必要性，而且也是一名经典的革命马克思主义者，始终坚守着马克思的革命设想，期待着马克思主义理论和工人阶级实践的完美结合，期待着社会从"必然王国"向"自由王国"的转变。

安德森认为，马克思主义就是"历史唯物主义"。历史唯物主义首先是一门历史的科学，是有关过去的历史事件、历史事实、历史过程和历史活动的记录，尽管如此，却不能把历史唯物主义完全等同于"历史编撰学"，因为历史唯物主义的目的在于，从历史的编撰和书写中发掘出历史发展的一般规律和机制，从而为人类历史的发展提供一种因果解释，因此，历史唯物主义就不应仅仅聚焦于过去，而应关涉现在和未来。正如安德森所明确表述的："理解过去的核心目的之一就是提供对于历史过程的一种因果解释，它能够为当前充分的政治实践提供基础，以便把现存的社会秩序变革为一种期望的、民众的未来，这就是《共产党宣言》的抱负。"②在此意义上，历史唯物主义就是一种"科学社会主义"，或者换言之，历史唯物主义就是一种理解当前和把握未来的事业，一种带有无产阶级革命理想的社会主义的政治工程。

安德森把社会主体和社会结构这两大问题看成"一直是解释人类文明发

---

① Antony Easthope, *British Poststructuralism Since*, 1968, p.2.

② Perry Anderson, *Arguments within English Marxism*, London: Verso, 1980, p.85.

展的历史唯物主义最重要和最基本的问题之一"①。有关社会主体的问题,马克思早在 1848 年《共产党宣言》中就指出:"至今一切社会的历史都是阶级斗争的历史。"②这就把历史变革的动力归因于阶级之间的冲突和斗争。有关社会结构的问题,马克思则在 1859 年《〈政治经济学批判〉序言》中表述道:"社会的物质生产力发展到一定阶段,便同它们一直在其中运动的现存生产关系或财产关系(这只是生产关系的法律用语)发生矛盾。于是这些关系便由生产力的发展形式变成生产力的桎梏。那时社会革命的时代就到来了。"③这就把历史变革的动力归因于生产力和生产关系之间根本矛盾的斗争。对于这两种因果解释机制而言,马克思本人并没有作出统一而完美的解决,这就对那些想要实现社会主义伟大事业的当代马克思主义学者提出了一种理论困境:一方面,社会主义的实现无须工人阶级(无产阶级)的任何参与和斗争,只需坐等资本主义自身的新陈代谢即可;另一方面,社会主义的建立需要工人阶级的长期不懈的斗争,最终打破资本主义的国家机器。因此,社会结构与社会主体之间的关系问题就成为安德森首先要解决的一个核心理论困境。

安德森认为,阿尔都塞对社会结构进行了充分的论证和理论的探讨。他把社会结构看成是由经济的、政治的、理论的和意识形态的实践所构成的,其中,每一实践在其具体有效性上都是积极的,而且,每一实践又是其他实践存在的必要条件,而非充分条件,从而这些实践就构成了一种分散的、不均匀的和移心化的结构。经济实践不再具有一种优先权,它只在归根到底的意义上起决定作用,然而,"无论在开始或结尾,归根到底起决定作用的经济因素从来都不是单独起作用的"④。最终,一元决定论的思想丧失了有效性而形成了一种多元决定论的思想。社会结构不再是由经济因素所唯一决定,而是由经济、政治和意识形态等实践所共同决定,使社会结构成了一种多元而复杂的客观存在,这就极大地改造了马克思最初为我们提供的基础或上层建筑的结构模式,"基础"不再是"真正的基础"而无须承担超出自身的分量和意义,同样,

---

① [英]佩里·安德森:《当代西方马克思主义》,余文烈译,东方出版社 1989 年版,第 39 页。

② 《马克思恩格斯文集》第 2 卷,人民出版社 2009 年版,第 31 页。

③ 同上书,第 591—592 页。

④ [法]路易·阿尔都塞:《保卫马克思》,顾良译,商务印书馆 2006 年版,第 103 页。

上层建筑也不再是"基础"的直接附属物而获得了相对的独立性和有效性。在阿尔都塞的结构主义思想中，得出了"历史过程无主体"的著名论断。这就表明，阿尔都塞只是专注于社会结构的自主性和有效性，而完全忽视了社会主体的积极性和能动性。对此，安德森把它斥责为"极端的结构主义"。安德森认为："如果结构单独在一个超越所有主体的世界中得到公认，那什么能够确保它们的客观性呢？极端的结构主义也绝不会比它所宣告的人类的毁灭再刺耳了。"①

对于阿尔都塞关于社会主体的极端结构主义主张，汤普森进行了有力的批判和辩护。汤普森认为，历史绝不是一个无主体的过程，它是一个"无法掌控的人类实践"，其中，每一小时都是"一个形成的时刻，选择可能的时刻，前代人与后代人力量的时刻，对立（阶级）界定和拼搏的时刻，或者欺骗迹象的时刻"②。汤普森依旧遵循着马克思的阶级斗争的概念和理论，认为历史就是阶级斗争的实践，其中，最为重要的是，他把阶级的意志或者说阶级的意识看做是阶级形成的一个核心标准。在1963年出版的《英国工人阶级的形成》一书中，他就明确表述道："作为共同经验（继承的或共享的）结果，当某些人们感到和表述他们之间的利益身份，并且感到和表述他们与其他人的利益身份不同（通常是对立）时，阶级就产生了。"③时隔十五年，他在《理论的贫困》中同样说道："当处于决定性的生产关系中的人们意识到他们的对立利益，并开始以阶级的方式进行斗争、思考和评价时，阶级就产生了。"④因此，汤普森在探寻社会主体的阶级时，对阶级的意识、经验、文化、道德和情感等主观因素给予了极大的彰显，并把它们作为社会历史变革的一种隐秘因素。

在安德森看来，汤普森对于社会主体的这一关注和解释并没有真正解决社会结构与社会主体之谜。因为作为社会主体的阶级是一种集体的存在，阶级意识也是一种集体的意识，如果我们进一步追溯阶级意识的形成，那么就回到了个体意识的问题上。众所周知，恩格斯著名的平行四边形理论就是对个体意识的卓越分析。他认为："历史是这样创造的：最终的结果总是从许多单

---

①　[英]佩里·安德森：《当代西方马克思主义》，余文烈译，第68页。

②　Perry Anderson, *Arguments within English Marxism*, p.17.

③　Ibid., p.30.

④　Ibid., pp.39–40.

个的意志的相互冲突中产生出来的,而其中每一个意志,又是由于许多特殊的生活条件,才成为它所成为的那样。这样就有无数互相交错的力量,有无数个力的平行四边形,而由此就产生出一个总的结果,即历史事变,这个结果又可以看作一个作为整体的、不自觉地和不自主地起着作用的力量的产物。因为任何一个人的愿望都会受到任何另一个人的妨碍,而最后出现的结果就是谁都没有希望过的事物。"①在这里,存在的一个问题是有意识的个体意志如何产生无意识的历史结果? 汤普森认为,如果我们用阶级意志取代个体意志的话,那么这一问题就会迎刃而解,正如他所宣称的:"历史的'结果'不是通常所认为的无数相互冲突的个人意志总和的无意识产物,因为这些个人意志有其特殊的生活条件,一直受阶级方式的制约,并且,假如历史结果被看做是对立阶级的利益和力量冲突的结果,那么,我们也许就会明白人类代理人如何产生一种无意识的结果。"②然而,安德森认为,汤普森的阶级意志思想,无法解决历史唯物主义有关社会主体与社会结构的这一难题。因为这里存在一种无限的回归和循环论证,个体的男男女女受到阶级方式的制约,同时,集体的阶级又是由个体的男男女女所构成的,他们完全撇开了社会主体的客观社会结构,而从主观意识层面来探讨,这就仅仅只是一种"唯意志论"的思想。

在社会结构与社会主体的这一理论博弈中,安德森试图对阿尔都塞的结构主义的马克思主义和汤普森的意志主义的马克思主义加以整合,在社会结构与社会主体之间进行某种协调和架构。他在《英国马克思主义的内部争论》中明确表述道,所有社会的变革机制的最根本的因素都是由生产力和生产关系之间的矛盾,而不是由生产关系所产生的阶级冲突或对立所引发的。前者包含了后者,因为生产力的首要因素就是劳动者,它同时也是作为由生产关系所规定的阶级而出现的。但它们并不完全等同,生产方式的危机并不等同于阶级的冲突,在某个历史时刻,它们也许可以结合,也许无法结合。一方面,任何重大的社会经济危机,无论是封建主义的还是资本主义的,都典型地吸收了所有无意识的社会阶级;另一方面,这一危机的解决也一直是长期阶级斗争的结果。总之,从一种生产方式向另一种生产方式的变革时代,实际上就

---

① 《马克思恩格斯全集》第 37 卷,人民出版社 1971 年版,第 461—462 页。

② Perry Anderson, *Arguments within English Marxism*, p.50.

是阶级斗争的特权领域。因此,在社会秩序的维持和颠覆中,生产方式和阶级斗争总是相互作用的。① 一方面,安德森怀有一种深层的结构主义和理性主义的意识,认为社会结构是社会主体的一种根本存在方式和存在状态,它不单单只是一种理智的创造和构想,而是对社会现实的一种深层表现和反映。在马克思本人所给出的诸如生产力/生产关系,经济基础/上层建筑这样的社会结构中,其中生产力和生产关系之间的变革是社会变革最根本的动力机制。他认为,"显然,马克思的理论拥有一个原则,带有一种独有的清晰和力量——生产力和生产关系之间的矛盾是长期历史变革最深层的动力"②。另一方面,安德森怀有一种主观主义的意识,强调了社会主体的积极作用,认为阶级斗争是解决结构危机的一种根本方式,因而通向社会主义的道路依旧需要通过阶级斗争来实现。正如他所诘问的:"当今世界上任何主要的发达国家,如果没有武装冲突或内战就不可能取得胜利。然而,从封建主义向资本主义的经济变迁仅仅只是从一种私有制转向另一种私有制,那么,从私有制向公有制这一更巨大的历史变革必然会使权力和财富的剥夺更加剧烈,它将会担负起更少伤害的政治形式吗?"③因此,安德森对于历史唯物主义这一难题的解决,就是一种深层结构主义基础之上的一种温和的和折中主义的解决,从而给出了一种"从上向下看"的社会历史的解释范式,突出了空间结构在社会认识中的特殊作用,具有与新历史主义异曲同工的妙用。

随着新马克思主义的发展,把历史主义的时间过程和结构主义的空间构造结合为一体而形成新的研究范式的热情越来越高。哈维从地理学的思维出发,把地理的空间性与其时间的发展性密切联系起来,构造了一种全新的思维范式,使英国新马克思主义自身在社会和历史认识中达到一种辩证法的高度。

哈维从全球化的时代背景出发,认为人们在思维方式上转向空间是必然的。因此,作为时代精神的活的灵魂的马克思主义,就必须适时调整策略和内容,充分彰显出马克思恩格斯文本中丰富的空间思想。哈维正是以此为出发点,把在传统马克思主义理论研究中被忽视的空间发掘出来。他始终认为,在当代西方资本主义社会"后现代"的语境之中,马克思主义理论的批判武器并

---

① Cf.Perry Anderson, *Arguments within English Marxism*, pp.55—56.

② Ibid., p.81.

③ Ibid., p.195.

没有丧失有效性和锋芒,历史唯物主义依然可以用来解剖各种从表面上看来令人眼花缭乱和争论不休的现象。因为马克思主义是关于资本主义的理论,只要资本主义存在,马克思主义就具有理论价值和意义。更具体地说,资本主义并没有放弃它掠夺的本性,只是以隐形的方式,实施着它的掠夺,它以全球化的方式展开着对全球的殖民扩张,"全球化成为帝国主义的同义词"①。

在哈维看来,在历史唯物主义的传统中,空间的重要性一直被时间的维度所遮蔽,使得康德哲学中的时空双维世界成为只强调时间的单维世界,只有强调历史—地理双重的含义才能完整地表达资本主义社会,"资本主义历史地理学必须成为我们理论研究的对象,而历史—地理唯物主义则是我们研究问题的方法"②。哈维对早期的新左派给予强力批判,认为新左派放弃了对历史唯物主义的信任,转而向文化政治上去推进,在某种程度上,这脱离了批判观点,从根本上说,也就脱离了马克思主义。这是由于大多数人错误地理解历史唯物主义,是对历史唯物主义的片面认识,仍然是根据斯大林的历史唯物主义进行批判的。

基于这样的分析,哈维提出了历史—地理唯物主义,他以空间为切入点,重新定义和塑造马克思主义的当代价值和意蕴,并凝练出以空间为中心的新的思维范式,明确提出了这一思维范式的四重原则,即差异性原则、象征性原则、内在性原则与开放性原则。

差异性原则是指在进行社会批判时,必须考察事物间的多元性特征,它由空间的异质性和关系性特征决定;象征性原则是空间分析所内涵的原则之一,它强调"地理学想象",是指对场所、空间和景观在构成和引导社会生活方面的重要性的一种敏感;内在性原则是指在理解社会问题时必须从结构性的角度出发;而开放性原则则是指历史—地理唯物主义是一种无限制的和辩证的探究方法,而不是一种封闭的和固定的理解实体,这也是马克思主义哲学最鲜明的特征之一,"我们的理论是发展着的理论,而不是必须背得烂熟并机械地

---

① ［美］萨米尔·阿明:《资本主义、帝国主义、全球主义》,载［美］罗纳德·H.奇尔科特主编:《批判的范式:帝国主义政治经济学》,施杨译,社会科学文献出版社2001年版,第217页。

② David Harvey, *The Urbanization of Capital*, Oxford: Blackwell and Baltimore & MD: Johns Hopkins University Press, 1985, p.144.

加以重复的教条"①。显而易见，当今的资本主义社会发生了根本变化，"客观的时空必须发生变化以适应社会再生产这一崭新的物质实践"②。一提及空间，立刻就会想到封闭性，然而这是对空间的狭隘解读。在哈维看来，这种空间是牛顿、笛卡尔所说的绝对空间。他把空间分为绝对空间、相对空间和关系空间。在社会生活中，关系性空间发挥更多的作用和影响，其最大的特征就是开放性。"关系性的空间观点认为，在界定空间或时间的过程中，没有空间或时间这样的东西存在（如果上帝创造了世界，那么也是在许多种可能性之中，选择要创造特殊类型的空间和时间）。"③关系空间主要包括内在关系的观念，也就是说，理解一个事物时，不可能仅仅依靠事物本身来理解，还取决于环绕着那个点而进行的一切其他事物。关系空间可以表达更多的内容和含义，可以驾驭更为丰富的内容，"唯有在最后这一种架构里，我们才能开始掌握当代政治的许多方面，因为那是政治主体性和政治意识的世界"④。

历史—地理唯物主义正是借助关系空间实现对资本主义社会的政治解读。资本主义社会是不断发展变化着的，这也是社会再生产和转化的内在需求。作为解释其内涵的方法论，历史—地理唯物主义也必定是开放和发展的，只有这样才能从本质上理解资本主义，而不是仅仅局限在一定时期。

历史—地理唯物主义是哈维重新构建马克思主义的元理论。差异性是无所不在的和基本的社会的辩证法。象征性与内在性是社会生活的基础部分，开放性原则是社会再生产和转变的基础，这四个方法论原则相互牵制、互相影响，共同构成了解释资本主义世界的总方法。总之，历史—地理唯物主义实现了地理学与唯物主义研究的结合，地理学与马克思主义的结合，实现了时间与空间的双向互动，正如苏贾所言："这种历史—地理唯物主义并不仅仅是空间上对经验结果的追溯，也不仅仅是在时间上对社会行为在空间上的诸种制约与限制进行描述，而是一种振聋发聩的呼喊，呼吁对总体上的批判社会理

---

① 《马克思恩格斯文集》第 10 卷，人民出版社 2009 年版，第 562 页。

② David Harvey, "Between Space and Time: Reflections on the Geographical Imagination", *Annals of the Associate of American Geography*, Vol.80, No.3, 1990, p.419.

③ David Harvey, *Spaces of Neoliberalization: Towards a Theory of Uneven Geographical Development*, Weisbaden: Franz Steiner Verlag, 2005, p.96.

④ Ibid., p.100.

论……以及对我们审视、定义、阐释事物的许多不同的方法进行一次彻底的改革。"①

英国新马克思主义在其发展过程中,不断地进行着思想的自我更新,不断地提炼和创造着新的思维范式。我们看到,英国新马克思主义在思维方式上首先从关注时间开始,进而突出空间的重要性,而在其发展中,借助于对历史和地理问题的综合思考,把二者有机地结合在一起,达到了一种真正辩证的和整体的效果。与此同时,还有一些其他的思维方式也得到了发展,除这里重点讨论了的新历史主义、结构主义和历史—地理思维等范式外,还形成了分析主义的、实践唯物主义的、生态学的马克思主义等多种思考方式。这些貌似具有重大差异的思考,其实具有内在一致的精神气质,那就是唯物主义的、辩证法的以及系统整体的特质,所不同的是,这些思考所结合的具体内容和领域很不相同。这些问题,在后文中还有更多讨论。

三、聚焦现代主义危机

如同一切马克思主义者一样,批判资本主义也是英国新马克思主义的一项基本任务,而且是一项特别重要的任务。在对资本主义的批判过程中,英国新马克思主义的特殊性在于它把这种批判同对现代主义的批判密切关联在一起,因为他们认为现代主义是资本主义的思想基础,是它的意识形态。因此,确立社会主义的意识形态,实现社会主义的根本胜利,必须对现代主义给予彻底批判,揭示它的弊端,逻辑地阐述它的局限,回答社会主义取代资本主义的必然性。在英国新马克思主义关于现代主义和资本主义的诸多批判中,威廉斯的文化唯物主义和安德森的整体论最有特色,这里我们将集中讨论。

在威廉斯看来,现代主义随着历史发展的进程已经终结了,这意味着资本主义的意识形态也已经终结。资本主义的现实存在只是它的极权主义的表现而已,它已经不是早期的具有积极意义的一种意识形态,其社会制度也已是一种失去创造力的制度,因而,应该从根本上推翻它。

威廉斯认为,现代主义边界的确立意味着其终结时刻的到来。威廉斯在

---

① ［美］爱德华·W.苏贾:《后现代地理学——重申批判社会理论中的空间》,王文斌译,商务印书馆2004年版,第69页。

其《现代主义是何时?》的论文中,认为"现代主义是终点站,此后的一切都不被算在发展之内。它们是'之后',呆在后面之中"①。他在论文的开篇就指出,他之所以使用这个标题,是想对一段有疑问的历史做一个历史的质问。他认为,自己的质问使用了各种非常不同的方法,但本质上是对一种现在主导的和使人误解的意识形态的质问。把现代主义作为一种意识形态来看待是英国新马克思主义的共同特点。

威廉斯认为,"现代"开始作为一个词语出现,或多或少是与16世纪晚期的"现在"同义的,是被用来标明脱离中世纪和古代的那个时期。到简·奥斯汀的时代,人们按一种独特的有限变化来使用这个词,把它界定为一种改变的状态,或许是一种改进的状态,人们也使用"现代化"、"现代主义"和"现代派"来表明更新和改进。在19世纪,它开始具有一种更大程度上的起促进作用的和进步的语气,具有忠实于自然的现代特质。然而,"现代"的指涉很快从"现在"转移到了"眼下",甚至是"那时",在一段时间里,"现代"始终是一个通往过去的名称,表示目前的"当代"同它形成了对照。作为一场整体文化运动和阶段之名称的"现代主义",从20世纪50年代以来一直是一个总括的词语,从而割断了"现代"甚至是"绝对现代"的主导说法,即1890—1940年间的主导说法。我们仍然习惯于在一个世纪和半个世纪之久的一个领域使用"现代"一词。威廉斯注意到,在英语中,现代主义较少地指称知识问题,更多的是指一种意识形态。按照这样一个观点,"所留给我们的一切,就是成为后现代的人"②。这意味着后现代主义的存在,同样也意味着现代主义的"终结"。

威廉斯认为,现代主义已经耗尽了它的"创造力"。作为意识形态的现代主义,在其边界未被确定之前,它具有作为社会变化的前导、先驱和证明的功用,例如,从19世纪40年代以来,由果戈理、福楼拜或狄更斯所发现和提炼的社会现实主义,表现出非凡的创新,视觉的隐喻控制和系统,形成一整套词汇及其修辞手段的结构,用以把握工业城市前所未有的各种社会形式。19世纪60年代的印象主义者们也界定了一种新眼界和一种技术,以配合他们对现代

---

① ［英］雷蒙德·威廉斯:《现代主义的政治——反对新国教派》,阎嘉译,商务印书馆2004年版,第52页。

② 同上书,第49页。

巴黎生活的描绘,而 19 世纪 80 年代的象征主义诗人们被 1910 年以来的意象派、超现实主义者、未来主义者、形式主义者和其他人淘汰了。在戏剧中,易卜生和斯特林堡被抛在了后面,布莱希特则支配着 1920—1950 年这一时期。在各种情况下,晚生的现代主义意识形态在那些对立面之中选择了后面一组。把后面的作家和画家同弗洛伊德的发现结合起来,把它们归因于一种潜意识或无意识优先的观点,以及在写作和绘画中,对表现过程的一种彻底的追问。作家们因其使语言非自然化、破除语言是一块清晰透明的玻璃或一面镜子的优先观点而得到肯定,并因为在他们的叙事结构中使作者及其权威的有疑问的状态突然出现而受到称赞。"正像作者出现在文本中一样,画家也出现在绘画中。自我反省的文本侵占了公共舞台和审美舞台的中心,并且在这么做时,公开抛弃了固定的形式、学院及其资产阶级趣味不变的文化权威,以及市场通俗性的必要性。"①

按照威廉斯的说法,现代主义思想意识和表现形式的不断变化,表明它是一种经过高度挑选的现代观点,甚至在后来试图盗用现代性的整体。进步的或先进的意识形态,体现了现代主义的创造性和创造力,是在现代性的意识形态化所允许的选择范围之内。威廉斯认为:"对这些变化及其在意识形态上的后果的任何解释,都必须从这一事实出发:19 世纪晚期是文化生产媒介中所曾见过的各种最大变化的时刻。摄影、电影、收音机、电视,复制和记录,全都在这个被认定为现代主义的时期取得了自己决定性的进展,正是为了回应这些,才出现了最初形成的各种防御性的文化派别,只要有部分变成竞争性的自我促进,就形成得更加迅速。"②

在现代主义的创造力上升时期,它似乎有无限的跨越边界的能力。然而,当边界开始变得更加严格得多地受到控制的时刻,人们的全部认知和行为,最终地、决定性地要由某种统一的方式来解释和认可。但是,现代主义的观点不可能用一种统一的方式来看待和把握,无论其形象化的描述多么相似。这样,现代主义就从政治上完全确定了其"分水岭",比如,对艺术的评价,就出现了两个极端,要么把它当做一个凌驾于金钱和商业之上的神圣领域,要么把它当

---

① ［英］雷蒙德·威廉斯:《现代主义的政治——反对新国教派》,阎嘉译,第 50 页。
② 同上书,第 51 页。

做大众意识的解放先驱，从而走向了自身的完全封闭，埋葬了它的创造性和创造力。

现代主义也丧失了它"批判资本主义的能力"。威廉斯认为，当现代主义的边界被确定以后，当历史突然停止了的时候，一件发生得相当迅速的事情是："现代主义很快丧失了它的反对资产阶级的姿态，达到了与新的国际资本主义轻松自在的结合。"①然而，它在一个全世界的市场上，试图跨边界和跨阶级的企图，被证明是谬误的。它的各种形式把自身提供给了文化竞争和废弃的商业相互作用，因为它的各个派别、各种风格和样式的变化对于那个市场十分重要。痛苦获得的有意义的分离的各种技术，借助训练有素、自信的技术专家们特殊的感觉迟钝的帮助，被重新定位为仅仅是广告和商业电影的各种技术方式。孤立的、间离的异化和失落的各种形象，叙事的不连贯，已经成了广告节目易懂的图解，孤独、痛苦、讥嘲和怀疑的主角像恐怖电影的明星一样，取得了其现成的地位。所有这些，使我们想到，被称为现代主义的各种创新，已经成了我们目前新的但却固定的各种形式。如果我们要逃离"后"现代主义非历史的固定性，那我们就必须找到一种取自被遗留在21世纪广阔边缘中的各种被忽视的作品里的可供选择的传统，并使之对立起来，它是一种并非由于对过去相当野蛮的改写、现在则可以利用而就此发言的传统，而是为了我们大家，才对一种又可以想象出来的社群的现代"未来"发言的传统。

因此，"意识形态"的概念必须重新界定，这样，人们才能走出现代主义政治意识的旋涡。关于"意识形态"这一概念的内涵，阿尔都塞认为，它是再现个体和他们真实生存情况间的想象关系。这种定义是"结构式"的，因为他认为，意识形态不是真正的人的意识，因此它不是现实本身，所以根本不存在传统马克思主义讨论的意识的真实或虚假的问题。在阿尔都塞看来，意识形态是现实意识的基础，它是一种意识的结构。就好比语言对言语的指导和构建作用一样，意识形态对人在社会中产生的现实意识起着前提和规划的作用。不难看出，阿尔都塞对意识形态的这一定义，决定了意识形态只能是一种形而上的结构，而主体也正是被这样一种结构所构建。这样的断言实在是大胆的颠覆，因为，先前并没有人怀疑人是创造历史的当然主体。然而，阿尔都塞却

---

① ［英］雷蒙德·威廉斯：《现代主义的政治——反对新国教派》，阎嘉译，第53页。

认为,人的主体性地位不是天赋的,也不是独立的,而是由文化与意识形态构建的。这样一来,就出现一个问题,即意识形态是通过何种方式来构建主体的呢? 阿尔都塞认为,它是通过"召唤"和"设定",也就是说,人在成为主体的时候,必须无意识地服从意识形态的规划和设计。

威廉斯在《马克思主义与文学》一书中指出,经典马克思主义认为,意识形态有两层含义:其一是某个阶级所特有的信仰系统;其二是一种可能与真实或科学的知识相矛盾的幻象信仰系统,即伪思想和伪意识。他认为,意识形态是个人同他存在的现实环境的"想象性"关系的表现。这种"想象性"关系在个人对世界的"认识"与世界的"真实"之间只能是一种"非同一性"的关系。但是,社会意识形态却遮蔽这种非同一性,通过阐释现实或制造"姿态"(伪现实)代替现实的做法制造一个想象性的"有意义"的现实,招安大众。现代社会发达的媒体工业空前成功地营造了这种假想的现实,它已经在某种意义上成为取代现实的"超级现实"。因此,要准确理解文化研究的特点,还必须与法兰克福学派的媒介观进行对照。相对于法兰克福学派,威廉斯最大的进步在于对"意识形态"这个概念有一个特别的界定。法兰克福学派认为,意识形态完全是虚假的,对此,威廉斯完全无法与其苟同,尽管阿尔都塞的意识形态理论有限度地予以了认同。在威廉斯看来,阿尔都塞的意识形态理论中的意识形态,仍旧是单一向度的,结果在破除了一个神话之后又建立起一个新神话。事实上,在大众传媒社会中,统治阶级的意识形态通过"语言的阶级斗争"而演变成全社会的意识形态,文化研究的任务之一,就是要解构这一过程,探讨媒体有意无意中采取的意识形态立场,使之回归到为大众的意识形态上来。

威廉斯的结论是:在整个 20 世纪的人类行为中,"几乎扼杀了我们的整个共同生活"。人类对自然或是人群的控制越是表面稳固,内在隐藏的危机也就越深重,而人类解决危机的办法依然是试图控制局面。无论是自然还是人类自身,要想继续生存下去,重点是人类必须放弃这种支配模式,为民主而奋斗是这种重新评价的模式。

威廉斯关于现代主义政治意识终结的思想,实际上是他对现代主义思想意识的基本看法。在唯物主义的立场上,威廉斯充分肯定了它在现代文明进步和社会发展中的作用,尤其是它所具有的创造性和创造力,它对资本主义的

批判作用,以及它对大众思想解放和自由追求的意义。然而,历史地看,现代主义在西方社会实现了工业化和现代化以后,其政治意识的社会导向作用和激发创造的功能却大大下降了,甚至成了阻碍社会发展的力量。现代主义是伴随着资本主义的发达而发展起来的,但它的思想意识在今天却成了相反的力量,后现代主义文化的兴起确实有针砭时弊的意义,但它却走向了相反的极端。威廉斯并不承认自己是后现代主义者,他坚持自己是马克思主义者,实际上他也同后现代主义者严格划清界限,用批判的眼光看待现代主义的弊端,用逻辑和事实来证明,这一点是重要的。

另一位英国新马克思主义者安德森对现代主义意识形态的批判,是从整体论的立场和马克思的基本思想出发的。他认为,马克思在《德意志意识形态》中对意识形态的本质进行了最初的揭露,意识形态作为统治阶级的思想,本质上是与科学无关的,具有虚假性,是对这个颠倒了的世界的颠倒了的反映。马克思明白无误地指出了统治阶级意识形态的欺骗性和虚假性,认为它们掩盖了社会中真实的冲突和矛盾,从而使我们不自觉地维护了资本主义社会的统治。安德森认为,当代资本主义社会存在着更强大的意识形态统治,并欺骗着大众。"所有意识形态的形态上的结构,毫无例外都是对社会形态和其中个人之间真正关系的颠倒;因为任何一种意识形态的关键性机制,总是把个人当做是社会的想象的'臣民'——自由首创精神的中心,以此来保证它们作为社会的盲目支持者或牺牲品而真正隶属于这个社会秩序。"[1]安德森认为,资本主义的意识形态,不仅对"市民社会"实施文化统治,而且更通过"国家"的作用,实施政治统治。他说道:"在市民社会和国家之间资产阶级权力的赞同和强制作用在分配上存在一种'结构的不平等'。"[2]在安德森看来,尽管文化在当代资本主义社会中占据着主导地位,但是,文化统治同时伴随着古老的政治统治,后者并未随之消失。教堂、学校、报纸等文化制度仅仅是确保了大众的认同,而真正确保资本主义制度稳定的则是强制性的国家机器。因此,资本主义的文化统治仅仅是阶级统治的一种辅助性的手段,真正的还在于其意识形态或政治统治。因此,要想实现对于资本主义的彻底改造,就需要采

---

① ［英］佩里·安德森:《西方马克思主义探讨》,高铦等译,人民出版社 1981 年版,第108 页。

② Lin Chun, *The British New Left*, Edinburgh: Edinburgh University Press Ltd., 1993, p.112.

取一种革命主义的策略。

安德森所倡导和希望的革命策略是要对资本主义进行脱胎换骨式的革命,而非修修补补式的改良,因而是政治层面的,而不是文化层面的。在他看来,在现代主义的历史阶段,占主导地位的仍将是资产阶级,工人阶级的优越性只有在社会主义革命之后才是可能的,尽管资产阶级实施了文化和政治的双重领导,但资本主义的国家机器必须被推翻。

对于资本主义改造的传统论述通常分为两种系谱:革命主义和改良主义。严格来讲,革命主义并不排除资本主义框架内的社会和经济改革,因为这些改革实际上可以为社会主义斗争的组织和教育工作提供一种更为有利的条件,但是,它们仅仅是社会主义这一更大工程的一部分。安德森认为,我们应该寻求的是对资本主义的根本变革,为当代资本主义社会的工人阶级寻找一种切实可行的革命策略。

安德森认为,资本主义最初是以自由、平等、博爱、人权等宣言深得人心的,但是,这样的宣言在当代已经破败不堪。从历史和现实来看,尽管资本主义拥有诸如自由、民主、平等、博爱等美好的价值,但这些价值是否真正实现了呢?安德森的回答是否定的。首先,就其民主的政治结构而言,资本主义民主已经被工具化了,但在官方的话语里却总是带有太多的遮掩和修饰。例如,美国作为资产阶级最典型的社会,它"有着世界上实行得最古老的民主制度,但是,实际上,在今天美国的政治制度生活中,只有不到一半的成年人参加选举,国家中另一半的人完全被排斥在这个政治体制之外,而在政治制度之内的这一半人中,能够选上的官员,要么自己极度地富有,要么从大公司那里得到了贿赂,极度地腐败,因为竞选需要很高额的资金,至少几百万美元。这是一个非常明显的事实"①。其实,不仅仅是美国的民主,包括其他资本主义国家的民主,也都不是一个至高无上的价值,因为存在于民众中的民主依然是很少的,我们需要更多的、更广泛的民主。对此,安德森认为:"民主制——就现在的情况而言——不是一个偶像,不能把它当做人类自由的尽善尽美的表现来崇拜。这只是一个暂时的、不完全的形式,是可以重新塑造的。但根本的方向

---

① [英]佩里·安德森等:《三种新的全球化国际关系理论》,刘禾等译,《读书》2002年第10期。

应当和新自由主义者所指出的方向相反——我们需要更多的民主。"①其次，新自由主义所强调的自由只是经济层面的绝对自由，而不是社会和政治层面的自由，它极大地忽视了社会的平等和公平这些更为美好的价值。如果在公平和效率之间进行抉择的话，新自由主义者们的可能选择就是效率优先、兼顾公平；而安德森认为，自由和平等、效率和公平这两种价值不是一种非此即彼的对立关系，而是一种彼此相容的和谐关系。平等并不意味着均一化，而是意味着多样化，注重社会的公平，并不就会带来经济的低效率，相反可能会带来经济的高速度，安德森用事实证实："不公平同样可能带来低效率，而不平等因素最少的社会，却可能是最有效率的社会。斯堪的纳维亚半岛的国家就做得很好，瑞典、丹麦、芬兰取得了非凡成就，比美国、英国都要好很多，那里的生活品质很不一样。"②因此，资本主义所宣扬的那些美好价值也仅仅只是统治者愚弄人民的一种意识形态工具而已，其结果只是一种有局限的存在：尽管资本主义的财富在不断增长，但社会的贫富分化却日趋严重；尽管公民拥有经济上的竞争自由和法律上的消极自由，但其政治上的积极自由却没有什么更大的进步；尽管性别之间的不平等得到了极大改善，但社会的不平等却依旧在上演。

这种不平等现象不仅仅存在于资本主义国家的内部，同样也存在于国际关系当中。安德森在谈到多级关系时说到，国家与国家之间的不平等"是所有不平等当中最严重的。过去一百年间，国家间的不平等已经达到前所未有的程度，而且，在全球范围内还在不断增加"③。在资本主义的全球扩张中，不仅仅是经济的扩张，同时也是文化和政治的扩张，更为重要的是，这一扩张本身在很大程度上往往会诉诸暴力的手段，因为文化不仅仅是一种信仰体系，同样也是一种权力体系。作为超级大国的美国却把这一侵略行为加以神圣化，并把它宣扬为一种民族主义的情感和责任，它总是能找出各种冠冕堂皇的理由和借口来发动所谓"正义的战争"：有时是为了控制前现代国家中诸如屠杀之类的行为，如南斯拉夫战争；有时是为了限制大规模杀伤性武器，如伊拉克

① ［英］佩里·安德森：《新自由主义的历史和教训》，费新录译，《天涯》2002 年第 3 期。
② 施雨华、杨子：《我们的支持和反对——对话安德森》，《南方人物周刊》2007 年第 3 期。
③ 同上。

战争;有时是为了打击恐怖主义的基地组织,如塔利班战争。其实,这一战争本身就是非正义的,无论你找什么样的借口。安德森毫不讳言地把这一政策看做是一种"新帝国主义"的表现,这一侵略性的对外策略其实是由资本主义的内在本性所驱动的。

在安德森看来,马克思当年对资本主义扩张和掠夺的本性进行了科学的分析和揭露,认为现代资产阶级社会"把一切民族甚至最野蛮的民族都卷到文明中来了。它的商品的低廉价格,是它用来摧毁一切万里长城、征服野蛮人最顽强的仇外心理的重炮。它迫使一切民族——如果它们不想灭亡的话——采用资产阶级的生产方式;它迫使它们在自己那里推行所谓的文明,即变成资产者。一句话,它按照自己的面貌为自己创造出一个世界"①。一百多年过去了,现实的状况依旧如此,在资产阶级普世主义的文化价值背后,隐藏的仍然是帝国主义和霸权主义的侵略行径。

英国新马克思主义群体对现代主义以及资本主义危机的分析和批判,其思想和观点极为丰富,除了威廉斯和安德森等人的工作外,也包含了汤普森对现代主义的人道主义虚伪性的批判,柯亨关于资本主义社会非公正性的批判,吉登斯对现代主义极权主义本性的揭露,佩珀关于资本主义生态和社会危机的诘难,密里本德对资本主义权力系统丧失合法性以及伊格尔顿关于现代之后的哲学思考等,体现出马克思主义英国化的诸多特点。对此,后文有更详尽的讨论。

四、倡导新文化生存方式

英国新马克思主义在对本国史和世界史的全方位研究中,逐步形成了文化是人的生存和生活本身的基本理念,将文化解放看做是人自身解放的根本力量。面对现代主义的危机和资本主义积极意义的丧失,尤其是在已经完成工业化和高福利的工业社会,推进大众文化发展,唤醒大众文化意识,对于凝聚工人阶级的社会力量,实现社会主义,是一种根本性的举措。因此,在英国新马克思主义的群体中,自始至终都把文化研究放在核心地位,把唤醒大众文化意识,尤其是传播和内化马克思主义,作为一种政治的和终极的目的,尤其

---

① 《马克思恩格斯文集》第2卷,第35—36页。

是威廉斯提出了文化唯物主义的理念，并把它看成是马克思主义的最新形式。

英国新马克思主义看到文化以及大众文化的重要性，是从所谓"高贵化"精英文化的败落、虚伪和大众文化的滥觞引发的。在他们看来，现代主义政治意识意味着精英文化，而精英文化的败落和虚伪性的暴露，凸显了资本主义文化的衰落。

威廉斯把文化研究与一般的社会生产和文化的意义联系起来，认为文化具有相对独立性，主张文学要有社会使命感，强调文学必须具有真实的生活价值，能够解决20世纪的社会危机，体现出民族意识、道德主义和历史主义的审美特征。威廉斯以严肃的方式对待大众文化，同时也坚持文化研究的社会批判维度，意图将大众文化放在与社会相关联的政治框架中加以分析。他们基于本土的社会、文化经验，对正统马克思主义经济决定论提出修正，强调文化主体与文化生产在当代社会中的决定性作用，并对大众传媒进行了较为深入的研究，对贬损、混淆大众文化的精英主义进行了分析，表明一切皆是大众的（精英只是幻象），这些思想体现了文化唯物主义的特色。

在对"文化"一词的分析中，威廉斯特别强调了德国历史哲学家赫尔德在《论人类的历史哲学》中所倡导的"复数的文化"观念。赫尔德说，全球所有地区的人，你们随着岁月而毁灭。你们活着并不是仅仅要用你们的骨灰为土地施肥。死后，你们的后代应该会因为欧洲的文化而变得高兴。所谓复数的文化，指的是"各种不同国家、时期里的特殊与不同的文化，而且是一个国家内部，社会经济团体的特殊与不同的文化"①。威廉斯推崇复数的文化，并用这个概念为大众文化和民间文化做合法性辩护，批判现代主义的精英文化观。

威廉斯认为，像电影、广告和流行音乐这些大众文化的组成部分都该肯定，它们都是"建构工人文化经验的重要部分"。先前，通俗文化曾因为它的"肤浅俗气"一度被排除在学术议程之外。在阿诺德、利维斯领导的"文化与文明"运动中，通俗文化也受到关注，但却是被视为对现代文明与道德标准的一种威胁，主要是批判的对象。威廉斯及其学生们颠覆了这种精英主义的立场。他们指出，通俗文化其实包括了最基本、最普遍的社会过程和实践意义，

---

① ［英］雷蒙·威廉斯：《关键词：文化与社会的词汇》，刘建基译，生活·读书·新知三联书店2005年版，第105页。

正是在那些意义与快感的"肤浅"关联中,文化得以被建构。因为在我们的社会生活中存在这样一种矛盾:当我们处于最自然的日常生活时,也是最具文化的;同时,那些我们认为是最显然、最特定的角色,其实是建构起来的,并不是必然的。这样,文化研究就将研究对象从传统的文学经典及高雅文化中解放出来,开始面对日常的普通的东西,那些对我们的存在产生了巨大影响,而我们以为是理所当然的生活方式。

威廉斯认为,任何文化或文化分析都受制于特定群体的特殊利益,因而是特定群体态度和立场的表现,也就是特殊意识形态的反映,并不存在超阶级和超现实的一般政治意识和纯粹的高雅文化。威廉斯以《新左派评论》为阵地,发展出一种"文化主义"理论,扩大了文化的内涵,反对高雅文化与低俗文化的划分,取消文化产品中审美标准的首要地位。在他看来,文化既是实践也是经验,文化传播本质上是塑造文化共同体的过程。

"复数的文化"复兴表明,单向度的现代主义文化理念应该终结。安东尼在《英国的后结构主义》中认为,威廉斯对文化的理解,"采取了一种左派文化主义的立场"[①]。一方面,它是社会主义的,因为它强调了对工人阶级文化的认识;另一方面,它也是文化主义的,因为它接受了整体社会的概念,这就使它不可避免地与传统的自由主义的概念相联系,使文化同社会、政府和国家达到有机统一。莱斯利·约翰逊(Lesley Johnson)则认为,威廉斯对现代主义的批判充分体现了民主意识和大众意识,昭示了新的方向。[②]

在对文化文本的批评实践中,威廉斯那句"文化即生活"的名言,成为文化研究学者早期的纲领,他们对大众文化不再是精英式的居高临下的态度,而是取消文化产品中审美标准的首要地位。不但深入具体地研究过去不被学界认同的大众传媒的问题,严肃地对待摇滚、电视剧等下层文化,甚至有时也不掩饰自身对传媒文化的喜爱。意识形态既是物质实践又是精神实践,这种新的界定,将十分有利于走出现代主义政治意识的旋涡。威廉斯的学生伊格尔顿紧随他的老师的思想进程,进一步发展了文化作为人的生存和生活本性的思想,体现出所谓伯明翰学派的思想意识,在立足于文化批判的深度分析的基

---

① Antony Easthope, *British Post-structuralism Since*, 1968, p.3.

② Cf.Lesley Johnson, *The Cultural Critics*: *From Matthew Arnold to Raymond Williams*, London: Routledge & Kegan Paul, 1979, p.151.

础上,在社会批判中独树一帜,从而把社会认识引领到文化和意识形态的层面。威廉斯和伊格尔顿把文化界定为民有和民享的存在,倡导大众文化和共同文化,在人类生活方式的层面,突出了文化的实践功能。

在威廉斯看来,文化是民有和民享的存在。他认为,"英文里有两三个比较复杂的词,文化就是其中的一个",最早,"文化具有一系列的意涵:居住、栽种、保护、朝拜等"①。"在英文中,文化这个词是不断演化的",其意义"部分的朝向现代的含义",今天,人们已经可以清晰地看到"文化"这个词演变的复杂性和用法的复杂性。然而,总体来看,文化可以分为三种类型,其一是作为独立、抽象的名词的用法,用以指思想、精神和美学发展的一般过程;其二是作为独立的名词,用来表示一种特殊的生活方式(关于一个民族、一个时期、一个群体或全体人类);其三是作为独立抽象的名词,用来描述关于知性的作品与活动,尤其是艺术方面的。② 在《漫长的革命》中,威廉斯进一步阐述了他关于文化的三种类型的思想,认为第一种是理想型的,即文化是人类追求完美的一种心灵状态;第二种是文献式的,文化是知性和想象作品的整体,它是表义的实践活动;而第三种是生活类的,文化是一种特殊生活方式的描述。对文化的这三种理解都有价值,但第一种和第三种明显带有传统文化观的痕迹,而认为文化是一种特殊生活方式则是对于文化的一种全新理解,被认为具有"建立文化主义的决定性意义"③。威廉斯特别强调了文化作为生活方式的特征,认为"文化是对一种特殊生活方式的描述,这种描述不仅表现艺术和学问中的某些价值和意义,而且也表现制度和日常行为中的某些意义和价值"④。

作为一个概念的生活方式可能是抽象的,但作为实实在在的人的现实生活的形式来说,却表现着特定社会的真实状况。威廉斯认为,马克思主义者应该在"整个生活方式"——一种总体的社会过程——的意义上,使用"文化"概念,这一点并不是咬文嚼字,因为强调后一种用法可以杜绝我们所批评的机械的研究手法,也能为更实质化的理解提供一个基础。威廉斯正是在这样一个基础上,把文化作为一种生活方式去处理,大有把文化从传统的精英文化定义

---

① ［英］雷蒙·威廉斯:《关键词:文化与社会的词汇》,刘建基译,第101页。
② Cf.Graeme Turner,*British Cultural Studies:An Introduction*,New York:Routledge,1996,p.11.
③ ［英］雷蒙·威廉斯:《关键词:文化与社会的词汇》,刘建基译,第106页。
④ 陆扬、王毅:《大众文化与传媒》,上海三联书店2000年版,第13页。

中解放出来的意蕴,并且成为英国文化研究的理论基础,从而使文化不只是思想家头上的理想光环,也不仅仅是精英人士倍加推崇的传统经典,而是与日常生活同义的概念。正是从日常生活或生活方式的视角出发,他一直强调文化是"一种整体的生活方式",于是一切社会实践都可以从文化的视点加以主观地审视。与此对应,文化研究也并不是一个新学科,而是若干个学科的集合。关于文化的这一认识不但体现了对于传统文化定义的反判,而且重构了大众文化讨论的前提。

威廉斯的立场表明,他立足于大众文化的立场,反对传媒批判理论中的精英主义倾向,以开放性、实践性的视角反思文化与其他社会活动领域以及文化与权力之间关系的建构,关注语言与文化的关系以及传媒作为文本自身对于文化生活的实践作用,从而将大众传播的过程视为文化生产与意识形态再发现的过程,将日常生活的权力关系反映为意识形态的争霸,因此,受众阅读的不是社会现实本身,而是被反复篡改过的"译本",所以,必须正确地"解码",才能获得"译本"的"意义"。

总之,威廉斯通过对现代主义边界的确立是其终点站的分析,对现代主义政治意识的精英文化的否定,对"共同文化"的诉求,对边缘文化和亚文化的关注,对文化实践性的重视,对意识形态的平等性和开放的展现,等等,充分体现了文化研究的政治性、开放性和参与性三大特征,实现了社会问题研究的文化学转向,表明现代主义政治意识必须脱胎换骨。"文化唯物主义"的提出和建构,不仅标志着马克思主义思想在英国文化研究中的新发展,而且标定了"文化学转向"的路标。

威廉斯的学生伊格尔顿紧随老师之后,提出了"文化是文明生活右书页的无意识的左书页"的思想。他在其文化内涵的研究中,不仅张扬了文化是民享和民有的思想,而且进一步从历史唯物主义理论和词源学等方面深化了文化唯物主义的文化理解。伊格尔顿认为,威廉斯的民享和民有的思想是比自由理想主义文化"更丰富、更多样、更开放、更灵活"的文化。因为这种文化不是被完成了的静物,而是社会各个阶层和阶级在集体实践中不断重新创造和重新定义的整个生活方式。概括地讲,伊格尔顿认为文化在本质上是实践,是生产,文化研究的根本目的不是为了解释文化,而是为了实践地改造和建设文化,文化不是高高在上的,不着边际的能指,而是具体的、实在的、与我们的

日常感觉紧紧联系的政治现实问题。伊格尔顿坚持文化研究的方法必须与实际政治紧密结合起来，认为文化从来就是问题的一部分，而不是解决问题的方法，文化就是政治斗争的场所。

伊格尔顿用英国哲学特有的经验主义的和分析的手法，对文化本身作了十分精细的剖析，从而把对文化唯物主义的研究推向新的高度。如同威廉斯一样，伊格尔顿对文化的理解也是从词源学入手进行考证的。他认为，"culture"这个词的拉丁语词根是"colere"，可以表达耕种、居住、敬神和保护当中的任何意义。一方面，"culture"这个词追溯了一种重要的历史变迁；另一方面，它也编码了许多关键性的哲学问题。

伊格尔顿把文化看成是非常真实的社会力量，认为对"文化"的复杂历史的探讨，可以区分出该术语的三种主要的现代意义。

首先，"文化"意味着"礼貌"、"文明"等，意指一种普通的知识精神和物质进步的过程。作为一个概念，文明意味深长地等同于举止和道德，具有描述性的和规范性的性质，它要么可以中立地标示一种生活形态，要么可以暗示性地赞颂一种生活形态的人性、启蒙和净化。文明的意思是艺术、城市生活、公民政治、复杂技术，是对以前所发生的一切的进步。文明意味着我们所了解的生活，暗示这种生活是超越野蛮的。它将事实与价值统一起来，表明事物的任何现存状态都暗示一种价值判断，诸如礼貌、高雅、教养、礼仪和温文尔雅的交往等。文明因此既是个人的又是社会的，而教养是一个关于人格的和谐、全面发展的问题，但是任何人都不能孤立地去做。当然，正是由于开始认识到了不能孤立地去做，这才促成了文化从其个人意义向社会意义的转变。①

其次，文化呈现出有特色的生活方式的现代意义。文化不是关于普遍人性的某种宏大叙事，而是多样性的特定生活方式，有自己独特的发展规律。它是属于种族的而不是世界的，是一个在远比思想更深的层面上靠情绪生存的现实，因此，对于理性的批评是封闭性的。甚至表现出是描述"野蛮人"生活形态的一种方法，而不是一个表示文明人的术语。这意味着，文化具有描述"原始的"社会秩序的功能，因此，它具有批判的秉性。从生活方式的意义上

---

① 参见［英］特瑞·伊格尔顿：《文化的观念》，方杰译，南京大学出版社 2003 年版，第 10 页。

看待文化,实际上是将文化的概念复数化,尽管不那么容易使文化与其自身积极的职责相容,但对于作为人文主义的自我发展的文化来说,却赋予文化复杂的特征,表明文化不是单一的、纯粹的,而是混杂的、异类的、非常不同的、不统一的,甚至是异质共存的。

最后,文化是艺术。伊格尔顿认为,如果"文化"这个词语的第一个重要的派生意义是反资本主义的批判,第二个是这种概念缩小并对整体生活方式复数化,那么,第三个就是逐渐专门用于艺术。这种意义上的文化其含义大到可以包括一般的智力活动(科学、哲学、学术研究,等等),小到指称那些更为"想象性的"追求,比如音乐、绘画和文学。这个词语在这种意义上还预示着一种戏剧性的历史进步。它首先暗示科学、哲学、政治和经济学不能再被认为是创造性的或想象性的。艺术发现自己具有一种重要的社会意义,但它们实际上无力使之持久,因为一旦被迫维护上帝、幸福或政治上的公正,它们就会从内部崩溃,陷入自我毁灭性的境地;文化还在另外一种意义上是自我毁灭性的,使得文化成为对工业资本主义的批判的东西,是它对人的能力的整体性、均匀性和全面发展的肯定。但是,如果文化是所有人的能力可以在其中无私地得到珍爱的一种自由、自悦的精神游戏,那么,它也是一种坚定地反对党派偏见的概念。表示效忠就意味着没有开化。只有让思想不受任何狭隘、错乱、宗派性事物的侵扰,文化改善社会的功能才能得到实现。因此,文化可以是对资本主义的批判,不过它还同样是对反对它的承诺的批判。文化要求人们为公正而呐喊,关注自己的局部利益以外的整体利益,使文化与对弱势群体的公正联系起来。

伊格尔顿主张,文化的三种截然不同的意义是紧密相关和内在统一的。他认为,如果作为批判的文化不过是一个无用的幻想,它一定指向现在的那些实践,这些实践预示着它所向往的那种友谊与满足。一个理想的未来必须也是一个切实可行的未来。将自己与这些其他意义的文化联系在一起,更具乌托邦标志的文化因此可以变成一种形式的内在批判,通过用现在所产生的标准来衡量现在,以判断现在之不足。在这种意义上,文化还可以统一事实与价值,既作为对现实的说明,又作为对理想的预示。伊格尔顿特别强调了辩证思想对于理解文化本质和进行文化批判的作用与意义,认为辩证思想之所以产生,其原因在于越来越不可能忽视的事实,即文明在实现人类的某些潜能的行

动中也压制了其他的潜能。正是在这两个过程之间内在的关系中产生的矛盾，使辩证法对于文化的意义凸显出来。那么，如何才能使文化的社会功能得以有效开发呢？伊格尔顿认为，诀窍是要知道如何开发这些能力。在他看来，马克思关于社会主义的回答将是重要的。因为他在历史的积极与消极方面完成了如此紧密的联系，这是一种惩戒性的思想，同样也是一种鼓舞人的思想。

正是由于认识到文化的整体性和具体的实践性，伊格尔顿写道："文化是文明生活右书页的无意识的左书页，是必须模糊地在场以便我们能够行动、被想当然接受的信念和爱好。它是自然出现的，是在骨头中产生，而不是由大脑孕育的。"①伊格尔顿不仅坚持在唯物主义的立场上理解文化，坚持文化意义的辩证性质，强调了共同文化的概念，提供一种整体论的视角，批判相对主义和精英主义文化立场；而且在以分析的和整体论的研究文化的过程中，更强调对文化现实的重视，尤其强调对不良文化现象的批判，倡导为大众的文化价值观。正如他所说，当我们"面对这种文化的繁荣局面，需要重申一个严峻的事实。我们在新千年面临的首要问题——战争、饥饿、贫穷、疾病、债务、吸毒、环境污染、人的易位——根本就不是特别'文化的'的问题。它们首先不是价值、象征、语言、传统、归属或同一性的问题，而最不可能是艺术的问题。作为具体文化理论家的一般文化理论家，不能为这些问题的解决作出多少可贵的贡献"。真正的文化是我们生活的一切。"文化不仅是我们赖以生活的一切，在很大程度上，它还是我们为之生活的一切。"②正是在大众生活的意义上，伊格尔顿凸显了文化应关注的层面，那就是感情、关系、记忆、亲情、地位、社群、情感满足、智力享乐、终极意义感，等等，认为正是这些东西才使人权宪章或贸易协定离我们大多数人更近。现在是到了让文化回归其原有位置的时候了。

从如上的讨论可以看出，伯明翰学派对文化概念的深度理解，表现为对文化作为生活方式和意识形态相对独立性的强调，反对经济决定论，凸显文化及文化主体的作用，以一种动态的观点看待大众文化，始终坚持了积极的批判立场。威廉斯、伊格尔顿等人不同意站在精英主义立场来研究文化，反对漠视大众社会的文化存在，尤其是反对漠视人民大众作为文化主体的创造作用。从

---

① ［英］特瑞·伊格尔顿：《文化的观念》，方杰译，第 31 页。
② 同上书，第 151 页。

文化概念的历史的和现实的内涵以及其含义演变的历史与社会背景出发来理解文化,找到了文化自身的真正本质所在,因而引导了在历史唯物主义的理论层面认识文化的特质。从根本上讲,伯明翰学派的文化意识是大众文化意识。他们把文化看成是一种特殊的生活方式,特别强调人民大众,尤其是工人阶级在文化创造中的作用,在文化批判的主导意识上体现了马克思主义的基本立场,为在实践层面研究文化提供了新的视角和理念,对于唤醒大众文化意识,发展马克思主义的思想特质,有一定的借鉴意义。

五、重塑理想世界

与法兰克福学派的解构气质不同,英国新马克思主义始终不以批判作为目的,对于他们来说,批判仅仅是手段。他们秉承传统,总是以理性作为研究活动和科学思维的基础,以实现社会主义为崇高目标,以人的解放为终结目的。这样一种精神气质,一方面源于英国传统的科学主义的深厚底蕴,另一方面源自于他们要把马克思主义本土化的强烈愿望。因此,在英国新马克思主义不同主张的架构中,都蕴涵着对未来理想社会的不同式样的预设或重塑。同样,受英国文化自身经验主义的驱使,他们不仅仅塑造理想的社会,而且试图通过各种可能的社会实践和社会活动,为理想社会的实现而努力。同时,英国新马克思主义也受到本国一些不同于马克思主义的社会主义的影响,如受费边社会主义以及新工会模式和工党的主导思想的影响。[①] 尽管重塑理想世界是他们共有的强烈愿望,但多样化的研究路径和多元的思考方式,造成并非统一的诸多乌托邦并存的局面。思想在竞争中显现,理想在相互映照中共存,而实现理想的基本途径就是开展各种各样的微观政治实践。英国新马克思主义预设了诸多的理想世界,如汤普森的人道主义、安德森的集体主义、威廉斯和伊格尔顿的共同文化以及柯亨的公平可致的理想社会,等等。他们的共同特点是把马克思的理论的社会主义转换成有特色的和具有针对性的理想的社会主义。如下分别给予讨论。

针对资本主义的非人道性,在汤普森所预设的理想社会中,人与人是一种

---

① 参见钱乘旦、陈晓律:《英国文化模式溯源》,上海社会科学院出版社、四川人民出版社2003年版,第106—112页。

平等与合作的关系。"社会主义的目标不是创造一个在剥削社会中机会的平等，而是一个平等的社会，一个合作的团体。这一目标的前提条件是为消费而生产取代为利益而生产。社会主义社会或落后或发达，或贫穷或富裕，它与资本主义社会的区别不在生产力的发展水平上，而在对产品的特定关系上，在于社会追求的目标和整体运转方式。"①在汤普森看来，以利益为目的，为生产而生产的资本主义终将成为过去式，取而代之的必将是以人为目的，一切活动都围绕人的美好生活而展开的社会主义。社会主义将使人与人之间的关系得到彻底改变，它将以维护人的自由、尊严和权利，重视人的价值和自由全面发展来代替尊重财产与金钱。

新历史主义对人的命运，尤其对下层民众命运的格外关注，对人的自由，尤其对"生而自由的英国人"的自由、民主与激进传统的热情讴歌，以及对充满平等与合作，以人为目的的未来社会的热烈追求，这些都使汤普森的思想打上了深深的人道主义印记。他延续了马克思对人道主义思想的继承：重视人的地位和价值，把每个人的自由全面发展作为人类解放的目标。同时，他也继承了马克思对形而上学人道主义的批判，着重突出实现人类解放这一政治理想所需要的前提条件：把抽象的人变为具体的人，并以此与形而上学人道主义划清了界限。在汤普森以及他所代表的英国新马克思主义历史学家的著作中，始终把人看做在历史中行动的人，人的经验活动永远被置于具体的历史条件之下。

汤普森认为，人是历史主体，社会历史是由人，特别是由下层民众创造的，这才是社会历史的本真。为了凸显对人的地位和价值的重视，并与形而上学的人道主义相区别，汤普森把"社会主义的人道主义"看做是"向人的回归，从抽象概念和经院教条回到真正的人；从欺骗和虚构回到真正的历史"②。这样，汤普森就把他所倡导的人道主义同把人抽象化的形而上学人道主义、用理论建构历史的大陆理性主义、漠视人的现实存在的斯大林主义相区别。汤普森指出："共产主义对我们来说不是应当确立的状况，不是现实应当与之相适

---

① E.P.Thompson, At the Point of Decay, In E.P.Thompson & Kenneth Alasdair (eds.), *Out of Apathy*, London: Stevens & Sons Ltd., 1960, pp.3-4.

② E.P.Thompson, "Socialist Humanism: An Epistle to the Philistines", *The New Reasoner*, Vol. 1, No.1, Summer 1957, p.109.

应的理想。我们所称为共产主义的是那种消灭现存状况的现实的运动。"社会主义人道主义作为共产主义意识形态的组成部分,与无产阶级和劳动人民的阶级斗争紧密相连,同样表现为不断消灭现存的不合理状况的过程。只有在现实的社会主义运动中,"向人的回归"、"真正的人"才能得以实现,"真正的历史"才能得以体现。

针对英国无产阶级始终未能获得领导权的问题,安德森接受葛兰西关于社会领导权的思想,提出了一种以获得权力为核心的社会主义理论构想。安德森从理解资本主义的过去和现实出发,试图提供一种有关历史过程的因果解释,从而为当代充分的政治实践提供基础,希冀把现存的社会秩序转变为一个可期望的、民众的未来。①

在安德森看来,资本主义在当代已经破败不堪,但自由主义的意识形态并未枯竭,而是以一种更加激进的"新自由主义"的面貌出现,成为当今资本主义国家的施政纲领,并取得了意想不到的成果,成为世界历史上最成功的意识形态,构成效仿的模式,其核心教条几乎以宗教教义的面孔出现。② 然而,从长远来看,这种纯自由主义的市场经济体系和价值对于社会的平等和民主而言并不是最为有效的,它存在着极大的局限性,隐藏着极大的不平等和不民主,并非不可战胜和无懈可击。因此,安德森提出了超越新自由主义、超越资本主义的构想。

资本主义的致命问题是把民主工具化、经济层面的绝对自由和极度腐败;效率优先、兼顾公平的原则带来巨大的不平等和非正义,贫富分化日趋严重;工具性的意识形态仅仅只是统治者愚弄人民的一种手段;帝国主义的本性同样造成国家与国家之间最严重的不平等,被粉饰为"正义的战争"是其野蛮扩张的手段;而普世主义的文化价值背后所隐藏的是一种帝国主义和霸权主义的侵略行径。所谓后现代主义体现的是资本主义的文化逻辑,全球化则是资本主义侵略和霸权的新形式。凡此种种表明,现实的阶级斗争尽管已不再是经典马克思主义意义上的无产阶级与资产阶级之间的斗争,而是诸如性别、种族、生态、宗教等新的对立,但却构成了对当代资本主义的挑战和威胁。因此,

---

① Cf.Perry Anderson, *Arguments within English Marxism*, p.85.

② 参见甘琦:《向右的时代向左的人——记佩里·安德森》,《读书》2005 年第 6 期。

"要资本主义还是要文明"①，构成安德森理想社会的一个根本诉求，为人民请命、为大众幸福和解放成为他理想社会的终极目的。

安德森面对资本主义的腐朽和无产阶级没有社会领导权的现实，他以马克思主义的经典理论为起点，预设了一个新的理想社会。在他看来，未来的社会无论被称做社会主义还是共产主义，它都应该是一种性质上完全不同于当前资本主义的社会。这种社会的全景是：就其经济而言，我们将拥有控制经济和财富的各种社会形式，而不是控制一切生产资料的资本主义私有制；就其政治而言，我们将拥有一种更加多样的选举机制，而不是只具有象征意义的每四年或五年一届的选举机制；就其文化而言，我们将拥有一种更加丰富和更具创造性的社会文化生活，它由各种各样而不是单调机械的美学实践所构成。

未来的社会管理应该是一种完全的集体的民众工程，它不同于一般的个人工程，如制订计划、婚姻选择、技能培训、家庭供给、取名字等；它不同于一些集体的或公共的工程，如宗教运动、政治斗争、军事冲突、外交事务、商业探险和文化创造；它也不同于这样一些集体的工程，如早期的政治殖民、宗教异端或文学乌托邦。这一工程的典型代表是法国革命和美国革命，它们始于一种自发的反抗，止于一种政治司法的重建。但它也不同于一种完全的民众代理人的运动，即现代的工人阶级运动，而是真正的社会主义运动，是伴随其创始人称之为科学社会主义而出现的一种试图变革现存社会关系的集体性工程。这一工程与一种可预想的未来相连，最为典型的标志就是 20 世纪初俄国的社会主义革命。② 尽管最终的结果与最初的预想之间存在着极大的差距，但创立社会主义社会的这一事实是不可更改的，或者换言之，这一社会主义工程就是民众可欲求的、可实现的工程。

为了实现这一新的社会主义工程，应该开创一种"革命的政治学"，在这一政治学中，革命的主体依旧是与资本相对的劳动者一方即工人阶级；革命的策略依旧是革命主义而非改良主义；革命的目标是从私有制向公有制转变，争夺社会权力和财富；革命的形式主要是一种政治革命，即在政治上推翻旧的国家秩序并产生一种新的国家秩序，是一种"伟大的反抗"或"光荣的革命"，是

---

① ［英］佩里·安德森：《文明及其内涵》，《读书》1997 年第 11 期。

② Cf.Perry Anderson, *Arguments within English Marxism*, pp.19-20.

来自下层民众对国家秩序的一种政治推翻和取代；革命的结果是促使现存资本主义国家解体，从生产方式上对有产阶级的没收，一种新的国家和经济秩序的建立，生产者首次对其工作生活和政治政府实行直接的管理和支配。[1]“革命的政治学”要求革命，社会主义不通过革命是不可能实现的，社会主义需要这种政治行为，因为它需要消灭和破坏旧的东西，打碎资本主义的生产关系和社会关系，使之发生根本的转变。

安德森的革命的政治学看上去是一种不切实际的幻象，一种“乌托邦”的社会主义，几乎没有什么现实性和可操作性。然而，这一革命对于安德森来说却是“最科学的社会主义”，一种理性的社会主义，也是一种最深刻、最彻底的社会主义，并非只是道德意义上的社会主义。我们看到，安德森的理想社会是对资本主义展开毫不妥协的批判的结果，他在一种历史的深度和结构的意识中进行着理论的斗争，然而却是一种“理论实践”，尽管没有从理论的斗争走向实践的斗争。

针对现代主义意识形态的终结、精英文化的败落和大众文化的滥觞，威廉斯则预设了一种被称做“共同文化”的理想社会主义的社会。共同文化的社会从全人类的视角出发，以消解精英和大众文化的界限为手段，以“与邻为善”为原则、以“生命平等”为精神内核，以共同文化的扩张为实现途径，超越现代性社会对人的压制，倡导回归人类生活的自然和自由状态。

在威廉斯看来，改变我们这个世界的主要力量是工业与民主。工业给人类带来的改变是人类对对象的支配，“即人类主宰与控制其自然环境的理论和实践”，人类在这样的支配中，不断地实现着对自然的征服，以此来使自己的利益和需求得到满足，获得相对丰裕的物质条件。事实证明，这样的征服和满足是暂时的、局部的，并非人类的真正的进步，而人类对自身生存条件的破坏却带来了真正的生存危机，最终的结果可能是在精神上丧失物质的收获所提供的全部机会，甚至“几乎扼杀了我们整个的共同生活”，造成了越来越大的危机和灾难。因此，工业必须在人类的控制之下发展，现代主义的工业模式必须放弃。而对于现代意义上的民主来说，尽管人类采取了多种做法，然而，实质上没有什么差别，都是固有的支配模式在精神上的重现，是“把自己的旧

---

[1]　Cf.Perry Anderson, *Arguments within English Marxism*, p.194.

意向投射到未来，逼使自己和其他人都去充实那些意向的未来"①。支配模式是人类实现真正民主的最大障碍，是集权主义的表现，对它的摧毁只能借助于文化观念的变革。从某种意义上说，共同文化的建设，正是克服现代性意识形态的结果，是真正意义上的社会主义的根本特征。

共同文化蕴涵着社会共同体具有共同的价值取向和目的追求，因此，"与邻为善"应为共同文化体的基本原则，是个人利益在共同体中得到实现的基础。"与邻为善"首先意味着个人的独立性与他人的独立性的共生和文化的共享，以共同的文化特质有效参与社会文化的建设，相互负责、相互调整、和谐共存。文化共同体必然存在差别和不平衡，存在个体选择的多样性和群体的共同意志的矛盾，然而，共同文化自身具有容忍差别的能力，它的开放性、参与性、民主性等是其基本保障，因为一个好的共同体，一个有生命力的文化，不仅会容纳而且会积极鼓励所有的、任何能够对人们共同需要的意识的进步作出贡献的人。"与邻为善"作为共同文化的原则，是通往共同文化的方法和途径，是一种兼容了诸多"不同"的共同，是一种异质的和谐共存状态，绝非一种同质的同一状态。

文化共同体的社会预设要求自然的发展而不是支配性的发展，因此，威廉斯倡导自然的成长与扶持自然成长相结合的共同文化观念。共同文化的观念以一种特殊的社会关系形式，使自然成长的观念与扶持自然成长的观念结合在一起。如果说任何文化在整体发展过程中都是一种选择、一种强调，那它也必然是一种特殊的扶持。一个共同体的文化特征就在于这种选择是自由的、共同的，或者是自由的、共同的重新选择。扶持是一种以共同决定为基础的共同过程，而且共同决定的本身包含着生活与成长的各种实际变化。共同文化体现了发展过程的相互协调，而它的内在根据是生命平等。②

生命平等是共同文化的精神内核，是共同文化与民主高度一致遵从的原则和奋斗的目标。共同文化是民主实现的观念保障，民主是共同文化理念的核心。在共同文化中体现的是一种更广义上理解的民主——一种生命的平

---

① ［英］雷蒙德·威廉斯：《文化与社会》，吴松江、张文定译，北京大学出版社 1991 年版，第 414 页。

② 同上书，第 416 页。

等,而不是狭义上的阶级或政党的平等。"我们需要一个共同的文化,这不是为了一种抽象的东西,而是因为没有共同的文化,我们将不能生存下去。"①通过共同文化的理想追求和实现,有助于排除社会的等级区分和不平等,创造一种使所有社会成员可以进行有效交流的共同体,以共同的责任伦理充分地参与民主。②

文化扩张是走向共同文化的基本策略。这一策略的核心是通过教育等具体手段,消解不平等的文化,有效地做到文化的推广和普及,从而在一个广阔视域内架起一座大众文化与精英文化之间的桥梁,最终为共同文化的实现构筑坚实的后盾,实现文化共享。一个文化共享的社会体现了文化唯物主义的社会主义理想。

威廉斯的继承者伊格尔顿赞赏对现代之后理想社会的这样一种社会主义的预设。他认为,威廉斯的共同文化观念和自己的政治理想是一致的,通过小规模的革命过程,创造一个具有共同价值和共同文化观念的社会。在这一社会中,平等的成员关系代替了阶级的等级,充分参与的社会主义民主及其机构为文化共享创造了条件,也为文化的融合提供了可能。③ 然而,伊格尔顿也看到了威廉斯的不足,那就是关于主体的创造性与文化共同体的关系、关于意识形态与革命活动之间的关系等问题。通过对这些问题的思考和研究,他向前跨了一步。

伊格尔顿对于威廉斯关于现代主义意识形态已经终结的论断给予充分肯定,对于威廉斯关于文化意义的思想也几乎是不打折扣地赞同,但对于威廉斯没有充分估计到意识形态和人的主体能动性在当代社会的作用,却提出了不同的看法,对于后现代主义者所做的解构,更是给予了犀利而猛烈的政治批判。在他看来,当代社会面临的根本问题,仍然是生产力和生产关系的基本矛盾,而不仅仅是一个文化问题,说到底还是一个意识形态问题。解决这一基本矛盾和问题的理论基础必然是马克思主义。因此,伊格尔顿倡导要站在马克思主义立场,捍卫和重申马克思主义的有效性,认为旨在改变社会制度的传统

---

① ［英］雷蒙德·威廉斯:《文化与社会》,吴松江、张文定译,第 395 页。

② 参见吴冶平:《雷蒙德·威廉斯的文化理论研究》,甘肃人民出版社 2006 年版,第 89 页。

③ Cf.Lisley Johnson,*The Cultural Critics:From Matthew Arnold to Raymond Williams*,London: Routledge & Kegan Paul,1979,p.72.

的政治运动形式并没有过时，只要紧紧抓住这一点，就可以走出当前的困境，关键是要找到或培养新的社会主体力量。在共同文化的理想社会中，依靠这种新的主体力量，实现大同世界。因此，伊格尔顿强调通过社会批判的过程，构造社会主义新人，达到人的解放。

伊格尔顿对后现代主义消解主体，高呼主体死亡的论断不屑一顾，对于他们摒弃"主体"，极力推广以个性特征为中心的自我提出尖锐批评，认为这是用感性分解超验的理性，用"形而下"的物质抵抗"形而上"的精神，用破碎的均质消解整体的统一，用边缘和局部消解中心，这在政治上是危险的。因为如果不存在自主、稳定的主体，那么也就没有什么"自我"有待去解放，而作为政治反抗的解放观念本身也将会被抛弃，人的现实存在的意义和人的抗争意义也就荡然无存，对资本主义制度的革命改造也就根本不可能。后现代的主体解构理论反映了发达资本主义时期的政治需要：所有个体不分种族、性别、年龄，一概成为可以互相交换的商品。

伊格尔顿在身体自然性的基础上，突出和肯定了"主体"的能动创造力，他用马克思主义的经典概念，指出主体的自然属性是人的劳动能力，主体性是在劳动实践中形成的。人的劳动能力使人能够自觉地、有目的地征服自然和改造世界，以满足自身需要。资本主义社会中人的劳动被异化了，出现了"主体"的真正迷失。因此，只有消除异化劳动、恢复劳动的本来功能，让无限丰富的劳动成果的使用价值取代单一的交换价值，才能实现个人的充分自由，真正确立"主体"及其尊严，而不是它的消失。"人类的存在历程无论如何应该是'主体'完满实现其自然属性的过程。"①尽管在这一过程中存在迷失，但不足为怪，因为人类文化自身的发展不是直线式的，而是曲折的，它有能力自拔。

按照伊格尔顿的看法，发展生产力，提升物质进步，是人的主体性得到发展的基础；而发展文化，改进人的生活方式，实现人的自由，才是发展主体本身。发展生产力与发展文化具有内在一致性，都是在充分张扬人的主体性，恢复"主体"的应有尊严，这些都要靠人类天性中的创造能力去争取，离不开人的自觉改造世界的"主体性"的推动，建立共同文化的社会，既有利于生产力

---

① 马海良：《文化政治美学——伊格尔顿批评理论研究》，中国社会科学出版社 2004 年版，第 224 页。

的进步,也有利于文化自身的发展,提升具有集体意识能动性的作为个体的主体的价值和意义。那么,如何才能做到或实现共同文化呢? 伊格尔顿的回答是,要依靠马克思主义的意识形态,依靠革命斗争。若要社会主义事业成功,"造反者必须具有相当的自信和镇定,具有确定的目的和实现目的的始终同一性"①。

针对以自由主义为基础建立起来的资本主义现实社会的不平等和非正义,以对马克思经典思想进行语言分析擅长的新马克思主义者柯亨,在批判自由主义平等观的基础上,预设了一个全新的平等与自由相统一的正义而理想的社会主义社会。柯亨从技术或工业作为社会发展和人类解放首要动力的前提出发,致力于发展一种"深层"的机会平等机制,提出了"可及优势平等"概念,以实现每个人与他人都处于平等关系之中的社会主义的共同体为目标。

在柯亨看来,现实的资本主义社会貌似公平,因为它预设了一些似乎人人都可接受的前提。正如罗尔斯的正义原则所表明的那样,资本主义社会制度提供了所有人都平等地享有最广泛的基本自由的权利,这种自由以不妨碍他人的同样自由为限,社会也作出了符合处境最差者的最大利益的制度安排,现实社会中收入和其他生活条件的不平等是一种自然状态,社会底层的人可以通过自己的努力,通过勤奋、毅力、才智和正当手段等使自己的经济和社会地位得到提升。对于自由主义的这些基本理念,马克思主义从多方面给予了批判。对于柯亨来说,无论机会平等,还是条件平等,甚或所谓福利制度,其实都是空话,因为深层机会问题其实根本没有解决,如在享受养老金、医疗保险、教育机会、闲暇活动、弹性工作制及使工作与家庭生活相结合等方面应享有的权利并没有得到落实。

柯亨认为,现实的社会不平等在资本主义框架中是不可能从根本上解决的,只有建立起社会主义制度,这一切才有可能。理想的社会主义制度,应该具有两个原则,即平等主义原则和共同体原则。平等主义原则是一种基本机会平等的原则,并且与结果的不平等是相容的。共同体原则限制了平等主义原则的运作,因为它禁止平等主义原则所容许的某些结果不平等。社会主义

---

①　Terry Eagleton, *The Illusions of Postmodernism*, Oxford: Blackwell, 1996, p.18.

的机会平等通过社会调节机制,纠正所有非选择的劣势,即行为者自身没有理由为之负责的劣势。因此,在这样的社会中,当机会平等得以实现的时候,结果的差异反映的只是趣味和选择的差异,而不是天生和社会的能力与力量的差异。坚持收入和工作时间都平等是一种熟悉的社会主义政策。社会主义的共同体,以其成员合理的自我牺牲体现共同的价值诉求;以共同体成员的互惠性,如彼此提供必要的服务,达至内在的平等;以共同意志基础之上的合作回报所有的人,从而排除人与人之间的工具性使用;以人与人之间的平等关系,消除各种非道义的和非人性的社会行为,结束由社会所强加的各种压迫。①

柯亨塑造理想的平等社会是从内心发出一系列纠结人心的疑问开始的。他疾呼道:谁应该对那些不是由于他们自己的过错而在生活上无助地变得越来越差的人们负责? 谁应该对改善不平等负责? 如果我们相信正义和平等,那么,我们应该如何行动? 我们应该做什么? 我们应该支持公正的社会机构,指望机构改革能够帮助改进那些坏下去的人的状况呢? 还是我们只是在我们的个人选择中诉诸一个平等主义的意识,以便把正义主要视为一个"慈善"问题? 在一个正义的社会中正义对个人的要求是什么? 以及在一个非正义的社会中正义对个人的要求是什么? 如果你是一位平等主义者,你怎么可能这么富有? 也许有的先富裕起来的人会针对柯亨的前提反问:我为什么要成为平等主义者? 甚至他们还会问:为什么穷人和富人必须共享一个可辩护的共同体?② 等等。

柯亨认为,我们生活的社会贫富严重分化,不正义感普遍存在,人人幸福根本不存在,穷人和富人之间的不平等完全源于社会制度和权力结构本身。因此,改变社会制度,调整社会的权力结构,是实现社会主义理想的根本所在。社会主义的平等理想是可以实现的,它具有可致性。"社会主义理想所面临的主要问题是,我们并不知道如何设计出那种实现社会主义理想的机制。从根本上说,我们的难题并不在于人性的自私,而在于我们缺乏一种合适的组织

---

① 参见[美]伊丽莎白·安德森（Elizabenth S.Anderson）:《平等的意义何在?》,载葛四友编:《运气均等主义》,江苏人民出版社 2006 年版,第 246 页。

② 参见吕增奎编:《马克思与诺齐克之间——G.A.柯亨文选》,江苏人民出版社 2007 年版,第 308 页。

技术:我们的问题是方案问题……毕竟每一个人身上都存在自私和慷慨。我们的问题在于虽然我们知道如何在自私的基础上使经济运转起来,但我们却不知道如何在慷慨的基础上使之运转起来。即使在现实的世界中,在我们的社会中,许多方面都依赖慷慨,或者更一般和更消极地说,依赖非市场的激励。"①问题的关键在于共同体的建立,如果我们能够"把共同体扩展到整个经济生活领域"②,把共同体的基本原则体现在生活的各个方面,创造各种能够推动社会主义理想的环境,社会主义是能够实现的。尽管有巨大的障碍和困难,但我们没有理由去蔑视社会主义理想本身。因为社会主义理想面临这些阻碍而去蔑视它就会导致混乱,而混乱则导致失去方向的实践。如果我们对理想缺乏清楚的认识,那么,我们就没有足够的力量去推动理想的实现。柯亨的结论是:为了克服不平等,我们确实需要在我们的动机结构上发起一场革命。

如上我们对英国新马克思主义社会理想的分析是初步的,也很不完整,因为我们看到,除了这里的一些讨论,仍然还有许多在马克思主义意义上对理想社会的预设没有讨论到,如针对极权主义的国家统治,吉登斯、密里本德等人都有关于废除极权、建立社会主义的新的构想;针对人与自然关系的根本破坏,佩珀等人构造了生态主义的马克思主义的理想社会;针对全球化和城市化的扩张,哈维设计了理想化的美好城市社会;等等。对于这些社会主义的理想预设,值得我们深入研究、思考和借鉴。

英国新马克思主义在本质上是建构主义的,这是英国哲学、文化和理论的特色。他们基于马克思主义的基本理论和英国自身的经验主义传统,不仅批判资本主义,构造社会主义理想社会,同样也以实际行动来践行他们的理想,尽管极其有限,如组织和参与罢工、罢课、游行示威、街头宣传、社区宣讲等各种活动,积极开展文化思想领域的争夺,利用报纸、杂志、电视、广播等各种媒体,向大众宣讲马克思主义和革命道理,揭露资本主义的腐朽和堕落。总体来看,英国新马克思主义持一种微观政治学的思想,即意欲通过多种多样的微观革命行动,用理想中的社会主义原则和基本理念为指导,积极推动向资本主义

---

① 吕增奎编:《马克思与诺齐克之间——G.A.柯亨文选》,第272页。
② G.A.Cohen, Back to Socialist Basics, In Franklin(ed.), *Equality*, p.37.

抗议和争取权利的各项斗争,尽管这些微观活动的作用是有限的,比之于疾风暴雨式的制度革命似乎微不足道,但还是产生了很大的影响,对于推进马克思主义本土化,对于推进英国社会从资本主义向社会主义的过渡,对于人的身体解放、思想解放、政治解放,对于人的自由获得,都是必不可少的环节。

第一篇　历史研究

第一章 汤普森:回归人道主义

汤普森于 1924 年出生于英国。父亲爱德华·约翰·汤普森是一位诗人、小说家和历史学家,曾在印度当过卫理公会传教士并支持印度独立事业,与泰戈尔、尼赫鲁及许多议会成员都有私交。他的母亲西奥多西亚·杰索普出生于美国传教士家庭。汤普森在牛津长大,小时候也在黎巴嫩和美国生活过一段时间。他小学时就读于牛津的德拉贡小学,中学时在巴斯的金斯伍德学校受教育,这是一所卫斯理派学校,后考入剑桥大学圣体学院学习历史。此时第二次世界大战战火已经延烧到英国。1943 年,汤普森不得不中断学业,投入到反法西斯战争中去。参战期间,

爱德华·帕尔默·汤普森(**Edward Palmer Thompson**,**1924—1993**)

他作为一名坦克部队的指挥官曾转战北非、意大利和奥地利。1945 年,汤普森又回到剑桥大学继续完成学业。受哥哥弗兰克的影响,汤普森在大学期间加入英国共产党,同时当选大学社会主义俱乐部主席。1946 年,他加入英共的"共产党历史学家小组"。1947 年,作为一名志愿者,他先后在南斯拉夫和巴格达等地参加了战后重建工作。1948 年,大学毕业的汤普森与多萝西·塔沃斯结婚并搬到约克郡的哈利法克斯,开始在利兹大学校外部当专职教师,这一工作一直延续了 17 年之久。1956 年,他与约翰·萨维尔在英共党内创办刊物《理性者》。由于与英共领导层意见相左,不久就被停刊。同年,由于对

苏联及英国共产党的所作所为极度失望，他和其他七千多名党员一起退党。1957年，他们又创立刊物《新理性者》。1965年，汤普森在新成立的沃里克大学社会史研究中心担任第一任主任，从事对英国18世纪的历史研究工作，同时开展本科生和研究生的教育工作，这一工作延续了7年。从20世纪70年代开始，汤普森卷入了欧洲和平运动。此后，他把绝大部分精力投入到这一运动中去，写了大量宣传文章并在各种大会上演讲。1993年，汤普森病逝，享年69岁。

汤普森一生著述丰富，许多著作刚一问世就备受关注，尤其是《英国工人阶级的形成》给他带来了国际声誉。在迈克尔·肯尼眼中，汤普森是"英国最优秀的历史学家和最著名的学者"和极为少见的"公共道德家"。① 他曾与英国皇太后、女王伊丽莎白二世及撒切尔夫人同被列为最受尊敬和最知名的英国公众人物。批判一直是汤普森学术及政治活动的主基调。正因为他笔锋犀利，勇于批判，所以，哈维·凯伊评价说："作为历史学家、政论家与政治活动家，汤普森或许是最有知名度同时也是最有争议的英国马克思主义史学家。"②经验主义、历史主义、政治理念和主体意识可以作为汤普森理论思想的关键词。

近代以来，英国学术思想弥漫着浓郁的经验主义气息。这种先天遗传因素使汤普森的历史哲学天然地具备了经验主义的理论基质。在历史审视中，汤普森运用历史主义的历史分析方法，始终从个体出发来诠释历史发展的基本法则，反对以理论裁剪事实，反对理论的普遍性，强调特殊性和历史的继承性。这种历史主义方法论表现为：强调历史的不可重复性，历史事件所具有的单一性和相对性，不主张用自然科学那样的普遍规律或模式进行推理研究。③汤普森受到马克思主义的强烈影响，在历史研究中贯穿运用了历史唯物主义的基本观点和方法论。他始终抱着一种政治信念：社会终究能够实现人的自由和全面发展，共产主义不是遥不可及的幻想，而是一种现实的社会运动。社

① 参见［英］迈克尔·肯尼：《爱德华·汤普森的伦理激进主义及其遗产》，《求是学刊》2007年第5期。

② Harvey J. Kaye, *The British Marxist Historians*, Cambridge: Polity Press, 1984, p.167.

③ 参见乔瑞金、师文兵：《历史主义与结构主义——英国新马克思主义哲学探索的主导意识》，《哲学研究》2005年第2期。

会的每一点进步,即使微不足道,也是向这一目标接近。所以,在汤普森这里,历史研究和现实分析常常紧密结合在一起,从历史当中试图解读社会的发展轨迹和前进方向。历史如何发展? 社会何以进步? 这是汤普森在历史研究中要着力解决的问题。在西方发达资本主义体系中,首先在英国,如何有效地开展社会主义运动,如何把共产主义的政治理想变为现实是汤普森始终坚守的研究方向。他所苦苦寻觅的答案就是:"一个正义而人道的未来社会的根源可以在英国过去的大众性民主斗争中发现"①,而主体意识则是大众性民主斗争开展的核心与关键。

第一节　经验主义的理论基础

从 16 世纪末到 18 世纪中期,哲学史上先后出现了培根、霍布斯、洛克、贝克莱、休谟等经验主义哲学代表人物。他们都是英国哲学家,所以又称其理论为英国经验主义。虽然它只包含了"片面的真理"②,但它作为近代西方哲学的逻辑起点之一,对于后世哲学,包括马克思主义哲学都有极为重要的影响。汤普森作为一名英国本土成长起来的历史学家和思想家,再加上他极为重视民族自身的习惯与传统,促成了英国经验主义理论传统在他思想形成的过程中产生了根本性影响。在思想孕育过程中,从母体当中继承而来的经验基质与其思想已经融为一体。因此,我们在汤普森的理论著作中,不经意就会发现这种与生俱来的"经验"胎记。

一、标示特殊性的"民族主义"

英国马克思主义具有很强的民族或地域特性。许多马克思主义者都是历史学家或文化理论家,他们的研究对象大多集中于本国特定时期的历史和文化,在研究路径上具有明显的经验主义特征。这与欧洲大陆马克思主义研究的理性主义倾向形成了鲜明对比。在 20 世纪六七十年代,英国独守的学术传统受到了大陆理论势力的挑战,一些年轻一代的马克思主义者,如安德森、奈

① ［英］埃德温・A.罗伯茨:《英国马克思主义理论形成中的科学家与历史学家》,陈晓译,《国外理论动态》2006 年第 1 期。

② 《毛泽东选集》第一卷,人民出版社 1991 年版,第 291 页。

恩等人首先被这种异域理论所吸引,并逐渐接纳,继而向英国大量译介。他们要把大陆的理论模式移植到英国,以期通过理论教化来实现英国的社会主义革命。但以汤普森为首的马克思主义者对此却持反对态度,拒绝这种外来观念对英国理论传统的侵扰。他站在英国本土的立场上,以"民族主义"抵抗外来的"国际主义",形成了经验主义与理性主义两种理论体系的对垒。

从1963年出版的代表作《英国工人阶级的形成》,到1965年发表的《英国人的特性》,再到1978年出版的《理论的贫困》,无不体现出汤普森的"民族主义"的理论姿态。

在《英国工人阶级的形成》一书中,通过对工业革命时期英国工人阶级历史的考察,汤普森得出了一个结论:英国向来具有激进主义的革命传统,英国工人正是继承了这一传统,形成了独立的阶级意识,最终促成了英国工人阶级的诞生;并且继承了革命传统的英国工人阶级也能够通过合法的政治斗争和经济斗争最终赢得革命的胜利。汤普森指责安德森等人忽视了英国这一优秀的民族传统,并拒绝安德森等人引入其他国家的革命经验和理论来指导英国的工人运动。在学术研究和获取学术资源的范围上,汤普森始终把关注的焦点集中在英国,表现出了强烈的"民族主义"倾向。汤普森自己也不否认这一点,他说:"如果把马克思、维柯和一些欧洲的小说家拿开,我最熟悉的伟人祠里将是一个地方性的茶会:英国人和爱尔兰人的聚会。"①

在《英国人的特性》一文中,汤普森对安德森《当代危机的根源》进行了回应和反驳。针对安德森的某些判断,汤普森立足于英国社会的具体状况对一些问题进行了具体剖析。他认为,英国有其特殊性,它首先是个新教国家,社会革命的直接动因并不总是来自经济方面,在许多情况下需从文化宗教方面,从人的精神层面去发掘。在阶级形成问题上,汤普森指出阶级形成不能简单地从经济层面分析,也要从文化和社会其他层面考虑。在向社会主义过渡的战略问题上,汤普森提出了三种模式:(1)通过暴力革命推翻资产阶级的国家机器;(2)通过合法政党,在有明确社会主义战略构想的情况下,不断累积改革成果终究达到一个临界点,从而经过从量变到质变最终实现向社会主义的

---

① E.P.Thompson, *The Poverty of Theory and Other Essays*, New York: Monthly Review Press, 1978, p.109.

和平过渡;(3)通过阶级结构的优化调整,突破旧有的制度和价值体系,使之为全新的体系所代替。汤普森认为,在像英国这样的资本主义框架下,通过第一种模式来实现社会主义过渡的可能性几乎不存在。第二种模式目前在英国左派当中被广泛讨论,第三种模式或者第二种和第三种的混合模式应该是重点考虑的对象。汤普森所得出的这一结论是建立在一系列分析基础之上的,包括社会分析、经济分析和文化分析,而不仅仅是一种简单的对国家权力的政治分析。这一结论也是从具体的历史与现实的境况出发,对特定国家未来社会走向的判断,具有很强的指向性和针对性,体现出汤普森理论的民族特性和经验气质。

《理论的贫困》是汤普森的一部论战之作,批判对象看起来好像是持结构主义理论的阿尔都塞,但其矛头却直指身边的安德森。该书借鉴了马克思为抨击蒲鲁东而写的《哲学的贫困》一书的书名。在汤普森看来,安德森他们把历史看做是一系列抽象化的理论范畴,而不是具体的历史事件,这与"形而上学的异端"蒲鲁东没什么分别。书中言辞之尖锐、批判之严厉在汤普森的著作中前所未有。该书的出版在英国学界再次掀起争论的波澜。安德森不得不抵挡招架,随后也出版了《英国马克思主义的内部争论》一书进行反击。

汤普森之所以有民族主义之见,主要是由于经验主义的理论基质的作用。作为一位杰出的历史学家,通过对英国工人阶级历史经验材料的详细考察,在归纳分析的基础上,汤普森从中建立起对英国工人阶级独立完成革命的信心。英国经验主义的巨大影响,使他只注重英国的历史事实,而对欧洲大陆的理论却不屑一顾。所以,汤普森的民族主义主张更多地包含了民族情感的成分。与汤普森不同,除了受到大陆理性主义影响外,安德森对英国工人阶级革命缺乏信心导致了他的国际主义倾向。由于对理论的格外重视,安德森继承了马克思关于社会主义不可能在一国建成的理论和托洛茨基的不断革命论,同时也接受了葛兰西的文化霸权理论,再加上他相信英国工人阶级很难单独取得革命成功,这就使他得出了结论,工人阶级只有跨越国界普遍地团结起来,从理论上武装起来摆脱资产阶级意识形态的控制,真正建立起自己阶级的革命意识,才能打破资产阶级建立起来的全球性的稳固的政治秩序,最终夺取社会主义革命的胜利。基于这一认识,安德森的国际主义主张就有了答案。在这一问题上,汤普森的民族主义与安德森的国际主义形成了鲜明的对比。

二、历史哲学的经验特征

在汤普森的许多著作中，"经验"（experience）是反复出现的一个词汇，是其理论体系中的核心概念之一。在《英国工人阶级的形成》一书中，在论述阶级的形成过程时，汤普森高频率地使用"经验"（experience）这个词汇。这个词本身有两层含义："经历"（客观）和"体验"（主观）。汤普森正好使用了该词的这两层含义。"当一批人从共同的经历中得出结论（不管这种经历是从前辈那里得来还是亲身体验），感到并明确说出他们之间有共同利益，他们的利益与其他人不同（而且常常对立）时，阶级就产生了。"①"阶级是一种历史现象，它把一批各个相异、看来完全不相干的事结合在一起，它既包括在原始的经历中，又包括在思想觉悟（意识）里。"②从中我们可以看到，在阶级形成过程中，共同的经历虽然必不可少，但对这种经历的体验和感受却是关键。如果能够体验出共同的心声即形成了阶级意识，也就意味着阶级的产生。在《理论的贫困》一书中，汤普森再次使用"经验"（experience）的双层含义来描述阶级的形成过程。"阶级和阶级意识不能分离，不能认为它们是两个分开的实体，也不能认为阶级意识是在阶级出现以后产生的，必须把确定的经验和在观念上处理这种经验看成是同一的过程。"③"确定的经验"可以看做是客观的经历，"在观念上处理这种经验"则是对这种客观经历的体验和感受，也就是阶级意识的形成。没有这种观念上对经验的处理过程，阶级意识就不会产生，阶级也不会形成。在经验参与下，汤普森完成了对阶级的动态历史分析以及阶级形成标准的认定。在他的理论中，人是有思想、有情感的人，是具体的、现实的人，也是创造历史并创造自身的人。④

为了使社会存在与社会意识之间更好地衔接，汤普森需要为社会发展找到一个新模式，它允许社会意识在一定范围内的自主性。于是，他在社会存在和社会意识二者之间加入了经验这一中介，试图以此来说明存在和意识之间

---

① ［英］E.P.汤普森：《英国工人阶级的形成》，钱乘旦等译，译林出版社 2001 年版，"前言"第 2 页。

② 同上书，"前言"第 1 页。

③ E.P.Thompson, *The Poverty of Theory and Other Essays*, p.109.

④ 参见师文兵：《汤普森社会批判理论中的经验范畴分析》，《马克思主义与现实》2011 年第 1 期。

的互动关系。经验如何能够担此大任? 还是由于"经验"(experience)具有"经历"(客观)和"体验"(主观)两层含义,也就顺理成章地成为存在与意识之间联系的纽带。经验"一半在社会存在中,一半在社会意识中,我们或许可以称这些经验为:经验一——活动的经验;经验二——理解的经验"①。"经验产生于物质生活,经验被阶级的方式所构成,因此社会存在决定了社会意识。"②"社会存在的变化带来经验的变化;经验的变化影响现存的社会意识,提出新的问题,为进一步的意识活动提供素材,在这种意义上,经验是决定性的……'经验'在最终意义上是从'物质生活'中产生的,以阶级方式积累而成。既然'社会存在'决定'社会意识',(社会)结构仍决定着经验,只是从这一层面看,它的决定性影响有所减弱。"③在这些论述中,我们可以看到汤普森所设计的"社会存在—经验—社会意识"互动模式。汤普森所理解的经验,既包含死的经验,又包含活的经验。死的经验是主体的社会活动经历,活的经验则主要是对这种社会经历的理解和体验。这样,经验就具有了客观和主观、存在与意识的双重属性。这也是经验之所以能够连接社会存在和社会意识的关键所在。一方面,经验具有主体活动历程的含义,社会存在又是主体活动结果的积累,经验与社会存在必然紧密相接;另一方面,经验具有理解活动过程的含义,社会意识又是对活动结果的反映,也使得经验与社会意识不可分割。经验使社会存在和社会意识这一复杂系统内部的互动成为可能。

经过经验的中介,社会存在和社会意识不再界限分明,不再僵化对立,社会存在融入了主体的细胞,社会意识也渗透着客体的要素。这些日常生活和社会生活的所有元素"构成了整个历史进程的遗传学,在某一点上会聚成了人类共同的经验,每一部分都在总体中发挥着自己的作用"④。从而,通过经验,社会存在不再是僵死的物件,而被理解为一个过程;通过经验,主体也不再是历史之外的看客,而是自然地融入其中。⑤

---

① E.P.Thompson,The Politics of Theory,*People's History and Socialist Theory*,edited by Raphael Samuel,London:Routledge & Kegan Paul,1981,p.405.

② E.P.Thompson,*The Poverty of Theory and Other Essays*,p.171.

③ Ibid.,p.171.

④ Ibid.,pp.170-171.

⑤ 参见师文兵:《汤普森社会批判理论中的经验范畴分析》,《马克思主义与现实》2011年第1期。

在汤普森看来,历史学就是挖掘整理历史材料和事实,而不是用这些材料和事实去论证或产生理论。他说:"历史学并不是一个生产'伟大理论'的工场。历史学的任务是要发现、解释和理解它的客体:即真实的历史。"①汤普森甚至把历史等同于过去,把它当成过去所发生的全部事情的记录,从而反对把历史学当做一门科学,因为"把历史称为一门'科学'的企图总是无益的并且容易引起混乱的"。② 汤普森看到了历史本身的流变性与理论概念的牢固性不相适应的一面。他认为历史演进中诸多的偶然性决定了不可能出现相同的历史事件,也不可能产生造就历史事件的相同历史条件和环境。在汤普森看来,在特定的历史时期、特定的历史条件下,再根据特定的历史事实制造出来的理论只适合于说明当时的历史,绝不能把这些理论模式加于其他历史事实之上。汤普森认为,历史的这种特点决定了历史学永远只能用事实说话。因此在汤普森的历史学研究中,理论总是被刻意地排除在外。在去世的前一年,汤普森对他一生的学术写作进行了总结。他说:"在我的史学著作当中并没有很大的理论篇幅。我有意避免这一点。一方面这是个怎样与读者对话的问题,另一方面也表明了我的整个立足点和思维方式。"③汤普森的这一总结也恰当地说明了在他的学术中重事实、轻理论的特点。

虽然汤普森始终把理论看做历史学研究的障碍,在与安德森的争论中,他不断抬高经验方法,而贬抑理论方法。但事实上,汤普森也不得不承认在他的历史研究中已经用到了"理论"。他说:"我深受马克思主义理论的影响,极大地得益于马克思主义史学传统,我的理论语汇相当大的一部分来自这一传统,比方说'阶级觉悟'。"④汤普森虽然反对把马克思在特定时期和特定条件下得出的那些现成的结论拿来套用,拒绝用理论和原则来裁剪事实。但他却强调只能用马克思主义的方法来进行历史研究,并且他认为作为方法论的历史唯物主义和辩证法是马克思主义者"共同实践的场所"⑤。值得注意的是,汤

---

① E.P.Thompson,*The Poverty of Theory and Other Essays*,p.46.

② Ibid.,p.231.

③ 刘为:《有立必有破——访英国著名史学家 E.P.汤普森》,《史学理论研究》1992 年第 3 期。

④ 同上。

⑤ E.P.Thompson,*The Poverty of Theory and Other Essays*,p.44.

普森并不承认马克思主义的方法是抽象出来的理论，他认为它们只是具体的"思想习惯"，要在学术实践中通过培养才能获得。为了捍卫经验主义原则，汤普森仍然拒绝把历史研究中应用的方法上升到理论的高度，拒绝把它当成理论来看待。此外，汤普森并不完全排斥在历史学中运用一些概念与范畴。他多次承认马克思主义的理论与概念在他的研究工作中具有重要作用。但是，汤普森又认为，在历史中运用的概念是"期待而非规律"，这些概念具有"特殊的适应性"和"应有的弹性"，是一个"机动系数"。① 汤普森在这里已经把理论缩小化为概念，而且他所说的概念也并不完全是我们所理解的概念。他所说的概念能够随着经验事实的改变而快速作出反应，能够在瞬息之间改变自身来追随不断流变的经验事实。也就是说，他把概念引入历史只是为了方便地谈论经验事实的流变性，而概念最终却要消融于经验事实之中。正是由于汤普森所理解的历史事实与理论概念的不相容，他才怀疑历史学作为科学的正当性。

　　毫无疑问，出于对历史学学科特点的理解，汤普森批评安德森在历史学研究中忽视历史事实是正确的。汤普森重视历史的细节，把自己的历史研究限于发掘整理事实材料，由于个人的精力和时间等条件的限制，这样做也是合理的。而且仅仅把这些工作做好也已经使汤普森成为一个杰出的历史学家。可惜的是，汤普森把作为个体的历史学家的工作与整体的历史学的使命相等同。他反对从搜集来的历史材料和经验事实当中去抽象出理论，更不能容忍把理论加于历史事实之上。对于理论体系，他始终抱着强烈的排斥态度。这样就不仅把历史学家的工作限制在收集事实材料上，而且把历史学错误地当成了堆积事实与材料的学科。由于把理论排除在历史学之外，汤普森很自然地就拒绝给历史学冠以科学之名。在《理论的贫困》中，汤普森写道："历史学家没有理论，马克思主义的历史学家也没有理论，历史理论必然是有别于马克思主义历史理论的其他东西。"②出于保护目的，为了使历史学免受理论的"污染"，汤普森采取的是一种极端的方式，把理论拒于历史学门外，其结果必然是对历史学自身的伤害。

————————

① Perry Anderson, *Arguments within English Marxism*, p.9.

② E.P.Thompson, *The Poverty of Theory and Other Essays*, p.12.

汤普森从历史学家的角度出发,基于历史学的特点,再加上受英国经验主义传统的熏陶,所以过多地强调事实,信奉单一的经验事实原则,这样势必造成他对理论的过分贬抑。显然,这种认识对于历史唯物主义和历史学本身的发展都是不利的。在与汤普森的争论中,安德森更多从哲学理论的角度来进行社会发展总体和长时段的考察。在这种总体观中,在肯定英国历史学研究成果的同时,他也指出了其存在的问题。在对问题的矫治过程中,安德森难免过多地强调理论的作用,但他要求在历史学研究中进行理论介入的主张无疑是正确的,我们应该肯定他在"事实"和"理论"之间寻找中介平衡的努力。

不可否认,社会历史本身存在着客观结构。搜集和分析历史事实的目的就在于去发现这种结构,并用它对曾经发生的具体的历史事件作出合理的说明,而且更重要的是,能够用它对未来的社会发展趋势作出尽可能准确的预测。也就是说,作为一个特殊领域的社会学科,虽然历史学必须面对历史事实,要解决特殊性的问题,但是它同样要关注人类社会的整个历史进程这一普遍性问题。历史学最终要从特殊性中总结和抽象出普遍性,并用普遍性来说明特殊性。所以,历史学家们的工作不仅是找到并核实历史事实和证据,而且应该做的并且最富有意义的工作是"找到枉然积累起来的事实背后的意义"①。事实上,作为一个群体,在马克思主义影响下,英国新马克思主义的历史学派已经把这些碎片恢复为整体。历史学不能仅仅限于堆积事实材料,把这些事实材料加工成为能够读懂并且能够应用的理论是历史学的必然要求。众所周知,历史唯物主义也是从历史与现实的客观世界中抽象出来的,它是对历史发展的本质性总结,是理论与方法的统一。所以,马克思主义才成为众多历史学家公认的分析解释历史的有力工具和指导。当然,在这一过程中,历史唯物主义仍然需要靠大量的历史材料来不断进行论证与修正。历史唯物主义是在从具体上升到抽象,再由抽象上升到具体的辩证过程中体现自身价值的。

---

① James Cronin, "Greeting Marxist Historiography: The Contribution of Hobsbawm", *Radicla History Rereiw*, Winter 1978-1979(19), p.88.

第二节　历史主义的思维方法

"每一个时代的理论思维,包括我们这个时代的理论思维,都是一种历史的产物,它在不同的时代具有完全不同的形式,同时具有完全不同的内容。"①历史主义思维是随着形而上学旧的思维方式和研究方法的隐退而逐渐显现出影响力的。在新旧思维的过渡当中,历史主义思维经历了一个潜在成长的过程。当人们逐渐把自然和社会理解成为一个发生、发展的过程的时候,历史主义才真正成为"我们时代的理论思维方式"。从 19 世纪开始,历史主义已经悄然渗入了几乎所有的自然与社会科学研究,成为其中不可缺少的思维方式和研究方法。

汤普森作为继承了英国经验主义传统的历史学家,由于研究领域的性质和思维习惯的影响,使得他通常用历史主义的方法来进行社会历史研究。在汤普森的历史研究中,除了经验主义的思维,同时贯穿着历史主义方法的指导,它与安德森等人主张的结构主义思维相对立。这一方法更多地表现为把社会历史看做具有继承性的不断流动变化的过程,拒绝一种宏大叙事方式。历史主义思维一般不注重研究存在于历史当中的一般模式和普遍规律,轻视理论的作用。它与经验主义思维混合在一起,多采用归纳和实证方法,并且强调个体的主观能动性和历史发展的偶然因素。历史主义思维方法构成汤普森历史理论的重要支点。

一、历史主义方法论对阶级的分析

在历史主义思维方式的指导下,汤普森强调阶级的流变性,反对把阶级放入静止的结构框架中进行共时性研究。他把阶级看做一种流动的现象,一种关系,反对把它当成一件静止的物。他说:"我强调阶级是一种历史现象,而不是把它看成种'结构',更不是一个'范畴'。我把它看做是在人与人的相互关系中确实发生(而且可以证明已经发生)的某种东西。不仅如此,对阶级的看法还有赖于对历史关系的看法。如其他关系一样,历史关系是一股流,若企

---

① 《马克思恩格斯文集》第 9 卷,人民出版社 2009 年版,第 436 页。

图让它在任何一个特定的时刻静止下来分析它的结构,那它就根本不可分析。最精密的社会学之网也织不出一幅纯正的阶级图形,正如它织不出'恭敬'与'爱慕'这些概念一样。"①汤普森主张应该把阶级放置于其形成的历史过程中来考察,"阶级是人们在亲身经历自己的历史时确定其含义的,因而归根结底是它唯一的定义"②。同时,汤普森着重强调了阶级意识在阶级形成过程中所发挥的重要作用。阶级觉悟和阶级意识主要通过传承前辈的文化得以产生,而非通常所认为的外部灌输的结果。阶级意识的形成是一个漫长过程,它在阶级斗争的历程中不断得以自我完善。由于阶级意识的形成决定了阶级的形成,所以,阶级意识的形成就成为阶级形成的标志。在阶级问题理解上,汤普森强调流动性与继承性,并且注重主体意识的能动性,这些都是历史主义的研究方法具体运用的结果和表现。

运用历史主义的分析方法,汤普森虽然关注了阶级意识这一主观因素,但却忽略了许多其他重要的东西,比如:劳动力的客观构成及其转化以及工人阶级在英国分布的空间地图。汤普森甚至没有提到作为一个整体的英国工人阶级在形成过程中的大体规模和在整个人口中所占的比例,他对如此重要问题的失察"多少有点令人震惊"③。汤普森不应该把工人阶级的形成从当时资本主义的生产关系中单独抽出来,不应该忽视工业资本主义迅猛发展这一宏大背景,而应该把它放在这一客观结构中考察。"产业化的速度和范围肯定应该被编织进任何对工人阶级的唯物主义研究的适当结构中。"④如果不把英国工人阶级放置在资本主义生产关系的结构中,就无法研究它与其他阶级的对抗,也无法评估其重要性。汤普森只从英国工人阶级自身内部寻找阶级意识的起源不完全能够反映事实,在安德森看来,英国工人阶级意识中所包含的激进成分很大程度上是美国和法国革命深刻影响的结果。

总的看来,在社会历史的研究中,在思维方式和研究方法的运用上,汤普森过多地贯穿了历史主义,而忽略了其他研究方法的运用。要想把握复杂的社会历史进程,单一的方法论是不可能产生全面客观的认识的。

---

① ［英］E.P.汤普森:《英国工人阶级的形成》,钱乘旦等译,"前言"第1页。

② 同上书,"前言"第3—4页。

③ Perry Anderson, *Arguments within English Marxism*, p.33.

④ Ibid., p.34.

二、历史主义思维方式及其特征

汤普森的研究基本上贯穿了历史主义的思维方式和研究方法,所以表现出如下特征:(1)强调历史事实、阶级和国家的特殊性和个性,不注重研究存在于历史当中的一般模式和普遍规律,轻视理论的作用;(2)在叙述式的事件和史料的罗列中,强调事物的流动变化和继承性,缺乏整体性和结构性的分析;(3)表现出强烈的经验主义色彩,多采用归纳和实证方法,很少用理论去判断或解释历史事实;(4)缺乏对历史哲学的宏观认识,认为历史学的唯一目的是再现和理解过去,为研究过去而研究过去;(5)强调主体意识的能动性。然而,安德森则受到了结构主义思维方式的强烈影响,大体表现出以下学术特征:(1)在事件背后寻找在中长时段内起决定作用的稳定的社会结构,注重把事例和材料置于社会结构的整体框架中进行分析,重视共时性分析而缺乏历时性研究;(2)强调国家、经济和政治制度在社会进程中的重要作用,不重视个体、主体的作用;(3)推崇社会历史进程的理想的统一标准模式,忽略了个体的特殊性;(4)强调社会结构对主体人的制约作用,但却忽视了主体人对社会结构的创造和改造功能;(5)对社会历史具有宏观把握,能够平衡看待社会结构中各要素的作用。

结构主义思维对于历史主义的超越在于它指出了结构整体所必然具有的复杂性这一无可辩驳的事实。在这种复杂性中,它又力图揭示整体与部分相互的辩证关系,把部分置于整体当中来进行把握。它既看到了整体对于部分所具有的制约作用,又看到部分的能动变化对于整体所发生的影响。它所强调的部分的自主性是在整体环境当中的自主性。因此,个体的实践并不是作为单个个体的实践,而是作为一个体系内的相互关联的处于不同层次的个体的共同实践。它所看重的正是在共同实践过程中,各种实践力量通过相互较量而最终产生的结果。从始至终,它都要求在所建构的整体中来把握个体和它的能动性。结构主义把整体作为首要的真实的存在,每个个体都在担当系统已经给它规定好的角色,并且发挥着各自应当发挥的作用。一个个体在系统中如果发生偶然脱轨可以立即由其他个体来填补这个空缺,对系统整体的结构和进程并不会造成多大的影响。结构主义强调作为历史创造者的人是被安置和定位于同样是人(相对于创造的主体而言,这里的人是指前人和他人)所创造的结构关系(不仅是人与人之间的关系,还包括事物与事物、人与事物

的关系）之中，它是每个个体所必然面对和必须接受的现实，人的创造只能在这个基础上和环境当中去创造，去发挥自己的能动性。

汤普森所运用的历史主义方法则把个体作为首要的和真实的存在，整体的存在至多也只能是第二性的存在，每一个个体的自由而全面的发展才是最终的目的。如果存在一个整体的话，那么这个整体以及其中的规则和秩序只是出于人的想象，它是为个体的生存和发展服务的。历史主义的方法优越性正是通过结构主义方法对整体的过分强调这一弱点而表现出来。结构主义注意到了整体结构的复杂性以及个体之间的相互依赖性，其结果就必然造成对个体意识能动性和相对独立性的忽视，同时也忽视了各个因素发展过程中的历史延续性与继承性。

汤普森虽然主张把历史事实作为研究的出发点，但却不能否认社会历史研究的一个基本事实和规律：社会历史本身存在着客观结构，搜集和分析历史事实的目的就在于去发现这种结构，并用它对曾经发生的具体的历史事件作出合理的说明，而且更重要的是能够用它对未来的社会发展趋势作出尽可能准确的预测。也就是说，历史学作为一个特殊领域的社会学科，虽然必须面对历史事实，要解决特殊性的问题，但历史学同样要关注人类社会的整个历史进程这一普遍性问题。历史学最终要从特殊性中总结和抽象出普遍性，并用普遍性来说明特殊性。所以历史学家们的任务不仅是找到并核实历史事实和证据，历史学也不能只仅仅局限于堆积事实材料，把这些事实材料加工成为能够读懂并且能够应用的理论是历史学的必然要求。

在这里我们也可以看到历史主义和结构主义的思维方式和研究方法在应用当中有各自的优缺点。历史主义思维方式的优长之处在于：在强调发展的连贯性的同时，突出事物与事物、人与人之间在具体时空之下的差异性，承认生命的非理性和自发的能动性因素，强调它们都是变化过程中的不可缺少的环节，从而都具有独特的价值和意义。而结构主义的优长之处则在于：强调社会历史是一个既有多个层次又有主导结构，并且各要素是互为条件的辩证结构和整体，从而打破了"原子论"式的研究模式，不是就部分来认识部分，而是从整体出发来认识部分。然而，另一方面，历史主义和结构主义的思维方式和研究方法又都有各自的致命弱点。历史主义的缺点在于：忽视理论的作用，缺少演绎方法的应用，缺乏对社会的整体把握，看不到社会结构关系对人的制约

作用，等等。这些缺点容易使其走向主观主义和相对主义。结构主义的缺点在于：过分强调社会的整体结构性和秩序性，忽视个体的特殊性和能动性，这些缺点容易使其走向宿命论。而如果过分强调结构的复杂性，又会给社会历史发展增加偶然性和不确定性，也会使其走向相对主义。

所以，历史主义与结构主义方法只有相互融合，在应用中达成统一，才能发挥它们的优长之处，克服各自的片面性。

在社会历史进程中，结构与过程应该是同一的，不存在没有构造过程的结构，也不存在没有结构关系的过程。马克思在批评蒲鲁东的社会历史观时反问道："其实，单凭运动、顺序和时间的唯一逻辑公式怎能向我们说明一切关系在其中同时存在而又互相依存的社会机体呢？"①动态历史的研究与静态结构的分析如果互相割裂，其结果必然是把社会历史的画面显现成单纯的线性型，或者平面型，无法反映真实历史的生动的立体感。"最一般的抽象总只是产生在最丰富的具体发展的场合"②。这样看来，在社会历史的研究当中，动态的历史发展观与静态的社会结构分析应该是互为条件、互相依存和互相渗透的。历史哲学是一门现实的科学，在研究中必须保持它的开放性，应当拥有一切科学所拥有的方法论。

历史主义是人们研究社会历史的必备方法，但结构主义方法也是不可或缺的。法国著名历史学家布罗代尔就认为："对我们历史学家来说，结构无疑是建筑的构架，但更是十分耐久的实在。有些结构因长期存在而成为世代相传、连绵不绝的恒在因素：它们左右着历史长河的流速。另有一些结构较快地分化瓦解。但所有的结构全都具有促进和阻碍社会发展的作用。"③而在吉登斯看来，所有关于人类社会和人类活动的分析和研究，"都需要通过复杂微妙的方式，将时间因素和空间因素协调在一起"④。皮亚杰在评论法国结构主义时，指出了其忽视历史主义方法的缺陷。他认为，以列维-斯特劳斯为代表的

① 《马克思恩格斯文集》第1卷，人民出版社2009年版，第604页。
② 《马克思恩格斯文集》第8卷，人民出版社2009年版，第28页。
③ [法]费尔南·布罗代尔：《资本主义论丛》，顾良等译，中央编译出版社1997年版，第180页。
④ [英]安东尼·吉登斯：《社会的构成：结构化理论大纲》，李康、李猛译，生活·读书·新知三联书店1998年版，第504页。

某些结构主义者"专心致志于结构的研究而贬低了发生、历史和功能"，因而排斥"历史发展、对立面的对立和'矛盾解决'等"辩证性质。或者说，"列维－斯特劳斯把辩证过程多少有些低估了，这是由于他的结构主义是相对静止的或反历史主义的"①。在皮亚杰看来，结构是在生成的、开放的和在自我调整的过程中不断转换的。因此，他要"重新建立起结构与发生构造论即历史构造论之间不可分割的紧密关系，和与主体的种种活动之间的不可分割的紧密关系"②。可以看出，皮亚杰要把历史主义方法熔融进结构主义方法当中去，使二者真正成为一个统一的整体。

历史主义和结构主义方法都不是马克思的首创，但马克思主义包含着深刻的辩证法，其中也糅合了历史主义与结构主义的思维方式和研究方法。列宁指出："马克思和恩格斯称之为辩证方法（它与形而上学方法相反）的，不是别的，正是社会学中的科学方法，这个方法把社会看作处在不断发展中的活的机体（而不是机械地结合起来因而可以把各种社会要素随便配搭起来的一种什么东西），要研究这个机体，就必须客观地分析组成该社会形态的生产关系，研究该社会形态的活动规律和发展规律。"③"历史唯物主义也从来没有企求说明一切，而只企求指出'唯一科学的'（用马克思在《资本论》中的话来说）说明历史的方法。"④马克思主义实现了历史主义和结构主义方法的融合与统一，从而为我们全面客观地审视社会历史提供了可能。⑤

第三节　人道主义的理论立场

在理论研究中，汤普森所代表的历史学派能够自觉地运用历史唯物主义的观点和方法，并把历史研究和现实分析紧密结合起来。抱着共产主义的政治信仰，他们时刻关注当代社会主义运动的发展进程和前进方向。汤普森等

---

① ［瑞士］皮亚杰：《结构主义》，倪连生等译，商务印书馆1984年版，第84、85页。
② 同上书，第103页。
③ 《列宁选集》第1卷，人民出版社1995年版，第32页。
④ 同上书，第13—14页。
⑤ 参见乔瑞金、师文兵：《历史主义与结构主义——英国新马克思主义哲学探索的主导意识》，《哲学研究》2005年第2期。

人甚至直接参加了现实的政治斗争。从社会主义人道主义观点出发,他们对下层民众的悲苦命运充满同情,并把追求人的自由和解放作为终生奋斗的目标。坚持"从下往上看"的批判维度,通过对过去英国下层民众活生生的经验材料的研究分析,英国新马克思主义历史学派发现了历史的真正创造者,找到了现实政治斗争的动力和根据,也为马克思主义的群众史观提供了注解和证明。

汤普森所要实现的,正是人类能够迈步走向美好的未来社会,它并不是幻想的神话,而是一种自觉自愿的社会实践行动。"我坚持认为,人就站在史前史的终点和自觉历史的起点的交界处。我们只有鼓起全部勇气才能超越这个阈限。我并不认为这意味着人类的完美是一个乌托邦神话。因为无阶级对立的社会并不是一个任何社会摩擦都不存在的社会。莎士比亚了解的一切邪恶以及德行都将继续困扰人类的灵魂……如果人类能够作出明智的选择,那么,他们就可以开启一个相互丰富的新时代,设计出一种能够让德行大行其道、邪恶得到限制的社会制度。如果今天想要的证据似乎否定了这种希望,那么,我们依旧可以抗争,拒绝成为环境或我们自己的牺牲品。"①

一、社会主义人道主义的历史观

历史在过去已经习惯于为社会精英和成功者树碑立传,那些默默无闻的普通人只被当做历史舞台下的看客,而另一些失败者以及他们所探索过的"走不通的路"、"迷失的事业"则更容易被遗忘。在英国,以马考莱为代表的辉格派历史学家只关注那些领导国家维护宪政、反抗暴君统治的伟大政治家。在他们的历史当中没有人民群众的历史地位,即使有,也只是政治派别操纵和利用的工具;同样,以韦伯夫妇、科尔为代表的费边社历史学家也"把工人群众看成是自由放任政策的被动牺牲品,只有少数一些卓有远见的组织工作者不在其例"②;经济史学家则"把工人看成劳动力,看成移民,看成一系列统计数字的原始资料"③。以哈蒙德夫妇为代表的自由派历史学家虽然开始关注下层人民的历史,并对劳动人民的苦难生活充满了同情,但在政治上却受辉格

---

① E.P.Thompson,"Socialism and the Intellectuals",*University & Left Review*,No.1,1957,p.36.
② [英]E.P.汤普森:《英国工人阶级的形成》,钱乘旦等译,"前言"第4页。
③ 同上书,"前言"第5页。

派的影响，认为人民当中的暴力反抗并不是他们的本意，而是政府雇佣的奸细挑唆的。

英国新马克思主义历史学家面临的首要任务就是还原历史的本来面目，使人民从尘封的历史中"走出来"。此外，也是至关重要的，历史学派要从历史中为现实政治斗争寻找动力和根据，找到使英国等西方发达资本主义国家变革为社会主义所依靠的力量。最终，作为历史学家的责任感和共产主义的政治信仰使马克思主义与历史学在英国新马克思主义历史学家身上实现了融合与统一，用马克思主义解读历史已成为必然。正如霍布斯鲍姆所指出的那样："使马克思主义渗透进历史科学的主要动力是政治上的动力。几乎所有成为马克思主义者的知识分子，以及所有成为马克思主义历史学家的历史学家，这样做的时候最初都是由于政治信念吸引他们去从事跟马克思结合在一起的事业。马克思主义及其在知识上的影响的历史的出发点是群众性社会主义运动和知识分子政治化的历史。"①在历史学派的研究过程中，下层民众的历史得以廓清，他们作为历史创造者和社会发展基本力量的身份得以证明，同时，历史学派寻找变革资本主义制度之力量的政治诉求得以求解。从整体上看，历史学派运用马克思主义进行历史研究彰显为一种"从下往上看"的研究理念和批判视角。这一点从历史学派成员所写的一系列文本和著作中可以得到说明，例如：希尔的《革命世纪》，希尔顿的《中世纪晚期的英国农民》，莫顿的《民主与劳工运动》、《英格兰人民史》，霍布斯鲍姆的《英雄好汉》，但最具影响力的著作却是汤普森的《英国工人阶级的形成》。

汤普森的《英国工人阶级的形成》不仅为英国史学，而且为欧洲史学开创了一个新时代，不仅历史学派，甚至许多非马克思主义学派的学术研究都不同程度地受到这一著作的影响。"60 年代末到 70 年代英国的社会主义史学可以看做是后汤普森或后《英国工人阶级的形成》之史学。"②因为这部划时代的历史巨著，汤普森站在了战后英国新马克思主义史学的最高峰。在这部著作中，通过对工业革命时期英国下层人民经历的细致描绘，汤普森表达了这样一种观念：正是那些被淹埋在厚厚的历史尘埃中长期被遗忘的劳动者用苦难

---

① ［英］埃利克·J.霍布斯鲍姆：《马克思和历史》，易克信译，《第欧根尼》1985 年第 1 期。

② Dennis Dworkin，*Cultural Marxism in Postwar Britain*，Durham and London：Duke University Press，1997，p.183.

换来了今天我们的美好生活,他们承继了"生而自由的英国人"自由、乐观和激进的品性,我们正在享受的许多权利都是经过他们与统治者的斗争取得,诸如陪审、养老金、免费卫生保健、劳动权以及参政权等等,都是民众斗争的结果。通过搜集整理大量的史料,汤普森发现了这种被长期冷落的下层力量。"我想把那些穷苦的织袜工、卢德派的剪绒工、'落伍的'手织工、'乌托邦式'的手艺人,乃至受骗上当而跟着乔安娜·索斯科特跑的人都从后世的不屑一顾中解救出来。"①通过"从下往上看",汤普森把被忽略的下层民众放到了历史的中心位置,使他们获得了作为历史创造者应有的尊严。

在汤普森的政治理想当中,在未来社会,人与人应该是一种平等与合作的关系。"社会主义的目标不是创造一个在剥削社会中机会的平等,而是一个平等的社会,一个合作的团体。这一目标的前提条件是为消费而生产取代为利益而生产。社会主义社会或落后或发达,或贫穷或富裕。社会主义社会与资本主义社会的区别不在生产力的发展水平上,而在对产品的特定关系上,在于社会追求的目标和整体运转方式。"②在汤普森看来,以利益为目的,为生产而生产的资本主义终将成为过去式,取而代之的必将是以人为目的,一切活动都围绕人的美好生活而展开的社会主义。社会主义将使人与人之间的关系得到彻底改变,它将以维护人的自由、尊严和权利,重视人的价值和自由全面发展来代替尊重财产与金钱。

近代人道主义思潮堪称人类思想史上的一次革命,具有历史的必然性和进步性。它高扬人的自由本性,批判封建教会的禁欲主义,肯定人拥有享受一切快乐的权利,崇尚人对自然的征服,追求个性解放和自由创造。但它对人的考察却是先验的和抽象的,把人看做是"处在某种幻想的与世隔绝、离群索居状态的人"。通过对费尔巴哈人本主义哲学的批判,马克思认为人是"处在现实的、可以通过经验观察到的、在一定条件下进行的发展过程中的人"③,把抽象的人变成了在具体的社会生产关系中从事实践活动的人,从而完成了对人道主义形而上学的扬弃。

对人的命运,尤其对下层民众命运的格外关注,对人的自由,尤其对"生

---

① ［英］E.P.汤普森:《英国工人阶级的形成》,钱乘旦等译,"前言"第5页。
② E.P.Thompson, *Out of Apathy*, London:Stevens & Sons Ltd., 1960, pp.3-4.
③ 《马克思恩格斯文集》第1卷,第525页。

而自由的英国人"的自由、民主与激进传统的热情讴歌，以及对充满平等与合作、以人为目的的未来社会的热烈追求，这些都使汤普森的思想打上了人道主义印记。他延续了马克思的人道主义思想：重视人的地位和价值，把每个人的自由全面发展作为人类解放的目标。同时，他也继承了马克思对形而上学人道主义的批判，着重突出实现人类解放这一政治理想所需要的前提条件：把抽象的人变为具体的人，并以此与形而上学人道主义划清了界限。在汤普森以及他所代表的英国新马克思主义历史学家的著作当中，始终把人当做在历史中行动的人去研究，人的经验活动永远被置于具体的历史条件之中，反对以当代人的标准评判历史。这一点在《英国工人阶级的形成》中得到了明确的表达。

在历史主体问题上，汤普森与法国结构主义哲学家阿尔都塞的观点形成鲜明对立。阿尔都塞提出，"历史是一个没有主体的过程"，强调社会发展是一个由不以人的意志为转移的客观规律支配的自然历史过程。在《理论的贫困》中，汤普森把阿尔都塞的这一观点标示为宿命论，并进行了全面批判。汤普森认为，人是历史主体，社会历史是由人，特别是由下层民众创造的，这才是社会历史的本真。为了凸显对人的地位和价值的重视，同时与形而上学的人道主义相区别，汤普森把他所信奉的人道主义标示为"社会主义人道主义"。它代表着"向人的回归，从抽象概念和经院教条回到真正的人；从欺骗和虚构回到真正的历史"①。从而，它与把人抽象化的形而上学人道主义，以及用理论建构历史的大陆理性主义相区别，并从根本上否弃了漠视人，把人作为可被操控的工具的斯大林主义。"共产主义对我们来说不是应当确立的状况，不是现实应当与之相适应的理想。我们所称为共产主义的是那种消灭现存状况的现实的运动。"②社会主义人道主义作为共产主义意识形态的组成部分，与无产阶级和劳动人民的阶级斗争紧密相连，同样表现为不断消灭现存的不合理状况的过程。只有在现实的社会主义运动中，"向人的回归"、"真正的人"才能得以实现，"真正的历史"才能得到真正的体现。

---

① E.P.Thompson, Socialist Humanism: An Epistle to the Philistines, *The New Reasoner*, No.1, 1957, p.109.

② 《马克思恩格斯文集》第1卷，第539页。

二、工人阶级的社会自觉

在阶级社会中,阶级斗争是社会发展的直接动力。在资本主义社会中,阶级斗争主要表现为工人阶级与资产阶级之间的斗争,它是推动社会主义运动向前发展的直接动力。在阶级矛盾中,工人阶级居于矛盾的主要方面。在阶级斗争中,工人阶级是斗争的直接发动者和推动者。通过"从下往上看"的批判维度,英国新马克思主义历史学派找到了变革资本主义制度的基本力量:工人阶级。对工人阶级的研究是英国新马克思主义历史学派资本主义研究中的重点,而对阶级意识的研究则是重中之重。汤普森的《英国工人阶级的形成》是这一研究的代表作。

在发达资本主义国家英国进行社会主义运动,最终实现共产主义是英国新马克思主义学者共同的政治目标,也是他们共同面临的研究课题。但在如何实现这一政治目标的问题上,英国新马克思主义内部却产生了严重分歧。在社会主义运动的征程中,是在国内寻找革命力量还是凭借国际力量? 是用本土理论还是用国外理论来培养革命力量? 英国工人阶级单凭自己能否承担如此的历史重任,实现最终的政治理想? 这些都是各方争论的焦点。

在汤普森的《英国工人阶级的形成》发表之前,受第二国际经济决定论思想和苏联教条化马克思主义的影响,在西方学术界(包括英国许多马克思主义者)普遍流行着一种观点:工人阶级是工业革命的产物,是一个既定生成的"东西"。有些学者甚至总结出"蒸汽动力+棉纺织厂=新工人阶级"的公式。这样,工人阶级和资产阶级就变成了资本这一上帝捏出来的亚当与夏娃,在整个降生过程中,绝不可能掺杂自己的意志。此外,受大陆理性主义和结构主义影响,英国新马克思主义当中的一些学者(如结构主义学派的代表安德森、奈恩等人)虽然强调无产阶级的阶级意识对于阶级斗争的重要性,但他们认为在资本主义发展不平衡规律的作用下,英国工人阶级始终没有形成坚强的阶级意识,在这种情况下,把革命希望寄托在英国工人阶级的自发觉醒上是行不通的。因此,他们转向了"国际主义",主张从欧洲大陆,尤其是法国工人阶级身上嫁接激进的政治意识,并把理论从长于理性思考的大陆引入以经验实证见长的英国,灌输给知识分子和工人阶级。

在一些经典作家的论述中可以找到这种观点产生的根源。比如:列宁就曾把阶级纳入经济范畴,给阶级下了纯经济属性的定义:"所谓阶级,就是这

样一些大的集团,这些集团在历史上一定的社会生产体系中所处的地位不同,同生产资料的关系(这种关系大部分是在法律上明文规定了的)不同,在社会劳动组织中所起的作用不同,因而取得归自己支配的那份社会财富的方式和多寡也不同。所谓阶级,就是这样一些集团,由于它们在一定社会经济结构中所处的地位不同,其中一个集团能够占有另一个集团的劳动。"①根据列宁的理解,阶级在经济关系的对立中就已经形成,并不需要意识因素参与其中。另外,虽然列宁也非常重视政治意识在阶级斗争中的作用,并且认为缺乏政治意识的工人阶级只能是工联主义。但他却主张,这种政治意识靠工人阶级自身很难形成,所以只能靠外界灌输。

而在马克思的一些文本当中可以看到,在阶级形成的过程中,经济要素虽然是决定性的、不可或缺的,但并不是全部。在《哲学的贫困》中,马克思指出:"经济条件首先把大批的居民变成工人。资本的统治为这批人创造了同等的地位和共同的利害关系。所以,这批人对资本说来已经形成一个阶级,但还不是自为的阶级。在斗争(我们仅仅谈到它的某些阶段)中,这批人逐渐团结起来,形成一个自为的阶级。他们所维护的利益变成阶级的利益。而阶级同阶级的斗争就是政治斗争。"②显而易见,马克思认为,真正意义上的阶级的形成并不是基于资本之上,而是基于政治意识之上。"对资本来说已经形成的阶级"只是从形式上来说它属于一个阶级,而有能力进行政治斗争的"自为的阶级"却从本质上标志着阶级的形成。

英国新马克思主义学者大都坚持了马克思的文本精神,强调阶级意识之于阶级形成和阶级斗争的重要性。但马克思并没有明确论述这种意识如何培养和形成,这就为英国新马克思主义的内部争论埋下了伏笔。与结构主义等其他学派不同,汤普森所代表的历史学派从矛盾特殊性的原理出发,坚持"英国的独特性",拒绝用大陆的理论来裁剪英国的事实。他们对历史材料进行了搜集整理,得出了自己的结论:英国工人阶级具有革命和激进的传统,具有强烈的自由意识和政治意识,他们能够通过经济斗争和政治斗争赢得革命的胜利。

---

① 《列宁选集》第4卷,人民出版社2012年版,第11页。
② 《马克思恩格斯全集》第4卷,人民出版社1958年版,第196页。

在《英国工人阶级的形成》一书中,通过对工业社会革命时期工人阶级经历的每一个方面的详尽考察,从这段长期被人们遗忘的历史当中,汤普森发现了工人阶级形成的秘密:工人阶级的形成是一个动态的历史过程,"其中既有主观的因素,又有客观的条件。工人阶级并不像太阳那样在预定的时间升起,它出现在它自身的形成中"①。与传统马克思主义不同的是,汤普森在"强调传统、意识形态和社会组织形式的重要性,强调非经济方面在阶级形成过程中的重要作用,强调阶级在客观因素的作用下被形成时又主观地形成自己的过程"②。从英国工人阶级丰富的经验材料中,汤普森还原了历史的真实,展现了一段为自由和正义而抗争的生动画卷。通过历史的连接,汤普森揭示出英国工人阶级所具有的能动性和创造性,表明了他们的历史主体性地位,证明了他们不仅是自身的创造者,同样也是历史的创造者。从而,自由精神和激进传统会在他们身上不断地延续和传递,不需要从外部召唤,他们完全有能力自己觉醒,也完全能够自己解放自己。③

三、生产关系的核心地位

对主观能动性和意识形态独立性的强调也使英国新马克思主义历史学派备受质疑。一些学者认为他们只是一味强调文化意识和意识形态,从根本上忽视了经济基础的作用,是对唯物史观的背离,甚至倒向了唯心主义。诚然,汤普森在《英国工人阶级的形成》中,为了恢复人的历史主体性地位,着重对主观"意识"进行了论述。但这并不代表汤普森放弃了唯物史观的基本原则,在历史观上已经和唯心主义站在一起,"因为该书始终未忽视经济结构对工人阶级生活的决定性影响。虽然汤普森着重探讨了工人如何应付这些经济变化以及工人们的积极抵抗,我们并不能因此而认为他反对在经济发展框架中研究人的主观能动性"④。

---

① ［英］E.P.汤普森:《英国工人阶级的形成》,钱乘旦等译,"前言"第1页。

② 同上书,第1004页。

③ 参见师文兵、乔瑞金:《英国新马克思主义历史学派的政治意识》,《哲学研究》2007年第3期。

④ 《史学理论丛书》编辑部编:《当代西方史学思想的困惑》,中国社会科学出版社1991年版,第327页。

值得注意的是，汤普森在提出阶级意识（觉悟）范畴的同时，也提出"阶级经历"这一概念。他对二者进行了界定和区分："阶级经历主要由生产关系所决定，人们在出生时就进入某种生产关系，或在以后被迫进入。阶级觉悟是把阶级经历用文化的方式加以处理，它体现在传统习惯、价值体系、思想观念和组织形式中。"①在汤普森看来，阶级经历是阶级形成的必备条件，是由当下人们在经济结构中所处的地位所决定。人们在经济结构中所处的地位是与生俱来的，只能被动接受。相同的经济地位决定了相似的阶级经历，但具有相似阶级经历的群体还不能简单地划归为同一个阶级。只有当"一批人从共同的经历中得出结论（不管这种经历是从前辈那里得来还是亲身体验），感到并明确说出他们之间有共同利益，他们的利益与他人不同（而且常常对立）时，阶级就产生了"②。由此可见，由生产关系所决定的"共同的经历"是阶级形成的必备条件和前提。

汤普森在强调阶级是一种处于发生状态的历史现象时也指出，"阶级是一种文化的和社会的形成，不能孤立地、抽象地而必须按照与其他阶级的关系来给它下定义"③。文化是意识形式的概括，社会是生产关系的总和。阶级是文化意识和社会生产共同作用而形成的晶体，天然地处于一定的、必然的不以其意志为转移的生产关系之中，受到物质生活的生产方式的制约。虽然生产关系是由人创造的，但它一经被创造出来，就成为既有的、现实的客观存在物，它也会反过来制约和改造人。在此意义上，我们说，社会存在决定社会意识，而不是社会意识决定社会存在。这正是历史唯物主义的立足点。以此为前提，唯物史观才强调社会意识对社会存在的反作用，从而使二者之间形成了互动关系，社会历史也变成了整体的历史。

社会存在与社会意识之间如何互动？如何相互作用？马克思主义的经典作家并没有进行详细解答。为了使社会存在与社会意识之间更好地衔接，汤普森在二者之间加入了"经验"这一中介。"社会存在的变化带来经验的变化；经验的变化影响现存的社会意识，提出新的问题，为进一步的意识活动提供素材，在这种意义上，经验是决定性的……'经验'在最终意义上是从'物质

---

① ［英］E.P.汤普森：《英国工人阶级的形成》，钱乘旦等译，"前言"第 2 页。

② 同上书，"前言"第 1—2 页。

③ E.P.Thompson, *The Poverty of Theory and Other Essays*, p.295.

生活'中产生的,以阶级方式积累而成。既然'社会存在'决定'社会意识',(社会)结构仍决定着经验,只是从这一层面看,它的决定性影响有所减弱。"①据此,我们看到汤普森所设计的"社会存在—经验—社会意识"的互动模式。汤普森所理解的经验,既包含死的经验,又包含活的经验。死的经验是人们主体的社会活动经历,活的经验则是主要对这种社会经历的理解。这样,经验就具有了客观和主观、存在与意识的双重属性。这也是经验之所以能够连接社会存在和社会意识的关键所在。一方面,经验具有主体活动历程的含义,社会存在又是主体活动结果的积累,经验与社会存在必然紧密相接;另一方面,经验具有理解活动过程的含义,社会意识又是对活动结果的反映,也使得经验与社会意识不可分割。经验使得对社会存在和社会意识形态这一复杂系统的考察成为可能。"家庭关系、习俗、看得见或看不见的社会准则、权威和服从、统治和反抗的象征形式、宗教信念和对千年王国的冲动、礼节、法律、规章和意识形态,总之,所有这一切构成了整个历史过程的遗传学,在人类共同经验的某一点上相连,每一部分都在总体中发挥着自己的作用。"②从而,通过经验,社会存在不再是僵死的物件,而被理解为一个过程;通过经验,主体也不再是历史之外的看客,而是自然地融入其中。

汤普森最终向世人证明:在相似的阶级经历中逐渐形成相同的阶级意识,相同的阶级意识会使普通大众由分散走向聚合,最后汇集成足以变革社会的力量;下层民众不仅创造了自身,也创造了历史,同时正在改变着不合理的现实。

第四节　主体能动性的理论内核

历史唯物主义在马克思主义当中居于核心地位,而阶级则是历史唯物主义的核心概念之一。如何理解社会存在与社会意识的关系是历史唯物主义着力探讨的基本问题,并且已经形成了无可辩驳的结论。然而在阶级的产生和发展过程中,主观的主体意识和客观的社会结构(主要是经济结构)各起到了

---

① E.P.Thompson, *The Poverty of Theory and Other Essays*, p.171.
② Ibid., pp.170-171.

什么作用，谁更具有决定性却始终没有定论，理论界对这一问题一直争论不休。汤普森在其代表作《英国工人阶级的形成》中回顾了工业革命时期英国工人的历史，并提出了许多不同于传统马克思主义的新颖见解，同时也引发了学术界对阶级问题的大讨论，其中他与安德森就此展开的争论尤为引人注目。主体与结构的关系问题是汤普森与安德森两人争论的最终焦点，也是问题的实质。因此，正确界定主体意识与社会结构在阶级产生和发展过程中的作用，厘清二者的相互关系不仅对理解阶级问题，而且对深化历史唯物主义认识都具有重要意义。

一、阶级意识

汤普森在《英国工人阶级的形成》一书中，"强调传统、意识形态和社会组织形式的重要性，强调非经济方面在阶级形成过程中的重要作用，强调阶级在客观因素的作用下被形成时又主观地形成自己的过程"[1]。该书一出版就引起了学术界的普遍关注，并引发了大讨论，其中一个重要原因就是该书在阶级形成问题上对传统马克思主义有部分修正。

传统认为，马克思主义的创始人一直从纯经济的起源来谈阶级的形成。比如，列宁曾给阶级下过纯经济属性的定义。[2] 但是，马克思在强调经济条件的决定作用时，并没有排除其他因素在阶级形成中的重要作用。我们不妨先来回顾一下马克思在该问题上所做的论述。马克思在《路易·波拿巴的雾月十八日》一书中谈到 19 世纪法国的农民问题时曾说："数百万家庭的经济生活条件使他们的生活方式、利益和教育程度与其他阶级的生活方式、利益和教育程度各不相同并互相敌对，就这一点而言，他们是一个阶级。而各个小农彼此间只存在地域的联系，他们利益的同一性并不使他们彼此间形成共同关系，形成全国性的联系，形成政治组织，就这一点而言，他们又不是一个阶级。"[3] 很显然，马克思认为阶级得以形成至少应具备以下要素：(1)"经济条件"是客观要素，也是决定阶级形成的决定性因素，但并不是唯一的因素；(2)"生活方式"、"教育程度"、"共同关系"、"政治组织"等要素是阶级形成的关键，而这

---

① ［英］E.P.汤普森：《英国工人阶级的形成》，钱乘旦等译，第 1004 页。

② 参见《列宁选集》第 4 卷，第 11 页。

③ 《马克思恩格斯文集》第 2 卷，第 566—567 页。

些主观性因素并不具有独立的地位，经济条件仍然是其背后的决定因素；
(3)与之"相互敌对"的另一个阶级的存在是阶级形成的又一个必备要素；
(4)数量与规模也是不可忽视的一个要素。以上论述中的"数百万"、"全国
性"这些词语提醒我们：要想形成一个阶级还必须在人数上达到相当规模。
阶级形成的几种要素中，"经济条件"要素最为关键，是唯物主义原则在这一
问题上最根本的体现。但其他三种要素也必不可少，这四种要素加在一起，才
使阶级形成成为可能。

在《英国工人阶级的形成》中，汤普森仍然坚持经验主义原则，搜集了许
多有关英国工人阶级个人经历的事例和材料：从组织到政治活动，从宗教情绪
到文化娱乐方式，认为这些经历对于工人阶级形成是有关键作用的。他指出：
"当一批人从共同的经历中得出结论（不管这种经历是从前辈那里得来还是
亲身体验的），感到并明确说出他们之间有共同利益，他们的利益与其他人不
同（而且常常对立）时，阶级就产生了。"①从中我们可以看出人们的共同经历
对于形成阶级是必不可少的。"阶级是人们在亲身经历自己的历史时确定其
含义的，因而归根结底是它唯一的定义。"②和马克思的四要素大致对应，汤普
森总结出了客观性的"经历"、主观性的"感到并明确说出他们之间的共同利
益"、敌对性的"利益与其他人不同"以及数量性的"一批"这四个要素。可见，
汤普森的阶级形成理论基本上是对马克思观点的重复。但不同的是，汤普森
对这四个要素在阶级形成过程中所占的分量和所起的作用的说明却与马克思
出现差异，这也正是引发争议的地方。

在《理论的贫困》中，汤普森强调："阶级和阶级意识不能分离，不能认为
它们是两个分开的实体，也不能认为阶级意识是在阶级出现以后产生的，必须
把确定的经验和在观念上处理这种经验看成是同一的过程。"③汤普森认为不
可能存在着没有阶级意识的阶级，这就批判了传统马克思主义的一个观点。
在以往的马克思主义教科书中，工人运动分为"自发"和"自觉"两个阶段。在
马克思主义理论诞生以前，由于缺乏正确的理论指导，工人运动处于自发阶
段，他们还没有形成成熟的斗争理论和独立的阶级意识。而以马克思主义革

---

① ［英］E.P.汤普森：《英国工人阶级的形成》，钱乘旦等译，"前言"第2页。

② 同上书，"前言"第3—4页。

③ E.P.Thompson, *The Poverty of Theory and Other Essays*, p.109.

命理论的传播作为分界,工人运动也由自发走向自觉。由于知识分子的号召和宣传,工人的积极参与学习,就在工人中逐渐形成了成熟的阶级理论和阶级意识。列宁就非常强调当代政治斗争和先进知识分子的培养、灌输对工人的阶级意识形成所起的关键性作用。在《英国工人阶级的形成》一书中,汤普森重新考察了在工人阶级形成过程中一直被传统马克思主义所忽视的第二种要素,即阶级意识这一主观要素所起的作用。这也是该书的中心任务。在承认阶级经历客观性的同时,汤普森却把阶级觉悟和意识与这种经历进行了分离处理。他说:"阶级经历主要由生产关系所决定,人们在出生时就进入某种生产关系,或在以后被迫进入。阶级觉悟是把阶级经历用文化的方式加以处理,它体现在传统习惯、价值体系、思想观念和组织形式中。如果说经历是可以预先确定的,阶级意识却不然。我们可以说具有相似经历的相似职业集团对问题会作出合乎逻辑的相似反应,但绝不能说这里面有'规律'。阶级觉悟在不同的时间和地点会以相同的方式出现,但绝不会有完全相同的方式。"①汤普森认为阶级觉悟与阶级意识并不是阶级经历的反映,物质决定意识的"规律"在这儿并没有发挥多少作用,阶级觉悟和阶级意识主要通过传承他们前辈的文化得以产生。经过对英国工人阶级生活经历的一番考察,汤普森得出了一个结论,不是别的,而是以下几个因素在英国工人阶级意识的形成中起了关键作用:一是传统的清教非国教派激进思想;二是传统的下层民众集体的斗争意识;三是"生而自由的英国人与生俱有的权力"。作为阶级形成标志的阶级意识直接由这些文化传统而来,它已经摆脱了物质决定意识的规律。在这里,意识的相对独立性跃升为绝对独立性的趋势已经非常明显。"工人阶级在差不多被造就的时候也是自己造就了自己"已经变为了"工人阶级就是自己造就了自己"。所以汤普森说:"工人阶级并不像太阳那样在预定的时间升起,它出现在自己的形成中。"②

　　汤普森虽然声称工人阶级的形成是客观和主观共同决定的,是在被造就的同时也是自己造就了自己,但在论述的过程中他常常把造就工人阶级的客观条件抛开,把主观的阶级意识置于阶级形成的其他要素之上,有时干脆就只

————————

① ［英］E.P.汤普森:《英国工人阶级的形成》,钱乘旦等译,"前言"第2页。
② 同上书,"前言"第1页。

剩下主观意识这一种要素了。这样,汤普森就很自然地把阶级意识作为了阶级形成的标志。

安德森不同意汤普森仅仅把阶级意识作为阶级形成的标志。他跨出英国找来案例对汤普森进行反驳:"古希腊雅典的奴隶,或中世纪印度受等级制度压迫的村民,或近代日本明治时期的工人是'以阶级意识进行斗争、思考'吗?每一个事实都存在反证。然而他们因此就停止创造阶级了吗?"①安德森认为应该维护传统马克思主义在阶级问题上的基本原则,即把阶级放入生产关系的结构中,依据它在其中的地位和关系来判断。安德森还指出,因为汤普森把阶级意识的形成当成阶级形成的唯一标志,必然会造成这样一个结果:通常情况下,两个对立阶级的阶级意识不是在同一天形成的,所以这两个阶级的形成也有了先后之分,这样,一只巴掌鼓掌的情况就在所难免。此外,用阶级意识形成来解释阶级形成的另一个困难来自阶级意识的不断变化对阶级存在性质造成的影响。阶级意识的独立性并不能保证它的稳固性。英国工人运动在宪章运动以后出现长期低迷是一个不可否认的事实。毫无疑问,这种变化首先是阶级意识本身发生的变化。如果作为阶级形成标志的阶级意识衰弱到相当程度是否意味着阶级又会立即消失? 所有这些问题都使阶级意识作为阶级形成的标志真正成了问题。

二、没有阶级的阶级斗争

前面我们已经谈过,汤普森把阶级意识的形成看做是阶级形成的标志,认为阶级意识形成是一个漫长过程,它是在继承了文化传统的基础上而在阶级斗争的历程中不断得以完善。由于阶级意识的形成始终在阶级斗争之后,阶级意识的形成则决定了阶级的形成,于是也就有了汤普森所说的没有阶级的阶级斗争。安德森认为汤普森的说法本身出现了逻辑矛盾,在阶级没有形成之前而存在阶级斗争是荒唐的,至少不应该使用"阶级斗争"一词,而应该用更恰当的词来代替。

汤普森反对从社会结构中寻找历史的动力,在他看来,阶级斗争只是历史过程中的偶然现象,不能作为推动历史前进的力量。汤普森并不否认历史动

---

① Perry Anderson, *Arguments within English Marxism*, p.40.

力的存在,但认为它只存在于人们中间,历史是由自身推动前进的。安德森则认为应该用结构方法从整体上来分析历史发展的机制,并且要透过阶级斗争来分析历史进程。因为主要的经济危机虽然通过阶级斗争的形式得以体现,但它发端于这种冲突背后的结构深处。阶级斗争是生产力和生产关系以及其他层面关系总危机的结合点,所有的阶级都会不自觉地卷入危机所造成的冲突中,最终它会通过政治而不是经济和文化得到解决。他写道:"正是(而且必须是)占统治地位的生产方式提供了社会形式统一的基础,在其内部阶级地位得到了客观的分配,同时也分配了每个阶级内部的代理人。其结果就是典型的阶级斗争的客观进程。不管在国内还是国外,这种冲突的调节是通过政治,包括其补充形式镇压和意识形态来进行。它是不可或缺的。但在这种秩序维护背后,阶级斗争并不能作为大的原因,因为它是被生产方式建构的,而不是相反。"①安德森反对把历史动力归之于人的主观意识,他坚持认为只有通过阶级和阶级斗争继而寻找其背后的生产关系结构才能把握历史发展的脉络。

三、历史的推动力

从汤普森与安德森两人的以上争论中我们不难发现,他们的争论其实有一个最终焦点:在阶级的形成与发展过程中,主体的能动力量究竟有多大? 主体意识与社会结构二者谁更具有决定性? 这样,主体与结构的关系就成为一个难解之谜。下面我们来深入探讨这一问题。

虽然汤普森一直声称一种共同决定论,即客观经济条件与主观非经济因素共同作用于阶级,但他一直避开说明两者中谁的作用更大一些。不难看出他始终在着力突出文化和主体的作用,强调人的主观意志和内在能动性,从而试图把阶级从生产关系的结构中"解放"出来,突出阶级中具有主体意识的个体力量,淡化作为整体阶级的存在。因此,他才会把阶级当做流动的现象,而不是一种可以进行分析的结构和范畴;也才会反对把阶级斗争作为历史的动力,只承认动力存在于个体组成的松散关系的人们当中。既然如此,汤普森必然会面临一个困难:个体的主体意识如何才能集结为一种强大的力量? 这种

---

① Perry Anderson, *Arguments within English Marxism*, p.55.

力量又将通过何种手段来实现其目的? 安德森仍然坚持传统马克思主义的阶级分析方法,更多地从生产关系的物质层面来说明阶级,强调把阶级放在社会结构中来进行考察。他已经觉察到汤普森一味强调阶级意识的能动性存在走向主观主义和唯心主义的危险,所以他要突出社会结构对阶级的制约作用。同时,安德森也认识到,如果过于强调结构,也必然会面临另一个困难:在这样一个由客观物质力量决定的社会结构中,如何才能在工人阶级中找到突破不合理现实的力量? 如此看来,在主体和结构之间寻找恰当的平衡就成为解决问题的关键。

在《英国马克思主义的内部争论》一书中,安德森对汤普森和法国结构主义学派哲学家阿尔都塞的观点进行了比较。在《理论的贫困》中,汤普森认为阿尔都塞在认识论中对非常有限而特殊的数学和逻辑学规则进行了随意扩展,并把它们运用到了社会科学领域,其结果必然是对基本事实材料和人的主观能动性的极端漠视。安德森对汤普森的这一批评持肯定态度,并分析了汤普森和阿尔都塞产生分歧的原因。安德森认为阿尔都塞的知识理论直接导源于斯宾诺莎和黑格尔,带有形而上学的思辨成分,这当然和继承了英国经验论传统的汤普森的观点不相容。阿尔都塞强调了历史中结构的必然性和绝对力量,这好像更忠实于历史唯物主义的基本原则,但它是以遮蔽工人阶级的革命意志,削弱社会主义运动的力量为代价的。而汤普森则相反,他以充满热情的理性来激发蕴藏于历史推动者内部的力量,挑战千百年来必然王国自我决定的逻辑。这更接近于当年马克思和恩格斯的政治品性。经过此番比较,安德森得出了结论:"这两人与历史唯物主义创立者的传统均衡有一定的距离。"[1]安德森主张,在阶级问题的处理上,应该回到马克思和恩格斯哲学中去,应保持主体与结构之间的平衡,而不应该像汤普森那样为了强调主体,把主体看成脱离结构的主体,最终使主体丧失可以凭借的力量,也不应该像法国结构主义那样过多地强调结构而遮蔽了主体内在的能动力量。虽然自己一直受法国结构主义的影响,但安德森仍然清醒地认识到,法国结构主义的"教训在于,结构和主体作为范畴在这个意义上是相互依赖的。对主体过多的非难在一定时

---

[1] Perry Anderson, *Arguments within English Marxism*, p.58.

候必然也会伤害结构。这种作用的最终结果只能是主观性的无限膨胀"①。而且,结构主义"把语言模式当做解开'所有神话的钥匙',远未阐明或解释结构与主体的关系;这种情况导致由结构的夸张的绝对主义发展为对分裂的主体的盲目崇拜,但并未发展关于结构与主体的关系的理论。这种在历史上有限定和在区域上有区别的理论,只有辩证地尊重其相互依存关系,才能得到发展"②。安德森得出一个结论:由于没有解决好主体与结构的关系导致了结构主义被后结构主义代替。他尖锐地指出:"如果结构单独在一个超越所有主体的世界中得到公认,那么什么能确保它们的客观性呢?极端的结构主义也绝不会比所宣告的人类的毁灭再刺耳了。"③由此看来,由结构主义到后结构主义的发展并不是由一个山头跳到了另一个山头,中间是有其连续性的。它是由对结构夸张的绝对主义发展为对分裂的主体的盲目崇拜。

汤普森、法国结构主义和后结构主义都没有处理好主体与结构的关系。汤普森过分强调主体的意志以及时间的维度,这样容易走向主观主义和相对主义。法国结构主义过分强调社会的整体结构性和秩序性,反对把历史发展看成统一的连续的过程,这样容易走向命定论。而且,如果结构主义过分强调结构的复杂性以及它的不可知性,又给历史发展增加了偶然性和不确定性。而后结构主义则走到了结构主义的反面,发展成为对结构体系的完全否定和对分裂主体的盲目崇拜,走向了纯粹的个体主观主义。

破解主体与结构关系之谜不仅是理解阶级问题的一把钥匙,同时也是正确理解历史唯物主义,把握社会历史发展的关键所在。那么,怎样才能正确界定主体与结构的关系?如何才能解开主体与结构关系之谜?或许二者的辩证统一才是这个谜的谜底。社会结构最终是由处于一定社会关系中的人所构成,人也只能是处于一定的社会结构关系当中的具体的人。历史进程是由处于一定社会结构关系中具体的人的实践来推动的,社会发展规律也是许许多多人的共同实践活动的表现。正是在这一意义上,历史唯物主义才强调能动性的主体和变化着的社会结构在人类实践基础上的统一。社会是人的社会,

---

① ［英］佩里·安德森:《当代西方马克思主义》,余文烈译,第72页。
② 同上书,第74页。
③ 同上书,第68页。

始终是为人的发展服务的。自由而全面的发展是人的本质追求,也是历史唯物主义的使命。而只有通过研究历史与现实,把握社会发展的一般规律,处于结构关系中的人才能摆脱被动的必然,从而走向打破旧结构、建构新结构的自由,这也是我们从英国新马克思主义内部的这场争论当中所得到的最重要的启示。

四、意识形态的相对独立性

与传统马克思主义政治和经济批判的理论倾向不同,英国新马克思主义历史学派从整体上表现为一种文化取向,进行大众文化批判,关注于下层民众意识形态领域的理论建构。但这并不意味着历史学派从根本上发生了研究转向,它实际上是以文化和意识形态作为切入点而进行的政治批判。通过唤醒下层民众的阶级意识而使其成为真正的革命力量,在西方发达资本主义世界实现社会主义并最终跨入共产主义正是历史学派所追求的政治理想。

历史学派是在英国本土成长起来的,先天遗传了英国传统经验主义的基因,对当下活生生的经验事实的格外关注,强调主体能动性和历史延续性,凸显文化和意识形态的相对独立性。这在《英国工人阶级的形成》一书中得到了集中体现。意识形态是唯物史观的重要范畴,是反映经济形态和政治制度的思想体系,属于社会意识中的上层部分。《英国工人阶级的形成》一书主要是围绕阶级意识这一范畴展开的。该书出版后,许多学者都认为,它对"经济决定论"的观点进行了有力批判,同时也纠正了把马克思主义教条化的倾向。

马克思首先宣布了人类的第一个历史活动是生产物质生活本身,是存在决定意识,而不是意识决定存在。从此,人们第一次可以像研究自然界发展过程一样,对人类历史进行清晰解读。但从唯物史观诞生的那一天起,它又不断地被曲解为"经济决定论",即:在社会存在与社会意识、经济基础与上层建筑的关系上,只看到前者对后者的决定作用,既而把社会历史解释为经济发展史。恩格斯在晚年对此进行了特别纠正和澄清:"政治、法、哲学、宗教、文学、艺术等等的发展是以经济发展为基础的。但是,它们又都互相作用并对经济基础发生作用。这并不是说,只有经济状况才是原因,才是积极的,其余一

切都不过是消极的结果"①。"……根据唯物史观，历史过程中的决定性因素归根到底是现实生活的生产和再生产。无论马克思或我都从来没有肯定过比这更多的东西。如果有人在这里加以歪曲，说经济因素是唯一决定性的因素，那么他就是把这个命题变成毫无内容的、抽象的、荒诞无稽的空话。"②因而，以历史唯物主义的观点来看，经济因素在社会发展中仅仅是在"归根结底"起作用的层面，意识形态具有不可替代的地位和作用，具有相对的独立性。只有在相对独立的前提下，存在与意识、基础与上层建筑之间才能够形成相互作用的关系，历史才能够成为完整的展现全部过程的历史。

在批判第二国际"经济决定论"和教条主义的过程中，历史学派的大多数成员都坚持了马克思主义的这一基本观点。霍布斯鲍姆就曾指出，历史唯物主义不是经济决定论，并非历史发展的所有非经济现象都可以从特殊的经济现象中推演出来，某些个别的事件或时期并不能按照这类公式来确定。所以，历史学派认为，经济基础与上层建筑之间是一种互为决定、相互影响的关系。他们坚持意识形态的相对的独立性和历史继承性，主张从传统的风俗习惯、价值观念和思想信仰中寻找现实存在的根据。

汤普森甚至认为，要想根除经济决定论，最好放弃"基础—上层建筑"的类比。他指出："基础和上层建筑的类推基本上是不完全的。把人类的活动和属性进行分类，把一些（如法律、艺术、宗教、道德）归于上层建筑，一些（如技术、经济、实用科学）放在经济基础，而将另一些（如语言、工作纪律）在两者之间游动，这势必陷入简化论和粗俗的经济决定论中去。"③在汤普森看来，"基础—上层建筑"的类比已经预先进行了前者决定后者，后者被动追随的假定，使二者处于严重不平等的地位，无法表现其互动和相互影响的关系。为此，他对经济基础和生产关系的外延进行了扩大处理："即使'基础'不是一个坏的比喻，无论如何它也不只是经济的，而是包括人——一种特定的不知不觉进入生产过程的人的关系。"④

---

① 《马克思恩格斯文集》第10卷，第668页。

② 《马克思恩格斯文集》第10卷，第591页。

③ ［英］E.P.汤普森：《民俗学、人类学与社会史》，载蔡少卿主编：《再现过去：社会史的理论视野》，浙江人民出版社1988年版，第202页。

④ E.P.Thompson, *The Poverty of Theory and Other Essays*, p.294.

汤普森也曾明确指出："阶级是经济的，同时也是'文化'的结构；要在理论上强调一个方面对另一个方面具有优先的地位是不可能的。"①"历史变革的最后结局不是因为特定的基础必然产生相应的'上层建筑'，而是因为生产关系的变革是通过社会和文化生活来实现的……从一种更全面的系统和更全面的社会生活领域来共同表达生产关系的特性，要比任何单纯强调经济是第一性的概念更好一些。"②根据汤普森的理解，现在需要纠正的是"经济决定论"的理论观点，即把阶级视为一个纯经济的范畴。因此，需要为阶级补充注入包含传统习惯、价值观念、组织形式等文化方面的内容，从而使生产关系与意识形态在阶级形成过程中形成了相互依赖、相互影响的辩证关系。在《英国工人阶级的形成》中，汤普森指出，"工人阶级的形成不仅是经济史上，而且是政治史和文化史上的事实。它不是工厂制的自发产物，也不应当想象有某种外部力量（即'工业革命'）作用于一种'新人类'。工业革命过程中变动的生产关系和劳动条件并非施加在这种原料上，而是施加在生而自由的英国人身上"③。汤普森着重强调，必须把阶级置于具体的历史时空中进行考察，在空间上要考量与其他阶级的关系，在时间上要把它看成不断运动变化的一股流。因为阶级意识的形成是一个漫长的过程，阶级的形成也相应地成为动态发展的历史过程；因为意识形态的确立在人与人的相互交往和历史的传承中得以实现，也就决定了阶级的形成不可能是独自活动的个人的简单相加。

综上所述，我们可以发现，汤普森在分析观察事物时始终坚持一种整体性和历史性观念，它与唯物史观的基本精神更相吻合。

事实上，身为历史学家的汤普森并没有局限于历史研究工作，变幻多姿的现实世界常常吸引他的目光。在 20 世纪 50 年代早期，他呼吁抵制美国价值观对英国社会的入侵；1956 年，他抗议苏联入侵匈牙利，并对英共拒绝对此事件加以谴责及拒绝对自身加以民主化表示强烈不满而退党；60 年代，他对以佩里·安德森和汤姆·奈恩为主的新一代《新左派评论》编辑们的理论转向大加鞭挞；七八十年代，他对阿尔都塞的结构主义学派及其在英国的代表佩

---

① 蔡少卿主编：《再现过去：社会史的理论视野》，浙江人民出版社 1988 年版，第 204 页。
② 蔡少卿主编：《再现过去：社会史的理论视野》，第 206 页。
③ ［英］E.P.汤普森：《英国工人阶级的形成》，钱乘旦等译，第 211 页。

里·安德森进行了猛烈抨击从而引发一系列论战；八九十年代，他反对撒切尔夫人的冷战思维，号召打破冷战壁垒，倡导并积极参与欧洲核裁军运动。用历史镜鉴现实，从历史求解未来，汤普森已不仅仅满足于口诛笔伐，他把相当多的时间和精力投入到现实的政治运动和社会主义实践当中。

汤普森之所以能够成为当代最优秀、最有影响力的历史学家之一，可以归因于许多要素。其中非常重要的一点是他对历史学家职责的清醒认识。他没有将自己尘封于历史的故纸堆中，没有把自己的工作仅仅局限于编纂和考证。在他看来，历史只是镜鉴工具，研究历史的目的是批判现实，改变不合理的存在，以期通过不断的努力达成一个理想的未来社会。而变革现实通向未来的钥匙却密藏于浩渺的历史烟云中，需要有足够的耐心和智慧去发现觅取。所以，除了历史研究，汤普森还在不断地进行政治设计，并积极倡导社会主义实践。这无疑与马克思的哲学精神一脉相承。通过巧妙地挖掘历史材料，汤普森成功地实现了历史、现实与理想的对接。

第二章　霍布斯鲍姆：追寻总体性的全球视野

艾瑞克·霍布斯鲍姆1917年出生于埃及亚历山大城，父亲是移居英国的俄国犹太后裔，母亲则来自哈布斯堡王朝统治下的中欧。1919年举家迁往维也纳，度过了自认为是政治化过程的童年时代，在道德观上受到母亲的影响。1928—1929年到英国单独旅行，加入马克思主义的童子军团。1929—1931年，父母去世，生活非常艰难。1931年徙居柏林，度过生命中最具决定性的两年，在亨利亲王中学接触了影响自己一生的藏书，包括《共产党宣言》和《资本论》，确立了共产

艾瑞克·霍布斯鲍姆（Eric Hobsbawm，1917—2012）

主义信仰。1933年来到英国福克斯通小镇，成为爵士音乐爱好者，并将其作为观察社会现实的窗口，在圣玛丽勒本文法学校就读三年。1935年进入剑桥大学，全程参加社会主义俱乐部和共产党的活动，与威廉斯、汤普森等马克思派学生交往甚密。1936年正式入党。1939年从剑桥大学毕业，编辑《格兰塔》期刊，被遴选进入使徒会，在学位考试中得到星级一等荣誉，获得国王学院的研究生奖学金。1940年入伍英国陆军，1946年退伍。1947年过着双重生活：在剑桥当研究生；成为伦敦伯贝克学院讲师。1952年与希尔等人创办《过去与现在》历史杂志。1954年作为英国共产党历史学家小组成员前往苏联访问。1955年结束国王学院的研究员身份。1956年担任共产党历史学家

小组主席,撑过退党危机。1959 年升任高级讲师。1967 年前往美国任教。1968 年,在法国巴黎参加马克思与当代科学思想的会议。1970 年出席世界历史学大会。1971 年正式在伦敦大学获得教授头衔,在美国加入研究院士的行列,在瑞典获得荣誉学位。1978 年取得经济及社会史教授头衔。1982 年退休,同时任教于伦敦、巴黎以及美国。2012 年逝世。

霍布斯鲍姆以其高尚的人格和杰出的成就享誉国际,是备受推崇的近代史大师、英国著名的左派史学家。他的研究以 19 世纪为主,并延伸到十七八世纪和 20 世纪;研究的地区则从英国、欧洲大陆及至拉丁美洲。他著作甚丰,除历史学领域外,也经常撰写当代政治评论、社会评论、社会问题研究以及艺术、文化批评等。他以劳工运动、农民运动和世界史范畴中的研究成果,堪居当代史家的顶尖之流,在学术界有很大影响;其宏观通畅的写作风格,更将叙述史学的魅力扩及大众。

霍布斯鲍姆具有独特的政治观察和历史分析视角,坚贞的共产主义信仰,以及史学叙述的优美文笔。按照他自己的看法,他观察世界的个人角度形成于 20 世纪的维也纳童年时期,"那时正好是希特勒在柏林崛起的年月,它奠定了我的政治态度和我对历史的兴趣;30 年代的英国,特别是在剑桥的岁月,更加巩固了我的这种政治态度和史学兴趣"①。1934 年,他向自己提出的历史问题确立了他作为历史学者的工作方向:马克思能够基于对资本主义体制的精确分析,为社会主义体制作出预测,若我们对资本主义文学进行精确分析,并考虑一切的情况、所有的脉络与关系之后,一定也可以针对未来的无产阶级文化得出相似结论。1956 年匈牙利事件后,英国共产党内出现了极大混乱,好几千人退党,霍布斯鲍姆继续留在党内的选择使他的教职进展艰难,在经过深思熟虑后,他说:"应该对一种伟大的理想以及为了这种理想而献身的人们保持忠诚。""我所能做的一点微不足道的事情,就是通过拒绝物质利益与职业便利,表明自己与党的事业休戚相关的一点心意,而我只要离开共产党,就能获得这种物质利益与职业便利。""如果人们仅有的一个理想就是通

---

① ［英］埃里克·霍布斯鲍姆:《史学家——历史神话的终结者》,马俊亚、郭英剑译,上海人民出版社 2002 年版,第 265 页。

过获得物质利益而追求个人幸福，那么人类就是一种渺小的物种。"①对此，安德森评价道：霍布斯鲍姆不可多得地兼具了理性的现实感和感性的同情心。一方面，他是个脚踏实地的唯物主义者，提倡实力政治；另一方面，他又能将波希米亚、土匪强盗和无政府主义者的生活写成优美哀怨的动人故事。

第一节　全球视野的政治理念

一、唯物史观的史学基础

霍布斯鲍姆把唯物史观作为自己研究历史的理论基础，坚守"经济基础/上层建筑"的唯物主义框架和"过去—现在—未来"的辩证方法。他认为，历史是客观存在的事实，"我们遨游在过去之中就像鱼儿遨游在水中，我们无法从中逃遁"②。历史学家应该剔除政治和意识形态观念的影响去揭开历史的真相，避免以民族、种族及其他神话来建构历史，客观真实地描述、解释和预测人类社会的发展；他在《过去的感觉》、《历史能给当代社会什么样的启示》、《前瞻：历史与未来》等论文中提出了"过去—现在—未来"的历史的总体的辩证研究方法，并渗透在其所有的史学著作中。霍布斯鲍姆认为自己是坚定的"马克思主义者"，马克思的"唯物主义历史观"是迄今为止认识历史的最好指南。

在霍布斯鲍姆看来，"历史学家们研究的起点——尽管与他们可能终止的终点相距甚远——从根本上来说，对他们来说也是关键所在，就是要区分确凿的事实与凭空虚构，区分基于证据及服从于证据的历史论述与那些空穴来风、信口开河式的历史论述"。"我认为如果不在'是什么'和'不是什么'之间作出判别，就不可能有历史。"③历史学家应该对历史事实负责，应该具有辨识事实和虚构的基本能力，否则同样会像核物理学一样对人类造成巨大的爆炸性伤害，常常扮演了政治演员的角色，为统治者所鼓吹的信念摇旗呐喊。

---

① ［英］艾瑞克·霍布斯鲍姆、［意］安东尼奥·波立陶：《霍布斯鲍姆：新千年访谈录》，殷雄、田培义译，新华出版社 2001 年版，第 248—249 页。

② ［英］埃里克·霍布斯鲍姆：《史学家——历史神话的终结者》，马俊亚、郭英剑译，第 27 页。

③ 同上书，第 2 页。

霍布斯鲍姆认为，历史学家的职责就是还原历史的真面目，脱去政治的外衣。① 他在回答安东尼奥·波立陶关于民族主义神话的问题时指出："民族主义神话不是从人民的实际经历中自发产生的，它们是人民从其他方面获得的，包括从书本、历史学家和电影里获得，现在则是从制作电视节目的人那里获得。它们并不是历史记忆或者生活传统中的普遍部分，而是一种宗教的产物。"②管理国家的少数精英分子和有识之士出于特定的政治目标重新设计过去，有点像"最新时装式样"，将他们对于历史与文献著作的看法加到其余的人民头上，从而使它以他们所希望的面目出现。比如，当希腊独立时，雅典无论如何都不是首都，而是古代的一座重要城市，此外，当时雅典百分之五十的人口是阿尔巴尼亚人。有些人要求回到与真实历史没有太大关系的显赫过去，于是谎称该城始终是希腊的首都。事实上，雅典从未成为希腊的首都。

在霍布斯鲍姆看来，过去、现在和未来是一个经验的连续体结晶，在过去和未来之间的某个地方存在着一个想象的、不停移动的点，可以把它叫做"现在"，时间不断流动，"现在"会不断成为过去，即使是最近的过去。霍布斯鲍姆所指称的过去、现在和未来并不是单纯的时间概念，而是社会变迁和群体意识的连续体。历史基本上是以过去作为现在的模式，涉及的大部分内容是社会和群体，过去是人类意识的一种永恒范畴，是人类社会的各种制度、价值和其他模式必不可少的组成部分。所有社会都有过去，即使是最新建立的殖民地也是被已经有了一段相当长历史的某个社会的人占据着。任何人类群体都需要过去来为它定位，否则就是拒绝过去。

存在本身是规定性的直接的自身等同，从量到质的过渡是渐进性到飞跃的变化。霍布斯鲍姆认为，"僵化的已定型的社会的过去"为现在确立了模式，逐渐成为裁决现在争端和是非的法庭。但是，过去的主体地位并不是社会停滞的象征而是不断与进步的观念相冲突。现在应该再现过去的信念，通常意味着要求历史变革的速度尽量放慢。社会体系内部的快速变迁没有改变内在制度与关系，局部的变化就会很快发生。这些局部变化有可能反过来被吸

---

① 参见［英］艾瑞克·霍布斯鲍姆、［意］安东尼奥·波立陶：《霍布斯鲍姆：新千年访谈录》，殷雄、田培义译，第37—45页。

② 同上书，第37页。

引到一个稳定的信念体系当中。系统地排斥过去就是社会变迁促使或改变社会远离某一点，创新代表"进步"被认为是无可避免和成为社会性的向往。历史学家的难题就是分析社会中的"过去的感觉"的本质，并去探寻其变化和变革的轨迹。"随着经济基础的变更，全部庞大的上层建筑也或慢或快地发生变革。"①作为过去、现在和未来的联合体，历史有些包罗万象的意味。"新事物"和"革命"两词演化成"更好"和"更令人向往"的同义词有一个过程：在科学技术等物质方面，新生事物和不断革新更容易被人接受，而政治革新等社会和人文含义将会遇到较大的抵制。以过去保留着最有效的逻辑工具来应付持续不断的变革，改用一种新颖的形式，变成了一种定向的变革、发展或进化。变革因此取得了合法化地位，但它终究被系在改变了的"过去的感觉"上。

　　过去并不是客观背景与历史事件的任意串联，未来与过去具有系统的联系，社会科学能够揭示一般社会变迁的形式和机制，尤其是揭示过去几个世纪里急剧变快、变广的人类社会的变迁。过去是现在和未来的模型，但是现在显然不是也不可能是过去的复制品。社会变迁通常无法使过去成为现在的指南，自工业化开始，每一代所造就的新事物比过去的同类事物更令人惊异。一个已知的社会不会没有任何目的、未从历史中受益就去记载长期的变革过程和事件的前后关系。人们认识一般趋势的能力并不意味着在错综复杂、对未来所知甚少的条件下能预测其精确的结果。未来的轮廓是通过寻求过去的发展过程的线索加以认识的，人们不只是要通过解读过去来试图预测未来，还总是越是盼望创新，历史越是成为揭示未来的关键。原则上历史预测是为未来提供一般的结构和组织，必须慎重地把基于分析的预测与基于欲望的预测区分开来。探索未来时需要历史学家提供建议：未来人类能做什么和不能做什么；设置一种前提并确定人类活动的范畴、潜在的可能性以及因果关系；把可预见的与不可预见的因素以及各种不同的预言区分开来。霍布斯鲍姆正是基于这个原因，接受意大利记者安东尼奥·波立陶的采访，考察新的千年，在21世纪的开始对战争、民族主义、全球化、左翼政党的责任与未来等问题作出了预测。

　　霍布斯鲍姆在《帝国的年代：1875～1914》中引用诺拉的话说："记忆永远

---

① 《马克思恩格斯文集》第2卷，第592页。

是属于我们的时代，并与无穷的现在依偎相连。历史是过去的再现。"不管我们同不同意，帝国的年代对于 20 世纪 70 年代思想的形成具有举足轻重的作用，人们不再置身其中，但仍然被其牵扯，只是不知道它尚有多少在我们里面，事实上，它所关心的事物显然与现代的重叠性最大。"科学和工业技术在1875—1914 年后显然有长足进步，但是，普朗克、爱因斯坦和波耳那个时代的科学与现代科学之间，还是有明显的连续性存在。至于工业技术方面，石油动力的汽车、飞机，都是帝国年代的发明，直到今天仍主宰着我们的自然风景和都市面貌。我们已改进了帝国时期所发明的电话和无线电通讯，但未能予以更换。回顾历史，20 世纪的最后几十年或许已不再符合 1914 年以前所建立的构架，但绝大多数的定向指标，仍是有用的。"①把帝国的年代作为"现在"，那么"过去"资本年代的矛盾渗透并支配了帝国的年代，但也造成了"未来"，也就是自 1914 年起，世界笼罩在全球战争和革命的恐惧之下。与其他时期相比，帝国年代的不凡和特殊之处在于：在这个时代内部，不存在其他逆转的历史模式，或可逐渐破坏其时代基础的历史模式。它是一个全然内化的历史转型过程，直到今天它仍在持续发展。

霍布斯鲍姆在《极端的年代：1914～1991》中认为，虽然我们不知道未来的千年是何种面貌，但是可以肯定它的情形将在短促的 20 世纪影响下成形。《极端的年代》的写作宗旨是回望我们走过历史的来时路，并在尾声中对不可知的未来试着作出展望：世界危机的性质愈为明显，世界经济紧张不安、前途黯淡，进一步引起了世界政治动荡不安，自由派民主的政治体系受到进一步损害。更令人彷徨的现象是弥漫各处的一片社会道德危机，自由派资本主义与共产主义关于"理性"与"人性"的假定，陷入莫大的危机之中。对诗人艾略特（T.S.Eliot）来说，"世界即是如此结束，不是呼的一声消失，而是悄悄耳语淡去"②。

二、马克思、恩格斯的基本政治观

霍布斯鲍姆以全球化的视野对于马克思和恩格斯基本的政治理论，即关于国家及其机构的观点，关于从资本主义转向社会主义的政治方面——阶级

---

① ［英］艾瑞克·霍布斯鲍姆：《帝国的年代：1875～1914》，贾士蘅译，江苏人民出版社1999 年版，第 10—11 页。

② 同上书，第 17 页。

斗争、革命和政党组织，关于社会主义运动的国际化战略和战术，关于全球化问题以及关于社会主义成为政治力量等思想作出了系统的论述。他认为：马克思和恩格斯的政治思想强调了其对基本经济事实的从属性，注重了对政治内容的考察，对于政治思想的形式却存在着某些空白，这些空白不能从经典文本中获得填补的来源，后来的马克思主义者在这个问题上往往扭曲了马克思的本意，陷入误解和偏颇的迷途。因此，真正的马克思主义者不是从经典文本学习现成的经验，而是掌握和学习基本的方法，他所要做的工作则是本着马克思主义的原则和灵魂以民族国家等问题的研究来填补这些政治理论体系的空白。

在霍布斯鲍姆看来，马克思和恩格斯的政治观包括如下基本内容：

第一，政治相对于社会发展的经济基础具有从属性。"法的关系正像国家的形式一样，既不能从它们本身来理解，也不能从所谓人类精神的一般发展来理解，相反，它们根源于物质的生活关系，这种物质的生活关系的总和，黑格尔按照18世纪的英国人和法国人的先例，概括为'市民社会'"①。马克思在《资本论》第1卷关于资本积累历史趋势的著名段落中，表明社会主义的胜利具有历史必然性。② 从根本上来说，社会主义者政治努力的前景决定于资本主义社会的发展阶段。

政治蕴涵在经济历史之内，工人阶级的运动也是如此。资本家产生了自己的掘墓人，他的权力不是自己的能力，也不是政治或神所赋予的，而是其对立面劳动者所赋予的：工人阶级在资本主义生产机构内是有纪律、有组织和联合的阶级。

第二，政治是基本的和至关重要的。"在马克思看来，我们描述'这个外壳就要被炸毁'的时候，政治将是关键因素。"③在阶级社会里，社会演进必定是政治革命，无产阶级的关键作用是通过政治选择、决定和意识来组织行动。

在马克思和恩格斯看来，从很多其他社会主义者、共产主义者和无政府主义者中区别马克思主义者的主要标准是在革命过程中所坚持的政治方向。在革命之前，他们在资本主义的各种政治运动中必然要参加无产阶级政党；在革

① 《马克思恩格斯文集》第2卷，第591页。
② 参见马克思：《资本论》第1卷，人民出版社1998年版，第873—874页。
③ ［英］埃里克·霍布斯鲍姆：《史学家——历史神话的终结者》，马俊亚、郭英剑译，第340页。

命之后,他们必须保持学术性的政治态度。

第三,除了特别的历史事态,如阶级平衡,马克思和恩格斯把政治看做是国家内的阶级斗争。如在哲学中唯物主义与唯心主义的对抗一样,他们也一贯反对国家具有超阶级性:代表社会成员的普遍利益,或者在阶级之间居于中立地位。他们认为国家是阶级社会的历史现象,体现的是统治阶级的意志。因此,无产阶级运动离不开资产阶级的政治范围,后来的马克思主义者把权力定义为国家的主要内容,甚至于把权力当做政治和国家的唯一标志(尽管马克思和恩格斯并没有这样认为)。

第四,无论过渡时期无产阶级国家的功能是什么,共产党必须消除人民和政府之间的分歧。这是马克思留给后继者最难的部分,因为几乎所有马克思主义者都强调了国家机构的独立性。

第五,马克思和恩格斯留给了后继者政治思想的空白或填补空白的模糊性,因为他们尽管曾评论过具体的政治情况和形势,却没有系统论述关于革命前政治和宪法结构的实际形式,以及如何促进政治运动的发展。他们拒绝推测未来社会主义的具体制度和运行模式,以及革命后过渡时期的无产阶级专政政府,留给后继者的只是一般的原则。因此,他们对于政治问题没有提供具体的指导,如社会经济的本质或社会主义的计划,提供的主题也是一般性的、模糊的。

总的来说,霍布斯鲍姆认为,马克思在政治领域的作品有着不同于他主要理论作品的特征:在他成为共产主义者后几乎完全是以新闻、私人信件和阅读笔记的形式,来论述政治和劳工运动,这使得马克思主义者的政治任务模糊而复杂,因为未来社会主义的轮廓,只有在社会发展到一定阶段才可能作出描绘。另外,马克思和恩格斯反对单纯的二分法:好的社会代替坏的社会,合理的代替不合理的;反对各种左派的先验模式,包括最详细的乌托邦蓝图;反对声称所有其他人都是不合理的固定模式;反对唯意志主义。后来的马克思主义者详细翻查了论述"无产阶级专政"的文本,发现奠基者主要涉及的仅仅是建立社会主义的历史必要性,提供的一般原则宽泛得不能提供具体的政治指导,尤其是革命问题和随后的社会主义转变。他们对政治行动和组织形式的态度决定于他们自身所处年代的具体形势,不可能提供永远不变的真理。所有这些都使得从经典著作如策略和战术指导的手稿中不可能得到具体答案,

甚至把它们作为先例也是危险的。因此,霍布斯鲍姆认为,从马克思那里学习的是政治分析和行动的方法,而不是经典文本中的现成经验,这也是马克思所希望的。①

三、民族国家的发展历程

霍布斯鲍姆认为,马克思是在试图解决黑格尔理论中的国家问题时阐述了自己的思想:《黑格尔法哲学批判》。恩格斯晚年承认,尽管他和马克思首先强调政治、司法和意识观念起源于基本的经济事实是正确的,但也承认为突出内容有些忽略形式。这种情况不仅出现在政治、立法和意识形态的分析中,而且就像他在注释唯物主义历史观信件时指出的:也出现在相对自主的超结构原理中。因此,在马克思和恩格斯关于这个问题的著名思想中有相当的空白,当时代要求更全面的马克思主义国家理论出现时,一方面后来的马克思主义者发现古典文本对于他们试图填补这些空白几乎没有指导,另一方面合适文本的缺失使他们的理论发展在某些方面出现了偏颇和扭曲。

马克思和恩格斯没有限制其他学者填补他们政治理论体系中的空白,因为他们的著作所涉及的历史时期,不同于后来的马克思主义者生活的年代,也不同于包括马克思主义政党发展成群众性的组织或重要政治力量的时期。马克思和恩格斯作为积极共产主义者的位置,仅仅是偶尔与他们的追随者相当,这些追随者在政治运动中担任领导或积极分子。尽管马克思也许比恩格斯更在实际政治中发挥了重要的作用,尤其是在 1848 年革命时作为《新莱茵报》的编辑以及在第一国际中,但他没有领导或者属于这样的政党。他们只是为运动的领导人间接提供建议;政党领导人,不管如何仰慕和尊敬他们,但并不总是接受他们的建议。马克思和恩格斯的唯一政治经验是他们对 1847—1852 年共产主义者联盟的领导,正是这个原因,为马克思主义以后的列宁主义发展提供了分裂点。

在霍布斯鲍姆看来,马克思国家理论的一个更复杂的问题是:国家不仅仅是统治的机构,而且是领域的基础。② 马克思坚持在中央集权形式中保持民

---

① Cf. Eric Hobsbawm, *Politics for a Rational Left*, London and New York:Verso, 1989, pp. 126–168.

② Cf.Eric Hobsbawm, *The History of Marxism*, Brighton:The Harvester Press,1982,p.232.

族单位,但一直不赞同联邦制。马克思和恩格斯没有论述国家在资产阶级经济发展中作为民族的功能,以及这种政治单位的未来,导致后来的列宁提出了民族问题,认为社会主义者将会在民族国家的发展历程中居于主导地位,走向世界历史。霍布斯鲍姆对列宁的观点并不认同,并提出了自己的看法:民族国家是全球化发展中的历史阶段,它的原初意义是指血统来源,1870—1914年的欧洲大规模地生产传统,民族主义在这个时候被作为传统发明出来并进入转型期,之后在发达国家中,民族成为经济发展的基本单位,当今民族国家处于衰微之势,或迟或早将退出历史舞台。尽管现在社会主义在总体上处于边际状态,但却会越来越成为唯一的和根本的政治力量。

随着经济的发展,人民文化水平和意识的提高,19世纪国家对人民的管理深入到了日常生活,交通与通信的日益发展使人民生活与国家公务的关系密不可分。变化中的社会使传统的国家、社会或政治等级制的统治形式变得艰难或行不通,暴力统治越来越不能达到有效的管理。国家需要设计新的政府形式、建立新的统治方式来有效管理国民并使人民认同国家及统治体系。从19世纪70年代以后,统治者和中产阶级观察家们重新发现非理性因素在维系社会结构和社会秩序中的重要作用。因此政治传统被怀有政治目的的机构发明出来。

霍布斯鲍姆认为,被发明的传统是在新的环境中为了新的目的对过去的旧用途进行调整,意味着"一整套通常由已被公开或私下接受的规则所控制的实践活动,具有一种仪式或象征特性"[1],试图与适当的具有重大历史意义的过去建立连续性,通过重复来自上而下地灌输一定的价值和行为规范。有些表面看起来或声称是古老的传统是被发明出来的,起源的时间相当晚近,这一观点是《过去和现在》历史杂志的基础。

国家、民族和社会汇合在一起。国家将正式与非正式的、官方与非官方的、政治和社会的传统发明结合在一起,通过政治顺从与忠诚联系的纽带成为公民集体活动的框架,完成了普遍性的政治传统,如传统的发明在维护共和国中扮演了重要角色。总体上来说,传统的发明包括:初等教育的发展;公共仪

---

[1] ［英］霍布斯鲍姆、兰格:《传统的发明》,顾杭、庞冠群译,译林出版社2004年版,第2页。

式、国家节日、官方和非官方的游行和群众庆祝活动；公共纪念碑的大规模出现。具体来说，被发明的传统还包括民族在象征、形象中的人格化：王室周年纪念、攻占巴士底狱、五一劳动节、国际歌、奥林匹克运动会、足球总决赛和自行车赛，以及国旗崇拜在美国的确立。发达国家中民族是经济发展的基本单位，1870—1914 年的欧洲大规模地生产传统，民族主义在这个时候被作为传统发明出来并进入转型期。

霍布斯鲍姆认为，民族问题应该置于国家体制、行政官僚、科技发展、经济状况、历史情境与社会背景中进行思考，由居上位者创建，但也包含了普通大众的需求和利益，作为相当晚近的人类发明传统，与领土主权国家的发展紧密相关。马克思虽然没有明确说明但隐约表达了民族具有政治性："因为无产阶级首先必须取得政治统治，上升为民族的阶级，把自身组织成为民族，所以它本身还是民族的，虽然完全不是资产阶级所理解的那种意思。"①民族与民族主义依附于国家政体，同样有产生、转型、高潮、衰落以及最终将走向消亡的过程。

民族最原初的意义是指血统来源，1908 年之前其意义与族群单位几乎重合，之后则强调作为政治实体及独立主权的含义，现代性是现代民族国家的基本特征。民族政治理念与新意识诞生于 1789 年的法国大革命，1789—1848年，也就是革命的年代，政治社会开始系统地运用民族这个新概念，民族原则主宰了 19 世纪 30 年代。民族依附在强大的国家政体之下，民族语言是人为建构和创造出来的。"1830 年革命后由马志尼创建或发起的'青年'运动：青年意大利、青年波兰、青年德意志、青年法兰西、青年爱尔兰。它们标志着欧洲的革命运动碎裂成民族的革命运动。"②新兴的民族主义作为 19 世纪 30 年代双元革命的结果和产物，在政治自觉中显露出强大的力量。新兴的民族商业阶级在统一的民族大市场中有着明显优势，却是较小的民族主义因素。教育进展明显，开始用民族语言出版教科书、报纸，进行官方活动表明民族发展迈出关键的一步。民族创建是 19 世纪历史发展的核心和关键。白哲特将美国内战、日本明治维新的现象称为"制造民族"，在 1848—1875 年后在全球展

---

① 《马克思恩格斯文集》第 2 卷，第 50 页。
② ［英］艾瑞克·霍布斯鲍姆：《革命的年代：1789～1848》，王章辉等译，江苏人民出版社1999 年版，第 174 页。

开,明显不同于意大利、德国上层精英或中产阶级的群众性民族运动的阶段,农业民族都市化使学校教育更加普及。民族主义在资产阶级自由主义的框架之内。

1914 年之前的半个世纪,各种民族主义的意识形态和政治内容发生改变,它们的共通之处是反对新兴的无产阶级社会主义运动(信仰国际主义者),史家的主流观点以及大众认为民族主义和国际主义(社会主义)是水火不容的,而霍布斯鲍姆则认为通过民族国家的发展将最终走向全球化,两者都是世界政治发展的过程。工业化技术时代经济和管理性质使国家民族主义加强民众的小学教育,通过官方语言和价值规范的学习来渗透意识形态。

1918—1950 年民族主义达到最高峰,民族认同等于国家认同的观念在欧洲日渐得势。"有史以来第一次,欧洲这块拼图几乎全都是由民族国家拼凑而成,而且这些国家全都拥有某种资产阶级式的国会民主。可惜这种局面为时甚短,且再也没有出现过。"[1]凡尔赛和约之后世界局势呈现新现象:民族运动广泛传播于世界各地,衍生出欧洲民族主义的新变形,"依赖国家"特别是殖民地区的民族解放和独立运动已成为追求政治解放的主导力量,可借此摆脱殖民帝国的行政和军事掌控。第三世界国家打着民族原则的名义,强调民族自决的权力,争取独立地位的民族解放运动实际上是反帝国运动。1945 年之后各国争取独立及反殖民化运动与社会主义和共产主义的反帝国主义运动结为一体,民族解放便成了左派的口号。大体而言,"1919 年之后的欧洲民族运动,多半都是朝着反对民族国家的方向走去"[2]。民族主义不再追求统一,几乎是分离主义的同义词。全新的现象使分离的现象开始出现在西欧政治形态而非文化形态的民族国家里。都市化和工业化带来了社会变迁和人口迁徙,使同一领土的居民具有相同族裔、文化和语言渊源的民族主义理想变得不可实现。霍布斯鲍姆认为:"族群及语言民族主义有可能会走上分离道路,而且也都可以摆脱对国家权力的依赖。"[3]

现今的民族主义呈衰微之势,苏联和南斯拉夫的解体增加了 16 个国际承

---

① ［英］埃里克·霍布斯鲍姆:《民族与民族主义》,李金梅译,上海人民出版社 2006 年版,第 128 页。

② 同上书,第 136 页。

③ 同上书,第 156 页。

认的小邦,开始了举世瞩目的民族分离运动。欧洲的分离主义主要是 20 世纪的历史背景造成的,《凡尔赛和约》和《布列斯特-立托夫斯克条约》种下了恶因,1988 年到 1992 年的分离狂潮是 1918 年到 1921 年的未竟事业,比如说"马其顿问题"。列宁从威尔逊继承的"民族"定义显示出共产党多民族国家崩解的裂缝。西欧的民族分离运动比东欧尤甚,几个最老牌的民族国家都在经历民族分裂运动:联合王国、西班牙、法国、程度较轻的瑞士以及最严重的加拿大。"魁北克(脱离加拿大)、苏格兰(脱离英国)或其他地区是否真能争取到完全独立,在今天(1992)仍是有待观察之事。"①但是,分离主义既不能解决普遍性问题,也不能解决地方难题,无法切中 20 世纪晚期面临的问题。

民族国家和族群语言团体在未来超民族主义重构全球的过程中,或者被淘汰,或者被整合到世界体系中。"民族国家"正在失去旧有的一项重要功能,即组成以领土为范围的国民经济,由于国际分工的发展,经济的基本单位由跨国或多国企业取代,借由政府控制范围之外的国际金融中心和经济交换网络进行沟通。唯一有效运作"国民经济"的只有日本一国。旧式的"国民经济"没有成为欧洲经济共同体等新世界体系的主体。交通和通信的双重革命使货物、人口在世界范围内流动,民族和民族主义意识形态完全失效。现在决定世界的政治冲突与民族国家关系不大,"国民经济"臣服于跨国经济,小国的经济生命力不输于大国。"随着资产阶级的发展,随着贸易自由的实现和世界市场的建立,随着工业生产以及与之相适应的生活条件的趋于一致,各国人民之间的民族分隔和对立日益消失。"②民族脱离了"民族国家"这个实体,"就会像软体动物被从其硬壳中扯出来一样,立刻变得歪歪斜斜、软软绵绵。"③未来的历史绝不可能是"民族"和"民族国家"的历史,民族国家和民族主义会逐渐消失。

四、革命、阶级斗争和政党组织

霍布斯鲍姆认为,马克思和恩格斯主要以法国革命和英国的无产阶级运动作为参照对象进行全球范围的政治分析:社会革命的复杂性和长期性、阶级

---

① 　[英]埃里克·霍布斯鲍姆:《民族与民族主义》,李金梅译,第 164 页。
② 　《马克思恩格斯文集》第 2 卷,第 50 页。
③ 　[英]埃里克·霍布斯鲍姆:《民族与民族主义》,李金梅译,第 182 页。

斗争的时间灵活性和政党组织的广泛性,主要经历了三个阶段:19 世纪 40 年代中期到 50 年代中期;19 世纪 50 年代中期到 80 年代末期;19 世纪 90 年代到 20 世纪初期。在霍布斯鲍姆看来,马克思和恩格斯在革命政权的机构和形式、阶级斗争与资产阶级、无产阶级之间的关系和政党的结构、组织原则等政治方面留下了大量的理论空白,在现实基础上建构社会主义时,需要这些问题的具体填补方案。

在霍布斯鲍姆看来,马克思关于革命的思想开始于对 1789 年法国革命的经验分析,把法国作为阶级斗争和革命战略、策略的经典范例。法国革命的关键时段是雅各宾时期,它与资产阶级国家的关系是模棱两可的①,一方面,热月政变以后,首先出现的是资产阶级社会,雅各宾时期为资产阶级国家(市民国家)的运行提供了一个自由领域;另一方面,随着资产阶级革命的到来,在雅各宾时期后提供了一个超越资产阶级统治政权的可能性,即无产阶级专政。

因此,雅各宾主义为革命后过渡时期的无产阶级专政国家提供了丰富的经验。马克思自己从没有使用"专政"来形容政府的一个专门机构形式或阶级统治的形式,只是形容内容。他认为不管有没有普选权,资产阶级专政都存在,无产阶级通过革命推翻资产阶级,建立自己的政权,这种统治将趋向于公然的独裁。巴黎公社的经验是马克思和恩格斯关于无产阶级专政国家思想的重要扩充,但他们强调:它的政治特点是独裁的对立面。

获得革命胜利后的无产阶级不能简单地接管旧国家机器,而是必须予以淘汰,避免国家机构从社会和普通民众的公仆转变为官僚集团,使得工人阶级必须对抗它自己的代表和官员来保护自己。这种危险可能出现在任何具有自主政权的国家机器以及社会革命中。

除了最初无产阶级革命力量的观点即无产阶级军队是专政的前提外,马克思和恩格斯都没有着手去建立一个无产阶级专政普遍适用的模式,也没有关于他们对 20 世纪后革命政权建设的权威文本。因此,霍布斯鲍姆按照马克思和恩格斯的思想,对自 19 世纪中叶以来的无产阶级革命作出分析,认为其大致可以划分为三个阶段。

第一个阶段:从 19 世纪 40 年代中期到 50 年代中期。工人阶级革命的发

---

① Eric Hobsbawm, *The History of Marxism*, p.233.

展是复杂的和长期的：资本主义经济的发展不能推动无产阶级的最终胜利，旧的社会制度的危机将导致社会革命的扩展，但除了英国，所有国家的工人阶级在人口上是少数，而且是不成熟的。因此，无产阶级革命的前景依赖于两种可能性：无产阶级取代资产阶级领导革命；雅各宾派发起的资产阶级革命的激进化持续存在。

第一种可能性是不现实的，第二种甚至在1848—1849年法国革命失败之后仍然是可能的。无产阶级作为次要力量参加革命，只是开明资产阶级左派阶级联盟的重要成员。在法国革命中，温和派认为革命已经足够了，而激进派基于大部分人民的利益则希望继续推动革命，这种激进化有助于推动资产阶级的胜利，使无产阶级成为决定性因素。

因此，无产阶级的主要任务是推动革命的激进化，开明资产阶级转为领导力量，民主党派更为激进，形成了1850年的共产主义者联盟。在民主主义者中"共和主义小资产阶级"是最激进的，因为它最依赖无产阶级的支持。然而当无产阶级试图取代小资产阶级民主主义者作为革命运动的领导时在规模上仍然很小，因此需要联合其他阶级。在1848—1849年，像大多数的左派一样，马克思和恩格斯很少注意革命激进化在农村的发展。只是在革命后，马克思设想在德国进行无产阶级革命的农民战争。

第二个阶段：从19世纪50年代中期到80年代末期。一方面，没有即刻实现无产阶级革命胜利的希望，甚至1857年的世界资本主义危机也未能在任何国家导致革命；另一方面，资本主义经济在世界范围内快速发展，尤其是西欧和美国的工业化，致使各个国家产生了大量的无产阶级，工人的阶级意识和政党组织的力量在不断增强。

因此，马克思和恩格斯认为革命可能在工人阶级发展过程中的各个阶段发生，革命胜利后需要经过政权转变的过渡时期，但没有考虑无产阶级即刻进行政治转折。

第三个阶段：19世纪90年代到20世纪初期。在一些经济发达国家，无产阶级政党有了大的进步，向社会主义的直接转折第一次有了可能性。工人阶级在资本主义经济中联合周围的其他阶层，逐渐发展成多数，达到了成熟和普遍的程度，并成为革命联盟的核心，但未能发展相应的政治运动。

恩格斯放弃旧的暴力革命，坚持在选举权中隐含革命的新可能性，是因为

政党中的阶级对抗使得所有阶层的暴动非常困难。但是,恩格斯同意马克思"没有流血就没有伟大运动产生"的观点,拒绝放弃武装对抗的想法,并乐观地预测了1898—1904年的德国革命。他并不是放弃革命,只是根据变化的形势来调整革命战略和策略。另外,恩格斯敏锐地意识到机会主义的危险:为政治运动的现在牺牲未来,并通过强调坚持社会主义的无产阶级基础,尤其是通过建立政治联盟来保卫政党,反抗机会主义的诱惑。

总的来说,1848年的资产阶级革命失败了,国家虽然没有直接代表某个阶级,但明显地服务于资产阶级的利益。这种状况提出了更加难以解决的问题,最初由专制君主制发展而来的统治阶级和国家机构之间的关系,被资产阶级革命加强并成为"民族的资产阶级单位",但民族国家不断趋于建立所有阶级的自治,包括资产阶级。阶级和国家、经济和权力精英的集合决定了20世纪国家机器的发展,如后来各种形式的民粹主义、法西斯主义。资产阶级为争取民主继续斗争,然而这种斗争越来越为工人阶级的领导赢得权力,并且大大地便利了工人阶级政党组织的发展。因此霍布斯鲍姆认为:阶级斗争与资产阶级、无产阶级之间关系的特征仍然是模糊的,发达和稳定的资产阶级国家的政治结构和功能问题在马克思和恩格斯的著作中没有得到系统的考虑。①

通过对马克思和恩格斯关于革命、阶级斗争和政党组织理论发展的三个阶段的划分,霍布斯鲍姆认为:马克思的一生致力于把工人运动转变为政治运动,从所有阶级的所有政党分离出工人阶级政党并指向政治力量转变的目标:共产主义代替资本主义不依赖于历史力量的自发运行,而是政治行为的自主性,"共产党人为工人阶级的最近目的和利益而奋斗,但是在当前运动中还坚持着运动的未来"②。在革命之后工人阶级仍需要保持政治权力的持续,保持"国家的革命和过渡的形式"③。也就是说,无产阶级在过渡时期必须保持资产阶级的统治,资本主义社会逐渐转变成共产主义社会,马克思期望政府或社会成本在这个阶段达到最低。阶级斗争并不是等到无产阶级变成绝大多数和阶级分化达到高级阶段才能进行,而且阶级斗争在革命之后还要以最理性和人道的方式继续。

---

① Cf.Eric Hobsbawm,*Politics for a Rational Left*,pp.126-168.
② Eric Hobsbawm,*The History of Marxism*,p.239.
③ Ibid.,p.238.

就如过去发生的社会形态更替一样，自由联合的工人代替受奴役的工人，自由联合工人的社会经济代替资本和土地私有权的自然运行只是时间上的问题。革命不是一次性完成，革命后的前景也绝不是直线的，而是长期和复杂的。恩格斯基于19世纪40年代英国的经验，清楚地概述了革命的制造者和领导者——无产阶级的形成过程，主要体现在《共产党宣言》中：无产阶级的进步从单独反叛开始，再进行局部的经济斗争，然后逐渐通过工人联盟组织起来，再到阶级之间的民族斗争，阶级斗争必须是政治力量的斗争，工人作为阶级必须具有自己的政党组织。尽管由于1848年以后资本主义的稳定和扩展，工人运动的实际经验有了改变，晚年的马克思依然保持着这个分析。马克思和恩格斯对在资本主义框架内工人阶级斗争胜利的可能性比较乐观，认为可以通过工人联盟行动或立法来获得成功。

马克思和恩格斯在19世纪50年代频繁使用"联盟"这个词来形容共产主义，他们谨慎地解释道：联盟，就像早期的革命组织，仅仅是政党历史的一个阶段，在社会土壤的任何地方自发地形成。在这个意义上，恩格斯认为工人阶级作为一个政党"已经在大部分国家存在了"。① 从19世纪70年代开始，马克思和恩格斯倾向于认为有组织的工人阶级政党要有自己的结构和原则等。没有这样政党存在的国家，恩格斯继续使用政党来作为政治群体的总称，表明工人阶级的独立性与他们的组织无关，"共产党人到处都努力争取世界各国民主政党之间的团结和协议"②，不考虑形式，只要是工人的政党。马克思和恩格斯对于后来理论家所关注的政党结构或组织论述得很少，但他们认为政党的目标必须指向有组织的阶级，他们从来没有偏离《共产党宣言》的论述，共产主义者不能形成一个分离的党来反对其他工人阶级党派，或通过无产阶级运动来建立他们自己的分离原则。

霍布斯鲍姆认为，在马克思那里期望寻求后来关于改革者和革命者的争论，或者以马克思主义运动左翼和右翼的争论来阅读他的著作是无效的，在国际或任何其他工人运动中以"是左翼还是右翼"、"温和还是激进"来区别马克思主义是没有意义的。因为工人阶级在资本主义中的日常斗争和政治意识

---

① Cf.Eric Hobsbawm, *The History of Marxism*, p.237.

② Ibid.

（社会主义取代资本主义）的形成之间没有原则上的冲突，关键的问题是如何战胜各种关于无产阶级政党发展的不成熟理论（如民主激进主义、乌托邦）的影响。

总的来说，政治权力以及现实社会的实际转折，将依赖于无产阶级和劳工运动发展的程度，这也反映了资本主义的发展所达到的阶段和当时的社会经济和政治形势。在革命发展的各个时期，无产阶级必须在政治上作为阶级同盟的核心和领导，即使仍是少数，但它的利益和历史地位决定了它是开创新社会的唯一阶级。霍布斯鲍姆认为这并不是说马克思只看到了潜在的无产阶级专政，而是理想上预定在工人阶级的领导和统治下其他社会各个阶级的普遍解放。马克思区分了共产主义社会的第一个阶段和更高级阶段，原则从按劳分配到按需分配的实施时，没有限定两个阶段的时间间隔。

五、国际化的策略、战术及全球化问题

霍布斯鲍姆认为，马克思和恩格斯的革命策略是国际化原则，即民族主义和民族的自我决定不能将自身作为终极目标，而只是世界革命策略的过程。世界资本主义必然通过分离性社会政治单位（民族的普遍独立）来发展。革命实际上是国际现象，他们在《第一国际的就职演说》中号召工人阶级了解国际政治的机密并积极地参与其中。革命依赖于国际关系，因为历史、地理、不平等力量和不平等发展都将置于国际回响中。他们对民族问题的解释只是基本的原则，留下了过多的空白，后来的马克思主义者构建民族问题的理论，几乎未从经典中寻求支持。马克思和恩格斯反对联邦制，在《共产党宣言》中希望最终形成一个真正的世界社会。全球化从本质上来说是政治问题，马克思预测的世界历史体系在当今遭遇的最大障碍是政治和权力，而不是作为基础的经济。

霍布斯鲍姆认为，马克思和恩格斯的国际革命策略经历了三个主要阶段：1848 年、1848—1871 年和 1871—1895 年。

在 19 世纪 40 年代，除了英国没有真正的无产阶级和无产阶级运动存在，但是英国革命失败了。未来无产阶级革命的决定阶段是资产阶级革命和高级资本主义的发展。

1848 年之后，工业化促进了工人阶级和无产阶级运动，但资本主义是稳

定的,社会革命在"先进"区域的前景变得越发不可能了。在这个时期马克思和恩格斯只能希望资本主义国家内部的政治压力和国际冲突的联合产生革命的形势,就像1870—1871年的法国。但是,全球范围的资本主义危机使形势发生了变化:首先,大量的工人阶级政党在马克思的影响下改变了"先进"国家内部发展的前景;其次,社会革命的新因素出现在发达资本主义社会的边缘,比如爱尔兰和俄国,马克思在19世纪60年代开始关注这两个国家。爱尔兰在芬兰共和主义垮台后停止加入马克思的计划,但它的革命给了西方工人革命的信号。之后俄国革命变得更加重要,它的主要意义在于发达国家形势的转变。

在霍布斯鲍姆看来,革命前景的变化决定了马克思和恩格斯对战争看法的改变。他们在原则上不是和平主义者也不是共和民主主义者或民族主义者,因为他们知道战争是"政治的继续",并有着排他性的经济原因。简言之,在前期他们期望战争直接促进他们的想法,甚至希望战争对他们的革命计划发挥决定性的作用。然而从19世纪70年代晚期开始,他们把普遍的战争看做政治运动发展的障碍,尤其在恩格斯的晚年,他越来越认为新的和可能的全球战争有着可怕的特征。他预言战争的结果:目前为止前所未闻的大屠场,目前为止前所未闻的欧洲消耗和最终整个旧系统的崩溃。他期望战争以无产阶级政党的胜利结束,但由于战争对于革命不再是必要的,他自然希望"避免所有的屠场"。

在后期,马克思和恩格斯的国际革命策略,延伸到全球资本主义萧条、英国世界垄断的衰退、德国和美国工业的持续前进以及俄国革命的可能性转变。恩格斯以军事专业基础知识敏锐地观察到第一次世界大战即将临近,然而他留下的关于革命国际化策略的问题尤其是战争与和平的遗产是含糊的。

霍布斯鲍姆认为,后期马克思和恩格斯开始转变国际战争是革命计划组成部分的观点,是发现它将会导致所有国家沙文主义的复发,为统治阶级服务和削弱正在成长的工人运动。当社会主义政党可能被迫支持一个资产阶级国家与另一个的冲突,任何政府都不得不考虑社会主义者和劳工运动的态度。恩格斯在国际革命策略上的兴趣越来越集中于劳工运动,尤其在他的晚年,比较了19世纪90年代和1848年之前的形势,趋向于把殖民国家的任何运动看

做是都市发展的结果。他重申坚定不移的原则：没有自身的胜利，无产阶级将不能给予任何外国人民任何幸福，他在1882年告诉伯恩斯坦"我们不得不为西欧无产阶级的自由而工作，所有其他目标都附属于这个目的"①。

法国传统上承担着世界自由者的使命和国际劳工运动的领导与代表。但是，实际上法国不愿意听从马克思和恩格斯，也不再发挥这种作用，法国劳工运动分裂、混淆和严重渗进小资产阶级激化的共和主义因素，恩格斯甚至认为奥地利的劳工运动可能代替法国成为先驱。相反，德国劳工运动壮观成长，现在成为国际社会主义前进的主要力量。

众所周知，我们现在生活在全球化的时代，霍布斯鲍姆认为整个世界是人类活动在全球范围内被理想化地用单一而普遍的思想体系、技术体系和交流方式运作。国家的排他性和独立性与全球化的统一性互相矛盾。不同的国家在量上截然不同，在质上却是完全平等的。国家如何适应全球化的世界，或这个世界如何作出调整以适应其组成成分即国家的异质性，诸如语言、地方性文化以及地方性政策。

霍布斯鲍姆认为，完全的全球化或全球统一在权力和政治领域内所遭遇的障碍是最强的，因为到目前为止，世界从根本上来说并不是作为统一的政治单元存在的。当今世界只存在所谓的民族国家，虽然时不时地有一些民族国家能够强大到足以制定有影响力的全球性政策，或为了某些特殊目的而建立起一些全球性机构。联合国就说明了这个问题。除了其成员国所赋予的权力外，它本身没有任何权力，因而联合国的每一项政策都有可能被它的一个或多个成员所破坏。当然，现今能够发挥影响力的国家体系并不包括所有拥有政治主权的联合国成员和其他自治实体，"而是由相对较少的一些拥有强大的经济或军事实力的国家所组成，这类国家的存在正是通往更深远的全球化道路上的主要障碍"②。

全球化经济的基本结构日益从世界政治结构中分离出去，目前已超越了世界政治结构的范畴，形成了世界市场。世界在现实上处于双重体系之中：以国家作为政治单位的"民族经济"和真实的非官方的跨国经济单元和机构。

---

① Eric Hobsbawm, *The History of Marxism*, p.254.

② ［英］艾瑞克·霍布斯鲍姆：《国家与全球化》，邓浩译，《现代外国哲学社会科学文摘》1999年第8期。

两个体系通过诸如国际货币基金组织和世界银行的跨国经济机构，在边缘上建立连接。国际货币基金组织和世界银行两者虽然依赖于民族国家，确切地说是依赖于其最富有的那些成员国家，特别是美国，但其在职权范围上是全球性的。与国家领土和政治权力不同，国家的其他要素比如技术和语言能够并且已经被经济全球化所轻松跨越。

由于当今通信技术几乎不可能被置于某一政治单元的控制之下，英语很可能已成为世界语种，以至于科学技术现在也是在一种单一的全球性语言下运行，并且通过语言文化影响着世界上所有的国家，科学技术所具有的传统普遍性增长速度非常之快。在通信和科学领域，实质上不存在国家及其同等权力政治群体，如不存在所谓的伊斯兰物理学、罗马尼亚数学逻辑或黑人语言学，只存在普遍的、统一的物理学、数学逻辑或语言学。因此，霍布斯鲍姆认为全球化在通信技术和科技发展中所遇到的障碍是最小的。

全球化的大众文化及消费模式也以惊人的速度覆盖了各国家的公民，"在文化与艺术等同的旧式意义上，这种大众文化首先在美国形成，并通过娱乐界的工业革命传播到世界各地。也就是说，这种文化至少能够被世界上大部分地区的男人、女人和孩子在每天，甚至是每时每刻所分享，他们随时都能接触到电视、广播、磁带、唱片和录像。在文化即一种生活方式的人类学意义上，消费社会的模式作为第二次世界大战后经济运作的结果，也在日益全球化，虽然事实上它是更为普遍西化"①。"实际上，当今的足球运动为地方性、国家性和全球性因素在文化中的冲突与互动提供了一个极好演示。一方面，世界杯这样的足球比赛同奥运会一样建立在国家间竞赛的基础之上；另一方面，足球比赛又建立于球队间竞赛的基础之上。这些球队的建立从理论上讲是地方性的，并且能够唤起地方忠诚。"②

综合以上讨论，霍布斯鲍姆对于统一的全球化与排他的国家性在经济、政治、文化、种族等各个方面的现实表现的分析，其中心的观点是：全球化从本质上来说是政治问题，马克思预测的世界历史体系在当今遭遇的最大障碍是政治和权力，而不是作为基础的经济。

---

① ［英］艾瑞克·霍布斯鲍姆：《国家与全球化》，邓浩译，《现代外国哲学社会科学文摘》1999年第8期。

② 同上。

六、作为政治力量的社会主义

霍布斯鲍姆认为，社会主义作为政治力量的出现是人类社会发展的必然，是底层群众阶级力量质的飞跃。

社会主义的原初意义既没有政治意义，也不指社会组织生产、分配和交换的特定方式，而仅仅是派生于"社会"一词，表征人在本性上是社会和群居的生物。19 世纪 30 年代，社会主义从英国和法国向外传播，"在英国它被称为'合作'或'合作社'；在法国它被称为'集体'或'集产'——后来成为'集体主义'，并以'互助论'而知名"①。工人合作社与劳工运动具有密切关系，事实上形成了 1848 年以前社会主义乌托邦理想和新社会主义之间的桥梁。但是在这个阶段：第一，社会主义的对立面不是资本主义，而是个人主义。个人主义社会的基础是竞争、市场，社会主义社会的核心则是合作、团结。社会主义的范围则非常广泛：从为了社会安全利益而对自由放任政策稍加限制，到完全没有私有制或货币的共产主义社会。第二，与共产主义不同，社会主义在此时仍然没有政治的含义：主要是自愿建立的团体，也可以由国家或其他有效机构加以组织。因此在美国，存在着比其他国家更多的社会主义；在英国，直到 19 世纪末、社会主义工人运动兴起之前，社会主义的原始意义始终保持着中心地位。

19 世纪 80 年代，工人阶级的社会主义通过合作社和其他形式的自愿联合和集体行动而建立。当工人运动追随了雅各宾派的民主传统，马克思主义者走上了集体政治行动的道路，社会主义才与夺取国家权力联系了起来。自此，国家成为构建社会主义的中心要素，但是它仍然不是社会组织的特定方式。在 1880—1914 年进入工业革命时期的国家，也就是说，主要在欧洲、北美、日本和某些海外白人的大规模殖民区，已形成劳工这类可资辨识的阶级，而且是不太容易对付的少数群体：使已确立的社会和政治秩序蒙上了一层阴影。如果他们组成一个政治阶级，结果会如何呢？这是欧洲的突发现象，并以极快的速度发展。只要是在民主和选举政治允许的地方，以工人阶级为基础的群众党派便会信仰社会主义意识形态，并以惊人的速度增长。除了德国社会民主党外，这个刚于 1875 年完成结盟的政党，当时已是有分量的选举势力。

① ［英］艾瑞克·霍布斯鲍姆：《摆脱困境——社会主义仍然富有生命力》，曹宪强、梁战光译，《现代外国哲学社会科学文摘》1992 年第 1 期。

到了 1906 年,大家已把这些政党视为理所当然。大规模劳动阶级和社会主义政党的存在已是常态,如果不存在才是让人吃惊的事。到了 1914 年,美国也有了大规模的社会主义政党,1912 年,其候选人几乎得到了 100 万张选票;在阿根廷,社会主义政党也在 1914 年得到 10% 的选票;在澳大利亚,非社会主义的劳工党在 1912 年组成联邦政府。至于欧洲,只要环境允许,社会主义和劳工政党都会是重要的选举力量。一般说来,它们是少数党,不过在某些国家,尤其是德国和斯堪的纳维亚国家,它们已是最大的全国性政党,得到高达35%—40% 的选票,每次选举权的扩大,都意味着工业群众准备选择社会主义。他们不但投票,还组织成庞大的群体:比利时劳工党在 1911 年拥有 27.6万党员;德国社会民主党则有 100 多万党员;而与这些政党有关、往往也由他们所创办的间接性劳工政治组织,其规模甚至更大,例如工会和合作社。①

直到 1917 年至 1918 年,社会主义的真正内容才是颠倒的资本主义,才成为社会组织生产、分配和交换的特定方式。社会主义发展的历史纪元开始于1914 年第二国际的崩溃和 1917 年 10 月布尔什维克的胜利。十月革命的重大意义在于它是第一次无产阶级革命,第一次在历史上建立社会主义秩序,第一个拥有共产党的政权。它证明资本主义的深刻矛盾产生了战争和萧条,社会主义革命具有胜利的必然性和现实性。这是世界革命的开始:社会民主主义和无政府的工团主义已经失败了,列宁胜利了。其他国家的革命决定追随胜利的果实,把自己附属于国际布尔什维克。社会主义最优先关照的是工人阶级:他们默默无闻,为人所遗忘,正如他们是新的社会群体一样;共产党成为所有为工资而出卖劳力之人的政党,对抗资本主义及其政府,旨在创造一个新社会;马克思曾告诉社会主义者说:工人无祖国,只有一个阶级,因此,社会主义者具有国际主义热情。

第二节 "进步"的社会发展观

一、历史整体观

马克思社会理论的核心部分是社会总体思想,它包括以下三个方面的

---

① 参见 [英]艾瑞克·霍布斯鲍姆:《帝国的年代:1875~1914》,贾士蘅译,第 137—175 页。

含义：

首先，社会是一个囊括全部社会生活领域的跨层次性的、整体性的范畴。马克思把社会看成由诸种相异要素构成的庞大的、复杂的有机整体，具体包括客观存在的自然界、国家、生产、交换、分配、消费、民族、语言、阶级、政治制度、法律、艺术、宗教、意识形态，等等。其中各要素之间不是简单机械地相加，而是有机结合并从属于社会。马克思说："我们得到的结论并不是说，生产、分配、交换、消费是同一的东西，而是说，它们构成一个总体的各个环节，一个统一体内部的差别。……不同要素之间存在着相互作用。每一个有机整体都是这样。"①单凭运动、顺序和时间的唯一逻辑公式怎能向我们说明一切关系在其中同时存在而又是互相依存的社会机体呢？

其次，社会的各种相异要素之间并不是简单机械地堆积在一起，而是在相互影响、相互制约中不断更新发展着的。在《〈政治经济学批判〉序言》中，马克思从动态角度描绘了一幅社会有机体活动和发展的图景。他指出："我所得到的，并且一经得到就用于指导我的研究工作的总的结果，可以简要地表述如下：人们在自己生活的社会生产中发生一定的、必然的、不以他们的意志为转移的关系，即同他们的物质生产力的一定发展阶段相适合的生产关系。这些生产关系的总和构成社会的经济结构，既有法律的和政治的上层建筑竖立其上并有一定的社会意识形式与之相适应的现实基础。物质生活的生产方式制约着整个社会生活、政治生活和精神生活的过程。不是人们的意识决定人们的存在，相反，是人们的社会存在决定人们的意识。社会的物质生产力发展到一定阶段，便同它们一直在其中运动的现存生产关系或财产关系（这只是生产关系的法律用语）发生矛盾。于是这些关系便由生产力的发展形式变成生产力的桎梏。那时社会革命的时代就到来了。随着经济基础的变更，全部庞大的上层建筑也或慢或快地发生变革。"②这段引文包含了马克思将社会看成是在生产力和生产关系的矛盾运动中不断向前发展的过程。

最后，社会历史有其自身的发展规律。马克思认为："大体说来，亚细亚的、古希腊罗马的、封建的和现代资产阶级的生产方式可以看做是经济的社会

---

① 《马克思恩格斯文集》第 8 卷，第 23 页。
② 《马克思恩格斯文集》第 2 卷，第 591—592 页。

形态演进的几个时代。"①整体思维不仅意味着外在世界中某一或某些现象引起我们的注意,进入我们的意识之中,而且更意味着我们正在力图通过大脑的有意识的活动,捕捉潜在于这一或这些现象背后的更深层的原因,并在理论上揭示所遵循的规律。② 整体思维不仅意味着观念地把握外在世界的客观规律,而且意味着提供改造、控制和利用外在世界的方法,从而规范人的社会实践。③

霍布斯鲍姆用马克思的总体性观点来指导他的史学实践,在年鉴派的影响下,形成史学新观念和新方法,对开创英国社会史研究的新局面作出了不可磨灭的贡献,尤其是他的总体史思想,贯穿于他的史学研究实践。在霍布斯鲍姆看来,马克思"保持了对历史进行任何充分研究的根基,因为迄今为止只有他一人尝试系统地阐述一种从总体上贴近历史的方法,他从总体上驾驭和构建戏剧性事件的能力是无与伦比的"④。作为当今享誉世界、备受推崇的近代史大师,霍布斯鲍姆并不是简单生硬地套用马克思的总体性思想,也未曾直截了当地引述马克思的文献资料,而是在娓娓动人的历史性小说中隐隐透露了出来。现代理论科学家的整体智慧思想主要是结合自己的专业研究表现出来的,与系统科学家们不同的是他们在研究对象时,主要关注对象的某种特殊性质,并不把对象首先看成具有系统或整体的存在,然而在他们的研究结果中,换句话说,在他们的科学思想中,却体现了某种特殊的整体观念。⑤ 1971 年霍布斯鲍姆的研究范围从单纯的社会生活史变成了总体史,其内容包括社会经济、政治、思想和文化等。霍布斯鲍姆强调,并不是要求每个人都必须研究社会总体,而是要求在研究每个问题时,都能够从社会的总体去考察。笔者认为,霍布斯鲍姆的总体史思想既暗合马克思的基本理论,又有其独一无二的个性特征和震撼人心的理论魅力。

首先,霍布斯鲍姆的史学著作本身就是丰富多彩、活生生的社会生活,其

---

① 《马克思恩格斯文集》第 2 卷,第 592 页。
② 参见乔瑞金:《现代整体论》,中国经济出版社 1996 年版,第 22 页。
③ 参见上书,第 23 页。
④ ［英］艾瑞克·霍布斯鲍姆、［意］安东尼奥·波立陶:《霍布斯鲍姆:新千年访谈录》,殷雄、田培义译,第 265 页。
⑤ 参见乔瑞金:《现代整体论》,第 45 页。

专业史的领域涵盖了工业、农业、服务业、战争、国家、革命、传统、民族、民主、语言、艺术、文化、意识形态、道德、女权、生态、全球化、后现代等社会诸种相异元素；社会活动的主体也同样生活在不同的社会层次，具有不同的社会地位，对社会的发展都起着不可替代的作用，不但包括资产阶级、工人阶级这样的主体，农民、鞋匠、爵士乐手、不入流的歌手、盗匪、女盗匪等也都粉墨登场。

其次，霍布斯鲍姆说，历史是不同量和不同质的社会经济、政治或其他因素相互关系的科学。"马克思对于过去这个趋势的主要贡献是对实证主义的批判，也就是试图把社会科学的研究成果吸收到自然科学研究中，或把人文学科的研究成果吸收到非人文学科的方法进行批判。这就意味着把社会看做是一种人与人之间的关系体系，这个以生产和再生产的目的为主的关系体系对马克思来说至关重要。它还意味着对这些体系的结构和功能性分析，这些体系在保持自我、在与外部环境——非人文及人文的因素——和内部关系等等的关系中，是作为整体而存在的。"①

1948 年霍布斯鲍姆出版的《劳动的转折：1880—1900 年》，是关于劳工研究的论文集，1964 年的《劳工》和 1984 年的《劳工的世界》两本论文集，基本上收集了霍布斯鲍姆从 20 世纪 40—80 年代关于劳工主题的文章。按照霍布斯鲍姆在《劳工》这本书中的观点，韦伯和 G.D.H.科尔之前的劳工史研究，实际上是劳工运动的直接编年史占主导或居支配地位，而他们在 1948 年开始及之后大量学者的劳工史是劳工机构或组织机构的历史，主要注重工人运动和工人组织特别是注重领导人活动的研究。实际上，每一个看起来是小问题的主题，都可以运用总体史观，以小见大，取得各方面透视的效果，霍布斯鲍姆于 1960 年早期就注意到要寻求建立一种考察工人阶级经历的那种历史，与当时绝大多数的劳工史著作不同的是，他重视对工人阶级经历的整体的关注，"整体智慧是指关于对象的综合的系统的认识，是集各种智慧要素于一体而大成的关于事物的本质反映，其中尤其指在现代科学、技术和社会发展基础上所产生的对系统整体的合乎对象自身的科学认识"②。尽管霍布斯鲍姆的研究本身没有涉及工人阶级生活的所有层面，但他的工人史著作对于扩大这一领域

---

① ［英］埃里克·霍布斯鲍姆：《史学家——历史神话的终结者》，马俊亚、郭英剑译，第 170 页。
② 乔瑞金：《现代整体论》，第 5 页。

的研究发挥了重要的作用。

《劳工的世界》研究的主题是 19 世纪晚期和 20 世纪中期之间工人阶级的形成和演进，以及他们的社会地位、生活方式和意识之间的关系。正如在《劳工》中，霍布斯鲍姆关注的不是劳工组织、意识和政治（尽管他认为它们是工人阶级的关键维度），而是关注工人阶级的现实状况。霍布斯鲍姆写作的一些工人是有名字的，被更广泛世界所知；大部分是没有名字的，但他们仍然是更广泛世界的一部分。霍布斯鲍姆认为，如果脱离了其他阶级和国家提供给工人的习惯、思想和历史传统，就不可能写作任何阶级的历史。《英国工人阶级文化的构成》《1870—1914 年工人阶级的形成》《工匠和劳工贵族》三篇论文是《劳工》这本书的核心部分，考察工人阶级在一个相当长的时期内作为一个整体发展的重要方面或关键部分。

法国年鉴派的"总体的社会史"主张写出包罗万象和日常生活结构的社会历史，这样的追求有可能趋向烦琐和细节的危险问题。霍布斯鲍姆对于各专业史的研究旨在理解整个社会发展的普遍趋势，对下层群众生活的描述旨在探索整个基本社会结构包括统治阶级的动态发展规律。

霍布斯鲍姆在谈到社会结构时说："马克思主义认为社会现象具有等级层次（如"基础"和"上层建筑"）；其次，它认为任何社会都存在着一种内部'矛盾'，它们与整个体系的总趋向发生作用，以便使自身不断受到关注。马克思上述特点的重要性体现在了历史学的研究领域，因为正是这些特点使历史学去解释为什么会发生社会变革，它们又是如何改变自身的，换句话说，是去揭示社会进化的事实，而不是像其他结构—功能主义的社会模式那样去认识社会。马克思强大的生命力在于，它既始终坚持社会结构的实际存在，又坚持社会结构的历史性，亦即重视社会变迁的内在动力。"[1]"我被马克思的思想所折服了，即历史是可以从总体上加以观察与分析的，并且它具有某种特征，我不能说它就是法律，因为那样会很容易引起人们对老派实证主义的回忆，而是说它具有结构与模式，是人类社会在长期演化过程中所形成的。"[2]

霍布斯鲍姆在《帝国的年代：1875～1914》"序言"中引用巴拉克劳夫的话

---

[1]　[英]埃里克·霍布斯鲍姆：《史学家——历史神话的终结者》，马俊亚、郭英剑译，第 5 页。

[2]　[英]艾瑞克·霍布斯鲍姆、[意]安东尼奥·波立陶：《霍布斯鲍姆：新千年访谈录》，殷雄、田培义译，第 7 页。

来说明他的看法，"除非我们同时也明白基本结构上的变化，否则只是描述事件的经过，即使是以全世界为范围，也不大可能使我们对今日世界上的各种力量，有较佳的理解。今天我们最需要的是种新构架，一种新的回溯方式。这些也就是本书所要呈现的"。霍布斯鲍姆始终恪守的行为准则是"史学家尽管关注的是微观方面的事情，但是他们必须放眼全世界，因为它是理解人类历史，包括任何人类特殊部分历史的必要前提。因为所有人类的集体现在是，也一直都是更广大、更复杂的世界总体的一部分"①。

在《劳工的世界》中，英国工人阶级的文化经历了"前工业社会—工业化社会—工业社会"三个时期的社会变迁而形成。"整体思维不仅着眼于现在，而且也着眼于过去和未来，它把历史和人类文化作为一个有机整体来理性地处理，并通过这种处理提供人们历史进步的辩证法，以此规范人的现实实践活动。"②在这三个时期中，工人阶级在政治运动、阶级意识、宗教、娱乐形式、身体状况、妇女解放等方面的发展上是一个有机的整体，辩证地向前发展和进步着。

第一，前工业时期。霍布斯鲍姆认为，英国工人阶级文化的早期独特现象：以阶级意识为纽带的行业联盟和具有宗教背景的劳工阶级反映的不是工业化的社会，而是最初称为"工业化革命"的第一个阶段的社会，也就是前工业社会。

在拿破仑战争（1799—1815）结束后的几年，"工人阶级"这个词出现在英国政治性语言中。工人最初的政治运动被称为劳工运动，通过阶级意识组织起来，比如说行业联盟。在拿破仑时代后，阶级意识变得更加重要和突出了，例如通过阶级意识的强力纽带集结起来的1838—1948年宪章运动，在第一次世界大战结束之前，比起任何其他的运动，都很好地调动了大部分非农业工人。从这个意义上说，汤普森在《英国工人阶级的形成》这本书中的眼光是非常敏锐的。然而霍布斯鲍姆认为，直到19世纪40年代结束，英国人口仍然主要是农民，工厂的范围实际上限定在纺织工业，比如作为工厂先驱的棉花工业，在19世纪30年代和40年代，手工纺织的织工快速减少，多数城镇出现机

---

① Eric Hobsbawm, *Identity History is Not Enough in On History*, New York: The New Press, 1997, p.277.

② 乔瑞金：《现代整体论》，第24页。

械化的织机,所谓的"工厂法案",直到 1967 年才越过纺织工业的范围,从 1851 年开始,工人才很快增长为城市的多数。因此,19 世纪的行业联盟虽然不是直接来自旧的手工业行会,但其阶级意识反映的仍然是前工业的根源。

行业联盟组织了某一个行业或手工业的成员;它的成员称自己为雇工;工匠和熟练工人称他们自己为名匠。直到今天联盟成员不用当代词汇称呼彼此而是以兄弟相称。就是这些前工业化组织的旧有经验为新底层阶级的组织提供了大部分意识框架,新运动的典型激进分子是前工业或半工业的精英,尽管在新工业化的伦敦中心——曼彻斯特,其机械机构的工人成员只有 15% 是纺织工人,几乎 60% 来自手工业和建筑行业,其余则是建筑机器的手工业者。

即使在 1851 年的宗教调查中,英国工人的阶级意识相对于宗教的不同已经受到关注,霍布斯鲍姆还是观察到:早期的循道教对工人有很强的吸引力,但其影响力限于工业化的农村,如在煤矿工人中;更加值得关注的是,宗教上的持不同政见者在工人阶级精英的形成中是非常重要的,比如 1906 年,工党议员的最初重要部分的 60% 来自宗教团体,甚至在 1962 年,50% 的工党议员来自这些教派。

第二,工业化时期。霍布斯鲍姆认为:在工业化时期,英国工人的规模增长,出现了劳工贵族,生活和文化模式标准化,并具有了整体性特征;工人阶级中大部分的已婚妇女被排除在工作的可能性之外;阶级意识普遍存在于劳工阶级中:脱离手工劳动的共同感觉,互相团结、援助和协作的道德准则,为被公正对待而斗争。

1848 年,工人阶级的文化模式具有了整体性特征,在接下来的 30 年进程中,工业化的资本主义变成一般现象,劳工阶级的生活方式标准化,用莫里斯·多布的话来说,工人阶级开始具有底层阶级的同种特征。直到 19 世纪 80 年代,或者更早的 19 世纪 70 年代出现这样的模式,20 世纪 50 年代和 60 年代作为永久性的形式保持了下来。英国劳工运动历史的不连续性就说明了这一点:1815—1848 年发生的政治性骚动却在 19 世纪 40 年代宪章时期消失了。现代工人运动和劳工党的连续发展开始于 19 世纪 80 年代的新行业联盟。

19 世纪 80 年代,工人阶级的规模增长,在生活费用快速下滑时期获得平均工资的实际进步,这是经济主要依赖于手工劳工的自然结果,比如煤产量的

增长需要煤矿工人数量的增长,因此到 1914 年,英国经济需要大约 125 万工人。新的充分工业化的经济使英国工人阶级的文化变得突出,从 1890 年开始,阶级意识开始成长,在民族国家生活中的作用获得大的提升。

大众消费市场和帝国主义促使工人阶级的生活模式变得标准化。19 世纪 70 年代,工人周的特有形制完全形成,星期五支付周工资的实践使得周末或星期六成为闲暇活动的主要日子。19 世纪 80 年代和 90 年代,城市和行政区中工人阶级的主要购物街开始形成,并且一直保持到超市的兴起。工人阶级大众消费市场引起了鞋子的工厂生产,连锁店的分店销售,以及稍后的男式服装行业,廉价的女式服装在战争之间还没有成为大的商业。它还引起了食物模式的转变:廉价果酱、酱料和泡菜的工厂生产。另外,帝国主义产生了"连锁店",也就是有数个分支的民族或地区公司,比如立顿公司在 1914 年有 500 个这样的商店负责销售海外的杂货和从阿根廷或对应点而来的廉价冻肉。这些连锁店的财富大部分依赖于印度和锡兰的茶叶销售,在 1884 年第一次成为大的产品基础。

19 世纪最后几十年出现的工人阶级生活和文化的模式进一步标准化了,但并没有从根本上发生变化,尽管战争之间它被新的消费物资、更好的住房和休闲的新形式所丰富。在 1918 年前后,几乎很少的都市化住房,变得很平常了;在 1939 年,英国在都市建成了 13 万住宅。同时,20 世纪 30 年代大的房屋建筑的兴盛为城市住房引进了一个实质上的新元素:占有住房的工人。在战争之间大约有 400 万这样的人出现,他们中的不到一半是工人。新的城市不动产和带花园的工人阶级郊区,如在伦敦通常远离中心发展。工人阶级生活的私有化已经开始了。

劳工贵族渐渐成为一个阶层,比其余的工人阶级更能保持经济上的利益。在 19 世纪中间的几十年,当劳工贵族在工业化进程中的真实特权处于机器化的压力之下时,他们快速加入左派以自我保护,尤其是在金属工业,成为左翼运动的主要基础。

在 1914 年,只有 10% 的英国已婚妇女工作,甚至到 1931 年也只有 13%。作为底层文化的固定牺牲者——工人阶级中的已婚妇女来说,一个狭窄街道的一个狭窄房屋并不仅仅是生活的中心,而且是婚后实际上所有的环境。她们在家庭之外的社会联系,大部分局限于邻居,相邻地区的商店主,住得较近

的亲属，或许还有一些比如收租者或保险员。在家里，除了孩子非常小的时候，她们的大部分时间是在孤独中度过，男人在外工作，孩子们在学校或在街上。她们的孤独可能会被偶尔与邻居们或街角商店的流言蜚语所减轻。已婚妇女此时仍然被排除在工作的新可能性之外——工厂、商店和办公室，也被排除在从 19 世纪 80 年代未婚工人阶级女孩的休闲之外，婚姻结束了她们的生活。

那么在这个麻木的、持久的、苦修的和要求不高的世界，在哪儿能找到阶级意识呢？到处都可以。英国工人的生活充满了这种意识，以至于他们的每一个行动都能证明在"我们"和"他们"之间的差异和冲突。"他们"没有明确的定义，除了在工作间和工厂，拥有土地的贵族、资本家和一个新中级阶级在 1886 年与 1922 年之间真正融合成为一个联合的自由保守党后使得这种准确定义更加没有必要。在 1922 年之后，工党代替了他的对手自由党，尽管在 1945 年之前只是两个时间不长的、没能力的劳工政府。英国工人的阶级意识不能仅仅被工党的选票所衡量，甚至是在它 1945—1951 年的高峰期赢得了底层阶级的绝对多数。

第三，工业时期。以上的两个时期就是英国工人阶级危机和转变前夕的文化。在 20 世纪 50 年代和 60 年代，英国工人阶级的文化发生了大的变化：卷入了现代英国消费文化。在过去的 25 年里英国工人阶级改变得非常深远：早期工人阶级文化强有力的占有领域如煤、纺织、造船、铁路正在消失，除了复杂的金属和电子工业，手工工人在英国其他行业领域的数量不足一半；超过一半的已婚妇女在工作挣工资；年轻的工人阶级激进分子都曾上过学，是职业化的激进分子；特有的议院劳工成员不是矿工也不是铁路工人，而是某些大学的演讲者；英国底层阶级大量移入的不是兰开夏有风的海滩而是西班牙的阳光海滨假日胜地，鱼条店让位给了快餐店。

20 世纪 50 年代以来，大部分英国工人都能过上人道的生活，在物质方面的获得是很大的。然而在霍布斯鲍姆看来，在非物质方面，生活的一种方式正在结束或者说已经结束了，工人阶级的阶级意识正在弱化，工人阶级的文化正处于失去自己方向的危险中。

二、"从下往上看"的底层历史观

"从下往上看"并不是消解资产阶级或统治阶级的历史作用，否定他们对

社会进步所作的贡献，而是通过对底层历史的关注来揭开他们对于人类文明的推动。对于底层阶级的工作、生活、意识也并不是富有同情感的描述，而是力图阐释他们如何以自己的方式来影响社会结构。

霍布斯鲍姆对于资本主义的辉煌成就给予充分肯定，这主要体现在他的19世纪三部曲和《工业与帝国：英国的现代化历程》中。霍布斯鲍姆在《资本的年代：1848～1875》的"导言"中说："本书作者无意掩饰自己对本书所述年代的某些厌恶，甚至某种鄙夷，但由于敬佩这个时代所取得的巨大物质成就，由于竭力想去理解自己所不喜欢的事物，因而稍有缓和。"对此，有些人认为这是作者以不公正的态度对待资产阶级和资本主义的伟大胜利，但他却斩钉截铁地回答：情况绝非如此，本书的撰写宗旨是要突出资产阶级的胜利，而且最为赞同的还是资产阶级。凯伊认为，《资本的年代：1848～1875》是着眼于底层阶级历史的研究，又不忽视对上层历史进行考察的典范。[1]

1848年之前，唯有英国经济实际完成了工业化，并且支配了世界。大约到19世纪40年代，美国、西欧和中欧的大部分地区，都已经或正在进行工业革命。工业革命带来了三项重大的变化：经济革命使人口显著增长，又在极大程度上刺激了经济；交通的改良十分地惊人，例如美国在交通事业方面比任何国家更为庞大，其邮车道路网扩充至八倍以上，从1800年的2.1万英里，增加到1850年的17万英里；整个双元革命的世界，商业和移民的流动已有排山倒海之势。1816—1850年间，约有500万欧洲人离开祖国移民他邦，在各国内部，人口迁移的洪流也变得更加巨大。1830年之后，经济和社会的变革速度明显加快。欧洲大陆的企业更依赖于现代化的实业、商业和银行业的立法，以及金融机构，法国大革命产生了上述两者。于是，整个世界的一部分：西欧、德国、北意大利、中欧部分地区、斯堪的纳维亚、美国，可能还有英语世界的移民拓居地迅速成为工业强国，而另一部分则落后了，正在沦为或变成西方的经济附庸地。在双元革命的所有经济后果中，"进步国家"和"未开发国家"之间的分歧被证明是影响最深远、最持久的。

资本主义经济得到多方面极其强有力的刺激。工业化在向前推进，资本

---

① Cf. Harvey J. Kaye, *The British Marxist Historian: An Introductory Analysis*, New York: ST. Martin's Press, 2007, p.228.

的时代特有的产品铁和煤,与其最具代表性的象征——铁路相结合起来,科学研究渗透进工业的重要后果是使此后教育机构在工业发展上越来越具有关键性。重大的工业革新发生在大规模的机器生产上,多半发生在美国,如柯特自动手枪,温切斯特步枪,大量生产的钟表、缝纫机和现代生产装配线。在某些国家中,世界经济的巨大扩张已经牢牢地建立在工业化的基础之上,也建立在大量且名副其实的全球性物资、资本和人员的流动之上,而且这场巨大的扩张仍在继续,甚至在加速。

一个由已开发或发展中的资本主义核心地带决定其步调的世界经济,非常容易变成一个由先进地区支配落后地区的世界,也就是变成一个帝国的世界。世界上有两大区域事实上已完全被瓜分:非洲和太平洋地区。在经济、政治和文化上进入了帝国的年代。经济上母国与属国间的关系是高度不对称的:古巴的兴亡要视糖价和美国是否愿意进口古巴的糖而定;对于非洲撒哈拉沙漠以南的任何地区而言,其所有的出口也几乎都是来自一小撮西方宗主国。新殖民主义是一个由诸多国家经济体所进行的经济和政治竞争时代的副产品,同时又因贸易保护主义而得以加强。地球上少数已开发地区征服全球,借着武力和制度,借着示范和社会转型,改变了人们的意象、理想和希望。

霍布斯鲍姆对于底层人民的关怀体现在《劳工》、《劳工的世界》、《劳工的转折:1880—1900 年》、《原始的叛乱》、《匪徒》、《非凡的小人物——反抗、造反及爵士乐》、《民族与民族主义》等著作中。这些著作深入地阐述了这些默默无闻的小人物是如何以自己的热情和活动来融入社会历史大踏步发展的滚滚洪流中去的。过去的历史大多数是为统治者歌功颂德,在所有时期甚至是革命时期,普通人成为与重大政治决定或事件的经常性因素时才会被传统史学撰写。由于法国大革命把难以计数的普通人卷入其中,官方文件对他们记载并加以分类存档,涌现出了米什莱、乔治·勒菲弗、马克·布洛赫等从事底层历史研究的学者。霍布斯鲍姆认为:"其真正的进展到了 20 世纪 50 年代中期才开始,那时马克思主义才有可能对此作出巨大的贡献。"[①]这个时期的作品"与其说是研究工人本身,倒不如说是研究宪章运动者、工联主义者、工党激进分子"[②],事实

---

① ［英］埃里克·霍布斯鲍姆:《史学家——历史神话的终结者》,马俊亚、郭英剑译,第 235 页。
② 同上书,第 236 页。

上并不能代替平民本身的历史，底层还有其他的东西。霍布斯鲍姆提出了自己研究底层历史的技术：一是底层历史像古代的犁迹一样随着犁地的人杳无踪迹了，这是因为缺乏大量现成的资料。然而通过一定的角度还能够捕捉到它的影子，比如穷人的简单年鉴：出生、婚姻、死亡、录音机的口述历史、电话号码簿的名字、宗教节日、集体娱乐、服装、休假，等等。二是以知识、经验、想象以及有条理的连续的行为和思想体系适宜地合并资料。在任何社会都占绝大多数的普通百姓的生活和思想，才真正是社会生活的主体。

霍布斯鲍姆认为，从1948年开始的英国劳工历史的黄金年代，由韦伯和G.D.H.科尔创始了非直接以年代为序和记叙性的劳工运动历史，此后的很多优秀学者继续这样的作品。但是，他们对于工人阶级异于劳工组织和运动的特征，对于经济和技术状况对于劳工运动的促进或阻碍作用涉及得很少，在1963年左右这个领域开始引起更多的关注，但仍然相当贫乏，《劳工》中的大部分论文涉及了劳工与工业化社会发展形势的相互联系与影响。凯伊认为："运用阶级斗争的分析方法和自下而上的历史观点的研究方法的一个极好的典范，就是霍布斯鲍姆发表于1952年的研究卢德运动的论文《捣毁机器者》。"[1]当时十分流行的观点认为早期的工人运动就是盲目的、不自觉的运动，是对悲惨处境的一种本能反应，因而大机器化的胜利是不可避免的。霍布斯鲍姆则从工人阶级本身的处境出发，对捣毁机器运动的事实进行了全新剖析：最起码可以分为两类，一类是工人本身对机器无太多敌意，他们只是特殊情况下对雇佣工厂主施加压力的一种惯用的低级方式；另一类是工人阶级对工业革命时代新的大机器（特别是节省劳动力的机器）表露出敌意，对此应该做具体分析。1952年左右的情况是：捣毁机器不具有通常的普遍性；捣毁机器的工人对机器也不是盲目地进行排斥，而是采用机器意味着增加失业并威胁到工人传统的生活水准的时候才会敌视它。从这个意义上来说，工人强烈反对的并不是机器本身，而是它被使用后给自己带来的威胁，是工人对资本家依赖机器对工人进行剥削与压迫的事实进行有意识的反抗。尽管工人捣毁机器并不能阻止工业化的趋势，但也不是如有些史学家所说的那样全无用处和

---

① Harvey J.Kaye, *The British Marxist Historian：An Introductory Analysis*, p.139.

毫无意义。①

《1790—1850 年英国生活水平》和《历史和"黑色邪恶工厂"》两篇论文对于那些认为工业革命导致英国人民生活水平实质提高的学者来说是驳斥性的。霍布斯鲍姆的目的是推翻乐观的观点:统计数据说明,在英国工业化的第一个阶段大部分工人的实际收入实质性地提高了。这并不是暗指相反的观点:实际收入的实质恶化是建立在现有证据上的。霍布斯鲍姆的观点表明,1790—1850 年间大部分英国工人的生活水平不可能获得实质上的提高。所有有关失业的资料支持了霍布斯鲍姆的观点。

古典经济学设想的理想化情况是工人工资率由市场单独决定,不受非经济因素的干预。19 世纪私人企业经济的基本原则是在最廉价的市场买进以高价卖出。对于雇主来说在最廉价的市场购买到劳动力意味着单位产品的最低投入,以最高的效率购买最便宜的劳动力;相反地,对于工人来说在最高价的市场出卖劳动力逻辑上意味着单位产品的最高价。对于雇主来说这意味着永远具有大批所需的各个等级技能的工人,对工人来说永远是被需求的,或被过度需求的。这还意味着双方都被市场所驱使:雇主寻找最可能高的利润,工人寻找最可能高的工资。很多经济学家和资本家都追求和相信这种自我调整市场经济的简单理论模式,但是霍布斯鲍姆认为这些观点总的来说是过于简单的,资本家和工人并不是完全被游戏规则或他们的期望而组织的,与钱相比,工人最公开的工资刺激是:社会安全、工作的舒适和休闲,但这也是基于习惯、经验主义,或短期考虑的趋势。霍布斯鲍姆基于对经济行为长期理性的分析,认为 19 世纪劳工和资本家的态度是劳工生产率的影响因素:一是 19 世纪中期的几十年,工人认识到在自由资本经济特定历史状况下劳动力是作为商品出卖的,但他们的选择仍然限定在基本的需求价格和非经济标准工作的质和量上。资本家认识到集中管理的价值而不是强度上的劳工利用,但仍然通过习惯或经验来衡量劳工利用的程度。二是经济衰退的末期,工人开始要求劳动力买卖的自主性,他们选择通过报酬来衡量努力的程度,资本家真正发现了利用工人劳动时间的有效方式(科学的管理)。两个时期都标志着在

---

①　参见梁民愫:《英国马克思主义史学及在中国的反响研究——以埃里克·霍布斯鲍姆史学研究为中心》,华东师范大学博士学位论文,2006 年。

劳工和资本家态度上变化的开始，二者与经济其他方面演进的转折点相一致。①

《匪徒》着重从匪徒在经济、政治、权力、革命中所占据的地位和发挥的作用来阐释其与社会结构的相互关系。主要是把匪徒活动（包括侠盗）更加系统地纳入到政治框架中去，力图在政治史中展示匪徒活动所扮演的角色。

一是经济秩序中的匪徒。人们通常认为，匪徒浪荡于羁绊穷人的社会秩序之外，是一群无法无天的乌合之众，而不是逆来顺受的平民百姓。然而他们无法脱离社会，他们的需求、行为，以及独特的生存方式，与正常的经济、社会和政治秩序息息相关。匪徒需要中间人，中间人不仅把匪徒与当地其他经济部分联系起来，而且使其与更大的商业经济产生联系。从经济角度来讲，匪徒最多是经济发展教科书上的一两个注释，几乎不值一提，但匪徒经济的重要性是不一而足的。这取决于匪徒在农村活动范围的大小，匪徒地位的显著特点是其暧昧的社会属性。他与财富和权势等级制度相对抗，贵族和富绅绝不会产生于这个阶层，但又无可避免地被拖入财富和权势的网中，他们索取财富并施用权力，融入富人圈中的一部分。

二是政治秩序中的匪徒。霍布斯鲍姆对以匪徒为主角的民谣和传说故事的引用，一方面意在追溯匪徒现象的本质，另一方面是要看在农村生活的大舞台上，匪徒们在歧路上到底走了多远。在法律与皇权的可控范围之外，总有一些成群结伙的强人或是占山，或是落草，恃武横行，干着杀人放火、勒索抢劫之类的勾当。他们的所作所为，无不对当地的官僚士绅与富商大户构成极大威胁，相应地引起了经济、社会与政治秩序的波动。匪徒活动的历史意义正在于此，尤其是当它的发生地是在那些具备了国家结构与阶级分化的社会中时。霍布斯鲍姆对侠盗行径的分析，力图揭示它对秩序化社会的挑战与威胁的一面。作为一种特殊现象，匪徒活动是绝不可能脱离于它所威胁的社会、经济与政治秩序而存在的。从社会意义上来讲，匪徒活动的历史要被分为三个时期：诞生期，即阶级分化和国家体制刚刚出现的时期；转型期，即资本主义制度崛起的时期；第三个时期则是匪徒活动得以在国家与社会政体之间长期活动的时期。作为一种群众现象，匪徒活动不仅出现在当无阶级的社会竭力抵制阶

---

① Cf.Eric Hobsbawm, *Labouring Men*, New York: Basic Books, 1964, p.344.

级分化的时候，还出现在当传统的农业社会抵制外来的阶级社会、国家与政权的时候。事实上，像我们将要看到的，匪徒活动作为一种集体的抵制意愿的表达在历史上绝非罕见。前两个时期里，驱民为盗的最主要原因是饥饿，而这一情况在第三个时期中几乎不存在。

匪徒是一支拥有武器的力量集合，因此也就成为一股政治势力。当地的社会必须与匪徒达成妥协。地方上希望能不受骚扰顺利完成公差的官员们会在一定的程序上妥协，与匪徒保持联系。地方商人会与匪徒私下达成协议来保证生意不受干扰。除非是牵涉特殊利益，在工业社会前，中央政权不会搅入农村的下层社会。农村社会和政治结构对匪徒行径有更大的刺激作用，它是对匪徒行径有力的保障。因此，农村政治结构在滋生匪徒的条件中有两种作用。首先，它滋养、保护匪徒，并使其繁衍壮大。其次，它把匪徒纳入政治体系中。显而易见，在中央政权统治薄弱或空虚，而地方权力中心处于调整且摇摆不定的地区，这两种作用最为明显。

政治力量的衰弱为匪徒活动提供了广阔的活动空间。越是政权不稳定甚至是政权崩溃的地方就越是容易出现大规模的匪徒活动，往往此起彼伏并迅速扩展到全国境内。在中国，从溥仪被逐出紫禁城到中华人民共和国成立的这段日子，匪徒活动的情况正是如此。

其实，匪徒们还会有另外的一种结局，就是改变自己来适应新的社会与政治秩序，尽管这么做几乎就与侠盗活动绝缘了。在前资本主义经济向资本主义经济过渡的两个世纪以来，社会秩序的转型几乎彻底摧毁了匪徒与匪徒们赖以生存的传统农业社会结构。像16—18世纪侠盗们得以大肆活动的欧洲大部分地区一样，19世纪和20世纪的世界各地也正是这个样子。而现在，除了在极少的地区尚有些许的踪影，侠盗们几乎已经完全地绝迹了。

三是权力背景下的匪徒。要了解匪徒活动和它的历史，我们必须把它放到权力历史的背景当中去看，也就是说，要看它处于什么样的政府或是什么样的权力中心控制之下。匪徒，根据定义，指那些拒绝服从的，并处于权力可控范围之外的人。他们以自己的方式行使权力，反抗现有的政权。如果不是被纳进政治权力史，纳进国家与皇权的历史范畴，匪徒活动的历史就无法被正确理解或得以恰如其分的研究。最近的研究表明，在现代资本主义社会之前的具备阶级分野的社会里，物质上的约束是经济力量的重要基石。

匪徒活动同时具有社会和政治的双重意义。从社会意义而言，它激励弱者去挑战强者，激励穷人去挑战富人，激励追求正义的人去挑战非正义的统治者；从政治意义而言，它能给匪徒以权势，带他进入权力斗争的天地。在社会意义上，似乎在从部落组织直到现代的资本主义社会的任何社会形态都有侠盗这种普遍的社会现象。在发生经济危机，社会贫困化日益加剧的时候，匪徒活动就很容易弥漫开来。匪徒活动的猖獗不仅仅意味着饥饿在驱民为盗，它也反映出一个社会的瓦解，新兴阶级与新型社会结构的兴起，或是人民群众对破坏他们传统生活方式的行为的抵抗。或者，像在中国历史中常见的那样，也反映出某种"天命"的终结：社会秩序的崩溃并不是由于偶然力量的作用，而是因为五行相生相克之类的规律性的天道循环，注定了某个旧朝代的衰落与某个新朝代的兴起。这时候的匪徒活动大多是农民起义之类的重大社会运动的先兆或伴生物。国君或皇帝出身于草莽绿林的故事是我们经常听到的，如曾在 1855—1858 年间统治埃塞俄比亚的提奥多尔二世、在中华帝国崩溃和日军入侵之间统治中国东北的军阀张作霖。

四是匪徒在革命运动中的角色。最容易产生匪徒的地方是农村剩余劳动力过多的地区，匪徒的构成以青年男性为主体，在中国，绝大多数新入伙的匪徒都是年轻人，因为那较短的婚前时光是他们一生之中最为自由的时刻。20世纪 90 年代的哥伦比亚游击队，其成员的年龄几乎都在 15—30 岁之间。匪徒活动会在社会动荡不安的时候大量出现，但这些暴动往往无法转化为社会革命，暴动者只能走入无法无天的强盗生涯。匪徒必须在堕落为罪犯或转变为革命者之间作出选择。不管匪徒在实际做法上对阶级社会已有的秩序和政治角色如何妥协，众所周知，侠盗的实质原则上来说是对这两者的挑战。到目前为止，作为一种社会抗议的现象，匪徒行径可以被认为是暴乱的前兆或潜在的催化剂。

匪徒们在社会转型的过程中到底扮演了一种什么样的角色？他们是行动者而非理想主义者，当然也更不是散布某种新的社会理念或政治概念的预言家，没有太多的理念和革命精神。当匪徒活动融进了大规模的社会运动中时，它就能够成为，也确实成为社会变革力量的一部分。但侠盗们的视野往往和他们出身于其中的农民阶层一样，是狭隘和局限的，所以当他们真以自己的力量干涉了历史进程时，其结果也往往并不是他们原先所期盼的。

有着农民式的价值观和渴望的匪徒，与起义者和违法者一样，往往对革命大潮十分敏感。匪徒暴动转化为革命性质的运动，进而领导革命发展的情况是十分罕见的。正如我们看到的，由于实践中和思想意识上的种种局限，匪帮的形式不能满足人数众多、长时间作战的需要，而且它也无法建立一种能在全社会范围内被广泛采用的内部组织模式。匪徒加入革命并不意味着他们理解深奥的民主主义或是社会主义甚至是无政府主义的理论，而是因为穷人和人民的事业显然是正义的，而且革命者表现出无私、自我牺牲和献身精神，或者说他们的所作所为昭示着其行为具有可信性。这就是为什么军队和监狱是革命者和匪徒最可能在平等和相互信任的基础上汇合的地方，也是最容易发生政治叛依的地方。只要在当代革命军人与匪徒之间能达成意识上的一致，匪徒就会像他们以前加入那些过时的运动一样，以匪徒或独立农民的身份加入新的运动。匪徒对当代革命的贡献是暧昧的、有争议的、短暂的，这是他们的悲剧。

三、从欧洲中心主义情结转向全球视野

霍布斯鲍姆的早期著作带有强烈的欧洲中心主义情结，比如说他的 19 世纪三部曲。然而，他后期的思想转向了全球，并开始关注中国问题。

在《革命的年代：1789～1848》的"序言"中，霍布斯鲍姆说道："本书之所以把视角放在欧洲，更确切地说是放在法、英，那是因为在这个时期，世界或至少是世界上大部分地区的基础转变是发生在欧洲，确切地说，是发生在法、英。"①他认为，法国的政治革命和英国的工业革命波及了整个世界，最初必然采取由欧洲向世界其他地区扩张，进而征服的形式。"在西方的商人、蒸汽机和坚船利炮面前，以及在西方的思想面前，世界上的古老文明和帝国都投降了、崩溃了。印度沦为英国殖民总督统治的一个省，伊斯兰国家危机重重、摇摇欲坠，非洲遭到赤裸裸的征服，甚至庞大的中华帝国，也被迫于 1839—1842 年间向西方殖民者开放门户。及至 1848 年，凡在西方政府和商人认为对他们有用而需要占领的土地上，已不再有任何障碍。"②

在《资本的年代：1848～1875》的"序言"中，霍布斯鲍姆进一步表达了他的

---

① ［英］艾瑞克·霍布斯鲍姆：《革命的年代：1789～1848》，王章辉等译，第 2 页。
② 同上书，第 5 页。

欧洲中心主义情绪，"1789—1848 年的世界史可以以欧洲——事实上是以英国和法国为中心，这不是什么独辟蹊径。然而随之而来的四分之一个世纪，就再也不能纯粹以欧洲史来概括了，因为这个时代的主旋律是资本主义经济向全世界辐射，撰写这个时期的世界史如不在相当程度上注意其他几个大洲，必定荒诞可笑。我是不是也太欧洲中心主义了呢？可能有此嫌疑。欧洲历史学家对欧洲的了解比对其他洲的了解要多得多，这是可以理解的，于是他们遂情不自禁地从他们所处环境的特别有利地位来欣赏全球景物。美国历史学家对同样的景物会有某些不同看法，这也是可以理解的。不过无论怎么看，19 世纪中叶世界资本主义发展史仍是以欧洲为中心"①。在 1848—1875 年间全世界浇铸了几百万吨钢，绵延的铁路穿越了各大洲，海底电缆横跨了大西洋……霍布斯鲍姆认为，这是一出欧洲和北美强权主演的戏剧，世界被踩在它们的脚下。这本书共有 16 章，欧洲以外的世界只占两章篇幅，着重讨论若干重要的地区和国家，主要是美国、日本、中国和印度，而中国、印度、埃及是以失败者的身份出现在第七章中的。对于中国的描述只有短短的五页，但也足以说明霍布斯鲍姆此时对于中国的认识和了解是很肤浅的，他认为作为世界文明中心的永恒中国的历史是一部王朝更迭的历史，按兴起、危机、改朝换代的规律循环运转：从获得绝对权威的"真命天子"开始，由通过科举考试的士大夫管理，到人民造反成功，失去"天子"为止。清王朝是 17 世纪中叶北方征服者取代明朝建立的，在 1839—1842 年第一次鸦片战争期间被完全打败，向一支规模不大的英国海军投降，为平息太平天国运动，跌入完全依赖外国人的处境，完全屈从于西方人的利益。让中国读者感到更不可思议的是，霍布斯鲍姆竟然把李鸿章描写为最能干的士大夫，他用各省的人力、物力、财力组建军队，挽救了中国，之后中华帝国又在军阀混战中奄奄一息。②

在《帝国的年代：1875～1914》中，霍布斯鲍姆对于 19 世纪这样评价道："老实说，直到今天我们还是很难平心静气地回顾这个世纪，回顾这个由于创造了现代资本主义世界经济，从而创造了世界历史的世纪。对于欧洲人来说，这

---

① ［英］艾瑞克·霍布斯鲍姆：《资本的年代：1848～1875》，张晓华等译，江苏人民出版社1999 年版，第 2 页。

② 参见上书，第 169—173 页。

个时代特别使人容易动感情，因为它是世界史上的欧洲时代。"①中国在慈禧太后的统治下，名义上独立，实际上政治实体已经崩溃，1900 年以镇压所谓的义和团为借口，英国、法国、俄国、德国、美国等列强意欲分割中国，由于无法达成协议，促成了第一次世界大战。中国当时的三大反抗力量：儒家资深官吏，人民起义和秘密会社，以孙中山为首的本地资产阶级，但无一例外地失败了。"1918 年以后，大多数后起国家诞生不久，它们学习的榜样是西方的民主和经济自由。"②

在《霍布斯鲍姆：新千年访谈录》中，当霍布斯鲍姆回答为何把欧洲置于他的四卷本著作的中心时说："这是由我所阐述问题的本质决定的。如果你正在研究现代资本主义和世界经济史，那么直到 19 世纪末以及美国作为一个世界性角色的出现，你只能以欧洲为中心进行评论。"③他补充道，"直到 20 世纪末，西方一直处于中心地位"④。在谈到全球文化时，他认为，"如果能够使用国际互联网的人必须具备一定的文化素养，并且懂得英语，那么目前的使用者仅仅限于美国和欧洲"⑤。

在《民族与民族主义》的"序言"中，霍布斯鲍姆公开强调了自己的倾向，"本书的主题仍然是倾向欧洲中心观点，甚至可以说是特别针对'发达'地区所做的讨论"。"在欧洲之外，根本很难说有什么民族主义"⑥，东方的民族主义是西方影响和征服的最后产物。

在《工业与帝国：英国的现代化历程》中，工业革命标志着以书面资料记录的世界历史和人类生活的最基本转变，短期内它创造出单一国家的历史：伟大的英国。整个世界的经济就这样建立于其上，或建立于其周围，这个国家因此暂时上升为全球化影响的地位，在此之前和之后与它相当规模的任何国家都不能具备与之相比的力量，在可预见的将来任何一个国家也不可能与之相比。在世界历史的某个时刻，英国被描述为：唯一的工厂，唯一的大量进口者和出口者，唯一的职业，唯一的帝国主义者，几乎是唯一的外国入侵者，由于这

---

① ［英］艾瑞克·霍布斯鲍姆：《帝国的年代：1875～1914》，贾士蘅译，第 437 页。

② ［英］埃里克·霍布斯鲍姆：《史学家——历史神话的终结者》，马俊亚、郭英剑译，第 3 页。

③ ［英］艾瑞克·霍布斯鲍姆、［意］安东尼奥·波立陶：《霍布斯鲍姆：新千年访谈录》，殷雄、田培义译，第 267 页。

④ 同上。

⑤ 同上书，第 170 页。

⑥ ［英］艾瑞克·霍布斯鲍姆：《革命的年代：1789～1848》，王章辉等译，第 87 页。

个原因,它是唯一的创造力量和唯一有着真正世界政治的国家。当其他国家工业化的时候,它已自动结束了,世界经济转变是通过它形成的,在此基础上,英国在更长的时间内对于其余世界来说仍是不可替代的。然而对于大部分世界历史来说工业化的英国时代仅是一个阶段,即最初的或最早的阶段。对于英国来说显然要超过这些。整个世界被经济和社会的先驱——英国的经验深远地影响了,而且直到今天仍然被影响着,英国独一无二的历史情况就是《工业与帝国:英国的现代化历程》的主题。

《工业与帝国:英国的现代化历程》是关于英国历史的,但是仅有英国的褊狭历史是很不够的。英国作为全球经济的一个重要部分,特别是作为正式和非正式帝国的中心而发展。撰写英国历史而没有涉及西印度和印度、阿根廷和澳大利亚是不真实的。然而霍布斯鲍姆在这里并不是写作世界经济的历史,因此对外部世界的参考是边缘化的。比如,英国与其余世界的联系,英国如何被它们的变化所影响,英国如何影响直接属于英国卫星国或殖民国系统的部分:兰开夏的工业化如何在美国延长和发展,或英国经济危机的负担如何影响初级生产国家。

霍布斯鲍姆在后期著作中提倡史学研究要跳出欧洲、跳出西方,将视线投射到所有的地区和所有的年代,尝试采用更加广阔的世界观来考察世界历史。他认为在对待人类文明与世界历史东西方发展进程的问题上,确实需要建立超越单一民族和某个中心地区的狭隘界限的真正全球视域的世界历史体系,只有这样,才能正确分析世界历史格局中的各种力量因素,从而准确地诠释人类以及世界历史的发展过程。但是,从欧洲中心主义向全球视野的转向并不像油和水有着清楚的区分,全球视野中常常缠杂着欧洲中心主义的情绪,字里行间透露出霍布斯鲍姆内心想要跳出西方社会,站在世界的视角来考察历史力图摆脱欧洲情结却又处处受其影响和制约的复杂心理冲突。霍布斯鲍姆全球视野的最初流露体现在《匪徒》这部作品中,《极端的年代:1914~1991》则是他对全球历史观的持续关怀。

在《匪徒》的"序言"中,霍布斯鲍姆说道:"在大约50年前,我被一个奇异的现象深深吸引:在整个欧洲,始终不变地流传着某一类匪徒的传奇故事,说他们是正义的传言人,在人间行使着均贫富的事迹。事实上,随着我更深入地了解,才知道这样的故事不仅遍及欧洲,更散布在全球的每一个角落。经过寻找,本书的读者们会了解到几乎凡是有人迹的大陆上都不乏这类匪徒传奇的

痕迹。"霍布斯鲍姆把对于匪徒活动的观察放在了社会的大背景之下，涉及面之广遍及中国、土耳其帝国、巴尔干半岛、地中海地区和一些穷乡僻壤。

《极端的年代：1914～1991》充分显示出霍布斯鲍姆从欧洲中心主义情绪转向全球视野的复杂心理冲突。他说："而19世纪那一些工业化的国家，如今集合起来，也仍为地球上的一霸，是全球财富、经济、科技力量最为雄厚集中的一群。它们的人民，也还是生活水准最高的人间骄子。""若以为旧有以欧洲为尊或以西方为中心的世界已经全面溃败，那就过于肤浅了。"①然而接下来笔锋一转，又说道："在1914年至20世纪90年代之间，世界已经逐渐演变成一个单一的动作单位。事实上，就众多目的而言，尤以经济事务来说，全球已经成为基本的动作单位。而旧有以领土、国家、政治为界定的'国家经济'，却一落而为跨国性作业的复杂体。"②

1994年，霍布斯鲍姆在《第欧根尼》杂志上发表《探索于普遍性和同一性之间的历史学家》③，表露了探讨全球历史的理论愿望，他说："历史学家不论属于哪一个微观世界，他们都有着普世主义的义务，这不仅是出于对我们之中的许多人向往的某种理想的忠诚，而且也因为这是理解人类历史的必要条件。"④美国史学家凯伊认为霍布斯鲍姆的整体史研究是以"全球历史观"为指导重构世界历史的过程。⑤霍布斯鲍姆对全球历史现象的研究明显继承了马克思主义的世界历史理论。

四、古代—现代—后现代的意识形态

霍布斯鲍姆坚持"经济基础/上层建筑"的基本框架，这一点在他关于意识形态的论述中得到充分体现。他认为，随着工业化形势的变化，意识形态领域也在或快或慢地发生着变化。比如，"不管哪个时期，那些决定各类艺术的

---

①　[英]艾瑞克·霍布斯鲍姆：《极端的年代：1914～1991》，郑明萱译，江苏人民出版社1998年版，第22页。

②　同上。

③　E.J.Hobsbawm,"The Historiian between the Quest for the Universal and the Quest for Identity",*Diogenos*,Vol.42,No.4,1994.

④　E.J.Hobsbawm,*Identity History is Not Enough in On History*,p.277.

⑤　Cf.Harvey J.Kaye,*The British Maxist Historians：An Introductory Analysis*,Cambridge：Polity Press,1984,p.164.

因素仍然不很清楚。可是毋庸置疑，在 1789—1848 年间，答案先从双元革命的影响中去寻找"①。社会的变迁以"前工业—工业化—工业"的模式发生变化，相应地，意识形态的发展经历了古代、现代和后现代主义，但是上层建筑各个相异元素的发展并不是整齐划一的，它们之间互相依赖、融合、冲突、斗争。现代主义于 18 世纪初期出场以来，与古代主义发生冲突，并彻底击败它走向全面胜利，却于 20 世纪 60 年代开始陷入危机，用以厘定 20 世纪人类生活精神领域的所有未经验过的新事物都被贴上后现代主义的标签。

霍布斯鲍姆认为，1789—1848 年间存在着四组意识形态，它们之间相互依存、相互冲突。进步的意识形态有两种：资产阶级自由主义和社会主义。

资产阶级自由主义是严格的理性主义，在原则上它确信人类有能力用理性来理解所有事物并解决一切问题，非理性的古代主义或传统主义和宗教无法令人得到启发。在哲学上，倾向于唯物主义或经验主义。

社会主义以理性、科学和进步作为坚实的基础，批评资本主义经济的不公正、经济运行的矛盾和缺陷。人类社会经由阶级社会的依次更替而进化，带有一种历史进化的因素。

与以上两种条理清楚的进步意识形态相比，保守派和反对革命派等反对进步的意识形态几乎不能称之为思想体系。它们最爱攻击理性主义，对往昔历史分析和修复，探究与革命相反的历史连续性，怀念过去的传统社会秩序。

还有一组意识形态，奇怪地徘徊在自由主义和反自由主义、进步和反进步之间。一类是小资产阶级激进分子最重要的思想家，如卢梭；一类是德国哲学团体，如康德、黑格尔、费希特、谢林，倾向于集中精力构筑普遍思想体系。

在知识阶层之外，大众文化的变化更能说明古代主义与现代主义的共存与斗争。工业社会的变革，在 19 世纪 40 年代，距离完全破坏古老文化的程序还很远，在西欧，手工业与制造业并存了几个世纪，发展出一种半工业的文化模式。古老的风俗和民歌在城市中继续保留，在 1840 年以后才随着古老的技艺纷纷凋敝。但是在此期间，还没有什么东西能大量代替古老文化，比如英国纯工业的生活模式在 19 世纪七八十年代才充分显现，现代大城市和现代城市的大众生活方式在 19 世纪后半期才产生。

---

① ［英］艾瑞克·霍布斯鲍姆：《革命的年代：1789~1848》，王章辉等译，第 343 页。

古典自然科学并未发生革命性的变化，主要还处以牛顿建立的考察范围之内。

1848—1875 年，知识继续进步，科学获得大的成就。最咄咄逼人的是达尔文的进化论首次刻意与传统势力、保守主义和宗教进行论战，并发生激烈冲突。在革命形势日益高涨的俄国，知识分子们大量阅读马克思的作品，社会主义意识形态影响的范围比自由主义意识形态要小，却在日益扩大。农村最传统的文化由于兴办教育遭到连根拔起，但传统文化在这个阶段的衰落幅度还是较小的。

1875—1914 年，"现代主义"成为口号，科技艺术革命以前所未有的高速向前推进，"现代"艺术出乎意料地发达起来，比如电影。自 19 世纪 80 年代起，产生了描写现代文明衰亡的资产阶级文学形式，尼采认为前卫艺术的颓废、悲观和虚无主义不仅仅是一种时髦，而且是资产阶级价值观和理想的必然结果。这种知识上的危机感还只是少数人的现象，笔者认为这是后现代主义出现的前兆。现代科学仍是一个集中于少数的团体，马克思的思想已经相当深远。

1914—1945 年，"现代主义"波及各个领域，它意味着既有文化素养，又能紧跟时代，商业电影显示出现代主义已经深入日常生活之中，至此"现代主义"在社会观念中大获全胜。具有现代气息的大众媒体已在许多西方国家成为当然。

在霍布斯鲍姆看来，"现代主义"是对 19 世纪资产阶级自由派趣味及旧习的反动，除了社会主义政权之外，"现代主义"曾在 20 世纪上半期发挥过极大作用，在各种社会观念中占据了支配地位，现代主义之风随着希特勒的胜利也吹遍全球，渗透到社会的日常生活中去。

但是，自从"现代"于 18 世纪初期出场，击败了"古代"以来，但凡现代社会所赖以存在的各项理念、前提，亦即为自由派资本主义与共产主义共同持有的"理性"与"人性"假定，如今却都一一陷入莫大的危机之中。① 霍布斯鲍姆认为从 20 世纪 60 年代末期起，后现代主义对现代主义反动的现象开始愈为明显，到了 80 年代，后现代思潮在科学、思维方式、艺术以及人们的社会观念

_____

① 参见［英］艾瑞克·霍布斯鲍姆：《极端的年代：1914～1991》，郑明萱译，第 16 页。

上代替了现代主义的主导地位,世界进入了与现代社会不同的后现代社会。"每当人类遇到从未经验过的新事物时,虽然他们不能完全理解,更看不出其中的所以然来,却往往搜索枯肠,想要为这未知现象找出一个名目。就在本世纪的第三个25年里,我们可以看到西方的知识分子正陷入如此的困境之中。一切新名词当中都少不了一个'后'字。""于是,几代以来,用以厘定20世纪人类生活精神领域的各式各样的名词,纷纷被冠上一个'后'字。于是整个世界,以及其所有的相关层面,成为后工业、后帝国、后现代、后结构主义者、后马克思主义者、后谷登堡,后这后那,凡事皆后。这些加在字首的前缀,就像葬礼一般,正式承认了一代一事的死亡。但是对于死后来生的性质,人们却不但缺乏共识,甚至根本不能确定。人类历史上变化最富戏剧性、最迅速,也最为普遍的一场社会大变革,便在这样一种气氛之下,进入了身历其境的当代思维者的意识深处。"①

"后现代"这个名词首先出于艺术领域,其精神在于拒绝现有的任何艺术评价标准。事实上,根本拒绝任何标准存在的可能。但是,后现代主义主要是适应科学技术革命发展需要的产物,质疑的对象是以科技为出发点转型的世界,以及反映其本质的所谓进步式意识形态。随着西方社会进入信息社会、知识社会与消费社会,后现代思潮日益发展,不仅仅限于科技和艺术,到了20世纪90年代,已经出现了"后现代"哲学家、"后现代"社会科学家、"后现代"人类学家、"后现代"历史学家等各行各业,成为一种复杂的、对人文和社会都具有广阔涵盖面的理论。事实上,"后现代"这股时尚在法语知识圈中曾以各式各样的名目打过先锋,如解构主义、后结构主义,等等。然后一路推销到美国院校的文学科系,最终打进其余人文和社会科学。② 霍布斯鲍姆认为,后现代主义的共同特点是对客观性的存在怀疑,对以理性方法达成共识的可能性的怀疑,倾向于一种激进的"相对观点",对建立在相反假定之上的世界本质提出挑战。后现代主义重视被现代性所摈弃的一切,诸如不确定性、零碎性、非原则性、卑琐性、反讽性、异质性、虚构性,等等;拒绝被现代性所看重的事物,诸如权威、规则、崇高、真理、正题、圆满,等等。

---

① ［英］艾瑞克·霍布斯鲍姆:《极端的年代:1914～1991》,郑明萱译,第436页。
② 参见同上书,第767页。

霍布斯鲍姆在《极端的年代：1914～1991》中极为详尽地描述了后现代主义在艺术与科学领域的种种表现。在19世纪70年代现代派的高雅艺术达到了顶峰，如蛛网般的旅馆连锁店、透明电梯上下载客、随处都是玻璃和剧院式的照明。破坏这种艺术更大的因素是"现代主义"的死亡，20世纪60年代以来后现代建筑缺乏严格的艺术标准，"放眼望去，只见有细节，却没有形状；这真是'各行其是'者的天堂乐园——或许是地狱"①。1950年以后创作的歌剧新剧目，包括世界各地的歌剧，基本上都摈弃了传统的风格。在1950—1990年间的画家，恐怕很难找出一位举世公认的大师级人物。以横剖整个社会，或整个时代历史纵横为主题的作品及作者，也有类似全面退却的迹象。但是，其实后现代在许多方面并没有完全改变原有艺术的旧规则，只是在另外一些地方特意推陈出新，比如说"超高现代"的棋论，只不过充分利用证伪法，与传统一举占领的棋路唱反调，以不寻常的手法开棋，同时注意观察中央地带，其实并没有改变棋赛本身的规则。"21世纪当代艺术所将扮演的角色，甚至存亡，都将始终面目隐晦。可是科学则不然，它角色清楚，任务分明。"②牛顿古典物理学坚实、连贯、讲求方法和定律法则，事物与现象间的分野一清二楚、明白可辨，具备确定性的本相。但是，相对论、量子力学，再加上海森伯格的"测不准原理"和玻尔的"互补论"这些物理学上的新观念，把原来那种十足的肯定性抛于脑后，事物与现象变得不可捉摸、天马行空，从根本上动摇了古典物理学的根基；20世纪遗传学革命促成了后现代主义政治运动。克里克与沃森两人发现了"脱氧核糖核酸"的双螺旋结构，涉及男女的遗传因素是否相同。女权运动就是要证明男女在智力的生物因素上没有什么差别，因此她们要争取"文化社会性别"的平等。

霍布斯鲍姆认为，在后现代主义看来，"所谓客观存在的'事实'只不过是各种各样的智性组合，只作为一个先验的概念和按照概念来阐释问题的功能而存在，历史学家研究的过去仅为他们内心的一种结构，因而客观实在性是不可能获得的。在事实和虚构之间根本没有截然区别"③。虽然后现代主义在史学研究中不如在文学、文化理论学和社会人类学中流行得那么广泛，但是，

---

① ［英］艾瑞克·霍布斯鲍姆：《极端的年代：1914～1991》，郑明萱译，第765页。

② 同上书，第773页。

③ ［英］埃里克·霍布斯鲍姆：《史学家——历史神话的终结者》，马俊亚、郭英剑译，第6页。

"它对事实与虚构、客观存在和概念推演之间的区别提出了疑问。它是十足的相对论"①。霍布斯鲍姆强调，历史研究的原则应该是"社会存在决定社会意识"，历史是客观存在的，在什么是事实和我认为什么是事实之间有着明确的区别，辨识事实和虚构应该是历史学家最基本的能力。

霍布斯鲍姆的《森林中的后现代主义》是对里查德·普赖斯的《阿拉比的世界》的书评，探讨了后现代主义某些研究方法在历史学中的应用问题，认为后现代主义质疑客观知识或统一解释的可能性，质疑迄今所认识的研究的合理性，在1990年左右撼动并削弱了人类学—人种论，在更小的范围内撼动并削弱了历史学。

后现代主义与马克思主义产生于不同世纪，在批判的路径与思维层面上迥异甚或对立，如总体与微观、元叙事与反权力话语、普遍性与差异性等，但二者具有"家族的相似性"，都有深刻的批判精神和颠覆解构意旨并致力于改变人类生存处境和现实政治状况，最终指向资本主义的现代性。资本主义是现代性的名称之一，已经变成一个"形而上学的符号了"，"马克思对此有深刻的理解，尤其在《共产党宣言》之中"②。霍布斯鲍姆认为《共产党宣言》的强大力量体现在两个方面：一是即使在资本主义高歌猛进的开始阶段，资本主义生产方式也只是人类历史的一个短暂阶段，并不是永恒、稳定，或是"历史的终结"；二是马克思、恩格斯着重描述的不是1848年已被资本主义改造的世界，而是逻辑上预言要被资本主义改变的世界的必然历史趋势。③

马克思提出"要对现存的一切进行无情的批判"④。霍布斯鲍姆在《霍布斯鲍姆：新千年访谈录》中也有类似表述："我们要明白一个特定的历史时期是不会永恒的，人类社会是一个成功的结构，因为它能够不断地变革，所以，目前的状况并不是它要达到的目标。"⑤

---

① [英]埃里克·霍布斯鲍姆：《史学家——历史神话的终结者》，马俊亚、郭英剑译，第314页。

② [法]让-弗朗索瓦·利奥塔：《后现代性与公正游戏——利奥塔访谈、书信录》，谈瀛洲译，上海人民出版社1997年版，第148页。

③ 参见[英]埃里克·霍布斯鲍姆：《史学家——历史神话的终结者》，马俊亚、郭英剑译，第332—333页。

④ 《马克思恩格斯文集》第10卷，第7页。

⑤ [英]艾瑞克·霍布斯鲍姆、[意]安东尼奥·波立陶：《霍布斯鲍姆：新千年访谈录》，殷雄、田培义译，第9页。

与 20 世纪末人们对世界的前途充满信心形成鲜明对比的是,当代世界经济前途黯淡,世界政治动荡不安,但更令人彷徨的现象却是弥漫各处的一片社会道德危机。第二次世界大战后的现代化进程已经把世界的各个方面连成一个不可分割的整体,同时也产生了不可避免的危机,"它的成就如此奇妙,它的进步如此无双;那么为什么当这个世纪结束之际,却不是在对它的讴歌之声中落幕? 相反呈现的却是一片局促不安的抑郁氛围? 为什么,一如本篇篇首所列的名家小语所示,回首望人间,为什么如此众多的深思心灵,都对这个世纪表示不满,对未来更缺乏信心?"①霍布斯鲍姆引用了《共产党宣言》中的一段话来说明资本主义旧日的价值观与社会关系已经随风飘散,"资产阶级……已经无情地斩断了把人们束缚于天然首长的形形色色的封建羁绊,它使人和人之间除了赤裸裸的利害关系,除了冷酷无情的'现金交易'就再也没有任何别的联系了"②。他认为资本主义不能解决自身的矛盾,最终必将走向灭亡。资本主义本身,其实是一股具有不断革命性的巨大力量。它将一切解体,甚至连它发展乃至生存所寄的'前资本社会'的部分也不放过。根据逻辑演绎,它自己自然难逃一死。它自毁长城,锯断自己端坐的枝干,至少锯掉了其中一支。自 20 世纪中叶起,它就开始拉动它的锯子。黄金时代以来,世界经济出现惊人的爆炸扩张,在此冲击下,连同随之而来的社会文化变迁,也就是石器以来影响社会最为深远的重大革命,资本主义所赖以存在的枝干开始崩裂,最终终于断裂。社会的结构本身,甚至包括资本主义经济的部分社会基石,正因此处在重大的毁灭转折点上。

五、基于现实的乌托邦计划

霍布斯鲍姆的历史研究旨在为普通群众提供一个美好的社会,一个更好的未来——共产主义,具备这样的一般原则:正义、平等和自由;服务于国际范围内的人民群众;不是国家而是公共所有和控制。世界不会自动自发变得更好,即使在时机不利的年代,人们也要谴责和打击社会的不公和不义:资本主义及现实的社会主义(苏联)等。

---

①　[英]艾瑞克·霍布斯鲍姆:《极端的年代:1914～1991》,郑明萱译,第 19 页。

②　同上书,第 24 页。

霍布斯鲍姆认为,以往社会主义实践的思想和经验已经过时,并试图重建基本的社会目标,确立文明和道德的秩序——"公共所有和控制",它意味着三个方面:拥有或控制的主体、对象和量;控制的目标;达到理想社会的设想和计划。但是,公共社会所有、计划和控制并不等同于完全排斥市场,现实"社会主义"中纯粹的计划经济体制是荒谬的,只可以作为非常时刻的临时措施。公众所有、计划和控制是关于设定普通公众,也可以理解为社会最小受益者的优先权必不可少的工具。①

霍布斯鲍姆对于资本主义的基本态度是批判的,并认为它只是人类社会发展中的一个过程、一个阶段。20 世纪 30 年代之后的资本主义面临的主要问题,并不是产生财富和购物选择的增长,而是其基本制度无法做到公正地分配。他看到了资本主义产生的科技经济力量,已经巨大到足以摧毁人类生存所依赖的物质世界,基础环境和全球生态已经恶化到了临界点。基于此,他预言:"社会的结构甚至包括资本主义经济的部分社会基石,正在毁灭的转折点上。"②当今华盛顿的决策者与战略家们崇尚纯粹的权力政治,"美国世纪"将会走向终结;在未来的历史中,民族国家和族群语言团体,将会在新兴的超民族主义重建全球的过程中,"被淘汰或整合到跨国的世界体系中"③。

至于"现实的社会主义"(苏联),霍布斯鲍姆这样说道:共产主义不是俄罗斯,它是全球性的事业④,是"毫无特色平淡无奇"的每一个人都能实现自己愿望和志向的社会。当他作为"学术贵宾"访问苏联时,对专断与权力表达了强烈的厌恶情绪:被安排在列宁格勒的基洛夫剧院欣赏儿童芭蕾舞团的演出,当表演结束,浑身大汗的首席女舞者向他行屈膝礼时,他却涌现出奇特的羞愧感,悲痛地感慨道:这并不是宣扬共产主义的好方法。

理想中的共产主义最终是为了关心所有的人,特别是那些普普通通、不太重要的"小人物",甚至可以说是无显著特征、无用的人,也甚至可以说"只是用来充数"的人。比如:五一节"展示了平民的思想和感情的历史性的力量,

---

① Cf.Eric Hobsbawm, *Politics for a Rational Left*, pp.218-21.

② ［英］艾瑞克·霍布斯鲍姆:《极端的年代:1914～1991》,郑明萱译,第 863 页。

③ ［英］埃里克·霍布斯鲍姆:《民族与民族主义》,李金梅译,第 183 页。

④ 参见［英］艾瑞克·霍布斯鲍姆、［意］安东尼奥·波立陶:《霍布斯鲍姆:新千年访谈录》,殷雄、田培义译,第 249 页。

为那些不善言辞、无权无势、毫无价值的男男女女指明了一条仍然可以在历史上留下印记的道路"①。英国的工艺美术运动反对资本主义工业把具有创造力的工艺匠人贬低成仅仅是"技工"的情况。②

长期以来，苏联和东西欧部分国家的共产主义运动领导人，对马克思主义持教条主义的僵死态度，20世纪四五十年代，马克思主义出现反思潮流，西方社会的知识分子成为传播马克思主义思想理论的重要力量，其中英国马克思主义史学家包括莫里斯·多布、罗德尼·希尔顿、克里斯托弗·希尔、艾瑞克·霍布斯鲍姆、爱德华·汤普森、雷蒙德·威廉斯等。他们重新检讨自己的史学研究，并批判地吸收其他学科的研究成果，激活与延伸马克思主义史学的生命力，这形成了霍布斯鲍姆史学思想的重要学术环境。2000年，霍布斯鲍姆接受了意大利记者安东尼奥·波立陶的采访，在回答是"谁引导他爱上历史学家这个职业"的问题时，他特别强调是马克思的著作及其思想的影响，尤其是历史是理解世界的工具的思想，而历史研究可以依据结构模式，从总体上观察与分析人类社会长期演变的过程。

霍布斯鲍姆的史学思想受到早期西方马克思主义、英国经验主义和年鉴学派的影响。葛兰西在《狱中札记》里为编纂底层阶级的历史勾勒了方法论的轮廓，霍布斯鲍姆对葛兰西的马克思主义政治理论、国家与知识分子问题和政党建设的思想都有细致的分析。汤普森和霍布斯鲍姆关于工人阶级意识和英国工人阶级形成问题的研究，受到卢卡奇《历史和阶级意识》的影响，比如，霍布斯鲍姆的《历史上的阶级意识》、《劳工历史与意识》、《英国工人阶级文化的形成》和《1870年到1914年工人阶级的形成》等论文中，有关个人和阶级意识在历史中的作用、是否所有阶级都具有同样内在结构的阶级意识问题、阶级划分的基础和依据等，都反映了这一点。1964年霍布斯鲍姆发表的《劳动者》和1963年汤普森发表的《英国工人阶级的形成》，实现了传统社会史研究的转向，把社会史的研究引向社会生活方式、大众集体意识或心理等历史及人类学意义上的"文化"历史、人口与宗族关系、乡村与都市、阶级与社会群体等主题。

---

① ［英］艾瑞克·霍布斯鲍姆：《非凡的小人物——反抗、造反及爵士乐》，王翔译，新华出版社2001年版，第194页。

② 参见上书，第205页。

　　霍布斯鲍姆的学术研究风格来源于其马克思主义的理论素养和对时代新问题的现实思考，也来源于其作为严肃历史学家的社会责任感和深厚的文学功底。因此，他的史学研究中透露出强烈的现实意识和现实关怀，历史只是叙述了朴素的事实，研究涉及的领域和主题被置于深刻的现实社会经济、政治和生活背景之下，体现了其对历史客观性的探索旨趣。他把历史研究的目标定位于精确分析资本主义文化，进而构建未来的无产阶级文化。霍布斯鲍姆的博学和兴趣的广泛使得他研究的地区扩及全球，时间段延及 17、18、19、20 及 21 世纪，领域涉及历史、政治、社会生活、文学、艺术等，最终都指向对社会主义的文化预测。霍布斯鲍姆用叙述史学的优美文笔描述了工人、农民、鞋匠、盗匪、歌手等底层人民的动人故事，远离了传统历史研究的枯燥无趣，理性的历史分析中遮掩不住对普通民众的感性同情心。这一切表明，他在努力实现对历史和现实的深入思考中，尝试对未来的社会主义作出理想性的计划，对现存的一切进行无情的批判，对共产主义理想的追求炽烈而深沉。

　　霍布斯鲍姆认为，中国的共产主义，事实上绝不只能被看做是苏联共产党的一个分支。它作为苏联卫星集团一员的色彩更浅，20 世纪 70 年代特别忧心其在经济上相当不如人的落后状态。中国共产党，因此既具有社会主义性质，又兼有民族主义气质。点燃共产主义火把的爆炸物是中国人民的极端贫困和受压。邓小平在中国实行的新路线，不啻为最坦白公开地承认："现实中的社会主义"的构造需要作出重大修改。[1]

---

① 参见［英］艾瑞克·霍布斯鲍姆：《极端的年代：1914～1991》，郑明萱译，第 687—739 页。

第二篇　文化研究

第三章　威廉斯:走向共同文化的理想社会

　　雷蒙德·威廉斯于 1921 年 8 月出生于威尔士和英格兰接壤的潘迪(Pandy)村的一个工人家庭。早年就读于村办公立学校,1939 年进入剑桥大学三一学院就读,1941 年第二次世界大战爆发后应征入伍,1945 年重返剑桥,完成大学学业。1946 年,25 岁的威廉斯担任牛津大学校外成人教育班级委员会指导教师。1947—1948 年,他与沃尔夫·曼考维兹(Wolf Mankowitz)和克里夫德·克林斯(Cliford Collins)共同创建了《政治与文学》杂志,开始系统研究文化问题。20世纪 50 年代中期以后,他参与和支持了《新左派评论》(*New Left Review*)的创建和改组,这一时期也成为其思想发生重

雷蒙德·威廉斯 (**Raymond Williams**,**1921—1988**)

大转变的时期。1961 年威廉斯被任命为剑桥大学基督学院英文系讲师,从此以后他离开成人教育事业,一直待在剑桥,过着教书育人、著书立说的生活,并于 1974 年升任戏剧学院教授。1972 年年底,威廉斯赴美国斯坦福大学做政治科学访问教授,接触到与英国截然不同的美国"电视环境",并著有系统研究新兴电视媒介的《电视:技术与文化形式》,至此,传媒研究成为其晚年研究的主要问题之一。1988 年 1 月,威廉斯因病逝世,享年 67 岁。

威廉斯是英国新左派与伯明翰学派的领军人物之一。其研究范围非常广泛：语言学、思想史、文化史、文化理论、戏剧、新闻传播学、社会批评等方面，曾创作过小说、剧本及电影纪录片的脚本。他的研究是跨学科的，也抵制既定的学术划分标准和学科界限。他以自己的成就在英国乃至世界被冠以至高的荣誉："英语世界最权威、最坚定、最有原创性的社会主义思想家"①；"战后英国独一无二的最重要的批评家"②；"文化主义当仁不让的灵魂人物，对文化研究产生的举足轻重的影响，非一般人可以比肩"③。

威廉斯"终其一生的政治追求实际上都得益于他早年经历的团结互助的工人阶级生活留下的形成性影响"④。其父亲和祖父都是工人运动的活跃分子、工党的积极支持者，在家庭政治氛围的影响下，威廉斯自少年时代就投身于工党的一些政治活动，并密切关注工人阶级的现实社会处境。早在 16 岁时他参加日内瓦的世界青年大会，在那里购买了一本《共产党宣言》，就在当年，他写了轰动当地的抨击英国政府及其支持联盟的骗局的评论文章，其大无畏的精神和令人惊叹的才华在当时就已初露锋芒。中学期间，他加入当地的左派读书俱乐部，曾积极为工党候选人工作。进入剑桥大学后，他加入了社会主义俱乐部，并加入共产党学生支部，成为英国共产党学生支部的重要成员。包括他后来从 1946—1961 年一直投入很大精力所从事的成人教育事业、参与创办的《新左派评论》及其整个的文化研究理论中，都充分体现出其对工人阶级的极大关注和热情。

从乡村进入城市，从社会底层的工人阶级进入社会上层的文化精英生活圈，使他极不适应。"他的长相和说话不像一个大学教师，更像乡下人，热情而质朴，与上流中产阶级一贯的那种乖巧而简慢的作风形成很大的反差。他对教员公用室里上演的那些漫不经心的恶作剧一直很不习惯，甚至多年以后，在为 F.R.利维斯写的一篇出色的讣告中，仍然说剑桥是'世界上最粗野的地

---

① Robin Gable（ed.），*Resources of Hope：Culture，Democracy，Socialism*，London and New York：Verso，1989，p.ix.

② Terry Eagleton，*The Function of Criticism：From the Spectator to Post-Structuralism*，London：Verso，1984，p.108.

③ 陆扬、王毅：《文化研究导论》，复旦大学出版社 2007 年版，第 143 页。

④ Robin Gable，*Resources of Hope：Culture，Democracy，Socialism*，p.ix.

方之一'……到处听到冷酷、卑鄙、残忍的语言。""他很快就感觉到与他在所谓文明的剑桥遭遇到的冷言恶语相比,哺育他长大的那种文化更为可贵。"①而这也正是他身处文化精英队伍却反对精英主义文化,竭力为大众文化的合法性作辩护先锋的重要原因之一。

威廉斯是一个一身跨两"半球"的学者。作为一个来自城乡交界处、置身于精英与大众生活之间的"边界人",威廉斯以他这种"越界"身份所带来的开阔视野的优势,开创了"共同文化"这一具有强大包容力的未来文化与社会构想。"一直以来,他都很少与一个对立的观点形成对抗的关系,当遇到对立观点时,他所选择的做法是使其发生转向,或者忽视它的存在,抑或去吸收它。"②威廉斯最不放在眼里的边界是学科门类之间的那些传统分界。"到了最后,竟然无法给他的工程起个名字:不像社会学,也不像哲学、文学批评或政治理论,既像'创作的'和'想象的'作品,又像学术著作。在他自己的一系列关键词当中,'联系'(connecting)占的地位可能最高,此外还有'主动','复杂','困难','变化',等等。他是图书馆管理员的冤家和噩梦(为他的著作分类时感到头痛),三十年来一直对'创作的'和'理论的'写作进行着眼下才流行的解构工作。从《文化与社会》到《关键词:文化与社会的词汇》,语言始终能引起他的学术激情,但是他对语言意味有非常深入的感觉,往往朝许多方向深入下去,很难称他是一位语言学家。对他而言,词语是浓缩了的社会实践,是历史斗争的场所,是政治智慧或政治统治的贮存器。"③因此,要对威廉斯的一生进行定性或评价,是非常困难的。英格里斯在为他写的传记《雷蒙德·威廉斯》中,是这样为其下定义的:"乡下人、工人、社会主义者、知识分子、作家、批评家、激进分子、民主党人、铁路工人的儿子、平凡的父亲、热情的倡导者、冷静的评判员、热忱的朋友、冷淡的老师、男权主义者、平等主义者、欧洲威尔士人、剑桥教师、孤独者、巴黎公社之拥护者、健谈的朋友、高尚的沉默者……"④

①　[英]特里·伊格尔顿:《历史中的政治、哲学、爱欲》,马海良译,中国社会科学出版社1999年版,第255、260、265页。

②　Inglish Fred, *Raymond Williams*, p.82.

③　[英]特里·伊格尔顿:《纵论雷蒙德·威廉斯》,载刘纲纪主编:《马克思主义美学研究》第2辑,广西师范大学出版社1999年版,第405页。

④　Inglish Fred, *Raymond Williams*, New York: Routledge, 1995, p.15.

就算是如此多的界定也很难说对其有一个全面的认识。我们只能粗线条地勾勒出威廉斯的大致轮廓：出身于工人阶级家庭，置身于精英文化的学术氛围，为大众文化的合法性做辩护，追求着走向共同文化的理想社会。

威廉斯一生著述等身，艾伦·奥肯1989年出版的《雷蒙德·威廉斯：著述、文化、政治》一书，编订威廉斯的著述目录，就达39页之巨。其所涉猎的范围也非常广泛，在文化理论、文化史、文学、电视、出版、电台、广告等领域，都作出过积极贡献。诚如著名学者史蒂文森所说，威廉斯的学术研究及其思想"是英国马克思主义内部文化批评最丰富的源泉之一"①。

威廉斯的学术研究从文学和文化研究出发走向社会批判。他的《文化与社会，1780—1950》（1958）和《漫长的革命》（1961）成为英国文化研究的里程碑，从总体上勾勒出英国自工业革命以来的文化地图，从而奠定其全部思想的基本框架。《现代悲剧》（1966）、《乡村与城市》（1973）等则成为其思想从"左派利维斯主义"时期和后期"文化唯物主义"时期的重要分界，在《马克思主义与文学》（1977）、《唯物主义和文化中的几个问题》（1980）、《文化社会学》（1982）等著作中，他不仅勾勒出了英国自工业革命以来各种理论观念的变迁，同时自觉地以马克思主义来整合、提升其思想。整体来看，威廉斯思想经历了一个"自发的马克思主义"转向"自觉的马克思主义"的过程。这并不意味着威廉斯是在循着马克思的道路成就自己的理论，"自发的马克思主义"是其具有原创性的天才思想与马克思在某些重要思想上的暗合；"自觉的马克思主义"是其对马克思主义思想的一种充满独立精神的批判性的分析和创新。正如伊格尔顿所言：看样子不是他最终被马克思主义占有，反而是他冷静地占有了马克思主义。

在对威廉斯的研究中，还有一条非常重要但鲜有人进行专门研究的线索：大众传播研究。从20世纪50年代开始，威廉斯以各种方式积极参与电视，从20世纪50年代末到60年代末，他参加了无数直播的和录播的电视讨论节目；与电视台合作将自己的两部小说《乡村来信》和《公共调查》拍成电视剧；参加系列纪录片《一双眼睛》的拍摄；1968—1972年，在英国广播公司的《听

① ［英］尼克·史蒂文森：《认识媒介文化——社会理论与大众传播》，王文斌译，商务印书馆2001年版，第23页。

众》周刊上每月发表评论文章，畅谈与电视有关的各种问题；1972年年底至1973年，威廉斯赴美国斯坦福大学做访问教授，感受到了美国电视与英国电视的诸多差异，于1974年出版了《电视：技术与文化形式》一书。从《传播》（1962）开始，到《电视：技术与文化形式》（1974），从他1981年编写出版的《联系：人类传播和它的历史》到专著《走向2000》（1983），以及由艾伦·奥肯将其零散发表于英国广播公司的《听众》周刊上的评论文章集结成册，于1989年出版的《雷蒙德·威廉斯关于电视》和罗宾·盖伯编辑出版的威廉斯的论文集《希望的资源》（1989）中，可以明显地看到他对于大众传播研究的兴趣和成果。可以说，他是英国学界最早涉足媒介研究的学者之一，这也是他的著作被作为传媒研究的早期经典而备受推崇的原因。

威廉斯的学术思想具有很强的前瞻性。对此，他的学生伊格尔顿有着最好的解读与说明："好像让你感觉到，当你拼力到达某个理论高度时，发现威廉斯早已不声不响地占领了那个位置，而且是沿着自己的思路到了那里。当巴赫金产业在斯拉夫符号学家眼里还只是一抹微光之时，他已经是一位'巴赫金式'的社会语言学家了。他早几年就把尤尔根·哈贝马斯关于传播行为的主要论点提出来了。他不是人们所想的那种专门的女权主义作家，但是《第二代》对作品、政治、性别以及家庭进行的透彻研究实在出乎一般人的意料。早在写作《漫长的革命》时，在妇女运动出现之前很久，威廉斯就把他当时称为'生育和哺育制度'所具有的中心地位这一问题看得与政治、经济以及文化同等重要。他拒绝为风行一时的阿尔都塞理论或后结构主义理论而分心，他仍然待在那里，胸有成竹地等着我们，直到我们当中一些较年轻的理论家们更悲哀也更明智地最终从那几条死胡同里折出来，在我们曾经离开他的地方重新和他站在一起。他看见了'此路不通'的标牌，但他不相信它会挡住一条路线。"①而且，"在那句'个人的即政治的'口号远未流行之前，威廉斯就通过其人生和著作之间的种种复杂、密切的关系，在实践着这句话了"②。威廉斯思想的前瞻性还不仅止于他在某些学术思想方面的领先性，最重要的是他立足现实，对"共同文化"这一具有极强操作性和可行性的未来的构想，充

---

① ［英］特里·伊格尔顿：《纵论雷蒙德·威廉斯》，载刘纲纪主编：《马克思主义美学研究》第2辑，第402页。

② 同上书，第396—397页。

分体现出其作为一个理论家的远见。

<h1 style="text-align:center">第一节　整体主义的文化视角</h1>

文化研究是威廉斯整个理论研究的主体部分，也是其研究体系的理论基石，在继承前人文化研究成果的基础上，他展开了一系列创造性的工作，使得英国文化研究进入一种全新的状态和阶段。其研究对象跨越整个 19 世纪，延伸至 20 世纪的文化和文学现象；他打破文化研究的精英主义传统，从现实出发，使文化研究从"阳春白雪"走向"下里巴人"，赋予文化研究以鲜活的生命力。同时，威廉斯吸收周围丰富的批判资源，不断拓宽自己的文化视域，使得文化研究从泛化的日常生活走向具体的内部斗争，具有了更强的政治与现实质感。

一、文化研究的理论基石

威廉斯早年致力于对文化的研究，并在这一领域作出了开拓性的贡献。他指出："英文里有两三个比较复杂的词，文化就是其中的一个。"[①]其复杂主要表现在其词义演变的复杂性和用法的复杂性。从词源学上来说，"文化"是一个派生于自然的概念，其原始意义是"耕作"，或者对植物的栽培。后来在弗朗西斯·培根那里引申到对"心智的栽培与施肥"。直到马修·阿诺德才将其由形容词转变为一个名词，独立为一个抽象的概念，意指"曾经有过的最好的思想和言论"。

阿诺德对文化作出了明确的界定，并在此基础上将文化和文明进行了明确的区分。他认为，文化是曾经有过的最好的思想和言论，是彻底的、无私的，是对于完美的研究，文化对人心是内在的，对整个社会是普遍的，文化是所有让人产生美和价值的力量之和谐。[②] 文化因此有一种激情，一种追求甜美和光明的激情，而且两者是相通的。凡追求甜美的人，到头来会得到光明；追求光明的人，到头来也能得到甜美。这里的甜美指的是艺术，光明指的是教育。

---

① ［英］雷蒙·威廉斯：《关键词：文化与社会的词汇》，刘建基译，第 101 页。

② 参见［英］马修·阿诺德：《文化与无政府状态：政治与社会批评》，韩敏中译，生活·读书·新知三联书店 2002 年版，第 41 页。

可见,其所言之文化意指人类的精神生活层面。而与文化相对的概念是文明,文明是指人类的物质生活,它是外在的、机械的东西,是由于现代技术进步带来的物质生活的便利。阿诺德指出:"文化为人类担负着重要的职责。在现代世界中,这种职责有其特殊的重要性。与希腊罗马文明相比,整个现代文明在很大的程度上是机器文明,是外部文明,而且这种趋势还在愈演愈烈。"①至此,文化和文明传统在阿诺德这里得到真正意义上的确立和发展。

与文化的这种"曾经有过的最好的思想和言论"定位相对应的是其文化精英主义的社会思想。他将英国社会分为三个阶级:贵族阶级、中产阶级、工人阶级。贵族阶级是野蛮人(注:此系阿诺德本人表达中所用的词),他们是精力充沛的正人君子,但墨守成规,毫无创新意识;中产阶级是市侩,他们有信仰和事业心,但沉迷于物质文明中,被功利主义冲昏头脑,毫无向上的精神追求;工人阶级是大众,他们自甘堕落,粗野愚昧地过着他们贫困又肮脏的生活。"无政府状态"就发端于工人阶级,或者说就是工人阶级文化的同义词。"在《文化与无政府状态:政治与社会批评》这个书名上便可见一斑:处在文化对立面上的不是机械的、外在的物质文明,而是缺失秩序和规范的'无政府'。"②而工人阶级就是这种"无政府"状态的罪魁祸首。阿诺德认为,这三个阶级都无法胜任英国文化创造和传承的重任。那么谁来担当文化重任?阿诺德指出每个阶级内部都有一少部分"异己分子",构成属于少数的"其余人",这些人不局限于他们的阶级精神,而志在追求一种普遍的"人类"精神,他们热衷于人类的完善事业。这部分人可以成为一个有修养的不同于现有中产阶级的新的中产阶级,就是这部分少数人可以担当起文化重任。因此,阿诺德直言不讳地指出:受过高等教育的少数人,而不是一知半解的多数人,永远是人类知识和真理的器官。

在一篇较早的文章里,威廉斯对文化的定义就包含了"一种标准的尽善尽美的观念"③,但威廉斯对阿诺德的文化观念还有一个非常清楚的认识:"文化是一个过程,但是他既没有丝毫信心说可以在他自己当时的社会中找到这

---

① ［英］马修·阿诺德:《文化与无政府状态:政治与社会批评》,韩敏中译,第11页。

② 吴治平:《雷蒙德·威廉斯的文化理论研究》,甘肃人民出版社2006年版,第56页。

③ Raymond Williams,"The Idea of Culture",John McIlroy and Sallie Westwood(eds.),*Border Country:Raymond Williams in Adult Education Leicester*,1993,p.61.

种过程的材料，又无充分信心说一个超越人类社会的秩序可以充当这些材料，其结果似乎是这个过程与他正式陈述的初衷大相径庭，愈来愈成为一种抽象的东西。"①

阿诺德之后，对威廉斯文化观影响最大的有两个人：艾略特和利维斯。威廉斯曾明确宣称："我非常清楚地知道我写作的目的就是为了反对艾略特和利维斯，以及围绕他们形成的整个文化保守主义——他们已经掏空了这个国家的文化和文学。"②

T.S.艾略特对文化的界定最显著的特点，也是对威廉斯影响最深的思想是把文化与"整个生活方式"联系起来。他认为，文化涵盖了"一个民族的全部生活方式，从出生到走进坟墓，从清晨到夜晚，甚至在睡梦之中"③。艾略特指出，一个社会并不是只有一种文化，而有可能存在多种文化，而且他把文化分为"有意识的文化"和"无意识的文化"两个层次，整个生活方式有一大部分是属于无意识的，而我们通常所称的文化—— 一种宗教、法律体系、艺术品——只是整个生活方式的文化的有意识的部分。他的建设性仅止于此，再往后，他对不同文化的态度上就暴露出他精英主义文化的原型，他将高级理论文化作为整个社会风尚和趣味的楷模。在他的心目中，值得尊敬的是这种专门化的高级文化，群众文化则被他贬为"文化代用品"。因此，表面上看起来艾略特对文化有一个全面的理解，但实质上它还是片面地强调精英文化。④

威廉斯是在看了艾略特的《略论文化的定义》之后才决定动手写《文化与社会》的，可以说，艾略特的文化整体观是威廉斯文化整体观的直接诱因。艾略特认为，一个民族的文化是其生活的整体。他举例说，文化包括一个民族特有的所有活动和兴趣爱好，"例如大赛马、亨利赛艇会、帆船比赛、八月十二、足球决赛、赛狗、弹子桌球、飞镖盘、文思利代尔奶酪、煮熟的卷心菜块、醋渍甜

---

① ［英］雷蒙德·威廉斯：《文化与社会》，吴松江、张文定译，北京大学出版社 1991 年版，第 175—176 页。

② Raymond Williams, *Politics and Letters*: *Inteviews with New Left Review*, London: New Left Books, 1979, p.112.

③ T.S.Eliot, *Notes Towards the Definirion of Culture*, London: Faber and Faber, 1948, p.31.

④ 参见傅德根：《走向文化唯物主义》，中国社会科学院研究生院博士学位论文，1998 年。

莱根、19 世纪哥特式教堂以及埃尔加的音乐"①。威廉斯在此基础上做了进一步补充：英国民族特有的活动和兴趣还包括"炼钢、乘汽车观光、混合农场、证券交易所、采煤以及伦敦的公共交通"②。这一补充道出了艾略特文化整体观的虚伪性，也成为威廉斯建构其文化整体观的切入点。

从理论层面看，艾略特的文化整体观是一种立足精英立场的整体观，而威廉斯的文化整体观是一种立足全人类、回归大众生活的文化整体观。从表面看，艾略特将文化的外延扩大到一个很广的领域，但是，实际上他所列举的文化内容是在其精英主义文化观的决定下所作出的选择，因为"艾略特罗列的文化种类是运动，食物以及一点点艺术——这是他对英国式悠闲的独特观察"③。他将高级理论文化作为整个社会风尚和趣味的楷模。威廉斯继承了艾略特文化定义的方式，但从本质上对其进行了改造，或者说，使得文化整体观在真正意义上归位。他所说的作为整体生活方式的文化，绝不仅指精英生活，更指普通大众的日常生活。正如伊格尔顿所言："威廉斯的话语完全发自人类心灵深处，这种话语使得每一个人（包括他自己在内）都显得无关紧要；不在于他讲的是什么，能够在这种'层次'上讲话这件事本身才体现出真正的区别。"④威廉斯所处的"层次"正是全人类视域下的一种文化整体观。

从实践层面看，二者的不同主要体现在对待全民教育的态度上。艾略特反对全民教育，而威廉斯却极力主张并亲自投身到全民教育的事业中去。艾略特反对通过全民教育的手段扩大精英文化的影响，因为在他看来这样只能使精英文化掺杂变质和贬值。"如果让任何人都参与对有意识的高级文化代表人物的成果进行评价的话，那只能是糟蹋文化。"⑤而威廉斯身体力行，通过参与成人教育的方式，真正用行动来证明并贯彻精英文化大众化的现实可能

---

①　［英］T.S.艾略特：《略论文化的定义》，载［英］T.S.艾略特：《基督教与文化》，杨民生等译，四川人民出版社 1989 年版，第 30 页。

②　Raymond Williams, *Culture and Society*, London and New York：Columbia University Press, 1958, p.230。译文见［英］雷蒙德·威廉斯：《文化与社会》，吴松江、张文定译，第 303 页。译文稍有改动。

③　［英］雷蒙德·威廉斯：《文化与社会》，吴松江、张文定译，第 303 页。

④　［英］特里·伊格尔顿：《纵论雷蒙德·威廉斯》，载刘纲纪主编：《马克思主义美学研究》第 2 辑，第 396 页。

⑤　傅德根：《走向文化唯物主义》，第 30 页。

性与可行性,并用"文化是平常的"与"复数文化"来为大众文化自身的合法性作出有力辩护。

F.R.利维斯是威廉斯最直接面对也是最直接反对的人,威廉斯文化整体观也是在对利维斯精英主义文化批判的过程中提出的。对于同样作为剑桥精英的前辈,威廉斯对利维斯表达了充分的敬意,认为他对社会现实的忧心忡忡、对俄国社会主义形式的勇敢抨击及其极为可贵的教育方案都是令人敬服的。特别是利维斯对文学作品的细读式的阅读分析方法,很长一段时期以来也是威廉斯研究文学作品的方法。但是,利维斯的成就与失误并存。他的"反民主的资产阶级文化观"是威廉斯反对的焦点。利维斯就是在艾略特和阿诺德的基础上解读文化含义的。他所理解的文化研究是"具有洞察力的艺术欣赏和文学欣赏",把文化主要定位在优秀的文学传统上面,而且他坚信文化是少数人的专利,在任何一个时代,明察秋毫的艺术和文学鉴赏常常只能依靠很少的一部分人,除了一目了然和众所周知的案例,只有很少数人可以根据真正的个人反应作出不是人云亦云的第一手的判断,这些能够欣赏传统的少数人才是真正文化的拥有者。利维斯有一个著名的比喻:一个社会中为数甚少的文化精英,有如黄金一样视为普遍价值的根基,它们构成了一个特定时代的种族的良心。

"利维斯主义"就是建构在"文化一直是掌握在少数人手中"这一假设基础之上的,这种文化理论集中见于利维斯早年的著作《大众文明与少数人文化》之中。可以说,此书的标题就是来自马修·阿诺德把文化和文明截然二分的思想。对于现实的历史发展,最令利维斯遗憾的是在19世纪之前,至少是在17世纪和17世纪之前,英国那个原始的有机社会及其生气勃勃的共同文化被工业革命分割成了碎片。共同文化被一分为二为"少数人的文化"和"大众文明"。而后者是商业化的产物,是低劣和庸俗的代名词,是威胁和破坏文化传统最大的敌人,大众文化的崛起意味着传统权威的衰落。

对此,威廉斯进行了有力的回击:"以一个有教养的少数派的观点与一个反创造的群众相抗衡,容易形成一种有害的高傲和怀疑主义,以一个完全有机的而且令人满意的过去与一个解体的而且令人不满的现在相抗衡,则有可能导致忽视历史而产生否定真实的社会经验的趋势。文化的训练,本质上是民主素质的训练,必须进行自己做直接判断的训练,利维斯的神话却大多由偶然因素构成的,这些因素最糟的已经导致了一种伪贵族的极权主义,最好的也只

是导致一种对当代社会的任何寄托都表现出非常不宽容的习惯的怀疑主义，我更需明白今日所谓少数派文化这种教条的种种缺失和危险性。"①

　　威廉斯在《文化与社会》中，列举了文化的四种特殊定义：作为个体的思想习惯，作为全社会的智力发展状况，作为艺术、作为一个人群的整体生活方式。② 在《漫长的革命》中，他又对文化定义进行了完善。文化的定义有三个主要组成部分：一是理想型的，"理想"的文化是根据某种绝对的或者普遍的价值使人类完美或走向完美的过程；二是文献型的，"文献记载"的文化是记载下来的教科书和实践，在这个定义中，"文化是知识和想象力的载体"，在这里，"人们的思想和经验被详尽地记载下来"；三是生活类的，关于文化的"社会"定义，"文化是一种独特生活方式的描述"，"它表达一定的意义和价值，这种意义和价值不仅存在于艺术和学习领域中，也存在于风俗习惯和日常行为中"，"对文化的分析应该以澄清某种特定生活方式的隐义和确切的意义和价值为目标"。③ 威廉斯对三个定义之间的关系坚持一种整体论的解读，"在这三种定义中，每一种都有着独特的指称，它们之间的关系应该引起我们的关注，在我看来，任何充分的文化理论应包括这些定义所指的三个领域的事实，相反，任何一种归类，任何特定的定义，如果排斥了其他种类的指称都将是不充分的"④。

　　不难看出，威廉斯对文化的三个层次的定义都是在继承前人文化定义的基础上提出的。理想型的文化定义是对阿诺德"最好的思想和言论"的继承，文献型的文化定义是对利维斯"优秀文学作品"的认同，生活类的文化定义中，对"整体生活方式"的强调，也正是对艾略特"整体生活方式"的沿袭。但威廉斯之所以是威廉斯的最重要原因就在于他在包容基础上的创新，三种不同的文化界定，在威廉斯这里成为一个整体，而且最重要的是对于"整体生活方式"的强调，开启了将文化作为一个动态的"人类构成性过程"⑤，而非一个静态概念的解读方式，使得威廉斯的文化观独树一帜，成为整个文化研究学派的镇山之石。

①　[英]雷蒙德·威廉斯：《文化与社会》，吴松江、张文定译，第 336 页。

②　参见上书，第 16 页。

③　Raymond Williams, *The Long Revolutionary*, London: Chatto and Windus, 1961, p.35.

④　Ibid., p.43.

⑤　Raymond Williams, *Marxism and Literature*, Oxford: Oxford University Press, 1977, p.20.

威廉斯通过"整体生活方式"这一文化界定，进一步提出"文化是日常的"（culture is ordinary），将文化延伸至普通男男女女的日常经验，这就意味着文化是普通人的文化而不是少数人的专利，是社会所有阶层的共同财产。正如威廉斯所说："对于文化这个概念，困难之处在于我们不得不持续地扩展它的意义，直到它几乎等同于我们的生活。"①生活是一种横向多元与纵向延伸的鲜活存在，威廉斯反对结构主义者们将其框定在一个统一恒定的共时结构中进行横断面的研究，而是以一种充满历史感和现实感的文化主义视角，坚持将视线投向人类美好未来的建构。正如霍尔所认为的，威廉斯的文化定义是文化研究的一个核心定义，"关于文化的理论，被界定为对于总体生活方式中诸种要素之间的关系的研究，文化不是一种实践，也不只是对于社会的习惯与民俗的描述体系——就像它在人类学的某些类型中那样，它卷入了所有的社会实践，是社会实践的相互关系的总和"②。而且，这样的文化界定方式充分体现出了文化观念的过程性、开放性：一种对活生生的现实生活过程的强调，一种对大众与大众文化的开放。"经过威廉斯的重新阐释，文化这一概念本身被民主化和社会化了。"③

二、对精英主义文化的祛魅

威廉斯之所以成为英国文化研究学派的开山鼻祖，最主要的原因之一在于他逆当时精英文化之主流，为在野的大众文化在理论阵营中争得一席之地进行了无畏的斗争，成为高举大众文化旗帜的先锋。当时，精英主义文化阵营中对大众文化的抨击有两股力量：一方面是"利维斯主义"担心大众文化对文化和社会权威的威胁；另一方面是法兰克福学派的忧虑："大众文化实际上所产生的影响与此恰恰相反，它是为社会权威服务的。"④

法兰克福学派的文化工业理论，历来被视为大众文化分析的一个理论基

---

① Raymond Williams, *Culture and Society*, p.256.

② ［英］斯图亚特·霍尔：《文化研究：两种范式》，孟登迎译，载《文化研究》第1辑，天津社会科学院出版社2001年版，第45页。

③ 吴冶平：《雷蒙德·威廉斯的文化理论研究》，第86页。

④ ［英］约翰·斯道雷：《文化理论与通俗文化导论》（第二版），杨竹山等译，南京大学出版社2006年版，第108页。

点。1947年,霍克海默和阿多诺创造了"文化工业"一词,用来指称大众文化的产品和过程。他们之所以用"文化工业"而不用"大众文化"这个概念,是因为在他们看来,"大众文化"一词隐含了从大众生活中自发产生,并为大众所用的文化,这完全遮蔽了资本主义文化生产的本质。"文化工业"则一语道破天机——商业流行文化是被批量生产、由大众购买和消费的文化产品,其最终目的是对商品最大利润的追求,而且是被商业利益集团所控制的。对于文化工业带来的后果,阿多诺的结论是:"文化工业的整体效果是种反启蒙的效果,就像霍克海默和我注意到的那样,其间本应是进步的技术统治的启蒙,变成了一场大骗局,成为束缚意识的桎梏。它阻碍了自主的、独立的个性发展,这些个性本来是很明智的为自己作出判断和决断的。"①之所以说文化工业反启蒙,是因为启蒙运动倡导科学和理性的进步,而在大众文化的时代,科学和理性反过来成为扼杀人类自由的噩梦,因为实质上,文化工业是一种商品拜物教的结果,文化产品的生产从一开始就是为了交换和销售,而不是真正精神的需要。

可见,法兰克福学派和"利维斯主义"殊途同归,都以消极悲观的眼光看待大众文化,前者将大众文化看做是被强大的工业社会机器倾轧出的僵死的标本,后者将大众文化看做是威胁传统文化的污浊的洪水猛兽,二者都因看不到人类文化的发展前途而一并成为对大众文化及其前途持悲观态度的代表。究其实,它们共同的问题在于:第一,他们对社会和文化的变革没有做充分了解,也就是说,大众批判理论热衷于历数大众文化的种种现象,而对这些文化现象的产生缺乏追根溯源的探究,这就意味着他们对自己的批判对象缺乏了解,自然其批判力就大打折扣。第二,大众文化批判理论是某些知识分子集团对大众文化所带来的大众民主的怨言,怨言的根源在于这种大众文化及其所带来的大众民主对他们的精英地位构成了威胁。在威廉斯看来,无论是法兰克福学派还是"利维斯主义",二者对大众文化悲观绝望的根源在于其立足精英主义的对"大众"有意或无意的曲解或误解。

威廉斯总结了历史上"大众"的三层含义:第一,传统上大众包含了"乌合之众"的含义,有趣味低下、反复无常、容易受骗等特点。第二,社会关系层面

---

① T. Adorno, *The Culture Industry*, London: Routledge, 1991, p.92.

上的大众,是指工业化过程中,由于大规模集体生产而形成的一种劳动关系的集合,也是工人阶级的一种社会性政治集合。第三,是在现代社会中的多元化用法,"大众"多指"大量"、"一大群"的意思。如"大众生产"、"大众传播"、"大众媒体",其目标不是针对群众,而是针对个别家庭里的广大观众。为了进一步说明其社会内涵,威廉斯指出群众作为乌合之众的新名词,可以从三个社会趋势的会合来确定其意义:第一,人口集中于工业城镇,是人的实体的集合,由总人口的增加而加强,并且与不断的城市化继续齐头并进。第二,工人集中于工厂,也是一种实体的集合,是机器生产必然会造成的趋势,同时又是一种社会性集合,是大规模的集体生产的发展必然会产生的劳动关系。第三,是上述趋势所造成的结果,即一个有组织的,而且能够自我组织的工人阶级的发展:一种社会性和政治性的集合。群众实际上指的是以上任何一种集合而言,因为这些趋势是互相联系的。在上述各个趋势的基础上,出现了以下几个派生的观念:由城市化派生出大众集合,由工厂派生出大量的生产——其中一部分与工人有关,但主要是与产品有关,由工人阶级派生出大众行动。①

通过对"大众"概念的词源学上的详细分析之后,威廉斯将其定位到社会意义上的"大众"界定,威廉斯对于"大众"的解析,最为深刻的部分在于他非常尖锐地指出:"大众通常是他者,是我们不知道的人们,也是我们不能知道的人们……而对于他人来说,我们同样也是大众……大众是其他人。""事实上没有大众,只有把人们看做大众的方式。在一种城市工业社会里为这样一种观察方式提供了许多机会。关键不是反复强调这种客观性的状况而是去考虑,不论是个人性的还是从集体意义上而言,这当中什么作用于我们的思考……一种观察其他人的方式已经成为我们这种社会的一个特征,是为了政治剥削或文化剥削的目的而受到重视的。折中地看,我们看到的是其他人,许许多多的其他人,是我们不了解的其他人。实际上,我们根据某种方便的方式把他们聚集成群并加以分析诠释……但是我们应该检验的是这个公式,而不是群众。如果我们记住我们自己也一直被其他人聚集成群,将会有助于我们进行这种检验,只要我们发觉这种公式不足以诠释我们自己,我们也可以承认

---

① ［英］雷蒙德·威廉斯:《文化与社会》,吴松江、张文定译,第376—377页。

它不足以诠释那些我们不了解的人。"①威廉斯对大众的这一解读方式给予大众文化批判理论以最有力的打击,成为整个大众传播研究一个新的范式的起点,为现代或后现代对大众文化做辩护的理论思想提供了一个有力的支点。"大众"至此不再只是一个固定的实体,而是被赋予一种价值关系,具有一定社会关系、政治立场和利益关系的群体。"大众"也不再只是一个被设计的他者与客体,而是具有主体性和能动性的,是工业化社会导致的一种自然的组合,它的出现和迅速发展是人类文化历史上的重大变化。伊格尔顿对威廉斯的大众观念却很不以为然,他认为威廉斯的大众观念忽视了其阶级性和革命性,"在反对他所认定的操纵性抽象概念,为人们进行辩护的时候,威廉斯用自由人道主义的短暂变化代替了革命变化的理论工具⋯⋯在拒绝资产阶级的'大众'定义时,威廉斯同时坚定地拒绝了革命的定义"②。

基于这样的"大众"解读,威廉斯对大众文化进行了进一步解析:"大众文化不是因为大众,而是因为其他人而得其身份认同的,它仍然带有两个旧有的含义:低等次的作品(如大众文学、大众出版商,以区别于高品位的出版机构);可以炮制出来以博取欢心的作品(如有别于民主新闻的大众新闻,或大众娱乐)。它更现代的意义是为许多人所喜爱,而这一点,在许多方面,当然也是与在先的两个意义重叠的。近年来,事实上是大众为自身所定义的大众文化,作为文化,它的含义与上面几种都有不同,它经常是替代了过去民间文化占有的地位,但它亦有种很重要的现代意识。"③可见,威廉斯所言说的大众文化是出现于工业社会的、"大众"的、与精英文化相对的一种文化。在当时,这种文化其主体部分是工人阶级的文化,工人阶级因为其特殊立场,没有制造一种狭隘意义上的文化。它所提供的文化,是一种集体性的民主机制,或者说,工人阶级文化首先是社会的而不是个人的。

威廉斯强调的是人的社会生活和体验的多元化,对大众文化的接受或许更多地表现为一种具有社会意义的集体性文化活动,从中传达出人们对现实生存状况的评价和愿望,对价值和意义的体认和取向。显然,这种文化观念

---

① [英]雷蒙德·威廉斯:《文化与社会》,吴松江、张文定译,第 378 页。

② Terry Eagleton, *Criticism and Ideology*, London:Verso, 1976, p.32.

③ Raymond Williams, *Keywords: A Vocabulary of Culture and Society*, London:Fontana, 1976, p.199.

（工人阶级文化观念）的立足点不是基于美学趣味上的划分，而是建立在人们能否进行有效交流这一意义的基础上。[①] 因为威廉斯提出，作为一种整体的传播或者交流是创造性的活动，因而，我们创造了生活中的共同的现实。各种机制最好被看做是各种交流的形式，它体现了对特定现实的观察。艺术是这些交流形式中最重要的形式之一。在威廉斯看来，没有什么完全不同的秩序，只有我们所生活的现实，在其中我们可以以不同的形式进行反应和行动。[②]

由此看来，在威廉斯的视域里，大众文化和精英文化一样是历史发展过程中的一种文化形态，二者是没有那么鲜明的界限和区分的，只是其功能不同，受众不同而已。威廉斯并没有因大众文化而反对精英文化，他反对的是精英主义，即将精英文化看做唯一正确的文化的做法。"威廉斯的研究并不像霍加特，更不像后来的文化研究者那样全神贯注于通俗文化（进而陷入新的通俗文化与高雅文化的二元对立模式），而是花了大量精力研究现代主义以及先锋派等高雅文化，将各种文化现象平等对待，消解了文化研究的二元对立模式。"[③]在威廉斯看来，无论是精英文化还是大众文化，最关键的是区分文化的"优劣"，优秀的文化既存在于精英文化中，也不乏见之于大众文化，反之亦然。并不是精英文化就是优秀文化，而大众文化就是劣质文化，这种绝对、武断的认识正是精英主义错误的根源所在。威廉斯认为，优秀的文化应当全人类共享，他要推广的是人类"美好"的文化成果，而在以往的社会中，这些"美好的"文化成果总是被少数精英所垄断和掌握，所以，在一个大众化的社会中，我们应当真正地将人类的优秀成果为全人类所享用，打消那种文化不应有的阶层分隔。在这样的文化普及过程中，大众由以往的懵懂无知会逐渐地走向明理通达，从而迎来一种全新的共同文化世界。

除此之外，关于精英文化和大众文化之间的界限问题，仍有进一步检讨的余地。"因为这界限并非如这一理论（大众文化批判理论）所说的那样清楚明白而且稳定。相反，它始终在变化、位移，在被重新界定。"[④]如：电影被利维斯

---

① 参见吴冶平：《雷蒙德·威廉斯的文化理论研究》，第95页。

② Cf.Raymond Williams, *The Long Revolutionary*, p.435.

③ 刘进：《文学与"文化革命"：雷蒙德·威廉斯的文学批评研究》，四川出版集团、巴蜀书社2007年版，第8页。

④ 陆扬：《大众文化理论》（修订版），复旦大学出版社2008年版，第39页。

排除在严肃文化形式之外，但现在即便是大众文化批评家自己也不得不承认，很多电影作品也满可以是一种艺术；半个世纪之前被批判理论和法兰克福学派斥责为大众文化典型形式的爵士乐，今天也早已被当做艺术在欣赏；在好莱坞系统内制作商业影片的希区柯克，成为公认的极具创造天才的艺术家；早先被音乐批评家们视为丧失理智的胡言乱语的摇滚乐，随着趣味的演变也成为如今的经典。

而且，大众文化与精英文化在现代社会的交融使二者的区分成为更加复杂的问题：现代传媒文化对传统意义上的精英文化，特别是艺术的标准及其权威提出了挑战。"更有甚者，即使是精英文化通常也是被一种大众的技术制造的——电影、唱片、书本——而且是像许多大众文化一样处在社会的生产和分配环节中。这一发展表明，在高雅文化和低俗文化之间的界限已经不是简单的事情。"[①]

三、感觉结构的哲学意义

"感觉结构"（structure of feeling）还曾被国内学者翻译为"情感结构"、"体验结构"，如何称呼它并不重要，重要的是弄明白通过这一概念威廉斯向我们传输了怎样的一种文化研究理念。

"感觉结构"在威廉斯的早期思想中，是"在他思想中的'有机主义'观念基础上批判地吸收以弗洛姆为代表的社会心理学的'社会性格'（social character）概念和以本尼迪克特（Benedict）为代表的社会人类学的'文化模式'（pattern of culture）概念而形成的"。随着其思想的进一步发展，到后期思想中，威廉斯将其"感觉结构""与西方马克思主义，尤其是卢卡奇的'总体'概念、戈德曼的'结构'概念以及葛兰西的'文化领导权'概念进行整合"。[②] 因此，"感觉结构"也成为威廉斯思想发展的一个航标仪或指示器。早期，威廉斯的思想主要集中在文学批评，但它通过"感觉结构"将文学置于社会、生活的语境中，超脱了传统文学停留于形式的传记式和风格式研究，使得当时盛行的"细读"研究从文学研究走向了一种文化研究，"实现了文学批评中勾

---

① 吴冶平：《雷蒙德·威廉斯的文化理论研究》，第 105 页。

② 刘进：《文学与"文化革命"：雷蒙德·威廉斯的文学批评研究》，第 33 页。

勒文化变迁、时代变迁的目的"。后期，威廉斯将"感觉结构"这一总体性概念作为消解"经济基础/上层建筑"的经典马克思主义二元对立模式的有力武器，同时，在"文化领导权"中丰富了"感觉结构"与阶级之间的关系，突出了"感觉结构"的斗争内涵，因而使威廉斯文化研究的政治观照问题得以明朗化。

　　威廉斯的"感觉结构"是一个总体性的概念，但是，"在任何情况下，他都没有用总体性一词，他提出了感觉结构概念，就如结构所表明的，这是一个固定和限定性的术语，然而它是在最微妙和我们的行为中很难被把握的层面中来运作的"①。威廉斯对这一概念做过一系列的解释和界定，如："结构：作为一套体系，有着特定的内在性关系，既相互联结同时又是处于冲突之中，也可以定义为一种处于过程之中的社会体验。"②"感觉结构是一种文化上的假设，实际上源于一种试图理解一代人或一个时期的这些因素以及它们的联系……起初它比对社会的更为正式的结构化的假设要单纯一些，但是它对于文化的实际范围的描述是更为充分的：从历史意义上来看是这样的，对于我们当前的文化过程来说更是如此。"③这样的解释，也许可以使我们对"感觉结构"有一个基本的感觉，但要想把这个存在于我们生活中"最微妙"处的概念的真实存在状况有一个清楚的了解，则需要将其在威廉斯的思想中进行一番词源学意义上的探源。

　　"感觉结构"首次出现在威廉斯1954年与奥朗·迈克尔合著的《电影导论》一书中，它的意涵最初被威廉斯设置在艺术文本的场域中："在研究一个时期的时候，我们可以多少有点精确地再现物质生活和社会组织，并在很大程度上重构支配性的观念。在这里没有必要讨论在这复杂的总体中哪一个是决定性的方面……把一部作品与被观察的总体联系起来可能是非常有用的，但是，就算人们已经把它分解为孤立的部分，那也总有某些找不到外在的对应部分的因素，这是一种常识，我们在分析中必须认识到这点。这种因素就是我所称的一个时期的'感觉结构'，只有通过对这个整体的艺术品的经验才能认识

①　Fred Inglis, *Raymond Williams*, London and New York：Routledge，1995.

②　Raymond Williams, *Marxism and Literature*, Oxford：Oxford University Press，1977，p.132.

③　Ibid.，p.133.

这种结构。"①可以看出，"感觉结构"在外部世界是无法找到具体的对应物的，它确实地存在着，但它只存在于艺术品的整体中，具有不可分析性。在《文化与社会》(1958)中，它则被用来分析 19 世纪英国的工业题材小说。透过感觉结构，威廉斯得以讨论上述作品所折射的民众体验与感受，探查社会环境与人们内心体验之间的细微关系。在此后一部有影响的戏剧专论《从易卜生到布莱希特的戏剧》中，威廉斯进而突出感觉结构的潜意识特征，以此说明：人们对世界的认知不是有意识进行的，而往往是通过经验来感知的。这一阶段的"感觉结构"主要还是停留在文学作品中。

在《漫长的革命》中所载的《文化分析》一文中，威廉斯将"感觉结构"进一步引入了现实生活："我想要描述的术语就是'感觉结构'：如同感觉一词所暗示的那样，它是稳定和确定的，但是它作用于我们的活动的最微妙和最不可捉摸的部分。在某种意义上来说，这种'感觉结构'是一个时期的文化：它是一般的组织中的所有因素的特殊而鲜活的结果。"②"感觉结构"一旦由文学的殿堂步入人们的现实生活世界，就会带来理解上更大的困惑。即便威廉斯竭尽全力地对其进行解释说明，仍给人一种绕着城堡外围拍了许多照片，却无法进入城堡内部一看究竟的感觉。这一点在威廉斯描述他自己的创作经验时表现得非常明显："我所称的'感觉结构'于我而言有别于其他的解释。从一开始，我就强烈地感觉到它的存在，它是一种重要的实际关系。但它同时又是一种结构，是对现实的社会制度的一种特殊反映：它不那么容易被记录下来，但它被以整体的方式为人们所理解，事先没有任何个人与公共、个体与社会的经验之分。"③

"感觉结构"在现实生活中真实而鲜活地存在，但却由于其神秘的不可言说的特质造成了解释和理解上的困难。但威廉斯更为注重的不是对这一概念的解释说明，包括他在这方面所做的努力，也都是为了使其功能得到更为明晰的彰显。这种功能随着威廉斯本人思想的不断成熟，逐渐地走向文化领导权这一政治目的地。

---

① Michael Orrom and Raymond Williams, *Preface to Film*, London: Film Drama Limited, 1954, pp.21-22.

② Raymond Williams, *The Long Revolutionary*, p.48.

③ Raymond Williams, *Writing in Society*, London: Verso, 1984, pp.263-264.

"可以看出，从 20 世纪 60 年代到 70 年代，情感结构的内涵，经历了从强调直接经验和为一代人特有的东西，到强调前兴起状态的变化，记录了威廉斯从 50、60 年代到 70 年代从拒绝英国马克思主义到重新认识西方马克思主义的心路历程；从强调文化的整体性（全部生活方式和为社会各阶层所共享）到强调文化支配观念和霸权特征的转变。"①威廉斯在 20 世纪 70 年代接触到葛兰西的著作后，开始强调感觉结构对主流意识形态的颠覆，探讨它所发挥的文化霸权功能。那么，如何能够通过"感觉结构"的变化来实现无产阶级的文化霸权呢？这是由"感觉结构"本身的发展规律和特点决定的。

"感觉结构"随着社会经验的变化不断变化，始终处于动态过程中。威廉斯明确地指出："从任何正规的意义上来讲，'感觉结构'都不是习得的。"②那么，新的"感觉结构"从何而来？威廉斯进行了详细解释：一代人可以在社会性或一般文化形式方面用合乎情理的成功来训练他的继承者，但新一代会有他们自己的"感觉结构"，它不会表现为"来自"于任何地方。因为这里最明显的是，变化着的这一代在有机的组织中被展现：新一代以他们自己的方式对他们正在继承的这个独一无二的世界作出反应，继续（采纳）了许多能被追溯的延续，再造了组织中的许多方面，在这些延续和再造中，新一代以他们特有的方式不同于前人地感受着他们的整个生活，并将他们的创造性反应塑造成为一种新的"感觉结构"。

新的"感觉结构"往往孕生于新出现的社会因素中，而且最初总是以一种弱势力量、边缘力量的形态受到已经退化成官方意识或普遍的社会形式的旧的"感觉结构"的压制，鲜为人们所知晓和理解。"但是，随着敏感的作家的努力，他们以新的语义形象（semantic figure）不断地冲击文坛，新的感觉结构便会比较清晰地浮现出来，获得人们的承认。"③在很长的一段时期内，新的和旧的"感觉结构"有可能同时并存于社会生活中，相互交融、相互影响、相互作用，直至旧的"感觉结构"最终退出历史的舞台。

威廉斯将对"感觉结构"的这种新旧之间的关系，在《马克思主义与文学》

①　赵国新：《背离与整合——雷蒙德·威廉斯与英国文化研究》，北京师范大学博士学位论文，2001 年。

②　Raymond Williams, *The Long Revolutionary*, pp.48-49.

③　傅德根：《走向文化唯物主义》，第 550 页。

一书中引申到阶级关系中，用新旧"感觉结构"之间的更迭来说明阶级之间的斗争。马克思指出："统治阶级的思想在每一时代都是占统治地位的思想。这就是说，一个阶级是社会上占统治地位的物质力量，同时也是社会上占统治地位的精神力量。"①傅德根用威廉斯的思维对马克思的这一思想进行了具体分析：占社会主导地位的"感觉结构"往往是统治阶级的"感觉结构"。随着时间的推移，这种"感觉结构"就会慢慢地蜕变成官方意识，成为新的"感觉结构"生成的障碍。一般来说，新的"感觉结构"的生成是与新兴的阶级联系在一起的。当然，在统治阶级内部产生尖锐的矛盾、分裂和嬗变的时候，其内部成员也有可能突破本阶级的"感觉结构"的限制，创造新的语义形象，表现出新的"感觉结构"来。②

其实，威廉斯在《漫长的革命》中就已经将文化分为新兴的、残余的、主导的三种类型，并对其中的新兴文化作了进一步的强调，指出新兴文化元素终将替代主导文化元素，而感觉结构是在前兴起（peremergence）层面上运作，它孕育着反对主导文化霸权的种子，是新的工人阶级意识形成的先声。至此，"感觉结构"在威廉斯理论中的地位和作用进入一个制高点。

在其思想成熟的标志性作品《马克思主义与文学》中，威廉斯对"感觉结构"进行了相对全面的总结，并将其上升到理论高度，对此傅德根在他的博士学位论文《走向文化唯物主义》中作了详尽的阐述，总结起来，大致可以从以下几个方面加以理解：（1）"感觉结构"广泛地为共同体的成员所拥有，是人们交流的基础；（2）"感觉结构"关注的是人们亲身体验和感受过的意义和价值，是一种现时的实践意识；（3）"感觉结构"潜意识地存在于生活在当时当地的人们思想中，并决定着人们的思维和行为；（4）"感觉结构"并非从上一代人那里习得，而是随着社会的变化由当时的人自然生成的；（5）在同一个历史时期，有可能存在多种不同的"感觉结构"；（6）这些"感觉结构"既相互连接又处于张力状态中，是一个动态的过程。

即便是如此详细的说明，仔细分析却会发现没有哪一点真正进入到"感觉结构"那种混沌或浑然一体的、难以区分或难以言明的存在状态内部，这是

① 《马克思恩格斯文集》第 1 卷，第 550 页。

② 参见傅德根：《走向文化唯物主义》，第 83 页。

"感觉结构"在现实生活中整体性、鲜活性的表现，也正是"感觉结构"的整体性、鲜活性赋予其这种难以言说的特性，而这种整体性、鲜活性本身就是"感觉结构"的神秘色彩和现象学意蕴之所在。究其实，"感觉结构"是试图对一种复杂的整体的表达，表达我们所生活的和体验的总体性。正如威廉斯自己所言："在某种意义上，感觉结构是这一时期的文化：它是总体组织中所有成分的一种特定的活生生的结果。"①

威廉斯提出"感觉结构"的目的是"为了检查和把握个人领域和普遍经验、个人过程和社会过程、社会结构和历史形态之间的关系，为文化和社会之间加上一个中介，避免简单的决定论，同时又不抹杀文学与社会之间的关系，把文化和文学看成是一种动态的过程而非固定的产品"②。毫无疑问，威廉斯的这些目的通过"感觉结构"基本得以实现了。但是，在通过"感觉结构"实现这些目的的过程中，有几个方面的问题值得我们进一步反思。

首先，"感觉结构"这一概念具有很强的宽泛和模糊的特点。浑然一体、不可剖析是"感觉结构"的特质，所以，尽管它是生活中最为鲜活和生动的真实存在，但同时也是最难以用理论思维和语言去分析表达的东西。所以，尽管它是人们认识时代脉搏和真相的有力工具，但对"感觉结构"自身的研究却又成了一个难题。威廉斯似乎为我们找到了一个靠近生活世界的途径，但事实上又为我们了解生活世界设置了一道需要跨越的屏障。

其次，"就威廉斯而言，挖掘文本中的情感结构，就是在解释当时人们对社会生活的体验"③。威廉斯在《文化与社会》中，就是通过大量这一时代的小说作品来分析这一时期的感觉结构。他的这一做法有一个理论逻辑上的悖论：威廉斯似乎忽视了一点，这些小说作品是由小说家写出来的，这些小说家作为当时的知识精英，他们的"感觉结构"和当时生活在基层的普通大众的"感觉结构"是有着本质差别的。那么，如何能够通过他们的作品就捕捉到当时真实的"感觉结构"？如果简单地用这种方法去得出关于"感觉结构"的结论性认识，这样做无异于与利维斯的文化精英主义殊途同归。

深究起来，威廉斯的做法也有其站得住脚的理由：小说家们是来自不同社

---

① Raymond Williams, *Marxism and Literature*, p.48.
② 傅德根：《走向文化唯物主义》，第83页。
③ 赵国新：《背离与整合——雷蒙德·威廉斯与英国文化研究》，第66页。

会阶级，有着不同"感觉结构"的人，而且，他们在进行创作时，总是在深入当时的生活中，尽量贴近当时普通大众的生活，只有这样，他们的作品才是活的，才能被流传下来供人们不断品读和研究。而威廉斯所读的作品也正是这样的一些东西，所以，也许能够从这样的作品中达到威廉斯了解当时"感觉结构"的目的。

只不过这里存在一个"选择"的问题，选择哪些作家的作品去分析才能靠近真实而不被掩盖的整体生活呢？这就成了一个不可能没有倾向性的问题，但这又关系到威廉斯关于"感觉结构"的研究路径能否成立的问题。

关于这一点，威廉斯的学生德里克·罗宾斯在一篇题为《认识文化的方法》的文章中对威廉斯的这一学术偏颇做过专门的批评：对于有着同样生活经验（同样生活在城市或乡村，同样生活在乡村或城市的父辈祖辈）的人来讲，文化是普通的和共同的，他们眼中的风景和心中的感受，即他们的"感觉结构"会达到一种表述上的一致。但是，对于生活在完全不同的环境中的人来讲，这样的"一致、共同"却是一种不可能的奢望。对于不同生活场景中的人来讲，任何人的"感觉结构"对于他自身生活场域以外的人来讲都不是普通的，更不是共同的。当我们以自己的"感觉结构"模式向别人表达自己时，我们就已经将别人的"感觉结构"同化或消弭了。① 从这一点上来讲，威廉斯所说的"文化是普通的"，是很不务实的自说自话。同样，用自己选择出来的部分小说家的作品中的"感觉结构"去诠释那个时代整体的"感觉结构"，也必然是欠妥的。

罗宾斯在文中借用布迪厄的思想对威廉斯的这一文化观的漏洞进行了修补，提出我们要将"文化立场客观化"，鼓励我们的客观化的文化立场和其他人的客观化的文化立场相互遭遇，并在彼此之间产生建设性的影响。

对"感觉结构"的频繁使用，印证了威廉斯对社会生活经验的重视，是威廉斯整体论思想的又一有力佐证。伊格尔顿认为，这一概念的生命力在于它对社会关系、与之相应的普遍的文化、意识形态形式和各种特殊的主体性形式之间的调和，但同时这也成为他批评威廉斯经验主义味道过浓的重要原因。

---

① Cf. Derek Robbins, *Ways of Knowing Cultures*, *Raymond Williams Now: Knowledge, Limits and Future*, New York: Macmillan Press Ltd., 1997, pp.53-54.

"从学理上来说……'感觉结构'由于过分强调经验的重要性,其理论内涵显得过于空泛、模糊,没有表现出充分的理论论证能力,反而减弱了其有效性。从实践效果上说,用这样一个包容一切的概念来分析一个社会、时代或各种文学艺术作品,往往会显得力不从心。"①斯温吉伍德也对此提出质疑:"作为文化唯物主义理论的一部分,这一概念接近于同源理论,在其中,所有复杂的结构都被单纯化了。"②

非议的声音越多,越能说明这个概念引起的关注度之大,而且,不可否认的是,威廉斯通过这一概念,提供了一种把历史作为一个过程而不是一个事物来考察的方式,也充分体现出他在文化、社会、政治之间创构关联的指导思想,从而为研究不同的领域和问题创造了理论基础。

第二节　文化唯物主义的哲学论断

文化研究在威廉斯的思想体系中占据着主导地位,也是国内外学者研究威廉斯的主要切入点。但是,深入威廉斯思想体系的研究路径,会发现社会批判才是威廉斯整个思想体系的落脚点,其文化研究的内在逻辑和终极目的在于其社会批判思想,而其社会批判思想则主要体现在文化唯物主义和文化领导权的阐释中。

一、作为"研究范式"的文化唯物主义

威廉斯对"文化唯物主义"的界定是:"在历史唯物主义内有关文化的物质性和文学生产的特殊性的理论。"③文化唯物主义强调的是文化的物质性作用,并非如机械唯物主义强调的经济基础的物质内容,即文化并非物质,而是具有物质性。正如伊格尔顿在《文化观念》中所指出的:文化与唯物主义放在一起,从词源上来看本身就是一种同义反复。因为"文化"从词源上是指对于植物的栽培,后来引申到对人的培养,其意涵就有一个从外在的物质世界转向

---

① 吴冶平:《雷蒙德·威廉斯的文化理论研究》,第 191—192 页。

② Alan Swingewood, *Cultural Theory and the Problem of Modernity*, London: Macmillan Press Ltd., 1998, p.82.

③ Raymond Williams, *Marxism and Literature*, p.5.

内在的精神世界的过程。可以说,从本原上来看,文化本来就是一种具有强烈物质性的存在,精神性的存在只是一种词义上的延伸和派生。威廉斯正是在这种更多关注文化的精神性含义的时期具有穿透力地看到了文化原本和现实的物质性特质,从而引出一种全新的"方法指南"或"研究范式"。

威廉斯在《论1945年之后的英国马克思主义》中自我评价道:"经过一个复杂的过程,历经多种理论和探究形式的变迁,我花费了三十年脱离公认的马克思主义理论(它的大多普通的形式我开始只是接受)的禁锢,才到达我现在的立场——我称之为文化唯物主义。"①所谓"公认的马克思主义",是指20世纪60年代末和70年代初期之前,新的西方马克思主义文艺思潮,如卢卡奇、葛兰西和法兰克福学派等的思想译介到英国之前,影响英国的主要的马克思主义思潮,包括共产主义马克思主义、斯大林主义、费边主义以及考德维尔的马克思主义思想等,这些"公认的马克思主义"所公认的理论是"经济决定论"或"机械决定论"的观点。

威廉斯真正了解"公认的马克思主义"以外的马克思主义是在20世纪70年代。1970年,卢卡奇的弟子戈德曼在剑桥大学连开两场讲座,这对威廉斯起到了醍醐灌顶的作用,使威廉斯明白并非所有的马克思主义者都主张经济决定论,而且自己一直以来所做的工作和戈德曼大有异曲同工之妙。与此同时,一些西方马克思主义的著作在这一期间陆续有了英译本,1964年戈德曼的《隐蔽的上帝》,1971年卢卡奇的《历史与阶级意识——关于马克思主义辩证法的研究》和葛兰西的《狱中札记》,1972年阿多诺、霍克海默的《启蒙辩证法》逐渐进入了威廉斯的视线,成为威廉斯文化唯物主义理论成形的助推力。

对于威廉斯思想的研究,傅德根在他的博士学位论文《走向文化唯物主义》中提出一种很有代表性的看法:将其按一种线性发展的方式分为两个阶段,以20世纪70年代作为分界点,分为前期的"左派利维斯主义"和后期的"文化唯物主义"。而刘进则在其根据博士学位论文出版的著作《文学与"文化革命":雷蒙德·威廉斯的文学批评研究》中对此一划分不以为然。他认为:"两大传统在威廉斯的思想的不同时期只有侧重的不同,而没有前者'走

---

① Raymond Williams, *Problems in Materislism and Culture*, Selected Essays, London: Verso, 1980, p.5.

向'后者的过程。所谓'走向唯物主义'不能理解为'文化与社会'传统'走向'马克思主义传统，而是这两个传统共同形成了'文化唯物主义'。"①在他看来，威廉斯前期和后期思想没有本质上的差异，其前期所研究的"文化与社会"的传统中已经具备了马克思主义传统相同的问题意识和相似的理论洞见，后期则自觉地对马克思主义理论进行反思并以此为依据来重写其前期的思想。刘进更倾向于认为威廉斯的思想是"英国本土经验主义传统与欧陆以马克思主义为核心的理性主义传统面对英国当时现实语境的对话、整合和融合"②。因此，他也是以威廉斯对马克思主义理论了解的 20 世纪 60—70 年代为分界线，将威廉斯的思想分为前期的思想形成期、后期的思想整合期和完善期两个阶段。无论学者们如何划分，但都有一个核心的共同点：把威廉斯真正接触西方马克思主义思想并将其整合进自身思想体系的时期作为威廉斯思想成熟的标志。毫无疑问，"文化唯物主义"是这一标志中最典型或最显眼的一颗硕果。

文化唯物主义的理论基石是威廉斯对文化的"整体生活方式"的界定。可以说，文化唯物主义是"威廉斯早期关于'文化是日常的'等思想在马克思主义传统中的重写，其最终目的是为了突出文化与文学在人类历史进程中的物质力量"③。他从"整体生活方式"出发，将人类一切的行为和思想都纳入文化的轨道来加以诠释。文化的轨道也就是一种现实生活的轨迹。即便是对事实进行理论性的剖析，他也是以"整体观"的视角给予一种尽可能与事实相符的评述，而不是纯理论、纯抽象的，或一分为二的二元论研究方法下的评述。这也是他解决经济决定论问题的思路所在。作为整体生活方式的文化，毫无疑问，既包括经济活动，也包括人类的观念活动。正如威廉斯所言："物质因素本来就是文化的应有之意，但随着文化的概念化和理想性的发展过程，物质逐渐被抛离出文化的场域以外，文化成了一个远离物质世界的精神性存在。"④

威廉斯通过文化唯物主义建构的理论核心是对经典马克思主义"经济决定论"的批判。"对于威廉斯而言，基础——上层建筑还不是'彻底的唯物主

---

① 刘进：《文学与"文化革命"：雷蒙德·威廉斯的文学批评研究》，第 305 页。

② 同上书，第 5 页。

③ 同上书，第 303 页。

④ Raymond Williams, *Marxism and Literature*, Oxford：Oxford University Press, 1977, p.19.

义'，因为它倾向于将文化委之于一种纯固定观念性的上层建筑，而文化生产，在两种主要产品意义上，实际上是一种物质现象：第一，作为一种社会互动（语音等）中的有意义的物质转换；第二，构成于决定性的经济关系之中（例如资本的循环）。事实上，文化是'基础'的一部分，在传播技术和文化产业具有巨大的经济意义的发达资本主义社会，愈是如此。"①也就是说，文化唯物主义与经典马克思主义"经济决定论"在现实条件和理论建构两方面存在差异：现实条件方面，文化唯物主义产生的历史前提是发达资本主义社会的新状况，而非马克思所在的发展中的资本主义社会背景；理论建构方面，文化唯物主义坚持文化是一种物质性存在，是"基础"的一部分，而非从属于上层建筑的纯观念形态的存在。

"文化唯物主义"在前提上的一个新变化是：它强调在发达资本主义条件下，经济基础与上层建筑的状态已经较之于马克思、恩格斯时代发生了一些重大变化。经典马克思主义所说的物质生产主要是指满足人类基本衣食住行的生活资料需要的物质生产，那是由于那个时期的资本主义生产还不够发达。在这种时候，"人们所描述的资本主义的基本生产实际上指的是以获取利润为目的的狭义的商品生产：在过于简单化的马克思主义中，其他一切东西都是它的上层建筑"②。随着资本主义经济的发展，人们的生活水平迅速提高，这时物质生产的内容已经远远地超越于衣食住行这些人类基本的需要，许多工业产品针对的是社会地位、娱乐、休闲等非物质需要的满足，人类生活的基本需要的内涵已经发生了变化，许多以前被视为奢侈品的东西（如电视、电话、汽车等）已经成为人们生活的基本需要。于是，维持人们基本生存需要的产品的生产已经成为工业中的一小部分，工业生产由于人们需要的转变而更多地转向享受型产品的生产，正如鲍德里亚所说："我们处在'消费'控制整个生活的境地。"③随着生产力的飞速发展，工业社会极度发达，产品极大丰富，最终导致的后果不再是人们的需要控制生产，而是产品的消费刺激着生产的多

---

① ［英］吉姆·麦克盖根：《文化民粹主义》，桂万先译，南京大学出版社 2001 年版，第 26 页。

② Raymond Williams, *Politics and Letters: Inteviews with New Left Review*, London: New Left Books, 1979, p.356.

③ ［法］让·鲍德里亚：《消费社会》，刘成富、全志钢译，南京大学出版社 2014 年版，第 4 页。

样化,同时创造着人们的新的需要和关于需要的新的定义。在这种现实社会状况下,作为政治上层建筑的资本主义国家和作为观念上层建筑的资本主义文化霸权获得充分发展,与作为经济基础的资本主义生产方式(生产力与生产关系)共同构成了一种关系总体。也就是说,在肯定经济基础的最终决定作用的同时,它强调,经济基础在现时代的绝大多数情况下实际上是和政治国家、文化霸权等值的,并共同构成了一个关系总体。在这种总体中,究竟哪种力量起决定作用,是需要具体分析的。

这样的事实是马克思当年未曾想到更未曾料到的,这样的情形下,威廉斯"不愿认为等级的顶端是生产性的工业,而后是政治机构或大众传播的手段,再下则是哲学家或小说家的各种活动"①是很有道理的。威廉斯认为:"应把所有的文化生产作为物质性的社会实践来理解,不能把它们从所产生的社会性和历史性的情境中的具体考察中分离出来,或者说从对它们的假设、方法、效果、提议的相关分析中分离出来。"②

至此看来,文化唯物主义与经典马克思主义"经济决定论"之间的最大分歧在于对经济基础和上层建筑之间关系的解读。威廉斯坚持认为,物质生产、政治的和文化的制度及活动与意识之间"实际上是不可分割的:如果不是为了分析的目的而不能将它们分开,在根本意义上,这些不是分离的'领域'或'要素',而是整体,是现实的人的特殊活动和产品"③。在伊格尔顿看来,经济基础和上层建筑模式的特定性在于对"决定"这一问题的理解上。④

"决定"的问题是马克思主义文化理论中最难以理解的问题,也是受到责难最多的问题之一,常常被指责为"不承认文化生活本身是真实而有意义的,总是把文化活动还原为某种控制性的经济内容或者是由经济地位和状况决定的直接或间接的表现"⑤。

威廉斯在《关键词:文化与社会的词汇》中指出:"决定"是英语中最多义

---

① Raymond Williams, *Politics and Letters: Inteviews with New Left Review*, p.355.

② Raymond Williams, *The Politics of Mondernism: Against the New Conformists*, London and New York: Verso, 1989, p.163.

③ Raymond Williams, *Marxism and Literature*, p.70.

④ Cf.Terry Eagleton (ed.), *Raymond Williams: Critical Perspective*, Oxford: Polity Press, 1989, p.168.

⑤ Raymond Williams, *Marxism and Literature*, p.80.

难解的几个词之一,有着极不相同的意义和内涵。"决定"的本意是"设定界限",即"设定一个过程的范围,并进一步终结这个过程","在人所从事的社会生产中他们也进入了他们所依赖的且独立于他们的意志之外的限定性的各种关系之中"①。作为一个名词的决定,一方面是意指一个过程的"确定"或"完成",而不是可以预先控制或预见这个过程,即"决定过程的条件"或"决定性条件";另一方面还可理解为一个已经被"决定"的过程,可以由它可预知的最后结果回过头来说明,即"由可预知的最后结果所决定的过程"或"决定要素"。"决定"最早的含义源自于神学的概念:上帝可以决定人一生的境遇,包括人必然会面临的死亡,也就是上帝可以决定一个人的命运。"决定"一词"被决定而无法改变的事情"的意涵就是从这里开始的。自17世纪开始,"决定"一词被用在科学领域,形成其科学上的意涵,意指一个过程的内在必然属性和其内部组成部分的属性控制着过程的结果。这两种决定观都存在主体人的空场,或者说,主体人在这两种决定观中被置于被决定的位置。19世纪出现了"决定论",决定论最广泛的用法是指那些可以决定"事件过程"的"先决条件"以及一般的"外部条件"。"外部"通常是指在"那些参与过程的人其意志与欲望"所能掌控之外;"决定性的条件"仍然是内在于"过程"本身。② 它既包含神学意义上外在的(主要是指主体人以外的)决定力量,也具有科学意义上内在的决定要素。但是,很明显,马克思的决定论是一种科学意义上的决定论,他将这些"先决条件"、"决定性条件"称做"铁的规律"、"绝对客观的状况"。不过,与神学及科学意义上所说的决定的不同在于:马克思的决定论并未否定人的主观能动性,他坚持"我们创造自己的历史,但首先是在非常确定的假设和状况中创造"。威廉斯认为:"马克思的这种观念给予行动者以主体性,把决定的意涵界定为'设定界线',这就是说,客观的状况是而且只能是物质世界中人的活动的结果,是一种历史的客观性,使人在特定时刻生于其中的环境,因而是人可以'形成'的可理解的环境。"③其实,在16世纪初期以来,"决定"一词就具有了另一个路径的意涵:"意志的行为"(acts of will),带有浓重的主体的决定与决心的意涵,如"我决定做某事"、"自己作决定"等。威廉

---

① Raymond Williams, *Marxism and Literature*, p.84.
② 参见[英]雷蒙·威廉斯:《关键词:文化与社会的词汇》,刘建基译,第118—124页。
③ 傅德根:《走向文化唯物主义》,第75页。

斯在《关键词：文化与社会的词汇》中用一句话相对全面地概括了"决定"的这两个发展路径的意涵："我决定不被决定"（I am determined not to be determind），他从词源上对决定论中主体的能动性作了进一步肯定。威廉斯进一步分析，马克思主义决定论之所以在后来的发展中出现抽象的决定论理解，原因是在"对大规模的资本主义经济的体验中，人们发现，资本主义经济的发展过程是由它自身的规律支配的，远非人们的意志和愿望所能控制"。这正印证了人们对马克思主义决定论的"唯经济决定论"的理解："决定"的过程是不以人的意志为转移的，行动者只能尽力理解过程，但无法控制过程。所以说，这种抽象的决定论本身就是历史的产物，是资本主义经济的产物，它否定了人的主观能动性。据此，威廉斯对"决定"的含义进行了充实，他指出，"决定"不仅是指"设定界限？"（the setting of limits），而且还指"施加压力"（the exertion of pressure），这里的压力是指一种按照维护和更新社会模式的方式行动的冲动，是新的形式及其尚未被人们认识到的目的和要求所施加的压力。这种"压力"中隐含的是主体和社会结构之间动态的互动过程，而非静态的决定与被决定状态。对于"决定"的这种扩充性解释，使得马克思主义决定论的内涵更为清晰，也更为丰富，至此，决定论的正确并完整的解读就成为："社会绝不是限制社会和个人的紧身衣，它始终是一个具有强大压力的构成过程，压力表现在政治、经济和文化形式中。"而且，"这种压力有可能内化为'个体的意志'，但也可能受到个体的抵制"。① 傅德根将威廉斯修正了的马克思主义决定论称为"弱决定论"。威廉斯对这种"弱决定论"作了详细阐释："真正的决定论涉及整个实质的社会过程，绝不是（有如某些神学或某些庸俗马克思主义论者所说）密不通风的控制，绝不是可以预测未来的整套原因。现实社会的决定论，是指在各种限制与压力之下，人们在社会的行事与作为受到了很大的掣肘，但又从来不至于全盘地被其控制。我们对于决定的认识，不应该将它视为是单一的力量在运作，也不应该视之为抽象的力量，而是应该把它看成是一个过程。在这样的一个过程中，权力或资本的分配，社会力与体力上的继承，不同群体之规模与大小的关系，都是设下限制与施加压力的因素。但它们从来不能控制全局，也不能全部预测整个复杂活动的结局；限制之下，总有空

① 傅德根：《走向文化唯物主义》，第75页。

间可以转换,压力之下,存有反抗余地。"①

按照马克思的定义,生产力是人类征服自然、改造自然的能力,这种能力长期以来被界定为一种物质力量,是所有社会中的生产和再生产的手段,特别是随着资本主义的发展,生产力越来越被正统马克思主义者专门化为"工业"的代名词,生产越来越被简单地理解为"资本主义商品生产"。在威廉斯看来,这种物质生产概念忽视了政治、文化生产的物质性,因而它不是过于唯物主义,而是不够唯物主义。

威廉斯提出了上层建筑的物质性问题。他以政治为例进行了说明:"任何统治阶级都毫无例外地把物质生产的重要部分用于建立政治制度。社会政治制度维护资本主义市场,如同创造社会政治制度的社会斗争一样,它必然是一种物质生产。从城堡、宫殿、教堂到监狱;从战争武器到被控制的报业。任何统治阶级都以可变的物质方式创造社会政治制度,这些绝不是上层建筑的活动。他们是必不可少的物质生产,在此生产内,表面上自足的生产模式可以独自进行。这个过程的复杂性在发达资本主义社会里尤其明显,因为在那种社会里,把'生产'、'工业'与'防御'、'法律和秩序'、'福利'、'娱乐'、'舆论'这些相对的物质生产分裂开来的做法是完全错误的。这种专门化的(资产阶级的)唯物主义没有把握社会政治秩序生产的物质特征,同样没有理解文化制度生产的物质特征,而且更为明显的是,'上层建筑'的概念不是还原而是回避。"②威廉斯的观点显然有别于正统的马克思主义文化理论有关基础和上层建筑的论述,他把政治、文化等原来归属到上层建筑领域的部分分离出来,把它们与物质活动等同起来,实际上他是要模糊基础和上层建筑之间的划分,强调"一个单一而不可分割的过程",认为这个过程已经同时包含了经济、政治和文化等活动。

细究起来,威廉斯之所以对经济基础与上层建筑之间的区分如此反感,一方面是源自于对庸俗唯物主义、庸俗马克思主义的唯经济决定论的反对;另一方面,也是最重要的原因,在于他受英国经验主义传统哲学思想的影响。经验

---

① Raymond Williams, *Television: Technology and Cultural Form*, London: Routledge, 1990, p.163.

② Raymond Williams, *Marxism and Literature*, p.93.

主义本身就更为重视经验的总体性和不可分割性。威廉斯就是用这样的思维方式对经济基础和上层建筑的关系进行了融合性的解读，强调二者的不可分割性和相融性。

除了经验主义传统的影响，文化唯物主义的理论前提主要还是马克思的历史唯物主义。"潜在于历史唯物主义内，是一种理解多样化的社会性和物质性生产的方式，是一种试图对相关的但同时又是变化的作为历史性的艺术归类的重新阐释。我把这种立场称做文化唯物主义。"①事实上，一直以来，威廉斯都是在按照历史唯物主义的要求进行文化和文学的研究，从某种意义上讲，文化唯物主义就是将历史唯物主义的一般方法指南在这些领域中具体化。因此，文化唯物主义是指导威廉斯研究文化、文学问题的一般方法指南，也是其研究技术问题的一般方法论范式。

可以说，威廉斯所倡导并践行的"文化唯物主义"是一种"方法指南"或"研究范式"。文化唯物主义的研究范式所强调的基本原则是要求在具体的历史语境中对具体问题进行具体分析，它反对把任何关系凝固化和教条化，它反对经典马克思主义"经济决定论"，强调的是一种多元互动的过程论。作为一种研究范式，文化唯物主义的重点不在于理论本身，而在于实践问题、实际问题的解决。② 文化唯物主义形成的时期，也正是现代传媒技术盛行的时期，这些技术对于作为整体生活方式的文化的影响引起了威廉斯充分的关注，于是，用文化唯物主义的范式研究现代传媒技术成为他后期学术思想的主要部分。

可以毫不夸张地说，威廉斯文化唯物主义的研究方法做到了历史语境、理论方法、政治介入和文本分析相结合。③ 然而，正如有学者所言，威廉斯留下的两大贡献：一是他的宝贵的学术思想，二是所引发的对他的这些思想的批判。对于文化唯物主义自然也不乏批判的声音，其中最为响亮的是：威廉斯将社会制度各种因素的物质性等量齐观，忽视了某些因素的优先性。而在所有

---

① Raymond Williams, *Crisis in English Studies*, in *Wiliams*: *Writining in Society*, London and New York: Verso, 1984, p.210.

② 参见张亮:《雷蒙·威廉斯"文化唯物主义"视域中的电视》,《文艺研究》2008 年第 4 期。

③ Cf.Scot Wilson, *Cultural Materialism*: *Theory and Practice*, Oxford UK and Cambridge USA: Blackwell, 1995, p.ix

批评中,最值得关注的是他的得意门生特里·伊格尔顿在《批评与意识形态》一书中的评判:"从来没有人把基础/上层建筑的区分当做一个经验问题。威廉斯坚持经验的重要性,狂热地醉心于'亲历'的事物,这提供了他的全部著作的中心而统一的主题——这提供了他的著作的可怕力量和严重缺陷。"所谓可怕的力量和严重的缺陷,就在于威廉斯的坚持:"我的目的是要强调指出,文化活动是物质生产形式,不理解这点,人们就不可能考虑它们的真实社会关系——只有一种关联性的第二秩序。"①

二、文化领导权问题

"领导权"从词源上是指支配他国的领袖或统治者。19世纪后常用于指国与国之间的政治统治或控制。马克思将其拓展到描写阶级之间的统治或控制。在《德意志意识形态》中,马克思、恩格斯就有相关论述:"统治阶级的思想在每一个时代都是占统治地位的思想",而且,"每一个企图代替旧统治的新阶级"往往都"赋予自己的思想以普遍形式",这里已经蕴涵了文化领导权的意义。真正将"领导权"定义推广到"文化领导权",并将其明确化和系统化的是意大利的马克思主义者安东尼奥·葛兰西。

"领导权"(hegemony)一词因为有很强的支配意涵,而被中文翻译为"霸权",正如威廉斯1976年出版的《关键词:文化与社会的词汇》中收录的"霸权"词条的解释:这种文化被社会广泛接受,它不仅体现统治阶级的利益,而且被全部社会成员当做合理的现象来接受。可见其"霸权"主要体现在文化层面,而且更多的是一种协商而非独裁,单纯从直译而来的"霸权"二字远不能准确表达其内涵,由于其特定的含义,学界更多将其意译为"文化霸权"或"文化领导权",相比较而言,后者从含义上更加贴近葛兰西这一词汇的真实用意。

如果说感觉结构、共同文化、文化唯物主义都是威廉斯文化观念中的关键词的话,那么文化领导权则可以说是体现威廉斯政治思想的关键词。但是,对这一关键词政治意涵的解读依然是在其文化整体观的语境中进行的。可以说,文化领导权是威廉斯用其文化整体观理念去诠释的政治观,同时也集中体现了其整个文化思想一直以来所寄托的政治方向。而且,文化领导权,在填补

---

① Raymond Williams,*Politics and Letters*:*Inteviews with New Left Review*,p.353.

了威廉斯文化理论的"权力空场"的同时，也使得早先对他在这方面的非议声淡出了批判的问题域。

所谓"文化领导权"，意指统治的权力赢得它所征服的人们赞同其统治的方式，也就是说，文化领导权的实现是一个协商和获得共识的过程。文化领导权包括意识形态，但涵盖了国家机器以及介于国家与经济中间的机构，如新闻媒体、学校、教会、社会团体等市民社会的范围。而往往市民社会是行使文化领导权功能的主场地。可见，葛兰西的文化领导权理论与两个关键概念息息相关：意识形态和市民社会。

从历时态的角度来看，意识形态从 18 世纪末被法国哲学家德斯蒂·德·特拉希首次创造出来，其含义经历了从自然科学中"动物学的一部分"到德·博纳尔的"非人莫属"，从拿破仑的"不合实际的理论"和"抽象的幻想"到马克思和恩格斯"历史的现实基础"，一步步地得到揭示与丰富。而将意识形态作为一个抽象思想体系发挥到极致的，要数法国的阿尔都塞。在他看来，意识形态是"个体与其真实存在条件的想象性关系的一种表征"，作为一种意识结构，它是现实意识的基础，对人在社会中产生的现实意识起着前提和规划的作用。而且，意识形态对人的控制是无形的，甚至无意识的。至此，意识形态被普遍化为规约和支配着每一个人的思想和行为的一种对生存条件的想象性反映，其独霸一方，是人类摆脱不掉甚至没有意识要去摆脱的塑型模具，人的主体能动性在此受到了自笛卡尔以来的最大挑战和威胁。

对"意识形态"的历时态考察，基本上为我们从共时态的角度分析意识形态的常规含义提供了理论的依据，威廉斯对意识形态常规意义上的三层含义进行了总结：第一，带有某一阶级或集团鲜明特征的信仰体系；第二，与真实的和科学的知识相对立的虚幻的思想观念或意识构成的虚幻的信仰体系；第三，产生意义和形成思想的普遍过程。[①] 这三种含义中，前两种往往可以合二为一，因为在阶级社会中，所有的信仰都建立在一定的阶级立场上，所有阶级的信仰系统都部分的或全部的是虚幻的。而第三种理解则消弭了大部分的联系和区别，因为它是从一般的和普遍的意义上强调，意识的过程就是意义和思想观念的产生过程，意识形态既可指这一过程本身，又可指对这一过程的研究。

①　Cf.Raymond Williams,*Marxism and Literature*,p.55.

伯明翰学派从威廉斯开始，意识形态概念在含义上开始从抽象思想体系向日常体验和话语实践层面转化。威廉斯摒弃了过去那种将文化当做统治阶级的意识形态骗局的简单化的说法，而把意识形态看做"意义和观念的一般生产过程"，因而意识形态成了社会多元决定中的思想观念的生产形式。对于"意识形态完全是虚假的统治阶级的统治工具"这一传统说法，威廉斯完全无法苟同。他认为，意识形态并非是单一向度的，在大众传媒社会中，统治阶级的意识形态通过"语言的阶级斗争"而演变成全社会的意识形态，文化研究的任务之一，就是要解构这一过程，探讨媒体有意无意中采取的意识形态立场。至此，"意识形态既是物质实践又是精神实践，这种新的界定，将十分有利于走出现代主义政治意识的旋涡"①。

与文化领导权理论息息相关的另一个概念是市民社会。从社会学的角度分析，市民社会就是由社会的中间阶层构成或以社会的中间阶层为主体运行的社会。它既是当代资本主义社会出现新局面、新生命力的根源，也是导致无产阶级革命屡屡受挫的主要原因。任何社会的构成中，占统治地位的社会上层总是少数人，我们可以把它视为一个常量，这样，剩下的中层和下层群体就必然是互为消长的关系。当中间阶层小，社会下层所占的比重就大，这样的社会结构呈金字塔形，这种社会结构由于中间阶层的缺乏，两极分化严重，极易形成两极对立与对抗，而且由于社会绝大多数的人处于社会下层，他们对社会主导的意识形态持否定态度，因此，这种社会结构是一种危险的社会结构；当中间阶层大，社会下层所占的比重就小，这样的社会结构呈橄榄形，这种社会结构有一个庞大的中间阶层，对上下两阶层之间的对立起到缓冲的作用，而且由于占社会最大多数的中间阶层对社会的主导意识形态持一种赞同态度，因此，这种社会结构相对来讲是一种安全、稳固的社会结构。这两种社会结构的区别也正是葛兰西对意大利及西欧无产阶级革命失败与十月革命的胜利进行分析所找出的症结所在。

在西西里岛的监狱里，葛兰西对革命的失败进行了深入反思和总结。为什么十月革命能够成功，而意大利和西欧国家的无产阶级革命却惨遭失败？

---

①　乔瑞金：《现代性政治意识终结的两则证明及其意义》，载赵剑英、陈晏清主编：《马克思主义政治哲学：阐释与创新》，社会科学文献出版社2007年版，第283页。

最后他把原因归于这两种社会结构中市民社会的不同状况。俄国是一个半封建的军事官僚国家，统治阶级的统治完全以暴力为基础，国家完全掩盖了市民社会的存在。这样的国家社会结构就是典型的金字塔形，两极分化非常严重，占社会最大多数的社会下层成员对社会主导的价值观都持一种否定的态度。这样的社会结构经不起任何的震荡，一旦发生革命，革命阶级很容易就能推翻统治，夺取政权。西欧各国与意大利相比较来讲属于先进的资本主义国家，社会结构呈橄榄形，在这些国家里，市民社会已经成为一种十分复杂的结构，能够经受直接的经济因素的灾难性袭击（危机、萧条，等等）。市民社会为国家构筑了坚固的"堑壕体系"，以强大的中间阶层为主体的市民社会大大缓冲了社会的贫富分化和两极对立，社会很难形成一种对抗关系。而且，这个庞大的中间阶层对社会主体的价值观是持认可和承认的态度，他们成为国家坚实的后盾。于是，在国家与市民社会之间有一定的联系，一国一有风吹草动，市民社会的坚固结构立即挺身而出。在这样的发达资本主义国家，其统治也是一种非暴力的人性化统治，统治阶级竭尽全力使自己的意识形态以被统治阶级"赞同"的方式表现出来，这种"赞同"就是统治阶级内在的保护网，能够帮助国家渡过各种各样的灾难性难关，并能帮助国家从灾难性的损伤中很快得到恢复。意大利和西欧无产阶级革命的失误就在于不顾本国国情，盲目地照搬俄国十月革命模式，遭受的命运必然是与十月革命截然相反的。

马克思在《共产党宣言》中描绘了未来资本主义社会消亡的肇因："中间等级的瓦解，中间等级的大多数落入到无产者队伍中来，社会的两极化，这是导致资本主义的重大社会冲突、社会动荡和社会革命的前提条件之一。"而现实是：随着资本主义经济的发展，很多无产者（专业技术人员、管理人员、办事员、销售人员等）成为有产者进入了中间阶层的行列，而未像马克思所预言的是中间阶层进入无产者的行列。于是，资本主义社会由于市民社会的存在而逃离了两极分化的致命境地，反而出现了马克思意料之外的新的生机。

那么，资本主义社会的这些新情况，是否就敲响了无产阶级革命的丧钟？马克思主义的共产主义梦想是否就只能到此画上了不甘心的句号？我们要从哪里去找一个否定的答案？葛兰西在监狱中为我们思考出的答案是"文化领导权"的夺取。面对西方发达资本主义社会的这些新生机，我们需要思考的是这种生机的源头，从而对症下药，转换思路和革命方式，创造一种不同于俄

国十月革命的新的革命方式。

威廉斯称葛兰西是西方马克思主义文化研究的转折点,他对葛兰西文化领导权理论的接受与阐发,集中体现在他 1973 年发表的《马克思主义文化理论中的基础和上层建筑》及 1977 年出版的晚期代表作《马克思主义与文学》中。但事实上,早在《文化与社会》、《漫长的革命》中,他已经提出了一种解释社会变化的文化学方法。"在一个高度发展的社会,一种漫长的革命将会逐渐渗透进民族文化中,直到它获得对一个社会的文化的一种领导权的地位。事实上,领导权的形成是最为漫长的革命,也是一种从来不会结束的革命。或者说,文化融合这一事实,已经被看做是一种社会和文化上的融合过程,在这一层面上,葛兰西的'领导权'概念确实有着指导意义。我知道领导权的事实,我知道一个给定的社会的感觉结构的渗透力量,从我自己的思想和体验以及从其他人的生活体验中可以观察得出来。"①可见,"文化领导权"概念尽管由葛兰西首次提出,但其实质思想在威廉斯这里早已有其雏形。

葛兰西的文化领导权概念中涉及了一种不同社会集团之间互相抵抗并妥协的斗争意涵,但对此斗争形式的解读终究还是有一定的笼统性。而威廉斯则在他的语境中对这一笼统的斗争形式进行了详细而具体的分析,完善了文化领导权的内在理论建构和外在实践价值。文化领导权这一思想中同时融通蕴涵了威廉斯基本的文化整体观中的关键思想和理念,所以成为威廉斯后期思想的集中体现,同时也是其政治理论趋于成熟的一个基本标志。

在威廉斯的视域中,文化领导权就是不同感觉结构之间的相互渗透和濡染。感觉结构是个具有强大包容性同时也相对太多温柔的概念,缺乏对社会权力场域的冲击,从而使其难以避免"空泛、模糊、力不从心"等一系列的问题。而葛兰西的领导权概念在同样的整体论层面弥补了感觉结构的这一致命不足,它在社会整体进程中,引入了社会斗争和权力等关键问题。可以说,领导权是一个介于感觉结构与意识形态之间的或是二者的有机结合的概念,它兼顾了感觉结构的整体性和现时性,填补了其权力场域的缺失;它介入了意识形态领域的权力与斗争,但又超越了其狭隘的阶级特性。

---

① Raymond Williams, *Resources of Hope: Cultural Democracy and Socialism*, London: Verso, 1988, p.75.

　　"文化领导权的实现是一个来自社会各方的力量赢得价值共识的过程"
这一核心理念，也正是威廉斯一直以来追求的共同文化理想的实质——通过
协商达到一种互相的认同，实现一种多元文化共享的社会状态。正如威廉斯
所言："领导权总是一个积极的过程，但这并不是意味着它是主导因素和成分
的单纯的复杂性。相反，它总是一种一些分离的或者甚至是毫不相干的意义、
价值和实践的或多或少充分的组织和相互联系，尤其是融合在一种重要的文
化和一种有效的文化秩序中。这种融合的过程在文化上是十分重要的。"①对
于威廉斯来说，文化领导权的"融合"与共同文化中的"融合"的不同点可能就
在于：前者更为注重的是一种社会权力场域中的妥协（这也正是其后期政治
思想更加明朗和成熟的体现），后者则注重的是不同社会团体之间的认同；前
者倾向于对支配性气氛的强调，而后者较多停留在对差异性的观照。这样的
不同能够清楚体现出威廉斯思想上的前后一贯性以及整个文化观的政治
取向。

　　文化领导权本身就是文化唯物主义核心理念在现实政治运行中的真实写
照和最逼真体现。文化唯物主义和文化领导权都是威廉斯后期思想的结晶，
可以说，对于威廉斯来讲，文化唯物主义是其文化领导权思想的语境，没有文
化领导权，其文化唯物主义就会存在政治层次的缺憾。

　　在威廉斯对领导权的阐释中，不难看出其文化观念的种种迹象："一种活
生生的领导权总是一个过程。除了从分析意义上来说，它不是一种体系或者
结构。它是一种可以认识到的有着特定限制和压力的各种体验、关系和活动
的复杂体。在实践上，领导权从来不是单一的。它的内在结构是高度复杂的。
更为重要的是，它并不是作为一种支配的形式消极地存在着，它持续地被更
新、被重新创造和修改。同时它也持续地被不是它自身的压力抵制、限定和改
变、挑战。我们不得不为'领导权'这一概念加上反领导权和另一种领导权的
概念，因为这是实践中的真实和不断存在的成分。"②政治领导权是一种主导
成分的单向传播，而文化领导权则总是处于一种主导成分与另类、对立成分之
间活跃的互动构型过程中，前者是一种静态的描述，而后者是一种动态的

---

① Raymond Williams, *Marxism and Literature*, p.115.
② Ibid., pp.112—113.

存在。

为探究文化领导权的复杂性,威廉斯提出了文化的三元动态结构——统治的、残存的和突现的文化活动形式。残存文化源于过去,通常扎根于以凡俗和都市为主的环境和宗教及乡村式的活动中,代表着对现行霸权体系的抵抗和挑战;突现文化则不同于以往任何形式的文化,孕育着一种此前难以想象的新的社会秩序的可能性。残存的和突现的形式又都可再分为替代性的和对抗性的两类。替代性文化在现存的霸权范围内寻找共存的空间,而对抗性的文化则试图取代现存的霸权。① 早在 20 世纪 80 年代,威廉斯在他最后的有关文化和政治分析的巨著——《走向 2000》中就对逐步变得跨国化了的霸权支配进行了充分的关注和清晰论述。但他并未在这种资本主义全球化和新一轮冷战恐怖面前过度悲观,而是从这种霸权模式中看到了下层、被统治文化的力量及其带来的希望。威廉斯本人对突现的和对抗性的文化形式更感兴趣,他认为工人阶级和妇女运动有理由被视做凸显文化的历史形式,预示着聚合和解放的可能性,其对抗力量通过汇入统治的霸权结构中而频繁地被中立化,然而同时也赢得了真正的让步。②

在威廉斯的分析中,文化领导权的形成是传统(Traditions)、制度(Institutions)、构型(Formations)三个文化进程的结合。

威廉斯认为:"传统概念在马克思主义文化思想中通常是被忽略的,它通常被看做是一种次要的因素,同时它可能是修改他者和更为决定性的历史进程。这不仅仅是因为它通常被断定为上层建筑,而是因为传统通常被理解为一个社会结构的相对内在的、历史的组织:传统作为幸存下来的过去。"③而在威廉斯看来,传统是继续存在的过去,传统是作为一种最为有力的实践的融合方式,是一种活跃的可塑性力量,在实践中,它是一个社会的文化领导权最为明显的体现。威廉斯强调:"我们不仅仅把它看做是一种传统,而是一种选择性的传统;一种用有意图性的选择观念来塑造过去和一种已经被塑造的现在,

---

① 参见[英]奥利弗·博伊德-巴雷特等编:《媒介研究的进路》,汪凯、刘晓红译,新华出版社 2004 年版,第 460—461 页。

② 参见同上书,第 461 页。

③ Raymond Williams,*Marxism and Literature*,p.115.

而这在社会和文化的定义及认同中强烈地体现着。"①所以，将"传统"看做一种特定的选择、一个对象、一种规划好的现实，而不是一种积极、持续的选择和重新选择的过程，是对传统的一种错误解读。因为在这种静态的对待传统的观点中，意味着在一个特定的文化整体中，一定的意义和实践被选择加以强调，而相应的其他的意义和实践被排除，任何传统在这一意义上都只能是在某个特定阶级利益支配下的社会和文化组织的一个方面，而非总体性的真实反映。在威廉斯看来，一种选择性传统的有效性建立依赖于各种认同性机制。

规范性的制度和机构作为文化领导权的一个重要方面对于社会进程有着重要影响。威廉斯通过对"社会化"进程的分析揭示了制度在文化领导权中所占据的位置。他通过对社会化的剖析，对此进行了很好的说明。他指出，作为一个抽象化的普遍过程，社会化回避或者隐匿了特定的内容和意图，也就是说，任何社会化的进程当然包括这些所有人类都应该学的事物，但是任何一个特定的进程把必须学习的东西和一种意义、价值和实践的选择性范围联系在一起，在它们和必须学习东西的紧密联系上构成了领导权的真正基础。教育、现代传媒都属于这种制度的范畴。教育传播经过特定选择的知识和大众媒介则以一种明晰的形象在更大的范围内推广被选择的信息和意见、观点和态度。但是，现在仍然不能假设所有这些制度的总和是一种有机的领导权。与此相反，这不是社会化，而是一种特定和复杂的形成领导权的过程。它在实践上充满了矛盾和没有解决的冲突。这也就是为什么不能还原为一种意识形态国家机器的原因。也就是说，一种真正有效的文化总是超过了它的制度的总和，而其中的冲突和混乱得到了一种真正的协商。

构型是指在一个社会的智力和艺术生活中的一些有意识的运动和倾向，是一些文化运动的形式和过程，常出现在文学、艺术、哲学或科学等方面。威廉斯在《先锋派的政治》一文中指出，要理解先锋派政治的复杂性，必须"去注意各种艺术运动和文化构成的汹涌湍急的连续性，它们构成了如此之多的欧洲国家的现代主义，然后是先锋派的真实历史"②。构型和正式制度之间的关

---

① Raymond Williams, *Marxism and Literature*, p.115.

② ［英］雷蒙德·威廉斯：《现代主义的政治——反对新国教派》，阎嘉译，商务印书馆2004年版，第73页。

系是间接、可变的，而且其所持价值往往与现代制度所持价值相对立。而构型和文化领导权的变动却有着直接关系，而且其对文化领导权的影响较之正式制度越来越凸显出重要性。威廉斯认为，现代主义构型在某种程度上是指围绕着特定的现代性观点所构成的一种复杂的文化面貌，它成为社会变化的前导、先驱和证明："从1840年以来，由果戈理、福楼拜或狄更斯所发现和提炼的社会现实主义，表现出非凡的创新，视觉的隐喻控制和系统，形成一整套词汇及其修辞手段的结构，用以把握工业城市前所未有的各种社会形式。19世纪60年代的印象主义者们也界定了一种新眼界和一种技术，以配合他们对现代巴黎生活的描绘，而19世纪80年代的象征主义是人们被1910年以来的意象派、超现实主义者、未来主义者、形式主义者和其他人淘汰了。"[①]这一特定的语境中，艺术家或者批评家介入了现代文化领导权的政治斗争之中，挑战资产阶级的文化领导权。"那些骚动年代中……那时政治与艺术之间的关系不再是一件宣言的事情，而是一种艰难的、经常很危险的实践活动。"[②]因此，在对一个社会的文化结构的分析中，我们尤其不能忽略一些重要的社会或者文学艺术运动。当然，我们同时也应把对他们的分析置于整个的社会发展语境中。

　　如果说马克思的文化领导权思想最终由于其阶级斗争理论而趋于无形，葛兰西的文化领导权对市民社会赋予充分的关注以及对于协商融合致以高度的认同，那么，威廉斯对于文化领导权的研究则具有双向的特点：他既将文化领导权引入更为深层的现实文化运作层面，又将自身的文化研究通过文化领导权引向一种政治场域。

第三节　技术解释学的政治意识

一、现代主义的文化场域

　　"如果说文化研究的中心是大众文化，那么大众文化的研究中心就是传媒，其中首当其冲的，便是电视。"[③]英国文化研究学者约翰·斯多雷认为霍尔

---

　　① 乔瑞金：《现代性政治意识终结的两则证明及其意义》，载赵剑英、陈晏清主编：《马克思主义政治哲学：阐释与创新》，第283页。

　　② ［英］雷蒙德·威廉斯：《现代主义的政治——反对新国教派》，阎嘉译，第87页。

　　③ 陆扬、王毅：《大众文化与传媒》，上海三联书店2000年版，第67页。

的《电视话语的制码解码》是一个里程碑,标志着西方文化研究的新起点:"如果我们要寻找从利维斯左派、'悲观的'马克思主义、美国传媒模式及文化主义与结构主义脱颖而出的奠基时刻,那恐怕就是霍尔《电视话语的制码解码》的发表。"①但其实这个新起点远远可以向前延伸至威廉斯的《电视:技术与文化形式》的出版,无论从时间上还是学理上,威廉斯对于电视的研究都要超前于霍尔。威廉斯是于1972年在美国做访问教授时对电视问题进行思考并着手写作该书的,并于1974年出版。而霍尔的《电视话语的制码解码》写于1973年,首次只是以伯明翰当代文化研究中心的一篇油印文章的形式出现,正式发表是在1980年出版的《文化、传媒、语言》一书中,至此才被人们广为关注。而且,威廉斯早在20世纪50年代就已经开始的电视实践经验及其一系列的相关文章,也为其在这方面的研究奠定了一个领先的地位。从学理上,威廉斯在其著述中分析了电视的意识形态化以及与政治的结合态势,并以"文化唯物主义"为中介,更明确地提出,现代电视制度本身就是"一种新的政治形式",这就成为整个文化研究学派包括霍尔研究电视的基调。

作为英国伯明翰学派与"新左派"领军人物之一的雷蒙德·威廉斯,其生活的时代及其学术思想成熟的时期正好是现代传媒发展乃至兴盛的时期,这就决定了其技术哲学思想主要表现在对现代传媒的研究,而且主要集中体现在对电视这一现代传媒重要代表的研究。威廉斯在对电视进行研究的过程中,实现了一系列传媒技术研究范式上的转换,形成了自己独特的技术研究范式。他开创了"媒介即文化"的现代传播研究的本体论范式②,同时,将"文化唯物主义"作为现代传播技术研究的一种"方法指南"或"研究范式"③。文化唯物主义作为技术研究的范式,强调一种"意向介入"式的技术分析模式与技术、文化、社会制度的互动论。

威廉斯对传媒技术的研究主要聚焦于电视,他将电视纳入其研究的范围具有必然性。首先,这与他对文化的"整体生活方式"的定位和理解有着最为直接的关系。他不是将电视作为抽离于生活的一种异己力量来对待,而是将

---

① John Storey, *Culture Studies & The Study of Popular Culture*, Edinburgh:Edinburgh University Press,1996,p.9.

② 参见杜方伟:《论伯明翰学派的媒介文化理论》,河南大学硕士学位论文,2007年。

③ 参见张亮:《雷蒙·威廉斯"文化唯物主义"视域中的电视》,《文艺研究》2008年第4期。

其作为生活的一部分。其次,在 20 世纪 60 年代,电视对大众文化起着举足轻重的作用,电视已作为大众生活的一部分融入到大众文化中。基于这两方面的原因,作为逆当时精英主义文化主流并倡导处于弱势的大众文化的先锋,电视研究成为威廉斯必然的选择。最重要的是,威廉斯文化唯物主义方法论支撑下的传媒技术的本体论研究范式正是在电视研究中得到了充分体现。

二、"意向介入式"的研究路径

威廉斯将"意向"这一关键词引入了传播技术研究的领域。他指出,无论是技术决定论还是认为技术完全是被外力所决定的观点,都是片面之词,二者都将技术作为被抽离出来的、游离于社会的东西加以研究,这样的技术只能是一个学术概念,而非活生生的现实社会的技术。为此,他提出了研究传播技术的一种"意向介入式"的认识路径。

威廉斯认为,电视的出现不仅仅是科技发展的产物,也不完全出于统治者维护既定社会秩序的需要,更多的是因为"个人的意向(intentions)"。在电视的其他元件尚未成熟或尚未被发明的情况下,"电视的意向"首先就表现为零散的"个人意向",成为先在的整合与驱动力量,促使电视技术在一种残缺或不完备的技术环境下逐步走向成形。"个人意向,汇整以后,形成了社会的要求,预期了某种科技的出现。在这一过程里,意向与需求固然会因为优势团体(如资本家)的塑造而变形,但也要在最小可以接受的范围内,得到其他人(如一般劳动者)的首肯。"①

电视之所以能够在 20 世纪 20 年代发明出来,进而普及并占领日常生活的中心地位,除了"个人意向",还涉及军事、政府行政和商业上的特定意向。第一次世界大战促进了电信技术的发展,为了消化由此带来的成本,资本大力推动技术创新,不断创造出新的产品和新的需求。这每一个意向又和科学上的意向发生互动关系。从电视的发明过渡到科技成品这个阶段,商业上的意向成为全面掌握电视发展动态的力量,虽然政治和军事上的利益依然牵涉在内,但成分已经降低。这样一来,商业上的意向披上了一层社会和政治上的意

① [英]雷蒙德·威廉斯:《电视:技术与文化形式》,冯建三译,台北远流有限公司 1992 年版,第 15 页。

向,在此期间,政治力与社会力,与驱动电视问世的商业意向有共鸣之处,也有相互冲突之处。随着资本主义生产的发展,人们的私藏性消费能力不断上升,资本也由此在第二次世界大战结束后增加技术投资、降低生产成本,最终成功地扩大了自己的再生产规模,使电视进入千家万户。事实上,一旦原来的意向实现了,不同面向的问题就会随之出现。

尽管"电视的意向"的产生离不开一定的技术准备做保障,但它却是电视得以最终形成的原动力。而且,"电视的意向"又源自于个人乃至世界的需要,从这一层面来讲,并非电视技术全面的影响或改变了整个世界,而应该是双方处在一种密切互动的相互交融、相互作用、相互促生的过程中。如威廉斯所言:"人类生活过程中,影响力的来往,不是单方向的。真正的决定论涉及了整个实质的社会过程。"①他将技术决定论与技术完全被外力决定的观点都置于被否定的境地,也不是单纯地站在精英或大众某一方的立场对科技作出分析,而是通过"意向"将对立的双方在技术的阵营中作了一个有机的联结。

美国政治学家拉斯威尔(H.Lasswell)于1948年发表的《传播的社会结构和功能》一文被认为是传播学诞生的标志。文中的"拉斯威尔公式"成为现代传播研究的基本范式:谁;说了什么;通过什么渠道;向谁说;有什么效果。威廉斯指出,这一"公式"因为"忘了"问"为了什么意向"而暴露出了缺陷,缺乏对这一问题的回答,拉斯威尔公式中的所有研究都会流于泛泛而失去意义。"意向介入式"的研究路径就体现在对"拉斯威尔公式"进行修改后的"威廉斯公式":"谁;说了什么;通过什么渠道;向谁说;有什么效果;为了什么意向。"②

威廉斯将"意向"引入电视研究过程中的同时也就将电视引入了一个历史的语境。正如威廉斯所说,事实上,如果我们忽略了技术研发过程中的各种"意向",那么,我们就不可能真正理解作为技术的电视的历史发生,因为正是从各种"意向"中间形成了直接推动电视技术发明的社会需要、社会目的和社会实践。③

---

① Raymond Williams, *Television: Technology and Cultural Form*, p.129.

② Ibid., p.14.

③ Cf.Ibid.

三、"电视流"的意义与价值

从威廉斯"意向介入式"的研究路径可以看出，其文化唯物主义方法论支撑下的传媒技术的本体论研究范式主要落实在对媒介的过程论的研究中，这一点在"电视流"的研究中体现得更为充分。

"电视流"是威廉斯文化整体观在电视研究中的具体体现，他不满足于研究单独的电视节目或电视节目的"分布"，他指出"分布"是一个静止的研究结构的概念，它远不如"电视流"这一研究动态电视的流变的概念，这一概念更能反映电视的整体形式，揭示电视的真正实质。"电视流"之所以能够做到这一点，是因为它体现的是一个社会整体的"文化设定"，不同的"文化设定"构造出的是不同的电视整体形式，即不同的"电视流"。

"电视流"是电视节目编排的顺序和流程。"广播既是一种科技，也是一种文化形式，它最大的特征，正就是这种事先安排的流程。"①我们一般说"看电视"、"听收音机"，而不会说看或听某个特定的"节目"，这就体现出了我们体验的是整个电视的过程，包括不同节目之间的连接，也就是广播流程，而不是某个毫无关联的单独的节目。正是电视节目流程的组织方式，使得我们一旦打开电视，便会"进入"某种状态，不可自拔地一个接着一个看下去，即使最初我们只是为了要看某个特别的节目。由此看来，流程这个特征实在是占有核心的重要地位，"电视流"是电视的一个最基本特征或魔力所在。

威廉斯就从"电视流"出发，通过研究流程的内部运作组织与逻辑，从一种动态的角度揭示了电视这一技术所传输的文化内容的内在关联及其反映的社会意义。他借用美国实证研究方法，通过详尽列举和描述美国旧金山商业第七台和英国BBC1的某个时间段的新闻节目编排流程，对各段新闻节目之间的关联进行了分析。他发现，尽管这些五花八门的新闻播报出来给人的感觉是它们之间互不关联，记者只是对这些从四面八方涌来的讯息信手拈来，非常忠实地直呈给观众，也就是说，那些新闻流程是外在于新闻室的力量所决定的，但实际上，这些新闻之所以出现，之所以以如此的流程进行，主要却是由新闻单位内部因素加以定夺的。"表面上看来不相连属的节次之间的'顺序'，

---

① Raymond Williams, *Television: Technology and Cultural Form*, p.86.

事实上却是由相当合致的一套文化关系串联而成的。"①单个节目所要言说的东西是非常具体和有限的，而节目编排的流程中体现出的往往才是真正的电视意义与价值所在。威廉斯通过对"电视流"的分析向我们揭示的是这样一种电视背后隐含的社会事实：从文化角度来看，流程是跟着特定的感觉结构而走的。这些流程是"特定文化下，各种意义与价值的流程"②。所以，"电视流"就是我们走进并了解一个社会文化的有效途径之一。

机构设计并操纵着"电视流"，可观众也在用手中的遥控器选择着自己的"电视流"。至此，媒介已经不仅仅作为一种传播机构，而是深度参与社会建构的一种文化机制。

四、文化唯物主义的方法论实践

作为重要的传播手段之一，现代传媒技术不论在何种范式下的研究都绕不开对传媒技术的使用及其效果的研究。威廉斯的电视研究自然也不例外，但不同之处在于，他强调，所谓效果，也只能放在它们与实质意向的关系脉络中才能研究。这就使其对媒介的使用及其效果研究回归到社会与文化的现实本身，即文化唯物主义研究范式之中。

首先，电视文化形式与社会意识形态的作用空间。

大众传播过程，渗透着意识形态，折射着社会关系。大众传媒是重要的意识形态国家机器之一。威廉斯引入阿尔都塞的意识形态理论分析媒介文化，使其文化研究超越了传播文本研究，跨入到了政治实践领域。威廉斯从电视文化的形式切入，最终达到的目标却是特定时期的社会政治生活。

随着电视技术的问世，产生了文化形式的大变革。有的是旧有文化形式在新技术中的新的表现形式，包括新闻、公共辩论与讨论、教育、戏剧、电影、综艺、运动、广告以及娱乐；有的是因新技术而产生的新的文化形式，包括戏剧化纪录片（Drama-documentary）、视觉教育（Education by Seeing）、日常性讨论与谈话节目（Discussion）、剧情片（Features）、电视系列片（Sequences）以及电视本身。无论是新瓶装旧酒，还是新瓶装新酒，这些形式都由于电视的介入而成

---

① Raymond Williams, *Television: Technology and Cultural Form*, p.105.

② Ibid., p.118.

为意识形态作用的空间。限于篇幅,本章只能选取其中的一种——威廉斯对公共论谈节目的分析,来透视其电视研究中文化唯物主义的研究范式。

从形式上看,公共论谈节目中的"公共"性存在着不平衡。电视对于拓展公共论谈的讨论空间有着巨大贡献,但这种贡献更多地表现在量的扩展而非质的提升。无论是英国事先在摄影棚里已经设置好的公共论谈节目,还是美国看起来开放得多但实际上隐然存在着"主从关系"的"记者招待会",这种"公共论谈节目"在形式上的失衡,究其原因,是"特定的社会结构,所产生的正是特色如此的电视形式"①。

从性质上看,公共论谈节目所代表的并非公众意见。无论是英国式还是美国式的公共论谈节目中的"公共",都只是被创造出来的,有所取舍,有一定中心的公共。其代表性、覆盖面是相当有限的,其所促进的民主实质还远远不能够和电视这一形式所能够提供的民主可能性相匹配。为此,威廉斯对公共论谈节目的内在实质进行了详细分析。在讨论过程中,是由参与讨论的电视中间人来代表公众的;政客们在讨论中,为了捍卫自己的立场,会宣称他们比广播者来得更有代表性。于是,电视由于其所具有的"即时传输讯息、周知大众的特点"而"不折不扣地垄断了民众的反应过程";而政客们在民众不得不承认其"代议"身份的当政期间,其代议性也便出现了错置甚至消失了。现有代议结构制度之外的反对力量只能通过请愿或游说、示威等方式,希望吸引电视的注意,以便透过电视表达意见,但终究由于其非主流地位而难以达到所预想的表达民意的效果。由此看来,"公众仍然还是与电视保有大段距离",公众的反应对于这种讨论的实质来讲影响不大,因为电视中的"公众"并不是代表电视外的公众,而只能是那些接近政治决策的核心人士的"消息灵通"的新闻人员。他们所获得的信息,会以电视作为强有力的媒介,通过可以计划的中介过程,进行公共意见的呈现工作——这就是公共论谈所做的工作过程的实质。于是,电视的公共论谈便成为形式上的"公共"而实质上的"代议",而且,这种"代议"所代表的不是公众的意见,而是政府当局的立场。

其次,电视制度与社会控制形式。

威廉斯并不否认:作为一种新的技术发明,电视确实推动了世界的改变,

---

① Raymond Williams, *Television: Technology and Cultural Form*, p.53.

但他指出,作为技术的电视之所以能够发挥这样的作用,"依据的是有关社会中现存的政治安排和经济安排"①。而且,在威廉斯看来,"如果不分析这些制度的形式,我们就无法对现代社会中一般传播的程序进行研究"②。

从技术的"意向"出发,技术的社会建制就成为其必然的研究走向。威廉斯认识到,早期电视制度的基本发展是在公共服务与商营制度二者的对立或竞争下进行的。这两种电视模式后来被洪美恩在她的《拼死寻观众》一书中概括为:大众服务模式和商业模式。前者把观众当成公众和公民,是一种政治模式,关心的是观众需要看什么节目;后者把观众看成市场和消费者,是一种经济模式,关心的是消费者想要看什么节目。然而,这一概括仍不能穷尽威廉斯更具原创性和深刻度的解释:"英国版本的'公共责任',事实上是以新说法来强调宣教牧师与教师的角色,隐藏其后的是整套支配性与规范性的意义与价值。美国版本的'公共自由',等于是把广播委身于商品的买卖,而所谓的自由,一旦变成商品,就跟现存的经济不平等挂钩。"③

在商业电视形式下进行的国际扩展中,美国的"商业"电视不仅追求利润,而且"是直接依赖于资本主义社会规范并由它所塑造的文化形式和政治形式,它不仅兜售消费品,而且兜售包含其中的'生活方式'。这种习性一方面是由国内资本利益和政治权威所引发的,另一方面是由占统治地位的资本主义权力作为一项政治工程在国际扩张中精心组织出来的"④。在对两种电视制度的分析对比中,威廉斯得出的结论是:"就在有关电视之控制问题的议论中,我们看到了资本主义民主的种种矛盾。"⑤利用传播方式建设民主文化是威廉斯在20世纪60年代初期就形成的一个理想。但他又不得不失望地发现,"在研究了不同资本主义国家之广播发展类型以后,我们可以很清楚地看出,科技本身实在称不上有丝毫的决定性力量"⑥。电视这种技术在为社会的民主提供了最大可能的同时,也为社会的统治创造了最便利的条件。人们在

①　[英]雷蒙德·威廉斯:《现代主义的政治——反对新国教派》,阎嘉译,第173页。
②　乔瑞金:《英国新马克思主义对文化概念的哲学分析》,《理论探索》2008年第3期。
③　Raymond Williams, *Television : Technology and Cultural Form*, p.132.
④　Ibid., p.41.
⑤　Raymond Williams, *Communications*, London : Penguin, 1966, p.122.
⑥　Raymond Williams, *Television : Technology and Cultural Form*, p.34.

接受电视作为一种现代的生活方式的同时，也走进了一种新的现代的政治控制的方式之中。它能够改变的，只能是统治者统治的方式和被统治者被统治的方式，而不可能从根本上改变统治者和被统治者的基本格局和构架。

总之，威廉斯的媒介研究范式开启了媒介研究的本体论传统，使得媒介研究真正回归媒介本身、进入媒介内部，并在新的历史时期，给予媒介新的认识视角。通过"意向介入式"的研究路径，对当时盛行的技术决定论和技术完全被外力决定的观点进行了恰到好处的批判；通过"电视流"这一具有原创性和高度解释力的关键词，对作为技术的电视与作为文化形式的电视之间关系的探讨，深度剖析了电视这一传播技术与社会制度、文化之间的一般关系。尽管其具体的分析由于历史的原因，内容稍显陈旧，但其真正的含金量并不在这些分析的内容本身，而是分析的方法及其研究的范式。

尽管后来的左派电视研究在许多具体问题上都大大推进了威廉斯的研究，但它们的研究始终没有超出威廉斯所确立的框架边界。正如伊格尔顿对威廉斯的评价所说的：好像让你感觉到，当你拼力到达某个理论高度时，发现威廉斯早已不声不响地占领了那个位置，而且是沿着自己的思路到了那里。威廉斯传播技术的研究范式就因为具有这样高度的前瞻性而不同凡响，至今令后人受益无穷。

第四节　展现生命本真的共同文化

共同文化作为威廉斯思想体系的关键词之一，成为威廉斯构建理想人类生活方式蓝图的点睛之笔。共同文化以一种全人类的视角，消解了精英和大众的界限。它以"与邻为善"为原则、以"生命平等"为精神内核、以共同文化的扩张为其实现的有效途径，目的在于超越工业社会带来的压制，回归人类生活的自然和自由状态。尽管它难免带有浓厚的乌托邦色彩，却不失为当前多元化、全球化状况下，构建和谐社会、和谐世界可以选择的有建设意义的发展方向。

一、真正社会民主实现的保证

"共同文化"是威廉斯提出的一个重要的文化概念，在这一概念中体现的

不仅只是威廉斯的文化观念，最重要的是通过这一概念体现出了威廉斯整个文化关怀的实质——一种全人类关怀，而远不止以往对威廉斯的评价——一种平民情结、大众情结。威廉斯所说的文化是一种现实的生活方式，而共同文化则是各种不同生活方式共在并存的一种多元化生活方式。通过对共同文化的解析，可以看出威廉斯文化理论中丰富而深刻的民主思想。

共同文化体现的是威廉斯对精英文化与大众文化的双重解码。威廉斯最中意的"作为一种整体的生活方式"的文化观念是从 T.S.艾略特那里挖掘来的，但他对这一文化观念的意义诠释与后者却是截然不同的。这一文化观念，在后者那里指的是"他者"的生活方式，"大众"被看做只是在自身以外的一个整体的存在。作为精英主义者的艾略特是没有勇气将自身当做"他者"看待的。而威廉斯则不同，和本雅明一样，他消除了少数精英和多数群众的界限，消除了我们和他者的界限，体现的不仅仅是一种平民情怀或大众情怀，更是一种观照全人类的情怀，这也正是他"共同文化"的旨趣所在。

其实在威廉斯的文化研究过程中，自始至终都没有离开对于文化和政治、文化和民主的关联性探讨。他提出的"共同文化"的概念就是一个典型的写照。他用平等的眼光看待不同的文化，一方面承认精英文化与大众文化在内容上的差异；另一方面又否认它们在审美价值上的高低，这也正是他的"共同文化"思想成形的原因所在。

共同文化产生的思想基础源自于对精英文化的批判。威廉斯是在 19 世纪 50 年代和 60 年代早期那个特殊的历史时期，作为一个文化研究领域的勇士和先导，首先向拒斥大众的精英文化发起了挑战。"普通文化的概念和共同文化的概念，针对着那时主导的、仅仅在那时主导的文化概念被展开来；我的意思是指文化与高雅文化之间的一种严格对等，普通文化这个词语——共同文化——严格说是针对那种概念的一种主张。它是这样一种论点：文化的创造，比盗用它的社会精英所创造的要广阔得多，文化的传播，比这个概念所设想的要广阔得多，一种扩展中的教育的理想，就是应当开拓在传播和进入方面曾经受到限制的东西。"①也就是说，"普通文化、共同文化"的产生初衷，是针对精英主义文化提出来的一个概念。但这个概念的意义却远不只是狭隘的

---

① ［英］雷蒙德·威廉斯：《现代主义的政治——反对新国教派》，阎嘉译，第 274—275 页。

"精英主义"对立面。威廉斯的这一概念是一种对文化领域的拓展性理解，其本质是对精英主义文化的否定，而不是对精英文化的否定，它所诉求的并非只是普通大众的文化，而是强调一种精英文化与大众文化平等协商、共存共享的多元文化状况。正如他所说："针对一种预定的或精英文化的概念而运用一种扩展中的、由多方一起参与的普通文化的概念。"①尽管这在目前来看也许只是一个美好的愿景，但他这种对于文化的全人类背景的观照却是现实必需的。也正因此，我们可以说威廉斯具有的不仅只是平民情结、大众情结，他有的是一种全人类的情结。

共同文化并非是个乌托邦或者空泛的概念，它的存在有其现实依据。在《文化研究的未来》一文中，威廉斯提到文化研究的核心理论问题是关于"一种规划和一种构成之间的关系"，这里的"规划"指的就是文化的形式，"构成"指的是社会的构成。文化的形式与社会的构成之间是一种互动的动态过程，文化形式的变化取决于它所处的社会构成的变化，而社会结构的变化成为具体文化形式的最有力的解释。"我们必须考察文化研究的规划从中发展出来的那种构成，然后考察构成的种种变化，它们产生了对那种规划的不同解释。我们于是就处在了一种解释现存的和可能的各种构成的地位上，这些构成本身就是解释走向未来的某些规划的一种方式。"②因此，社会构成成为文化形式变迁的一个根本动因。共同文化，只能是特定的社会构成阶段的特殊产物。这种社会构成的最大特点是拥有强大科技能力的现代工业社会，科技的使用大大促进了大众对社会事务的参与度。正是在这种特定的社会构成中，共同文化才能够得到理解和合理的解释。

在传统的封闭社会中，特别是在印刷术问世之前，脑力劳动者和体力劳动者的区别就是社会阶层区分的标志，知识由少数脑力劳动者（精英分子）把持，作为被统治阶级的体力劳动者，由于缺乏掌握知识、了解信息的途径，失去了社会参与的权利。统治阶级也正是在这样的"天时"中，才使其意识形态得到毫无疑问的贯彻，其统治地位得到稳固无忧的保证。到了现代开放性的社会，随着科技水平的发展，为信息的普及提供了越来越丰富的手段和途径，信

① ［英］雷蒙德·威廉斯：《现代主义的政治——反对新国教派》，阎嘉译，第275页。
② 同上书，第215页。

息不再可能被少数贵族或脑力劳动者掌控。从印刷术的发明开始，到书籍、报纸、杂志的出现，从电报、电话到电视、电影乃至今天的网络问世，传播形态超越时空的限制，知识的大众化、平民化在这些技术手段的促使下成为势不可当的潮流，而这直接的社会后果是社会权力的分散，社会的结构也随之发生了基本的变化，而其中最为基本的变化就是社会事务的大众参与，社会格局的多元化、平等化、民主化。也正是在这样的社会构成中，单一的某一种文化形态无法再独霸天下，一种多元共存的共同文化有了滋生的肥沃土壤。而且，在这种由科技推进的民主化的社会构成中，共同文化成为其最有效的"规划"形式和解释形式。

二、"与邻为善"的构建原则

针对这一特定的社会构成状况，威廉斯提出共同文化应以"与邻为善"的原则来代替保守的"团结"原则。威廉斯承认"团结观念是社会潜在的真正基础"，是个人的利益在共同体中得到实现的基础。但是，"团结"原则是在理想社会中的一种理想的型构原则，只有在充分民主的社会中，才有可能以它真实的面貌发挥其应有的作用。而在现代社会，由于存在的两个重要困难，导致团结只能作为一种保守的甚至是消极的力量发挥作用。

首先，日益增加的社会专门化与一个真正的共同文化并存的问题。技术的专门化带来的是个人的独立性的增强，但是，单靠个人的力量是无法有效参与社会文化的，它需要的是人们承认别人的技术，承认自己掌握的技术与别人的区别，同时承认比技术更广大的共同体，这是个人意识深处调解产生的结果。人们正是在面对共同资源，互相接触，来实现自身对社会文化的参与的。就任何个人来说，充分地参与整个文化是不可能的，因为文化是极为复杂的。但从整个文化中选择一部分，进行有效的参与却是现实的，人们也往往都是通过这样的形式来参与社会文化的。但是，这样的选择总是体现出许多的差别和不平衡，这就需要人们之间相互负责、相互调整，才能使得自己的选择、现实的不平衡与一个有效的文化共同体和谐共存。

其次，怎样才能做到多样性而又不造成分离的问题。正因为个体选择的多样性和不平衡性，决定了在共同的忠诚中，不仅必须容纳变化，甚至必须容纳异议。如果一味强调感觉上的僵化的团结，就会因为要强制达到共同理解

而阻碍或延误采取正确的行动，同时也会窒息或削弱个体意识的发展。这是一种在多样性中共存而不至于导致分离的有效解决办法。

由此看来，这种"与邻为善"的原则是当前现实社会存在和发展的需要，也是共同文化得以实现的现实保障。它是一种开放的、参与的，同时也是政治上更为广义的民主的文化原则。这种"与邻为善"的原则，其精神实质在于精英文化与大众文化的共存，"一个好的共同体，一个有生命力的文化，不仅会容纳而且会积极鼓励所有的、任何能够对人们共同需要的意识的进步作出贡献的人"。所以，他主张"在工人阶级运动中，虽然那紧握着的拳头是个必要的象征，然而拳头绝不应该握得太紧，以致手摊不开，手指伸展不了，不能发现并塑造一个新出现的，正在形成的现实"①。这样的思想，体现了威廉斯思想的广博性与包容性，但同时也招致了伊格尔顿对他的原则性的质疑。

威廉斯对利维斯主义所宣扬的有机社会时期的共同文化进行了批判，他指出，团结的感觉，在我们这个复杂多样的社会中，必须不断地被重新界定。"而且会有许多人试图援引旧时的感觉来为某种新型的局部利益服务"②。所以，精英主义所谓的有机社会、共同文化，其实是一种在精英文化文饰之下的团结，是精英主义者便于统治的工具，而非真正民主社会的实现。

威廉斯用"与邻为善"取代了"团结"的神话，把握住了当代社会共同文化的内在实质。表面看起来，共同文化强调的是一种"共同"的概念，但这个"共同"绝非"同一"的意思，而是一种兼容了诸多"不同"的共同，他强调的是一种异质的和谐共存状态，而非一种同质的同一状态。因此，共同文化是一个具有极强包容性的概念，在当前这样一个个性化、多元性极强的时代里，更显出了其可贵的现实性。

"与邻为善"作为共同文化的原则，可以说是通往共同文化的方法和途径。但要想顺利通过这条道路，必须从根本上认识共同文化的深层内涵：自然成长的观念与扶持自然成长的观念的结合。

---

① ［英］雷蒙德·威廉斯：《文化与社会》，吴松江、张文定译，第412页。
② 同上。

三、现代民主的最大障碍

"文化观念有一个比喻:扶持自然的成长。"①人类也确实在殚精竭虑地实现着文化的这一观念。但这种支配模式的精神却是我们认识人类成长、理解共同文化的最大障碍。

威廉斯认为,改变我们这个世界的力量就是两样东西:工业与民主。但对于这两样东西带来的改变,要从意义层面进行理解。

对于工业给人类带来的改变来讲,那是人类支配的气氛造就的。"可以把支配的气氛看成是工业的主要原因之一,即人类主宰与控制其自然环境的理论和实践"②,人类就在这样的支配中,不断地实现着对自然的征服,以此来使自己利益的需求得到满足。而这样的征服和满足,被事实证明是暂时的、局部的,因此带来的后果并非人类的成长,而是人类由于对自身生存条件的破坏而导致的自身生存的危机。

更为严重的是,人类将这种"支配的气氛"扩展到了人类自身,人群也被孤立地利用剥削。就像不注重整体环境,孤立地利用自然的任何一部分,结果只能带来短暂的利益、长远的浪费一样,孤立地利用剥削人群,无论暂时获得什么样的成功,最终的结果将会在精神上丧失物质的收获所提供的全部机会。工业进程为我们带来了相对丰裕的物质条件,为我们社会的民主进程减轻了物质障碍,我们正可以利用这一机会实现民主的时候,却用了物质生产同样的支配性思维方式去推进社会的民主化进程,导致在这一民主的历史契机中又出现了一个精神障碍,所以出现了威廉斯所说的"精神上丧失物质的收获所提供的全部机会"③。

于是,威廉斯得出结论:在整个20世纪人类的这些行为中,几乎扼杀了我们整个共同生活。人类对自然或是人群的控制越是表面稳固,内在隐藏的危机也就越深重,而人类解决危机的办法依然是试图控制局面。无论是自然还是人类自身,要想继续生存下去,重点是人类必须放弃这种支配模式,"为民主而奋斗是这种重新评价的模式"④。

---

① ［英］雷蒙德·威廉斯:《文化与社会》,吴松江、张文定译,第413页。
② 同上书,第415页。
③ 同上。
④ 同上。

但是，人类的很多民主做法，都是固有的支配模式在精神上的重现。我们总是要把自己的旧意向投射到未来，逼使自己和其他人都去充实那些意向的未来。无论是保守主义者企图延长各种旧形式的做法，还是社会主义者企图规定新的人类的样子的做法，都是这种支配性思维模式在精神上的具体表现。而这也正是通向民主路上最大的障碍，正如威廉斯所说的："我们试图掌握其他人，用我们自己的结构去决定他们的走向，并认为这样做是一种美德。"要摧毁这种障碍，"文化观念是必要的，正如扶持自然的成长的观念也是必要的"①。这种扶持绝不是支配，而是自然的成长与扶持自然成长相结合的一种共同文化观念的倡导。

共同文化的观念以一种特殊的社会关系形式，使自然成长的观念与扶持自然成长的观念结合在一起。如果只取前一种观念，是浪漫个人主义的典型；如果只取后一种观念，是集权主义训练的典型。但是，在两者结合的整体观点中，则每一种观念都标志着一种必要的强调。为民主而奋斗就是要使人们承认生命的平等，否则民主就毫无价值。然而，只有承认人的个性以及变化，才能组成真正的共同政府。正如威廉斯对这一共同文化的基本精神内涵的表述："我们必须依靠我们自己的寄托而生活，但是，只有承认其他人也有他们自己的寄托，并且共同努力保持成长渠道畅通无阻，我们才能共同过着充分的生活。"②因此，必须清楚"我们强调自然成长，是要指出整体的潜力，而不是为了指出支配模式能方便的征用的某些被选择出来的力量。但是我们同时也强调社会现实，也就是对自然成长的扶持"③。任何文化在整体过程中都是一种选择、一种强调、一种特殊的扶持。一个共同文化的特征在于这种选择是自由的、共同的，或者是自由的、共同的重新选择。扶持则是一种共同决定为基础的共同过程，而且共同决定的本身包含着生活与成长的各种实际变化。"自然成长以及对自然成长的扶持是一个相互协调的过程的一部分，保持这种过程的基本原则是生命平等的原则"④。

---

① ［英］雷蒙德·威廉斯：《文化与社会》，吴松江、张文定译，第415页。
② 同上。
③ 同上。
④ 同上书，第416页。

四、共同文化的精神内核

生命平等是共同文化与民主高度一致遵从的原则和奋斗的目标,二者的关系也因此而难分伯仲,共同文化是民主实现的观念保障,民主是共同文化理念的核心。在共同文化中体现的是一种更广义上理解的民主——一种生命的平等,而不是狭义上的阶级或政党的平等。正如他所说的:"我们需要一个共同的文化,这不是为了一种抽象的东西,而是因为没有共同的文化,我们将不能生存下去。"①也就是说,通过共同文化的理想将有助于排除社会的区分和不平等,创造一种使所有社会成员可以进行有效交流的共同体。没有一种共同文化和真实的共同体验,我们的社会将不复存在。正如伊格尔顿所认为的,威廉斯的共同文化观念和他的政治理想是一致的:"创造一个社会,其价值既是共同创造的,又是被人们所共同批评的。在此社会里,有关阶级的讨论可以用共同的平等成员关系来代替,这就是共同文化的观念,在发达社会里,它正日益成为小规模的革命。"②

在威廉斯看来,共同文化是不可以被继承的,因为它总是在被人们不断地制造着,而且不能以任何终结的意义完成。可见,共同文化是一个开放的、动态的文化概念,是一种自由的、参与的和共同的对意义和价值体系的创造性过程,是所有成员在集体性的社会实践中持续创造和重新定义的过程。

实际上,威廉斯的共同文化的观念和一种激进的社会主义规划是不可分的,它要求的是一种共同的责任伦理,人们在社会生活的所有层面的充分的民主参与。③ 伊格尔顿对此深表赞同:"因为事实是如果每个人都能够通过社会主义民主的机构充分参与这一文化的建造,那么结果很可能是远比用一种共享的'世界观'联系在一起的文化更多异质性的文化,这也就是威廉斯所写的'在任何水平上,一个共同的文化不是我们过去梦想中简单的一切的一切的社会。它将是一种非常复杂的组织,需要不断地调整和重新描绘……我们必须确保生活的手段,以及公众的手段'。"④而且,伊格尔顿认为威廉斯的共同

---

① ［英］雷蒙德·威廉斯:《文化与社会》,吴松江、张文定译,第395页。

② Lisley Johnson, *The Cultural Critics: From Matthew Arnold to Raymond Williams*, London: Routledge & Kegan Paul, 1979, p.72.

③ 参见吴冶平:《雷蒙德·威廉斯的文化理论研究》,第89页。

④ ［英］特里·伊格尔顿:《后现代主义的幻象》,华明译,商务印书馆2000年版,第98页。

文化概念对于当前关于多元主义和共产主义、提倡作为一种混杂性和文化作为一种身份或认同的讨论以新的契机："艾略特，可以说，是一种准共产主义的，提倡一种信仰及共享的文化谱系的共同体。这种情况在今天的表现则包括了一种经典的自由主义和后现代的多元主义，而威廉斯的共同文化理论，显然和这是不一致的。它不是后现代主义者所认为的是一种有机论者的怀旧，因为它包含了政治性的转型。更主要的是因为它的含义是革命性的，而且不是把文化看做是一种整合的整体而是作为一种有着特定化的各种发展的复杂体系。"①

五、共同文化的实现途径

如何才能走向共同文化呢？威廉斯给出的策略是文化扩张（cultural expansion），就是消解文化的高低之分，把以前与少数精英相联系的文化作为共同文化的一部分延及大多数人，让多数人能够享受文化带来的益处，即精英文化大众化。

文化扩张的具体手段包括：教育、阅读公众、大众出版等。现代技术是文化扩张最强有力的动力源泉。阅读公众（reading public）的扩张起因于公元8世纪印刷技术的发展。在各种书籍以手抄本的形式出现并存在的时代，由于数量有限，书籍大多掌握在教士、学者、医生、律师和学生等少数人的手中，这些人因而成为知识的拥有者和传播者，广大的普通百姓由于很难接触到这些有限的资源，加剧了他们的文盲程度和被控制状态。印刷技术的发展，从物质上、技术上保证了出版物的增多，各种出版物因此得以走出庙宇和大学，走进商店和铁路，走进千家万户，普通人因而容易接触到各类读物，这在客观上促进了"阅读公众"的形成和壮大。同时，技术的发展及印刷业竞争的加剧，迫使出版者降低各类读物的价格，与之相伴的是人们手中可支配资金的增多，这时的各类读物不再是奢侈品，而是普通人能力范围内的"商品"，后来更是演变为人们生活的必需品。通俗报刊的增长，又与阅读公众在十七八世纪的形成紧密相连。教育作为文化扩张的根本手段之一，不仅是威廉斯从理论上强调的文化扩张手段，而且是他身体力行投身其中的文化扩张事业，他所说的教

---

① 　Terry Eagleton, *The Idea of Culture*, Oxford：Blackwell Publishers Ltd., 2000.

育不只是指正规大学的教育,而更重要的是指他一直以来为之奋斗的成人教育和开放式教育。他认为这才能真正有效地做到文化的推广和普及,从而在一个广阔视域内架起一座大众文化与精英文化之间的桥梁,最终为共同文化的实现构筑坚实的后盾。

要之,共同文化以一种全人类的视角,消解了精英文化和大众文化的界限,以"与邻为善"为原则,以"生命平等"为精神内核,以"自然成长和扶持自然成长"相结合的文化观念为宗旨,通过对工业和民主这两大现代社会主题的分析和批判,从真正意义上实现自由与平等这两大民主的实质内涵。文化扩张作为共同文化实现的有效途径是以现代技术作为动力源泉的。尽管他的这些构想中不乏乌托邦的色彩,但却是现实中消弭技术化现代社会民主中的集权,实现技术社会真正意义上的民主所必需的一种思路,同时也是在一个多元化的世界中实现和谐统一所必需的、具有针对性和可行性的一种视角。

尽管威廉斯的思想博大精深,涉及领域广泛、思想维度多元,真正地践行了整体论的内在精神,但他从未想要建构一个属于自己的理论体系的王国,其实这也是符合他的整体论思想的内在精神的一种做法。因为定义本身就是一种否定,一种对定义以外的丰富资源的否定,学术思想方面的很多东西,一旦将其构建成一个理论王国时就意味着将其界定了一个界限范围或体系维度,极大地限制了其思想的延展性。正如和威廉斯同时代和之后的汤普森和安德森之间的论战,二者在"事实"与"理论"、"从下往上看"与"从上往下看"、"主体"与"结构"等问题之间展开的历史主义和结构主义的论争,尽管各自对彼此领域存在一定限度的认可,但终究,自身所坚持的那个维度成为其理论特色的同时也成为其思想的最大局限。所以,唯一明智且正确的做法是"保持开放的心态,尽量从多个角度、运用多种方法来对事物进行分析和研究,以求不断逼近真理。每一个学科体系都应该是开放的不断发展的体系,其研究方法也应该有更多的包容性……而且,只有从多个视角研究问题,才能避免盲人摸象、各执一端的尴尬与错误"[1]。威廉斯在《新左派评论》易主时期,是继续支

---

[1] 乔瑞金:《马克思思想研究的新话语——技术与文化批判的英国新马克思主义》,书海出版社 2005 年版,第 6 页。

持汤普森还是转而支持安德森的问题上,最终选择了后者,这一选择并非对某个人的支持,而是体现出威廉斯思想的开放性、包容性和前瞻性,也成为威廉斯思想趋于成熟的一个重大契机——正是结构主义对西方马克思主义理论的大量引介,使得威廉斯真正了解了一种全新的马克思主义理论,并建构了他后期成熟的文化唯物主义及文化领导权思想。

威廉斯思想的包容不仅体现在学理上的跨越,更体现在对全球化世界发展状况的解读方面。威廉斯的 X 方案就是反对民族主义的狭隘视界,主张放眼世界,从世界各民族的文化中采集精华,最终造福世界人民。这种全球视域体现的正是一种极富包容性的现实关怀,正如安德森所言:"没有哪一种民族文化的内部拥有所有必需的资源——它们都潜在地源于世界各地的文化。恰当有效的办法是对全部地区性文化遗产资源的主动意识,这些资源在支撑相邻和有关文化(对全球资本主义)的斗争中起着作用。"①可以说,威廉斯的研究道路经历了从文学研究、大众文化研究到大众传媒研究的转变,他个人的学术轨迹昭示了文化研究的发展脉络。

威廉斯没有建构一个严谨的理论体系王国,并不意味着其思想是不成体系的,从他对众多对象范围的研究中可以看出,其思想总体上是一个统一的系统:(1)威廉斯多数著作的主题内容是具体的文本细读式的批评,但在多数著作的前言或导言与结论中,则往往是理论性的。这些非主体内容往往是一部著作展开的理论基础或理论升华,也正是他思想系统的主要线索所在。(2)威廉斯著作的主要视角是英国这一文化场域,充分体现出其创作的本土化特色,这也是其在英国影响巨大的原因之一。同时,这也是其从方法论的角度对世界同类研究所带来的重大启示和影响所在。(3)多元对话是威廉斯思想的形成语境。威廉斯的思想是自身生活阅历与现实的共鸣,是各种复杂理论资源的合奏。"其思想的理论资源从大的背景上看,是英国本土经验主义传统与欧陆以马克思主义为核心的理性主义传统面对英国当时现实语境的对话、整合和融会。"(4)以"文化革命"为核心的长期革命理念是威廉斯思想的主旋律。威廉斯思想始终致力于通过长期的文化整合来实现"文化共同体"的理想诉求,其思想和研究本身就是资本主义语境下进行文化革命的一种基本策

---

① 　[英]佩里·安德森:《文明及其内涵》,《读书》1997 年第 11 期。

略。威廉斯的思想虽然从理论重心上看,经历了所谓"左派利维斯"到"文化唯物论"的发展和变化,但其根本的主线是利维斯传统与马克思主义传统的整合,而整合的立足点和根本主题是从当时英国现实提炼出来的以"文化革命"为核心的长期革命的理念。① 威廉斯的理论重点在于一种现实关注,对英国长期革命的关注,特别是对现代社会状况进行了人类学与历史主义的分析,使其思想具有强大的现实感和历史感。(5)威廉斯早期思想更多地集中于文学作品的细读式批评,但其真正的目的自始至终都在于在文学批评中勾勒文化变迁和时代变迁。有学者对威廉斯这样评价道:"威廉斯的研究直接涉及的范围是'历史',而其立足点则是'当下',其指向则是'未来'。"②这样的评价不无道理。

---

① 参见刘进:《文学与"文化革命":雷蒙德·威廉斯的文学批评研究》,第15—16页。
② 同上书,第33—35页。

第四章　霍加特:源自社会生活本真的
　　　　　文化实践思想

　　理查德・霍加特(Richard Hoggart)是
英国文化研究的开创者、伯明翰学派的创
建者和英国文化唯物主义的奠基者。他
作为英国新马克思主义学术团体里程碑
式的人物,开启了20世纪以来"文化转
向"思潮当中堪称与法兰克福学派比肩的
英国文化研究的先河。他与雷蒙德・威
廉斯(Raymond Williams)、E.P.汤普森(E.

理查德・霍加特(**Richard Hoggart**,
1918—2014)

P.Thompson)被誉为"英国文化研究的三驾马车"①。霍加特研究视域广泛,涵
盖了文学、社会学、历史学、文化研究、媒体研究,其思想触发了关于"奖学金
男孩、工人阶级文化、文学和价值、'愤怒年轻人'综合征、皮尔金顿报告、商业
广告批评、民主教育、披头士、自传、苏格兰民歌复兴、'巴洛克'"②等现代社
会的热议问题。霍加特一生著作丰硕,其中1957年出版的《识字的用途:工人
阶级生活面貌》(*The Uses of Literacy:Aspects of Working-class Life*)具有巨大的
学术影响力,成为日后文化研究的奠基之作,也是其一生具有标志性的代表著
作。霍加特以带有个人语体特色的表达方式、自传体的文体风格、民族志的研
究方法、跨学科的研究视角,展开从精英文化到工人阶级文化、从文学文本到
生活文本、从功能性文化到文化民主的"混合体"文化研究。他的思想冲破了

---

　　①　Richard Hoggart, *The Uses of Literacy:Aspects of Working-class Life*, London:Chatto &
Windus,1967,p.xvi.

　　②　Stuart Hall,"Preface", in *Richard Hoggart:Culture and Critique*, Michael Bailey and Mary
Eagleton(ed.),Nottingham:Critical,Cultural and Communications Press,2011,p.1.

根深蒂固的旧文化秩序,赋予"文化"更为丰厚的思想意义和价值,对于学界
理解文化的本质及其内涵"具有强大的启示性作用"①。

　　"没有霍加特就没有文化研究中心","《识字的用途:工人阶级生活面貌》承
载着一个关键'时刻'——对早期文化研究给予养分和方法论贡献,引发了我们
称之为'文化转向'的广泛讨论,并起到了奠基性的作用"。② 这是文化研究核
心人物——斯图亚特·霍尔(Stuart Hall)对霍加特贡献的评述。戴维·钱尼
(David Chaney)曾指出,传统上把20世纪50年代后期英国的两部代表作,即霍
加特的《识字的用途:工人阶级生活面貌》和雷蒙德·威廉斯的《文化与社会》的
出版,看作新文化话语革新的标志。学界普遍将霍加特、威廉斯和E.P.汤普森
的代表著作,以及1964年伯明翰"当代文化研究中心"的成立作为英国文化研究
的源头。霍加特作为《识字的用途:工人阶级生活面貌》的作者和当代文化研究中
心的创办者无疑具有不世之功。理查德·李(Richard E.Lee)给予霍加特这样的评
价:"我们很难具体讲清楚霍加特和他的《识字的用途:工人阶级生活面貌》对20
世纪50年代整个学术界的影响。但是有一点是清楚的,这本书以及由此引发的知
识运动,对许多学者理解人类社会关系产生了深远影响。此外,这场运动的进一步
发展,即文化研究的开启,对现代性社会的界定和权威知识理论系统的构建,提出
了巨大挑战。"③霍加特所开创的跨学科研究方法,引发了学界对传统学科体系
和认知结构的认识和变革,为理解人类社会关系提供了新的思考方式。英国小
说家戴维·洛奇(David Lodge)在回顾霍加特的影响时写道:"那时在'奖学金男
孩'脑子里,只有严肃作品才值得一读,如果有人要阅读流行文化作品只能是一
种隐秘的罪过。"④但是霍加特所倡导的文化研究使很多人改变了对文化狭隘
的认知,激发了"愤怒的青年"对"文学领域中自命不凡、随心所欲的现象"⑤

---

　　① Stuart Hall, "Preface", in *Richard Hoggart: Culture and Critique*, Michael Bailey and Mary Eagleton (ed.), Nottingham: Critical, Cultural and Communications Press, 2011, p.2.

　　② Stuart Hall, "Richard Hoggart, The Uses of Literacy and The Cultural Turn", in *Richard Hoggart and Cultural Studies*, Sue Owen(ed.), New York: Palgrave Macmillan, 2008, p.20.

　　③ Ricahrd E.Lee, "Richard Hoggart and Epistemological Impact of Cultural Studies", *Richard Hoggart and Cultural Studies*, Sue Owen(ed.), New York: Palgrave Macmillan, 2008, p.88.

　　④ David Lodge, "Richard Hoggart: A Personal Appreciation", *International Journal of Cultural Studies*, Vol.10, 2007, p.32.

　　⑤ Ibid., p.33.

的不满,他们愿意以更宽广的视野对待文化、接受文化和创作文化,"对于身处 20 世纪 50 年代许多作家而言,霍加特就像一位父亲般的人物"①。

霍加特不仅是一位独具慧眼的文化思想大师,而且是一位不可多得的文化实践者。他作为一名大学专职教师和成人大学的兼职教师,深感理论象牙塔的局限,积极投身现代性现实社会和工人阶级具体的文化生活,是一位具有实践品格的"社会主义知识分子"②。乔恩·尼克松(Jon Nixon)认为,"霍加特是麦金泰尔所称'人生统一性'最具典型的例子"③。身兼评论家和实践家的霍加特,立足于马克思主义的基本立场,开拓了文化唯物主义的基本观点,以基于现实的人的社会生活探究文化理论。同样,他对文化民主化的推行不是简单地恪守诺言,而是对不同阶级文化进行深入的持续分析,长期投入广泛的社会实践之中而成,这体现了霍加特知行合一的学术特质。

霍加特 1918 年出生在英国利兹波多纽顿一个贫苦的工人阶级家庭。1936 年作为"奖学金男孩"在英国利兹大学英语系求学。1946—1959 年在赫尔大学从事成人教育工作。1957 年《识字的用途:工人阶级生活面貌》的问世奠定了他在英国新马克思主义发展史上的重要学术地位。1963 年,霍加特成立了当代文化研究中心(Contemporary Cultural Studies),吸引了如斯图亚特·霍尔(Stuart Hall)、菲尔·科恩(Phil Cohen)、安吉拉·麦克卢比(Angela Mac-rupee)、戴维·莫利(David Morley)等具有世界影响力的文学批评家、哲学家和思想家的加入。1970 年,霍加特辞去了中心的工作,接受了联合国的邀请,开启了他更为广泛的社会实践阶段:1971—1975 年在法国巴黎任联合国教科文组织助理总干事;1971 年在 BBC 广播四台"瑞斯讲座"发表演讲,并以此出版《唯一的联系:文化与交流》一书;1975 年从联合国教科文组织离任后任苏塞克斯大学发展研究中心访问研究员;1976 年任伦敦大学金史密斯学院学监。霍加特积极投身于社会改革,广泛参加公共团体和艺术委员会,一度成为

---

①　David Lodge,"Richard Hoggart:A Personal Appreciation",*International Journal of Cultural Studies*,Vol.10,2007,p.33.

②　[英]丹尼斯·德沃金:《文化马克思主义在战后英国——历史学、新左派和文化研究的起源》,李凤丹译,人民出版社 2008 年版,第 115 页。

③　Jon Nixon,"The Legacy of Richard Hoggart:Education as Democratic Practice",*Re-reading Richard Hoggart:Life,Literature,Language,Education*,Sue Owen (ed.),Cambridge:Cambridge Scholars Publishing,2008,p.72.

英国社会主要公共机构和委员会的重要成员。

霍加特文化实践思想的形成，首先源自于他对"文化"概念的重新界定和解读。他在继承和发展马克思主义实践哲学思想和文化理论的基础上，从实践唯物主义的视角对文化的概念、意义和价值进行了新的认识和思考。从实践唯物主义视角对文化观念的探寻，打开了研究文化的新视野，使文化摆脱了形而上学的和脱离于人的现实生活的观念和形态，让文化的本性即人的生活本性得到彰显。文化实践思想为文化的认识取向、方法途径和价值旨归获取到了动力源泉，为进一步发挥文化在社会结构中承担的作用提供了理论依据。

第一节　实践唯物主义的文化观念

文化是社会实践的一种基本形式，这一重要论断是霍加特较早提出并系统论证的。在对文化实践的思考过程中，与把文化看成一种生产的功能主义的认识不同，霍加特更关注文化的内在特质，把它看成一种生成，一种创造性的理智活动，一种人类的价值追求，一种解放的启蒙过程，并由此把文化创作的主体、文本制作及其阅读，以及文化的价值意义关联起来。在《识字的用途：工人阶级生活面貌》《生活与时代》《我们现在的生活方式》《相对主义的暴政》等著作中，霍加特基于英国自身的经验主义传统和马克思主义哲学实践的、辩证的立场，做了多样而深入的讨论，从而形成了较为系统的马克思主义的文化生成理论，产生了广泛的影响。

总体上，霍加特的文化研究主要围绕文化的日常实践内涵而展开。其研究就是要以文化的实践意义，分析文化与文学、文化与社会、文化与人的存在、文化与现代性的相互交错的关系，将文化批判作为文化实践的入手点和微观缩影，实现文学批判向精英文化、工人阶级文化、商业文化多角度的文化研究的路径发展，以文化的实践内涵展开对精英主义文化观、相对主义文化的批判，倡导作为实践的文化，关注平常人的生活，解读人的存在，从而共设人类未来美好生活。他从文化的实践层面对文化内涵做出解读，对整个"英国新马克思主义"的文化研究具有重要的启发性贡献，为马克思主义文化理论提供新的研究角度。

然而，需要指出的是，在对文化内涵相关的研究中，由于文化本身具有的

多义性和复杂性,以及文化随社会发展的流动性,使得不同学者以不同的研究视角展开对文化的阐释和文化符号的探究。在这一问题上,霍加特主要围绕文化的能动性,将文学批判的特殊性介入整体的文化研究中。因为在谈论文化时,"我们根本不能独立于我们所研究的事物(语言系统和特定文化价值,行为规则和既定的社会实践,知识生产的制度的和文本的环境,等等),我们所能采取的最佳立场就是承认这种状况,并努力明确我们使用的方法、阐明分类系统,以便投入分类实践(在范畴中确定事物的位置)"[①]。从这一点看来,霍加特的文化实践思想正是沿着这一方向展开的,按照文化主体生活其中的主导性行为的文化活动对文化主体进行分类研究,诸如对精英文化、工人阶级文化、大众文化、通俗文化的分析。

具体说来,霍加特层层深入地展开对文化实践思想的研究,从对传统文化秩序的批判、现代性社会相对主义文化的批判,到工人阶级内在张力变化的文化思考,再到文本阅读直至现代媒体的文化解读,由表及里地展示出文化实践的重要性。通过对现代性文化转变的剖析,霍加特以文化实践思想为核心,打破文化传统意义的规定性,驱逐文化商业化的同质化现象,最终使广泛意义的文化主体获得真正意义的全面解放和自由。霍加特的文化实践思想是对关于文化内涵研究的补苴罅漏,将文化意义的理解推向了整体的文化研究视域中,所关注的不仅是文化自身的演绎和发展,而且深入现实的文化实践之中。

一、摆脱精英主义文化观的囚笼

"文化"被认为是世界上最难定义和诠释的词语之一,直至今日,也尚无统一的定义,对文化意义的确切说明比通常所设想的要困难得多。但是在现实的文化世界中,有一个问题要明确,那就是,是否真实存在具有脱离人、超越人的文化? 答案一定是否定的。就文化本身而言,在所有的文化世界中都不可能脱离人的现实生活,每种文化都与特定时代人的认知程度和实践范围密切相关。精英主义者宣称要构建文化的超越概念,把文化狭隘地束缚在形而上的追求中,但毋庸置疑,他们所设想的具有超越性的文化只是一种主观臆

---

① [英]马克·J.史密斯:《文化——再造社会科学》,张美川译,吉林人民出版社 2005 年版,第 2 页。

想,事实上,文化根本无法从现实的生活中抽象出来。霍加特批判了精英主义的文化超越概念,倡导来自具体现实生活的文化。他认为虽然具体化的文化在形式上是有限的,但实质上具有广泛的意义。霍加特将文化作为实践活动,意味着人在文化实践的活动中,实现对既定文化对象的扬弃、使用与再创造。在文化实践的过程中,文化成为文化实践者使用和创造的对象,同样,文化使用者也拥有了从事文化活动的主体性。

在精英主义诸多文化的定义中,文化与生俱来被赋予了超越意义。在阿诺德和利维斯等人的努力之下,形成了一种超越的、大一统的理想化、完美化的文化图景。其中,精英主义的代表阿诺德就认为文化是"这个世界上所知的、所想到过的最好的东西"①,可以"给人美好和光明"②。阿诺德预设了绝对完美的文化概念,这里的"最好"含有超越现实生活的假设,是一种理想化的状态。他试图用理想的文化或文化的超越性来取代阶级偏见和社会划分的问题。阿诺德从"超越性"的概念出发考虑文化的时候,这就抽象掉了生活的人的主体,抽象掉了人的现实生活。这种抽象的结果使文化成为纯粹的、自我封闭的世界。在这样的文化世界中,建立了一整套以理性逻辑、绝对真理和统一规律为基础的形而上的认知体系。在文化绝对理性的框架之下,人的生活世界、人们之间的特殊性和个别性正在被剥夺,人丰富性的意义和价值完全被冷冰冰至高无上的文化规定性所代替。这种"超越"的文化概念就是将某一类的文化或某一种人的文化凌驾于其他类的文化和他人的文化之上。

另一位文化精英者利维斯认为,"在任何一个时代,明察秋毫的艺术和文学鉴赏常常只能依靠很少的一部分人"③。利维斯定义的文化特指优秀的文学作品,将文化的主体局限于少数的高雅人士。在这样的文化理解中,文化纯属于统治阶级的附属物,被视为形而上的、精神世界的产物,显示出精英人士超越普通人民的文化优越感,只有这些少数人可以生活在文学王国之中,也只有他们具备欣赏伟大的优秀作品的能力,他们是这一时代优秀文化的继承者,处在社会的中心位置。

① ［英］马修·阿诺德:《文化与无政府状态:政治与社会批评》,韩敏中译,生活·读书·新知三联书店2008年版,第6页。
② 同上书,第46页。
③ F.R.Leavis,*Mass Civilization and Minority Culture*,Cambridge:Minority Press,1930,p.3.

此时,蛰伏于英国传统文化批判的另一种文化思考开始出现,它从抽离人的生活走向关注人的生活,从超越现实转向对现实问题的关切,立足于人的现实生活探寻文化的意义和价值。对此问题首先发轫的就是霍加特,他一举颠覆了精英主义的文化概念,挑战了阿诺德的文化立场,将文化代表"最好的思想和言说"具体化和赋予内容。他认为阿诺德所指的"最好"是一种空洞概念,没有任何实质的所指和意义,强调文化所指的"最好"并不在于它的"超越"意义。在霍加特看来,传统意义的文化势必会进一步再生和强化社会划分,而不会超越这种划分。然而,阿诺德试图利用"超越的"概念使文化摆脱社会等级的缠绕,这只能是一种假象。

霍加特认为文化不是纯粹的理性,而是具有特殊性和多样性的特征,文化的主体并非只是给定的少数精英分子,应当包括绝大多数的普通人民。与其他新左派的思想家一样,霍加特"注重赞美自下而上的自主性、差异性和多样性,极力证明社会主义中存在一些被忽略了的、但实际上应当被放置到左派政治斗争最前沿的东西"[①]。他反对自上而下文化的"超越"性,强调文化的差异性和多样性,将被精英分子贬低的工人阶级群体作为文化成员的一部分,使一直以来被忽略的工人阶级文化作为文化研究的主要内容之一。

不仅如此,在现实具体的社会历史条件下,文化的"超越"概念也越来越违背了社会存在与社会意识之间的辩证关系。虽然文化自古存在根深蒂固的等级性,但是在第二次世界大战之后,随着"奖学金男孩"的出现,一部分有着工人阶级血脉的年轻人在接受过良好的教育之后,他们自发地产生了一种对阶级地位与所受文化之间的冲突感和疏离感,因为这种精英式的教育与工人阶级的社区生活大相径庭。正如霍加特所述"他们被迫陷入两种不同的世界",接着他这样描述了关于"奖学金男孩"的经历:"几乎每一位获得过奖学金的工人阶级男孩,在接受教育的过程中,发现童年塑造的他们与现在所处环境的他们发生着剧烈的摩擦。他们存在于两种文化的摩擦点上……往往在这样的生活中,他们逐步切断了与原先群体的联系……已经离开了他们的阶级——至少在精神上。而在另一阶级,他们同样是不同的,有着过度的紧张和

---

①　张亮:《英国新左派运动及其当代审视——迈克尔·肯尼教授访谈录》,《求是学刊》2007年第5期。

深深的伤感……他们是可悲的,也是孤独的。在这样的情形下,他们发现很难与任何一个阶级建立联系。"①于是,霍加特、威廉斯不约而同地关注工人阶级的文化,为他们从小就熟知的文化给予辩护。

在两人相继出版的《识字的用途:工人阶级生活面貌》和《文化与社会》中有着诸多不谋而合的观点,威廉斯对这种相似性曾发表评论,认为将两本书相比较和联系是很自然的事情,而这仅仅是因为他们遇见了共同的情形,而非两人彼此相识。可以看出,正是在这种特殊的经历之下,才使得像霍加特、威廉斯等具有相同背景的文化学者,开始关注工人阶级的文化,并对文化的超越概念进行反思和批判。这种"超越的"文化概念越来越不再适应社会的发展。这也是时代发展造就的局面。

为此,霍加特试图寻找文化的本性问题,而文化的本性就在于人的生活本性。他反对文化离开人的生活世界而固守于自给自足的系统,反对精英分子提倡文化内涵和文化主体的"超越"性,力图将文化与人的存在内在地关联在一起。因此,任何文化都不是"超越"的、与人的存在无关紧要的演绎体系。相反,任何一种文化都可以通过人特有的生活方式和实践活动加以理解和创造。霍加特倡导文化的实践意义,将文化的生成和发展归为人的实践活动。

由此说来,霍加特倡导的文化不是一种追求超越的或普遍化的文化,而是关注具体生活情景的文化,关注于不同的文化事件的文化。同样,文化的意义也不是为了寻找"超越"的意义和价值,而是着眼于人的具体生活,尊重文化的差异性,关注文化具体事件的文化价值意义。

另外,当精英主义者不加根据地痛斥工人阶级"道德败坏"时,必然站在了他们主观的道德立场,以精英主义特定的道德标准评判工人阶级的行为方式。阿诺德和利维斯将"道德"与"文化"之间的关系发挥得淋漓尽致。在他们看来,唯一正确的道德观即是精英主义的道德观,它是高尚的,是其他阶级都无法比拟的,代表着人类最高尚的道德情操。并且,他们 度将唯 的道德标准作为维护精英主义文化的工具,利用"好与劣"的道德判断对文化划分等级,对人划分等级,进而维护自身的利益。但是在霍加特看来,工人阶级并非

---

① Michael Bailey, Ben Clarke and John K. Walton, *Understanding Richard Hoggart: A Pedagogy of Hope*, Oxford: Miley-Blackwell, 2012, p.5.

像阿诺德、利维斯所描述的那样——是最不道德的人群，工人阶级的生活处处充满了他们自身的道德准则，他们具有强烈的道德意识，他们的道德水准并非在以高尚道德自居的精英分子之下，因此，精英主义者所强调的文化道德原则并不在于启发国民的道德美感，而是暗中执行着一项愚民政策。

阿诺德的文化概念最大的兴趣并不在于文化本身的探寻，而是试图引导人们对文化的虔诚追求。而阿诺德对文化的虔诚和文化唯一道德源泉的追求则来自于对昔日牛津的迷恋，他曾这样写道："我已经完全置身于牛津的信仰和传统中了。"①即便1869年牛津运动失败，加之此时的牛津完全成了精英贵族家庭纨绔子弟的专属地，呈现出的是精英贵族奢侈浮华的生活，他们往往凌驾于道德之上，利用自己阶级的优越感和特殊性，掩盖他们不可告人的行为，但阿诺德还是不惜余力地维护旧日的牛津。在阿诺德看来，牛津代表了人类追求美好道德努力的方向。阿诺德提倡的是一种"美学道德"，为文化加上了道德的风向标，以此强化文化和阶级的等级性。

利维斯同样以居高临下"大"文学的道德标准对工人阶级文化嗤之以鼻。在他的名为《伟大传统》一书中，只有像简·奥斯丁、乔治·艾略特、亨利·詹姆斯等几位小说家才有资格列入"伟大传统"的名单。利维斯以自身的道德评判标准衡量文化的优先性，将"伟大传统"抬到君临一切的高度，将文学批判建立在道德批评的基础上。实际上，这种"伟大传统"仅代表着利维斯的个人趣味，他企图借助道德具有的社会舆论，为"伟大传统"赢得合理性和权威性。同时，利维斯意欲利用道德大厦，将他选取的"大"文化原则作为教育和引导普通人民认知结构和价值判断的标准。利维斯利用"大"文化的教化和道德功能，实现精英文化的霸权地位。英国批评家弗朗西斯·穆勒恩对利维斯这样写道："就其核心是一种小资产阶级的反抗，反抗一个它无以从根本上加以改变或者替代的文化秩序……因此，它是既定文化内部的一种道德主义的反抗，不是标举另一种秩序，而是坚持现存的秩序应当遵守它的诺言。"②利维斯正是用"大"文化的道德唯一性来维护摇摇欲坠的文化旧秩序，维护精英主义者即将失去的文化权威性。

---

① ［英］马修·阿诺德：《文化与无政府状态：政治与社会批评》，韩敏中译，第61—62页。

② F.Mulhern,*The Moment of "Scrutiny"*,London：Verso,1981,p.322.

　　为此,霍加特对精英主义的文化道德观发起挑战,批判了阿诺德以"文化的虔诚追求"为名义,把道德准则、政治意图埋藏其间的企图。在霍加特看来,"道德"并不只是阿诺德所指的"完美""最高的境界"和利维斯的"伟大传统",还与"平凡""诚实""直言不讳"联系在一起。而这些道德观正来源于工人阶级日常生活的道德准则。霍加特深度描述了他童年生活所接触到的风俗习惯、宗教礼仪和工人阶级之间约定俗成的道德规范,不仅对传统旧秩序的文化道德观进行了深刻揭露和批判,而且以深入工人阶级具体生活的道德观,对至高无上精英主义的道德观给予了有力的回击。

　　霍加特对道德和文化之间相互关系的思考来源于具体的生活世界。他认为,道德的衡量标准不是某一特权文化强加的道德准则,而是在具体的生活、具体的实践活动中自然形成的。在他看来,道德的存在场域是丰富的,不仅存在于"伟大传统"之中,也同样存在于不同的社会群体、家庭、个人之间。

　　值得关注的是,霍加特一方面承认道德在很多方面体现为人类普遍的共通性;但另一方面,他认为道德对于不同的时代和不同的群体常常会有所差异,与所处的文化生活有直接的相关性。他指出工人阶级的道德情感和道德意识主要来源于家庭生活和邻里之间的相互关系。例如,在工人阶级之间漫无目的的谈话中,可以发现,他的主题大多围绕:对死亡的安然接受;对婚姻的嘲讽但又欣然面对;对命运的憧憬等。这些看似如此的平淡、简单,甚至不值一提,但又是如此的健康、质朴、充满温情。在工人阶级的日常生活中,他们会将迷信、神话、民间传说作为他们道德的衡量标准。例如,不同的数字与幸运的联系、打破镜子倒霉七年、碰碰木头就有好运气、遇到黑色的猫厄运就会被带走等。另外,霍加特怀旧式地回忆了他的祖母对劳伦斯作品的反应:"她对作品绝大部分是称赞的,并没有感到吃惊。反而,在他(劳伦斯)对性的描述中,祖母说道:'他小题大做、装腔作势。'"①②这些都构成了工人阶级对道德

----

　　① Richard Hoggart, *The Uses of Literacy*: *Aspects of Working-class Life*, London: Chatto & Windus,1967,p.10.

　　② 霍加特对劳伦斯的作品情有独钟,原因在于他认为劳伦斯的作品是对英国现实社会和文化生活的综合,他展示了劳动人民的"具有活力的文化",体现了工人阶级"有尊严且具有美感"的生活方式,为此,霍加特在《两个世界之间》(*Between Two Worlds*)中,以随笔的形式写了"劳伦斯的故乡"。同威廉斯一样,在霍加特眼中,劳伦斯可称得上是第一个真正意义上的"工人阶级作家"。

的理解,并形成了内化于工人阶级的生活之中的道德准则。在精英分子的眼中,工人阶级的道德是如此的低俗、幼稚、滑稽可笑,但是在霍加特看来,工人阶级的这些道德观正体现了他们对生命的热爱和对美好生活的向往,虽然工人阶级与精英分子所追求的高雅生活之下的道德秩序大相径庭,但这并不能阻碍工人阶级以他们拥有的道德方式对美的追求和向往。

阿诺德和利维斯所代表的精英文化为保全精英主义文化的继续存在,将精英主义的道德观作为维护旧文化秩序最后的救命稻草,作为道德唯一来源,是一种带有阶级属性的道德观。相反,霍加特探讨了道德的本质来源,即来源于具体、特定人群的不同文化生活,因为道德具有共同性,但同时也具有民族性、阶级性和传承性的特征。阿诺德、利维斯的文化道德观是一种片面的、带有个人私欲的道德观,而霍加特从人的实际生活出发,探讨人的本性,这才是本真意义上的道德求索。

诚如马克思指出,"人并不是抽象的栖息在世界以外的东西。人就是人的世界,就是国家,社会。国家、社会产生了宗教即颠倒了的世界观,因为它们本身就是颠倒了的世界"①。阿诺德、利维斯等企图用道德礼数、精英之术麻痹现实生活的人,幻影出一个彼岸世界的存在,以精英式的道德准则作为金科玉律,但是身为寒门学士的霍加特对精英式的繁文缛节心存不满,倡导回归现实的人的生活。这个被精英分子占据的颠倒的世界必须再度颠倒过来,成为一个真正人的世界,而不是由宗法控制的虚假世界。"废除作为人民幻想的幸福的宗教,也就是要求实现人民的现实的幸福。要求抛弃关于自己处境的幻想,也就是要求抛弃那需要幻想的处境。"②霍加特的倡导对统治阶级的思想文化具有一种批判的精神,而且不仅如此,他还号召广大人民通过现实的生活、现实的文化实践学会思考,从而认识真实的自我和自我存在的世界。

二、解蔽文化与资本结盟下的相对主义文化观

当科学技术一度成为经济发展的第一推动力时,人们为此欢呼雀跃,并欣然接受科学技术给生活带来的巨大变化,坚信科学技术一定能够带领人

---

① 《马克思恩格斯全集》第 1 卷,人民出版社 1956 年版,第 452 页。

② 同上书,第 453 页。

们通向人类的理想世界。但是正当人类热情满怀地追随科学技术的脚步时，科学技术并没有像人类对它那样而"投我以桃，报之以李"，而是面目狰狞地对待人类，使人类陷入了科学技术设下的陷阱之中。在这样的背景之下，激起人们对科学技术合理性和合法性的反思，为此，许多西方马克思主义者纷纷从不同角度对技术发出了批判之声，并成为20世纪哲学批判的主旋律。

尤为突出的是法兰克福学派，霍克海默、马尔库塞、哈贝马斯、阿多诺等人都声色俱厉地对科学技术进行批判。英国新左派知识分子霍加特对技术化之下的文化也非常痛心疾首，但是不同于以往法兰克福学派的代表人物，他并没有一味为了批判而批判，而是试图寻找文化困境的解决途径，这一突破在于强调文化实践的功能，回归现实生活的文化。其目的在于唤醒人的文化自主性，鼓励人们摆脱工业化文化的束缚，使人的实践活动不再盲目追随科技化、技术化。这样一来，以文化实践的内涵与外延可以指导人们健康有序的实践活动，使文化与实践都回归原有的本真意义，回归人的生活，而不是外在于人的生活和使人异化的生活。我们知道，人的实践活动是我们认识世界和改造世界的基础，但在科学技术的簇拥之下，人的实践活动变得失去了方向，人类对科学技术的实践活动过于自信，从而忽视了科学技术的合理性和合法性，带来的结果是人们认识世界、改造世界的基础——人的实践活动产生了问题。在霍加特看来回归实践的理性，就是要回归作为文化生活的实践活动，以解决技术危机、文化危机、实践理性等一系列的现代性社会存在的问题，带领人们走出困境，面对崭新的未来。

无可厚非，现代技术的发展对人类的生活产生了巨大的影响，它极大地丰富了人的物质生活，改善着人的生存条件。但是人们在孜孜不倦地追求技术理性的同时，技术反而使人类深陷于各种危机之中：环境危机、生存危机、文化危机等，无论哪一种危机都会对人的生存产生致命的威胁。"技术的普遍性表现为技术在地域上的扩张和技术对其他文明要素的渗透，以至于每一要素都打上技术的烙印，技术化。"[1]因此，在新科技和"知识就是力量"的推动下，一切都冠上了"技术"的头衔，文化也不例外，它同样被技术化了。"科学技

---

① 乔瑞金等主编：《技术哲学导论》，高等教育出版社2009年版，第120页。

术"成为人的至尊法宝，人们以科技的含量作为评判事物的唯一准则。在科学技术的"自动流水线"上，文化被如法炮制并大批量地生产。文化不仅被科技化，也被商品化了。霍加特认为在这种看似和谐的文化中，隐藏着"相对主义"的面孔，因为它遮蔽了社会的本性和人的本性。他揭示出技术理性下"相对主义"文化的虚假性，即利用技术的优越性来美化生活，进而束缚和统治人民的意识形态。

霍加特认为，在人类文化史上，现代技术的兴起促成了传统文化和相对主义文化之间深刻的"断裂"。传统文化表现为形而上的规定性、权威性，在于脱离人的现实生活，寻求文化的"超越性"和"伟大传统"，它往往对那些来自下层人民的文化嗤之以鼻。现代技术的兴起无疑对文化自主性奠定了一定的物质基础，使唯一、大写的文化衍生为分化、小写的文化，大众文化随之出现。恰似这样的文化不就是人们最终渴望实现的"理想国"吗？这样的文化不就是人们向往的民主文化吗？其实并非如此。无可厚非，科学技术推动了现代性社会的发展，但是现代性之所以称为现代性的本质根据在于资本，在于尽可能地获得无限的资本，因此，现代性社会所兴起的大众文化必然遵循现代性的本质根据，文化的生成受到资本的束缚。在霍加特看来，文化的现代性体现为技术理性下相对主义文化的形成。他认为技术理性背后的文化暗含着相对主义的意识形态。现代社会相对主义文化是以"市场中心论"为前提，通过现代技术手段，以市场需求和供给关系为原则，实现文化的商品化。相对主义的文化观主张文化的价值标准是相对的、主观的、任意的，只要满足市场的最大利益，可以接受不同文化标准的存在。它片面强调文化的相对性，否认文化具有的客观性、确定性、规定性，抹杀文化之间的区别和界限。文化成为一种商品，必然以获得最大利润为目的，文化的生成机制和价值意义无形地受到遮蔽。

霍加特揭示了现代性社会"相对主义"的面孔，即利用一种美化了的生活，束缚和统治普通人民的意识形态。为此，霍加特对这种相对主义文化的虚假性，给予了有力的批判。虽然相对主义很早就存在，并不是一种新的哲学思想，但当现代性社会以现代资本增殖作为评判事物的唯一标准时，相对主义则呈现出了新的面孔，霍加特对此做出了进一步的分析。

在《相对主义的暴政》一书中，霍加特开篇引用了齐格蒙·鲍曼的一段话："后现代主义的出现表明探究人类世界和人类经验真理的终结，艺术的政

治性、占优势地位的风格、标准、审美、客观性也随之终结。"①霍加特并没有使用"后现代主义"一词,也不认为目前的社会已经进入后现代的社会。但是在他看来,英国社会正处在"相对主义的浪潮"中,特别是 1979 年以来,执政党成功地掀起了这场热浪,并总结了相对主义所呈现的两个发展阶段。

第一个阶段:英国整体的社会生活处于相对主义的"热浪阶段"。霍加特对相对主义在现代性社会的形成和演变给予了分析。他分析了这一浪潮所波及的范围,认为对于近一个多世纪的英国历史来说,相对主义的浪潮在最后半个世纪发展得极为迅猛,无论是世俗的权威性,还是宗教的权威性都受到了侵蚀。在霍加特看来,"当各种权威形式消失殆尽时,必定有其他东西趁虚而入占领它的位置,因为没有一个社会是真空的。那么,一个不争的事实是相对主义的形成必将取代这个空缺;随着商业化的日益繁荣,这种变化正在加速;在科学技术和大众传播技术的怂恿之下,所出售的任何东西都在劝说社会需要相对主义,它正拭目以待地准备出场"②。他认为,相对主义正在整个英国社会迅速蔓延是因为随着市场中心论的愈演愈烈,整个社会紧跟市场的变化而不断变化,使得消费者永远追随着一个永无休止变化的社会。

第二个阶段:统治阶级乘着相对主义的热浪"缩短"或加速实现其政治目的阶段。霍加特指出,"最为明显的例子是执政党乘着相对主义的浪潮快速实现他们的政治目的,虽然有一部分使他们始料未及,但是已经达到了他们预期的效果。他们借助特殊的欺诈诡计,实现相对主义与新形式的独裁主义、特权的民粹主义的结合"③。霍加特认为相对主义是当下资本主义社会实现其政治目的的最佳手段,使整个社会陷入了"无阶级社会"的幻象之中。

谁在相对主义的热浪中受到的影响最为深刻呢? 在霍加特看来,是工人阶级,是普通人民。在相对主义的影响下,工人阶级,尤其是年轻的一代,在他们的思想意识中,关于阶级、社会不平等、文化特权、自主意识等问题正在被弱化。"什么时候是对权威、宗教、世俗不同认识的分水岭呢? 可能是二战的结束之际,也就是说五十岁以下的工人阶级很难领会'他们'和'我们'之间的这

---

① Richard Hoggart,*The Tyranny of Relativism*,London:Transaction Publishers,1997,p.3.

② Ibid.

③ Ibid.,p.4.

种情感张力,而这种张力却曾经强有力地影响着他们父辈们的生活。"①相对主义给工人阶级造成了一种假象,即"我们"与"他们"之间并没有什么不同。霍加特认为,现代性社会的新变化对不同阶级会产生不同程度的影响,相对主义对工人阶级影响最为深刻,使工人阶级觉得他们"已经摆脱"原有的阶级,这种变化使得他们比任何其他阶级更加觉得获得了"解放"。

果真现代性社会实现了工人阶级解放? 就此霍加特援引了美国社会学家爱德华·希尔斯的观点:"20世纪后半叶最重要的文化变化是'为工人阶级进入社会提供了入口':为快乐而买单,而不仅是为了简单生存,但不可避免的是他们遭受了各种噪音。"②在霍加特看来,工人阶级得到的"解放"是一种虚假的解放,因为相对主义正以同质化、平均化的文化,削弱工人阶级的阶级意识,使工人阶级落入失去自主意识而并未察觉的相对主义的世界中,相对主义实现了对普通人民更为隐秘的压迫和统治。霍加特从相对主义的危害性对现代性社会进行批判,揭示现代性社会借助相对主义的虚假性扼杀普通人民的自我意识和自主性。

霍加特对相对主义文化的危害性进行了深刻的批判。他指明相对主义是这个"时代的病症",相对主义浪潮所导致价值判断、道德判断的缺失比任何时候更为严重。霍加特直陈现代社会的症状,指出现代性社会正处于相对主义的暴政中,"它(相对主义)蔓延到了每个领域,包括文学作品在内"③,它打着以发展民主化文化和多元化文化的旗号,企图为相对主义的传播提供冠冕堂皇的理由,因此蒙蔽了多数民众。由此可见,相对主义的暴政不仅渗透于物质领域,更是对人们精神生活的腐蚀,整个社会都不可避免地被卷入相对主义的旋涡之中。在此基础上,霍加特揭示出文化相对主义与资本主义现代性之间的利益关系,现代性社会最基本的特征在于获得无限增值,而增值的来源就在于现代资本的运作。他认为资产阶级正利用市场的多变性为相对主义的存在提供优厚的发展土壤,资产阶级以市场的多变性为依托,片面夸大事物的运动变化而否认相对静止,使得人们总是忙于适应这一无序变化的世界。

---

① Richard Hoggart, *The Tyranny of Relativism*, 1997, p.4.

② Ibid.

③ Ibid., p.3.

为此,霍加特为我们进一步揭开了相对主义的面纱,当权威性几乎消失殆尽时,同时代的平均化即是相对主义。相对主义成为一种整体的社会风气(overall climate),它无时无刻、无处不在地影响着人们的生活,"无论是商店、火车站、酒馆、俱乐部,甚至是内阁",可以说它无孔不入地存在,"一切都化为人之常情"①。相对主义呈现于人的观点是,所有的一切都是平等的,因此,所有的一切都具有同等的价值。但是霍加特要警示我们的是,"真正民主的实质是应当尊重每一个个体,而不是将其简单地集合化;真正民主的实质应当承认事物的不同与差别"②。霍加特认为相对主义的文化潜伏着巨大的危害,并不亚于精英主义文化的统治,甚至带有诱惑力地将魔爪伸向了广大人民但却不被人们所知。

在进一步对相对主义的形成过程和具体特征进行分析的基础上,霍加特提出现代科技的发展为相对主义的存在提供了巨大的发展空间,它以市场的多变性为依托,强调文化的"新"变化,使人们总是忙于适应无序变化的文化世界。相对主义文化表现为以下四个特点:第一,数量化。具体体现为两个方面:一方面,面向多数人的文化,以多数人喜好为目的的文化;另一方面,以追求高销售量和高收视率为宗旨。相对主义文化具有了商业化的属性,为大众消费而批量生产。在这种情况下,文化本真的价值被经济价值所取代,以数量上的多少来判定文化的"优质性"。第二,流动性、无休止的变化。高度发展的现代性社会抛弃了文化的稳定性和统一性的特点,过于强调文化的流动性和无休止的变化。为获得更多的资本,相对主义文化总是充满热情地拥抱下一个文化的"新"变化,不断地寻找新的表达方式或新的语言形式。第三,同质化、平庸化。相对主义的文化将文化同质化、平庸化,提供给人们特定看待社会的总体方式,引诱人们按照某一种同一化的方式观察世界。这种被同质化和平庸化的文化通常是由一些琐碎、无中心的大众娱乐节目构成,在于打造群体性的虚幻世界,并不告诉观众何去何从。第四,暗含着文化的意指。相对主义文化与政治目的之间存在着隐晦不明的关系。统治阶级乘着相对主义的"热浪"持续麻痹广大的人民,用暗含着具有霸权地位统治者的意识形态来束

---

① Richard Hoggart, *The Tyranny of Relativism*, 1997, p.7.

② Ibid.

缚大多数人的思想。

由此可见,目前人类面临的问题不再是单纯的技术困境,而是普遍的文化危机。当回首 20 世纪人类文化景观时,我们会深刻地感受到现代技术对文化世界的影响,人类自觉或不自觉地将技术理性扩张到了文化领域,文化的本真意义和生成来源无形地受到技术理性的遮蔽和破坏。霍加特以文化实践,即文化作为人的实践活动为根本思想,对现代性相对主义的文化危机进行了解蔽,目的在于回归文化的本质内涵,试图恢复文化主体的自觉性和自主性。

在面对均衡化、泛化的现代性文化发展趋势时,我们不禁要问,如果文化呈现为泛文化的发展,那么人们还会追寻文化的价值指标吗? 相对主义主张文化生产是任意出现的,彼此之间并没有一个共同的标准,片面强调文化的均质化,试图利用文化之间的相对性来取消文化具有的客观价值标准,否认文化现象背后所产生的社会历史原因,否认文化现象之间的客观必然性。霍加特认为,在倡导文化多样性和丰富性发展的同时,并不意味着复数的文化形式之间没有共同的价值标准,应主张文化之间的共识性。为此,甚至有人说霍加特是一个"左派利维斯主义者",实际并不尽然,这并不是说他想回到利维斯对绝对文化真理的固守,也不是说他的思想存在着本质的断裂,而在于他有一种破解现实社会问题的情愫,即通过作为实践的文化,发挥文化的主体作为和文化的价值标示作用,而不仅把文化作为知识的文化,在于实现文化的社会和政治功能,对精英主义文化进行扬弃,对相对主义文化进行批判。

为此,霍加特强调文化多样性发展的同时,提倡文化价值标示的功能,主张文化生成与文化的审美内涵、价值内涵、道德内涵的内在关联,从文化内涵的三个方面展开对相对主义的批判,主要包括以下几个方面。

第一,以恢复文化的审美内涵展开对相对主义的批判。现代性社会以现代媒体技术的发展为动力促进了相对主义的发展,突出表现为同质文化的形成。"同质文化"泛指将大多数人引向没有区别但频繁变化的文化,导致了文化的平乏化、平庸化。在面对霍加特称为"棉花糖的世界"——新大众艺术包围的世界,大众文化呈现出不同的形式:"自动点唱机男孩",轰鸣刺耳的酒吧,围绕着犯罪、幻想、性爱为主题的"火辣"杂志,以这样一些空洞乏味的文化形式取代了人真实存在的生活世界。他认为在商品化的时代中,大众传媒

竟然不惜一切代价努力取悦消费者和赢得更多的观众，其结果造成了浅薄琐碎、索然无味的文化特点。在霍加特看来，"好的文学作品强调世界的'庄严磅礴'，强调人类内心生活，即那种特殊的、个别的生活的重要性"①。相对主义试图消解文化的审美内涵，使文化的审美内涵趋同于流行化和庸俗化。这样一来，文化不再具有精神升华的功能，甚至成为统治者阻碍人们认识现实世界的手段。霍加特试图恢复文化的审美内涵，他所倡导的文化在于能够促使我们对现实世界进行反思，有助于提高我们对整体生活经验的思考，并帮助我们实现对真理的追寻。

第二，以文化的价值内涵对相对主义的批判。霍加特反复强调文学、艺术的使用价值的重要性，反对文学、艺术为了交换价值而生产，试图恢复文化的价值标准。霍加特认为文化是无偿的，不应作为交换而生产。约翰·斯道雷对霍加特的这一观点评述道："这一视角强调的是'人的力量'，尤其关注能动的文化生产过程而非被动的文化消费过程。"②然而，在市场交换的过程中，文化的使用价值，即文化所包含的本真意义和价值就会被相对主义的暴政所吞噬。正如西美尔所述，"文化产品的内在价值承受着，将千差万别的因素一律转化为货币的痛苦"③。文化所崇尚的平等、自由、民主的价值理念全部一次被纳入相对主义的价值秩序中。文化成为一种商品，它在大规模的生产中，变成了一个个被陈列于商品货物架的复制品。霍加特尖锐地批判了与现代化相生相伴的相对主义价值观。他认为文化的价值存在于现实的生活，它体现了人的生活方式、生产方式的价值理念。他倡导以人民为文化主体的文化实践活动，认为源于真实世界的文化才具有文化本真的意义和价值。在霍加特看来，文化价值的最终解放在于人民自主文化的觉醒。

第三，以文化的道德内涵对相对主义的批判。霍加特认为文化相对主义将"廉价俗丽的标准冠之以尊重公众趣味的堂皇借口，以此来掩饰他们对商

---

① Richard Hoggart, *Speaking to Each Other: Volume Two: About Literature*, London: Penguin Book, 1973, p.12.

② ［英］约翰·斯道雷：《文化理论与大众文化导论》（第五版），常江译，北京大学出版社2010年版，第46页。

③ ［英］阿兰·斯威伍德：《文化理论与现代性问题》，黄世权等译，中国人民大学出版社2013年版，第35页。

业利益的追求"①。文化相对主义只满足于"人们需要什么就给予什么"②，而对文化应有的道德内涵全然不顾。例如，一些哗众取宠的文化节目只是为了引人一笑，全然不顾台上的内容是什么，违离了文化的道本。相反，霍加特认为，"文学具有道德的教育作用。它的启示性意义在于贬低某些行为或赞赏另一些行为，在这一点上，它具有道德意志的引导作用"③。他特别强调优秀作品对人们的熏陶作用和激发人高尚情感的作用。人们积极向上的文化观，只有在参与健康有益的文化活动中才会形成。他认为文化的道德内涵不是简单地说教，而是以它自己特殊的方式对人类经验进行探索、再创造和寻求意义。他倡导现代性社会应当更注重情感教育，而非特定技术训练式的教育。霍加特对道德和文化之间相互关系的思考来源于具体的生活世界。他认为道德衡量标准不在于某一特权文化强加的意识形态，而是在具体的生活、具体的实践活动中自然地形成。

霍加特曾对现代性社会给予描述："通过这样的方式，在这个恰似不会堕落的世界里，最终将建立一种物质主义，随之而来，灵魂失去了活力，并寂寞无声地松弛着人们行动的张力。"④目前，人类面临的不再是单纯的经济危机，而是普遍的文化危机。霍加特认为文化技术化的困境表现为：一方面，对工人阶级和普通劳动者的剥削和压迫已经不再是传统意义上，经济、政治、道德、权利等直接的和赤裸裸的统治关系，而成为一种隐蔽的但又无处不在的相对主义文化的渗透，这种渗透不只存在于经济、文化、政治等某一领域，而是遍及人具体的生活世界；另一方面，人的异化不单纯只是劳动的异化，而成为包括精神世界在内的人的全面异化。在过去，无产阶级成为劳动的异化对象，但是对于现代社会来说，这种全面的异化不仅是被统治者的命运，越来越多的现代人同样在劫难逃，一同受到了大众文化的束缚，成为全面异化的、单向度的文化消费者。霍加特认为回归文化的本真意义——文化即实践，可以引导我们走出文化的困境。

---

① Richard Hoggart, *The Uses of Literacy: Aspects of Working-class Life*, London: Chatto & Windus, 1967, p.157.

② Ibid., p.156.

③ Richard Hoggart, *Speaking to Each Other: Volume Two: About Literature*, p.15.

④ Richard Hoggart, *The Uses of Literacy: Aspects of Working-class Life*, p.133.

从文化的本质生成来讲，文化不是技术给定的产物，而源于人的现实生活，是人在实践活动中积淀而成的结果。文化生成的目的不在于迎合市场和取悦大多数人，或成为现代科技簇拥之下的产业，而在于对人类内在本质的表达和解释，对人类自身的理解和诠释。相对主义的文化试图建构一种泛文化的概念，将文化从人的现实生活中抽象出来，使人们迷失于被虚拟化、美化的情景中。霍加特以文化实践为根据，试图恢复文化的价值和意义，将文化的本质归因于具体的现实生活，从而重塑人们对文化生活的追求。将文化作为实践活动即意味着人在文化实践的活动中，实现对既定文化对象的扬弃，对文化进行塑造与再塑造。在文化中，人以实践的方式认识、创造文化对象，人作为文化主体从事文化活动。

由此可见，文化实践的意义在于它深刻地批判了技术理性之下相对主义的文化，带领人们走出文化技术化的阴霾，寻找到文化生成的原初动力在于人的实践活动。人们在面对琳琅满目的大众文化时，霍加特激发人们注重来自具体生活的真实、真切和真诚感。他反对通过现代技术，将文化锻造成大众娱乐的舞台，使文化具有商品的属性，将文化同质化、平庸化，为此来满足市场中心论的原则。他将文化与人的存在内在地关联在一起，任何一种文化都可以通过人特有的生活方式和实践活动加以理解。他进一步揭示出相对主义文化的虚假性，其目的在于维护统治阶级的意识形态，利用技术的优越性掩饰统治阶级对大众意识形态的束缚。他倡导文化的实践意义，将文化的生成和发展归为人的实践活动。这样一来，文化成为人自发、自觉的活动，为人的存在指引了包括精神存在在内的全面解放之路。

三、寻觅文化内涵的实践本性

霍加特在探寻文化的实践本性时，始终遵循着马克思实践概念的内涵和意义。他通过文化哲学进一步继承和发展了马克思主义的实践思想，使得马克思的实践哲学在当下社会被赋予了新的意义和价值。这种继承和发展关系具体可以表现为以下几个方面。

第一，文化的生产性。首先，必须指明的是这里所指的文化的生产性与商业化的文化生产是两个概念，两者之间不仅指代的意义相差甚远，而且还存在着一定的冲突与对抗。霍加特所指的文化的生产性更是一种文化生成，强调

文化的产生来源，目的在于与精英主义的文化观划清界限。精英主义的文化观书写大写、权威的文化，忽视文化的实践特性，将文化作为一种特权而存在。而霍加特以实践的意义诠释文化的生产性，从"感性的人的活动"①，从主体方面去理解文化。霍加特认为文化的生成或文化的生产性不能脱离人的现实的活动，文化是"从事实际活动的人""现实的历史的人"的感性活动。在此意义上，通过文化活动的生成和生产性，以致文化成为所有人可以从事的活动，使普通人民真正成为文化的主体而存在。霍加特所指的文化生产在于打破原有文化的规定性，不因人出生伊始的差别而限定文化等级，使文化产生不平等。他借助文化实践概念，从而让每个人都有公平享有使用文化和创造文化的权利。商业化的文化也强调文化的生产，但是这种生产是一种符合资本逻辑的生产，对文化的产生来源、所传递的价值和意义不屑一顾，以产生更多的资本、获得更大的利润为基本原则和内在动力。

第二，文化的用途。霍加特强调文化的用途，关注人类活动和人类知识的一致性，将"解释世界"与"改变世界"相统一。在文化的用途上，霍加特所指的文化用途体现了马克思所强调的"哲学家们只是用不同的方式解释世界，问题在于改变世界"②的意义，坚持认识与实践的统一，将认识世界和改造世界相结合。霍加特以不同类型的文化经验和不同方式的文化用途为基础，阐释了不同文化主体的特定生活，实现了文化"解释世界"的功能，体现出文化阐释学的意义。但并不止于此，关键在于他强调文化的用途具有改变世界的能力，具有解决社会文化危机、体现文化变革所富含的价值和意义。他鼓励工人阶级展开文化表达，通过扬弃精英主义文本细读的分析方法，将文本阅读分为"品质阅读"和"价值阅读"两个阶段，为工人阶级读写能力提供有效的实践途径和方法。通过文化用途的全新理解，实现经典文本阅读向日常生活文本解读的跨越。这种文化用途指向的变革，扩大了文化主体的所指范围，提升了广大人民作为文化主体的能力，增强了广大人民自觉、自律、自省、自反的文化意识。最终使得广大人民具有独立的文化品格，实现其自身内在精神与外在形式的统一，最终达到真正意义上的"自由人的联合体"，达至建构社会主义

---

① 《马克思恩格斯选集》第 1 卷，人民出版社 1995 年版，第 54 页。
② 同上书，第 57 页。

主体的理想状态。

第三，文化的价值判断。在马克思看来，"人的思维是否具有客观的真理性，这不是一个理论的问题，而是一个实践的问题。人应该在实践中证明自己思维的真理性，即自己思维的现实性和力量，自己思维的此岸性"①。文化同样如此，它作为人类特有的对象性活动，体现出在一定社会生产力的条件下，人类思维的发展进程。文化不是抽象化的理论问题，而是现实的实践问题，离开人的生活世界来谈文化无异于瞎子断匾——各说各的，没法得出正确的结论。文化的存在依赖于人的现实世界，通过人的实践活动、人的文化力量为自然界打上了人类的烙印，文化具有实践特性。同时，文化本身的内在规约性、文化内部与外部的张力结构也只有通过实践方式、实践力量才能加以理解。正如马克思所述，"理论的对立本身的解决，只有通过实践方式，只有借助于人的实践力量，才是可能的"②。马克思将"实践"定义为人类特有的对象性感性活动，而文化更具代表性地体现了人本质力量的对象化，是一种具有创造力的对象化活动，是人类集体智慧对象化的凝结。因此，文化的意义和价值只有通过人的实践活动才能得以彰显和表达。

霍加特正是站在文化实践的层面上，提出文化价值标示的意义。他从文化实践的角度批判了相对主义的文化观念。相对主义的核心思想是文化价值的主观性和相对性，不存在客观价值，"一切判断都是相对的，一切评价都是主观的"，"所有客观性都是主观的，都是相对于其自身所处的时空而言；……无物永恒，一切皆流"③。霍加特批判文化相对主义的价值无涉，认为在文化的世界中存在一定的内在规定性和价值尺度，而文化的内在规定性并非等同于精英主义外在强加的规定性，文化内在规定性、文化价值判断的内在尺度的来源就在于文化的生成来源，即人的实践活动，以是否符合人的生存，是否符合社会的合理发展，是否能得到人的解放与全面自由发展为本质依据。霍加特通过文化实践展开对精英主义的文化价值观和相对主义的文化价值观的深刻批判，为文化价值进行了文化实践层面的重塑，寻找到文化价值的真正来源，对于现代社会良莠不齐的文化进行了文化价值维度的审视和批判。

---

① 《马克思恩格斯选集》第1卷，第58页。

② 《马克思恩格斯全集》第42卷，人民出版社1979年版，第127页。

③ Berlin, *Liberty*, Oxford: Oxford University Press, 2002, p.146.

在霍加特的整个文化思想中,蕴含着丰富的马克思的实践思想。他将实践作为批判精英主义文化观和相对主义文化观的利器,把人的实践活动作为文化概念探源的基石,以建构性的文化实践作为文化发展的动力,试图激发文化主体对文化活动的实践性和能动性,最终以实现优化文化结构、推动文化主体进步为目标。文化按其性质来讲,首先表现为对客观世界的主体认识,而认识的来源和基础就在于实践。马克思主义哲学把科学的实践观引入认识论,建立了以实践为基础的认知论。

霍加特的文化实践思想体现出与关注伦理学研究的西方哲学实践观的不同,更多地继承和发展了马克思的实践理论,坚持认识与实践的统一性,倡导文化与实践的统一性。他秉承马克思主义哲学以实践为起点的认识论,在对文化的理解和认识中,将实践作为整个文化研究始终如一的核心理念。文化实践思想包括对文化对象、文化主体、文化的现实途径和方法、文化的价值和价值判断等内容。其思想核心在于,在关注人类有目的、有意识地改造世界的过程中,强调按照人类自身生存和发展的需求,凭借人类的实践智慧,创造出绚丽多彩的文化生活。

与此同时,马克思主义文化理论同样为霍加特文化实践思想提供了最主要的思想资源。主要表现在以下几个方面。

第一,霍加特以人的存在、人的实践本质、人的自由解放为本质根据,为文化批判,即对精英主义文化所代表的特权文化的批判、对现代性社会相对主义所代表的同一化文化的批判,提供了批判的目标指向。马克思、恩格斯的文化批判与对资本主义社会的批判具有内在的一致性,针对统治阶级意识形态的分析、异化理论的分析,强调人的自由自觉的活动,以人的存在方式理解文化。霍加特继承马克思主义的文化理论,从人的自我意识、人的实践、人的自由和全面发展的角度,对文化的内涵、意义、价值,以及文化的新变化做出分析和批判。霍加特从文化实践的层面,进一步发展了马克思主义的文化理论,确立了文化实践的主体地位和实践价值,以人的存在理解文化,以人的实践本质创造文化,以人的自由而全面的发展作为文化发展的本质旨归。

第二,霍加特对文化内涵的解读和诠释以历史唯物主义为原则,从现实的物质生活条件出发研究文化的内涵和价值。他在对工人阶级的文化分析中,以具体、特定的历史和现实状况为依据,记录了工人阶级文化的新变化,体现

出现代性社会文化的真实状态及现代性的文化困境,凸显出人的文化世界的分裂状况。一方面,文化的技术实践得到了长足的发展;但另一方面,文化自主性和价值判断的丧失,促使文化主体处在技术理性与价值理性分裂的文化世界中。他从实际生活出发,而非遵照某一特定文化秩序出发,对文化的探讨始终围绕着现实的人而展开,试图为文化固定化的发展状况,寻求现实的解决办法和理论依据。

第三,霍加特在解决现代化的文化危机时,提出文化活动的有效实践方式,蕴含着对马克思文化理论所倡导的自觉文化形式的发展和延伸。马克思揭示出人的存在的总体性的本质结构在于人的实践活动、"自由的有意识的活动"。为解开现代性文化危机的"斯芬克斯之谜",霍加特从"认识自己"开始,将文化用于日常生活,用普通人民的文化阐释他们所处的生活,而非统治阶级作为灌输意识形态的工具。为此,霍加特建构性地对待普通人民的文化,普通人民的文化不再以"匿名式"的方式出现,而更多独立自主地向社会展示和彰显自身文化。文化成为提供充分发挥普通人民生活姿态的有效平台。在霍加特看来,消费文化带来了工人阶级内部自身文化发展的断裂,传统工人阶级之间的共同经历和感受被大众娱乐、文化消费、广告业的繁荣有力地冲击,使工人阶级原有的文化状态被绷紧、束缚,甚至割裂。文化主体性的丧失、文化价值标示的漠视、文化程式化的泛滥,构成了现代性的文化危机,威胁着人类的社会生活。解决现代性的文化危机关键还在于恢复文化发展的原初动力,彰显文化主体的内在精神气质,建构文化价值维度的合理性,而这三方面得以实现的基础还在于文化实践思想有效地开展。

四、作为实践活动的文化观念

霍加特所指的文化实践强调文学与文化、文化与社会的关联,体现出文化的内在尺度与外在功能之间的张力,存在着整体与特殊、文学与社会的辩证意义。霍加特文化实践蕴含着双重视角的文化内涵,即文化作为"生活特质"分析与参与的视角和文化作为价值判断意义的视角。

视角一:文化作为"生活特质"分析与参与的维度。霍加特指出,"应该强调,我们现在所要考察的不是作家在其作品中用以探索社会的方式,而是直接和分散地对当时的各种问题,对其文化的'生活特质'所作分析

的参与"①。这一维度又包含两个层面的意义,揭示了文化普遍性和特殊性的辩证意义。

在霍加特看来,文化的普遍性和特殊性正体现了文化强大的包容性。他试图以文化的实践意义或文化的包容性打破知识分子的文化特权。霍加特以"人民的'真实'世界:来自通俗艺术的例证——《派格报》"为标题,探讨了通俗文化的意义和价值。霍加特将文化作为某一群体生活的上演和表现。他认为"《派格报》之类的杂志"表现出"亲切备至的家庭魅力""反映日常生活细节""把人表现为人""感受到生活肌理的感觉"的特征。通俗文化"最强烈的印象就是它们非同寻常地忠实于读者生活的细节"②。霍加特试图以一种人种学的分析方式探讨文化世界,并结合现代休闲方式的变化进行社会意义的文化分析。他将文化的包容性作为理解或解释当代社会秩序的方式,开启了文学研究与其他表征社会意义的文化形式的研究。这样一来,具有实践意义的文化概念使工人阶级文化、普通人民的文化位于总体的文化叙事之中,为普通人民提供了彰显自主文化的平台。

霍加特关于文化实践思想的内涵,揭示了文化的普遍性与特殊性的辩证意义。文化的实践性代表了普遍意义的文化内涵,具有"类"意义上的普遍性,与人的存在相关的广义上的语词概念。这体现了文化的深层本质精神——文化解读人的存在本身,解读一个时代、一个社会的精神内核,体现了人的实践性、生成性、开放性的本质特征。霍加特所指的文化实践的这一维度体现了人自由自觉的实践活动,使文化作为人的生存意义之自我证明和自觉展示的过程。同时,文化的实践性又具有与生俱来的特殊性,人的实践活动并不会千篇一律,对于文化来说更是如此。文化具有的特殊性、实践性使得文化不能原封不动地停留于传统学院式的话语殿堂,也不会存在于一种给定的理论形态或一种固定的文化模式中,而是以人的具体生活、价值的丰富充盈、人的全面发展为依托展开。因此,普通人民富有生命力、充满弹性的文化同样应该得到社会广泛的认可和珍视。

---

① Richard Hoggart, "Contemporary Cultural Studies: An Approach to the Study of Literature and Society", *Centre for Contemporary Cultural Studies*, University of Birmingham Occasional Paper, No.6, 1978, p.1.

② Richard Hoggart, *The Uses of Literacy: Aspects of Working-class Life*, p.91.

视角二：文化作为价值判断意义的维度。他认为，"文学（以及其他表达艺术）是文化意义的载体，它有助于再现某类文化想要信仰的事物，并反映经验生活所关照的价值"①。他主张作为艺术的文化和作为实践的文化之间充满张力结构的关联。文化的价值内涵既不能停留于传统精英主义的抽象领域，对普通人民的文化价值视而不见，也不能盲目为了工业化的文化扩张，割裂文化本应承担的价值与意义。

在相对主义的召唤下，现代性文化发展陷入极端怀疑主义之中，文化失去了价值判断的标准，造成了文化意义的混乱状态。在商业化的文化秩序中，一方面，文化的泛化迫使占有特权地位的文化、唯一大写的文化难以获得继续存在的可能；但另一方面，导致人们愈发对传统文化、文化价值失去信心，驱使人们对文化产生疏离感和非真实感。

为此，霍加特特别关注文化的价值内涵，并力图重塑它，即文化"戏剧化展示了人们如何感受和延续价值的脉搏，尤其是价值背后的压力和张力，有助于确定人们所信仰的'东西'"②。霍加特指出，由于艺术在自身中创造了秩序，它便有助于揭示一种文化中现存的价值秩序，这种揭示要么是通过反映，要么是通过拒绝现存价值秩序或提出新的秩序。在霍加特看来，文学的价值是可被工人阶级理解和感悟的，而不仅仅是习得而来的，因为文化的真正价值蕴含着解放人类生活的愿景。

同时，霍加特对商业文化的价值秩序进行了批判。他认为商业文化具有工序化、公式化的特征，使得文化本身自由、独特、丰富的特征消失殆尽。正如劳里·兰鲍尔写道："日常的城市生活中百无聊赖和流水线上的百无聊赖别无二致，无分彼此，就好像锁定在一个永远也不会有什么实质性的进步的无限系列中的两部分：它越是花样迭出，它就越是万变不离其宗。"③商业化文化改变了文化的价值秩序。随着交换价值的唯一性的出现，文化的审美价值、道德价值、教育价值成为文化价值的附属物，甚至可有可无。在此之下，精英主义

---

① Richard Hoggart, "Contemporary Cultural Studies: An Approach to the Study of Literature and Society", p.19.

② Ibid.

③ ［英］本·海默尔：《日常生活与文化理论导论》，王志宏译，商务印书馆2008年版，第13页。

的文化价值戒律被迫打破，与此同时，工人阶级文化和来自普通人民的文化同样受到这股商业化热浪的冲击。不仅如此，整个文化世界和现实生活都被这股文化热浪所笼罩，每个人的日常生活都陷入生活程式化和标准化的程序中。

因此，霍加特对文化意义的探究不仅仅像人类学家那样，如泰勒对文化的定义，只是将文化作为人类生活的表征系统，而是赋予文化积极观照的功能，把文化视为参与和实践，将文化作为分类实践过程，根据日常生活中不同文化主体的主导性文化行为选择研究对象，发挥不同文化主体的能动性和创造性。霍加特对文化理解更加突出文化为所有社会成员共有、共享、共创的意义，强调文化特质的同时，并不在于对文化价值判断的遗失，而在于倡导人们在追求和向往人类美好文化生活中所具有的内在一致性。

第二节　生活世界的文化生成

在向生活世界的转向中，霍加特巧妙地运用生活来理解文化，同时又借助文化走向生活，开启了文化与生活之间的双向互动过程。如何真正走向丰富多姿的生活世界，而不成为流于表面的文字，不成为空洞的躯壳？霍加特发现，文化是生活世界的精灵，它向人们昭示着一个充满多样性、传承性、异质性的生活世界。为此，他站在文化的角度，倡导回归质朴而真实的人的自由生活状态。不仅如此，在这一思想的探寻中，他拉近了日常生活与学科专属性之间的距离。文化生活化将晦涩难懂的专业术语变得通俗明了，使得探索、认知世界的过程不再人为地加设复杂烦琐的障碍。

霍加特习惯采用通俗明白、言简意赅的语言表达他的思想。一方面，可以使人们意识到看似平实、庸常的日常表达实际上蕴含着丰富的内容和高明的智慧；另一方面，表现出霍加特对推行"知识话语民主化"①而始终如一地恪守诺言。生活世界中的文化生成和变革思想，不仅可以作为人类抒发情感和表达自我的方式，而且在于变革工人阶级的生活态度，推进人的解放和人的自由

---

① Michael Bailey, Ben Clarke and John K. Walton, *Understanding Richard Hoggart：A Pedagogy of Hope*, Oxford：Miley-Blackwell, 2012, p.36.

的追求。这一思想可提升人民在微观行为中创造、共享和实现共同体文化的自觉,并为最终建立社会主义的"自由人的联合体"这一目标而努力。

文化实践发生在一定的生活之中,代表日常生活的集合。霍加特对工人阶级的日常生活投入了巨大的关注,认为工人阶级作为普通文化实践者的先锋,其日常生活主要是由家庭、邻里、工人阶级社区组成,而这些日常生活空间即代表了工人阶级文化实践的行动空间。对于微观文化实践者而言,日常生活实践是实现自我确认和自我定位的关键力量,为自身在社会关系中获得一席之地起到了重要的作用。

一、生活环境塑造文化特质

霍加特通过分析典型工人阶级的居住区,借助对具体工人阶级生存环境的探究,涉足工人阶级文化问题的研究,显示出文化蕴含的权力关系,以及微观文化主体如何在自我存在的环境中实现自主实践。

文化生成是一个情境化的过程,它发生在特定生活之中。而日常生活空间则是微观文化实践者最真实、最常见的存在场所。在日常生活有效辐射的空间中,通过文化实践,微观文化实践者使用和体验自我生存的环境,定位自我生活的"版图",确定自我存在的位置,建立自我存在的社会关系,从而获得来自文化实践形成的自我意识。霍加特认为工人阶级的文化融入于他们的日常生活中,日常生活承载着工人阶级的行动方式、风俗习惯、道德规范,并且,工人阶级在日常实践中使得自我确认得以实现。霍加特提出,普通文化实践者正是在文化与生活的大熔炉中,不断调整、适应、抵抗变化中的日常生活,在日常生活空间找到适合自己的生活方式,有选择地使用文化,并结合具体的生活创作文化,从而获得社会变化过程中新的自我存在感,进一步提升自我意识,使潜伏在日常生活实践中的巨大力量得以发挥。

霍加特与吉登斯从"前"区和"后"区的概念阐释两种社会运动具有相似性。霍加特从两个视角,即整体的社会生活状况和特定生活内部的运动,揭示典型工人居住区的真实全景。具体如下:

视角一:整体的社会生活状况决定了工人阶级基本的文化生活样态。恩格斯在《论住宅问题》中,就有关工人阶级的住宅写道:"在这种社会中,绝大多数劳动群众不得不专靠工资来过活,也就是靠为维持生命和延续后代所必

需的那些生活资料来过活;在这种社会中,机器技术等等的不断改善经常使大量工人失业;在这种社会中,工业的剧烈的周期波动一方面决定着大量失业工人后备军的存在,另一方面又时而把大批失业工人抛上街头;在这种社会中,工人大批地拥塞在大城市里,而且拥塞的速度比在当时条件下给他们修造住房的速度更快;……最后,在这种社会中,作为资本家的房主总是不仅有权,而且由于竞争,在某种程度上还应该从自己的房产中无情地榨取最高的房租。"①这便是工业大生产后整体的工人阶级居住条件和生存状况。工业社会引发大量劳动者的聚集,形成了传统城邑的瓦解和都市的迈进。城市按照不同的部分、不同的功能加以叠加和重新分配。工人阶级住宅的形成就是这场城乡运动的产物,是按照城市要求重新分配的衍生物。

因此,工人阶级的生活环境是由空间的排序者划分而成的,他们"建议引入一种'小宅子制度',也就是工人的营房,把他们尽可能地组织起来"②。工人阶级居住区先天通过一系列的安排、遵从、限定后,成为拥有典型特色视觉空间的产物。霍加特在传达工人阶级的文化生活时,对工人阶级的居住区进行了具体而细致的研究,关注于工人阶级居住区的风格及风格隐喻的思想内容,揭示了整个社会环境布局对工人的生活环境的决定作用,进一步透视出日常生活对社会文化的作用。

霍加特综观整体地概述了工人阶级居住区的特征。工人阶级的居住区代表着"大量无产阶级的聚集地"③。"这里是贫穷的、肮脏的,永远有一种'半云半雾'的感觉;这里没有绿色的萦绕和蔚蓝的天空;这里总会比北部或西部的城镇更灰暗一些。在这里,砖墙和木制品都很廉价;……寻找最近的公园或者一片绿茵地需要到很远的地方。露台常常充斥着发酸的味道。在这里,有很多废弃的地方,经常堆放着肮脏的碎石。"④利兹工人阶级的房子"被安置在由巨型工厂包围的黑暗而低洼的峡谷中"。在这些"随工业形成的简陋房子"中,"许多卧室的窗户与路堤上盘旋着的货物运输线相平行"。这些房子经常位于"高架桥、铁轨、运河相互交织的地方"。"燃气工厂拥挤在他们居住地的

---

① 《马克思恩格斯全集》第 18 卷,人民出版社 1964 年版,第 263—264 页。
② [法]亨利·勒菲弗:《空间与政治》,李春译,上海人民出版社 2008 年版,第 60 页。
③ Richard Hoggart, *The Uses of Literacy: Aspects of Working-class Life*, p.38.
④ Ibid.

中间"，"其中，小酒馆和粗鲁的卫理公会的小教堂自始至终间隔存在其间"。在这里，"被煤烟熏黑的杂草从用鹅卵石铺成的路面中拥挤出来"，"整日整夜的嘈杂声、工厂的汽笛声、火车车轮撞击铁轨缝隙的巨大响声，以及无时无刻撒发着的工业废气，包围着该地区"①。

霍加特分析典型工人阶级的居住区，其目的在于诠释底层人民总体的生活状况，揭示资本主义社会对工人阶级的压制，以及社会结构对空间格局的支配作用。正如吉登斯提出的"前"区空间的概念，前区空间是指"由我们在'公众'舞台上表现的地方构成。在这里，我们的行为是程式化、形式化和社会可以接受的活动"②。前区空间即指明了社会结构对空间支配的作用力。在这一点上，两者之间具有共同之处。霍加特是英国新左派第一代具有明显经验主义特质的思想家，但是这并不意味着他不关注社会内部存在的深层社会结构问题，而是希望通过微观文化主体的自身力量，改变社会结构的不平等，力图用微观革命打破社会结构的捆绑。为此，他提出了特定空间内部的运动，关注于底层人民内部的日常生活运动。

视角二：从特定生活内部的运动分析典型工人居住区自主实践的生机。尽管工业化的城市进程不断通过移位、布局、管制，使得空间划分清晰分明，以便统治者有效管理人的行动方式、划分人的等级、禁锢人的思想。但是，留存于普通劳动者中间的微观实践活动并没有被这种统一化的城市管制所取缔。源于工人阶级内部的实践活动，逃过了城市操纵者的布局，使工人阶级的精神气质得以保留，并继续鲜活地存在。霍加特对典型工人阶级居住区进行整体概括之后，进一步深入工人阶级的内部生活空间，深入社会监管之下工人阶级自行支配的微观生活实践之中。在自行支配的空间中，工人阶级以自我的存在方式，建立起了一整套日常性的实践活动。针对工人阶级空间实践细致入微的探索，正是霍加特不同于宏大社会结构研究者的点睛之处。

霍加特关于工人阶级日常实践的思考，通过对生活在"下面"工人阶级的空间使用和空间陈设的分析得以体现。虽然工人阶级的生存环境全然由空间的组织者、城市的规划者决定和操纵，但是这些平凡生活的工人阶级生活在

---

① Richard Hoggart, *The Uses of Literacy: Aspects of Working-class Life*, p.38.

② ［英］克里斯·巴克：《文化研究：理论与实践》，孔敏译，北京大学出版社2013年版，第365页。

"下面",生活在工人阶级居住者自己依循的行动空间中。霍加特写道,"进入里面,这里存在很多小的世界,像同类型的、界限分明的村庄一样"①,在工人阶级居住区,"在通往城镇的主干道,老板的车在五点钟呼啸而过,开到山丘里十英里外农场的房子;这个人进入了他的地盘,这一点能够确定的原因在于,在这些密集的细节里,这里的居住者通常都会这样做:他们无意识地走向这里的墙间过道,直径来到……他们对这里了如指掌"②。工人阶级对内部空间的使用取决于他们自己。代表工人阶级内部的生活逃过了城市操纵者的布局而继续鲜活地存在,并渗透于他们世代的生活中。

霍加特所采用的方式,正如米歇尔·德塞托所述城市空间的"行走者"一样,以具体的生活记录文化,以体验生活的方式呈现生活环境的面貌,而不像空间简单的"窥视者"那样,居高临下地俯视生活。"城市里的普通从业者住在'下面',住在刚刚看得见的门槛的下面。他们行走,乃是体验这个城市的一种基本形式。"③霍加特复原了工人阶级的空间轨道,从通往城市的主干道到狭窄拥挤的墙间过道,从一个教区到另一个教区,从杂货店到街角小店,这是属于工人阶级自己的地盘,他们对这里了如指掌,并无意识地行动于其间。在这个令工人阶级再熟悉不过的生活环境中,包孕着"街区之间争斗"、邻里间有关"隐私细节"的交谈、"密集着当地一天的生活"④,而且这些空间常常被赋予新的用途,"纸店的橱窗如果晚上不关灯,孩子们就把这里当成玩耍的场所",还有"杂货店通常是家庭妇女的俱乐部"⑤。霍加特所探讨的工人阶级生活环境并非一般意义、表面化的概述,而是深入具体工人阶级生活和工人阶级态度之中的生活文本。

霍加特从生活环境内部的运动,分析工人阶级的生活,这与吉登斯的后区空间概念相对应,"后区是那些我们'幕后'活动的空间",那些"放松行为和言论到较不正式的方式"⑥。霍加特第二视角的空间思考,深刻反映了工

---

① Richard Hoggart, *The Uses of Literacy:Aspects of Working-class Life*, p.38.

② Ibid., p.39.

③ 罗钢、刘象愚主编:《文化研究读本》,中国社会科学出版社 2000 年版,第 323 页。

④ Richard Hoggart, *The Uses of Literacy:Aspects of Working-class Life*, pp.38-39.

⑤ Ibid., p.39.

⑥ [英]克里斯·巴克:《文化研究:理论与实践》,孔敏译,第 365 页。

人阶级的文化生活,并为进一步挖掘工人阶级生活在"下面"的文化力量聚集能量。

二、生活体验营造文化情境

霍加特在寻觅真实的日常文化生成时,将目光洒向"个人的、具体的、当地感的"①家庭生活。他将家庭作为生活世界中文化生成的栖息地,使得日渐消散的家庭生活的光泽感再次显现。"对于霍加特而言,家庭生活是超越契约权利和义务,达至道德分享、情感承诺和体会'其他成员'感受的基础。"②他以文化实践者习以为常的日常生活,更具体地来说,从微观层面的家庭、邻里、社区着眼,透析整个社会存在的问题和矛盾,以小见大洞察社会。工人阶级的文化传统深深地根植于由家庭及围绕着家庭连带关系形成的空间环境中。工人阶级的文化与工人阶级的家庭已经合为一体,无法谈及其一而避开另一方。

马克思、恩格斯有关基本社会单位——家庭的论述,在其著作《论离婚法草案》、《1844年经济学哲学手稿》、《英国工人阶级状况》、《致巴·瓦·安年柯夫》、《神圣家族》、《德意志意识形态》、《共产主义信条草案》、《摩尔根〈古代社会〉一书摘要》都有过阐述。马克思、恩格斯曾指出:"根据现有的经验材料来考察和阐明家庭,而不应该像通常在德国所做的那样,根据'家庭的概念'来考察和阐明家庭。"③对家庭真正意义的诠释不能脱离现实的人的生活,应根据具体的生活场景考察和阐明,不能将家庭抽象地悬置起来。霍加特对工人阶级家庭的研究更符合马克思对家庭的论述逻辑,将家庭置于具体的生活片段中,体现家庭真实呈现人生活特质的功能。

家庭空间的使用、陈列和设计体现着不同的文化内涵。"不同的文化以不同的方式设计家庭,分配不同的意义或恰当的行为方式。"④在霍加特看来,工人阶级的文化更是一种建立在为生存所需基础上的文化活动,空间摆设通

---

① Richard Hoggart, *The Uses of Literacy: Aspects of Working-class Life*, p.18.

② Michael Bailey, Ben Clarke and John K. Walton, *Understanding Richard Hoggart: A Pedagogy of Hope*, Oxford: Miley-Blackwell, 2012, p.4.

③ 《马克思恩格斯选集》第1卷,第80页。

④ [英]克里斯·巴克:《文化研究:理论与实践》,孔敏译,第365页。

常服从于生活所需的基本需求。工人阶级的生活,"特别是,多数中年工人阶级夫妇的生活,仍处于爱德华七世的时代,他们的客厅从那时至今几乎没有什么变化,除了偶尔会添置几件椅子之类的小物件,他们的家具多数是从他们父母那里接管过来的"①。即便是现在,家具推销员使尽浑身解数劝说他们购买新的家具,并可以通过分期付款的方式购买。但是,"这些号称采用新材料的现代家具必须体现出相同的假设,'真正地家一般的'房间陈设应该像过去一样"②。霍加特认为工人阶级的空间陈设"有助于家庭价值观的充实和丰富"③。他表达出对现代性社会空间陈设的反感,"连锁店所构成的现代主义,用喷涂光亮着色剂的劣质胶合板替代着古老的红木;多色塑料或镀铬做成的饼干桶、鸟笼摆放其间"④。他对比了现代性打造的空间与旧式空间的不同,现代的房屋用含铅的、带有色彩的窗玻璃,将屋子与外界严严实实地分割开来,而过去的旧房子通常会设计很深的窗台,这样一来,会给外面的色彩留有机会。例如,一盆色彩斑斓的金莲花或者耀眼夺目的天竺葵。霍加特指出,工人阶级特有的生活环境造就了工人阶级独特的文化品质。

霍加特以纤细入微的笔触触碰充满人间情感的生活空间,"回首多年,称得上好的'起居室'应该有这三样:聚集性、温暖、充足而美味的食物"⑤。

其一,在霍加特的描写中,客厅是工人阶级家庭温暖的中心,它不是社交中心,而是家庭的中心。对于工人阶级而言,即便是最熟悉的朋友也很少"跨过这道门槛"⑥,几乎不知道对方的屋子究竟是怎样的。工人阶级的社交空间常常出现在由工人阶级组成的社区里,女人们会相遇在洗衣店或者拐角商店里,男人们会聚集在工人阶级的酒吧、俱乐部中。

其二,霍加特认为"炉火"是工人阶级生活空间中最重要的陈设品之一。"炉火为家而留,不管是呆在家里,还是在家的附近",因为"这些(地方)是属于我们的"⑦。"只是呆在那里"是工人阶级最常见的日常闲暇活动之一。虽

---

① Richard Hoggart, *The Uses of Literacy: Aspects of Working-class Life*, p.16.
② Ibid., p.17.
③ Ibid., p.19.
④ Ibid.
⑤ Ibid.
⑥ Ibid., p.20.
⑦ Ibid.

然工人阶级的住所混乱而拥挤，但是，对于他们而言却是一个可以深深远离外界世界的藏身之处。炉火代表温暖，而"温暖就像一只小虫在小地毯上一般的舒适，对工人阶级而言，温暖是头等重要的"①。霍加特写道，对于好的家庭主妇而言，她们必须看管好火炉，看管好火炉比买好质量的羊毛内衣要好得多，火是可以分享和可见的。

其三，霍加特追溯着工人阶级的美食。在霍加特的回忆中，工人阶级之间的食物也有区分，好一点的可以享受到猪排、牛排、腰子和土豆条，而相比之下，可怜的靠领养退休金生活的老人只能用热水溶解一便士买来的碳酸饮料再加上几片面包来作早餐；对于工人阶级的主妇来讲，她们都会将肉切得很薄，这样一来可以增加食用的次数，而且不仅如此，还会既营养又美味。其中，美味的重点还表现在周末特有的"茶点"上，如黑布丁、猪脚、猪肝、炖蹄筋、牛肚、香肠、鳕鱼和特别受欢迎的开胃虾、小虾米、鱼子、腌鱼和贻贝；鲑鱼很好吃，远远胜过新鲜的三文鱼。

霍加特关注万象生机的工人阶级内部的居住空间、工人阶级特定的行动空间，以及空间内部的陈设品，特别是家庭空间的陈设使工人阶级空间充满了生机和活力，而非完全由城市空间操控者所限定和束缚。工人阶级在现有的空间中开展自己的生活。而源于生活的空间实践刚柔并济，它不会像空间的划分者那样，使空间变得生硬而冰冷，而是用充满智慧的实践活动创造出更具有人情味的空间，过一种真正自由自在的生活。工人阶级日复一日地开展和重复文化实践的场所当属家庭空间。"没有任何一个地方可以和家相提并论。"②对于工人阶级来说，回到自己家就会得到愉悦而轻松的感觉，他们可以暂别那些不由他们支配的地方，暂时从某种社会关系和社会等级中解脱出来。家是自己的地盘，家可以定位自己的真实领土。即便是蜗居般的家庭生活同样也能带给工人阶级温暖和幸福。

"家庭生活的意义就在于具有一种不可剥夺、不容替代的品质。"③霍加特立足于人们习以为常的居住空间，以具体空间的使用方式，了解空间使用者的文化行为。在霍加特看来，文化更是一种具体的生活，是日复一日的日常行为

---

① Richard Hoggart, *The Uses of Literacy: Aspects of Working-class Life*, p.21.

② Ibid., p.18.

③ Ibid.

的聚合,家庭留存着普通人民的文化特质。他从具体的家庭生活关注工人阶级特有的文化品质,认为在日常生活成千上万的琐碎事件中,可以辨识出工人阶级特有的生活方式,如"数英里冒着浓烟"的居住地、"具有辨识度很强的工人阶级房屋"及"每月数额较少的分期付款方式"。即便是这样,对于工人阶级社区来讲,也同样存在"微妙色差":"稍好一点的房子""独立厨房""有一个露台或者一个小院儿""一星期的租金在九便士以上的房子""她的丈夫具有一技之长""他家的媳妇能持家,对家里的摆设有所讲究"①,如此等等。

以家庭为单位的社会关系体现着马克思、恩格斯在《德意志意识形态》中所提出的两种生产,即:一方面,"首先就需要吃喝住穿以及其他一些东西。因此第一个历史活动就是生产满足这些需要的资料,即生产物质生活本身"②;另一方面,"每日都在重新生产自己生命的人们开始生产另外一些人,即繁殖。这就是夫妻之间的关系,父母和子女的关系,也就是家庭"③。家庭既代表一种物质关系,又指代一种社会关系。霍加特正是以这种细致入微的空间叙述方式,叙说工人阶级物质生活中的点滴行为,追忆温柔甜美的家庭小天地的喜怒哀乐,憧憬有朝一日未来生活真正意义上的改善。

霍加特认为,文化生成的行动空间还表现在由邻里关系搭建的空间关系中,邻里之间构成了一种集体性的空间关系。"家或许是私人领域,但是将前门打开让客厅直对着街道;当你走向第一个台阶或者就此作为温暖夜晚小憩一会的地方,你自然成为邻里关系中的一部分了。"④生活环境是由家庭及邻近区域构成的,它具有集体性和规范性,无形地构成了居住者的生活轨迹,它不仅可以透视个体居住者的日常生活,而且可以反观集体性居住者的共同生活特质。因为居住者选择的活动范围所限,以及日常生活彼此之间的相互接触,他们构成了相互共存的关系。"我们的日常生活具有边界,它是我们行动和运动的有效辐射的极限。"⑤由于工人阶级居住的邻近性和密集性,工人阶

---

① Richard Hoggart, *The Uses of Literacy:Aspects of Working-class Life*,pp.7-8.

② 《马克思恩格斯选集》第1卷,第79页。

③ 同上书,第80页。

④ Richard Hoggart,*The Uses of Literacy:Aspects of Working-class Life*,p.37.

⑤ [匈]阿格妮丝·赫勒:《日常生活》,衣俊卿译,黑龙江大学出版社2010年版,第229页。

级邻里之间不可能保持匿名的关系。在邻里构成的空间关系中，这里的居住者"几乎知道每个人和每一个亲密的细节"①。例如，"谁家有一个儿子，'晋升了'或移民了；谁家有一个女儿，嫁错了或过得好；一个依靠退休金独自生活的老头在城里的商店买马肉，还抽着六便士混合的烟草；这个年迈的家庭主妇是一个吹毛求疵的人；……这名男子是一个有一技之长的熟练工人，他每年夏天都会带着家人在黑潭度过悠闲的一周，并且在所有人之前购买了电视机；他们每周会在帝国剧院预订位子；这个小家伙比其他队友能得到更多的冰淇淋，通常在圣诞节和生日会得到更多昂贵的礼物"②。

在霍加特看来，邻里关系还是一种具有微弱规范性的关系。邻里关系还承载着对居住者行为评价的一种隐性关系。在邻里间的空间关系中，居住者的行为会受到邻里间的评判。工人阶级邻里关系会呈现出，"虽然邻里都是'你的同类'，但是，聚在一起就会陷入麻烦。他们总会准备好一连串的闲言碎语或是低劣的八卦"③。工人阶级邻里之间构成了一种相互共存的关系，而这种关系之中隐藏着心照不宣、心领神会的集体礼仪和规范。作为邻里都将成为彼此之间评论的对象。例如，居住者的言语、衣着、行为是否遵循邻里间不成文的"规定"。霍加特写道，尽管你可以紧闭前门，防止他们透过薄薄的墙壁"听到一切"，你可以"过你自己的生活""保持你自己"，甚至你只和自己的家人来往，但即便是这样，透过窗台和台阶擦洗程度便可引起邻里的注意，作为评论是否符合"正派"家庭的一项标准。

在由家庭、邻里构成的日常生活中，每个人在其中重复着日常劳作，遵循着各种仪式、风俗、习惯、节奏。家庭作为文化生成的空间，自然而然地将原有文化与此时此刻发生的文化行为持续地连接在一起，凝集成整体的文化生成，因此，家庭、邻里生活为整体性和连贯性的文化生成提供了现实基础。

三、生活感受确定文化认同

由家庭、邻里所构成的日常生活是包孕物质和精神在内混合而成的微观再现。一方面，日常生活具体再现了社会关系的内幕，从微观层面透视现代社

---

① Richard Hoggart，*The Uses of Literacy：Aspects of Working-class Life*，p.39.
② Ibid.，p.39.
③ Ibid.，p.19.

会的生产活动和精神活动;另一方面,微观主体通过对日常生活的生活感受,在区分他们和我们的世界中,寻找自我认同和自我确认的精神空间。

赫勒在《日常生活》一书中阐述了"个人和他的世界"①,从日常生活维度分析了五个方面的个人所属关系。其中,"作为阶级单元的个人"认为个人与他的世界的关系是一个历史性问题,要在历史的考察中思考"历史阶级"这一问题,并由此区分了"自在的历史"和"自为的历史"。具有相同之处的是,霍加特从日常生活的微观文化着眼,在"'他们'和'我们'"的划分中,从文化的生存方式探究阶级文化的特质,以文化的维度考察阶级问题。与赫勒的"自为的历史"相比,霍加提出了"自为的文化",借此探讨"他们"与"我们"的不同,以深深根植于社会之中的"自为的文化",表达阶级主体的生活感受。

在错综复杂的社会关系中,霍加特以工人阶级"自为的文化"为视角,从三个方面思考了"他们"与"我们"所形成不同的生活感受,以及由此自发产生"他们"与"我们"之间社会关系的分割。

第一,霍加特探讨了存在于有限空间中的工人阶级的政治感受。他认为,对于绝大多数的工人阶级而言,他们对政治问题的认识和理解源于他们在现有的生活环境中,对某一政治的态度、观点和政治活动都十分有限。工人阶级对政治的理解包含着民间政治的特质,他们持有"政治对于他们没有未来"、"政治不会给任何人带来好处"②的态度。他们对事物的看法通常是非政治性的,在他们眼中,现实生活最为重要的东西与政治之间不会有太多关联。

霍加特总结了工人阶级民间政治的特征是一种自然情感的宣泄。他提出,工人阶级对宗教、政治存在的一般性观点,通常是一大堆未经证实的口头传述,他们会把这些一般化、带有偏见、半真半假的陈述视为珍宝,并通过名言警句的方式将其口耳传颂。在霍加特的回忆中,曾写道,早期工人阶级中间,偶尔会出现一些自相矛盾的政治观点,却往往令工人阶级信服,甚至在工人阶级中间会产生一定的影响力;这些观点听起来有理有据,像在揭露一个无可争议的事实;工人阶级还会用奉若神明的座右铭来表述。例如,"据他们所说,他们整天什么都不做""所有的政治都是歪曲的""没有任何东西比英国制造

---

① [匈]阿格妮丝·赫勒:《日常生活》,衣俊卿译,第27页。

② Richard Hoggart, *The Uses of Literacy: Aspects of Working-class Life*, p.72.

的好""发展总会继续向前""所有的美国人都很自负""英国是世界上最重要的国家""只有针对富人的法律""恶魔在两党之间周旋"。①

第二，霍加特提出具体而现实的生活感受是区分"我们"和"他们"的现实依照。他指出在工人阶级中间如此尖锐地将世界分成"我们"和"他们"，是大部分工人阶级较为重要的生活感受。然而，在现实的社会中，统治阶级为实现和满足自身利益，通常会使用形而上的、抽象的、符合逻辑的、美化的东西来掩盖和替代现实的矛盾和冲突。"最终为达到'他们'的世界，各种政治和社会问题最后会超越政治和社会哲学而指向形而上学。"②但是，霍加特认为"他们"在面对"我们"，或者让"我们"屈从于"他们"的世界的时候，如何将"我们"带入抽象、不熟悉、不知所云的世界，对于"他们"而言，似乎很难办得到。其原因就在于，在"我们"的世界里，很难对一般性的、宏大的、抽象化的问题感兴趣，而是"被所在群体的传统、个人和当地的传统所深深吸引"③。例如，霍加特将目光集中于工人阶级经常出入的工人俱乐部，那里充满着工人阶级闲暇时光的欢声笑语，充满着有关爱情、亲情、友情的令人感伤而又怀旧的乡村民谣，体现出工人阶级简单质朴、共同道德准则的生活态度。

第三，生活在"我们"范围的人们结成共同的生活态度和价值体系。在霍加特看来，"我们"生活着这样的一些人，包括熟练或不熟练的劳动者、技工或者学徒，这个"松散的边界"还包括挖土工和户外体力劳动者、从事商业活动和公共交通的工人、工厂的劳动者，以及从管道工到重体力的劳动者、包工头、商店的办事员也算在内。从"我们"的成员构成来看，具有明显"阶级主体"的特征。正如赫勒所言，当个体指向"阶级主体"时，"实际上是说他的阶级的历史主体性为他设立了他的个性发展的限度"④。同样，霍加特认为，日常文化生活有着强烈的阶级特性，即便现代社会用一种"虚掩的门""无阶级的社会"掩饰这样的现实状况，文化的等级性毫无疑问地决定和制约个体发展的限度。有着共同文化命运和存在于共同文化空间的工人阶级，对相似的生活经历会感同身受，在感觉、感受、思考、体悟生活的过程中，凝结日常生活文化，共享文化习俗。

---

① Richard Hoggart, *The Uses of Literacy: Aspects of Working-class Life*, p.73.
② Ibid., p.72.
③ Ibid.
④ ［匈］阿格妮丝·赫勒：《日常生活》，衣俊卿译，第28页。

但是，大行其道的现代性"同一化""同质化"的发展正试图让人们越来越淡漠"我们"与"他们"关系的划分。而斯科特·拉什认为，对于理解当代社会而言，对"我们"做出根本性的思考显然是必要的。这种对"我们"做出根本性的思考到底是什么？会是怎样的？拉什认为，无论是鲍德里亚的符号价值、拉康的象征，还是德勒兹的性欲经济学都在于以解构的方式获得"我们"，"但如今无处不在，绵绵不绝的解构无一能够把握住'我们'，只能导致基础越来越薄弱、在形式上越来越趋向于浮士德式的美学的'我'"①。在我看来，无论是传统意义通过阶级关系确认的"我们"，还是美学自反性通过解构方式获得美学的"我们"，对于霍加特寻求的"我们"而言，不属于上述的任何一种类型，他避免从宏观的社会结构层面理解"我们"，也拒绝从抽象的美学认识"我们"，而是从源于日常生活的实践中，在深入内部的"我们"对"他们"的认识中，不断确认"我们"的过程。"文化的'我们'——是在获得意义过程中表现在共享的背景习俗、共享意义和共享的日常活动中的集体性。"②霍加特对"我们"意义的确认正是以工人阶级为例，分析工人阶级在日常实践过程中所凝结的共同感受、共享习俗、共享意义和共享日常活动的自我认识过程。

值得关注的是，菲斯克时期的文化研究已经远远偏离了霍加特创立文化研究的初衷，而"使'生产者'和'消费者'从共享的、固有的习俗中抽象出来，使之作为具有'优先安排'的进行理性选择的个人"③。菲斯克所关注的"我们"是一种生产与消费层面的关系的"我们"，将日常生活的"我们"的确认基于生产与消费的关系链条之中。而霍加特恰恰希望"我们"从市场化的关系中解脱出来，寻求内在于我们文化生活中的"我们"。

文化是生成的，它处在不断变革的过程中，而文化生成与变革的源泉则在生活世界，这是文化思想大师霍加特基于唯物史观和面向生活世界的当今哲学潮流做出的深刻论断。这一思想与英国传统的精英主义文化观念相分隔，从生活世界的文化基点拓展了马克思主义关于人民群众是历史创造主体的思想。霍加特关注文化生活化与生活文化化之间的内在关联，从人的日常生活

①　[德]乌尔里希·贝克、[英]安东尼·吉登斯、[英]斯科特·拉什：《自反性现代化：现代社会秩序中的政治、传统与美学》，赵文书译，商务印书馆2014年版，第182页。

②　同上书，第183—184页。

③　同上。

态度、话语形式和生存环境等方面理解文化的变革，促使文化的认识方式和表达方式发生根本性转变，把文化逻辑和生活逻辑相统一，形成了普通文化实践者自我创造、自我发展的文化生成机制，其目的在于最终达到文化的生活化和生活的文化化，推进文化与生活的内在统一，从而培育工人阶级的文化自觉，强化无产阶级反对资产阶级的文化立场，提升实现社会主义的实践能力。

霍加特站在历史唯物主义的立场上，深入现实的社会生活，剖析具体的社会状况，并由此分析日常生活实践的文化表征，具体体现为两个方面：生活态度勾勒文化生成与变革的雏形；日常行为体现文化生成的运行方式。

四、生活态度勾勒文化生成与变革的雏形

人类自我实践的过程同样是文化生成与变革的过程，而基于日常生活方式凝结而形成的生活态度，则代表了对日常生活的总体意向。它意指特定群体通过日常生活实践达成一整套心照不宣的衡量标准。稳定而持续的生活态度勾勒文化变革的雏形。

霍加特以主体介入的方式，探寻存在于英国工人阶级生活中的核心态度，深入分析大众娱乐业的负面影响，揭示日常生活实践凝结而成的生活态度对文化生成基本雏形的勾勒作用，反对外来植入式文化对工人阶级核心态度的干扰，弘扬工人阶级的反抗精神，强化其社会主义主体意识。霍加特认为，"任何关于工人阶级的态度都是一种群体感觉。而这种感觉不存在于按个人的'方式去做'，而存在于绝大多数群体成员的自觉行为之中"[1]。但是，霍加特在对工人阶级态度进行分析时，却有意避开"团体"这一词，因为，他认为"团体"的弦外之音过于简单化这一过程，从而低估工人阶级群体更为尖锐的内在张力结构。

霍加特认为，工人阶级的核心生活态度以传统标示其文化生活的方向，包括强烈的群体成员感、乐观的存在主义意识和对待事情的宽容态度。强烈的群体成员感体现为友善、合作、睦邻。在他看来，工人阶级所倡导的睦邻关系

---

[1]　Richard Hoggart, *The Uses of Literacy: Aspects of Working-class Life*, p.54.

不只是一种"公平意义上的交换"，而是保持着"乐于助人""随时效劳"的态度。[①] 工人阶级中间存在着这样的座右铭："我们同在一起""团结就是力量""联合与勤劳""爱、团结和忠诚"[②]。

乐观的存在主义意识体现在对工作、婚姻、家庭习以成俗的看法和一尘不缁、照例下去的行为中。霍加特认为，工人阶级群体不存在非常自觉的社区意识，截然不同于社会有目的的运动。工人阶级不会有意地施加某种力量来促进彼此的连接，诸如合作化运动的组织发展，而源于这样一些态度："我们彼此生活在一起，我们是群体中的一员，在那里我们可以得到温暖和安全，群体不会频频变化，随时可以'掉头寻求邻里的帮助'，这些都是买不到的。"工人阶级相信，"金钱并不能使人更快乐，权力亦是如此。'真实'的存在是人类以及与之相伴的东西——家庭、亲情、友情和快乐生活。"工人阶级常说："钱不是真实的东西"，"如果你总是为了额外的钱而殚精竭虑，那么生活就没有意义了"。[③]

对待事情的宽容态度主要取决于群体共同的价值观假定。"想知道邻里会怎么说"这是最常见的方式。工人阶级总是以邻里会做出怎样的解释来观察和被观察，因为一个人的视野是有限的。超越群体的想法会被认为"装腔作势""自视清高""不屑一顾"。霍加特用细腻的笔触写到了一些因生活改善很难再划分为工人阶级一员的人们，他们仍然保留着原有的内在精神气质，用工人阶级的智慧和态度战胜了"有钱的阶级"。工人阶级邻里对这样一些人心生爱戴，并不是因为他们不再是我们中的一员，而是他们保留了那些未经打磨而直率的天性。

在霍加特看来，外部商业化的文化植入对工人阶级的生活态度正在产生深刻的影响和改变。主要表现为以下三个方面。

其一，宽容和自由。霍加特把宽容和自由联系在一起思考，其原因在于"几乎无限制的自由概念正通过越来越浅薄的渠道传递给工人阶级，并流入和吸收到旧宽容的概念中"[④]。"宽容"一直是工人阶级生活态度的重要体

---

① Richard Hoggart,*The Uses of Literacy：Aspects of Working-class Life*,p.55.

② Ibid.,p.54.

③ Ibid.,p.56.

④ Ibid.,p.132.

现,但是随着自由概念的无限扩大和推崇,宽容也失去了它原有的意义。霍加特认为,自由的概念现在泛化到什么东西都不是的地步,成为毫无意义的东西。在将自由与宽容微妙地联系在一起的过程中,他认为自由的概念在此语境下就会产生一种结果:一个人什么都不选择他便是自由的,但是如果他使用他的自由做出选择而不同于大众,他就会被认为"心胸狭窄""顽固""教条""不宽容""爱管闲事""不民主"。现代的工人阶级用"怎么都行"来代替"待人宽容",宽容时下成为一种嗜好,不断地消耗传统的生活态度,使人变得吝啬和脆弱,失去了阶级立场和意识,并远离了日常生活。

其二,群体感和民主的平均主义。霍加特认为工人阶级的群体感可以表达他们一致的需求,群体感代表了彼此之间的热情和友好,但对于大众宣传而言,试图利用乳臭未干的民主平均主义达到他们的商业利益。霍加特认为"大众"既是一种民主平均主义的说辞或伪善之言,又是对"普通人"的一种荒唐而危险的奉承。因此,"依靠人民""一切平等""所有人都有选举权""一样就好""人民的声音就是上帝的声音",这些不疼不痒的表达暗含着一种伪善的民主,从而瓦解了工人阶级的群体意识。

其三,生活在当下和进步主义。霍加特认为传统工人阶级持有活在当下和为了当下的态度,相信完全可以沉浸在自己的快乐中,但是"进步主义"通过忘却过去来促进活在当下,现在是快乐的仅仅因为是现在,是最新的而不是过时的,新的现在一经出现,旧的东西就该丢弃。但事实上,旧的东西有着旧的价值——古朴美观。不幸的是这样的"进步主义"正冲击着年轻一代工人阶级的生活,形成了工人阶级"新"与"旧"生活态度之间的对立和冲突,其恶劣的后果是使工人阶级忘记了他的历史使命。

霍加特通过分析"新"与"旧"态度的不同来源,揭示出商业文化造成的文化与生活态度之间的关系倒置。例如,友好的集体传统源于工人阶级紧密、挤成一团、亲密的生活条件。工人阶级的使用空间大多都是共享的,在这样一个有限的空间里,"睦邻"或者"友善"都会得到很高称赞。俱乐部是工人阶级交口称赞的地方,因为"它是真实而友善的地方"①。"旧"态度代表着日常生活凝结而成的态度,这些态度蕴含着丰富的工人阶级文化,并指引着未来文化发

---

① Richard Hoggart, *The Uses of Literacy：Aspects of Working-class Life*, p.55.

展的方式和价值诉求。源自工人阶级的日常生活态度,经常以警句、习语、谚语的方式进行传颂。工人阶级还会用歌曲的形式酝酿他们对生活态度的倾诉,这些歌曲的主题多数围绕着工人阶级态度的核心——爱情、朋友、生活之善。

但是,在大众文化的影响下,工人阶级的态度正在悄无声息地发生变化,这种态度的改变是一种外部植入式的强加,是受外力作用而产生的被动改变。"大众出版物为了获得更加持续、有效的吸引力,采用了比以往更加综合、集中的形式。我们正在向大众文化的世界移动;至少一部分'人民的'城市文化正在被摧毁。"①在霍加特看来,新大众文化比它正在取代的粗俗文化更缺乏健康,它强有力地干扰和曲解传统的工人阶级态度,试图加强大众文化对态度形成的外力作用。大众文化呈现的是一个倒置的文化世界,从而正在消解工人阶级的阶级意识和革命立场。

日常生活态度反映着人们的道德情感、价值选择,勾勒文化生成的雏形。文化是对当时某一社会生活、社会现象尽量力求客观地反映或再现。但是,文化并不是机械地陈述,体现着一定的文化态度,对某现象持赞成或是批判态度,而这种文化态度的真正来源正是凝结于日常生活实践的生活态度。

五、日常行为体现文化生成的运行方式

生活世界充满着不计其数的人的活动,而这些活动并不是杂乱无章无规律可循的,日常行为填充了风俗、礼仪、习惯和规范。文化生成植根于日常生活世界的现实土壤,其运行方式遵循着日常行为的轨迹。每个文化使用者都可以通过日常生活实践理解和创造文化。霍加特认为工人阶级的文化运行方式正依照着他们日复一日逐渐形成的行为习惯而存在。

一方面,文化以真情实感刻画人间百态,表征人们日常行为的踪迹。与精英主义的文化观不同,霍加特所关注的文化生成,不以追求宏大的、泛化的、总体性的文化模式为目标,而是试图透过五彩斑斓的微观文化样态,理解蕴含于人们日常生活中的具体文化行为,从而探寻文化变革的微观机制,找到提升工人阶级文化自发的途径。

在霍加特看来,文化行为必然与人的现实生活密切相关,文化生成不是简

---

① Richard Hoggart, *The Uses of Literacy:Aspects of Working-class Life*, p.10.

单地将文化指向生活而成为一种漂浮的能指,而应深入具体的日常行为之中。在霍加特看来,工人阶级文化生成是围绕着一天的日常生活展开的,"炸鱼和土豆片的味道从用报纸包裹的袋子里冒了出来(尽管这一做法正在消失,但这可能是英国小报所发挥的最有用的作用);地方性图书馆的气氛;硬薄荷糖的味道;《世界新闻报》混合着烤牛肉的星期天的味道;先令投币式的供电系统;工人阶级父亲用挠耳朵的方式表示他正在思考;沉迷于救世军[1]的传统,因为他们可以为普通人民提供实际的帮助,而不是空洞的虔诚"[2]。虽然文化行为有其自身发展的规律性,但是一个时代现存的社会运行方式和生产体制必将决定、制约着文化的内容和风格。

微观形态的文化生成总是再现或反映人们在现实生活过程中的生活状况。霍加特妙趣横生地举例说明,即便是现在的工人阶级也很难以正确的方式通过七道菜的晚宴;同样,混入工人阶级中间的中上层阶级,通过他们不经意间所流露出的言谈举止,就会毫无疑问地暴露出他们的身份背景。某一群体具体的生活行为暗含着与其他行为方式的不同,呈现着自身所在文化的特征。文化作为现实的存在物,就无法离开具体的生活行为抽象化、一般化地谈论它。

另一方面,文化作为现实社会生活的真实写照,源自于对日常生活行为的分析与创造。霍加特认为任何文化的生成都不会独立存在,总会处于某种社会关系中。他主张文化不仅限于"高级"文学、"低级"文学、语言大众艺术形式的文化意义,而且还包括更广阔范围的其他社会表象,"诸如某个时代所出现的特定社会阶层的仪态类型、服饰式样、语言习惯及其他各种方式"[3]。霍加特认为彻底区分文化现象与文化附带现象几乎是不可能的,文化与社会之

① "救世军"是反动的宗教慈善组织,1865年由传教士威·布斯在英国创立,后来它的活动又扩展到其他国家(1880年按军队编制改组后才采用这个名称)。该组织利用资产阶级的大力支持,进行广泛的宗教宣传,建立了一整套慈善机构,其目的是使劳动群众离开反对剥削者的斗争。救世军的某些传教士进行社会性的蛊惑宣传,表面上谴责富人的利己主义。(——《神圣家族》,《马克思恩格斯全集》第22卷,人民出版社1965年版,第343页)

② Richard Hoggart, *The Uses of Literacy: Aspects of Working-class Life*, p.xvi.

③ Richard Hoggart, "Contemporary Cultural Studies: An Approach to the Study of Literature and Society", *Centre for Contemporary Cultural Studies*, University of Birmingham Occasional Paper, No.6, 1978, p.17.

间的联系是无法分割的,尤其对于现代性社会而言,文化与社会生活的密切相关性表现得更为突出。霍加特进一步说明,"读懂"表示理解或解释日常行为的文化意义,借助文化的品质和风格读懂社会意义十分重要。他指出即便是多么白雪难和的文化都离不开人的生活和现实的社会,文化的本源来自生活,文化应放置于日常生活的背景加以考察,尽量挖掘日常生活中的一切文化因素,为更加充足地了解社会和提升文化品质提供帮助。霍加特还分析了大众艺术、流行艺术与日常生活的关系,认为"大众艺术或流行艺术所具有的东西都会在民间传说和神话中出现"①。为此,霍加特采用列维·斯特劳斯对通俗文学的分析,认为人类学家通过某种方式阐释原始社会神话的含义,并把这些含义与该社会中的信仰与精神状态联系起来,同样这种方法有助于对通俗文本的阅读。② 霍加特主张文学—文化工作与社会学之间也可以形成有益的合作,认为意大利批评家安伯托·艾柯以符号学对知识社会学和意识形态的分析,与文学批评方法有很多共同之处,文化对人类生活的内涵的喻示酝酿于现实的日常行为之中。

第三节 文化实践的社会变革

在同质化和变幻不定的商业文化的冲击下,大众娱乐成为源源不断被量化群体的聚集地,生活赋予人的特质、姓名、面孔变得模糊不清,人们从家庭、社团为主要的存在形式中走出来,汇成了媒体时代一道道闪动着的数字流,昔日家庭式的娱乐方式逐渐在大众文化娱乐方式的影响之下消失殆尽。霍加特力图改变现有的社会存在方式,通过对新与旧的日常生活运动轨迹的描述与对比,分析了按资本逻辑发展的文化对日常生活的侵蚀,把研究聚焦于日常生活的真实片段,以文化实践思想为核心,寻求以文化实践引发整个社会变革的新动能,实现文化化的生活与生活化的文化的内在统一,达至大众媒体社会意义的变革、文化配置的变革和文化主体性的变革。

---

① Richard Hoggart, *The Uses of Literacy: Aspects of Working-class Life*, p.18.
② 霍加特对列维·斯特劳斯的通俗文学的分析,可参见 T.摩尔的《斯特劳斯与文化科学》一文。

一、文化化的生活与生活化的文化的统一

文化实践以积极的方式感知世界，充分发挥微观文化实践者的自主性和创造性，让普通人民获得文化实践的真实性和文化实践的愉悦感。霍加特认为如果人们有自我意识的头脑能为积极应对生活留有空间，那么在寻求自我的满足感时就会获得力量。在霍加特看来，这种力量的来源取自于人们习以为常的日常生活的文化实践过程，可以被人们的感官系统，如视觉、听觉、味觉、触觉所真实感知。

文化实践使文化生长在日常生活中。与海德格尔"诗意地栖居在大地上"相比，霍加特文化实践更具有现实意义，文化生活化和生活文化化的内在一致性来自日常生活的现实场景。霍加特认为日常空间包孕普罗众生的文化生活，承载着饮食男女的衣食住行、婚丧嫁娶等周而复始的日常生活，文化实践使文化获得了内在的自由。孙·欧文认为，"霍加特是第一位将文化批判的参数延伸到包括流行文化和工人阶级文化在内的文学批评家"[①]。对于文学批评家的霍加特而言，无须避讳他曾受过利维斯式文学批评训练的经历，因为他们之间存在着对文化本质的不同理解和全然不同的阶级立场。虽然利维斯的"实践批判主义"强烈批判商业文化对文化衰退的作用，但是其目的还在于通过严格的文学训练，恢复精英主义的文化价值体系，是一种基于"美学的和道德的实践"[②]，是一种排除普罗大众的狭隘的实践，是一种保全精英主义者主体地位的实践。与之不同的是，霍加特的文化实践思想在于将利维斯主义者的文学批判实践的方法，分享给普通文化实践者，使人们珍重工人阶级具有弹性文化的价值，为普通文化实践者提供针砭社会的途径。他强调日常生活的作用，目的在于彰显根植于日常生活文化的意义，即真实地反映生活世界的人生百态，突出工人阶级文化主体意识的意义和价值，使文化成为改变社会不平等现状的突破口。霍加特坚持认为好的文学作品无论从内容还是形式都源于对日常生活的感悟，糅合提炼日常生活中的点点滴滴和方方面面。

由此，霍加特进一步阐释了文化与生活的关系，坚持工人阶级文化的重要

---

① Sue Owen, *Re-reading Richard Hoggart*：*Life*，*Literature*，*Language*，*Education*，Cambridge：Cambridge Scholars Publishing，2008，p.58.

② ［英］丹尼斯·德沃金：《文化马克思主义在战后英国——历史学、新左派和文化研究的起源》，李凤丹译，人民出版社 2008 年版，第 114 页。

价值,强化了工人阶级经验生活文本的意义和作用。霍加特通过对工人阶级文化的真实写照,反映了他所倡导的文化与生活内在一致性的文化精神,体现了工人阶级宽容、幽默、伸出援手、不骄傲自大、忠诚、亲仁善邻的价值体系。但是,随着文化产业化的兴盛,现代社会"与道德无关""追求轰动效应""碎片化""故作'亲密'""对普通人伪善之言"①的商业价值体系,源源不断地侵扰工人阶级原有健康的价值系统,并掠夺和腐蚀着工人阶级的日常文化生活。对此,霍加特强调源自日常生活的文化生成,恢复"具有弹性"的工人阶级文化,从而有效抵制商业文化的诱惑。他认为文化生成的意义在于彰显"日常生活的'重要细节',与此同时,审视和再造日常生活的复杂性"②。霍加特倡导日常文化实践对普通文化实践者了解社会的价值和意义,"对社会保持有深度的洞察来自于日常生活经验的渗透",日常文化实践"有助于打开我们对人类生活经验丰富的感知"③。日常文化实践承载着淳朴敦厚的普通人民对自然世界的敬畏之情,抒发着他们对日常生活世界的喜怒哀乐,体现着他们对未来生活的憧憬与向往。

霍加特特别关注日常生活实践最为直接而有效的家庭生活。他认为家庭是可被普通人民真实感知的场所,在那里普通文化实践者可以暂别外部世界的干扰,可以尽情感受自我的真实存在感。霍加特在对日常生活,尤其是对工人阶级家庭的描述中写道,虽然在这里独自一人的思考和阅读是困难的,其中夹杂着无线电和电视的声音、间歇性的对话声、烫衣板重击桌子的声音、猫狗的哈欠连天和叫嚷声、吹口哨声、翻动信件沙沙作响的声音、小女孩的阵阵啼哭声、鹦鹉叽叽喳喳的叫声,但这一切的嘈杂却尽显着一种平凡生活的温情,这一切的杂乱却是可被普通人民真实感知的世界。霍加特关注特定生活中生活方式的质感,日常文化实践则体现了文化生成的质感和密度,文化实践思想坚持日常生活作为文化研究的关键源泉,挑战了学术理论与日常生活模式之间的界限,加强了个体经验与历史结构之间的内在关联。

日常生活场景即家庭生活,为普通文化实践者提供文化行动的空间,使其获得文化生成的支配感。在谈及家的时候,无论是家庭成员还是周围的邻里,

---

① Richard Hoggart, *The Uses of Literacy : Aspects of Working-class Life* , p.120.

② Richard Hoggart, *Speaking to Each Other : Volume Two : About Literature* , p.249.

③ Ibid. , p.254.

往往会使人联想到具体的生活或某些特定的人物，家庭是具体的，很难和抽象的事情联系起来。家庭让"工人阶级具有归属感"，在那里人们可以获得支配感，但随着日常文化空间被商业化占据，家庭生活逐渐掺入了均质化商业文化的成分，使得日常生活的模糊感、原子个体的孤独感随之产生。霍加特将商业化的公共空间与凌乱但温馨的家庭空间进行了对比，尽显出家庭生活承载着朴质无华的日常生活的本色。

文化实践再现司空见惯家庭生活的人间情怀。霍加特以生动温情的语言赞美道："家庭作为一个地方，在那里我们学会了爱别人，而不是仅仅爱自己，家庭可以给我们独特的方式通向自己的感情空间，可以不断打开心扉，只要我们愿意让它打开。"①换而言之，霍加特认为和谐的社会关系，不仅引导人们要善解人意、与邻为善，而且充实和丰富着人们的社会存在感，拓宽人与人之间交流的范围，从而为达至建立深层意义的社会共同体提供基础。在人们共享的日常生活中，"不仅大部分的物品可被分享，同时还包含了共同的品格"②，日常文化实践呈现出一幅幅充满温情的日常生活的图景，彰显出普通人民正直、诚实、努力、勤奋的特点，激发人们共同关注人类美好的精神家园。通过微观文化主体的文化实践，如流行于民间的风俗礼仪、饶有风趣的民间歌舞，可以真实再现源于民间、活跃于民间的文化特色，体现出文化与生活的有机结合，体味到社会的人生百态。

霍加特源于文化实践所产生的情感表达，是一种由内而外的自然生成，这不仅限于工人阶级的感受，而建立在大多数人共同认可的价值基础之上。他认为，"生活集中在群体所熟知的街道和他们复杂而活跃的群体生活之中"③，家庭、邻里空间能够标示我们所在社会中的位置，这种社会关系不是幻想的或者背对背的，而是真实的面对面的世界。他采用了一种移情手法，调动人们对更加稳定、成熟和具有内在精神的文化生活的向往与共鸣。正如移情说的代表人物立普斯认为，人们在对周围世界进行审美认知时，不是被动感受，而是自我意识、自我感情，以至整个人格的主动移入，而通过"移入"使对象人情化，达到物我同一，"非我"的对象成为"自我"的象征，自我从对象中看到自

---

① Richard Hoggart, *The Uses of Literacy: Aspects of Working-class Life*, p.54.

② Ibid., p.20.

③ Ibid., p.41.

己,获得自我的欣赏,从而产生美感。霍加特在具有乡土风情、充满人间情怀的文化实践中,探寻日常生活的真谛,激励人们寻找心灵存在方式的变革。这种移情效应使微观文化主体珍视存在于自我空间的文化生成,在自我依存的现实空间中,寻求意识的来源,感悟人生的意义,获得心灵的自由和满足。

另外,霍加特独特的叙事学方法蕴含着文化实践的具体途径。虽然霍加特以个人的、家庭的、邻里间的有限空间为研究对象,以自传体作为陈述方式,但是,孙·欧文认为,霍加特的研究符合"从个体到整体"①的叙事逻辑。霍加特对《城镇风光及人物:福恩海姆——一个英国小镇的画像》(*Townscape with Figures:Farnham-Portrait of an English Town*)一书的写作亦是如此,将"整体的传统模式与个体风格"②有机结合来阐释英格兰总体的生活状况,体现出他一贯采用自传体的方式,以小见大地揭示对更大范围、更深层次社会批判的目的所在。霍加特个体经验式的叙事结构,体现出从日常文化生活延伸到对阶级结构和政治权力话语探讨的方法,为普通人民在力所能及范围和有限的空间内进行微观实践,提供了一种路径或模式。这种路径或模式表现出整体与特殊的辩证结构:一方面,霍加特以自传体的模式描述传统工人阶级的真实生活,打破强权文化对工人阶级的误读,树立工人阶级生活的复杂性和价值意义的观念;另一方面,霍加特塑造了"典型工人阶级"③的形象,并"以此作为一般意义普通人民的共有特征"④。在他看来,文化的内在机制并不比社会变革机制简单,在理解工人阶级文化,或者意指更大范围的普通人民的文化时,对日常生活与政治生活、休闲方式与体力劳动应当放置在同等位置来研究,因为对于微观文化实践者来说,日常生活具有不可剥夺的意义和不可取代的作用。

二、大众媒体社会意义的变革

霍加特主张对"'成熟的批判实践'的延伸,包括电影、电视、广播、通俗小

---

①　Sue Owen,*Re-reading Richard Hoggart:Life,Literature,Language,Education*,Newcastle:Cambridge Scholars,2008,p.73.

②　Stefan Collini, "Critical Minds: Raymond Williams and Richard Hoggart", *English Pasts: Essays in History and Culture*,Oxford:Oxford University Press,1999,p.222.

③　Richard Hoggart,*Everyday Language & Everyday Life*,London:Transaction Publishers,2003, p.102.

④　Richard Hoggart,*The Uses of Literacy:Aspects of Working-class Life*,p.22.

说、新闻、卡通、广告和流行音乐的扩展"①。他认为，文学批评实践的方法应该深入更为广泛的文化空间，应当结合社会学的研究。"在这里，我们特别需要与社会学者保持更好的联系，因为纯文学研究用文学批评的术语很难讲清楚有关'想象的品质'，或者谈论一篇文章所受到的各种外力作用，例如去中心化的技术、语言学的技巧，甚至语调的意义。这一切需要更多的分析，需要从所有层面去阐释和实施。"②

霍加特力图将文学批评的方法介入大众文化的分析中，"我们对大众文化疏于了解，这为成熟的批评实践留有了空间，包括：电影批评、电视和广播评论、电视剧（常常被忽视或者过高估计），以及各种各样的大众读物——犯罪小说、西部小说、浪漫小说、科幻小说、侦探小说"③。霍加特所开创的文化研究实现了文学文本研究与大众文化文本研究的有机结合，将文化实践从文学文本批评实践延伸到了包括大众文化文本批评实践、日常生活文本实践在内的更为广阔的范围，拓展了文化实践的领域，表明了他所倡导的文化实践的路径和指向。

尽管霍加特对"新大众艺术"持批判态度，但始终主张大众媒体应承担公共舆论、社会凝聚力、文化变革的主要力量，主要有以下三方面的原因：其一，健康、良好的媒体秩序可以强化政府、权力机构对民主化进程的推动作用，加强为公众服务的责任意识；其二，媒体作为一个公众平台，对不同群体的文化价值和社会行为做出具有公众影响力的判断，为每个家庭，甚至整个社会提供文化传播的重要源泉；其三，媒体是映射社会文化变化的窗口，对社会礼仪、态度、习俗产生重要的影响。霍加特认为如果对媒体进行适当监管，它可以真正丰富我们的生活和服务我们的社会。

霍加特突出了诱导公众兴趣与公众自发产生的兴趣之间的区别。对于霍加特来说，后者在某种意义上代表着"更广泛和更深刻的意义"④，强调媒体首先应该弄清楚公众的真实诉求。正如里思（Reith）所述："很少有人知道公众

---

① Richard Hoggart, *Speaking to Each Other: Volume Two: About Literature*, p.242.

② Ibid., pp.241-242.

③ Ibid., p.257.

④ Richard Hoggart, *Mass Media in a Mass Society*, London: Continuum, 2006, p.114.

想要什么,很少有公众想要的东西。"①霍加特赞同这样的说法,认为媒体重要的不是让公众受到细枝末节事物的缠绕,而应深入了解公众具体的现实生活。他认为良好的媒体秩序应该"超越工业化系统的束缚",实现潜在推动"社会艺术"的使命。霍加特对 BBC 持有一种肯定态度,认为目前为止它能够最贴近地代表我们需要的广播机构,"如果给予它适当的机会和有智慧的管理",它会"尽可能更加广泛地服务于社会生活"②。霍加特强调,"广播系统不能停止对社会的审视",有责任重新审视公共事务,并相信它将会拓宽公众对整个世界更大范围的了解和认识,更重要的是,"如果它能够肩负这种责任,广播公司将最终成为'社会的发酵剂'和'积极变革的活性剂'"③。

霍加特在谈论有关广播与社会之间的联系时,特别强调广播如何更好地服务社会文化生活的作用,并坚持认为我们每个人都应该有"改变或扩大我们品味"④的机会。他进一步指出,正确做出文化选择和文化判断不仅在于对源于生活方式和生活经历的丰富,而且还必须学会识别不同文化的价值标准,并在好与坏之间做出价值判断,广播监督者有责任明确表明为什么这一类的文化节目和文化形式优于其他的节目和形式,如果不这样就很容易丧失文化的价值判断,将所有礼仪和习俗进行平均化和同质化的发展,最终导致相对主义、民粹主义的出现。他举例说明:"对于'披头士与贝多芬同等价值'的推理来讲,显然是不明智和不诚实的。"⑤因此,他坚持广播机构应具备较高的文化道德素养,提倡对现实文化生活进行广泛而深入的研究。霍加特认为广播公司有责任保护社会文化中的优秀作品,但与此同时也要为新文化形式提供足够的表达空间,文化不仅指代那些"伟大而优秀的"权威模式,而且指向了更加细致入微和复杂多样社会生活的诠释,一方面,需要对文化作品具有反思和批判精神;另一方面,不容忽视对文化具有的可能性和不可预见性的因素,以及无限可能的发展空间。

---

① J.C.W Reith, *Broadcast Over Britain*, London: Hodder & Stoughton. 1924, p.34.

② Richard Hoggart, *Speaking to Each Other: Volume One: About Society*, p.173.

③ Richard Hoggart, *Only Connect: On Culture and Communication*, London: Chatto & Windus, 1972. p.90.

④ Ibid., pp.82-83.

⑤ Ibid., pp.83-84.

霍加特既非全然不顾地摆脱传统文化对高雅艺术的界定,也非不假思索地对工业文明新起的大众文化欣然接受。默克罗比对文化研究有过这样的看法:"对大众文化的批判面临的危险是,在他们挑战传统高雅艺术的定义的时候,他们很容易落入另外一个陷阱,也就是说'偏爱一个文本胜过另一个文本',评选出通俗文化的新经典,——我们不妨称之为'高雅的通俗文化'或者'精英的通俗文化'。"①但是当我们置身于现代社会时,我们又如何看待和审视传统文学、传统文化、大众文化的不同意义,以及它们之间的相互关系? 文化的传承性、内涵、价值、意义究竟在哪里? 而霍加特试图告知的文化诠释,不同于堪称经典的现代理论家那样,"在巴特那里是福楼拜,在德里达那里是马拉美和阿尔图,在福柯那里是马格利特,在克莉蒂娃那里是乔伊斯和阿尔图"②,也不同于后现代主义反经典的情绪,而是基于文化多样性与文化价值标示意义的双重建构。霍加特认为好文学应该具有一定的品质和功能,"好文学对生活的关注保持一种忠诚和超然的状态。它勾画经验,然而在某种意义上,又远离经验。但是它总是抱有一种假设,即人类经验的重要性和深远价值……它有助于让我们更加相信人类本性中的自由意志,帮助我们更加锐利地感知人类自由意志所遇到的困难和局限。好的文学强调世界的'庞大和威严',即人类世界的具体性、感觉上的真实性与强调超越'现实性'意义的并存。……好的文学强调人类生活内在的、与众不同的、个体的重要性"③。对于霍加特而言,无论是经典文学还是大众文学,无论是精英主义文化还是通俗文化,文化的内在精神和品质应该承载一定的价值内涵和价值标示。

霍加特将落脚点指向了"重要的识字能力"和"想象力的识字能力",倡导"使人警醒而不被轻易蒙蔽"的识字能力,使受众者能够"读懂其中晦暗的文字、隐晦的语气、内容的省略、虚假广告的攻击性"④,获得真正意义上读写能力的提高。霍加特将这种识字的能力扩展到对大众媒体的解读,指出媒体解

---

① ［英］安吉拉·默克罗比:《后现代主义与大众文化》,田晓菲译,中央编译出版社2006年版,第12页。

② A.Huyssen, "Mapping the Postmodern", *New German Critique*, New York: Andreas Huyssen, 1984, p.39.

③ Richard Hoggart, *Speaking to Each Other: Volume Two: About Literature*, pp.11-12.

④ Richard Hoggart, *Between Two Worlds: Politics, Anti-Politics, and the Unpolitical*, New Brunswick: Transaction.2002, p.195.

读能力是在不同语境下，作为介入、理解、创造和交流的能力，包含了多元化的"解读能力"，如"信息解读""数据解读""电影解读""电视解读"。随着互动媒体平台越来越广泛的应用，文化实践成为解读大众媒体最为有效的方式，识字能力的提高可以扩大和有效促进对不同文化模式的理解和解读。

大众文化自形成以来往往表现出对整体文化发展的制约，甚至束缚着现实的人及其活动，然而文化实践成为一剂良药，对大众文化能够有力地审视和扬弃，其原因在于文化实践具有实践的批判和改造功能。诚如马克思所说："对实践的唯物主义者即共产主义者来说，全部问题都在于使现存世界革命化，实际地反对并改变现存的事物。"①虽然这句话产生的语境更多地指向物质生产实践的变革和政治实践的革命，但对于今天尤为突出的文化生活的发展而言，它同样字字千钧，文化实践者在对待现存世界的文化产品时，以深入生活的文化实践活动权衡风格各异的文化模式和文化形式，以文化特有的微观权利改造现实世界的文化，变革大众文化媒体的社会意义。

三、文化主体性的变革

霍加特文化实践思想对变革文化主体性具有重要意义。他以工人阶级文化为依托，表达普通人民共同的文化生活，把家庭、邻里生活作为文化实践的具体场所，作为文化意识的主要来源，目的在于力图达到普通人民共同渴望追求的文化品质，体现出他所倡导的存在即真实、意义即生活的思想，指明了文化与社会的关联，即从活生生的生活经历、从人们真实的实践活动中认知和改革社会。

霍加特试图通过普通文化实践者的实践活动，寻找对现存世界不合理现象的抵抗力。他尝试从二战后工人阶级日常生活的"断裂"入手，揭示日常生活方式遭受商业文化诱惑而发生的改变，试图从日常生活的内部找到变革社会的力量。在霍加特看来，工人阶级与生俱来具有一种抵抗能力，对待外来事物既不会消极地排斥，也不会全然接受，而是通过工人阶级的自制系统，适应或借鉴他们认可的部分，并过滤掉他们不情愿接受的部分，工人阶级"不单单以一种消极的抵抗"对待外来事物的侵扰，工人阶级这种自发式的抵抗能力

---

① 《马克思恩格斯选集》第1卷，第75页。

来自自我文化实践过程的凝结。霍加特通过对工人阶级文化生活的诠释，彰显了不屈不挠的具有"抵制"外部植入式文化的工人阶级日常文化实践方式。在霍加特的著作中，不乏对工人阶级日常生活细致入微的叙述，而这种叙述并不是不必要的赘言，而是在力图挖掘工人阶级的内部生活对现代性社会的反抗性。

霍加特倡导普通人民认真对待自己所拥有的看待生活的方式，这并不代表让人民裹挟于自己的生活，对外来事物漠不关心、熟视无睹，而是在日渐淡漠的阶级意识中，主张以共同生活经验为基础的阶级意识的觉醒。霍加特一贯认为"具有典型的思想的文化在一定程度上是令人钦佩的"[1]，但是他认为能够代表工人阶级典型生活态度，并如实反映工人阶级真实思想的文化，正在被一整套的官方文化秩序所操控。霍加特文化实践思想不仅在于呈现存在于工人阶级内在生活的文化，即以传统、习俗、礼仪、经验、态度等构成的自在文化图景，而且在于激发微观文化主体参与、选择、建构、创造等为主要形式的自觉文化意识，形成自在文化与自觉文化的有效结合。因此，一方面，文化的演进与发展需要依据由传统习俗、经验、习惯等构成的自在文化模式；另一方面，文化的发展动力在于发挥文化主体的能动性和创造性，调动文化主体的自觉文化精神。

文化实践思想体现了霍加特对社会主义主体建构的指向。他认为，应该"把社会主义建立在复杂多样社会成员之间民主辩论的基础上，坚持批评实践对社会公共讨论的作用"[2]。同威廉斯一样，霍加特试图带领普通文化实践者，摆脱"我们生活在垂死的文化"和"大众是一群无知团体"[3]的悲观主义的文化情绪，并坚信"工人阶级文化是未来英国社会主义的最佳基础"[4]，而文化实践则为工人阶级文化主体提供了具体而现实的参与社会的途径和方法。

为此，霍加特力图调动工人阶级文化实践的潜能，培养工人阶级自我意识

---

① Richard Hoggart, "A Sort of Clowning: 1940-1959", in *A Measured Life: The Times and Places of an Orphaned Intellectual*, London: Chatto & Windus, 1994, p.206.

② Michael Bailey, Ben Clarke and John K. Walton, *Understanding Richard Hoggart: A Pedagogy of Hope*, Oxford: Miley-Blackwell, 2012, p.50.

③ Lin Chun, *The British New Left*, Edinburgh: Edinburgh University Press, 1993, p.37.

④ Ibid.

的形成,提高工人阶级真正意义上的文化素养。在真实的日常生活中,以"正派""健康""认真"标记工人阶级的生活,建立工人阶级内在于生活的价值判断系统,同时,与"乏味""空洞""琐碎"的商业文化价值体系形成对比,从而凸显工人阶级文化实践的价值和意义。在寻求提高微观文化主体的实践能力和文化素养的过程中,一方面,霍加特强调生活经验的重要性,把工人阶级主体的自我身份的确认和阶级意识的形成归于具体的日常生活场景;另一方面,霍加特注重工人阶级自身文化素养的提高,使工人阶级获得文本阅读的有效方法,让普通人民真正能够共享人类优秀的文化成果,使微观文化实践者在文化实践的空间中,拥有独立人格和主体精神。由此看出,霍加特文化实践思想的目的诉求在于改变文化现存的格局,将微观文化主体作为文化主体当中不可忽视的力量,使得普通文化实践者能够与占中心地位的文化主义者分庭抗礼。霍加特以文化实践为途径,探究文化内涵的本真意义,打破既定文化的旧秩序,优化文化结构,提升微观文化主体进步,真正引发由文化变革带动整个社会的变革的实践历程。

霍加特将微观文化主体的自我解放、自我发展作为目的,并提出与威廉斯相一致的共同体文化的思想,而共同文化在于"社会逐步迈向分享共同的价值和目标"[1]。在文化实践的过程中,微观文化主体真实感知现存的文化世界,使主体情感移置于日常生活对象,从而形成共同的价值判断。霍加特共同体文化的思想建立在文化实践所达至的"亲仁善邻""与邻为善"的基础之上,是通往共同文化的方法和途径,是一种兼容了诸多"不同"的共同,是一种异质的和谐共存状态,绝非一种同质的同一状态。共同体文化在平等、互惠、共赢的基础上,以开放共享的心态,共筑文化合力,共同建构人类文化成果。

共同体文化具有以下几个基本特征:其一,互惠性文化的共同体文化。而这种互惠性原则,并不是商品等价关系的交换原则。正如霍加特提倡工人阶级"与邻为善""睦邻友好",并非在于建立在等价交换的意义上,而是基于"我们同在一起""团结就是力量""乐于助人""随时效劳"[2]的共同价值准则之上。"我之所以为你服务,并不是因为我能够得到的回报,而是因为你需要我

---

① John Corner, *Studying Cultural : Reflections and Assessments : An Interview with Richard Hoggart , Media , Culture and Society* , Newcastle : Cambridge Scholars , 1991 , pp.363-364.

② Richard Hoggart, *The Uses of Literacy : Aspects of Working-class Life* , p.54.

的服务,而且你因为同样的原因来为我服务。"①其二,意味着生命平等的共同体文化。霍加特文化实践就是要打破文化上的不平等,以人的存在方式理解文化,超越精英文化主义者建造的文化藩篱,将文化的丰富性和多样性理解为不同文化实践者的不同生活经历、不同生活方式的凝结。其三,必须在社会主义实践中不断丰富和完善的共同体文化。霍加特文化实践正是这一思想的集中再现。他的实践思想强调民主化的文化发展路径,即在要求识字民主和阅读民主的基础上,主张教育民主、知识话语民主和公共权力的民主,推行民主化的文化发展,最终达至真正民主的社会,而在这一民主化的发展进程中,实践是关键,是推行文化民主的最为根本的基础;同时,文化实践思想所面向的实践主体是普通人民,探究的实践客体是日常生活世界,通过微观文化实践者的话语特征和社会关联,呼唤普通人民在探索人民的真实世界中,发挥普通人民的主体作用和实践精神,依靠自己的力量救赎自己的世界,使普通人民成为具有独立人格和内在文化精神的社会主义实践者。

结　　语

无论从霍加特的整体学术著作来看,还是从后续英国新马克思主义学者对其思想的继承来看,都可以归于"文化实践"这一关键词和核心理论中。文化实践思想标志着以霍加特为代表的第一代英国新马克思主义学者,以及以霍尔为代表的第二代英国新马克思主义学者的基本学术立场,即以发展最广大人民群众的文化生活为己任,以满足最广大人民群众的文化要求为目标,以实现最广大人民群众的文化理想为宗旨。文化实践思想的基本内涵就是以马克思历史唯物主义为基本原则,剖析文化的物质生产性,将文化视为人类特有的物质性实践活动,并把文化实践活动作为普通人民争取文化权利和获得全面解放的重要途径。霍加特的文化实践思想具有划时代的意义和价值。

首先,这一思想冲破了"文化"概念的囚笼。他将文化看成人类重要的实践活动,把文化作为内在于生活的重要表征。这就迫使传统文化谱系学变得摇摇欲坠,将形而上学的文化大厦推向坍塌的境遇,使得文化鸽笼式的布局不

---

① 乔瑞金:《英国新左派的社会主义政治至善思想》,《中国社会科学》2014 年第 9 期。

再具有合理性。传统精英文化的捍卫者难以保全他们长期以来对文化的狭隘定义，此时的文化成为普通人民共同享有的存在。霍加特批判经济基础—上层建筑之间的线性关系，强调文化的物质属性，冲破了文化作为纯粹精神领域而固守于精英主义集团囚笼的现状，突出了文化生产在当代社会生活中的作用，为普通人民的文化争得了一席之地。或许对于当今学界来说，霍加特对文化的界定是容易理解和接受的，但是对于文化等级森严的 20 世纪之初而言，毫无疑问，这一思想具有重要意义，它为书写人民群众的文化篇章迈出了坚实的一步。在整个文化转向的学术思潮中，霍加特文化实践思想发动了文化观念的整体革新，为普通人民获得文化权力带来了曙光。

其次，这一思想对文化唯物主义的形成奠定了重要的思想基础。文化唯物主义是英国新马克思主义学者对当代马克思主义文化哲学研究思想的凝结，是当代马克思主义思想发展中的重要构成，它引发了国内外学者对文化研究新格局的探究。文化唯物主义改变了文化受限于文学理论的单一学科研究，发展成为文化与物质生产、文化与政治哲学、文化与语言哲学和文化与社会学多元融合的新图景。而霍加特文化实践思想聚集了对文化内涵的思索、文化介入当代社会文化生活的分析、文化与社会权力关系的审视及文化作为物质实践方式的探究，以文化思维方式的变革引发对整体社会秩序的变革，承载了文化唯物主义的核心理论内涵。文化实践思想改变了文化研究的边界，成为探究现代性社会的关键通道。

最后，这一思想拓展了文化具有社会建构意义的理论内涵，对文化政治哲学研究产生一定的价值。以霍加特为代表的英国新马克思主义者在对文化研究的探索中，不是为了获取完满的文化概念，或者建构完善的文化理论，而是以文化研究为着眼点，探究本真文化图景中现实的人和具体的人的生活。霍加特打破"经济基础—上层建筑"之间单线条的隐喻关系，将文化作为阐释政治、经济与社会之间关系的突破口，分析文化在社会物质生活中的呈现方式和使用价值，克服社会与自然的对立关系。霍加特以文化实践思想埋葬这一陈旧隐喻关系的意义在于：一方面，突出社会结构关系的复杂性；另一方面，强调文化的解放力量，突出人的主体性在社会结构关系中的能动作用。霍加特文化实践思想，不仅将文化作为表征系统进行探究，而且挖掘文化特有的建构性意义和价值，从文化维度对社会结构发展进行思考，突出文化的社会治理功

能。这一思想体现了从文化维度审视多重复杂张力社会结构关系的研究价值。这对马克思主义政治哲学的当代发展，以及多元视角的文化政治学发展提供了重要的学术思想。

文化实践思想所面向的文化分析，既包括一般形式的文学文本分析，又包含对现实社会生活文本的追问。在不断变化的现代性社会中，霍加特以文化实践思想为核心，根据自身所处的历史时代，进行了介入当代社会文化生活的具体分析，并深入展开对现代性社会文化全景式的探究。文化实践思想凝聚了霍加特对现实历史社会的具体思考，体现了他对现代性社会的批判及对理想社会形态建构的追求。这一理论不但推动了历史唯物主义的当代发展，而且它作为一种文化研究的理论范式，对文化研究也产生了深远影响。

为此，由文化实践思想引发的思想理论是具有拓扑性的，不仅是点状的线性效应，而且是不同层面的联动发展，对当代马克思主义思想的发展具有重要的理论意义和学术价值。同时，从中吸收文化实践思想具有的主体型构、意识形态架构和话语实践建构的优秀思想，结合"建构中国特色话语体系和加强社会主义意识形态凝聚力"的新时代命题，为中国新时代社会主义文化建设提供新思想和新方法参考，为进一步提升广大人民的话语实践能力提供新路径。

第五章　霍尔:双向互动的文化政治批判

斯图亚特·霍尔,1932 年 2 月 3 日出生于牙买加首都金斯敦的一个中产阶级家庭,父亲是牙买加籍有色种族,而母亲则有着英国白色人种的血统。1951 年霍尔在母亲的陪伴下离开牙买加前往牛津默顿学院读书。1960 年成为《新左派评论》的首任主编。1964 年接受霍加特的邀请加盟伯明翰文化研究中心,在他的努力下使得中心闻名世界,他也被称为"文化研究之父"。伊格尔顿对霍尔在当代英国思想界的影响这样评价:"任何一个为英国左派思想立传的人,如果试图依靠某个典范人物、将不同的思潮和时期串在一起,会自

斯图亚特·霍尔（Stuart Hall,1932—2014）

然地发现他是在重塑斯图亚特·霍尔。"霍尔晚年患有严重的肾病,在疾病的折磨下于 2014 年 2 月离世。

斯图亚特·霍尔是最具批判精神的英国文化马克思主义者之一,也是为数不多的横跨于学术与政治两个领域的真正意义上的有机知识分子。他所涉略的主题多元、内容广泛,他对文化的解读模式空前地开阔了文化与政治批判的视野,更新了我们的文化观念,创造了一个文化研究的传奇。霍尔的文化政治批判思想是马克思主义社会批判在当代理论界的重要延续,具有鲜明的政治内涵和批判指向,一生坚持的学术工作政治化的努力都在昭示着他哲学的基本立场,他为当代发达资本主义世界开辟一种社会主义发展的新形式而努力。

从马克思主义政治哲学的视角去理解霍尔及其理论能够更为准确地把握其精神实质和思想精髓,从马克思主义政治哲学出发的研究更能够契合霍尔

的理论气质,也更符合文化研究出发之初纯正的使命,我们的目的是通过对霍尔文化政治批判思想的总结归纳,为其看似纷繁庞杂的文化政治批判思想建立一个体系化的理论框架。选择霍尔文化政治批判思想中最为基础的文化观念为切入点,在分析其文化观的总体特征的基础之上,从两个向度搭建其文化政治批判思想的总体框架,并在其中择取最具霍尔标识的问题为线索,一方面分析霍尔是如何通过微观的文化实践来揭示其中的意识形态本质,另一方面则要分析和阐释其中所展现出的文化政治学意义和在整体的社会形构中所处的地位。

第一节　以文化批判切入的政治批判

约翰·斯道雷的一篇文章的题目把文化研究定位为"一种学术实践的政治"和"一种作为政治的学术实践",这一说法作为对霍尔文化政治批判的评价恰如其分。霍尔始终强调他是从新左派开始进入文化研究的,新左派是松散的学术群体而不是政治组织。尽管我们一再强调理论的政治维度,但是无论是新左派时期还是伯明翰文化研究中心,抑或是后来的开放大学,霍尔的政治批判都是在学术领域展开的,换言之,霍尔的文化政治批判不是一种政治运动,而是一种研究性的、从文化与权力的关系切入的学术和教学实践。

一、文化是批判的本质维度

文化是霍尔政治批判切入的主要维度,在他看来,在学术研究领域文化问题已经成为现代社会的焦点问题,究其原因不外乎主观和客观两个方面,客观上全球化以惊人的速度扩张,大众媒介与通信技术的日益发达不断地为文化在社会和经济生活中的重要性增添砝码。主观上文化在知识生产和分类中变得更加重要,文化的分析和记述功能对于社会学研究的意义也越来越重要。"文化渗入当代社会生活的每一角落,创造出一种次生环境的扩散,并调停一切事物的方法。"[1]汤普森以整体社会的"文化透视"来称呼对文化的这种态

---

① ［英］斯图亚特·霍尔、［英］理查德·霍加特:《识字的用途及其文化转向》,载张亮编:《英国新左派思想家》,江苏人民出版社 2010 年版,第 38 页。

度转变,以至于霍尔用"文化转向"来描述英国社会中所出现的日趋发展的文化中心论观点。认为文化不仅仅是对社会秩序的简单反映,而是实际深入地参与了对社会秩序的构建,文化因此成为社会政治变革的积极力量和理解一切社会存在的基础条件。

霍尔认为文化就是揭示社会实践中的联系与差异的本质的一种普遍的总体性的方式,是"一个集团或是社会的共享价值"[1],是一个群体理解世界和解释世界的大致共通的方式,这种社会学倾向的理解更关注研究历史和历史背景中主体创造的意义。霍尔特别强调文化共享意义中的多样性,以及多样性中所体现的差异与对抗的因素,文化进而被看作意义被创造和体验的场域,意义建构的过程也被看作文化生产的核心。霍尔的文化解读承接了威廉斯的理解,认为威廉斯对"文化"所进行的讨论是具有开创性意义的,指出正是威廉斯改变了对文化进行论述的道德话语模式,转向更多地关注对文化的总体性和日常性理解。

霍尔认为他的工作是将文化理论的学术研究和政治实践保持在一种"永远也不能解决但又永远存在的张力之中"[2],因为他的文化政治批判的目的不在于获得确定的理论结局,而是要始终保持理论和社会政治之间的彼此干预和刺激。

霍尔把生产有机知识分子看作文化研究的任务之一,但他也清醒地认识到他们所做的工作主要是理论研究工作,虽然这些工作与政治实践密切相关,但是这并不意味着他们是"有组织的意欲领导这种或那种谋划"[3],因为他们不是一个有严密组织和纪律的政党。文化研究既要留意那种将文化研究当作体制化的教学机构,也要防止把文化研究当作政治运动或政治组织来看待,在他看来,文化研究始终是从政治的维度思考文化,是具有政治批判性质的研究和教学工程。

---

① [英]斯图尔特·霍尔编:《表征——文化表象与意指实践》,徐亮、陆兴华译,商务印书馆2003年版,第3页。

② Stuart Hall, "Cultural Studies and Its theoretical Legacies", Stuart Hall, *Critical Dialogues in Cultural Studies*, eds David Morley, Kuan-Hsing Chen, London: Routledge, 1996, p.270.

③ [英]约翰·斯道雷:《文化研究:一种学术实践的政治,一种作为政治的学术实践》,载陶东风主编:《文化研究精粹读本》,中国人民大学出版社2006年版,第93页。

霍尔认为文化研究作为一种独特的问题架构，兴起于 20 世纪 50 年代中叶那样一个历史时刻，主要得力于新左派的几位核心成员所做的创造性的工作，包括霍加特的《识字的用途：工人阶级生活面貌》、威廉斯的《文化与社会》及汤普森的《英国工人阶级的形成》这三部经典作品，清新地表明了文化研究的一种"转向"，即"明显转变了所提问题的本质、提问题的方式和问题可能获得充分回答的方式"①。霍尔强调，理论视角上的这些转变，不但反映出内在的学术工作所产生的结果，而且反映出真实的历史发展和变化被纳入思想的方式及其为思想提供的存在条件，尽管并不确保思想的正确，但为思想提供了最根本的倾向。正是由于思想与反映在社会思想范畴当中的历史现实之间的这种复杂的接合，以及"权力"与"知识"之间持续的辩证法，才使得这些断裂具有了记载价值。②

霍尔以极其肯定的语言对上述三部著作做了评价，认为这三部书无疑都是"富有原创性和构建性的文本"③。它们绝不是那些为了建立一种新的学术分支学科从而撰写的"教科书"。这三位作者原本就没有这样的冲动，无论他们关注历史还是当代，都以关注其成书时所处时代和社会的现实压力为焦点，通过分析这些压力组织写作并对其构成回应。这三位作者不仅严肃看待"文化"，把其看作要充分理解古今历史变迁必不可缺的一个维度，而且其作品本身也具有《文化与社会》意义上的文化性，并构成早期新左派的重要议程。霍尔说，这些作者在某种意义上属于新左派，他们的著作也是如此。这种联系从一开始就将"学术工作的政治"毫不含糊地置于文化研究的核心地位。④

对于霍加特及其《识字的用途：工人阶级生活面貌》所作的贡献，霍尔的评价是："《识字的用途：工人阶级生活面貌》的确是文化转向关键时刻的早期实例，并对这一时刻的产生起到了至关重要的作用。"⑤"这种文化转变也正是该书整体上最终所提供的东西。""《识字的用途：工人阶级生活面貌》承载着

①　[英]斯图亚特·霍尔：《文化研究：两种范式》，傅德根译，《马克思主义美学研究》2000年第 1 期。

②　参见上书。

③　同上。

④　参见上书。

⑤　Stuart Hall，Richard Hoggart，"The Uses of Literacy and The Cultural Turn"，Richard Hoggart and Cultural Studies，Sue Owen ed.，*University of Sheffield*：*Palgrave Macmillan*，2008，20.

一个关键'时刻'——对早期文化研究给予养分和方法论贡献,引发了我们称之为'文化转向'的广泛讨论,并起到了奠基性的作用。"①"文化转向简单地记录了这样一个不能避而不谈的事实,也就是我在别处提到的日益发展的'文化中心'——令人惊讶的全球性扩张和文化工业的日趋成熟;文化在社会、经济生活方方面面的重要性越来越突出;它的重新排序对不同批判的、理性的话语和学科产生影响;它作为一种主要的、基本的分析范畴而出现,以文化蔓延到当代社会生活的每个角落的方式,并介入一切事物之中。"②

在众多新左派的学者当中,霍尔最为尊敬、对他最有影响力的莫过于雷蒙德·威廉斯。霍尔认为,虽然没有真正成为威廉斯的学生得到其教授,但毫无疑问威廉斯对自己的思想和政治观念产生了重大影响。霍尔与威廉斯在20世纪50年代中期的牛津校园相遇,当时霍尔还只是在校的本科生,而威廉斯已经是成人教育的讲师。那个年代正是新左派形成的关键时期,当时霍尔已经在阅读威廉斯《文化与社会》的草稿。在他看来,正是威廉斯的这本著作给出了文化与政治基本关系的图谱,也规定了新左派在思想和实践方面独立批判的特质。霍尔认为尽管他和威廉斯在气质、性格、背景、年龄及思想成长等方面有诸多不同,但是同为从英语文化的边缘地带走进牛津、剑桥这样的体制性文化中心的"奖学金男孩",对社会所担负的责任是他们之间具有亲和力的一个支点。霍尔认为,每当自己为尝试开辟一个新的场域而迷茫之时,就会惊奇地发现"威廉斯已经在这条路上走了很远,而且他已经给出一个比自己所能做的更为清晰的、有力的、明确的构想"③。

霍尔对汤普森及其《英国工人阶级的形成》也给予了很高的评价。认为《英国工人阶级的形成》以激进的方式对民主的强调,使得大众政治文化中对英雄人物的恢复,很大程度上输给了更为重要的历史工作,它是战后社会历史最为有影响力的著作。这本书"以经验为主地"根植于历史的特殊性,通过对不同阶级形成的分析,强调了历史的维度。他对文化的定义植根于集体经验,

①　Stuart Hall, Richard Hoggart, "The Uses of Literacy and The Cultural Turn", Richard Hoggart and Cultural Studies, Sue Owen ed., *University of Sheffield*: *Palgrave Macmillan*, 2008, p.20.

②　Ibid.

③　Stuart Hall, "Culture, Community", *Nation. Cultural Studies*, Vol. 7, No. 3, October, 1993, p.349.

这些集体经验在更大的历史观念中形成了阶级。这本书在文化层面探讨了"社会存在"与"社会意识"之间的辩证关系，从而打破了经济决定论和制度观点的束缚。它也挑战了狭隘的、精英式的利维斯传统的"文化"概念。汤普森主张历史工作与分析目前任务的相关性，坚持文化历史的特殊性，把文化看作是复数的而不是单数的，表明文化和与之相关的阶级文化、阶级形成和阶级斗争之间必要的斗争、张力和冲突，这种斗争存在于"生活方式"之间，而不是一种"生活方式"的演进。这些都是具有开创性的问题，暗含着与原先概念化分析的彻底决裂。①

总之，在霍尔看来，文化已经存在于那些我们曾经认为最不可能的地方，已经成为各种政治实践和政治争论的焦点问题。被称为"文化转向"的观点在霍尔看来虽然不是一种恰当的表达，但也实际记录了文化中心化这样一个不可避免的事实。"文化转向"不仅代表了英国马克思主义者转向对文化的深层思考，也代表了文化内部自身的深度转变，这种文化转变标志着与占主导话语地位的文化观的断裂过程，迎来了文化的大转折时代。对文化研究来说，这是一个形成的时刻。② 当然文化维度之所以成为霍尔社会建构理论的重要内容和主要的理论着眼点，究其原因与其对文化概念的理解直接相关。

二、文化解读的整体主义维度

在文化是解释世界和改造世界的本质维度的宏观理解之上，霍尔也提出了自己对文化本质的一些细致解读。霍尔认为，文化是"人文和社会科学中最困难的概念之一"③，在实际的文化分析与批判过程中人们很难严格区分所使用文化概念的意义和指涉。不同的学科领域或不同的定义方法都会导致对文化产生不同的注解。以传统的精英与大众二元分立的理解来看，文化最初是指那些"被思考和谈论过的最好的东西"。在霍尔看来这是一个涵盖了所有的优质文化的具有总体性质的概念，但随着现代工业社会文化形式的不断扩张，文化有了与先前的理解相比较更具周延性的解读，即包含了更为大众、

---

① Stuart Hall, Dorothy Hobson, Anthrew Lowe (ds.), *Culture*, *Media*, *Language*, London：Hutchinson，1980，p.19.

② Stuart Hall，Richard Hoggart，"The Uses of Literacy and The Cultural Turn"，p.25.

③ ［英］斯图尔特·霍尔编：《表征——文化表象与意指实践》，徐亮、陆兴华译，第 2 页。

更为通俗甚至被认为是低俗的内容,这种具有明确的价值评判的解读开启了精英文化与大众文化长时间分立和对峙的局面。霍尔拒绝精英文化与大众文化的严格二分,他的早期著作《大众艺术》的写作初衷就是为了反对利维斯主义对高雅文化和大众文化的高低之分,认为绝大多数的高雅文化是优质的,而某些大众文化也是优质的,问题的关键是大众主体对不同质量文化的分辨力。霍尔指出,只有通过培养公众对大众文化的分辨力的方式才能消除早期利维斯理论家对大众文化的攻击与诋毁所造成的消极影响。与其抵制大众文化的影响力,不如"去培养更具鉴赏品位的受众"①来得更为有效。尽管这一时期霍尔对文化的分析还有利维斯主义的痕迹,但其出发点却正是为了批判这一理论在新的历史时期的局限性。

文化主义强调文化的普通性、日常性,以及人类构建共享共同意义实践的主动性和创造性能力,也强调主体经验,并在日常生活和更为广泛的文化人类学意义上将其拓展为日常的生活过程,而不再有高低优劣之分。基于威廉斯关于文化是"整体的生活方式"的经典定义,这个含义模糊的定义"包含了人们的态度、价值观、生活方式、各种关系的形式"②。霍尔从人类学意义上将文化解读为某一民族、社区、国家或社会集团的"生活方式"的特殊性,是社会、群体或阶级可以获得的对自身存在条件的意识形态体验和阐释。霍尔倾向于把这一理解作社会学意义上的解释,即文化是"一个集团或是社会的共享价值"③,是一个群体理解世界和解释世界的大致共通的方式,这种观点更关注研究历史和历史背景中主体创造的意义。人们用以描述理解现实生活的各种意义结构已然改变,战前的文化传统已经被战后的民主秩序所替代,英国的世界中心地位已失去,美式的大众文化兴起和传媒革命来临。在这里,文化的阶级性也相应地被挖掘和检验。正如霍加特在《识字的用途:工人阶级生活面貌》中所指出的20世纪30年代的工人阶级文化是由人民群众所创造的丰富和充实的生活,他不断地强调工人阶级在创造文化中的巨大能力,突出了这种

---

①　Stuart Hall,Paddy Whannel,*The Popular Arts*,Hutchinson and Boston:London,MA:Beacon Press,1964,p.35.

②　Stuart Hall,Martin Jacque,"Cultural Revolutions",*New Statement*,12,1997,Vol.126 Issue 4363,p.24.

③　[英]斯图尔特·霍尔编:《表征——文化表象与意指实践》,徐亮、陆兴华译,第3页。

共享文化的历史性和阶级性因素。

霍尔对文化的差异和多元的强调源于对后马克思主义和后结构主义的接受和援引，文化因此关涉更多复杂的主题和问题，文化的意义在不同的角度得到延展。"接合"是霍尔文化理论中的一个重要概念，甚至有着方法论的含义，可以用这个概念更为准确地表达霍尔对文化含义的理解。霍尔用"接合"来扩展文化的意义，指出文本或文化实践不具有天然的意义，意义产生于实践的接合，"意义是一种社会产物，是一种实践；世界之所以有意义，完全是人的实践的结果"①，强调文本和文化实践的意义多元性。换言之，同样的文本或文化实践可以在不同的社会情境、不同的主体、处于不同的政治目的、在不同的话语体系中产生不同的意义，体现的不仅是语言学意义的争夺，而且是政治与权力相交织的社会现象。"在任何文化中，关于任一话题都存在着巨大的意义上的多样性，存在着解释或表征它的不只一种的方式。"②其中，文化如何解释事物的意义？霍尔认为是表征将文化与意义相联系，表征通过语言完成对意义的生产，这一过程所依赖的文化作为共享的意义结构而存在。如何理解和处理各种文化间的关系？以年龄、性别、阶级、身份等条件为依据而相区别的各种形式的文化是否有优劣之分？这里的文化不再是稳定的连续的生活方式，此时作为共享的意义的文化就显得"太整一，太认知化"，而成为与权力相交织的概念，那么文化与权力的关系如何，作为政治权力的文化是怎样实现其霸权统治，大众文化又是如何完成霸权抵抗的，这样的问题都使得文化的含义在不同的意义框架中跳跃。

霍尔特别强调文化共享意义中的多样性，以及多样性中所体现的差异与对抗的因素，文化进而被看作意义被创造和体验的场域，意义建构的过程也被看作文化生产的核心。文化作为共享的社会意义，这种意义表现出物质性特征，它们可以以不同的形式出现，声音、书籍、电视节目、影像等作为载体，换言之，文化不是先验的，而是根植于人的社会实践并在这一过程中得以展开和构建，它们在特定的社会环境中生成、使用和理解。在霍尔看来，文化意义可以

---

① ［英］斯图亚特·霍尔：《意识形态再发现——在媒介研究中受抑制后的重返》，杨蔚译，载蒋原伦、张柠主编：《媒介批评》第一辑，广西大学出版社2005年版，第121页。

② ［英］斯图尔特·霍尔编：《表征——文化表征与意指实践》，徐亮、陆兴华译，商务印书馆2013年版，第3页。

"组织和规范社会实践,影响我们的行为,从而产生真实的实际的后果"①。文化意义不是简单存在于头脑之中,而是存在于真实的社会实践中,是"有生命的实践活动"②。这一观点认为文化意义是在不断的建构中存在,是各种不同的社会关系形成了我们赋予事物意义的方式,所以霍尔反对文化相对主义的观点。正像文化本身意义的多元性一样,在霍尔的作品中关于文化的理解没有固定的意义,往往是根据不同的语境和论述对象做更为专门化的使用。

霍尔相信文化就是揭示社会实践中的联系与差异的本质的一种普遍的总体性的方式。霍尔对文化的理解以文化主义为起点经过了结构主义,走向葛兰西,再亲近福柯、德里达,虽然每一次变化都没有严格的界限,但通过对理论的宏观把握与深度切入可以深刻地体会到这些转变中所蕴含的内在的整体主义维度。

首先,霍尔强化了文化的整体主义思考,从整体的生活方式进一步理解为共享的意义。关于文化概念的理解,从阿多诺和利维斯所建立与倡导的精英主义文化观念伴随着 20 世纪英国消费社会的到来和大众化时代的来临而渐趋失落,随即出身于工人阶级的威廉斯与霍加特从自己的生活经验出发,认为文化是平常的,是一种整体的生活方式,这一观点使得文化只属于少数精英的观点彻底被打破。霍尔对于文化的理解受威廉斯的影响很深,认为在《漫长的革命》一书中,威廉斯在"文化分析"的著名章节中对"文化"所进行的讨论是具有开创性意义的。他解释,正是威廉斯首次打破以往对文化进行论述的道德话语,转向更多地关注对文化的整体性理解。霍尔提出了"文化主义"这一概念,用以表达由威廉斯与霍加特及汤普森所开创的对于文化的人类学与历史主义的理解范式。文化主义认为文化"既是产生于各种独特社会群体和阶级中的意义和价值","又是活生生的传统和实践",而"文化总体性的意义——作为整体历史过程的意义"③是一种摒弃了偶然性的必然性,文化在这

---

① ［英］斯图尔特·霍尔编:《表征——文化表征与意指实践》,徐亮、陆兴华译,第 2 页。

② Stuart Hall,"The State and Popular Culture", in *Popular Culture and the State*, Milton Keynes:Open University,1982,p.7.

③ ［英］斯图亚特·霍尔:《文化研究:两种范式》,孟登迎译,载罗钢、刘象愚主编:《文化研究读本》,中国社会科学出版社 2000 年版,第 57 页。

里成为揭示社会实践中联系和差异本质的一种普遍的总体性方式。霍尔承接了威廉斯对文化的整体主义解读,进一步从人类学的视角出发,以文化的日常含义为中心,认为文化意义的产生不是基于单独的个体,而是通过集体生成,因此文化意义是集体共享的意义。霍尔指出,"文化,在这里,我指的是实践、表征、语言和任何特定社会的习俗的实际基本的范围,也是那些已经扎根于并且在促成大众生活的常识的矛盾形式"①,即文化与共有的社会意义相关,是"我们"了解世界的各种方式。这种将文化理解为"整体的生活方式"的观点和对共同经验的强调在文化实践中必然会呈现出淡化精英文化,突出大众文化的价值导向。霍尔前期的关注点和影响力也在很大程度上在大众文化和大众传媒领域体现。

其次,霍尔进一步强调文化的结构整体性。霍尔认为虽然文化主义不断地强调感性实践的基础性,但是"推断方式背后仍有着'表现的总体性'的某种复杂的单纯性"②,即相对于文化主义的"总体性",结构主义的"整体"概念更胜一筹,它强调了结构统一体不可避免的复杂性,系统性阐释可以帮助我们将各种具体的实践同时当作一个整体来思考,因而结构主义的活力的重要来源在于"整体"这一概念之中。尤其是这种整体性对解释文化实践中的意识形态普遍性影响的特别强调,相较于文化主义,霍尔似乎更看重结构主义的整体性。无论是早期的编码解码中体现出的意义传输过程的结构主义整体性,还是《表征——文化表象与意指实践》《做文化研究——索尼随身听的故事》中所传递的文化循环的整体主义思想,都坚持了马克思主义立场,将文化与社会生活实践联系起来。在这一文化生产的模式中,霍尔所重视的是过程中环节的整体性意义,包括生产、认同、表征和消费在内的文化循环中"从循环中的哪个环节开始并不重要,因为在你结束研究之前必须对整个循环进行研究。需要注意的是,循环中的每个环节都与下一个环节相连并在下一环节重现"③。强调这一整体过程中各环节之间的相互作用与复杂联系。

---

① ［英］斯图尔特·霍尔编:《表征——文化表象与意指实践》,徐亮、陆兴华译,第4页。

② ［英］斯图亚特·霍尔:《文化研究:两种范式》,孟登迎译,载罗钢、刘象愚主编:《文化研究读本》,第63页。

③ ［英］保罗·杜盖伊等:《做文化研究——索尼随身听的故事》,霍炜译,商务印书馆2003年版,第4页。

最后,霍尔更关注文化的动态整体性。霍尔吸收了葛兰西文化斗争的观点,认为葛兰西的文化理论既区别于文化主义也区别于阿尔都塞的观点,把文化理解为一种特殊的斗争舞台,呈现出一种动态的整体性。文化主义强调文化实践的建构作用,结构主义突出作为分析方法的文化与意识形态,而葛兰西则认为文化总是处在统治阶级与从属阶级的相互关系中,是统治阶级不断说服与从属阶级不断抵制的整体过程。葛兰西之于霍尔有着特殊的意义,正是葛兰西的霸权理论使得霍尔可以较为从容地应对文化主义与结构主义的范式危机。相对于结构主义对主体能动性所持的消极态度,霸权理论则积极强调了主体的能动性,认为文化领导权只有积极主动地去赢得,已经获得的领导权也不是一劳永逸的,同样可能再次失去,即把文化看作一种动态的建构过程。文化是权力与知识交叉的地方,也是文化进程预见社会变革的地方,对大众文化的定义与分析中也体现了这一观点,认为大众文化是赞成与对抗的竞技场,虽然在这里还没有对社会主义文化的成熟表达,但是"它是社会主义可以在那里得以建立的领域之一"[①],强调整体的辩证发展过程。

三、总体辩证的传统

在西方马克思主义的发展历史中,从卢卡奇、布洛赫、阿多诺到葛兰西、萨特、本雅明,也包括阿尔都塞,尽管每个人的思想关注点各不相同,但是有一些观点是存在共识基础的,那就是在历史解释中的总体性原则的基础之上强调文化在资本主义社会发展过程中的重要作用,关注文化与社会总体之间的关系,反对经济化约论,反对机械反映论。英国新马克思主义者无疑继承了这种传统,霍尔就认为文化不仅是社会生活的产物,也是决定社会生活发展走向的本质因素之一。

卢卡奇认为在马克思的所有作品中,总体性原则在方法论上占据着核心的地位,他指出:"不是经济动机在历史解释中的首要地位,而是总体的观点,是马克思主义同资产阶级科学有决定性的区别。总体范畴,整体对各个部分

---

① [英]斯图亚特·霍尔:《解构"大众"笔记》,载陆扬、王毅选编:《大众文化研究》,上海三联书店 2001 年版,第 57 页。

的全面的、决定性的统治地位，是马克思取自黑格尔并独创性的改造成一门全新科学的基础的方法的本质。"①以总体性为出发点，认为社会历史进程与自然发展进程存在巨大差异，历史规律是通过各种复杂的社会关系的总体作用而实现，是主体积极活动的结果，从而强调无产阶级作为历史发展中的自觉主体的重要意义。

从1956年开始，英国的文化理论家对马克思主义理论中的社会总体与主体之间的关注与争论从未减弱，尽管各种观点之间有诸多差异，但总体不外乎两种声音。一种观点认为社会形态的发展与更替具有历史的必然性，而历史主体正是认识到这种必然性从而按照必然性规范自己行为的人，这种观点认为社会主义的胜利是必然的；另一种观点更加注重阶级斗争，并且强调文化、观念及人的主观能动性在历史发展中的核心作用。事实上，20世纪40—50年代的英国早期历史学家和文化理论家中间存在着一个显著的特点，就是对这两种观点的协调和总体性把握，他们"同时相信这两种历史说明，却没有看到两者之间的矛盾"②，而是将这两种解释统一起来。

肯定社会发展存在必然规律的观点对文化和社会形态的关系所做的阐释，其理论来源显然来自马克思在《〈政治经济学批判〉序言》中对历史唯物主义所做的经典表述。马克思阐明了社会形态的一般结构和人类社会发展的普遍规律，并解释了社会变革的根源。其中生产关系的总和构成了社会的经济结构是人类生活的"现实基础"，法律的和政治的上层建筑竖立其上并有一定的社会意识形式与之相适应，社会的物质存在决定社会的思想意识。因此，判断一个变革时代的危机与未来是不能以它的意识为根据的，而必须从物质生活的矛盾中、从现实生活的冲突中去寻求解释。但马克思对历史唯物主义的阐释，在英国马克思主义者眼中并没有被理解为目的论和经济决定论，他们认为，社会应当被看作总体来理解，罗德尼·希尔顿这样解释他们的观点，"社

---

① ［匈］卢卡奇：《历史与阶级意识——关于马克思主义辩证法的研究》，杜章智等译，商务印书馆1992年版，第76页。

② ［英］丹尼斯·德沃金：《文化马克思主义在战后英国——历史学、新左派和文化研究的起源》，李凤丹译，人民出版社2008年版，第41页。

会和社会活动必须在他们的总体性中被考察"①,否则社会发展的不平衡、经济基础与观念制度之间的矛盾冲突就无法被解释。因此,他们试图从马、恩的更为具体更为细致的论述中获得理论支持,尤其是马克思对阶级斗争的强调,马克思、恩格斯在《共产党宣言》中就指出一切社会的历史都是阶级斗争史,资产阶级社会也不例外,甚至更为突出。在这里,英国的文化理论家从中突出了阶级斗争的主观因素,对阶级意识的关注被看作这种观点的逻辑起点。从整个西方马克思主义发展的过程来看,正是通过对阶级斗争的关注使强调意识、经验、观念和文化成为可能,这一过程加速而且扩展了在整体的历史发展进程中的主体能动性的作用,更为重要的是把历史的结果看作社会存在和社会意识共同作用的结果,辩证合理地拒斥了决定论,英国马克思主义者显然也是接受并发展了这一观点。

从早期的英国马克思主义历史学家小组到文化主义先驱无不遵循并践行这一观点。莫里斯·多布在《资本主义发展研究》一书的"导言"中明确主张要反对经济化约论的观点,确立对历史发展的唯物辩证的解读,"这些人似乎忽视了这样一种事实,即任何经济预测必然停留在关于趋向的某种假设之上,从而改变那种因为没有参考过去而无法估计的可能性。其次是特殊理论试图解答的问题的相关性,只能够依据关于过去的发展模式和系列事件的知识来判断"。正是在托尔、莫顿和多布等历史学家小组成员的努力下,一个总体辩证的、历史分析的、符合马克思主义传统的基本原则逐渐成形。

英国文化主义的先驱者威廉斯和汤普森也很早就对这一问题进行了思考。威廉斯认为,经典马克思主义将社会形态二分为经济基础和上层建筑,在一定的条件下强调两者之间的辩证复杂的关系,是存在合理性和正当性的,但将两者之间的关系做僵化、教条的理解是马克思一直反对的。威廉斯从考察上层建筑的含义出发,认为上层建筑在马克思主义理论中的含义是不断发展的,因而上层建筑与经济基础之间的关系也在不断地修正,历史唯物主义本质

---

① [英]罗德尼·希尔顿:《从封建主义到资本主义的过渡》,伦敦:维索出版社 1978 年版,第 157—158 页。转引自[英]丹尼斯·德沃金:《文化马克思主义在战后英国——历史学、新左派和文化研究的起源》,李凤丹译,第 39 页。

上是把社会生活和文化创造的关系看作一个双向互动的能动过程而不是机械的反映与被反映的关系。威廉斯将文化视作"整体的生活方式"的观念本身就是试图确立一种总体性的概念，找寻一种能够链接特殊艺术形式与一般社会生活的方法。汤普森也曾在一次采访中指出，"我反对经济主义和简单化的经济决定论，反对那种认为历史必然经过某些前定的发展阶段的目的论观点，我希望把更丰富的文化范畴引进历史学"①。无论是对文化传统、道德意识的关注，还是对政治国家、大众文化的研究，英国文化马克思主义的共同传统是都反对对马克思主义经济基础和上层建筑的关系做简化机械的理解。通过强调文化在人类社会发展过程中的重要作用，强调阶级意识和文化构成的主体方面，以达到超越经济决定论、充实马克思和恩格斯没有进行充分讨论的领域，体现并传承了总体辩证的传统。

关于这一问题，霍尔始终坚信理解文化必须与社会生活的相关问题联系起来，文化与社会总体的关系是一个首先需要探讨和阐明的问题，霍尔对文化与社会形态的关系的理解模式表现为双重拒绝。一方面是对传统马克思主义机械决定论所持的拒斥态度。霍尔早期的文章《无阶级的观念》就回应了当时工党内部安东尼·克罗斯兰和汤普森关于工人阶级的争论——既反对克罗斯兰关于工人阶级的物质生活水平的提高将会改变阶级构成的观点，也反对汤普森的物质生活的改善完全不会改变无产阶级的总体生活方式和社会地位的观点。霍尔认为，当下的工人阶级文化和生活环境已经发生变化，但并没有彻底颠覆原有的生活模式，在经济基础与上层建筑之间不应当是一种简单的决定与被决定的关系；相反，其间存在可供发挥的巨大空间，应辩证地看待英国社会出现的经济的、阶级的及文化的变革。

另一方面，霍尔也反对一味地张扬意识的能动性和独立性，反对文化和意识形态完全脱离具体的社会关系的观点，认为统一地理解这两种观点是可能的，"一个观点是，物质利益帮助建构了思想观念，另一个观点是，社会结构中的地位具有影响社会思想方针的倾向，而不是认为，物质因素单一地决定意识形态，也不认为阶级地位预示着某种保证，即特定阶级将拥有适当

---

① 乔瑞金：《马克思思想研究的新话语——技术与文化批判的英国新马克思主义》，第80页。

的意识形式"①。正如特里·伊格尔顿所说:"文化的观念意味着一种双重的拒绝:一方面是对有机决定论的拒绝,另一方面是对精神自主性的拒绝……人并非仅仅是他们周围事物的产物,那些事物也非全然是用作他们任意进行自我塑形的黏土。"②在这个问题上,霍尔坚持了他一贯的"通过综合表面上对立的许多观点,来创造他自己的理论观点"③的立场,认为对于文化观念和物质条件之间的关系应当做更为辩证的思考。霍尔对文化的强调恰恰在于更为辩证地解决社会存在和社会意识关系,以一个更为总体的视角来理解两者之间的关系。

第二节　作为政治的文化研究

20 世纪 50 年代末,威廉斯围绕文化和社会展开的讨论在英国文化领域形成了影响深远的思想传统。他认为文化这个无比复杂的概念将和英国社会迅速发展的民主化新形势交融在一起,他和霍加特、汤普森一道展开的文化辩论与创作都深深地嵌入了权力与政治的标签。霍尔在牛津上大学期间就深受威廉斯的影响,之后的新左派传统及成人教育的经历都为霍尔的文化理论刻上了政治的印记。

霍尔的文化政治批判一向以内容庞杂而著称,不仅包括青年亚文化、种族、阶级、性别、国家认同等问题,在语言、媒体及后现代、后殖民问题上都多有涉及。尽管会有诸多疏漏,尽管许多内容彼此交叉,但我们认为霍尔的文化政治批判内容不外乎政治国家批判和大众文化批判,所有的内容似乎都可以在这两者之中和之间寻到安身之所,或者说它们原本就是一个具有复杂结构的统一体。这种统一突出地体现在对大众文化的定位上,文化政治批判的精英主义路径是以法兰克福为代表的把大众文化看作文化工业的产物,是被意识

---

① Stuart Hall,"The Toad in the Garden,Thatcherism Amongst the Theorists",in *Nelson*,Cand Grossberg,L.eds,Marxism and the Interpretation of Culture,University of Illinois Press,Urbana,1988,p.45.

② [英]特瑞·伊格尔顿:《文化的观念》,方杰译,第 4 页。

③ [英]丹尼斯·德沃金:《文化马克思主义在战后英国——历史学、新左派和文化研究的起源》,李凤丹译,第 354 页。

形态控制并赋予意义的观点。文化政治批判的主体能动性的批判路径是英国文化主义的观点，认为大众文化是本真的人民的文化，是由工人阶级自发生成的具有劳动人民的创造性的文化。这种精英和大众的对立、结构和能动性的对立在霍尔的文化政治批判中得到了调和。

　　一方面，霍尔并不否认主导意识形态通过大众媒体的编码灌输等形式的文化控制实践，也试图揭示其中意识形态的运作机制，认为意识形态作为对大众心理的掌控方式是一种物质的力量，指的是不同的阶级或是历史集团用以理解、定义、厘清社会运作方式的心理构架，其中包括语言、概念、范畴、思考意向、表述体系。无论是种族殖民主义还是媒体表征都是与文化政治与意识形态直接相关的问题。大众媒体职能的实现及机制的运转就是为占统治地位的阶级的意识形态的生产、表征及获得认同而服务的，因此针对媒体对种族的本质主义的建构的批判性干预介入事实上就是对主导阶级的文化意识形态的批判。另一方面，霍尔的文化政治批判真正关注的不只是主导意识形态是如何通过意识形态编码所给定的意义，他更为关注的是意义的最终归属。那种通过国家政治权力所输出的文化意义，即法兰克福学派意义上的文化商品或是结构主义的主导意识形态在文化消费过程中被最终理解的方式或接受程度才是霍尔最为关注的。青年亚文化批判就是通过青年对各种文化产品的消费实践中意义的挪用和拼贴来揭示其中内含的抵抗性因素。

　　霍尔的文化政治批判将文化意义的生产和消费实践联系起来思考，辩证理解各自的相对独立性，用"接合"的理论来解释两个环节之间的非必然性承接，指出文化意义传递过程中的不可控性。对大众文化给出了新的定位，认为这是一个斗争的场域，是作为政治权力的文化与人民大众自己的文化创造的协商过程，是控制与抵抗的场所，是社会主义得以建立的场所。在这里占主导地位的文化意识形态通过大众喜闻乐见的方式展现，大众不是无辜的受害者。霍尔始终承认文化生产过程中资本结构及编码机制当中有操纵性的权力存在，但同时也强调大众文化消费和接受过程中的复杂性和能动性。

　　总之，霍尔的文化政治批判保持了学术研究的批判性特征，做到了理论研究可以带给政治实践复杂性的引导和干预。正如霍尔所说："他明白学术工

作的政治与用学术工作来替代政治是两个迥然不同的概念。"①他的理论是理论的政治，不是期望探索真理的元理论，也不愿将自己的理论局限于体制之内，认为理论研究的目的和政治事件、政治实践相关联，而且以理论争论的方式干预实践并产生效果。

一、政治国家和大众文化关系的历史描述

国家在历史发展过程中有多种形式，这是一个有太多不同意义的词汇，我们很难精确地为现代国家下定义。葛兰西将国家定义为统治阶级借以使其主导地位合理化而又能赢得被统治者积极认同的实践和理论的全部综合，霍尔认为葛兰西给出的定义几乎完全消弭了政治国家与市民社会之间的界限，但这一论断的革命性意义在于葛兰西将大众文化当作政治国家的中心环节。文化研究的葛兰西转向开启了把大众文化放置于整体社会发展与文化政治实践的大背景中审视的研究角度。霍尔认为葛兰西的国家理论革命性的突破在于赋予大众文化以国家层面的地位，肯定了国家的社会职能的积极方面，大众文化研究也被认为是积极介入社会、参与政治的表现。

正像大众文化有其演变的历史一样，国家作为人类社会发展的产物也是一个历史范畴。国家作为一个历史范畴，无论是表现形式还是职能范围都在随着社会历史的发展而不断变化。霍尔指出，虽然政治国家和市民社会的区分始终难有严格的界限，但政治国家职能形式的历史演变只有在国家和社会的关系的历史分析中才能阐明。

从 16 世纪开始到 18 世纪中期的英国国家通过立法、制定规范等方式，在经济、贸易等领域发挥直接的作用，自由竞争准则的确立直接带来了 19 世纪自由资本主义经济的繁荣。与此同时，"国家的政治构成也发生了同样剧烈的变化"②，主要表现在大众阶层要求扩大选举权的斗争。20 世纪的国家职能在霍尔看来见证了全能国家从摇篮到坟墓的发展，国家的作用只有在和社会的关系中才能被清晰地理解。只有在对国家和社会关系的历史变迁中才能

---

① Stuart Hall, "Cultural Studies and its Theoretical Legacies", Stuart Hall: Critical Dialogues in Cultural Studies, eds David Morley, Kuan-Hsing Chen, London: Routledge, 1996, p.274.

② ［英］斯图亚特·霍尔:《大众文化与国家》，张晓玉译，载陶东风主编:《文化研究精粹读本》，中国人民大学出版社 2006 年版，第 265 页。

呈现国家职能在每一时期的特征。就国家和家庭的关系而言,在 19 世纪家庭还属于英国人的私人生活领域,但到了 20 世纪家庭就被渐渐卷入了国家的公共领域。同样在 19 世纪教育和媒体也大多属于私人领域,但 20 世纪以后却在很大程度上成为公共领域。因此,霍尔认为,葛兰西的国家和市民社会的理论必然也是一个需要历史分析的问题。

在霍尔看来,导致这样的结果部分原因源于法律的权威和控制力,尽管此时的法律并不具有统一的、正当严格的程序,很多时候表现出时代条件下的社会阶级关系的印迹,即法律支配的个体随意性。正如霍尔所言,18 世纪的法律不仅是具有强制力的令人畏惧的国家机器,同时它又是混乱且不成文的,也是任意的、严酷的。任意性在霍尔看来指的是处于主导地位的社会阶级是社会法律权力实施的实际操纵者,正是通过法律权力来达到维护和推进他们的经济权益和提升他们的政治权威的目的。非常显见的是,无论是"自由出身"还是"私有财产的保护"都深刻地带着 18 世纪市民社会阶级关系的痕迹。但与此同时,主导阶级也被迫通过法律的程序及约束力来保护自身,这使得法律不再是一种形式的存在,尽管鲜有真正的公正与平等。"法律提供了一个框架,在这一框架中有产阶级的自由和穷人的不幸得以协商、斗争并解决。"①此时作为政治国家职能形式的法律不再是单纯的阶级统治的强力工具,而是已经通过大众的认可而获得了合法的尺度,也因此而享有了共识的权力。通过法律的斗争和协商使得法律成为将大众文化从习俗、传统及不成文的约定俗成的惯例升格为"财产和市场力量的法则"②的重要工具。作为国家职能形式的法律的演变影响了大众文化的历史变迁。

霍尔认为,在这一时期社会结构的基本要素发生的重大变化中,从生产关系的形式到劳动者的形式及道德形式的巨大转折中,真正起关键作用的是大众文化的力量。因为这种改变一方面贯穿于真实的经济活动中,另一方面也根植于意识形态与信念之中。霍尔指出,汤普森称之为"道德经济"的比纯粹的市场规律是一种更有力量也更强大的存在。可以看出,在农业社会家长制的文化习俗向自由市场法则文化转变的过程中法律发挥了重要作用。换言

---

① ［英］斯图亚特·霍尔:《大众文化与国家》,张晓玉译,载陶东风主编:《文化研究精粹读本》,第 267 页。

② 同上书,第 268 页。

之,"文化的瓦解、社会的重构、人民的再教育"①,终至一种新的资本主义文化模式的形成,都与法律和政治国家的调节职能密切相关。

　　大众在被法律束缚于自身的阶级地位的同时,也必然产生在此基础之上的对统治阶级地位和权力的抵抗。但霍尔认为这种平衡事实上有助于资产阶级维持社会的统治秩序,其中主导阶级的文化与大众文化是整个过程的作用场所,在这里实现了文化习惯的被打破、文化观念的更新、文化实践的完成及文化传统的重组,也体现出作为政治国家职能形式的法律在确立统治阶级的文化权威和被统治阶级的文化共识中所起的重要工具作用。

　　政治国家对大众媒体的控制从显性到隐性转化。霍尔对于政治国家隐性的文化职能机构——新闻界给予了持续的关注和论述,在他看来这是一种具有直接意义的文化机构。在新闻自由的资产阶级意识形态的前提下,通过这一文化机构可以使一整套特定的历史文化关系制度化。新闻界在葛兰西的政治国家和市民社会的划分标准中属于市民社会,相对于政治国家是独立的存在,因而人们总是在新闻自由的意识形态前提下相信新闻和舆论是大众可以依靠的对抗国家权力的屏障,是英国自由的维护者和独立于国家之外的声音。但霍尔认为,这种出现在19世纪的新的文化权力机构已经成为国家、文化和阶级之间关系的整合平衡器,对这一命题的理解应当以城市资产阶级的兴起与发展相关。霍尔认为,"独立的民意、市场导向的文化生产以及自由新闻的兴起,都与城市资产阶级的发展密切相关"②,即作为相对独立的媒体领域和各种新的媒介形式都是伴随着城市资产阶级的成长和资本主义生产关系的出现而发展起来的,因此,霍尔关于媒体表现形式的分析从17世纪末18世纪初开始。

　　由于社会分工的精细化,商业与制造业社会阶层的扩大,以及性别差异导致的工作性质的分化,首先出现的变化是形成了新的读者阶层,包括通过自学获得教育的劳动者、小资产阶级、技术工人、文职人员,其中也包括大量的女性读者,作为整体的中产阶级处于读者群体的主要位置,开启了作为阶级的文化

　　①　[英]斯图亚特·霍尔:《大众文化与国家》,张晓玉译,载陶东风主编:《文化研究精粹读本》,第269页。
　　②　同上书,第270页。

定义的过程。其次变化表现在新的媒介形式和实践形式，从一般文学到文学期刊、从报纸到礼仪杂志，从宗教性的行为修养书到营利性的作品，都表现为以其阶级位置和生活经验相关的内容，这些形式无疑为新兴的资产阶级做出了非常独特的文化定义，为作为整体的资产阶级建构了一种极端"私人的"文化规定。伴随着文化形式的种类和规模的飞速发展，独立存在的中产阶级已经成为重要的政治、社会和文化力量。作为独立的力量存在的中产阶级及其文化规定，在霍尔看来并没有真正脱离政治国家的控制和约束。事实上，这种控制无处不在，从早期的政府直接收购以及国家行政人员参与发行到印花税的征收，再到对出版的积极控制都体现出国家在其中的参与程度。霍尔认为，这种被标榜的独立性能够被生成并被保持的原因在于它与国家的基本制度相一致。唯其如此，这种独立性才能在"不受国家直接控制的和监督的市场上流通"①。

霍尔认为和中产阶级相对立的真正的大众媒体领域出现于 18 世纪 90 年代到 19 世纪 30 年代，它是与工人阶级一起出现的，被霍尔称为激进的工人阶级新闻界，也被统治阶级当作反动的颠覆性力量，它的出现对那种和支配阶级利益相一致原则下形成的独立媒体产生了巨大的冲击和挑战。在长达 20 多年的斗争历史中，知识税被废除、宣传税被废除、印花税大幅下调，都表现出为争取观念自由所获得的胜利。汤普森也认为斗争所获得的与技工、劳动者的利益相一致的如此显著的胜利是来之不易的。但是，这种经过长期的尖锐斗争所收获的媒介自由的权利在霍尔看来却是被商业资产阶级的新闻界所继承。

霍尔认为这种努力使得一种新兴的阶级文化关系获得了广泛流行，媒介自由意味着按照自由市场竞争法则、私有权和获利至上原则来规定的自由秩序，而不再是独立于权威之外的理性存在。换言之，是一种代表了资本利益的市场形式的自由，国家通过立法等形式外在地作用于它，并以此保证自由秩序的存在和发展，对于大多数人而言，自由是外在的形式，自由只表现为他们消费别人提供的观点的自由。虽然大众不是大众媒介的积极参与者，但这并不

① ［英］斯图亚特·霍尔：《大众文化与国家》，张晓玉译，载陶东风主编：《文化研究精粹读本》，第 272 页。

意味着大众是远离大众媒介的，而是作为大众媒介的接受者和购买群体成为大众媒体的经济支撑。这种商业性的媒介以一整套的自由市场规则为主导成为整体的社会构成的一部分，其中自由获得了有限的定义，"不受国家干预的自由、竞争和生存的自由、自由权和市场竞争无限运行的自由"，却失去了激进大众的应有内涵，因而，这种自由是以商业为基础的，而不是以民主为基础。①

从 19 世纪中期开始，这种以商业为基础的大众媒体关系渐渐成为英国主导型的媒体关系，也成为现代国家和阶级文化关系的根源。"它促使社会分裂为两个不同的、简单化的'公众'"②，进而被区分为精英媒体和大众媒体。霍尔认为，此时的大众媒体形式就其本质而言是从文化上来解决民主的问题，即解决大众阶级的民主权利与国家权力和媒体之间的关系问题。国家在其中的作用在于允许大众阶级表达意见的权利的同时，又能够将其控制在主导的统治阶级文化的运行轨道及其文化权威之下。因此，事实表现为大众媒体是关于大众的非政治的新闻，为大众所消费，但是这种以大众为内质的商业化经验也必然地呈现出流散性和被操控性的特征。

从这样的历史描述中沉淀出的是国家在媒体管理中作用和职能形式的转化，从显性到隐性、从直接到间接的转变。在霍尔看来，在 19 世纪中期开始到 20 世纪初国家处理阶级文化关系的方式的转换是通过将媒介作为新的文化机构来实现的。但媒介领域却存在着大众和精英的分立局面，大众阶级与统治阶级的关系从文化上表现为大众进入了由精英在资本逻辑之上建立的资产阶级观念领导和支配之下的所谓的"自由观念"的领域。

二、大众媒体的霸权介质特性

在国家职能由显性向隐性的转化过程中，作为国家文化工具的大众媒体却开始呈现出越发明显的文化权力特征。19 世纪末开始的英国社会的深刻危机不仅表现在帝国繁荣的衰落，也表现在由此而出现的政治理念和结构的分化与重组。最为显著的表现就是工党的出现，作为独立的劳工的政党第一

---

① 参见［英］斯图亚特·霍尔：《大众文化与国家》，张晓玉译，载陶东风主编：《文化研究精粹读本》，第 273 页。

② 同上书，第 274 页。

次出现在英国的政治中心。这种危机最终以民主问题的形式动摇了阶级和文化权威的早期形式。"国家不再是当权阶级仅仅记录或照顾一下国民中未被代表的那部分人的观点和利益的场所了，至少在形式上……不得不伪装出全民性，即平等的对待所有的公民。"①由此而产生的后续问题是在一个号称民众已经获得平等的政治权利的国家如何实现他们的意识形态的主导地位，换言之，在一个经济发生深刻变化、竞争日趋激烈的国际环境中，英国这样的"民主化"国家怎样在保持大众赞同的同时限制民主。霍尔认为，这不是一个民主的问题，而是文化霸权的问题。国家的职能形式及职能实现形式必须都发生彻底的重构或革新，能够在这样的环境下维护国家权威并实现领导职能的只能是一种新型的国家形式。霍尔指出，这种国家表现为"普遍中立的、代表所有阶级的、人民的国家，代表共同的普遍利益的、能够按照某一明确路线引导、鼓励和教育社会而同时保留其全民性和独立于各阶级，即超越斗争，不参与任何一方的国家"②。这使得文化不再是精英群体的特权而成为国家为之负有责任的公共事务，霍尔认为这是一个具有重大意义的转变，其中展现出国家对大众文化的调控作用和国家文化关系都发生了质的转变。

无论是超越阶级对抗，树立文化权威还是限制大众民主，获得普遍认同都是一个文化问题，霍尔认为，这些文化问题的解决一定与国家权力相关。英国国家实现观念和认同问题的管理途径主要是通过对日新月异的传播手段和大众媒体形式的持续控制。在新的时代条件下，在一个大众民主的社会，国家的文化权力是建立在具有强大的社会政治权力的技术媒介基础之上的。大众媒介在职能和构成上是以大众机构的形式出现，而不是政府的权力部门，但是它们又从国家内部获得权力。这种既不属于国家又拥有国家权力的媒体形式和构成使得媒体对国家形成了一种依赖性和独立性并存的微妙关系。霍尔认为，大众媒体的发展反映了国家的发展，作为主导文化的文化代言人，媒体在成长中会"将整个人民的文化作为有机的国家的文化来反映，而且同时维护

---

① ［英］斯图亚特·霍尔：《大众文化与国家》，张晓玉译，载陶东风主编：《文化研究精粹读本》，第277页。
② 同上。

传统价值和尺度,并教导大众趣味趋向'更好的自我'这一公共职责"①,显然,这是按照国家的职责而不是依据市场的规则来定义的媒体。

一些大型的垄断性媒体在二战期间从公益性的存在转变为国家的一个文化机构,一方面它获得了国家的授权来发声,但另一方面它仍然是一个企业,霍尔认为这是经济上的垄断资本和人民及政治国家之间确立的新型关系。霍尔通过回顾英国广播公司是如何将自己打造成国家文化的代言机构来证明垄断的媒体机构从法律上保有其独立与国家的性质,但却内在与国家相关联并为其服务的本质。一方面,作为国家意识形态的代言人,向人民传递资产阶级的主导价值观念;另一方面,也化作全部人民的代表来传递大众的心声。

20世纪50年代出现的新媒体电视再次挑战了国家的文化职能的实现形式,和广播阶段相比较,此时的国家权力的规范和管理活动更多的是基于市场逻辑基础之上的,通过渗透自由市场来起作用,鲜明地表现出对大众消费者的迎合特征,这样的变化最终导致整体的大众媒体都表现出强烈的通俗化和平民化的趋势。但是霍尔也指出,尽管国家的干预和介入显示出其隐性温和的一面,但是媒体的运行和发展总是存在和国家之间的大量有形或无形、直接或间接的联系。比如,广播或是电视台的运营总是在国家的权力范围内并且设定了详尽的标准和要求,要求节目既要服务于大众的公共事业,也要满足大众的趣味和爱好,尤其是新闻时事节目被要求在宪法基础之上的独立表达,为广播和电视的自由市场性提供了合法的限定。霍尔认为,在这种新的媒介模式中,媒介实践都与国家的文化实践相联系,或者直接成为国家的文化实践形式,表现为和平团结时期的共识的传递及政治分裂时期的公正持中的立场,媒体都展现出被霍尔称为"影子国家"的特质。

文化霸权的实现依靠国家不断扩大的文化职能。国家的大众文化职能在不断扩大,葛兰西的国家和市民社会理论是在新的历史背景下重新思考资本主义国家与社会关系发展演变的结果,认为一个阶级只有占有了市民社会领域才能真正获得一个社会的控制权。葛兰西的"有机知识分子"施展的主要场域正是市民社会领域,马克思主义的辩证法在葛兰西这里被具化为知识分

---

① [英]斯图亚特·霍尔:《大众文化与国家》,张晓玉译,载陶东风主编:《文化研究精粹读本》,第280页。

子和大众之间的辩证法,塑造差别意识,包容差异,在新的思想原则与传统实现原则的对话中包容、扬弃,是主导阶级获得革命主导权的基本路径。霍尔认为葛兰西"扩展了的国家定义旨在特别应用于现代民主国家及其扩展了的功能范围,这种意义上的国家如此深入地深入到市民社会内部……不仅表明了其在文化调控作用有了质的提升,也表明国家文化关系的一系列质的转变"①。

国家是文化再生产的积极力量。在近代,尽管英国的国家机构中没有专设的文化机构,但英国国家以其独有的方式在很大范围内承担了发展文化的职责。英国国家的文化职能主要是通过教育制度和媒体机构来完成的。霍尔指出,包括"文化传统及其价值的定义与传递,知识的组织,为不同的阶级分配被皮埃尔·布尔迪厄称为'文化资本'的东西,作为文化传统的守护者的知识分子的生成及甄审"②等内容。大众媒体在现代政治国家生活中扮演着越来越重要的角色,它与国家权力相结合,虽然没有改变政治国家的内在形式,但它无疑改变了政治国家的意志的存在形式,也改变了政治国家霸权统治的外在形式。从大众媒体与政治国家和意识形态的关系角度来理解和分析媒体是霍尔媒体批判的基本路径,强调文化与社会、文化与政治的关系维度,指出大众媒体是现代政治国家文化和意识形态的主要载体,反思和批判大众媒体在政治国家意识形态霸权再生产中的工具作用。

大众媒介渐渐展现出突出的政治表征功能,在对电视媒体进行深层分析的努力中,霍尔将其看作意识形态机器,是无数的民众在日常生活中无法逃离的了解和理解世界的工具。尽管媒体机构貌似有着专业的技术编码和处理的流程机制,但是在霍尔看来,这种媒体信息生产不断完成的同时,它们也会复制资本主义的社会结构。霍尔对包括书籍、报纸、广播、电视等各种大众媒体形式和政治国家及阶级文化关系的理解不是一个清晰简单的图景,而是相互交织的复杂统一体。借鉴阿尔都塞的意识形态机器理论,霍尔将大众媒体定义为政治国家意识形态传播的主要介质,尝试揭示在发达资本主义社会的现实条件下,大众媒体作为一种意识形态机器所表现出的独立运作的自主模式

---

① ［英］斯图亚特·霍尔:《大众文化与国家》,张晓玉译,载陶东风主编:《文化研究精粹读本》,第266页。
② 同上书,第277页。

背后隐藏的阶级权力关系。霍尔指出，那只是一种假象，掩盖了其中存在的和现存的资本主义主导意识形态和统治秩序的联系。事实上，大众媒体，尤其是新的媒体形式和政府的关系一定是相对自主的，这种外在表现出的自主性和独立性也是源于这样的特征更有利于资本主义基本秩序的维持与巩固。把媒体仅仅看作观察世界和反映事件的窗口和媒介的自由主义观点是霍尔着力批判的。同时，霍尔也反对将大众媒体和国家权力之间的关系理解为严格机械的专制主义的控制关系。在霍尔看来，电视、媒体所传达和表现的意义绝不是单一固定的，而是提供一个意义的范围或界限。其中，优势的或推荐的意义可以复制主导的政治权力秩序。

霍尔认为，"意识形态并不是'媒体的一个骗局'，而是一套结构装置，它为看似开放和明确的一切提供框架，反过来又成为特定的政治含义的一个标志"①。威廉斯认为，我们只有认真分析这些运行机制的形式，才能对现代社会中一般传播的程序展开研究。在此基础上，霍尔实现了文化主义与结构主义的接合，将阿尔都塞的意识形态理论和葛兰西的霸权理论接合起来对媒体展开分析研究。霍尔的努力赋予了媒体理论更为深层的政治内涵，对其内在机制的研究和揭示可以让文化分析更为多维度地实现其批判和斗争武器的功能。

《时事电视的团结》②是霍尔领导下的文化研究中心写于1974年的文本，是对1974年英国大选之前的媒体造势中的一则节目所做的批判分析，其研究对象是媒体呈现的官方文件和报道。在研究中认为，媒体和政党之间的关系既不是自由主义所宣扬的那样，节目和政党是完全独立不相干的，把媒体仅仅看作人们观察世界反映事物的中介，也不是当时流行的典型的媒体和政府是同谋的观点，节目制作过程被描述为公众的声音，但事实上却表达了占统治地位的政治意识形态，这种观点认为媒体对大众思想的控制是通过机械的专制的方式来进行的。霍尔等人反对这种观点，认为电视和政府的关系是相对自主的，电视传达的意义是一个范围，媒体节目效果的实现在于将意义范围中的

---

①　[英]安吉拉·麦克罗比：《文化研究的用途》，李庆本译，北京大学出版社2007年版，第21页。

②　这一文本最初由伯明翰文化研究中心的媒体小组完成，后来由霍尔等人改写，其中霍尔无疑起到了关键性的作用。

推荐性或主导性的意义成为被观众接受的意义，这一过程需要诸多方面的努力，因为意义不是固定的。

文章《时事电视的团结》被他的学生麦克罗比认为是关于媒体与权力关系分析的范本。她指出这篇文章运用了符号学理论及阿尔都塞和葛兰西的理论，揭示了编码、视觉及词汇语言和身体语言如何在电视的技术机制基础上联合起来。时事编码的目标是试图达到一种透明的效果，希望将推荐的意义和盘推出呈现给观众。但这本身是一个复杂的过程，因为"每一层面都各有含义，但每一层面若离开了其他层面，在电视话语中就是不完整的。因此通过一个系统对另一个系统的绝对决定性，两个层面相互结成联盟的时候也就是编码过程中特定含义已经完成其使命的时候"①。此时编码完成，共识的前提形成，但意义并不固定。推荐意义最终发生作用既需要政治家遵守媒体规则，也需要媒体杜绝倾向性言论，而提供一个貌似中立的媒体映像。

对媒体文本与政治和政府的微观政治逻辑的剖析是霍尔文化政治理论的特色，也是巨大成就，尤其是揭示了媒体意识形态为维护现存的阶级关系所做的努力总是面临被瓦解的危险，推荐的意义从来不可能准确无误地到达。这些观点的提出与分析改变了简单地将媒体与政治权力看作同谋的线性理解，通过细致深入的分析呈现出一个电视节目在大众传媒环境中运作所需要的复杂的社会条件和可能产生的政治影响，以及推荐意义的实现程度的不确定性。

在社会共识和道德秩序的形成中，媒体的作用不是被动的反映，而是积极的表征过程。霍尔指出，社会中的道德差异与文化共识不具有先在性，而是被社会定义的，主流文化与亚文化关系的实质在于亚文化总是在与主流文化的对比中被定义，其中被遮蔽的和体现的都是文化和社会权力的力量。霍尔试图解决在共识和差异的定义中媒体是如何发挥作用的问题，究其实质，就是媒体在社会共识的形成中所起的作用，以及在社会控制问题和维持社会秩序过程中所扮演的角色问题。

在他看来，现代社会道德与统治秩序的形成不再是一种强迫性过程，而是在某种特定的社会结构基础之上的价值和舆论共识，"是对一套非常确定的

---

① ［英］安吉拉·麦克罗比：《文化研究的用途》，李庆本译，第19—20页。

社会、经济和政治结构的规则的内部综合"，"它必须承担社会、政治和法律规则的压迫。它与已出现的事物、对阶级、权力和权威的划分，和社会已建制度关联密切"①，它的形成过程与媒体的社会角色相关联。媒体在其中所起到的不仅是补充和加强的作用，而应当在媒体的运行机制中分析判断，这是一个关涉媒体功能的问题。媒体运作过程中无法做到直接客观地反映和传递现象或事件的原貌，而总是趋向于赞同现有的社会结构并维护其价值共识。媒体功能的实现不是复制，而是表征，是一种包含积极选择、表达、构建和塑造的主动性过程，是意指实践。这种积极主动的选择必然与权力相关，但不是单一、线性、确定的关联，权力的分散性特征决定了联系形式的多样性。霍尔通过对卢卡斯的权力实现模式的分析，指出三向度的权力观是通过影响塑造个体的特殊需要来发生作用，这种媒体权力的实现模式开启了对意识形态环境的塑造工程，是权力朝着一种具有普遍有效性和合法性方向的运动，而此时霍尔认为是媒体研究的意识形态批判模式出现了。② 霍尔关心两个相互关联的问题，一个是意识形态话语的生产和转化问题，另一个是如何在社会结构中将意识形态实例概念化。这是两个相互关联且需要在理论和实践中阐明的问题，霍尔从一个宽广的多学科的理论领域和实践领域来说明意识形态概念如何被重建。

从语言人类学萨培尔·沃尔夫和列维·斯特劳斯对各种文化不同的划分世界的方法开始，到斯特劳斯最终转向对普遍的规则结构、认知功能的研究，再到罗兰·巴特的拓展，霍尔认为，他们的功绩在于呈现了"一个显然'自由'的特定意识形态话语的结构是怎样被认为是一个致力于相同的基本的意识形态层面的转型"③，开启了媒体研究的结构主义符号学向度。从符号主义的向度出发，意义就成为媒体意识形态研究的关键词，符号学基础上的文化概念也成为共享的意义。意义不是既定的、给予的，而是生产的、建构的。语言是意义传送的载体，表征是意义产生的路径，意义的生产是文化实践。那么被称为国家影子的媒体，作为描述和再现社会现象和事件的公共机构如何在实际的

① ［英］斯图亚特·霍尔：《意识形态再发现——在媒介研究中受抑制后的重返》，杨蔚译，载蒋原伦、张柠主编：《媒介批评》第一辑，第 178 页。

② 参见上书。

③ 参见上书。

运作中保证国家的统治话语体系能够持续有效地被表达，并且同时限制、禁止或剥夺其他的话语体系，这是霍尔更为关注的问题。他认为，这显然不是一个纯技术的问题，媒体研究范式转变的核心就是基于意识形态的再发现，语言的社会意义和政治意义，符号与话语的政治立场的接合。因此媒体意识形态的运作机制是霍尔必须要讨论和阐明的。

编码解码理论是对意识形态话语生产的基础解读，编码解码理论是霍尔对马克思主义方法论与结构主义符号学理论的综合应用。作为最早的传入中国的霍尔文本，这一理论在媒介传播领域的研究中被反复引用和论证。从理论的渊源上来看，我们可以从文章中看到浓厚的马克思主义色彩，是马克思主义方法论在媒体问题上的运用和展现。

一方面，受到马克思主义经济学中的生产、流通、分配/消费、再生产的循环的启发，认为通过这样一个"主导的复杂结构"比传媒领域的传统线性传播结构更能够真实清晰地再现媒体信息传递的本质。马克思在《〈政治经济学批判〉导言》中认为生产与消费两者之间是直接同一的，相互依存，互为手段。认为分配并不是与生产相并列的独立自主的领域，分配方式与分配关系完全由生产的结构所决定。关于交换和流通与生产的关系，马克思同样认为，交换就其一切要素来说，或者是直接包含在生产之中，或者是由生产的发展和结构决定的。总之，生产、分配、交换构成一个总体的各个环节，一定的生产决定一定的分配、消费和交换，并决定着这些不同要素相互间的一定的关系。同时，生产就其单方面来说也决定于其他要素，各个环节之间是辩证统一的关系。

霍尔也将媒体信息的生产、流通、消费、再生产等环节看作一个总体的各个环节，指出"这一方法的价值在于，虽然每一个环节在表述中对于作为整体的流通都是有必要的，但没有一个环节能完全保证下一个环节……所以每一个都是对'形式渠道'的打破或中断，而有效生产的流动（再生产）就是以这个'形式渠道'的连续而定的"①。意义生产的有效性依赖于各个环节的连续或是总的有效性。与马克思在总体性结构当中对生产的决定作用的强调不同的是霍尔认为任何一个环节都不具有特殊的地位，每一个环节都无法保证下一

---

① ［英］斯图亚特·霍尔：《编码，解码》，王广州译，载罗钢、刘象愚主编：《文化研究读本》，第352页。

个环节的有效性,且这样的总体是开放的而不是封闭的。所关涉的内容是社会的、复杂的、综合的因素,是编码主体和解码主体自身在不同的社会文化结构中生成的不同的个体文化养成,这就与马克思主义的历史唯物主义基本原则相联系。

另一方面,编码和解码对线性传播路径的突破,从整体上承接了马克思主义历史唯物主义的基本观点,认为社会意义的生产必然要受到社会生产关系结构的重要影响的理解。突破传统的线性传播的视角,强调处于不同社会结构中的信息发布者和接受者的文化结构的不对等性,这种差异要求我们从单纯的技术思路转向到哲学的思路,重新思考传播中的社会文化和政治因素。霍尔指出,话语主体所处的社会生产关系结构起到了重要的作用,以符号为载体的各种意义和信息在流通实践过程中不仅与意义流通的物质工具相联系,更为关键的影响来自意义被编码和解码阶段中整体的媒体制作结构、实践和生产网络,以及制作主体所融入的社会文化和政治结构。这体现出霍尔对马克思历史唯物主义基本理论指导下对个体"差异"的坚持。

正是马克思主义成就了编码解码理论的意识形态特色,文章当中认为电视话语的传播是意义的政治策略的展现,是处于相异社会技术基础的编码者、解码者由于知识架构不同,会拥有被深深自然化的认知符码,与个体的文化、知识和历史相关联,这些符码成为权力和意识形态在各种特定语境中意义传递的有效途径,并且会有意无意地将自己蕴含其中的利益诉求融入传播和接收的机制和过程中,进而参与并影响电视话语的生产过程。换言之,透过电视话语生产过程的表面,我们可以从本质上读出其中充斥的意识形态斗争的硝烟。其核心的观点是主导的霸权文化试图使得意义可以稳定地传递流通,可以按照其最初的规定到达,但事实上意义总是被不断地改变,在传播的各个环节中任何一个环节都不能保证它的原初含义不被改变,因为信息传递总是与现实社会的各种权力相交织。编码解码理论对传统文本中心的突破而转向受众中心,是对精英主义的挑战和对大众抵抗的强调。

表征是媒体与意识形态的接合机制,霍尔在关于文化产品或文化现象的生产消费的循环中,通过接合的概念来解释单一现象所无法呈现的文化产品获得意义的过程,通过几个相互链接的环节来解决一个文化产品是如何被表征,与表征相联系的是怎样的社会认同,以及它是如何被生产和消费的全

过程。

　　表征——意义的生产阶段。霍尔对于表征的含义有清晰的界定，认为表征是意义的构建过程，其中包含了两个相互关联的意义：其一，表征某物即描绘和摹状它，通过描绘或想象而在头脑中想起它；在我们的头脑和感官中将此物的一个相似物品摆在我们面前。表征的这一含义主要体现为对事物的反映。其二，表征还意味着象征、代表、做标本或替代。① 但霍尔认为表征不是单纯地传输一个已经存在的意义，而是主动地赋予意义，是意义的生产与实践。霍尔的表征概念暗含的是选择、表达、构建和塑造过程的积极主动行为。表征作为文化循环的重要环节是霍尔理论中的重要概念和实践。在霍尔的概念中，表征是意义生产的阶段，是意义产生的方法，是一个实践的过程。媒介就是为生产出一个有意义的具有表征功能的文化产品而被组织起来的社会实践。表征的方法多种多样，通过图片、绘画、讲话、技术、图像等人们都可以来表征或再现世界上存在的一切有意义的概念、观念和思想。②

　　认同——意义被社会认可。认同的环节是作为表征的结果出现的，表征的目的就是构建对意义的认同，认同是表征发挥作用的方式。在霸权政治中认同就表现为共识的最终形成，在霍尔看来这不是一件简单的事情，但是他也指出从普遍性和趋势性来看，这一危机是由主导阶级的意识形态所构建，并在媒体中获取共识，进而去建构"真实"的实质基础，成为公众观点的持续的来源。对意义认同的程度与表征的策略相关。首先是意义的链条的扩展，就是将现有的意义向我们已经知道的意义扩展到新意义的方法。在霸权实践中，与特定的话语结合产生新的意义并获得认可是惯有的做法。其次，对差异重要性的强调也是产生新意义和认同的策略之一。最后，已有的意义和不同的谈论与语义网络相联系而得到扩展，在霸权实践中，他强调在接合当中来解释。

　　霍尔对媒体与霸权文化的关系分析大致开始于 20 世纪 70 年代中期，尤其是当电视成为英国社会普通家庭的主要休闲形式之后。发达资本主义社会的阶级权力关系如何在日常生活中呈现，霸权文化又是如何通过看似

---

① 参见［英］斯图尔特·霍尔编：《表征——文化表征与意指实践》，徐亮、陆兴华译，第20页。

② 参见［英］保罗·杜盖伊等：《做文化研究——索尼随身听的故事》，霍炜译，第13页。

独立的意识形态机器最终服务于资本主义秩序就成为以霍尔为标志的伯明翰文化研究中心的重要研究领域。霍尔对媒体和电视与政治国家霸权关系的分析被他的学生安吉拉·麦克罗比看作一名清醒的马克思主义者最为精彩的分析。

从研究的方法看,霍尔采取的方法是将实际的英国社会政治生活的宏大背景与电视媒体的一个具体且有代表性的文本的结构主义阅读接合起来,这种结构主义阅读成为霍尔理解霸权文化如何在普通的媒体形式中运作的方式,成为对媒体与霸权文化进行微观分析的方法论基础。结构主义符号学对霍尔的影响至为关键,从媒体理论到文化身份处处能找到结构主义的影子,其中重要的观点就是任何一个语言符号都是在和其他符号的区别和差异中来建立自己的意义。其中,选择和综合两个环节都是意义生产的最为重要的机制,在意义建构的过程中,包含信息的象征价值处于优势地位,而交换和使用价值则要依赖于象征意义,因而信息的象征意义即表征能力是其最具有优势的价值部分。一个特定范围的优势意义是如何被维持的,霍尔赞同列维·斯特劳斯在语言学基础上做出的解释,认为象征意义的产生绝不是单纯依靠某些个别术语的内在意义,而是依靠一个话语系统内部的相关因素的整体结构,指出意义的差别不是事物的自然差别,而来自共有文化。

批判的方法有一个突出的特征就是要实现从内容到结构,从意指到编码层面的转变,这样对意识形态的重新定义有助于我们理解媒体意识形态话语的运作机制,霍尔认可贝隆的观点,"如果意识形态是一种结构,那么它们就不是'意象',也不是'概念'(我们可以说,它们不是内容),而是一套规定一个组织的法则。意识形态是对现实编码的系统,而不是一套已确定或已被编码的信息。这样一来意识形态在涉及其根源的认识和意图时获得自主:也许他们的观点是在社会结构上有意识的,但并不是让这些观点成为可能的语义条件(规则、种类或汇编)。从这点来说,意识形态能够被定义为产生信息的语义规则系统。在语义学的观点看来,这只是许多级别的信息组织中的一个"①。人们可以用自己的语言轻松地说出合乎语法规则的话语,但是却很难

① ［英］斯图亚特·霍尔:《意识形态再发现——在媒介研究中受抑制后的重返》,杨蕈译,载蒋原伦、张柠主编:《媒介批评》第一辑,第186页。

准确地说出其中的语法规则，霍尔认为这种深层的结构即为意识形态结构。

三、霸权实践批判

批判政治的实践指向是霍尔的一贯风格，我们的讨论以霍尔对撒切尔主义的批判为中心，随着 1979 年以撒切尔夫人为代表的英国保守党入主政府，在霍尔 20 世纪 70 年代末到 80 年代末长达十年的对撒切尔主义所代表的新右派的政治霸权和左派政治所陷入的危机的分析批判，为他赢得了巨大的学术和政治声望。人们普遍认为"撒切尔主义"是霍尔首先提出的概念，但在霍尔看来这其实并不重要，重要的是这一概念所包含的政治和经济的内涵，以及对如何再思考这一执政理念对英国社会政治和人民主权的意义。在霍尔看来，撒切尔政府从 20 世纪 70 年代末开始直至整个 80 年代所推行的从经济、政治到文化社会的激进改革，显然不仅是保守党的政治与经济的重建计划，更是在文化上重塑英国的巨大工程，是一场关乎每一个英国民众和组织机构的价值观念和自我认知方式的文化运动，文化成为与政治密切交织的主题，霍尔对撒切尔主义的批判主要从文化和意识形态领域展开。

二战后的英国，其社会关系发生深刻变化，战争所带来的创伤让英国人反思民族利益和精神的重要性，无论是左派还是右派都深刻认识到社会稳定对国家发展的意义，因此加强国家对社会的管控，构建和平稳定的社会秩序，保障人民的利益渐渐成为共识。从具体政策看，西方世界二战之后的经济体，尤其是英国，在经济上实践福特主义和作为民族国家主要经济政策的凯恩斯主义，实行混合经济，表现为在国家管控之下的市场经济。但经济政策不仅仅是经济战略，它们与整个社会的组织原则和文化关系相关联，表现在政治上则是在左翼和右翼相互妥协的基础上，由工党政府和保守党轮流实施领导，他们采纳中产阶级的价值观，也注重对工人阶级利益的强调，充分发挥国家对就业、福利等方面的强大职能，一时间似乎成为代表了全世界的工业化逻辑。

在战后经济复苏和人民强调公平正义及要求完善社会保障的呼声日渐强烈的背景下，以社会主义为基本主张的工党开启了英国福利国家的崭新局面。社会民主共识的形成之后在长时期内发挥了维护社会稳定繁荣、保障人民富足安稳的作用，这种状态持续到 20 世纪 60 年代末逐渐发生变化，伴随着各种社会危机的相继出现，社会问题日益凸显，不仅各种社会运动此起彼伏，在经

济生活中，失业增加、通货膨胀导致工人罢工，社会生活中各种违法犯罪活动猖獗、种族问题凸显、人民的道德观价值观出现危机。随着英国政治经济的不断衰退，以及福利国家运转过程中不可避免的矛盾的出现，政府无法维持巨大的公共开支，高税收引发民众大量的不满情绪，种种征兆显示"英国社会稳定的社会民主共识基础上的政治景观开始破裂，其合法性也随之丧失"①，撒切尔夫人正是在这样的社会历史危机中进入英国的政治中心的。

确定到具体的年份上，霍尔认为，英国政治的实质性转折发生在 1975 年，除了包括石油价格上升和资本主义危机在内的因素之外，通过撒切尔主义领导下的向现代保守主义的转型是转折的主要表现。② 撒切尔主义是一个有着鲜明时代特征和丰富内涵的概念，涵盖了撒切尔执政（1979—1990 年）11 年以来的政治、经济及文化等诸多领域的政策。尽管如此，霍尔主要关注政治和文化意识形态领域的变革，主要"分析了撒切尔主义：是什么使它团结一致，为什么它成功了，它的局限和弱点是什么，还有左派能够从中学到什么"③。

撒切尔主义从经济上看是以自由资本主义为其主要特征的，这一主要的施政理念之下有两个关键词。其一，自由市场经济，这是撒切尔主义经济政策的首要特征，与其相对应的是二战后英国工党的福利国家政策。撒切尔主义正是在此背景下成功地开辟了新自由主义的理论场地，以哈耶克的货币主义理论为基础，主张充分发挥自由市场的作用，政府的经济职能只限于以财政货币手段来调节经济，针对工党原有的福利国家和混合所有制的经济政策，大幅度削减社会福利，减税并调整、缩减国有经济在国民经济中的比重，不断加大私有化程度。其二，维护资本主义的基本性质是撒切尔主义经济政策的另一个关键词，当然这两者之间统一于自由市场经济，理论的终极或是核心的意义在于维护英国的资本主义政治和经济制度。

撒切尔主义改变了政治游戏的规则。霍尔认为，它重新定义了政治与文

---

① Stuart Hall,"The Toad in the Garden Thatcherism Amongst the Theorists", *Nelson*, Cand Grossberg eds, Marxism and the Interpretation of Culture, University of Illinois Press；Urbana, 1988, p.37.

② Stuart Hall, *The Hard Road to Renewal：Thatcherism and the Crisis of the Left*, London and New York：Verso, 1988, p.166.

③ ［英］丹尼斯·德沃金：《文化马克思主义在战后英国——历史学、新左派和文化研究的起源》，李凤丹译，第 350 页。

化，取代工党政府的主张与政策，迅速整合意识形态领域的声音，消解共识，构建新的政治意识形态。撒切尔主义将企业文化与自由市场当作社会发展的核心因素，致力于消解改良主义和福利国家的思想和人民的期望，以自由市场为中心构建新的话语体系，将效率作为考量社会价值的基础标准。霍尔指出撒切尔主义在文化上完成了对两种存在巨大矛盾差异的传统的整合，一方面是保守主义的民族性、国家责任及权威标准等主题，另一方面则是新自由主义的个人主义、私有化和反国家主义的主张。撒切尔似乎成功地实现了两者的无缝结合，也正是基于此，霍尔将撒切尔主义的政策定义为权威民粹主义，是一个包含着内在矛盾的统一体。

尽管霍尔认为媒介是政治国家意识形态发挥作用的主要介质，但是在对撒切尔主义进行批判分析时，还是主要从文化霸权和接合理论切入。葛兰西的霸权理论为霍尔提供了分析撒切尔主义是如何保持活跃性的基础养料，但为了防止对概念的机械依赖，霍尔总是谨慎地使用其理论。

首先是霸权理论，霸权需要持续建构。撒切尔主义不同于传统的统治模式中通过强力来进行权力的争夺，而是一种通过获取"对社会中包括经济、市民社会、知识与伦理生活以及文化等多个领域的带领"[1]，是一种讲究策略的获得大众认同的方式。撒切尔主义绝不是停留于表面权威的获得，而是致力于确立一种能够充分深入地和社会整体发展规划相契合的权威，权威的树立不是作为结果，而是过程，换言之，这种霸权永远处于未完成的状态。这个过程是通过意识形态的作用，不断地建立新的伦理体系、新的道德秩序来构建新的国民性。霸权斗争的场所包括社会的每个领域，从社会组织到大学，从大众媒体到地方政府无一例外。被葛兰西称作有机的意识形态的目的在于将社会群体吸附在一套全新的观念系统之上，而这需要所有的社会阶层的参与，政治家的霸权机制只有获得最大限度的延伸，通过各种政治组织和大学的思想精英群体，通过咨询、建议、评论等手段达到影响公众的目的，通过大众媒体将思想转化为生活的常识，也会通过各级地方政府的政策引导来改变大众的信仰基础。撒切尔主义不是单一战线，而是多领域的同时出击，在教育领域强调建立适应经济政策的教育原则，认为成功的教育在于为经济发展提供人才，凸显

---

[1] Stuart Hall, *The Hard Road to Renewal：Thatcherism and the Crisis of the Left*, p.7.

教育的现实价值。这种全方位地深入的解构与重构无疑是霸权实现的基础。民众在霸权实现过程中有着极端的重要性。这是葛兰西霸权理论的关键,撒切尔主义最为成功的地方也就是成功地获得了政策和政治的群众基础,被霍尔称为"权威民粹主义"的执政模式表达了普通大众的立场,而且是在批判工党政府的话语体系中建构,甚至改变了普通大众对资本主义的认知。因为在撒切尔主义的话语体系中,资本主义作为一种生产关系,不只是服务于资产阶级,也为普通的民众服务。一方面,通过大量释放普通大众对官僚作风盛行的左派、工会及地方政府的抱怨来解构原有的社会民主共识;另一方面,在急剧变化的政治氛围中及时建构新的观念和新的思想来获得支持,民众是所有努力的效果检验者。

其次是接合理论。霍尔开始关注"接合"概念不但是为了回应后现代主义思想,也是为了应对文化研究的危机。在关于撒切尔主义的分析中,霍尔的接合概念代表的传统可以通过拉克劳追溯到阿尔都塞的观点。因为在经典马克思主义的传统中,经济被看作最后的决定性因素,而其他因素则是从属的、第二位的,而阿尔都塞的结构主义理解中则认为政治、经济、文化的关系是相互接合的,换言之,它们的关系在一定的条件下相互联系,但在特定的历史条件中又各自保有其相对独立性。霍尔试图解释撒切尔主义如何将两种或是多种存在着巨大差异的因素连接在一起,重新建构全新的政治局面,接合概念由此被引入。在多篇文章和访谈中霍尔探讨过"接合"概念,试图为大家解释这一概念在他的理论应用中的含义,我们从霍尔的描述中来把握其核心的观点。

"接合"意味着存在差异的因素在特定条件之下的统一,意味着流动着的意义在特定实践中的相对确定化,是理解意识形态要素如何在特定的社会背景中,在特定的话语系统中被组合链接的方式。"通过'接合'这一术语,我指的是一种联系或链接,在任何情况下它都不是作为一种规律或一种生活事实预先给定的,它需要特定的存在条件,必须被特定的过程积极的支持。"①换言之,接合理论关心的是特定的历史条件下意识形态怎样发现主体,赋予主体思

① Signification,Representation,"Idelogy:Althusser and the Poststructurist Debates",*Critical Studies in Mass Communication*,1985(2),p.112.

想,是意识形态介入主体的方式,同时也规定了主体在意识形态中的位置,因而"接合"同时也是意识形态在特定的历史阶段中成为或者不成为与一定政治主体接合的方式。

"接合"不是一次完成的,也不是固定不变的,而是被不断地改造着,会在新的情境中消失或再次生成。当原有的联系断裂,新的联系产生,再接合,再断裂,直接显示出"接合"的不稳定性和暂时性。霍尔的接合概念从拉克劳的表述中发展而来,拉克劳旨在用这一词语来解释各种意识形态形式并没有必然的政治含义,霍尔以宗教为例来做解释,认为宗教作为意识形态的要素之一并没有确切的政治含义,但我们无法对其做一个纯粹的安置,因为它可以在不同的历史和社会中和特定的权力文化结构相联系,而成为人类形塑世界的重要文化资源。换言之,宗教的政治含义是历史的存在,它在特定的时间段中和许多不同的力量相连接,没有必然的、本质的和超历史的政治含义。

"接合"是不做保证的,"它只是一种把文化、社会、政治联系起来的活动"①,"接合"不是必然的对应,也不是必然的不对应。"它的重要性还在于,一种不同的实践之间的接合并不意味着它们会完全相同或一个会消融在另一个之中。每一个都保持着它独特的决定性和存在条件。然而一旦接合被创造出来,这两个实践就会同时起作用。"②"接合"是动态的、变化的,但绝不是任意的。特定的"接合"可以被用来固定身份,形成意义,成为身份的约束和意义的捆绑,霸权政治就是要消弱或是解除原有的或是传统的接合,实现新的差异基础之上的再接合。霍尔这样描述"接合"的相对稳定性:"我不相信任何事物都可以和其他的任何事物相结合……所有的话语都有其存在的条件,虽然条件并不能保证特定的结果,但它会限制或限定社会接合过程本身……并确实建立了趋势和边界。"③霍尔认为,接合既是动态的又是暂时的,但绝不是无限制的漂移,是在实践和历史基础之上能动性的展现。这里霍尔的立场是承接阿尔都塞的多元决定基础之上的有限决定。

总之,"接合"概念被学者看作英国文化研究"最具生产性"的概念,因

---

① 黄卓越:《文化研究:追忆与讨论——在伦敦访斯图亚特·霍尔》,《西北师范大学学报》(社会科学版)2007年第5期。

② 转引自和磊:《葛兰西与文化研究》,中国社会科学出版社2011年版,第158—159页。

③ Signification, Representation, "Idelogy: Althusser and the Poststructurist Debates", p.112.

而赋予了理论的高度,"接合"概念被广泛地接受和应用是因为它作为文化研究的一种方法所具有的灵活性,可以让差异的因素成为建构同一性的要素。在政治层面,"接合"为霸权意识形态提供了一种介入社会各阶层的有效的方法机制,使用这一方法可以有效地避免落入还原论或是本质主义的洼地。

最后是霸权的话语接合。话语范畴中的"接合"概念更具理论色彩,霸权的话语接合是揭示撒切尔主义文化霸权获得的有效武器,"接合"重新组织文化实践的各种要素,要素的政治内涵来自被接合的新的话语体系和被接合的方式。霍尔的话语接合虽然源自拉克劳,但和他们又存在着严格的不同。在他看来,拉克劳意义上的所有的主体性均来自话语的建构,霍尔反对那种将主体与社会实践分离,纯粹作为话语建构存在的观点。阿尔都塞认为意识形态不是由主体产生,相反,是由一种实践和仪式的物质存在所构想的意识形态来建构主体。在霍尔看来,拉克劳只是关注主体的位置而并不强调主体实际的位置,这种主张无疑是将阿尔都塞的无主体的结构主义观点演化为话语建构主体,认为主体只存在于话语当中,而与社会实践相分离。拉克劳的观点是主体、社会实践作为语言而存在,而霍尔要表达的却是主体、社会实践像语言一样运作,显然两者之间有本质的区分。

霍尔承认社会力量与话语之间的接合会产生重要的联盟,但实践不能简单化为话语实践,历史主体也不能理解为纯粹的话语建构,语言只是作为连接社会实践的方式,而不是作为本源的东西出现,过度强调话语对主体和社会实践的建构作用会导致完全无视物质实践和历史条件的作用。在这个问题上,罗杰克认为霍尔"保留了作为一名马克思主义者对政治和文化分析的历史特征的坚持"[1]。霍尔的贡献或是独特之处正在于他实现了话语和社会实践的接合,且坚持了话语接合的历史性,接合成为霸权统治和各种社会力量之间关系结构的展现方式。

从霸权实践批判的路径来看,撒切尔主义的出场时机正是工党政府从20世纪60年代末开始的危机渐趋深化的时刻,危机中的英国社会对于撒切尔政府而言却拥有双重意义,因为危机不仅意味着困局,也意味着重建,危机甚至

---

[1]　Chris Rojek,*Stuart Hall*,Blackwell:Polity,2003,p.126.

成为撒切尔主义颠覆和重建的最好理由。对于霍尔而言，"正是凭借对撒切尔政府极具预见性的分析和评论，霍尔成功实现了从文化研究学者向政治理论家或政治评论家的身份转型，并一举成为当时英国左派的思想旗手之一"①。

打击左派，解构社会共识，随着20世纪60年代末开始的英国社会问题的凸显为撒切尔主义的政策做了铺垫，撒切尔主义的政策体系建构以对工党政府的原有政策的抑制为目的，大肆宣扬工党政府及工会的个人主义的工作作风，痛斥由此而导致的违法行为和效率低下，认为这些和英国的核心价值格格不入。同时从思想根源上改造人们对社会福利的看法。霍尔指出"它改变了政治思想与流行观点的看法，以前需要社会起作用的场合现在通过市场的力量来起作用……这里发生了价值观念的明显的转变：过去与社会福利的价值相联系的总体氛围现在与一切私人的东西相联系——或者说被私有化"②。这些观点渐渐成为文化意识形态的主流声音，其实现的主要路径仍然是大众媒体。

尽管媒体编码只能给出意义的范围，但总是存在着被挑选出来的主导的意义在社会秩序的多领域嵌入，"在这些解读中镌刻和制度、政治、意识形态的秩序，并使解读制度化"③，这种嵌入可以在意义、知识、实践及伦理信仰等层面展开，面对我们在谈论社会生活秩序、政治权力秩序及文化意识形态秩序时不得不借助的符码力量，霍尔认为其中存在着一整套规则体系，这些规则总是积极尝试强化某一特定的话语，通过对可选择意义的扩张和缩小，使其可以获得相对的意义强势或弱势，这种在实践中的阐释工作是媒体节目实践中的重要构成，而这种阐释不是单向的过程，而是既要关涉所谈论的事件被指涉的方面，也要"在事件获得的内涵意义的主导定义的限制之内加强对这个事件的解码"④。在霍尔看来，媒体对象绝不是单纯的客观事实，而是包含大量的

---

① 张亮：《社会危机、文化霸权与国家形式的转型——斯图亚特·霍尔的现代英国国家批判理论》，《河北学刊》2016年第6期。

② Stuart Hall, *The Hard Road to Renewal：Thatcherism and the Crisis of the Left*, p.162.

③ ［英］斯图亚特·霍尔：《编码，解码》，王广州译，载罗钢、刘象愚主编：《文化研究读本》，第360页。

④ 同上。

个体化的可阐释的内容。其中内含撒切尔主义的核心的价值体系,一种是
"保守主义的核心主题——国家、家庭、责任、权力、标准、传统主义;另一种是
正在复兴的新自由主义的进攻性主题——私人利益、竞争性的个人主义以及
反国家主义"①。

整合传统,重构人民意识。在撒切尔主义的执政时期,右派力量更成功地
介入和塑造了霸权政治的想象性和象征性层面。在文化和传媒领域成功地将
人民、权力集团及国家这些具有巨大差异的内容融入同一平台。葛兰西认为
在一个特定的国家中考察其意识形态权力运作情况及其文化组织形式如何在
实践中发挥作用不外乎两种路径,一种是强力统治,另一种是占领知识和道德
的制高点。没有形成广泛统一的文化政治共识是革命失败的重要原因,这是
葛兰西在意大利革命失败之后的痛苦反思的结论。在霍尔看来这一结论也适
用于撒切尔时代,左派的失败及撒切尔主义的成功都归结为同一症结。政治
上的霸权结构在任何时候都取决于经济状况及敌对力量之间的力量平衡,而
这种力量不是依赖强制,而是通过文化领域来实现的民众的自觉认同,"权威
民粹主义"是霍尔在分析撒切尔主义政治时所提出的一个概念,形象地表达
撒切尔时期英国社会霸权政治保守主义的政治哲学与大众话语接合的主要特
征。霍尔认为这是一种少见于资本主义国家而英国特有的政治形式,它虽然
和典型法西斯主义存在很大差异,但在一定程度上保留了其绝大多数的"代
表性机制",更为重要的是它为这些机制所成功搭建的"积极的大众共识"②,
在政治目标和价值追求上与历史发展进程相背离,保守自由主义的政治文化
与维多利亚式的价值指向相结合。

撒切尔主义所处的历史阶段正是二战后英国殖民体系彻底迅速瓦解及国
际范围内美国与苏联两极对峙的时期,大英帝国的衰落是大部分英国民众所
不愿面对的真实场景,撒切尔敏锐地感知到这一深层的民众心理,通过大众话
语激发民众内在的对大英帝国曾经的荣光的怀恋与尊崇,进而实现对所谓
"英国性"的重塑,这种被霍尔称作"逆向的现代化"的政治转型从本质上看是
以保守主义的政治哲学与大众话语的接合为基础的。同时利用左派与人民的

---

① Stuart Hall, *The Hard Road to Renewal*: *Thatcherism and the Crisis of the Left*, p.42.

② Ibid.

矛盾来运作大众文化朝着有利的方向发展是撒切尔主义的重要方式,将大众的因素和主导的政治经济政策有效中和会大大加强其号召力。霍尔举例说,《每日镜报》的新闻发言人的语言绝不是他一个人的创造,也不是工人阶级读者实际使用的最通俗的语言,而是将两者巧妙地结合,要将主导意识形态改造成与大众的通俗语言和生动直接的特征相融合的、"被罐装中和了的大众民粹主义"①才能实现其政治策略。

左派总结经验,开启"新时代"。"新时代"在英国学术界是有特定所指的一个概念,从时间上来看,"新时代"特指从 1988 年开始的由众多左派学者发起的,以《今日马克思主义》杂志为主要阵地,旨在抵制当时英国社会在撒切尔主义长时期执政所形成的霸权政治,并在社会发生深刻变革的新形势下为日渐衰落的左派政治寻求出路。在霍尔看来,就工党的政治策略而言,通过学习撒切尔主义的政治主张重新起步应当是更为明智的选择。关于"新时代",霍尔很信任的学生麦克罗比曾经做过概括,认为这是一个英国特色很浓的词汇,主要指在 20 世纪 70 年代末到 80 年代末英国的社会和政治变革的多样性,包括撒切尔主义的成功、传统工人阶级政治的衰退、身份和消费政治的出现等诸多方面。一种普遍的看法是,当时的英国社会正在经历一个社会秩序根本改变的阶段,旧传统的意义地图正在让位于全球化所带来的种种不确定性,经济、技术、政治、文化及主体都处于相互交织的变化之中。

霍尔是这一讨论的主要发起人之一,在这场声势浩大的被霍尔定位为"巨大工程"的理论讨论中,霍尔的功绩自然不容小觑,他的作品《新时代的意义》也是这场讨论中奠基性的文章。文中对"新时代"的性质、特征给予基本的定位,"新时代"正是新的生产结构、文化消费、生活方式、新的主体、日常生活的新景观等方面共同构成的一个新的社会存在状况。总之,从理论与实践定位看,新时代是 20 世纪 80 年代末兴起的具有浓厚的英国地方色彩的、与英国共产党密切相关的政治性活动,是 次有计划的左派政治策略的大讨论,直接的实践指向是 1978—1988 年这十年中英国社会所发生的多重变革。

文化维度是霍尔切入新时代的方式。如果说整体的"新时代"包含了政

---

① ［英］斯图亚特·霍尔:《解构"大众"笔记》,戴从容译,载陆扬、王毅选编:《大众文化研究》,上海三联书店 2001 年版,第 49 页。

治、经济、文化、社会等多个层面，但从霍尔的视角则更看重文化的层面，尽管这个时代的文化与物质产品有着扯不断的关系。威廉斯在《文化与社会》中开创的文化唯物主义传统，认为文化具有物质性的作用，从威廉斯对文化定义的词源考察，即植物的栽培进而到人的培养的理解中已经暗含了文化的物质性规定，换言之，文化从词源上分辨，表现为从物质性的存在向精神性的含义的扩展和延伸。作为文化唯物主义的一个标志性理解是威廉斯将文化定义为"日常的、整体的生活方式"。霍尔也认为，在新的时代文化的物质性内涵进一步凸显，同时物质产品有了更多的文化特征。在对文化的生产与消费问题上，一定程度上霍尔走过了一个从认知到批判认同的历程。作为生活在当下世界的人们，霍尔也不例外，认为当新兴科技、多样化的产品一步步侵入我们的生活时，人类已经无法逃离物质世界的影响，但重要的是霍尔看到了在这变化了的物质世界，无限多样的商品中也暗含着一种可能性——发展民主文化的可能性。这让霍尔看到了新兴的消费文化的希望所在，也是批判性认同态度的实质性原因伴随着消费文化的崛起，文化与生产、消费、商品的相互渗透、相互交织是"新时代"所呈现出的基本特征。消费文化的兴起意味着物质和商品本身的使用价值不再重要，而重要的是商品背后的内涵意义符号价值。当各式各样的产品、服务让我们应接不暇时，事实上，它们都披上了文化的外衣，变成了一种全新生活方式的有机组成部分。斯莱特在《消费文化和现代性》中指出消费总是而且无处不是一种文化过程，但是"消费文化"这个概念则是唯一的、专有所指的，它是西方现代性发展过程中形成的文化再生产主导模式。他认为，现代文化在其实践中已经无情地被物质化，但是商品的物质性世界，无论是在其生产过程中渗透的设计还是风格和美感都是"彻底的文化"①。

　　"新时代"的理论与实践表现出复杂性的特征，这里的复杂性既体现着开放性，也表现出内容、主体、政治指向的不平衡性。从世界范围看，新时代是指在全球化浪潮所带来的资本主义社会的晚期现代性巨变，这种现代性不仅表现为当代资本主义的一整套社会运行机制，它也是一种具有强烈反思性特质的意识形式，这使得霍尔认为深处"新时代"的英国社会有能力进行不断的自

---

① Don Slater, *Consumer Culture and Modernity*, Cambridge Polity Press, 1997, p.8.

我批判和自我更新。就英国而言，"新时代"仅仅是撒切尔时代的承接延续还是一个崭新时代的开端呢？霍尔认为这是一个首先要思考的问题。尽管这一概念包含许多的矛盾、不确定和太多的模棱两可，但它能够成功地激发"左派就社会如何改变展开辩论并为它试图去超越和改造的社会条件提供新的描述和分析"①，那么"新时代"就完成了它的历史使命。在霍尔看来，"新时代"与20世纪80年代的英国及美国和欧洲的一些地区的新右派相联系，但是很显然"新时代"不是撒切尔时代的产物，"新时代"指的是"当代西方资本主义社会正在发生的深层次的社会、经济、政治和文化变革，这些变革无论对右派还是左派的政治策略都形塑了必要的物质和文化存在环境"②。作为一个整体存在的变化了的社会存在环境，"新时代"并不是必然刻有右派政治议程的天然特征，事实上，它有着更多的历史选择与轨迹。其中出现的许多新的概念，比如"后现代主义""后工业化""后福特主义""革命的主体"等概念，其任何一个都难以完整地呈现这一时代的特征。因此在霍尔看来，对"新时代"概念的思考与界定很重要，但在争论中思考更有意义。这一声势浩大的理论论争的序幕始于《今日马克思主义》的一期特刊，而之所以命名为"新时代"，其参照物则是电影《摩登时代》中所呈现出的社会状态，由卓别林饰演的落魄工人让我们对自由资本主义时期工人劳动方式的规模化、机械化及生活方式的刻板与孤立无助有着深刻的印象，而与之相对的就是撒切尔执政十年的英国社会所呈现出的。

后现代性也是关于新时代的讨论中重要的思维特征。关于后现代霍尔与詹姆逊有着不同的观点，在詹姆逊眼中，现代性意味着团结统一，意味着一个激进政治的前提，意味着有一个统一的为之奋斗的理想与目标，而后现代的碎片化特征则将大众文化的浅薄直接反映在患了精神分裂症的当代大众意识主体当中。霍尔的理解与他相左，霍尔则认为恰恰在碎片化中他"看到了反映弱势边缘群体的历史现状的东西"③。霍尔认为正是这种意识的分散性、碎片化使得他作为一个黑人可以站在后现代的舞台上，虽然是分裂的，可是得到了

① Stuart Hall, "The Meaning of New Times", *Stuart Hall*, Critical Dialogues in Cultural Studies eds David Morley, Kuan-Hsing Chen, London: Routledge, 1996, p.222.

② Ibid., p.223.

③ ［英］安吉拉·默克罗比：《后现代主义与大众文化》，田晓菲译，第43页。

完全的展现。在他看来,正是在后现代这一特定时期,当大家都觉得分散的时候,他的主体性却获得了集中。

霍尔认为,"新时代"值得关注不是因为它能够准确地提出解决问题的清晰思路和决定性的、权威的方法,重要的在于它激发了左派展开关于社会变革的大讨论,能够"为他们所试图超越和变革的社会状况提供新的描述和分析"①,以及这些现象对左派政治提出的挑战。霍尔对新时代的讨论始终与左派政治实践相联系,从一开始关于"新时代"的讨论就试图以文化层面切入进而深入现实的政治实践层面,最终达成两者的接合。《今日马克思主义》是"新时代"讨论的发源地和主要阵地之一,在这里一群学术特点各异的知识分子对当时发生在英国社会巨大而深刻的社会变化所进行的多角度阐释,霍尔强调这是一项"行进中的工程"。

第三节　双向互动的文化共识观

从威廉斯、霍加特、汤普森到霍尔、安德森,文化研究发展过程中的危机与挑战始终存在,如果说文化主义和结构主义的争论是研究范式的危机,那么费斯克不加批判的文化民粹主义则表现为立场和价值观的危机②,而在此基础之上的关于文化政治批判的模式的争论就是关乎文化实践的路径问题。文化研究的二元对立早期表现为对文化概念理解的精英和大众的对立,在20世纪70年代后期则一方面表现为霸权理论的衰落,另一方面是新修正主义的崛起。同时二元对立也表现为文化政治批判模式的"自上而下"和"自下而上"的争论。霍尔秉承总体辩证的传统,在吸收葛兰西文化霸权思想的基础之上打破了二元格局,形成了双向互动的文化共识观,既反对回归经济基础和上层建筑的机械模式,也反对将一切大众消费看作具有抵抗性质的文化民粹主义观点。认为文化研究一方面致力于对于霸权集团及其意识形态运行机制的批判,另一方面致力于对被统治的社会边缘群体的文化反抗资源的挖掘和培育。同时把社会的文化共识的形成看作自上而下的主导意识的霸权传递和自下而

---

① Stuart Hall, "The Meaning of New Times", p.222.

② 陶东风、和磊:《文化研究》,广西师范大学出版社2006年版,第39页。

上的从属文化抵抗的斗争、妥协的动态过程。

一、文化与权力的理论逻辑

在英国的文化主义传统中，从利维斯和阿多诺对文化所做的优劣与高低之分开始，就有了对大众文化贬斥与拒绝的传统，大众文化的表达被视为肤浅和低等的，它们构成了对社会及文化权威的威胁。文化精英主义最为精深的理论表现是法兰克福学派的观点，认为以商品为基础的大众文化是用来欺骗大众的，他们创造出"文化工业"这样的词语来表达文化只是资本主义规模生产的结果。法兰克福学派以精英主义立场关照大众文化，认为消费社会的形成、大众文化的泛滥是资本主义社会发展的产物，代表的是资产阶级的阶级意识，是以文化工业的模式对大众人性和自由的剥夺与侵蚀，导致了大众文化的庸俗化和大众精神的贫乏。利维斯主义和法兰克福的共同点在于对高雅文化地位的确认，认为高雅文化中包含着对资本主义的批判，也内含着知识分子的政治理想和对未来社会的想象。霍克海默曾经指出："真正的文化取代宗教发挥了乌托邦的功能，激励人们冲出现实世界的阻隔，将自身从资本主义文化工业所生产的大众文化中解救出来，去追求一个更好的世界。"①但区别在于大众文化对统治阶级权力的不同作用，利维斯主义认为大众文化是威胁和挑战，害怕因此出现的无政府主义的乱局。而法兰克福学派则认为文化工业可以塑造人们的遵从和驯服意识，成为控制大众的有效手段，大众文化可以维护现存的权力体制，在文化工业控制的环境下，一切政治变革都成为不可能。

与文化精英主义消极被动地看待大众文化的立场相对立，文化民粹主义强调大众在文化生成中的重要意义，认为最先进的思想观念来源于民众当中。以麦克盖根的定义来看，文化民粹主义是通俗文化的专业学者所做的知识分子式的界定，认为事实上普通大众的实践经验要比那些所谓的精英主义文化更有政治意义，更值得研究。以这种定义界定为基础，那么对文化精英主义较早做出理论回应的是威廉斯。威廉斯认为，将大众和精英、大众和暴民做无意

---

① Max Horkheimer,"Art and Mass Culture",*Literary Taste*,Culture and Mass Communication, ed.,Davison,Cambridge:Chadwyck Healey,1978,p.5.

识链接的做法是必须避免的,所谓大众,从本质上只是将人看作大众的各种视角而已。而霍加特更是被麦克盖根看作是文化民粹主义的代表之一,他从文化生产的角度展现其观点,《识字的用途:工人阶级生活面貌》争论的不再是文化的高低级之分,而是多数人的文化经验的价值和意义的肯定,通过对英国北方工业区社会生活的回顾而做出的对大众文化的批判性解读。霍加特强调的是工人阶级通过控制文化生产领域来实现创造一种纯粹、理想的工人阶级文化,因而被视作激进的民粹主义者。

如果在以上的意义基础上来分析文化民粹主义,那么霍尔也可被称为文化民粹主义者,毫无疑问他对普通大众的文化实践的关注绝不逊色于其他的任何一位英国文化研究的学者。但事实上,我们这里所批判的和精英主义相对立的民粹主义所指的是那种不加批判的大众文化研究的倾向,即完全脱离大众文化消费的历史和经济条件的,仅仅纠结于纯粹的阐释模式的毫无批判力的理论观点。约翰·费斯克被麦克盖根称作是最具代表性的此类文化民粹主义者。费斯克曾以电视为例认为大众的理解始终是进步的,全然漠视经济基础和政治关系,换言之,是一种对大众文化的毫无保留也不加任何批判的态度,他甚至把文化研究看作一种纯粹的阐释学,也因此被称为新修正主义,被指过度关注并夸大大众的快感、权力、抵抗和辨别力,致使文化研究的批判力丧失殆尽,是"自由市场"意识形态的同谋。霍尔对这种观点持否定态度,对这种以牺牲经济和技术的决定力来为文化研究开辟一条纯粹意义上的阐释学道路的做法给予了坚决的批判,指出"很多人抛弃的经济决定论,拒绝将经济关系看作是其他实践的存在条件,其结果必然导致否定一切、陷入虚无"①。在他看来,将日常生活的文本与实践的存在条件作为我们分析的前提是必要的,文化研究的学者应当深刻理解"结构"和"行动"之间的关系,要两者兼顾,不可偏废,否则就会成为一种彻底失败的理论化过程,而且会极大地损害文化研究范式本身的丰富内涵。

在英国文化政治批判理论内部也始终存在着两种相互对立的研究模式。一种是"自下而上"的批判路径,一种是"自上而下"的批判路径。"自下而

---

① Stuart Hall,"The Problem of Ideology:Marxism without Guarantees",*Stuart Hall*,Critical Dialogues in Cultural Studies,eds David Morley,Kuan-Hsing Chen,London:Routledge,1996,p.258.

上"的批判模式主张从劳动人民的文化传统思想意识出发考察历史进步的力量，认为人民群众是历史的真正创造者。"自上而下"的批判模式认为人民大众的文化传统和思想意识的进步性并不具有普遍性，相反，在很大程度上受到占主导地位的统治阶级意识形态的宰制，因此把政治国家作为主要的研究对象。

一般认为，以汤普森为主要代表的历史主义的和霍加特、威廉斯代表的文化主义的批判模式是"自下而上"的，他们主要从马克思历史唯物主义出发，认为人民群众才是历史发展的决定力量，因此将研究的注意力集中于普通的下层劳动人民，从民众的日常生活中挖掘其中内含的文化传统和革命意识，从人民大众的生活经历和斗争中探寻对政治国家及社会发展进程的影响。持这一观点的学者还包括很多早期新左派历史学小组的研究成员，如莫里斯·多布、埃里克·霍布斯鲍姆及罗尼德·希尔顿等。希尔顿就认为"自下而上"的研究和批判模式是他们写作的基本特征，"我们把历史研究的侧重点从封建的和资本主义的统治阶级及其制度转向了劳动大众，无论是农民、工匠还是无产阶级"[1]。汤普森的代表作《英国工人阶级的形成》及霍加特的《识字的用途：工人阶级生活面貌》都是这一批判模式的最好体现。

汤普森通过对工业革命初期工人阶级意识和文化传统的形成历史做细致入微的考察，得出了文化是不同生活方式之间的斗争的结论。应当说下层民众的历史是这一著作的核心主题，不仅涉及工人阶级的生活、经验、信仰、态度，也包括劳动人民的实践，认为阶级是由人民所创造的历史现象，是社会关系和经验接合的产物。他肯定了英国工人阶级在他们自身形成过程中的积极和创造作用。认为自己正试图从子孙后代强烈的不屑一顾中拯救那些"穷苦的织袜工，卢德派的剪绒工，落伍的手织工，乌托邦式的手艺人，甚至跟着乔安娜·索斯科特跑的人"[2]，汤普森将下层的民众推到了历史的中心位置，给予了大众作为社会历史的创造者应有的地位，开辟了英国社会主义历史学的新时代。霍加特更是从自己童年生活的经验和记忆入手，展示出 20 世纪 30 年代工人阶级的生活和文化氛围，通过一种强烈的工人阶级生活的感性认知来

---

① 庞卓恒：《让马克思主义史学宏扬于国际史坛——访英国著名马克思主义史学家希尔顿》，《史学理论》1987 年第 3 期。

② ［英］E.P.汤普森：《英国工人阶级的形成》，钱乘旦等译，第 5 页。

重新确认工人阶级的文化传统的存在感。虽然《识字的用途：工人阶级生活面貌》在某些方面延续了利维斯主义的文化传统，而且充满了对工人阶级文化的怀旧的色彩，但霍尔认为霍加特留下的最重要的启示在于对工人阶级文化、普通民众的文化生活及创造这种文化传统的意义与价值的肯定。无论是历史主义还是文化主义都着力于揭示下层劳动人民的生活方式、思想观念，进而从唯物史观出发，肯定民众在历史发展过程中的决定性作用。如果把下层人民始终当成可有可无的陪衬或消极沉默的力量，就很难反映历史的真实。"自下而上"可以使我们获得对整个社会和国家更为确切的认知图景。[1] 可以正视工人群众的主观能动性和他们在创造历史过程中自觉作出的贡献。

　　"自上而下"是第二代新左派的代表人物佩里·安德森所主张的批判视角。安德森作为霍尔之后的《新左派评论》的主编继任者，从上任之初就和汤普森所代表的第一代有着重大的区别，在加速译介西方马克思主义的大量作品的同时，也使用这些理论来分析英国社会，其中结构主义的思维方式对他影响最大，因此安德森更加注重社会结构对主体的影响与制约，主张从国家、社会的整体结构的宏观把握中研究社会历史的发展，而忽视了特殊性和个体的作用。安德森强调了上层对下层文化的深刻影响，认为整体的民族文化根本无法摆脱社会的阶级结构。"国家暴力和精英势力使得那些地位较低者逐渐驯服与体现了地位较高者的支配权的习惯做法和其中所包含的残忍"[2]，认为要想获得关于社会的真实而完整的图景，仅仅从下层出发的研究是不足够的，"一部'自上而下的历史'即关于统治阶级的历史一点也不比'自下而上的历史'逊色：没有它，后者最终只是单面的历史"[3]。

　　英国新左派历史主义与结构主义之间的对立在于，前者强调大众文化正是反对统治阶级意识形态的抵抗力量与因素的生成场域，强调大众文化中所蕴含的现代无产阶级的主体能动性，后者是把大众文化看作统治阶级操控人民的手段。虽然安德森在强调"自上而下"的同时并没有极端拒斥"自下而

---

　　① 参见乔瑞金：《马克思思想研究的新话语——技术与文化批判的英国新马克思主义》，书海出版社2005年版，第58页。

　　② ［英］佩里·安德森：《文明及其内涵》，《读书》1997年第11期。转引自乔瑞金：《马克思思想研究的新话语——技术与文化批判的英国新马克思主义》，第59页。

　　③ Anderson, *Lineages of Absolutist State*, London: NLB, 1974, p.11.

上"的研究模式,但这两种认识都认为统治阶级的意识形态和被统治阶级的意识形态是严格区别的。而这一点是霍尔不认同的,在他看来统治阶级和底层大众之间的文化意识形态是相互斗争、相互交织的,是以动态形式呈现的。

对于文化的精英和大众之争及关于批判路径的争论,霍尔持双重拒绝的态度,寻求和创造第三种可能性是霍尔很多时候对待理论争论的选择,即通过综合看似对立但本质上同一的观点来创造自己观点的方法。因而霍尔从消费的角度进一步肯定威廉斯的"文化是普通的"这一基础观点,从文化消费的视角来肯定大众和底层民众的文化经验和文化活动,同时也反对过高地估计和评价大众的文化抵抗。同样他的批判路径也是双向的,既有对统治性结构的批判,也有对大众抵抗的肯定与激发。在霍尔看来,文化是统治阶级和被统治阶级文化相互斗争共融而成,正是"自上而下"和"自下而上"的两种文化生成路径最终构建了文化共识。

正如前文所讲,霍尔的文化观的葛兰西的痕迹非常重,或者可以说正是葛兰西的霸权理论成就了霍尔的文化共识观。葛兰西在当代世界的政治哲学研究中的巨大的影响力主要来自他所构建的文化霸权理论,这一理论是葛兰西在意大利社会主义革命失败之后,通过对当代西方资本主义社会做深入细致的考察,并在此基础上以独特视角创立的,成为我们理解当今世界,尤其是发达资本主义国家的社会权力形态和政治统治方式的理论源泉。英国文化主义在阿尔都塞的结构主义和语言学改造的基础之上实现了葛兰西转向。尽管在英国的文化研究理论寻找的过程中,阿尔都塞在前,但是葛兰西的霸权思想所带来的被称为文化研究的"葛兰西转向"无疑是英国文化研究生命力和影响力的源泉,也是霍尔文化批判理论的重要渊源。霍尔认为是"葛兰西把文化带进了权力的概念中,使权力包含了文化与认同"①,成为可以协商和谈判的存在。关于权力的形态,斯蒂文·卢克斯曾有过三种描述:其一为单向度的权力观,意指一方可以迫使另一方做其不愿做的事情;其二为双向度的权力观,指一方不仅可以决定有利于自己的结果,也可以决定有利于自己的游戏规则;

---

① Stuart Hall, Martin Jacques, "Cultural Revolutions", *New Statement*, 12, 05, 1997, Vol. 126, Issue 4363, p.24.

其三为三向度的权力观,认为权力拥有者通过塑造人们的知识、观念及爱好,使人们能够自然接受他们在现存秩序中的位置,这种结果是对方自觉自愿的选择,或者认为是别无选择,或者认为是本该如此,又或者是理性选择,总之在这种权力观之下,不平等的权力秩序实现了自然化和合法化,在人们毫无怨言的自愿状态下实现。第三种权力观和葛兰西的文化霸权有相似之处,占统治地位的权力都是通过赢得大众的同意来实现其秩序的。

在葛兰西的启示下,霍尔对文化与政治权力、文化与大众政治的理解摆脱了大众文化研究的二元对立的立场,大众文化不再被认为是单纯的统治阶级意识形态自上而下的编码过程,也不是自下而上的大众意识形态的解码过程,这一过程内含着文化实践主体真正的主体性和能动性。不再将文化权力看作单向压制式的观点,开辟了一种双向的、互动的、谈判的文化权力模式的构建,即一方面是自上而下的作为政治权力的国家意识形态的入侵和收编,而另一方面是自下而上的作为大众文化的抵抗与协商。霍尔认为霸权不是强力获取而是通过渗透,通过知识分子的宣传教育,以一种社会黏合剂的姿态通过日常生活的各种微观形式体现在具体生活中的普遍性意义当中。更为重要的是,这种关系永远不会固定,霸权的统治不是一劳永逸,而是在不断的斗争变化过程中形成、转化,是双方力量的此消彼长式的平衡的维持与打破,换言之,在霍尔看来霸权就是永无止尽的斗争。

正如葛兰西所指出的研究霸权在实践中如何发挥作用"将是更为有趣的事"。霍尔认为"葛兰西意义上的霸权不是通过一个完整的阶级以其充分建构的'哲学'而获取权力,而是通过一个历史集团的社会力量以此而被建构和这一历史集团由此而确保其统治地位的过程。由此,我们概念化'统治观念'和'统治阶级'之间关系的方式,最好是通过'霸权的统治'过程来思考"[1]。其中,霸权文化是如何获得大众的认可以维持统治阶级的霸权? 作为抵抗形式的大众文化如何兴起又是采取何种方式引导大众来反对或抵抗霸权控制就成为霍尔及文化研究学者的使命。他们揭示霸权意识形态的构造原则及其运作机制并且揭露其内在的本质和生成基础,引导大众在各种文化实践中以进步、可行的方式干预、介入、展开抵抗。

---

[1]　Stuart Hall,"The Problem of Ideology:Marxism Without Guarantees",pp.43-44.

在 20 世纪 70 年代后期，以约翰·费斯克和保罗·威利斯为代表的关于大众文化研究的后现代主义和后现代问题逐渐显现，同时意识形态和葛兰西的霸权理论渐渐被旁置，失去了原有的影响力，文化研究也几近丧失其原有的激进性和批判性的特质。费斯克声称，现代西方社会中大众的抵抗有两种形式，一种是通过符号意义的抵抗，另一种是经由社会经济体系变革而来的抵抗。他认为大众文化抵抗主要在符号意义的领域实现，统治性的霸权力量时刻在面对着来自大众持续不断的挑战与抵抗，其中文化经济是大众抵抗的坚实后盾，大众通过符号抵抗可以成功打破统治阶级在文化和意识形态领域的领导权，因此在他看来激发大众的活力和创造力，努力在人民的内部探求社会变迁的可能，并挖掘其背后的驱动力才是文化研究学者应当做的工作。

这种失去政治经济支撑的简单地将大众看作社会发展的进步力量的乐观态度显然是霍尔反对的，虽然霍尔反对机械的经济决定论，但他认为纯粹的聚焦大众消费过程，过分地关注快感的形态和意义的生成，将一切大众消费都看作有抵抗性质的行为，将霸权力量和大众抵抗过分普遍化有新修正主义的嫌疑。在 20 世纪 70 年代文化研究是应该回到马克思主义还是聚焦消费过程的争论类似于结构主义和文化主义的范式之争，霍尔及其学生麦克罗比认为霸权理论始终是英国文化研究领域中最令人信服、理论体系最为严谨和可靠的理论枢纽，因此应当回到葛兰西式的文化研究，回归民族志的研究方法，使被文化工业商品折磨得了无生趣的日常生活重新焕发生机。换言之，政治霸权和大众抵抗始终是同时存在，并肩而行，社会共识的构建依赖两者之间的持续互动和不断斗争。

霍尔主张的双向互动的文化共识观一方面揭示作为霸权的文化不是静态的统治秩序的再生产，而是"通过一个复杂的序列或过程被构建，它不存在于现存的社会结构中，也不是固定于某种特定生产方式之下的阶级结构中"①，处于持续不断的重构再建过程中，换言之，霸权是动态的、无担保的、不稳定的存在，其中没有清晰的阶级界限和标准，是一个总体的斗争的历史轨迹。另一方面揭示作为抵抗力量的大众文化在社会的文化共识构建过程中既不是单纯被解体，也不是在斗争中获得完胜，而是在霸权抑制和大众抵抗的双重作用中

---

① Stuart Hall, "The Problem of Ideology: Marxism Without Guarantees", pp.43-44.

被重塑。

　　从英国传统意义上的文学批评到文化批判再到文化政治批判,我们必须承认霍尔这一路走来在英国文化政治批判发展中所起的重要作用。在西方马克思主义的批判历史中,传统马克思主义较少涉及的文化问题是葛兰西最为关注的问题,他的理论有很强的当代感,一定程度上促成了文化政治哲学成为哲学社会科学的一个重要研究领域。而霍尔则是开辟英国社会文化政治批判的先驱和奠基人。霍尔认为现代化进程是一个多元建构的过程,在多元作用中凸显文化维度,在影响制约社会发展的多重维度中凸显文化是本质维度。强调文化解读的不确定性和差异性,甚至认为文化研究应当避免讨论"文化到底是什么"这样的问题。以文化的总体逻辑作为一切研究的着眼点,在承接威廉斯文化整体主义观点的基础上,进而认为文化不仅是整体的生活方式,更是一种存在着复杂结构的斗争方式,这一结论更为彻底地坚持了英国左翼马克思主义一贯的立场与观点。霍尔以英国新马克思主义特有的辩证立场解读文化,拒绝法兰克福对大众文化消极被动的理解,也拒绝费斯克式大众文化的民粹主义理解,而是将大众文化置于和主导意识形态的关系结构中来把握其实质。因而,霍尔既有对作为政治权力的主导意识形态文化控制的批判,把现代媒体确立为主导意识形态控制的主要介质,也有对大众文化本身包含的挑战和抵抗因素的挖掘,认为大众文化内含主体抵抗的多样性资源和样式。霍尔强调大众文化是作为具有抑制和抵抗双重性质的斗争场所而存在,着力于思考大众文化和政治权力之间的关系,认为知识的生产不只服务于支配者的利益,也服务于挑战支配者的那些从属群体的利益,大众文化与大众政治必然是结合在一起的,因此,关注大众文化的意义即在于它是社会主义可以被创立的地方,是体现大众文化的本质和人的解放的场域。

二、大众文化的抵抗潜能

　　在转向农业资本主义及工业资本主义的漫长的历史进程中,社会关系的变革成为大众文化内容的必然基础,由于资本确立新的社会秩序的需要必然借助于各种最广泛意义上的教育形式来改造民众,与大众传统在这种被改造过程中所表现出的斗争和对抗共同导致了大众文化的"积极解体",即不是简单地被废弃,而是更新成为新的东西,大众传统既是抑制的对象也是对抗的主

体。霍尔认为大众文化既不同于有抵抗功能的大众传统，也不是作用于大众传统的各种改造和教育形式，"它是转型发生作用的基础"。通过对 18 世纪英国历史的分析，指出相对于英国辉格派贵族的转变而言，平民阶级的大众传统从表面上看显示出相对独立的建构过程，但从本质来看它们始终和社会联系在一起，从未超出社会力量和文化的庞大关系网。同样 19 世纪 80 年代到 20 世纪 20 年代间的英国社会的文化变革同样证明，并不存在一个独立的、自足的、等待发掘的工人阶级文化层，工人阶级的文化与资本主导的意识形态之间存在的必然的复杂联系。因此，结论是大众文化总是包含抑制和对抗的双重奏。①

抑制展现国家的文化控制性，大众文化作为主导意识形态的消费场所，从启蒙时代大众和精英二元分离基本法则的确立开始就存在着文化控制与反控制的斗争。20 世纪 60 年代大众文化的兴起使得原有的文化格局发生了彻底的变化，这种变化一定程度上也推动了新兴的工人阶级的大规模的文化政治运动，以 1844 年英国的宪章运动为标志，大众文化的政治维度得以伸张。

葛兰西在分析资本主义社会的阶级统治之所以可以在存在较为普遍的不平等状况下得以持续的原因在于文化霸权，文化霸权的实现是通过政治国家的核心机构来完成，学校、教堂及大众媒体都充斥和弥漫着维护统治阶级利益的思想框架、价值观念、信仰系统。这些霸权式的文化秩序企图把所有关于世界的不同的定义都收归于它的范围之内，换言之，占统治地位的文化意识形态所建构的文化秩序为其他的边缘和从属的文化框定了思想和行为的范围。霍尔认为，资本主义国家的文化控制一定程度上被掩盖了，但霍尔也指出这种掩盖绝不是想当然的欺骗与阴谋，而是在复杂的意识形态运作中获得大众的同意，表现为政治国家的文化霸权将"从属的阶级嵌入了那些核心制度和结构当中来展开运作，而这些核心制度和结构支撑着占支配地位的秩序的权力和社会权威"②，不仅限定了可选择的事物，而且提供控

---

① 参见［英］斯图亚特·霍尔：《解构"大众"笔记》，戴从容译，载陆扬、王毅选编：《大众文化研究》，第 44 页。

② ［英］斯图亚特·霍尔、托尼·杰斐逊编：《通过仪式抵抗：战后英国的青年亚文化》，孟登迎、胡疆锋、王蕙译，中国青年出版社 2015 年版，第 115 页。

制机会以赢得和塑造赞同,因而大众对统治阶级的合法性认可是自然的和发自内心的。

霍尔在后期的研究中使用了葛兰西的"历史集团"的概念来替换"统治阶级"的说法,是因为他认识到文化霸权很难通过一个单一的阶级或阶层来完成,而往往需要多阶级和阶层的共同参与。在他看来社会秩序的权威地位的获得,不仅需要政府机构的政策引导,也需要家庭、学校、教堂等各种文化机构的全力参与,以及媒体等文化意识形态主要阵地的防御和收编。正是在多方面、多阶层的参与之下资本主义主导的价值观念、思想体系才能够被再生产。

对抗凸显大众主体性,反观英国文化马克思主义对主体性的强调有一个发展的过程。从早期文化主义为起点,汤普森在《英国工人阶级的形成》中就特别强调工人阶级的主体能动性,首先他反对把工人阶级仅仅看作工业革命的产物,是既定的必然的历史过程的观点,指出"工人阶级并不像太阳那样在预定的时间升起,它出现在它自身的形成中"[①],强调无产阶级的阶级意识的极端重要性。通过历史的分析描述,主张为英国无产阶级输入法国激进的革命政治意识,英国工人阶级能够展现出自身的能动性和创造性来解放自己。他的论述框架仍然基于历史唯物主义的基本原则,尤其对文化意识形态的强调和无产阶级的积极抵抗已然捍卫了无产阶级的历史主体性地位。威廉斯"感觉结构"的提出进一步凸显主体经验,认为在某种意义上,感觉结构就是这一时期的文化,可以为链接文化与社会充当介质,使个人主体经验和社会结构形态之间的关系获得检验,成为抗拒传统马克思主义机械决定论的有力武器,突出了主体在其中的重要性。随着文化马克思主义的葛兰西转向,霍尔的编码解码开辟了大众主体抵抗的新时期,通过三种不同的解码方式来释放大众主体对于文本的积极阐释力和其中内含着的主体能动性。此时大众的主体性的伸张和法兰克福学派的文化工业中的主体地位的全数丧失已经形成了鲜明的对比。

保罗·威利斯、大卫·莫利及约翰·费斯克在霍尔基础之上的再解读显然进一步激发或释放了大众主体性的各种可能性。在《学习劳动》中威

---

① [英]E.P.汤普森:《英国工人阶级的形成》,钱乘旦等译,第1页。

利斯想传递的观点就是学生并非主体意识形态消极被动的接受者，而是通过服装、烟酒等形式积极主动对正常秩序和权威进行挑战与抵抗。莫利的《全国观众》的研究的出发点本是要对霍尔的编码解码模式进行印证式的具体经验研究，从而获得编码信息以主导性方式解读的程度。莫利采取的研究范式本身就是对主体位置的突出强调，虽然最终的研究结果和先前的预测不一致，解码的过程要比预想的更为复杂，但其中可获得的结论就是意义的解码过程必须充分考虑受众的主体特征和个体差异。费斯克以电视节目为例，指出大众文本所包含的复杂的意义是自身无法掌控的，通过节目观众的阅读会产生新的意义。换言之，电视节目传递的意义从根本上是由观众来掌控的，这种掌控是外在的政治权力无法干扰和介入的，其中体现的正是大众媒介背后的社会抵抗。费斯克对电视意义的多元的强调也体现出对大众主体性的肯定，是大众媒介对主导意识形态复制传递中主体能动性的呈现。

在众多学者对大众主体性的不同角度的透视和激发的基础上，我们可以看到，在晚期资本主义社会中阶级斗争以更为复杂的形式表现出来，大众作为积极的社会变革主体，以阶级、性别、种族等多条轴线展开的大众抵抗，不同程度地彰显了主体性和革命性。霍尔认为这种革命性和能动性存在于大众的微观日常生活实践当中，表现为多种多样的大众抵抗形式。

随着阶级意识的相对淡化，大众文化领域的主要张力表现为主导文化与被支配的从属或边缘群体的文化之间的对立，大众文化的研究对象更多地指向由种族、性别、年龄为标识的文化种类。在今天看来对边缘群体的亚文化和主导的文化与权力之间的整合和对抗依然是文化研究的热点问题。被法兰克福学派弱化贬低的大众文化的消极被动的性质在英国文化研究中获得了不同的评价和阐释。霍尔及他所代表的伯明翰文化研究中心在马克思主义的阶级理论的基础框架中，对大众文化尤其是工人阶级青年亚文化做了积极的解读，着重挖掘青年亚文化中所展现出来的革命意识和全新的抵抗形式。青年文化是霍尔较早也是最为关注的领域，霍尔认为，青年不是一个普遍的生物年龄和自然标记，而是在特定的时代背景中出现的不断变化的社会和文化结构，青年文化是最能够反映社会变革特征的风向标。

在现代主义的基本观念将主流文化与从属文化的界限划分得异常清晰之

时,霍尔试图通过大众文化来为从属和边缘的群体寻求对资本主义主流文化压迫的突破,为其争取一席之地。换言之,霍尔致力于在晚期资本主义条件下为处于边缘的群体寻找文化身份。在后殖民研究成为 20 世纪 80 年代以后文化研究的主要走向的背景之下,霍尔与生俱来的种族关注都使得身份政治和种族抵抗成为其文化政治批判的当然议题,这也是全球化条件下文化研究发展的必然趋势。

三、抵抗政治的未来

霍尔从 20 世纪 50 年代末期就为以创造解放的可能性为目的的批判性分析作出了重要贡献,他的著作背后的目的被新左派所塑造,同时他一直以理性的分析与实践的干预追寻着这一目的,为世界民主改革作出了贡献。在今天美国移民政策出现大的调整,特朗普的民族主义甚嚣尘上的历史背景下讨论霍尔的文化多元和宽容似乎更加必要和应景。霍尔特别关注全球化过程中主体社会身份的多元化,并试图通过对这一过程的详尽分析来获知其中所内含的社会主义的价值旨趣。哈贝马斯将人类的认识能力理解为一种兴趣,并将其区分为不同的层次,认为比技术的和实践的层面更高级的层次是解放的兴趣,霍尔的文化政治批判理论跨越了各种学科体系和话语界限,对社会的文化政治生活的批判性介入,所追求的价值目标正是学术研究的至高的境界,是一种解放的政治,将人类解放的总体目标细化为种族、性别、青年亚文化等具体的文化身份的公正享有等微观政治目标当中。霍尔相信他们正在通过不断地提出问题、表达疑问、参与批判按照所指出的方向推进着社会主义事业的发展。

在同质化和一体化的趋势愈加明显的发展过程中世界变得愈加封闭,霍尔的文化多元主义的倡导至少为我们讨论种族问题与民族团结之间的关系,以及政治国家和多元主义等问题提供了机会。霍尔认为,国家作为政治组织形式和政治机构也是一个民族国家的文化再现系统,而文化是流动的变化的存在,是由社会不断发展的整体的生活方式及其意义构成,也是由不同的社会群体组成的多元存在。因此,把国家的文化身份或是文化认同看作"将差异表现为团结或一致的话语手段,而不是将它们视为统一的。它们被深层的内部分歧和差异割裂,并且只有通过文化权力不同的形式来实

现统一"①。

本尼迪克特·安德森认为国家是一个"想象共同体"，国家身份是通过有关领土和行政类别的符号和仪式组成的一种结构，"尽管在每一个国家中普遍存在着实际的不平等和剥削，但国家总是被看作提供了一种深层的、横向的统一关系"②，强调国家身份的连续性和统一性。霍尔则不同，认为安德森对于国家认同的统一性的夸大掩盖了其中的阶级、性别和种族的差异。霍尔强调多元性和差异性，认为人们在分析种族主义的复杂的历史形成过程和结构时应当首先重视的问题是克服对差异的恐惧，这种恐惧来自经过权力建构的差异。在他看来，他所从事的事业正是要"把根据智力资源可以发现的所有事物都调用起来，以便理解什么使得我们今天所过的生活，我们所生活的社会在其与差异相处的能力方面，具有如此根深蒂固的反人性特征"③，这是霍尔眼中文化研究的核心工作。在他看来，文化研究的知识不仅属于知识分子，也属于大众，知识分子的责任不仅在于发现和探索未知的领域，更应当致力于提升人们与差异相处的能力。

霍尔对多元文化问题④的倡导代表的是一种新的政治逻辑，是"应对文化差异和现代社会异质性的不同策略"⑤。多元文化主义是一个有弹性的、多义的概念，在不同的思想流派当中会有不同的关注点、不同的理解角度，也包括不同的政治策略。霍尔认为研究和倡导多元文化问题的关键在于如何去面对社会中广泛存在的由阶级、性别、种族等方面差异所形成的世界等级秩序，是当我们无法消除差异，也无法为其提供统一的文化解释时，如何构建一种"共同的正义生活"。建立一个承认特殊性、可以协调不同利益和信仰、差异与共

---

① Stuart Hall，"The Question of Cultural Identity"，Stuart Hall，Bram Gibbens and A.McGrew，eds.，*Formation of Modernity*，Cambridge：Polity，1992，p.297.

② Benedict Anderson，*Imagined Communities：Reflections on the Origin and Spread of Nationalism*，London：Verso，1983，p.15.

③ ［英］斯图亚特·霍尔：《种族、文化和传播：文化研究的回顾和展望》，张淳译，载陶东风主编：《文化研究精粹读本》，第314页。

④ 霍尔认为多元文化主义和多元文化问题是两个有不同内涵的概念，多元文化主义主要是为少数种族的人群和社团讲话，而多元文化问题更关心社会总体的性质，关注社会中每个人的地位的变化，是一个具有整体性逻辑的概念。

⑤ ［英］斯图亚特·霍尔：《多元文化问题的三个层面与内在张力》，李庆本译，《江西社会科学》2007年第3期。

识并存的宽容的文化框架,是霍尔文化政治批判的至高诉求。在霍尔后期的理论研究中,关于身份政治及对未来社会建构多元文化共存的理想文化模式的描述论证和实践努力是点睛之笔,是霍尔在多年的理论积淀基础上对未来文化问题走向的深入思考和预言。2000 年《多元种族的不列颠的未来:帕雷报告》①的发表使得霍尔的文化理论再次吸引了众多研究者的目光,其种族理论和多元文化共存的主张在这个报告中得到有力体现。这项关于种族公正的项目研究开始于 1998 年,报告的结论是英国从来就是一个多种族的国家。霍尔认为,在英国社会中存在的各种差异不可能消失,文化和社会的同质化是不可能实现的,对于差异,霍尔强调的不是融合,而是承认差异、接受差异,多元共存才是全球视野中英国社会的未来文化走向。这里的多元共存并不是单单站在少数族群的立场,霍尔认为多元文化问题真正关心的是"社会总体的性质,并由此表达每个人社会地位的变化"②。

霍尔对大众文化与大众政治的讨论,偏离了将阶级作为政治轴心的传统,而是将大众文化政治置于阶级、性别、种族、年龄等一系列的集体性的社会斗争的广泛框架中考察。无论是风格醒目、叛逆越轨的青年亚文化,还是从内涵上寻求突破的被殖民文化,究其根本,都是要在全球化发展过程中获得主体的文化身份和文化定位。青年亚文化不仅要对抗作为自己父辈文化的工人阶级文化,也要对抗社会结构中主导的文化和意识形态来为青年群体争取话语权力和文化地位。种族文化通过与处于中心的殖民者文化抗争,虽然不是有计划、有组织的理性政治实践,但是,它们抵抗的政治功能已经成为其本质属性,深植于文化的各种具体形式当中。正如费斯克所说:"凭借他们的场所,建构我们的空间,并用他们的语言,言传我们的意义。"③大众文化的抵抗来自"符号的游击战",是通过边缘和弱势群体的微观政治事件来实现的,但不仅表现出文化层面的抵抗,也具有政治抵抗的意义,在他看来,边缘是比中心更为有利的观察世界的视角。

---

① 这一报告提交之后,有保守党议员强烈反对,认为是 6%对 94%的侮辱。

② [英]斯图亚特·霍尔:《多元文化问题的三个层面与内在张力》,李庆本译,《江西社会科学》2007 年第 3 期。

③ [美]约翰·费斯克:《理解大众文化》,王晓珏、宋伟杰译,中央编译出版社 2001 年版,第 44 页。

小　　结

　　霍尔的文化政治批判吸收和借鉴了马克思主义和西方马克思主义各个流派的思想资源,在英国晚期资本主义社会背景之下,形成了独具特色的霍尔式批判模式。霍尔不仅反对经济决定论,也拒绝法兰克福和利维斯主义的精英主义悲观论调,将大众文化批判立足于社会主义价值追求的层次,在新左派为学术研究和社会参与的接合所开辟的广阔的场域中,以文化作为政治批判切入的主要维度,以政治批判作为文化研究的旨要所在,将文化批判政治化作为文化研究学派的基础特征。霍尔的文化政治批判保持了学术研究的批判性特征,做到了理论研究可以带给政治实践复杂性的引导和干预。正如霍尔所说:"他明白学术工作的政治与用学术工作来替代政治是两个迥然不同的概念。"①他的理论是理论的政治,不是期望探索真理的元理论,也不愿将自己的理论局限于体制之内,认为理论研究的目的是和政治事件、政治实践相关联并以理论争论的方式干预实践并产生效果。一定程度上可以认为正是新左派的使命感不断地弥合了学术研究和政治实践之间的界限,或者说缩小了文化与政治的差距,也成就了霍尔学术研究政治化的批判模式,秉承发扬了马克思主义社会批判的实践指向。

　　批判霸权意识形态。对权力集团的执政理念和施政方略的批判是霍尔文化政治批判的核心内容,早在 1967 年霍尔和威廉斯一起起草的《五一宣言》中就对威尔逊执政的工党政府展开批判,认为工党政府不仅做不到超越资本主义,而且展现出与以美国为代表的资本主义相一致的新的资本主义形式。20 世纪 70 年代末开始的对撒切尔主义的分析批判更是霍尔最具代表性、影响力最大的理论分析。从撒切尔政府到布莱尔政府,从工党到保守党,霍尔的目光始终聚焦英国政治的最前沿。霍尔将撒切尔主义看作持续的未完成的霸权计划,2007 年霍尔在批判布莱尔政府的时候,指出新工党一直以来的使命就是要把社会民主主义改造成新自由主义的替代品,布莱尔时代是撒切尔时

---

　　①　Stuart Hall,"Cultural Studies and its Theoretical Legacies",Stuart Hall:Critical Dialogues in Cultural Studies,eds David Morley,Kuan-Hsing Chen,London:Routledge,1996,p.274.

代的延续,在迈向市场国家的长征中,撒切尔时代是第一阶段,那么布莱尔正是完成下一阶段的后继者,是在撒切尔所构建的市场化的基础平台之上,进一步将其扩展至包括社会治理在内的更为广泛普遍的领域。尤其是对霸权集团的文化意识形态批判更是入木三分,霍尔既强调新闻媒体复制并传递国家主导文化的功能,也肯定大众自身的分辨力,深刻地揭示了文化霸权的实现过程和民众共识的生成过程的辩证本质。霍尔的文化政治批判常常从非常具体微观的文化现象分析入手,从索尼随声听到监控危机中的抢劫事件,这种微观的现象分析是一种扩大化了的政治,存在于日常生活的更加广泛的层面;又将这种分析置于整体的社会结构中思考,"既要具体而深入地考察当代文化的一个'领域',也要搞清楚这一领域如何以解释性的、非还原性的方式与更大范围的文化与社会结构连接起来的"①。微观现象分析和宏观结构建构并重的分析模式使得霍尔的批判更加辩证深刻。通过文化霸权理论建构实现的撒切尔主义批判,通过媒介批判理论呈现的意识形态本质,在霍尔眼中理论生产本身就是一种政治实践,换言之,实践应用是理论建构的契机与出发点,理论建构是实践批判的重要手段。

激发大众抵抗力量。对当代资本主义体制的抵抗是霍尔文化政治批判的"源代码"②,是对社会领域占主导地位秩序的挑战与协商。这不仅表现在霍尔对后工业时代资本主义社会所做的文化分析与批判,也表现在对社会中大众抵抗力量的发掘与边缘群体利益的关注。霍尔在其学术活动的文化领域,确立了知识分子的重要使命在于解释实际的社会生活,为人们更好地理解日常生活提供理论思维方法,把文化当作武器,为底层大众或是边缘人群提供生存策略并不断激发其内在的反抗潜质。在他看来文化研究拒绝纯粹理论的建构,它的问题总是由理论之外的生活事件和资源来建构,是由正在不断更新变化的社会生活的关系结构、文化事件及主体生存状况来构成。霍尔从政治和社会的关联入手,以文化意识形态的批判维度来呈现日常生活中的各种权力关系、阶级归属,通过大量的微观社会运动来尝试抵抗和改变资本主义经济、

---

① [英]斯图亚特·霍尔、托尼·杰斐逊编:《通过仪式抵抗:战后英国的青年亚文化》,孟登迎、胡疆锋、王蕙译,中国青年出版社2015年版,第31页。

② 张亮:《如何恰当理解斯图亚特·霍尔的身份》,载张亮、李媛媛编:《理解斯图亚特·霍尔》,北京师范大学出版社2016年版,第7页。

政治、文化等诸多不合理的现状。

倡导多元并存的文化模式。霍尔倡导多元并存的文化模式，借此批判各种类型的绝对主义、法西斯主义、种族主义和教条主义，以追求美好的社会主义为目标，铲除各种压迫和剥削人的社会制度，在一个更高的层次上发展现代主义的思想意识。通过聚焦于对文化的类型和理论研究，取得了显著的成果，这为正确理解文化及其意义，推动现代主义的进步奠定了一个良好的基础。本·卡林顿在他的文章《解构中心：英国文化研究及其遗产》一文的开篇对霍尔学术的主要领域文化研究做过一个评价，认为"文化研究与它的同源同类学科相比，看起来已经取得了一种支配的、我很想称之为霸权的地位。甚至将文化研究自身看作一门又有自己的方法论、自己的阐释方式、提问方式、边界和历史的分立的学科，这也常常被视为是理所当然的事情……与其说这项事业靠的是那些有限定的、专门化的知识生产所形成的学术观念，不如说它更多的是依靠从事政治批判的各种形式"①。这个评价是恰当的，它突出了"把现代主义作为一种意识形态来看待是英国新马克思主义的共同特点"②这一特征。

---

① ［英］本·卡林顿：《解构中心：英国文化研究及其遗产》，载陶东风主编：《文化研究精粹读本》，第11页。
② 乔瑞金等：《英国的新马克思主义》，人民出版社2013年版，第18页。

第六章 伊格尔顿:培育社会主义 "新人"的文化政治批判

特里·伊格尔顿(Terry Eagleton,1943—　)

特里·伊格尔顿是当代著名的文学理论家和具有独特风格的文化批评家。1943 年 2 月 22 日出生于英国曼彻斯特附近萨尔福的一个爱尔兰工人移民家庭,1961 年进入剑桥大学三一学院,1964 年由于深受其导师英国"文化研究"代表人物威廉斯的影响和赏识留校任教,在基督学院做研究和教学辅助工作。1969 年转往牛津大学,长期担任凯瑟琳学院沃顿英文和文学理论讲座教授。2001 年在曼彻斯特大学任文学理论教授。2008—2009 年在兰开斯特大学任教。2009 年前往美国,在圣母大学担任一个五年的客座教授。

从 20 世纪 60 年代末到 80 年代,伊格尔顿已出版美学理论、文学批评著作十余种。这些著作可大体分为两大类。第一类是用马克思主义的美学理论来分析和评价英美一些作家的作品,其中他的老师威廉斯的"文化与社会"的问题框架对他有着深刻的影响。如《莎士比亚与社会:莎士比亚戏剧论文集》、《放逐于侨居:现代文学研究》、《权力的神话:关于勃朗特姐妹的马克思主义研究》以及《克拉丽莎被强暴:塞缪尔·理查逊小说中的书写、性欲和阶级斗争》。第二类主要是阐述马克思主义的美学和文艺理论,并用他的"新马克思主义"美学和文艺理论去分析评论西方现当代各种美学和文学理论批评流派。这些著作包括:《批评与意识形态:马克思主义文学理论研究》、《马克思主义与文学批评》、《瓦尔特·本雅明或走向革命的批评》、《文学理论引

论》《批评的功能：从观察家到后结构主义》和《审美意识形态》等。从 20 世纪 80 年代后期以来，伊格尔顿进行的另一项重要工作是娴熟地运用文化政治批评方法来剖析和批判后现代主义。《刨根问底》《民族主义：反讽与献身》、《理论的意味》《后现代主义的幻象》以及《文化的观念》等表达了伊格尔顿面对后现代主义所持的基本立场。这些著作在当代西方理论界都有相当广泛的影响，以至于有人把他和美国的詹姆逊、德国的哈贝马斯并称为当今西方马克思主义理论界的三巨头。

　　自 20 世纪 60 年代后半期以来，在各种理论不断变换的潮流中，在众说纷纭的批评话语理论中，特里·伊格尔顿的批评话语影响颇高。伊格尔顿是一位享有国际声誉的西方当代批评理论家，他才华横溢，写作速度惊人，迄今为止已经出版了三十多部专著。就学术界而言，他是被引用最多的批评理论家之一，也是在最近 5—10 年仍十分活跃的英国 100 位最有影响的公众知识分子之一。他从文学批评开始自己的学术生涯，逐步过渡到带有鲜明的意识形态特色的文化理论建构，他的批评理论特色从文学批评到文化理论，从理论思辨到政治实践，这体现了他对文化社会功能的强调，对文化政治功能的明晰。他在后现代主义语境下进行文化批判的同时提出了自己的反思，他对文化批判社会功能的强调，是对传统批评理论的超越，体现了鲜明的马克思主义立场。

　　伊格尔顿认为，马克思主义不只是一种解释工具，而应当是批判和摧毁资本主义制度、建立和完善社会主义制度的实践指南。因此，以马克思主义为指导的文化理论必然要为政治实践服务，亦即为早日实现"社会主义"而有效地调动一切理论资源。文化"作为生活经验"、"作为社会结构"、"作为艺术"，它的意义就是社会批判。而批判的真正生命力在于政治实践，文化政治批评的动机就是为了建设更好的社会，使人的所有潜能得到自由的发挥，这也就是其区别于西方其他批评理论的独到之处。意识形态批判是伊格尔顿批评话语中的核心范畴，也是其文化政治批评的标志性符号，他所推崇的特殊的意识形态理论，在不断听到"意识形态终结"的后现代，尤其具有重要的意义。他在对后现代主义的批判中寻找新的社会主体力量，社会批判的实质是达到对人的重新构造，这就是伊格尔顿思想最深处的本质。

近年来,西方马克思主义得到了中国学界的关注,伊格尔顿就是在中国改革开放后被最早介绍进来的当代西方批评理论家之一,伊格尔顿的马克思主义批评话语,能够给我们许多直接有效的启示。作为当代英国最重要的马克思主义批评理论家之一,伊格尔顿无疑在西方马克思主义研究中占有很重要的位置,研究他的理论,不仅可以了解伊格尔顿批评理论的特殊逻辑,也可以在特定具体语境中观察到马克思主义批评理论在英国的生成和发展情况,从而最终形成马克思主义文化理论的一部分。

在当代西方思想界,伊格尔顿是继威廉斯之后英国最杰出的文学理论家、文化批评家和马克思主义理论家。尽管他是一位世界范围内活跃和多产的批评理论家,他的话语也总是被人当做权威性的语录来引用,但关于伊格尔顿的专题研究国内外理论界却反应迟缓,国内介绍他的零星文章也多集中于文学领域,鲜有哲学上的思考和理论上的探究。国外最具规模的一次关于伊格尔顿的讨论,是 1993 年为纪念他 50 岁生日而进行的。菲利普·戈尔德斯坦(P. Goidstein)的《文学理论的政治学》中有一章题为"Marxist Versions of the Formal Method:Terry Eagleton",首次提及伊格尔顿的马克思主义思想;1998 年布莱克威尔公司出版了由斯蒂芬·里根(Stephen Regan)选编的《伊格尔顿读本》,这是第一部由别人选编的伊格尔顿读本;2004 年,戴维·阿德森(David Alderson)写作了第一部关于伊格尔顿研究的专著,详细讨论了伊格尔顿一组关于爱尔兰研究的文章并评价其与马克思主义理论和后现代主义的交锋,但这仍然只是一部关于其文学批评理论的著作。

第一节　变革政治制度的社会批判与文化批判

20 世纪 60 年代以来,文化研究在英国逐步进入理论家的视野,其中也包括伊格尔顿。作为一位具有坚定马克思主义信念的文学理论家,他同时也进行着颇具特色的文化批判。他认为,文学与文化理论无非都是社会意识形态的支流,所以批评必然具有政治性。伊格尔顿重视文化理论与文化实践之间的关系,强调文化的政治作用,强调批评的政治功能和社会意义,由此形成了他独特的"文化政治批评理论"。概括来讲,文化在本质上不但是实践而且还是生产,文化研究的根本目的不是为了解释文化,而是为了实践地改造和建设

文化；文化不是高高在上、不着边际的能指，而是具体的、实在的、与我们的日常生活感觉紧紧联系的政治现实问题。伊格尔顿坚持文化研究的方法必须与实际政治紧密结合，他对文化批评的社会功能的强调、对传统批评的理论超越、对革命批评的推崇和向往都沿袭了他从文学批评到文化理论、从理论思辨到社会实践，以达到改造整个社会生活目的的构想，体现了"一切批评在某种意义上都是政治批评"①的激进文化政治批评观。

我们将伊格尔顿的批评理论称为"文化政治批评"，如果说"文化"二字表示西方马克思主义美学的特色，那么"政治"一词则表示伊格尔顿自己的理论特征。伊格尔顿认为，马克思主义首先不是一种解释工具，而是摧毁资本主义、建立社会主义、进行政治制度变革的实践指南，而以马克思主义为指导的文化理论必然是为政治实践服务的，亦即为早日实现"社会主义"而有效地调动一切理论资源。那么，文化"作为生活经验"、"作为社会结构"、"作为艺术"，它的意义就在于社会批判。

一、文化的要义在于社会批判

"文化"（culture）是英语中两三个最为复杂的单词之一。从词源学的角度来看，"文化"或者说"culture"，按照伊格尔顿的说法："最先表示一种完全物质的过程，然后才比喻性地反过来用于精神生活。于是，这个词在其语义的演变中表明了人类自身从农村存在向城市存在、从农业向毕加索、从耕种土地到分裂原子的历史性的转移。"②威廉斯首次作出自己关于"文化"这个概念的阐释，指出文化具有四个层面的意思：心灵的普遍状态或习惯，密切相关于人类追求完美的理念；整个社会中知识发展的普遍状态；各种艺术的普遍状态；文化是物质、知识与精神所构成的整个生活方式。③ 而他本人则最看重第四种定义，这一定义意味着威廉斯摒弃了狭义的文化概念，认为文化不应该仅仅是一个时代高级的精神和艺术产品，从根本上来说应该是一种新的知识生

---

① ［英］特里·伊格尔顿：《当代西方文学理论》，王逢振译，中国社会科学出版社 1988 年版，第 303 页。

② ［英］特瑞·伊格尔顿：《文化的观念》，方杰译，南京大学出版社 2003 年版，第 2 页。

③ 参见［英］雷蒙德·威廉斯：《文化与社会》，吴松江、张文定译，北京大学出版社 1991 年版，第 87 页。

产方式,新的"工业的反映",它也是新的政治和社会发展的反映,是"民主"的反映,涉及各种新的人际关系和社会关系。①

伊格尔顿早期师从威廉斯,深受其"文化与社会"思维方式的影响,从分析文化和自然的关系入手,对文化与文明、文化与宗教、文化与礼仪、文化与社会以及文化与政治等关系的历史演变进行了详尽的分析。认为"文化一词的当代用法似乎主要有三个意义,而且最重要的是三个意义相互关联。第一,文化可以指价值得到认同的具体的思想和艺术作品以及制作和分享该作品的过程。第二,由此扩展开去,可以指一个社会的所谓'情感结构',是社会的生活方式、习俗道德、价值观等组成的不断变迁但无法触摸的综合体,是习得行为和信念所形成的渗透性氛围,它将自己相当含混地记在社会意识里,即躲躲闪闪、辩证地融入所谓'看不见的日常生活本身的颜色'。第三,进一步扩展开去,文化当然可以指制度意义上的社会的整个生活方式,包括艺术、经济、社会、政治和意识形态等相互作用的所有成分,它们构成了生活经验的总体,决定了是这样而不是那样的社会"②。伊格尔顿强调,文化的三个主要意义正在于——"作为艺术、作为生活经验、作为社会结构——交织为一种新的社会批判"③。

在文化与政治关系的探究中,伊格尔顿认为,不是从人性运动到文化再到政治,而是"政治利益通常主导着文化利益,并且在这样做时对一种特殊意义的人性做了界定"④。政治不能通过自身来达到目的,它必须通过文化这个中介来塑造国民。文化"根据新型政治体制的需要铸造人的自我,重新将他们铸造成该秩序驯良的、温和的、崇高的、爱和平的、不好争吵的、无私的主体"⑤。他秉承其师威廉斯"文化与社会"问题的研究,把"文化"放在历史和政治的视野中加以思考,取得了有价值的成果。这对于我们正确而客观地认识文化与社会、文化与历史和意识形态等问题产生了积极的作用和深远的

①　参见陆扬、王毅:《文化研究导论》,复旦大学出版社 2006 年版,第 144 页。

②　[英]特里·伊格尔顿:《历史中的政治、哲学、爱欲》,马海良译,中国社会科学出版社 1999 年版,第 129 页。

③　同上书,第 32 页。

④　同上书,第 8 页。

⑤　同上书,第 9 页。

影响。

伊格尔顿创造性地使用"文化生产"这个概念，以加强文化的物质基础和政治意义。"生产方式"是马克思主义最基本的历史唯物主义范畴之一，它是生产力和生产关系的统一体。生产力是人们解决社会与自然矛盾的实际能力，是人类征服和改造自然以满足社会需要的客观物质力量。生产力是参与社会生产和再生产过程的一切物质和技术要素的总和，劳动对象、以生产工具为主的劳动资料和从事生产实践的劳动者是其中的基本要素。生产关系是人们在社会生产过程中必然发生的关系和联系，主要由生产、分配、交换和消费四个环节构成。换言之，生产关系具体展开为生产资料的所有制关系、人们在生产中的地位和交换关系、产品的分配关系以及由此决定的消费关系。在生产方式这个统一体中，生产力是最活跃的因素，经常处于发展和变化之中，不同发展阶段的生产力状况会表现为相应结构的生产关系。反过来说，生产关系是顺应生产力发展水平而产生、存在、调整、加强或变革的。根据历史唯物主义理论，生产方式的矛盾运动是社会发展的最根本的动力，是人类社会所有物质关系和思想关系的基础，文化当然也离不开这个基础。

伊格尔顿把"文学"与"生产方式"链接在一起，因为文学固然是一种社会知觉结构和意识形式，处理的是思想、观念、世界观、意象等精神方面的东西，但它同时也是一种产业。文学既是意识形态的一部分，也是经济基础的一部分，所以它是一种具有双重性的生产：物质生产和精神生产。

受本雅明、布莱希特和马歇雷的影响，伊格尔顿明确指出："文学可以是一件人工产品、一种社会意识的产物、一种世界观；但是它也是一种制造业。"①在这里，文学被作为一种制造业，是一个物质生产的过程，因为"书籍不只是有意义的结构，也是出版商为了利润销售市场的商品；戏剧不只是文学脚本和舞台演出的集合，它是一种资本主义的商业，雇佣一些人（作者、导演、演员、舞台设计人员）产生为观众所消费的、能赚钱的商品……"②

文学要成为产品且可以消费的产品，必须经过一定方式的生产过程。文学是意识形态的一部分，但从另一意义上说它也是经济基础的一部分。作家

---

① Terry Eagleton, *Marxism and Literary Criticism*, London: Methuen, 1976, p.59.
② Ibid.

和艺术生产者在资本主义社会中扮演的是雇佣劳动者的角色。而文学艺术在后工业、后现代社会也是一种制造业,作品和艺术产品也是某种程度的商品。艺术生产依赖于特定的生产技术,而艺术生产方式也决定艺术形式。那么在伊格尔顿看来:"如何说明艺术中'基础'与'上层建筑'的关系,即作为生产的艺术与作为艺术形态的关系。是马克思主义批评理论当前面临的最重要的问题之一。"①伊格尔顿从马克思主义的经济基础与上层建筑关系入手,坚持了马克思主义的基本立场。

　　显然,"文学生产方式"的存在是一个事实。然而,对于伊格尔顿来说,绝不能仅仅对事实表面进行社会学和唯经济论的分析,不能笼统地把某种文艺现象与特定社会经济状况对应起来,必须分析"文学生产方式"与艺术实践的本质。概括而言,第一,伊格尔顿首先把艺术牢牢置于社会生产的物质基础之上,坚持了唯物主义批评的根本立场。第二,文学生产方式以比人们一般想象的更高的程度决定了艺术观念和审美情趣。第三,文学生产方式以各种方式刻写在作品的风格、结构句式等形式上。第四,文学生产方式是一种社会实践。如果不明确地坚持文学或者文化的物质生产层面,或者不把作为意义象征系统的文化与社会的物质生产联系起来,"文化"就会成为一种漂浮的能指。因此,伊格尔顿经常使用"文化生产"这一概念,以加强文化的物质意义和政治意义,来有效抵制那些像利维斯一样把文化看做高雅脱俗之事的唯文化论者。

　　"文化生产"既表明作为精神和价值的文化不可能独立于物质条件之外,最终决定于作为社会根本结构的一般生产方式,同时也表明这是一个动态的、开放的、不断变化和生成的物质过程,最关键的是全体社会成员都有机会参与文化实践过程。威廉斯曾有表述:"文化虽然被人们身体力行,但往往有一部分没有被人们所了解,一部分没有被人们所认识。创造一个共同体往往就是一种探索,因为意识不可能限于创造,而未知的经验也没有公式可循……文化观念有两个比喻:扶持自然的成长。确实,最终必须强调的就是成长,不论成长是比喻或者是事实。"②

---

①　[英]雷蒙德·威廉斯:《文化与社会》,吴松江、张文定译,第412页。

②　同上。

如果说"文化生产"确实是一种穿越经济基础的物质实践，或者说也贯穿着生产方式的矛盾运动，那么作为价值系统和完美追求的艺术以至文化是如何发挥它在整个社会物质结构中的作用或者反作用的呢？根据伊格尔顿的文化生产理论，"文学"或者艺术是与机械、技艺和劳力有关的一件制品。正是这种"无机"品质使艺术得到革命性的发展，有力地作用于整个社会结构和文化构成，最终推动人类的解放工程。

在这方面，本雅明与布莱希特给了伊格尔顿启发和灵感。本雅明在1934年出版的《作为生产的艺术家》集中思考了如何对"艺术生产"中的技术因素加以革命利用和改造的问题。本雅明认为，艺术像其他形式的生产一样，依赖某些特定的生产材料、工具和技术，革命艺术家不仅应当充分利用现成的艺术生产力量和技术，而且应该加以发展，使其革命化，以实现激进政治的目标。布莱希特在艺术生产的工具和技术方面进行了大胆的尝试，他的"史诗剧"阻止演员和观众"进入"角色，使用电影镜头、背景投影、歌词以及舞蹈动作等手段，打破戏剧的整体感和连续性，通过有意地设置距离，激发观众对剧情和场景作出独立的批判性思考。显然，对工具和技术的重视也是对"艺术形式"的重视，这表明文学生产方式决定、改变、影响并最终突出了艺术的"形式"。伊格尔顿解释说："艺术首先是一种社会实践，而不是进行学院式的解剖的标本，我们可以视文学为文本，但也可以把它看做一种社会活动，一种与其他形式并存和有关的社会、经济生产的形式。"①

资本主义文化危机的根源就在于，"文化"成了高高的漂浮在物质之上但企图调和、凝聚、指引和改造整个社会的精神指数和理想价值，从而造成文化的分裂。要解决这种危机首先必须把作为社会意义总体的文化置于作为社会根本结构的生产方式之中，也就是说，解决文化危机的根本出路是彻底改造所有权制度，推行社会主义的物质实践。在伊格尔顿看来，只有社会主义才能将断裂的文化整合起来，社会主义的根本目的就是建设一种理想的文化——"更丰富、更多样、更开放、更灵活、更自由"②的文化。这种文化不是少数儿个精英人物设计好交给大众去执行的"文明"，而是由全体社会成员参与的不断

① ［英］特里·伊格尔顿：《马克思主义与文学批评》，文宝译，人民文学出版社1980年版，第66页。

② ［英］特里·伊格尔顿：《历史中的政治、哲学、爱欲》，马海良译，第142页。

创造和重新界定的集体实践。"文化"即"人化",它是人类不断改造自然,使之社会化和人性化的历史过程。建立在这一基础之上的价值与现实相统一的社会主义文化表现出对"人"的充分重视和关怀,它将使迄今为止一直处于分裂和冲突状态亦即危机之中的文化真正统一起来。

伊格尔顿的"文化生产"范畴在后现代泛文化潮流中显示出更加重要的政治和批判意义。我们知道,后现代主义致力于解构中心、推倒一切学科界墙的工作,结果只剩下"文化"和非学科。而致力于"重构"工作的人们纷纷把注意力投向"文化"一词,"文化研究"仿佛成了时代的知识主题。后现代主义这种对"文化"的一味推举在一定程度上是对现实物质问题的回避和向"唯文化论"的倒退,是脱离现实物质关系或者在一定程度上企图与物化的社会秩序相抗衡的超验之境。笼统而言,伊格尔顿的"文化"是与"生产"关联起来的概念,使作为观念、价值体系和意义象征系统的"文化"与社会一般生产方式统一起来,使"文化"的各层面意义互相联系、互相阐发、互相推动,使文化真正与人联系起来,成为一种生产实践的"人化"过程:"研究人类文化就是研究世界历史问题如何表现为生活经验的形式,如何穿过能指的行列呈现为象征意义。就此而言,文化研究与其说是关注自身的生存和繁荣最需要的东西,不如说他关注最独特的人性。从某种意义上说,文化是剩余和超出的东西,无法用严格的尺度来衡量。但是自我超越的能力恰恰是衡量人性的尺度。"①

二、批判的功能在于政治实践

在伊格尔顿的批评思想中有三个重要的理论维度或对话背景。这就是:西方马克思主义、英国本土的文化研究、当代西方从精神分析学到结构主义和后结构主义理论。其中,西方马克思主义理论为他的批判和分析提供了一个基本的理论框架,英国本土文化研究为他提供了研究问题的视角,而当代西方从结构主义到后结构主义等理论思潮则为他提供了多样的分析方法。

在《文学理论引论》和《批评的功能》等著作中,伊格尔顿开始了从理论思辨向政治实践、从文学批评向文化理论的转移。他对"文学"概念和"英文研

---

① [英]特里·伊格尔顿:《历史中的政治、哲学、爱欲》,马海良译,第197页。

究"传统作了深刻的政治剖析,对理论研究史中意识形态的主导作用作了揭示,提出"一切批评在某种意义上都是政治批评"①的命题。他认为,这并不是故意把政治拉入文学之中,而是文学一开始就是政治问题,批评始于政治,终于政治,始终以政治为灵魂。批评不可能脱离政治,因为它天生就是一种意识形态话语。批评理论的真正生命力在于紧密结合政治实践,为实践带来某种不同的格局。而这一点正是西方马克思主义和其他一些激进批评理论的致命缺陷,也是伊格尔顿批评理论力图弥补的地方。

在《批评的功能》里,伊格尔顿进一步强调批评的政治功能和社会作用。通过对英国现代主义批评史的回顾,发现"批评"一开始就是"文化"的和政治的。他指出,当代批评的功能就是它的政治批判功能。"现代批评是在反对专制政权的斗争中产生的,除非确定地把它的未来确定为反对资产阶级的斗争,否则它可能毫无前途。"②

他始终坚持批评理论的真正生命在于紧密结合政治实践,它是理论思辨在政治实践中的真正表现。

首先,政治性的文学批评始于古希腊时期。在古希腊人的观念里,政治是一项公共事业,是值得献身的高尚事业,修辞学之父亚里士多德明确地强调了修辞的政治性,"修辞学是论辩术的分歧,也是伦理学的分歧,伦理学应当称为政治学,由于这个缘故,修辞术貌似政治学"③。修辞是批评的根本属性之一,以社会政治效果为标准,使批评行为真正成为一种具有物质力量的话语实践形式。这表明最初的文学批评是为了使政治主题突出,政治诚意更加强烈,所以"修辞立其诚"成为一种更能强调政治实用性的古代批评观。

其次,他从研究文学入手来引出他对批判理论的解释,在《当代西方文学理论》一书的"导言"中即提出"文学是什么"。他认为,在英国经验主义也是自由主义的同义词,通过追述英国文学的兴起和发展,来表明文学、文学理论与观察世界的主导方式,即一个时代的"社会精神"与意识形态有关,而那种意识形态又是人们在特定的时间和空间发生的具体社会关系的产物,是体现

---

① ［英］特里·伊格尔顿:《当代西方文学理论》,王逢振译,第 303 页。

② Terry Eagleton, *The Function of Criticism*, London: Verso, 1981, p.94.

③ ［古希腊］亚理斯多德:《修辞学》,罗念生译,生活·读书·新知三联书店 1991 年版,第 25 页。

那些社会关系并使其合法化和永久化的方式，这使得它本身就具有政治性。以此为出发点，伊格尔顿分别从现象学、诠释学、接受理论、结构主义与符号学、后结构主义、精神分析等角度叙述了20世纪60年代以来西方思想文化发展独特语境下的主要文学理论。证明"现代文学理论的历史乃是我们时代的政治和意识形态历史的一部分"[1]。与此同时，伊格尔顿还分析了文化行动与政治行动紧密结合的几个方面：妇女运动、文化工业、工人阶级创作运动，从而得出"一切批评在某种意义上都是政治批评"[2]的结论。

最后，他将文化的复杂关系结构理解为一种"生产"关系或物质关系，即整个社会生活方式的决定因素是经济生活中的社会关系，这种社会经济关系集中表现为政治权力的结构形式。文化范畴仍然是利益和权力激烈斗争的场所，是矛盾和问题本身，而不是消除问题的办法；文化政治批评不是用文化来解释一切，而是用一切来解释文化。因此，"文化"不是超验的可以任意漂浮的能指，而是与我们日常感觉紧紧联系的实在问题，是现实政治问题。

政治性是批评的集中表现，并不是将批评与政治划清界限，或者让批评成为消解政治的武器，因为政治就是"将社会生活整个地组织起来的方式，以及这种方式所包含的权力关系"[3]。批评不可能独立于政治之外，政治是批评的主要诉求，伊格尔顿并不认为有所谓的"非政治批评"存在。在他看来，"那种认为存在'非政治批评'形式的看法只不过是一种神话，它会更有效地推进对文学的某些政治利用"[4]。当代批评的功能就是政治批判，"现代批评是在反对专制政权的斗争中产生的，除非确定地把它的未来确定为反对资产阶级的斗争，否则它可能毫无前途"[5]。

兴起于19世纪将批评专业化和学院化的左派批评家，以及在后现代批评中再度突出的非政治化和泛政治化（泛政治化也是非政治化形式的一种）的质疑严重地削弱了批评的政治性，这一潮流的实际效果不是冲击资本主义，而

---

① ［英］特雷·伊格尔顿：《二十世纪西方文学理论》，伍晓明译，北京大学出版社2007年版，第170页。

② ［英］特里·伊格尔顿：《当代西方文学理论》，王逢振译，第303页。

③ 同上书，第281页。

④ 同上书，第300页。

⑤ Terry Eagleton, *The Function of Criticism*, London, p.94.

是为资本主义发展阵地。无功利性成为被利用的对象，左派批评家和后现代主义者应该识破幻象，走出象牙塔，开始自觉地追求批评的政治目标，为改造社会实践服务。关于以上论证批评的政治属性，伊格尔顿认为反对批评具有政治性的观点本身就是一种政治姿态，抱定无功利性的基本立场本身就具有明确的功利性目的。

如果说批评是沿着无功利自治的方向在发展，则一开始就是一种政治行为，用维护文学或文化的超然地位的方式来实现在动荡的社会里维护现有权力的关系的目的。批评始于政治，始终以政治为灵魂，因为"欧洲现代批评是在反对专制国家的特权中诞生的"①。批评作为一种社会行为，必然受制于特定的社会制度；作为价值判断活动的批评，首先应当是一种意识形态的形式，而意识形态是人们用以体验和表达其社会关系的观念、价值和情感系统，所以批评不可能脱离政治。

作为一个马克思主义批评理论家，伊格尔顿总是自觉地运用唯物史观来解释各种文化现象。他从批评发展的历史实际出发，论证了批评理论的历史就是同一时代政治和意识形态历史的一部分。

"欧洲现代批评是在反对专制国家的斗争中诞生的。"②根据伊格尔顿的研究，在十七八世纪的欧洲，资产阶级就开始拓展自己的话语空间，在专制的贵族国家和个体化的市民社会之间，涌现出了大量的期刊杂志等空间，作为与专制集权对抗的阵地。在这个阵地中，个体们可以无视任何权威，自由平等地就各种感兴趣的问题提出不同的意见、看法和观点，进行各种讨论和辩驳。个体们在这个空间通过理性话语的交流形成公众认可的话语理论，这样的理论显然有强大的伦理和理想力量，这样凝聚起来的公众也是一支不可忽视的政治力量。批评作为对某种文学的批判，显然并非个人的消遣活动，已经是公共领域的社会行为，它就是当时整个社会交往活动的一部分。现代批评就是在这样一种空间里萌芽和成长起来的。

进入 19 世纪之后，英国批评一方面张扬其政治性，但另一方面，出现了似乎要摆脱其政治性的势头。其中，《爱丁堡评论》和《评论季刊》与拜伦、雪莱

---

① Terry Eagleton, *The Function of Criticism*, London, p.9.

② Ibid.

以及《黑林杂志》与《审查者》进行了殊死的斗争。批评不再是达成共识的"公众意见"，而是变成党派之间赤裸裸斗争的政治场所。这其中也不乏有人试图努力将批评从政治中挽救出来，大有将批评与政治完全剥离之势。经过这些人的努力，"英国文学"取代古典经文走进大学讲堂，向学院化发展，后经过F.R.利维斯等人的努力，批评确立了无功利性的地位。然而，批评这一无功利方向的发展从一开始就是一种政治行为，它是当时时代政治危机的反映。在19世纪40年代以后，工人运动像雨后春笋此起彼伏，社会底层人民不断争取自己的权力，在统治阶级内部也出现了党派林立的局面，公众意见已经没有人认可，批评转入个人天地。于是，以马修·阿诺德为代表的批评家担任起专制集权与社会底层之间的调停者来化解冲突，安抚无产阶级，凝聚社会各阶层，建立统一的文化传统，起到最终维护现有制度的目的。同样，利维斯主义的"英文研究"也是通过剖析英国文学，在英国共识的基础上维护传统制度。如果说意识形态是人们可以体现和表达其社会关系的观念、价值和情感系统。那么，作为价值判断活动的"批评"，也是一种意识形态活动。因此，"毫无必要把政治拖进文学理论：就像南非运动的情况那样，它从一开始就在那里存在"①。

由此，我们可以看到，反对批评具有政治性的观点本身就是一种政治姿态。实际上，论证批评的政治属性，对于伊格尔顿来说，主要是为了针对兴起于19世纪的左派批评家，他们把批评专业化和学院化，而这一潮流的实际效果不是冲击资本主义，而是为资本主义发展阵地。无功利性成为被利用的对象，左派批评家应该识破真相，走出象牙塔，自觉地追求批评的政治目标，为改造社会实践服务。

在《文学原理引论》中，伊格尔顿指出："文学理论一直是同政治信仰与意识形态价值紧密联系在一起的。文学理论就其自身而言，与其说是一种知识探索的对象，不如说是观察我们历史的一种特殊方法"；"那种'纯'文学理论不过是学术上的神话"；"现代文学理论的历史就是我们这个时代的政治与意识形态历史的一部分"。②

---

①　［英］特里·伊格尔顿：《当代西方文学理论》，王逢振译，第280页。

②　［英］特里·伊格尔顿：《文学原理引论》，刘峰译，文化艺术出版社1987年版，第228—229页。

他运用这一原则，对 20 世纪以来西方文学批评理论的形式主义、英美新批评、结构主义、后结构主义、阐释学和接受美学以及精神分析学等各种批评流派作了批判性评价。他指出，现象学批评是一种"非批评、非估价式的分析"，是一种"唯心主义的、非本质的、反历史的、形式主义的"①批评。对于阐释学，伊格尔顿一方面肯定其重新发现过去作品的意义和这种发现与当时的联系，但同时，他批评它们忽略从政治历史的角度去进行联系，忽略了理想和未来。对于结构主义和符号学，伊格尔顿认为其积极的一面是，它反对主观随意的评价，把文学作品看做一种"构造"，其机制可以被归类和分析，这有助于"打破文学的神秘化观念"，它注重人类意义的结构性，这种见解包含着一种有关意义的社会性、历史性理论的萌芽，这是一个进步。但是，另一方面，伊格尔顿又批评了结构主义的非历史主义态度，指出它不仅没能把作品同它涉及的现实联系起来，或者把作品同它的读者联系起来，而是排除这些现实，把文本当成一个封闭的系统，既取消了客体，又取消了人的主体，只留下一套结构体系在起作用。而对后结构主义影响下出现的一系列新的批评理论，伊格尔顿是部分认可的，譬如文化研究、文化唯物主义、新历史主义、女性主义，等等。尽管他指出这些新批评理论的局限，尤其是政治上的缺憾，但他认为它们都不同程度地将文本置于历史文化语境，有力地冲击了超验文化的批评意识形态。从某种意义上说，发挥了一定的政治作用。

我们可以看到，伊格尔顿从唯物史观出发坚持批评与社会历史的联系，使其批评理论具有鲜明的马克思主义批评的立场，同时把这种批评理论积极用于批评实践。伊格尔顿坦言："马克思主义批评的主要目的不是阐释文学作品，而是争取群众的文化解放。"②马克思主义的文化政治批评本身就是一种文化实践，可以起到瓦解和改造现有文化设施制度的作用。"马克思主义批评在改造人类历史方面具有不说是中心的，也是重要的作用。"③由此，伊格尔顿强调批评的政治属性，突出批评的政治功用，最根本的原因是，他一直强调马克思主义首先是一种政治理论，而不是哲学体系。换句话说，"马克思主义

---

① ［英］特里·伊格尔顿：《文学原理引论》，刘峰译，第 74 页。

② Terry Eagleton, *Walter Benjamin: Or Towards a Revolutionary Criticism*, London: Verso, 1981, p.94.

③ ［英］特里·伊格尔顿：《马克思主义与文学批评》，文宝译，第 2 页。

首先不是一种解释工具,而是摧毁资本主义、建立社会主义、进行制度变革的实践指南。因此以马克思主义为指导的文化理论必然是为政治实践服务的,亦即为早日实现'社会主义'而有效地调动一切资源"①。

伊格尔顿的批评从一开始就跨出了"文学"的边界,向"文化理论"的方向延伸,这是因为批评的社会实践性和政治性决定了在讨论文学问题时,必然要涉及真理、正义、自由和幸福等重大主题,涉及人的本质这一根本议题,进而涉及整个社会结构和物质实践,也就涉及人类学的整个文化范畴。就是在这个意义上,伊格尔顿开始了从"文学理论"到"文化理论"的转移。

从文化视角分析和诠释"文学"是英国批评的传统做法,早在现代批评开始之时,"整个文学批评就不是那种专门家的自治话语,它是整个伦理人本主义的一部分,与道德、文化以及宗教思考密不可分……"②阿诺德进一步将批评的视野扩展到整个生活,将"文学"与"整个社会生活方式"联系起来,但他的"文化"却是一种无限拔高的精神指数。雷蒙德·威廉斯从早期利维斯文化主义转变为"新左派"理论家,成为"文化研究"的思想奠基人,最后开创了"文化社会学"的研究方向。威廉斯认为,可以从文化方向出发进行社会改造或文化批判,从而形成了他的文化唯物主义,但他反对法兰克福学派的精英文化立场和利维斯的自由人道主义文化传统。在威廉斯看来,文化不应该是由少数人建构和分发、由老百姓接受和体验的精英文化,而是由大众共同参与和创造及共同享受的"共同文化"。伊格尔顿初期的批评观念深受威廉斯文化理论的影响。他也热情地肯定了这种共同文化,认为它是比自由理想主义文化"更丰富、更多样、更开放、更灵活"的文化。因为这种文化不是被完成了的静物,而是社会各个阶层和阶级在集体实践中不断重新创造和重新定义的整个生活方式。威廉斯的文化唯物主义给了伊格尔顿很大的影响,这也使伊格尔顿在与这种理论的不断突破与对话中,逐渐形成了他后来的文化政治批评方法。

所以,至少就英国而言,文学批评是置于文化视角之下的。"文化"是一个充满意识形态争执的词语,在伊格尔顿看来,也是一个典型的政治用语。"文化研究"对于打破"文学"的自我封闭和消除文化各部门之间的相互隔绝

---

① 马海良:《文化政治美学——伊格尔顿批评理论研究》,中国社会科学出版社 2004 年版,第 17 页。

② Terry Eagleton, *The Function of Criticism*, p.18.

状态具有积极意义,对大众文化、亚文化与边缘文化的关注是对传统"高雅文化"和"精英文化"的有力反驳,具有相当积极的政治意义。

"文化理论"比"文学批评"更具有明确的意识形态功能和政治倾向,那就是为了由于被剥夺了文化生产资料所有权而被贬斥为"没文化的人"的绝大多数普通男男女女能够真正参与文化建设、文化管理和文化享受,为了创造一个更好的社会而向一切历史的和现实的阻碍发起挑战。可以看出,对伊格尔顿而言,从"文学批评"到"文化理论"视角的转换,一方面是为了回应后现代文化热的挑战,另外,也是对马克思主义批评一贯采用的历史文化方法的坚持。

可以看到,伊格尔顿在不断超越西方马克思主义理论大师的同时,糅合颇具特色的文化批判精神于自己的理论,这也是他在众说纷纭、空前繁荣的当代西方文化批评理论界总能够发出自己独特声音的资本。

三、作为方法的文化政治批评

20 世纪 80 年代以后,伊格尔顿在后现代主义语境下重新思考了马克思主义的理论价值,重新思考了社会主义的文化理论与文化实践之间的关系,强调了艺术的政治作用,强调了批评的社会功能和政治意义,形成了他独特的"文化政治批评方法"。

伊格尔顿的文化政治批评方法,概括而言,(1)这种方法坚持文学批评的大视野,认为文学是各层面互相关联、互相阐发的整个文化构成中的一部分;对文学作品的充分阐释必然将文本外的东西包括进来,这只有在作品各层次及其与社会生活各部门的复杂关系中才能实现。(2)文化的复杂关系结构表现为一种"生产"关系或物质关系,即整个社会生活方式的决定因素是经济生活中的社会关系,这种社会经济关系集中表现为政治权力的结构形式。因此,"文化"不是超验的可以任意漂浮的能指,而是与我们日常感觉紧紧联系的实在问题,是现实政治问题;文化范畴仍然是利益和权力激烈斗争的场所,是矛盾和问题本身,而不是消除问题的办法;文化政治批评不是用文化来解释一切,而是用一切来解释文化。(3)文化的"生产"关系性质还意味着,作为更为精神性的所谓的"情感结构"或意义象征系统或价值体系或意识形态,它对文化的其他层面发生积极作用,是一种维持或改变社会生活方式的"文化"运动,是一种执行或实现意志的话语"实践"。(4)"文化政治批评"的动机是改

造整个社会生活方式,建设一个更好的社会,使人的所有潜能得到自由的发挥,这样的社会只能是取代资本主义之后的社会主义社会。(5)真正能够有所作为的文化政治批评应该属于马克思主义的文化实践,它在催生社会主义的伟大运动中,能够发挥非常重要的作用。(6)以社会主义为目标的文化政治批评,由于明确的目的性而具有方法论的彻底开放性和真正多元性,它采用一切有效的话语形式和手段。

进入20世纪90年代之后,伊格尔顿的主要工作就是娴熟地运用文化政治批评方法,以后现代主义批判为背景,在文化研究领域发出自己不可忽视的声音。

首先,让我们来看文化研究在英国的发端。一般认为,作为一种统一学术思潮的"文化研究"(cultural studies)肇端于20世纪六七十年代的英国伯明翰大学当代文化研究所(Center for Contemporary Cultural Studies,简称CCCS),也即伯明翰学派(Birminham School),其代表人物有理查德·霍加特(Richard Hoggart)、雷蒙德·威廉斯(Raymond Williams)、斯图亚特·霍尔(Stuard Hall),而威廉斯则被视做文化研究的理论先驱。文化研究在本质上是一种社会批判,它脱胎于英国文学批评中的利维斯主义传统,把反对精英文化和提倡大众文化看做自己的基本立场。伯明翰学派在文化研究中摈弃了法兰克福学派(Frankfurt School)站在精英主义文化立场研究文化的方式,力图从利维斯主义传统中解放出来。他们反对利维斯通过对经典文学作品的阅读和批评来达到改造人性,使人"高贵化"的立场。威廉斯和伊格尔顿都严厉批评了利维斯的自由人道主义,这种自由人道主义自以为是超阶级的,其实仍然是一种资产阶级的意识形态。他们认为,任何文化或文化分析都是受制于特殊群体的特殊利益,因而是特定群体态度和立场的表现。这就彻底否定了文化的精英观念,表明一切都是大众的。

文化研究在20世纪末经过威廉斯等人的努力后在全世界成为一种学术流派。文化研究采用内容分析和其他经验主义方法来研究文化。但是,我们不能把这种"文化"简单地看做是从社会环境中抽象出来的文本。所谓"文化",已经是一种"固定的、实际的制度"的体现。威廉斯认为,"如果不分析这些制度的形式,我们就无法对现代社会中一般传播的程序进行研究"①。因

---

① Raymond Williams, *Communications*, Harmondsworth:Penguin,1962,p.20.

此，所谓"文化研究"（cultural studies），不能顾名思义地简单理解为对于文化的研究（the study of culture），与一般所说的（更宽泛意义上的）文化的研究（cultural research）也不完全相同。在威廉斯突然去世后，作为他的学生，伊格尔顿承接了威廉斯未完成的事业，对后现代主义语境下的文化研究作了冷静的分析和批判。伊格尔顿不仅对当今后现代主义语境下的"文化研究"给予了极大的关注，还以一个马克思主义者的身份指出，文化研究固然对打破精英文化的统治地位起了某种反拨作用，但是一味向大众文化献媚则与马克思主义的批判精神不相符合。

对于当今风行于后现代主义之后的"文化研究"，伊格尔顿表现出了极大的兴趣，他在承认其合法性的同时，也从马克思主义政治批判的角度作了冷静的分析。伊格尔顿看到，随着冷战结束，文化迅速升温，文化在有些人手里成了替代政治的一种黏合剂，好像文化交流畅通，人民就会不分彼此，其乐融融。也就是只要文化问题处理好了，既可以避免和解决政治问题，甚至是军事问题。这两者都把文化看做最高的能指，但这是一个漂浮的无所指的能指，远远离开了我们所体验的真实。其实，文化从来就是问题的一部分，而不是解决问题的办法；文化并不是一个超验的可以涵盖一切的范畴，更不是可以调和一切现实纷争的最高裁决者，文化本身就是政治斗争的场合。伊格尔顿说："文化是战场，而不是可以弥合差异的奥林匹克神台。"①

伊格尔顿还针对西方国家以外的第三世界国家的后现代文化热发表了不同的意见，他一针见血地指出，"当今为什么所有的人都在谈文化？因为在此有重要的论题可谈。一切都变得与文化有关……文化主义加大了有关人类生活所建构和破译并属于习俗的东西的重要性……历史主义往往强调历史的可变性、相对性和非连续性特征，而不是保持那种大规模不变得甚至令人沮丧的一贯性特征。文化主义属于一个特定的历史空间和时间——在我们这里——属于先进的西方资本主义世界，但现在却日益进口到中国以及其他一些'新崛起的'社会"②。伊格尔顿所指出的这种现象，应该足以引起包括我们中国在内的一些第三世界国家的警惕和注意。伊格尔顿认为，有着不同文化传统

---

① ［英］特里·伊格尔顿：《历史中的政治、哲学、爱欲》，马海良译，第189页。
② ［英］特里·伊格尔顿：《后现代主义的矛盾性》，王宁译，《国外文学》1996年第2期。

的国家,不必把西方社会的特定文化现象引进自己的国家,否则便会丧失自己的民族特色。最新和最时髦的东西不一定是最好的,能体现自己民族特色的文化才是最优秀的文化。他从一名旁观者的角度唤醒我们对自己民族文化的研究,从某种意义上讲,这足够引起我们对传统文化的召唤与反思。

综观伊格尔顿的文化政治批判,我们从中能得到很多启示与借鉴。他强烈的问题意识、实践意识和批判精神应该是我们认真理解和积极吸取的。近年来,受西方当下"问题框架"的影响,"文化热"也在中国风靡一时,民族文化、服饰文化、饮食文化、快餐文化、旅游文化、娱乐文化……几乎所有一切都可以与"文化"这个词搭配起来,但是这种畸形的"文化热"却不是我们本土的产物。伊格尔顿就曾对我们中国的文化界和学术界大面积地引进西方各种文化思潮和理论表示担心,在他看来,最新的和最时髦的东西不一定是好的,一个国家和民族应当有自己的文化遗产和理论的声音,这是它们赖以在国际舞台上发出独特声音的资本。我们从伊格尔顿身上看到的是:要始终不懈地从实际情况出发,永远直面实际存在的问题,不要置身于人云亦云的"最权威的"、"最时髦的"理论话语,要从我们自身所处的环境和背景中看待问题,要从我们脚下的泥土中汲取养分和灵感。

第二节　指向人的解放的意识形态

毋庸置疑,"意识形态"是伊格尔顿批评话语的一个核心范畴,也是他文化政治批评方法的标志性符号。阿尔都塞说:"人生来就是意识的产物。"①与其说阿尔都塞给意识形态下了个定义,毋宁说是提出了一个让人深思的问题,即什么是意识形态? 伊格尔顿明确认为,"意识形态"是马克思主义批评的一个核心概念,因为"马克思主义批评是一个更大的理论分析体系中的一部分,这个体系旨在理解意识形式,即人们在各个时代借以体验他们的社会的观念、价值和感情。而某些价值、观念和感情,我们只能从文学中获得。理解意识形态就是更深地理解过去和现在,这种理解有助于我们的解放"②。伊格尔顿之

---

① 　[法]路易·阿尔都塞:《意识形态和意识形态国家机器(研究笔记)》,载陈越编:《哲学与政治:阿尔都塞读本》,吉林人民出版社 2003 年版,第 362 页。
② 　[英]特里·伊格尔顿:《马克思主义与文学批评》,文宝译,第 2—3 页。

所以对"意识形态"投入大量的精力，正是由于"意识形态"的社会批判意义。它是一个具有现实关怀立场的批判性理论范畴。"'意识形态'像它的坚决反对者那样，天然地充满偏见、倾向性和政治性。"①伊格尔顿看重的恰恰是意识形态天然地与充斥着阶级利益纷争的历史现实和社会生活紧密联系着。正像他所说的："如果说意识形态理论不无价值，那是因为它有助于照亮从那些致命的信念中获得解放的实际过程。"②在伊格尔顿看来，意识形态批判和文化批判一样也是人类解放工程的一部分，这是伊格尔顿"意识形态批判"的意旨所在。

伊格尔顿意识形态研究的成就大致集中在两个方面，即建立以意识形态生产为核心的"文本科学"和审美意识形态范畴，恢复了"意识形态批判"的力量。他坚持经济基础与上层建筑关系的唯物史观思想，坚持从生产方式的矛盾运动中寻找意识形态的历史源头，在"意识形态"概念中注入了阶级关系、权力结构以及话语理论等内涵，恢复并增强了意识形态批判的力量。这在不断听到"意识形态终结"的后现代，具有十分重要的理论和现实意义。

一、意识形态的多重意蕴

进入 20 世纪，关于意识形态研究异常繁荣，呈现出意义多元化的发展态势。伊格尔顿在对传统意识形态概念和理论进行批判的同时对其进行了重新梳理，其中渗透着过往多种意识形态理论传统的影响。同时，他也以他的意识形态批评观回应着各种文化思潮。

"意识形态"是一个十分复杂的哲学概念，大卫·麦克里兰曾言："它是一个基本内涵争议的概念，也就是说，它是一个定义（因此其应用）存在激烈争论的概念。"③自从法国哲学家特拉西提出"意识形态"概念以来，人们对这个概念以及它本身蕴涵的问题的讨论就没有停止过。伊格尔顿指出："有多少意识形态理论家就有多少意识形态理论。"④正因为在理论探讨中积累了众多

---

① 马海良：《文化政治美学——伊格尔顿批评理论研究》，第 120 页。
② Terry Eagleton, *Ideology：An Introduction*, London：Verso, 1991, p.224.
③ ［英］大卫·麦克里兰：《意识形态》，孔兆政、蒋龙翔译，吉林人民出版社 2005 年版，第 1 页。
④ ［英］特里·伊格尔顿：《历史中的政治、哲学、爱欲》，马海良译，第 94 页。

的分歧和意见,所以在伊格尔顿这里,意识形态内涵和问题的探讨就变成一个繁重的工作。他并不简单地服膺某一种意识形态理论,而是对它们的优势和缺陷都作出了评判。

在《意识形态导论》中,伊格尔顿为我们概括出了从马克思主义经典理论家到后现代主义理论家的 16 种比较重要的意识形态定义:

(1)社会生活中的意义、符号和价值的生产过程;

(2)具体社会集团或阶级的特殊观念系统;

(3)帮助政治统治权力实现合法化的观念;

(4)帮助统治权力实现合法化的虚假观念;

(5)系统的扭曲了的交流活动;

(6)为主体提供社会位置的规范系统;

(7)社会利益驱使下的思想形式;

(8)同一性思维;

(9)必要的社会幻觉;

(10)话语与权力的交汇;

(11)自觉的社会行动者借以理解世界的媒介;

(12)以行动为目标的信念系统;

(13)语言实在和现象实在的混淆;

(14)符号学的封闭/话语封闭(semiotic closure);

(15)个体实现其与社会结构的关系必不可少的媒介;

(16)社会生活转化为一种自然实在的过程。[1]

我们可以看到,这些理论态度既有明显贬义的又有中立的,相互之间不无冲突,但都从一定程度上反映了"意识形态"的某个侧面。

伊格尔顿力图"描绘意识形态概念的历史,并理清在这个概念使用过程中概念的混淆,同时集中提出自己对此问题的看法"[2]。但是,伊格尔顿发现,清理这个概念的过程似乎也是一个棘手的问题,因为对这个概念的明确内涵做一家之言的界定似乎并不能令这些争论满意。正因为如此,伊格尔顿并没

---

① Terry Eagleton, *Ideology：An Introduction*, pp.1-2.

② Ibid.，p.221.

有单从意识形态这个概念自身封闭的理论框架出发,他说:"即使有可能把这些丰富的意义压缩成某个单一综合的定义,实际上也并无多大裨益。不妨说,'意识形态'这个词就是一个文本,它由不同的概念经纬交织而成,上面留下了形形色色的历史踪迹。或许对什么是有价值的或什么是可以不予理会的意义作出评估,比将它们生硬地凑成一种宏大理论更为重要。"①他从马克思主义的基本理论模式出发,在吸收了一些理论家的观点的基础上,对"意识形态"进行了批判性重释。

在《意识形态导论》中,伊格尔顿认为,规定意识形态可以有以下六种方式。第一,意识形态是有关社会生活中的观念、信仰和价值的具有普遍性的物质生产过程,是特定社会的全部表意实践和象征活动。该规定在政治和认知方面都是中性的,接近于较广意义上的"文化"。第二,意识形态是象征着特定社会群体利益或阶级的状况和生活体验的一整套观念和信仰,无论真假与否。第三,意识形态是在群体性的利益冲突中用来促进特定群体自身利益的一整套集体性观念和信仰。第四,意识形态是用以促进特定利益的观念和信仰,但其服务的对象不是所有群体或阶级而是统治群体或阶级。第五,意识形态是有助于促进统治阶级利益的观念和信仰,但确是通过歪曲和掩盖来达到的。第六,意识形态是虚假的欺骗的信仰,但却不是来源于统治阶级而是来源于整个社会的物质结构(最典型的是马克思的"商品拜物教"学说)。

综观伊格尔顿对"意识形态"概念作出的界定,我们可以从社会性、阶级性和政治性来把握意识形态的基本属性。在最宽泛的意义上,意识形态是社会物质生产过程中产生的观念、信仰和价值系统。喜怒哀乐,人皆有之,但它们不一定都是意识形态,因为它们不具有社会意义,而意识形态一定是社会意识形式。这种社会意识形态可以与马克思社会存在决定社会意识的观点联系起来,进而与马克思主义关于生产力与生产关系和经济基础与上层建筑的基本理论联系起来。

马克思在《〈政治经济学批判〉序言》中对这种关系作了经典的表述:"人们在自己生活的社会生产中发生一定的、必然的、不以他们的意志为转移的关系,即同他们的物质生产力的一定发展阶段相适合的生产关系。这些生产关

---

① Terry Eagleton, *Ideology: An Introduction*, p.1.

系的总和构成社会的经济结构，即有法律的和政治的上层建筑竖立其上并有一定的社会意识形式与之相适应的现实基础。物质生活的生产方式制约着整个社会生活、政治生活和精神生活的过程。不是人们的意识决定人们的存在，相反，是人们的社会存在决定人们的意识。"①从这段论述中可以看出，"社会存在"的主要内涵就是特定的物质生产关系，其核心是生产资料的所有制关系以及由此决定的生活资料的分配和占有关系，亦即社会生活的经济关系。这种关系在相当长的历史阶段中表现为阶级关系，所以从根本上说，意识形态是反映一定集团和阶级利益的基本信念、价值和理想的规范系统。而政治是经济利益关系的集中体现。所以说，利益纷争必定会挑战或维护整个政治生活形式。

因此，意识形态必然具有鲜明的政治性。在社会性、阶级性和政治性的限定下，意识形态就不会是所有的意识形式，而是特指那些"能够反映、代表或表达一定阶级的基本价值取向且具有明显政治意义的信念体系"②。伊格尔顿认为，"意识形态"这个概念的真正意义在于它不是宽泛无边地指所有的意识形式，甚至是社会意识形式，而是特指"有助于我们区分在某个特定时间对于整个社会秩序具有决定意义的那些利益和权力"③的社会意识形式。

从社会性、阶级性和政治性来把握意识形态，可以超越意识形态定义中存在的诸多矛盾与缺陷，同时，也使意识形态具有了实践功能。意识形态作为对社会存在的反映，也可以使人们认识到社会生活的矛盾和冲突，而意识形态实践功能的突出作用就是展现一定社会的变革和矛盾。从这个意义上说，意识形态既是一个认识论范畴，又是一个哲学范畴，具有实践功能，它的实践功能就体现在它是一种能动的力量，具有批判性的力量。伊格尔顿正是从社会性、阶级性、政治性和实践功能出发来对意识形态作出批判性重释的。

在对意识形态的基本属性获得认识之后，伊格尔顿对人们所熟知的"虚假意识"说提出了质疑。他指出，许多表达信念和价值系统的意识形态言论实际上并不虚假。经验告诉我们，人们之所以在一定程度上愿意为某种观念而活着，为某种观念而献身，不仅因为他们信以为真，也因为那些理念和价值

---

① 《马克思恩格斯文集》第 2 卷，第 591 页。
② 马海良：《文化政治美学——伊格尔顿批评理论研究》，第 123 页。
③ Terry Eagleton, *Ideology: An Introduction*, p.10.

本身肯定包含着一定程度的真实,起码是真实地满足了人们的某种需要。

而意识和意识形态就是两个不同的概念。在马克思看来,其根本区别在于:从本真的意义上来说,意识是不能独立存在的,它所表现的内容是直接同人们的物质生产活动交织在一起的,它是对存在的反映;而意识形态却有独立性外观。马克思认为,意识形态获得独立性外观的主要根源在于分工。最初的分工只是由于性别、体力、偶然性等原因自然形成的。真正的分工产生于物质劳动与精神劳动的分离,从这时候起,意识才能够摆脱现实的世界而去构造"纯粹的"理论。当这种物质劳动与精神劳动的分工出现在统治阶级内部的时候,意识形态就产生了。所以,在马克思那里,意识形态具有阶级性,这种意识形态是一种独立化的和异化的社会力量,其目的是为资本主义的现状辩护。因此,意识形态的主要特点之一就是"虚假性",这在马克思的《德意志意识形态》中得到经典表述。可见,早期马克思主要是在否定意义上阐释意识形态概念的,其中"虚假的观念体系"是其基本含义之一。

马克思在书中反复指出,德国哲学是从"天上到地上",而我们则要从地上即从现实的基础出发。因此,意识形态虚假性的基本规定无疑地主要是指其"颠倒性",即它根本地颠倒了社会存在和社会意识、生活和观念的关系,不是从生产、生活的实践出发,而是从幻想的观念出发,甚至以观念代替现实。这里所说的"虚假",主要指没有把观念摆在适当的位置上,以致从根本上混淆了主宾、头脚。这种规定本身无疑含有价值上的否定意义。① 伊格尔顿继承了马克思的这一思想,在作为表征的意义上肯定虚假意识的存在,正如他在一次访谈中所明确宣称的那样:"确实认为存在某种对应于虚假意识的概念的东西。"②

如果意识形态等于"虚假意识",那就等于说人们普遍地生活在"虚假意识"当中,这显然不符合历史事实和我们的实际状况,"意识形态并不是毫无根据的幻觉,而是一种坚实的现实,是一种积极的物质力量,它至少必须有足够的认知内容,以组织人类的生活实践"③。这就是说,即使是"虚假意识",

① 参见方珏:《伊格尔顿意识形态理论探要》,重庆出版社 2008 年版,第 68 页。

② ［斯洛文尼亚］斯拉沃热·齐泽克等:《图绘意识形态》,方杰译,南京大学出版社 2002 年版,第 351 页。

③ Terry Eagleton, *Ideology：An Introduction*, p.26.

也是在真实的现实物质关系基础上产生的,即整个社会物质结构的产物。例如,马克思所说的商品拜物教,就是资本主义社会关系的必然产物。既是"虚假意识",也是人们的真实欲望和需要的反映。当然也不能说意识形态一定是真的,意识形态有时候确实表现为一种系统的歪曲,例如,纳粹党编造的关于犹太民族的种种谎言。但是,意识形态之假,绝对不能消除社会历史之真,意识形态的冲突和斗争本身绝不是虚假的,而是发生在真实历史时空里的实践。

在"虚假意识"问题上,马克思本人从未使用过"虚假意识"这一用语,该词的最早使用者是恩格斯。1893年,在给弗朗茨·梅林(F.Mehring)的一封信中,提到意识形态作为一种虚假意识的过程是因为"推动它的真正动力始终是它所不知道的,否则这就根本不是意识形态的过程了。因此,它想象出虚假的或表面的动力"[①]。伊格尔顿对意识形态概念的定义也是策略性的,他选择以一种开放的、辩证的方式来理解这一概念,主张将意识形态这一术语看做是:"一个由不同的概念线索交织而成的文本。从这些概念线索的历史性分歧中鉴别哪些应丢弃,哪些则应继承,可能比人为构造某些宏大完整的理论更为重要。"[②]这正好与他先前所言的"至今仍无一人可以为意识形态下一个完满的定义"[③]相一致。

伊格尔顿赞成雷蒙·高斯的观点,"虚假"有三种基本含义:认知性的、功能性的和生成性的。虚假意识可以指一套观念实际上是不真实的,这是认知性含义。但虚假意识也可以指一套观念即使不是不真实的,但它们被用来维护一种压迫性权力,而且这些观念的支持者还忽略了这一点,这是功能性含义。虚假意识还可以指一种信念也许本身并非虚假的,但它可能产生与连它的支持者都没有意识的某种可疑的内在动机,这是生成性含义。这三种含义并不必然联系在一起。有时认知上虚假的观念和信仰并不被用来维护不合理的权力,也不来自压迫阶级的某种隐秘利益。有时认知上正确的观念和信仰也起到维护不合理秩序的作用,并且也可能来自统治阶级的某种不可告人的利益驱动。同样,有时有助于维护不合理权力的观念和信仰并不来自某群体

① Terry Eagleton, *Ideology: An Introduction*, p.89.

② Ibid., p.1.

③ Ibid.

的某种潜意识动机。因此，"虚假"远非认识论的真假概念所能容纳，因为意识形态不仅是认知问题，也是经验功能问题。在这个问题上，伊格尔顿深受阿尔都塞的影响。

在阿尔都塞看来，真假问题用于判断、描述或再现世界的知识系统，而意识形态从根本上讲并不是对世界的描述，而是表明"我"与世界的生活关系的暗示和表象系统，是将人建构为社会主体的一种特殊表意实践。主体并非像我们一般所设想的那样，具有独立存在的思想、感情、信念、计划，他在这个世界的活动就像读书和看电视一样，完全受"自我"的安排和控制。这只是一种虚幻的特权。实际上，是意识形态把我们建构为人类主体，让个体获得一种虚构但必不可少的完整的自我意识和"中心感"，从而确定个体的社会功能、角色和形象，保证生活的"正常"进行。

意识形态对主体的建构是一个生动的经验过程，离不开情感、意志、愿望、趣味的综合作用，很少理性地进行参与和控制，更多的是无意识的自发活动。阿尔都塞还吸收拉康的精神分析理论，提出意识形态是个体"想象的"与真实世界无关的关系。但"想象"并不是说意识形态完全是主观的或完全与认知无关，而是说它的情感性超过认知性。从经验功能看，"想象"不亚于"理性"，因为这种想象性具有非常重要的实践意义，因为它使主体获得不可估量的心理、情感和行动力量，渗透在我们的生活世界中，构成生活的基本品质。

伊格尔顿在《马克思主义与文学批评》一书中说："首先，意识形态不是一套教义，而是指人们在阶级社会中形成自己的角色的方式，即把他们束缚在他们的社会职能上并因此阻碍他们真正地理解整个社会的那些价值、观念和形象。"①在这里，我们可以看到阿尔都塞对伊格尔顿的影响。意识形态的经验性、自发性、表象性和无意识性及其在确认个体的社会位置和建构主体同一性的过程中发挥的功能。当然，伊格尔顿对意识形态的社会性尤其是阶级性的特殊强调与阿尔都塞有着重要差异。在阿尔都塞的理论框架中，意识形态是与政治实践、理论实践以至经济活动相并列的一种社会实践形式。尽管他把物质生产实践看做所有社会实践中的基本活动，但是他的多元决定论的问题框架决定了物质生产实践与意识形态实践之间的决定关系是模糊不清的，这

---

① ［英］特里·伊格尔顿：《马克思主义与文学批评》，文宝译，第20页。

就造成了淡化社会存在决定社会意识,尤其是忽略经济基础与上层建筑的联系的结果,最终把阶级斗争排除在问题框架之外。

与之相对照,伊格尔顿坚持物质生产关系对于社会存在性质的规定性和对于社会意识的决定作用,因此必然会坚持意识形态的阶级属性以及政治意义。他坚持经济基础与上层建筑的历史唯物主义基本原理,因此必然会关注意识形态与经济基础各层次和上层建筑各区域之间的多重结构的复杂关系。伊格尔顿对意识形态范畴复杂性的充分考虑在相当程度上来自他对意识形态的政治功能的重视。正是在政治功能或"组织人类的实践生活"的层面上,意识形态似乎更注重目的而不在乎手段。应当重视的是,意识形态的这种政治性或者政治功能使主体得到了充分的能动性,以有效地发挥作为观念的上层建筑的意识形态对于社会现实基础的巨大作用。

伊格尔顿从马克思主义关于生产力与生产关系、经济基础与上层建筑关系的基本立场出发,参照各种意识形态概念,论证了意识形态最重要的客观基本属性,尤其对它的政治性进行了挖掘和引申,最终为充分发挥意识形态批判的力量奠定了坚实的理论基础。

二、建构崭新的意识形态理论

传统的意识形态理论大多是围绕意识与存在、精神与物质的问题展开的,但是当代意识形态理论普遍表现出一种语言学的转向,把"意识"与"话语"联系起来,重视意识形态的话语表意和实践功能。意识形态的语言学转向是存在合理性的,因为"意识"不仅具有它的物质根源,而且必须表现为某种物质形式和过程,首先转化为语言、符号或形象。从这个意义上说,表意过程也就是一种物质过程。伊格尔顿的意识形态理论充分吸收了现代语言学影响下的各种话语与权力关系理论,在坚持以物质关系为基础的前提下,剖析了意识形态范畴中的话语和政治权力的交叉界面,为意识形态批判提供了有力的理论依据。

在他看来,意识形态肯定不能脱离语言符号而存在,因为语言是思想的直接实现,正如马克思和恩格斯所说:"'精神'从一开始就很倒霉,受到'物质'的'纠缠',物质在这里表现为振动着的空气层、声音,简言之,即语言。语言和意识具有同样长久的历史;语言是一种实践的、既为别人存在因而也为我自

身而存在的、现实的意识。"①意识形态必然表现为符号现象，然后才能是一种表意实践。

然而，这并不完全是一个"语言"问题，因为意识形态并非语言本身固有的属性或纯形式特征。伊格尔顿认为，并非所有的言语都可以与意识形态联系在一起，应该说只有那些与物质生产关系决定的利益和政治权力相关联的话语才具有意识形态性。伊格尔顿坚持从社会生活的物质条件出发，把"话语"、"权力"、"政治"关联起来，他解释说："政治是指维护或挑战社会秩序的权力过程，而意识形态指这些权力过程在表意领域的进行方式。"②因此，他在表述过程中，经常用"政治权力"和"话语斗争"这些范畴。如果说意识形态是特定人类主体之间实际使用语言所形成的习惯方式，那么有效的意识形态批判就应该是在具体社会语境中进行的具体的话语分析，尤其要审视特定话语所服务的权力利益和所产生的政治效果。

在阶级社会里，意识形态批判的重要性首先在于透过纷繁复杂的意识形态"手段"和"招数"，辨明它们的真实动机、目的和操作原理。由于意识形态的物质根源性和政治权力性，意识形态话语往往会采取一些情感的、想象的、含混的甚至是神秘掩饰的表达方式，因此，伊格尔顿提醒人们："我们的某些言语行为效果或意图是对世界的某些部分予以遮蔽、神秘化、合理化、自然化、普遍化或合理化，这样的一组言语行为就是传统所称的意识形态。"③意识形态批判必须明察、判断对象话语到底站在谁的立场，为谁的利益发言，为谁的权利呐喊，进一步说，在阶级社会里，意识形态批判必然更注重对统治意识形态的批判，因为每一个时代占统治地位的思想观念都是统治阶级的思想观念，根据经济基础与上层建筑关系的原理，只有占统治地位的生产关系而不是别的某种生产关系才能有效地决定上层建筑的性质。反过来说，上层建筑会采取一切手段维护经济基础或生产关系，或者说统治关系不仅需要物质手段来维护，而且有时更需要精神手段的有力配合。意识形态就是统治权力必不可少的精神维护工具，统治阶级不仅利用政治制度和法律设施等强制性的国家专政机器维护已经建立的权力关系，而且通过风俗管理和文化教育等"意识

---

① 《马克思恩格斯文集》第 1 卷，第 533 页。

② Terry Eagleton, *Ideology: An Introduction*, p.7.

③ Terry Eagleton, *The Illusions of Postmodernism*, Oxford: Blackwell, 1996, p.38.

形态"国家机器,使既有的统治关系合法化和永久化。

在伊格尔顿看来,这种合法化的主要方式是张扬推广符合自身需要的信念和价值体系,使它们自然化和普遍化,以显得不证自明和不可避免,对任何可能挑战这些观念的其他信念和价值系统予以丑化歪曲,排斥敌对的思想形式,以于己有利的一切手段混淆社会现实。统治意识形态不仅可能表现为精心编撰的信仰系统、政治纲领或行动指南,而且可能以情感的、象征的甚至无意识的方式构成主体与世界的自然的生活关系,以看不见的日常生活本色织入到既有的权力结构。意识形态的国家有时比暴力的国家机器更有力,因为它通过主体的建构,使统治阶级的规范和要求"内化"于被统治阶级的生活习性当中,无意识地成为统治阶级的同谋。伊格尔顿指出:"归根结底,一个社会的统治意识即是那个社会的统治阶级的意识……这种社会知觉结构(意识形态)确保某一社会阶级统治其他阶级的状况或者被大多数社会成员视之为'当然',或者就根本视而不见。"①

从这个意义上说,意识形态是以为被统治者提供所谓精神食粮的方式来维持权力结构和利益关系的。按照詹姆逊的说法,统治阶级的意识形态的作用主要是压制反抗,但这是一种通过深层无意识的作用而实现的压制,故称为"政治无意识"。"这种政治无意识不仅压迫者需要,被压迫者同样也需要。"如果被压迫者的深层无意识里不压制'反抗',他们的存在状况将无法承受,或者说他们将永远处于反抗状态。"②那么在阶级社会里,统治意识形态一定会通过五花八门的歪曲和欺骗手段,制造种种社会幻觉,以使自己的政治权力和物质利益合法化、自然化、普遍化。在这种情境下,激进的意识形态批判应该把"揭秘"和"除蔽"当做自己的主要任务,揭穿统治阶级意识形态的荒谬性,揭示实在的但被视而不见的物质利益和政治权力关系,激发掩盖在无意识之中的反抗意识,最终将社会推向更好更高层次的发展,这也是伊格尔顿一直努力的中心工作。

意识形态批判是西方马克思主义和激进文化理论的一项重要工程。自法兰克福学派的"批判理论"创立以来,当代意识形态理论总是力图拆除或离开

---

① ［英］特里·伊格尔顿:《马克思主义与文学批评》,文宝译,第9页。
② 马海良:《文化政治美学——伊格尔顿批评理论研究》,第136页。

马克思经济基础与上层建筑关系的基本框架,甚至可以说,当代意识形态理论的繁荣是以淡化和消解经济基础与上层建筑关系理论为条件的。

阿多诺和霍克海默认为,科学和技术的繁荣对现代意识形态起了决定性的作用。现代性建构出一种新的理性,即所谓的科学理性,它摧毁了早期的启蒙理性。科学理性不能揭示意识形态的虚幻性,因为它自身已经成了当代意识形态的一个主导成分。阿尔都塞虽然相信科学和理性的力量,但在他的眼里,现实资本主义制度的暴力国家机器和意识形态的国家机器组织成了一张精密无比的网,意识形态建构的是他治的小写的主体或臣民而不是大写的可以自治的主体。日益兴盛的"文化研究"尽管对大众媒体中的意识形态作用进行了很有深度和广度的分析,但却不再相信任何理性之光可以破除意识形态的虚幻性。由于科学和理性的退化,很难对当代大众社会进行总体的批判,所以似乎必须采用新的修辞方式,即转弯抹角、暗示、自觉地边缘化、反讽等。于是出现了一种两难的政治处境:"越是用语模糊,离实际行动就越远;关于意识形态的学术研究越繁荣,意识形态的政治功能越淡化。"①在伊格尔顿看来,这显然不是"意识形态批判"应有的当代意义。

伊格尔顿既反对以西方马克思主义(法兰克福学派)为代表的悲观意识形态批判,又反对以后现代主义(尤其是后结构主义)为代表的"意识形态终结论"。因此他着重强调文学在使统治阶级权力合法化的意义上具有意识形态的功能。

先前我们提到文学和意识形态都是劳动分工的产物,二者具有同源性。伊格尔顿的研究道路是从文学理论批评开始的,所以他不可避免地结合对英国文学史上文学的意识形态功能的考察和分析。通过对 19 世纪后期英国"宗教的衰落"和文学兴起的研究,他指出:文学在英国历史上曾经被用做宗教意识形态的代替物。在他看来,宗教"与所有成功的意识形态一样,主要是借助形象、象征、习惯、礼仪以及神话来传播的……宗教既富有感情又凭借经验,因而能将自身与人这个主体的最深层下意识本质连接在一起。就像 T.S. 艾略特所理解的那样,任何社会意识形态,如果不能和这种非理性的恐惧以及需要融为一体,都不可能长久存在。其次宗教在任何社会阶层都能通行无阻:

---

① 马海良:《文化政治美学——伊格尔顿批评理论研究》,第 137 页。

如果说它能调整自己的交易以适应上层知识分子，那么它也能有一套以绝对虔诚为特征的说教来投合普通大众的需要。宗教提供了一种社会'黏合剂'……宗教的意识形态力量还在于它把信仰'物质化'为种种礼仪……最后，宗教宣扬逆来顺受、自我牺牲精神以及内心反省，因而也是一种'调和'力量。"①

对悲观色彩的意识形态论者来说，似乎一个不公正的社会之所以能够延续下去并呈现出安定团结的大好局面，主要是意识形态存在的结果；意识形态批判对于社会解放似乎具有中心的意义。对此，伊格尔顿赞同对意识形态持怀疑态度的人们的某些看法，认为事实并非如此。一种不合理秩序的维系绝非只是意识形态的功劳。伊格尔顿认为："把世界看得一团漆黑是错误的。不过，倘若以为是某种全能的意识形态造成了我们的困苦处境，那也是错误的。人们之所以驯服地默认某种无道的社会制度，绝不一定是他们服服帖帖地内化了这个制度的价值。许多英国人都能接受玛格丽特·撒切尔的政府，但似乎只有少数人真的认可她的价值。而且人们为什么选择同一条路线，还有更无聊猥琐的种种理由：因为他们没有更好的选择，因为他们太忙，要为孩子、工作操心，因为他们被反对一个具体政权所带来的后果吓坏了。"②

他反对意识形态终结论针对的是后现代主义。伊格尔顿认为后现代主义颠倒了理性与非理性、真理与谬误、意识与无意识之间的关系，认为理性、意识服务于非理性、无意识，真理并不存在，存在的只有幻觉。因此，作为"虚假意识"的意识形态概念就不过是启蒙运动错误认识论的结果而已。既然根本不存在真理，也就不存在"虚假意识"，因而也就不存在意识形态。于是，后现代主义带来了一种与20世纪50年代丹尼尔·贝尔等人不同的"意识形态终结"论。

伊格尔顿肯定后现代主义对理性和意识的怀疑具有合理性的一面，但他坚决否定后现代主义的"意识形态终结"论。他说："后现代主义是一个'意识形态终结'的世界，也曾被宣布为历史的终结。当然，只有后现代主义的理论家们才会这样看……有些意识形态（例如新斯大林主义）可能已经崩溃了，而

①　Terry Eagleton, *Literary Theory: An Introduction*, Oxford: Blackwell, 1996, p.20.
②　[英]特里·伊格尔顿：《历史中的政治、哲学、爱欲》，马海良译，第100—101页。

其他的（父权制、种族主义、新殖民主义、自由市场经济）意识形态仍然像病毒一样纠缠不休。我们必须深思一个异常的反讽，在一个强有力的、有时是致命的意识形态所左右的世界里，知识分子竟然断定意识形态的作用已经结束。"①他尖锐地指出，在一个明显受意识形态斗争折磨的世界里，意识形态这个概念在后现代主义看来竟成了过眼云烟，这与后现代主义对真理和再现所抱的怀疑态度有很大关系，也与利益和权力关系的全面重组有很大关系。在伊格尔顿看来，某些后现代主义的言论本身也是意识形态的，而在充满意识形态争执的形势下，他是绝不会放下意识形态批判的武器的。

伊格尔顿的意识形态批评是一种政治性批评，但绝不是狭义的党派政治立场，而是从更深的层次对社会生活的组织方式和各种权力关系进行考察，形成理论的现实关怀立场。他坚持意识形态与经济基础之间的根本决定关系，认为"要理解一种意识形态，我们必须分析那个社会中不同阶级之间的确切关系，而要做到这一点，又必须了解那些阶级在生产方式中所处的地位"②。正是由于他站在物质生产关系的基点之上，所以他才能把意识形态批判提高到一个崇高的位置上，将其看做人类整个解放工程的一部分。

第三节　社会主义"新人"培育的美学法则

尽管有许多人谈论后现代文化，但似乎没有人明确地知道后现代是什么。"后现代主义"是一个复杂和范围广泛的用语，它已经被用来涵盖电影、艺术、建筑、政治、哲学等一切事物。它吸引了热情的支持者，同时也拥有激烈的反对者。从字面上讲，"后"表明一种随后发生的意义，那么，该词就不能仅靠自身进行定义，而要参照在它之前发生的事物。这样，我们就没有理由期望一种"后"的情况有确切的特征，只能遇到一种混乱的情况，而后现代思想家认为，混乱本身就是后现代的特征。

后现代主义可以同时是一种文化、一种理论、一种普遍敏感性和一个历史时期。从文化上说，人们可以把后现代主义定义为对现代主义本身的精英文

---

① ［英］特里·伊格尔顿：《历史中的政治、哲学、爱欲》，马海良译，第98—99页。
② ［英］特里·伊格尔顿：《马克思主义与文学批评》，文宝译，第10页。

化的反映,它更愿意接受大众的、流行的、商业的、民主的市场。它的典型文化风格是游戏的、反讽的、混合的和兼收并蓄的,它反对现代主义"纯粹的"自律的风格和语气,它代表了在一个发达的资本主义社会条件下,一般文化生产和商品生产的最终结合。后现代主义的倡导者把它看做是一种受欢迎的艺术和民主化,但其他的人却把它斥责为艺术向现代资本主义社会的犬儒主义和商品化的全面投降。从哲学上说,后现代思想的典型特征是否认绝对价值、坚实的认识论基础、总体政治眼光、关于历史的宏大叙事和"封闭的"概念体系。它是怀疑的、开放的、相对主义的和多元论的,赞美分裂而不是协调,破碎而不是整体,异质而不是单一。它把自我看做是多面的、流动的、临时的和没有任何实质性整一的。后现代主义的倡导者把这一切看做是对大一统政治信条和专制权力的激进批判。后现代主义的批评者则倾向于把它看做是对于资本主义秩序下的真理、现实和身份概念的犬儒主义式抛弃,这个资本主义感到这些东西只是它获取利益和进行统治的障碍。

伊格尔顿注意到了后现代主义问题上的种种分歧,因此在文化批判实践中就没有放弃过对后现代主义的批判。伊格尔顿明确表示他的注意力"不是在于后现代哲学较为陈腐的公式,而是在于作为整体的后现代主义的文化或者背景或者甚至是敏感性"[1]。因此,他试图"从一种政治和理论的观点,而不是以某种平庸的常识性反应的风格,来对后现代主义进行批判"[2]。

一、"政治批评"视角下的后现代主义反思

伊格尔顿没有像许多人那样对"后现代"的相关用语做严格的界定,而是倾向于按照人们的一般理解,用"后现代主义"兼指特定历史时期的思想风貌或思潮及特定的文化艺术形式和风格。后现代主义的特征包括"怀疑关于真理、理性、同一性和客观性的经典概念,怀疑关于普遍进步和解放的观念,怀疑单一体系、大叙事或者解释的最终根据。与这些启蒙主义规范相对立,它把世界看做是偶然的、没有根据的、多样的、易变的和不确定的,是一系列分离的文化或者释义,这些文化或者释义孕育了对于真理、历史和规范的客观性,天性

---

① 　[英]特里·伊格尔顿:《后现代主义的幻象》,华明译,商务印书馆 2000 年版,第 2 页。
② 　同上书,第 3 页。

的规定性和身份的一致性的一定程度的怀疑。某些人主张的这种观察方法有其现实的物质条件：它源于西方向着一种新形式资本主义的历史性转变——向着技术应用、消费主义和文化产业的短暂的、无中心化的世界的转变，在这样一个世界上，服务、金融和信息产业压倒了传统制造业，经典阶级政治学让位于一种'身份政治学'。后现代主义是一种文化风格，它以一种无深度的、无中心的、无数据的、自我反思的、游戏的、模拟的、折中主义的、多元的艺术反映这个时代性变化的某些方面，这种艺术模糊了'高雅'和'大众'文化之间，以及艺术和日常经验之间的界限"①。

尽管伊格尔顿声明他对后现代主义的评价是一分为二的，但总体上他对后现代主义持强烈的批判和否定态度。《后现代主义的幻象》一书集中表达了他对后现代主义的思考，他从"政治批评"的视角出发，在激进文化政治语境中，从马克思主义理论立场出发，对后现代主义的复杂文化现象作出了独到的分析和评价，为我们在历史起源语境上更深刻地认识后现代主义提供了有效的批判性思考形式。

伊格尔顿从文化政治角度出发，首先认为后现代主义实际上是激进政治运动的失败所引起的思想和情绪反应。伊格尔顿所指的政治运动的失败，主要是指第二次世界大战后，伴随着1968年法国"五月风暴"运动的落幕，西方社会中政治左派所遭受的深刻的政治失败打击。伊格尔顿指出，这就是后现代主义的历史根源，是左派激进运动在无法挑战现存资本主义情况下的一种替代性选择。左派阵营在政治运动失败后分化为四种人，一种是悔悟派，悔恨他们早年的观点是幼稚的理想主义。另一种是怀旧派，出于习惯或怀旧之情坚持信仰，焦躁不安地墨守着一种想象的身份，而冒很可能随后患上精神病的危险。还有一种是自信派，他们自信将会在最微弱的战斗火花中继续探测革命即将来临的信号。最后一种是机灵派，他们坚持信念，但转移阵地，改变策略，希望在体制松懈的地方有所作为。

这些人在无法挑战资本主义现存制度的情况下，以一种新的文化主义的话语方式为我们上演了一出替代性的政治戏剧。这不是说"政治"一词从后现代的理论词典上消失了，而是替换了经典政治的话语方式。从阶级、生产方

---

① ［英］特里·伊格尔顿：《后现代主义的幻象》，华明译，第1页。

式、经济基础、意识形态等传统政治范畴转向身体、权力、欲望、文本、符号等新的政治问题。在伊格尔顿看来,后现代主义的这种政治学说既是丰富的又是含糊的。后现代主义者大谈自认为极其重要的新的政治问题,是因为他们在老的政治问题上遭受了一场有尊严的失败,而且这些问题是无法解决的。后现代主义的政治学说"谈论人类文化而不是谈论人类本性,谈论性而不是阶级,谈论身体而不是生物学,谈论快乐而不是正义,谈论后殖民主义而不是资产阶级"①。它对"大多数人没有食物可吃"的问题表现出惊人的冷漠,而对女权主义和族性主义非常关注,因为在某些人的头脑中,它们是我们在现实中所面临的最有生气的政治斗争的指示器。于是,后现代主义从19世纪60年代早期的政治骚动中悄然浮出,它像被驱逐出国外之后逐渐变成了非政治化的某些忏悔了的斗士一样,除了其他方面之外,还是在话语层面上使一种泛滥于大街小巷的政治文化保持热度的一种方法,它成功地劫持了许多政治能量,并将其升华进入能指。后现代主义的这种新的政治学说就是一种完全正统的异端,它像任何想象形式的本体一样,为了继续生存下去,需要找一些吓人的怪物和靶子来维护和掩饰自己。伊格尔顿生动地分析了后现代主义的心理基础:面对无法撼动的资本主义,激进主义不必承认自己的失败,那毕竟是最痛苦的事情;也不必以卵击石,自取灭亡。在这种形势下,真正积极有效的办法就是努力在制度的边缘间隙下手,虽不能顺利推倒现存制度,但至少给它使个绊子,还能实现一定程度的自我满足。

后现代主义的许多命题就是它这种自我幻象和自我麻木的表现。在历史问题上,后现代主义拒绝"大写的历史",即"一种观念,这种观念认为存在着一个称为大写的历史的实体,它具有一种内在的意义与目的,它悄悄地在我们周围展开,甚至就在我们说话的时候"②。它认为,历史从来就是持续变动的、多样的和开放的,它是断裂的,除非使用理论暴力才能将其捶打成为单一叙事的整体。可以说,后现代主义历史观的核心就是反对连续性,而标举断裂性。对此,伊格尔顿针锋相对地指出,迄今为止的历史,展示的是一种惊人的连续性,即受苦和剥削的顽固持续的现实。他有理由质问,如果历史的确是完全随

---

① [英]特里·伊格尔顿:《后现代主义的幻象》,华明译,第27页。
② 同上书,第38页。

机的,那么这部万花筒式无尽的随意翻滚的历史,为什么总是反复将它的碎片组成匮乏和压迫的形式,而且这些匮乏和压迫的形式如此之多,足以满足后现代主义对于多样性的爱好呢? 在伊格尔顿看来,恰恰是后现代主义"以它自己多元论原则、臭名昭著的侵犯性抹平了历史的多样性和复杂性"①,认为历史是偶然的、不变的、不连贯的。

身体是后现代主义热衷的话题之一,因为身体完全符合后现代对大叙事的怀疑,以及实用主义对具体事务的爱恋。在后现代主义话语中,有各种各样的身体:残缺不全的身体,遭受囚禁的身体,欲望失调的身体。宏观地说,这种身体学是激进政治学的深化,也是对它的大规模的替代。而微观地说,后现代主义强调身体就是为了回避统一的主体,他们看到的是消散、分裂以及去中心的自我。

在后现代主义理论中,社会阶级常常被作为阶级、种族、性别三联物中的一项加以提及,从表面上看来,阶级—种族—性别三联物是完全令人信服的。某些人因为他们的性别受到压迫,某些人因为他们的种族受到压迫,某些人是因为他们的阶级而受到压迫。伊格尔顿指出,这是一个容易让人产生误解的公式。因为似乎某些个人并没有显示他们受到压迫的"阶级"的某种特点。马克思主义者们认为,属于某个社会阶级就是受到压迫,或者做压迫者。在这个意义上,阶级完全是个社会范畴,而种族和性别不是,在阶级中才有被压迫的因素,而种族和性别却永远地存在着。消灭阶级是消灭压迫的根本前提,是较种族和性别更为根本的问题。后现代主义弱化阶级这个根本的社会问题,只强调女权主义和族性主义,把社会阶级混同于种族主义和族性主义。这是"后现代主义对历史多面性的一种漠视,这种漠视当然能够为这样一种混同策略颁发许可证"②。

本质主义,是后现代主义认为最十恶不赦的罪恶之一。伊格尔顿指出,后现代主义害怕对某些事物特殊本体的信仰是愚蠢的。因为本质主义的信仰并不必抱有这样一种难以置信的观点,即一件事物的所有属性都是它的基本属性,具有一定重量是人的基本属性,正如具有浓眉不是人的基本属性一样。对

---

① ［英］特里·伊格尔顿:《后现代主义的幻象》,华明译,第60页。
② 同上书,第71页。

本质主义的信仰也不必然使人主张这样一种观点，即只存在唯一的一种中心属性，是它使一个事物成为它所是的东西。某种形式的本质主义不仅是合理的，而且是必需的。我们只有借此才能界定人的哪些需要确实是本质性的。伊格尔顿认为，后现代主义否认总体性、本质主义，同时将所有的差异特殊化，这实际上引入了某种新的普遍主义——文化相对主义，这在逻辑上就是矛盾的。更严重的是，"将所有差异和价值平等看待将会使价值这一概念变得空洞，从而丧失了政治行动的目的，后现代主义也就因此失去了其批判性，而与资本主义的市场精神形成共谋：一切价值都由供求所决定，人不过是生产与消费机制中的被动自我"①。

总之，在伊格尔顿看来，后现代主义信奉的是一种多面、流动、没有任何实质性整一的幻象，不仅仅是一些自我麻醉和自我安慰的幻象，而且实际上充当了资本主义制度和一些邪恶势力的帮手，"否认话语与实现之间的区别，否认实行种族大屠杀与谈论种族大屠杀之间的区别，等于将现状合理化"②。在他看来，后现代主义不触动资本主义的经济基础，只能沦为政治上的反对派和经济上的同谋者，实际上等于为资本主义制度做永久的广告，从而阻吓劳动人民的革命斗志和信心。伊格尔顿给予后现代主义严重警告，它的历史终结思想并没有为我们想象出一个与现在十分不同的前途，那种它视做一项值得颂扬的事业的前途，相反却存在一种可能的前途，就是法西斯的复辟。伊格尔顿对后现代主义的批判可谓是针针见血："它的文化相对主义、道德约定主义、怀疑主义、实用主义和地方主义，它对团结和有纪律组织的观念的厌恶，它的缺乏任何关于政治中介力量的适用理论：所有这一切都将对它极为不利。"③正因为这个理由，后现代只是处于问题的那个部分，而不是解决问题的部分。当然，伊格尔顿也没有把马克思和后现代规定成两个你死我活的阵营，而是对后现代思想中的某些有益理论成果大胆吸收，对后现代的某些积极因素和正面贡献也给予肯定，认为它的有关种族主义的、有关同一性思想的偏执，有关总体性的危险和对他者的恐惧的大量著作：所有这些，连同它对于权力的狡诈的深刻理解，无疑具有相当大的价值。

---

① 刘擎：《激进还是大儒》，《二十一世纪》2001 年 8 月，第 159 页。

② Terry Eagleton, *The Illusions of Postmodernism*, Oxford：Blackwell, 1996, p.18.

③ ［英］特里·伊格尔顿：《后现代主义的幻象》，华明译，第 152 页。

二、走出幻象之境

无疑,伊格尔顿对后现代主义的"政治批判"是尖锐和猛烈的,这种力量就来自他的马克思主义立场。那么站在马克思主义立场来看,现在的问题就是资本主义社会生产力和生产关系的基本矛盾没有解决,因此,旨在改变社会制度的传统的政治运动形式并没有过时,只要紧紧抓住这一点,就可以走出幻象之境。但是,后现代主义偏偏碍于幻象而看不到这一点,不愿意走出自我编造的幻象之境。在伊格尔顿看来,这几乎是与马克思主义为敌,妄图分解和消除马克思主义,这对于作为马克思主义者的他是完全不能容忍的。每当伊格尔顿与后现代主义交锋时,他总会站在马克思主义立场,捍卫和重申马克思主义的有效性。于是,他在对后现代主义的批判中给它指明了新的出路,这就是寻找新的社会主体力量,这种新的主体力量就是社会主义新人的构造。社会批判的实质达到对人的重新构造,这就是伊格尔顿思想最深处的本质。

为了解构西方传统人本主义,对现代进行总批判。后现代主义严重消解主体,高呼主体死亡。他们认为,"主体是虚构的;在极端意义上它只是一个建构,只是一个面具,一个角色,一个牺牲品;它充其量只是一个意识形态的建筑,至多也不过是一个让人怀旧恋昔的肖像"①。后现代主义者认为,现代主义的宏大叙事把"主体"虚构为凌驾一切的范畴,仿佛"主体"是超验的不受任何时空限制的永恒意义,其后果就是压制个体的生命价值。后现代主义摈弃"主体",极力推广以个性特征为中心的自我。各种各样的"身体"成为后现代主义感兴趣的话题,被用来与"主体"抗衡。我们看到,后现代主义试图用感性分解超验的理性,用"形而下"的物质抵抗"形而上"的精神,用破碎的均质消解整体的统一,用边缘和局部消解中心。他们试图让人们意识到,传统人本主义和现代主义严重忽视了个体(身体)的价值,意识到人的解放和自由不仅仅靠理性的主体解放也需要靠个体(身体)的充分自主。

但是,在伊格尔顿看来,后现代主义的这种与传统"主体"对抗的"身体"话语暴露出它自相矛盾的顽疾。"身体"固然可以作为边缘、局部、异质、物质对抗"理性",但一旦通过"身体"去认识到"理性"的霸权,就表明"身体"也沦

---

① ［美］波林·玛丽·罗斯诺:《后现代主义与社会科学》,张国清译,上海译文出版社1998年版,第61页。

为"理性"的工具的命运,从而滑向唯文化论。"身体"话语一边大谈身体的自然特性,表现出救赎自然身体的愿望,另一方面却将作为自然因素的"身体"书写化、言说化,也就是文化化。"自然"具有抵抗"理性"的魅力,但毕竟缺乏作为第一推动力的某种"精神","文化"尽管有理性的成分,但毕竟有为"自然"命名的能力。因此,"文化"最终是不能缺失的。也可以说,"身体"话语就是传统人本主义的翻版,因为它同样抹去了取代"主体"的"身体"的物质性和自然性。

后现代主义的这种理论谬误在政治上是危险的。试想,如果不存在自主、稳定的主体,那么也就没有什么"自我"有待去解放,而作为政治反抗的解放观念本身也将会被抛弃。那么,如何重振"主体性"? 这是摆在伊格尔顿面前的问题,他把研究锁定到了新的社会主体构造上。

在伊格尔顿看来,围绕"主体"的争论,看似是一个哲学问题,实际上是一个政治问题。因为谈论"主体"毕竟要谈论"人",把"主体"放在什么样的位置,就是应该为"人"建立什么样的生活环境的问题。西方传统哲学的主体论并不像后现代主义想象的那么简单,任何具有一定思辨能力的哲学,都不会幼稚到把主体视为纯粹的物质或纯粹的精神的地步。以启蒙思想为核心的西方传统主体理论的意识形态动机是为"人"设计一种能够保证个体自由的美好的生活或理想的政治社会。人天生是自由的,每一个个体都是独立自足的主体,社会和国家的责任是保证个体自由追求幸福的权利,最有力的保证是最少干涉个体的自由。这种自由人本主义的主体观反映了自由资本主义时期的政治需要,而后现代唯文化论则用"身体"置换"主体",人及其行为和信念无不受到欲望、习俗、制度、权力、话语等力量的控制。多重决定的强大力量取消了"理性"自我的任何可能性,于是"主体"成了任由"他者"捏弄的泥团,成了随风飘荡的能指,这样的"主体"当然不能成为"主体"。伊格尔顿认为,后现代的主体解构理论恰恰也反映了发达资本主义时期的政治需要:所有个体不分种族、性别、年龄,一概成为可以互相交换的商品。

再者,如果人连起码的自主性和自我辨别与决定的能力都没有,那就更谈不上对现存制度的革命改造了。鉴于后现代主义在政治上一贯的无所作为,伊格尔顿试图在身体自然性的基础上突出"主体"的能动创造力量,他用马克思主义的经典概念,指出主体的自然属性是人的劳动能力,主体性是在劳动实

践中形成的。人的劳动能力使人能够自觉地有目的地征服自然和改造世界，以满足自身需要。马克思说，人按照美的法则塑造自己，因此劳动按其本性应该是充满想象的愉悦的审美活动，但是迄今为止的人类历史却书写了一部劳动异化的悲剧。绝大部分劳动没有给劳动者带来自由和满足，相反却成了折磨人的苦役，大多数男男女女的劳动收获竟然是没有尽头的贫穷，这是"主体"的真正迷失。显然，只有消除异化劳动，恢复劳动的本来功能，让无限丰富的劳动成果的使用价值取代单一的交换价值，才能实现个人的充分自由，那是"主体"及其尊严的真正确立之时，而不是"主体"的消失。

因此，伊格尔顿认为，"人类的存在历程无论如何应该是'主体'完满实现其自然属性的过程"①，从目前来看，人类的出路不是像后现代主义指点的那样，拆除"主体"，恰恰相反，应该力拔"主体"于迷失，充分张扬人的主体性，恢复"主体"的应有尊严。人类个体生于这个世界，是无法选择的，但是他能够选择与这个世界互动的方式，就像人们不可能选择地接受一种母语系统一样，但他能够用这种语言系统书写自己的诗歌。个人自由的完全实现不是天上掉下来的馅饼，而是要靠人类天性中的创造能力去争取，离不开人的自觉改造世界的"主体性"的推动。激进批评不能舍弃"主体"范畴，当然这是穿越后现代主义之后的"主体"，"它既不是那种密闭的漂浮于物质实践之上的超验主体，也不是斯图亚特·霍尔断定的那种不完整、不确定、无中心的'个体'"②，因为若要社会主义事业成功，"造反者必须具有相当的自信和镇定，具有确定的目的和实现目的的始终同一性"③。应该强调的是，伊格尔顿提出的这种主体是作为社会主义新人的主体，是一种具有集体意识的能动个体，只有通过这样的主体，才能会聚起冲破一切精神和物质封闭的力量，在现在与过去碰撞的灿烂星河中书写未来之诗，最终释放感性特殊和个体力量的全部丰富性。

伊格尔顿承认理论与实践并不总是和谐一致的，但是他能站在一个更有希望的高地，看出社会主义是人类历史上最伟大的变革运动之一，只是不免要经历一些弯路和倒退。既然马克思主义所针对的问题今天依然存在，既然地球村里的我们仍然在现代性的矛盾中挣扎，既然解放人的工程还未结束和取

---

① 马海良：《文化政治美学——伊格尔顿批评理论研究》，第224页。
② 同上书，第226页。
③ Terry Eagleton, *The Illusions of Postmodernism*, p.18.

得最终胜利,既然人的自我力量和本质的完全实现依然只是美好的理想,既然资本主义的力量还如此蛮横,马克思主义就不会失效。正是基于这一信念,伊格尔顿在这个以拆解宏大叙事为主旋律的后现代,不顾一切地"不识时务"地宣称自己是一个马克思主义和社会主义者,发起对后现代主义尤其是美国解构主义的更加猛烈的政治批判,在后现代理论市场上发出仿佛另类的声音——马克思主义的声音,虽然刺耳但发人深思、令人振奋。

在 20 世纪批评话语的园地上,伊格尔顿凭借他的批评理论赢得良好的声誉。他将自己明确划入西方马克思主义队伍之列,因此,他的理论成就和地位首先应当放在马克思主义理论的谱系中来进行衡量。他继承了马克思主义的批评方法,对文学批评和文化理论作了深入的研究,对现实社会的各种文化现象特别是后现代主义作了精妙深刻的批判,构建了具有特色的文化政治批评方法,同时还在意识形态批评领域有所发展。

伊格尔顿对社会文化批判的贡献和地位首先应该是把批评理论与政治实践紧密结合起来。他认为批判理论的真正生命在于政治实践,从关注文化、文化批评以及政治批评所应当指涉的社会生活意义入手,坚持以马克思主义的立场进行研究,将"文化"作为他建立批评理论的视野,"政治"作为他批评理论要触及的实质,从而使批评理论与政治实践在真正意义上紧密结合起来。"一切批评在某种意义上都是政治批评"这样激进又毫不妥协观点的提出,极大地丰富了西方马克思主义理论,使其批判理论显得格外引人注目、发人深省。

虽然西方马克思主义的重要理论成就大都产生于阶级斗争处于低潮、暂时沉寂或被残酷镇压,无产阶级失败或部分被收编之时,这种政治伤痕的阴影使西方马克思主义理论更加远离了政治。但是,伊格尔顿否认"最优秀的马克思主义批评往往是某些政治凝滞导致的文化移置的产物"[1],在他看来,如果以"政治凝滞"换取批评理论的繁荣,代价实在是太大了。批评理论的生命力来自政治实践,并且为实践带来不同的格局,而这一点正是西方马克思主义和其他一些激进批评理论的致命缺陷,也是伊格尔顿批评理论力图弥补的

---

[1] ［英]特里·伊格尔顿:《历史中的政治、哲学、爱欲》,马海良译,第115页。

地方。

伊格尔顿的贡献和地位还应该放在英国传统马克思主义批评的语境中来观察。在伊格尔顿看来，英国从未曾有过真正健全的马克思主义批评传统，存在的问题是掺杂了许多庸俗马克思主义、唯心主义和经验主义成分。早期英国马克思主义批评"常常陷入'庸俗马克思主义'的错误"①，他们刻板地根据经济基础决定上层建筑、物质决定意识、内容决定形式等命题对文化现象作公式化的注解。按照庸俗马克思主义的观点，批评的任务就是拉开微不足道甚至挡道的"形式"，寻找作品背后的政治倾向、历史背景、社会文献、经济数据和阶级斗争信息的"内容"。

从 19 世纪 50 年代开始建构"文化唯物主义"的威廉斯，仍然始终摆脱不了利维斯主义乃至根深蒂固的经验主义传统，在努力寻找欧洲大陆传统思想根源时，在努力靠近马克思主义文化理论时，也只能看到卢卡奇的"总体性"和戈特曼的"超个体结构"，无异于重申利维斯主义的有机总体的"生活"或"经验"。因此，在伊格尔顿看来，打破庸俗马克思主义和经验主义传统的外壳，建立成熟的马克思主义批评理论，是当代英国马克思主义批评的当务之急，也是他自己一直努力完成的任务。

伊格尔顿构建的"文化政治批评"理论，如果说"文化"是他建立批评理论的视野，"政治"则是他批评理论要触及的实质。因为马克思主义首先是一种政治理论，而不是哲学体系，马克思主义批评不是一种解释工具，而是为了现实地改造世界，为摧毁资本主义、建立社会主义和进行制度变革提供实践的指南，为早日实现社会主义调动一切理论资源。马克思告诉我们，一切都是为了改变世界。基于这一原因，他坚持把生产力与生产关系、经济基础与上层建筑、劳动价值、资本主义剥削、阶级斗争、政治革命、历史唯物主义等马克思主义经典概念纳入自己的批评理论，同时又融合各种新的理论，把马克思主义立场与各种理论视角充分结合。

正因为伊格尔顿建立的批评理论兼具政治的原则性和方法的灵活性，使他可以介入所有的现实的理论问题，并作出有力的回应。他提出"文学生产方式"的概念，坚定地把艺术之塔置于社会生产的物质基础之上，坚持了唯物

---

① ［英］特里·伊格尔顿：《马克思主义与文学批评》，文宝译，第28页。

主义批评的根本立场。他的这种以生产方式为基础的文化生产范畴是对后现代和第三世界国家盛行的唯文化论和文化相对主义的有力抵抗。

"意识形态批判"是伊格尔顿批评话语的核心范畴和关键词,因为在他看来,意识形态批判是人类解放工程的一部分,因此他对这个范畴进行深入和全面的考察,同时也取得了很大的成就。他坚持从生产方式的矛盾运动中挖掘意识形态的历史源头,并且融入了阶级关系、权力结构以及话语理论等内涵,建立了特殊的意识形态批评观,恢复了意识形态批判的力量,在充斥"意识形态终结"呼声的后现代,这显然具有重要的现实意义。

尽管伊格尔顿的批判理论具有重要的价值和启示,但是也存在失误和失真,比如对于社会主义运动在某些地区经历的长期的经济低迷和最后失败的解释,认为那是因为这些国家是在被资本主义集团封堵隔离的环境下建立社会主义,而忽视了那些社会主义国家的自我隔离和内部封闭远远胜过资本主义国家的外部围堵这一事实。他接着说这些国家没有文化资源传统、复杂精密的管理系统和丰厚的自由人本主义传统,这样的解释更加不符合事实,因为社会主义革命的胜利正是发生在那些最落后的国家和地区。类似的问题在他的理论中还可以找到。但是这并不是我们的目标,我们的主旨不在于关注和辨别伊格尔顿文本中的疏漏和矛盾,而是以"文化政治批评"为核心,重点围绕"批评的功能"、"文化生产方式"、"意识形态批判"、"走出后现代主义的幻象"等范畴,厘清伊格尔顿批评理论的构成和内涵,给予我们理论和实践上的启示。

第三篇　经典思想研究

第七章　柯亨:倡导公平可致的技术与社会批判

G.A.柯亨 1941 年出生于加拿大蒙特利尔的一个犹太裔家庭。受父母影响,柯亨从小就对共产主义及其追求的平等理想充满精神渴望。1957 年,柯亨进入麦吉尔大学(McGill University)学习,1961 年柯亨到牛津大学深造,师从哲学大师吉尔伯特·赖尔(Gilbert Ryle)和以赛亚·伯林(Isaiah Berlin)。牛津大学毕业后,柯亨任教于伦敦大学学院哲学系,1985 年受聘于牛津大学"奇切利"

G.A.柯亨(Gerald Allan Cohen, 1941—2009)

(Chichele)讲席教授。2008 年,伦敦大学学院聘请柯亨为法理学"奎因"(Quain)讲席教授。2009 年 8 月,柯亨病逝。

柯亨长期担任英国牛津大学万灵学院(All Souls College)社会和政治理论"奇切利"讲席教授[1],是国际公认的左翼政治学家的代表人物、分析马克思主义的三位奠基人之一。[2] 他精通分析哲学和政治哲学,熟稔马克思的历史理

---

　① "奇切利"讲席教授是以英格兰坎特伯雷大教堂主教亨利·奇切利(Henry Chichele)的名字命名的。1438 年奇切利主教与英王亨利六世(Henry VI of England)一起创建了牛津大学万灵学院。2008 年,柯亨从"奇切利"讲席退休,成为此讲席自创建以来任职最长的教授。

　② 分析马克思主义学派有三位奠基性人物:柯亨、埃尔斯特(Jon Elster)以及罗默(John Roemer)。John E. Roemer, (ed.), *Foundations of Analytical Marxism*, Vol. I, 1994, London: Edward Elgar Publishing Company, p.ix.

论,用分析哲学严密地阐释了历史发展的基本构成,清晰地界定了技术的本质,严谨地阐明了技术首要性命题和技术发展命题,对技术异化问题进行了"根本"意义上的深刻分析,对技术价值的具体内涵给予了批判性陈述,对平等问题进行了政治哲学意义上的规范论证。2006 年,牛津大学出版了《平等主义的良心》(*The Egalitarian Conscience*:*Essays in Honour of G.A.Cohen*),书中汇集了当代知名学者的论文,称柯亨为"平等主义的良心"。这一清誉的获得,归根结底有赖于柯亨追求平等、正义的基本价值立场,从一个侧面肯定了柯亨在技术与社会批判领域的不懈探索和卓越成就。

当今时代,"无论经济的、社会的、政治的或文化的研究,都必然会涉及技术,这是不以任何个人的主观意志为转移的"①。所以,如果某位思想家不思考技术问题,那就可以推论他没有真正关注人类本性与现实存在。"这倒不是说他所说的每一句话中都应包含或蕴涵'技术'这个词,而是说在他的思想中如果体现不出对技术的关注与认识,就不可能成为一个深刻的思想家。"②柯亨就是这样一位有着深刻技术思想的学者。1978 年,柯亨发表了《卡尔·马克思的历史理论——一个辩护》(以下简称《辩护》),这本书使柯亨"一辩成名",并成功开创了"分析马克思主义"这一新的马克思主义学派。这本书还奠定了柯亨的学术基脉:以阐释马克思的历史理论为平台展开技术批判与社会批判,致力于追求一个正义、平等的美好社会。后来,柯亨相继出版了《历史、劳动与自由》(1988)、《自我所有、自由与平等》(1995)、《如果你是一个平等主义者,为什么你那么富有》(2000)、《拯救正义与平等》(2008)、《为什么不要社会主义?》(2009)等学术著作。回顾其 30 年的思想历程,可以看到,柯亨展示了一种富有特色的技术批判与社会批判的思想图景。他的研究

---

① Jacques Ellul,The Technological Order,In C.Mitcham & R.Mackey(eds.),*Philosophy and Technology*:*Reading in the Philosophical Problem of Technology*,New York:The Free Press,1983,p.86.

② 乔瑞金:《技术哲学教程》,科学出版社 2006 年版,第 1 页。

我们在技术时代语境下使用"技术"概念。在技术时代的历史语境中,在"科学技术是第一生产力"的语义约束下,"技术"与"生产力"的指称对象基本一致。在西方学者的著作中,二者通用互换,不加严格界定地适用,是一个非常普遍的学术现象;在日常语言中更是如此。这些都说明:技术与生产力,在指称内涵为"生存和发展的能力"、外延为"人类改造和利用自然的物质和(知识)力量"的思维对象时,互相替换、互相指称已经没有语义障碍。正如在马克思那里技术是用"机器"指代的一样,这是由概念演变的时代性所决定的。

客观上取得了三个方面的学术成果:第一,柯亨的研究方法,示范、鼓舞和启发了其他研究者的类似工作。这些思想家的工作尽管在研究路径、研究方法、研究领域,甚至研究内容的深浅程度上都有所不同,但他们事实上形成了共享一种风格的特殊"共同体",开启了新的研究范式。第二,柯亨的技术批判,使对技术问题的认识重新回归了唯物主义的研究纲领,否定了"第二次世界大战"后西方马克思主义者所坚持的"主体性"研究纲领,以追问技术的本质作为技术批判的基点,以技术批判为根基开展社会批判,强调社会批判的物质基础,强调技术批判的分析功能和价值诉求,坚持技术批判与社会批判的科学方法论。第三,柯亨的技术批判和社会批判思想借由历史理论的阐释平台,借分析哲学之力,以新颖的表达形式,展现为一种技术实践论、技术价值论和技术异化论与追求自由平等社会内在统一的技术整体论文本。这样的理论文本,为我们推进技术哲学的研究,拓展英国新马克思主义的研究视野,提供了一个非常难得的机会。

第一节 分析哲学的技术批判立场

柯亨的技术批判与社会批判思想有其内在的逻辑结构,并在三个维度上得以展现。其内在的逻辑结构是:由技术批判入手,以技术本质的语义澄清、关系解蔽、批判回归为基本线索,形成一种奠基于技术批判,实现于社会批判,以平等和自由为基本价值追求的技术批判与社会批判的整体表达。在技术批判,即技术本质的追问中蕴涵着全部社会批判的种子。上述逻辑结构有三个维度。忽视其中的任何一个维度都可能弱化柯亨批判思想的完整性和现实性。

一、技术批判的历史维度

"唯物主义的本质隐藏于技术的本质之中。"[①]通过技术批判,柯亨以清晰严密的分析哲学为基本方法,揭示了技术的本质,阐释了技术作为社会历史发展的首要性因素的理由,为社会批判提供了科学的方法论指导。柯亨技术批

---

① [德]海德格尔:《路标》,孙周兴译,商务印书馆 2000 年版,第 401 页。

判思想的实质就是要借由分析哲学的精密剖析,探索历史发展的动力,呈现技术在历史发展中的首要性。

柯亨的技术批判与社会批判思想的一个重要基石是马克思的历史理论。在对历史唯物主义的解释上,普列汉诺夫和考茨基通常被看做是第二国际时期的代表人物,其理论实质是一元论的经济决定论。1938 年,《联共(布)简明党史》中"论辩证唯物主义和历史唯物主义"一节,继承了普列汉诺夫等人的解释,对历史唯物主义做了教科书式的"正统"阐述。这一解读实际上成为 20 世纪以来西方马克思主义者批判的基本对象。以卢卡奇和葛兰西为代表的第一代西方马克思主义者强调"阶级意识"和"文化领导权"的重要性,其要义在于强调被第二国际理论家所忽视的马克思理论中主体性的方面。第二次世界大战之后的大多数西方马克思主义者对主体性过度强调,这就导致了以阿尔都塞为代表的结构主义马克思主义的逆反。而柯亨的批判思想就是从阅读阿尔都塞的文献开始的。

柯亨运用分析哲学探究历史规律的"动力首先不是去修正而是去辩护继承下来的理论"①。他要倾力维护的是"一种传统概念"②,即历史从根本上来说是人类生产能力的增长,社会形态的兴起和衰落都取决于它们是促进还是阻碍这一增长。这个理论最经典的表述是马克思在 1859 年《〈政治经济学批判〉序言》中那段著名的论断,其实质意蕴是生产力、生产关系和上层建筑之间的内在联系及矛盾运动构成了历史发展的主线,从而也构成了马克思历史理论的逻辑主线。通过比较黑格尔与马克思对历史的基本看法,柯亨坚持了对历史的物质解释路径,他说:"我们提出黑格尔的作为世界精神之传记的历史概念,展示马克思是如何获取这一概念,并保留它的结构和改变它的内容的。"③在黑格尔那里,历史一方面是精神和理性的作品,另一方面又是自由和理念的作品。对马克思来说,重要的形式不是文化而是经济结构。精神的角色是由发展着的生产力来担当的。柯亨认为,历史理论不是从远处对发生事

---

① [英]G.A.科恩:《卡尔·马克思的历史理论——一种辩护》,段忠桥译,高等教育出版社 2008 年版,第 9 页。(段忠桥将 G.A.柯亨翻译为 G.A.科恩。)

② G.A. Cohen, *Karl Marx's Theory of History*, (Expanded Edition), Princeton:Princeton University Press,2000,p.x.

③ Ibid.,p.1.

情的一种思辨解释,而是理解历史的内在动力。"黑格尔对历史整体和特殊社会的解读,只是一种解释,一种对我们或多或少有吸引力的说明。而马克思所做的不仅是解释,而且是某种更精确的东西的开端。生产力和经济结构的概念(不像意识和文化那些概念)不仅是用来表达一种解读,而且是准备作为一种历史理论的最重要的概念。"①

对技术本质的透视是柯亨技术批判的核心部分,而这一追问又立足于唯物史观的理论视野。尽管现代技术已经体现为一种"超现实"的统治力量,但它的本质仍根植于现实的感性生活世界之中。柯亨技术批判的任务之一就是要揭示技术"脱离"生活世界的虚假性,并揭露这种"脱离"是如何得以发生的。

二、技术批判的方法维度

柯亨的社会批判以技术的首要性为理性准则,对社会结构、社会政治、经济与文化等领域存在的现实问题进行了多角度的批判。社会批判是其技术批判的逻辑延伸,批判的根本目的在于纠正社会(结构/关系)对技术的异化,恢复技术的本质功能,使技术的本质得到现实的展开。通过技术批判,柯亨以清晰严密的分析哲学为基本方法,揭示了技术的本质,阐释了技术作为社会历史发展的首要性因素的理由,为社会批判提供了科学的方法论指导。社会批判是哲学的重要品格和重大功能。哲学进行"社会批判"的首要问题是回答社会批判的"标准"和"规范",即社会批判的理性标准和规范基础。以霍克海默为代表的早期社会批判理论不是把自己置身于社会专门化劳动过程之中,而是置身于资本主义再生产过程之外;不是通过分析关于生产力和生产关系、经济基础和上层建筑的矛盾运动来说明社会的发展,而是把对个人的重视压倒了对社会发展规律的研究。他们将当代资本主义社会的基本矛盾归结为日益发展的文化、科学技术对人的本性的压抑,因此,他们以文化批判、意识形态批判、日常生活批判等来取代物质的技术批判和政治经济学批判。乍看起来,这种社会批判理论似乎弘扬了马克思主义的社会批判精神,但实际上他们把科学精神与批判精神割裂开来,片面地弘扬了批判的一面,距离批判理论的科学

---

① 　G.A.Cohen, *Karl Marx's Theory of History*, p.27.

内涵越来越远，失去了批判的科学本性。从而致使他们把对现存社会的批判变成了一种不加区别的总体性价值人本学批判，使他们的社会批判成了一种系统表达"牢骚"的理论，最终无法逃脱资产阶级意识形态的窠臼。柯亨的要求是从抽象的"主体思维"范式转向"技术范式"。

柯亨技术批判和社会批判的基本思维方法是分析哲学方法。这源自他在牛津大学的求学经历。在牛津，他师从吉尔伯特·赖尔，接受了一种系统的训练，全面学习了英国的分析哲学。而阿尔都塞则是促使柯亨由喜爱分析哲学转变为对它的全面运用的催化剂之一。在20世纪60年代，英国年轻的马克思主义学者被阿尔都塞及其学派的著作强烈吸引。虽然最初为阿尔都塞主义所吸引，但是当柯亨读到阿尔都塞和其他一些人的论文集——《阅读〈资本论〉》时，他却大失所望。他认为自己"从阿尔都塞那里所得甚少，不管法语是多么优雅和含混"①。柯亨在这里说的"大失所望"，主要是由于阿尔都塞等人没有运用分析哲学的方法去阐述理论，却使用了"结构主义"含混的方法。柯亨又说，"首先，我发现《阅读〈资本论〉》的很多内容极其含混。逻辑实证主义以及它坚持的理智活动的精确性主张，在巴黎从未受到重视……阿尔都塞的含混会给英国的马克思主义造成不幸的后果，因为在英国明晰是一种宝贵的遗产，而且在英国一般不假定理论陈述必定是一种难于理解的东西"②。柯亨认为："指出盐是由钠和氯组成的是一回事，而指出为什么盐是由钠和氯组成的，以及它们是怎样组成的是另一回事。同样，指出资本主义必将被社会主义所取代，并没有说明个人的行为怎样才能导致那样的结果。"③传统的历史理论存在三个问题：一是一些概念不清晰，论证不严谨；二是对社会历史问题只有宏观的论述而缺少微观的分析；三是一些理论或者已经过时，或者是错误的。必须运用分析的方法对它进行重构、修正和补充。使柯亨感到欣慰的是，"由于通过了分析方法的严格检验，所保留下来的论点，既包括原初的论点，也包括由原初的论点发展而来的论点，比以前更有力了，而被抛弃的论点在理

---

① ［英］G.A.柯亨：《卡尔·马克思的历史理论——一个辩护》，岳长龄译，重庆出版社1989年版，第2页。

② 同上。

③ 魏小萍：《分析的马克思主义怎样看社会主义市场经济——访G.A.柯亨教授》，《哲学动态》1995年第12期。

智的良心中不能再保留了，除非以放宽理性的准则为代价，但这是一种不能接受的代价"①。

柯亨的技术批判与社会批判体现了分析哲学的一般特征，并表现为三个特点：一是重视语言分析。柯亨认为："理论不能靠术语的多重定义来取胜。"②他把语言分析看做是哲学的首要任务，在《辩护》的每一章中都不遗余力地分析了历史唯物主义的基本概念（术语）的含义，对一些含义接近的概念（术语），他力图证明其间存在的差别，强调它们不同的使用规则。为了确定这些术语的不同作用，他皓首穷经，引经据典，仔细研究这些术语在不同语境中的用法。二是肯定形而上学的积极方面。柯亨认为，必须承认存在着人性的永恒的事实。这个形而上学的前提有助于解释生产力没有倒退这个明显事实，从而有理由作为论证以支持发展命题所断定的生产力进步倾向。三是强调词的意义在于词的用法。柯亨遵循了赖尔和其他牛津学派学者的思想范式，没有纠缠于抽象的命题意义，而是着眼于词语的具体功能，强调在概念的日常用法中展现其意义，表达了维特根斯坦"词的意义就在于它的使用"的语境观念。这就解释了柯亨为什么将概念分析作为技术批判与社会批判的基础性工作，并析取出了逻辑上首要的概念——生产力（技术），从而获得了"技术决定论"的声名。

三、技术批判的价值维度

柯亨的技术批判与社会批判始终隐含着一条价值线索，那就是技术价值论的脉搏。技术作为人类解放的工具，其根本目标乃是要追求平等与自由相统一的正义社会。这是由批判走向建构的落脚点。

柯亨的技术批判与社会批判始终保存了马克思主义的志向和价值观，这在西方思想界并不多见，其中一个重要原因与柯亨的家庭背景和成长环境有关。③

---

①　［英］G.A.科恩：《卡尔·马克思的历史理论——一个辩护》，段忠桥译，第9页。

②　G.A.Cohen, *Karl Marx's Theory of History*, p.217.

③　柯亨对自己的成长历史非常透明，多次公开讲述。柯亨的母亲对柯亨的世界观和个人发展方面所产生的影响比柯亨的父亲大。See G.A.Cohen, *Self—Ownership, Freedom, and Equality*, Cambridge：Cambridge University Press, 1995, Chapter 11：The Future of a Disillusion；Also see G.A.Cohen, *If You're an Egalitarian, How Come You're So Rich?* Cambridge, Massachusetts：Harvard University Press, 2000, Chapter 2：Politics and Religion in a Montreal Communist Jewish Childhood.

正是这种价值旨趣构成了他鲜明的学术旋律。20 世纪 70 年代之后，在特定的时代背景之下（如新自由主义席卷全球，右翼政府取得政权，苏东剧变），柯亨意识到：技术的进步、生产力的发展难以必然地保证人的自由的实现，所以他又对自由主义思想家罗尔斯等人对资本主义制度的合理性所作的根本型或改良型辩护进行了政治哲学和意识形态领域的激烈论战，并使其社会批判从理论层面扩展到了现实层面。正如柯亨所说，他们"忙碌于道德哲学和政治哲学中那些过去并没有引起马克思主义者注意的问题。我们所关注的问题包括：对平等的信奉究竟要求什么？那些拥有生产能力且天资较好的人对于那些相对缺乏生产能力或有残疾或有特殊需要的人究竟负有何种类型的义务？我们寻找一个准确的剥削定义，也想知道剥削究竟为什么是不正当的"①。自由、平等和正义是近代以来政治哲学的核心概念，也是柯亨技术批判与社会批判思想的有机构成。柯亨的批判思想既反映了分析马克思主义内部对一些重要的社会命题的分歧，也呈现了自己思想的丰富内涵和现实色彩。

不了解马克思就不能准确地把握柯亨的思想。马克思的技术批判思想是一种系统的技术整体论。马克思把技术作为社会的一个基本要素来理解，并认为技术是通过工业生产的作用和存在显示出来的，因而，马克思并不特别关注静态结构的技术，而是在技术活动的层面上——作为类的人的实践活动——加以分析与理解。马克思技术批判的思想贯穿于它的全部学术成果和整个学术活动中。总体而论，马克思技术批判的核心思想主要包括三个方面，即技术实践论、技术价值论和技术异化论。技术实践是他所倡导的技术批判的哲学基点，构成他整个思想的理论基础与理解现实的一切问题的内在精神力量（工业时代的历史背景）。技术价值是马克思技术批判思想的关键，主要包含技术的社会生产力价值、资本价值、工业文明价值、审美价值以及人类自由价值等几个方面。技术异化是马克思技术批判关注的焦点。在他看来，人类有一个历史的本质，但在人类的产生、发展过程中，人类历史的本质被客观化了、异化了。人类相对于自身及其本质而言是异化的，这种异化的产生亦是技术的手笔。人类异化是多方面的，自然人被异化成经济人、政治人、家族血

---

① G.A.Cohen, *Self—Ownership, Freedom, and Equality*, p.144.

统人以及阶级人,等等。在当今社会背景下(技术时代、工业时代、后现代),多方面异化的特征得到更清楚的表现,基于技术进步的社会生产力的发展,把人的经济的和政治的异化凸显出来,技术构成了对人的自由本质的巨大的变异力量,这一点在资本主义社会制度中更加明显。然而,异化是可以被克服和超越的,其根据仍然是以技术进步为基础的社会生产力的发展以及生产力与生产关系的协调一致。异化的完全克服只有在共产主义社会制度中才能最终实现,它意味着人在更高层次、更合理的社会形态中成为一个整体,人成为人自身。人是社会动物或文化动物,在人存在的诸多制约因素中,历史的与现实的技术是最核心的力量。人正是通过技术的发展而得到全方位的发展,通过技术的进步而得到全面的进步。可以说,马克思技术批判思想的精神实质就集中体现为追求人类自由与社会进步,追求人类的彻底解放。在马克思看来,技术是追求人类自由的一种最基本、最重要的实践活动,是推进人类自由的强大推动力。技术承载着人与自然以及社会的能动关系,决定并展现着人在对自然与社会的博弈中获得的自由的质与量。技术也是人类社会生活的自由的基础。技术是人类消除异化、彻底解放、走向自由王国的实践动力与关键。马克思的技术批判思想是人们正确地理解历史与现实、自我与对象的一把钥匙,对它的正确理解,将有助于人类在良性的发展轨道上追求自身的彻底解放,获得真正的自由。

第二节　本质主义的技术实践观

技术批判一开始就包含着对技术本质的追问。柯亨技术批判的第一步,是在"分析"的意义上进行的:柯亨以语义分析和语境分析为基本方法,揭示了技术的本质。技术作为一种生产"能力",是满足人类需要的功能,消除其匮乏状态的可能,是作为"生产"的技术,是实现"目的"的一种"手段"。技术作为一种"可能",其基本价值的实现有赖于生产关系和生产方式。对技术的语义分析揭示了技术与"人"的脱离状态,它成为对技术的"工具性规定"的基本内核。如果以法兰克福学派为标准,柯亨在技术的本体论层面上消解了所谓的"技术批判"。实质上柯亨的技术批判另有意境。柯亨的技术批判是一种唯物主义的技术批判,区别于其他多

数技术批判理论,在柯亨的技术批判(本质追问)中蕴涵着全部社会批判的种子。

一、技术本质的语义分析

柯亨在《卡尔·马克思的历史理论——一个辩护》一书中从分析哲学的明晰性和精确性原则出发,运用语义分析法、语境分析法和逻辑分析法等方法,对生产力、生产关系等一系列构建历史唯物主义的基本概念进行了澄清。

柯亨认为"生产力"的确切含义是生产能力。他指出,马克思德文著作中的生产力概念"Produktivkräfte"在英语中通常被译为"Productive forces",这一译法严格说来是不准确的。因为 Produktivkräfte 是由马克思翻译斯密和李嘉图的"Productive powers"而来,而 forces(力量)不同于 powers(能力)。所以,生产力(Produktivkräfte)应指生产的能力(Productive powers),而不是生产的力量(Productive forces)。这一英译法根深蒂固,我们将照例使用它,但是应该指出,它不是很确切的。"生产能力"(Productive powers)是更确切的。

柯亨断言,生产资料或原料严格说来都不是生产能力。人们通常以马克思在《资本论》中的那段话,即"劳动过程的简单要素是:有目的的活动或劳动本身,劳动对象和劳动资料"①作为理解生产力构成的依据。柯亨认为这种理解在逻辑上不能成立。因为上述引文说的是劳动过程的基本要素而不是生产力的基本要素。柯亨认为,如果生产力指的是人们从事物质生产的能力,那么劳动活动就不能视为生产力的要素,因为劳动活动不是被用于生产的能力,它本身就是生产。劳动过程不能既包括劳动活动又包括劳动能力,这就如同不能既包括机器又包括机器的活动一样。就劳动过程的要素而言,劳动活动要么就加到劳动能力中,要么就取代劳动力,但值得考虑的只能是后者。前边提出,生产力是人们从事物质生产的能力,因此,只有劳动能力才能作为生产力,而劳动活动则不能。另外,柯亨认为把劳动者归入生产力也不合逻辑。因为生产力是人们从事物质生产的能力,劳动者的劳动能力只能存在于劳动者体内,是劳动者拥有的东西,生产是劳动者使用劳动能力的有目的的活动,人不是使用他们自身,而是使用他们的力量和技术。如果把劳动者看成是生产力

---

① 《马克思恩格斯文集》第 5 卷,人民出版社 2009 年版,第 208 页。

的要素，那就等于把劳动者的能力看成是由劳动者构成，这在逻辑上也是说不过去的。有许多引文被广泛地使用，用以说明在马克思看来人是生产力，比如，"要使被压迫阶级能够解放自己，就必须使既得的生产力和现存的社会关系不再能够继续并存。在一切生产工具中，最强大的一种生产力是革命阶级本身。革命因素之组成为阶级，是以旧社会的怀抱中所能产生的全部生产力的存在为前提的"①。柯亨认为上述引文第二次出现的"生产力"，是以特殊的、修辞的手法使用的。因为阶级本身不能处于生产能力当中，这些生产能力的成熟被作为获得革命态度的前提条件。这指的是阶级改变社会的能力，而不是把原料转变成产品的能力。我们不能根据这段原文，把马克思关于物质劳动过程的阐述看成人是这个过程中的生产力的命题。因为按照同样的说法，人也可以被作为生产工具对待。因此，上面的文字是把"生产能力"或"力"的比较专门性的用法与修辞的用法混合起来。与此同理，马克思在《政治经济学批判大纲》中的著名论断——"人是主要的生产力"——只是一种立论的方式。

柯亨把生产力限定为用来生产物品的。法律、道德和政府不是人用来生产产品的，当它们被用来促使人生产时，它们不是生产的手段，而是促进生产的手段。

柯亨指出，生产力的发展很大程度上是控制和改造自然的知识的增长，即劳动能力的发展。劳动力是生产力，劳动力的一个方面是可用来生产的知识。因此，可以用于生产的科学知识是生产力。进一步说，正如我们知道的，知识的发展是生产力发展的核心。因此，在生产力发展的高级阶段，其发展是与可用于生产的科学的发展合而为一的。一个项目是不是生产力，不依赖于它的实体性，而依赖于它是否按照生产的物质特点有利于生产。与生产相关的科学知识恰好适合于它所履行的物质任务，因此是生产力。按照上述观点，柯亨提出下面关于生产力的修订一览表②，对广泛流行的斯大林的生产力表述提出批评（见下图）。

---

① 《马克思恩格斯文集》第 1 卷，第 655 页。

② Cf.G.A.Cohen,*Karl Marx's Theory of History*,p.55.

```
          ┌                   ┌生产工具(工具、机器、房屋及附属物、起工具作用的材料)
          │        生产资料┤原料
          │                   │
生产力┤                   └空间
          │
          └劳动能力
```

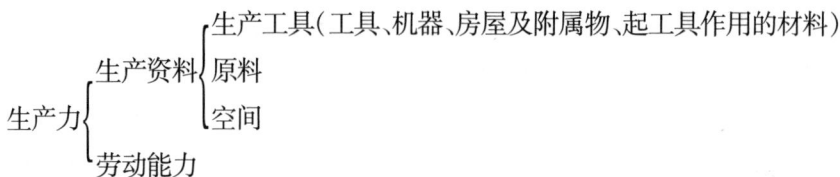

首先，柯亨说明了生产关系是一种所有权关系。柯亨认为，生产力是对象的属性，即这个对象具有的生产能力，而生产关系是对象之间所具有的某些东西。那么，生产关系中的各项是什么？它们如何通过生产关系相互联系？柯亨认为只有人和生产力是受生产关系制约的。也就是说，生产关系或者是一个人(或一组人)和另一个人(或另一组人)之间的关系，或者是一个人(或一组人)和一种生产力(或一组生产力)之间的关系。换句话说，生产关系至少联结一个人项和一个生产力项，并且没有其他类的项。所以，人和生产力是生产关系的条件，但不是一切具有这些条件的关系都是生产关系。那么，人和生产力之间的什么关系是生产关系呢？柯亨认为，生产关系或者是人对生产力或者是人对人的所有权关系，或者是以这种所有权关系为前提的关系。

柯亨通过阐明所有权的某些特点来深入理解生产关系，从而理解经济结构。① 他说，占有一个对象就是享有一系列使用和处置该对象的权力。权力受对象的特点和流行的法律系统的制约。典型的所有权是：使用对象 O 的权力，使用 O 挣钱的权力，阻止别人使用 O 的权力，破坏 O 的权力和转让 O 的权力，等等。

其次，柯亨说明了生产关系不是指法律关系，而是指有效控制关系。"所有权"原本是一个法律用语，马克思为什么以一种法律用语来描述生产关系呢？柯亨认为，这是因为日常语言贫乏，因而马克思只好把生产关系"方便地"描述为所有权关系。柯亨强调，这里的关键问题是要看到马克思是在非法律意义上使用法律术语的，马克思称为所有权的关系指的不是法律上的所有权，而是一种实际上的有效控制关系。例如，一支得胜的军队可以通过实行一套没有立法或没有其他法律支持的决定，使战败农民服从新的生产关系。只是在这种生产关系持续了一定时期以后，它们才会需要法律的支持。这种

---

① G.A.Cohen, *Karl Marx's Theory of History*, p.63.

情况说明了生产关系和财产关系的区别,即事实上存在的有效控制关系与法律上的所有权关系的区别。

柯亨通过无产者的结构定义揭示了生产关系的实质。在理想化的情况下,可以说无产者占有他的全部劳动力,不占有生产资料,但法理与事实总难以重叠。柯亨设计了两个反例:(1)施沃茨在一个服装厂中做裁剪工。他的工作是把一卷布按照模型裁成布块。有些裁剪是用施沃茨买不起的机器来进行的,有些则是用属于施沃茨的剪刀来进行。因此,说施沃茨不占有他使用的生产资料便是错误的。(2)施沃茨的内兄魏斯在一个外套工厂当缝制工。他在一部机器上缝制外套,这架机器是属于他的。带一架机器进厂是雇佣缝工的一个条件。他没有使用其他生产工具。此外,由于布和线便宜,魏斯能够买原料在家里缝制外衣。对于无产者不占有生产资料这条马克思主义原理,魏斯这个例子不仅构成一个反例,而且构成一个悖谬。因为像魏斯这样的缝制工,一般来说没有由工头提供缝纫机的缝制工那么富裕。显然,魏斯是无产者,但他占有生产资料,并因此而贫困。他可能希望不占有它们。如果他失去的只有锁链,那么他的缝纫机就是其中之一。

施沃茨和魏斯代表的情况是,法律所有权关系并不能很好地表明实际支配关系。首先看看施沃茨,他具有剪刀,但对于他的裁剪材料剪刀是不够合适的,他也需要一架裁剪机,但他买不起。这样,剪刀尽管是他使用和占有的生产资料,却不是他可以脱离对资本家的依赖进行生产的资料。魏斯具有施沃茨所没有的条件。他可以独立地做他在工厂中所做的工作——缝制外衣。他只需要把机器放在家里,买合适的裁剪材料并把它缝制起来。然而他不能利用他对机器的所有权来摆脱对资本家的隶属。因为他只能在微不足道的程度上进行家庭生产,而且他不能进入贸易关系来同资本家工厂竞争。他拥有生产资料,可以在与资本家的关系之外生产外衣,但他不能靠用他的生产资料所生产的东西来生活,除非他在资本家的庇护下。当直接生产者被剥夺了生产资料时,无产者就形成了,这显然是对的。但是,失去生产资料对于无产者的地位来说不像传统所认为的那样是基本的。事实是,无产者必须出卖他的劳动力,以获得他的生活资料。他可以拥有生产资料,但不能用它们来保证自己解除与资本家的合同。因此,无产者是必须出卖劳动力以获得生活资料的隶属生产者。虽然这一定义还有缺陷,但柯亨坚决主张这是一个正确类

型的定义。① 意识、文化和政治不能成为他的阶级地位的定义的一部分。

柯亨对技术的语义分析揭示了技术与"人"的脱离状态，这种分析语境下的"脱离"状态的实质是"手段"与"目的"的脱离，它成为对技术的"工具性规定"的基本内核。这样一来，人类的历史就成了生产的历史，而且必然如此，因为，柯亨对技术本质的语义揭示与形而上学设定（直接关联人性三假设，发展命题），这就必然地产生了一种技术持续改进的可能。这种持续改进的可能需要一种允许技术的能力充分发挥的社会的生产方式，一旦这种外在于技术的生产方式对技术的宽容度不够、对技术所要求的合理的物质生产关系难以提供、对作为满足人的"目的"的"手段"使用不当，就会出现持续改进的中断，技术问题就会随即产生。问题的产生，包括技术异化的产生，其根源总是与技术本身无关，因此，柯亨的技术批判，不同于法兰克福学派的技术批判。如果以法兰克福学派的"技术批判"为标准，柯亨实际上消解了"技术批判"，但这绝不意味着不可能产生柯亨的技术批判。柯亨的技术批判另有意境。"唯物主义的本质隐藏于技术的本质之中。"②可以说，在柯亨的技术批判（本质追问）中蕴涵着全部社会批判的种子。柯亨的技术批判理论把技术理解为一种关乎人类本质的活动。这不仅意味着它内在于生活世界，而且意味着技术本身就具有构成人类本质的功能。这一点表明柯亨的技术批判乃是一种唯物主义的技术批判，从而可以和以法兰克福学派为代表的多数技术批判理论区分开来。这一角度一方面表明，技术问题乃是生产活动过程中产生出来的，但并不意味着这一活动类型本身存在问题，从而避免了哈贝马斯等人的理论困难；另一方面，既然技术问题是现实的活动中的问题，也就必须在现实的活动中得到解决，从而也就可以避免海德格尔对现代技术的最终"无立场"。柯亨的技术本质论有赖于技术发展命题中的人性预设。这是分析意义上的技术批判得以进行的形而上学前提。

二、技术功能的首要性

柯亨技术批判思想的实质就是要借由分析哲学的精密剖析，呈现技术在

---

① 汤普森在《英国工人阶级的形成》（*Making of English Working Glass*）一书中严肃地质疑阶级的经济结构定义。参见 G.A.Cohen, *Karl Marx's Theory of History*, 1978, p.74。

② [德]海德格尔：《路标》，孙周兴译，第 401 页。

历史发展中的首要性,为社会批判提供科学的方法论指导。技术的首要性支撑了技术批判的合理性,并最终支持了社会批判的科学性。因而,首要性命题是技术批判与社会批判的理性准则。发展命题是技术批判的根本推动力。人性预设是技术批判的形而上学前提。技术的"双层决定结构"是技术首要性的逻辑形式。强调历史发展过程不以人的意志为转移,位于历史中心的不是某种超人的东西,而是技术本身,当然此外还有其他要素,但居于首要的是技术。在这个意义上,柯亨认可自己是"技术决定论"者:技术的发展是与"人的发展"相携并进的,技术并非贬低人道主义,技术不会奴役人,奴役人的首先是社会关系。

柯亨对马克思唯物史观的解释被广泛认为是技术决定论。柯亨的论证,主要由两个命题构成,即生产力的首要性命题和生产力的发展命题。他运用分析哲学的方法,对历史唯物主义作了所谓"技术决定论"的详细解释。其解释的根本观点是以"技术"作为历史的还原性概念,强调"技术"(生产力)在历史发展中的首要性,从而为技术批判与社会批判奠定首要性的物质内核。这种"首要性"体现为两个层面:一是历史的物质生成层面,二是历史的物质解释层面。

首先,柯亨区分了"生产力是首要的"与"马克思把首要性归于生产力"这两个论点的不同含义。① 他认为,马克思把"首要性"归于生产力的论点不同于生产力是首要的论点。前者指的是马克思对这个问题的态度,后者则是一个需要经过分析哲学检验的命题。因此,要论证生产力是首要的,不仅要提供马克思的论证,而且还要运用分析哲学的方法对其进行精心的论证。

柯亨对"首要性"作了缜密的分析。柯亨认为,这里的"首要性"是指生产力对于生产关系的首要性,或对由生产关系构成的经济结构的首要性。生产力的首要性命题是指:一种生产关系的性质是由生产力的发展水平来说明的,生产力的变化带来生产关系的变化。那么,生产力增长到什么程度就会引起生产关系的变化? 柯亨认为,对此问题不可能作出一个明确的说明。这就如同所有液体都有沸点、所有有感觉能力的有机体都有疼痛的临界点,但很难明确说明其临界标准的值一样。任何一种生产关系都有它所包含的对生产力进

---

① 　G.A.Cohen, *Karl Marx's Theory of History*, p.134.

一步发展的限度,这个限度对生产力在那些关系中的发展是足够的。但是,这个"限度"又是难以确定的。因为生产力的发展表现在量和质两个方面,因而,生产力发展水平对与其相适应的生产关系的解释有时要依据生产力的量,有时要依据生产力的质,有时则依据两者。

"首要性"表现为"适合"的单向性。柯亨认为,马克思对生产力首要性命题的严格表述是:"人们在自己生活的社会生产中发生一定的、必然的、不以他们的意志为转移的关系,即同他们的物质生产力的一定发展阶段相适合的生产关系。"①他根据分析哲学的语境分析法分析指出,马克思在这里使用的"适合"一词的确切含义是单向的而不是对称的,也就是说,马克思说生产关系适合生产力时,他的意思是前者要适合于后者,即生产关系之所以是这样,因为它们适合于生产力的发展。因为,在1859年《〈政治经济学批判〉序言》中,马克思是从生产力开始,顺向考察了生产力——生产关系——上层建筑——社会革命——社会形态的更替,而没有进行逆向的考察。也就是说,《〈政治经济学批判〉序言》的总体语境是说明生产力对生产关系的决定作用。而且,从"生产关系同物质生产力发展的一定发展阶段相适合"的这个论断的前后文来看,紧接其后的一句话是:"不是人们的意识决定人们的存在,相反,是人们的社会存在决定人们的意识。"②很明显,马克思的后一句讲的是社会意识对社会存在的适合是单向的。既然社会意识对社会存在的适合是单向的,那生产关系对生产力的适合也必定是单向的而不是对称的,因为在两个相邻的句子中,适合肯定是在相同的意义上使用的。

柯亨认为,只有对"适合"一词做单向的理解,才能正确理解马克思的生产力首要性命题。也就是说,生产关系的性质必须由生产力的发展水平来说明。在生产力的发展使得生产力和生产关系之间发生不一致时,要依靠变革生产关系来解释,而不能依靠变革生产力来解释。因为生产关系必须适合生产力,"适合"是单向的。虽然马克思也承认生产关系对生产力有影响,即生产关系的发展也会引起生产力的变化,但是,生产关系对生产力的制约作用只是生产力决定生产关系命题之中的一个内在的逻辑的必然。在生产力和生产

① 《马克思恩格斯文集》第2卷,第591页。
② 同上。

关系之间始终是生产关系去适合生产力，在任何时候、任何条件下都不应该倒过来，要求生产力去适合生产关系。

柯亨主张，生产力首要性的本质是对生产关系的性质做功能解释。比较好的解释采取这样的形式：生产关系是 t 时的 R 类的生产关系，因为 R 类生产关系适合于在时间 t 的生产力的使用和发展，即生产力在 t 时的特定的发展水平①。当生产关系稳定持续的时候，它之所以存在，是因为它们促进生产力的发展。当生产关系革命化时，旧生产关系停止存在，因为它们不再有利于生产力，新生产关系开始存在，因为它们更有利于生产力。功能不良的生产关系在它被取代之前可以坚持一个时期。在这期间生产关系的特点是由它们在生产力发展过去阶段上的适宜性来解释的。因此，如果生产关系适合生产力的发展，那么它之所以流行是因为它们适合生产力的发展。如果生产关系不适合生产力的发展，它们之所以流行是因为近期内是适合的。生产关系制约生产力发展的命题，同我们认为最重要的生产力决定生产关系的命题，不仅是一致的而且是一脉相承的。我们在讨论首要性命题时已经强调了生产关系对生产力的作用。正是这种作用说明了生产关系的性质，即为什么它们如它们所是。用以说明经济结构性质的生产力的性质，是生产力在那种性质的结构中发展的趋向。

经济结构促进生产力发展的明显事实并不损害生产力的首要性，因为生产力是按照结构促进发展的能力来选择结构的。如果发展依赖于出现合适的经济结构的话，那么在什么意义上生产力的发展是首要的？答案是：合适的经济结构要适应生产力发展的需要。假设生产力在 t 时处于 L 水平，并将在 t+n 时发展到 M 水平，当且仅当生产关系 R 在 t 和 t+n 期间是有效的。由此不能得出，生产力 L 到 M 的发展无论如何是由独立于生产力的经济结构的性质决定的。经济结构具有从 t 到 t+n 期间流行的关系，正是因为生产力在 t 时是 L 水平的结果：那正是首要性命题所断定的。生产力只在合适的生产关系中发展，但是说它们的发展是由独立于生产力的生产关系的性质来决定，那是错误的，因为生产力决定生产关系的性质。首要性命题与生产的发展需要一定的经济形式这个真理是一致的。

---

① G.A.Cohen, *Karl Marx's Theory of History*, p.160.

当然,这种单向的功能解释,其解释能力是有限的。当我们有点含糊地说生产力决定生产关系的性质时,意思是,它们解释生产关系的某些特点,而不是一切特点。例如,它们可以解释为什么经济是农奴制的,而不用精确地解释领主和农民之间的权力分配。一切现象都可以或多或少明确地加以描述,对一个现象的解释或能或不能与对它的特定的描述相关,而不能不管它是如何描述的。关于一种生物为什么产生伪装的发生学的和环境的解释,不能解释其伪装为什么恰恰呈现红色和绿色斑点。对锅炉在星期二爆炸这一事实的解释——阀门在星期二坏了——不能解释锅炉在星期二下午 5 点 30 分爆炸这个更具体的事实。手推磨可以解释为什么某一社会是封建社会,但不能解释为什么主要是以劳役而不是以实物来缴纳贡税,这是要由不同于生产力的事实来解释的。

按照生产力所解释的生产关系的那些特点的不同,生产关系由生产力来解释给人的印象也不同。但是"解释能力的这种可变性并不贬损生产力对生产关系的首要性,并不表明生产关系影响生产力是以贬损其首要性的方式进行的"①。有保护色的生物可以在同样的环境中发展出不同的保护色,或以讨厌的气味代替保护色,但这并不说明这种生物影响环境。同样,生产力不能解释生产关系一切特点的情况,也不直接影响生产力的首要性。尽管生产关系会影响生产力,但是不会影响生产力对生产关系的解释。

柯亨列举了生产关系制约生产力的三个方面。第一,生产关系促进生产力的发展,但是这需要首要性命题来解释:生产关系的流行,是在它促进生产发展的时候,并且正是因为它促进了生产的发展。第二,生产关系有助于决定发展的具体途径,这在一定程度上限制了生产力独立的解释力,即解释生产关系特点的那些途径的特点,反映了不是由生产力来解释的生产关系的那些特点。第三,生产关系影响生产力发展的速度,经济结构不能阻碍生产力从低水平到高水平的发展,但是发展过程的速度部分地依赖于经济结构的特点,这种特点不是完全由生产力决定的。尽管存在这些限制,柯亨仍然断定,生产力在总体上决定生产关系,正像人们可以说,在总体上,环境的特点决定一种动物的特点,虽然这种动物也影响环境。

---

① G.A.Cohen, *Karl Marx's Theory of History*, p.163.

　　柯亨通过发展命题进一步论证了首要性命题。柯亨的发展命题(a)是:生产力有一种发展的必然趋势,生产力的发展倾向贯彻了整个历史。其前提是人性的两个不变的事实,和关于人类在历史中面对的一种状况。

　　马克思主义的一个传统是否认存在着历史上不变的人性。柯亨不同意这一观点。他指出,提出人性常变观点是针对保守主义者,他们拘守于某些历史上恶性的行为模式,把它归于人性,而且得出结论说这个模式将在每一个社会出现,或只能被极端的专制所消除。柯亨认为,应当否认的是保守主义所强调的具体特征只是人性之一。在柯亨看来,承认存在着永恒的人性,与人性在历史中是变化的这一命题是同等重要或具有相同意义的。因为人是一种哺乳动物,带有一定的生物学的因素,其主要方面在数千年的历史中几乎没有进化。无疑,这一哺乳动物性质的一个事实,是它的卓越的头脑使它能够改造环境和自身,以致对从生物到社会和历史所能做的推断存在着限制。人性在历史中是变化的这一命题在"人性"的某些重要意义上是真的,然而在某种同等重要或相同的意义上,存在着永恒的人性也是真的。反对人性与历史发展的解释有关系的最突出的论证是,本身不变化的东西不能解释变化的东西。然而,论证的前提是不可取的。比如,烹调肉的一个众所周知的方法是在恒温下加热。一个体弱者每天坚持同样的锻炼,可以变得身强力壮。

　　柯亨的发展命题是以三个事实为前提的:第一,人,就其特点来说,是有理性的。理性的人知道如何满足他们具有的强制性的需求,他们要竭力去攫取和使用满足那些要求的手段。在这方面,人当然在某种程度上是理性的,而且这是一个永久的方面。第二,人的历史境遇是一种匮乏的境遇。所谓匮乏是指由于人的需求和外部自然的特点,如果他们不花费大部分时间和精力做他们不愿意做的事情,就不能满足这种需求。他们从事劳动不是目的本身。人类的需要,不管其历史上种种不同的内容是什么,很少是完全单独由自然来供给的。某些哺乳动物容易得到它们所需要的东西,而对其他的生命来说却要为获得生活资料进行无穷的斗争。人,除了特殊情况,是处于不幸者当中的,他们只能不断地改造环境来使其适应自身。第三,人具有的聪明才智及其程度使他能够改进他的处境。人倾向于反省他们正在做的事情和识别做事的最好方法。知识扩大了,有时这种扩大可以用于生产,并且看到了的确如此。由于他们的理性和他们的严酷处境,当知识提供扩大生产能力机会的时候,他们

将倾向于抓住机会，因为不这样做是不合理性的，是违反人的理性的。

以上论证表明，生产力有一种必然的发展趋势。但"生产力的发展倾向贯彻整个历史"的发展命题，并不是要求在整个历史中生产力不间断地发展。柯亨指出，生产力的倒退在某种意义上好像是可能的，或者可以补充说，向更原始生产力的回复往往在技术上是不可能的。农业一旦与城镇工业相联系，它为农民提供机械、化肥和更多的动物饲养场，那么使人类生活回到工业前的耕作和饲养，在事实上就是不可能的了。再者，提高的生产力不仅更容易满足现实存在的需要，而且也产生新的需要，它是旧的手段不能满足的。例如，铁路一旦被使用，要回到马拉的运输方式就很难了，这不仅因为在那个时期以后，马的数量减少，而且制造马车的行业、马夫等，都已消失，同时也因为很难抛弃铁路带来的高度的机动性。

柯亨坚持认为，尽管马克思自己没有明确地来说明首要性命题，但是他确信这一命题。马克思不仅把这一命题运用于明显的、即将到来的向社会主义的过渡，而且也运用于不太普遍的现象，诸如 17 世纪的英国革命。马克思认为，一个阶级获胜和取得权力，是因为它与生产力的发展相一致，"……各种特权、行会和公会的制度、中世纪的全部规则，曾是唯一适应于既得的生产力和产生这些制度的先前存在的社会状况的社会关系。在行会制度及各种规则的保护下积累了资本，发展了海上贸易，建立了殖民地，而人们如果想把这些果实赖以成熟起来的那些形式保存下去，他们就会失去这一切果实。"①柯亨指出，这是对英国革命的根本解释。

生产力的首要性，对生产关系的决定—解释遵循了什么样的逻辑线路？生产力的首要性如何才能摆脱"一目了然的直觉判断"这样的诟病？这个问题关涉柯亨的学术宗旨，即清晰地说明历史唯物主义的基本原理，并为其提供"站得住脚"的逻辑解释。柯亨提出了生产力（技术）——→物质关系——→社会的（生产/财产）关系的双层解释模式。

柯亨引用马克思在《雇佣劳动与资本》中关于武器和军事组织的论述，来完善、改进生产力解释生产关系的逻辑构造。那段文字预设的前提是，军队倾向于最大限度地加强破坏力量，并为达到这个目的来组织他们自身。这就是

---

① 《马克思恩格斯文集》第 10 卷，第 44 页。

为什么随着新作战工具即射击火器的发明,军队的整个内部组织就必然改变了一样。柯亨区分了军队内部组织的两个方面:假设军队从步枪换成机枪,每一挺机枪需要三个士兵来操纵,将会更有效力,而在以前,一人一支步枪,没有理由组成三人一组。这是技术组织的变化,它可以引起权利结构的变化。现在指定每三人一组中的一人做班长,并授予他管另外两个人的某些权力。对于使用步枪来说,没有理由把等级制度划分到如此低。如果任命了班长,那么权威关系适应破坏手段的发展而改变,他对权威结构的影响是以那些手段所需要的新的技术关系为中介的。破坏力量决定技术组织从而也决定权威结构。由此,柯亨断言:在生产力决定社会的生产关系中,往往有两个可比较的相关层次:(1)新生产力需要新的物质的生产关系;(2)而它又需要新的社会的生产关系,新的权威形式和权力分配。

中世纪早期对重犁的使用就是一个例子。在它出现以前,那种小块土地上不可能有效地使用它。"旧的方块地不适用于新犁:要有效地使用它,村庄的所有土地必须重新组合为宽阔的无栅栏的'开放土地',以适合在长带状的土地上耕作。"①由于生产手段的改变,使合作耕种土地成为必要。合作是一种物质的生产关系。由于它的设立,带来了社会后果:由于要在开放土地上共同工作,必须放弃先前对于小块或小条土地的所有制权力。双层决定——从生产力到物质关系再到社会关系——中的另一情况,是关于对劳动力的支配权。支持直接生产者的机动性的移民法,被"新工业革命带来的新环境的不可抗拒的压力"破坏了。因为在现代生产线上大规模生产要求采用更集中的劳动,因此需要新的物质的生产关系,这些又需要"劳动的自由流通",即移民的权力(它那时受到否定)。由于法律禁止人们移动,所以生产力被破坏,被无视,最后被废弃,在它的废墟上新的社会生产关系形成了。社会变化特别是由社会的生产关系的变化造成的,其功用却促进了物质关系和生产力的变化。在上述例子中,过时的所有制关系是通过阻止适合生产力的物质的劳动关系的形成,来阻止生产力发展的。

柯亨的上述思考实际上是在对"技术决定"作出两种区分,即"适应性"决

---

① White,J R.,L.,*Medieval Technology and Social Change*,Oxford,1962,p.44.参见 G.A.Cohen,*Karl Marx's Theory of History*,p.167。

定与"产生性"决定。生产的物质关系（社会劳动方式）只是所有制形式的适应性决定因素，而不是所有制关系的产生性决定因素。社会劳动方式对所有制形式有一个适应性决定关系，而劳动资料的技术性质对社会劳动方式有一个产生性决定关系，按照这种逻辑传递关系，也大致可以说劳动资料的技术性质对所有制形式也存在一个适应性决定关系。例如，马克思所说的手推磨产生的是以封建主为首的社会，机器磨产生的是以资本家为首的社会，就可以看做是劳动资料的技术性质对所有制形式的适应性决定，因为封建主是可以和手工工具基础上的小生产相适应的，而资本主义是可以和机器工业相适应的。社会劳动方式对所有制形式的这种适应性决定，是生产力决定生产关系（技术决定论）的第二层含义，生产力决定生产关系的第一层含义，是劳动资料的技术性质决定社会劳动方式。这样，"生产力决定生产关系"这个命题就分解成两个命题，即劳动资料的技术性质产生性地决定社会劳动方式，社会劳动方式适应性地决定所有制形式。

三、"技术决定论"辩护

柯亨的技术批判是从唯物史观立场出发对技术的功能阐释。技术批判的表现形式是对"技术决定论"的辩护。

柯亨在分析了技术决定论的两个确切含义的基础上，为之作了辩护。人们否认马克思认同生产力的首要性，并不是因为对马克思文本的无知。柯亨认为有三个理由：第一个理由是先验地作出所谓"马克思的立场是正确的"假设的意向，又确信历史事实没有证实马克思的首要性命题。第二个理由是知道有明显相反的原文——按照这些原文，似乎生产关系决定生产力的发展。第三个理由是首要性命题被认为是贬低人道主义，因而这是我们不能归咎于马克思的观点的。采取这一路线的人们诬蔑这个命题是"技术决定论"，指责它把机械的和同类的低于人类的力量作为历史发展的动力。按照技术的观点，非人的东西优胜于人。柯亨指出，技术决定论说了两件事情：它是技术的，以及它是决定论的。还可以想象一个是非技术的决定论和技术的非决定论。历史唯物主义观点可以称为技术的观点。这些反对派的评价表明，人们没有重视在事实上和在马克思的理解中，生产力的发展和人的能力的发展之间的广泛的一致性。一旦人们注意到生产力的发展主要是人类劳动能力的增长，

那么强调技术便失去了它贬低人道主义的假象。生产力的发展是"个人自主活动方式"的进步,它是与"人的发展"相携并进的。

奴役人的能力首先是属于社会关系的,不是属于物质力量的:正是生产关系当它阻碍物质发展时成为桎梏。生产力不会奴役人,因为人不可能是自己能力的奴隶。马克思这样说:"受分工制约的不同个人的共同活动产生了一种社会力量,即成倍增长的生产力。因为共同活动本身不是自愿地而是自然形成的,所以这种社会力量在这些个人看来就不是他们自身的联合力量,而是某种异己的、在他们之外的强制力量。关于这种力量的起源和发展趋向,他们一点也不了解;因而他们不再能驾驭这种力量,相反,这种力量现在却经历着一系列独特的、不仅不依赖于人们的意志和行为反而支配着人们的意志和行为的发展阶段。"①历史是人的能力发展的历史,然而它的发展过程是不以人的意志为转移的,但这并没有把某种超人(extra-human)的东西放在历史的中心。

某些马克思主义者从生产力和生产关系在历史上的各自作用这个纠缠不清的问题,转向断定历史的"动力"是阶级斗争。马克思对主要的社会变革的直接解释常常是根据阶级斗争,这是对的。但柯亨指出这不是对社会变化的根本解释。比如,考虑一下国家之间的斗争,以及它如何解释它所解释的东西。战争及其结果在很大程度上决定了欧洲地图上国与国之间的边界。然而要求对这些边界作出解释的人,不会满意这样的回答,认为边界的形成是由不同时期交战军队的军事实力形成的。他将要求知道为什么强者强大和弱者弱小。

阶级斗争的解释能力同样是有限的。资本主义的发展是在资产阶级战胜了资产阶级以前的统治阶级的时候,社会主义是在无产阶级战胜了资产阶级的时候开始建立的。然而,为什么成功的阶级成功? 马克思在生产力的性质中找到答案。一个统治一个时期的阶级,或一个在划时代的斗争中取得胜利的阶级,是最适合、最有能力和倾向于在既定的时期内促进生产力的发展。因此,马克思不止一次承认,统治阶级这样不仅增进它自己的利益,而且增进大多数人的利益,直到它的统治变得过时,并且变成反动的。革命不在于生产力

---

① 《马克思恩格斯文集》第 1 卷,第 537—538 页。

的改变，而在于社会关系的变革。然而，它的发生却是因为生产力的发展受到阻碍，革命将使它能够重新发展。革命的社会变革的作用是解放生产力。由于焦点集中在生产力的发展，历史变成一个一贯的历程。也许历史实际不是一贯的，然而马克思认为它是，而且他说是物质力量的发展使它如此。

柯亨对其他学者称自己为"技术决定论"者并不完全认同。技术决定论建立在这样两个原则基础上：技术是自主的，技术变迁导致社会变迁；其理论可分为两大类：强技术决定论和弱技术决定论，前者认为技术是决定社会发展唯一重要的因素，而后者则主张技术与社会之间是相互作用的。技术决定论的典型代表是埃吕尔，温纳相对而言则是温和的技术决定论者。柯亨至多可以算作"弱"的技术决定论者。

（1）"技术决定论"并非一个褒义词。特别是在人们深切感受到技术所产生的巨大负效应之时，批判理论对技术的批判使人们似乎看到了技术作为意识形态对人的奴役。

（2）"技术决定论"这种称呼本身具有笼统、断言的绝对化特点，将社会历史的发展归结为某一种因素，缺乏分析和实证的支撑。柯亨虽然认为把整个社会复杂的现象和问题归结为单个决定因素明显有巨大的危险，但又认为要阐释历史因素的集合，不可能不去辨别出一个因素是更有效、更具强制力的。

（3）柯亨并不是严格意义上的"技术决定论"者。除了技术之外，他还强调文化、宗教、伦理等方面的因素。他所谓技术的"首要性"的本质在于功能解释，即是为了建立一种站得住脚的历史理论所需要的一种解释，尽管他也在逻辑生成的意义上使用过"首要性"。

（4）在归根到底的意义上，历史不能归结为技术之外的别的东西，即技术之外的其他因素最多只是决定历史发展的要素之一，但绝非首要的因素。

（5）"技术决定论"的前提是技术自主论，这与柯亨对技术本质的理解不一致。柯亨倾向于技术工具论。

我们认为，柯亨运用分析哲学的方法对两大命题的建构呈现了技术在历史发展中的首要性，为社会批判提供了科学的方法论指导。技术的首要性支撑了技术批判的合理性，并最终支持了社会批判的科学性。因而，首要性命题是技术批判与社会批判的理性准则。柯亨把发展命题（甚至技术本质的界定）建立在处于物质匮乏境地的生产者个人的理性基础之上。在一些学者看

来,发展命题暗含着超历史的理性解释。德布拉·萨茨虽然没有否定柯亨的发展命题,而且肯定"柯亨捍卫了历史唯物主义的'技术'解释",但她认为"柯亨关于有可能完全以物质和技术原因来解释社会发展这一核心主张是错误的","在解释社会发展的实际过程时,还必须求助于其他原因,特别是伦理的原因……伦理原因也隐含在马克思自己对历史变迁的解释中"。① 我们看到,在社会批判的第二种路径上,柯亨实际上启用了另一个批判标准作为技术首要性标准的补充,那就是规范的政治哲学标准。

四、社会批判的技术范式

社会批判的首要问题是回答社会批判的"标准"和"规范",即社会批判的理性标准和规范基础。柯亨的技术本质论实际上消解了指向技术的批判。这样一来,既然时代的问题不是技术本身的问题,从技术批判走向社会批判就成了唯一的选择。而且在技术的逻辑服从资本的逻辑的当代社会,我们不能对技术进行过多的谴责,以致用技术批判代替社会批判。对技术的哲学思考必然辐射到现实的社会历史思考,技术批判必然延伸为社会批判。与柯亨早期或同期的社会批判理论以文化批判、意识形态批判、日常生活批判来取代物质的技术批判和社会批判,似乎弘扬了批判精神,实际上失去了批判的科学理性,最终无法逃脱旧意识形态的窠臼。柯亨坚持正确的技术批判之路,主张抽象的"主体思维"范式转向"技术范式"。对技术本质的透视是柯亨技术批判的重要部分,而这一追问又立足于唯物史观的理论视野。尽管现代技术已经体现为一种"超现实"的统治力量,但它的本质仍根植于现实的感性生活世界之中。柯亨技术批判的任务之一就是揭示技术"脱离"生活世界的虚假性,并揭露这种"脱离"是如何得以发生的。

柯亨的技术批判与社会批判立足于"一种传统概念"②。这个理论的基本观点是:历史从根本上来说是人类生产能力的增长,社会形态的兴起和衰落都取决于它们是促进还是阻碍这一增长。这个理论的最经典的表述是马克思在1859年《〈政治经济学批判〉序言》中著名的论断,其实质意蕴是生产力、生产

---

① ［美］德布拉·萨茨：《马克思主义、唯物主义和历史进步》,载［加］罗伯特·韦尔、凯·尼尔森编：《分析马克思主义新论》,鲁克俭等译,中国人民大学出版社2002年版,第308页。

② G.A.Cohen,*Karl Marx's Theory of History*,p.x.

关系和上层建筑之间的内在联系及矛盾运动构成了历史发展的主线，从而也构成了马克思历史理论的逻辑主线。柯亨对历史的"技术"解释可以看作是朝着科学的批判理论的回归之路迈出了坚实的一步。

在对马克思历史理论的重构中，柯亨多次援引社会的物质性与社会性的区分：正是由于社会的，而不是物质的环境使得军事防卫成为农业所必需的；科学活动虽然是精神的，但同时是物质的，借由物质性的特征来支持；生产资料和消费资料之间的区别并非确认它们之间的物质的区别；生产的物质方式和社会方式的差异亦源于这一区分。

马克思经常注意严格区分什么是和什么不是社会的（经济的）特征，比如，"黑人就是黑人。只有在一定的关系下，他才成为奴隶。纺纱机是纺棉花的机器。只有在一定的关系下，它才成为资本。脱离了这种关系，它也就不是资本了，就像黄金本身并不是货币，砂糖并不是砂糖的价格一样……"[1]"机器正像拖犁的牛一样，并不是一个经济范畴。机器只是一种生产力。以应用机器为基础的现代工厂才是社会生产关系，才是经济范畴。"[2]"从社会的角度来看，并不存在奴隶和公民；两者都是人。其实正相反，在社会之外他们才是人。成为奴隶或成为公民，这是社会的规定，是人和人或 A 和 B 的关系。A 作为人并不是奴隶。他在社会里并通过社会才成为奴隶。蒲鲁东先生在这里就资本和产品所说的话，意思指的是，从社会的角度来看，资本家和工人之间不存在区别；其实恰恰只有从社会的角度来看才存在着这种区别。"[3]但"资本不是物，而是一定的、社会的、属于一定历史社会形态的生产关系，后者体现在一个物上，并赋予这个物以独特的社会性质。资本不是物质的和生产出来的生产资料的总和。资本是已经转化为资本的生产资料，这种生产资料本身不是资本，就像金或银本身不是货币一样。社会某一部分人所垄断的生产资料，同活劳动力相对立而独立化的这种劳动力的产品和活动条件，通过这种对立在资本上人格化了"[4]。柯亨指出，这些界限的区分是根据社会的内容和形式之间的区分，尽管马克思的表述有时不甚明晰。人和生产力构成它的物质内容，生

---

① 《马克思恩格斯文集》第 1 卷，第 723 页。
② 同上书，第 622 页。
③ 《马克思恩格斯全集》第 30 卷，人民出版社 1995 年版，第 221—222 页。
④ 《马克思恩格斯文集》第 7 卷，第 922 页。

产关系赋予内容社会形式。在成为生产关系时,人和生产力具有了这些关系构成的形式的特征:黑人变成了奴隶,机器变成了不变资本的一部分。

　　问题的复杂性在于,人们之间的某些关系不是社会的而是物质的。我们怎样把物质从社会状况中划分出来? 柯亨让我们试试这个标准:一个描述是社会的,当且仅当它需要把人——指明或不指明——归属于相对于另一个人的权利或权力。① 按照这一标准,许多与社会密切相关的事实,是自然的或物质的,而不是社会的事实。例如,大量的铁矿石是可以得到的、铁路横跨大地、电在使用中、半数的劳动力从事农业。马克思把这叫做发达社会的"超经济"事实。我们可以设想对一个社会的完全物质的描述—— 一个"社会中立"的描述——我们不能从它推论出社会形式。它将提供广泛的信息,详述人的物质能力和需求、对他们有用的资源和设备、他们的科学知识。但是所有制的类型,权利和义务的分配,社会地位,将得不到说明。虽然我们不能从物质描述中演绎出社会关系,但是我们可以根据一般的或理论知识推论出它们。物质描述抓住的是一个从属于社会的自然。在"自然"的这个意义上,自然当然是历史的产物,作为社会形态的结果并在社会形态中变化。社会组织中的人类要干预它所处的环境,改造它,同时也改造自己的人性,因为在遭遇过程中它发展了自己的能力和需要。生产力的发展表现在对自然的改造,社会经济结构是这一发展进行的形式,是它的"发展形式"。生产力的发展,相对于劳动力的发展来说是强加的新的地理、新的物质环境,有了一定发展水平的生产力,就有一套生产关系或社会形态的框架适合于那种能力的发挥和进一步发展。人与自然之间的关系是以社会形态为中介的:它不在它之外存在。因而自然的发展,从社会中立的角度描述是一种抽象,但这是具有重大理论意义的抽象。因为社会制度的主要特征是由它们对改造自然所作的贡献来解释的。生产能力是在社会中发展的,但其特点又是自然的。甚至于科学知识虽然是中立于社会的,也是人类的一种自然能力。生产力和生产关系之间的熟悉的区分,在马克思那里,是自然和社会的各种对比之一。这些对立和统一的要点是,社会的物质或内容是自然,其形式是社会形态。柯亨认为:"马克思的唯

---

① Cf.G.A.Cohen,*Karl Marx's Theory of History*,p.94.

物主义或许是几种东西，但是把社会历史解释为物质的发展，肯定是其中之一。"①

　　社会的内容和形式之间的区分不仅在理论上是丰富的，而且其主要的意义在于有助于对资本主义的批判。由于把焦点集中到资本主义经济形态中的物质过程，因而可以对资本自诩是创造物质财富不可替代的手段产生怀疑。内容和形式的混淆往往支持反动的假象，即物质的生产和物质的增长只有通过资本家的投资才能实现。在为资本家的作用辩护时，有人会说，有些人必须提供资金，有些人必须做工。这样一来，生产的物质需要便与满足它们的特殊的社会形态混淆了，因而它成了反对批判的证据。马克思指责资产阶级的政治经济学有意或无意地把资本主义的形式与其基本内容糅合起来。作为有用的物质对象，生产力是使用价值，因此这样考虑生产力"不属于社会范围"。这一真理被"三位一体公式"所玷污，它把"资本、土地、劳动"作为生产的三要素。因为"土地"和"劳动"标志物质因素，它"不对社会形态作什么"，"资本"是社会的表现，标志生产资料在一个历史阶段所具有的资本主义形式。与三位一体公式相对立，马克思把"实际（即物质的）劳动过程"和"生产的社会过程"进行比较，这是资产阶级经济学家所分不开的。经济学家的错误不是认为资本主义是唯一可能的经济形态——他当然知道还有过其他的经济形态——而是他没能区分资本主义本身的内容和形式。它包藏着一个他不能公开得出的结论，即形式像内容那样是永恒的，由于生产总是需要生产资料，因此它也总是需要资本。他们的错误也不是由于对生产作了历史的非具体的论述。经济学家把关于一种社会形态的特殊概念引入那种论述，比如把"资本"作为生产资料的同义词来使用。在各种更庸俗的资产阶级辩护中，资本家不仅必须提供资本，而且管理企业。反对意见认为，管理的功能可以是被委派的。如果某人被需要去管理企业，那它不是委派者，而是被委派者。进一步的观点是，在经理的任务中，人们可区分什么是应归于内容的和什么是应归于形式的。组织生产属于第一个，管辖工人以使他们努力工作，属于第二个。后者产生的支出是生产的虚费（faux frais），这种费用的产生不是由于物质的强制而是由于对抗性的社会关系。人们也可以区分真的和假的货物流通费用，第

---

　　① Cf.G.A.Cohen,*Karl Marx's Theory of History*,p.98.

一个是作为物质货物的流通费用,诸如运输费用,第二个是作为商品的流通费用,如银行会计的费用和商人所得的报酬。社会管理不能改变物质的必需品,但是社会管理却可以被改变。当它们与它们所管理的必需品相混淆的时候,它们也显得具有后者的不变性。

当代关于未来自然资源的供给问题,有其物质方面和经济方面。资本主义的支持者把困难归结为它的物质方面,而不能忍受左派把它完全归结为资本主义社会形态。两方面都需要注意。能源的供给是有限的,这是一个物质的事实。然而资本主义经济形态加剧了这个问题,它在单纯追逐利润中滥用短缺的资源。

柯亨强调,马克思的革命理论基本上运用了自然的和社会的区分。① 当在各种社会形态中被创造出来的物质总和超过了容纳它的社会的时候,革命就要到来。在这一冲突中,物质发展得以实现,社会形态则被"抛弃"。

第三节　平等主义的技术价值论

一、技术本质的解蔽与回归

柯亨的社会批判以技术的首要性为理性准则,对社会结构、社会政治、经济与文化等领域存在的现实问题进行了多角度的批判。社会批判是其技术批判的逻辑延伸,批判的根本目的在于纠正社会对技术的异化,恢复技术的本质功能,使技术的本质得到现实的展开。社会批判服务于技术的本质(功能),这是社会批判的本质之所在。技术通过社会形式奴役人,技术异化不可避免,所以,必须进行社会批判,以解蔽覆盖在技术身上的不当的社会形式。在柯亨看来,技术对人的奴役的根源在于技术的资本主义应用,不平等、不自由以及经济生活的异化都源于此,因此,要消灭这种奴役就必须消灭生产资料的资本主义私有制,使社会成为全部生产资料的主人,恢复技术的原本属性,使技术

---

① 柯亨在为马克思辩护的同时,也向穆勒(J.S.Mlill)表示了同情,他认为穆勒不但不是马克思所批评的那样,混淆物质的与社会的性质的目标,而且穆勒也提出了相同的警告:人们必须把生产的物质条件同它的同时代的市场体制区别开来。柯亨的观点是:"马克思的追随者不应该认为马克思所批判的每一个人都是罪有应得的。"参见 G. A. Cohen, *Karl Marx's Theory of History*, pp.108–111。

不再成为奴役人的手段，而回归技术作为人解放自己的"手段"本身。

"资本主义生产的目的首先不是'获得别的产品'，而是占有价值、货币、抽象财富。"[1]在我们这个时代的资本主义中，对抽象财富的追逐仍在迅速地蔓延。所有的企业不论哪个领域，不论基于何种目的，如果不想破产的话，都必须服从这样的规则：追求扩大交换价值。任何企业都不能不以此为目标，所有的管理者都决心致力于扩大 M 和 M′之间的差别。柯亨认为这是一个悖论，即正是在这个社会中，消费，按照自古以来的传统，它的需要是自然有限的，但消费者的需求变得膨胀起来。如果生产的目的是使用价值，生产和消费都会比现在少得多。柯亨揭示了这个悖论产生的原因，然后揭示与它相关的资本主义矛盾。

资本主义社会应当对空前规模的技术力量和空前的技术发展速度负责。这是因为，它的工业决策者面临的竞争环境迫使他们提高生产过程的生产能力，而且这种强迫在资本主义发展到"垄断阶段"时也没有停止过。改进生产力是在表示资本主义所有阶段特征的多方面的竞争中持续存在和获得成功的一个条件。生产能力的改进，无论是节约劳动还是节约资本，都可以有两种用处。一种是利用已提高的生产能力去减轻辛苦、扩大闲暇，同时保持产量不变；另一种是增加产量，同时维持原有劳动强度。但资本主义一贯倾向于选择产量的扩大，因为另一种选择，即减轻劳累和增加闲暇，会威胁到产量和销售的增加并带来与之相关的利润损失，同时，会失去竞争的力量。因此无限制地追逐消费商品，是以交换价值而不是消费价值为方向的生产过程的一个必然的结果。

发达资本主义的生产技术产生了一个空前未有的机会，即把人们从劳累中解放出来，然而资本主义经济组织的生产关系妨碍了这一机会的实现。在资本主义历史的早期阶段，偏向于产量使资本主义制度具有了进步的历史作用：资本主义是从匮乏开始的，是生产物质财富的一个不可缺少的发动机，这正是它的"历史的合理性"。但随着匮乏的减少，同样的倾向使资本主义制度成为反动的。它不能实现它曾经创造的人类解放的可能性。它是通过狂热的产品更新、在销售和广告上的巨大投资和人为的商品淘汰来排斥解放的。它

---

① 《马克思恩格斯全集》第 34 卷，人民出版社 2008 年版，第 571 页。

把社会带到了富裕的入口处而又锁上了大门。因为期望中的富裕,不是无止境的商品的涌流,而是以最低限度的不愉快的劳作生产出来的充裕。发达资本主义的原动力是与平衡的人的生活方式的期望相敌对的,它必然会打乱物理自然的均衡,当前和未来的环境污染、能源枯竭,就是明确的例证。发达资本主义的特殊矛盾使这一制度倾向于对资源的过度利用。然而,没有奇才或机制能很好地平衡这些冲突和对抗,结果就是在一些方面是荒唐的过度利用,在别的方面则是有害的不充分的利用。这就导致了对片面追求经济增长的批判。

加尔布雷思(J.K.Galbraith)认为追求产量的偏向不是"意识形态的幻想"而是"决定经济社会形态的技术和组织的迫使"。① 柯亨指出,即使我们承认高新技术带来了新的权力关系,由工程师、市场分析专家、人力资源专家、经济学家组成的技术组织并非必然会偏爱增加商品,除非引入对利润的追求这个变量。因此,技术给具有技术知识的人以权力这个命题,不能解释为什么有技能的人获得进步,以及通过提供商品而非闲暇和更好的工作环境而获得的声誉被设想为目的本身。"解释这些现象的是技术以外的事实,即这种技术是出现在资本主义经济结构中。假设工业是在不容怀疑的专家们的手中,那这样的环境就留在产量和闲暇之间做选择的可能。后一种选择被取消仅仅是因为资本主义积累的强制。"②

柯亨的主张和论证是:(1)资本竞争促进生产能力的增长。(2)生产能力的增长能使产量扩大,也能使劳累减轻。(3)资本主义的竞争造成片面追求扩大产量而反对减轻劳累。(4)更多的产品和更少的劳累都有利于人。当前给予的商品和闲暇将决定目前生产能力的增进用在哪方面更可取。有时用在增加闲暇上是更可取的。(5)因为资本主义总是偏爱扩大产量,因而由于这一原因和在这一范围内,它在一定条件下将是有害的经济制度。(6)因为某些价值在于"很高",某些价值在于"很多",因此,当消费很高而工作日很多的时候,资本主义就是有害的。(7)当今美国的消费恰恰很高,工作日恰恰很多。因此,(至少)美国的资本主义对于人的福利在我们所说的方面是起有害作用的。这个论证的基础是一个毋庸置疑的命题,用马克思的话来说,即资本主义生产是

---

① J.K.Galbraith, *The New Industrial State*, p.18. See G.A.Cohen, *Karl Marx's Theory of History*, 2000, p.308.

② G.A.Cohen, *Karl Marx's Theory of History*, p.308.

为交换价值的生产。当A.P.斯隆说挣钱而非汽车才是汽车工业的事业时，他意识到了这个真理，这才是为什么他制造出那么多汽车的原因。如果他的目的不是挣钱而是提供给人们一种有效的和无害的运输形式，他就会生产得少一些。我们从斯隆的洞见得出的结论是，资本主义将为了产量而放弃摆脱劳累的自由，这是一个很直接的推论。可是，提出有利于资本主义论证的教科书却没有注意到这一点。这个结论之所以被忽视是因为它关系到对资本主义的评价。柯亨的结论是：资本主义不仅是产生特殊矛盾的充分条件，而且是必要条件。

但是，为什么同样的力量不抵制偏向产量的倾向？为什么工会普遍迫切要求更多的收入而不是更少的劳动？如果制度的偏向损害其成员的利益，为什么他们与它合作？当那个矛盾隐隐呈现的时候，为什么工会的方针不变？如果美国已经跨过边界进入矛盾，为什么工会方针还是它的老样子？

回答这种质疑的极端的前提是，许多要消费的东西并不给人以真正的满足，但是人们珍爱它，因为他们受到广告和意识形态的欺骗。广告的作用，是吸引消费者的注意力和强调它宣传的产品具有独立的可欲求的性质。不存在"闲暇广告"，因为企业没有兴趣资助它们，也不愿资助公开唤起买商品的劳动者不愉快方面的东西。当然，也有提倡所谓"闲暇产品"的，但为得到它们需要增加收入，而广告不提支持这种收入需要牺牲闲暇。因此，劳动者默许这种偏向，其本身可追溯到这种偏向，工人们被宣传媒介强调的功用所影响。柯亨说，我们批判资本主义，不是因为它引起了原来没有的愿望，而是因为，它引起的那些愿望其实现不能带来适当的满足。资本主义制度需要追求消费商品，它不关心它最后引起的满足的性质，除了说到高满足可以加强那种追求。制度不能容忍消费者满足于他们已经具有的东西。企业要求满足消费者，但一定不能使他们太满足，否则他们将买得少和工作得少，而企业将衰退。可以断定，一个充分重视产量的社会是不会提出闲暇的理论和实践的。这是片面追求产量的又一表现，它补充了对那种普遍默许的解释。

拜物教保护资本主义。一旦社会形式冒称具有内容的能力，它就使自己好像是永恒的和"单纯的人"，像内容本身一样。这反映在经济学家们的论述中，它伪装成生产的物质关系与其历史的和社会的条件直接结合在一起。活劳动的结果被归之于束缚它的资本形态。资本主义制度下高质量的劳动被认为是属于劳动本身。因此，对于劳动来说不存在从资本下获得解放的期望。

社会主义革命压制拜物教,它所要导致的共产主义状态可以描述为内容征服了形式。因为在取消交换价值时,共产主义使内容从拜物教化的经济中解放出来。它使社会从属于个人,因此正好推翻了拜物教。"各个人的产品和活动必须首先转化为交换价值形态、转化为货币,然后他们才能在这种实物形态下取得并证明他们的社会权力。这种必然性本身证明两件事情:(1)个人现在只能为社会而生产,而且只有在社会中才能生产;(2)个人的生产不是直接的社会生产,不是在其成员间彼此分工的那个社团所进行的生产。个人被包括在社会生产以内,但社会生产则是存在于他们之外的一种宿命。社会生产并未包括在个人之内,虽然个人都把社会生产看做他们共同的力量。"①

在共产主义社会,个人要求归还本属于自己但已经凝结在社会结构中的力量。使用价值取代交换价值,生产的物质过程剥除了它的粗鄙的和对抗的形式。在以前交换价值统治的社会制度中,那种束缚人们的超经济强制也不复存在,只有在自愿联合中的"个性的自由发展"。因为共产主义使任何事情不可能离开个人而存在。个人开始控制历史地改造了的自然,形式的统治终结了。拜物教是资本主义为了使生产发展而付出的一部分代价。形式不仅以拜物教支配了内容,而且遮蔽了它。当共产主义克服了形式并解放了内容的时候,遮蔽便消失了,科学不再为人的自我理解所需要。

形式的流行是因为它发展内容——改造自然是社会的功能。但由此能否得出自然一旦发展了,社会就要消亡的结论吗? 共产主义不仅使形式服从内容,而且也取消它吗? 共产主义没有形式吗? 答案是复杂的。当然,共产主义结束了形式对内容的压制。它解放了物质的一面:使用价值、生产力和个人。但是,它没有一种社会形式吗? 社会形式是一种结构,是人们之间有秩序的关系。按照这样的理解,设想形式的完全消失是一种乌托邦观念。在共产主义社会,人们也为了彼此而工作,但是,改变形式的范围,改变形式与内容之间的关系——这些不是乌托邦观念。

劳动分工的废除与社会结构的抑制相一致。马克思在《德意志意识形态》这篇著名文章中曾预言劳动分工的消失。下面这段文字阐明了形式压制的思想:"原来,当分工一出现之后,任何人都有自己一定的特殊的活动范围,

---

① G.A.Cohen, *Karl Marx's Theory of History*, p.308.

这个范围是强加于他的,他不能超出这个范围:他是一个猎人、渔夫或牧人,或者是一个批判的批判者,只要他不想失去生活资料,他就始终应该是这样的人。而在共产主义社会里,任何人都没有特殊的活动范围,而是都可以在任何部门内发展,社会调节着整个生产,因而使我有可能随自己的兴趣今天干这事,明天干那事,上午打猎,下午捕鱼,傍晚从事畜牧,晚饭后从事批判,这样就不会使我老是一个猎人、渔夫、牧人或批判者。"①马克思这里提出未来社会中活动(不论是不是劳动)的三个令人向往的特点。第一,一个人不会把自己局限于唯一的一种活动。第二,他不把他的几种活动中的任何一种与在一个固定社会结构中从事这一活动的作用联系起来。第三,他所做的是他想要做的。柯亨特别考察了第二个特点。共产主义的人打猎、捕鱼、牧羊和批判,"但并不就成为猎人、渔夫、牧人或批判者"。柯亨认为这句话,补充了开始对活动变化的断定。这个人甚至不连续的是一个猎人、渔夫和批判者,虽然他打猎、捕鱼和进行批判。因为他不是在任何这样一种活动中取得具有各种角色的结构中的一个地位,那样他可以识别自身,只要他作为一个猎人等有一段时间。柯亨试图引出的思想在这里也许更明显:"……在共产主义的社会组织中,完全由分工造成的艺术家屈从于地方局限性和民族局限性的现象无论如何会消失掉,个人局限于某一艺术领域,仅仅当一个画家、雕刻家等等,因而只用他的活动的一种称呼就足以表明他的职业发展的局限性和他对分工的依赖这一现象,也会消失掉。在共产主义社会里,没有单纯的画家,只有把绘画作为自己多种活动中的一项活动的人们。"②

柯亨认为,角色的废除是一个精确的指示,但是马克思把它赋予未来社会。责难他追求一个完全专注于个人的社会,是颠倒了他的目的。③ 既然他

---

① 《马克思恩格斯文集》第 1 卷,第 537 页。

② 《马克思恩格斯全集》第 3 卷,人民出版社 1960 年版,第 460 页。

③ 认为马克思对分工的批判值得同情并给予批判性评述的并非柯亨一个人。参见 Allen E.Buchanan, *Marx and Justice：Radical Critique of Liberalism*, Methuen, 1982, pp.22−24; Graeme Duncan, *Marx and Mill：Two Views of Social Conflict and Social Harmony*, Cambridge University Press, 1973, pp.182−183; Agnes Heller, *The Theory of Need in Marx*, Allison & Busby, 1976, pp.105−109; Beach Ollman, *Alienation：Marx's Conception of Man' in Capitalist Society*, Cambridge University Press, 1971, pp.160−161; Paul Thomas, *Karl Maax and the Anarchists*, Routledge & Kegan Paul, 1980, pp.148−149; Peter Worsley, *Marx and Marxism*, Ellis Horwood, 1982, pp.88−89。

批评在现代社会一个将军或一个银行家起很大作用,而纯粹的人却起微不足道的作用,那么他不会为全能的人(jack-of-all-roles)所感动,这种人不是一个纯粹的人,不管他以为他是什么。马克思要求个人与他人以及与自身都"这样"——在人与物的物质方面——面对面,而不需要机构的媒介。因为"社会活动的这种固定化,我们本身的产物聚合为一种统治我们、不受我们控制、使我们的愿望不能实现并使我们的打算落空的物质力量"[①]。可以毫不夸大地说,马克思的自由联合的个人构成了另一种可选择的社会,而不是一种社会形式。

柯亨认为,技术的存在取决于人的需要,其本质(功能)在于满足人的需要。早期人类创造及使用技术是为了解决其基本需求。而现在的技术则是为了满足人们更广泛的需求和欲望,并需要一个巨大的社会结构来支撑它。当社会结构形成桎梏,由技术发起的批判就开始了。当然,技术本身作为一种"工具"性存在不会替自己申诉,但因为技术的功能难以实现,导致人类的需求得不到满足,或得到了歪曲的、虚假的、没有尊严的满足,那么,作为历史主体的人——根据其占有技术的权利或权力不同而划分为不同阶级的人——就开始登上了历史舞台,技术的批判就演变为社会的批判,先是哲学的、政治的、经济的、伦理的批判,进而演变为实践的批判,直至技术重新获得新的形式,其本质功能得以重新发挥。社会批判的一切形式和形态都是服务于技术的本质(功能),这是社会批判的本质之所在。通过历史理论的"技术决定论"解释,柯亨对当代资本主义进行了理论和历史的政治经济学批判,全面阐述了自己的社会批判思想。柯亨的社会批判思想奠基于技术决定论,肇始于生产关系的隶属本质,显现于物质属性和社会属性的划分,展开于无产阶级不自由的结构,定位于人的自由、平等和解放,综合于社会主义和共产主义的社会制度追求。

二、技术发展的平等困境

在柯亨看来,技术批判与社会批判的主体是无产阶级。但是,当代资本主义社会阶级结构的变化,使无产阶级的"四个特征"发生了重大变化,社会批

---

① 《马克思恩格斯文集》第1卷,第537页。

判的历史任务被悬置。寄望于技术无限进步为物质前提的平等理想和"丰裕社会"遭遇了生态危机和资源枯竭的现实瓶颈。社会批判的策略因此发生了重要调整：一是靠技术，但不能只靠技术；二是做艰苦的理论工作，在现实条件下，追求自由与平等。柯亨从契约和剥削切入，准确剖析了不平等的起源。他以平等的名义质疑"自我所有"的合法性，批判"差异原则"是一种与资本主义所塑造的自私性格的冷静妥协，揭示了当代自由主义的虚伪。这就是柯亨开辟的社会批判的第二条路径，即规范的政治哲学批判，其理性准则在于规范的平等主义理论。

马克思主义与自由主义相比具有更大的平等主义特征①，但柯亨并不认同传统马克思主义对平等问题的处理路径②。他认为，马克思一方面将物质丰裕视为实现平等的前提；另一方面，实际上以分配原则的变换消解了平等问题本身，只是将分配问题从人们关注的视野中移除了，代之以自由和全面发展，因此，柯亨力图澄清马克思主义者信奉的美好社会制度的规范性基础。柯亨认为，平等、结社和人的自我实现这些价值无疑是马克思主义信仰结构中不可分割的一部分。尽管很多经典马克思主义者不承认自己赞同某种平等观，也许任何人都不可能明确地说出自己所赞同的平等原则是什么，但是所有经典马克思主义者事实上都赞同某种平等观。③

柯亨指出，虽然马克思主义极少用哲学术语来讨论正义，但马克思主义者不可能对正义漠不关心。相反，柯亨坚信，每一个有责任感的马克思主义者都会因为资本主义剥削的非正义而感到心焦，"自卡尔·马克思以来，对正义漠不关心的马克思主义者都是在自我欺骗"④。不过，经典马克思主义者对平等原则没有强烈的兴趣，研究甚少。他们把全部精力都放在价值观外围的僵硬

---

① ［加］威尔·金里卡：《当代政治哲学》（上），刘莘译，上海三联书店2004年版，第320页。

② 柯亨说："这一立场的某些支持者，包括我在内，都深深沉迷于道德哲学和政治哲学中那些过去并没有引起马克思主义者注意的问题。我们所关注的问题包括：对平等的信奉究竟要求什么？那些拥有生产能力且天资较好的人对于那些相对缺乏生产能力或有残疾或有特殊需要的人究竟负有何种类型的义务？我们寻找一个准确的剥削定义，也想知道剥削究竟为什么是不正当的。"（参见吕增奎编：《马克思与诺齐克之间——G.A.柯亨文选》，第157页）Also see G.A. Cohen, *Self—Ownership, Freedom, and Equality*, p.144.

③ G.A.Cohen, *Self—Ownership, Freedom, and Equality*, p.5.

④ Ibid., p.3.

的事实外壳上。

经典马克思主义者认为，经济平等既是历史发展所不可避免的，也是道德上正确的。对于前者，他们是完全自觉地认识到的，而对于后者，他们则多少有些自觉认识，但一旦追问起来，他们又躲躲闪闪。一个原因是，他们认为经济平等是历史发展所不可避免的，因此，经典马克思主义者没有花多少时间去研究为什么平等在道德上是正确的，究竟是什么使它具有道德上的约束力。[①]经济平等是受欢迎的，但从理论上去说明它为什么会受欢迎则是浪费时间，还不如去研究一下，如何促使它尽可能早点来临，尽可能少付代价……因为经济平等虽然总有一天一定会实现，但为这一天的到来所付出的代价，却与经济平等不一样，并不是不可避免的。

在两种据说是不可压制的历史趋势的共同作用下，经济平等最终一定会实现。[②]一种趋势就是有组织的工人阶级的兴起，由于工人阶级处于不平等的末端，这种社会地位会促使他们赞成平等。工人运动无论是在规模上还是在力量上，都会不断增大增强，最终一定能够把培育自己的不平等社会消灭。有助于实现最终平等的另一种趋势就是生产力的发展，即人类驾驭自然为人类服务的能力的不断增强。增长会带来极为丰富的物质财富，任何人都可过上富裕圆满的生活，所需的一切都可以免费从公共商店领取。物质的富足将来一定会实现，因此，所谓革命之后——无论是和平的还是血腥的，无论是合法的还是非法的，无论是激进的还是渐进的——不平等会以新的形式重新出现，并可能会出现无产阶级，这种论调是站不住脚的。正如马克思在《哥达纲领批判》中所说过的那样，在共产主义的低级阶段，可能存在一定程度的不平等，但是，"集体财富的一切源泉都充分涌流之后"[③]，这种不平等也会消失，因为每个人都可以拥有所需的一切。

柯亨认为，无产阶级在一定时期内确实不断壮大队伍，势力增强，但却从未成为"绝大多数"。最终，随着资本主义生产过程在技术上日益高精尖化，无产阶级发生分化，队伍减少，而资本主义生产却有望继续扩大规模，扩张势力，生产力的发展也遇到资源不足的障碍。科技知识的增长从来没有停止步

①　Cf.G.A.Cohen, *Self—Ownership, Freedom, and Equality*, p.6.

②　Cf.Ibid., p.7.

③　参见《马克思恩格斯文集》第3卷，第436页。

伐,将来也不会停止步伐,但是,把自然转化为使用价值的生产力却不可能与科技知识同步增长,因为地球这颗行星造反了:现已探明,地球的资源是有限的,由科技知识的不断发展所推动的使用价值的扩张,不可能无限进行下去。这导致了柯亨"对马克思主义关于平等前景的两大事实断言失去了信心"①,并打击了他对于平等前景必然性的信心。人们再也不可能坚持马克思的唯物论乐观主义,这种乐观主义是在环保思想产生之前出现的,是一种过度乐观。我们也必须摒弃社会可能性问题上的严重悲观主义,这种悲观主义常常与马克思物质可能性问题上的乐观主义相辅相成。

柯亨提出的要求是:我们不能像马克思一样在物质可能性上保持乐观主义,但是,如果我们还想维护社会主义事业,那么我们也不能赞同他在社会可能性上的悲观主义。我们不能光靠技术来为我们修补一切:如果一切还可以修补的话,我们必须自己动手,做艰苦的理论工作和政治工作。马克思主义认为,平等会由富足的物质赐给我们,但现实的事例表明:无论丰富的程度怎样,稀缺是人类社会的痼疾,我们不得不在稀缺的条件下去寻求平等,这意味着对立的主张、需求、志向的裁决总是不可避免的,因此,我们必须比过去更为清楚地了解,我们所要寻求的是什么,为什么我们的寻求是合理的,如何才能以制度的形式把它加以实施。这种认识应当是未来的社会主义经济学家和哲学家努力的指南。②

三、对社会不平等的批判

在柯亨的思想结构中,始终存在着一条明晰的张力线,其力量抗衡源自社会主义的平等理想与资本主义的自由权利之间的较量。平等的实现不可能在真空中完成,它必然带着现实的制度制约和思想烙印,还伴随着各种对人类不平等的精心辩护。这些作为意识形态而存在的思想经过数千年的进化,已形成一套互相免疫的论证体系,一次次挑战人类的美好社会理想,并以联动的方式阻挡了针对它们的社会批判,粉碎了人们打破魔咒的信心。柯亨主要通过批判自由主义者以或公开或隐讳的精巧形式对不平等(以及作为原因的私有

---

① G.A.Cohen, *Self—Ownership, Freedom, and Equality*, p.7.

② Cf.Ibid., p.11.

财产制)的辩护而展开对平等问题的阐述。私有财产体制之所以得到辩护,是因为它激活生产、捍卫自由和符合正义的原则。柯亨把这些称为经济论证、自由论证和正义论证。①

　　首先挑战柯亨平等信念的是诺齐克。② 诺齐克所倡导的资本主义"比我们今天所了解的更加纯粹。它没有社会福利税收,并且允许不平等,其程度远远超过了当代资产阶级社会的许多辩护者现在可以容忍的范围"③。

　　诺齐克的论证兼而具有柯亨所说的"三重论证"的意蕴。他根据自我所有的原则论证了财产私人占有的合法性,从而证明了私有制的合法性以及由私有制带来的不平等的合理性。古典自由主义者洛克认为,当一个人把自己的劳动和力量加之于自然无主的事物,就是使自己的东西与对象相结合,从而使之成为属于自己的私有财产。诺齐克把洛克的原则略加改造,使之成为:如果一个人对原始无主之物的占有未导致其他人境况的恶化,那么他的占有就是合法的。他还进一步认为,如果财产的初始来源是正当的,而每一个传递过程也是正当的,那么人们现今对于财产的所有也是正当的。其标准表述是:"无论什么,只要它是从一种公正的状态中以公正的步骤产生的,它本身就是公正的。"④其经典例证是著名的"张伯伦论证"。根据诺齐克的观点,我们把平等主义(egalitarian)的分配模式称为 D1(分配 1)。诺齐克举例推论说,D1只有以专制和不正义为代价才能得以维持。诺齐克精心设计的事例涉及最优秀的篮球运动员张伯伦⑤,上述陈述暗含的前提是自我所有权概念。诺齐克的论证就是说平等只能在以不公正为代价的情况下才能实现,因为维护和保障平等必须侵犯自我所有权。

　　在柯亨看来,上述说法是对财产私有制的赤裸裸的辩护。如果私人占有是正当的,财产的变动继承是合法的,那么由此而产生的不平等也是合理的,难道一些人的富足和另一些人的贫穷是天然的? 柯亨的思考触到了政治哲学

---

　　① 参见吕增奎编:《马克思与诺齐克之间——G.A.柯亨文选》,第38页。

　　② Cf.G.A.Cohen, *Self—Ownership, Freedom, and Equality*, p.4.

　　③ Ibid., p.19.

　　④ Ibid.

　　⑤ Cf.Robert Nozick, *Anarchy, State and Utopia*, New York:Basic Books, 1974, pp.161–162.See G.A.Cohen, *Self—Ownership, Freedom, and Equality*, p.20.

的一个核心命题：自由与平等的关系。一些人主张，人拥有运用自我所有的自由，只要这种运用过程不包含欺诈和侵犯，等等，就是合法的，它所产生的一切后果也是合理的。柯亨是以平等的名义质疑自由，而追根溯源，是要质疑自我所有的合法性。柯亨对诺齐克的反驳主要由以下三个论断构成：①

第一，前提推不出结论。也就是说，纵然我们承认自我所有，但由此并不能得到私有财产起源合法，其后的不平等合理这种结论。

第二，自由或自我所有能够与平等相容。柯亨提出了另一个命题来取代诺齐克有关外部世界"人人可得"的假设，这就是，外部世界归所有人共同所有，对于外部世界未来的使用，每一个人都拥有否决权。当平等主义有关外部资源的所有权的假设与自我所有论结合在一起时，最终的条件平等就能得到保障，不会产生贫富差距和不平等。

第三，质疑自我所有原则。自我所有原则不等于自主，也不等于康德的伦理主张："要把人当目的，而不是当成工具看待。"通过三个论证，柯亨认为，诺齐克并没有真正阐明自由一定颠覆模式。

自由主义重视平等。平等的理念，已广泛实践于民主社会各个领域，如平等的政治及公民权利、法律面前人人平等、性别种族平等以及工作上的平等机会等。唯有在经济领域，财富分配上的贫富悬殊，在资本主义社会中却有愈来愈严重之势，全球分配不均的情况，更已达到触目惊心的地步。如果自由主义笃信道德上人人平等，怎么可以容忍如此巨大的贫富差异？一个声称重视平等的自由主义者，必须提出理由，证明贫富差异（在何种情况下及多大程度上）是道德上可以接受的。

对于这个问题，那些要为不平等分配提出辩护的自由主义者，如功利主义、自由至上主义，通常有以下几种响应。第一种观点认为，在崇尚自由竞争的经济领域，平等所要求的，只是最低限度的机会平等。只要人们不会由于种族、性别、年龄等因素而受到歧视，那么由市场竞争导致的收入差异，无论多大，都不违反平等的精神。这种观点的最大弱点，是它对机会平等的理解，实在过于单薄和形式，忽略了人们的阶级背景和天赋能力的差异导致的机会不平等。第二种观点认为，自由主义最重视的是自由和个人权利，而一个最少干

---

① Cf.G.A.Cohen,*Self—Ownership*,*Freedom*,*and Equality*,pp.19-115.

预的市场经济制度,则是平等地保障每个人的自由和私有产权的最佳安排。任何由政府进行的财富再分配,都会侵犯这些权利。这是右翼自由主义(libertarianism)惯常所持的观点。问题在于,这样一个小政府大市场的制度,并不见得最能够平等地保障或促进每个人的自由。相反,无限制的市场竞争和资本累积,却会导致贫者愈贫,富者愈富,从而令很多低下阶层的人,丧失他们的自由。再者,这种分配正义观,只强调个人权利的优先性,容许个人有很大的自由选择自己的行动及支配自己的财产,对于人类生活中存在的很多道德义务和限制,并不能作出充分的解释。① 第三种观点则认为,追求经济平等只会削弱人们的经济动机,降低他们的工作及投资意欲,阻碍经济增长,最后对所有人都没有好处。不平等之所以是正当的,是因为它通过推动经济增加了国民生产总值,从而增加了人类的总体幸福。这种说法十分流行,却并不是那么站得住脚。首先,人的动机并非固定不变。我们不必否定人有自利之心,但这却不表示人的所有行动都是由自利动机推动,因为我们同时也有正义感和服从道德原则的欲望。其次,一个人道德动机的强弱,和一个社会的文化、教育以至基本制度均有莫大关系。再次,即使不平等分配可以产生足够的经济诱因,却不表示它必然对所有人均有好处。它可以是只对一小撮极为富有的人有利,却损害大多数人的利益。相反,一些高税收、高福利的国家,虽然经济增长较慢,但整体生活素质却可以较很多实行放任资本主义制度的国家高得多。最后,"不平等分配促进经济发展"这个前提亦未必正确,因为过度的贫富悬殊往往会对经济发展带来反效果。

　　当然,很少自由主义者会赞成毫无节制的资本主义。毕竟很少人会认同,一个幼无所养、老无所依、阶级分化严重的社会,是一个理想和公正的社会。于是,为了补救右派自由主义的不足,部分自由主义者赞成一定程度的财富再分配,并透过资助教育、医疗服务以及提供失业保障等,使老弱贫病者的基本需要得到保障,借以调和资本主义的不人道。这是不同程度的福利社会背后的基本理念。但我们须留意,这种理念并不一定源于道德平等,而可以纯粹基于人的同情心或社会稳定的考虑。退一步,即使这种观点隐含了道德平等,财

---

　　① Nagel 称这种道德观为一种"最低度的道德观"(minimal morality)。Thomas Nagel, *Mortal Questions*, Cambridge: Cambridge University Press, 1979, p.116。这种观点的主要代表是诺齐克。

富再分配的程度也可以有限，因为他们担心，高税率下的福利社会，一方面会损害人们的私有产权，并导致不公平，因为那些在市场竞争中占优势的人，应得他们的收入；另一方面亦会削弱经济效率。就此而言，左派自由主义（liberalism）是相对于右派自由主义及社会主义的一种不得已的折中：既然平等、私有产权和经济效率三者均重要，而三者又难以调和，唯有在其中寻求妥协平衡。平等只是众多可欲的价值的一种，没有必然的优先性。①

罗尔斯在《正义论》中却认为，对于重视平等的自由主义来说，以上为资本主义的贫富差距所做的辩护都不成立。罗尔斯提出，只有在对社会中受益最小者（the least advantaged）最为有利的情况下，经济不平等分配才可以被容许。② 任何以社会整体利益、私有产权、应得（desert）、自利动机或经济效率等之名论证的分配不平等，都是不公正的。所谓"受益最小者"，是指那些由于天资能力较差，来自低下阶层或贫困家庭，又或由于在生活中运气较差，从而成为社会中收入最差，或社会阶级最低的人。差异原则实则意味着：在任何一种社会制度中，除非不平等分配同时能改善受益最小者的生活境况，否则平等分配便更为可取。罗尔斯相信，一个满足差异原则的社会，虽然仍然存在分配不平等的情况，但不平等的程度，会较今日西方福利社会还要低得多。罗尔斯称此为一个"民主的平等"（democratic society）社会。③ 如果差异原则成立，一个自由主义者便可以一方面对现存资本主义的贫富悬殊作出批判，另一方面又不必接受社会主义式的结果平等。更重要的是，罗尔斯声称，差异原则是一个立足于道德平等的论证，而非对人的自利动机或其他价值的妥协。它是从人人平等的理念直接推导出来的结果，而非在左派和右派之间一个毫无原则的拼凑。

以罗尔斯为代表的左翼自由主义者拒不承认包含在"三重论证"的大前提中的原则（资格、应得和总体效用）。更明确地说，他们在相应的根本层面

---

① 伯林便持类似的观点。Cf.Isaiah Berlin, *Four Essays on Liberty*, Oxford：Oxford University Press,1969,p.170。

② Cf.J.Rawls, *A Theory of Justice*, Oxford：Oxford University Press,1972,p.322.（Revised Edition）,1999,p.266.

③ Cf.J.Rawls, *A Theory of Justice*, Oxford：Oxford University Press,（Revised Edition）,1999, Preface.

上拒绝了这些原则。资格证明(qualification)之所以是必要的,是因为左翼自由主义者承认应得和资格(entitlement)在贡献和补偿的图式中是合法所得的准则,而贡献和补偿却不是植根于应得和资格观念之中的。但是,右翼和中间派有时还提出了一种不平等论证,而自由主义者并不厌恶它的大前提。该论证的大前提就是如下原则:各种不平等之所以是正当的,是因为它们尽可能地改善了穷人的境况。① 在这种版本的不平等论证中,他们的高额收入显然使有才能者比他们本来生产得更多;而且,由于那些最上层的人所享受到的激励,那些最终成为底层者的人的境况好于他们在一个更平等的社会中的可能境况。

罗尔斯理论视正义为社会灵魂,它有两个原则,其一是以总体概念来体现自由、平等与正义的关系。其二是以劣势者人群的处境为出发点的差异原则,在他看来,"所有的社会价值——自由和机遇,收入和财富,以及基本的自我尊严——应该同等地分配,除非对任何或者全部这些价值不平等的分配是为了每一个人的利益"②,或者更精确地说,"是为了劣势者的利益"。差异原则可以允许大范围的再分配,也允许趋向更不平等——只要有利于最小受惠人的利益。左翼自由主义者否定了如下事实性主张:英国或美国的巨大不平等实际上有利于穷人;但是,他们往往同意如下看法:如果这些不平等有利于穷人,那么它们可能是正当的;此外,他们还为这样的不平等进行辩护:在他们看来,这些不平等从激励的角度来看可能是正当的。柯亨认为,这就是罗尔斯著作的主题。罗尔斯所说的差异原则证明了这种政策的正当性。

柯亨针对这一观点进行了深入的批评。因为在他看来,这与穷人和富人都属于同一个道德团体(或者更准确地说,是柯亨所谓的"用以辩解的共同体")不一致。富人声称的"激励",实际上是一种敲诈,他们借此威胁,除非他们得到特殊的报酬,否则他们将不会作出自己的贡献。这是一项经常在发生冲突时提出的要求,但是,柯亨指出,它不会是由用以辩解的共同体中的一个成

---

① Cf. F. A. Hayek, *The Constitution of Liberty*, Chicago: Chicago University Press, 1960, pp.44-49.

② J.Rawls, *A Theory of Justice*, 1971, p.62. 参见[美]约翰·罗尔斯:《正义论》,何怀宏等译,中国社会科学出版社 1988 年版,第 56 页。

员向另一个成员明明白白地提出来:这样一个团体的成员,有义务说明其行为的合理性,而提出一种威胁并没有给出可以被接受为合理的那种理由。在这一批评的过程中,柯亨表达了他的质疑,在他看来,在一个正义的社会中为了使劣势者获得更好的处境,不平等并不是必要的。不平等是必要的只是因为优势者使它们成为必要的。说不平等是必要的,是为了提高劣势者人群的处境,只是一种误导。事实上,差异原则认可了一种以物质激励策略为中心的对不平等的论证。这个想法就是,有才能的人当且仅当获得比普通工资更高的报酬时,他们才会生产得更多,因而他们的一些超额产品还可以为了境况最差者被征收。在差异原则的条款中,这种因不同的物质激励而引起的不平等被说成是正当的,因为,据说不平等可以有利于境况最差者:这种不平等对他们安置在目前所处的地位是必要的,无论他们的地位可能仍然多么微不足道。①

　　柯亨认为,尽管该论证在以冷静、非人格的形式提出来的时候听起来似乎是合理的,但当我们把它的提出形式修改为如下形式时,它听起来并不是那么合理:一个有才能的富人向一个穷人宣布了该论证。② 当激励论证出现在那种人际环境中的时候,它就发生了这种贬值;这一事实会影响我们对激励论证所暗中推荐的那个社会的本质的评价。由于一种规范性论证是谁提出和/或向谁提出的问题,所以它常常会呈现出特殊的面貌。如果给出实施一种行为或批准一项政策或采取一种态度的理由,那个(些)被要求如此行动或批准或认为的人的适当反应和不同位置的观察家们不断提出的反对观点,可能都依赖于谁在说和谁在听。这种结构的极端事例是向绑匪支付赎金的论证:仅当绑匪收到赎金,被绑架的儿童才会被释放。有各种各样的理由不向绑匪支付赎金。一些人担心进一步的后果,或许更多的绑架会受到鼓励。而且,支付赎金之所以被认为是不对的,不仅在于它的一些后果,而且在于它的本质:向一

① 吕增奎编:《马克思与诺齐克之间——G.A.柯亨文选》,第242页。

② 柯亨认为,仅当一种政策论证通过了人际检验(interpersonal test),它才会提供一种综合的正当性证明。“当一种政策论证被提出来的时候,它对说者和/或听众来说就会发生变化。人际检验就是借助一种政策论证的这种变化来检验它的坚实性……如果一种论证由于谁在说和/或谁在听而无法证明一项政策是正当的,那么不管它在其他的对话条件下是否同样成立,它都无法(简单地)证明该政策是正当的。”(参见吕增奎编:《马克思与诺齐克之间——G.A.柯亨文选》,第202页。)

种卑鄙的威胁支付赎金。但人们仍然会同意，由于利害关系相当大，向绑匪支付赎金常常是理性的选择。虽然扣押人质与扣押劳动之间存在着重大的区别，但激励论证与绑匪论证却存在某种共同之处：最后，一个人得到他想要的金钱。当富人自己提出激励论证时，就会产生绑匪一样的欺诈。罗尔斯本人常常并且明确地认为，他对差异原则的肯定与他对那些由于给予有才能者特殊激励而产生的不平等的认可是一致的。柯亨认为，当罗尔斯式的正义坚持自己的原则时，它就禁止这样一些激励；因而，如果一个社会的成员自身明确地信奉差异原则，它就没有必要运用特殊的激励来刺激有才能的生产者。在一种由差异原则所塑造的正义文化中，有才能的人不会渴望（他们通常有能力获得）高额的薪水，而这种薪水的水平则反映出他们才能（与特殊需要或他们工作的特殊负担相对立）的高需求。由此可以得出结论说，在一个正义的社会中，差异原则不会导致罗尔斯认为的不平等，尤其是它不会证明"标准"意义上的激励报酬是正当的，也就是说，报酬并不是要补偿异常艰苦的工作，而是要使才能被运用到那些一般并不特别艰苦的工作上。

仅当有生产能力的人得到丰厚的回报时，他们才会决定提供服务。正是在这时，如下政策才是合理的：向有生产能力的人支付足够的报酬来促使他们进行生产，因而不利者的境况将会得到改善。但是，按照差异原则本身所订立的标准，他们的立场因而是不正义的。因此，按照严格的罗尔斯式正义观念，松散解释的差异原则确实要求激励政策，它并不是一个基本的正义原则，而是一个处理不正义的原则。它之所以不是一个基本的正义原则，是因为它给予那些侵犯正义的市场利益最大化者以利益。

柯亨因此怀疑：差异原则无条件地证明了任何重大的不平等是正当的。仅当最不利者不会从一种不平等的消除中获益时，差异原则才允许那种不平等。最不利者之所以从激励的不平等中获益，仅仅是因为如果取消了不平等的激励，境况较好者事实上就可能罢工。[1] 激励论证确实为穷人提供了一个接受它所建议的不平等的理由。罗尔斯把激励政策说成正义社会的一个特

———————

① 吕增奎编：《马克思与诺齐克之间——G.A.柯亨文选》，第196页。

征,但它事实上正如穆勒所言①只有在我们所了解的社会中才是"非常方便的",是一种"与资本主义所塑造的自私性格的冷静妥协"②。追求正义的哲学家们并不应该满足于一种方便的妥协。

罗尔斯的正义理论要求"废除所有不能提高(劣势者处境)的不平等",或者更精确地说,"废除所有荒谬的不平等"。他设立了一个以"劣势者"为坐标的出发点,和以其处境为出发点的差异原则。柯亨首先对"劣势者"概念提出了质疑。③

问题的关键在于,为什么"劣势者"处于劣势? 一般来说有三种可能:(1)社会结构或体制;(2)生物学原因;(3)偶然机遇。第一种情况可以用"劣势者"概念,第二种情况可以用"弱势者"概念,第三种情况两者兼而有之。

在自由主义者看来:"劣势者"的存在不是由于历史的、社会的问题(其假设前提是社会为每一个人提供了平等的机遇),而是由于自身不可避免的缺陷(包括能力和条件的差异),或者由于偶然的机遇,等等。这种观点认为,建立在契约基础上的资本主义社会是近乎公正的,同时接受由于阶级结构而带来的起点不平等。他们对此有可能提出的辩护是:基于第二种和第三种原因,如果不将暴力、战争等非常手段考虑在内,起点的不平等本身可以由起点的平等发展而来。这一观点对社会"公正"的理解立足于自我所有原则的实现,私有制的存在是无可非议的,诺齐克的理论是其典型的代表。从诺齐克的"历史性的"正义观来看,实现某种分配模式或者"最终状态"的再分配绝不可能被合理化。只有在补偿过去不公正时才可以。问题在于,回顾性补偿,能否一直适用于整个回溯过程直到一个公正的开端? 假设我们修改张伯伦的例子,

---

① 约翰·斯图亚特·穆勒在《政治经济学原理》中,比较了平等的报酬和按照产出("完成的劳动")所给予的激励式报酬,他认为:"前者要求具有较高的公平标准,因而适合于比现在高得多的人性道德状况。按照完成的工作支付报酬的做法,只在工作多做或少做可以自由选择时才是真正公平的。如果工作量取决于体力或能力的天然差别,这一报酬原则本身就是不公平的。它是锦上添花,给予天赋最优厚的那些人最高的报酬。然而,将它作为对目前道德标准所形成和现行社会制度所鼓励的自私性格的一种妥协,是非常方便的。在教育得到彻底改造以前,这样做较之在较高的理想下所进行的尝试,更有可能迅速收效。"参见[英]约翰·穆勒:《政治经济学原理及其在社会哲学上的若干应用》(上卷),赵荣潜等译,商务印书馆1991年版,第239页。

② 吕增奎编:《马克思与诺齐克之间——G.A.柯亨文选》,第231页。

③ 参见魏小萍:《契约原则是否带来了自由和平等:国外马克思主义者与自由主义者的论战——雅克·比岱的元结构与罗尔斯的正义理论》,《哲学研究》2002年第3期。

如果张伯伦球队在某个只有一家工厂的市镇打球，张伯伦用他积累的球票附加费的收入收购了其球迷工作的工厂。然后，他威胁要关闭工厂，将生产线转移至工资水平只是美国零头的泰国，除非工人们接受工资大幅削减，并且同意放弃公司的医疗保险和退休金。这样，作为他们自愿的帕累托优化交易的结果，张伯伦球迷们的经济状况极大地恶化，而这种交易在其原初状态没有人认为它不公平。在这个修改过的例子中，巨大改变的是张伯伦和其球迷之间的权力关系。先前张伯伦对其球迷的生活没有特定的权力，但现在他有权毁掉他们的生计。利用诺齐克赞同的交换自由，张伯伦使用这种权力来限制球迷的"结构上的自由"。在这一论证中，"劣势者"的存在是怎样一种原因呢？

罗尔斯并没有反对这一观点的前提，但是他的正义理论从"劣势者"或者"弱势者"的立场出发，认为不平等的存在只要有利于其状况的改善就是公正合理的，就是可以被接受的，做到这一点的具体方法就是用政治权力的平等弥补经济分配中的不平等。

柯亨认为："劣势者"的存在根源是社会关系和阶级结构，它迫使一些人处于社会底层，而赋予另一些人以更大的权力。自由主义抱着人在天赋方面的差异不放，认为正是这些差异才导致了不平等现象——这一观点完全没有能力解释全球范围内的特权和权利结构何以如此根深叶茂。

马克思主义者不接受"劣势者"概念，认为这是起点（阶级社会）不平等造成的。在马克思主义者看来，解决这一问题的根本方法是废除产生阶级社会的生产资料私有制。因此，需要根本改变的是使"劣势者"成为"劣势者"的社会结构，而不是仅仅倾向于"劣势者"的权力分配。

从表面上看，可让渡的生产资源的不平等分配，似乎是与不可让渡的天赋一样，是一种非常接近的盲目运气的情形，但社会主义传统的剥削概念，提供了一种与自由主义截然不同的关于不平等起源的解释。马克思把资本主义剥削看成是生产性资源不平等分配的一种结果。工人们被剥夺了直接拥有生产资料的权利，被迫向资本家出卖他们的劳动力，而资本家则控制着这些最终导致工人受到剥削的资源。这种剥削在于工人为资本家提供剩余劳动：也就是说，他们工作不仅仅只是维持自身及家属的生活，而且还提供资本家一开始投资旨在获得的利润。剩余劳动被自身没有从事任何生产劳动的资本家据为己有——或者至少说，资本家获得的报酬与资本家作出的生产性贡献不相称。

剥削者与被剥削者之间的这种敌对关系，反过来构成了阶级结构的基础。左翼自由主义的最大缺陷在于，它假定公正可以在一种资本主义的市场经济框架内实现。这是它与第三条道路思想理论家们的观点一拍即合的一个前提。这一点反映在左翼自由主义者倾向于忽视剥削所发挥的作用。

柯亨认为，剥削之不公正，并非取决于劳动贡献原则。一个人受剥削的情形，是而且仅仅是他被非法强迫为他人工作。人可以自由选择地为他人工作——比如说，作为一种人情，或者是作为一种真诚的、自愿的交易。还有这样的一些情况，即人们可以合法地被迫为他人工作——比如说，平等地纳税，以实现政府的合法目的。马克思对资本主义剥削解释的独特之处在于，工人与雇主之间的自由交换的外表，被生产力的不平等分配抵消了；因此，工人被迫向资本家出售自己的劳动力，结果受到剥削。换言之，工人除了为资本家工作之外，没有别的可行的选择。这是对他们的自由的践踏，哪怕他们没有直接地受胁迫，而是因为马克思所谓的"经济关系的无声的逼迫"[1]为资本家提供剩余劳动。

这样看来，剥削直接的结果就是不公正——独立于生产物质初始分配中的不公正——因为工人被非法强迫为资本家工作。不光如此，就其结果是一种对优势拥有的不平等的分配而言，它还间接地导致了不公正。换言之，贫富之间的极度分化，可能在很大程度上是剥削引起的结果，因为当代经济结构既束缚或降低了大多数人的生活水平，又增加了少数特权人物的财富。分析马克思主义的一位重要人物E.赖特将剥削定义成"一种特殊类型的机制，通过这一机制的运作，剥削者的福利与被剥削者的被剥夺有因果关系地联系在一起。在剥削过程中，剥削者的物质福利有因果关系地依赖于他们对被剥削者的劳动成果据为己有的能力"[2]。这样，剥削不失为不平等的一种非常重要的原因。不光如此，剥削者和被剥削者在剥削结构关系中所处的位置，使他们各自分别对维持和减少不平等感兴趣：在这种意义上，剥削直接与借以纠正不公正的政治活动有关。

看得出，柯亨试图通过把马克思的剥削理论重塑为生产工具的阶级垄断

---

①　G.A.Cohen, *Self—Ownership, Freedom, and Equality*, 1995, pp.117-133.

②　E.O.Wright, *Interrogating Inequality*, London: Verso, 1994, p.40.

理论以反映市场交易中的相对权力问题。可以肯定的是，柯亨抛弃了劳动价值论，认为是"无产阶级不自由的结构"使得工人们处于这样一种地位，即他们必须为某些资本家工作以谋求生存。这不是一个关于对生产出的产品价值拥有某部分权利的主张，而是关于自由的一种看法。这种看法让我们想起了剑桥经济学家罗宾森的讽刺妙语，比被剥削更不好的一件事是不被剥削。在市场体系下，那些因为自身资源的相对缺乏而不得不为他人工作的人，享受着我们可以称为的交换自由，用他们的劳动力在帕累托改善性交换中换取工资，但是他们缺少一种结构自由，这种自由为那些不在这种制约环境下的人所享受着。

如果用这种方式重新定义马克思对资本主义制度批评的话，那么它就变成了关于权力和自由的辩论，而不是关于劳动力和价值的争论。这表明，马克思关于资本主义的直觉受到我们持续的关注，他认为在资本主义制度下，一些人缺少基本的自由，而另一些人则享受着这些基本自由——以前面那些人的自由为代价。这种直觉强调了那些自由交换概念的局限性，比如在帕累托体系中的那个自由交换概念。这种认识已经促使之后的一些研究自由的理论家们把自由理解为塑造人们行为和选择环境条件的能力，而不只关注行为和选择本身。当马克思在《路易·波拿巴的雾月十八日》和其他著作中宣称人类创造自身的历史，但不是在他们自由选择的范围内创造时，马克思本人就暗示了上述那种对自由的理解。这意味着，只有当人们（可以）影响限制他们活动的环境时，他们才获得真正的自由。

如果国家的合法性是与它们保护或破坏自由的程度相联系，那么结构和交换的自由就应该在我们的分析中出现。但这没有告诉我们应该怎样考虑结构自由的问题，也没有告诉我们，在现实世界里，与其他可行的选择相比，市场体系一定被认为是必要的。任何宣称私有财产具有掠夺性的主张都远未实证，但这也绝不意味着对生产工具的私人所有权可以被合理化。柯亨再次提醒我们这些问题的永久重要性，并展示了为什么对这些问题的常规回答不令人满意。

鉴于历史发展的进程要求，即过渡特征，我们必须对结果意义上的各种不平等采取包容政策。罗尔斯的差异原则为判断是否可以容忍不平等的分配提供了一个尺度，也就是说，仅仅在这些不平等对穷人有利的情况下。但是，柯

亨强调,在社会主义的机会平等的条件下,收入差异在仅仅反映了不同的收入、闲暇差异时才是可以接受的。不仅在消费的类型之间,而且在工作少一点和消费少一些与工作多一点和消费多一些之间,人们都有不同的偏好。偏爱收入还是闲暇在原则上与偏爱苹果还是橘子没有什么不同,而且我们不能反对人们在利益和负担上的差异,因为这些差异只是反映出不同的偏好,因而没有构成利益和负担上的不平等。

柯亨认为,社会主义的机会平等与如下三种形式的不平等是相容的。①

第一,在所有因素都考虑的情况下,第一种形式的不平等之所以毫无争议,是因为它并不构成一种不平等。它只反映了生活方式中偏好的差异带来的量的不同。比如,一张桌子上摆着12个苹果和12个橘子,A和B——不论身份、阶级、种族、贫富、男女、黑白、老少、美丑——都有平等的权力拿走其中的6个水果,即任意组合的6个苹果和橘子。那么,A就不能因为只有2个橘子而指责B拥有4个橘子,因为B只有2个苹果,而A却有4个——A只要愿意放弃2个苹果,就可以和B一样拥有4个橘子了。生活方式选择中的各种偏好仅仅表示一些人比另一些人拥有更多的某类物品。

第二,在所有因素都考虑的情况下,第二种类型的不平等是一种不平等。社会主义的社会平等容许结果的不平等,即在结果中的收益不平等。在结果中,这些不平等反映了各方的真实选择;他们最初被置于平等的地位上,因而可以合理地认为他们应该为自己选择所带来的结果负责。这种类型的不平等表现为两种形式:(B_1)应该归因于已选努力(chosen effort)数量差异的不平等;(B_2)应该归因于已选选择运气(chosen option luck)数量差异的不平等。B_1的不平等之所以是正当的,是因为人们付出努力和/或关心不同。比如,一个苹果/橘子的选择者A粗心地等待了很久,以至于水果失去了风味:最终产生的利益不平衡并不能代表任何不满。同样的情况适用于某个处在工作/工资体制之中的人:他的最终财富之所以比较少,是因为他没有花费心思去正确地研究自己的工作机会。这些结果的不平等之所以是正当的,是因为人们付出的努力和/或关心不同。最初,他们在地位上是绝对平等的,而且即使在付出努力和心思的能力上也是平等的。当这种不平等与第三种不平等共同发挥

---

① 参见吕增奎编:《马克思与诺齐克之间——G.A.柯亨文选》,第267—268页。

作用,并且是一种与社会主义的机会平等相一致的、真正存在争议的不平等形式的时候,它可能促进了高度的不平等。

B_2如德沃金所说的选择运气的差异。选择运气的典型事例是深思熟虑的赌博。我们在开始时地位是平等的,每人各有 100 美元,并且在所有方面——性格、天赋和环境几乎完全一样。我们的共同特征是爱好赌博,因此我们抛硬币进行赌博:如果硬币是正面,那么我给你 50 美元;如果硬币是背面,那么你给我 50 美元。最终,我有 150 美元,而你则只剩下 50 美元,并且没有额外的物品来抵消金钱的不足,这种不平等是与社会主义的机会平等相一致的,而且如果仅仅作为狭义上所说的赌博的结果,它并不会产生。一些市场的不平等是这种选择运气的结果,或者完全以选择运气为特征。在一种复杂的因果关系中,那种被理解为社会主义机会平等的正义不可能谴责这些不平等,或者更正确地说,不可能彻底谴责这些不平等。这些不平等与社会主义的机会平等普遍地相一致,而且其正当性事实上也为社会主义的机会平等所证明。

第四节　公平、自由的社会主义理想

柯亨的技术批判与社会批判思想始终隐含着一条价值线索,那就是技术价值论的脉搏。技术作为人类解放的工具,其根本目标乃是要追求平等与自由相统一的正义社会。这是由批判走向建构的落脚点。柯亨致力于发展"深层"机会平等,提出了"可及优势平等"概念,其平等理念的目标是创造一个社会主义的共同体,在其中,每个人与他人都处于平等的关系之中。柯亨反对诉诸人的自私性来扼杀改变现实的平等要求,他认为社会主义变革的最大障碍,不是变革激起的特权阶层的反抗,而是人们认为"变革不可能实现"的观念。因此,他特别强调社会伦理风尚的改造,倡导动机结构的革命。

一、平等主义理想的可致性

平等主义先后出现了两个主要的检验原则。首先出现的是机会平等。该原则认为,收入和其他生活条件的不平等是一种自然状态,但同时也认为,社会底层的人可以通过自己的努力,譬如通过勤奋、毅力、才智和正当手段等使自己的经济和社会地位得到提升。对于一个拥有大量未开垦土地,且土地价

格十分低廉的农业社会或前工业社会来说，这种原则是恰当的。同时，当初期工业社会大多数非农业企业的规模仍然较小，学徒和熟练工都有理由期望自己最终能够成为小企业的所有者时，这种原则也是恰当的。然而，在18—19世纪，新技术及更广阔的市场促进了企业规模的扩大，对多数人而言，机会平等成了一句空话。

20世纪出现了一种新的道德伦理，其标准是条件平等而不是机会平等。居于改革运动中心地位的平等主义政策，是建立在物质产品再分配的基础上的。① 条件上的平等主要是通过政府项目来完成的。设置这些项目的目的是要通过降低劳动力的供给和支持工会要求提高工资、改善工作条件的努力来使工资水平上升。通过对富人征收所得税并使用这些收入为穷人设立福利项目，政府还可以使富人的收入转移给穷人。20世纪70年代中期，现代福利制度得以建立。

现在，机会平等原则重新居于主导地位。这种向"旧"的原则回归的部分原因在于强调个人责任和选择，另一部分原因在于大多数还没有解决的平等问题，诸如在选择职业和接受教育过程中所遇到的障碍，大多属于深层机会问题而与收入转移无关。单纯增加额外收入并不能确保这些不平等的消除。正是新出现的一些平等问题——在享受养老金、医疗保险、教育机会、闲暇活动、弹性工作制及使工作与家庭生活相结合等方面应享有的权利——才使得机会平等的原则更为突出。

柯亨通过"野营旅行"（camping trip）的假设，较系统地阐述（实现）了社会主义的两个原则：平等主义原则和共同体原则。平等主义原则是一种基本机会平等的原则，并且与结果的不平等是相容的。共同体原则限制了平等主义原则的运作，因为它禁止平等主义原则所容许的某些结果不平等。唯有"野营旅行"所实现的平等主义原则才是柯亨视为正确的平等主义原则，才是正义所承认的平等主义原则，才是一种机会平等的根本原则，才是"社会主义的机会平等"。

事实上存在许多竞争性的平等主义原则，但不管是温和的还是激进的机

---

① 参见[美]罗伯特·威廉·福格尔：《第四次大觉醒及平等主义的未来》，王中华、刘红译，首都经济贸易大学出版社2003年版，第2页。

会平等,都是要消除一些人遇到而另外一些人没有遇到的机会障碍,这些障碍有时应该归因于特权者所享有的被扩大的各种机会。柯亨认为存在三种类型的机会平等形式(A)和三种相应的机会障碍(A'):(A₁)消除了(A₁'),A₂消除了 A₁'和 A₂',A₃消除了 A₁'、A₂'和 A₃'。①

第一种机会平等形式(A₁)是资产阶级的机会平等,它消除了地位对生活机会的限制。这种限制是社会的建构物,既是正式的又是非正式的。这种机会平等消除了由权利安排以及偏执的和其他有偏见的社会认知所导致的对机会的限制(A₁),从而扩大了人们的机会。但这种机会平等并未扩大到所有人的机会,它表明促进机会平等不仅是一种平等化的政策,而且是一种再分配政策。正式的地位限制的事例是封建社会中受到这类限制的农奴:从社会的角度来看,农奴必须继续为农奴,这是封建社会的法律规定。非正式的地位限制的事例:在一个没有种族主义法律却有种族主义意识的社会中,一个肤色不适当的人可能遇到这类限制。

应该注意的是,这种形式的机会平等并没有扩大所有人的机会,但它必然减少了那些特权者的机会。柯亨之所以强调这一点,是因为它表明促进机会平等不仅是一种平等化政策,而且是一种再分配政策。在其所有形式上,促进机会平等并不仅仅是给予一些人以别人继续享有的东西。

第二种左翼自由主义的机会平等(A₂)超越了资产阶级的机会平等,因为它也反对那些资产阶级的机会平等不会为之困扰的社会环境的约束效应,质言之,出身和教养这些环境之所以产生出约束效应,并不是因为把低级地位指定给这些条件的受害者,而是因为使他们陷入贫穷和相关类型的剥夺之中。左翼自由主义的机会平等所批判的贫困直接源自一个人的环境,并且没有依靠社会认知和权利高低之分来产生自己的约束力量。其机会平等的政策包括对贫困家庭儿童的优先教育。当左翼自由主义的机会平等完全实现的时候,人们的命运由他们的天赋和选择决定,而不完全由他们的社会背景决定。左翼自由主义的机会平等纠正了社会劣势,但没有纠正天生的(即遗传的)劣势。

第三种社会主义的机会平等(A₃)把源于天赋差异的不平等之不正义视为亚于非选择的社会背景所强加的不正义。社会主义的机会平等试图纠正所

① 参见吕增奎编:《马克思与诺齐克之间——G.A.柯亨文选》,第 266 页。

有非选择的劣势,即行为者自身没有理由为之负责的劣势,不管他们是反映了社会不幸还是反映了天生不幸的劣势。当社会主义的机会平等得以实现的时候,结果的差异反映的只是趣味和选择的差异,而不是天生和社会的能力与力量的差异。坚持收入和工作时间都平等是一种熟悉的社会主义政策。

尽管上述不平等的结果是与社会主义社会平等相一致的,但当它在足够大的范围内产生时仍然引起了社会主义者的反感,因为它们由此与共同体原则相冲突:当大量的不平等产生时,共同体就陷入到紧张状态。如果社会应该展现出那种使野营旅行变得具有吸引力的社会主义特征,那么共同体原则必定会导致社会主义机会平等的改变(以适应共同体的形成和巩固)。"共同体"(community)的核心前提是人们关心彼此,而且如果必要和可能的话,就会照顾彼此,也在乎他们是否关心彼此。

柯亨讨论了两种共同关心的模式。第一种共同关心模式是抑制社会主义机会平等的模式;第二种共同关心模式并不是平等的严格前提,但它在社会主义的观念中仍然具有极端的重要性。

如果你获取然后拥有的金钱是我的十倍,那么我们——即我和你——不可能共享一个完全的共同体(community),因为我由此将在你从未面对的挑战下艰难地生活。你可以帮助我解决这些挑战,但实际上并没有帮助我,因为你要保存自己的金钱。比如,你的身体存在严重的缺陷。我虽然可以帮助你,但却对你不理不睬:因此,我们之间不可能实现共同体原则。同样,收入的巨大差别导致了社会缺陷的巨大差别,然而,当那些能够减少这些社会缺陷的人任由它们存在下去的时候,这些社会缺陷也就破坏了共同体。

毫无疑问,病人和健康的人能够与彼此共享共同体。但是,就像柯亨指出的那样,只有当健康的人——如果愿意的话——在合理的自我牺牲界限内做好充分的准备去做他们能为病人做的事情,病人和健康者之间才能形成共同体。因而,如果富人也在合理的自我牺牲界限内去做他们能为穷人所做的事情,那么他们要放弃相当多的金钱,并且共同体也确实会形成,而不平等将会缩小。

共同体关心的另一种表现形式能够在野营旅行中找到例证,即一种共同体形式的互惠性(a communal form of reciprocity)。这种形式的互惠性与市场形式的互惠性(the market form of reciprocity)形成了鲜明的对比。如果起点是

平等的,并且对结果的不平等有一些独立的(与机会平等无关)限制,那么共同体的互惠性就不是平等所必需的,但它仍然是人类关系要成为一种值得希求的形式所必需的。①

　　共同体的互惠性是一种非市场的原则。按照这种原则,我之所以为你服务,并不是因为我能够得到的回报,而是因为你需要我的服务,而且你因为同样的原因来为我服务。共同体的互惠性与市场的互惠性并不是一回事,因为市场推动的生产性贡献并不是出于对自己同胞的责任和一种为他们服务同时又得到他们服务的欲望,而是出于金钱的回报。在市场社会中生产活动的直接动机通常是贪婪和恐惧的结合物,其比例随着一个人的市场地位和个性而有所不同。就贪婪而言,其他人被视为可能的致富源泉;而就恐惧而言,其他人则被视为威胁。不管这些方式作为资本主义数百年文明的结果,我们对之是多么的习以为常,它们都是看待他人的可怕方式。

　　在共同体的互惠性内,我是本着对自己同胞的责任的精神进行生产的:我渴望在为他们服务的同时又得到他们的服务。毫无疑问,在这样的动机中,有一种对回报的期望,但它完全不同于市场动机中对回报的期望。如果我是一个商人,我愿意提供服务,但只不过是为了得到服务:如果提供服务不是获得服务的手段,我是不会提供服务的。因此,我付出尽可能少的服务来换取尽可能多的服务:我渴望贱买贵卖。我之所以为他人服务,要么是为了得到我想要的东西——这是贪婪的动机,要么是为了保证避免我试图避免的东西——这是恐惧动机。从商人的本性来看,他不会因为与别人合作本身的好处而重视这种合作:因为同样的原因,他是不会看重服务和被服务这种关联的。

　　一个不是商人的人喜欢合作本身:我作为一个非经商者所渴望的是我们为彼此服务。诚然,我为你服务,同时又渴望你(如果你能够的话)也为我服务。我并不想成为一个不管你是否打算为我服务都为你服务的傻瓜(除非你不能为我服务),但我仍然找到了这个关联——我为你服务和你为我服务——的每一个部分的价值,而且在这个关联中,我并不把前一部分(即我为你服务)视为仅仅是我的最终目的(即你为我服务)的一种手段。在共同体的互惠性下,我们之间的关系并不是那种付出是为了回报的市场—工具性关系,

---

①　参见吕增奎编:《马克思与诺齐克之间——G.A.柯亨文选》,第270页。

而是那种完全非工具性的关系。在这种非工具性的关系中，我之所以付出，是因为你需要或者缺乏，并且我从你那里得到了一种类似的慷慨。

因为市场交换的动机由贪婪和恐惧构成，所以除了自己之外，任何人在经济的博弈中根本不关心其他人的生活。你之所以与别人合作，并不是因为你相信与别人合作本身是件好事，并不是因为你希望自己和别人一起发展，而是因为你试图有所获得，并且你知道只有与别人合作才能有所获得。在每一种类型的社会中，人们必然为彼此提供所需之物：一个社会就是一张相互供应的网络。但在市场社会中，这种相互性只是一种完全非相互性和非互惠性的态度的副产品。

平等主义正义的次级目标，不（仅仅）是从人类事务中消除残酷运气的影响，而是结束由社会所强加的压迫。其终极意义上的目标不是确保每个人得到他们道德上应得的东西，而是创造一个共同体，在其中每个人与他人都处于平等的关系之中。①

柯亨（与我们一样）面对着一个贫富悬殊的世界。平等的价值追求促使我们发问：谁应该对那些不是由于他们自己的过错而在生活上无助地变得越来越差的人们负责？谁应该对改善不平等负责？对这个问题的回答通常交织着一种复杂的情感。一方面，人们通常认为，政府应该对那些人提供某种基本的生活保障，以便使他们的基本需要得到满足。但是许多贫穷的人们并没有如此幸运地拥有这样一个基本的生活保障。另一方面，人们也期待着，那些富裕起来的人们应该对贫穷的人们伸出援助之手。这就提出了一个问题：如果我们相信正义和平等，那么，我们应该如何行动？我们应该做什么？我们应该支持公正的社会机构，指望机构改革能够帮助改进那些坏下去的人的状况呢？还是我们只是在我们的个人选择中诉诸一个平等主义的意识，以便把正义主要视为一个"慈善"问题？这些问题以及其他类似的问题，在柯亨近10年来对罗尔斯的批评中占据了中心地位，这个批评主要是针对罗尔斯对不平等的"激励论证"（the Incentive Argument）。柯亨认为，一个社会要想成为正义的社会，在一种正义的道德风尚内个人选择的正义性就是必不可少的。然而，

----

① 参见［美］伊丽莎白·安德森：《平等的意义何在？》，载葛四友编：《运气均等主义》，江苏人民出版社2006年版，第246页。

"在一个正义的社会中正义对个人的要求是什么"与"在一个非正义的社会中正义对个人的要求是什么"并不是同一个问题。在一个不平等的社会中,平等主义者有一件事情不能说。他们不能说,在任何社会——不论是正义的还是非正义的——中,平等都不是个人在自己的生活中所要追求的一个目标,因而更不是在一个不平等的社会中个人在自己生活中所要追求的东西。但是,他们可以并且确实提出在一个不平等的社会中不追求平等的其他理由。那么,"在一个不平等的社会中,平等主义者致力于哪些行为呢? 我更关心的是在一个不平等的社会中富有的平等主义者的行为:在一个不平等的社会中,对于一个贫穷的平等主义者来说,忠于自己的平等主义并不是一件非常困难的事情"①。柯亨问道:如果你是一位平等主义者,你怎么可能这么富有? 也许有的先富裕起来的人会针对柯亨的前提反问:我为什么要成为平等主义者? 甚至他们还会问:为什么穷人和富人必须共享一个可辩护的共同体?

柯亨指出,现在普通的英国平等主义政治哲学家既非左翼,也不如弗尔维娅富有。② 然而,他——通常正是某个"他"——却既是左翼,又有高额的收入。学者或者至少英国和北美的学者常常抱怨说自己的收入不如律师、建筑师、牙医、经理,等等,但他们的收入肯定高于大部分人,而且知名的平等主义政治哲学家也不例外:由于知名,他们即使作为学者也可以获得高额的收入。因此,柯亨提出了一个自我解剖式的问题,类似于扎普对弗尔维娅的困惑:人们真的可能信奉那些他们不会实践的原则吗? 按照他们的行为,他们如何能够说"我信奉平等,并且我在我的生活中肯定该原则"?

事实上,并非每一个信奉平等的人都认为他因为平等是正义而信奉它。有的富有的平等主义者可能说,我渴望一个平等的社会,因为我厌恶扭曲这个社会的贫富分化。不平等破坏了共同体,它使人们彼此疏离。但是,无论如何,这都不是我捐赠自己的金钱和加入穷人的理由。我厌恶的是贫富分化,并且我的过度慈善行为可能也无助于消除它。在我们生活的社会中,有8000万穷人和2000万富人。即使我使自己和其中的一些穷人比现在的每一位富人稍微穷一些,社会的贫富分化也可能不会明显地减少,按照某些标准甚至可能

---

① 吕增奎编:《马克思与诺齐克之间——G.A.柯亨文选》,第308页。

② 参见[英]戴维·洛奇:《小世界》,王家湘译,上海译文出版社2007年版,第182—183页。

变得更严重。而且，我本人也可能依然脱离别人。显然，一种适度全面的社会重组可能减少贫富分化，但我如何能够用自己的财富去减少贫富分化却并不清楚。

柯亨认为，贫富分化之所以令人厌恶，部分原因在于穷人在思考贫富分化时产生了一些可理解的不正义感。可是，对那些回避正义话语的反贫富分化的平等主义者说，这样一些情感可能是错误的。他拒绝那种认为他厌恶不平等的（至少部分的）原因在于它的不正义性的观念。还有其他的平等信奉者认为，平等主义的再分配之所以是必需的，并不是因为正义乃至要克服贫富分化，而是因为值得希求的是：每个人都过上美好的生活，要不然就是尽可能多的人过上美好的生活，并且就像在我们社会中那样，要促进那种美好的生活就需要国家全面的平等主义再分配：你不可能独自促进那种美好的生活。富有的平等主义者并没有向任何一项社会事业捐赠任何东西，既没有向那些减少当前不平等之最坏结果的事业，也没有向争取一个更平等的社会的事业捐赠任何东西。他们可能说，即使他们在把自己的生活降低到仅仅是一般舒适标准上的范围内向那些事业捐赠，这可能仍然只是沧海一粟（drop-in-the-ocean）：它对于全球的状况不会产生足够的影响。

基于上述分析，柯亨指出："一个社会的正义不完全取决于它的立法结构，而是取决于它的法律强制规则，取决于人们在那些规则中作出的选择。"① 事实上，"仅靠纯粹结构性的手段是无法获得分配式正义的"，因为"在一个公正的结构内还是有相应的正义和不义的余地"。② 一旦"物质利益上的不平等不是反映不同的人们在艰苦劳动上的差异，或者不是反映人们在收入和悠闲上的不同偏好和选择，而是反映数不清的幸运的和不幸运的情况"③，那么上述可能性就会出现。个人的确实是政治的：法令所不关心的个人选择对于社会正义来说是决定性的。而且"富人的慈善行为无助于消除不平等的权利：它只不过是不平等收入的一种特殊用途而已，仅仅反映出不平等的权利"④。

---

① G.A.Cohen，"Where the Action Is：On the Site of Distributive Justice"，*Philosophy and Public Affairs*，26(1)，1998，p.9.

② Ibid.，p.13.

③ Ibid.，p.12.

④ 吕增奎编：《马克思与诺齐克之间——G.A.柯亨文选》，第321页。

这样的捐赠行为并没有触及根本的不正义,即穷人和富人之间的权力不平等结构。

因此,除了强调我们要重视正义制度的建设之外,他还特别强调应当重视社会伦理风尚的改造。"平等主义道德风尚的一个功能就是要使对境况最不利者的有意识关注变得没有必要。"①所谓"沧海一粟式"的辩解是逃脱责任的站不住脚的非高尚行为。

"社会主义的理想是把共同体扩展到整个经济生活领域。"②但是,社会主义者面临着两个不同的问题,第一个问题是:社会主义平等可欲(desirable)吗?第二个问题是:社会主义平等可致(feasible)吗?与野营旅行相比,人类无法避免的相互依赖性并没有作为正式和非正式计划的一种根据而成为人们的共同意识。因此,社会主义平等的"可致性"问题受到了太多的质疑。

为什么可以认为社会主义的平等原则是不可行的?对于这个问题有两个截然不同的理由。而且,不管在思想上还是在政治上,区分这两个理由都十分重要的。第一个理由与人类的动机有关,第二个理由与社会技术有关。通常认为,人们与生俱有的慷慨和合作并不足以满足共产主义的要求,无论他们在有限的时间和特定亲密关系的框架内可能会多么慷慨和合作。在上述框架内,野营旅行揭示了人们可能会多么慷慨和合作。而且,即使人们足够慷慨,我们也不知道如何利用这种慷慨,如何通过适当的规则和激励运用这种慷慨来推动经济的车轮。这与我们知道如何充分利用自私形成了鲜明的对比。

柯亨认为:"社会主义理想所面临的主要问题是,我们并不知道如何设计出那种实现社会主义理想的机制。从根本上说,我们的难题并不在于人性的自私,而在于我们缺乏一种合适的组织技术:我们的问题是方案问题……毕竟,(几乎?)每一个人身上都存在自私和慷慨。我们的问题在于虽然我们知道如何在自私的基础上使经济运转起来,但我们却不知道如何在慷慨的基础上使之运转起来。即使在现实的世界中,在我们的社会中,许多方面都依赖慷慨,或者更一般和更消极地说,依赖非市场的激励。"③医生、护士、教师和其他人并没有或者没有完全根据最终可能得到的金钱数量来衡量自己所做的工

---

① 吕增奎编:《马克思与诺齐克之间——G.A.柯亨文选》,第224页。

② G.A.Cohen, "Back to Socialist Basics", In Franklin(ed.), *Equality*, p.37.

③ 吕增奎编:《马克思与诺齐克之间——G.A.柯亨文选》,第272页。

作。尽管有同情心的人不会无偿地进行工作，但这就如同你在野营旅行时必须吃饭这一事实一样：并不必然得出护士为了预期的金钱回报而改变自己的工作这个错误的结论。这种差别的原因并不是护士是由高级的道德材料建造的，而是一个善意的、更具有认知性的原因，即他们按照人的需要来提供服务的观念：市场信号既不必然决定治疗哪些疾病或传授哪些科目，也不擅长于此。然而，一旦我们从需要领域或者更一般的"准公共产品"（merit good）领域转向广泛的任意的商品领域，并且我们随着经济的发展进而随着生活变得更安逸和高雅而日益转向这一商品领域，我们如果没有市场信号机制就越难以知道生产什么和如何生产。野营旅行之所以没有市场交换也能够容易地进行下去，原因之一在于野营者在计划自己的活动时所需要的信息不仅范围小，而且比较容易统计出来。

使用根本的动机来促进生产性的经济结果的技术得到了合理、充分的理解。事实上，20 世纪的历史鼓舞了如下思想：在现代社会中，创造生产率的最容易的方式是在不平等的收入等级结构中培育上文提到的那些动机，也就是贪婪和恐惧这两种动机。但是，我们绝不应该忘记贪婪和恐惧是毫无吸引力的动机。要是这样一些动机不被认为是有效的，要是这些动机没有工具性价值这种它们所具有的唯一价值，那么谁会建议根据这样的动机来管理社会呢？在亚当·斯密证明市场关系合理性的著名主张中，他指出，如果我们依靠屠夫来满足我们的需要，那么我们应该信任的是他的自私而不是他的慷慨。因此，面对他所承认的市场激励毫无吸引力的内在特征，斯密对市场激励的合理性提出了一种完全外在的证明。当对没有解决外在合理性证明的市场激励进行道德主义的批判时，旧式的社会主义者常常忽视了斯密的观点。与之相反，当代某些狂热的市场社会主义者往往忘记了市场的内在卑劣性，因为他们被自己对市场外在价值的迟到发现所蒙蔽。

任何实现社会主义理想的尝试都与已确立的权力和个人的自私性相冲突。在政治上严肃的人们必须认真对待这些阻碍。但是，他们没有理由去蔑视社会主义理想本身。因为社会主义理想面临这些阻碍而去蔑视它就会导致混乱，而混乱则导致失去方向的实践：各种能够推动社会主义理想的环境确实存在，但是，由于对何为理想缺乏清楚的认识，因而理想得到的推动不如本来的那么坚决。

要求平等就是提倡变革。但是,对变革的最大障碍,不是变革激起的特权阶层的反抗,而是人们认为变革不可能实现的这一观念。当狐狸成功地使自己相信葡萄是酸的时候,它是不会建造使自己可以得到葡萄的梯子的。阻碍我们的眼光越过不平等的结构和观点所引起的一系列期待的一个障碍,就是马克思所谓的拜物心态的效果。这些历史性的具体的结构(如市场机制)和观点(如人性自私)及其引起的行为方式,已经达到了似乎是自然而然并且不可动摇的程度。拜物心态缩小了被看成是可能性的事物的范围,并且因此更难以动员众多的人拥护更大程度上的平等。

没有实证的原因表明,社会主义与一种可以跨时间再生产的经济形式不兼容。但是,正像任何其他的平等主义一样,社会主义必须面对这样一种反对意见:即使原则上讲,其经济上是有可行性的,但由于它必然与根深蒂固的人的自利动机相冲突,因此它不可能实现。这种观点只是表露了自身对传统的保守主义观点的依赖性,后者认为,人的本性使平等地改变社会现实归于无稽。古老的基督教—柏拉图的观念,把人看成是由相互敌对的高级与低级的两个自我构成的一个整体。自由主义思想家把社会化及私人化的两种视野对照地放在一起,其实是基督教—柏拉图的观念的一种现代语境下的哲学翻版。关于人性的纷争不可能一锤定音,这在很大程度上是由于规范的思考与据以实际的思考通常毫无出路地纠缠在一起。但是,值得提醒我们自己的是,规范的社会主义是反对诉诸人性来扼杀掉对平等地改变现实的要求的,因为,诉诸人性倾向于把局部的、偶然性的事物与普遍的、自然性的事物混淆起来。柯亨争辩说,有利于经济状况好的人的激励性体系,只有在不平等的观点和体系设定了约束条件的情况下,才可以使生产力和产出达到最高水平。他所指的"约束条件"即与这些观点和体系所确定的环境有关的是,向经济状况上好的人提供激励,可能确实带来最佳结果。但这样说,丝毫没有涉及个人在一种不同的社会环境下会怎样作出行动。在一种合理改变了的社会结构中,只要关于个人之间关系的不同信仰并行不悖的话,动机——而不是对物质报偿的期待——就足够了。这就是柯亨所谓的"共同体"动机——我生产,是因为我希望为我的人类同伴服务,同时他们也为我服务。

面临复杂的经济环境,传统的那些取代资本主义的教条做法失去了用武之地,在这种情形下,个人很容易滋生绝望情绪。拒绝向这一情绪让步,在柯

亨看来是那些矢志于平等主义理想的人的职责的一部分。这并非意味着简单地抱着肤浅的乐观主义情绪不放，因为盲目乐观忽视了真正妨碍变革的约束性因素。但是，这种情调似乎不是当前的主要危险之所在。把可行性的事物与现存的社会经济结构所提供的范围极其有限的选择混淆起来，实在具有更大的诱惑力。这样做不只是犯了一个文化观念上的错误。考虑到世界范围内的苦难和不平等，这样做就会是对罪恶持默认的态度。各种能够推动社会主义理想的环境确实存在，但是，由于对何为理想缺乏清清楚楚的认识，理想得到的推动不如本来的那么坚决。为了克服不平等，我们确实需要在我们的动机结构上发起一场革命。

柯亨正确地看到，就社会正义而论，根本上重要的是：平等应该得到促进。但这只是问题的一个方面。另一个更重要的方面是：平等应如何得到促进？当柯亨断言一个公正的社会要求一个平等主义的伦理风尚来通告人们的行动和选择时，他确实是正确的。但柯亨的设想是虚构的、理想化的。因为没有什么东西能够保证私人慈善（平等主义行为/爱心展现）总是能够改进地位不利的人们的生活状况。理由是：（1）尽管慈善确实是一项责任，但就分配正义的问题而论，这个责任基本上太弱——就算人们普遍地具有道德良知，如何履行那个责任仍然取决于他们的能力和条件。（2）背景机构应该占据一种规范的优先性。为了使一个社会变得公正，只是要求人们以顺应（in conformance to）而不是服从（in compliance with）正义原则的方式来行动远远是不够的。① 如果大多数巨富自己不赞同平等的理想，那么私人的慈善也就无法保证那个理想能够得到有力的实现。因此，平等依然是平等主义者努力争取的一个理想，特别需要依靠背景机构来促进那个理想。（3）平等的责任是一项集体责任。指望现实世界中的不平等根本上都可以依靠个人努力来消除是相当不现实的，因为大规模的不平等其实往往是从制度化的手段中产生出来的，因此也就必须通过机构的改革来逐渐消除。只有当社会结构已经普遍具有一种平等主义的趋势时，在日常的选择和行动中，人们才会逐渐具有一个平等主义的动机。在机构改革和个人选择之间，当然应该有某种合理的互动和整合。

---

① Cf.Raz Joseph, *Practical Reason and Norms*, New York：Oxford University Press, 1999, pp. 178-182.

(4)一个多元主义的现实社会的本质特征是：在这个社会中，没有任何原则或规则能够得到充分服从。一切指导我们的选择、制约我们的行为的伦理风尚，都有资格进入社会正义的场域，但制约一些人的选择和行为的某个伦理风尚也许得不到其他人的接受和认同。为了保障平等关怀和平等尊重的理想能够得到有效实现，用来判断人们的要求是否合理的正义观念，就必须在那个观念所要应用的社会中得到全体公民的一致同意。而且，甚至在所有人都已经普遍接受一个平等主义理想的社会中，一个切实可行的正义体制也需要考虑平等之外的其他重要的人类共享的价值。①

二、从自由"主义"到平等的自由

正如阿马蒂亚·森指出的那样，就柯亨提出的"可及优势平等"而言，他实际上是对自由与平等的关系作出了内在的逻辑论证。柯亨对自由问题的探讨，主要是通过批判地分析当代自由主义的巨擘，英国思想家以赛亚·伯林（Isaiah Berlin）的自由思想来展开的。柯亨延续了日常语言分析的方法特征，从概念和逻辑切入，以"金钱与自由"的关系为入手处，剥茧抽丝，逐层递进地批驳了以伯林为代表的自由主义的内在紧张状态。柯亨延承了马克思对自由问题的基本观点，力图将思辨的自由"主义"引导到基于物质进步的平等轨道上来。柯亨的这些工作并非空穴来风，他在《辩护》中对"权利与权力"的透彻分析，对理解"自由"与"平等"的关系有一种似曾相识的向导功能。这也从另一个侧面印证了我们的判断：柯亨的技术批判思想与社会批判思想具有方法的统一性和思路的整体性。

柯亨认为："与金钱的缺乏即贫穷相伴而来的是自由的缺乏……这是一个绝对明确的真理……一个应该值得辩护的真理。"诚然，"缺乏金钱即贫穷并不是限制一个人的自由的唯一条件。但在我看来，它是条件之一，并且是最重要的一个条件。更明确地说，穷人由于贫穷而没有自由去做许多事情，相比之下，不贫穷的人事实上却有自由去做那些事情"。② 柯亨的这一观点与伯林那些非常有影响的著作相抵触。

---

① 　Cf.Wolff Jonathan, "Fairness, Respect, and the Egalitarian Ethos", *Philosophy and Public Affairs*, 27(2), 1998, pp.17-22.

② 　吕增奎编：《马克思与诺齐克之间——G.A.柯亨文选》，第282页。

很少有穷人需要被说服来相信柯亨的命题，因为他们的日常生活经历已经为这个命题提供了大量的充足证据——这是一个不言自明的真理。但是，即便如此，许多富有的知识分子还是极力否认缺乏金钱意味着缺乏自由这样一个事实。在标准的政治争论框架内，下述问题争议颇多：当右翼称颂在自由资本主义社会中那些人人所享有的自由时，左翼回应说，右翼所称颂的自由仅仅是形式上的。也就是说，虽然穷人在形式上有自由去做国家没有禁止的一切事情，但他们的危险境况意味着许多事情他们实际上并没有自由去做，因为他们无力支付相应的费用，因而最终也就无法去做那些事情。但是，右翼立即反驳说，左翼所说的一切将自由与手段混为一谈，你有自由去做没有人会干涉的一切事情。如果你无能力做某事，并不意味着你缺乏做它的自由，而只意味着你缺乏做它的手段和能力。穷人所面临的问题并不是缺乏自由，而是他们不能始终运用他们肯定拥有的自由。当左翼说穷人由于贫穷而缺乏自由的时候，就像右翼声称的那样，左翼沉迷于对语言的有偏见的运用。

右翼的推理包括两种，一是概念上的，二是规范意义上的。右翼论证的第一种推理过程如下：

（1）（他人的）干涉（的可能性）而不是手段的缺乏损害了自由。

（2）缺乏金钱就是遭受到手段的缺乏，而并不是干涉（的可能性）。

所以，（3）贫穷（金钱的缺乏）并不导致自由的缺乏。

该论证第一种推理的结论，即命题（3），是一个概念性主张，一个关于某些概念如何相互联系的主张。但是，在右翼手中，这个概念性的结论被用来证实一个规范性主张，一个关于应该做什么的规范性主张。

在该论证的第二种推理中，该主张得出如下结论：

（3）贫穷（金钱的缺乏）并不导致自由的缺乏。

（4）政府的基本任务是保护自由。

所以，（5）减少贫困并不是政府的基本任务。

右翼论证的结论来自它的三个前提，即（1）、（2）和（4）。因此，只有三种方式反驳这个论证。左翼对该论证的反驳通常采用以下两种形式：

Ⅰ.如何能够合理地说一个人有自由去做他没有能力去做的事情？〔质疑命题（1）〕

Ⅱ.即使金钱的缺乏只不过是手段的缺乏而已，手段的缺乏也如同自由的

缺乏一样具有限制作用，因而就像国家要纠正的事情那样重要。[否定(4)]

柯亨没有否定对前提(1)或(4)的反驳，但是另辟蹊径，从批驳前提(2)开始，并使用右翼的概念反驳了右翼关于自由的论证及其观点，从而总体上否定了右翼的推理和命题。

右翼认为，贫困是手段的缺乏，因此贫困意味着能力的缺乏而不是自由的缺乏。柯亨要论证的是，无论能力、手段和自由之间可能是何种关系，金钱的缺乏必然伴随着自由的某种缺乏，为此，柯亨以两个假设作为前提：

(1)自由等同于无干涉。

(2)假设：法治完善，人人守法。当且仅当他们非法行动的时候，受到干涉。

第一个假设同右翼以及伯林和罗尔斯一致。第二个假设是合法的和必需的，因为进入讨论话域的不是一种可能缺乏有效性的法律自由，也不是一种有效但不合法的自由。在这种情形中，法律自由与有效自由(effective freedom)并行不悖。一个阻挡我的道路的人不一定穿着政府的制服来剥夺我的自由。但在一个法治的社会中，任何人不管是否穿着政府的制服，通常只有借助政府对他们的支持才能成功地阻止/干涉他人。因此，对政府所关闭的那些门与其他人因缺乏相关的应用能力而关闭的那些门进行比较，只有当出现某种非法行为时才具有重要意义。

柯亨想要揭示的错觉是：自由主义的资本主义社会本质上是一个自由的社会，一个对自由没有任何重大约束的社会。这并不意味着在所有方面乃至在自由上，资本主义社会因而都不如其他的社会形态。所有的社会形态都既给予人自由，也把不自由强加于人，因而任何社会都不能仅仅因为某些人缺乏某些自由而受到指责。但是，"各个社会的不同结构产生了不同的自由分配方式。在我们的社会中，自由在很大程度上是通过金钱的分配来赋予或限制的，金钱决定自由这一事实的全部意义常常得不到认识，而且形成了这样一种错觉：在一个像资本主义的社会中，自由并没有受到金钱分配的限制"①。

柯亨想要论证的命题是："贫穷预示着自由本身的缺乏。"②以产品和服务

---

① 吕增奎编：《马克思与诺齐克之间——G.A.柯亨文选》，第287页。

② 同上书，第288页。

为例。不管它们是私人还是公共部门提供的,都不会免费地提供给所有前来者。一些公共产品和服务取决于专门的获取规定。不过,除非通过金钱,否则你就不可能获得私人和许多公共的产品和服务:如果这些产品和服务正在出售,那么付钱既是获得它们的必要条件,当然也是获得它们的充分条件。如果你试图在没有钱的情况下获得它们,那么你就会受到干涉。财产的分配只不过是干涉权利的分配而已。如果 A 拥有 P,而 B 则没有,那么 A 可以在没有干涉的情况下使用 P,而 B 如果试图使用 P 通常就会受到干涉。但是,在多数情况下,金钱有助于消除对后者的干涉(特别是当 A 把 P 出租或出售的时候)。因此,"金钱给予的是自由,而不仅仅是行使它的能力,即使自由被等同于无干涉"①。缺少金钱就可能受到干涉。把金钱等同于身体乃至精神上的资源,这在过去马克思主义意义上是一种无思想的拜物教:它把社会的强制关系(social relations of constraint)说成是人缺乏物品。简而言之,金钱并不是物。金钱的价值在于它给予你自由。即使(a)你可能不想行使所讨论的(所有)自由,并且(b)单就金钱本身而言并不足以提供自由寻求者所寻求的自由,事实也是如此。

(a)之所以正确,是因为一个人渴求金钱的目的可能并不只是花掉它。例如,他之所以渴求金钱,也许是因为拥有所讨论的自由所给予他的能力,如他在某些情况下能以控告其他人作为威胁,而一个穷人提出的类似威胁在那些情况下则可能是不可信的;他也许因为金钱所带来的声望而渴求它:许多人都羡慕富人。金钱提供自由这一主张并不因为这些动机的复杂性而受到损害。

(b)之所以正确,是因为要购买某种东西,除了拥有所需要的金钱之外,还有其他的必要条件:你需要拥有适当的信息,卖家必须想出卖,你必须达到能够签订契约的年龄,等等。因此,金钱是获得自由的 insu 条件。② 其他的条件在富人和穷人身上同样适用,本然的(as such)穷人的自由绝不比本然的(as such)富人的自由少,这就使 insu 条件应该得到特别的关注。关键的事实是:如果你是穷人,你的自由在某种程度上就比你是富人时要少。毫无疑问,

---

① 吕增奎编:《马克思与诺齐克之间——G.A.柯亨文选》,第 288 页。

② insu 条件,即保障、保险条件,指非必要的但充分的条件中的一个不充分的但必要的部分。这是柯亨的个人术语。

对穷人和富人来说同样正确的是,如果不付钱,就没有拿走羊毛衫的自由:没有人拥有不付钱就可以拿走羊毛衫的自由。但是,对穷人来说不同的是,这意味着他没有自由拿走羊毛衫,而富人则由于付钱而有自由拿走羊毛衫。

除了金钱的缺乏之外,还有其他的事情能够阻止你克服干涉:比如说,无知、愚蠢或者丑陋,等等。它们构成了自由的缺乏;在特殊的条件下,它们是不自由的 insu 条件。但是,它们没有把富人与穷人区分开,也不像贫穷那样是不自由的一个普遍的 insu 条件。在特殊的条件下,聪明和美丽或许有助于或许无助于消除干涉。与它们不同,金钱的整体目标是要消除干涉:这是它的定义功能,即使它实现自己的这个功能还需要更多的条件。① 正如小刀的定义功能是切割,但这不是说所有的小刀都能够切割任何一块石头。

伯林所倡导的自由是一种免于干涉的自由(freedom from interference),一种消极自由,一种他将之与运用它的能力相区分的自由。这种自由是"活动的机会"、"可能的选择和活动障碍之不存在","这样一种自由的缺乏要归咎于这些门的关闭或者它们无法打开,作为其有意或者无意的结果,也是可变的人类实践与人类能动性作用的关闭"②。然而,在伯林所坚持的自由和金钱之间的对比的矛盾中,金钱的缺乏似乎显然意味着(在刚才提到的那种意义上的)自由的缺乏。那位由于贫穷而无法前往格拉斯哥的妇女恰恰面临着这样一种关闭的车门。

柯亨指出,伯林的观点依赖一种具体化的(reified)金钱观,也就是说,它错误地把金钱当做一种极其狭隘意义上的物(thing)。当然,金钱是一种资源,但它是一种与体力或智力不同的资源。事实上,只要自由等同于无干涉,非常差的智力或体力禀赋并不总是损害自由。金钱和那些禀赋之间的不同意味着:即使我们接受自由等同于无干涉,金钱的缺乏也导致自由的缺乏。像疾病和无知这样的无能力(incapacities)并不限制自由,因为如果它们存在的话,就没有必要进行干涉。即便如此,贫穷也确实暗含着干涉的可能性,而且,诸如伯林和罗尔斯这样的中左派人士,当他们只是将贫穷视为"人们能够用他们的自由做什么"而不是对自由本身的限制时,就是错误地赞同了右翼关于

----

① 参见吕增奎编:《马克思与诺齐克之间——G.A.柯亨文选》,第 289 页。

② Isaiah Berlin, *Four Essays on Liberty*, London: Oxford University Press, 1969, pp.xlii, xxxix, xl。
参见吕增奎编:《马克思与诺齐克之间——G.A.柯亨文选》,第 290 页。

贫困和自由之间关系的说法。

伯林对那些来自"车门"关闭而失去自由的担心作出了批评："让他们感到困扰的真理是：如果没有积极运用的充分条件，消极自由就只有很小的价值。"他说，他们"往往小视它（消极自由）的重要性，否认它作为自由的资格……最终忘记如下事实：没有它，人类的生活……就会枯萎"。他还说："在他们热心于创造那些在其中单是自由本身就具有真正价值的社会和经济条件时，人们往往忘记了自由本身。"①伯林对左翼的所谓的错误作出如下判断：他们是如此关注运用自由的能力，以至于他们将其与自由本身混为一谈。柯亨认为，伯林在这里错误地描述了他所担心的对象。更准确地说，他担心的是，穷人的这些支持者开始如此关心与消除贫困特别相关的自由，与拥有金钱相关的自由——这些自由与公民自由和政治自由（比如说，言论自由、结社自由和集会自由，等等）是相对立的，以至于他们几乎不关心公民自由和政治自由。说左翼愿意牺牲自由本身来获得使之具有价值的条件，这在很大程度上既是伯林也是罗尔斯所犯下的大错。

事实上，金钱之所以提供了自由，是因为它消除了对产品和服务可得性（access）的干涉：它充当了一种产品和服务的使用券。② 那么，设想一个没有金钱的社会。首先，在这个社会中，国家拥有一切东西，并且法律规定了人们能够作出的行为，即那些他们不受干涉而有自由作出的行为。法律规定了每一类人乃至每一个具体的人在不受干涉的情况下可以和不可以做的事情，并且每一个人都被给予了一组规定了他可以做哪些事情的使用券。因此，我可能有一张使用券，使我有自由去耕种这块土地，进而可以获得土地的产出；也可能拥有另一张使用券，它规定我有自由进入那家剧院或者穿过那块土地；同时，你拥有一些不同的使用券，它们规定了不同的自由。那么就有不同的自由印在上面。此外，我们假定那些使用券是可以交换的，因此，张三可以用自己的一些自由来换得李四的一些自由。设想那些使用券所规定的选择组合比上文提到的更复杂。在这种情况下，每一张使用券展示出可以作出的行为组合的一个析取项。也就是说，张三可以做 A、B、C 和 D，或者可以做 B、C、D 和 E，

---

① Isaiah Berlin, *Four Essays on Liberty*, pp.lviii—lix, liv。参见吕增奎编：《马克思与诺齐克之间——G.A.柯亨文选》，第290页。

② 参见吕增奎编：《马克思与诺齐克之间——G.A.柯亨文选》，第291页。

或者可以做 E、F、G 和 A,等等。如果张三试图做他的某张或某些使用券所不许可的事情,就会受到武力的干涉。

按照假设,这些使用券规定了一个人的自由——从而也规定了一个人的不自由——是什么。但是,一笔钱实际上是这种使用券的非常一般化的形式。在任何条件下,金钱都是获得产品的自由的一个 insu 条件,而不是像使用券那样是此类自由的充分必要条件。然而,在通常的条件下,金钱对一个人自由的影响恰如使用券那样。一笔钱等于(但不是)一张实施一种行为组合选择的许可证,比如说这样的行为组合选择:前往格拉斯哥看望自己的妹妹,或者拿走和穿戴塞尔弗里奇商场柜台上的羊毛衫。当实物性的金钱被信用卡或那种不可立即变现的信用账户取代的时候,如下一点就变得更加清楚:金钱的影响就是自由使用券的影响。

上述类比的各种界限反映出这里承认的一个事实:货币是自由的一个 insu 条件。因为在一个没有金钱的社会中,正是政府限制了一个人的自由,所以,在一个金钱的社会中,首先限制一个人的自由的通常并不是政府,而是那个他渴望获得其产品的所有者。在一个金钱的经济社会中,政府所做的就是执行资产持有者的意志,尤其是当资产持有者得不到金钱就不愿给予产品的时候。而且,资产持有者意志的关键作用不仅意味着金钱并不是获得产品的绝对保证,而且意味着缺乏金钱并不是得不到产品的绝对保证。例如,缺乏一张政府使用券就绝对得不到产品。如果塞尔弗里奇商场不管出于何种原因而决心不出售那件展览的羊毛衫,那么,即使给予金钱也不会买到它。反之,如果塞尔弗里奇商场想扔掉那件羊毛衫,那么,政府绝不会阻止塞尔弗里奇商场慷慨行为的受益者白捡到它,反而会保护这种馈赠行为。金钱并非总是获得一个物品的自由的必要条件,因为一位慷慨的卖家并不需要它;而且,金钱也并不总是上述自由的充分条件,因为卖家并非被迫出卖一个产品。

我们能够说,在我们的经济形态中,获得产品的自由在很大程度上是由金钱决定的。因此,在一般的情况下,金钱的缺乏导致了自由的缺乏。对于那个买不起火车票的贫穷妇女而言,即使火车公司可能为她提供一次免费的旅行,她前往格拉斯哥的自由的前景也不会得到大幅度的提高,因为那样的概率小得可以忽略不计。因此,一般来说,金钱与自由之间的不一致同样可以忽略不计。

真正的问题是："如果有限的资源使对自由的限制是不可避免的，那么自由应该如何分配呢？右翼的论证错误地绕过了这个问题。面对资源的有限性，市场资本主义是自由的最佳选择。这样一种主张并未得到证明。"①

从本质上讲，"主义"不是"学术"。一种"主义"被自觉地提出，目的不是为了供少数知识精英在书斋里玩味咀嚼，而是为了促成某种行动，进而谋求或巩固特定形式的政治—社会法权。很显然，一种"主义"能否以及在多大程度上达到自己的目标，关键要看它能否以及在多大程度上感染人和说服人。在反君主专制的政治革命时期，自由主义关于"免除无理强制"的价值诉求，甚至可以给那些不为生计犯愁的人带来强烈的心灵震撼。但问题是，它在获得了政治—社会法权并按照自己的逻辑制定和执行公共政策之后，该怎样向那些为生计犯愁的人展示道德感召力呢？一个生活在自由社会的庞大的弱势群体，能从失业的窘迫中无奈地体会自由选择的乐趣吗？面对市场的失灵以及由这种失灵所引发的社会危机，一个负责任的政府难道就只能以莫管闲事的消极姿态来标识自己的自由性质吗？19世纪末至今，这类问题在西方社会的集聚式爆发，对自由主义纲领构成了严峻挑战。柯亨从平等角度对自由主义，特别是自由主义右翼的分析和批判，正是基于这样一种社会背景，仅仅从"消极"的意义来理解自由，以为自由是现成的仓库，只需开启紧锁的大门，便能使其中的珍宝完全展露出来，这种观念不仅缺少历史的眼光，更放弃了现实的社会关切。② 在集权政府对经济运行实施强力干预的情况下，打破这种管制当然可以使企业家的创造潜能得到自由释放。但杜威争辩说，随着政府的管制降至"守夜人"的水平，放任式的竞争合乎逻辑地发展为垄断，那些财阀和大亨已自由到操持中小企业和底层民众生杀大权的地步，这时候还一味地要求政府不得进行"无理干涉"，岂不是将所谓的"消极"自由变成僵化的教条吗？在这种背景下，顽固地持守这一教条，只能使自由主义在实践中走向自己的反面，成为新的压迫源泉的"假自由主义"。③

---

① 吕增奎编：《马克思与诺齐克之间——G.A.柯亨文选》，第297页。

② 参见[美]约翰·杜威：《人的问题》，傅统先、邱椿译，上海人民出版社1986年版，第108—109页。

③ [美]约翰·杜威：《新旧个人主义——杜威文选》，孙有中等译，上海社会科学院出版社1997年版，第62—63页。

　　究竟什么才算自由主义之"真",何者为自由主义之"假",当然不能仅听一面之词。从理论逻辑的纯粹性和完备性方面来评估,或许伯林对自由的理解更加准确。按照伯林的看法,在公民权利得到保障的宪政制度下,一个身无分文的流浪汉渴望温饱而不能,我们可以定义他缺乏追求幸福生活的"能力",却不好断言他没有追求幸福的"自由"。一件东西是什么就是什么,混淆不得。"自由就是自由,既不是平等、公平、正义、文化,也不是人的幸福或良心的安稳。"①同样的道理,自由丧失了也就丧失了,不可能因为得到物质财富或者别的什么东西而原封不动地将自由换回。所以,伯林强调,"自由"只能被恰当地理解为一个免受无理强制的"消极"的防御性领域。

　　毫无疑问,对身处政治社会的个人来说,拥有这样一个防御性领域是非常重要的。问题是,伯林的辩护重点在于"自由",而有意无意地忽略了"主义"。历史经验表明,一种"主义"的合法性,并不仅仅取决于纯粹的学理思辨,而在更大程度上依赖于民众的自愿认可。即便采纳伯林的论点,不把获得幸福的"能力"的匮乏等同于追求幸福的"自由"的缺失,那也没有使棘手的难题得到多少缓解。几可断定,在一个没有"能力"获得幸福的人的心目中,所谓追求幸福的"自由"基本上是形同虚设的。但是,能人和强者喜欢这种自由。他们希望最大限度地减少来自政府的外在干预。这不但因为,政府限制越少,他们的自由空间就越大,更重要的是,自由空间越大,他们大展宏图的机会也就越多。如此看来,法理上同样的"自由",对强者和弱者却有着迥异的"价值"。问题的要害在于,当强者和弱者之间呈现出高度的竞争性关系的时候,为"自由"辩护,也就差不多等于为"强者"辩护了。社会达尔文主义者萨姆纳说得很明白:

　　　　许多人似乎被那些存在于世上的不幸和悲惨所吓倒了。然而,只要人的劣根性存在,它们就不会消失。有许多人害怕自由,尤其是由竞争形式表现出来的自由;他们将之视为一种障碍。他们认为它严重地影响了弱者。他们却没有发觉,此处的"强者"、"弱者"是不需要其他定义的名词,它们就是"勤奋者"和"怠惰者"、"节俭者"和"浪费者"的同义词。更重要的,他们也不曾发觉,如果我们不喜欢"适者生存",我们就只有

━━━━━━━━━━━━━━━

①　[英]以赛亚·伯林:《自由论》,胡传胜译,译林出版社 2003 年版,第 193 页。

一个选择了，那便是"不适者生存"。前者是文明的法则，后者却是反文明的法则。①

按照这套说教，在自由竞争中，强者不仅因为能力出众而获得成功，更因为获得成功而代表了文明进步的方向；反过来，非但不应同情遭到淘汰的弱者，而且应为他们遭到淘汰而击节叫好。显然，如此残酷的"自由"逻辑，已经与平等、博爱的人道理想相去甚远了。它骨子里有一种褒强贬弱乃至恃强凌弱的强盗气味。从这个角度来看，柯亨说"贫穷的人是不自由的人"，也许是对"自由"意涵的越界引申，但这种引申却是拯救自由"主义"的高明策略。若拘泥于伯林式的严格界定，那只能说：自由就是自由，不是平等，也不是富足。但在贫富分化带来严重社会紧张的背景下，恪守这样的自由无异于自掘坟墓。只有真正重建"自由"与"贫穷"的联系，将"自由"同"平等"挂钩，才能使那些弱势群体真切地感受到理性之光的温暖。柯亨"积极"地理解自由概念，即不仅把自由看做个人不受强制的"消极"的防御性领域，而且从概念分析入手，从普通民众的立场出发，将自由视为个人"积极"追求并获致幸福的能动性作为。鉴于普通民众追求并获致幸福的能力严重不足（即金钱的缺乏），因此，政府（或其他的社会组织）要在贫困救济、就业安置、福利保障、公共卫生、国民教育等方面有更多的责任担当。从政策之下的深层层面来看，对普通民众追求幸福的"可及优势"给予积极促进，就必须把自由与平等紧密联系起来，不仅在政治意义上，而且在经济与社会意义上，积极扩充公民的多种权利。

柯亨的技术批判思想区别于同时代的诸多技术批判理论。柯亨以技术本质的语义分析作为技术批判的基点，以技术的首要性作为技术批判的理性准则，坚持技术批判的唯物主义路线，主张抽象的"主体思维"范式转向"技术范式"，事实上否定了第二次世界大战后西方批判理论所主张的"人道主义"批判路线和"主体性"研究纲领。这种差别，源自于柯亨技术批判思想的三个内在的逻辑维度，即历史观维度、方法论维度和价值观维度，这三个维度分别界定了柯亨技术批判思想的理论基础、方法原则和价值旨归，是其思想区别于其

① Richard Hofstadter, *Social Darwinism in American Thought*, Boston: Beacon Press, 1992, p.45.

他技术批判理论的根本之所在。

技术是历史发展的首要因素。在历史发展的动力结构中,技术居于核心的地位。现实"生产"活动中的技术,是人类的一种生产"能力",是满足人类需要、消除其匮乏状态的物质可能性,是实现人类各种"目的"的"手段"。人正是通过技术的发展而得到全方位的发展,通过技术的进步而得到全面的进步。强调技术(决定)并没有把某种超人的东西放在历史的中心,技术的发展是与"人的发展"相携并进的,强调技术的首要性并非贬低人道主义。技术首要性的本质在于功能解释,即生产的物质组织形式和社会组织形式以及在其上建立的经济结构和上层建筑的性质都要由技术来解释,都必须适应技术的发展水平,而且这种适应是单向的,而非双向的。

技术的"首要性命题"是技术批判的理性准则。技术的首要性支撑了技术批判的合理性,并最终支持了对技术异化的科学批判。柯亨的技术批判准则是理性的批判准则,即建立在技术首要性的认知之上的科学批判,而非感性的、直观的主体性批判。在技术的逻辑服从资本的逻辑的当代社会中,不能对技术进行过多的谴责,以至用技术批判代替或掩盖对技术的社会属性的批判。技术对人的奴役的根源在于技术的资本主义应用,要消灭这种奴役就必须消灭生产资料的资本主义私有制,恢复技术的原本属性,使技术回归作为人解放自己的"手段"本身。同时,当代资本主义社会阶级结构的变化,客观上要求技术批判的策略灵活调整:靠技术,但不能只靠技术,还要做艰苦的理论工作,即从技术的价值维度直接批判现实社会,解除覆盖在社会不平等之上的种种理论迷雾。价值批判的合法性归根到底有赖于技术的首要性。

技术是平等与自由的前提和基础。技术是追求人类自由和平等的一种最基本、最重要的实践活动,是推进人类自由和平等的强大推动力。技术承载着人与自然以及社会的能动关系,决定并展现着人在对自然与社会的博弈中获得的自由的质与量。技术也是人的社会生活的自由和平等的基础。技术是人类消除异化、走向自由王国的实践动力与关键。柯亨的技术批判思想帮助我们正确地理解技术与人类价值追求的关系,这种理解将有助于人类在良性的发展轨道上追求自身的彻底解放,获得真正的自由和平等。在现代技术条件下,集体的自由不可能通过一系列单个人的解脱来获得,对技术异化的批判仍将继续。

柯亨技术批判的根本目标是要追求平等与自由相统一的正义社会。在当今社会背景下，基于技术进步的社会生产力的发展，把人的经济的和政治的异化凸显出来，技术构成了对人的自由本质的巨大的变异力量，这一点在资本主义社会制度中更加明显。然而，异化是可以被克服和超越的，其根据仍然是以技术进步为基础的社会生产力的发展以及生产力与生产关系的协调一致。异化的完全克服只有在理想的社会制度中才能最终实现，它意味着人在更高层次、更合理的社会形态中成为一个整体，人成为人自身。柯亨提出了"可及优势平等"的概念，致力于发展"深层"机会平等，目标是创造一个自由与平等相统一的"社会主义"的社会，这种努力既是技术批判的价值维度所要求的，更是技术批判在人作为"类的社会存在"的意义上的最终诉求。

平等的观念是明辨当代政治实践及各种理论流派本真意蕴的"脉枕"。以罗尔斯、伯林、诺齐克、德沃金为代表的西方政治哲学巨擘，以平等为核心"把许多富于启发性的观念结合为一个精致迷人的整体"①，引起了学界广泛而持久的关注。柯亨对罗尔斯等人的反思，代表了当代国外马克思主义者对平等问题思索的新角度，这不仅构成了我们透视自由主义丛林的不可多得的"社会主义"话语平台，而且还直接开启了分析马克思主义的新理路，从而清晰地展示了一种继续缜密地探索未来理想社会的理论趋势。

柯亨的技术批判体现了分析哲学的一般特征。为了建构一种站得住脚的理论（体系），语言分析就成了首要的学术任务。必须反对理论术语的多重定义，要下力气对理论所使用的一些含义接近的概念（术语）进行分析，以证明其间存在着不同的使用规则。词的意义在于词的用法，没有必要纠缠于抽象的命题意义，要着眼于词语的具体功能，在概念的日常用法中展现其意义，正如维特根斯坦所说的语境观念。柯亨将概念分析作为技术批判的基础性工作，析取出了逻辑上首要的概念："技术"，并通过语义分析和语境分析界定了技术的本质，演绎了严谨的技术批判的思想逻辑，这对我们表达学术思想，抑或揭示某个思想体系的内在逻辑和理论特质，具有重要的方法论启示。

---

① ［美］罗伯特·诺齐克：《无政府、国家与乌托邦》，何怀宏等译，中国社会科学出版社1991年版，第187页。

　　柯亨的技术批判思想为我们打开了一扇理解技术问题的窗户，但也暴露了自身的缺陷。他所理解的技术是抽象的还原论的"技术"，隐含着线性决定的机械论特征，没有达到技术整体论的思想高度。柯亨对技术本质的"工具性规定"，"消解"了对技术本身的批判，是值得商榷的。理想化的平等主义因放弃了对物质基础、现实道路和主体力量的探寻，也蒙上了道德主义色彩。

第八章　科琴：聚焦实践的哲学

加文·科琴（Gavin Kitching,
1947—　　）

加文·科琴是当代英国著名的马克思主义哲学家、社会学家、作家，1947年出生于英国北部重工业基地罗森伯兰郡的达勒姆煤田，父亲是兰布顿煤矿的工头。像许多战后的幸运儿一样，他在自己的家乡就读了大学，并于1968年第一次离开自己的家乡，先是到谢菲尔德，然后到牛津开始了背井离乡的学习之路。自1991年开始任教于新南威尔士大学，是该大学社会科学和国际关系学教授，曾任政治与国际关系学院院长。2007年，科琴成为澳大利亚社会科学研究院的院士。

科琴自认为他是一个学者而不是一个专业的哲学家，但对哲学思想有着浓厚的兴趣。随着20世纪中期传统"西方马克思主义"的逐渐萧条和分析马克思主义的悄然兴起，作为维特根斯坦研究专家的科琴，在柯亨、罗默、埃尔斯特等学者工作的基础上，在《卡尔·马克思和实践哲学》《马克思主义和科学》等代表作中主要运用后期维特根斯坦的分析哲学的方法，重新诠解了马克思的实践哲学，提供了一种分析马克思主义的整体实践观的独特视角，对马克思主义哲学的发展作出了重要贡献。

像当时那一代的许多年轻人一样，科琴是"国际游民"中的一分子，在世界不同的地方居住、工作，他先后去过肯尼亚、坦桑尼亚、威尔士、伦敦、巴西、美国东海岸、俄罗斯、澳大利亚的悉尼等地。科琴的著作也受到了周游列国生

活方式的影响,最初的研究成果及其出版物都集中在对非洲发展问题的研究上,特别是肯尼亚和坦桑尼亚,并因此荣获了"赫斯科维兹"奖。20 世纪 90 年代以来,他转向分析苏联解体后的俄罗斯,开始关注 21 世纪新经济状况下全球化对社会正义的影响,向学生介绍全球化,并致力于研究维特根斯坦、全球化理念以及第三世界农业发展问题。科琴也是一位小说家和剧作家,受生长环境的影响,他作品中的主角主要演绎的是英国东北部的生活场景,他的小说因其惊险刺激的犯罪情节吸引了很多读者。科琴的学术作品主要有:《肯尼亚的阶级和经济结构的变革》(1980)、《历史视野中的发达与不发达》(1989)、《在全球化境遇下寻求社会正义》(2001)、《社会主义的再思考》(1983)、《卡尔·马克思和实践哲学》(1988)、《马克思主义和科学》(1994)、《马克思和维特根斯坦》(2002)、《维特根斯坦与社会》(2003)等;小说和剧本主要有:《地狱中的卡尔·马克思》(2002)、《不可能的诚实——源自路德维希·维特根斯坦的生活事件》(2003)、《政治家之死》(2007)等。

第一节 辩证的实践哲学

一、马克思的哲学构造

科琴认为,列宁所提出的马克思的工作可以被看做是三个要素的复合体(即德国的哲学、英国的经济学和法国的社会主义),是一个相当正确的描述。但科琴强调,在这一复合体中,实践哲学广泛地影响着经济理论和共产主义观点:一方面,源自古典经济学的经济理论通过实践哲学的"棱镜"而得以确立其基本原则;另一方面,源自空想社会主义的共产主义概念也自始至终受到实践哲学的影响。科琴进而指出,如果我们要理解马克思,就必须理解黑格尔和费尔巴哈:黑格尔发展了一种分析的方式或方法(马克思认为它有一个合理内核即辩证法),而费尔巴哈对黑格尔的批判则深深地影响了马克思。

科琴首先提供了一个对黑格尔哲学中心思想的概述。作为一个最伟大或者最极端的唯心主义哲学家,黑格尔与其他唯心主义哲学家一样,认为世界上所有的物都是通过精神、观念被认识的。因为除非通过我的精神,我根本不能认识世界,这样,我的精神告诉我的世界就是世界之所是,精神与世界是同一的。当然还有一种哲学传统即经验主义,与唯心主义相反,宣称在精神与世界

之间存在着一种联系，一种通过感觉表象和它们对大脑作用的联系，这种作用在科学上是可研究和可理解的。于是，人类关于世界的认识是关于外在于精神的某些事物的认识，精神与世界不是同一的，不是不可分的。在17世纪时，经验主义似乎在知识分子们中间占有优势，它还强化了17世纪和18世纪关于"科学"和"理性"的信念，并成为"启蒙运动"的标记。但是，到了18世纪后期，德国伟大的哲学家康德对此表示根本的怀疑，而在科琴看来，康德哲学也许是黑格尔哲学的最重要的激发者。

康德指出，经验主义对知识的解释在一个关键的方面是模糊的、不明确的，即关于简单的感觉表象如何被联系和联结起来变为更复杂的观念和概念。例如，一个人可能会明白感觉表象是如何"产生"关于蓝的、绿的、黄的等观念的，但在它们自身内部如何能"产生"关于颜色的观念呢？而且，对人类而言，还有别的更为根本的概念（时间与空间）是不能从感觉表象中通过联系、对比或别的任何东西引申出来的。因此，康德认为，人的精神不是白板，不是从一出生就准备好被感觉表象来填充的一张白纸。相反，为了了解或利用感觉表象，人的精神从一出生就必须已经具有某些组织范畴或参考框架，那些感觉表象适合于它们或者通过它们而被过滤。这些组织范畴或参考框架即是康德所称的"天赋观念"，它们建立起人类理性能力的核心，是人类区别于任何其他动物的本质能力。科琴指出，康德为黑格尔哲学奠定了基础，因为他重申和更新了"唯心主义"关于精神与世界的观点以反对经验主义的攻击。通过康德，黑格尔更加确信唯心主义的基本立场即是认为精神与世界是同一的，不存在能够区分二者的方式。

在科琴看来，黑格尔哲学有两个核心概念即"精神"（Geist）和"理念"（Idee），这两个概念是紧密联系的。黑格尔对康德之后唯心主义哲学的主要发展，在于他坚持不论是精神还是理念都有一个历史。人类的理性能力与理解力通过时间而成长、扩展和深化，因此人类的历史就是理性发展的历史。在黑格尔的哲学中，我们不仅可以发现精神与世界同一的观点，而且可以发现精神实际上创造了世界的观点。在黑格尔看来，这在两种意义上是真实的：第一，因为对黑格尔来说"世界"="关于世界的知识"，所以随着知识的变化（即随着精神的发展）世界也在变化；第二，因为人类在世界中的行动要以他们关于世界的知识为基础，世界日益被理性通过建立在其基础之上的人类活动所

改变和统治,这样一种活动形式随着人类种群的进化而日益占有优势。实际上,我们可以把所有的人造物,从最低下的(钢笔、铅笔、桌子、椅子、勺子)到最雄伟的(水坝、公路和铁路系统、飞机、电子通信系统),看做是人类理性的具体化和客观化。科琴强调,这是一个在黑格尔哲学中非常重要的概念,它深深地影响了马克思。同时,我们可以看到,在黑格尔的纯哲学中,人类(实际上是人类自我)几乎根本没有出现。这是因为对黑格尔而言,通常人所拥有的使他们成为人的东西是"精神";而且,思想的范畴对所有人的精神都是相同的。于是,"在黑格尔这里,世界变成了这些普遍的思想范畴的创造物、产物。例如,黑格尔会说一个公民的私人生活是'隐秘'这个理念的产物(或者是具体化)。同样,一个官僚机构对黑格尔来说,是'公共精神'或'公共利益中合理的客观性'的理念的产物或具体化"①。全部人类历史就是一个通过理念使自身客观化为物质现实的过程。客观化的过程对黑格尔来说也是一个异化的过程。因为当思想把自身客观化为无数不同的物质产物和社会政治机构(家庭、职业组织、国家)时,它没能够掌握这些事物是它的产物、它的具体化和多方面的客观化。因此,它把它们看做是从自身分离、异化出去的东西。黑格尔也是这样解释经验主义的,在哲学领域,经验主义是思想从它自身异化的表现。

科琴敏锐地认识到:"客观化和异化这两个联系着的概念把我们带入黑格尔哲学的心脏。"②对黑格尔来说,人类历史是一个过程;通过这一过程,思想首先通过客观化异化自身,然后逐渐分阶段地意识到这些客观化是它自己的产物,也就开始理解这些客观化和它自己的成就与可能性。异化的超越——这是终点、目标、异化的顶点——存在于思想的完全的自我理解,存在于思想关于它自身同时关于世界的完全无碍的自我意识。思想的完全自我理解同时也是思想对世界的完全理解和控制,这可以说是理性的最终凯旋。黑格尔异化理念的一个特别含义对于理解马克思尤其重要。黑格尔的哲学是高度神学的,因为他最终把"精神"和"理性"看做是上帝的表现,19世纪早期的德国保守黑格尔主义通常都是宗教信徒。但是青年"左派黑格尔主义"特别是费尔巴哈和施特劳斯反对黑格尔哲学的这一方面,并实际地把黑格尔的客

---

① Gavin Kitching, *Karl Marx and the Philosophy of Praxis*, London and New York: Routledge, 1988, p.16.

② Ibid., p.17.

观化和异化概念转变为无神论思想的工具。对于"左派黑格尔主义"来说——青年马克思和青年费尔巴哈与此一致——宗教信仰是思想自我异化的一种典型和独特的削弱了的形式。因为在宗教中，人类意识最卓越的一些产物，如道德价值、正义与非正义、美与善的观念等，被客观化为异化的超人（神或上帝）的属性或特性，它既脱离于人类王国又通过思想统治着这个王国。实际上，在许多宗教里，上帝或神被崇拜为世界的实际创造者。但是，在"左派黑格尔主义"看来，这仅仅是思想发展的一个历史阶段。因为当思想意识到道德、正义、真理等观念是它自己的创造物时，它将同时意识到上帝或神也是它的"客观化"，它的创造物，然后再次挪用这些崇高的范畴作为它自身存在的一部分。或者简单地说，在"左派黑格尔主义"的概念中，无神论是人类思想超越自身异化道路上的一个重要阶段。科琴指出："马克思终生都是一个无神论者，因为他从未放弃青年时期学到的这个左派黑格尔主义的异化的宗教概念。"①

在科琴看来，马克思于19世纪40年代在一些重要方面"重新阐释"了黑格尔的哲学思想，但却从未放弃过黑格尔哲学的本质。部分"重新阐释"是马克思与其他"左派黑格尔主义"共有的，特别是费尔巴哈，其他部分则是他的独创。

二、马克思思想的核心

科琴认为，实际上，在1845—1846年，马克思就已经建立起了实践哲学，"在这种哲学中，马克思既拒绝从思想中派生出生活（像黑格尔那样），也拒绝从生活中派生出思想（像洛克和费尔巴哈那样）。对马克思来说，使人类区别于任何别的有生命的物种的是他们自觉能动活动的能力——他称之为实行或实践——他用这个概念既包括思想也包括生活"②。而且，实践的概念在马克思的整个思想体系中处于中心地位。按照科琴的理解，马克思追求一种关于世界的哲学、历史和社会经济的视野的整合，并构造了一个庞大、完美、逻辑严密和"科学"的思想体系；而实践哲学则为理解这一体系提供了导引思路，并

---

① Gavin Kitching, *Karl Marx and the Philosophy of Praxis*, p.18.

② Ibid., p.26.

构成对马克思思想中最深刻的力量或最严重的缺陷的解释。

科琴进而指出,实践概念在马克思的整个思想体系中处于中心地位,即使是今天的大多数马克思主义者也低估和误解了实践概念的全部意义。他清醒地认识到,由于方方面面的原因,当代西方马克思主义研究出现了种种有违马克思本人思想的现象;特别是随着学院化倾向的不断加剧,马克思主义的重要性或意义被降低到仅仅是关于其自身真或假的问题。而对于理论之意义这一逻辑在先问题的忽略的最终结果,就是产生一种枯燥的形式主义,并经常与一种同样枯燥的实证主义相联结。当代许多马克思主义者们也开始认为"人的思维是否具有客观真理性"纯粹是一个"理论问题",并且能够证明马克思主义的优越性是由于它比任何其他理论能更好地"适合"或"解释"事实,以及它比任何其他理论更为逻辑一致。

科琴一针见血地指出,提出"纯粹经院哲学的问题",得到的肯定是"纯粹经院哲学的答案"。"对实践哲学的背离,是马克思主义学院化的首要结果或表现。"①这样,在一种莫大的历史讽刺中,马克思主义不仅失去了其政治敏锐力,而且更为根本的是失去了它的哲学灵魂和力量。为了改变这一状况,科琴呼吁必须重新确立实践哲学在整个马克思主义思想体系中的核心地位和重要意义,即:实践哲学提供了一种深远的认识论和人类学的洞察力——"实践哲学的洞察力",这种洞察力能够将马克思主义从经院哲学的枯燥中挽救出来。

在《卡尔·马克思和实践哲学》一书中,科琴专门讨论了实践哲学的形成过程。他认为,代表着马克思主要知识成就的实践哲学出自对黑格尔唯心主义和费尔巴哈唯物主义的综合,对客观化和异化概念的"唯物主义改造"则是实践哲学的起点。在科琴看来,马克思对黑格尔的客观化和异化概念的"唯物主义改造"——它们转而成为人类的而不是"理念"的状态——是费尔巴哈对青年马克思产生影响的最重要结果之一。因为从根本上讲,费尔巴哈仅仅把经验主义("感觉表象")哲学重新表述为一种对黑格尔的黑格尔主义的批判。在费尔巴哈看来,黑格尔把历史过程的原因归结为人类精神的范畴(简单性、复杂性、普遍性、特殊性、公众、私人),这些仅仅是对现实的、物质的人

---

① Gavin Kitching, *Karl Marx and the Philosophy of Praxis*, p.35.

类主体的思考所产生的结果。当马克思接受了费尔巴哈对黑格尔的唯心主义倒置的同时，又坚决地拒绝"思想"与"生活"的分离。也就是说，马克思接受了黑格尔的观点，即人的解放在于人类获得对于自身作为一个整体的自然和对于世界的完全的理解与统治，但他反对解放仅仅发生在思想或理性的王国。对于马克思而言，客观化和异化是人类活动的产物，既然人的被奴役是自身活动的产物，那么人的解放就要求人的活动的根本性改变，这包括人类社会的根本性改变（科琴强调，在这里马克思开始脱离费尔巴哈和左派黑格尔主义）。因此，马克思把实际的思想、行动的人类主体重新引入到黑格尔的历史哲学中，并坚持了黑格尔关于历史过程与历史进步的基本思想。

通过把客观化和异化转化成为人类的活动，马克思进而认为，使人类区别于任何别的有生命的物种的，就是自觉能动的活动，实践即是人类的本质。首先，通过这种自觉能动的活动，自然界才表现为他的作品和他的现实，而且人类在改变自然界的同时也在改变着他们自身的自然；其次，通过这种创造性的实践活动改造对象世界，人才摆脱肉体需要"真正地生产"，人才真正证明自身是有意识的类存在物；最后，劳动是人的类生活的对象化，人不仅在意识、精神中使自己二重化，而且能动地、现实地使自己二重化，从而在他所创造的世界中直观自身。

科琴特别强调，当马克思在《1844 年经济学哲学手稿》中讲到"生产"的时候，并不仅仅是指物质生产或物质客体的生产，"对马克思来说，人类的本质在于他们是客观物质过程的生产者，同时也是思想、社会机构、价值和语言的能动的生产者"[1]。这种理解绝对是必需的。对马克思来说，人类的本质就在于他是客观物质过程的能动的生产者。所以，马克思会认为人类生产了其他一些事物：语言、家庭、政府、美、丑、真理、谬误、正义、非正义、房子、公路、音乐、电……人类的这种生产能力使马克思感到惊异，但是在"私有财产"社会中，这种创造性采取了异化的形式：第一，人们不得不为了生存而工作，而不是为了创造而生活；第二，劳动产品不属于它们的生产者，而是属于别人；第三，人们被迫去相互竞争，而不是为了彼此而工作。总之在马克思所看到的 19 世纪 40 年代周围的"私有财产"社会中，人类这个能动的创造的类，基本上被陷

---

① Gavin Kitching, *Karl Marx and the Philosophy of Praxis*, p.21.

于赤贫的雇佣劳动者地位，他们被迫把创造性投入到单调的、令人厌烦的、经常是损伤肉体和精神的雇佣劳动中，以获得微薄的收入，为占有"生产工具"的其他人创造财富。

尽管在马克思后期的思想发展中，由于受到他对古典政治经济学的研究和他自己的政治活动的影响，异化劳动社会变为"资本主义"而不再仅仅是"私有财产"社会，异化劳动者变为"工人阶级"或"无产阶级"而不再是一般的所有人，但其思想实质并未发生改变。因此，马克思眼中的共产主义社会将是这样一种社会形态：异化将被终结，人类以一种积极的方式自由而充分地发挥他们的创造性。

在对马克思实践观的哲学构造进行了深入分析后，科琴不无深意地指出，马克思在1845年《关于费尔巴哈的提纲》中认为，黑格尔的唯心主义和费尔巴哈的唯物主义犯了同一个错误，即它们似乎都把人类看做仅仅是"思想的创造者"。就黑格尔来说，他采用了理性的范畴，认为所有人都拥有这些范畴并将其作为历史的最初原动力；对费尔巴哈而言，一种关于接受感觉表象的大脑的解释被认为是对人类如何思想的充分说明。因此，这两种哲学都是不充分的，因为人类并不仅仅是思想的创造者，而且还是行动的创造者。由于思想是能动的创造性实践活动的一个必不可少的组成部分，因此，马克思所强调的，是一种人类的总体性实践。

科琴指出，人类做各种各样的事情（跑、跳、建造、破坏、斗争、谈判、制造、修理、爱、恨），因此思想只是其中之一。或者用一种更好的方式来表达，思想是人类所做所有事情的一个必不可少的部分并与它们缠结在一起。总之，思想是能动的生活、一种能动的目的性创造的实践必不可少的组成部分。实际上，正是思想的出现使一种行动成为一种行动而不是（例如）一种反射性的反应。科琴举例说，使伸出某人的左手成为一个"左转信号"而不是一种神经抽搐的，是（a）它被做时所处的环境（例如当一个人正在骑自行车，接近交叉路口）和（b）它被做时借助的思想或注意力。他引用马克思在《资本论》中的原话来说明这点："蜘蛛的活动与织工的活动相似，蜜蜂建筑蜂房的本领使人间的许多建筑师感到惭愧。但是，最蹩脚的建筑师从一开始就比最灵巧的蜜蜂高明的地方，是他在用蜂蜡建筑蜂房以前，已经在自己的头脑中把它建成了。劳动过程结束时得到的结果，在这个过程开始时就已经在劳动者的表象中存

在着，即已经观念地存在着。他不仅使自然物发生形式变化，同时他还在自然物中实现自己的目的，这个目的是他所知道的，是作为规律决定着他的活动的方式和方法的，他必须使他的意志服从这个目的。"①

在科琴看来，如果马克思必须选择一种关于人类的本质概念，它必将是"行动的创造者"而非"思想的创造者"，这也是避免黑格尔唯心主义和费尔巴哈唯物主义的一种方式。因为根据马克思的观点，思想与世界、现实通过人类活动、实践"已经"和"总是"联系在一起了；反过来说，正是对思想和从人类活动、实践中抽象出来的思想的沉思，造成了几乎所有的哲学难题。对于马克思的这样一种总体性实践观，科琴给予了高度评价，认为是代表了马克思主要的知识成就；但同时他也不无遗憾地指出，马克思并没有在后期著作中充分利用这一成就，并且实际上在某些方面还有所倒退。

紧接着，科琴再次用马克思自己的语言来表达这种观点，即《关于费尔巴哈的提纲》的第一、第二、第八条：

> 从前的一切唯物主义（包括费尔巴哈的唯物主义）的主要缺点是：对对象、现实、感性，只是从客体的或者直观的形式去理解，而不是把它们当做感性的人的活动，当做实践去理解，不是从主体方面去理解。因此，和唯物主义相反，唯心主义却把能动的方面抽象地发展了，当然，唯心主义是不知道现实的、感性的活动本身的。费尔巴哈想要研究跟思想客体确实不同的感性客体，但是他没有把人的活动本身理解为对象性的活动。②

> 人的思维是否具有客观的真理性，这不是一个理论的问题，而是一个实践的问题。人应该在实践中证明自己思维的真理性，即自己思维的现实性和力量，自己思维的此岸性。关于思维——离开实践的思维——的现实性或非现实性的争论，是一个纯粹经院哲学的问题。③

> 全部社会生活在本质上是实践的。凡是把理论引向神秘主义的神秘东西，都能在人的实践中以及对这种实践的理解中得到合理的解决。④

关于这三条提纲，科琴提出了三点看法：

---

① 《马克思恩格斯文集》第5卷，第208页。
② 《马克思恩格斯文集》第1卷，第499页。
③ 同上书，第500页。
④ 同上书，第501页。

第一,当马克思在第一条中说"感性客体"时,他是指"感官客体"或"通过感官被认识的客体"。

第二,当马克思说"人类活动作为……一种客观的活动"时,他是指"一种直接地指向客体的活动"。换言之,马克思在此是说费尔巴哈把人对客体的感觉看做是一种被动的或沉思的过程,而不是一个能动的过程。但是对马克思来说,像费尔巴哈那样想象"感觉客体"是没有任何意义的,似乎它们在现实中仅仅是"在那里";相反,仅当人类能动地把它们作为有目的的生活的一部分时,它们才成为"感觉客体",被人类认识的客体。

第三,应当注意在第二条和第八条提纲中,当马克思把"客观真理"看做是一个"实践问题"、把"社会生活"看做"本质上是实践的"时,他并不是天真地把"实践的"和"理论的"相并列,也不是把"实践活动"与"不切实际的"思想相并列,而是他在强调所有人类思想都无法摆脱的是人类活动的一部分。在马克思的思想中,"思想"与"世界"、"思想"与"现实"通过人类活动"已经"和"总是"联系在一起。可以说,正是人类活动把思想与世界"联结"起来。反过来说,正是对"思想"和从实践、活动中抽象出来的"思想"的沉思,造成了几乎所有的哲学难题。

通过以上论述,科琴引入了《关于费尔巴哈的提纲》中最著名也是最后一条:"哲学家们只是用不同的方式解释世界,问题在于改变世界。"[①]

三、对马克思实践哲学的质疑

科琴指出:"当我认为马克思创立的可以被称为'行动的唯物主义',一种实践哲学,出自对黑格尔的唯心主义和费尔巴哈的唯物主义的综合,确实体现了一种较重要的理性成就时,我同时认为马克思并没有在他后期著作中充分利用这一成就。实际上在某些方面他确实在从它倒退。"[②]

首先,马克思也许已经发现他显然忽视了实践哲学的某些含义。如果关于世界的思想不可避免的是世界上的实践活动的一部分,这就表明在一个复杂的社会中,存在着复杂的社会结构和劳动分工,就可能会有许多各不相同的

---

① 《马克思恩格斯文集》第 1 卷,第 502 页。

② Gavin Kitching, *Karl Marx and the Philosophy of Praxis*, p.31.

对世界的解释,它们构成了许多各不相同的实践活动的组成部分。"生活在不同地方、居住在各类房屋、有不同程度的教育状况、有不同种类的邻居和工作的人们,可能会有非常不同的对世界的解释,或者至少是在很多重要方面的不同解释。"①就马克思而言,他在后期的著作中显然忽视了早期的总体性实践观,特别是开始专门关注社会中阶级实践的区分,而几乎把所有别的社会划分排除在外。科琴指出,这种对阶级划分的关注并不是实践哲学必须包括的。出现这种情况可能有两个原因:一是古典政治经济学对马克思后期社会思想的影响;二是马克思投身于一种特定的政治实践而把所有别的社会实践排除在外。他举例说,黑人与白人、男人与女人的不同生活经历,在一定的社会环境中也许对社会意识的形成比阶级区分更为重要。至少,这是一个有待研究的经验主义的问题,但后期马克思在这点上却过于有倾向性,且没有用研究来代替假定。

其次,在马克思的后期著作中,特别是他关于政治经济学的著作中,我们很容易发现他所采取的内在的哲学立场,这似乎与他早期的实践哲学不是很一致。特别是在《资本论》中,马克思采取了一种科学的立场,他期望通过应用于一部科学或学术著作的通常标准来证明自己所提理论的真或假。科琴认为,这些标准可以包括逻辑的一致性、被经验证据所证实或证伪、前提与结论的合理性,等等。但是,他强调:"这种趋向于科学的与马克思早期哲学的连贯性存在于这样的事实,即当这些标准可以证明一种理论的真或假时,它们不能证明它的重要性。相反,实践哲学主要是关于重要性或意义,它表明一种科学的理论是有意义的,如果它的真或假对外在于它的人的实践或活动有一些影响的话。"②在科琴看来,要证明一种理论是否有意义,我们应当关注这样一些问题:这种理论打算提出什么目的? 通过它会达到什么? 这种理论是为了什么? 人们打算用它做什么? 因此,对于"一种理论的真或假"逻辑在先的问题是"在决定它的真或假时什么是关系重大的",或者说,一种理论的真或假所造成的区分会是什么。就马克思的经济理论来说,它的目标是清楚的:表明"资本积累仅仅通过对工人阶级的剥削才发生"。如果"资本积累仅仅通过对

---

① Gavin Kitching, *Karl Marx and the Philosophy of Praxis*, p.31.
② Ibid., p.35.

工人阶级的剥削才发生"是真的,那么对于世界上的其他实践和活动来说,就会有许多含义,例如,指向哪个阶级并通过哪个阶级的政治实践。

但是,科琴认为,在后期的政治经济学和政治斗争的思想中,马克思倾向于认为这种哲学立场"背景"是理所当然的,未作论述地依赖于此"背景",转而关注证明自己理论的真,因此对诸如此类的主题给予了更多关注:《资本论》所由构成的概念的本质,在命题中被使用的概念的逻辑一致性,与资本主义的经验证据相关的理论的解释力和描述力,等等。在科琴看来,这些主题对于证明马克思经济理论的真或假是绝对重要的,"但不幸的是,许多后几代马克思主义者们开始认为,它们只是马克思主义所有重要性当中哲学的或认识论的主题,马克思主义的意义和真理性唯一地依赖于它所被宣称的比任何别的理论更好的解释或描述世界的能力"①。于是,不去追问一种理论的意义这个逻辑在先的问题(它的真或假对于世界上其他实践活动的含义),其最终结果就是导致了一种枯燥的形式主义。他断言:"把马克思主义的重要性或意义降低到仅仅是关于它的真或假的问题,马克思主义者们对实践哲学的背离,是马克思主义学院化自身的首要结果或表现。"②

第二节　展现社会秩序本质的人类实践

在为《政治经济学批判》第1分册所写的序言即《〈政治经济学批判〉序言》中,马克思指出:"人们在自己生活的社会生产中发生一定的、必然的、不以他们的意志为转移的关系,即同他们的物质生产力的一定发展阶段相适应的生产关系。这些生产关系的总和构成社会的经济结构,即有法律的和政治的上层建筑竖立其上并有一定的社会意识形式与之相适应的现实基础。物质生活的生产方式制约着整个社会生活、政治生活和精神生活的过程。不是人们的意识决定人们的存在,相反,是人们的社会存在决定人们的意识。社会的物质生产力发展到一定阶段,便同它们一直在其中运动的现存生产关系或财产关系(这只是生产关系的法律用语)发生矛盾。于是这些关系便由生产力

---

① Gavin Kitching, *Karl Marx and the Philosophy of Praxis*, p.34.

② Ibid., p.35.

的发展形式变成生产力的桎梏。那时社会革命的时代就到来了。随着经济基础的变更，全部庞大的上层建筑也或慢或快地发生变革。"①科琴认为，这段话曾经被并将继续被无休止地争论，这种争论主要集中在以下三个问题上：

第一，这段话是否表明马克思是某种"决定论的"思想家，如果是，它表明马克思是何种决定论者？

第二，马克思在此概括的历史运动的机制——"生产关系"成为"生产力"的桎梏并导致一场"社会革命"——是否意味着一种历史发展的"规律"？

与这两个问题密切相关的第三个问题是：马克思在这段话中通过最重要的术语明确所指的是什么？他通过"生产方式"（物质生活的方式）所指的是什么？他通过"生产力"所指的是什么？他通过作为宗教和政治"上层建筑"之基础的社会"经济结构"所指的是什么？等等。

一、规律与历史决定论

科琴首先为我们提供了以下十段引文：

1. "问题本身并不在于资本主义生产的自然规律所引起的社会对抗的发展程度的高低。问题在于这些规律本身，在于这些以铁的必然性发生作用并且正在实现的趋势。工业较发达的国家向工业较不发达的国家所显示的，只是后者未来的景象。"②

2. "一个社会即使探索到了本身运动的自然规律，——本书的目的就是揭示现代社会的经济运动规律，——它还是既不能跳过也不能用法令取消自然的发展阶段。但是它能缩短和减轻分娩的痛苦。"③

3. "无论是发现现代社会中有阶级存在或发现各阶级间的斗争，都不是我的功劳。在我以前很久，资产阶级历史编纂学家就已经叙述过阶级斗争的历史发展，资产阶级经济学家也已经对各个阶级作过经济上的分析。我所加上的新内容就是证明了下列几点：（1）阶级的存在仅仅同生产发展的一定历史阶段相联系；（2）阶级斗争必然导致无产阶级专政；（3）这个专政不过是达

---

① 《马克思恩格斯文集》第 2 卷，第 591—592 页。
② 马克思：《资本论》第 1 卷，人民出版社 2004 年版，第 8 页。
③ 同上书，第 9—10 页。

到消灭一切阶级和进入无阶级社会的过渡……"①

4."问题不在于某个无产者或者甚至整个无产阶级暂时提出什么样的目标,问题在于无产阶级究竟是什么,无产阶级由于其身为无产阶级而不得不在历史上有什么作为。它的目标和它的历史使命已经在它自己的生活状况和现代资产阶级社会的整个组织中明显地、无可更改地预示出来了。"②

5."至今一切社会的历史都是阶级斗争的历史。自由民和奴隶、贵族和平民、领主和农奴、行会师傅和帮工,一句话,压迫者和被压迫者,始终处于相互对立的地位,进行不断的、有时隐蔽有时公开的斗争,而每一次斗争的结局都是整个社会受到革命改造或者斗争的各阶级同归于尽。"③

6."历史不外是各个世代的依次交替。每一代都利用以前各代遗留下来的材料、资金和生产力;由于这个缘故,每一代一方面在完全改变了的环境下继续从事所继承的活动,另一方面又通过完全改变了的活动来变更旧的环境。然而,事情被思辨地扭曲成这样:好像后期历史是前期历史的目的,例如,好像美洲的发现的根本目的就是要促使法国大革命的爆发。于是历史便具有了自己特殊的目的并成为某个与'其他人物'(像'自我意识'、'批判'、'唯一者'等等)'并列的人物'。其实,前期历史的'使命'、'目的'、'萌芽'、'观念'等词所表示的东西,终究不过是从后期历史中得出的抽象,不过是从前期历史对后期历史发生的积极影响中得出的抽象。"④

7."历史什么事情也没有做,它'不拥有任何惊人的丰富性',它'没有进行任何战斗!'其实,正是人,现实的、活生生的人在创造这一切,拥有这一切并且进行战斗。并不是'历史'把人当做手段来达到自己——仿佛历史是一个独具魅力的人——的目的。历史不过是追求着自己目的的人的活动而已。"⑤

8."人们自己创造自己的历史,但是他们并不是随心所欲地创造,并不是在他们自己选定的条件下创造,而是在直接碰到的、既定的、从过去承继下来

① 《马克思恩格斯文集》第10卷,第106页。

② 《马克思恩格斯文集》第1卷,第262页。

③ 《马克思恩格斯文集》第2卷,第31页。

④ 《马克思恩格斯文集》第1卷,第540页。

⑤ 同上书,第295页。

的条件下创造。"①

9."这里不必再补充说，人们不能自由选择自己的生产力——这是他们的全部历史的基础，因为任何生产力都是一种既得的力量，是以往的活动的产物。可见，生产力是人们应用能力的结果，但是这种能力本身决定于人们所处的条件，决定于先前已经获得的生产力，决定于在他们以前已经存在、不是由他们创立而是由前一代人创立的社会形式。后来的每一代人都得到前一代人已经取得的生产力并当做原料来为自己新的生产服务，由于这一简单的事实，就形成人们的历史中的联系，就形成人类的历史，这个历史随着人们的生产力以及人们的社会关系的愈益发展而愈益成为人类的历史。由此就必然得出一个结论：人们的社会历史始终只是他们的个体发展的历史，而不管他们是否意识到这一点。他们的物质关系形成他们的一切关系的基础。这种物质关系不过是他们的物质的和个体的活动所借以实现的必然形式罢了。"②

10."……根据唯物史观，历史过程中的决定性因素归根到底是现实生活的生产和再生产。无论马克思或我都从来没有肯定过比这更多的东西。如果有人在这里加以歪曲，说经济因素是唯一决定性的因素，那么他就是把这个命题变成毫无内容的、抽象的、荒诞无稽的空话。经济状况是基础，但是对历史斗争的进程发生影响并且在许多情况下主要是决定着这一斗争的形式的，还有上层建筑的各种因素：阶级斗争的各种政治形式及其成果——由胜利了的阶级在获胜以后确立的宪法等等，各种法的形式以及所有这些实际斗争在参加者头脑中的反映，政治的、法律的和哲学的理论，宗教的观点以及它们向教义体系的进一步发展。这里表现出这一切因素间的相互作用，而在这种相互作用中归根到底是经济运动作为必然的东西通过无穷无尽的偶然事件（即这样一些事物和事变，它们的内部联系是如此疏远或者是如此难于确定，以至于我们可以认为这种联系并不存在，忘掉这种联系）向前发展。否则把理论应用于任何历史时期，就会比解一个简单的一次方程式更容易了。

我们自己创造着我们的历史，但是第一，我们是在十分确定的前提和条件下创造的。其中经济的前提和条件归根到底是决定性的。但是政治等的前提

---

① 《马克思恩格斯文集》第 2 卷，第 470—471 页。
② 《马克思恩格斯文集》第 10 卷，第 43 页。

和条件,甚至那些萦回于人们头脑中的传统,也起着一定的作用,虽然不是决定性的作用。"①

科琴指出,从这些引文中我们可以看到,马克思提出了一种非常不同但看起来似乎有些矛盾的历史观。通过关注一组引文(从 1 到 4),我们很容易发现证据以支持马克思是一个历史决定论者的主张,而其他引文(6、7 和 8)又可以使他免于这种指责。引文 5 和 9 采取了一种"中间道路"的立场,因此可以按照任何一种方式来理解。最后,出自恩格斯的引文 10 试图为马克思去世之后的下一代马克思主义者澄清这个问题,但似乎仅仅是增加了更多的困扰。因为恩格斯一方面强调经济的、政治的和宗教的因素在影响历史进程中的"相互作用",另一方面他又坚持"经济的前提和条件归根到底是决定性的"。

但是,在科琴看来,把秩序引入这种表面的混乱是可能的,因为这些引文出自马克思一生中各个不同的时期,是从非常不同的语境中抽取出来的。一旦我们理解了这些语境,一些明显的矛盾就会消失。比如,最明显的"决定论的"引文 1 和 2 出自《资本论》第一版"序言"。不论从这里的语境还是从第二版(1873)"序言"看,都是非常清楚的,即马克思在这些引文中所指的"规律"被认为仅仅在资本主义这种特定的"生产方式"中起作用。因此,在这种语境中的"规律"并非意味着造成了在不同生产方式之间的长期的历史转换。实际上在 1873 年《资本论》的"序言"中,马克思赞同性地引用了一位 1867 年版本的评论者(伊·伊·考夫曼)的话。考夫曼曾经强调,在马克思看来,"每个历史时期都有它自己的规律"。马克思继续充分地引用这种评论,因为他觉得考夫曼显然很好地抓住了自己的观点:"一旦生活经过了一定的发展时期,由一定阶段进入另一阶段时,它就开始受另外的规律支配。总之,经济生活呈现出的现象,和生物学的其他领域的发展史颇相类似……旧经济学家不懂得经济规律的性质,他们把经济规律同物理学定律和化学定律相比拟……对现象所作的更深刻的分析证明,各种社会机体像动植物机体一样,彼此根本不同……由于这些有机体的整个结构不同,它们的各个器官有差别,以及器官借以发生作用的条件不一样等等,同一个现象却受完全不同的规律支配。例如,马克思否认人口规律在任何时候在任何地方都是一样的。相反地,他断言每

---

① 《马克思恩格斯文集》第 10 卷,第 591—592 页。

个发展阶段有它自己的人口规律……"①马克思在此似乎是要表明，既然每一种独特的生产方式受到不同规律的支配，那么方式之间的转换就可能是不受规律限制的。

科琴进而认为，1859年序言旨在提供一种较高度的抽象和比一般的公式化更为精细严密的历史关联：其一，西欧封建主义向资本主义的转换；其二，被预言的同样是西欧资本主义向社会主义和共产主义的转换。因此，1859年序言并没有提出各种方式之间转换的"规律"（即生产关系开始束缚生产力），而且"规律"这个词从未在1859年序言中出现过。科琴举例说，在1877年《给"祖国纪事"杂志编辑部的信》中，马克思曾经说过："他一定要把我关于西欧资本主义起源的历史概述彻底变成一般发展道路的历史哲学理论，一切民族，不管他们所处的历史环境如何，都注定要走这条道路，——以便最后都达到在保证社会劳动生产力极高度发展的同时又保证人类最全面的发展的这样一种经济形态。但是我要请他原谅。他这样做，会给我过多的荣誉，同时也会给我过多的侮辱。"②在分析了一个古代罗马平民和美国南部各州"白种平民"的实例后，马克思强调："因此，极为相似的事情，但在不同的历史环境中出现就引起了完全不同的结果。如果把这些发展过程中的每一个都分别加以研究，然后再把它们加以比较，我们就会很容易地找到理解这种现象的钥匙；但是，使用一般历史哲学理论这一把万能钥匙，那是永远达不到这种目的的，这种历史哲学理论的最大长处就在于它是超历史的。"③

于是，科琴得出结论，无论以上搜集的10段最具决定论的引文还是1859年序言，都不是在处理历史发展的一种"普遍规律"。当然，这个结论并不表明马克思的所有问题得到了解决。因为即使接受他在1877年的解释，即他的理论是关注西欧资本主义的起源，仍然存在着两个问题：第一，致力于研究西欧封建主义向资本主义转换的很多马克思主义者都无法证明，正是冲破封建主义生产关系束缚的生产力的发展，导致了转向资本主义，而且，第二，西欧还未曾有过指向社会主义和共产主义的"社会革命"，这样就依然存在一个开放

---

① 马克思：《资本论》第1卷，第21页。
② 《马克思恩格斯全集》第19卷，人民出版社1963年版，第130页。
③ 同上书，第131页。

性的问题:(a)是否将会有,或者(b)即便有,它是否将会按照1859年序言所预测的方式发生。

在以上10段引文中,科琴认为引文6和7是最"非决定论的"。引文6出自1846年的《德意志意识形态》,引文7则出自1845年的《神圣家族》。在这两部著作中,用马克思和恩格斯自己的话说,他们是在对黑格尔和费尔巴哈的哲学进行清算。这种清算部分的是——至少部分的是——抛弃黑格尔"目的论"的历史概念,抛弃历史是具有自身目的或目标的能动主体的观念。正是在这种语境中,马克思在1845—1846年的著作中对这种观念进行了最为激进的批判,坚称"历史不过是追求着自己目的的人的活动而已"。在《德意志意识形态》中,马克思对这种"人的活动"又作出了修正:不仅指个体的人的活动,而且指发生在世代变迁语境中的活动,这种活动总是发生在由"先前的世代"创造的"旧环境"的语境中。

二、"世代"的历史概念

在科琴看来,"这种在《德意志意识形态》中得到系统阐述的'世代'的历史概念,对于马克思的整个历史研究,直到他去世依然是核心的"①。他认为马克思在反对蒲鲁东的论战中(1847年《哲学的贫困》)和关于同样主题的致安年科夫的信件中(引文9)又一次重申了这一点,并在1869年的《路易·波拿巴的雾月十八日》中得到了系统阐述。同样,恩格斯在1888年《路德维希·费尔巴哈和德国古典哲学的终结》中,以及1890年为下一代马克思主义者阐明"历史唯物主义"本质的几封信件中,都引用了这段话。正是这幅历史的画卷——作为一个过程,后来的"世代"通过他们自己的个体活动,不仅在加强而且在改变着仅仅是先前世代活动结果的"环境"——是我们理解马克思的历史理论所必需的。

科琴指出,借助于"世代"的历史概念,有关马克思"决定论"的某些问题会得到解决,因为它具有以下四个优点:

第一,它容许我们使一种"无非是人的活动"的历史概念——至少在某种程度上——与一种概念相一致,它强调对于个体的人或群体的人(包括社会

---

① Gavin Kitching, *Karl Marx and the Philosophy of Praxis*, p.44.

阶级）在历史上任何给定的点上所能够做的结构性的束缚。由于借助这幅画卷，我们可以认为正是人类活动，而且仅仅是人类活动，创造了经济的、政治的和社会的"环境"（结构性的束缚），但是个体的人有一个明确的生命期限，远远短于作为一个整体的人类历史。于是，人类以"世代"的形式来来往往于世界，因此在一定时代的任何一个特定的点上，一代人或几代人生来就遇到从先前的"世代"继承而来的"环境"，这将是而且将被感受到是对他们能做什么的真正的约束。

第二，这幅画卷的核心观点是把人作为社会创造物，生活在社会中的创造物，因此它反对这样一种观点，即人生存于一种"空白空间"，在其中他们可以做任何他们个人愿意或想要做的事。正如马克思在《关于费尔巴哈的提纲》第六条中所言："费尔巴哈把宗教的本质归结于人的本质。但是，人的本质不是单个人所固有的抽象物，在其现实性上，它是一切社会关系的总和。"①但是同时，通过强调这个世代变化的过程中内在固有的社会变化的可能性，这个概念避免了使人成为现有社会关系的简单的产物和再生产者。如果是那样的话，任何种类的"社会革命"都是不可能的。

然而应当注意到这幅历史画卷并不包含作为社会参与者的人类"世代"的概念。个体和社会群体，包括社会阶级，所有这些都受到世代变化的支配，才是历史过程这一概念中的参与者。这样，科琴在此不是把"世代"或"世代的变化"描述为马克思历史理论中的"阶级斗争"的某种替代物。更确切地说，像个体一样，阶级是受世代的变化所支配的；像所有其他社会过程一样，"阶级斗争"发生在这个变化的语境中，并被其所改善。

第三，集中于世代变化的活动与结构的对立，允许马克思把被改进的黑格尔主义者的"异化"并入他的历史哲学。由于这样一个概念解释了一个特定世代或整个人类世代的产物——无论这些是经济结构，国家形式，科学的、道德的或政治的价值和信仰——实际上是怎样成为它们的产物（个体和社会群体的活动的产物），但是同时（更确切地说是在以后的时间）能够出现"不同的"、"异化的"现象限制，甚至统治和压迫，继承它们的随后世代的个体和社会群体。

---

① 《马克思恩格斯文集》第1卷，第501页。

　　科琴认为,实际上通过历史的"世代"概念,"异化"较之黑格尔主义的形式变得更加世俗和更易理解。因为在马克思那里,生产了这些社会关系、制度、价值、信仰的人和以"异化的"、"限制性的"形式经历了它们的人总是相隔几百年(或者在某些情况下,几千年)。在科琴看来,通过使生产和经历了异化的人类成为具体的历史存在物(与年代表和政权一起存在),马克思确实成功地使异化成为一个较之在黑格尔那里更加世俗化同时更富解释力的概念。

　　第四,也许更为重要的是,人类历史的"世代"概念有助于解决有关马克思的经济决定论的一些疑问。对于解释序言的一种可能的方式就是当做一个必要但非充分条件的声明。也就是说,可以推断马克思在那里所说的并不是当生产力(在西欧封建主义或资本主义中)"与现存生产关系发生斗争时",就会或将会产生"社会革命"。毋宁认为他是在说不到生产力确实与生产关系"发生斗争",就不会出现"社会革命"。换言之,1859年序言中真正关键的句子并非在开头所引述的,而是在几行之后出现的句子:"无论哪一个社会形态,在它所能容纳的全部生产力发挥出来以前,是决不会灭亡的;而新的更高的生产关系,在它的物质存在条件在旧社会的胎胞里成熟之前,是决不会出现的。所以人类只提出自己能够解决的任务,因为只要仔细考察就会发现,任务本身,只有在解决它的物质条件已经存在或者至少是在生成过程中的时候,才会产生。"①

　　在科琴看来,这里的关键点是"社会革命"被认为导致了"新的更高的生产关系",很显然马克思借此是指一种新的"更高"形式的社会,对所有人来说,较之它所取代的原有社会,它代表着生活品质的一种进步。按照科琴的理解,马克思实际上是在主张如果"所能容纳的全部生产力"还没有"在旧社会的胎胞里"全部发挥出来,那么即使在"旧社会"可能存在政治革命、起义、政变甚至穷人的暴力暴动,这些也不会导致"新的更高的生产关系"。一些马克思主义学者曾经分析1917年俄国革命准确地说是一场政治革命而非社会革命,因为"所能容纳的全部生产力"还没有在俄国的"旧社会"中全部发挥出来。

　　这样,如果对1859年序言的这种独特的解释可以被接受,那么可以看到它完全符合马克思"世代"的历史概念。由此我们可以得出结论,如果生产力

---

① 《马克思恩格斯文集》第2卷,第592页。

"在旧社会的胎胞里"确实发展到最大可能的限度，那么这将会是先前世代的人类活动的结果。在这样一种"完全的"发展产生的时刻，当时现存的个体和社会群体可以借助这个机会发动一场"社会革命"，这个机会是由先前世代的工作所提供的。他们可能这样做也可能不这样做，可能成功也可能不成功，但是只有在"旧社会"中"所能容纳的全部生产力"已经得到发展时他们才会成功，因为只有在那时他们才会"为自身提出任务"，这些任务是他们能够完成的。

但是这里仍然存在一个条件的问题："革命的"个体和社会群体或者回顾历史的马克思主义历史学家是如何知道"所能容纳的"全部生产力得到成熟的？马克思对此的回答似乎是"如果有一场成功的导致新的更高社会形态的社会革命，它们将充分成熟"，因为对马克思来说，生产力的这样一种发展，是这种成功的一个必要但非充分的条件。

科琴认为，这似乎是一个逻辑上可接受的答案，它不是决定论的（因为它并未断言社会革命将会成功）。实际上，我们可以看到，就将来从资本主义到社会主义的转变而言，这个标准为人们判断生产力是否得到充分的发展（以及许多其他战略的和战术的问题）留下了巨大的空间。

在以上工作的基础上，科琴认为现在可以回答开头提出的三个问题中的前两个了，即（1）1859年序言是否表明马克思是一个"决定论"的思想家？（2）马克思在序言中所确定的变化机制是不是历史发展的一种普遍"规律"？

科琴对这两个问题的回答很明确：不。

第一，马克思不是一个决定论的思想家。事实上，1859年序言可以被看做是提供了历史发展的一种普遍"规律"，这种普遍"规律"确保人类社会将从早期的"原始共产主义"阶段（"日耳曼的"和"亚细亚的"生产方式）转变到后资本主义的社会主义和共产主义这样一个"最终的"阶段。但是，科琴认为它不应该以这种方式被理解，而应被看做是提出了有关通过"社会革命"而取得人类进步的一组必要但非充分的条件。

然而，这并不意味着马克思避开了关于经济"规律"的所有流言，实际上引文1和2表明他确实是以这种方式在写作。但是，这些"规律"只意味着仅仅在特定的生产方式中起作用，马克思在他的工作中给予资本主义生产方式的经济规律最大的关注。

第二,因此,1859年序言并没有断言所有生产方式前后相继的一种普遍规律或变化机制("生产关系"成为"生产力"的桎梏)。至多这是意指西欧从封建主义到资本主义和从资本主义到社会主义与共产主义的变化。

科琴指出,当我们仔细关注马克思关于前资本主义生产方式的著作时,这一点就变得非常清楚了。例如,当他分析西欧从德国的(公社制的)生产方式过渡到封建模式时(在《德意志意识形态》和《政治经济学批判大纲》中),马克思并没有声称在德国方式下生产力有很大的发展,而他关于欧洲之外的"亚细亚的"生产方式的分析却坚称,这种方式本质上是没有活力或死气沉沉的,直到它被外界暴力地瓦解(比如,在印度被英国殖民主义)。这种矛盾在那里不会终止。马克思分析了一个没有封建前例的资本主义的发展事例(在北美),并计划思考直接从原始共产主义过渡到社会主义(在俄国)的可能性。

尽管如此,所有这些矛盾也仅仅如此而已,如果我们设想马克思有一些普遍的历史阶段理论。但是,正如我们已经讨论过的,他没有这样的理论。即使在马克思试图提出历史阶段理论的程度上,它仅仅是关注西欧和概述了一个被一些广泛的革命进程联系在一起的德国的——封建的——资本主义的模式序列。但即便是这样,这个革命进程会采取何种形式(马克思从未详细地分析过),并非一个简单的借助社会革命冲破生产关系束缚的故事,因为就德国的——封建的转换而言,他从未宣称这会发生。

在科琴看来,事实上对马克思而言真正要紧的,处于他所有工作核心的,是世界上资本主义生产方式的出现,和它(希望是)从世界上的消失。这是因为马克思把最多的关注给予了——实际上仅仅给予了严肃的分析性的关注——从封建主义到资本主义的转换。然而马克思清楚地意识到,一旦资本主义生产方式在西欧出现,它就会通过经济和军事力量(实际上是通过殖民掠夺)在世界上其他地方占据优势。于是,在世界上其他地方它可能或即将打破任何革命性的生产方式序列,这就是先前为何马克思没有设想一种普遍的历史阶段理论是可能的和值得期待的原因。

第三节 科学主义的实践观

关于马克思的经济理论,科琴认为,有两个初步的观点应该把握。

第一，马克思的理论深深地受到了古典政治经济学的影响，特别是大卫·李嘉图观点的影响。其主要原因在于马克思的全部经济理论都建立在所谓"劳动价值理论"的基础之上，尽管马克思的理论也同时意味着对这一传统的批判。"劳动价值理论"的起源可以追溯到 17 世纪，但它得以系统化并成为现代经济理论之基础，应归功于亚当·斯密 1776 年的巨著《国富论》。通过大卫·李嘉图在 1817 年《政治经济学及赋税原理》中对斯密逻辑矛盾的消除，它随后被进一步系统化。马克思基本上全部接受了李嘉图对"劳动价值理论"的发展，并对此作出了进一步的发展，恩格斯热情赞扬其为马克思在政治经济学中的"伟大发现"。

第二，用现代术语来说，马克思的理论是一种"宏观经济理论"，也就是说，这种理论通过一种抽象的方式处理整体的经济，而非它的构成单元。在这方面，《资本论》本身有时可能有些使人产生误解——马克思有时把"资本家"和"工人"说成是"抽象的"或"平均的"个体们，它们被用来代表或表示作为一个整体的"资产阶级"和作为一个整体的"工人阶级"。同样，马克思的"不变资本"概念是指整个资本主义经济的所有种类的不变资本（车间、机器、未加工的原料），他的"可变资本"和"剩余价值"概念是指在整个资本主义经济中的工资总额和利润总额。因此，我们应当尝试并关注一幅资本主义经济的画面和被设想为一个整体的社会，而不是去思考一个单独的工作小组或单独的一组工人。

一、作为科学家的马克思

科琴指出，马克思的经济理论是在其伟大的著作《资本论》中提出的，其主要内容即是对资本主义生产的批判分析。马克思和恩格斯都把《资本论》看做是一部"科学的"著作，目的在于揭示现代社会的经济运动规律。正如马克思在第一版序言中所讲到的："万事开头难，每门科学都是如此……物理学家是在自然过程表现得最确实、最少受干扰的地方考察自然过程的，或者，如有可能，是在保证过程以其纯粹形态进行的条件下从事实验的。我要在本书研究的，是资本主义生产方式以及和它相适应的生产关系和交换关系……问题在于这些规律本身，在于这些以铁的必然性发生作用并且正在实现的趋势。"①因

---

① 马克思：《资本论》第 1 卷，第 7—8 页。

此,在科琴看来,有必要先谈谈他们关于科学以及科学家在社会中的角色的概念。

在《资本论》第一版"序言"中,马克思主张把"社会经济形态的发展"看做是"一种自然历史过程",这点也可以从他试图把这部著作的一部分献给达尔文看出来,马克思确实看到了他的著作与《物种起源》(1859)提出的生物进化论之间的相似之处。科琴引用了恩格斯在马克思葬礼上的演讲对此作出明确的比较:

> 正像达尔文发现有机界的发展规律一样,马克思发现了人类历史的发展规律,即历来为繁芜丛杂的意识形态所掩盖着的一个简单事实:人们首先必须吃、喝、住、穿,然后才能从事政治、科学、艺术、宗教等等;所以,直接的物质的生活资料的生产,从而一个民族或一个时代的一定的经济发展阶段,便构成基础,人们的国家设施、法的观点、艺术以至宗教观念,就是从这个基础上发展起来的,因而,也必须由这个基础来解释,而不是像过去那样做得相反。

> 不仅如此。马克思还发现了现代资本主义生产方式和它所产生的资产阶级社会的特殊的运动规律。由于剩余价值的发现,这里就豁然开朗了,而先前无论资产阶级经济学家或者社会主义批评家所做的一切研究都只是在黑暗中摸索。①

在科琴看来,所有这些都没有表明马克思(或者作出上述比较的恩格斯)是一个"社会达尔文主义者"。他们都不属于19世纪的主流思想家之列,这些主流思想家在达尔文的著作出版之后,试图将其"生存斗争"与"适者生存"的观点应用于人类个体、社会群体乃至种族。相反,他们的观点似乎是,达尔文的理论——引用恩格斯的话说——"不过是把霍布斯关于一切人反对一切人的战争的学说和资产阶级经济学的竞争学说以及马尔萨斯的人口论从社会搬到生物界而已"②。

换言之,他们认为达尔文接受了占统治地位的关于人类社会本质的资产阶级观念(特别是马尔萨斯的人口论),然后将它们应用到动物和植物界。因

---

① 《马克思恩格斯文集》第3卷,第601页。
② 《马克思恩格斯文集》第10卷,第411页。

此对马克思和恩格斯来说，即使最好的"资产阶级"经济与社会理论是正确的——哪怕它是完全正确的——也仅仅是关于"资产阶级"（即资本主义）社会的理论，是历史的产物，并随着它作出理论说明的社会的消失而消失，他们当然拒绝试图将达尔文的理论作为一种普遍真理反过来应用于人类社会，并在所有时间和地点适用于所有人类社会。

就马克思确实在他自己和达尔文的著作中看到相似之处而言，它们都是一种更为松散和相当普遍的理论，这可以从 1873 年版《资本论》的"序言"中得到最好的说明。在此马克思赞同地引用了这样的观点，即"经济生活呈现出的现象，和生物学的其他领域的发展史颇相类似……"，"各种社会有机体像动植物有机体一样，彼此根本不同……"①换句话说，马克思看到了历史上的社会以一种广泛的进化方式依次更替，就像达尔文所发现的动物与植物物种的进化一样。他同样认为所有这样的人类社会存在着某些共同点——他称之为"物质生活的生产方式"，对人类而言，借助和依赖自然界进行劳动以确保他们的基本生存是一种必然性，这种劳动的"方式"（形式或方法）对于在人类进化特定点上出现的社会类型有着重要的影响。

但是，正如恩格斯明确指出的，由于人类"生产"是一个有意识的过程而"动物至多只是采集"，简单地把动物社会的规律转化到人类社会中是不可能的。因此，1873 年"序言"指出统治人类社会的规律不仅非常不同于统治动物界的规律（即与"生存斗争"和"适者生存"等没有任何关系），而且每一种人类社会都不相同。科琴认为，这点是非常明确的，因为对马克思和恩格斯来说，区分这些社会的首要方式就是通过区分其中占统治地位的生产方式。马克思同样表示了一种明显的喜好，即借助生物学的类比和隐喻去描述与分析人类社会，但是这种倾向在 19 世纪许多从事思辨的和纯理论的说服的作家当中是很常见的，它究竟多么明确地反映出达尔文的影响还是不清楚的。

然而，通过所有这些而显露出来的，是马克思和恩格斯都没有对他们自己的事业与自然科学的事业作出有力的或者质的区分。相反，对他们而言，"政治经济学"至少是一门与其他自然科学一样的科学。这可以通过他们非常乐意对政治经济学与其他科学进行比较上看出来——特别是与生物学进行比

---

① 马克思：《资本论》第 1 卷，第 21 页。

较——即使这种比较注定会显示出区别和相同之处。

科琴认为,不论马克思还是恩格斯都不属于那个思想派别——它想要在"社会科学"与"自然科学"的方法与目标之间作出质的区分。对他们来说,对人类社会的研究,或者至少人类社会的经济"规律",是自然科学的一部分,尽管它有自己的方法、理论和分析工具。这当然意味着马克思认为在《资本论》中进行的对资本主义社会的"科学调查"的"结果"是正确的,"绝对地"或"科学地"正确,无论谁相信都是正确的,实际上即使没人相信也是正确的。如果向马克思表明《资本论》从劳动阶级的观点或者无产阶级立场看是正确的,而从资产阶级的立场看则不是,对马克思而言将是一种侮辱,——好比向达尔文表明他的进化理论从生物学的观点看是正确的而从宗教学的观点看则不是,对达尔文是一种侮辱一样。

因此,马克思的科学观在此意义上并不是相对主义的。他相信存在着证明科学理论之真与假的标准(诸如概念的严谨与精确,命题的逻辑一致性,经验的证实或证伪),他的理论应当由这样的科学标准来判定真或假。科琴强调,这并不意味着马克思认为这些形式上的标准足以确定一种理论的意义。一种科学理论仅当它的真或假对它自身之外的事物颇有重要性时才是有意义的(即它与其他人类实践或活动有密切的关系)。这种观点来源于马克思的"实践哲学"。当然,并不是说对马克思而言,断言其为一个科学家就是一种令人骄傲的断言,在任何情况下这都不与断言其为一个革命家相冲突。在马克思的墓前,恩格斯再次明确指出:

> 在马克思看来,科学是一种在历史上起推动作用的、革命的力量。任何一门理论科学中的每一个新发现——它的实际应用也许还根本无法预见——都使马克思感到衷心喜悦,而当他看到那种对工业、对一般历史发展立即产生革命性影响的发现的时候,他的喜悦就非同寻常了⋯⋯
>
> 因为马克思首先是一个革命家。他毕生的真正使命,就是以这种或那种方式参加推翻资本主义社会及其所建立的国家设施的事业,参加现代无产阶级的解放事业,正是他第一次使现代无产阶级意识到自身的地位和需要,意识到自身解放的条件。①

---

① 《马克思恩格斯文集》第3卷,第602页。

在科琴看来,无论马克思还是恩格斯都能够并确实在他们关于世界的观点中把"科学"与"革命"如此紧密和自然地联系起来。他们没有丝毫怀疑自然科学对人类来说是一种"进步的"、"解放的"、"改善生活的"力量。他们确信科学已经使人类生活更加美好,并将继续使人类生活更加美好,在这点上他们当然是他们那个时代的典型人物。他们是19世纪的人物,维多利亚时代的人物,在科学、工业和工业生产的"进步"性质方面具有维多利亚时代的信仰。而且,把他们自己看做"科学家"要求社会中更具革命性的变革,这种变革以马克思政治经济学的科学"发现"为基础,他们同样把自己看做致力于人类状况的进步与增强。如果我们用一句话概括他们的观点,那就是自然科学的发展以及这种发展在工业和农业生产中的应用,这在世界历史上第一次创造了结束人类物质贫乏和苦难的可能性(即结束产生于饥饿、寒冷、疾病等的苦难)。

但是,马克思和恩格斯同样认为资本主义社会的"社会关系"——高度不均衡的社会形式,在其中那些科学发现会立即被应用于生产——确保了科学对于普遍解放的可能性永远不会被实现。他们作为"科学家"的任务和职责,就是要说明为什么会是这样(为什么在资本主义下可能性永远不会变为现实性)。

科琴指出,不像马克思和恩格斯,我们生活在核战争、细菌战、"星球大战"和塞拉菲尔德泄露的阴影下,因此极少确信自然科学的"积极的"、"解放的"性质。对于马克思和恩格斯来说,自然科学是一种积极的力量,但资本主义社会阻碍了那种积极可能性的完全实现。一个现代的读者很可能会认为这是一个不充分的观点,自然科学在本质上是一种既非积极亦非消极的力量,但它可能是任何一种,这取决于它被用来做什么,那是由社会和政治来决定的(自然科学理论及其应用所带来的益处)。但是不管怎么说,马克思自认为是一个科学家,与他那个时代的其他自然科学家一样。他相信在《资本论》中提出的经济理论——关于剥削和资本积累——在科学上是正确的,存在着非相对论性质的标准可以用来决定这点,这些标准的应用(逻辑的一致性、概念的精确性、经验的有效性)将证明其真理性。

二、《资本论》的主要经济假设

科琴认为,《资本论》所陈述的经济理论是由九个假设所构成的,它们是:

Ⅰ.包含在商品中的抽象的社会必要劳动时间(以下简称"SNAL")的总和决定着商品的价值量。

Ⅱ.所有商品通常按照其价值进行交换。

Ⅲ.劳动力是一种商品。

Ⅳ.劳动力商品的价值量与任何别的商品一样取决于相同的方式。

Ⅴ.但是,劳动力是唯一一种能够生产出较它自身更大价值的商品。这种额外的价值被称为剩余价值。

Ⅵ.利润因此仅仅是超额或无酬劳动时间的货币形式。利润是剩余价值的货币形式。

Ⅶ.剩余价值采取两种形式,产生于延长工作日的"绝对"剩余价值,借助于改进了的机器而提高活劳动每小时的生产率产生的"相对"剩余价值。

Ⅷ.相对剩余价值的积累趋向于在增加商品量的同时降低所有商品价值。

Ⅸ.相对剩余价值的增长仅能不断地产生于不变资本("C")的量的增长快于可变资本和剩余价值("V"+"S")的量。因此,随着资本主义的技术进步,价值利润率趋向于下降。

换言之,在《资本论》第1卷和第3卷中,马克思提出了这九个关于资本主义经济的分析性假设。对于假设Ⅰ和假设Ⅱ,他并无赞誉,因为它们直接来自李嘉图。假设Ⅲ至假设Ⅸ是他自己的,特别是假设Ⅲ至假设Ⅴ构成了他的政治经济学"发现"——"剩余价值理论",它们解释了在所有商品都按照其价值进行交换的情况下利润是如何产生的。

科琴依次讨论了这九个假设,并尽力阐明马克思通过每个假设是指什么。

假设Ⅰ:包含在商品中的抽象的社会必要劳动时间的总和——或者简言之"SNAL"——决定着商品的价值量。

科琴认为,在此我们应当注意两点:

第一,包含在商品中的社会必要劳动时间的量决定着商品的价值。因此按照马克思的术语,我们应该说一张桌子的价值是多少小时的SNAL,一所房屋的价值是多少个月的SNAL,一架航天飞机的价值是多少年的SNAL,等等。换言之,包含在商品中的SNAL越多,商品的"价值"(在马克思的意义上)就越大;包含在商品中的SNAL越少,商品的"价值"就越小。

然而,尽管在制造商品中花费的SNAL的量决定着商品的价值——即是

说决定着它具有多大的价值——但它并不使商品具有价值。对马克思来说，"商品"（它是人类劳动的产品，它被生产出来是为了被卖掉或交换）对人类有价值是由于两个方面的原因。

首先，最重要的是它们有价值是因为它们是有用的。面包有用是因为它能使我免于饥饿，牛奶有用是因为它能使我免于口渴，桌子有用是因为我们可以在它上面吃东西或写字，航天飞机有用是因为它可以侦察别的国家、实施科学实验、监测天气，等等。马克思称此为商品的使用价值。

其次，对人类而言商品有价值同样是因为它们可以被用来交换别的商品。在马克思的术语中，这是商品的交换价值，在劳动分工高度发达的市场经济中是尤其重要的。因为在这样的社会中人们自己只生产产品的一小部分或者"使用价值"（食品、衣服、庇护所等），这是他们为了活着所需要的。尽管他们所做的只是生产一种产品，或者只是一种产品的一小部分（例如一家汽车工厂的工人），但借助于金钱，他们交换他们所生产的以换取他们所需要的其他商品。

于是对马克思来说，一件商品，任何商品，可以通过两种方式来看待或考虑。第一，它是一件有用的产品，它对人类有一种用途，满足人类一种需要。这是它的使用价值。第二，它可以用来换取其他产品，因为它对其他人比生产它的人有用。这是它的交换价值。

但是这种交换价值的量（即是说，任何能够通过它交换而获得的商品的总和）是由包含在商品中的 SNAL 的总和决定的。马克思把它——任何商品的交换价值的量——看做仅仅是它的"价值"。例如，包含 6 小时 SNAL 在其中的一张桌子，按照马克思的模型，可以交换一个包含 6 小时 SNAL 的台灯，或者交换两盘包含 3 小时 SNAL 的录像带，或者六个包含 1 小时 SNAL 的茶杯。一张桌子的"价值"是 6 小时 SNAL，每盘录像带的"价值"是 3 小时 SNAL，每个茶杯的"价值"是 1 小时 SNAL，如此等等。

科琴指出，当我们今天谈到"价值"时，即使用经济学的术语，我们通常是指价格，货币价格。比如"去年日本出口录像机价值达 50 亿英镑"或者"那条钻石项链值钱吗？是的，它价值 2.5 万英镑"，等等。科琴强调，这并非马克思所意指的，它不是"劳动价值理论"中一般所说的"价值"。在劳动价值理论中价值与价格是非常明显地相互区别的。因此，我们必须把"价值"理解为一

定单位的时间,一定单位的劳动时间。

第二,马克思的第一个假设认为不是"包含在商品中的劳动时间的量决定它的价值",而是"包含在其中的抽象的社会必要劳动时间"决定价值。通过"社会必要的",马克思在此是指在整体的经济中代表平均生产率的劳动时间的量。

例如,设想在一个经济结构中有 20 个企业生产滚珠。17 个企业使用机器每小时可以生产 2000 个或者更多的滚珠。然而在另外 3 个企业中,滚珠是手工生产的,每小时只能生产 2 个。但它们是非常完美的,每一个都被技艺精湛的工匠煞费苦心地精心制作,每一个都由略微不同的金属合金制成,于是它们具有略微不同的质地和颜色。唯一的问题在于,当另外 17 个企业生产的滚珠每个价值 6—9 便士时,这些手工制作的滚珠每个价值 10 英镑,它们一点也不更加耐用。对马克思而言,这些煞费苦心的工匠花费的劳动时间,尽管技艺完美,但它并非滚珠生产部门的"社会必要"劳动时间的一部分,因为这些滚珠卖不出去。可以说,作为滚珠它们不是独立的商品,于是在一定意义上,花费在它们身上的劳动时间被浪费掉了。这种浪费的方式,低于平均生产率,"社会非必要"劳动时间当然会造成损失,如果这 3 个企业不快速现代化,即不能确保它们的工人配备平均生产率或者在其之上的机器,它们将被淘汰出这个行业。

通过"抽象"劳动(在抽象的社会必要劳动中),马克思是指一种平均类型和"平均"技艺与强度水平的劳动时间。换句话说,为了达到把劳动时间作为价值衡量尺度的目的,马克思是在对"现实世界"中的实际劳动进行抽象,也就是说,存在着许多不同类型的劳动(编织、钻孔、切割、采掘、擦亮、油漆,等等)和不同水平的技艺与强度,在其中任何特定类型的劳动被从事。存在着技术熟练和不熟练的木匠,技术熟练和不熟练的计算机程序员,强壮和不强壮的矿工,懒惰和积极的装配工,等等。马克思是在对这些不同进行"抽象",通过假定对整体的经济而言的"平均"水平的技术和强度,通过对不同类型劳动的"抽象",把所有劳动时间看做一种"平均"类型的劳动时间。

假设 II:所有商品通常按照其价值进行交换。

科琴认为,原则上讲,这条假设的含义是非常简单的。在整体的资本主义经济结构中(正如马克思在《资本论》第 1 卷中所认为的),交换是如此被安排

的，所有的商品通常都按照其价值进行交换。于是如前所述，一件包含 4 小时 SNAL 的商品通常会换取另一件包含 4 小时 SNAL 的商品（或换取 2 件包含 2 小时 SNAL 的商品，或换取 8 件包含半小时 SNAL 的商品，如此等等）。在这种经济结构中，如果商品交换的发生借助于货币——这是马克思所设想的——那么商品的价格将会是这样，"4 小时 SNAL"商品的价格是 4 英镑（或 40 便士或 4 便士），"2 小时 SNAL"商品的价格是 2 英镑（或 20 便士或 2 便士）。换言之，商品的相对价格将表明它们的价值（在 SNAL 中）。

科琴指出，这时候马克思没有忽视"供应和需求"对相对价格的影响。他立即承认如果对商品的需求由于某种原因急剧上升，或者它的供应突然下降，那么它的价格会上涨至"超出它的价值"。反之，如果对商品的需求突然下降或者它的供应急剧上升，那么它的价格就会下跌至"低于它的价值"。

但是马克思仍然认为，对于所有商品来说，如果把它们放在一起并经过长期的考察，我们将会看到由供应和需求导致的价格波动，其实是围绕着一个"平均的"或"中间的"价格，中间或平均价格的长期运动是由价值的运动所决定的。换句话说，在这个长时期内，如果包含在一件商品中的 SNAL 的总和下降，那么它的长期平均价格也将下降。反之，在这个长时期内，如果包含在一件商品中的 SNAL 的总和上升，那么它的长期平均价格也将上升。马克思实际上主张在资本主义经济结构中存在着一些作用因素，这意味着包含在所有商品中的 SNAL 的总和在经历一段时间后趋向于下降。这当然意味着所有商品的价格将同时下降。

假设Ⅲ：劳动力是一种商品。

科琴指出，马克思在他的理论中特别强调"劳动"与"劳动力"之间的区分。根据《资本论》第 1 卷，当"自由"的工人（也就是在法律上是"自由"人的工人，不是奴隶或农奴，已经从他们自己的生产工具中"解脱"出来，也就是说，他们没有借以保证自己生存的土地、机器或原材料）与一个资本家或一个资本主义企业签订合同时，他们约定只出卖他们的劳动力，而不是他们的劳动。如果工人出卖他或她自己的劳动，按照马克思的说法，那么他或她将成为一个奴隶，他们将出卖他们自身。

但在资本主义经济结构中，这种情况并没有发生。而是工人在规定的一段时间内出卖他们的能力、力量、技艺、智力——一天那么多小时或者一周那

么多天,如此等等。在其余的时间——在他们的闲暇时间——在某种程度上这些能力又"回归"到工人。在他们不是资本家雇主的所有物的时间内,他或她可以以任何他们愿意的方式使用它们。实际上,马克思把劳动力界定为:"人的身体即活的人体中存在的、每当他生产某种使用价值时就运用的体力和智力的总和。"①因此,"对马克思而言,核心问题即是劳动力在资本主义制度下变为一种商品"②。劳动力是自由的工人拥有的唯一的所有物。全部事实即是他或她为了生存而不得不出卖自己的劳动力。劳动力是资产阶级从工人阶级那里买来的商品。换句话说,资本家购买工人的能力。科琴指出,随着我们继续深入,这个看似简单的观点将证明具有极大的重要性。

假设Ⅳ:劳动力商品的价值量与任何别的商品一样取决于相同的方式。

或者用马克思自己的话说:"同任何其他商品的价值一样,劳动力的价值也是由生产从而再生产这种特殊物品所必要的劳动时间决定的。"③"或者说,劳动力的价值,就是维持劳动力所有者所必要的生活资料的价值。"④现在,如果我们进一步说明这个假设,即所有商品通常都按照其价值进行交换,那么劳动力商品也必须按照其价值进行交换或者被购买。

换言之,假定按照生产率的平均水平,需要花去 20 小时的 SNAL 去生产维持一个普通工人一周所需的生活资料。那么我们将会得出那个工人的以货币方式支付的周工资,必须保证他/她足以购买相当于 20 小时 SNAL 价值的生活资料。换一种说法,生产和再生产整个工人阶级一年的劳动力需要花去多少 SNAL,整个资产阶级为了按照其价值购买这种劳动力,就必须在那一年支付一个工资总量,它使那个 SNAL 总量的生产可以被购买。或者再换一种说法,工资通常等于"劳动力的价值"。马克思非常坚持这点。在他的理论中资产阶级并没有欺骗工人阶级。它付给工人阶级充分的商品即劳动力的"价值"(在马克思的意义上),这是它从工人阶级那里购买的。

但是,对马克思来说,这又产生了一个难题。他认为这个难题是从李嘉图的著作中发现的,但李嘉图永远不能解决。如果包含在商品中的 SNAL 的总

---

① 马克思:《资本论》第 1 卷,第 195 页。
② Gavin Kitching, *Karl Marx and the Philosophy of Praxis*, p.74.
③ 马克思:《资本论》第 1 卷,第 198 页。
④ 同上书,第 199 页。

量决定着所有商品的价值,所有商品包括劳动都按照其价值进行交换,那么对资产阶级来说怎么会有可以侵占的利润呢？马克思解决这个难题(a)通过坚称资产阶级购买的是劳动力而非劳动,(b)通过提出他的第五个假设。

假设V:劳动力是唯一一种能够生产出较它自身更大价值的商品。这种额外的价值被称为剩余价值。

换句话说,当资产阶级付给工人阶级的周工资等于工人阶级劳动力那一周的价值时,这里并没有欺骗。工人阶级仅有的商品按照其价值被购买。但是"普通"资本家(代表整个阶级)一旦按照其充足的价值购买了"普通"工人20小时SNAL的劳动力,他或她就可以使用这种劳动力,使它每周工作比20小时多得多的时间。资本家可以安排工人,可以使用他或她的劳动力达到每周40小时或50小时。如果那个劳动时间处于生产率的平均水平或者其上,那么所有额外的劳动时间将生产出一种额外的价值——用马克思的术语说是"剩余价值"——这是资产阶级的利润的来源。

科琴认为:"或者换种方式说——按照马克思有目的有'显著的'方式——整个资产阶级在一个特定的时期内从整个工人阶级那里获得的产品,超过了工人阶级维持生计所需要的产品。"[1]那种维持生计的产品的总量和类型在整个时间内是变化的。在某一个时间它仅仅包括充足的衣物和住所,接着又包括合适的地毯、彩色电视机、小轿车、西班牙度假。但是在任一特定的时间,它是如此所是,即对资产阶级雇佣工人阶级而言是"值得的",工人阶级必须生产出超过"维持生计的"产品的大量物质产品。当这种超额的物质产品(超额或剩余劳动的产物)被出售时,资产阶级获得它货币的利润,并用其再投入车间、机器、原料,提高自己的生活水平(通过红利、薪水提高等)。于是,这把马克思引向他的第六个假设,从先前的五个得出的"革命性"结论。

假设VI:利润因此仅仅是超额或无酬劳动时间的货币形式。利润是剩余价值的货币形式。

科琴指出,这就是所谓的"剩余价值理论",马克思和恩格斯都认为这是马克思政治经济学的伟大"发现"。他们相信,这是一个伟大的发现,不仅仅是因为它解决了李嘉图未能解决的难题(在包括劳动在内的所有商品都按照

---

① Gavin Kitching, *Karl Marx and the Philosophy of Praxis*, p.75.

其价值进行交换的经济结构中怎么能产生利润?),而且是因为它似乎科学地证明了在资本主义经济结构中,资本积累——资产阶级的利润积累和再投资——只能发生于对工人阶级的剥削(在此"剥削"被定义为"对剩余价值的侵占,对工人阶级的剥夺")。

然而,为了使他的理论完整,马克思不得不把剩余价值理论与一种资本积累理论联系起来,为此他提出了假设Ⅶ、Ⅷ和Ⅸ。

假设Ⅶ:剩余价值采取两种形式,产生于延长工作日的"绝对"剩余价值,借助于改进了的机器而提高活劳动每小时的生产率产生的"相对"剩余价值。

在科琴看来,为了理解假设Ⅶ,我们需要掌握马克思宏观经济学的基本概念,也就是他借以描述整个资本主义经济的概念,这些概念是:

1."不变资本",或者用马克思的记法"C"。这被马克思定义为:

"变为生产资料即原料、辅助材料、劳动资料的那部分资本,在生产过程中并不改变自己的价值量。因此,我把它称为不变资本部分,或简称为不变资本。"①

2."可变资本",或者用马克思的记法"V"。这被马克思定义为:

"变为劳动力的那部分资本,在生产过程中改变自己的价值。它再生产自身的等价物和一个超过这个等价物而形成的余额,剩余价值。这个剩余价值本身是可以变化的,是可大可小的。这部分资本从不变量不断变为可变量。因此,我把它称为可变资本部分,或简称为可变资本。"②

3."剩余价值",或者用马克思的记法"S"。这被马克思定义为:

"产品价值超过消耗掉的产品形成要素即生产资料和劳动力的价值而形成的余额。"③可以从马克思关于不变资本的定义中得出,正如假设Ⅴ所主张的,剩余价值的生产完全是通过或来自Ⅴ,而不是C。

所有这些换种方式来说:C是一个经济组织在任一时间"生产资料"总和的价值——通过SNAL来衡量。V是一个经济组织在相同时期劳动力总和的价值——通过SNAL来衡量。S是那个阶级无偿或超额劳动的价值,同样通过SNAL的小时、天或周数来衡量。因此,用马克思的记法,一个资本主义经

---

① 马克思:《资本论》第1卷,第243页。
② 同上。
③ 同上书,第242页。

济组织在任一时间的全部生产或产出，可以用这个公式来表示：

$C+V+S$

从这个一般的宏观经济学的公式出发马克思得出另外两个，它们是：

（ⅰ）$\dfrac{S}{V}$

这是对整个无产阶级的"剩余价值率"或者"剥削率"。换句话说，$\dfrac{S}{V}$ 是全部工人阶级生产的剩余价值量，表示为它全部劳动力价值的比例。

（ⅱ）$\dfrac{S}{C+V}$

这是整个经济组织在价值方式上的利润率。换言之，$\dfrac{S}{C+V}$ 是整个无产阶级生产的剩余价值的总和，表示为一个经济组织在任一时期全部不变资本与可变资本——或全部资本——的价值的比例。

科琴强调："但是对马克思而言重要的不是这些静态的宏观经济学的关系，而是它们相互联系的动态方式，通过时间而容许资本的积累和资本主义体系的扩张。"①总体上讲，这个思想就是资产阶级通过侵占工人阶级的剩余价值——超额或无偿劳动时间——而获取利润。剩余劳动时间包含在大量的商品之中，资产阶级卖出它们获得金钱，这些金钱构成了它的利润。

利用利润资产阶级能够做三件事：

（1）它可以更新不变资本现有的储备物——或者 C——通过更新车间和机器，买入为"来年"新一轮生产的原料；或者（2）它可以提高自身的生活水准（通过付给股东红利等）；或者（3）它可以投资于额外的不变资本和原料，雇佣额外的劳动力，以扩大"来年"的生产。

如果资产阶级只做（1），或者（1）和（2），那么这个体系就不会扩张。它将仅仅是同样的规模，与"今年"一样在"来年"生产同样数量的商品。但是如果资本家用它的利润做（1）和（3）或者（1）、（2）和（3），那么这个体系将会在来年比今年要大。用马克思的术语来说，这个体系将会"扩大再生产"。

科琴指出，现在我们可以来考察绝对和相对剩余价值是怎样符合所有这

---

① Gavin Kitching, *Karl Marx and the Philosophy of Praxis*, p.78.

些的。为了更好地理解这些概念,科琴举了两个简单地用数字表示的例子。

绝对剩余价值

假设在 1840 年一个平均的工作日,情况如下:

C(5 小时 SNAL 生产 100 件商品)+V(5 小时 SNAL 生产 100 件商品)+S(2 小时 SNAL 生产 40 件商品)

换言之,在整个一年中都是 12 小时工作日。那么将是这样:

$$\frac{S}{V} = \frac{2}{5} = 40\% (\text{“剩余价值率”} = 40\%)$$

$$\frac{S}{C+V} = \frac{2}{5+5} = \frac{2}{10} = 20\% (\text{“利润的价值率”} = 20\%)$$

在这个经济组织中整个一天的生产,或者整个一天的产出是通过 12 个小时的 SNAL 生产 240 件商品,这意味着每小时生产 20 件商品。于是通常包含在每件商品中 3 分钟的 SNAL,也就是说,在 1840 年商品的平均价值是 3 分钟 SNAL。

设想在下一年即 1841 年,工作日增加到 14 小时。那么情况将会是:

C(5 小时 SNAL 生产 100 件商品)+V(5 小时 SNAL 生产 100 件商品)+S(2 小时 SNAL 生产 40 件商品)

$\frac{S}{V}$ 现在成为 $\frac{4}{5} = 80\%$(“剩余价值率”现在是 80%)

$\frac{S}{C+V}$ 现在成为 $\frac{4}{5+5} = \frac{4}{10} = 40\%$($\text{“利润的价值率”}$现在是 40%)

由于每小时生产相同数量的商品,就像在 1840 年(20 件),随着工作日增加 2 小时,一天的总产出从 240 件提高到 280 件商品。但是因为相同数量的商品(100 件)需要赔还不变资本,相同数量的商品(100 件)需要赔还劳动力的价值(可变资本),增加的 40 件商品对资产阶级就全部成为剩余价值。于是,以价值来衡量的剩余价值率和利润率就都提高了。实际上二者都翻了倍。

这就是马克思所称的提高绝对剩余价值的过程,它通过延长工作日提高剩余价值的总量和剩余价值率,并保持资本投入总量和工资水平不变。这是在 19 世纪早期英国经济组织提高利润的一种共同方式。

但是马克思指出随着资本主义的发展,这种提高剩余价值的绝对方法趋向于被另一种——相对的——方法所替代。科琴通过第二个例子说明了这种

方法。

相对剩余价值

假如现在是 1920 年。在那个年代，由于工会施压和政府立法工作日缩短到了 10 小时。现在如果生产率仍然与 1840 年相同，情况将会是：

C（5 小时 SNAL 生产 100 件商品）$+V$（5 小时 SNAL 生产 100 件商品）$+S$（0 小时 SNAL 生产 0 件商品）

在这样的条件下几乎不必去计算 $\dfrac{S}{V}$ 或者 $\dfrac{S}{C+V}$！它们都将等于零，也就是没有剩余价值，按照价值的方式没有利润。然而，马克思指出当工作日缩短时，这并非实际发生的情况。而是资本家对这种缩短作出了典型的反应——给他们的工人配备更高生产率的机器。假设这种情况发生在整个经济领域，那么通常，通过使用这些改进了的机器，每个工人在 1920 年每小时生产的商品数量要 2 倍于 1840 年。情况将会是如下这样：

C（4 小时 SNAL 生产 160 件商品）$+V$（4 小时 SNAL 生产 160 件商品）$+S$（2 小时 SNAL 生产 80 件商品）

换言之，尽管在工作日上从 1841 年的水平减少了 4 个小时，从 1840 年的水平减少了 2 个小时，但由于生产率翻了一倍，1 小时 SNAL＝40 件商品，而不是 1840 年的 20 件，那么在平均 10 小时的工作日，可以生产 400 件商品——相对于 1840 年的 240 件和 1841 年的 280 件。

但是，由于存在着更多的不变资本——更多的车间和机器——更多的商品（相对于 100 件的 160 件）被要求生产出来以赔还损耗的 C。同时由于劳动力和工资的增长，更多的商品（相对于 100 件的 160 件）被要求生产出来以赔还劳动力的价值或 V。于是 10 小时当中 8 小时的工作被要求赔还 $C+V$。但是这仍然留下 2 小时的 SNAL——或者 80 件商品——作为 S 或者剩余价值。

$\dfrac{S}{V}$ 现在是 $\dfrac{2}{4}=\dfrac{1}{2}$（即剩余价值率是 50%）

$\dfrac{S}{C+V}$ 现在是 $\dfrac{2}{4+4}=\dfrac{2}{8}=\dfrac{1}{4}$（即利润的价值率是 25%）

于是，通过借助于改进了的机器而提高劳动力的生产率，资产阶级从 1840 年的水平实际地提高了剩余价值率（较之于 40% 的 50%）。

科琴指出,这就是马克思所称的通过相对的方法提高或保持剩余价值量与剩余价值率。马克思认为,随着资本主义的发展,由于资产阶级借助于基本的机械装置从工人阶级那里侵占剩余价值,相对剩余价值趋向于替代绝对剩余价值。当然如果在现实世界中工作日一再缩短——从 1920 年起它当然已经低于 10 小时——那么这将必定成为事实。因为否则的话要么资产阶级根本没有利润,要么由于工作日缩短资本投入和工资将会下降。我们知道,在现实世界中——或者至少在"美欧日"模式中——这些情况都没有发生。

然而,通过相对的方法提高剩余价值——通过借助于改进了的机器提高 SNAL 每小时(或天或周)的生产率——还有进一步的推论。这些推论把我们带入马克思的下一个假设。

假设Ⅷ:相对剩余价值的积累趋向于在增加商品量的同时降低所有商品价值。

对于这个假设的第二部分,科琴已经在上面的例子中涉及了。随着在 1840 年和 1920 年间劳动生产率的翻倍,较之于 1840 年的仅仅 240 件,在我们的经济组织中每天生产出 400 件商品。如果把这些数字与一年中的工作日数(如 300 天左右)相乘,我们可以看到商品量大大地增加了。

然而假设Ⅷ的第一部分却不是那么清楚。我们已经看到,在 1840 年,当在一个平均 12 小时的工作日生产出 240 件商品时,每件商品中包含着 3 分钟的 SNAL。换言之,在 1840 年平均每件商品的价值是 3 分钟 SNAL。但是在 1920 年,400 件商品在 10 小时中被生产出来,或者每小时 40 件。于是在 1920 年平均每件商品中仅仅包含 1.5 分钟的 SNAL。因此,在马克思的意义上,在 1840 年与 1920 年间我们的经济组织中所有商品的价值已经被减半了。而且,在 1920 年为了维持工人阶级生计每天所需要的 160 件商品所包含的 SNAL,要比在 1840 年每天所需要的 100 件商品所包含的 SNAL 少 1 小时,那么劳动力的价值(V)也下降了。

科琴又进一步分析了关于"减低商品价值"的深层含义:

(1)它并非意味着商品越来越少,相反会更多。

(2)它并非意味着这些商品的货币价格下降了。实际上仅仅以货币的方式来看,它们的价格可能提高了。

(3)它并非意味着工人阶级的货币工资或实际工资下降了。实际上,尽管

"劳动力的价值"在 1840 年和 1920 年间已经减半,但每天需要更多的商品来满足 V(相较于 100 件的 160 件),满足工人阶级的生存。因此,如果工人阶级的体量增长得不是很大,每个人的实际工作可能同时会提高。

但是,在科琴看来,马克思确实主张如果在任一经济组织中所有商品的价值——以 SNAL 来衡量——下降,那么所有商品的"实际"价格,相对于"货币"价格将同样下降。因此现在有必要说明他通过"所有实际价格下降"是指什么。科琴认为,马克思其实是指在任何商品价值下降的经济组织中,每个人将不得不工作更少的时间去获取货币以购买哪个经济组织生产出来的商品。

换句话说,如果 1 个面包在 1840 年要花 1 便士,在 1920 年要花 6 便士,但是为了挣钱去购买那个面包,1840 年的"普通"工人必须工作 20 分钟(即是说工资就是 20 分钟 = 1 便士),而在 1920 年只要工作 10 分钟(即是说工资就是 10 分钟 = 6 便士),那么 1 个面包的价格实际上是下降了,尽管它的货币价格是以前的 6 倍。如果这种情况发生在所有商品上,那么所有商品的实际价格就会下降,尽管它们名义上的货币价格提高了。

因此,这种"实际价格的普遍下降"只是快速提高劳动生产率的另一个结果,当价值以劳动时间来衡量时很显然同样也是引起"价值"下降的因素,相对剩余价值——或者劳动时间的生产率的提高——对一个经济组织的物质生产和商品的"价值"及"实际价格"的作用,"绝对是理解马克思关于资本家积累模式的中心思想。它们也绝对是理解'利润率下降趋势规律'的中心"[1]。

在科琴看来,正确理解通过"相对剩余价值"是指什么以及它的全部含义是绝对重要的,在很多方面这是理解马克思全部经济学的关键概念。

假设 IX:相对剩余价值的增长仅能不断地产生于不变资本("C")的量的增长快于可变资本和剩余价值("V"+"S")的量。因此,随着资本主义的技术进步,利润的价值率趋向于下降。

这个假设只是逻辑地来自宏观经济学概念之间的关系。因为如果利润的价值率是 $\dfrac{S}{C+V}$,为了提高相对剩余价值,C 的增长必须快于 $S+V$,那么 $\dfrac{S}{C+V}$ 在时间 t_2 将总是少于在时间 t_1。

---

① Gavin Kitching, *Karl Marx and the Philosophy of Praxis*, p.83.

为了把这点弄得更清楚,科琴又设计了一个简单地用数字表示的实例。为了使前后一致,与前面的实例一样保持了相同的日期(1840 年和 1920 年),但改变了 SNAL 的数值,以使它们对作为一个整体的经济组织稍微更加实际些。科琴认为,它将很好地阐明马克思设想的趋势或样式,随着其发展它实际地发生于一个真实的资本经济组织中。

在 1840 年与 1920 年这段时期,我们经济组织中的资产阶级提高了相对剩余价值而不是绝对剩余价值。其结果是他们保持剩余价值的量——100 万小时的 SNAL——自始至终在同样的水平上,但是通过在很大程度上提高每小时 SNAL 的生产率,他们实际上做到了减少用来再生产工人阶级的劳动力所需要的 SNAL 的总量——从 500 万小时到 400 万小时的 SNAL。于是劳动力的价值下降了。

"利润率下降趋势的规律"可以通过如下加工过的实例来分析:

时间 t_1(1840 年)

$$\frac{S}{V} = \frac{100 \ 万小时 \ SNAL}{500 \ 万小时 \ SNAL}$$

因此 $\dfrac{S}{V} = \dfrac{1}{5}$ 或 20%

$C = 1000$ 万小时 SNAL

因此 $\dfrac{S}{C+V} = \dfrac{1}{10+5} = \dfrac{1}{15} = 6.66\%$

....

时间 t_2(1920 年)

$$\frac{S}{V} = \frac{100 \ 万小时 \ SNAL}{400 \ 万小时 \ SNAL}$$

因此 $\dfrac{S}{V} = \dfrac{1}{4}$ 或 25%

但是现在 $C = 1600$ 万小时 SNAL

因此 $\dfrac{S}{C+V} = \dfrac{1}{16+4} = \dfrac{1}{20} = 5\%$

科琴指出,这当然能够与在这一时期内工人阶级的实际工资的增长完全一致。而且,每小时的 SNAL 现在更加富有成效,补偿资产阶级剩余价值的

100 万小时的 SNAL 将成为较 1840 年更多商品的等价物,当被卖出时它们将可能会实现多得多的货币利润。

但是为了做到所有这些,资产阶级不得不建造更加先进的工业车间,安装更加高效率的机器。用马克思的记法,这是不变资本——或者 C——当被以价值的方式来衡量时。于是为了以这种方式提高剩余价值——可能是对缩短工作日和年的反应——资产阶级不得不把 C 从 1000 万小时提高到 1600 万小时的 SNAL。这样,在 1920 年,1600 万小时的 SNAL 必须被工人阶级生产出来以赔还更多增长的 C 的量中耗尽或贬值的部分。

这样,尽管在 1840 年与 1920 年期间 $\frac{S}{V}$ 剩余价值率(或者对工人阶级的"剥削率")已经提高了 5%(从 20% 到 25%),由于 C 的量的大量增长利润的价值率 $\frac{S}{C+V}$ 实际上从 6.66% 下降到了 5%。

科琴认为,在马克思的理论中,为什么 C 的大量增长总是降低利润的价值率的原因就是,只有活劳动力,只有"目前"活着的工人阶级,才产生剩余价值。用马克思的记法,只有 V 生产 S。这样,C 并不生产任何 S,即不变资本并不生产任何剩余价值。

但是在资本主义发展过程中,与 V 相比 C 总是趋向于增长。马克思有时把这表述为资本主义的发展趋向于导致"死劳动"对"活劳动"的替代。他称机器为"死劳动"是因为它包含了过去的活劳动力,劳动不再有生命。于是,在马克思的理论中,剩余价值的唯一来源(V)相对于 C 总是趋向于成比例地减少。其原因就在于为了通过"相对的"方法提高剩余价值率,C 相对于 V 必须成比例地增长。

于是,马克思认为这种相对的方法,被资产阶级用来补偿绝对剩余价值逐渐的损失所带来的影响,在短时期内可能是成功的,但是在长时期内对资本主义来说则是有违自身初衷的。因为随着人被机器所替代,剩余价值的唯一来源——"活劳动力",逐渐地被从劳动进程中驱逐出去,于是尽管剩余价值率提高而利润的价值率却下降了。

在科琴看来,马克思的理论把活劳动力看做是剩余价值的唯一来源,即是说他否认机器可以生产剩余价值(于是否认机器可能是资本家利润的来源),

是一种非常奇特的观点,而且是一个不能证实的观点。但它仍然是马克思的理论所讲到的,在他的理论中,它是为何 C 如果相对于 V 增长,尽管提高了剩余价值率,但却导致了利润率下降的原因。

这即是马克思的"利润率下降趋势的规律",资本主义的经济规律之一,马克思相信它"以铁的必然性发生作用"。假使这样的话,这种"正在实现的趋势"就是利润率逐渐达到零或接近零,使资产阶级不可能在私人利润的基础上进一步扩张这个体系。于是,这个体系的一种整体的革命性转变——在社会主义的指引下——被认为是必需的,如果"生产力"还要进一步发展的话。当然,正是工人阶级被认为进行了这样一场革命。

科琴认为,以上即是马克思经济理论的九个假设,也是马克思经济理论的基本原则。为了进一步阐明这九个假设的深刻内涵,并使之与马克思的哲学观点相联系,科琴强调了以下两点:

第一,我们应当注意这种资本主义经济理论怎样与马克思的源于黑格尔的历史理论相符合。商品的劳动价值取决于 SNAL 的总量,取决于"包含"在它们之中的社会必要抽象劳动时间的总量。"这样一种经济学观念很容易符合作为人类活动'客观化'与'异化'的世界之哲学理念,是相当明显的。"①

第二,也许稍不太明显的是,"马克思的经济学就像他的哲学,是一种动态的经济学,一种关于运动的经济学"②。在对相对剩余价值的后果进行了复杂的讨论之后,这点是毋庸置疑的。商品的劳动价值下降,同时它们的货币价格上升但实际价格下降。劳动力的价值下降但实际工资和货币工资上升。所有商品的价值下降而它们的量却增加。利润的价值率下降同时剩余价值率上升。

而且,所有这种上升和下降自始至终都在持续进行,资本主义经济组织在扩张和发展,更多的资本得到积累,更多的工人被雇佣,更多的剩余价值被生产和侵占,更多和更新型的商品被制造出来。劳动价值本身当然是时间的衡量标准,或者它们是工人阶级在一定的时间段生产一定量商品所花费的"活劳动"的量的衡量标准。

---

①　Gavin Kitching, *Karl Marx and the Philosophy of Praxis*, p.87.

②　Ibid.

　　科琴指出，对马克思自始至终的分析而言，重要的不是这种商品的价值，而是对商品的价值正在发生着什么，即它们是否正在上升或下降。因为正如我们所看到的，如果劳动价值下降那么商品的量增加且它们的实际价格下降，但如果劳动价值上升则商品的量下降（即是说，需要花费更多的活劳动力储备去生产任何商品，于是在任一特定的时间段内只能生产更少的商品）且它们的实际价格上升。那么在此意义上，马克思的经济学就是他的哲学和历史学的一部分。所有的都是运动，所有的都是变动，不论是在世界本身之中还是在对世界的思考（想象）之中。

　　最后，关于马克思的经济理论，科琴归纳出六点，并认为如果马克思的经济理论被认为是正确的，则这六点必须要得到证明。

　　1.所有商品在长时期内确实一般按其价值进行交换。

　　2.劳动力确实按其价值进行交换。

　　3.劳动力是唯一一种能够生产较自身更大价值的商品，特别是

　　4.只有活劳动力（只有 V）而非"死的"或"被具体化的"劳动力（C）才能生产利润。

　　而且，为了坚持"利润率下降趋势的规律"，必须是这样的情况：

　　5.随着资本主义的技术进步，它有一种由"相对"剩余价值取代"绝对"剩余价值的趋势，同时，

　　6.提高相对剩余价值率确实要求 C 的增长总是大于 $V+S$ 的增长，这样 $\dfrac{S}{C+V}$ 就总是下降。

　　关于这六点，在科琴看来，第 1 点和第 2 点是无法证明的，第 3 点和第 4 点是错误的，在某种意义上第 5 点是正确的，但它的正确又强烈地表明第 6 点是错误的。

第四节　人类解放的社会革命

　　在科琴看来，尽管综合马克思的革命观和共产主义理论这两方面的主题，仍无法详尽地阐述其政治观点，但无论如何，马克思的政治观点在他献身于革命和共产主义的背景下，可以得到最好的理解。科琴特别强调，这种分析的重

要性超出了其可能具有的或马克思本人的预期;而且,在此问题上,"后几代马克思主义者理解和使用马克思著作的方式可能有点使人产生误解,再一次主要地是因为这些著作被视为静止的和普遍的,而它们本应被理解为动态的和具体的"①。

一、革命时期的革命观

科琴认为,无论马克思还是恩格斯,在使用"革命"这一术语上,都是非常广泛和多样的。为了进一步地分析工作,首先有必要表明这种多样性。他认为,马克思和恩格斯关于革命的论述中最具代表性的有以下几种:

1.在1859年序言(即为《政治经济学批判》第1分册所写的《〈政治经济学批判〉序言》)中我们看到,当生产力的发展受到生产关系的束缚时,马克思提出了一种"社会革命"的可能性。

2.在1853年6月25日发表于《纽约每日论坛报》上的一篇文章"不列颠在印度的统治"中,我们发现马克思讲到,仅仅是英国对印度的殖民征服,就使印度村社"半野蛮半文明的公社"消失,并因此产生了马克思所描述的"结果,就在亚洲造成了一场前所未闻的最大的、老实说也是唯一的一次社会革命"②。

3.《在马克思墓前的讲话》中,恩格斯同时提出了作为技术革命的革命(即在科学、生产力并因此在劳动的技术分工方面的革命性变化)和作为社会革命的革命(即一种社会形态被一种新的和更好的社会形态所替代)。

4.在《共产党宣言》、《路易·波拿巴的雾月十八日》和《法兰西内战》中,我们发现马克思和恩格斯使用"革命"这一术语的方式,可能最为紧密地与马克思主义相联系,那意味着对国家政权的武力攻击,由新的社会阶级或组织接管国家政权。

科琴指出,由上述可见,在马克思对"革命"这一术语的使用上,我们面临着大量的不精确和不一致。但是,这种不精确和不一致仅仅是表面上的,如果我们理解马克思和恩格斯生活与写作的历史背景,实际上它们是很容易被解

---

① Gavin Kitching, *Karl Marx and the Philosophy of Praxis*, p.120.
② 《马克思恩格斯文集》第2卷,第682页。

释的。"如果我把这种背景概括为一句话,准确地表述就是马克思和恩格斯生活在人类历史的一个'革命性'时期。如果我们单独看待马克思本人生活的时代,从1818年到1883年,我们也很容易理解。"[①]对于马克思和恩格斯所处的这样一个"革命性"时期,科琴概括了五个方面的最具"革命性"的特征。

第一,在拿破仑最终战败仅仅三年后,马克思出生了。他出生在属于欧洲一部分的莱茵省,这里曾经在1793年被法国革命军所征服,并作为革命的、拿破仑的法国的一部分被管理了22年。结果,马克思出生的城市——特利尔,以及莱茵省的其他地区,被拿破仑所带来的社会、政治、法律方面的变化广泛地影响,这些变化至少在一定程度上反映出1789年法国大革命自由和激进的观念,这些观念是拿破仑帝国所宣传要继承的。

第二,马克思成年时,英国工业革命达到了它国际经济统治地位的最高点。1849年,他永久性地迁居英国,这个国家仅在两年后就自称为"世界工厂",并举办了首届工业品博览会。此后他一直生活在首次工业革命的故乡。

第三,法国的政治体制在1830年发生了重大变革。这正发生在随着拿破仑的军事失败和法国旧君主制的复辟,更为保守的欧洲各国政府认为法国大革命精神已不复存在的15年之后。紧接着是1848年更进一步革命性政治变革的尝试,不仅发生在法国,而且发生在德国、澳大利亚、意大利,当时英国工人和手工业者的宪章运动似乎也在挑战国家政权。然后,在19世纪50年代和60年代的一段平静期之后,法国发生了又一次革命性剧变(1871),短时间地产生了巴黎公社,这个机构深刻地影响了马克思后来关于社会主义和共产主义的观点。

第四,在马克思的一生中,实际上在他死后,始于英国的社会工业化和城市化,开始慢慢自西向东在欧洲蔓延。在它蔓延到的每个国家,大量的社会主义运动开始出现,而从19世纪50年代开始的这些运动常常受到马克思自身观点的影响。

第五,马克思见证了自然科学重大的("革命性的")进步,尤其是化学、物理学和生物学。也许在这些进步中最值得注意的就是1859年达尔文《物种起源》的出版,马克思认为它从任何意义上说都是"革命性的",不仅在科学的内

---

① Gavin Kitching, *Karl Marx and the Philosophy of Praxis*, p.121.

容上,而且在社会、政治与宗教的含义上。而且,在马克思生活的时代,这些科学进步开始被应用于工业和农业生产,健康与医药,住房与公共卫生,人类营养。总的来说,在马克思去世时,欧洲相当比例的人口活得更长、更健康,在食、衣、住方面较马克思出生时的 1818 年更好。当然,相较于马克思出生时,更大比例的人口居住在城市尤其是工业城市。

科琴总结说,正是在这样的历史与时代背景下,马克思与恩格斯对革命的深刻内涵进行了全面的阐述。科琴指出:"如果马克思的革命概念是不断变化且多层次的,那是因为它尽力要抓住的这个进程是不断变化且多层次的。"①马克思和恩格斯关于革命的内涵是多层次的看法,表明存在着不同方面或不同类型的革命以及不同类型的革命之间的关系,如科学、工业方面的革命与社会、政治方面的革命之间的关系,这些关系困扰了马克思和恩格斯一生。马克思和恩格斯确信在这两种不同形式的革命之间,存在着而且必然存在着某种联系。对他们来说这不是一个简单的巧合,即工业革命的世纪同样也是这样一个世纪——在欧洲看到的政治革命和尝试过的革命比各大洲加起来先前所有时期看到的更多。

在科琴看来,马克思和恩格斯的观点是,在封建制欧洲的早期,"生产力"在封建主义"生产关系"下缓慢增长;同时,新的社会阶级("资产阶级")通过这一进程牺牲地主阶级的利益而逐渐获得经济权。然而,这种经济权力最初与已经增长了的政治权力并不相称,因为政治权仍然趋向于被旧地主所垄断。于是,从 17 世纪起,欧洲各国资产阶级开始进行"资产阶级革命"以反对旧统治阶级。有时这一进程是逐步的、和平的,就像在英国所开始的(因为资产阶级在那里首次发展和壮大)。然而有时这一进程是突然的、暴力的,正如 1789年在法国所发生的那样。但在所有情况下,目标是相同的,即推翻或急剧地削弱旧地主统治阶级的权力,并改变那种权力运行于其中的国家形态。

马克思在有生之年看到,这一资产阶级革命进程一直在继续。他希望并预计其结果将会是他称之为"资产阶级民主政治"的国家形态替代"绝对的君主制"。换言之,他希望在自己的有生之年看到整个欧洲这种国家的终结——在这样的国家中世袭的国王、王后和王子被上帝意志"完全地"统治

---

① Gavin Kitching, *Karl Marx and the Philosophy of Praxis*, p.123.

（君权神授），或者根本没有公众选举政府的传统，或者这样的选举被地主阶级独自有效地限制起来（正如在 18 世纪的英国）。马克思希望并预计通过"资产阶级革命"的进程，这些类型的国家将被"资产阶级民主国家"所替代，这样的国家由在广泛或普遍的人民选举权基础上选举产生的政府进行统治并对某种形式的民众议会负责。这样的国家同样具有其他的"资产阶级自由"，诸如法律面前的平等，出版自由，演讲和集会自由，等等。

科琴认为，在青年时期，直到大约 1848 年，马克思对于这样的资产阶级革命在欧洲快速容易地实现是相当乐观的。在 1844 年《黑格尔法哲学批判》中，他相当乐观地写到，欧洲各国的民主化程度将会简单地随着其人民普遍选举权的实现而至。而且，在整个早期阶段，马克思关于资产阶级革命的观念深深地受到了 1789 年法国大革命的影响。换句话说，他倾向于把它设想为一种突然的暴力剧变。

但是，从 1848 年开始，马克思对于欧洲这种资产阶级革命的前景和期望变得越来越不确定。因为 1848 年欧洲旨在废除"专制主义"统治者的大多数革命的普遍失败，特别是在德国的彻底失败，向马克思和恩格斯提出了一个问题。这个问题来自非常相似的历史进程，这一进程曾经使马克思对资产阶级革命给予如此的期望。因为在前工业化的欧洲，资产阶级的兴起只是复杂的历史进程的一部分，这一进程还有另一个阶级维度——工业无产阶级或工人阶级的产生。

在科琴看来，在更为乐观的时候（例如，在《共产党宣言》中），马克思对这两个阶级维度关系的认识，是非常明确的。资产阶级将首先进行革命以反对地主阶级及其"专制主义"国家。这种进程可能是逐步的或突然的，和平的或暴力的，但为了使其发生，资产阶级需要工人阶级的帮助，因为仅靠其自身的力量还不足以完成反对旧统治阶级的革命。马克思预料资产阶级通过对普遍选举权的承诺将赢得工人阶级的支持。通过这样的方式，资产阶级民主将在整个欧洲建立，它以普选的政府和广泛的公民自由而不同。然而，资产阶级民主只代表这一革命进程的第一个阶段。因为一旦被给予政治权利和自由去从政治上组织自身，工人阶级——开始意识到它共有的物质状况和共有的剥削——将会利用资产阶级民主提供的公民自由去进行自己的革命以反对资产阶级并实现向社会主义和共产主义的转变。

但 1848 年的经历向马克思和恩格斯昭示出对这种简明的两阶级的观点又一种重要的"理解"。因为 1848 年的经历,特别是在德国,同样在法国和意大利(以略微不同的方式),似乎揭示了欧洲资产阶级确实意识到了随后的"无产阶级革命"的危险,实际上非常害怕工人阶级上升的力量,甚于旧地主统治阶级(或他们统治的"专制主义"国家)。

换言之,马克思和恩格斯把 1848 年西欧的经历解读为:它表明在一般情况下,欧洲资产阶级实际上准备接受一种相对于旧统治阶级而言从属的政治地位,作为交换他们被保护(被专制主义国家)免于工人阶级的需求。如果"资产阶级民主"政治的与公民的自由完全实现,仅仅是继续创造完美的条件以使欧洲工人阶级在政治上组织起来反对他们,那么欧洲的资产阶级将宁可根本不要一种完善的资产阶级民主。他们宁可在某种混合形式的非民主国家中寻求与旧统治阶级的调和。

但是,这并不是马克思早期关于未来的乐观看法仅有的问题。因为随着马克思和恩格斯在英国成长至成年并进入老年阶段,他们看到了一个较世界上任何别的地方"生产力"已经发展到更高点的社会(即是说,1859 年序言中明确说明的社会革命的必要条件已经满足)。由于在这里资产阶级无疑是执政的,存在着比世界上其他大多数国家更为发展的"资产阶级民主",因此,工业工人阶级较欧洲其他大部分地方更为庞大和更好地在政治上被组织起来。然而,英国的工人阶级似乎对进行进一步的"无产阶级革命"一点也不感兴趣。马克思和恩格斯对此表示了持续的失望,对它列举出了许多不同的解释:从爱尔兰的英国殖民主义发挥的作用和在保持工人阶级政治划分上反对迁入的爱尔兰工人的偏见发挥的作用,到技术工人中的"劳动特权阶级"(用恩格斯的话说)的兴起——他们相对地享有特权并对那个阶级进行了一种非常保守的领导。

在以上分析工作的基础上,科琴作了总结,无论如何,对于重构马克思早期乐观主义的关于欧洲革命进程的计划,所有这些复杂性和发展是很重要的。特别是:

(1)1848 年欧洲资产阶级的"懦弱"把马克思和恩格斯越来越引向这样一种观点(从 19 世纪 60 年代开始):在大部分欧洲,可以说在"继续进行"随后的走向社会主义和共产主义的革命之前,工人阶级自身也许不得不进行

"资产阶级革命"（那是反对专制主义、为了民主的国家形态的革命）。

（2）欧洲资产阶级向专制主义的调和，随后在法国、德国和意大利发生的示威游行，对普选权的承认但权力依然掌握在旧君主国和特权阶级的手中，这些因素致使马克思和恩格斯相信国家形态在本质上是一个非常重要的课题。马克思在 1871 年《法兰西内战》中认为，欧洲的工人阶级要想真正赢得权力，就不能仅仅满足于推翻现存的国家形态，而是必须要"打碎"它然后自己重建国家机构。显然，这一结论深受 1871 年巴黎公社的经验的影响。

最后，有更进一步的两点需要处理。第一点是关于暴力的作用。在马克思的设想中，暴力在"社会革命"中起什么作用？这个问题的答案，至少在原则上是非常简单的。马克思和恩格斯在暴力的作用问题上完全是讲求实效的。大体上讲，如果或者（a）对于工人阶级以一种开放的或合法的方式在政治上组织起来而言，没有"资产阶级"国家政治的或公民的自由，或者（b）这些自由只是形式上存在但任何在这种组织上的努力实际上被暴力地镇压，那么工人的秘密组织和革命的暴力方式，就是必要的和正当的。马克思和恩格斯自己也是几个这样的德国工人秘密组织的创立者和成员。

然而，在任一特定的情况下，如果有一个很好地建立起来的资产阶级国家，且有政治和公民自由的真实传统，那么工人阶级就能够并将利用这些传统和制度去和平地、合法地进行"社会革命"。当然，至少在理论上，这与从根本上利用这种合法的方式"打碎"和重建国家机构是不一致的。

在 1872 年 9 月阿姆斯特丹所做的一次演讲中，马克思自己以非常完善的方式简单而直接地指出了这点：

> 我们知道，必须考虑到各国的制度、风俗和传统；我们也不否认，有些国家，像美国、英国，——如果我对你们的制度有更好的了解，也许还可以加上荷兰，——工人可能用和平手段达到自己的目的。但是，即使如此，我们也必须承认，在大陆上的大多数国家中，暴力应当是我们革命的杠杆；为了最终地建立劳动的统治，总有一天正是必须采取暴力。[①]

这样，对马克思和恩格斯来说，重要的是其结果，即走向一种新的、更好形式的社会——社会主义和共产主义——的"社会革命"的产物；手段是一个次

---

① 《马克思恩格斯全集》第 18 卷，人民出版社 1964 年版，第 179 页。

要的问题。但是，当然是在他们更晚的时期，他们似乎更喜欢和平的而不是暴力的手段，在他们的判断中，这样的手段获得成功，存在着一种真实的可能性。

但是，在马克思和恩格斯所处的时代及自此之后，人类历史不断地提出了有关暴力作用的另一问题，这个问题可能相当使读者困惑，因为如果诉诸暴力，即使在没有根本转变的情况下，是否必然发生的是这样的手段，不仅仅导致广泛蔓延的痛苦与死亡，同时预期的目标又没有实现。

科琴认为，马克思和恩格斯对这一问题的回答是相当直接的。因为他们都知道，仅从1789年法国大革命的经验来看，并没有这样的"必然发生"。实际上，在《共产党宣言》中，马克思指出，先前所有的阶级斗争都以"整个社会受到革命改造或者斗争的各阶级同归于尽"而告终。在任一特殊情况下，是否值得冒险"同归于尽"是人类判断的事情。它依赖于一种估计，对所包含风险、斗争的各种社会力量的力量对比、接受现状的社会与人类代价等的估计。这些判断的作出是相当严肃的，它们必然需要对包含着沉重的道德与政治含义的决定承担责任。但是，马克思和恩格斯认为，这样的道德与政治责任对于任何意欲成为一名认真的革命者的人来说，是不可避免的。

第二和最后一点产生于对马克思革命观的争论。因为如果马克思通过"资产阶级民主"和"资产阶级革命"所意指的全部，即是对一个颇像现存于北美和西欧社会的革命，对一种社会的民主形式的革命，那么为什么他不简单地说出这点？为什么称它们为资产阶级民主？为什么不仅仅是"民主"？那么，它当然可以退化为那样（这在马克思主义后来的历史上曾经多次重复），但那并非马克思最初使用这一术语的关键点。马克思称"我们的"社会形态为一种"资产阶级民主"有两个原因。

首先，他认为，从历史上看，正是资产阶级反对专制主义的革命行动首先在世界上建立了这样的社会，最先在英国，然后在法国和荷兰。但更进一步讲，他认为资产阶级民主的政治与公共机构对资产阶级比对其他任何社会阶级更有益。科琴强调，"比其他任何社会阶级更有益"，不是说他认为这样的机构对其他阶级没有益处，而是说与对资产阶级的益处是不成比例的。于是，如果存在法律面前的平等，但是富人能负担得起最好的律师而穷人全然没有代表为之代言，那么这样的"平等"可能没什么意义；如果存在出版自由，但是只有极少数持有相同观点的人能担负得起创办报纸，那么这样的"自由"也就

没什么意义;如果资本家是在法律上的自由人,工人同样也是,但是除非被资本家雇佣工人就不能生存,那么双方政党在法律上的平等和自由完美地共存,只能简单地通过一方拥有极大的权力而另一方几乎根本没有权力。

换句话说,马克思和恩格斯认为,资产阶级民主的自由虽真实但有限,因为法律的、政治的和公民的平等与社会的和经济的平等并不相称。因此,社会主义和共产主义的一个首要目标就是要创造经济的与社会的平等,这将使民主自由对社会中的每个人都同等地有意义。这当然表明这样的自由要被坚持,但要通过经济与社会结构的变革来深化和加强。在社会主义和共产主义中,民主自由将不会被放弃或减弱。

二、未来共产主义的设想

科琴认为,在马克思看来,资产阶级革命是一场彻底的"社会革命",它建立了一种新的、更好的社会形态。这种新的社会形态就是"资本主义"社会,它以一种经济生产的工业化模式和(在资产阶级革命完成的地方)民主的政治形式而区别于其他社会。未来的无产阶级革命同样将是一场彻底的"社会革命",建立一种新的、更高级的工业化生产模式和一种甚至更加民主的政治形式。因此,与这种观点相一致,科琴认为,马克思使用这两个术语是指称作为一个整体的未来的社会形态(它的经济生产模式和它的政治结构)。"于是,最重要的问题就是,这场接下来彻底的'社会革命'将会走向何方? 马克思认为共产主义社会将会是怎样? 特别是在晚年,马克思一直对绘制这种未来社会的'蓝图'小心谨慎。因为对他来说,这样的蓝图具有19世纪早期英国和法国所谓'乌托邦社会主义'的色彩,对此,他在反对法国思想家蒲鲁东的辩论中(1847年马克思的《哲学的贫困》)和《共产党宣言》以及别的地方进行了批判。"①

科琴引用了马克思在去世前两年致斐迪南·多梅拉·纽文胡斯信件中的一段话来说明问题:

> 对未来的革命的行动纲领作纯学理的、必然是幻想的预测,只会转移对当前斗争的注意力。世界末日日益临近的幻梦曾经煽起原始基督徒反

---

① Gavin Kitching, *Karl Marx and the Philosophy of Praxis*, pp.129-130.

对罗马世界帝国的火焰,并且给了他们取得胜利的信心。对于占统治地位的社会秩序所必然发生而且也一直在我们眼前发生着的解体过程的科学认识,被旧时代幽灵的化身即各国政府折磨得日益激愤的群众,以及与此同时生产资料大踏步向前的积极发展——所有这些就足以保证:真正的无产阶级革命一旦爆发,革命的直接的下一步的行动方式的种种条件(虽然决不会是田园诗式的)也就具备了。

……我认为,任何工人代表大会或社会党人代表大会,只要它们不和这个或那个国家当前的直接的条件联系起来,那就不仅是无用的,而且是有害的。它们只能在没完没了的翻来覆去的陈词滥调之中化为乌有。①

科琴进一步指出,对未来共产主义社会的设想,马克思并非总是如此谨慎或表示拒绝。因为首先,在他早期的哲学著作中,我们发现他对作为社会形态的总体描述,在其中人类异化将被消除。其次,马克思在晚年偶尔会被迫去思考社会主义和共产主义的各个方面,例如,劳动分工、经济分配原则或者社会主义下的政府形式。之所以被迫这样做,只是因为随着他的思想越来越具有影响,声称要体现其思想的政党和运动在全欧洲产生,于是他开始处于急切的压力之下,以使社会主义和共产主义稍微更加明确。"因为在遍及欧洲和世界(或者至少是在政治上觉悟的地区)的全部'工人阶级'被认为正在集中所有革命力量,以实现一个目标之后,马克思对此总要说些什么!"②

科琴认为,两个文本对马克思后期关于社会主义和共产主义的观点是非常重要的,即 1871 年的《法兰西内战》和 1875 年的《哥达纲领批判》。

对于《哥达纲领批判》,科琴首先摘出一大段引文,并对其进行了深入分析:

我们这里所说的是这样的共产主义社会,它不是在它自身基础上已经发展了的,恰好相反,是刚刚从资本主义社会中产生出来的,因此它在各方面,在经济、道德和精神方面都还带着它脱胎出来的那个旧社会的痕迹。所以,每一个生产者,在作了各项扣除以后,从社会领回的,正好是他给予社会的。他给予社会的,就是他个人的劳动量。例如,社会劳动日是

---

① 《马克思恩格斯文集》第 10 卷,第 459—460 页。
② Gavin Kitching, *Karl Marx and the Philosophy of Praxis*, p.131.

由全部个人劳动小时构成的；各个生产者的个人劳动时间就是社会劳动日中他所提供的部分，就是社会劳动日中他的一份。他从社会领得一张凭证，证明他提供了多少劳动（扣除他为公共基金而进行的劳动），他根据这张凭证从社会储存中领得一份耗费同等劳动量的消费资料。他以一种形式给予社会的劳动量，又以另一种形式领回来。

显然，这里通行的是调节商品交换（就它是等价的交换而言）的同一原则。内容和形式都改变了，因为在改变了的情况下，除了自己的劳动，谁都不能提供其他任何东西，另一方面，除了个人的消费资料，没有任何东西可以转为个人的财产。至于消费资料在各个生产者中间的分配，那么这里通行的是商品等价物的交换中通行的同一原则，即一种形式的一定量劳动同另一种形式的同量劳动相交换。

所以，在这里平等的权利按照原则仍然是资产阶级权利，虽然原则和实践在这里已不再互相矛盾，而在商品交换中，等价物的交换只是平均来说才存在，不是存在于每个个别场合。

虽然有这种进步，但这个平等的权利总还是被限制在一个资产阶级的框框里。生产者的权利是同他们提供的劳动成比例的；平等就在于以同一尺度——劳动——来计量。但是，一个人在体力或智力上胜过另一个人，因此在同一时间内提供较多的劳动，或者能够劳动较长的时间；而劳动，要当做尺度来用，就必须按照它的时间或强度来确定，不然它就不成其为尺度了。这种平等的权利，对不同等的劳动来说是不平等的权利。它不承认任何阶级差别，因为每个人都像其他人一样只是劳动者；但是它默认，劳动者的不同等的个人天赋，从而不同等的工作能力，是天然特权。所以就它的内容来讲，它像一切权利一样是一种不平等的权利。权利，就它的本性来讲，只在于使用同一尺度；但是不同等的个人（而如果他们不是不同等的，他们就不成其为不同的个人）要用同一尺度去计量，就只有从同一个角度去看待他们，从一个特定的方面去对待他们，例如在现在所讲的这个场合，把他们只当做劳动者，再不把他们看做别的什么，把其他一切都撇开了。其次，一个劳动者已经结婚，另一个则没有；一个劳动者的子女较多，另一个的子女较少，如此等等。因此，在提供的劳动相同，从而由社会消费基金中分得的份额相同的条件下，某一个人事实上所得到

的比另一个人多些,也就比另一个人富些,如此等等。要避免所有这些弊病,权利就不应当是平等的,而应当是不平等的。

但是这些弊病,在经过长久阵痛刚刚从资本主义社会产生出来的共产主义社会第一阶段,是不可避免的。权利决不能超出社会的经济结构以及由经济结构制约的社会的文化发展。

在共产主义社会高级阶段,在迫使个人奴隶般地服从分工的情形已经消失,从而脑力劳动和体力劳动的对立也随之消失之后;在劳动已经不仅仅是谋生的手段,而且本身成了生活的第一需要之后;在随着个人的全面发展,他们的生产力也增长起来,而集体财富的一切源泉都充分涌流之后,——只有在那个时候,才能完全超出资产阶级权利的狭隘眼界,社会才能在自己的旗帜上写上:各尽所能,按需分配![1]

科琴指出,从语气上看,这段引文较之于马克思早期有关共产主义的哲学观点,有非常明显的变化,其原因即在于马克思长期的政治经济学研究明显地留下了它的印记,实际上占主导地位的是政治经济学的语言——而非黑格尔哲学的语言。这尤其表现在对经济分配原则的更加现实主义的讨论中,这种经济分配原则将在共产主义社会的第一个阶段占优势,马克思称这个阶段为"社会主义"。马克思告诉我们,在这第一个阶段,社会的经济产品的分配不是基于需要,而是基于所从事的劳动,以及劳动者之间特定的不同的能力,于是这样一种分配原则将意味着在第一个社会主义阶段工人之间一定程度的经济不平等。

马克思在引文的第一段已经给出了这种不平等的原因。"我们这里所说的是这样的共产主义社会,它不是在它自身基础上已经发展了的,恰好相反,是刚刚从资本主义社会中产生出来的"。这表明,根据马克思的观点,这样一个社会将"在经济、道德和精神方面都还带着它脱胎出来的那个旧社会的痕迹"。换句话说,马克思是在预测,在资本主义社会出生和养育的人——包括工人阶级,即使当他们尽力促成向共产主义的转变时,将仍然具有资本主义社会的价值观念和看法。

科琴认为,这同样是为什么依据所从事劳动的分配原则将不得不在共产

① 《马克思恩格斯文集》第3卷,第434—436页。

主义的第一阶段占优势的原因。它将不得不被采用，因为在这种转变的形势下它是大多数人认为"公平"或"正义"的原则。实际上，在反对资本主义的斗争中它对于加强明确依据工作的经济分配的公正是必需的，因为这不是在资本主义制度下占优势的原则（在资本主义制度下，收入的分配是依据所拥有的财富和财产）。这样，在共产主义的第一阶段（它可能持续很长时间），大多数人将不准备超出基于所从事劳动的经济分配原则，实际上将认为这是正确和正义的（在能力上特定的、天然的不平等），即使它导致某些经济不平等。

但是，在共产主义的第二阶段即"高级"阶段，这条原则将被丢弃，社会将"在自己的旗帜上写上：各尽所能，按需分配！"换言之，在高级阶段，在物品与服务的分配上只有个人的物质与社会需要将被考虑。这个目标将保证那些需要被平等地满足，因为所有个人不再考虑他们所从事劳动的类型或性质。这样，即使一个工人"在体力或智力上胜过另一个人"，因此"他的"劳动比另一个人更富有成效，"他"——优越的工人——所获得的仍然要被"他的"需要（以及"他的"家庭的需要）决定，与低于他人的工人所获得的一样。

在科琴看来，这里的含义就是优越的工人在共产主义社会中得到的满足将会是(a)作为一种活动，创造性的、富有成效的劳动本身的进行；(b)他或她优越的能力贡献的知识满足其他人的需要。特别是它表明他或她将不需要较多的物质酬劳以表明或报偿他或她的劳动的优越性。很显然，这与马克思《1844 年经济学哲学手稿》中的观点是一致的：

> 在你享受或使用我的产品时，我直接享受到的是：既意识到我的劳动满足了人的需要，从而使人的本质对象化，又创造了与另一个人的本质的需要相符合的物品。[①]

> 需要和享受失去了自己的利己主义性质，而自然界失去了自己的纯粹的有用性，因为效用成了人的效用。[②]

科琴对马克思在《哥达纲领批判》中有关共产主义的观点进行了总结。他认为，尽管马克思的政治经济学研究引入了较多的经济现实主义，但共产主义概念基本的连贯性，在出自关于"共产主义社会高级阶段"的《哥达纲领批

[①] 马克思：《1844 年经济学哲学手稿》，人民出版社 2000 年版，第 184 页。
[②] 同上书，第 86 页。

判》的引文最后的、鼓舞人心的一段话中,得到了明确的体现。在那个阶段,我们被告知,"迫使个人奴隶般地服从分工的情形"将会消失,同样消失的还有"脑力劳动和体力劳动的对立"。劳动将会变为"不仅仅是谋生的手段,而且本身成了生活的第一需要"。由此,我们恰好回到了早期关于"异化劳动"的哲学思想,回到了人类解放的观点,这种解放存在于社会中每个人以一种适合于他们自身习性的方式高效地、创造性地工作的能力,为了他们自身的需要和自我发展,同时也为了其他人的利益。

关于《法兰西内战》,科琴认为,这个文本最重要的一点,就是马克思在其中提出,巴黎的国家形式和政府形式,"自发地"产生于巴黎人民的革命斗争过程中,它可能提供了未来社会主义国家的一种模型。马克思认为,巴黎公社是以"打破"国家权力并把它"归还"给"社会的承担责任的勤务员"的方式,"打碎"并重建国家机器的革命的一个活生生的事例,国家曾经声称它"优越于社会本身"而"篡夺"了那些权力。换言之,巴黎公社对马克思来说是一种国家形式,它打破了国家与市民社会之间的区分,马克思在多年前的《黑格尔法哲学批判》中曾经反对这种区分。

科琴首先分析了巴黎公社的结构,并认为马克思共列举了它五方面的特征:

1. 巴黎自治机构(公社)通过全体巴黎市民的普遍选举权而直接选举。

2. 公社机构把行政权和立法权一起控制在自己手中。换言之,这个机构不仅立法而且执法。

3. 在巴黎的范围内废除了警察与常备军,并代之以一种普通的民兵组织。

4. 教会(在法国是天主教会)与国家分离,公社在全巴黎建立了自由的非教会教育体系。

5. 可能对马克思最重要的是,全部公务人员,所有的官员、法官、地方行政官由公社直接选举,仅仅领取"普通工人的工资",并可以根据公社的意愿而罢免。

第五点的意思即是说,国家的政府官员,作为一种明显不同的、有统治权的、拿薪水的职业的行政专职人员,作为社会劳动分工中一个明显不同的部分,在公社里消失了。所有这些承担执行公社法律责任的人都由公社机构选举并对公社负责。"正是这点——专门的政府官员的消失以及人民所选举出

来的代表掌握这些合法职能——对马克思来说集中体现了对国家与市民社会之间区分的克服或抑制，这种区分允许在欧洲其他地方的国家对市民社会的统治。"①

马克思同样指出，"在公社没有来得及进一步加以发挥的全国组织纲要上"，曾经设想整个法国都由通过"公社体制"而联系在一起的千万个这样选举出来的机构组成（在每一个村庄与城镇）。在这样的体制下，农村公社机构向"中心城镇的代表会议"派出所批准的代表，后者又依次向巴黎的"国民代表会议"派出代表。

"仍须留待中央政府履行的为数不多但很重要的职能，则不会像有人故意胡说的那样加以废除，而是由公社的因而是严格承担责任的勤务员来行使。民族的统一不是要加以破坏，相反，要由公社在体制上、组织上加以保证，要通过这样的办法加以实现，即消灭以民族统一的体现者自居同时却脱离民族、凌驾于民族之上的国家政权，这个国家政权只不过是民族躯体上的寄生赘瘤。旧政权的纯属压迫性质的机关予以铲除，而旧政权的合理职能则从僭越和凌驾于社会之上的当局那里夺取过来，归还给社会的承担责任的勤务员。"②

科琴指出，这就是全部马克思本人所说的此种国家形式，在同一文本中马克思热情赞扬其为处于初级阶段的"共产主义——不可能的共产主义"，恩格斯把它看做是"无产阶级专政"将会采取的形式。但在科琴看来，这样一种解释很显然回避了大量的问题。例如：

1.巴黎公社仅仅持续了九个月之后，就被法国和普鲁士军队围困并以被血腥镇压而结束。在此短暂的时期，公社只是单独一个城市的政府形式，它为了其生存而反抗势不可当的敌对力量并不得不承受极度的军事与经济围困。如此不平常的环境几乎无助于判断，作为和平时期国家的一种持久"普遍"的政府形式，公社将怎样获得成功。

2.由巴黎公社草拟的国家"公社机制"实际上从未实施（因为法国其他地区仍处于普鲁士人和法国人统治的临时政府的控制之下），所以无法判断它作为国家政府的一种形式是否会在实践中有效。

---

① Gavin Kitching, *Karl Marx and the Philosophy of Praxis*, p.146.
② 参见《马克思恩格斯文集》第 3 卷，第 155—156 页。

3.巴黎公社制定的"法律"实际上仅限于在围困的形势下在巴黎分配军事任务和对食品、药品和其他日常用品等供应物实行配给。它对于一个单个的个体在这种不平常和受限制的形势下行使立法权与行政权来说是可能的,但很难看出如此办法能够怎样适用于一个复杂的工业化社会与经济的日常运行。

4.与此相似,由于公社的行政职能如此有限,也就有可能把它们委托给直接选举出来并仅仅领取"普通工人的工资"的个人。被一种自我牺牲的民族主义热诚所鼓舞,与被极度的窘境而惊人地联合起来的全体人民一起工作,这些个人在公社维持的时间内很可能确实较好地甚至是英勇地完成了所限范围内的任务。但是另一方面,在一个处于和平时期的复杂社会内,为了公共政策普通的、日常的实施,依赖这种利他主义可能将会是不明智的。

5.尽管马克思讨论了作为革命的法国假定的中央政府,中央的"公社代表团"将会履行"为数不多但很重要的职能",但他并未告诉我们这些职能会是什么。所以我们会极度地不确定地方公社与国家公社之间权力和职能上的分担会怎样运行。①

科琴强调:"第5和最后一点是马克思关于共产主义社会不完整的观点中根本矛盾的中心。因为一方面,他似乎渴望一种几乎无政府主义的国家形式,那是由村庄和小城镇的小自治共同体构成的国家,在这些共同体中,全体公民都互相认识,因此几乎所有权力都可以被委托给从他们的成员中选举出来的代表会议。实际上,我认为一种现代化的伯利克里统治时期的雅典模式,一种公民为了其生存并不依赖奴隶而是依赖自动化机器的'雅典',从未远离马克思的思想。"②但另一方面,马克思清楚地意识到在一个现代工业化社会中,需要某种类型的"国家"控制和计划的行政管理机构,即通过公社机制"民族的统一不是要加以破坏",所以在《法兰西内战》中他把共产主义描述为"联合起来的合作社按照共同的计划调节全国生产"。

科琴认为,在马克思关于共产主义社会观点的这两方面之间存在着某些张力。因为,国家计划管理机构的职能和权力越大(它可以是公社的国民代

---

①　Cf.Gavin Kitching,*Karl Marx and the Philosophy of Praxis*,pp.147-148.

②　Ibid.,p.148.

表团或任何东西），地方公社的自治权就越受到限制。反之，地方公社的自治权越大，国家管理机构的计划权力就越弱。而且，通过反对发达资本主义社会的革命而导致的共产主义的出现（正如我们所看到的，这是《哥达纲领批判》所主张的），预测了这样一个社会：具有大规模工业化生产，具有铁路、公路、供水、排水及电力系统等复杂和发达的经济基础结构。这样一个社会将同样具有高度发达的劳动分工以承担大量生产和重要的"规模经济"。换言之，资本主义发展高生产率的自动化机器，正是为了满足大量的国内与国际市场的需要。

但是，如果我们把共产主义设想为自治自立的小共同体构成的一个世界，那么我们会设想在这个世界中如此大规模的市场将消失。在这样的情况下，自动化机器在共产主义制度下将或者成为多余的或者在大多数时间不工作。这随即意味着它将会生产成本非常高的产品。另外，如果我们设想如此大规模的市场仍将在共产主义制度下存在，那么自动化机器将具有经济意义，但会需要国家或者甚至世界水平的计划管理机构，以保证通过机器满足群众的物质需要（当然是因为马克思认为"市场机制"将不再这样做）。但是，这种国家和世界的计划管理机构将仅仅通过它们的存在而非常严格地限制地方上各个公社的经济自治。"换句话说，在任何真实的情境下，很难看到他所渴望的由自治、直接民主的小共同体构成的社会，符合他所渴望的保持规模经济处于大量生产和高水平计划管理机构之中。"①

科琴进一步指出，如果我们假设复杂的工业化经济与社会的一种连续性的日常计划的存在，立即产生的问题就是谁将去做这件事。任何甚至熟悉英国地方政府运行的人，都会非常怀疑一个由选举出来的代表组成的机构独立做这件事的能力。但是，如果我们假设他们不能独立做这件事，那么我们就必须假定专门的、受过训练的一类人的存在是真的，他们在劳动分工中的角色就是去帮助计划和管理生产与消费。换句话说，我们又回到了官僚主义者。官僚制的问题（这是马克思有关国家著作不断关注的一个问题）被再次重申，就像在苏联和其他地方曾经所做的一样。

在科琴看来，"马克思关于共产主义社会的观点中这个特别的缺口和不连贯，民主与计划怎样做到一致这个没有回答的问题（通过省力地参照'社

---

① Gavin Kitching, *Karl Marx and the Philosophy of Praxis*, pp.149-150.

会'作为主体既控制又被控制,他回避了这一问题),是马克思思想中最严重的弱点。它是如此严重,因为在真实的世界中,在真实的社会主义国家中,如果这样的社会是切实可行的,这个缺口必须被补上,这个问题必须要回答"①。科琴对此问题的回答是:"在现实中这个缺口确实不得不通过一种官僚政治来补上,但不是必须通过一种独裁主义的官僚政治。"②

综上所述,科琴坚持了马克思实践哲学的研究路线,强调马克思主义思想体系的核心就在于实践哲学。西方马克思主义的先驱之一科尔施认为:"马克思主义在本质上是一种以理论和实践的统一为特征的总体性革命理论,一种深刻的哲学立场。"③葛兰西则更是从实质上把马克思主义理解为实践哲学,强调实践是人的本质规定性,是哲学的基础与核心范畴,并把实践哲学概括为"实践一元论",认为其代表着一种更高层次的文化精神。科琴在前人工作的基础上,结合英国新马克思主义发展的现实背景,并主要运用后期维特根斯坦的分析哲学方法,对马克思的实践哲学进行了新的诠解,这无疑对于理解和发展马克思主义哲学,具有重要的理论意义。

同时,科琴的研究并非只是简单地重复前人的工作。在实践哲学研究中表现出来的两个特色,使他明显区别于传统路线。

其一,科琴强调一种分析哲学的研究路径,强调精细的文本分析的重要性,这一点突出表现在他对后期维特根斯坦的推崇上。在《卡尔·马克思和实践哲学》一书的"导言"中,科琴曾明确指出"这是一本从特定的哲学视野出发的关于马克思的著作","是一本关于马克思的维特根斯坦式的著作"。他强调,这样一种分析哲学的研究路径"密切关注语言被使用的方式,段落、语句和词汇被联结的方式,名词和动词的选择,隐喻、明喻和比拟的使用"④,等等。因此,在《卡尔·马克思和实践哲学》一书中,科琴大量引用了马克思著作中的原文,用马克思的语言来表述马克思的思想,并提供了自己的总结与分析。在"导言"部分,他明确地提出了这样做的原因:(1)对于马克思著作的新

---

①　Gavin Kitching, *Karl Marx and the Philosophy of Praxis*, p.150.

②　Ibid.

③　衣俊卿等:《20 世纪的新马克思主义》,中央编译出版社 2001 年版,第 81 页。

④　Gavin Kitching, *Karl Marx and the Philosophy of Praxis*, p.6.

读者来说，看到用他自己的语言来表达他的思想是很重要的。通常情况下，这种表达要优于任何评论者的表达。(2)出于分析的目的，读者可以通过大量出自马克思和恩格斯本人的引文来对作者的分析性主张是否合理作出判断。(3)某物"如何被言说"，是"被言说了什么"的一个必不可少的组成部分，这表现出精细的文本分析的重要性。

其二，科琴强调一种整体的实践观，强调总体性原则，这一点突出表现在他对总体性实践的理解上。他认为，马克思在《1844年经济学哲学手稿》等早期著作中讲到的"生产"、"劳动"等概念就是实践，这种"生产"不仅包括指物质生产或物质客体的生产，而且包括思想、社会机构、价值和语言的生产。在他看来，如果马克思必须选择一种关于人类的本质概念，它必将是"行动的创造者"而非"思想的创造者"，而思想本身只是能动的创造性实践活动的一个必不可少的组成部分，因此，马克思所强调的是一种人类的总体性实践。同时，他还指出，马克思在后期著作中忽视了这一总体性实践观，特别是开始专门关注社会中阶级实践的区分，并对其原因作出了分析。

可以看出，科琴对马克思的诠解既有严肃而理性的分析，又有苛刻的批判，提出了很多深刻而需要认真思考的问题，提供了一种分析哲学的整体实践观的研究路径与视界，这对于深入推进马克思主义实践哲学研究具有重要意义。特别值得肯定的是，科琴对马克思主义研究所持的科学态度。在《卡尔·马克思和实践哲学》一书的"导言"部分，他认为，不能接受任何把马克思主义理解为一种享有绝对特权的论述的观点，尤其是想当然地认为马克思主义使人装备了某种关于世界的"科学理解"的观点。当然，科琴的研究也存在诸多不足与缺陷，特别是囿于分析哲学的研究路线，在一定程度上受到重方法多于重内容的限制。

目　　录

（下）

第四篇　政治、经济与道德研究

1

第四篇　政治、经济与道德研究

第九章　密里本德：走向辩证理性的政治批判

拉尔夫·密里本德（Ralph Miliband，1924—1994）

拉尔夫·密里本德的父母生长于波兰华沙贫困的犹太地区。20 世纪 20 年代初，由于波兰的反犹主义浪潮，他们各自随着大批波兰犹太人西迁，最终都迁到了比利时的布鲁塞尔。正是在那里，他的父母相遇并于 1923 年结婚。1924 年 1 月 7 日，拉尔夫·密里本德出生在布鲁塞尔。15 岁时，拉尔夫加入当地的犹太人社会主义青年组织"青年自卫军"。他的朋友莫里斯·特兰曾经送给他一本《共产党宣言》。正是在这个时期，密里本德开始初步思考资本主义，并对马克思主义和社会主义有了初步的接触。第二次世界大战爆发后，纳粹德国军队入侵比利时。密里本德一家是犹太人，于是决定逃离比利时反犹纳粹当局的统治，由父亲山姆和儿子拉尔夫先行前往法国巴黎。但在前往巴黎的途中，山姆改变计划，与拉尔夫去了奥斯坦德，并在那里赶上了去英国伦敦的最后一班船，于 1940 年 5 月 19 日到达伦敦，继而被相关当局认定为难民身份，享受到一定的难民待遇。① 直到战争结束后，费了很多周折，他们全家才得以在伦敦团聚。在英国伦敦，因为纳粹头子阿道夫·希特勒的缘故，阿道夫·密里本德不再叫自己阿道夫，改名为拉尔夫·密里本德。1941 年 1 月，在国际难民委员会的帮助下，拉尔夫进入阿克顿技术学院学习，在那里完成课程学习以后，

---

① Michael Newman, *Ralph Miliband and the Politics of the New Left*, London: the Merlin Press Ltd., 2002, p.11.

又在比利时流亡政府的帮助下，进入伦敦政治经济学院学习。在那里，拉尔夫对马克思主义和革命社会主义产生兴趣，他拜祭了位于海格特公墓的马克思墓，并在那里许下为工人阶级事业而努力的誓言。由于德国空军的持续轰炸，伦敦政治经济学院被疏散到剑桥大学。在那里，密里本德遇到了著名政治学家和社会活动家哈罗德·拉斯基，继而成为他的学生，在生活上得到了拉斯基的多方关照，并在学术研究、政治观点等诸多方面受到后者很大影响。1942年，密里本德在拉斯基的介绍下，以比利时公民的身份进入英国海军服役。1945年，密里本德结束了在英国皇家海军的三年服役后，又进入伦敦政治经济学院学习，并于1947年1月以第一等的优异成绩毕业。后又在勒沃研究奖学金的资助下，继续在拉斯基的指导下做研究工作；经过勤奋努力，密里本德最终于1956年9月获得博士学位，博士论文题目是《法国大革命时期的大众思想，1789—1794》。在此期间，在拉斯基的推荐下，密里本德曾经在芝加哥罗斯福学院执教了一个学期，并在那里与北美学术圈产生了多方面联系，这种联系持续终生。后来，密里本德又在拉斯基的帮助下，回到伦敦政治经济学院担任政治学讲师，他坚持这份工作一直到1972年。1972年到1978年，密里本德来到利兹大学担任政治学系主任及政治学教授。1978年以后，他受邀来到北美，先后在布兰德斯大学、多伦多的约克大学、纽约市立大学研究生部任教授。1994年，当他从纽约参加完一场社会主义学者会议回来之后的一个月，他就由于冠状动脉出现问题而被送进了医院。[①] 1994年5月21日，密里本德因心脏病逝世，终年70岁。

密里本德一生热情地从事教育活动，他讲授的课程主要是政治学和政治思想课。密里本德教授的课程主题鲜明、内容丰富、形式灵活，他鼓励学生自由思考、积极辩论，在不断的学习、思考和讨论中丰富、加深对知识和现实的认识和理解，所有这些都给他的学生留下了深刻的印象，并对一些学生产生了长远的影响。密里本德一直认为，作为一名独立的社会主义知识分子，其真正的使命不仅在课堂和校园之内，而且还在课堂和校园之外。参加社会活动和发表公共演讲，成为密里本德教学和研究工作之外的重要实践载体。密里本德在伦敦政治经济学院读书的时候，就积极参加学生活动。毕业后，随着英国工

---

① Michael Newman, *Ralph Miliband and the Politics of the New Left*, p.337.

党内部左派力量大涨,1952年,密里本德加入了英国工党,成为一名工党左派。虽然密里本德加入了工党,但是他一直认为,工党在英国社会实现根本变革的过程中,所扮演的角色和作用都极为有限,在其1961年所撰写的《议会社会主义——英国工党政治研究》中,他对此做了极为具体而深刻的描述和分析。在密里本德看来,英国工党从来就不是一个社会主义政党。为了在英国推进社会主义的实现,密里本德进行了长期的、不间断的、多种方式的努力。其中有两项工作值得强调:首先是其在其中起到重要组织和领导作用的社会主义教育运动,他对这项活动的积极参与一直在持续进行,虽然过程中需要面对各种困难;其次,密里本德非常注重新左派组织体系的建设,在他的设想中,成立一个能够容纳各种左派的新的政治组织势在必行,这个政治组织能够起到代替工党在社会秩序转变中的地位的作用,为此,他也是极尽精力,无论是在理论论证、思想说服方面,还是在筹划组织方面,他一直在不断努力和尝试。

拉尔夫·密里本德一生的学术活动,主要包括两大部分:一部分是作为一名具有马克思主义观点和立场的政治学家的学术研究活动,另一部分是作为具有第二次世界大战后英国新左派理论背景的知识分子积极参与新左派的学术探讨和实践活动,除了积极参与新左派杂志《新理性者》及《新左派评论》的相关活动之外,其最具有典型代表意义的莫过于从1964年起,他和约翰·萨维尔创办了年刊《社会主义纪事》,这本刊物十分注重研究世界各国社会主义运动中出现的新问题、新情况,并对各种马克思主义理论问题进行深入而灵活的探讨和研究。直到1994年去世,密里本德一直坚持承担这本杂志的编辑工作。在著述方面,与其他的新左派思想家相比,他一生的著作数量不算太多,但几乎每一本著作都堪称经典,也从而奠定了其著名的、权威的西方马克思主义政治学家的学术地位和学术影响力。密里本德因其谦逊包容的人格风范、兼收并蓄的学术魅力、独立原创的思维方式、灵活坚定的社会实践,被誉为国际左派阵营的一座"灯塔",而且"在确定批判事业的主题这个问题上,他也一直发挥着领导作用"①。

---

① [英]列奥·潘尼奇:《作为社会主义知识分子的拉尔夫·密里本德》,转引自张亮编:《英国新左派思想家》,江苏人民出版社2010年版,第146页。

第一节　经典马克思主义的理论基质

英国的新马克思主义，主要"是指从20世纪50年代末以来在英国产生的旨在把马克思主义本土化的一种学术倾向或研究思潮"。至于为什么可以把其统称为"英国新马克思主义"，是因为"从20世纪50年代末以来形成的英国马克思主义，尽管不断转换其研究视角和研究主题，在思想方面也出现诸多差异，但在产生的时代背景、指导思想、研究范式以及目的诉求等方面，基本上具有内在的一致性，存在一些明显可辨的历史传承和内在特质"①。其中，马克思主义无疑是这一研究群体的主要指导思想。但是，对于马克思及马克思主义，其实在这一群体内部，存在着多样的态度和情感。比如，霍尔在谈到马克思主义时，就从没有把自己归类为"在与马克思主义保持距离的状态中工作的人、研究马克思主义的人、开展研究以反对马克思主义的人、以马克思主义进行工作的人、努力工作以发展马克思主义的人"②。汤普森在后期，也在一定意义上远离了马克思主义。因此，相对于其他英国新马克思主义的代表人物，密里本德可算是比较典型、坚定的马克思主义者了。在他一生的学术研究活动中，始终坚持运用经典马克思主义的观点和方法分析其所处时代的政治现象和政治问题。可以说，经典马克思主义构成了其观察世界、思考问题、研究学术的主要立足点和支撑点。在密里本德具有代表性的著作中，其中的基本观点都是或者缘于经典马克思主义的传统看法和观点，或者是经典马克思主义曾经提出的理论问题。在一定程度上可以讲，密里本德根据其所处时代的客观形势和具体变化，发展了一种马克思主义的政治解释学研究模式，从而重申了经典马克思主义的基本观点，并结合时代变迁，进行充分的证明和论证。从另一方面讲，密里本德的马克思主义并不是固化的、教条的、僵化的，密里本德总是铭记他在伦敦政治经济学院的导师哈罗德·拉斯基的教导话语，"要透过你的眼睛，而不是卡尔·马克思的眼睛来观察世界"，密里本德在以后的学习和研究中，不仅认真铭记，而且时刻践行。因此，经典马克思主义虽

---

① 乔瑞金等：《英国的新马克思主义》，第1页。

② S.Hall, *Cultural Studies and its Theoretical Legacies*, L. Grossberg et al. ed. Cultural Studies, London：Routledge，1992，p.279.转引自张亮编：《英国新左派思想家》，第1页。

然成了密里本德政治理论研究的基本基质，但却是于坚守中发展了的马克思主义，是更具现实性、更具说服力的马克思主义。

一、马克思主义政治理论的理性阐释

众所周知，国家理论是许多学科和理论研究的对象，它同时也是政治研究和政治理论的重要组成部分。在20世纪六七十年代，对马克思主义政治理论主要存在着两方面的怀疑和挑战，一方面是多元民主论的流行，另一方面是有学者认为马克思主义缺少独具特点的、具有创新性、典型性的政治理论。密里本德对这两种现象进行了有力的批驳。他认为，虽然随着社会的进步，社会发展中各种新现象、新情况不断涌现，经典马克思主义的理论场域在不断地发生改变，各种资产阶级的政治理论观点也颇为精巧和富于欺骗性，但是"尽管各种各样关于权力精英的理论是如此精巧，但对于权力的多元民主论最重要的替代理论仍然惟有马克思主义一家"①。意大利学者科莱蒂认为在严格意义的政治理论上，马克思和列宁除了分析国家消亡的经济基础外，"没有在卢梭的思想上增加任何东西"②。在1974年与《新左派评论》杂志主编佩里·安德森的一次谈话中，科莱蒂更是明确指出："马克思主义缺少一个真正的政治理论。"③密里本德对这种观点持怀疑和批判态度，"诸如此类说法太笼统和有太多的限制，以至于不能提供辩论的坚实基础；而抽象地去争论马克思主义的创见在这个领域而不在那个领域，看来意义也不大"④。密里本德在其1977年出版的著作《马克思主义与政治学》中，首先提出了一个基本命题：什么是马克思主义政治学？密里本德认为，要回答这个问题，将是十分困难的。困难的第一个表现就是"马克思主义"这一名词本身如何界定的问题。他认为，在马克思生前，他从未使用过这个名词，而在他去世后，有太多的理论家和实践家对这个词的含义进行了拓展，以至于在马克思主义政治理论的重要命题上，

① ［英］拉尔夫·密里本德：《资本主义社会的国家》，沈汉、陈祖洲、蔡玲译，商务印书馆1997年版，第9页。

② L.Colletti, *From Rousseau to Lenin*, New York: Monthly Review Press, 1972, p.185.

③ L.Colletti, "A Political and Philosophical Interview", *New Left Review*, July/August, 1974, No.86.

④ ［英］拉尔夫·密利本德：《马克思主义与政治学》，黄子都译，商务印书馆1984年版，第17页。

都存在着太多的争议和不确定性。其次,密里本德认为,即便是在一些称之为马克思主义的著作里,关于政治理论的阐释都是零散、不系统的,或者对政治问题的专门解释也很少,造成这种状况的原因是多方面的。比如斯大林主义意识形态的统治,对基础—意识形态关系的认识、理解和运用,马克思主义经典著作当时的写作背景和写作目的,以及马克思主义对经济基础—上层建筑关系的相对简单认识等诸多因素,都影响了马克思主义政治理论的系统化、理论化。这就需要重新整理、梳理、提炼马克思主义的政治理论,并结合现实条件和客观情况的变化,对此加以分析、解释和发展。

密里本德认为,无论从马克思、恩格斯到列宁、斯大林,还是从马克思、恩格斯到罗莎·卢森堡、卢卡奇、葛兰西,还是别的马克思主义发展线索,这些理论观点的代表人物,都是或者在理论上,或者在实践上,抑或在两方面都有着突出能力和贡献的人,但是除了葛兰西,其他的人则很少对政治问题进行专门的研究和讨论,其中一个重要原因就是马克思主义倾向于把一个社会的政治、经济、文化、社会等各方面都看作一个整体,因此从来不存在什么"政治学""经济学"等独立的概念和问题,它们相互之间从来都是相互联系的整体的一部分。因此,所谓政治,就是"社会冲突特别是阶级冲突的无所不在的表现形式,并且进入一切社会关系,不管人们怎样称呼它们"①。因而不便于对其纯粹的问题和领域进行研究,除非仅对其做单纯形式上的描述,而传统的马克思主义对这一点是极力反对和避免的。密里本德对此持不同观点,他认为,"事实上,完全有可能把政治当作一种特定的现象来论述:也就是把它当作是社会冲突特别是阶级冲突借以表现的方式和方法"②。另外,传统马克思主义的基础—上层建筑关系的论述,导致了一种"经济决定论"的错误倾向,包括政治形式和政治过程在内的政治问题一直处于被决定的地位和位置,人们自负地认为,"政治问题(制服资产阶级的反抗除外)在革命后的社会中能够很轻易地得到解决"③,因此在马克思主义传统内部,一直存在着低估和忽视政治形式重要性的认识,这种倾向不仅为资产阶级学者留下了频受攻击的口实,另一方面也无法适应现实政治发展的需要,也不利于马克思主义的有力发展。

---

① [英]拉尔夫·密利本德:《马克思主义与政治学》,黄子都译,第8页。
② 同上。
③ 同上书,第13页。

因此,对专门的政治问题进行专门的、马克思主义的研究,不仅是必要的,而且是可能的。

密里本德在著作《马克思主义与政治学》中为了完成这一任务,对一些基本的政治理论问题,同时也是马克思主义政治学中的重要命题,进行了重新的梳理、论证和发展。这些问题包括阶级和阶级斗争问题、阶级意识在阶级形成中的作用、传统在形成阶级意识中的作用、资产阶级统治的合法性问题、阶级和政党问题、阶级斗争和社会发展的方式和方向问题等。当然,密里本德对马克思主义的捍卫和重建这一学术理想和学术行动,不是这一本著作所完全能够体现和代表的;可以说,这一重要的学术使命和学术追求始终贯穿在他一生的学术活动中。无论是他针对现实的政治行为和政治现象所作的文章和政论,还是他系统地阐发自己学术观点的学术著作;无论是他主编的学术期刊,还是他所参加的学术讲座和思想论坛,这一目的始终是他活动的重要主导思想和追求。

二、捍卫和发展唯物史观的基本思想

和他同时期的英国新左派的部分代表人物相同,密里本德始终认为,自己是一名坚定的马克思主义者,而且是一名具有马克思主义思想的独立社会主义公共知识分子。但在他的一生中,透过他的行动和思想,我们发现他有着许多与众不同的地方:他是一名犹太人,但他却不是犹太主义者;他是一名知识分子,但他却不属于知识分子共同体;他是一名马克思主义者,但他却始终与流行的"马克思主义"观点保持距离;他属于英国第一代新左派,但他却不像汤普森那样,与英国第二代新左派针锋相对……所有这一切,只缘于他把自己定位于一名独立的马克思主义公共知识分子。他的学术思想,更多地站在经典马克思主义唯物史观的基本立场上,倾向于对发达资本主义社会发生的新变化、新情况进行马克思主义的解释和解读,通过对发达资本主义制度的政治批判,寻求社会主义替代策略的必然性、合理性、可行性及可能性。

首先,密里本德秉承了经典马克思主义的经典观点和理论,重申了马克思主义经典理论对现实解释的正确性和有力性,并且结合发达资本主义社会发展的历史和现实的经验素材,对马克思主义的经典理论进行了重新的验证。

虽然经典的马克思主义政治理论在马克思主义的著作里所占的篇幅较少，甚至只是只言片语，更谈不上理论化、系统化。但这不意味着经典马克思主义文本里没有政治观点。比如，马克思就多次谈到国家的问题，论及过国家的性质和作用，讨论过国家与市民社会的关系，在谈到国家与市民社会的关系问题时，针对黑格尔在其《法哲学原理》中的观点：国家相对于市民社会更具有本原上的意义，市民社会只是绝对精神的特殊领域。马克思就认为，应当从客观现实出发，从现实存在的国家出发来理解国家、把握国家的逻辑，"不是用逻辑来论证国家，而是用国家来论证逻辑"①。在《共产党宣言》中，马克思、恩格斯针对资本主义国家的性质，表达了这样一种基本观点，那就是："现代的国家政权不过是管理整个资产阶级的共同事务的委员会罢了。"②这个观点无疑是对资本主义国家本质的深刻观察和把握。但是一方面因为上述的种种原因，马克思主义经典作家对此缺乏有力的论证；另一方面，随着社会客观形势的变化和发展，现代资本主义社会出现了诸如权利平等、阶级淡化、民主多元、政治竞争、资本主义企业所有权与经营权分离、职业经理人职业和阶层出现等许多新情况、新变化，这种实践中出现的新现象需要新的理论总结和理论解释，马克思主义的理论解释力和说服力也要在时代变迁中得到验证和发展。这种实践和理论的张力导致经典马克思主义的一些经典理论受到挑战和怀疑。在这种背景下，密里本德寻找到了坚持、发展马克思主义的切入点和突破口，在其代表作《资本主义社会的国家》中，他重新强调了资本主义国家是资产阶级统治工具这一基本观点，并且运用大量的历史、现实的经验性证据，对此结论进行了充分的论证；并且强调说，即便是西方发达资本主义社会在经济、政治、文化和社会等诸方面都发生了巨大的变化，但是资本主义国家的基本性质并没有发生根本的改变。诚然，资本主义国家为了维护资本主义社会的整体秩序，维护资产阶级的核心利益，经常会根据自己的判断和选择，做出一些令统治阶级不满的行为，这也体现了国家自主性的一面，但是这并不能改变整个资本主义国家的行为动机、目的和性质。无论资本主义国家自主性范围有多么广泛、多么灵活，这一自主性特征都是在其本质的限定范围之中的自

---

① 《马克思恩格斯全集》第3卷，人民出版社2002年版，第22页。
② 《马克思恩格斯选集》第1卷，人民出版社2012年版，第402页。

主,绝不可能超过这个范围和限度。

对于英国的资本主义民主制度,密里本德认为统治阶级在政治上逐步发展民主制度,包括选举制度、普选权、代议制等,从表面上看,是扩大了英国政治民主制度的惠及范围,但事实上英国的政治民主制度是为了遏制和缓解英国资本主义发展进程中的阶级斗争而不断发展的,它的直接目的是通过不断的制度演变从而把绝大多数的被统治阶级吸纳到资本主义民主制度框架范围之中,通过各种途径和手段暗示与要求他们在合法合理的范围内提出民主要求和诉求,从而实现遏制来自下层的民主压力和民主要求的目的,维护统治阶级的阶级统治,维护他们的特殊权益和利益。因此,密里本德认为,发达资本主义民主制从本质上而言,与其说是为了实现来自下层民众的民主要求和愿望,还不如说是为了遏制下层民众的民主意愿和民主压力,以防止他们提出和做出进一步妨害资本主义基本秩序的过激要求和行为。同时,密里本德还认为,这样评价资本主义民主制度,绝对不是为了贬低资本主义民主制度的历史意义和现实作用。相反,他认为,资本主义民主制度的发展,为广大被统治阶级在资本主义民主制度范围内进行合法斗争提供了便利和条件;同时资本主义民主为社会主义民主制度的发展奠定了基础,积累了经验。社会主义民主不应该在资本主义制度的废墟上建立,它应该在资本主义制度创造的历史和现实基础上继续发展和完善。

密里本德运用马克思主义经典分析方法,坚信社会主义相比于资本主义的优越性,并对社会主义最终替代资本主义充满信心和渴望。密里本德在其晚年的著作《分化的社会——当代资本主义的阶级斗争》一书中,重申了阶级斗争分析方法的重要性和有效性。他说:"在经典的马克思主义体系中,阶级分析有着重要的意义:它为社会和政治分析提供了一个独特的、强有力的组织原则;另一方面,它对那些包含大量历史记录和现实社会生活的巨大数字积累进行理论和经验相结合的分析提供了最可行的方法论支持。"①因此,在密里本德的政治学著作里,随处可见他对阶级分析方法的有效运用。比如,20世纪以来,以核裁军运动和女权主义运动为源头的各种新社会运动层出不穷,很

---

① Ralph Miliband, *Divided Societies-Class Struggle in Contemporary Capitalism*, Oxford: Clarendon Press, 1989, p.1.

多人普遍认为,现在新社会运动已经取代了资本主义社会中的阶级斗争,成为社会抗争的新形式,进一步说明了经典马克思主义理论已经过时了,它其中所包含的基本问题已经被资本主义社会发展中所出现的新情况、新要求所消解。对于这一状况,密里本德坚持认为,各种各样的新社会运动,从核裁军运动到性解放运动,从生态要求到同性恋反歧视,都是资本主义社会中阶级斗争的新形式,它们的出现,不意味着阶级和阶级斗争的消解,而是意味着各种来自下层的阶级愿望和阶级要求通过各种新社会运动重新表达出来。而且,从本质而言,阶级斗争是比新社会运动更为全面和深刻的斗争方式。

对于社会主义,随着 20 世纪 80 年代末 90 年代初苏联解体、东欧垮台,世界社会主义事业一片凄凉,遭到重创。与之相对应的是英国"撒切尔主义"和美国"里根主义"的一片繁荣,很多人认为这是"历史的终结",资本主义是最适合人类发展的最佳组织形式。西方传统左派,包括英国的左派对社会主义感到悲观、失望、泄气,纷纷寻找介于资本主义和社会主义之间的第三条道路。在这种状况下,密里本德依然坚持社会主义取代资本主义的必然性的基本观点。密里本德认为,在当前的状况之下,存在着两种清晰可辨的历史命题:"第一种是资本主义制度存在着巨大的壁垒,这些壁垒导致彻底解决资本主义发展中产生的罪恶难以得到彻底解决;另一方面是存在着对资本主义的社会主义替代策略,这种策略有可能解决上述的问题和罪恶。"[①]他坚持认为,在资本主义制度下,诸如贫穷、贫富分化、环境的破坏、毒品的泛滥、战争、掠夺等社会和人类的丑恶现象不会得到根本解决。只有废除资本主义私有制,才有可能实现人人平等、民主、合作的和谐社会,而这种和谐社会无疑就是社会主义社会。

第二节　辩证理性的政治批判

在英国新左派的群体谱像中,拉尔夫·密里本德以其国家理论和政治批判思想独树一帜,引发了旷日持久的关于国家本质的讨论,对于英国新左派共同政治理念的形成和学术思想的凝练,产生了积极的作用。密里本德的国家

---

① Ralph Miliband, *Socialism for a Sceptical Age*, Cambridge: Polity Press, 1994, p.1.

理论与政治批判"与1956年后英国新左派的涌现以及随后数十年间马克思主义学术的繁荣活跃，有着最直接的关系"①，并从此确立了他一生"批判事业的主题"，不仅使他成为"英语世界具有领导意义的马克思主义政治学家"②，而且开辟了基于马克思主义一般哲学理论为基础，汲取英国经验主义传统的优良品质，凸显辩证理性的政治批判视域与理论架构。密里本德的政治批判以马克思主义为主要思想渊源和方法论基础，以总体的资本主义体系为对象，以评价和批判资本主义民主制度为核心，以在经济上高度发达了的资本主义国家英国如何实现社会主义为最终诉求，表现出强烈的辩证理性特质，对于丰富马克思主义政治批判的内涵，产生了广泛的影响。

一、密切现实关联，展现马克思主义政治批判的活的灵魂

密里本德的思想成长期和成熟期，正是第二次世界大战后东西方社会主义阵营和资本主义阵营长期对峙、剧烈交锋的时期，这种交锋不仅以不时发生的军事冲突、区域战争、外交摩擦、外交危机等比较显性、激烈的方式表现出来，而且以各种非对抗、非冲突的隐蔽形式在意识形态领域、理论思想领域得以展开。在西方发达的资本主义社会，各种针对经典马克思主义思想中基本问题与基本论断的批判层出不穷。另外，在1956年苏共二十大上，赫鲁晓夫所作的秘密报告揭露了斯大林的独裁主义与极权统治，给西方的马克思主义知识分子带来了极大的震撼，他们不再相信苏联的社会主义是科学社会主义的理想模式，并且对苏联社会主义建设中存在的问题，尤其是其在一系列问题上的极端和专制做法，提出了强烈质疑、进行了严厉批判，并在这种批判性反思中展开了对马克思主义、对社会主义的多元化思考。

在这种历史背景下，出于对英国共产党一贯的亲苏立场及其对党内自由而有意义的理论探讨的排斥与打击的不满，大量的英国共产党员纷纷退党，截至1956年11月，有超过7000名共产党员退党，其中包括爱德华·汤普森等后来成为重要的英国新左派代表的知识分子。"共产党内一部分对马克思主义深信不疑的知识分子，特别是一些较年轻的学者，义无反顾地提出要重新回

---

① 张亮编：《英国新左派思想家》，江苏人民出版社2010年版，第146页。
② 同上。

到马克思的观点……围绕《新左派评论》的一批历史学家，倡导回到马克思、准确理解马克思主义的内容和'从下层看历史'的研究方法，他们呼唤大众意识，倡导一种作为合法政治力量的民族的、开放的、共产主义的自由主义。"①

坚信马克思主义、曾经在马克思墓前许下"为工人阶级事业而奋斗"的密里本德，一生牢记其导师——英国著名的政治学家、社会活动家和工党政治家哈罗德·拉斯基的教诲：应当透过自己的眼睛，而不是卡尔·马克思的眼睛去观察世界。在这里，作为英国新左派的积极参与者和重要代表的密里本德，与作为具有自身独特经历和观点的密里本德，实现了现实中的契合。其外在表现就是，密里本德非常认同这种"回归经典本源"的理论态度和理论研究方式，且在其理论研究中身体力行，同时在回归经典的过程中，充分关注对马克思真实思想的整体的、客观的把握，并结合已经发展了的社会现实，对其加以原则性和灵活性相结合的解释和发展，力图在密切现实的关联中，展现马克思主义政治批判的活的灵魂。

密里本德认为，要增强马克思主义对客观现实的解释力、对理论受众的说服力，"回归经典本源"是前提和基础。"回归经典本源"首先意味着回到马克思，回到马克思的原著中，"要在阅读主要的马克思主义原著的基础上，首先是在阅读马克思本人的著作的基础上"②寻找马克思本人对一些重要问题的相关论述和阐释，并把其放到马克思著作的系统之中，进行一种整体的、全面的、准确的理解和解读。在密里本德的诸多论文和著作中，都可以看到这种"回归经典本源"的理论初衷和理论尝试。

在密里本德重要的代表作《资本主义社会的国家》1969年出版之前的1965年，密里本德发表了一篇题为《马克思和国家》的论文，其主要目的和内容就是为了整理和总结马克思著作中有关国家的基本理论和观点。他认为，长期以来被称为马克思主义的国家理论，或者被称为马克思、列宁主义的国家理论，"并不能被当成构成了对马克思本人观点的充分解释"③。这是因为这些所谓的马克思主义国家理论仅通过超简化的方式强调了马克思思想的某些方面，并且在总体上忽略了马克思国家理论中一些相关的和重要的组成部分。

---

① 乔瑞金等：《英国的新马克思主义》，第6页。

② ［英］拉尔夫·密利本德：《马克思主义与政治学》，黄子都译，第18页。

③ Ralph Miliband, *Class Power and State Power*, London：Verso, 1983, p.3.

鉴于这种状况,密里本德检视了马克思本人相关的著作,总结了马克思重要的国家思想的年代顺序和内在的逻辑发展,试图通过这种系统的整理和归纳,得出马克思对国家行为、本质、功能等问题的确切分析和看法。这样做的目的一方面是正本清源,另一方面是为随后写作《资本主义社会的国家》奠定基础。

在 1977 年出版的著作《马克思主义与政治学》中,密里本德再一次进行了回归经典、正本清源的具体工作。密里本德认为,马克思及其以后的马克思主义者,包括恩格斯、列宁、罗莎·卢森堡、葛兰西和托洛茨基等人的著作,"对政治理论的探讨不仅多半是不系统的和片断的,而且往往是其他著作的一部分"①。导致这种状况的原因是多方面的,但首先这与马克思主义对"基础—上层建筑"这一基本关系和概念的理解有关。虽然马克思本人并不是"经济决定论"者,但长久以来,马克思主义理论依然长期坚持"经济基础"具有第一位的作用和意义,而这种观点和看法也在很大程度上导致了马克思主义在系统政治理论构建上的缺失。因此,为了在葛兰西以后,运用经典而准确的马克思主义政治理论对葛兰西之后几十年所发生的经验性事实进行解释,"需要对马克思本人和恩格斯的原著给予最优先的注意。这是最重要的出发点,也是马克思主义作为政治学的唯一可能的'基础'"②。只有这样,才能够完成对系统的马克思主义政治理论的创建和重建,因为"不仅对原著可以有各种各样和相互矛盾的解释,原著本身确实也包含有矛盾、对立和没有解决的问题,这些也是马克思主义政治思想的一个内在组成部分"③。

回归经典本源的着眼点是密切关联现实,这不仅意味着对马克思主义经典著作的整体性研读、总结和提炼,还意味着对马克思主义经典思想和方法的原则坚持和具体运用。密里本德基于自己坚定的马克思主义信仰,在这一问题上选择了对"马克思主义基本原则"的坚守。首先,密里本德始终运用阶级分析的观点和方法分析政治现象和社会现实,"在经典的马克思主义形态中,阶级分析占据着重要的位置;也就是说,它提供了进行社会和政治分析时的一种十分强有力的组织原则;同样,它对构成历史记录和现实社会生活的大量的

---

① [英]拉尔夫·密利本德:《马克思主义与政治学》,黄子都译,第 3 页。
② 同上书,第 7 页。
③ 同上。

不同数据进行理论和经验相结合的分析提供了可能的最好的方式"①。在他的每一部重要著作中，都可以看到他对发达资本主义社会阶级结构和阶级关系的分析和解读，尤其是在1989年，密里本德出版了一部专门研究当代资本主义社会阶级斗争的著作《分化的社会——当代资本主义的阶级斗争》，围绕当代资本主义社会的各种矛盾和斗争，以阶级分析的观点和方法进行研究和探讨。其次，密里本德对资本主义社会的无产阶级状况及其在实现社会主义过程中的作用进行了具体的、针对性的分析。他认为，随着资本主义社会的进一步发展，资本主义社会的无产阶级并没有消失，而是随着技术、经济等方面的发展实现了重新的分化和组合，也就是进行了一个"重组"的过程，"无论如何，工人阶级的重新组合与它作为一个阶级的消失完全不是同一个意思。相反，完全有理由认为处于生产过程从属地位的工薪阶层的数量已经有所增加，由于他们的从属地位，他们组成了发达资本主义国家的工人阶级，并由于他们的巨大人口数量，他们构成了工人阶级的最大部分"②。最后，密里本德始终确信经典马克思主义科学社会主义理论的正确性，认为从根本上改变资本主义制度，建立社会主义制度，不仅是理论逻辑推演的必然，也是历史唯物主义所决定的、人类社会历史发展的客观规律，而且，客观的现实存在也为这一转变提供了真实的基础和可能性，"在所有的国家，都有这样或多或少的一群人，他们追求一种崭新的社会秩序，在那里，民主、人人平等和合作——社会主义的基本价值——成为社会组织的优先原则。他们人数的不断增加和他们斗争获取的胜利，成为人类的最好希望"③。

在坚守马克思主义经典理论和方法论基础的同时，密里本德特别注意吸取苏联对待马克思主义极度教条主义的教训，认为对待马克思主义，应当采取一种辩证的态度和方法，同时又应当具有变化和发展的眼光，"对于马克思思想，需要做出两方面的区分。……这种马克思主义保留了在理解阶级社会及其矛盾时的无与伦比的价值，尽管自马克思以后在用它分析已经发展了的世

① Ralph Miliband, *Divided Societies-Class Struggle in Contemporary Capitalism*, p.1.

② Ralph Miliband, "The New Revisionism in Britain", *New Left Review*, March/April 1985, p.150.

③ Ralph Miliband, *Socialism for a Sceptical Age*, pp.194-195.

界时需要加以提炼"①。因此，马克思以后的马克思主义者，尤其是当代的马克思主义者，应当担负起发展马克思主义政治理论的时代重任，而不是不加分析地对其加以拒绝从而"严重地陷入贫困"②。这个论断绝非危言耸听或者言过其实。可以说，密里本德之所以能够在英国新左派乃至整个英语世界的马克思主义政治学领域享有很高的学术声誉和学术影响力，很大程度上就是由于其在结合现实、发展马克思主义政治理论方面所做的成就和贡献，而这种成就和贡献集中体现在其对马克思主义政治理论的"创建和重建"上。

虽然密里本德在《马克思主义与政治学》中，才明确提出了"创建和重建马克思主义的政治学"③的理论任务，而事实上，这一工作在更早的时期就开始进行了。在《资本主义社会的国家》中，针对资产阶级学者通过各种方式对马克思主义的攻击，面对马克思主义已经过时或者失效的断言和质疑，密里本德宣称"尽管各种各样关于权力精英的理论是如此精巧，但对于权力的多元民主论最重要的替代理论仍然惟有马克思主义一家"④。但是在葛兰西以后，"马克思主义者对于结合活生生的资本主义社会的社会经济以及政治和文化现实来讨论国家问题，只作了很少的有价值的努力"⑤。而他明确表明，他写作《资本主义社会的国家》的目的就是"对这种不足作些贡献"⑥。而事实上，他也确实做到了这一点，在这本著作中，密里本德特别运用经验主义的思维方式和研究方法，集中分析了资本主义社会中的各种精英、精英与国家之间的关系、国家机构组成人员的来源和构成、政府的意向和作用、政治权力的有限竞争、统治合法化的过程，以及国家在处理阶级矛盾中的具体功能等，通过这一系列相关问题的分析，充分验证了经典马克思主义作家在《共产党宣言》中对国家本质所做的论断，在当代充分发展了的资本主义社会中的适用性和有效性。密里本德对资本主义社会中的国家的功能和本质的分析，不仅是对各种资产阶级民主多元论、权力平等论的有力回击，也是对经典马克思主义政治理

---

① Ralph Miliband, *Socialism for a Sceptical Age*, p.158.

② Ibid.

③ ［英］拉尔夫·密利本德：《马克思主义与政治学》，黄子都译，第 3 页。

④ ［英］拉尔夫·密里本德：《资本主义社会的国家》，沈汉、陈祖洲、蔡玲译，第 9 页。

⑤ 同上书，第 11 页。

⑥ 同上。

论的当代运用和发展,其影响力早已超出了英国的国界,在整个英语世界甚至在全世界范围内产生了深刻的影响,而如今,《资本主义社会的国家》也已然成为经典的马克思主义政治学著作。

二、辩证理解资本主义民主的特质,规约社会主义民主的内涵

密里本德把政治批判的核心聚焦于民主问题。对于资本主义与资本主义民主,密里本德在很多场合是不加以具体区分的。很多时候,他把资本主义就称为"资本主义民主","资本主义民主"成为资本主义的代名词,因为在他看来,当今的资本主义在政治上的一个明显特征就是政治的民主化以及各种具体的政治民主制的确立和完善,"在这样的社会中,市民享有普遍的、自由的和规定的选举权、代表制度、包括言论、结社和表示反对的自由在内的实质性的市民权利;无论是个人还是集体,在法律、独立的司法和自由的政治文化保护下,都能充分地行使这些权利"①。对于这样的制度,"马克思和恩格斯曾描述过的那种制度模式,以后的马克思主义者继续在描述它,称之为'资产阶级民主'制度,它越来越熟悉地被人简称为'民主的制度'"②。

对于应当如何认识和对待资本主义民主的问题,密里本德始终坚持一种辩证理性的观点和态度,主张运用历史的、发展的、比较的眼光对资本主义民主制进行客观、理性的分析。

密里本德承认,在西方发达资本主义社会,各种形态的民主形式,尤其是政治民主,确实是一种客观的现实。也就是说,从现实的、经验的角度去观察,资本主义民主是真实的、客观的存在,资本主义民主"是一种复合的印象:它包括统治者对被统治者的职责以及有限的行政特权;军队服从于文职权力;自由地获得准确的信息和公开开放的政府;活跃的选民对相关事务的连续辩论;传播异见的自由;自由而有效地选择真正的政策替代方案"③。对此,左派不能轻易地加以否定,或故意视而不见。因为对于各种左派而言,这种故意低估资本主义民主真实性和广泛性的倾向还是非常明显和常见的。而这种故意忽

---

① ［英］拉尔夫·密里本德:《资本主义社会的国家》,沈汉、陈祖洲、蔡玲译,第6页。

② 同上书,第26页。

③ 张亮、熊婴编:《伦理、文化与社会主义——英国新左派早期思想读本》,江苏人民出版社2013年版,第201页。

视甚至无视资本主义民主事实和民主现实的观点和做法，"远未提供一种对于现实的指导意见，却造成了一种对于现实的深刻的困惑"①。在资本主义现实条件下，如果对资本主义民主不加分析地、笼统地加以批判，很难有充分的说服力，而且也对实践中实现资本主义民主的超越极为不利。

从历史的角度而言，资本主义民主代表着一种深刻的历史进步。对于资本主义的民主形式和民主成果，不能仅从上往下把它看成统治阶级的有效统治工具，还应当从下往上看，"没有任何疑问，统治和剥削与资本主义民主制紧密相连，至少在发达资本主义国家里确实如此。但它仍旧是来自下层的、旨在扩大政治、公民、社会权利的要求以及来自上层的、力图限制与腐蚀这些权利的激烈斗争的结果"②。"不管公民自由是多么不充分和多么不可靠，它们是资产阶级民主制度的一个组成部分，是数百年来人民坚持不懈斗争的产物。"③因此，资本主义民主作为来自下层的人民群众通过不断斗争取得的胜利果实，体现了民主的意愿和需求，不能轻易否定和放弃。

在此基础上，就会自然而然地涉及第二个问题，那就是既然资本主义已经在现实中实现了广泛的民主，而且在一定程度上还是真实的民主，那为什么还要批判它、超越它、替代它呢？这就回归到马克思主义对资本主义批判的传统主题上了。诚然，从一定意义上讲，资本主义民主，尤其是资本主义政治民主是广泛的、普遍的、真实的，但是依然存在着根本的不足和缺憾，主要体现在如下几个方面。

第一方面，在资本主义社会，其政治上的民主与经济上的民主并非同步发展，其在政治上实现了普选制、代议制、多党制等具体的民主制度，在一定程度上实现了政治权利的平等，选民的权利和利益受到关注，竞争性民主政治充分发展。但工人阶级经济上的权利却无法保障，广大的挣工资者在资本主义经济过程中几乎没有什么决定性的权力。"在两个方面，劳动过程仍然是居支配地位的主体：发达资本主义的产业大军，不管其雇主是谁，都持续地在组织内部起作用，他们对于其权力机构的存在没有起任何作用，他们对于其政策和

① ［英］拉尔夫·密里本德：《资本主义社会的国家》，沈汉、陈祖洲、蔡玲译，第9页。

② Ralph Miliband, "Fukuyama and the Socialist Alternative", *New Left Review*, May 1, 1992, p.110.

③ ［英］拉尔夫·密利本德：《马克思主义与政治学》，黄子都译，第201页。

意图的决定也没有作出任何贡献。"①这导致工人的经济利益受到损害，尤其是在经济不景气或者经济危机的年代，首当其冲的受害者就是工人阶级。工人阶级与资本家阶级相比，在经济领域中处于劣势地位，比如在工资谈判中，工人为了避免失业，或者在资本主义国家偏袒性的干预下，工人阶级经常会忍气吞声，被迫接受对自己十分不利的工资和工作条件，否则就会面临被解雇的危险或者被指责为"不顾国家利益、自私自利的人"。在资本主义国家，虽然法律上工人享有广泛的权利，但事实上这些权利经常会受到限制，尤其是罢工权，更是如此。

第二方面，即便是政治上的民主和自由，也并非是真正的、受到充分保障的权利。密里本德观察到，"拥有财产的人总是厌恶民主"②。因此，选择民主制度，而不是专制制度或者其他类型的独裁制度，从资本主义民主发展的历史来看，完全是一种无奈之举，"'资本主义民主制'这一提法，也往往用来表示象在英国这样一个资本主义社会中经常存在和无法消除的矛盾现象或紧张关系，一方面保证民众享有体现在奉为神圣的普选权中的权力，另一方面又横加阻挠，拒不实行那种诺言"③。"经验一再表明，资本主义能够产生包括极端的独裁主义在内的许多不同类型的政治制度形式。……关于资本主义同专制主义难以两立，或者说它提供了反对独裁主义的保证的说法，也许是很好的宣传，但它在政治社会学上是拙劣的。"④密里本德在《英国资本主义民主制》中，就对英国的民主发展进行了回顾。他认为，英国资本主义政治民主制的发展，很大程度上是统治阶级压制下层压力和反抗的有效工具。通过资本主义政治民主制度的精心设计和运行，把对资本主义有所不满并试图反抗的各种"反对派"吸纳进资本主义体系当中。这样，资本主义民主政治制度就和资本主义制度融为一体了。

第三方面，资本主义民主并非真实的民主，具有虚假性和欺骗性。在资本主义普选制的背景下，其实还有大量的政治职位并非通过选举产生具体的人

① ［英］拉尔夫·密里本德：《资本主义社会的国家》，沈汉、陈祖洲、蔡玲译，第43页。
② 张亮、熊婴编：《伦理、文化与社会主义——英国新左派早期思想读本》，第191页。
③ ［英］拉尔夫·密利本德：《英国资本主义民主制》，博铨、向东译，商务印书馆1988年版，第2页。
④ ［英］拉尔夫·密里本德：《资本主义社会的国家》，沈汉、陈祖洲、蔡玲译，第26页。

选,而是通过普遍存在的委任制得以进行。在资本主义政党政治中,工人阶级政党在经济来源上,远不能与资产阶级政党相比。另外,在资本主义的整体背景下,不仅是经济方面存在着不平等,就是在其他的诸多领域也存在大量的不平等现象,比如教育、就业机会、社会流动等方面,不平等现象比比皆是。因此,在资本主义社会,所谓的"自由竞争"只不过是一种虚假的表象,在资本主义自由、平等、民主的表象下,是统治阶级对权力和机会的垄断,是平等表象遮蔽下的真实的不平等。"总之,有这样一些国家,尽管一切宣传都说那里是平等的,那里的人民依旧存在着人数相对来说很小的一个阶级,他们以这种或那种形式拥有大宗财产,他们的大宗收入通常全部或部分是从他们所有的或控制的财产中得到的。"①

第四方面,从资本主义民主的发展前景来看,在资本主义社会多重矛盾和危机的挤压下,资本主义引以为傲的自由民主制将受到多方面的限制,虽然其表面上仍旧承认公民的权利,依旧维持着自由民主的形式,但对公民权利和自由的限制却不断增加,各种监控形式不断地被采用,"它现在拥有高度广泛的内部间谍系统;它公开信件,窃听电话,否认护照,查抄'颠覆性的'文学,以怀疑过去、现在和将来的'不忠诚'的原因解雇它的雇员;除此之外还有许多其他手段"②。这样,资本主义民主将会走向它的反面,从而完全暴露它的专制本性和阶级本质,"自由主义与直接的独裁主义之间不再有一种质的断裂",自由民主与专制之间"纯粹就是一个程度的问题"③了。

第五方面,资本主义民主无法根治资本主义的根本弊端和困境,"政治体系的改变和民主的出现改变不了社会秩序",改变不了资本主义体制的"病变"及由此带来的对生命、人类、环境等方面的整体威胁。因为资本主义从本性上而言,是功利的、异化的,具有破坏性和反道德性的特征,这完全植根于资本主义私有制基础之上,资本主义私有制是资本主义的基本特征,也是资本主义自由主义的基本特征和根本内涵,而这是资本主义民主和资本主义本身所无法克服的。"从人的本性来讲,资本主义社会是极其不道德的社会,迄今为止,它本质上具有统治和剥削的特点,这决定性地影响着人际关系。这一观点

---

① [英]拉尔夫·密里本德:《资本主义社会的国家》,沈汉、陈祖洲、蔡玲译,第30页。
② 张亮、熊婴编:《伦理、文化与社会主义——英国新左派早期思想读本》,第204页。
③ 同上。

是早期社会主义的重要组成部分：现在它迫切需要重申。"①

因此，资本主义民主，本身就是资本主义社会各种矛盾，尤其是阶级矛盾突出的集中体现，是资本主义种种紧张状态所释放出来的一种张力关系。"我认为资本主义民主本身就是一种矛盾的存在；这种矛盾的一个结果就是它是被当成维护现存社会秩序的一种被操纵的、欺骗的交往方式。"②

可以看出，密里本德对资本主义民主的分析和批判，基本上遵循了经典马克思主义的视角、方式和路线。作为一名信奉马克思主义的英国马克思主义政治学家，批判资本主义并非其根本的宗旨，他的终极目的是实现理想社会模式的建构。对于资本主义民主的超越问题，密里本德设想通过社会主义民主制的构建，实现资本主义民主的整体替代。

那么，如何处理社会主义民主与资本主义民主的关系呢？是完全抛弃从而设想在资本主义废墟上建立完全不同于资本主义体制的社会主义民主，还是认为社会主义民主与资本主义民主之间存在着天然的联系，从而必须继承和借鉴呢？密里本德认为，对于二者的关系，依然必须严格本着辩证的态度来对待。资本主义民主是人类政治文明发展的结果和成就，体现了人类共同的政治智慧，因此应当充分继承它的优点和长处，"社会主义民主体现出自由民主的许多特点，包括法律治理、权力分立、公民自由、政治多元以及一个充满活力的公民社会"③，同时，也应当认识到，"坚持把'资产阶级自由'吸收进任何严肃的社会主义民主的观点，强调了正在从事的事业并非一种来自于蓝色彼岸的乌托邦式的建构，而是赋予已存在事物以新的实质内容，以及为丰富社会主义民主的内涵而探寻更多的路径"④。同时还应该看到，社会主义民主并非是对资本主义民主的简单重复，它是在更高基础和目标上对资本主义民主的一种扬弃，"简而言之，它将赋予公民权比在阶级分化社会下更真实、更广泛的意义。社会主义民主包含资本主义民主的扩展，同时也是对它的

---

① Ralph Miliband, "The Plausibility of Socialism", *New Left Review*, I/206, July-August, 1994, p.13.

② Ralph Miliband, *Socialism for a Sceptical Age*, p.34.

③ Ralph Miliband, "Fukuyama and the Socialist Alternative", p.113.

④ Ralph Miliband, *Socialism for a Sceptical Age*, p.72.

一种突破"①。

三、超越资本主义，达致社会主义的制度建构

资本主义社会是一种异化的社会，资本主义的社会关系是一种异化的关系。在资本主义条件下，人们难以获得真正的自由和解放，资源难以得到合理的配置，环境恶化日益严重，各种极端主义思潮和行为大肆泛滥，"只要资本主义所有的内在罪恶依旧存在，社会主义替代选择就依然有活力"②。因此，社会主义不仅是一种人类解放的政治力量，更是对现存的资本主义社会的一种最佳的现实替代选择。

1956年以前，与其他英国新左派知识分子相似，密里本德对苏联的社会主义实践抱有极大的热情和期望，认为它在实践领域开辟了一种不同于以往的新社会模式，形成了"新的经济结构、新的社会主义和新的政治制度"③。1956年之后，随着赫鲁晓夫关于斯大林的秘密报告内容的公开，以及苏联出兵镇压匈牙利革命，密里本德对苏联的社会主义进行了激烈的批判，认为理想的社会主义与苏联的模式毫无关系，"社会主义民主既不包括包罗万象的、命令式的中央计划，也不是官僚国家所有制下的计划经济，也不是一党制下领导人对权力的垄断，也不是党和国家对社会的总控制，也不是个人崇拜。所有这些都与社会主义无关，或者与马克思的马克思主义无关"④。也就是说，苏联的社会主义只是社会主义的一个"反例"，即它并不能说明社会主义应是什么，而是充分说明了社会主义不应是什么。那么，理想的社会主义应当包含哪些具体的理念和制度特征呢？

密里本德认为，社会主义的基本特征是"民主、人人平等和合作"⑤，这是与资本主义社会秩序完全不同的、一种崭新的社会秩序。在这个崭新的社会中，人与人之间实现了真正的平等，除了基于性别、身体条件等不可避免的差别外，不再存在其他人为的、不合理的差别；各种必要的权力仍将存在，但却受

① Ralph Miliband, "Fukuyama and the Socialist Alternative", p.113.
② Ibid.
③ 张亮、熊婴编：《伦理、文化与社会主义——英国新左派早期思想读本》，第4页。
④ Ralph Miliband, "Fukuyama and the Socialist Alternative", p.112.
⑤ Ralph Miliband, *Socialism for a Sceptical Age*, p.195.

到了广泛的监督和制约，确保权力真正为人民服务；人与人之间是一种真正的互补和合作关系。

真正的社会主义是人道的社会主义，它的主体是现实的、具体的人，社会主义关怀的对象也是现实中的"男人和女人"。社会主义之所以是人道的，"是因为它再一次将现实的男人和女人，而不是那些抽象概念置于社会主义理论和抱负的中心位置"①。

社会主义也是实现了真正民主的社会主义，民主是其最重要的特征和本质之一。与资本主义民主相比，社会主义民主是普遍的、真实的民主，从而也是真正的民主，与资本主义民主"始终尽可能致力于扼制而决非助长民众行使决策权和处理国事的权力"②不同，在社会主义社会，"简单地说，民主遍布于全社会，成为社会秩序理所当然的组成部分，从而使参与权成为一种'自然'的公民权利"③。

同时，社会主义充分尊重和保障公民真正的民主意愿和自由，在做出自己的行为决策时，享有充分的决定权和选择权，因此，它实现了权力和责任、权利和义务的完美结合和统一，虽然"有效的参与是社会主义民主的一个规定的特点"，"但是如果人们选择不参与，这将不得不被接受。参与应当被看成一种权利，而不是一种义务"④。

社会主义民主是一种整体化的民主化过程和状态，它不仅包括社会的民主化，也包括国家的民主化，"国家的民主化与社会的民主化密切相关"⑤。社会主义国家需要强有力的执行权，但是这种执行权是受到高度民主控制的执行权。从一定意义上而言，权力和民主具有一定的紧张关系，"这种紧张意味着政府的权力被限制，但不能被颠覆，从而恰好地维持在一种所需的状态之中"⑥。

社会主义的经济是一种民主基础上的"社会化经济"，这种社会化经济的

---

① 乔瑞金：《英国新左派的社会主义政治至善思想》，《中国社会科学》2014 年第 9 期。

② ［英］拉尔夫·密利本德：《英国资本主义民主制》，博铨、向东译，第 2 页。

③ Ralph Miliband, *Socialism for a Sceptical Age*, p.90.

④ Ibid., p.91.

⑤ Ibid., p.74.

⑥ Ibid., p.76.

一个基本目标就是拓展非商品化的领域,非商品化的领域涵括健康、教育、体育、文化等诸多公共服务领域;这些领域应当被看成公民的基本权利范畴,与个人的支付能力无关,因而,在非商品化领域,应当充分排除市场机制的作用。总之,社会化经济与资本主义经济不同,"资本主义经济和社会化经济的区别不仅仅在于'经济'方面:它们包含经济、社会、政治和道德等诸方面,并且影响整体的结构以及现存社会秩序的模式"①。

社会主义文化是一种"社会主义共同体"文化,它能够为社会主义建设提供统一的意识形态支持。社会主义共同体文化是一种民主的、公民广泛参与的文化。有效的参与应当被看成一种公民美德,它可以在社会化个人的形成过程中得到培养和塑造。在社会主义共同体文化建设中,密里本德十分注重知识分子和教育的作用,"在此过程中,知识分子能够作出重要的贡献"②。在教育方面,"资本主义社会的教育总是在一方面是精英教育,另一方面是大众教育中陷入一种深刻的分裂"③。与资本主义体制下的精英教育不同,社会主义的教育是真正平等的大众教育,人人都享有平等的教育机会、教育条件和教育资源,"在社会主义的核心中,总是存在一种信仰,即相信绝大多数的人们都是有潜力的,社会主义民主的基本目标就是创造条件,使得这种潜力得到全方位的展现"④。

四、整体推进微观社会革命,在过程中践行社会主义理想

在密里本德看来,社会主义不仅是一种理论构想,更是一种现实的社会实践。作为客观的、现实的社会实践,不能幻想社会主义能够一步到位,它必然是一个长期的过程和目标,"社会主义是一种新的社会秩序,实现它需要很多代人的奋斗,并且永远不会完全'达成'。也就是说,社会主义致力于努力达成其设定的目标的过程"⑤。

同时,社会主义是一种完全不同于资本主义的社会秩序和社会形态,从这

---

①　Ralph Miliband, *Socialism for a Sceptical Age*, p.121.

②　Ibid., p.157.

③　Ibid., p.95.

④　Ibid.

⑤　张亮编:《英国新左派思想家》,第 171 页。

个意义而言，社会主义又是一场深刻的社会革命。那么，"实行社会主义革命需要什么样的战略呢"①。

首先应当明确的是，实现社会主义是一个由多种战略和方式构成的一个整体的、连续的步骤和过程。在这个过程中，存在着不同的实现路径和方式，它们各自适合于不同的背景和环境。比如，革命的策略就适合于经济落后、民主化程度不高的国家和社会；而在西方发达的资本主义社会，改良主义策略则更为适宜，因为"对资本主义社会工人运动中的大多数人来说，合法性、宪政、选举制和议会类型的代议制机构具有极其强烈的吸引力"②。无论革命还是改良主义，"它们至多只是通向一个要大得多的目标的最好步骤和部分手段"③。同时，不应当把改良主义与革命对立起来，改良主义不意味着没有暴力，革命也不意味着没有协商和妥协。比如，对于改良主义而言，"'改良主义'是从斗争方面来设想这一过程的，更具体地说，它包括许多不同阵线和不同方面的阶级斗争"④。改良主义"不包括放弃必须用暴力对付保守派的暴力的可能性"⑤。

革命或者改良主义只是实现社会主义的第一步，社会主义政党通过这些策略和方式取得政权以后，还将面临更为复杂的状况，"必须镇压资产阶级并粉碎它们的反抗"⑥，必须进行必要的社会组织和社会管理，因此，在社会主义的初级阶段，国家的存在不仅是必需的，还是必然的，"当无产阶级革命打碎旧的国家机器时，并不能够废除国家本身：国家必须存在，并将长期存在，即使它终将'消亡'"⑦。因为"工人阶级在其自身的斗争过程中，将需要创造自身的权力机构，而这将最终成为社会主义民主超越资本主义民主的基础"⑧。

那么，什么是国家呢？国家仅是一种抽象的概念，还是具体的、实在的实

---

① ［英］拉尔夫·密利本德：《马克思主义与政治学》，黄子都译，第164页。

② 同上书，第182页。

③ 同上书，第168页。

④ 同上书，第171页。

⑤ 同上书，第183页。

⑥ 同上书，第190页。

⑦ Ralph Miliband, *Class Power and State Power*, p.155.

⑧ Ibid., p.125.

体？"'国家'并不是一个不存在的事物。"①在这里，密里本德把它看成一种现实的、具体的社会存在，看成最为重要的上层建筑，"所谓'国家'，其本体是由一系列特殊机构共同构成的，它们的相互作用构成了可被称为'国家制度'的要素"②。具体而言，国家包括政府、议会、法院等传统三权分立基础上形成的国家机关，还包括其他各级各类国家机关，它们的具体构成及其相互关系构成了国家的整体景观。

在一个具体的社会中，国家的职能分为对内职能和对外职能，对内职能主要是指国家的社会管理职能和阶级统治职能，对外职能主要是抵御外敌侵略和国际交往的职能。在典型的自由主义者眼中，信奉"管的最少的政府是最好的政府"，尤其是在经济领域，更应如此。密里本德认为这是一种谎言，在资本主义社会中，正是大量的资本主义企业接受了政府的帮助、国家的干预，或者渡过难关，或者得以发展。因而，在资本主义社会，"从其最本质意义而言，国家毫无疑问通过预算和税收政策卷入了'经济生活'之中，而这是因为国家可以通过独立地颁布和推行法令而行动。但是，国家的干预远超于此"③。

同理，在社会主义的建设过程中，同样需要国家的存在及政府对社会生活广泛的干预，"经济领域的国家干预是其中意思的最佳表达"④。社会主义的国家职能，相比于资本主义国家的职能，将更为广泛和深刻，目的也更为正当，"国家干预将总是成为实现有利目标的必要的最佳方式"⑤，因而它的存在和运行将更具合法性。

因此，实现社会主义，不是要立即废除国家，而是应当保障实现国家的民主化改造，实现国家本质的超越，"不再需要建立作为旧的残余的全权的国家"，而是需要一个崭新的社会和国家，这种社会是"一种真正民主的社会秩序，一个由男人和女人自己管理的真正自由的社会"，"在这个社会

---

① ［英］拉尔夫·密里本德：《资本主义社会的国家》，沈汉、陈祖洲、蔡玲译，第54页。
② 同上。
③ Ralph Miliband, *Socialism for a Sceptical Age*, p.98.
④ Ibid.
⑤ Ibid., p.99.

中国家将'由一个站在社会之上的机关变成完全服从于这个社会的机关'"。①

同时，在社会主义的实现过程中，密里本德特别强调"双重政权"建设。"双重政权"除了国家层面的政权建设以外，还包括社会层面政权的建设，具体而言，就是"建立起一个相当于'双重政权'的人民参与的机构网"②，在民众中，普及社会主义教育，达成社会主义共识，至为关键。为了达成这一目的，在现实的微观政治实践中，需要超越不同的人群界别和界限，在社会主义共识的基础上进行广泛的联合，"从传统的模式中解放出来，要耐心地和灵活地贯彻执行"③。因为社会主义事业并非只是少数人的事业，它是全体社会成员的共同事业，需要广泛的民众基础和支持。

第三节　立足于现实整体性的发达资本主义政治批判

作为一名独立的马克思主义知识分子，密里本德始终保有强烈的现实主义关怀，灵敏注视现实政治世界的客观变化，不断关注学术思想界的理论观点，或共鸣，或反驳，或思考，或验证，努力获得批判现实资本主义的新鲜理论力量，为经典马克思主义的发展，注入实践和发展活力，增强马克思主义的现实解释力，并力证经典马克思主义经典认识论与方法论对认识和改造客观现实世界的基本指导意义。

一、发达资本主义社会是政治批判的现实场景

第二次世界大战后，资本主义社会的新进展、新变化，具有什么样的理论意义？人们是如何看待这种变化的？它对经典马克思主义是否构成了挑战，甚至是威胁？马克思主义的基本思维方式和理论研究范式是否依然有效？

随着第二次世界大战的结束，西方各发达资本主义国家和社会在包括经

---

① ［英］拉尔夫·密里本德：《资本主义社会的国家》，沈汉、陈祖洲、蔡玲译，第276页。
② ［英］拉尔夫·密利本德：《马克思主义与政治学》，黄子都译，第200页。
③ 张亮编：《英国新左派思想家》，第161页。

济、政治、文化等诸方面都出现了许多新变化，因之也出现了许多对此种现象和情况的解释性、分析性理论，这些理论或者是从社会主义和资本主义两种制度的对立角度出发，或者是从两种制度的替代关系角度出发进行探讨。其中最主要的理论目的是力图通过各种理论解释，为资本主义制度进行辩护，直接或间接地消解马克思主义的基本理论框架和所提出的经典问题。

在诸多理论思想中，其中最具代表性的理论就是工业社会理论。随着工业技术的发展和工业效率的提高，在一些经济发达社会中，工业部门发达，在国民经济中占有重要的比重，农业部门等传统经济部门只占有少量的比例，与这种经济发展现象相适应，产生出与马克思主义的资本主义社会理论相对应的另外一种理论——工业社会理论。可以说，工业社会理论源远流长。从圣西门开始，有许多代表性的思想家。以法国著名的社会学家雷蒙·阿隆为例，他认为资本主义制度和苏联式的制度"在一定意义上说，它们是同一类事物的两种形态"。二者都是工业社会，因为它们具有相同的特征：首先是"人数日益增多的劳动力被工厂或服务部门雇佣"[1]，其次是更加关注劳动生产率的提高，最后是技术的不断进步是人们过上更好生活的唯一途径。因此虽然他承认二者之间存在差别，但其始终认为，在所谓的"铁幕"两边，两种制度不存在根本差别。因此阶级和阶级斗争只是早期工业社会——资本主义社会张力的表现和产物，随着技术的不断发展，工业化进程的推进，人们生活水平不断提高，平等地位得以拓展和巩固，阶级流动性增强，阶级身份的界定日益困难，因此阶级矛盾不再是社会的主要矛盾，社会的基本冲突也不再具有你死我活的阶级斗争性质。另一位工业社会理论家达伦多夫也认为，资本主义社会注定是要被超越和取代的社会，因为资本主义社会"仅仅是工业社会的早期形式"，而工业社会"才是无可避免地将要主导我们时代的社会"[2]。

另外一种代表性理论是从社会主义取代资本主义需要完成的历史任务角度进行分析的。这种理论认为，基于战后资本主义的显著变化与进步，社会主义所宣称的对资本主义进行彻底改造的目标和任务已经实现了，因此，资本主义在历史的发展和进化中，已经被自然超越了，"工业革命的基本政治问题已

---

① ［法］雷蒙·阿隆：《阶级斗争——工业社会新讲》，周以光译，译林出版社2003年版，第4页。

② 同上。

经解决：工人已经取得了工业和政治上的公民地位；保守党人已接受了福利国家；左翼民主派已经承认，国家权力的全面增长对自由的危害，远比解决经济问题为甚"①。既然，资本主义的根本弊端已经被克服，因此，传统上社会主义与资本主义的根本紧张与对立点已经解决，从本质上而言，资本主义已经被消解和超越了，因而需要重新审视和定义所谓的"资本主义社会"。

密里本德对战后社会性质的判断，与上述观点正好相反。他认为工业社会理论只看到事物的表面，而有意或无意地忽略了事物的本质。他坚信马克思在 19 世纪对自由竞争资本主义的观察和判断依然适用于 20 世纪的资本主义社会。密里本德承认，随着科学技术的发展，资本主义产业部门的调整，经济管理和经营方式的转变，无论是发达资本主义社会的阶级状况、阶级结构，还是国家的职能、民主法治等诸领域都发生了很大的变化，但这并不意味着资本主义国家两大对立阶级界限的模糊甚至消失，也不意味着经典马克思主义作家对资本主义社会的本质定性已经失效。恰恰相反，发达资本主义社会民主政治的发展在一定程度上是资本主义生产工业化的结果，随着技术与工业生产的进一步结合，不仅不会削弱发达资本主义的政治特征和本质，反而是对其特征和本质的进一步增强。因为虽然第二次世界大战后，发达资本主义国家的功能日益显著，资本主义经济也存在着大量的公有部分，但是资本主义社会的大部分经济仍由私人控制，国有部分只占有少数的比例，而且国有经济的范围也极为有限，"混合经济"的观点和现实只是对人们认识资本主义社会的本质起了很大的迷惑作用。对于战后经济发达的资本主义国家消费领域所发生的变化，密里本德认为，这并不能够从根本上消解马克思主义的基本命题。首先，无论从消费的数量还是质量而言，从属阶级与上层阶级都不可同日而语；其次，无论在消费领域发生何种变化，无论年轻的冶金工人与经理的女儿的关系发生了何种变化，冶金工人与资本家本人的关系"依然如故"。② 因此，密里本德认为，"这种在资本主义发展过程中出现而其缺陷行将进入历史垃圾箱的信念，是极端不成熟的"③。因为"无论为它们虚构出什么精巧委婉的

① ［美］S.M.利普塞特：《政治人》，转引自［英］拉尔夫·密里本德：《资本主义社会的国家》，沈汉、陈祖洲、蔡玲译，第 14 页。

② ［英］拉尔夫·密里本德：《资本主义社会的国家》，沈汉、陈祖洲、蔡玲译，第 32 页。

③ 同上书，第 15 页。

说法,无论它们已经在进行怎样的变迁,它们在所有本质方面确实属于资本主义社会"①。

英国工党政治活动家克罗斯兰认为,由于资本主义出现的这些新变化,后资本主义社会能够通过有效的经济政策来取代传统的资本主义,社会主义应当更注重公平和福利,而不是集体主义,因此工党传统的政策目标即实现公有制已经变得没有必要,这种观点成为20世纪50年代英国左派修正主义的一个主要观点,在英国工党中占有重要的地位。1957年,英国工党公共政策纲领《工业与社会》开始正式启用,它是上述修正主义观点的重要反映,同时它还提出通过获得大型资本主义工业实业股票的方式获得国家对企业的控制,对资本主义经济方式新变化抱有过分乐观的态度。克罗斯兰的修正主义观点及其对英国工党的政治影响,引起了英国新左派理论家的关注和批判,密里本德就是其中的有力代表。密里本德认为,战后资本主义的新变化,以及工党的社会主义修正主义战略,并没有影响资本主义私有制企业的核心利益,同时,"边际的集体主义要想在资本主义内部存在就必须要或多或少地通过经济关怀来表现出一种资本主义特质。到现在为止还没有一个发达的工业系统能够脱离它来操控哪怕是效率最低的资本主义"②。

综上所述,密里本德的技术政治思想,不仅是工业技术发展、劳动生产率提高的产物,也是对基于工业技术之上的各种左派、右派观点的理论回应和展开,同时不可否认的是,这种回应和研究又是以发达资本主义社会为背景和前提的,也就是说,以技术为核心的高度工业化的资本主义社会是密里本德发达资本主义社会政治批判的现实场景。

二、发达资本主义政治批判何以可能

密里本德的政治理论有两个基本的维度,那就是发达资本主义政治批判和社会主义替代策略。发达资本主义社会是其政治学研究的现实基础和场景。在《资本主义社会的国家》及后来的相关著作中,密里本德对发达资本主义社会的国家有一个明确的界定,他认为虽然各个发达资本主义国家存在极

---

① ［英］拉尔夫·密里本德:《资本主义社会的国家》,沈汉、陈祖洲、蔡玲译,第15页。

② Ralph Miliband, *The Transition to the Transition*, New Reasoner, 1958, p.6.

大的差别，它们有着不同的历史、传统、文化、语言和制度，但是它们却有着基本的共同点：首先，它们都是高度工业化的国家；其次，它们都是生产资料私人所有制的国家；再次，它们都是实行资本主义民主制的国家。这三点共性削弱了它们之间其他差异的重要性，构成了发达资本主义社会国家的"基本一致性"。而且，随着资本主义的发展，这种一致性将更为趋同。那些不发达的第三世界国家，虽然也可能是生产资料私人所有制的国家，但是它们的工业技术落后，工业基础十分薄弱，工业在整个国民经济体系中没有占据重要的地位；至于苏联、捷克斯洛伐克、德意志民主共和国等国家，虽然工业化水平先进，但却不是生产资料私人所有制的社会。因此前两类社会里的国家，都不能称之为发达资本主义社会的国家。在这些不同性质的社会里，有着完全不同的经济关系、政治关系及文化关系。至于在发达资本主义社会内部，"尽管差别没有消失，却逐渐趋于缩小"①。

马克思曾经在《资本论》中揭示了技术与工业的关系，也揭示了工业与生产关系、生活关系之间的深刻联系。在此，密里本德承袭了马克思的观点，他认为，发达资本主义社会，随着技术的不断发展和运用，日益表现出生产关系的同质性。"作为其结果，这些国家之间不仅在经济方面，而且在社会方面甚至政治上，出现了很大程度的相似性；在越来越发达的精神和物质生活领域内，它们许多基本的方式具有更多的共同性。"②这使得把发达资本主义社会作为对象，进行整体的考察和分析，成为可能。

那么，对于所有的发达资本主义国家，除了上述的经济方面的相似性和一致性以外，它们还具有哪些方面的一致性呢？密里本德认为，它们在政治上的一致性体现在阶级结构、权力关系、法律制度等诸多方面和领域，尤其是资产阶级民主制，更是成为所有发达资本主义国家的共同特征，虽然具体到各个不同的资本主义国家，存在着不同类型的政治制度和民主形式，如有的国家实行的是两党制，有的国家是多党制，有的国家形式是单一制，而有的国家是联邦制，等等，但不能"说明它们之间的明显差异"③。

反而，在各个不同的发达资本主义国家，即使存在着不同的政治形式，但

---

① ［英］拉尔夫·密里本德：《资本主义社会的国家》，沈汉、陈祖洲、蔡玲译，第12页。
② 同上。
③ 同上书，第25页。

是它们有一个共同的特征，即它们都是实行"民主"制度的国家，这样的国家形式，存在着两个基本的政治特征：一是在这样的国家中，统治阶级是通过民主的形式，而非专制的形式来进行统治；二是在这样的民主国家中，"没有任何一个阶级或集团能够持久地僭取其政治统治权"①。因此，无论在经济上，还是在政治上，各个不同的资本主义国家"都有极其相似之处……正是在这个基础上，它们使自己适应于被称为发达资本主义的普遍政治社会学"②。

综上，密里本德认为，正是在此意义上而言，发达资本主义国家在经济、政治上的一致性，能够使得对所有发达资本主义国家进行整体的考察成为可能，从而收集它们之间相似的经验数据，组织对资本主义的整体批判。

三、权力的整体性批判

密里本德深受美国社会学家米尔斯的影响，形成了以权力批判为核心的发达资本主义政治批判模式，他认为，"一种国家理论也是一种社会理论和在这个社会中分配权力的理论"③，这也反映了密里本德对权力及其重要性的整体性认识和观点。

一直以来，权力问题是政治学研究的核心问题，正如埃尔斯特所说："正如效用之于经济学，权力在政治理论中是最为重要的一个概念。"④因此，权力问题始终是人们研究和关注的焦点和核心，从古希腊的政治学思想到当代的政治学研究，无不体现了对权力问题的关注和思考。

然而，虽然人们一直表现出对权力问题的兴趣和质疑，但是对于什么是权力，即权力的概念是什么，却没有固定的解释和答案。人们总是在自己所处的历史语境中，展开对权力概念的理解和辨析，这样，权力概念就是一个随着历史语境的转变和研究者个人的主观理解而不断变化和发展的概念。比如，在西欧资产阶级启蒙时期，随着自然科学，尤其是物理学的发展，人们把力学的概念引入对权力概念的理解，认为"力的观点本质上是一种推动的动因，权力

---

① ［英］拉尔夫·密里本德：《资本主义社会的国家》，沈汉、陈祖洲、蔡玲译，第26页。
② 同上。
③ 同上书，第6页。
④ Jon Elster, *Some Conceptual Problems in Political Theory.* 转引自 Brian Barry ed., *Power and Political Theory: Some European Perspectives*, London: John Wiley, 1976, p.245。

的界定基于一种力与另一种力的作用与反作用时产生的力的差异"①。随着现代性社会的发展，人们关注到权力的意志性特点，如马克斯·韦伯就认为，"'权力'是指处于社会关系之中的行动者排除抗拒其意志的可能性，而不论这种可能性的基础是什么"②。美国著名学者加尔布雷斯也认为，权力就是把自己的意志强加于他人的能力。这种权力的概念强调了权力的意志性和意志的强制性，直接关注社会主体之间直接的命令和服从关系。从本质上看，这种对权力的理解方式流于表面化，并没有触及权力的实质和核心，因此不利于人们对社会权力现象的本质分析和理解。

马克思主义理论传统也十分关注权力问题，但是其对权力的观察、理解和解读却并没有仅限于权力的意志性这种表面化的理解，而是深入分析了权力的深层次问题和本质，着重关注引起权力现象和变化的社会深层因素，尤其是其中的经济因素，具体而言就是特别强调社会的生产关系因素对权力关系形成、变化的作用和影响。

严格说来，米尔斯并不是一个马克思主义者，他只是把马克思主义作为自己社会理论研究的一个参考系，在这点上，密里本德与米尔斯有很大的，甚至可以说是根本的区别。但是米尔斯在其著作《权力精英》中对权力问题和权力现象的分析，对密里本德产生了很大的影响。米尔斯的《权力精英》主要的研究对象是美国的各种精英权贵，但是，在密里本德看来，这种分析依然适用于其他的发达资本主义国家，因为如前所述，在所有的发达资本主义国家，完全适合于一种所谓的发达资本主义"普遍政治学"。

米尔斯在《权力精英》中，也对权力的概念进行了界定，他认为："一切政治都是权力之争；权力的根源乃是暴力。"③但是，米尔斯对权力的理解，并不限于这种简单的概念限定，而是包含更为广泛和深刻的维度。在米尔斯那里，权力不仅是一种社会状态，而且是一种社会关系；权力不仅仅意味着暴力，还意味着一种深刻的，同时又具有隐蔽性和欺骗性的占有和控制。

---

① 邓正来主编：《布莱克维尔政治学百科全书》（修订版），中国政法大学出版社 2002 年版，第 641 页。

② ［德］马克斯·韦伯：《经济与社会》（上卷），林荣远译，商务印书馆 1997 年版，第 81 页。

③ ［美］查尔斯·赖特·米尔斯：《权力精英》，王崑、许荣译，南京大学出版社 2004 年版，第 223 页。

密里本德借鉴了米尔斯对权力概念和内涵的理解：首先，正如前所述，他认为所有的政治社会学的核心问题，就是权力问题，也就是社会权力的分配问题，从而在其政治研究中确立了权力的核心地位；其次，他认为，权力首先意味着一种控制，这种控制表现在许多方面，但对一个社会的经济资源的控制，却始终处于基础和关键地位；最后，密里本德强调了权力的复合型因素，在其对权力的讨论中，虽然经常把权力和收入、社会名望、社会地位、教育等因素并列起来进行列举和叙事，但是权力始终处于核心地位，并且在很多场合，他认为这些都是权力博弈和展现的方面和场域。

整体性作为一种思维方式和人们认识世界的一种角度和方法，其历史可谓源远流长。无论在古代的中国，还是远古的希腊，人们的思想中都体现出了早期的、尚在形成中的、简单的整体和系统的思维。比如在中国，"大体说来，对整体智慧的把握经历了三个阶段，从《周易》的系统整体观到《吕氏春秋》的整体结构说，再到《太极图说》的整体过程论，形成了中国哲学独特的朴素整体思想"①。而在西方，古希腊的自然哲学和德国古典哲学成为整体性发展的基本形态。

对于古希腊的世界整体性思想，马克思主义经典作家曾经给予积极而正面的评价，恩格斯就指出："在希腊哲学家看来，世界在本质上是某种从混沌中产生出来的东西，是某种发展起来的东西，某种形成的东西。"②"在希腊哲学的多种多样的形式中，几乎可以发现以后的所有看法的胚胎、萌芽。因此，理论自然科学要想追溯它的今天的各种一般原理的形成史和发展史，也不得不回到希腊人那里去。"③可见，马克思主义经典作家十分欣赏和崇尚整体性思维；并且在其所处的时代，由于科学技术的进步及社会的发展，为其充分理解和运用整体性思维创造了充分的条件。

马克思主义的整体性思维传统在恩格斯身上得到了非常鲜明的体现，他把人们所处的外部世界看成一个相互联系、相互作用，并且具有特定结构和层次的有机体，认为事物本身存在的自然的、历史的和辩证的否定，是客观事物一切发展的推动力。因此，马克思主义主张全面地、联系地、运用运动和发展

①　乔瑞金：《现代整体论》，中国经济出版社1996年版，第5页。
②　《马克思恩格斯文集》第9卷，人民出版社2009年版，第412页。
③　同上书，第439页。

的眼光来看待世界,对待和研究事物的发展,判断事物发展的规律。

同理,对于社会发展及其规律的研究和判断,同样应当采取整体的观点和方法。马克思主义的历史唯物主义经常被不同的人们所诟病,其中一个攻击的理由就是认为其是一种机械的"经济决定论"。这种观点指出,历史唯物主义由于过分强调经济对社会发展的决定作用,导致马克思主义忽视了其他社会现象和因素对社会发展的作用和影响。由于理论上的瑕疵,也导致了许多实践上的失败和困惑。因此,在西方,在马克思主义内部,从卢卡奇,甚至是更早的时期,就开始了对这个问题的重新反思、解释、补充和完善。可以说,西方马克思主义的缘起与这个问题所引起的困境和矛盾有很大的关系。

在反对第二国际的改良主义和机会主义理论路线的过程中,卢卡奇把其产生的原因归结为马克思主义的机械决定论,为了克服机械决定论,卢卡奇提出了总体性概念,并把它运用到对社会历史的解释当中,认为社会历史的发展进程并不同于自然进化的过程,其中除了经济的因素以外,必定还有各种社会关系的复杂参与和作用,因而社会历史发展规律并非固定的、简化的、自动的、普遍的过程和必然。

作为在这种广义上的历史和理论背景之下产生的英国新马克思主义,作为英国新马克思主义杰出代表的密里本德,也共享了这一思想背景和理论渊源,他拒斥简单的经济决定论思想,但同时主张回归马克思主义经典作家的原著当中,探寻对这一问题的原初表述,从而正确理解马克思的本意,以及之后的发展脉络。通过这种梳理和探寻,密里本德得出了两个基本的结论:首先,他认为马克思主义者对"经济'下层建筑'和生产方式的重要性"①的强调是完全合理的;其次,他认为马克思主义由于过分强调了经济基础重要的基础作用,甚至是决定性作用,从而导致其在思想上具有非常明显的"经济决定论"倾向和嫌疑,而这在社会分析方面的不足和弊端就日益显现出来了,主要表现就是对某些重要的知识领域关注过少,仅有的一些知识和论断也往往是只言片语,缺乏细致而精密的论证,从而为各种马克思主义的反对者提供了靶子和口实。

因此,密里本德主张,在对已经高度发展和变化了的资本主义社会进行分

---

① [英]拉尔夫·密利本德:《马克思主义与政治学》,黄子都译,第11页。

析和批判时,应当坚持一种整体性的观点和视角,不仅应当关注其经济上的权力状态与发展,而且应当关注其政治权力状况及文化权力领域,从而组织对发达资本主义社会的经济、文化、政治等方面进行一种整体性、综合性的分析和批判。

基于这种认识和主张,我们可以看到,密里本德虽然以政治研究而著称,但是他的政治学研究却是一种横跨多种领域的复合型论证,在其中我们可以看到其对发达资本主义社会的经济现象的分析,也可以随时发现其对统治阶级文化霸权的批判。比如,当他谈到在发达资本主义社会的统治阶级时说道:"在无论哪一种的阶级社会,统治阶级总可以以其所拥有的对三种主要的统治资源的控制上的有效性和凝聚力为标准而进行定位:对主要经济活动方式的控制——这可以包括(而且常常也包括)这些方式的所有权,但是也不需要这么做;对国家管理和强制的控制;对被广泛称为交往和劝说方式的控制。"[1]这样,密里本德就按照一种包含经济、政治和文化等三种领域的控制性权力标准对统治阶级进行了界定,突破了传统上马克思主义过度关注和强调阶级的经济基础和标准,更符合社会各领域发展的客观现实,并且很好地坚持了经典马克思主义的阶级分析观点和方式。

既然在发达资本主义社会,统治阶级的统治是一种整体性的权力垄断和统治,因此,对发达资本主义社会的政治批判,就是一种整体性批判,不仅应当关注到其政治上的统治,而且应当关注到其经济上的控制性权力,以及文化上的领导权。同时,这三种权力并非是相互独立、各自为政的,从而完全符合一些理论家所谓的"多元权力"图景。与之相反,这三种权力是以一种更为隐蔽的方式甚至是欺骗的方式,相互结合和融合的,从而形成发达资本主义社会的"权力精英"集团及其下的统治阶级成员。密里本德指出,在更早的时期,权力阶级根本无须通过各种方式对其所拥有的权力进行掩饰和隐藏,因此更具有直观性;但是在发达资本主义社会,"被强大的民主思想和修辞潮流所激荡,对掩饰权力的现实有着更大的需求,这通过否认统治阶级的存在而进行"[2]。因而,资本主义的统治更具有隐蔽性和虚伪性的特点,因而更需要真

---

[1]　Ralph Miliband, *Divided Societies-Class Struggle in Contemporary Capitalism*, p.27.

[2]　Ibid., pp.26—27.

实地观察和理性地思考，才能够揭示其本质。

综上，对资本主义的批判和反抗因而是一种整体性、全方位的斗争。同时，对资本主义的批判，不仅应当从实然的角度，还应当从应然的角度，这不仅关乎制度，也关乎道德，不仅仅是现实，还是一种个人和社会的理想。具体而言，这种理想就是实现一种更为合乎规律、符合人性、遵循道德的社会，即社会主义。

四、阶级的客观决定论

马克思说过，阶级无论是作为一个概念，还是作为一种社会现象，都不是他的发现，早在他之前，资产阶级的经济学家就发现了它，他的贡献是赋予了阶级以新的含义和功能。但是，由于马克思自身理论研究的特点，他总是把对资本主义经济现象的研究，置于至关重要的地位，并认为不存在独立意义的经济学，只可能存在不同形态的政治经济学。同时，政治又属于上层建筑的重要组成部分，它是由经济基础所决定的。这在一定程度上，导致马克思本人对政治理论的忽视，因此，"在称得上是马克思主义的经典著作中，对政治理论的探讨不仅多半是不系统的和片段的，而且往往是其他著作的一部分"①。对于这一问题，卢卡奇也评论道："就在马克思要规定什么是阶级的时候，他的主要工作被中断了，这对无产阶级的理论和实践来讲都是一种灾难。"②这种情况也导致了一个结果，那就是"所能得到的马克思主义的经典著作，对政治学的重大问题和理论问题采取了完全缄默和极端敷衍的态度。从一个段落、一个短语、一个暗示或一个隐喻中所能挤出的东西是有限的"③。具体到阶级问题上，显示出同样的情形。马克思以后的马克思主义者，都曾尝试对阶级进行一个概念上的界定。

列宁曾经对阶级下过一个定义："所谓阶级，就是这样一些大的集团，这些集团在历史上一定的社会生产体系中所处的地位不同，同生产资料的关系（这种关系大部分是在法律上明文规定了的）不同，在社会劳动组织中所起的

---

① ［英］拉尔夫·密利本德：《马克思主义与政治学》，黄子都译，第3页。
② ［匈］卢卡奇：《历史与阶级意识——关于马克思主义辩证法的研究》，杜章智、任立、燕宏远译，第102页。
③ ［英］拉尔夫·密利本德：《马克思主义与政治学》，黄子都译，第4页。

作用不同,因而取得归自己支配的那份社会财富的方式和多寡也不同。所谓阶级,就是这样一些集团,由于它们在一定社会经济结构中所处的地位不同,其中一个集团能够占有另一个集团的劳动。"①在这里,列宁是从阶级关系,尤其是阶级关系中的经济关系角度对阶级所下的定义。但是,从这个定义中,我们仍然不能够分辨出什么是阶级,阶级的必要条件和具体构成,以及在一个具体社会中,哪些是统治阶级,哪些是被统治阶级。

西方马克思主义创始人之一卢卡奇,在其著作《历史与阶级意识——关于马克思主义辩证法的研究》中,着重分析了阶级意识的重要性,阶级意识无论在社会历史发展的进程中还是在阶级形成和发展的进程中,都具有重要的意义。那具体什么是阶级意识呢? 卢卡奇认为,阶级意识的具体内容受到一定阶级的经济政治地位的约束,反映了一定阶级的利益诉求,"阶级意识被规定为是一个要归因于阶级利益的问题"②。阶级意识对一个具体的阶级的形成、存在及现实的生存和发展,都具有重要的意义和作用。卢卡奇进而认为,真正的阶级意识只有在资本主义社会中才能够产生。因为在前资本主义社会和资本主义社会,阶级意识与历史的关系方面,两者有很大的不同,"这是因为在前资本主义时期,阶级只能根据历史唯物主义对历史的解释从直接既定的、历史的现实中推论出来,而在资本主义时期,阶级就是这一直接的历史现实本身"③。这是因为,在前资本主义历史时期,经济关系隐藏在错综复杂的意识形态当中,阶级意识"只是隐藏在动机背后的历史发展的盲目力量"④。意识形态成为掩盖一切因素和动机的综合性力量。而在资本主义社会,经济关系变得日益简单,经济关系不再像前资本主义时期那样,隐藏在意识形态的背后,而是成为社会发展的主导性因素。因此,阶级斗争围绕着以经济利益为核心的阶级利益而进行成为可能。在资本主义社会,阶级意识也进入可能被意识到的历史时期。从此,社会的斗争在很大的程度上,就进入了一种有意识的、围绕阶级、阶级利益和阶级意识为主要内容的斗争形态之中,这种斗争既

---

① 《列宁专题文集 论社会主义》,人民出版社 2009 年版,第 145 页。
② [匈]卢卡奇:《历史与阶级意识——关于马克思主义辩证法的研究》,杜章智、任立、燕宏远译,第 118 页。
③ 同上书,第 119 页。
④ 同上。

是经济、政治、文化、军事等多领域的具体的斗争，又是一种整体意义上的意识形态的斗争。

追寻西方马克思主义在解释阶级形成问题上的这一传统，英国新马克思主义历史学派的重要代表汤普森也表达了阶级意识对阶级形成的重要作用。在《英国工人阶级的形成》中，汤普森形成了一种"共同决定论"的观点，认为阶级文化、阶级传统和阶级意识对英国工人阶级的形成，都具有至为关键的意义和作用，在一定意义上而言，英国工人阶级的形成也是一种自我生成的过程和结果，其中，阶级意识扮演了重要的作用。在《英国工人阶级的形成》中，汤普森以"经验"（experience）作为阶级问题的分析中介，认为"经验"一词既包含客观方面，又包含主体的主观体验。英国工人阶级的形成正是"经验"的结果，也就是客观方面和主观体验的结晶。在其另外一本重要的著作《理论的贫困》中，汤普森再一次表达了类似的观点："因为处于决定性的生产关系中的人们确定了自身的敌对利益，并且用阶级的方式去斗争、去思考、去估价，这样阶级就出现了。"[1]汤普森进一步分析道："阶级和阶级意识不可分离，不能把二者看成两个分离的实体，也不能认为阶级意识出现于阶级产生之后，必须把确定的经验和在观念上对经验的处理看成是同一的过程。"[2]

对于这一问题，密里本德的观点在不同时期发生了不同变化。在密里本德1977年出版的《马克思主义与政治学》中，他十分赞同汤普森的观点，可以说与汤普森的观点几乎完全一致，比如他写道："在马克思看来，工人阶级作为一个阶级的概念，既包含有'客观'决定的一面，又包含有'主观'决定的一面。可以归结为一点：没有觉悟，工人阶级只是一批人；当它有了觉悟之后，它才成为一个阶级。"[3]"阶级觉悟可以理解为某一阶级的成员意识到了自身的'真正'利益。"[4]在这里，密里本德只是从引用和复述经典的意义上来说这个话的，但是，从其以后的分析中，我们不难发现，当时的密里本德确实是很赞同马克思的这一观点的。因为当他的最志同道合的朋友之一、美国知名学者C.赖特·米尔斯把工人阶级的阶级意识和革命觉悟斥为"工人玄学"时，密里本

---

① E.P.Thompson, *The Poverty of Theory and Other Essays*, London: Merlin Press, 1978, p.40.

② Ibid., p.109.

③ ［英］拉尔夫·密利本德：《马克思主义与政治学》，黄子都译，第26页。

④ 同上书，第35页。

德就反对说,马克思主义的"这些主张遗留下许多可以争论的问题,但并不存在什么'工人玄学'的问题"①。

但是随着对阶级问题研究的深入,密里本德后来逐渐改变了这一观点,他不再认为,在一个社会的阶级形成和存在中,阶级意识起到了关键性的决定作用。相反,他认为,在一个社会中,无论是否具有阶级意识,阶级的产生和存在都是一种客观的事实性存在,"一个阶级的存在事实上并不依赖于其成员的意识、组织和斗争","阶级并不是因为人们感到并明确说出与其他的利益相对立的利益时而产生的;它完全独立于人们的感情与感情的明确表达而存在。当然,这并不意味着不管人们如何思考和实践他们的阶级立场是不重要的;相反,它是至关重要的。问题的实质,更确切地说是,不管人们如何思考和实践他们的阶级立场,甚至他们不这样做,阶级依然是一个社会事实"②。

密里本德在阶级形成问题上的这一变化,可以说是在一定程度上为适应战后资本主义社会,尤其是新古典自由主义政治经济学的复兴对社会经济、政治结构等方面的冲击而出现的。英国撒切尔政府、美国里根政府采取的新经济政策,对发达资本主义社会经济、政治结构产生了很大的影响,深陷经济困境中的资本主义又一次焕发了生机,保守主义仿佛又一次战胜了左派。此时,随着英国资本主义经济状况、政治状况、社会状况发生的变化,左派阵营也发生了分化,各种修正主义以不同的形式表现出来,并对传统左翼思想的基本内容进行了发挥、修正,阶级理论首当其冲,受到挑战。在这种情形下,坚守经典马克思主义理论传统的密里本德不得不一再对发达资本主义社会的阶级状况进行分析,企图证明,随着资本主义的发展,发达资本主义的阶级状况、成员构成、阶级意识、阶级斗争等确实发生了很大的变化,但是阶级依然是发达资本主义社会成员结构划分的主要标准,而且以阶级权力和阶级地位为主要的划分标准,在发达资本主义社会中,具有基本的、基础性的意义和价值。

具体而言,在资本主义社会状况与马克思时代大为不同的阶段,什么才是划分阶级有效的、深具说服力的标准呢? 也就是说,阶级划分的决定性因素到底是什么呢? 收入状况、消费水平、阶级意识、社会关系等传统的标准和模式

---

① [英]拉尔夫·密利本德:《马克思主义与政治学》,黄子都译,第46页。

② Ralph Miliband, *Divided Societies-Class Struggle in Contemporary Capitalism*, pp.41—42.

似乎都给反阶级论者留下了批判的空间。

如前所述，密里本德如果坚持马克思主义的阶级学说，他必须指出，在发达资本主义社会，具体的阶级划分标准，如果能够结合发达资本主义社会的实际情况，比如科学技术的发展、社会分工的细化、社会中新兴职业的出现等，辨析出哪些是统治阶级，哪些是被统治阶级，并指出划分不同阶级的标准。密里本德为此进行了长期的思考和探索。在《资本主义社会的国家》中，他认为，划分不同阶级的标准和基础是经济基础，也就是根据其在经济基础中所直接拥有的财产以及对其他财产的控制权为主要的划分标准，"这种'经济基础'也有助于并实际上造成其社会结构和阶级划分极其引人注目的相似性"①。在《马克思主义与政治学》中，密里本德把划分阶级的标准与生产过程相连，"'生产工人'这个概念的扩展与实际生产过程有关"②。在《英国资本主义民主制》中，发展了一种整体的阶级划分标准，首先是对主要经济力量的控制能力上，统治阶级"其核心为资本家成分，也就是真正控制（也许占有，也许并不占有）私有经济力量主要手段的人们……"正是基于这样的经济控制力基础，资本主义社会才划分为统治阶级和被统治阶级。另一方面，划分阶级时，尚需观察其他的一些阶级共享点，"统治阶级的成员中间还有很大程度的共同性，主要是因为他们在社会背景、教育程度和'生活方式'上有着非常类似的地方"③。在其 20 世纪 80 年代末出版的著作《分化的社会——当代资本主义的阶级斗争》中，密里本德对资本主义社会的阶级划分标准进行了总结性的阐述："在任何一种阶级社会里，人们都可以根据在控制三种主要统治资源上所具有的有效性和凝聚力来区分出统治阶级：对经济活动的主要手段的控制上——这可能涉及到（通常已经涉及到了）这些手段的所有权问题；对国家管理和胁迫手段的控制；对广义上的通讯和劝说手段的控制"④。可见，这时的密里本德已经形成了一种整体性的阶级分析观点，在划分阶级的标准上，既考虑了经济因素，又考虑了政治因素和文化因素；同时，他在一定程度上，又回归了米尔斯的权力思想，着重强调了权力的控制性含义和特点。

---

① ［英］拉尔夫·密里本德：《资本主义社会的国家》，沈汉、陈祖洲、蔡玲译，第 19 页。
② ［英］拉尔夫·密利本德：《马克思主义与政治学》，黄子都译，第 27 页。
③ ［英］拉尔夫·密利本德：《英国资本主义民主制》，博铨、向东译，第 9 页。
④ Ralph Miliband, *Divided Societies-Class Struggle in Contemporary Capitalism*, p.27.

密里本德根据一种综合性、整体性的划分标准，包括其在生产过程中的地位、收入水平、在工作和社会中的影响力、责任感等复合型的因素，对当代资本主义社会的阶级结构进行了分析。为了进行具体分析，密里本德根据拥有权力的程度等标准对发达资本主义社会的阶级结构进行了分解，绘制了呈梨形金字塔形状的"阶级地图"，并且根据这幅地图，对发达资本主义社会的阶级状况进行了详细的说明。

密里本德把发达资本主义社会的阶级总共分为八个层次，位于金字塔顶层的是米尔斯所谓的"权力精英"阶层，包括经济精英和政治精英。第三层和第四层与权力精英不同，第三层主要指那些控制甚至是自己拥有大量的中等企业的人士，这些企业比起那些大企业当然相形见绌，并且为一系列的企业链所限制，但它却是构成一国经济活动的基本部分。第四层是指诸如律师、会计师等高级专业人员、中级职位的国家公务员、军队雇员、高等院校和其他专业领域的高级职员等。五、六层可以称之为小资产阶级或低等中产阶级。第五层具体指那些拥有并经营小公司的人们，包括小工厂、小作坊、修理铺、小建筑公司、小商店、小服务型店铺等。这些小的经营单位或者雇佣少量的工人，或者是自我雇佣的工匠、手艺人或小生意人。第六层是指那些半职业化的、可替代性的、监工性的人员，包括低等学校的教师、社会义工、新闻记者、设计员、实验室技师、程序分析员、低等公务人员等。第七层包括工业工人、办公室职员、邮递员及服务业工人等。这些人占到整体人口的三分之二甚至四分之三左右。第八层是处于社会的边缘地带的人，属于社会的最底层阶级，包括最贫穷的人、失去所有的人等，这些人尤其是其中的永久失业者、慢性病患者及失能者，他们主要依靠财政救助、亲戚接济或者慈善团体的帮助生活。

密里本德指出，发达资本主义社会的阶级状况和阶级构成，是一种由资本主义权力体系所决定的客观事实。在有关阶级概念和阶级经验的分析中，阶级意识当然起着关键的作用，但如上所述，阶级的生成、存在和发展，是由一系列客观的因素，如生产关系、收入状况、权利能力、社会影响力等复合性因素所决定的。也就是说，现实社会中的客观性因素和标准才是阶级分析的决定性因素。

虽然，密里本德的"阶级地图"描绘出了发达资本主义社会的具体阶级状况，但是总有一些处于边缘地带的人，难以在这幅地图中找到自己的阶级坐

标，"在这种阶级分型中，在一些边缘地带，阶级的分野变得问题重重：总有一些不同职业的个体的人排斥这种既定的阶级分类模式"①。但是，这种阶级不认同意识并不能否认这种阶级分类的有效性。比如，对于商业资产阶级和职业资产阶级，他们之间的具体区分意义，并没有那么明显和深刻。虽然商业资产阶级的主要收入来源是利润、利息、租金和投资，职业资产阶级的主要收入来源是工资性收入。但是，从另一方面来讲，这种收入上的具体差别并不能影响这些群体在社会结构中的身份和地位。因为随着各种类型资产阶级之间的领域渗透，商业资产阶级也领薪水，而职业资产阶级也拥有股票、分红和其他财产。总之，他们的收入水平使得他们属于相同的较高的收入群体，在社会影响力方面也比较一致，这决定了无论是商业资产阶级，还是职业资产阶级，他们都属于资产阶级，属于发达资本主义社会的统治阶级。对于同属于小资产阶级的两个部分，情形也同样如此。商业小资产阶级的主要收入来源是利润、租金和通过提供服务所收取的费用，而职业小资产阶级的收入主要是其在公有组织和私人组织中，因为雇佣而获得的工资性报酬。相似的收入水平使得他们都属于同一类阶级，即小资产阶级，其阶级地位和阶级影响力位于资产阶级之下，但又处于工人阶级之上。

那么，在发达资本主义社会中，自第二次世界大战以后出现的一些经济、政治、教育等方面的一些变化，是否对社会的阶级状况产生了实质上的影响了呢？比如社会流动性理论所提出的问题。社会流动性理论是一个社会学上的概念和问题，具体是指一个个体或群体从一个层级和范围向另外一个社会经济地位和范围不同的层级流动。社会流动主要包括水平流动和垂直流动，水平流动不能改变个体或群体的阶层属性，而垂直流动可以改变人们在社会分层体系中的地位和身份。社会分层理论和社会流动理论的典型代表是马克斯·韦伯。韦伯的社会分层理论是对马克思阶级理论的一种多元发展模式。许多学者认为，马克思的阶级理论是典型的阶级二分法，其在《共产党宣言》中认为，资本主义社会必将日益分裂为资产阶级和无产阶级两大对立的阶级，这是一种社会关系简单化的处理方式；马克思主义对阶级的界定，多从经济的角度，有简单的经济决定论之嫌。韦伯站在价值中立的角度，虽然也强调阶级

---

① Ralph Miliband, *Divided Societies-Class Struggle in Contemporary Capitalism*, p.24.

划分中的经济因素，但他同时认为除了经济因素之外，市场能力和市场机会对划分阶层更具有重要的现实意义。因为在韦伯看来，阶级是非实在存在的实体，它只表明从市场角度对人们进行的统计学分类，具体而言，阶级就是指市场和劳动力市场上共同享有某种机会的人和群体。社会流动理论认为，社会流动理论能够打破"封闭社会"，在一定程度上能够消除不平等现象。密里本德虽然也承认社会流动的客观性，但是却对社会流动在模糊阶级界限和消除阶级不平等方面的显著作用持否定态度。他认为，在发达资本主义社会中，阶级呈现出一定的板结化特点，即便是社会流动，也不能从根本上改变这个特点。社会流动性当然具有重要的意义，尤其是在形塑阶级关系方面，更其如此；而且，社会流动方向无论是向上流动，还是向下流动，都会对阶级成员及其后代在社会秩序观上产生一个明显的影响。但是，在发达资本主义社会，这种社会流动性是非常有限的流动，无论是在范围还是在规模上都是如此，而且社会流动经常是发生在同一阶级内部，那种跨阶级的流动只限于很少的人群。因此，尽管多年来，无论是统治阶级，还是被统治阶级，由于各种因素的影响，其构成都发生了很大的变化，但是，"位于对经济权力和政治权力控制基础上的统治阶级，以及主要依赖工资生活的从属阶级和他们的家人，在整个工业资本主义历史上都仍旧是主要的阶级。无论是社会流动性，还是阶级界限的模糊化，都不能削弱这种划分，即使它们和其它的许多因素一起，影响了阶级的锐度"[1]。

五、国家的客观实在性

可以说，密里本德的国家理论是对经典马克思主义国家理论的继承和发展，但是，对于经典马克思主义是否具有完整、系统的国家理论，许多学者表示了质疑。科莱蒂就认为马克思在国家问题上，只不过简单重复了卢梭的政治思想。然而，"霍布斯鲍姆认为马克思和卢梭之间没有直接联系：卢梭的人民主权学说是建立在社会契约论的自然法基础上的博爱主义，而马克思的国家理论主要是对资本主义政治理论的批判"[2]。西方马克思主义学者列菲弗尔

---

[1]　Ralph Miliband, *Divided Societies-Class Struggle in Contemporary Capitalism*, p.25.
[2]　乔瑞金、曹伟伟：《霍布斯鲍姆的民族国家思想》，《哲学研究》2013 年第 5 期。

说："如果有人想在马克思的著作中寻找一种国家理论，也就是想寻找一种连贯和完全的国家学说体系，我们可以毫不犹豫地告诉他，这种学说体系是不存在的。反之，如果有人认为马克思忽视了国家，我们也可以告诉他，国家问题是马克思经常关注的问题。在他的著作中，有关于国家的一系列论述和一种显然已经确定了的方向。"①也就是说，马克思主义虽然未形成系统的国家理论，但是国家问题一直是经典马克思主义关注的核心问题之一，"只要不拘泥于国家理论的连贯与完全，我们仍然可以辨认出马克思主义国家理论的存在，这一国家理论可称之为国家批判理论，它是历史唯物主义的重要组成部分，也是马克思主义政治思想的重要组成部分"②。

对于密里本德而言，国家理论在其整体政治思想中具有重要的地位，在一定意义上而言，密里本德也因其国家理论，无论在西方马克思主义思想界还是在政治学领域，都享有盛名。密里本德的国家理论，首先是一种批判的理论，其批判的主要对象和着眼点即是资本主义社会中的国家。密里本德首先指出，在当代发达资本主义社会，国家在社会整体的运行和发展中，都具有重要的地位和意义，这是一个非常明显、不容置疑的客观事实。在资本主义社会中，人们围绕国家和国家权力进行着各种斗争；而且，事实上，没有任何一个社会主体能够说自己从来不受国家权力和国家行为的影响和制约，因为对于每个社会中的人而言，其不仅是一种社会性的存在，同时也是一种政治性存在，所以对于国家，"人们不可能不受它的影响"③。然而，虽然国家和国家问题非常重要，但是关于国家的理论研究却显得相当滞后，尤其是在马克思主义政治理论的发展和更新方面，这一矛盾显得尤为突出和迫切。因此，作为一名信仰马克思主义的马克思主义学者，首先运用马克思主义的基本思想，并结合已经发展变化了的社会现实，去完成这一理论任务，不仅是理论的诉求，更是现实的需要。研究国家理论问题，首先必须面对现实，密里本德面临的、具有理论意义的现实问题，就是如何认识发达资本主义社会中的国家。

虽然人们都不否认国家的现实存在，但是对于什么是国家，却有着不同的

---

① ［法］列菲弗尔：《论国家——从黑格尔到斯大林和毛泽东》，李青宜等译，重庆出版社1988年版，第122页。

② 郁建兴：《论全球化时代的马克思主义国家理论》，《中国社会科学》2007年第2期。

③ ［英］拉尔夫·密里本德：《资本主义社会的国家》，沈汉、陈祖洲、蔡玲译，第5页。

理解和见解。因此，研究国家问题，其前提就是对国家的概念进行具体的界定。其次是研究国家在具体的社会中有哪些现实的职能，这些职能是如何实现的；通过对国家职能的研究，加深对国家概念和重要性的体悟。

人们往往在最宽泛、最经常的意义上谈论和观察国家，对于"什么是国家"，仿佛根本就不是一个问题。但是当具体界定国家的定义和概念，以及它在现实中的具体所指时，还是会发现，人们基于自身基本的观念、态度及所处的具体社会现实等诸方面因素的影响，对于什么是国家，还是会有很多不同的看法和见解。

首先，一个基本的问题是，如何区别社会和国家之间的相互关系。社会和国家是完全等同的吗？二者是一种重合的关系吗？还是二者之间是一种既相互区别又相互联系的事物？如果二者之间有区别，那么它们之间的具体联结点在哪里？等等。对于这些问题，在人类社会发展史上，许多思想家都有过精彩的论述和论证，其中，马克思主义经典作家对于国家和社会关系之间的论断，最为引人关注。他们首先表明，社会和国家是两种不同的事物，不能混淆也不能等同；其次，他们认为，在国家和社会的关系上，不是社会产生于国家，而是国家产生于社会，"国家是社会在一定发展阶段上的产物；国家是承认：这个社会陷入了不可解决的自我矛盾，分裂为不可调和的对立面而又无力摆脱这些对立面。而为了使这些对立面，这些经济利益互相冲突的阶级，不致在无谓的斗争中把自己和社会消灭，就需要有一种表面上凌驾于社会之上的力量，这种力量应当缓和冲突，把冲突保持在'秩序'的范围以内；这种从社会中产生但又自居于社会之上并且日益同社会相异化的力量，就是国家"①。最后，马克思主义经典作家还指出，在阶级社会中，阶级性是国家的基本属性，其绝对不是社会全体成员利益的共同代表。

密里本德秉持上述马克思主义关于国家问题的基本观点，认为国家和社会并非同一种事物，而是密切联系又相互区别的主体。因此，他明确把自己的国家理论研究定位于资本主义社会，旨在研究资本主义社会背景下的国家基本问题。密里本德认为，国家作为资本主义社会中的一种重要的客观存在，在社会中具有重要的、不同于一般社会组织的地位和意义，绝对不能把其与一般

---

① 《马克思恩格斯文集》第4卷，人民出版社2009年版，第189页。

的社会组织相等同。密里本德的这一观点与其老师哈罗德·拉斯基早期的思想观点差别很大。拉斯基早期是一位国家多元论者，他认为国家"并不必然就比一个教会、工会或互助会更适合于社会的目的"①。与此相反，密里本德认为，在现代社会中，国家日益显示出其在社会中的重要地位和价值，人们在社会中，为了达到自己的目的，经常会寻求国家的帮助，或者借助国家的名义，从而来证明自己的权威性和正当性，"如果这个星球的绝大部分某一天在核战争中化为尘埃，那是因为以他们的国家的名义并被授权行动的人们，自愿作出这种错误决定的结果"②。

那么什么是国家呢？如何在现实的社会结构和社会关系中来界定国家呢？密里本德认为，这是讨论相关国家问题的一个基本的前提问题。密里本德反对对国家概念的抽象界定，他认为国家不是一种抽象的存在，尽管对国家概念的抽象理解和解释对人们理解国家具有重要的启示作用。在这个问题上，普兰查斯与密里本德之间正好相对。普兰查斯从社会阶级尤其是阶级斗争的角度阐释了权力的概念，并且认为社会阶级的权力被组织在各种特殊机构之中，这些机构也因此可以被称为"权力中心"，从这个角度而言，国家则是"执行政治权力的中心"，但他又认为，各种国家机构"严格说来并没有任何权力"。③ 在这里，普兰查斯虽然认为在资本主义社会，国家直接掌握着社会的政治权力，但是他并不认为组成国家的具体机构拥有政治权力。

与此相反，密里本德强调，国家具体是由一系列要素组成的，其中，政府是第一要素，但是注意不能把政府等同于国家，因为政府权力和国家权力虽然密切相关，但绝对不是完全等同。国家的第二个要素是行政机构，现代国家行政机构大为膨胀，因此存在着各种行政机构。在发达资本主义社会，行政机构和政府有很大的区别，虽然表面上行政机构远离政治，好像仅是执行机构，但事实上并非如此，需要加以认真考察和区别。国家的第三个要素是国家的强制

---

① ［英］哈罗德·拉斯基：《现代国家中的权威》，转引自邹永贤等：《现代西方国家学说》，福建人民出版社 1993 年版，第 292 页。

② ［英］拉尔夫·密里本德：《资本主义社会的国家》，沈汉、陈祖洲、蔡玲译，第 5 页。

③ ［希腊］尼科斯·普兰查斯：《政治权力与社会阶级》，叶林、王宏周、马清文译，中国社会科学出版社 1982 年版，第 120 页。

性机器,具体包括军队、"国家准军事的、保安和警察力量"①。国家的第四个要素是司法机构,司法机构是资本主义国家体制的重要组成部分,也是国家权力的重要拥有者和行使者。国家的最后一个构成要素是各种次中央政府单位和议会:各种次中央政府单位对于中央和边缘地区而言,起着重要的桥梁和沟通作用,"能够非常明显地影响它统治下的居民的生活"②,因而也是一种国家的权力结构系统。在西方代议民主制的背景下,事实上,议会并不像表面上那样与政府针锋相对,"只要加入了立法工作,它们就要帮助政府工作"③。

密里本德认为,正是上述各部分构成了国家的各要素,构成了国家整体,它们之间的相互关系构成了国家制度的具体形式。在发达资本主义社会,正是这些要素部门,成为国家权力的主要贮存所,这些机构中的高层和领导人员,"总统、首相和他们的大臣阁僚;高级文官和其他国家行政官员;高级军官;法院的法官;议会两院的一些领导人……以及在他们后面躲得远远的一些次中央单位的政治和行政领导人"④,他们构成了发达资本主义社会中的国家精英集团。

同时,密里本德还强调说,在社会中,除了这些直接掌握国家权力的精英以外,还有一些社会组织,其行为也在很大程度上影响国家的权力和行为。因此,在研究国家时,对这些组织,也应当加以统一考虑。

综上可见,密里本德对国家概念的界定是非常具体的、经验性的,他把国家看成由一系列掌握国家权力的国家机构组成的有机联系的结构体系。在这个由国家机构组成的结构体系中,各种国家机构是国家的载体,国家权力是国家的核心,国家行为是考察国家本质的主要参照物。

密里本德对国家的这种定义方式,其优点和不足都同样明显。一方面,它的指向是具体的、可循的,排斥了神秘主义国家观和抽象主义国家观的玄虚;另一方面,正如普兰查斯所言,密里本德对国家的分析,实际上陷入了一种还原主义的陷阱,"社会阶级或'集团'在一定程度上还原成了一种个人之间的关系,国家被还原成了构成国家机器的不同'组成部分'的成员之间的关系,

① [英]拉尔夫·密里本德:《资本主义社会的国家》,沈汉、陈祖洲、蔡玲译,第56页。
② 同上书,第58页。
③ 同上。
④ 同上书,第59页。

最后,社会阶级和国家之间的关系被还原成了构成社会阶级的'个人'和构成国家机器的'个人'之间的关系"①。这样的分析方式,一方面使自己的结论和分析清晰易懂;另一方面,却容易显得过于简化,导致在一些方面分析不周,从而给理论反驳留下空间。

如上所述,密里本德把国家看成一个由五种要素构成的、相互联系、相互制约又相互配合的有机整体,同时,国家又是一种结构性存在的实体。由于受到当年和普兰查斯争论及其所引发问题的影响,密里本德认为国家的功能和行为受到"结构上的强制力"的制约,从而使得所有的国家都必须履行一些基本的同时也是共同性的职能。

从客观经验性事实考察,国家的行为领域广泛、职能繁多,但是在密里本德看来,国家的职能总的说来,可以分成四种基本的职能,即镇压的职能、思想文化方面的职能、广义的经济职能和国际方面的职能。② 这些职能之间是相互交叉的,同时在不同社会之间、在同一社会类型之间的不同国家之间,这些职能的具体表现并不相同。

国家镇压功能的体现,在现实的社会中,往往"具体化为警察、士兵、法官、监狱看守、刽子手等等"③。无论在任何阶级社会中的国家,都会积极参与到社会的冲突之中,这些参与和干预会因社会冲突的具体情形而呈现不同的形式。但是,可以肯定的是,无论何种社会冲突,国家总会参与和干预,这一点却是必然而共通的。

国家参与和干预社会冲突的程度和方式不同,但是这些干预都带有偏袒性的特点。在密里本德看来,阶级社会中的国家,必然带有阶级性,它总是企图维护现有的、有利于现存统治阶级的社会秩序,即保护总体上有利于统治阶级的"法律和秩序"。

当然,如前所述,在不同的资产阶级社会的国家中,国家干预的方式和强度是不同的,比如资产阶级民主类型的国家和极权主义类型的国家,二者存在诸多差异。在资产阶级民主国家,其干预权和警察权受到诸多限制,而且在社

---

① Nicos Poulantzas, *The Problem of the Capitalist State*, From James Martin edited, *The Poulantzas Reader:Marxism,Law,and the State*,London and New York:Verso,2008,p.175.

② ［英］拉尔夫·密利本德:《马克思主义与政治学》,黄子都译,第98页。

③ 同上书,第99页。

会中,接受和保留工人阶级的自我防卫性组织的存在;但在极权主义国家,往往把摧毁工人阶级组织作为自己的首要任务,同时,在这些国家中,警察权力很大,受到的限制很少。

事实上,资本主义社会绝对不像其所一贯秉持的绝对自由主义经济理念那样,国家远离经济领域,把几乎所有的经济活动都交由市场去进行,即便是在早期的资本主义经济发展过程中,"国家对经济生活的干预始终是资本主义历史上最重要和具有决定意义的特征"①。密里本德认为,资本主义经济越发展,尤其是其生产方式越发展,就越是与国家的干预紧密联系在一起。对于这一点,恩格斯当年就做过精准的预测,恩格斯在《反杜林论》中指出,随着资本主义经济集中和垄断的不断发展,"资本主义社会的正式代表——国家不得不承担起对它们的管理"②。密里本德认为,马、恩及以后的马克思主义者,在分析资本主义生产方式时,国家对经济的干预,国家在资本主义过程和发展中的作用,都是这种分析中不可或缺的、必要而必然的组成部分,"国家资本主义"或者"国家垄断资本主义"就是对目前资本主义状况的一个非常普遍而正式的称呼。

至于国家的思想文化功能,密里本德认为,在资本主义社会,许多组织和机构都承担着这种文化职能,而且其在形式上更加多种多样,在内容上也更加隐蔽。但是,在资本主义文化统治权形成的过程中,国家起着不可或缺的作用,其中的一个主要原因就在于国家拥有着许多便利条件,"它可得到的那种效能大得无法估量的通讯工具,对这种努力起了进一步的推动作用"③。

马克思、恩格斯在19世纪就对资本主义的发展作出了精准的预言:"资产阶级,由于开拓了世界市场,使一切国家的生产和消费都成为世界性的了。"④密里本德认为,马克思和恩格斯的预言,随着资本主义发展过程的不断推进,日益展现了一种深刻的矛盾,那就是一方面世界范围内的经济联系密切加深,经济全球化、世界一休化的趋势不断增强;另一方面,世界上民族主义不断涌现,出现了大量的民族主义国家;各个不同的民族主义国家都企图获得最

---

①　[英]拉尔夫·密利本德:《马克思主义与政治学》,黄子都译,第101页。
②　《马克思恩格斯选集》第3卷,人民出版社2012年版,第665—666页。
③　[英]拉尔夫·密利本德:《马克思主义与政治学》,黄子都译,第106页。
④　《马克思恩格斯选集》第1卷,人民出版社2012年版,第404页。

大的利益和权力,因而在世界上呈现出一种一方面不断融合,另一方面却又趋于矛盾、对立和分裂的趋势。具体地说,各个国家民族资本主义的发展,都与其国家权力的运行密不可分,掌握国家权力的人所采取的行动,虽然经常是打着"民族利益"等旗号,而且这些掌握国家权力的人,在作出决策和行动时,未必能够确定意识到自己发展资本主义的使命和目的,但是在密里本德看来,国家国际方面的职能都与"推进民族商业利益"的目的是相容而一致的。

对于多国公司在许多国家中的出现这一事实对资本主义国家职能的影响方面,密里本德认为也可以这样解读,那就是多国公司之所以称为"多国公司",并非是由于这些公司是由多个不同的国家对其拥有所有权和控制权,而是因为这些公司往往由一个资本主义国家所在的公司所控制,其中数目最多的是美国公司,它们在世界多地都设有分公司,因此,这些公司才被称为"多国公司"。多国公司的出现,不是取消而是在一定程度上加强了马克思主义国家理论的基本观点,即资本主义的强制力作用不仅体现在国内部分,而且还延伸到国际领域。多国公司及其背后的政府,对民族国家的决策和行动选择会产生很大的影响,有时候,这种影响和作用甚至是决定性的;另外,民族国家因为多国公司等资本主义利益集团的存在而在发展民族资本主义的过程中显得日益重要。

当然,在当今,即便是资本主义社会中的国家,其职能也是多向度、全方位的,密里本德在对国家职能进行归纳时,主要是就其主要的方面和职能而言。而且,在对资本主义社会中的国家职能进行的阐释,也有其侧重点,即其一个侧重点是对资本主义国家的批判,另一个侧重点是对国家职能的解读是以马克思主义为基本框架和视角的。这两个侧重点相互交融、密不可分。这样做的一个结果是,其在更具体、更专门的角度和意义上发展了马克思主义的国家理论,但另一方面,也凸显出其分析时倾向性和意识形态性的浓厚,虽然其在《马克思主义与政治学》的"前言"中声称自己是对马克思主义政治学中的重要问题进行"介绍",但是很显然,这种介绍是带有作者自身的鲜明立场的介绍,这个特点在其阐释资本主义国家的具体作用中非常明显地体现了出来。

客观地说,正如杰索普所总结的那样,密里本德的国家理论从方法论的角度而言,是立足于经验主义之上的结构—功能主义,他在一定程度上过分强调了资本主义国家的共性特点,并没有对资本主义社会国家中的不同类型进行

具体的细分和分析,对资本主义的不同国家类型关注不够,因此,当年的密里本德—普兰查斯之争,一定程度上就成了"聋子之间的对话"。实际上,如果能够把二者的研究角度和方法结合起来,完全可以有新的、更为具体的理论发现和成果。①

六、资本主义民主的辩证批判

对于资本主义与资本主义民主,密里本德在很多场合是不加以具体区分的。很多时候,他把资本主义就称为资本主义民主,"资本主义民主"成为资本主义的代名词,因为在他看来,当今的资本主义在政治上的一个明显特征就是政治的民主化及各种具体的政治民主制的确立和完善,"在这样的社会中,市民享有普遍的、自由的和规定的选举权、代表制度、包括言论、结社和表示反对的自由在内的实质性的市民权利;无论是个人还是集体,在法律、独立的司法和自由的政治文化保护下,都能充分地行使这些权利"②。对于这样的制度,"马克思和恩格斯曾描述过的那种制度模式,以后的马克思主义者继续在描述它,称之为'资产阶级民主'制度,它越来越熟悉地被人简称为'民主的制度'"③。

长期以来,对于资本主义民主,一直存在一种笼统而模糊的观点,他们或者不加区分地全盘肯定资本主义民主的体制和各种制度,认为资本主义民主已经是人类社会最好的政治安排,除此之外,再也不可能有其他更好的替代选择了;或者对资本主义制度,完全无视它的优点和长处,一概地进行反面的批判,认为资本主义民主制度一无是处,完全是虚假的、虚伪的民主,它的本质就是资产阶级玩弄、欺骗人民群众的工具;等等。密里本德认为,对待资本主义民主的这两种态度,都是极不可取的,不符合马克思主义全面的、整体的、辩证的世界观和方法论;同时,这也不利于社会主义民主制的构建和发展,即便是马克思主义的经典作家,包括马克思、恩格斯、列宁等都没有对资本主义民主进行过全盘的否定,相反,他们对资本主义民主都是力求客观、辩证地进行认

---

① 何子英、郁建兴:《国家的形式充分性与功能充分性——杰索普"资本主义国家类型"理论述评》,《思想战线》2009 年第 3 期。

② [英]拉尔夫·密里本德:《资本主义社会的国家》,沈汉、陈祖洲、蔡玲译,第 6 页。

③ 同上书,第 26 页。

识，主张吸取其中积极、可取的部分，即便是其对资本主义民主的批判，也有其特定的语境，不能够断章取义，以偏概全。

密里本德承认，在西方发达资本主义社会，各种形态的民主形式，尤其是政治民主，确实是一种客观的现实。也就是说，从现实的、经验的角度去观察，资本主义民主是真实的、客观的存在，资本主义民主"是一种复合的印象：它包括统治者对被统治者的职责以及有限的行政特权；军队服从于文职权力；自由地获得准确的信息和公开开放的政府；活跃的选民对相关事务的连续辩论；传播异见的自由；自由而有效地选择真正的政策替代方案"①。对此，左派不能轻易地加以否定，或故意视而不见。因为对于各种左派而言，这种故意低估资本主义民主真实性和广泛性的倾向还是非常明显和常见的。而这种故意忽视甚至无视资本主义民主事实和民主现实的观点和做法，"远未提供一种对于现实的指导意见，却造成了一种对于现实的深刻的困惑"②。在资本主义现实条件下，如果对资本主义民主不加分析地、笼统地加以批判，很难有充分的说服力，而且也对实践中实现资本主义民主的超越极为不利。

从历史的角度而言，资本主义民主并不是人类社会发展史上凭空突然出现的事物，它的产生、发展与完善是一个长期的历史过程，不仅有其深刻的现实背景，而且有着深远的历史渊源。相比于前资本主义的专制体制，资本主义民主代表着一种深刻的历史进步。对于资本主义的民主形式和民主成果，不能仅从上往下把它看成统治阶级的有效统治工具，还应当从下往上看，"没有任何疑问，统治和剥削与资本主义民主制紧密相连，至少在发达资本主义国家里确实如此。但它仍旧是来自下层的、旨在扩大政治、公民、社会权利的要求以及来自上层的、力图限制与腐蚀这些权利的激烈斗争的结果"③。"不管公民自由是多么不充分和多么不可靠，它们是资产阶级民主制度的一个组成部分，是数百年来人民坚持不懈斗争的产物。"④

资本主义民主制首先是斗争的结果和反映。密里本德指出，政治，从一定意义上讲，本身就是指一种斗争，而政治研究，尤其是马克思主义政治理论研

---

① 张亮、熊婴编：《伦理、文化与社会主义——英国新左派早期思想读本》，第201页。
② ［英］拉尔夫·密里本德：《资本主义社会的国家》，沈汉、陈祖洲、蔡玲译，第9页。
③ Ralph Miliband, "Fukuyama and the Socialist Alternative", p.110.
④ ［英］拉尔夫·密利本德：《马克思主义与政治学》，黄子都译，第201页。

究,就是要指出这种斗争的性质和方向。资本主义民主,首先就是政治斗争的成果和反映,这种政治斗争,从主体上而言,在阶级社会中,既包括自上而下的政治斗争,也包括自下而上的斗争,尤其是自下而上的斗争,对于通过斗争和努力获得的民主果实,被统治阶级应当珍惜、保卫和享受,而不应当把它全盘否定,因为全盘否定资本主义民主,其实也就是否定了下层民众的斗争及其意义和价值。在历史的不同时期,斗争的具体主体是不同的,即便是在发达资本主义国家的不同历史发展时期,在同一时期不同的资本主义国家,具体的政治斗争主体都是极不相同的。但是,这并不妨碍民主发展的历史轨迹和前进的方向,不管历史上和现实中,有多少人对民主不屑一顾、嗤之以鼻,甚至企图通过各种方式来阻止它、扼杀它,但是民主最终成为一股不可阻挡的历史潮流,用托克维尔在《论美国的民主》中的话说,那就是"一场伟大的民主革命正在我们中间进行。谁都看到了它,但看法却不相同。一些人认为,它是一种新现象,出于偶然,尚有望遏止;而一些人断定,这是一场不可抗拒的革命,因为他们觉得这是历史上已知的最经常的、最古老的和最持久的现象"①。

毋庸置疑,这种政治斗争从性质上讲,首先是一种阶级斗争,无论是世界上的哪个国家,或者是一个国家的不同时期,其斗争最基本的性质就是阶级斗争。正如马克思所说,在奴隶社会,主要是奴隶和奴隶主之间的斗争,在封建社会,主要是封建主和农奴之间的斗争,在资本主义社会,则主要是无产阶级和资产阶级之间的斗争;同时,这种阶级斗争呈现出比较复杂的关系和态势,因为斗争不仅发生在统治阶级和被统治阶级之间,而且还发生在统治阶级内部和被统治阶级内部。

同时,民主斗争还体现为一种阶级力量的对比关系。在历史上,阶级之间的斗争总是反映了一定阶级之间的力量对比、妥协和平衡。因此,这种斗争并不总是具有你死我活的性质和特点。因为,在历史上,无论是统治阶级,还是被统治阶级,抑或是同一阶级内部的不同政治派别,其斗争的目的都是争取更多的权利,获得更多的利益。正是在以阶级为中心的斗争的过程中,各项民主制度不断进步和完善。在法国政治历史中,当年的法国"国王为了贬抑贵族而让国内的下层阶级参加了政府"。"在法国,国王们总是以最积极和最彻底

---

① [法]托克维尔:《论美国的民主》(上卷),董果良译,商务印书馆2013年版,第4—5页。

的平等主义者自诩。当他们野心勃勃和力量强大的时候，极力将民众提高到贵族的水平；当他们是庸碌无能之辈的时候，竟容许民众上升到比他们自己还高的地位。有些国王依靠他们的才能帮助了民主，而另一些国王则因为他们无道而帮助了民主。"①

事实上，资本主义民主在制度上讲还是比较完备的。普选制、代议制、两党制，以及各种各样的自由和权利，充分保障了在发达资本主义社会国家权力和公民权利的有效界限，"资本主义民主制具有实行普选权和政治竞争以及工人阶级能够施加各种压力的特征"②。因此，在很大程度上讲，发达资本主义国家都是所谓的"民主国家"。对此，密里本德提醒说，资本主义民主的现实成果也并非一蹴而就的事情，它也经历了漫长的发展和改革过程。他分析道，在英国1867年，尤其是1918年和1928年几次的选举法改革以前，英国能够享有选举权的人口是十分有限的，完全不能满足资本主义经济、政治、社会发展的需要。因为无论从当时的选举制度设计，还是从实际享有选举权的主体现实及选举的客观运作来看，都远远不能满足新兴的工业资产阶级的需要，政治制度显示出其对经济制度的阻碍作用。但是，当初，英国的统治阶级适度地调整选举制度，目的并非为了保障民主，一定意义上讲，它主要是为了继续维护统治阶级的利益，体现了一种自上而下的阶级斗争。埃德蒙·伯克在《法国革命感想录》中指出，"英国宪政'不是一天仓促的产物，而是明智的推迟臻于成熟的果实'"，英国先辈"从不把它和它的根本原则分离开来，也不把这个国王的法律、宪法和惯例中没有存在根基的丝毫修改引进来"③。

从功能上而言，英国资本主义民主制如果说是为了保障和促进民主，莫说是其"尽可能致力于扼制而决非助长民众行使决策权和处理国事的权力"④，作为英国资本主义民主核心制度的议会制度，其重要性并非是其拥有实权，而是因为其遵循的一切经过选举的原则为政府的存在提供了合法性基础。同时，议会制度也为议会改良主义提供了制度基础，后者成为长期支配工会工人

---

① ［法］托克维尔：《论美国的民主》（上卷），董果良译，第6页。
② ［英］拉尔夫·密利本德：《英国资本主义民主制》，博铨、向东译，第46页。
③ ［英］埃德蒙·伯克：《新辉格党人向老辉格党人的呼吁》，载陈志瑞、石斌编：《埃德蒙·伯克读本》，中央编译出版社2006年版，第255页。
④ ［英］拉尔夫·密利本德：《英国资本主义民主制》，博铨、向东译，第2页。

运动和议会社会主义的核心观念和理论。

密里本德在对资本主义民主的批判上另辟蹊径,把英国资本主义民主制看成资本主义国家缓解来自下层压力的方式和手段,并结合英国自第一次世界大战前后以来的社会发展状况,客观分析并预测英国资本主义民主制发展的三种可能性,尤其是在英国实现社会主义的现实条件和问题症结。密里本德认为,英国工党长期以来一直是英国左派的压倒性力量,可是根据以往的历史经验,工党只打算进行改革,从不进行根本性的社会革命,因此依靠工党来实现社会主义,不具有现实性。在英国,需要一支意志坚定、内部团结、行动果断的左派力量,从而实现对英国权力结构的根本性改造。而如何实现这一目标,则是需要理性探讨的重要问题。

第四节 政治批判中的理想社会建构

密里本德由于自己独特的个人经历、所处的时代背景以及特别的个人气质,使他从小就培养了浓烈的政治兴趣和强烈的政治意识。列奥·潘尼奇在其所写的一篇对密里本德的追忆文章中,曾经准确地总结了密里本德政治学研究的基本方式和主要内容,那就是"正本清源"和"奠定基础",而且这两项工作密不可分,可以说二者是同时进行、相互穿插、相互渗透的关系。纵观密里本德一生主要的学术成果及主要的政治实践,发达资本主义政治批判与理想社会建构也是其中最为根本的两条主线,甚至可以说是其一生学术研究和政治实践的主要脉络和线索,构建理想社会的前提是发达资本主义政治批判,发达资本主义政治批判的目的是构建理想社会模式,那就是社会主义。

一、社会主义的合理性

密里本德面对人们对社会主义替代策略的各种质疑和诘难,曾经在多种场合为社会主义进行辩护。福山在《历史的终结》中认为,人类社会除了资本主义的自由民主制,没有别的更好的制度选择了。密里本德认为福山的判断和预言是非常狭隘错误的观点,他认为在当代条件下,只有社会主义才是资本主义最好的制度替代选择。为了更好地说明问题,首先应当对社会主义的概念进行准确界定,即什么是社会主义,什么不是社会主义,都需要加以仔细分

析和甄别。密里本德指出，无论是福山还是熊彼特，他们对社会主义所下的定义都是极为不准确的。社会主义应当是自由、平等、民主、合作、和谐的社会制度和社会秩序。资本主义从表面上看，似乎也具有自由、平等、民主的表象特征，然而根据历史经验和客观现实可以看出，在资本主义制度下，自由、平等和民主都极为有限，相反，受到资本主义生产方式的根本性限制，资本主义民主本质上是一种维护资产阶级专制统治的虚假民主，即在资本主义条件下，资本主义民主实际上是民主形式下的垄断统治，资本主义的民主权利和民主程序实际上是资产阶级精英和精英控制下的媒介对权力进行操纵的主要手段和方式。资本主义所谓的"自由民主"，实际上是一种自由的幻影。密里本德认为，民主是社会主义的本质特征，只有在社会主义条件下，才能真正实现民主，而这主要是由社会主义的根本内涵决定的。社会主义区别于资本主义的一个根本标志就是社会主义是以公有制为主体的混合经济，由于社会主义消灭了人与人之间的控制和剥削，从而能够真正实现人人平等，人与人之间是一种合作关系。而这种对社会主义概念和本质的理解和界定，也符合马克思的马克思主义，是经典马克思主义对社会主义的根本定义和认识。除了从生产方式和生产关系的角度论证社会主义的合理性之外，密里本德还从其他相关角度对此问题进行了探讨。

具体而言，社会主义的合理性问题可以拓展为为什么不是资本主义、为什么是社会主义的问题。可以说，密里本德一生的探索，都是为了解决和回答这个问题。其无论是在 20 世纪五六十年代，英国工党政治影响力日渐强势、逐步成为英国政坛第二大政党的时候，还是在 20 世纪 70 年代末英国工党遭到挫败，此后长期一蹶不振的时候，抑或是在 20 世纪 80 年代末 90 年代初，世界上许多国家共产党纷纷垮台、社会主义事业陷入低谷的时候，许多左翼思想家都对社会主义事业表现出悲观无奈的情绪，有相当一部分的左翼作者甚至完全走向了左翼的对立面，不再对实现和建设社会主义心存向往，也不再认为社会主义制度是值得人类坚持追求的事业，而密里本德还是一如既往地探求在世界范围内实现社会主义的必然性和可能性。

二、为什么不是资本主义

英国工党在 1979 年的大选中大败，以后又接连在 1983 年、1987 年和

1992 年的英国大选中遭到失败，1983 年的失败甚至比 1979 年更为惨烈。1992 年工党大选失败后，工党领袖金诺克引咎辞职，接替他的工党领袖是史密斯，但史密斯却于 1994 年突然离世。此后，年仅 41 岁的布莱尔成为新的工党领袖。布莱尔面对工党在大选中的连连溃败，决心变革工党的理念，他宣称社会民主主义是"永恒的修正主义"，他认为英国工党并没有随着英国的现代化、全球化而现代化、全球化，所以，英国工党面临的主要任务是变革，布莱尔说："如果世界变了，而我们没有变革，那么我们对世界没有意义。我们的原则将不再是原则而只是僵化的教条。不进行变革的政党将会死亡，我们的政党是生机勃勃的政党，而非一座历史纪念碑。"①于是，工党提出了新的口号："新工党、新英国。"并提出了"第三条道路"的思想理念。对于"第三条道路"，布莱尔的重要智囊人物、英国著名的社会学家安东尼·吉登斯解释说："全球市场与知识经济的到来伴随着冷战的结束，已经使国家管理经济生活和扩大社会福利的能力受到影响。我们需要引入一个完全不同的框架，它既不是老左派所赞成的官僚主义的自上而下的政府管制，也不是右派所渴望的干脆取消政府管制。"②

其实，对于密里本德曾寄予厚望的英国工党从追求社会主义传统上的转向，在很早以前就有迹可循。为此，密里本德都曾经在不同时期写过不同的文章进行反驳，从较早时期的《英国的新修正主义》到 1993 年他去世前所写的最后一本著作《怀疑时代的社会主义》，可以说都是从不同角度对这类问题的批判和理论回应，尤其是《怀疑时代的社会主义》，更是对其一生社会主义追求的系统性总结。正如他的学生列奥·潘尼奇在上述同一篇文章中所评价的那样："也许比我们这个时代的其他知识分子贡献更多的是，拉尔夫·密里本德一直致力于证明保有真正民主的社会主义制度前景的必然性，并通过建构一种替代共产主义和社会民主主义的新社会主义，探寻促进这种制度实现的可能性。""即便是遭到诸多政治失败以及近年来左派知识分子遭到谩骂、纷

---

① ［英］托尼·布莱尔：《新英国：我对一个年轻国家的展望》，曹振寰等译，世界知识出版社 1998 年版，第 59 页。

② ［英］安东尼·吉登斯：《第三条道路及其批评》，孙相东译，中共中央党校出版社 2002 年版，第 2 页。

纷逃避的情况下,他仍然坚定不移地坚持这种主张。"①

那么,什么原因使得密里本德如此坚守自己的社会主义信念呢? 那是由于密里本德始终坚信资本主义制度是应当彻底被替代的制度,而社会主义制度则是这种替代的最好选择。

对于资本主义为什么是应当完全被替代的社会制度,密里本德曾经从不同角度做出过具体论证。总结起来,主要有以下几个理由。一方面,资本主义不是科学的社会制度,在资本主义体制下,按照市场法则建立的社会资源配置机制,并不能够实现社会资源的合理、公平配置,反而,它造成了极大的社会破坏,资源浪费、环境污染、浪费严重、贫富分化、不平等现象急剧加速、通货膨胀加速、经济增长缓慢、工人大量失业,现实中,人们都倾向于从一些经济学、数量学、统计学等技术性环节和角度上来寻找这些问题的根源,比如根据西方经济学的原理,通货膨胀一般与经济增长是一种正比关系,在这种理念支撑下,政府和专家都倾向于把通货膨胀、物价上涨看成正常的现象,是促进经济持续增长的必然代价,完全没有考虑环境的承受力、资源的有限性,或者没有从全球性的整体意义上来考虑这些问题,从而导致发达国家对发展中国家的资源、环境掠夺等不良后果,而发展中国家的资源损耗、环境污染等恶果反过来又影响发展中国家的良性发展。这样,在资本主义权力体系的控制下,全世界都卷入了资本主义体系的发展模式之中,这样的结果不是全球化的发展,而是全球性的灾难。造成这一切的原因完全是因为"资本主义社会,利润的驱动成为破坏环境的主要因素。与其他领域一样,系统的本质迫使其把利润以外的东西都按照次要的东西来对待"②。而一个具体的国家,乃至全世界的国家,要解决上述问题,密里本德认为,在资本主义体系下,几乎是不可能的,"然而,真正的问题不在于污染的事实,资源的稀缺或人口过剩,而是受资本主义规则掌控的世界在多大程度上能够解决这些问题。在这方面,悲观情绪有一定的合理性"③。

另一方面,资本主义制度不仅不是科学的社会制度,而且还是不道德的社

---

① 张亮编:《英国新左派思想家》,第 147 页。

② Ralph Miliband, "The Plausibility of Socialism", *New Left Review*, I/206, July-August 1994.

③ Ibid.

会制度。马克思在《共产党宣言》中,曾经大力赞扬过资产阶级在历史上的进步作用,尤其是在生产力发展史的角度而言,更是如此。"资产阶级在它的不到一百年的阶级统治中所创造的生产力,比过去一切世代创造的全部生产力还要多,还要大。"①但随着历史的轮回,经过"类似的运动","资产阶级的生产关系和交换关系,资产阶级的所有制关系,这个曾经仿佛用法术创造了如此庞大的生产资料和交换手段的现代资产阶级社会,现在像一个魔法师一样不能再支配自己用法术呼唤出来的魔鬼了"②。也就是说,资本主义生产关系在某个历史阶段一定会成为生产力发展的桎梏。对这个观点,密里本德认为,虽然经常受到别有用心的人们的诟病,单纯从物质生产能力来说,马克思的这个预言目前还尚未发生,而且,客观地讲,资本主义在改善人们的生活条件方面,确实取得了巨大的进步,但是,从本质上而言,资本主义却具有统治与剥削的根本特征,因而,"从人的本性来讲,资本主义社会是极其不道德的社会,迄今为止,它本质上具有统治和剥削的特点,这决定性地影响着人际关系"③。

在密里本德看来,资本主义的反道德本性不仅仅在于资本主义社会中人与人之间的统治与剥削关系,以及受此关系约束和决定的其他的各种人际关系的异化。而且还在于,资本主义制度是产生大量社会不良现象的根源,贩毒运毒、吸食毒品等毒品泛滥现象日益严重,社会中大量存在的人们的精神异常、国家之间发生的规模不等的国际战争和区域冲突,等等,从根源上来讲,都是由资本主义制度造成的,因为资本主义制度压倒性的组织和行动原则就是追求以利润为核心的各种物质利益,物质利益至上,其他的一切目标和价值都成了物质利益的附属品和牺牲品。因此,在资本主义统治下,整个社会及全体人类都将陷入一种焦虑、无序、绝望而又无可奈何的情绪之中,无法获得解脱,只有彻底改变资本主义制度,才有可能改变这一切。

三、为什么是社会主义

如何证明和论证社会主义是一种更为优越的社会制度? 许多思想家都进行过论证。比如 G.A.科恩在《为什么不要社会主义?》中在道德方面对社会主

---

① 《马克思恩格斯选集》第 1 卷,第 405 页。

② 同上书,第 405—406 页。

③ Ralph Miliband,"The Plausibility of Socialism".

义的"可欲性"进行了论证,他设想了一种"野营旅行"的环境,很明显,"在这一环境中,大多数人会越过其他可行的选择而强烈地赞成社会主义的生活方式"①。并且认为在"野营旅行"中,两项原则得到了实现,即平等原则和共享原则,而这两项原则无疑都是社会主义的根本原则。紧接着,科恩又提出,如果不是仅在小范围、小规模的领域,而是在更为广阔的国家和世界范围内,社会主义是否是可欲的问题。科恩认为,在更广阔的社会领域推进社会主义,存在着许多困难,"任何实现社会主义理想的尝试,都会遭遇处于牢固地位的资本主义力量和个人人性的自私"②,但是这不能成为人们放弃社会主义追求和努力的理由和借口。

对于社会主义的合理性,密里本德也进行过集中思考,但是思考的路径却与科恩不同。密里本德认为,只有社会主义才能彻底根除上述的"资本主义罪恶",至少是根除罪恶产生的根源和基础。密里本德为什么这样认为呢?他认为这是由社会主义应然性中所包含的必要因素决定的。

首先,社会主义意味着全面的、真实的民主,"社会主义必须被视为历史悠久的民主运动的一部分,但是只有社会主义才可以赋予民主完整的意义"③。在密里本德看来,资本主义民主制度有着极大的虚伪性,而且,资本主义民主制度主要体现在资本主义政治领域,而在经济领域的民主是远远不够的,这就会产生政治民主与经济民主相脱节的现象;而且,即便是资本主义政治民主,也会受制于资本主义的反民主本性,从而在很多方面受到限制,因为资本主义政治民主从本质上来看,其初衷、制度的设计及其目的,都是为了反对民众真正享有民主的,而这是由资本主义的业已形成的权力和特权体系所决定的。而社会主义,应当是一种全面的民主,无论是从范围而言,还是从本质而言,都应当是资本主义民主的扩大和扩展。在社会主义社会,民主不仅是社会的整体组织原则,而且是社会运行的具体机制。

再者,在历史和现实中,人们对社会主义进行攻击的另外一个方面是社会主义的伦理性问题。比如,如何协调社会主义与人类本性的关系? 难道在社会主义社会,人类的一些恶的本性就会彻底消失吗? 在社会主义制度下,还会

---

① ［英］G.A.科恩:《为什么不要社会主义?》,段忠桥译,人民出版社 2011 年版,第 13 页。

② 同上书,第 75—77 页。

③ Ralph Miliband, "The Plausibility of Socialism".

存在资本主义条件下的一系列不良社会现象呢？

对此，密里本德在《怀疑时代的社会主义》中，主要针对两个典型的对社会主义诘难的问题进行了探讨。一则是人类的本性问题。诚然，人类具有贪婪、自私自利等恶的一面，但是人类也在体验着人类自启蒙运动以来所提倡的人类理性，以及由人类理性所发端的人类无限完备性的特点和趋势。历史事实也一再表明，人类有克服自身的缺点，而不断地走向完善的能力和信仰，即"把它置于更当代的语境中，存在一种信仰，相信人类能够完美地把自身融合入合作、民主、平等以及自我管理的共同体中，在那里，所有的冲突当然无法根除，但是它将变得越来越少、越来越缓和。这种理想的完全实现将会花费很长的时间；但是社会主义的基本出发点是——不得不是——没有什么无情的诅咒，注定人类将永远分裂和冲突"①。确实，人类历史上曾经出现过大规模的杀戮现象，而且许多还是以人民的名义，但是并不能说这些大规模的杀戮决定是由大多数人作出的，他们中的少数人只是参与了而已，况且对于大多数的民众，大家都是"沉默的大多数"，既没有作出决策，又没有参与行动，因此，不能把少数人的罪行归结为一般人的本性。

此外，还有一个对社会主义的挑战，也就是所谓的"寡头铁律"问题，这一问题由德国著名的政治学家和社会学家罗伯特·米歇尔斯在其名著《寡头统治铁律——现代民主制度中的政党社会学》一书中提出。罗伯特通过对德国社会民主党的考察，提出任何组织的权力最后都不得不集中于少数精英手中，从而形成所谓的"寡头铁律"，"正是组织使当选者获得了对于选民、被委托者对于委托者、代表对于被代表者的统治地位。组织处处意味着寡头统治"②。对于"寡头铁律"论的质疑，密里本德分析说，此命题可以分为两个分命题：第一个分命题是在人群中，有一种天然的分裂，注定会把人群分成少数人和多数人；第二个分命题是任何组织最终都会落入寡头统治之手，德国的社会民主党最终就成了社会民主党领导人把工人阶级的解放当成了其控制党组织的工具。对此，密里本德批驳说，首先，对于任何一个组织，当然必定会涉及一定的权力掌控和归属问题，因为激进主义倾向并不是均匀分布的，但问题的关键不

---

① Ralph Miliband, "The Plausibility of Socialism".

② ［德］罗伯特·米歇尔斯：《寡头统治铁律——现代民主制度中的政党社会学》，任军锋等译，天津人民出版社 2003 年版，第 1 页。

在于权力掌握在谁的手中，而在于是否可以有效地规范和控制权力的合理行使，密里本德不认为通过完备的、具体的制度规章的设计，就可以规避这一问题，因为在他看来，规章制度总有漏洞，问题的关键在于"更重要的是权力运行的经济、社会、政治和道德行使的环境。在巨大的社会不平等是人们日常生活中不可缺少的一部分的社会中，这确实是不可避免的，权力容易集中和形成寡头模式，即便有大声的民主雄辩或精心掩盖事实的正式程序。但激进主义倾向是不固定的，如果条件有利，很有可能蔓延。在平等主义正在形成的社会中，公民深深意识到他们的民主权利，包括自愿和有效参与的权利，认为领导层不可能变成寡头统治还是现实的。然而，寡头倾向将长期存在；但往往可以反对或被挫败。寡头政治的一个铁律是另一回事了；而且没有理由认为，在一个合理的环境下，这样一个铁律将无法避免地主宰权力的行使过程"①。

总之，在密里本德的理念和理想中，社会主义是一种能够从社会的基本基础上消除资本主义罪恶产生根源的社会制度，它也许会不断地受到质疑、诘难和攻击，现实中的社会主义实践也一再地遇到挫折，但是社会主义却毕竟为人类彻底克服资本主义制度提供了替代性的选择和希望。社会主义不是一朝一夕能够实现的，它是人类一个总体的、理想的追求目标，并且要通过许多代不同人们的共同努力，才有可能实现社会主义。那么，这里又提出了一个问题，那就是如何在资本主义体系的包围之下，不断地走向社会主义呢？也就是说，实现社会主义的现实路径是什么呢？

四、社会主义的机制建构

在《怀疑时代的社会主义》这本著作里，密里本德对自己的社会主义理想进行了一个系统性的总结，他首先分析了社会主义的合理性问题，也就是为什么应当反对资本主义，为什么要追求社会主义这个基本的理论和现实问题。紧接着，他分别探讨了民主的机制、混合所有制经济模式及选区、机构和策略问题，对社会主义的理想模式分别进行了分析。

对于社会主义社会，是否就意味着国家的消亡，意味着不再需要像国家这样一个公共权力组织体系，密里本德认为在社会主义社会，依然需要国家这样

---

① Ralph Miliband, "The Plausibility of Socialism".

一个公共权力机构,不管把这样的公共权力机关称作国家或别的什么,它都需要这样一个公共权力机构,只不过,在社会主义社会,国家的性质、目的、基本的组织原则和组织机构、具体的活动原则和规则等方面都会发生一个根本的变化,这些变化的一个最主要、最重要的方面就是社会主义民主制度和民主机制的探索和建立。

同时,国家的权力虽然是必需的,但同时也应当通过民主程序受到必要的限制。"不仅政府领导的权力应当受到限制:作为整体性的政府权力都应当受到制约。"①这样,密里本德认为就应当合理设计政府权力的制约体系。总的来说,政府权力的制约体系的构建,不仅需要国家机构内部各国家机关的相互监督和制约,而且需要来自社会的民主监督。总之,在社会主义社会,不应允许有不受限制和制约的权力,因为历史事实证明,由于权力不受有效的监督和制约带来的后果相当严重,容易带来腐败及其他各种问题,这些都会对社会主义建设造成严重的危害和破坏。

对于民主问题,密里本德认为,社会主义最典型的特征就是社会主义民主,所以社会主义民主,首先就是社会主义民主化的问题。社会主义民主是对资本主义民主的继承和发展,因此完备的社会主义民主应当是资本主义民主的扩充和发展。

民主对于社会主义而言,具有多重的含义和要求。首先,民主是社会主义的一项基本的组织原则和要求,它应当遍布于国家和社会的每一个组织,成为其中指导性的原则。在国家体制上,应当通过真正民主化的选举,来选择各级国家机关的领导人;通过民主化的程序,来组织各机关的民主化运行;设计民主决策程序和执行程序,保障决策的民主性和执行性。

在国家权力的问题上,密里本德认为应当继续实行资产阶级的三权分立原则,同时应当对三权分立原则进行重新的规划。在资本主义体制下,国家的立法机关、司法机关和行政机关,无论他们在表面上如何相互监督和制约,但三者在思想基础上是保持一致的,他们都尽力在自己的职权范围内维护资本主义的意识形态和社会秩序。在社会主义民主体制下,立法权、行政权和司法权依然应当分立、相互监督和制约,然而他们应当也有一个基本的意识形态转

---

① Ralph Miliband, *Socialism for a Sceptical Age*, p.81.

换,不应再是保守主义意识形态的维护者。比如,对于法官而言,在社会主义社会中,法官应当通过司法解释、司法审查及具体的司法审判功能,承担起对政府的监督工作。但是当具体的法官在承担这些职能的时候,当他通过自己的职务言论对社会正义规则进行阐释的时候,他应当采取新的、适合社会主义的标准,而不是传统的保守主义规则。因此,"一个社会主义政府应当改革其司法的根基和分支;法官改革有助于这项任务的完成"①。

在社会主义议会及议会与政府的关系问题上,密里本德认为,议会与政府的关系非常重要,因为政府的施政纲领与具体决策,需要议会的支持和同意,否则政府的决策得不到法律程序上的合法性保障。因此,政府需要在议会选举中,取得多数支持,这是政府改革成功的保障。同时,这并不意味着"立法部门对政府而言是一种服从和从属的关系"②。议会应当是由不同党派和组织、持有不同观点的男人和女人组成,这就有一个如何控制的问题,也就是说,从技术上而言,政府如何能够保障在观点不一、意见不同的议会中,获得多数支持的问题。密里本德认为,政府获得普遍的多数支持,并且希望在以后的执政中获得多数支持,并不是议会批评和监督功能的同义语,因此,如何正确处理政府和议会的关系问题,既保障议会的多数支持保障性,又充分发挥议会的监督功能,两者虽有矛盾,但是在基本面上却是一致的,因此不能偏废,而保障议员由不同观点、不同组织的成员组成,就是要充分发挥议会的批评功能,保障政府决策的正确性和合法性。

同时,密里本德还对议会的选举程序问题进行了探讨,他认为:"一个国家的立法机构无论是强还是弱,它的构成应当反映一次选举中投票的公正计量问题。"③密里本德认为,传统上的资产阶级议会选举,采取的选举程序和选举制度,比如"得票最多者当选"的选举原则和制度,不能反映选民的真正意图,这样的结果往往使得获得少数选票的政党上台执政,因而不是真正的选举民主,这样的政府也不是真正的民主政府。因此,在社会主义民主体制下,应当设计合理的选举制度,保障通过选举上台的政府是多数政府,这不仅是从民主的角度考虑的,同时这也有利于政府的稳定和政府决策的有力执行。

---

① Ralph Miliband, *Socialism for a Sceptical Age*, p.77.
② Ibid., p.81.
③ Ibid., p.83.

密里本德认为,在社会主义基本的经济体制上,首先应当强调国家的干预。虽然,在资本主义经济发展史上,总是存在两种争论,即市场自发调节主义和政府自觉调整主义。持有传统自由主义观点的人士,总是批评政府对经济干涉的态度,认为这极大地干涉了经济的自主发展,影响了市场的活力。密里本德对此评价道,其实在资本主义经济发展过程中,尤其是近几十年来,资本主义经济一点也没有少从资本主义国家那里获得帮助,现代的资本主义国家,正在大量地卷入资本主义的"经济生活",其通过的手段既有传统的方式,又有现代的方式,传统的经济干预方式有国家税收和国家预算,还有国家通过立法程序通过的限制工人工资的法案等,现代国家干预经济模式有补贴、津贴、关税、救援、出口信贷等多种方式,因此国家对资本主义的企业的帮助是全方位的,不仅体现在国内生产和国内贸易的部分,而且体现在资本的国际扩张和国际贸易部分。事实上,国家对资本主义企业的帮助,就是一种干预,那种认为国家干预是不应当的国家干预主义,其实是对事实的一种选择性失明,它反对的并不是国家干预,它只是反对那些有利于工人阶级的干预。

因此,对于社会主义,不应当反对国家的干预和计划。相反,在社会的经济生活中,应当充分发挥国家的组织协调功能,让社会经济的各部分得到合理安排、社会资源得到合理配置,从而使社会经济有序发展,杜绝浪费,促进节约和平等。这样就要求社会主义的国家干预主义有一个根本指导思想上的转变,从资本主义的私益目的转向公益目的。总之,"就其本身而言,一个社会主义政府应当有一个强有力的干预主义立场,秉持在经济生活中的干预主义是自己的一个主要责任的理念"[1]。

对于所有制体制问题,密里本德认为应当建立"混合所有制经济"模式,其中,公有制经济占据主要的位置。在资本主义社会,曾经也实行过"混合所有制"经济模式,正如英国的工党和一些国家的社会民主党所做的那样,但是,在这些国家,共有部分和私有部分的比例是严重倒置的,其中,私有经济占据了主要的位置和比例,而公有经济的存在是从属于私有经济并为私有经济服务的。而在社会主义社会,这种混合所有制经济中的主次部分应当颠倒过来,公有制经济应当占据主体位置,私有制经济应当从属于公有制经济。社会

---

[1] Ralph Miliband, *Socialism for a Sceptical Age*, p.99.

一切经济活动的目的不是为了私人利益，而是为了公共利益。总之，"社会所有制是社会主义定义的内在部分"①。

这样，密里本德认为基本的问题不再是是否应当采取社会主义公有制的问题，而在于社会公有制应当采取什么形式，以及如何有效地实现控制的问题之上。

具体而言，密里本德认为，社会主义经济所有制应当包含三种具体的模式：第一种是各种具有统领作用的公有经济；第二种是一定数量的合作经济；第三种是占有一定比重的私有经济。其中私有经济应当由中小型规模的企业构成，它是社会主义经济的重要构成部分，主要提供某些商品和社会服务。

对于公有制经济，应当充分保障它的自主性，并同时正确处理自主性与国家控制的关系问题。在发挥自主性作用的同时，应当保障国家的调控和控制作用。公有企业主要负责企业运营的微观经营，国家主要保障企业运行的宏观部分，比如在有关健康、劳动安全、生产安全、环境、就业及工人的权益保障方面，国家应当充分发挥宏观调控和管理作用。为了减少甚至杜绝传统公有制经济领域中的效率低下问题及腐败问题，密里本德构想建构全方位的监督机制，监督公有制经济的有效、民主、公正运营。

对于合作经济和私有经济，应当在混合所有制经济体制中发挥重要的作用，但是它对于公有制经济部分，其只是从属性、补充性的地位。在合作经济的发展中，地方和市政当局应当发挥主要的功能和作用，根据一些国家合作经济的成功经验，应当在剧院、饭店、看护中心、夏令营、文化馆及其他各种文化设施中，多采用合作经济形式。同样，"社会主义民主应当扩展它的作用范围，要求他们应当尽可能多地采取包括公民参与权之类的民主形式"②。

总之，社会主义经济体制，是一种复杂的、总体的结构系统，其既要面对过去资本主义传统的经济问题和关系问题，同时还要面临新的、亟须解决的问题。因此，理想的社会主义经济模式需要在实践中不断摸索，但是它的一个基本核心却是，使得经济活动从资本主义权力统治体系中解放出来，使得经济发展和谐、经济成果共享，这才是社会主义经济活动的根本宗旨。

---

① Ralph Miliband, *Socialism for a Sceptical Age*, 1994, p.100.

② Ibid., p.112.

密里本德主要以政治研究为其主要的学术研究范围和志趣，但是他的政治学研究却是围绕政治研究为核心的整体性研究，其中文化研究也是其重要的组成部分，他的文化研究也是以政治学为研究视角的，同时也受到了葛兰西文化霸权思想的重要影响和启示。

密里本德认为资本主义的统治，是通过构建"双重政权"模式而形成的双重统治，一重是来自国家政权机关，另一重是来自市民社会，在普通时期，资产阶级的阶级统治主要不是通过国家政权机关的压服和镇压的功能来完成的，而是通过市民社会中的文化统治工具来完成的，它们所起的主要功能是教育和说服的功能，目的是使统治阶级的阶级统治地位和权力获得被统治阶级的同意，从而心甘情愿地接受统治阶级的阶级统治。相对于国家政权的统治，"社会政权"的控制在很多时候显得尤为重要。

因此，对于社会主义社会，也应当充分发挥社会政权的建设和引导，为政府实施社会主义纲领创造群众基础和舆论支持。在这个方面，各种传播媒体如广播、电视、各种报纸、杂志等发挥着重要的作用，政府应当重视对他们的控制。首先，应当从所有权上进行控制，主要是对他们进行国有化改造，使他们不再服从私人目的。

致力于社会主义的左派政府应当注重文化建设，注重知识分子的作用。用葛兰西的话说，知识分子就是"合法化的专家"，在资本主义统治合法化的过程中，知识分子就起着极度功能化的作用，他们或直接或间接地为资本主义体系辩护。因此，在密里本德看来，在社会主义社会中，知识分子的功能依然是不容忽视的，"这不仅是一个有关知识分子的问题，在受到列宁很大敬重的考茨基的一个著名判断中，'（知识分子）把社会主义从外部带给了无产阶级'，而且帮助人们从被现实迷惑的丛林中找到出路"①。

社会主义应当重视文化生产，应当通过主导价值的渗透和结合，进行社会主义文化的生产和宣传。在这方面，西欧的资本主义社会做得比较成功；"……指出了先进资本主义社会生活中的一个主要特点：即在这些社会的文化领域中，资本主义生产了最大部分的产品，因此，很自然这些产品是以这样

---

① Ralph Miliband,*Socialism for a Sceptical Age*,p.157.

或那样的方式帮助保卫资本主义的。"①然而,运用马克思主义来进行社会主义的文化生产,在这方面是远远不够的,在许多因素的作用下,马克思主义文化生产总是走向教条,或者社会主义文化生产总是走向分裂和自相矛盾。因此,密里本德非常推崇葛兰西的文化理论,他认为葛兰西作为一名马克思主义者,首先在理论方面关注了文化生产问题,强调了文化生产和文化产品对社会主义的意义和重要作用。除此以外,"……对第二次世界大战后三十多年来供群众消费的文化产品的思想意义缺乏马克思主义的分析和解释工作,更不用说在第二次世界大战前的年代里事实上没有进行过这项工作"②。社会主义文化生产要求在民众中普及社会主义教育,达成社会主义共识,这点至为关键。为了达成这一目的,在现实的微观政治实践中,需要超越不同的人群界别和界限,在社会主义共识的基础上进行广泛的联合,"从传统的模式中解放出来,要耐心地和灵活地贯彻执行"③。因为社会主义事业并非只是少数人的事业,它是全体社会成员的共同事业,需要广泛的民众基础和支持。社会主义教育本质上不同于资本主义教育,资本主义的教育是分等级的精英教育,而社会主义则是追求平等价值的大众教育,因为社会主义的理念基础是相信人与人之间从根本上是平等的,而社会主义教育则是帮助这种平等权的真正实现。

因此,现实的社会主义建设也应当十分强调文化生产和文化建设的价值,这就要求在文化领域开展文化生产和文化宣传,这有利于在全社会范围内形成共同的价值观和社会意识,在一定程度上关系社会主义改革的成败。

这里又涉及一个问题,那就是,既然正如马克思、恩格斯在《德意志意识形态》中的论断,在每一种社会形态中,在物质上占统治力量的阶级,在精神上一般也占据统治地位,这在一定程度上,又如葛兰西所言的资本主义社会统治阶级的"文化霸权",那么在统治阶级的文化霸权的强力统治之下,如何能够建构和实践有效的社会主义文化呢? 密里本德对此持一种乐观的态度。他认为,包括传统在内的文化领域并非铁板一块,事实上文化领域一直是存在着激烈的阶级斗争和阶级争夺的领域,这种斗争和争夺一般并不激烈,但并不能

---

① ［英］拉尔夫·密利本德:《马克思主义与政治学》,黄子都译,第55页。
② 同上书,第54页。
③ 张亮编:《英国新左派思想家》,第161页。

否认先进的文化和思想不断地萌发并侵蚀旧政权的统治思想,法国18世纪初的革命史就说明了这一点。同样,虽然在资本主义的统治下,社会主义思想饱受各种攻击,而且许多攻击还来自左派内部,但是社会主义力量还是在资本主义内部不断渗透,虽然看起来进程比较缓慢、曲折,但这不妨碍社会主义力量的不断积累,因此,"现在真正的问题已成为它到底要它掘向一个什么样的社会主义和这个社会主义将怎样实现"①。

五、社会主义的实现路径

在密里本德看来,社会主义不仅是一种理论构想,更是一种现实的社会实践。正如上文所言,作为客观的、现实的社会实践,不能幻想社会主义能够一步到位,它必然是一个长期的过程和目标。同时,社会主义是一种完全不同于资本主义的社会秩序和社会形态,从这个意义而言,社会主义又是一场深刻的社会革命。

密里本德认为,革命主义是列宁为了在生产力发展相对落后的俄国实现社会主义所探索出来的成功道路。列宁主义革命主义随着实践的成功,极大地激励了其他国家包括共产党在内的左翼派别的斗争,加之当时共产国际的体制和推动,革命主义成为当时国际范围内社会主义斗争的主要方式,许多国家的共产党人都接受了这一策略,并在不同程度上进行了实践。但是,历史事实证明,革命主义策略在发达资本主义国家并没有取得成功。

与革命主义相对应的另外一种策略是社会改良,社会改良是西欧传统的社会民主党所主张的社会主义实现路径。社会改良方式也是英国工党所主张的主要方式,密里本德的老师、著名的政治学家和英国工党的政治活动家哈罗德·拉斯基就主张在英国实现社会主义,应当"一点一滴改良、一点一滴进步"。这种社会改良思想受到密里本德激烈的批判。密里本德承认,社会民主党从其取得的成就来看,它确实做了不少的事情。但是,作为一个追求社会主义的政党,社会民主党从来没有想过彻底废除资本主义的权力体系,也从来没有想过彻底变革资本主义根本制度,社会民主党只想在有限的范围内"使

---

① [英]拉尔夫·密利本德:《马克思主义与政治学》,黄子都译,第59页。

工人阶级的生活变得更加说得过去"①。而社会民主党人的这些要求，反而有利于稳定资本主义统治秩序。因此，对于统治阶级来讲，社会民主党的主张在一定程度上是受到他们欢迎的。

对于与密里本德同期的英国新左派成员，他们也都提出了自己的社会主义见解，比如有人主张革命，有人主张改良，有人主张生态社会主义，有人主张市场社会主义，等等。而密里本德与此不同，他明确主张的是一种改良主义的社会主义。对于改良主义社会主义，他多次论及，其中最为明确、集中的论述是在其著作《马克思主义与政治学》中。在《马克思主义与政治学》中，密里本德集中讨论了两种策略，即革命主义策略和改良主义策略。

对于革命主义策略，密里本德说自己更愿意称之为"起义策略"，因为他认为革命策略包含了太多的不确切性。对于起义策略为什么会成为国际上一种主要的策略模式，密里本德认为除了俄国革命成功的激励以外，还在于列宁夸大了战后国际范围内存在和发生革命的可能性，并认为把这种革命主义列为许多资本主义国家的议事日程已经迫在眉睫。这种错误的预估和此后共产国际的《二十一条》的具体规定使得起义策略成为国际通用策略，并在列宁以后，被斯大林主义非常可怕地歪曲了。另外，起义策略在资本主义国家的不可行，也值得人们深思。密里本德认为其中虽然有许多原因，但是资本主义民主制对资本主义工人运动产生的巨大吸引力对稳固资本主义统治的作用不可忽视和低估。对于列宁的起义策略，还有一个理论和实践上的悖论，那就是起义意味着打碎旧的国家机器，但是，打碎旧的国家机器，并不意味着能够顺利地建立一个新的、民主的、理想的社会和国家组织。事实上，在革命胜利以后，还存在着一个民主与指导之间的紧张关系，需要很好的处理；否则，会很容易走向民主的反面，后来的斯大林主义就是一个明显的例子。在密里本德看来，列宁当年对革命与建设、民主与集中的关系处理得过于简单化了。

对于改良主义策略，密里本德认为，这是更适合西方发达资本主义条件下的策略方式。改良主义不同于社会民主党的社会改良。社会改良只是在资本主义体制下的局部改进，并不改造整个资本主义制度的基础；而改良主义，并不满足于资本主义制度的小修小补，它着力于对资本主义生产关系进行全面、

---

① 张亮、熊婴编：《伦理、文化与社会主义——英国新左派早期思想读本》，第198页。

彻底的改造,它力图改变的是资本主义的根本制度及其基础,意味着对资本主义的根本否定,但不是全面否定,因为社会主义应当借助资本主义的某些先进的组织原则和管理形式,以实现社会的良好治理。

至于改良主义的具体实现方式,密里本德认为应当可以通过和平与合法的方式,具体而言就是左派在议会选举中获胜,组织一个多数派政府,因为在他看来,"通过宪法途径取得政权后,也可以对国家机构进行全面的重建;而夺取政权并不必然包含这种全面重建。的确,从扩大人民权力这个意向来看,和平过渡可能比暴力革命更有利于这一目标"[①]。

但是,世界上许多国家曾经或正在建立的激进政府的遭遇,也是显而易见的,它们或者受到国内保守势力的围攻,或者受到国际保守的、以美国为首的干涉主义的强烈干涉,或者遭到前述二者的联合夹攻,腹背受敌,在这种情形下,激进政府的激进改革要么举步维艰,要么由于经受不住考验败下阵来。在这样的不利情形下,激进政府要么垮台,被各种反动派以人民的名义推翻,要么逐步变成一个符合保守派和国际利益集团的稳健的、保守的政府,从而违背当时的改革承诺。社会民主党在许多国家的执政经历就是明证。

但是,密里本德认为在一些情形下,激进的、改革政府面对类似上述同样的情况,会由于政府恰当的、正确的选择而变得不同。这种正确的选择就是坚定的信念、决心和"双重政权"的建设。也就是说,当锐意改革的激进政府依靠人民的选举和支持上台执政以后,面对国内外各种保守力量的进攻,一方面,应当保持必胜的决心和信念,不能退缩;另一方面,应当运用各种综合性的手段,包括国家的手段和市民社会的手段。在国家政权的运用上,应当吸纳大量激进的、与政府的改革理念相一致的组织和人士参加左翼政府,为社会主义改革提供组织支持;此外,应当在国家政策上,实行根本的社会主义政策,比如正确处理市场和政府的关系、民主和集中的关系、计划和指令的关系,实行全面的社会福利和社会保障政策,加大公共基础设施建设等。在市民社会手段的运用上,密里本德借鉴了葛兰西的文化霸权理论,认为应当充分发动群众,调动他们的积极性,充分发挥各种社会组织和社会力量,具体包括学校、媒体、教会等方面的力量,形成强大的社会舆论优势和社会力量支持。密里本德认

---

① ［英］拉尔夫·密利本德：《马克思主义与政治学》,黄子都译,第189页。

为,这不是不顾现实的社会空想,因为毕竟政府是在获得了多数的选举支持才得以上台的,说明政府是有绝对多数的民意基础的,而这时政府要做的就是继续发动民意,让他们保持继续的、进一步的支持,而不是选举上台以后,像传统的社会民主党那样,不再关注政府的群众基础,而是更多地关注有产阶级的诉求和愿望,并在他们的鼓动下,一步步走向了保守主义。

小　　结

在英国乃至西方世界,密里本德被认为是与汤普森、霍布斯鲍姆、安德森等著名学者齐名的社会思想家,也是著名的马克思主义政治学家。如果梳理当代西方具有影响力的政治哲学思想,尤其是马克思主义的政治哲学思想,密里本德绝对是绕不过去的一座丰碑。

密里本德的政治批判理论以马克思主义为批判的主要思想渊源和方法论基础,以总体的资本主义体系为批判对象,以资本主义民主制度为批判核心,以社会主义为批判的最终诉求,以如何在现实中具体实践和实现社会主义为批判路径,表现出深刻而全面的辩证理性特质。其对资本主义的批判,对社会主义的建构,对马克思主义的信仰、坚守与发展,对基本和具体的理论问题的细致而全面的思考,以及其对不同观点和见解的包容和批判,等等,时至今日,仍旧值得我们学习和借鉴。

具体而言,密里本德的政治理论研究一直坚守经典马克思主义的哲学立场和方法论基础,始终关注并运用马克思主义的阶级分析方法,着重对发达资本主义的整体政治批判,并从历史与现实中的经验和事实出发,坚信社会主义制度替代资本主义制度的必要性和必然性。在此过程中,密里本德一方面肯定经典马克思主义经济基础—上层建筑理论的正确性和重要的指导意义,另一方面又充分吸纳了英国新马克思主义乃至整个西方马克思主义的主体性思想,主张在社会主义替代资本主义过程中及理想的社会主义实践中,应当充分吸纳资本主义的制度遗产,在真正平等、民主的基础上,实现人的自由而全面的发展。

密里本德在英国新马克思主义的学派阵营中,有着鲜明的学术特色和个性特征,从其年龄、个人经历、研究背景、学术特点等角度看,他属于第一代新

左派，但他与汤普森不同，其作品没有强烈的好斗性特点，而且他一直致力于英国第一代新左派与第二代新左派的交流、沟通与融合，因为他的目标不是建立一个"学者共同体"，而是建立"社会主义共同体"。纵观密里本德的一生，无论是学术研究和讨论，公共演讲、社会活动及大学教育，他都致力于这一目标的发展和实现。

密里本德对发达资本主义社会阶级结构、权力结构的分析，使资本主义国家的特征、功能和本质暴露无遗，他对资本主义统治合法性的分析和批判，使社会主义制度取代资本主义制度的合理性和正当性得到确认和加强，他对理想社会主义制度的探索和设计，使得具体的社会主义替代策略更加明确和具体。

密里本德于 1994 年 5 月 21 日去世，去世的时间距今已有 20 年之久了。虽然直至去世，密里本德都一直笔耕不辍，但他具有学术影响力的思想巅峰之作，出现的时间相对则更为久远，主要集中在 20 世纪 60 年代到 80 年代初，基本与英国新左派的活跃期一致。那么，距离当时已有几十年之久的今天，再回过头去专门研究密里本德的思想，还有没有具体的现实指向和实践意义呢？

密里本德作为一名马克思主义政治学家，在其著作中专门谈论哲学思维和哲学问题的机会并不多，但是这并不妨碍其运用马克思主义哲学的思维和视角进行学术研究、参与微观的政治活动。具体在辩证法方面，值得我们关注和借鉴之处在于以下几点：首先，是对一些基本问题的探讨，他反对以讹传讹，而是非常注重"回到马克思"，在马克思的原著中寻找相关问题准确的表述，并结合具体的语境，以及现实的变化，来分析经典作家的原意及当年结论的当代适用性。其次，在相关的理论研讨中，摒弃个人偏见，主张并积极推进开放的、平等的、多元的对话和辩论，在持续的辩论中，不断发现问题，在差异和包容中逐步达成一致。再次，在对待马克思主义基本理论问题的态度上，原则性和灵活性紧密结合，在一些基本问题上，坚持原则，有力辩护，如在阶级问题、工人阶级的历史作用问题、社会主义的基本政治理想问题上，密里本德始终选择坚守，并对一些在这些问题上选择退却的学者进行批驳，斥之为"新修正主义"[1]；另外，对于社会历史发展中出现的新现象、新情况，密里本德主动自觉

① Ralph Miliband, "The New Revisionism in Britain", *New Left Review*, No.150, March/April 1985, pp.5-26.

地运用马克思主义基本原理进行分析，力图在坚持中不断发展和更新马克思主义的具体观点，增强马克思主义的解释力、说服力。最后，密里本德把社会主义作为自己根本的政治理想，并非盲目自信或者是盲目崇拜，而是完全建立在对资本主义的客观分析和本质批判基础之上，是具体运用历史唯物主义和辩证唯物主义进行理性思考的客观结论。以上几点对我们坚持马克思主义、发展马克思主义、进行社会主义建设具有重要的启示作用和现实意义。

密里本德虽然去世已有二十多年了，但是在今日的英国，依然会不时地被人们所关注，这其中既有密里本德本人的理论影响力原因，也有他的两个儿子，尤其是其小儿子、上一任工党领袖爱德华·密里本德的因素。因为在英国，人们对政治领袖经常会带着挑剔的眼光进行审视、调侃和监督，尤其是作为英国目前最大的反对党领袖、影子内阁的首相、下一届政府内阁首相最具竞争力的选手，爱德华也概莫能外。对于拉尔夫和爱德华这一对父子，人们好奇的是，密里本德一直对英国工党怀有非常复杂的感情，一方面，他认为工党长期以来并非把实现社会主义作为自己真正的奋斗目标，不断出现的修正主义即是明证；但另一方面，密里本德又认为在英国，除了工党，再无其他可以依赖之而实现社会主义的政治组织。因此，对于工党，应当采取的态度是既要与工党的修正主义作坚决的斗争和批判，还应当对工党进行改造，使其朝着社会主义方向转变。对此，人们的好奇之处在于，既然密里本德一直对工党持批判态度，为什么其两个儿子还要为工党效力，甚至成为工党的领袖呢？儿子与父亲在基本的政治价值观上有何不同呢？

2013 年 9 月 27 日，英国《每日邮报》发表了一篇署名文章《拉尔夫·密里本德：一个憎恨英国的人》，文章把密里本德描述成一个仇视英国的犹太人，这引起了密里本德家人及许多公众的不满。据英国一家民意调查机构YouGov 的民意调查显示：在接受调查的民众中，有 72% 的人认为《每日邮报》对拉尔夫·密里本德的描述和评价"不可接受"，69% 的民众认为应当道歉，57% 的《每日邮报》的读者认为报纸应当为它的标题道歉。

随着这一事件的不断发酵，英国的一些主流媒体相继发表文章，或者发表对事情本身的看法，或者表达对密里本德的评价，其中最有代表性的是英国《卫报》在 2013 年 10 月 1 日发表的文章《拉尔夫·密里本德：其著作的六个核心思想》，该文总结了密里本德的主要思想，并结合今天英国社会乃至西方

世界的现实和事实,尤其是 2008 年席卷西方资本主义世界的金融危机,认为密里本德的著作发表于比较早的年代,但是对比当今的事实时,"……当我们受到一个由伊顿公学毕业的父亲们资助的政府的统治时,这些看法看上去仍旧有某种程度的相关性。……银行业近来的历史似乎证明他是对的"。从一定意义而言,密里本德政治批判思想的实践意义即在于此,他对资本主义的经验性描述和本质揭示,虽然具体的语境发生在几十年之前,虽然资本主义社会整体上又发生了许多变化,但是我们总能感受到其中的一些核心问题,时至今日依然真实存在,并且正在影响每一个人、每一种社会主体的日常生活。对于这种情形,人们可以选择接受,也可以选择沉默,但它却一直存在,是一种"基本的事实",而世界的真正进步却在于社会需要更多像密里本德这样的、真正具有思考智慧、现实关怀和学术道德的人。

总之,密里本德对待马克思主义的态度和方式,对待学术分歧和学术辩论的兼容并蓄的包容和甄别,对资本主义弊端的深刻揭露与批判,以及对理想社会主义的追求与建构,都值得今天的我们学习和借鉴。

密里本德的理论研究方式被普兰查斯批评为"经验主义",这种经验主义,以一定的经验事实为考察和分析对象,具有一定的直观性和现实性,容易使人感同身受,便于理论的传播和接受。但经验主义意味着缺乏严密的理论推理和逻辑证明,在一定程度上又意味着它缺乏证明力和说服力。另外,密里本德的社会主义策略缺乏具体的理论规划和设计,他认为实现社会主义,不一定通过革命的方式,也不是通过在资本主义民主框架内的局部改良的方式,而应该是改良主义的途径,他在这里赋予改良主义新的含义,认为就是通过议会选举取得政治领导权,然后进行全社会范围内的、彻底的社会主义改革,从而根除资本主义基础,走上社会主义道路,无论是在理论上还是在实践上,这种社会主义策略的确具有一定的乌托邦性,正如当年普兰查斯的告诫,"过度的能动性本位立场"具有很大的危险性,它低估了资本主义社会中的结构性力量对这种改革巨大的,甚至是决定性的牵制和抵制作用。

第十章　德赛:理解资本主义

梅格纳德·德赛是英国新马克思主义学者中著名的经济学家,以他自己的经济解释学理论为马克思主义经济学带来了新的发展前景。他在伦敦政治经济学院(LSE)供职超过 30 年,目前是其名誉经济学教授。德赛在 LSE 任职期间先后筹备组建了发展研究所和全球治理研究中心,并在全球治理研究中心主任任上退休。

德赛年轻时正处在英国左翼运动的高潮,待到他中年和老年时,更经历了左翼运动的退潮和分裂、新古典主义经济学思想成为主流意识形态、新自由主义政策控制政府等发生在 20 世纪后半期的重大历史转折。用德赛自己的话说,"我在青

梅格纳德·德赛(**Meghnad Desai**,1940—　)

年时代就开始阅读马克思的著作,并在 1968 年学生'动乱'的令人兴奋的岁月中讲授马克思的经济学","我的生命的大部分时光是在从事'左翼'活动,我为此参与了许多令人苦恼的辩论,以探讨资本主义和社会主义的未来,探讨俄国十月革命的背叛,探讨议会社会主义的前景"①。马克思的经济理论在这时已经成为德赛思考现实问题的背景,理论与现实之间的冲突与暗合让他苦恼不堪。德赛在这个过程中对资本主义的发展趋势、马克思经济理论如何进一步演化、社会主义理想的命运究竟何去何从的思考始终没有中断过,并且渗透进了他对于左派运动的深刻反思。由于广泛的社会影响力,德赛曾任工党

---

① Meghnad Desai, "Rejuvenated Capitalism and no Longer Existing Socialism", *Political Economy and the New Capitalism*, London: Routlege, 2000, p.15.

伦敦下属选区的主席,并成为其终身名誉主席,后授勋为德赛爵士。

从第一部著作《马克思的经济理论》(1974)开始,到他最具代表性的著作《马克思的复仇——资本主义的复苏和苏联集权社会主义的灭亡》(2002)问世,德赛学术兴趣广泛、涉及内容繁多,学术观点兼收并蓄,在马克思主义经济学、全球化、劳工权利、发展问题等方面建树颇多且自成一家。德赛先后出版了13部著作,同时参与了8部著作的编写工作,并且有68篇论文发表在学术期刊上。政治经济学方面的著作有《马克思的经济理论》(1974)、《马克思的经济学》(1979)、《检验货币理论》(1981)、《马克思的复仇——资本主义的复苏和苏联集权社会主义的灭亡》(2002)、《被民主分裂》(2005);相关的论文集有《梅格纳德·德赛论文选》(包括《宏观经济学与货币理论》和《贫穷、饥荒和经济发展》上、下两册,1995)、《发展和国家:南亚政治经济学论文选》(2004);相关编著有《南亚的土地权力和农业生产力》(1984)、《列宁的经济学著作》(1989)、《全球治理:世界秩序的伦理学与经济学》(1995)、《金融危机与全球治理》(2003)等。

这些研究从马克思主义经济学分析到经济危机认识;从应用计量经济学到货币经济学;从失业问题到贫困问题和饥荒问题;私人市场和国家的作用;社会发展问题和福利的替代措施;自由化和全球化;等等。在这些研究领域中,德赛始终坚持唯物史观的基本立场,整体地运用马克思主义的分析方法,聚焦全球发生的政治经济热点问题,致力于回归马克思经典经济学理论,试图对当下政治经济领域新的发展动向做出符合马克思主义基本原理的解释。德赛经济解释学理论的提出,对创新和复兴马克思主义经济学理论无疑具有重要作用,对丰富唯物史观的内涵也做出了积极贡献。

第一节 理解的前提

将德赛经济解释学的核心定位为对"资本主义"进行理解,其最重要的理由就是德赛的思想不仅对古典经济学、新古典经济学和马克思经济学本身做出了比较,而且还深刻指出了它们各自的理论主题就是"资本主义"这一重要的社会历史现象。相对于经济学技术层面上的讨论,德赛认为对"资本主义"进行理解更加富有意义。

马克思在评论洛克时说道："因为洛克是同封建社会相对立的资产阶级社会的法权观念的经典表达者；此外，洛克哲学成了以后整个英国政治经济学的一切观念的基础，所以他的观点就更加重要。"①马克思在这里的意思可以稍作引申，即一种经济学说必然会有一定的哲学前提和基础，一种经济学说它所能解释的范围就局限在这个哲学基础之中。德赛要理解"资本主义"，势必要深入理解的哲学基础上去，这样的一种经济哲学意义上的探讨，即是对"资本主义"进行理解的前提。

一、将"资本主义"作为理解的主题

对于"资本主义"的研究，因其本身所包括的巨大领域，导致了人们对于资本主义本身复杂而又多变的认识。资本主义所具有的如自由市场、民主的精神和实践，以及理性为基础的文化导向等在随着它发展的过程中也具有了普遍价值。对这些价值的起源、传播过程、造成的结果等进行考察，构成了一个综合性的以资本主义为主题的学术综合体。

在很多人看来，资本主义并不仅仅是一种生产方式。马克斯·韦伯在其著名的《新教伦理与资本主义精神》中，就把资本主义的变迁和发展归结为一种资本主义精神。在韦伯看来，虽然资本主义的确是以一种经济运作机制为核心存在的，对于利润的获得也是它的最主要特征之一，但是，如果仅从这个方面来看待资本主义，那么古代中国或者古代印度地区，甚至是在欧洲中世纪，都可以被认为存在着资本主义。韦伯对此的结论是："现代资本主义扩张的原动力问题不是以资本主义方式使用的资本额从何而来的问题，而首先是资本主义精神的发展问题。"②资本主义精神，在韦伯这里成为资本主义发展的根本原因，利润的生产并没有在古代先进地区发展出资本主义制度，它们所缺乏的，正是这种原生于欧洲大陆的精神气质。

资本主义精神，在韦伯看来并不是如亚当·斯密或是边沁所主张的个人自私自利的贪婪精神。韦伯认为自私或自利的冲动是人与生俱来的特质："谋利、获取、赚钱、尽可能地赚钱，这类冲动本身与资本主义毫无关系。可以

---

① 《马克思恩格斯全集》第26卷第一册，人民出版社1972年版，第393页。

② ［德］马克斯·韦伯：《新教伦理与资本主义精神》，彭强、黄晓京译，陕西师范大学出版社2002年版，第42页。

说，凡是具备了或者曾经具备客观机会的地方，这种冲动对一切时代，地球上一切国家的一切人都普遍存在。因此，在文化史的幼稚园里就应该教导人们，一定要彻底放弃这种有关资本主义的天真思想。贪得无厌绝对不等于资本主义，更不等于资本主义精神。相反，资本主义倒是可以等同于节制，或至少可以等同于合理缓和这种不合理的冲动。"①虽然在韦伯看来，资本主义和追求利润是一致的，而且合理性地获得利润是资本主义企业存在的理由，如果企业家不能够盈利，那么他们在资本主义秩序中，必定要消亡。但是，这些的前提是企业家个人要具备一系列在资本主义条件下的美德，它们包括勤俭节约、诚实守信等。韦伯又进一步指出，这些资本主义精神的美德来自新教的禁欲主义传统。新教的伦理道德构成了资本主义精神的基础。在韦伯这里，资本主义被赋予了一个伦理上的支点，这个支点之上的资本主义生产方式也是一种伦理的具体展现。资本主义发展的历史过程被韦伯组织成为一种精神的展开过程。

在马克思经济学那里，将"资本主义"作为一个主题来进行考察，则是意味着从资本主义生产方式入手发现物质生产及其相应的生产条件、生产手段等对全部社会生活的制约和决定作用。马克思在《资本论》中明确指出："任何时候，我们总是要在生产条件的所有者同直接生产者的直接关系——这种关系的任何当时的形式必然总是同劳动方式和劳动社会生产力的一定的发展阶段相适应——当中，为整个社会结构，从而也为主权关系和依附关系的政治形式，总之，为任何当时的独特的国家形式，发现最隐蔽的秘密，发现隐藏着的基础。"②相对于韦伯，马克思认为无论是古代社会还是现代资本主义社会，人所生活于其中的各种条件制约了人们进行生产时所能采取的手段。也就是说，人脱离不了一定程度的生产力，人也不能随便选择和任意改变自己的生产手段和生产方式。

如果说马克斯·韦伯笔下的资本主义有一个精神实质的话，那么马克思的资本主义则是客观性的。这并不是说资本主义生产方式是完全外在于人的东西，而是说人离不开当时的生产力发展水平，人的劳动对象和劳动目的都是

---

① ［德］马克斯·韦伯：《新教伦理与资本主义精神》，彭强、黄晓京译，第 15 页。
② 《马克思恩格斯文集》第 7 卷，人民出版社 2009 年版，第 894 页。

由一代代人持续继承下来的产物。人在其中的生产必然要接受这种历史性沉淀的制约，人和人的精神总是会受到这种客观性的决定性影响："人们用以生产自己的生活资料的方式，首先取决于他们已有的和需要再生产的生活资料本身的特性。这种生产方式不应当只从它是个人肉体存在的再生产这方面加以考察。更确切地说，它是这些个人的一定的活动方式，是他们表现自己生命的一定方式、他们的一定的生活方式。个人怎样表现自己的生命，他们自己就是怎样。因此，他们是什么样的，这同他们的生产是一致的——既和他们生产什么一致，又和他们怎样生产一致。因而，个人是什么样的，这取决于他们进行生产的物质条件。"①资本主义生产方式决定了人的本质，也决定了人类社会的构成形式和运作机制。

无论是韦伯还是马克思，在他们的思考中，资本主义都是作为一个整体的认识对象，将它的历史性产生纳入思考范围之中。在这种历史性的考察里，确定资本主义发生发展的规律。然而，就经济学而言，因为受制于它的专业化形式，它就资本主义本身的研究并不多见。资本主义本身的产生和运作在大部分经济学者那里也只是一个背景，并不需要进行进一步的探讨。

自19世纪末的经济学边际革命发生以来，资源配置成为经济学的核心问题。对有限资源如何满足人类无限的欲望这个根本问题的功利主义思考，导致了边际效用概念的出现，而这个概念的具体运用则需要用到当时最新的数学成果：微积分理论。数学工具为经济学需要的逻辑一致性提供了便利，也为一般均衡的概念在经济学中具体化提供了手段。以边际效用理论为分水岭，更加艰深的数学工具被引入经济学中，直到新古典主义，经济学的逻辑建筑好像越来越坚实了，经济学自身也变得更像一门纯粹经验的科学了。

然而，在德赛看来，这种仅仅做到逻辑上的自洽并不能使之成为一种更加有效的对社会经济活动进行理解的经济学理论，它依然有着它自己的哲学基础："这种哲学的信念是，资本主义如果不受垄断和企业联合的阻碍，不受工会和爱管闲事的官僚的干预，并且由那种能够维持低税率和预算平衡、遵守金本位制的健全政治家来管理，那么对所有人——不管是富人还是穷人——来

---

① 《马克思恩格斯文集》第1卷，第519—520页。

说,都是和平与福利的最好保障。"①这就是说,所有人的福利和保障需要由市场本身来提供,任何阻碍市场实现利润最大化和效用最大化的行为都是对实现人类福祉的妨碍。而对处于"市场"中的人,无论他们是谁、他们买还是卖,他们的社会阶层或是知识结构全都是无关紧要的。新古典主义经济学构造了一个单一的解释框架用以描述这个市场,在一个否认现实的逻辑框架里谈论经济活动。

虽然这种方式最终给经济学家们带来了一个满意的结果,即一个相对价格形成的理论,但是他们却丧失了对经济活动的理解能力,他们对现实市场中的增长、衰退还有不曾预期的种种结果感到迷惑。德赛认为正是把抽象市场看作一切的普遍主义信念造成了这种混乱,而它的根本问题在于,"这种经济学推理的先验结构,不但省略了任何历史的、社会学的或政治上的细节,而且也保持着意识形态上相对中立性""经济学家们通过赞美自己的抽象化的个人主义研究方法,击退了历史学家和其他的社会科学家"②。典雅优美的数学模型建立起来了,经济学的生命力却在消退。德赛在这里指出了新古典主义经济学的根本问题,即缺乏历史视角的经济学分析并不足以认识现实的经济活动。而一种具有历史主义立场的理论应该将现实经济看作对包含在社会制度中的"市场"的研究,不能仅仅是对静态的、均衡的、独立的市场的研究。

德赛认为,到目前为止的经济学,它们所致力于发展出来的分析模式和分析工具,其全部指向是这个抽象的市场。德赛提醒他们说,自由主义的思想流派完全忘记了市场和资本主义的区别。经济学家们的"市场"可以有效地配置资源,但现实的市场却是在一种动态的永远变化中的不均衡背景中运行的。这个背景就是资本主义,它运作的目的是赚取利润并且扩大积累。德赛假设说,如果利润被消除了,经济学家的市场照样可以运行,但对于资本主义来说这就是灾难性的了。资本主义体制必须是获利的,必须保证能够生产出足够多的利润。正是利润的产生和运动支配着市场中的各种平衡和不平衡、资本

① [英]梅格纳德·德赛:《马克思的复仇——资本主义的复苏和苏联集权社会主义的灭亡》,汪澄清译,中国人民大学出版社 2006 年版,第 206 页。

② 同上书,第 205 页。

家和消费者的行为模式，而经济学家们并没有认识到这一点。德赛讲道："如
果他们曾经是凯恩斯主义者或者是货币主义者的话，他们将会关心工资、政府
赤字和货币供应。这些变量虽然重要，但它们都是利润率的深层问题所引发
的症状。新古典主义和凯恩斯主义的经济学家忽视了利润率。只有马克思主
义者——或者是某些年轻的、更具批判精神的马克思主义者——关注到利润
率。这是因为主流经济学家并不把资本主义作为一个主题来思考，他们只研
究资本主义经济或资本主义市场。利润或利润率在他们的分析中没有任何
地位。"①

　　只有把资本主义作为一个主题来思考，才能透过纷繁复杂的经济现象，得
到比单纯的数学模型更加有力的解释工具。历史认识中的历史事件和历史事
实，其最终都要作为历史记忆而被呈现出来。资本主义是一种需要被"理解"
进行选择和重构的历史存在，在这样的一种重构中，对于社会历史的发展才有
可能构成一个具有现实意义的分析框架。用海德格尔的话来说就是："历史
是生存着的此在所特有的在实践中发生的历史。"②因此，将资本主义作为一
个主题来进行考察，是德赛经济解释学试图发现和进行理解的基础。

二、理解是何以可能的

　　在德赛的研究中，一种经济学理论首先具有的功能是能够对社会的发展
变化给出一个合理的解释。自从古典政治经济学诞生以来，经济学的对象都
是资本主义社会，但是德赛认为政治经济学家们都没有对此进行过批判性的
研究。而所谓批判性的思考是"一种哲学方法，它既是一种武器也是一种工
具。……你只有了解这个世界，才知道如何改变它"③。因此，对于德赛来说，
对经济世界的研究，不能仅仅停留在经济学的技术层面，必须上升到哲学的高
度，以达到理解和解释经济生活的目的。在西方马克思主义的哲学传统和理

---

　　① ［英］梅格纳德·德赛：《马克思的复仇——资本主义的复苏和苏联集权社会主义的灭
亡》，汪澄清译，第252页。
　　② ［德］马丁·海德格尔：《存在与时间》，陈嘉映、王庆节合译，生活·读书·新知三联书
店1987年版，第446页。
　　③ ［英］梅格纳德·德赛：《马克思的复仇——资本主义的复苏和苏联集权社会主义的灭
亡》，汪澄清译，第6页。

解中,"我们必须涉及两个层次的问题:其一是西方马克思主义哲学的历史逻辑;其二是他们对待理论研究本身的姿态"①。这就是说,对资本主义历史性的理解与对经济学说文本的理解这二者需要同时具备。

而理解和解释的"技艺"在过去只是贯穿于神学的辩护和复兴古典主义文学的过程中,然而经过了海德格尔及伽达默尔等人不断挖掘"解释"的本体论意义,它终于被上升到了成为"精神科学"的一种普遍性的规则。在与精神科学相对的"现代科学概念是由十七世纪自然科学的发展所铸造的。我们对自然日益增长的统治应当归功于这种发展,因此人们又期待关于人和社会的科学也能达到人文—历史世界类似的统治"②。科学精神要引导人们去控制关于自然和精神的一切,因为科学可以消除一切不确定性。科学对于意识和对象的绝对同一性的要求使得它有追求绝对真理的本能。

然而,在精神科学中,"我们很难对于其研究方式找到正当的理解,我们很难明确表述精神科学中,属真理的东西及其得出的结论"③。虽然经济学被伽达默尔认为是精神科学领域中比较容易形成普遍理解的那一部分,但是它也只是比艺术科学容易了那么一点而已。但是与此同时,由于科学使人对自然的统治逐渐加强,所以人们对精神科学的期待也就更多。只是精神科学一味效仿自然科学的方法和范式并不能解决问题。"自然科学的方法并没有包容所有知识价值,它甚至从未包含过最重要的知识价值,那就是对自然手段和人的统治所为之服务的最终目标。"④在这里,伽达默尔提示出了经济学当前存在的最大问题,问题并不在于经济学使用了自然科学的方法,而是在于它在使用这个方法的时候,忘记了它所要为之服务的最终目标。

因此,经济学并不能无所顾虑地将自然科学研究的概念运用其中。在经济学中,自然科学所考虑的那些东西,如发现一个新的、从未认识过的东西,或者开辟一个唯一的,经由所有可反复检验的方法去达到这种新的真理等,这一切在

---

① 张一兵、胡大平、张亮:《中国西方马克思主义哲学研究的逻辑转换》,《中国社会科学》2004年第6期。

② [德]汉斯-格奥尔格·伽达默尔:《真理与方法(诠释学Ⅱ)》,洪汉鼎译,商务印书馆2010年版,第46页。

③ 同上书,第45页。

④ 同上书,第46页。

经济学中都只是处于次要的地位。但是现代主流经济学却将这一点上升到了主要方面，将经济学打造成了一个精确计算的范例。然而，这无论是在公司和市场的层面还是在国民经济的层面，主流经济学还远远没有达到它的目标。

经济解释学则对这一点有着清醒的认识。在德赛对亚当·斯密的描述中，他首先指出斯密观念中最重要的是"看不见的手"的隐喻。德赛认为斯密这是为了试图说明当时出现的自由贸易外衣掩饰之下商业社会的隐秘的复杂的各种互相依赖关系。在斯密生活的时代，那种依赖于封建依附关系的社会正在解体，按照德赛的说法，自由就是意味着人从那些无数的压迫中独立出来。而在自由的、独立的人的匿名交易背后，却仍然存在着一张看不见的复杂网络。这张网络最重要的内容就是劳动分工。除了"看不见的手"，斯密在建立他的经济学体系时，所使用的方法也是德赛所重视的。德赛指出，斯密的方法是牛顿意义上的科学方法，是一种经验性的方法。但是这种方法却不是现代科技哲学所阐述的"可检验的"假设，因为斯密所有的经济学论述都是从人为自己谋利益的这个假设开始的，而这种假设无法获得可观察的或者可实验的证据。

基于对斯密以上两点的认识，德赛认为斯密创造了一种"社会天文学原理"，即一种使用自然科学方法的关于社会的科学。[①] 虽然它并不真正具备一种自然科学意义上的科学方法，但是对于历史和社会的解释却是一个有力的方法。对经济学及它所应该具有的哲学基础的理解，在德赛这里具有一种普遍的、原初的意义，贯穿于德赛所有的政治经济学兴趣之中。即使在他进入马克思经济学思想之后，他关于马克思的思考也是服从他以上两点判断的，在下文我们会看到这一点。

除此而外，对于经济解释学来说，既然它服从于一般精神科学的规律和真理，那么经济学必然要"架起一座通向历史实在的桥，因为伟大的历史实在、社会和国家，实际上对于任何'体验'总是具有先行决定性的"[②]。经济学认识的建构和经济领域内真理的达到，需要依赖个人及社会在过往的经验中的积累。也就是说，经济学同时必然是历史性的科学。

①　[英]梅格纳德·德赛：《马克思的复仇——资本主义的复苏和苏联集权社会主义的灭亡》，汪澄清译，第56页。
②　[德]汉斯-格奥尔格·伽达默尔：《真理与方法（诠释学Ⅰ）》，洪汉鼎译，第392页。

　　经济解释学在这方面与主流经济学相比更加自觉。对于经济活动的理解处处渗透着历史的关怀。例如,德赛在从认识层面分析了亚当·斯密之后,继续挖掘斯密的伦理学和政治学意义。他认为斯密的经济学描述了一种不平等和富裕同时存在的商业自由,它不会造成一个平等但是贫穷的社会,而是会出现一个不平等的但却繁荣的社会。从这一点上说,社会因为自由交易带来的进步显然不是完美的,但是它毕竟促进了大多数人口能够从劳动分工和商业精神中受益。另外,斯密认为理想的政府要主持一种交往正义,即防止人们在交易中受到伤害。对于斯密的这两个观点,德赛则谨慎地与它们保持了距离,并没有对其进行进一步的分析。但是,对前者,德赛对之一直抱有一种信念,相信这是资本主义进步的一种表现,也是资本主义社会之所以具有合理性且能够长久存在下去的理由。① 对于后者,德赛相信从来不存在真正的自由贸易,即使是在斯密的时代,政府和特殊阶层之间的关系也会使交易偏离自然的正义准则。国家扮演的角色在历史上从来就不是可有可无的,在全球治理和垄断资本形势下则更加具有重要性。② 在经济解释学看来,这样一种理想和未来的社会形式需要不断在既有的经济基础上进行发展,最终达到的目的并不是使得经济运行得如一架机器般精准,而是要使得人的一般道德水准在社会层面上得到进步。为了实现这一点,对于经济的理解必然要对原来经济运行中的人的意识及社会、国家的角色进行定位和解读。

　　经济领域内的事实及人对它的理解,从性质上讲,首要的一点就是它排除了自然科学式的真理及其得到真理的方法,一成不变的客观世界在经济领域内并不存在。自然科学中的客观和绝对知识意味着经济世界中的形而上。这必然要求在经济领域内排除绝对知识和形而上的世界观。其次,经济解释学承认有条件的历史性的境遇。历史变动过程决定了当下的经济表现形式,在这个过程中,经济发展才能同人结合在一起,使人的存在构成真实的生活世界。人们正是在这个真实的生活世界中追求经济活动的历史意义,也才会去实现超越自己时代的历史局限性的努力。因此,在这里,需要一种解释学,或者说是一个解释学视角对经济活动的观照。为达到一种对经济活动意义的真

---

　　① Meghnad Desai,*Marxian Economics*,Oxford:Blackwell,1979,p.13.

　　② Meghnad Desai,*Global Governance:Ethics and Economics of the World Order*,London:Pinter,1995.

正解释和沉思，理解成为可能。

三、批判实证主义经济学

不可否认的是，经济领域内存在着大量的经验内容，这些经验内容既可以形成经济学认识的来源，又可以被逻辑地组织起来形成经济学知识。就实证主义驱散形而上学的迷雾而言，它的精神在经济学中是必不可少的，但是，这里的问题并不是需不需要在经济学中去除形而上的妄想，这是毋庸置疑的（虽然实证主义本身也没有做到这一点），这里的问题是，如何构造出经济学与经济活动之间的联系，如何解读和阐释经济活动之于人和社会的意义。

从经济学一诞生开始，实证主义的思维方式就彻底地支配着经济学的研究。在经济学发展之初，"经验实证主义"的一般做法是从经验事实中通过归纳法总结出一套具备普遍意义的观察结果，在这个结果之上继而形成经济规律。实际上，正是实证主义本身的认识论主张决定了它同经济学之间的实质性联系。实证主义者认为人类所有知识都是来源于经验观察，他们不认为存在着任何先验先天的真理，同时也不存在必然的和绝对的知识。由于知识是来源于人的经验观察，那么建立在个人感官基础之上的知识之于个人就是真理；由于真理并不具有绝对性，那么任何人都不能将自己认为是真理的东西强加于其他任何人。个人主义与自由主义在这里可以看作实证主义哲学的顺理成章的推论。而这种思想倾向和对个人价值的认同感，反映到经济理论中就是对于自由市场的确认。所以，实证主义经济学从人的认识机制开始，确认了个人主义、自由主义和市场自由三个主要的思想倾向。当然，它在纯粹理论层面最突出的表现还是经济学比其他社会科学在理论建构和研究方法中更为彻底地贯彻了科学哲学的指导原则。

在经济学度过了它最初的发展阶段之后，逻辑实证主义逐步被引入经济学的理论体系中来。从某种意义上来说，逻辑实证主义是对经验实证主义在经济学内应用的一种修补。逻辑实证主义将实证主义与现代发展起来的形式逻辑分析结合起来，曾经在20世纪上半叶占据了西方哲学界的主流地位，但是在此之后，它很快就衰落了。然而经济学却在逻辑实证主义开始慢慢衰败的时候，极力将它引入到本学科中来。它对经济学的影响主要在于两个方面，一个是它关于科学理论构成的学说迎合了经济学形式化的需求，这主要体现

在数理经济学后来突飞猛进的发展上;另一个是它其中蕴含的实证主义要求经济学具备可检验性原则的满足,这一点表现在了计量经济学的发展上。

在20世纪50年代,逻辑实证主义者们认为"理论所包含的术语和判断不需要任何直接的可观察的内涵。只要术语和语句在理论中的出现改变了这个理论的可检验的内涵,就可以认为它们是有意义的"①。在这种情况之下,逻辑实证主义几乎放弃了实证主义者的那种严格经验主义的追求。这样做可以使经济学的逻辑推理更加符合一致性原则,也使得经济学理论满足逻辑自洽性的要求,也能使经济学体现数学一般的简洁性和"美感",它具备使经济理论具有验证理论假设、构建经济学学科体系的功能。尽管逻辑实证主义对经济学发展起到了这样的重要作用,但是它本身并非无懈可击。"主要原因在于:划分事物到底是可观察还是不可观察是十分困难的。正如波普尔强调过的那样……信念强烈地影响着我们的观察。没有任何陈述是完全不加掩饰的、准确无误的感官经验的结果。"②例如,在某个经济学家看到了"剥削"的地方,另一个经济学家看到的是"非熟练劳动力的机遇"。因此在逻辑实证主义反对形而上学最急迫的地方,它本身却蕴含着强烈的形而上学倾向。

对于经济解释学来说,实证主义经济学的种种缺陷是不言自明的。德赛认为,经济学家们"在一个否认现实的假设和推论的框架中谈论这些,没有任何经验证据可以证明所谓的效用、边际或另外任何一个经济存在。经济学家觉得没有必要去鉴别它、测量它,或者询问心理学家计算人们的行为是否有意义。令他们感到高兴的是,效用以及对它的数学处理,令他们得到了自己想要的东西:一个价格形成理论。他们的研究方式往往是先验的而不是经验的,带有轶闻性而不具有实验性"③。边际主义导致了扩张性的经济学的数学化,经济学家们通过赞美自己抽象化的个人主义研究方法,击退了历史学家和其他的社会科学家。但是,"如果我们进入当代科学哲学,去寻找建立在检验结果基础上的严格规则,以指导科学实践,或比较和评估科学理论,那我们必将大

---

① [美]丹尼尔·豪斯曼编:《经济学的哲学》,丁建峰译,上海人民出版社2007年版,第14页。

② 同上书,第14页。

③ [英]梅格纳德·德赛:《马克思的复仇——资本主义的复苏和苏联集权社会主义的灭亡》,汪澄清译,第205页。

失所望。科学哲学家们已经学到了不少有关科学的知识，但如此多的知识仍不足以使他们找到任何有用的程序来指导科学实践或理论选择"①。

实际上，实证主义经济学的问题同它们的命题是否是同义反复、是否是可证实或可证伪的争论关系并不大。作为研究人类行动的一门学科，经济学不可避免地具有伽达默尔所论述过的精神科学的一切特征。实证主义经济学最大的问题乃是它循着自然科学的发展路线去建立自己的体系。当然，这在它发展之初有其时代和现实背景，唯其如此，经济学才可能获得大的发展和学科地位。但是除此而外，实证主义经济学内部争论的各种问题，如假设的真伪，是否可以检验，是否是工具主义的等问题，对经济学本身要探讨的目的而言可以说意义非常有限。

因此，理解资本主义需要在实证主义的基础之上，既要对现实生活中的经验观察负责，又要对社会经济现象的内在本质及其相互作用的因果关系负责。然而，实证主义经济学"推理的先验的结构，不但省略了任何历史的、社会学的或者政治上的细节，而且也号称保持着意识形态上的相对中立性……这不仅仅是一种技术上的数学练习，对于维也纳经济学派来说，它是一种包罗万象的社会哲学"②。作为精神科学之一种，经济学的理论建构必须做到既来源于经验事实，又必须要超越在经验事实之上。在事实真相和意义的显现两个方面来表达出经济活动之间的发生机理和因果联系，并从这个角度来确证自己。

四、形成理解与实践的循环

解释学需要处理的是各种不同形式的文本问题，自从哲学解释学建立起来之后，它上升到了一个为精神科学树立合法性、探究人类一切理解活动何以可能的本体论高度上。理解成为人在世界上的存在方式，而解释通过研究和分析一切理解现象的基本条件来确定人的经验的意义之所在。在这个时候，理解是"一个先于主体性的一切理解行为的问题，也是一个先于理解科学的方法论极其规范和规则的问题……它标志着此在的根本运动性，这种运动性

① ［美］丹尼尔·豪斯曼编：《经济学的哲学》，丁建峰译，第22页。
② ［英］梅格纳德·德赛：《马克思的复仇——资本主义的复苏和苏联集权社会主义的灭亡》，汪澄清译，第206页。

构成此在的有限性和历史性,因而也包括此在的全部世界经验"①。解释学就不再是仅仅关注文本解释的技术问题了,而是将人类有限的、历史性的存在方式,人类的实践活动、人与世界之间的关系等一并纳入了理解的范畴中。

毫无疑问,经济学面对的是人类经济活动这一特殊文本,它归根结底也是人类存在的某一方面的解释,因此它也是一个意义生成的过程。在解释与意义的理解机制与过程上,其本质与文本的解释并无不同,但是经济活动这种文本的特殊性仍旧需要明确。伽达默尔在谈到这个问题时说道:"历史学并非仅仅是扩大意义上的语文学。毋宁说这是另一种意义上的文本。因此理解文本在两种情况里都起作用。"②由于作为历史对象的整个传承物并不是像单个文本对于语文学家的那种意义上的文本,"所以历史学家们的文本并不是如单独文本那样是被整体一次性的给出的,而是历史学首先需要重构的基本文本,即历史本身"③。

对于历史学如此,对于经济学来说,也是如此。经济学家们在面对经济事实时——姑且不论一切经济事实都是已经过去了的经济事实——首先需要进行的工作便是进入既有的经济学文本和经济事实中去,将经济学符号同经济学事实联系起来。伽达默尔对此讲道:"一件文本的意义同它所想讲的相同。而一件事件的意义则相反,人们只有根据文本和其他证据,甚至通过重新评价这些文本和证据本身的观点才能释读出来。"④一个经济事件的意义,不仅要像其他学科中一切可能的知识一样包括在文本的理解中,还包括在经济学家们通过重新评价这些文本和事件证据的释读中。因此,经济学面临的是一种情景化的意义表达,它的基础不仅在文本中,还存在于真实事件和对真实事件理解的基础之上。

在经济解释学看来,以新古典经济学为代表的主流经济学,它对于经济活动的理解是只停留在对经济学文本的解读上。他们虽然承认经济的经验事实的重要性,却在他们的理论中忽视这个重要性。实证主义经济学一贯主张内

---

① [德]汉斯-格奥尔格·伽达默尔:《真理与方法(诠释学Ⅱ)》,第554页。

② 同上书,第26页。

③ [法]蒙甘:《从文本到行动——保尔·利科传》,刘自强译,北京大学出版社1999年版,第32页。

④ [德]汉斯-格奥尔格·伽达默尔:《真理与方法(诠释学Ⅱ)》,第26页。

在一致性,他们认为形式化的理论体系可以被赋予经验的含义,但是理论并不因此而成为理论,一个具备了逻辑自洽的理论体系并不需要一定含有经验意义。这种观点试图将经济学构造成为类似于数学一样纯粹形式化的科学,这就从根本上消弭了人类经济活动的意义维度。经济解释学明确反对主流经济学这种纯粹文本上的解读方式。

例如德赛认为,新古典主义经济学中也存在着一种价值理论。但是它关于价值的理论在实质上同古典经济学一样是一套价格理论。价值在他们那里的作用是一种关于相对价格形成的理论,而不是关于人们之间围绕着商品所形成的关系。在新古典经济学中,所有商品相对价格的同时决定、批量生产的价格和交换是一般均衡理论中的核心问题。然而,"数理经济学时至今日最大的成功就是塑造了一个关于消费者偏好的伴随着最小假设的'装置',从而可以从技术上证明价格和产品数量之间的均衡"①。但是,这种关于消费者偏好的假设,并不需要从现实世界中的商品数量和价格及消费者(无论是群体还是个人)那里得到任何证明。它需要满足的首要条件是在供给和产出之间的均衡问题。

经济解释学认为,对于古典经济学中价值理论的模糊之处,数理经济学做出了相当的改进。关于相对价格是否只和劳动含量比成比例。按照新古典经济学,在任何生产过程中都使用了直接劳动和非直接劳动。非直接劳动是体现在生产的商品投入中的,要测量非直接劳动,就需要知道利润率的大小。这样,就还要知道劳动的技术水平、当前经济中商品投入的利润率,以期获得相对价格。如果生产过程中再加入耐用资本品,那么这个计算过程就会更加复杂。但是这些问题目前都可以利用技术手段解决,关于价格和商品数量的平衡向量可以从给定的技术变化参数和利润率中得到。② 据此,德赛认为,古典的劳动价值理论被整合进了现代数理经济学中,新古典经济学的价值理论和古典经济学的一样,都提供的是一种可观察的价格体系。这个价格体系虽然由显示经济世界中的检验观察所支撑,但是这些经验观察只是供给了这个体系一个数据来源,它负责的只是这个体系自我建构所要求的那些东西,它并不能给现实经济世界的运行赋予意义。

---

① Meghnad Desai, *Marxian Economics*, p.13.
② Ibid., p.7.

即使是针对逻辑自洽,新古典经济学表现得也不能让人满意。在上述的一系列链条中,它的计算过程本质上还是一个同义反复,即想要知道劳动含量,则必须知道利润率,而利润率又是从劳动含量中得到的,这是一个毫无意义的循环论证。所以对被掩盖的经济关系进行研究,不能满足于现实经验之间的运转,必须要在理论中达到理解的境界。伽达默尔说道:"我们在历史学家那儿发现的则是建立和消除意义关联,以及经常的纠正,摧毁传说,发现错误,经常打破意义结构——这样做都是为了寻求在这后面隐藏着的意义,这种意义也许根本就不可能达到意义证据的同时性。"①需要注意的是,这里的"后面隐藏着的意义",并不是一种本质主义的思维,而是力图发现人与现实世界之间的恒常联系的一种努力。社会科学,包括经济学,都会具备这个特征。

经济解释学要达到的情景化表达,在这里就不仅仅是一种文本实践和语言实践,"实践知识实际上就是从自身出发为一切建立在科学基础上的能力指示其位置的知识"②。这种知识与数学等形式的可以习得的知识及其应用结构是不一样的。"如果有谁相信,科学因其无可争辩的权能而可以代替实践理性和政治合理性,他就忽视了人类生活形式的引导力量,因为唯有人类的生活形式才能够有意义并理智地利用科学和一切人类的能力,并能对这种利用负责。"③说明主流经济学和任何社会科学理论并不会因为它本身与实践相联系,而就会在理论中做出自觉的实践探索。说到底,经济解释学的知识将经济学的知识视为达到人类生活世界的工具,其根本立足点在于人类经济活动实践。从资本主义现实出发,形成理解与实践在理论中的循环,这对于理解资本主义乃是关键性过程。

第二节 历史性地把握资本主义

德赛在批评新古典经济学脱离了现实状况时说道:"面对滞胀和国际经

---

① [德]汉斯-格奥尔格·伽达默尔:《真理与方法(诠释学Ⅱ)》,第27页。
② [美]E.D.赫施:《解释的有效性》,王才勇译,生活·读书·新知三联书店1991年版,第187页。
③ [德]汉斯-格奥尔格·伽达默尔:《真理与方法(诠释学Ⅱ)》,第28页。

济的无序,经济学家们丧失了他们之前的共识,新古典综合学派已是一片废墟。"①根据前文所述,出现这种状况的根本原因,就在于新古典经济学将它的整个理论大厦建立在不合理的抽象之上,将这些抽象和它们所反映的经济事实看作永远不会发生变化的独立的个体,进而寻求它们之间的规律。德赛面对这样的"废墟",力图深入马克思经济学本身,站在历史唯物主义的高度上为经济理论重新找回历史性的根基,在深刻的历史性中寻求对资本主义社会存在的深入理解。

一、价值理论是理解的基础

在德赛看来,从历史性中把握资本主义生产方式的建立,意味着要从根本上讲清楚利润的来源问题。商品的价值到底从何而来,通过商品的生产和流通为什么会产生利润,这是任何一种经济学说回避不了的问题。马克思创立的劳动价值论与古典经济学和新古典经济学的价值理论相比,更加具有可分析性,也是建立在透析了价值概念的历史内涵基础之上。如此,一种具有解释力的价值理论才能成立,这样的一种经济学说才可以说是将"资本主义"这个社会制度作为思考的主题。

前文提到,亚当·斯密在建立经济学体系之初,他的理论中就包含了两种价值理论。这个时候的亚当·斯密已经开始意识到人的劳动是财富的源泉,在《国富论》开篇他就说:"一国国民每年的劳动,本来就是供给他们每年消费的一切生活必需品和便利品的源泉。构成这种必需品和便利品的,或是本国劳动的直接产物,或是用这类产物从外国购进来的物品。"②斯密对劳动产生财富的观念,成为古典劳动价值论的开端。

然而,当斯密进一步讨论到土地归于私人所有和开始了资本积累阶段之后,这个时候的价值就不再决定于生产物品时耗费的劳动,而是要决定于收入购买的劳动。斯密认为,当资本集中到个人手中或少数人占有土地时,其所生产的产品就不再全部属于劳动者,而是要在资本家和地主及劳动者三方之间

---

① Meghnad Desai, *Marxian Economics*, p.2.

② ［英］亚当·斯密:《国民财富的性质和原因的研究》(上卷),郭大力、王亚南译,商务印书馆 1972 年版,"序论"第 1 页。

分配。此时的产品价值,就不再由消耗的劳动单独决定了,而是由以上三者的收入加起来所决定的,也就是说:"工资、利润和地租,是一切收入和一切可交换价值的三个根本源泉"①。对于斯密来说,进入资本主义生产方式之后,价值的构成就从劳动决定变为由工资、利润和地租三种基本收入所决定的了,而劳动决定价值是在早期比较原始简单的社会中才会存在。从斯密开始的关于价值形成的混乱,一直在经济学中持续着。

李嘉图进一步发挥了亚当·斯密劳动决定价值的思想,只是他是在交换尺度的意义上坚持斯密的劳动价值论。李嘉图在评论斯密的使用价值和交换价值概念的时候说:"效用对于交换价值说来虽是绝对不可缺少的,但却不能成为交换的尺度,具有效用的商品,其交换价值是从两个泉源得来的——一个是它们的稀少性,另一个是获取时所必需的劳动量。在社会的早期阶段,这些商品的交换价值,即决定这一商品交换另一商品时所应付出的尺度,几乎完全取决于各商品上所费的相对劳动量。"②这里,李嘉图明确指出了大部分商品交换的尺度是劳动量。他认为斯密的问题出在将生产商品时消耗掉的劳动等同于交换后得到的劳动,这两种劳动在量上并不相等,因此斯密认为购买后的劳动不能作为价值尺度存在。

李嘉图进一步认为,消耗在单个产品中的劳动无法决定商品的价值,只有社会必要劳动才能担负起这个职能。基于一种普遍存在的劳动的判断,他认为商品的价值和进入商品中的劳动量是成正比的。这样,斯密关于三种收入的价值理论就站不住脚。因为,交换后得到的劳动,只是在商品生产者、土地所有者和劳动者三者之间的分配,它不会影响商品价值的高低,交换行为并不能增加商品的价值量。

由于忽视了商品的使用价值和资本、土地等要素在整个生产过程中的作用,以及李嘉图的劳动价值论自身无法克服的矛盾,李嘉图的理论遭到了激烈反对。在这方面取得成功的一位经济学早期人物还有萨伊。萨伊在 1803 年出版的《政治经济学概论:财富的生产、分配和消费》中提出了著名的生产三

---

① [英]亚当·斯密:《国民财富的性质和原因的研究》(上卷),郭大力、王亚南译,"序论"第 47 页。

② [英]大卫·李嘉图:《政治经济学及赋税原理》,郭大力、王亚南译,商务印书馆 1962 年版,第 15 页。

要素价值论和以效用为基础的价值论。他认为："所谓生产,不是创造物质,而是创造效用……人们所给予物品的价值,是由物品的用途而产生的……当人们承认某东西有价值时,所根据的总是它的有用性。"①在另一处,他还说:"它们的价值基于它们所能创造的产品的价值,而这个价值本身则起源于那个产品的效用,或它所可能提供的满足。"②萨伊认为物品的效用是其价值的基础,劳动、资本、土地(自然力)共同创造了产品的效用,从而创造了产品的价值,还用工资、利息、地租这三种收入组成生产费用来构成价值。萨伊的价值论是一种效用论、生产要素论、生产费用论的混合物,这同斯密的生产费用论趋近,而与李嘉图的劳动价值论从根本上区别开来了。

由于古典经济学阶段正是经济学的草创时期,它的代表人物对于商品价值的认识既不全面也不深入,经常还夹杂着自相矛盾。关于价值来源问题,在价值理论上的差别导致了客观价值论(劳动价值论)同主观价值论(效用价值论)的分庭抗礼。在这个问题上形成的两种学说体系之间的斗争自从李嘉图以来就没有停止过。

针对古典经济学的这种混乱情况,德赛做出评论,认为古典经济学中的价值理论建立时起到了三个重要作用。

首先,反对重商主义者认为的只有贵金属才有价值这种观念,从而树立了财富主要是由有用之物构成的观念。虽然交换价值并不全部由使用价值决定,但是交换价值的确既不是由商品与贵金属的比例所决定的,也不是由生产某种商品的相对难度所决定的。德赛讲道:"简单地说,在大规模的工厂生产时代来临之前,劳动花费是相对价值的决定性因素。财富是由有用之物构成的,而有用之物则可以从劳动者与其它有用之物的联合中生产出来,这些有用之物是当前或者之前的劳动者的劳动产品。"③古典经济学排除了重商主义者对贵金属的唯一重视,指出商品的价值蕴含在物品的有用性和劳动者的劳动上面,将经济学的注意力从交换这个表面现象转移到商品生产上来,反映出了资本主义原始积累在 19 世纪加速进行的状况。

---

① ［法］萨伊:《政治经济学概论:财富的生产、分配和消费》,陈福生、陈振骅译,商务印书馆 1963 年版,第 59 页。

② 同上书,第 330 页。

③ Meghnad Desai, *Marxian Economics*, p.10.

其次,古典经济学的研究说明了财富是如何积累的。德赛认为,古典经济学对财富的积累做出了说明。财富积累的程度,依赖于财富的获得者将他们的财富使用在生产更多的商品还是用在了一些非生产性的用途上。也就是说,由于财富是由有用的产品所构成的,而它们又都是由于劳动而被生产出来,那么,在生产上投入的越多,在消费上投入的越少,那么财富就会因此而积累起来。

最后,古典经济学说明了价值的本质能够用来解释收入和分配的问题。德赛指出:"一个价值理论的任务是将以下两个问题连接在了一起:一是谁获得了收入;二是他们怎样用掉这部分收入。这两个联系起来则表明了价值、积累和分配它们之间的相互依存的性质。"[1]

虽然取得了以上的成就,但是德赛认为古典经济学的劳动价值论还是充满了混乱。他认为古典经济学范围内的劳动价值论对产品价格的追求总是从当前劳动投入来寻找,尤其是从体现在原材料生产的劳动投入中寻找。并且,古典经济学中的劳动价值论总存在着一种模棱两可,即"他们总是说不清劳动是单独在作为价值尺度意义上来使用的还是作为单独的价值来源来使用的"[2]。这两种含混不清的观点为古典经济学研究带来了很多麻烦。对于前者来说,它们被19世纪二三十年代的英国激进经济学家所接受,他们普遍认为利润是从劳动所创造的那部分价值中不公正扣除的;对于后者来说,价值尺度在生产结构的运作和收入分配中并不总是不变的。

对于马克思来说,德赛认为,一个价值理论意味着是一把认识资本主义社会性质的钥匙。价值的观念,在马克思那里最重要的是为了揭示出占主要地位的社会和经济条件,例如生产力的发展、财富的积累、社会的阶级分化等。德赛说道:"马克思的价值理论,只是针对资本主义社会的,同新古典经济学的不同,后者将它的模型扩展到了一切时间和空间上的社会中。而马克思则强调了经济范畴的历史相对性。"[3]因此,德赛认为马克思经济学的研究对象只是局限在资本主义社会,是为了理解资本主义社会的性质而产生的,马克思所讲的价值关系对封建社会和社会主义社会均不适用。

---

[1]　Meghnad Desai,"Some Issues in Econometric History",*The Economic History Review*,Volume 21,Issue 1,1968,p.15.

[2]　Ibid.,p.18.

[3]　Meghnad Desai,*Marxian Economics*,p.11.

由于价值理论对于马克思来说是一种社会关系，德赛据此认为，要理解这一点，最好从马克思对剥削概念的处理上出发。自从法国大革命和其他的自由民主革命结束了封建制度和农奴制之后，平等、自由的缔结契约的权利和对私有财产的合法占有出现了。德赛问道，如果一个社会中每个人都在法律的注视下没有强制的自由达成契约，那剥削是怎么出现的呢？

在现代经济学中，普遍认为是由于被剥削者的过错，也许是无知，或者是由于竞争结构的不完善才导致的剥削。在这方面，现代经济学大多追随英国剑桥学派的代表人物琼·罗宾逊，认为由于垄断因素的存在，在工人工资和他们生产的边际产品之间会产生一个差额，当工资小于边际产品的出售价格时，这个差额就是剥削。

而马克思的剥削观念并不依赖于这种不完善，马克思找出了在这个自由的世界中到底发生了什么导致了剥削。也就是说，依赖于真实的历史过程而不是资本主义经济本身。德赛引用马克思的话说："这个世界中建立在自由契约之上的交换是一种互惠互利的交换。"[1]在资本主义社会中，工人可以向雇主自由出卖他们自己，而雇主看上也是自由的。在封建制度下，农奴是无法自由与自己的主人或是别的什么人订立契约的。这样的话，在一个自由交换和互惠互利交易的层面，人们是无法发现剥削的。但是如果人们诉诸交换关系或是生产关系，诉诸资本主义产生的特殊历史条件，那么马克思就有可能从表面上的交换形式寻找到它之下的实质。德赛说："对马克思而言，他那个时代的资产阶级政治经济学失败于仅仅研究了市场交换层面上的经济问题。"[2]而认识不到"劳动价值论是一切市场经济的理论基石，所揭示的是市场经济条件下劳动与商品之间的一般规律以及劳动机制和价值机制，指出价值是由活劳动创造的，生产资料的价值只是被转移到商品价值中"[3]。

二、生产关系是理解的实质

马克思的劳动价值论表现出了与古典经济学及新古典经济学不同的历史

---

① Meghnad Desai, *Marxian Economics*, p.12.

② Meghnad Desai, "Growth Cycles and Inflation in a Model of the Class Struggle", *Journal of Economic Theory*, Vol.6, Issue 6, 1973, p.531.

③ 程恩富：《现代马克思主义政治经济学的四大理论假设》，《中国社会科学》2007年第1期。

感,德赛讲到,任何一种经济学说都会有一个价值理论作为它的核心。价值的观念虽然根本上是一个哲学观念,但是"一个在逻辑上能够自足的价值理论不仅对于处理理论问题而且对于回答实际的操作性问题同样是非常重要的"①。对于德赛来说,这里的实际问题不仅是指具体的经济问题,也包括了曾经在历史上发生过的资本主义事件和现实的经济运动。

同为英国的马克思主义经济学者,在德赛之前的莫里斯·多布也强调了价值理论同一个政治经济学理论体系之间的内在联系。多布认为,政治经济学说的建立,一个重要的任务就是从未知的领域和模糊的概念开始,将它们的对象按照一定的分类进行描述。在进行这项工作的同时,适合于政治经济学理论的某种基本原则就会被慢慢地建立起来,价值理论就是这样的一个影响整个理论的普遍原则。在多布看来,这样的普遍原则不一定可以描述出全部理论的细节,但是它要解决其中更为一般的情况,能够对有普遍意义的事实进行合理的解释。② 多布的这个论述,与德赛认为的价值理论要能同时解决理论问题和实际问题这个要求是比较接近的。

多布据此认为,政治经济学的研究不能只看到市场的表面现象。他认为效用价值论等主观价值论从根本上说是一种心理因素,而这种心理因素在实际上并不能为人所认识,只有劳动价值论才可以将生产中的事实的因素组织起来,形成作为"实体"出现的劳动。从这个"实体因素"出发,一种价值理论才可以表达出经济问题的本质。市场表面现象的背后存在着社会关系。多布从封建制度的瓦解和封建制条件下经济生产的规律出发,说明了对任何一种生产方式的研究,必须要从其内部因素出发,交换关系这种外部力量不能决定一个社会所成为的样子。这样一个"充分"的价值理论只能在劳动的支撑下成立。因为,政治经济学的理论,必须要同人们的生产方式相联系,价值理论也必然是这种生产方式的刻画。

因此,多布强调,寻找封建秩序瓦解的原因必须要在封建的生产方式中进行。多布反对斯威齐主张的对外贸易的增长是封建主义崩溃的原因这个解释,封建主义内部的基本特征是农奴和封建主的人身依附关系,而不是主人与

---

① Meghnad Desai, *Marxian Economics*, p.9.

② M.Dobb, *Political Economy and Capitalism*, p.12.

农奴之间的法律关系或当时封建主义社会已经具有的市场关系。封建主用超经济的手段盘剥农奴,随着土地所有者们对产品的需求量逐步加大,封建主义的生产方式与之相比则显露出效率低下的弱点,大量农奴为了逃避封建主的盘剥开始逃离土地,形成自由劳动力。随着这种情况的不断循环上演,资本主义的积累剩余的能力不断增强,作为制度表现形式的资本主义也就出现了。①多布的对于价值理论的看法,以及他对封建主义向资本主义过渡的历史考察,使他的观点最终落到产生一种新的生产关系上。

德赛在论述到马克思生产关系概念时,同多布类似,同样强调指出了生产方式的重要性:"重要的是要在分析任何特殊国家或时代的经济状况时,必须要知道它们的自由劳动力或无产阶级出现的历史形式。"②也就是说,资本主义中的生产关系,是与自由劳动力的出现紧密联系在一起的。所以德赛认为,生产关系概念,对于马克思来说,它的历史性出现是与特定社会和特定的生产方式结合在一起的。与多布不同的是,德赛更加强调出了特殊国家和特殊历史时段的经济状况,而非多布那样将封建主义因素统一考虑。另外一个不同是,德赛更加强调自由劳动力出现的重要意义。虽然多布在讲到封建主义解体的时候认为会造成农奴成为自由劳动力,也由此促进了资本主义积累,但是他的看法仅仅是将自由劳动力作为封建主义的一个内生因素来看待,而德赛是将自由劳动力看作资本主义生产关系中最具决定性的一环。

另外一位英国马克思主义经济学家罗纳德·米克,也就生产方式与生产关系上发表了支持历史性看法的意见。米克指出,马克思早已清楚地论述了古典政治经济学把资本主义生产关系作为一个永恒范畴的问题。在米克看来,剩余价值在历史上是一直存在的,它并没有因为劳动价值论的存在与否失去客观意义。马克思提出了劳动价值论,他的目的就是为了理解剩余价值的存在。古典经济学没有正确理解剩余价值的来源问题,也就不能正确看待地租和利润的实质。在劳动价值论的逻辑上,社会关系被组织起来实现剩余价值的生产,而后又经过生产过程和流通过程转变为生产价格和利润。米克认为,这样一种历史的发生过程,与古典经济学和新古典经济学不同,它实实在

---

①　M.Dobb,*Political Economy and Capitalism*,p.103.

②　Meghnad Desai,*Marxian Economics*,p.14.

在地影响着经济运行的整个过程,资本主义生产方式正是在这个过程中逐渐产生的。

对于生产关系,米克在他的《劳动价值学说的研究》中讲道:"马克思在《资本论》中规定的主要任务,就是从正在发展中的生产者之间的关系来说明资本主义经济形态的产生与发展。但不论是一般的商品生产或特殊的资本主义商品生产,都必须标明:'一定的生产决定一定的消费、分配、交换和这些关系。'在这种论证中,劳动价值学说显然居于中心地位,实际上它是社会生产关系决定交换关系的一种特殊讲法。"①米克在这里将资本主义的商品生产和一般的商品生产看作一般和特殊之间的关系,这个观点同多布的看法较为接近,但是却同马克思本人的思想有一定差距,按照德赛的理解,生产关系概念的确立和它所运行的生产方式,只是资本主义的产物,对于解释资本主义的历史性产生是一个有用的框架,但是却不能将它扩展到封建时代。

德赛认为,在资本主义中,首先遇到的就是自由劳动力这个范畴。他说:"自由劳动力可以在两个层面上被称作是自由的:一是它从封建束缚和超经济强制中获得了自由;二是它可以自由订立契约。这个时候,自由劳动力已经被剥夺了它的生产资料。"②这种自由的劳动力与农夫在他们的土地上耕种或者使用织布机工作不同,自由劳动力没有他们自己的生产资料。劳动者与生产资料的分离,也就是自由劳动力的出现经历了一个漫长的历史过程,其间经历了行会组织和手工业的衰落和破坏。德赛认为,在一个纯粹的资本主义制度下,也许只存在着自由劳动力和资本家双方。但是在真实的世界里,有很多中间类别,例如个体经营者、专业人才、自耕农等,都可以被视为处在自由劳动力范畴内。

德赛认为,自由劳动力的出现在不同社会有不同的历史进程。在美国,除去奴隶制的南方州,大部分的州已经不存在封建制的状态,大量可用的土地承载了个人农场耕种者定居。而可用的非农业土地则向欧洲移民提供了一个可以选择的出路,这些移民丢掉了原来接近封建农民的身份,在美国的工业区形成了自由劳动力。这个时候的剥削程度受到可用土地的数量和个人可以生产

---

① ［英］米克:《劳动价值学说的研究》,陈彪如译,商务印书馆1963年版,第163页。

② Meghnad Desai, *Marxian Economics*, p.13.

产品的数量的调节。然而，在别的更多国家，情况与此相反。自由劳动力的出现是因为农民或佃农由于土地立法而被剥夺。在英国，圈地运动和对手工业的破坏过程持续了 200 年到 300 年，被剥夺的农民和手工业者在这个漫长的过程里转化成为工业无产阶级。德赛特别指出，在大部分的国家里，自由劳动者身份的实现在消除社会胁迫方面都是具有进步意义的，但是它也将人们带入了更加恶化的经济状况中。

因此，与多布和米克不同，德赛特别强调自由劳动力产生的地域和时代约束，以及它们在各自形成的不同后果，这些后果也为将来这些国家发展出不同的发展道路打下了基础。建立在对自由劳动力盘剥基础之上的资本主义生产方式，在德赛看来是资本主义社会中人与人关系的表达。这种不同于封建时代的社会关系，它在不同国家经历了数百年的时间。一旦资本主义可以使用的自由劳动力越来越充分，那么资本主义的生产关系就越巩固，新的生产方式也就会产生出来。

三、寻找资本主义发展的可能性

虽然马克思写作《资本论》是以批判和揭露资本主义生产方式为主，最终说明了资本主义社会的历史暂时性，以及它自身孕育着的必然灭亡的萌芽，但是马克思政治经济学批判却是建立在对资本主义进步性、它的演进的长期性的论述之上的。马克思曾经指出："一个社会即使探索到了本身运动的自然规律，——本书的最终目的就是揭示现代社会的经济运动规律，——它还是既不能跳过也不能用法令取消自然的发展阶段。但是它能缩短和减轻分娩的痛苦。"[1]这就是说，资本主义作为人类社会发展的一个阶段，如同自然规律一样，存在着客观性，资本主义生产方式具有它自己的动力机制，它决定了资本主义的产生、繁荣或者灭亡，是资本主义历史性存在的内在推动力。在德赛看来，对这个动力机制的研究极其缺乏：近百年来，有关价值—价格问题的争论比有关资本主义动力问题的争论要多得多。对资本主义动力机制的探讨，实质上就是从资本主义的历史性存在中寻找它的发展轨迹。

既然利润来源于生产资料的阶级垄断，资本家阶级在生产过程中通过攫

---

① 《马克思恩格斯全集》第 44 卷，人民出版社 2001 年版，第 9—10 页。

取剩余价值获得了高额利润,那么资本主义的发展就同利润率息息相关。德赛认为,即使是主流经济学回避利润率,但是他们也只是换了一种方式来讲述这个问题。因为在价格层面,"利润率涉及的是降低每个工人的工资与产出的比率问题,或者涉及的是提高剥削率的问题。要变得更有竞争力,资本主义经济就不得不提高它的利润率——就是说,提高剥削率……这样,对于任何有关资本主义的诊断来说,利润率的长期趋势是至关重要的"①。这就是说,资本主义的发展同利润率之间存在着紧密的关系,但是,既不能如同主流经济学一样对这个关系视而不见,也不能如同马克思主义教条主义者一样认为它说明阶级对抗一触即发,资本主义能够迅速覆灭。德赛认为,《资本论》中所蕴含的科学分析表明,它并没有为资本主义一定覆灭设定一个时间表,"马克思从来没有说过,资本主义永远不会达到它的极限,但是这些极限是逻辑性的,没有特定时间的限制"②。相反,与利润率有关,德赛认为马克思对于资本主义动力的分析包含着三种彼此并不矛盾的分析。

(一)资本主义的周期性增长

马克思认为,资本积累的本性要求资本家不断追加投资,生产资料因为资本的投入得到更新和周转,"这种由一些互相连结的周转组成的长达若干年的周期(资本被它的固定组成部分束缚在这种周期之内),为周期性的危机造成了物质基础。……就整个社会考察,危机又或多或少地是下一个周转周期的新的物质基础"③。周期根源于整个资本主义生产方式,围绕着利润的获取,为资本主义生产带来增长或衰退的波浪。在德赛看来,马克思周期理论的实质是"周期产生于劳动与资本之间的基本对立,与此同时,他们之间又相互依赖——工人需要就业,这只有资本家才能提供;资本家需要工人去生产,以便他们能够创造利润"④。所以,虽然在经济现实层面上资本主义的周期性表现为失业、工资、通货膨胀等现象的失调,但是本质上是资本为了获得更多的

---

①　Meghnad Desai,*Lectures on Advanced Econometric Theory*,New York:Blackwell,1988,p.11.

②　[英]梅格纳德·德赛:《马克思的复仇——资本主义的复苏和苏联集权社会主义的灭亡》,汪澄清译,第83页。

③　《马克思恩格斯全集》第45卷,人民出版社2003年版,第207页。

④　[英]梅格纳德·德赛:《马克思的复仇——资本主义的复苏和苏联集权社会主义的灭亡》,汪澄清译,第72页。

剩余价值而产生的资本家与工人、资本积累与消费之间的矛盾。为了获得更大的剩余价值,资本家会不断地将剩余价值投入再生产当中。

对于资本主义的周期性增长问题,德赛将剑桥经济学家理查德·格德温(Richard Goodwin)的模型与菲利普斯曲线结合起来认为,后者表明了失业与货币工资率之间的关系,当失业率上升时,货币工资率则会下降,两者成反比。德赛认为:"菲利普斯曲线上的每一点都反映了不同水平的失业情况,这是通过货币工资率的变化和货币工资率影响利润分享而产生的……期望控制通胀、追求充分就业同限制货币工资增长、提高劳动生产率之间是极端无法相容的。"①这就是说,通货膨胀和失业的问题是利润率的问题,持续的充分就业必然会提高工资成本,侵蚀利润的份额,促使资本家提高劳动生产率来节省劳动力成本,这又会导致失业的增加。新的一轮循环又会从头开始。

格德温的方程中常量是不变的投资回报率和不变的人口增长率及劳动生产率。用这两个常量可以得到工资在国民收入中的份额和就业率的变化规律。因此,格德温的方程描述了两个事实:一是当就业率上升到一定限度时,实际工资的增长率就会上升;二是当工资在国民收入中的份额上升时,就业率就会下降。② 由此出发,"利润中再投资的份额上升会导致就业水平的上升,这会使周期从头开始。因此,一般假设资本家的行为是不断积累而工人则会为更高的实际工资作斗争"③。所以,德赛认为关键的问题是在这个历史过程中,资本家可以通过生产不断获得利润,一个稳定的利润率可以保证资本家将利润持续投入生产中,利润划分为扩大再生产的那部分和工人工资的那部分就会形成一个动态平衡,那么这种投入就可以不断地吸收多余劳动力,资本主义就会在失业率和利润率的波动中循环往复,获得一种周期性增长。

马克思在历史唯物主义的分析框架中,将经济周期植根于资本主义社会的根本矛盾之上,资产阶级私有产权决定了一切生产的私人性质,无论是生产资料还是劳动力的使用价值,由于它们属于资本家所有,社会生产力越是发

---

① Meghnad Desai,"Grow Cycles and Inflation in a Model of the Class Struggle",*Journal of Economic Theory 6*,1973,p.541.

② [英]梅格纳德·德赛:《马克思的复仇——资本主义的复苏和苏联集权社会主义的灭亡》,汪澄清译,第73页。

③ Meghnad Desai,"Grow Cycles and Inflation in a Model of the Class Struggle",p.531.

展,工人与资本家之间的矛盾就越不可调和。德赛同样从生产关系出发,以利润率为切入点,认为周期的形成是资本家为了获得更多剩余价值同工人工资之间进行的反复争夺,它是一个历史的过程。在德赛看来,马克思的周期理论提供了这种循环长期存在的可能性,资本主义发展的动力也蕴含在对利润的不停生产和争夺中。

(二)均衡增长

马克思在《资本论》中所阐发的市场均衡思想,其根本立足点是自由市场对于价值规律的服从。后者约束着生产各个要素在扩大再生产中的投入比例,资本投入和剩余价值合乎比例地投入两个部类的各个生产环节中,形成了它们之间生产资料和价值数量之间的均衡关系。马克思通过两大部类生产模型的构建,描述出纯粹市场的生产具有趋向于均衡的趋势,深刻揭示出资本主义社会化大生产的内在要求。德赛认为马克思在这里得出的结论实际上暗示出资本主义发展的另外一个动力机制——资本主义可以在均衡中无限增长。马克思在说明资本扩大再生产的时候用了两个数字计算的例子。针对第一个例子,德赛进行了年份之间的纵向对比,见表1。①

表1　德赛对马克思扩大再生产模型的总结(以价值计算)

年份	总产出	总产出变化	机器产品产出	机器产品产出变化	利润率	工资产品花费	
						第一部类	第二部类
1	9000		6000			500	600
2	9800	800(9%)	6600	600(10%)	24	605	560
3	10780	980(10%)	7260	660(10%)	24	605	516
4	11858	1078(10%)	7986	726(10%)	24	666	678
5	13043	1185(10%)	8784	798(10%)	24	732	745
6	14348	1304(10%)	9662	878(10%)	24		

资料来源:Meghnad Desai, *Marxian Economics*, p.151.

---

① 马克思的例子可以参考《马克思恩格斯全集》第45卷,第576页。这里限于篇幅没有将其列出。

在马克思进行的计算中,第一部类资本家投入他们得到的剩余价值的 1/2 进行再生产,在这一半的剩余价值中,4/5 用于增加不变资本,1/5 用于增加可变资本的投入。德赛认为,按照这样的条件,这个两部类构成的经济可以按照年 10% 的速度进行增长,这个结果与马克思自己表述的利润率下降的规律和在《资本论》第 1 卷中表达的资本主义行将就木的表述产生了矛盾。那么,为了与这个表述相吻合,马克思用扩大再生产的例子是为了说明一个在不断自由增长的资本主义之中产生危机的可能性吗? 还是为了说明这样的扩大再生产的条件太过严格,以至于不可能实现呢?[1] 他接着问道,为什么他们会用一半的剩余价值进行投资,而第一部类的资本家为什么又只在他们自己的部门中进行投资? 德赛认为,马克思的计算并没有表明七年或十年一个的周期,也没有像卢森堡或希法亭认为的那样会发生危机。马克思可能想通过扩大再生产的计算去建立一种关于市场经济的一般均衡。从马克思扩大再生产的模型出发,它可以保证从任何原始价值和任何被选择出来的资本有机构成开始达到一年之中的均衡增长。[2]

在马克思看来,资本主义经济在社会总产品层面上的均衡与非均衡总是处于一种动态的历史过程中,资本主义经济结构要求社会总产品在各个部门和市场中构成合理的比例,在价值规律的约束下,整个生产具有达到均衡的趋势。另外,由于生产的无政府状态,正确的比例遭到经常性破坏,使得资本主义经济表现为在均衡与非均衡两极之间不断摇摆。德赛强调指出资本主义经济在其本身发展的历史过程中具有走向均衡增长的趋势,假如资本家能够不断获得利润投入扩大再生产中、劳动力人口的增长也不会成为经济发展的限制、商品市场的范围也会无限扩大,或者每一个经济周期总能够在底部缓慢复苏等条件满足的话,资本主义经济就会在这些历史综合因素的作用下围绕着价值规律形成一种均衡增长。资本主义经济虽然危机频现,但是历史的合力使得它没有很快走向全面的失衡和崩溃,马克思论述的市场走向均衡的趋势中蕴涵着资本主义长期存在的可能性。

（三）利润率的下降趋势

马克思认为,在资本主义生产长期发展中,平均的剩余价值率必然表现为

---

① Meghnad Desai, *Marxian Economics*, p.151.

② Meghnad Desai, *Testing Monetarism*, London:Pinter Pub Ltd,1983,p.164.

不断下降的利润率,这是因为活劳动量与生产中消费掉的生产资料的量相比在不断减少,所以劳动所生产的剩余价值与资本总量相比也是在减少,而它们的比率,也就是利润率必然不断下降。这个经济运行的表象不仅反映出生产各要素的内在关系,也反映出资本主义生产方式的植根于其根本矛盾之上的历史局限性。

在德赛看来,在古典时代,每一位经济学家都有一个关于利润率下降的理论,利润率随着经济发展而下降是古典政治经济学的核心问题。在斯密那里,获得利润的机会可以随着资本主义经济的发展被耗尽;在李嘉图那里,硬性的土地供应障碍会最终使地租吃光利润。马克思与他们一样也有一个利润率不断趋于下降的理论,只是马克思的理论与资本积累、扩大再生产、人口过剩、资本主义危机等联系起来。

德赛将马克思利润率的公式表述如下:[1]

$$利润率 = \frac{剩余价值}{可变资本+不变资本} = \frac{S}{c+v}$$

$$即:a = \frac{S}{c+v}$$

$$再写为: = \frac{S}{v}\left[1 - \frac{c}{c+v}\right]$$

$$= r\left[1-g\right]$$

其中,q 是利润率,r 是剩余价值率,g 是资本有机构成。这个公式表明,如果资本有机构成提高,则利润率就会下降,除非剩余价值率得到提高能够补偿资本有机构成的提高。但是,资本有机构成提高的话,会提高劳动生产率,这样,剩余价值率也会跟着提高。那么“它不但必须增加 r,而且必须通过充分消除 g 在 q 上升时所产生的压抑性效应来增加。简单地说,技术必须能够充分提高劳动生产力,以降低劳动的单位成本”[2]。这就是说,劳动生产率的提高的同时必须要提高足以补偿的剩余价值率;否则,利润率还是会下降。

另外一种情况是,劳动生产率得到了提高,导致了生产出来的不变资本价

---

① [英]梅格纳德·德赛:《马克思的复仇——资本主义的复苏和苏联集权社会主义的灭亡》,汪澄清译,第79页。

② 同上。

值降低，虽然不变资本被大量生产出来，利润也得到了提高，但是它本身的价值增值不会像其他物质总量那样增加得那么快，这样的话，资本有机构成也并没有提高。利润率的下降，与周期和危机是紧密联系在一起的。德赛认为利润率的变化轨迹是资本积累这枚硬币的反面。《资本论》第1卷中关于周期的论述在利润率下降的论述中得到了扩展。① 危机到来的时候，价格大幅下跌，资本会贬值并引起利润率的下降，企业破产，工人失业，这样就为下一个周期的开始做好了准备。

对利润率的考察，必然是对劳动生产率、投资比率、劳动力人口增加、劳动力价值等因素的综合比较，利润率是在这些因素的此消彼长中发生变化的，而且必将是在一个长期的历史过程中才能表现出来。马克思之所以能够做出利润率趋向下降的论断，是基于资本主义基本矛盾的判断。由于资本主义生产资料的私人所有，资本家疯狂追加投资、攫取剩余价值，从长期的发展趋势来看，这必将造成资本有机构成的提高，形成资本一边积累、价值一边下降的矛盾；资本家逐利的冲动也会造成工人的贫困化，无法消费掉不断增加的产品，最终形成危机的大规模爆发。在德赛看来，在资本主义发展的历史过程中，利润率下降成为资本输出的原动力。为了避免资本有机构成的不断提高，过剩资本拓展海外市场，进口便宜的原材料和工资产品，资本可以按照更高的利润率来使用，这种情况，与资本的全球扩张，即全球化的历史进程是相一致的。

马克思曾经说过："只有资本才创造出资产阶级社会，并创造出社会成员对自然界和社会联系本身的普遍占有。由此产生了资本的伟大的文明作用。"② 资本主义社会的历史作用并没有被马克思所抹杀，德赛对它的兴趣也不仅仅在于它必然消亡的结局上。德赛立足于历史唯物主义，紧紧围绕生产关系分析资本主义发展的内在驱动力，为辩证地思考资本主义命运提供了一个很好的指引。用德赛自己的话来说："恩格斯宣称，马克思揭示了资本主义运动的规律，这已经被不加批判的接受了，却没人会问及这些规律对于资本主义的未来都说了些什么……随着资本主义的增长，它将遍及全世界，而且它的危机也将是世界范围内的危机，那么是否可以认为，对于资本主义长期生存，

---

① ［英］梅格纳德·德赛：《马克思的复仇——资本主义的复苏和苏联集权社会主义的灭亡》，汪澄清译，第81页。

② 《马克思恩格斯全集》第30卷，人民出版社1995年版，第390页。

马克思比他的诽谤者或者他的信誓旦旦的追随者提供了更好的论证呢?"①

第三节　理解资本主义市场

市场古已有之,其历史远比资本主义久远。但是直到资本主义时代,市场才确立了自己在生产方式中、在社会制度中等一系列社会运行机制中的核心地位。按照马克思的观点,剩余价值生产的起点是劳动力成为商品,当劳动力可以像普通商品一样在市场上贩卖时,当剩余价值在市场中得到实现,被资本家用来扩大再生产时,资本主义的链条就可以形成一条闭环,生成它的生命力。整个过程市场的作用不可或缺。德赛试图从已有的市场理论与资本主义历史上出现过的现实市场形态间寻找理解资本主义的路径,希望通过对这些文本和历史现实的批判将之融合在马克思的经济学体系中。

一、资本主义市场发展的理论与实践

在德赛看来,市场的发展在现代最明显不过的表现形式就是全球化现象在世界各地的扩展。人们对于这种市场极度扩张的态度形成了广泛的、对立尖锐的两极:要么是对其破坏性后果产生恐惧和厌恶,要么就是对其不加批判地表示欢迎。德赛指出,这种两极分化的态度充分说明了人们对市场认识的分歧和不一致。为了避免这种极端恐惧或乐观的情绪,需要对经济学理论中对待市场的基本看法进行详细梳理。在经济学发展历史上,机械论与有机论的观点一直左右着人们认识市场的观点,并且机械论从近代以来就一直占据着经济学思想的主流地位,这对科学地看待市场发展问题造成了巨大障碍。德赛认为采取有机论的观点对于理解资本主义市场是至关重要的。

极端地说,将自然完全类比成一台由齿轮或滑轮构成的机械装置,将整个自然界都解释成为一个处于运动中的、完全受制于物理学和化学规律的客观存在体系,用这种观点来观察自然界,问题并不会很大——至少不会比将这种观点引入哲学社会科学中的问题更大。按照德赛的看法,"这个观点流行于

① [英]梅格纳德·德赛:《马克思的复仇——资本主义的复苏和苏联集权社会主义的灭亡》,汪澄清译,第86页。

二十世纪大部分经济思想中。这个观点认为经济（或社会）是作为深思熟虑而出现的结果，如果出现问题，一些特定的机构作为代理人——资本家/企业、政府/政客、银行/犹太人——就会为这架经济机器的设计错误和操作错误而负责"①。在这种视角之下，经济活动丧失了人类活动的历史性、目的性及主体性，成为彻底客观的对象。经济学理论也因此失去了对资本主义市场的深刻理解。

"人是机器"，这个机械论的经典表述体现出它的世界观。机械论从根本上讲是把整个世界当作一个精密运转的机器。在经济学中，严格来讲，经济学中的机械论是作为一个隐喻来使用的。② 但是它对经济学发展的影响不仅局限于一个隐喻所能起到的作用，它作为近代自然科学发展中有着高度影响的一种自然哲学学说，成为经济学本体论学说的来源之一，并在新古典经济学的发展中取得了绝对话语权的地位。

在机械论想象的世界中，虽然变化和运动是存在的，但是由于它原子式的视角，这些本该是连续的、不断的变化过程被分解为无数个相互独立的、静止的点。也就是说，机械论的世界观是反对演化、变迁及进化等词汇的。机械论不仅把自然界看作一部机器，还连带着把生活在自然界中的人也看作一部自动机。德赛认为，这样的观点从古典政治经济学发展之初便引起了有机论思想的激烈反对，"其中主要的思路就是将经济学视为一个建立在人类行为后果之上的有机体"③。而在这一思想源流中，亚当·斯密、马克思和哈耶克等人都是杰出代表。

德赛认为，无论是机械论还是有机论的观点，对于看待现实运行中的市场都不是足够充分的。历史中市场的运行既不是如同一架精准的机器一般，也不是如同一个盲目的生命体。认识市场活动的本质，必须要从市场的历史中看到它自身的存在方式，在现实发展中实现对市场的文本化和历史性理解。

20 世纪以来，有两个重要事件值得特别关注。其一是 1991 年苏联的解

---

① Meghnad Desai, "Globalization, Neither Ideology Nor Utopia", *Cambridge Review of International Affairs*, Volume 14, Issue 1, 2000, p.24.

② 霍奇森：《经济学的重建：新古典理论还有一席之地吗？》，张群群译，《现代外国哲学社会科学文摘》1993 年第 12 期。

③ Meghnad Desai, "Globalization, Neither Ideology Nor Utopia", p.18.

体,它标志着新自由主义经过半个多世纪的斗争,终于在共产主义和资本主义这两个阵营中同时赢得了最终的胜利;其二是 2008 年爆发的国际金融危机,它说明新自由主义这个代表着国际金融寡头、包含着意识形态、经济政策和社会模式的多重维度的混合物,开始进入了加速失败的过程中,直到今天,复苏缓慢的危机仍在纠缠着西方主要发达国家。可以这样说,当新自由主义欢呼它终结了共产主义想象之后,又在国际金融危机中形象地向人们展示了资本主义的深层缺陷和结构性矛盾。在这看似不可想象的表象之下,其中深层次的问题是,究竟应该如何看待市场的发展并使之进入经济学研究中?

在德赛看来,马克思思想自诞生以来就遭受到了最为跌宕起伏的命运,在马克思在世时,他的思想就不断经历着辩论和反驳。这些争论集中在马克思理论的两个核心上:"第一,资本主义是如何运行的,也就是说,利润是如何从对工人的剥削中产生的;第二,资本主义的最近前景如何。"①马克思用他的经济理论说明了资本主义只不过是生产方式这个规则链条中的一环,超越资本主义阶段的更高级社会形式一定会来临。人们也从这个时候开始认为,资本主义的发展已经到了它的极限。

但是,历史的发展并未按照这样一条直线路径前进,而是走过了无数的弯路:第一次世界大战中工人阶级的分裂、民主社会主义议会道路的出现、社会主义阵营统一到苏联模式上、苏共二十大导致的混乱和动荡、西方马克思主义思潮和西方左翼运动的兴起及最终被欢呼为"历史的终结"的苏联模式的崩溃。看上去,资本主义已经生存下来了并且还重新获得了进步的动力。"所有关于苏联社会主义的歪曲性质变得无关紧要,人们讨论布哈林、托洛斯基和斯大林是否是马克思理论的矫正者——这一切都变得毫无价值。"②那么,有价值的东西是什么呢? 德赛认为,那就是要找到社会发展的动力、方法和一种社会形式的极限。它蕴含在市场的历史变化中。

德赛将市场的发展历程大体分为四个阶段。③ 第一个阶段是 18 世纪中叶至第一次世界大战之前,这是具有自由秩序的市场兴起和大发展。这个时

---

① ［英］梅格纳德·德赛:《马克思的复仇——资本主义的复苏和苏联集权社会主义的灭亡》,汪澄清译,第 42 页。

② 同上书,第 45 页。

③ Meghnad Desai,"Globalization,Neither Ideology Nor Utopia",p.22.

候交通运输、通信、人口都在迅速增长，新的殖民地不断开拓出来，自由贸易学说得到普及。

这一阶段诞生的是古典自由主义思想。而马克思的思想也被归入其中。在他的认识中，德赛说，马克思不仅赞同自由贸易，而且相信市场自发的力量。因为"马克思设想的是一种更具有自我意识的自组织过程，这样社会就会由它自身的过程所联合决定。这种情形只有在具有自我意识、能自我解放的工人阶级消灭了（或超越了）私有财产和资产阶级生产方式之后才会出现"①。这段话中，德赛还暗含了另外一层意思，即认为自由市场的作用不仅可以实现市场本身的繁荣，其自发性质还能促进资本主义基本矛盾的发展。基于对马克思思想的认识，德赛相信，基于自由市场的基础，资本主义就能够超越不断循环的危机和周期。

第二个阶段从第一次世界大战开始到第二次世界大战结束，其市场表现是萧条、混乱和危机。战前的自由贸易体系已经破碎为以国家为单位的个体，只在少数工业化国家中存在着一些孤立的资本主义经济体。法西斯主义和布尔什维克主义为了应对这些挑战双双崛起。

德赛认为，这是一种国家资本主义构想和实践的开始。经济上的动荡，应付战争的需要，使得国家控制经济的观念得到了良好的实验机会。德国和苏联实行的国家资本主义，为计划经济的实践提供了范例，甚至，直到 20 世纪 30 年代的罗斯福新政都是如此。其中的代表是列宁时期的经济建设。"列宁发现工人控制的国家可以与大规模的资本主义组织及计划结合起来"②，从而可以利用国家力量统一调配工农业资源以支持大规模工业化。这种模式只是表明市场组织形式的多样性，它最终在斯大林时期蜕变成了一种官僚制度，并以苏联的崩溃证明了这种模式并不是一种高效均衡发展社会的手段。

第三个阶段是第二次世界大战结束到 20 世纪 90 年代的凯恩斯主义兴起和没落时期。在这个阶段，主要工业化国家进入了资本主义发展的黄金阶段。在一国之内其主要表现为稳定的经济增长和收入增长、充分就业和大众消费的猛增。在国际上，凯恩斯还提供了一个控制资本流动和汇率波动的国际框

---

① Meghnad Desai,"Globalization,Neither Ideology Nor Utopia",p.21.

② ［英］梅格纳德·德赛：《马克思的复仇——资本主义的复苏和苏联集权社会主义的灭亡》，汪澄清译，第 174 页。

架,它们包括布雷顿森林体系和国际货币基金组织等。在战后的经济安排上,资本控制成为这时市场运行的主要特征。

对于这一阶段,德赛认为它既不同于国家资本主义,也不同于自由主义的市场观。这种观点主张资本主义体制大体上是正常的,而且在一般的情况下市场可以进行自我调节,只有当自由竞争的经济运行不能再满足有效需求的时候,国家对之进行微调,即扩大政府支出,利用通货膨胀的力量提供大量的公共投资以增加就业和收入水平。市场发展的这种状况是一种中间路线,它只能是一个暂时的救助措施,而不能挽救利润率下降的趋势和经济发展的混乱。

第四个阶段是20世纪90年代以来,随着凯恩斯主义的破产,世界经济回归放松管制的阶段。凯恩斯主义的迅速没落让所有人都感到意外。这一时期的资本主义经济经历了充满痛苦的结构调整,新自由主义对于资本管制的鄙夷态度迎合了资本在全球寻找利润增长点的需求。这就为资本主义迎来第二次市场解放提供了基础。

在德赛看来,这个时期流行的经济理论虽然冠之以新古典主义经济学或新自由主义思想,但是它同古典自由主义相去甚远。“古典和新古典经济学的市场概念……对于前者来说,市场是一个充满了发现和创新的动态过程;对于后者来说,市场是一个关于资源配置的静态过程。”①古典自由主义眼中的自由竞争“的真实含义应该是能够自由进场、具有无限制追求利润引起的动态不确定性。不是新古典和马歇尔意义上的那种无数小公司生产同样产品的、静态的竞争”②。最终,这种静态资源分配的逻辑导致了像货币主义那样极力主张以中央银行调节货币供应、以中央政府削减赤字的措施。

德赛通过对近代以来市场发展变化过程的考察,认为市场自身是客观存在的,其发展的整个历程其实就是管制与自由开放的对抗,是在这二者之间反复摇摆的过程。对于这个客观性的发展过程,经济解释学认为市场具有自发的力量,它的繁荣与社会发展是内在地联系在一起的,控制市场的努力也许会一时间调整或刺激社会经济发展,但很快便会被证明还是需要依靠市场的自

---

①　Meghnad Desai, "Globalization, Neither Ideology Nor Utopia", p.22.

②　Meghnad Desai, "Grow Cycles and Inflation in a Model of the Class Struggle", p.531.

然运作来消除其困境。从这个意义上说，古典自由主义关于自由市场和自由竞争的观点更加符合社会生产力持续发展的要求。

市场发展的客观性是对资本主义历史进行理解的基础，这是德赛的一个基本观点。对于市场自由发展能够促进资本主义的发展这一历史现象，德赛认为，马克思对古典自由主义持十分肯定的态度，并把古典自由主义的市场观与资本主义的发展连在一起考虑，坚持对市场采取不干预的立场，反对集权制度，相信整个市场系统将通过它自身的矛盾而将自己的篱笆摧毁。①

但是，自从马克思去世之后，几乎所有的论者都在试图否认这一点。他们对市场发展的这个历史现实采取的态度都是在强化对市场的人为控制，从这个意义上讲，社会主义的确是早熟了，资本主义还未将它的发展能力发挥到极致。因此，要回归这一简单真理，改变整个资本主义社会的生存状态，就要使得市场能够按照其自身的轨迹自由发展，能够在市场充分发展的过程中提供人类生存的动力。市场的问题要靠市场自身来解决。

二、市场与社会制度的双向建构

对于资本主义生产方式来说，其从封建时代中产生的根本原因是它形成了一套围绕着积累运行的动力机制，正是在市场中，财富的积累行为推动着资本主义生产方式不断向前发展着。对于市场问题的关注，其实质是关注市场行为导致的积累，德赛认为可以达到两个目的：一是它发掘出隐藏在平等交易背后的不平等关系；二是它能够说明资本主义剥削，也就是利润是如何获得的。对这两个方面，由于古典经济学和新古典经济学只是将目光停留在变动不居的经济现象表层，没有真正理解价值概念的历史内涵，缺乏以剩余价值获取为基础的分析，只能得到孤立和局部的结论。德赛以马克思历史唯物主义为依据研究了积累为社会历史发展所提供的市场与社会制度的双向建构。

关于积累问题，卢卡奇在他的《历史与阶级意识——关于马克思主义辩证法的研究》中引述了卢森堡的一段话："在马克思的扩大再生产的模式同现实相适应的因素里……显示出积累运动的终结。它的历史界限，也就是资本主义生产的终结。对资本主义来说……不能积累就意味着生产力不可能进一

---

① Meghnad Desai, "Globalization, Neither Ideology Nor Utopia", p.23.

步发展,因此也就意味着资本主义没落的客观历史必然性。由此产生出最后帝国主义阶段(资本历史过程中的结束时期)的矛盾运动。"①卢卡奇在这里是想表达出来他对卢森堡使用总体范畴研究积累问题的赞同。他认为卢森堡通过研究积累问题,将其置于整个资本主义生产条件下,使得积累问题具有了辩证法的特质,从而引出了对整个资本主义体制的辩证看法。

　　卢森堡通过对积累的研究,认为资本主义的财富积累是不可能无限进行下去的,积累的产生和它的冲动只是一个历史现象,它只有满足资本主义条件才能够正常运作。因此,卢卡奇认为,卢森堡对于积累的观点是:"马克思主义的方法,说明它是为解决不这样就难以解决的难题寻求出路的无穷源泉。"②对于这个目标的实现,其最好的途径当然是研究马克思经济学中所采用的整体论的方法。资本积累的问题同时就是资本主义生产方式的问题,卢卡奇又说道:"如果积累问题一方面被作为政治经济学的个别问题来对待,另一方面又从个别资本家的立场来考察,那么这里实际上就根本不存在什么问题了。"③这就是说,如果不从整体的角度来看待资本积累问题,那么资本主义本身也就不存在问题。这还是从资本主义生产方式与生产关系的角度来谈论的资本主义性质问题。卢卡奇认为,在以伯恩斯坦为代表的修正主义者眼里,积累是由于各个资产家相互之间交换而产生的,也就是说,它是主要发生在流通流域中。这样看待资本积累,就会使积累问题变成某个具体科学的一个细枝末节的问题,而使它同全部的资本主义的发展历史及未来毫无关联。

　　更进一步来说,卢卡奇指出了经济学对于积累问题研究的虚妄之处。对于积累在流通领域的流于表面的研究,卢卡奇认为它是加剧了将资本主义生产方式看作合理的、永恒的和符合人的本质的社会形态这种看法。然而,卢森堡对马克思扩大再生产的剖析,说明了资本主义机制在现实的社会运动中,如劳动力的流动、资本的周转等,表现出了资本积累的界限,马克思描述的利润率不断下降的规律和资本主义的根本矛盾正是对资本积累历史发展的终结。对于卢森堡对资本积累这个历史运动发展界限的澄清,卢卡奇认为,它的重要

---

① [匈]卢卡奇:《历史与阶级意识——关于马克思主义辩证法的研究》,杜章智等译,第292页。

② 同上书,第42页。

③ 同上书,第80页。

价值在于说明了资本积累进步与消极的双重意义。资本积累创造出了大量的物质财富，而物质的丰富程度在人类社会发展的轴线上一直是一个确定的评判标准；而且由于资本主义的内在矛盾，资本积累能够促进这个矛盾的进一步发展，为资本主义生产方式的终结提供基础；另外，资本积累显然是建立在对工人剥削程度加深基础之上的，社会财富越是增加，工人的被剥削程度也就越严重。资本积累从这两方面体现了资本主义的内在本质，表达出资本主义运动在历史中的发展历程。

卢卡奇在批判经济学的非总体性时认为，它将历史过程从资本积累中抽走，将资本主义塑造成按照形式化构造出来的不可改变的规律。这种理论将整个资本主义体制机械化，同时也将人放到了整个机械化的框架之内，这种虚假的抽象所反映出的人并不是活生生的总体的人，而是孤立的非历史的个人。而从总体视角上看待资本积累问题，一方面可以把现实的资本运动作为一个整体进行考察；另一方面，可以将人还原成其本来就是的总体的人。资本主义积累的不断发展，始终会在人的层面和资本主义再生产这两个层面不断表现出资本主义经济的运行规律。

而在德赛看来，虽然经济学说从古典经济学进化到新古典经济学，但是它们提供的仍旧是对一种静态资源分配体系的分析。经济学完全忘记了现实的市场是在一种动态的永远变化中的不均衡背景中运行的。这个背景就是资本主义，它运作的目的是赚取利润并且扩大积累。资本主义体制必须是获利的，必须保证能够生产出足够多的利润。资本主义生产的全部环节都是围绕着利润的获得被组织起来，正是利润的产生和运动支配着市场中的各种平衡和不平衡、资本家和消费者的行为模式。德赛讲道："如果他们曾经是凯恩斯主义者或者是货币主义者的话，他们将会关心工资、政府赤字和货币供应。这些变量虽然重要，但它们都是利润率的深层问题所引发的症状。新古典主义和凯恩斯主义的经济学家忽视了利润率。只有马克思主义者——或者是某些年轻的、更具批判精神的马克思主义者——关注到利润率。"[①]

德赛通过回顾凯恩斯主义在西方的遭遇，说明了利润问题，也就是资本积

---

① ［英］梅格纳德·德赛：《马克思的复仇——资本主义的复苏和苏联集权社会主义的灭亡》，汪澄清译，第252页。

累对于整个资本主义经济发展的决定性意义。第二次世界大战之后的30年,被人们称为资本主义的黄金时代,同时,它也是凯恩斯的时代。由于这一时期西方发达国家面对大萧条时代留下的恐慌而普遍采用的凯恩斯主义政策,也因为战后经济的重建为西方各国提供了一个恢复资本主义生产的最佳时期,各国政府利用凯恩斯的政策在政治经济两个方面达到了资本主义历史发展的一个新的高度。德赛评论说,这个时期,不论是每个国家的保守派,还是社会主义者、资本家或是工会分子,都认同凯恩斯主义国家干预的思想。人们普遍认为,国家在经济运行中发挥的作用成为这一时期经济运行的关键所在。事实也是如此,这一时期的西方发达国家生产力得到了高速增长,不管是资本家还是工人的实际收入都进入了一个新的高度。而且,在各个国家都普遍实现了充分就业,以至于人们认为资本主义社会的最终模式就应该是凯恩斯主义指导下的样子。

然而好景不长,在20世纪70年代,英国率先出现了英镑在外汇交易市场的暴跌,它反映出当时已经积累了一些时间的高通货膨胀和高失业率。德赛认为,出现这个现象的原因在于凯恩斯主义的政策利用政府开支刺激就业,通过保持充分就业,整个社会维持了一个高工资和增加工资需求的环境,但是这个时候可以出售的商品或者是服务的产出根本就没有增长,通货膨胀必然会隐藏在这种双重的影响之下。它带来的结果就是高工资和不断上涨的商品价格,私人部门的成本价格飞速上涨,利润首先受到了市场力量的挤压。同时,由于政府部门为了应付巨大的开支,不得不采取高税收政策,这个时候的生产利润仍旧被税收挤压。由于这两方面的同时影响,资本主义在它的运行道路上几近搁浅。政府和私人部门的斗争、私人部门与工会之间的斗争到处都是。

因此,德赛认为凯恩斯主义犯下的主要错误就是忽略了利润的重要地位,他们只是将眼光盯在调节市场的财政政策上,而只有关注到利润这个核心,才能够提纲挈领地将经济运行各要素统筹起来。得到比单纯的数学模型更加有力的解释工具。在德赛看来,这就意味着要从根本上讲清楚利润的来源问题。经济分析中的各个对象,包括商品价格和数量、工资、利息、货币数量、通货膨胀等,都是经济循环这一总的过程通过剩余价值的多种利润形态所表现出来的。如同马克思所说:"过程总是从生产重新开始。……一定的生产决定一

定的消费、分配、交换和这些不同要素相互间的一定关系。当然,生产就其单方面形式来说也决定于其他要素。……不同要素之间存在着相互作用。每一个有机整体都是这样。"①

德赛抓住利润的获取这个核心问题,认为剩余价值的出现深刻植根于资本主义私有财产、阶级分化的动态历史过程中,资本主义生产关系也是围绕着剩余价值的生产而生成的。经济活动的瞬息万变和处于市场规律之下的价格如果不接受利润的存在,那人们就只能在支离破碎的表面现象间疲于奔命。德赛有感于古典经济学和新古典经济学没有能从价格出发把握周期性衰退、通货膨胀和失业问题,充分说明了他们对利润的忽视。而对利润的探讨,则必然深入资本主义市场当中去。利润在市场中的生产、分配如何与各种交换关系相关联,如何用利润来整合市场中各个资本主义变量,使价值可以在实证的意义上解释价格,德赛认为这是现代经济学亟待创新的地方。

三、从阶级关系的角度理解资本主义市场

在成体系的经济学理论建立之初,亚当·斯密就将个体主义的分析范式带入了古典政治经济学。抽象的个人作为整个经济分析的原点,社会经济交往活动成为"经济人"追求个人利益时冲突和合作的表达。这一分析原则从古典政治经济学绵延至今,在经济学说中都处于中轴线的地位。与之相对,在这条轴线旁边,非个人主义的经济学思想也不绝于缕。早期的重商主义思想家、历史学派及新旧制度主义学派、演化经济学等流派大多主张国家干预,重视历史演化,反对从功利的抽象的个人出发看待经济问题,认为现实的个人所生活的环境决定了他的多种动机。可以说,经济学说中的个人主义和整体主义的争论从来就没有停息过。

德赛解决这个问题的角度是从阶级关系出发认识经济关系的发展,将个人置于从封建关系向资本主义关系过渡的历史过程中,继而在经济关系的基础上实现一种对资本主义市场的理解。相较于"经济人"假设,德赛认为斯密的"看不见的手"这个概念更加重要。因为斯密使用这个概念是为了说明"在

---

① 《马克思恩格斯文集》第8卷,第23页。

独立的匿名交易的外衣掩饰之下商业社会的隐秘的复杂的互相依赖关系"①。德赛认为,斯密察觉到了"关系",但却还不够,因为斯密认为这个网络最重要的内容是分工,它使大部分人口在资本主义秩序中各司其职,生产财富。因此,以斯密为代表的古典政治经济学虽然也注意到了经济活动的各种关系,但他们只是关注于市场交换关系,而没有深入生产关系层面。②

马克思同样也关注于这个隐秘的网络,但是他却用他的劳动价值论说明了在平等和自由交易表象下的经济交换关系和这种交换关系蕴含的资本主义阶级对抗。正是在这一点上,马克思对生产关系的研究超越了古典政治经济学的个人主义思维和注重经济活动表象的经验思维。循着马克思的思路,德赛认为,在资本主义条件下,"第一个首要范畴是自由劳动力。它的自由表现在两种意义上,一是它要摆脱封建纽带,二是它要摆脱各种非经济的强制"③。只有这样,人与人之间才可以自由订立契约。但是,与自由劳动力一起出现的还有它的反面,即资本家对生产资料的阶级垄断。这种垄断"是阶级垄断,而不是一种个人的垄断。这种对生产资料的阶级垄断是由私人企业之间的竞争构成的,同时也由它表现出来"④。德赛在这里明确提出,表现为个人之间利益关系的仅仅是生产资料的阶级垄断的表现而已。

在西方马克思主义传统中,卢卡奇也强调了阶级关系的重要地位。他认为,在主体与客体的关系中,必须要将主体假设成为一个总体,这样客体的完整性才能够被假设;与此相应的是,如果主体想要理解自身,它就需要将客体假设成为一个整体。而在资本主义生产方式中,只有阶级可以胜任这样的总体,进一步说,也就是只有无产阶级才是真正的同一性的主客体。卢卡奇认为,这样的认识方式,在马克思那里是贯穿始终的,"马克思把整个资本主义社会的问题,看作是构成这一社会的阶级问题,阶级被看作是总体"⑤。与此相反,西方经济学总是从个别资本家的视角出发去考虑资本主义经济的发展

①　[英]梅格纳德·德赛:《马克思的复仇——资本主义的复苏和苏联集权社会主义的灭亡》,汪澄清译,第22页。

②　Meghnad Desai, *Marxian Economics*, p.12.

③　Meghnad Desai, "Some Issues in Econometric History", p.9.

④　Meghnad Desai, "Growth Cycles and Inflation in a Model of the Class Struggle", p.549.

⑤　[匈]卢卡奇:《历史与阶级意识——关于马克思主义辩证法的研究》,杜章智译,第35页。

问题,将经济的现实运转看作某种永恒的自然规律,最终致使生产、积累和流通、消费等问题被分别考虑,资本主义本身的发展问题被搁置起来。

在马克思的总体性观点之下,资本主义条件下的一切历史事件都不能被机械地理解成历史整体的生硬组合。对于单独事件的考察离不开对总体性问题的考察,因为资本主义的总体性就潜藏在每一个单独事件之中;而对资本主义整体性的考察,又离不开对单一事件的历史性、关系性的考察。所以,资本主义经济的总体性表现为对包含在其中的每一部分的扬弃,每一部分都会在历史发展运动中处于具体的环节,而总体性也是通过个别事件得以实现的。

卢卡奇认为,总体性范畴始终处于人类社会发展的链条上,而只有无产阶级的出现,才会使资本主义生产方式得以具体地呈现在现实认识之前。无产阶级与资产阶级之间的阶级关系为研究资本主义社会的整体性提供了认识的基础。卢卡奇说:"因为对无产阶级说来彻底认识它的阶级地位是生死攸关的问题;因为只有认识整个社会,才能认识它的阶级地位;因为这种认识是它的行动的必要前提……在历史唯物主义中才同时产生了关于无产阶级解放的条件的学说和把现实理解为社会进化的总过程的学说。"①也就是说,无产阶级在资本主义产生的历史过程中相应地具有了自己的历史地位,它对它自己性质和地位的认识,与它认识整个资本主义社会和反过来整个资本主义社会如何认识它是具有决定性意义的。阶级的自我意识在卢卡奇这里被社会进步和资本主义的扬弃联系在了一起。

因此,阶级分化和阶级的自我意识是同对资本主义社会的总体认识相一致的。卢卡奇指出:"历史唯物主义来自无产阶级的直接的、自然的生活原则,对现实的总体认识来自无产阶级立场。……但是这决不是说这种认识或方法论观点是无产阶级作为阶级所天然固有的。"②历史运动中产生了阶级和基于生产资料私有制的阶级分化,将资本主义的总体性表达了出来。而总体性的表达和理解,也需要无产阶级在自身的觉醒和对自身的认识逐步得到体现。由无产阶级自己发现自己的历史使命,在历史发展中完成对自身的认识和完善,才能将历史的总体性过程一直贯彻下去。当资本主义经济运行开始

---

① ［匈］卢卡奇:《历史与阶级意识——关于马克思主义辩证法的研究》,杜章智等译,第70页。

② 同上。

在一个总体的层面上进行时,无产阶级所具有的与资产阶级对立的愿望还只是一个潜在的现实,只有当它成为一个自觉自发的阶级,成为认识资本主义总体性的自觉主体时,后者才会在总体性中得到理解。

随着观察的切入点从个人转向阶级,马克思与古典政治经济学分道扬镳。劳动价值论说明了两大阶级"以各自所代表的商品进入到这种关系中来,这是一种社会关系的转换,阶级关系被转换成为商品关系和交换关系,被马克思称之为商品拜物教"①。德赛认为,与马克思的工作不同,古典和新古典经济学只是提供了一个关于可观察到的数量和价格的结构,它一方面放弃了对人之间关系的思考,另一方面放弃对交换关系更深层次上的挖掘,从而不能获得对资本主义市场的真知灼见。而对阶级关系的考察,无疑是超越了个人主义的视角。

阶级理论是马克思政治经济学留给后人的一笔丰厚遗产。德赛以劳动价值论为基础,继承、发挥了马克思这一独特的研究视角,将基于剩余价值理论和唯物史观的整体主义思维范式带入了对资本主义市场的观察。德赛把经济学中的个人主义和整体主义之争从方法论之争提升到了认识路径上。经济学个人主义有其深厚的哲学背景和认识论根源。经济学说的建立依靠的是科学世界观和英国经验主义哲学。这个背景为经济学思维模式奠定了基石。从个人出发,经济学理论无论采取什么样的方法去研究,其所构建的就只能是一种个体的、原子的和割裂了同资本主义市场整体联系的理论。

德赛认为,日常交易表面上的自由和平等不过是两大阶级对抗和暂时合作的不断表达。处于资本主义生产方式中的个人,他们的关系也只是阶级关系的一种涌现。这种观点并不排斥个人在经济活动中扮演的角色,个人之间的契约关系也还是处于劳动力商品形成的开端。只是他们的利益和命运始终与他们所处的阶级地位密切相关。整体主义之所以称为整体,是因为它"既包括在本体论上对对象的整体说明,也包括在认识论上对事物的整体分析,同样也包括在方法论上对事物整体认识的引申"②,如此才可能以一种整体的姿态对经济现象做出合理的解释。经济学说面对着自身的逻辑自洽和现实的社

---

① Meghnad Desai,"Growth Cycles and Inflation in a Model of the Class Struggle",p.551.
② 乔瑞金:《现代整体论》,第5页。

会经济运动,尤其需要摆脱个人主义单方面的控制。德赛从阶级关系的角度来理解市场和处于市场中的个人,实际上是为经济理论提供了一个全新的认识基点,促进了对资本主义市场更深层的理解。

第四节　全球化与资本主义的历史命运

在德赛经济解释学看来,马克思在探讨资本主义的发展时如同斯密与黑格尔一样很自然地形成了一个人类历史发展的阶段理论。从逻辑上来说,这样的一种历史阶段论必然要求资本主义历史将世界上所有生产方式统一在自身的形成过程中,将市场在空间上的扩张转换为历史性的事件。德赛指出:"只要外国市场具有接受能力,资本主义就可以无限制地扩张。这就是隐藏在马克思模型背后的秘密。"①全球化展开的秘密在于资本主义生产方式积累与获取利润的冲动,而其表现则是自由市场不可阻挡的扩张,其结果就是从资本主义内部产生出新的经济关系与社会关系,从而描绘出资本主义未来的历史命运。

一、资本主义生产孕育了全球化

德赛认为,马克思对于资本主义生产秘密的分析,不仅说明了剩余价值的生产(获取利润)是资本主义生存和不断发展的动力,还是资本主义作为世界历史不断向前发展中的一环而存在的根本原因。在马克思之前对资本主义进行思考的经济学家和道德学家们就已经开始朦胧地意识到可以从整个世界历史走过的过程中得到人类发展的规律,而马克思则是"通过研究政治经济学探寻资本主义的秘密时,他在思想上通过黑格尔扩展了他从亚当·斯密和启蒙运动中的苏格兰哲学家继承而来的历史理论"②。马克思的世界历史理论同他对资本主义生产方式的探索完全是统一在一起的。

资本主义发展的整体历程,除了其自身内部各种因素的发酵之外,在马克

---

①　Meghnad Desai,"Marxist Economics and Contemporary Developing Economies",*Journal of Economics*,1987,Vol.11,Issue 2,p.179.

②　Meghnad Desai,"The New International Economic Order:Ideology or Reality",*Journal of International Development*,1993,Volume 5,Issue 2,p.146.

思那里,还有一个重要方面,即资本主义历史向世界历史转变的过程。马克思在他的经济学研究中提出了"世界历史"的哲学论断,对资本主义率先起步的工业发达地区和经济发展滞后国家之间的关系做出了深刻描述。马克思依据当时刚刚成长和正在飞速发展的资本主义生产方式,对其向全球扩展的趋势做出了准确预言。现在的经济全球化,无论从深度还是广度上而言,与资本主义经济确立时的状况有了巨大的变化,但其实质,仍然隐藏在马克思对资本主义生产规律的揭示中。

在马克思看来,不仅仅是资本主义社会,整个人类社会的发展过程就是一个人不断开拓自己活动范围的过程,也是一个人与自然之间辩证发展、民族历史走向世界历史的过程。由于资本主义经济的特点,它需要源源不断的自由劳动力、原材料和生产资料,这就决定了它不可能在一个孤立封闭的环境中自我发展。对于马克思来说,是资本主义生产方式"开创了世界历史,因为它使每个文明国家以及这些国家中的每一个人的需要的满足都依赖于整个世界,因为它消灭了各国以往自然形成的闭关自守的状态"[1]。这就是说,将人类历史不断向更广阔范围推进的,向世界历史推进的动力是资本主义生产力的发展和建立在这个基础之上的生产关系的形成。

世界历史的形成是一个过程,是生产力与生产关系之间不断相互作用的结果,民族性与世界性之间关系变化的充分体现。各个民族国家在本地区范围内的生产力和生产关系的运动,总是有一种不断挣脱它们边界的冲动。超出狭隘地域的人类活动,在世界范围内合并成一个整体的资本主义矛盾运动,是世界历史越来越明晰的线索。在马克思看来,世界历史的生成发展是资本主义体系现实存在的客观表现,"一切历史冲突都根源于生产力和交往形式之间的矛盾。……不一定非要等到这种矛盾在某一国家发展到极端尖锐的地步,才导致这个国家内发生冲突。由广泛的国际交往所引起的同工业比较发达的国家的竞争,就足以使工业比较不发达的国家内产生类似的矛盾"[2]。

世界历史的产生是生产力与生产关系的相互作用。在前资本主义阶段,各个社会是互相隔绝或联系极少的,因为资本主义生产利润的驱动力驱使

---

① 《马克思恩格斯文集》第1卷,第566页。
② 同上书,第567—568页。

"资产阶级奔走于全球各地。它必须到处落户,到处开发,到处建立联系"①。资本主义本身驱动着它自己为了利润的获得将资本散落到世界各地。资本主义生产方式扩展到哪里,哪里就会打破它原来封闭孤立的状态,使之一方面与世界各个地区有了更加紧密的联系,另一方面则使生产方式向资本主义生产方式靠拢。新大陆的发现、海外殖民地的不断拓展,资本主义在全世界范围内抢夺市场和原材料,"资产阶级,由于开拓了世界市场,使一切国家的生产和消费都成为世界性的了"②。由于这种互相联系的加强,各民族原来具有的片面性和局限性日渐改变,无论是在物质资料的生产方面还是政治文化领域,保持民族性越来越困难。

在马克思看来,由于各个民族之间的关系决定于它们各自的生产力发展水平、分工水平和它们内部的交往程度,所以,世界历史的形成过程所带动的这些因素的发展将会把世界各地的各个民族带入一种紧密的联系之中,这种联系就是以资本主义经济为基础的交往关系。由此一来,资本主义扩展到的地区,它们相互影响的范围越是扩大,各个民族从原来封闭状态的生产方式中摆脱出来的程度就会越来越高,它们之间的交往形式和以前的自然形成的分工方式也就被消灭得更加彻底。这个时候,由欧洲产生的历史也就更加成为一种世界历史。

所以,德赛认为马克思在发现资本主义生产规律的意义上超越了他之前所有的思想家。斯密或是穆勒等人看到的是人类历史从狩猎采集到畜牧驯养再到发展农业,最终进入商业社会。但是马克思看到的却是包含在"从原始共产主义开始,中间经过古典奴隶制度和中世纪封建制度的有规律的线索,最终被资产阶级革命打断却远未就此止步的历史进程"③中的资本主义生产的原动力。

在资本主义生产的不断扩张中,经济发达地区向不发达地区表现出来了两条未来的道路,一是内在、自发地形成工业化,二是被工业发达地区以殖民的形式被迫产生工业化。实际上,迄今为止的世界历史表明,资本主义经济体

---

① 《马克思恩格斯文集》第 2 卷,第 35 页。

② 同上。

③ Meghnad Desai, *Marx's Revenge: The Resurgence of Capitalism and the Death of Statist Socialism*, London: Verso, 2002, p.11.

系向全世界的扩张，更多的是反映在这第二条道路上。工业发达国家处在原始积累阶段时，对殖民地进行的是公开野蛮的抢掠，这会强行将殖民地原来的自然经济破坏殆尽，把它们卷入资本主义的发展轨迹上来。一旦这些不发达地区成为发达工业国家的殖民地，后者最经常使用的方式是以对外贸易的形式对其进行掠夺。马克思认为，在国际贸易行为中，衡量各个地区劳动强度的方式是用世界劳动的平均强度来加以比较。劳动强度大的国家会比劳动强度小的国家产生出更多的价值，而资本主义生产越发达的地区，它的劳动强度和劳动生产率就会超过国际平均水平。当这两个地区进行交易时，经济发达国家以高于商品本身价值的价格出售，利润率会比在国内交易提高很多。为了获得更多的利润，更多的资本会向海外未开发地区涌入。这个现象本来是存在于资本主义生产之中的。由于资本主义经济的全球扩展，这种"超额利润"同样存在于国际贸易之中。

除了对外贸易中获得的超额利润，工业发达地区向不发达地区的资本输出更会加强这种不平衡的经济关系。马克思指出，一般而言，高利贷的利息率决定着商业资本的利润率，因此，在资本主义经济发达地区为了保障具有资本主义性质的商业利润率，当地的高利贷利息率是比较低的，而在非资本主义经济地区，情况正好相反。当资本扩展到这些不发达地区时，有一部分就会转变为高利贷资本或商业资本，从而在当地获得比原来地区更高的利润和利息。另外，不发达地区本身低廉的地租、农产品价格及低水平的工资都会为国外资本带来丰厚的受益。

德赛认为，世界历史的形成依靠的是资本主义生产方式的内在驱动力，资本主义经济体系的全球扩张是世界历史形成的一个重要手段。在世界市场的形成过程中，国际分工的逐渐形成发展则是其重要的表现形式。劳动分工历来是古典政治经济学重视的领域，亚当·斯密就是从劳动分工开始构造它的政治经济学体系的。"在世界历史形成的过程中，国际分工仍然充当了举足轻重的角色。各个国家之间的交换是以国际分工作为基础的，它同时也是经济全球化得以实现的基础。"①由于资本主义生产方式的策源地是在西欧地区，它在向世界各地扩展的过程中，使国际分工方面的发展不断向着有利于西

---

① Meghnad Desai,"The New International Economic Order:Ideology or Reality",p.148.

方经济发达国家方向发展。在国际贸易和资本流动中，发达工业国家的殖民者使用政治军事手段，在殖民地开采矿产、建立单一品种的种植园，其目的是为本国生产和提供所没有的工业农业原材料，丰富本国的工业产品。

在国际分工发展的过程中，经济发达地区的资本家们凭借着大机器工业化生产的优势，逐渐将不发达地区的经济体系融入自己的国民经济当中。这个过程一边是对殖民地的无情掠夺，打破了原本走在正常轨道之上的自然经济的发展，一边是使发达经济体自己内部的经济发展建立在国际交换的基础之上。在这个过程中，发达工业国家成为专门的工业生产者，而殖民地则成为原材料和生活资料的提供者。这种在资本主义生产方式确立之初就形成的分工体系，其影响一直延续到当代。

根据沃勒斯坦世界体系理论的描述，在现代世界资本主义发展图景中，存在着"中心—边缘—半边缘"的政治经济格局。在很大程度上，这种政治经济格局是依赖于国际分工发展而来的。这种国际分工形成西方发达国家地区提供工业制成品和工业生产资料，不发达地区为前者提供原材料和初级产品的格局。这种分工格局最终伤害了群众的利益，不发达国家为了发展自身的经济水平，深度依赖于发达国家提供的债务、工业产品和人才等，不发达国家地区的政治、经济、文化的正常运转完全依靠发达经济体的供给。

在世界历史形成初期，与国际分工一同发展的还有世界市场的逐渐形成。德赛认为，一个整体论意义上的世界市场是直接与资本主义本性相联系的。资本为了获得源源不断的剩余价值，即资本最大限度地追逐利润的本性使得它具有不可控制的向全球扩展的冲动。对此，马克思也认为资本一方面具有创造越来越多的剩余劳动的趋势，它也具有创造越来越多的交换地点的趋势。如果从绝对剩余价值或绝对剩余价值劳动的角度来看，这会造成越来越多的剩余劳动作为自己的补充，从本质上来说，就是创造世界市场的趋势已经直接包含在资本的概念本身之中了。[1] 世界市场的整体性存在，使资本主义生产关系在全球范围内充分展开。

因此，德赛的经济解释学认为，资本在全球范围内的自由流动必然会将它对剩余价值的渴求带到世界各地。资本的全球流动初始阶段还是局限在流通

---

① Meghnad Desai, *Global Governance and Financial Crises*, p.15.

流域,但是一旦它渗透进生产过程当中,便会发生世界范围内的生产的全球化。生产的全球化不仅将经济发达地区和不发达地区的生产过程连接成为一个整体,还将这个过程之中的每个环节也都充分地全球化了。这个时候,货币发展成为世界性的货币,抽象劳动也被转变为全球性质的社会劳动。而在世界市场不断走向它的完善时,它的存在也为一种新的生产关系准备着充分条件。

二、资本流动产生新的经济关系

德赛在评论列宁与民粹派的论战时谈到,后者反对资本主义在俄国的发展。他们认为这会为俄国带来悲惨的境况:资本主义在俄国的发展肯定会打破原有的农民公社式农业结构,破坏手工业,带来贫穷。俄国大众的购买力也会收缩,俄国本土资本家不会指望着在国内市场上出售他们的产品,资本也会流向国外。对国内市场的收缩和资本流失的预期使民粹派认为资本主义生产关系在俄国的发展必将只是一场幻觉。① 德赛不同意民粹派的观点主要是因为他们忽略了资本的增长潜力同它的缺陷之间的辩证关系,以及这种增长能够带来的社会发展。对这一点的忽视,使他们没有看到全球化是作为实现社会主义的必要过程。而对全球化的提示,从卢森堡开始就已经出现。

在德赛看来,马克思两部类的扩大再生产模型是一个资本主义内部经济循环的模拟。而卢森堡为这个模型加入的第三部类,能够吸收剩余产出,为第一部类和第二部类产品的实现服务,为资本主义发展模式提供了更多的说明。它的第一个重要作用是说明了资本主义对非资本主义的依赖性。不发达地区是发达资本主义的原材料产地和劳动力来源,发达地区则是消费市场,尤其是能够消化第一部类的机器产品;而不发达地区提供的原材料则降低了不变资本的成本,不断提高的劳动生产率也能更好地利用增多了的不变资本;非资本主义地区不仅本身提供廉价劳动力,它们还能提供廉价的生活资料降低劳动力价值。② 德赛认为,卢森堡的第三部类所依靠的正是对外贸易,即一个全球性的市场正在初步形成,它将资本主义体系和非资本主义体系连接在了一起,

① Meghnad Desai,*Lenin's Economic Writings*,London:Lawrence and Wishart,1989,p.14.

② Meghnad Desai,*Marxian Economics*,p.15.

表明了资本主义的发展潜力。卢森堡从这个方面很好地恢复了马克思主义理论的全球视野，它实际上说明了当时欧洲各个社会民主党一国之内的无产阶级革命理论的局限性。

卢森堡的第三部类的另外一个作用被德赛与凯恩斯的救助方案联系在一起。[①] 卢森堡的第三部类是一个军事工业部门。它不需要将产品在市场上出售，因为它的产品不被第一部类与第二部类所接受，而政府则可以用税收来平衡这个交易；但是第三部类却可以吸收第一部类的机器剩余，促进马克思那里实现问题的解决。如果第三部类被扩展成一个纯粹消费部门的话，那么它就与凯恩斯的公共投资政策有了相当的吻合之处。凯恩斯通过公共支出创造了控制和调节私人资本与储蓄的工具，帮助马克思的剩余价值得到实现。但是，凯恩斯的公共工程虽然可以将剩余价值实现为利润，却对利润率的提高帮助不大。随着凯恩斯主义政策的实施，资本主义国家普遍实现了充分就业。但是，公共部门就业的增加必将加大政府开支，而这些部门又不生产任何剩余价值，在这个背景下会造成两个后果：一是公共部门的就业岗位会分享更多的利润；二是公共支出的增加会促成通货膨胀。因此，凯恩斯主义面临的双重问题是就业和通货膨胀对资本主义体系利润率的双重压力。

通货膨胀是凯恩斯主义的敌人。在 20 世纪 70 年代，富有的国家通过印刷钞票来支撑凯恩斯政策下的财政赤字。德赛讲到，在当时，采用了货币主义政策后在美国和英国经济中相继发生的是自经济大萧条之后的最严重的一次危机，不仅产出急剧下降，而且严峻的失业紧随其后，通货膨胀就是在这时成为各国政府面临的最大困难。甚至于当时各国的选举领袖们将降低通货膨胀作为宏观经济政策的唯一目标。英国是率先走出凯恩斯主义政策的西方发达国家之一，撒切尔政府坚决拒绝用较高的预算赤字膨胀经济，她所做的是利用需求来消除赤字，主要办法就是通过市场借款而不是印刷钞票来平衡财政上的一切赤字。撒切尔政府的做法在当时是适当的，她放弃了对充分就业的追求，在 1981 年虽然英国失业人口高于 300 万人，但是经济衰退的迹象已经被遏制。

---

① ［英］梅格纳德·德赛：《马克思的复仇——资本主义的复苏和苏联集权社会主义的灭亡》，汪澄清译，第 198 页。

　　德赛还列举了美国方面的例子。里根政府上台之后，主要抛弃的是福利国家的设想而主要采用了供给经济学的主张。由于英、美两国政治体制的差别，里根政府并不能很好地控制公共开支，因此导致国防方面开支的剧增。福利预算的削减和国防开支的大增两个方面构成了美国 20 世纪 70 年代以后经济政策的主要特征。德赛指出，在微观经济层面，英、美两国的做法是共同的，即将解除管制和私有化变成了标准的政府守则。大型的私人公司可以不用再按照政府和经济学家的批评照顾公众利益而按照自己可以获利的方式进行运作。公共产业也被重组逐步私有化，如航空、电话、电力、邮政等，它们通过股票市场被出售给私人，同时也给普通市民提供了一些股份。

　　在德赛看来，这些新自由主义的政策的关键在于凯恩斯政策失败之后对社会契约的重写。这些发达国家的富裕选民阶层想得到质量更好的社会服务，在他们那里，社会契约重写的需要是非常旺盛的。除此而外，这些新自由主义政策"事实上正在重建经济以恢复盈利能力，他们只是部分程度上意识到，随着全球化的出现，资本流动将重塑单个国家的经济"[1]。

　　德赛对这一点的评论是，凯恩斯主义的问题出在它所针对的是一个封闭的经济体系，"在凯恩斯主义的模型中，贸易是一个'漏洞'。资本的自由流动，会打乱甚至中断政府对储蓄、投资或者利率的控制"[2]。此外，贸易所起到的作用不仅是干扰了封闭经济体系中的固定循环，还是对利润率的最好补偿。德赛在讲到马克思的利润率下降规律时说道："利润率下降的趋势刻画出了两个资本主义矛盾，一是自由劳动同生产资料阶级垄断之间的矛盾；二是生产潜力与实际产出之间的矛盾，也即系统的生产能力与实际产出之间的矛盾不断扩大。"[3]也就是说，凯恩斯的政策虽然在一国之内可以暂时实现充分就业，但是它对挽救利润率并无大的作为。一个封闭体系内的资本主义循环面临的必然状况是利润率的下降，那么资本为了恢复利润率，最终会向国外市场进行扩张。

　　德赛指出："先前有凯恩斯主义的安全带保护的一国资本主义，现在已经是穷途末路了，解除对资本流动的管制和实行浮动汇率制，对于自治的国家政

①　Meghnad Desai, "Rejuvenated Capitalism and No Longer Existing Socialism", p.9.

②　Ibid., p.11.

③　Meghnad Desai, *Marxian Economics*, p.192.

策是一种严厉的限制。……市场,开始不停地监视着利率与汇率,货币开始大量从各个国家流进流出。"①这个时候,一个全球化的新世界就诞生了,在布雷顿森林体系时代,汇率是被规定在狭窄的范围内,资本是不能够随意流动的。德赛举例称,在1973年,全球一天的交易量是30亿美元,而到了20世纪70年代末期,每天的交易量上升到了1000亿美元,到了80年代末期,全球一天的交易量更是上升到了6500亿美元。德赛认为,这样庞大的交易规模和速度,会使任何试图运用政府权力去控制经济的人失去勇气。

在德赛这里,借由自由市场促进的全球化的资本运动其根本目的就是恢复盈利能力,也即生产更多剩余价值的能力。当他谈到新自由主义政策的胜利时认为,正是后者对私有化及资本管制的放松迎合了资本在全球寻找新的利润增长点的趋势。虽然新自由主义政策造成了大量失业,但是由于盈利能力的恢复,工人阶级在西欧、北美洲等发达资本主义国家都对其持支持态度。新自由主义因其对竞争力的释放,重新激发了市场的活力,使得资本可以在全球范围内寻找增长机会,一国之内的无产阶级则由于可以同资本分享利润而获得利益。我们在下文中可以看到,这同德赛强调的阶级共生关系是相一致的。

在德赛看来,全球化"是解除资本运动的管制、在信息/通讯/传输技术方面取得进步以及在意识形态方面从社会民主党和国家集权向新自由主义和意志自由主义转变等三个方面的组合"②。当前的全球化,不仅使工人阶级在资本主义增长中获利,也在意识形态方面摧毁了历史上各种资本主义的替代方案。无论是西方发达国家内部的民主社会主义还是以苏联为代表的威权主义经济模式都被人们抛在了脑后,取而代之的是一种自由主义意识形态的复兴,即新自由主义。它将解除资本管制的政策、对资本获利的期待、消费文化、政治策略等包裹在资本主义生产方式的外面抛向全球。

但是,历史上已经出现过的社会主义解决方案均以失败而告终并不意味着社会主义作为一种追求和社会制度已经终结。全球化通过自由市场的逐渐

---

① ［英］梅格纳德·德赛:《马克思的复仇——资本主义的复苏和苏联集权社会主义的灭亡》,汪澄清译,第301页。

② Meghnad Desai, "Globalization, Poverty and Inequality", *Economica*, 2007, Vol.74, Issue 294, p.373.

扩张,也将资本获利的希望带到了不发达地区,而新的资本主义增长点则会使蛋糕做得更大。德赛认为"以市场为导向的全球化的各种力量,正在慢慢但是确定地创建着一个世界"①。除了资本主义获得持续增长的动力之外,世界贸易组织等以协调利润分享为目的的国际组织正在扮演更加重要的角色,一个全球性的市场正在形成当中。

所以,德赛说道:"虽然工业高度集中和垄断权力看起来是新古典主义或西方马克思主义意义上的,但是资本主义的确仍旧停留在马克思意义上的竞争阶段","资本主义通过更高的生产力将自己再生产出来,马克思一直以来都是对的:在耗尽它的生产潜力之前,一种社会秩序是不会崩溃的"。② 因此,在德赛看来,全球化现象说明的是市场的逻辑在迄今为止财富积累方面的优势,也说明了资本主义生产方式在生产效率方面的领先地位。当马克思期望资本主义发展到达它的顶点而历史性地产生新的经济关系时,德赛显然认为目前资本的全球流动正是马克思笔下的资本主义发展的一个更高阶段。

三、阶级共生蕴含资本主义转型

从阶级关系的角度出发认识资本主义,在各种左翼学说中曾经一度沉寂。客观上来看,资本主义国家经济在 20 世纪后半期得到了长足发展,其社会结构也表现出新的面貌,引起了人们对无产阶级历史使命及构成的普遍质疑;从学术研究来看,传统的阶级理论偏重于阶级之间的斗争趋势,对解释资本主义经济发展的现实困境并没有找到有效的逻辑途径。但是,关于阶级关系的论述是与马克思分析资本主义生产方式直接相关的,是马克思劳动价值论和剩余价值学说的基础理论。所以,从阶级关系方面出发观察资本主义社会,是马克思主义政治经济学传统中一个亟待创新的领域。德赛以阶级关系为切入点,分析了当代资本主义社会发展的新形势,提出了当前两大阶级在斗争基础之上存在着合作共生的关系这个观点,并指出了这种共生态势中包含着资本主义社会转型的萌芽。

---

① ［英］梅格纳德·德赛:《马克思的复仇——资本主义的复苏和苏联集权社会主义的灭亡》,汪澄清译,第 336 页。

② Meghnad Desai, "Global Civil Society and its Limits", *Economica*, Volume 73, Issue 289, 2006, p.163.

德赛认为，阶级分化产生的标志性事件是劳动力市场的出现。资本主义排除了等级制的封建束缚，恢复了劳动者的人身自由，在政治平等上取得了进步，使得人与人拥有自由订立契约的权利，但是由于生产资料的阶级垄断，这种劳动力市场上的交易在经济关系上并不平等。对德赛而言，其最重要的一点是劳动力价值是先在于劳动者进行的具体工作、独立地被社会关系所决定的，也就是阶级关系决定劳动力价值。但是，在可见的层面上，劳动者跟资本家的交换关系是以工资的形式被表达出来的。这一点使大部分马克思的批评者和辩护者产生了一个误解，即劳动力价值与工资率是一致的，而且坚持认为在马克思的模型中存在着一个线性的生活资料的实际工资率。对于传统马克思主义者来说，只能维持生计的工资是对资本主义的一种控诉，而对于马克思的反对者来说，这种线性的维持生计的工资并没有被经验数据所证实。德赛认为这两种观点都不能反映出马克思的本意，最重要的是：“实际工资的真实变化过程既不依靠自动决定也不依靠机械的劳动者生产力的提高。它是随着工人作为一个阶级同资本家作为一个阶级进行斗争而改变的。这些斗争包括工会的发展壮大、罢工、影响立法、政治行动等，它们是决定实际工资的最重要推动力量。”①

为了证明这一点，德赛进一步论述到，由于利润率与剩余价值率之间的联系是通过资本有机构成来表达的，而资本有机构成充分反映出两个阶级之间的对抗性斗争。当资本家与劳动者在劳动力市场相遇时，在劳动力价格的决定上会发生你死我活的斗争。所以，资本有机构成这个概念是一个定性的概念，它的意义主要体现在社会关系维度上。对于利润率来说，“阶级内的交易决定了资本有机构成可以降低利润率而对抗性的阶级斗争更是加剧了这种状况”②。所以，在可见的层面上，工资可以被分成两个部分，一部分是与劳动力价值相等的部分，一部分是通过阶级斗争从利润中回流到工资中的部分。最终，“利润仍旧来源于剩余价值，而剩余价值却没有全部成为利润”③。也就是说，工人阶级与资本家阶级通过互相斗争分享了利润，这是一种围绕着利润分享的阶级斗争观点。

---

①　Meghnad Desai,"Growth Cycles and Inflation in a Model of the Class Struggle",p.542.

②　Ibid.,p.544.

③　Meghnad Desai,*Marxian Economics*,Oxford:Blackwell,1979,p.80.

带着这样的观点，德赛考察了西方发达国家在 20 世纪以来存在的阶级斗争。在两次世界大战之间，以英法为代表的发达资本主义国家虽然都出现了经济大萧条的状况，但却并没有发生工人阶级左翼革命。这段时期，英国工党仅上台执政两年就因不能稳定资本主义经济而下台；在法国，社会党实行了带薪休假改革以改善工作状况，但是却以这届政府的倒台而终止。德赛认为，这种社会主义的替代方案被先进的资本主义民主政治所拒绝，并不是偶然的，而是带有体制性的原因："绝大多数工人阶级优先选择——现在是合法的选举——要坚持一种可能的改良的资本主义：一种尽管存在着不公平与剥削，但却提供工会权利的体制。"①到了第二次世界大战之后资本主义发展的黄金时期，它的生产力发生了爆炸式增长。这个时候的美国，大量人口向制造业转移，农业也实现了高度机械化，就业状况良好，工人阶级享受到了有休闲的生活，他们拥有住房、汽车，他们的下一代也拥有更好的教育水平，社会学家开始发现了中产阶级化的工人。在 20 世纪 80 年代之后，西方发达国家普遍的状况是制造业衰退，利润增长点集中在知识密集型产业、新的服务业、金融业等方面。传统的工人阶级正在收缩，一种新的由白领职员组成的混杂集合体正在取代无产阶级，以至于左翼政党也不得不与这部分选民妥协。

德赛认为，之所以能够发生这种状况，原因在于具有选举权的工人阶级被资本主义所赎买。民主赋予的权利可以将工人阶级进行工资谈判的力量推进到一定的高度，达到同资产阶级分享一部分利润的目的。但是，如果工人阶级的这种力量威胁到资产阶级的盈利能力，那么资本就会撤回或是转移。所以，在西方发达国家两大阶级之间存在着这种长期互补的需求，而这种互补却是建立在它们互相斗争的基础上。在德赛看来，"如果工人与资本斗争所赢得的结果不是废除资本主义，而是资本短缺以及随之而来的失业，甚至最终只能强化这种互补"②。与资本的斗争被限制在了一定范围之内，超出这个范围，会伤害到资本的盈利能力，工人阶级本身也会成为受害者。德赛认为这是历史上西方发达国家历次无产阶级革命不能成功的根本原因，也是马克思阶级斗争理论在资本主义发展现阶段必须要面对的现实状况。

---

①　[英]梅格纳德·德赛：《马克思的复仇——资本主义的复苏和苏联集权社会主义的灭亡》，汪澄清译，第 182 页。

②　同上书，第 333 页。

实际上，马克思在描述两大阶级之间此消彼长的力量对比时，也并未僵化地看待两大阶级的划分。他虽然强调了阶级之间的斗争，但是它们之间的互相转化是时刻存在的，而且是随着在"旧社会内部已经形成了新社会的因素"，同"旧生活的条件的瓦解步调相一致"的。随着资本主义发展的深化，不仅"工业的进步把统治阶级的整批成员抛到无产阶级队伍里去"，而且还使得"旧社会内部的所有冲突在许多方面都促进了无产阶级的发展。资产阶级处于不断的斗争中……在这一切斗争中，资产阶级都不得不向无产阶级呼吁，要求无产阶级援助，这样就把无产阶级卷进了政治运动"①。可见，马克思在对阶级关系进行概括的时候，其立足点仍旧是不断发展着的社会现实条件，现实中的阶级分界线必定是模糊不清和经常变动的。这就为阶级合作和共生提供了空间，在一定的历史条件下，阶级关系的缓和有助于资本主义生产方式的深入发展。

因此，在德赛看来，虽然资本主义带来了天生的经济关系上的不平等，它导致了两大阶级之间冲突的固有属性，但是，由于二者之间又存在着对社会产品的分享，无产阶级为了自身的需要，对抗性的阶级斗争必然会得到缓和。在当前资本主义生产方式继续发展的情况下，"经济增长化解了工人和资本家之间关于他们在收入中应得份额的斗争。蛋糕正在增加，即使所得的份额是一样的，或者甚至有所减少，你也可以吃到更多的蛋糕"②。两大阶级之间的合作共生关系得到了政治权利上的保障，同时又被它所限制，其目的是动员整个社会为产品积累而运转。从这个意义上讲，当代资本主义社会表现出来的阶级之间界限模糊、工人阶级中产化等现象，是资本主义发展过程中财富增长的结果，也是资本主义为了保证利润获取采取的自我调整。未来两大阶级关系如何调整，并没有人能够做出预言，但是在目前，阶级共生的确保障了资本主义社会的继续发展。如果说攫取利润是资本主义的发展动力的话，那么现时代在阶级之间基于利润的分享与合作为将来实现经济关系、政治关系进一步变革提供了可能的条件。

---

① 《马克思恩格斯文集》第 2 卷，第 41 页。

② Meghnad Desai, "Growth Cycles with Induced Technical Change", *Economic Journal*, 1981, Vol.91, Issue 364, p.1007.

小 结

英国新马克思主义作为一种学术倾向和研究思潮,其突出的特点"是对英国自身经验主义的历史主义传统批判和改造的产物"①。具体到从英国古典政治经济学发展而来的主流经济学传统,后者忽视了自然科学和社会科学之间根本的区别,用牛顿物理学式的普适标准去"永远有效"地管理现实世界。但是,人类社会存在的有人参与的不确定性,不可能产生这样的标准。经济学理论采取了一种狡黠的策略:将不确定的因素加以公理化。

对此,德赛认为:"他们以大量研究巩固了市场失灵的范式,并通过教科书和专题论文传播这种研究。这种占优势的研究方法是实证主义和工具主义的。经济日益被比作一部机器,一个控制论的系统。"②与此相对应的是,经济学需要的是一个能够对资本主义发生、发展做出合理解释的理论框架,以便人们能够依据这种解释理论在日常生产生活中对资本主义的性质得到更加透彻的理解。从作为一门历史科学的经济学来说,它的最终任务是从经济领域发掘出人类发展史的意义。但是,正如美国历史学家科恩所说:"历史学家的任务在于追溯过去,倾听这些事实所发出的分歧杂乱、断断续续的声音,从中选出比较重要的部分,探索其真意。"③意义的寻找是一个艰苦复杂的过程,它并不是先天存在着的东西,是由人们的理解而创造,由人们的解读而显现的。这个意义的解读,在德赛的经济解释学中则是意味着要从整体性上去理解资本主义。与此同时,这一理解过程也表现出了强烈的从抽象到具体的这一马克思主义思维原则。

首先,经济解释学是一种涉及经济学自我理解、带有经济哲学内涵的理论学说。作为对客观经济现象进行解释的主体同时也参与了这一客观过程,所以,解释者也处在具体的经济情境之中,他自身的主体性和他所研究的客观现

---

① 乔瑞金等:《英国的新马克思主义》,第2页。

② [英]梅格纳德·德赛:《马克思的复仇——资本主义的复苏和苏联集权社会主义的灭亡》,汪澄清译,第238页。

③ [美]柯文:《在中国发现历史——中国中心观在美国的兴起》,林同奇译,中华书局1989年版,第1页。

象在理解的过程中会变得模糊不清,所以尼采才会认为根本就不存在唯一正确的解释,人们才会从不同的立场对同一个事件进行多种解释。因此,人类经济活动的意义呈现肯定如同一面棱镜,它会折射出不同颜色的光线。在人们试图琢磨经济活动的意义时,他们同时也就在创造着意义和改变着历史。当经济学们对人类经济的发展进行解释时,世界的图景和历史的面貌就会因此而发生改变,从而继续形成新的理解基础。

马克思通过对政治经济学的研究确立的唯物史观和剩余价值学说,从本体论和认识论上来说,都是一种将人类意识与人的历史性存在融合在一起的努力。换句话说,马克思所要解决的问题,乃是哲学史上最古老的问题之一:主观和客观的二元对立问题。马克思通过对资本主义生产方式的考察,认为剩余价值所代表的劳动过程,也即实践,是资本主义产生和发展的秘密。由此产生的生产力决定生产关系、经济基础与上层建筑之间的矛盾运动等唯物史观的基本观点都是在理论与现实、逻辑与历史相统一的原则上产生的。因此,以马克思主义为指导,将理解的实践统一到社会历史存在的实践上来,既是经济解释学对人类经济活动意义进行阐释的重要根据,又是它本身的内在要求。

其次,从理解资本主义这一理论目标上讲,它要发掘出来的意义,从根本上说是为了阐释资本主义生产方式在历史中产生时何以为社会发展带来了蓬勃的生命力;也是为了说明经过无数次的危机与重建、各种社会发展模式的挑战之后,资本主义何以仍旧能够维持社会的不断运转。

最后,为了理解在当前全球化运动势不可当的情况下,资本主义在新的历史时期是否仍旧可以保持这个社会发展的动力,资本主义本身的内在性质是否可在历史运动中产生新事物的萌芽。德赛将这些问题纳入了一个统一的思考框架,给出了资本主义的运动发展的一个总体性的解释。

综上所述,德赛通过对经济理论前提的挖掘、历史地把握资本主义发展脉络、分析资本主义市场和解剖全球化现象这四个方面的思考,展现了唯物史观和马克思政治经济学理论旺盛的生命力和极具宽容度的解释力。德赛的经济解释学一方面在经济理论内部用历史的眼光去探讨、挖掘抽象概念的历史含义;另一方面,立足于经济史,试图将经验数据与历史事件的变迁同经济学说融会贯通。对人类社会经济活动及社会变迁的探讨使德赛的经济理论不再局限于"经济学",而成为一种针对经济现象和人类社会经济活动的

经济解释学,成为一种哲学。这种经济解释学的叙事特征表现出强烈的历史感、整体主义倾向和建构主义的特色。与主流经济学采取的静态的、均衡的、没有时间和空间限制、表现为一种永恒的客观规律性区别开来。正是在这种综合性的认识中,德赛批判地吸收各家经济理论之长,形成了自己独特的思想风格。

第十一章 麦金太尔：聚焦传统与共同体的现代性批判

阿拉斯戴尔·麦金太尔（1929— ）于 1929年诞生于苏格兰格拉斯哥的一个医生家庭,从小接受苏格兰的教育,并且受到苏格兰山地居民盖尔特族的文化熏陶。正是这两种不同文化的巨大张力为他的思想发展奠定了基础。1949 年,他在伦敦大学玛丽皇后学院获得古典学学士学位;两年后于曼彻斯特大学和牛津大学获文学硕士学位。同年,任教于曼彻斯特大学,由此开启他的学术生涯。而后,他在英国的牛津大学、利兹大学和埃塞克斯大学都曾执教,此间,还做过牛津大学和美国普林斯顿大学的特约研究员。直到 1971 年,他赴居美国开始新的学术之旅。布兰迪斯大学是他踏上美国的第一所大学,此后他在多所大学都

阿拉斯戴尔·麦金太尔
（**Alasdair MacIntyre**,
1929— ）

留下了印迹:从波士顿大学到威尔斯利学院,从范德堡大学到杜克大学。从2000 年至今,他一直担任美国圣母大学哲学系的奥布赖恩高级教授,以及伦理学和文化中心的终身高级研究学者。2005 年被选为美国哲学协会成员,继而担任美国哲学协会主席。2010 年,获得美国天主教哲学协会颁发的阿奎那奖章。

麦金太尔作为当代英美世界最负盛名的思想家,在伦理学、宗教学、政治学诸领域都有所建树,且著述颇丰。1950 年,年仅 21 岁的麦金太尔公开发表他的第一篇论文《形而上学中的类比》(*Analogy in Metaphysics*)。紧接着在1953 年,麦金太尔出版了他的第一部著作《马克思主义:一种阐释》(*Marxism*:

An Interpretation)。随后,麦金太尔在马克思主义、神学、形而上学、哲学史及伦理学等诸多领域开展研究,先后出版了近二十部著作,发表了数百篇论文及书评。

诚然,麦金太尔首先是作为当代西方道德哲学家被学者所熟知,但是他的另一个身份——"马克思主义者"却常常被人忽略。凯尔文·耐特(Kelvin Knight)将麦金太尔称为革命的亚里士多德主义(Revolutionary Aristotelianism),皮特·麦克迈耶尔(Peter McMylor)则提出了亚里士多德式的马克思主义(Aristotelian Marxism)、马克思主义的麦金太尔(the Marxist MacIntyre)、后马克思主义的亚里士多德主义的麦金太尔(the post-Marxist Aristotelian MacIntyre)等。克里斯托弗·斯蒂芬·卢兹(Chistopher Stephen Lutz)在其著作《阿拉斯戴尔·麦金太尔伦理学的传统:相对主义、托马斯主义和哲学》(*Tradition in the Ethics of Alasdair MacIntyre*: *Relativism*, *Thomism and Philosophy*)中曾这样评价过麦金太尔的思想:"麦金太尔是作为一个马克思主义者和自由的新教宗教哲学家、作为一个无神论的休谟式的学者和伦理学的历史学家、作为一个不满足的亚里士多德主义者、作为一个天主教的托马斯主义者而发表著述的。"① 麦克迈耶尔在《阿拉斯戴尔·麦金太尔:对现代性的批判》(*Alasdair MacIntyre*: *Critic of Modernity*)一书的扉页上也明确指出:对麦金太尔影响最大的三个思想资源,即基督教、马克思主义和古典世界。② 从英语世界学者对麦金太尔学说的称谓与概括,不难发现麦金太尔与马克思主义之间存在着非常特殊的关系。事实上,麦金太尔的确是在反思中不断成长的马克思主义者。

20世纪50年代,麦金太尔作为一名虔诚的基督徒和一名马克思主义者出版了一系列的作品:《马克思主义:一种阐释》(1953)、《无意识:一种概念分析》(*The Unconsciousness*: *An Conceptual Analysis*, 1958)、《基督教信仰的困境》(*Difficulties in Christian Belief*, 1959),以及一篇当时尚未发表的硕士学位论文《道德判断的意义》(*The Significance of Moral Judgements*, 1951)。在这些早期

---

① Chistopher Stephen Lutz, *Tradition in the Ethics of Alasdair MacIntyre*: *Relativism*, *Thomism and Philosophy*, Maryland: Lexington Books, 2004, p.2.

② 张言亮、李义天:《试论马克思对麦金太尔美德伦理学的影响》,《道德与文明》2012年第3期。

著作中,麦金太尔将马克思的政治理论与基督教的神学理论相交汇,认为"马克思主义作为一种由绝对教义构成的世俗主义,具有极其重要的神学意义"。并且认为"马克思主义是和基督教一样有着相同形而上学和道德范围的学说,只有马克思主义才是拥有这种道德范围的后启蒙时代的世俗学说"①。他相信马克思的政治学可以解决基督教中神圣和世俗的难题,基督徒应当阅读马克思的《1844年经济学哲学手稿》,并会从中获益。

麦金太尔的第一部著作《马克思主义:一种阐释》便是阐释马克思主义与基督教的关系。他认为基督教对资本主义的批判在很大程度上所依赖的概念都来自马克思主义的理论。比如在如何对待资本主义及社会正义的问题方面。从《圣经》和亚里士多德那里我们知道:贪婪并不是美德,而是一种罪恶,它的美德对立面是正义。但是在资本主义的现实世界中,我们却惊讶地发现贪婪似乎逐渐成为人们的一种美德,因为贪婪驱使人的欲望不断膨胀,它迫使人们不得不占有更多的东西。这种永不满足的占有欲成为资本主义社会的性格标签。资本主义社会中的个人和群体以为他们追求的是某种善,比如幸福,但事实上他们却被错误地引导,他们为自己贴上消费者的标签,他们的物质生产活动和社会实践也呈现为一种消费式的样态,他们的成功以消费品的无限占有为衡量标准。《圣经》中说,财富是苦难,是进入天堂不可克服的障碍。从这一点来看,资本主义世界是坏的。显然大多数人,甚至是牧师和神学家也未能认识到这一点。基督教所批判的是资本主义社会对穷人和被剥削者的压迫,却没有看到资本主义社会中的人都是被异化的人,更别说对政治实践的意义了。而马克思却敏锐地捕捉到了资本主义消费生活方式的本质,认识到资本主义自身的繁荣并不能提升社会正义,反而是资本主义制度本身滋生出这种不正义。麦金太尔在1953年时提出马克思主义和基督教要互相学习,但这对一般的实践和特殊的政治实践而言意味着什么,当时的麦金太尔并没有找到满意的答案。

在麦金太尔看来,这一时期他对马克思的研究与解释填补了马克思主义学说的一项重要空白。可惜的是,他的这种对马克思的神学世俗化的阐释并没有激起太大反响,直至新左派的出现才为其提供了真正的听众,正如麦克迈

---

① Alasdair MacIntyre, *Marxism：An Interpretation*, London：SCM Press, 1953, p.18.

耶尔所说:"如果没有新左派,麦金太尔的计划仍是抽象的,是与实际的政治脱节的。"①

随着1956年苏共二十大的"秘密报告"、波兰波兹南事件、匈牙利十月事件的相继爆发,英国国内的社会主义者掀起了一场寻谋第三条道路的新左派运动。恰如彼得·赛奇维克所言:"新左派与其说是一个连贯的运动,倒不如说是许多不同的政治观点得以传播的舞台。"②而争论的主题则是对斯大林主义进行道德批判。其中以汤普森、萨维尔等人为代表的英国新左派思想家运用马克思主义的人道主义对斯大林主义进行道德批判。麦金太尔在此间再一次表达了他对马克思主义的拥护,正如保罗·布莱克利奇所言:"麦金太尔关于人道主义马克思主义的性质的讨论非常重要,因为它为新左派的讨论提供了哲学上最缜密和政治上最机敏的贡献。"③

新左派阵营中对斯大林主义最深刻的道德批判来自爱德华·汤普森。在他的《社会主义人道主义:致菲利斯人的信》中,他呼吁要"更加灵活地理解马克思的历史理论"和"拒斥列宁主义的政治组织形式"④。麦金太尔在1958年撰写了一篇题为《道德荒野笔记》的论文对汤普森的观点进行了捍卫,但同时也含蓄地提出了自己的批评。麦金太尔认为斯大林主义者将马克思的历史理论视为一种机械的历史进步论,并借助于历史进步的目的论模式"把道德上正确的东西等同于历史发展的现实结果,以至于'应当'原则被淹没在历史的'是'之中"⑤。另外,斯大林主义者认为历史是可以预测的观点完全是对马克思理论中经济基础与上层建筑的隐喻的误解。麦金太尔认为,"人们在创造经济基础的同时,也创造上层建筑。这不是两种活动而是一个活动"。因此,"向社会主义转变的根本特点不是经济基础的变革而是基础和上层建筑之间关系的革命性变革"。⑥ 由此看来,斯大林的历史进步模式与马克思的历史理论相距甚远。

---

① 张亮编:《英国新左派思想家》,第178页。
② 同上。
③ [英]保尔·布莱克雷治:《道德和革命:英国新左派中的伦理论争》,林育川、林清新、林菁箐译,《现代哲学》2007年第1期。
④ 张亮编:《英国新左派思想家》,第179页。
⑤ 同上书,第182页。
⑥ 同上书,第182—183页。

　　同时,麦金太尔在看到斯大林主义历史进步论的错误时,还觉察到这一错误背后更深刻的根源。麦金太尔认为,斯大林主义的错误不仅是它对马克思历史理论的机械理解,还来源于马克思主义的科学转变。在麦金太尔看来,黑格尔的"异化"和费尔巴哈的"人的类本质"都为马克思主义的人道主义解释提供了有力的支持。在《马克思主义:一种阐释》中,麦金太尔认为马克思《1844年经济学哲学手稿》的主要贡献在于用一种历史的分析提出了人的异化及消除异化的问题。在《关于费尔巴哈的提纲》中,麦金太尔肯定了马克思的实践观,并将马克思提出的"人的本质是一切社会关系的总和"作为自己思想的历史基础。而在《德意志意识形态批判》中,麦金太尔认为马克思完成了从预言家向理论家的转变。意即从预言到预测的根本转变,从对人类社会的道德关注,转向了对共产主义的科学描述。而到了《共产党宣言》,马克思的思想已然成为一个关于未来社会的理论王国。"当理论被预言性地对待的时候它就变成了坏的理论,这就是马克思主义从预言变成科学的时候能够教给我们的东西。"①麦金太尔明确指出,马克思对道德学说的强调转而以一种社会科学的分析方法取而代之的后果,就是导致将马克思主义还原为机械论和决定论,而这最终致使斯大林主义产生和以波普尔为代表的自由主义者对历史唯物主义的误解。这一点,在麦金太尔看来是马克思理论走向虚无的开始,他建议马克思主义者应该将目光投向亚里士多德,并且引入"欲望"的概念研究人。

　　20世纪60年代的麦金太尔仍然是革命左派的一员,随后在托洛茨基主义的国际社会主义阵营中活动,发表了数篇论文,从而使其"托洛茨基主义者"的形象丰满起来。其中最有影响力的是《自由和革命》,这篇论文被认为"在很大程度上是他以前对马克思主义人道主义再解释的继续和深化"②。虽然在文章结尾处,麦金太尔表达了对托洛茨基主义的忠诚,但实际产生的效果并不明显。60年代初期,保持对托洛茨基主义的忠诚,意味着信奉教条,而麦金太尔是拒绝用这种拙劣的方式表达对马克思主义的忠诚的。相反,他认为托洛茨基主义后期的政治观点已经被历史驳倒,但这并没有使他与革命左派

---

　　①　邵永选:《基督教、道德与马克思主义——麦金太尔对马克思主义的人道主义解读》,《理论月刊》2012年第10期。
　　②　张亮编:《英国新左派思想家》,第190页。

决裂。麦金太尔认为如果要保持对正统马克思主义的忠诚，就必然与托洛茨基主义的词句，甚至是他们的革命精神决裂开来。这种对非正统的托洛茨基主义的捍卫并没有使他避免被从"国际社会主义"的编辑名单中删除。于是，这种对马克思主义的疏离在1968年达到顶点，麦金太尔离开了任何形式的马克思主义团体。

保罗·布莱克利奇和尼尔·戴维森在《麦金太尔与马克思主义：1953至1974年文选》(*Alasdair MacIntyre's Engagement with Marxism: Selected Writings 1953-1974*, 2008)中将20世纪60年代的麦金太尔与马克思主义的关系做了非常简明的概括："首先，他反对马克思关于经济危机的理论；其次，他论证现代资本主义会瓦解工人的斗争，而不是把工人的斗争联合起来；最后，他反对任何从人性的概念出发来指控资本主义。"①这一系列的反对似乎在向人们证明麦金太尔在这一时期与马克思主义的决裂，但是从另一个角度，人们也能明显地察觉麦金太尔对马克思主义的持续关注与反思。

1968年捷克斯洛伐克的布拉格之春运动拉开帷幕，五月风暴由巴黎席卷至法国全境。在这一年，麦金太尔重新修订了他的第一部著作《马克思主义：一种阐释》，在做了部分删除和充实后以《马克思主义和基督教》(*Marxism and Christianity*, 1968)的名字再版。在1968年的版本中，麦金太尔删除了1953年第一版第一章中关于哲学和实践的探讨，这一章在当时是作为麦金太尔认为最根本的问题进行叙述的，但后来却被整体删除，因而很多学者据此认为这标志着麦金太尔与马克思主义的彻底决裂。直到1995年本书的第三版修订后，麦金太尔坦言，当时对这一章节进行删除是错误的。因为1968年的他不知道如何合适地提出这个问题，更别说如何解决这个问题了，但后来他认识到这个问题无法避免。据此判断，20世纪60年代末的麦金太尔虽然在行动上远离了马克思主义团体，思想上却仍然深受马克思主义影响。显然，这个时期的麦金太尔对马克思主义的态度已经转向了深刻的反思。

1953年，麦金太尔试图在作为一个马克思主义者的同时做好一个基督徒，但在1968年，他认为这个设想很天真，所以当时他觉得这两者他都不是。

---

① 张言亮、李义天：《试论马克思对麦金太尔美德伦理学的影响》，《道德与文明》2012年第3期。

虽然他能够认识到这两种立场有各自的真理，但却不知道如何在两者之间进行妥协。然而，反对自由主义的立场，从1953年至今从未发生改变。对此，麦金太尔给出了三个理由：其一，马克思的理论预见无产阶级将引导革命；其二，自由主义政治掌握在少数精英知识分子手中，政治被资本绑架，从而排除大多数人理性参与政治的可能性；其三，自由主义的个人主义在道德上要求个人追求自己所认为的善，并且通过强调个人权利来加以保证，这就使得共同善的理念在自由主义环境中无所适从。虽然麦金太尔表明了反对自由主义的基本立场，但在当时由于未能找到马克思主义与基督教和解的药方，也未能找到一个恰当的哲学术语用以概括问题，所以他的思想一直没有一个明确的发展方向。加之20世纪60年代末，苏联进入勃列日涅夫时代，苏联军队对布拉格之春运动的镇压，法国的五月风暴，以及意大利、法国的马克思主义群体应对这些事件时的苍白无力，似乎都在向麦金太尔证明马克思主义理论在政治上的失败。尽管南非共产党的马克思主义者仍然发挥作用，但在麦金太尔看来，这种与马克思主义相联的方式也是"松散和间接"的。

面对思想的困顿和现实的残酷，麦金太尔并没有离弃马克思主义，而是以批判的眼光重新反思，以一种更为深沉的方式理解马克思主义。

1971年，麦金太尔移居美国，新思想伴随着新生活由此生发。据麦金太尔本人回忆："从1971年移居美国之后，到1977年是一个过渡时期，在这一时期我有时痛苦地进行自我批判……从1977年到现在，我从事于一项专一的谋划，《追寻美德：道德理论研究》、《谁之正义？何种合理性？》和《三种对立的道德探究观》是这一谋划的中心。"①从麦金太尔对自己思想的回溯可以看出，在对马克思主义进行深刻反思的同时，他也陷入了深刻的自我批判。这种批判既有针对马克思的，也有关于基督教的；既关注理论问题，也更多地关注社会实践。这种自我批判的结果就是将麦金太尔引向道德哲学，走向道德反思的马克思主义立场。

在《关于马克思主义的三种观点：1953年，1968年，1995年》这篇文章中，麦金太尔站在1995年的立场上，分别回顾了1953年和1968年他

---

① 张言亮、李义天：《试论马克思对麦金太尔美德伦理学的影响》，《道德与文明》2012年第3期。

对马克思主义的态度和看法，并且指出 1995 年的观点，即应该在社群和实践的基础上对资本主义的政治经济制度进行批判。麦金太尔认为，当代意识形态中各种互竞的道德话语都是"实践和评价话语碎片化的产物"，"为了理解并且修正这一点，我们需要恢复亚里士多德视角中的社会和道德理论以及重建实践"①。这一点在《追寻美德：道德理论研究》一书中得到最早阐释和论证，并且在 2007 年《追寻美德：道德理论研究》的第三版"序言"中，麦金太尔指出："我过去和现在一直深深受益于马克思对资本主义经济、社会和文化秩序的批判、受益于后来的马克思主义者对这种批判的发展。"②为了能够再次从马克思主义那里得到灵感，麦金太尔认为应该重新审视马克思在 19 世纪 40 年代的思想，"尤其是他关于理论和实践之间关系概念的转变"③。然而，现在马克思主义的困境并不是来自外界的舆论压力，而是受困于自身，最核心的困难便是"马克思拒绝或未能进一步探讨他在《关于费尔巴哈的提纲》中提出的问题"④，为此，麦金太尔还专门撰文《马克思的〈关于费尔巴哈的提纲〉一条未走之路》讨论了市民社会如何不能被超越的问题，并提出自己的共同体社群概念。他认为："如果理解基督教和马克思主义及其两者关系的人去建构这种社群，那么这种社群的政治以及建构和维持这些社群的努力会更为有效。"⑤这些思想在麦金太尔后期的系列"追寻美德谋划"中得到完美体现。正如张言亮博士所言："麦金太尔以一种反思马克思主义的态度把马克思主义的真正精神给继承了下来。"⑥

　　面对西方自由主义社会所带来的道德纷争与无序，麦金太尔认为要克服自由主义和情感主义所带来的道德混乱，最好的实践形式就是复兴亚里士多

---

① ［美］阿拉斯代尔·麦金太尔：《关于马克思主义的三种观点：1953 年，1968 年，1995 年》，张言亮译，《马克思主义与现实》2011 年第 1 期。

② 邵永选：《基督教、道德与马克思主义——麦金太尔对马克思主义的人道主义解读》，《理论月刊》2012 年第 10 期。

③ ［美］阿拉斯代尔·麦金太尔：《关于马克思主义的三种观点：1953 年，1968 年，1995 年》，张言亮译，《马克思主义与现实》2011 年第 1 期。

④ 同上。

⑤ 同上。

⑥ 张言亮、李义天：《试论马克思对麦金太尔美德伦理学的影响》，《道德与文明》2012 年第 3 期。

德的共同体传统。对于亚里士多德的共同体传统而言，个体只有将自身放置于共同体之中，才能明确自己的位置，个体的特性由共同体中的社会关系决定。这个观点与马克思关于共同体的见解是一致的。因此，麦金太尔认为"马克思的实践思想是冲破市民社会立场局限，进行变革的最好方向，是至今仍然要循此去走的路子"①。

第一节　麦金太尔的现代性解读

目前，学界对麦金太尔的理解，大多来自《追寻美德：道德理论研究》及其后续的著作《谁之正义？何种合理性？》与《三种对立的道德探究观》。其中，《追寻美德：道德理论研究》被视作麦金太尔开启对现代自由主义批判的开山之作，也是奠基之作。这种认识的前提，忽略了麦金太尔的早期著作及其对马克思主义的研究成果。实际上，麦金太尔对现代性批判的意图在其第一部著作中便已经开始得到酝酿。下面，本研究将首先追溯麦金太尔现代性批判的起源。简而概之，本研究将详细阐述自 20 世纪 50 年代以降至 80 年代期间②，麦金太尔与马克思主义之间的基本关系及其思想立场的变迁。通过他的立场转换，试图梳理出有关现代性批判思想的起源及其最初模型。以此为基础，本研究将继续探讨何为麦金太尔特有的现代性批判。

一、现代性批判的起源

麦金太尔于 1952 年完成他的第一部哲学著作《马克思主义：一种阐释》③。在该书中，麦金太尔站在神学本质的立场，用神学的语言特征，描述有关神学

---

① ［美］阿拉斯戴尔·麦金太尔：《马克思的〈关于费尔巴哈的提纲〉一条未走之路》，乔法容译，《国外社会科学》1995 年第 6 期。

② 据麦金太尔自我介绍，他的学术生涯分为三个阶段，其中 20 世纪 50 年代至 70 年代是他的早期思想阶段，70 年代至 80 年代末是他的思想摸索时期，也是思想转型期；90 年代以后他的思想逐渐成熟，渐成体系。本部分主要探讨他的前期思想如何转换，故将研究范围圈定于 50 年代至 80 年代。

③ 1952 年 10 月，麦金太尔完成《马克思主义：一种阐释》的写作，1953 年付诸出版。1968 年再版时，将书名更改为《马克思主义与基督教》，该书名更加贴切地表明了麦金太尔此书的主旨，即通过探究马克思主义与基督教之间的关系，表明麦金太尔在当时的思想立场，这也是麦金太尔对马克思主义最原初的立场。

的各种问题。他在书中指出，西方思想普遍认为，人类生活划分为神圣和世俗两大部分。这种划分标志着基督教的起源，同时也见证了一种宗教文化的衰亡。对麦金太尔而言，将人类生活的统一整体分离为神圣和世俗，也就是将宗教变成人类生活一个额外的部分。于是，宗教仪式本身成为一种神圣的目的，而世界不再被视作神圣的。如果将神圣与世俗分离，也就说明宗教与政治无关，进而承认政治是上帝统治之外的领域。换而言之，上帝并非主宰一切，其行使权力的范围具有局限性。麦金太尔认为，这种将神圣与世俗相分离的认识，已经发生在"资产阶级"的宗教中。①

　　在此，我们可以明显感到，麦金太尔有关人们日常生活分离的焦虑，它将引发麦金太尔后期伟大的道德计划。同时，麦金太尔将此断定为一种现代的资产阶级现象。这是麦金太尔非常早期的一种见解，也是日后麦金太尔将要广泛探讨的主题。可以说，有关神圣与世俗分离的焦虑，是麦金太尔对西方现代资本主义社会的批判雏形，而这种对西方社会现代性批判的最初意识带有强烈的宗教和神学色彩。正是这样一种独特的神学风格，成为理解麦金太尔与马克思主义最初关系的基本条件。

（一）马克思主义与基督教的张力

　　麦金太尔为什么会选择研究马克思主义来开启他的学术生涯呢？原因在于，当时的麦金太尔认为，现代世界，如果说还存在对基督教有竞争力的世界观的话，那就是马克思主义和实证主义。马克思主义对麦金太尔而言，显然更为重要。因为，马克思主义相比实证主义，它对宗教的性质及功能，具有更为明确和积极的阐释。但是，与此同时，麦金太尔也指出马克思主义的矛盾之处。一方面，"马克思主义设想的人的全部生活，明确地拒绝承认世界是神赐的特征"②，由此可见，马克思主义是无神论的拥护者；另一方面，马克思主义理论以及马克思主义无神论者却有着宗教来源。对此矛盾，麦金太尔的回答是，这种矛盾体现了基督教传统中教会与国家、神圣与世俗之间存在的持续不断的张力。皮特·麦克迈耶尔认为，马克思主义无神论的出现，可能是对基督教的一种潜在的保护。因为，它"有效地防止教会屈服于上帝或其他特定社

---

① Alasdair MacIntyre, *Marxism：An Interpretation*, pp.9-10.

② Ibid., p.10.

会的偶像"①。麦金太尔是如何看待马克思主义与基督教之间存在的这种张力呢？

在此，麦金太尔对马克思主义进行了辩证的分析。一方面，麦金太尔认为，马克思主义在对宗教进行阐释的时候，试图寻求一种社会化的理解，意即对宗教进行功能性的阐释。但是，它又和 18 世纪的理性主义一样，错误地将"宗教看作是纯粹的简单的神话"②；另一方面，麦金太尔又认为，由于马克思主义看到了科学，以及强调科学方法的重要性，这一点使马克思主义超越了基督教。同时，马克思主义区别于基督教的独特之处在于，它不仅用科学解释世界，而且还积极倡导应用科学技术，用科学技术操纵物质世界。对麦金太尔而言，从第一版《马克思主义：一种阐释》到第二版《马克思主义与基督教》，这 15 年间，将马克思主义作为主体思想的理解，并没有任何改变。然而，值得注意的是，在第二版中，麦金太尔的神学立场被移除，取而代之的是一种社会学的分析形式。麦金太尔似乎从马克思主义与基督教的张力中挣脱，逐渐转向了马克思主义。但是，这一转向仍然与基督教有着不容忽视的关联。

麦金太尔声称，"拒绝将外在的宗教与内心正义的身份认同，视为宗教信徒自以为是的根源。……因为耶稣已死，不再将教会视作救赎世界的共同体，而将其视为一个被救赎的共同体"③。这一主张表明，此时的麦金太尔已经对基督教产生质疑。从救赎到被救赎的身份转换，表明基督教不再高高在上，而是面向世俗，甚至同世俗世界一样成为被救赎的对象。这也意味着，麦金太尔开始转向马克思主义。然而，促使这一转向的原因，却又离不开基督教的影响。正如皮特·麦克迈耶尔所言，促使麦金太尔转向马克思主义的是"基督教承诺在穷人中实践，并遇见神"④。在麦金太尔看来，尽管马克思主义有着宗教根源，比如，麦金太尔将马克思主义视为福音的世俗化形式，并将内含于基督教教义中的五条社会政治原则从福音书中提取出来，与马克思主义作对

---

① Peter McMylor, *Alasdair MacIntyre: Critic of Modernity*, Routledge, 1994, p.5.
② Ibid., p.6.
③ Ibid., p.8.
④ Ibid.

比,发现马克思主义与福音的立场和要求非常接近。① 又如,马克思主义关于美好生活的愿景是受基督教的和平与和解的美好生活启发而来。但是,马克思主义相比基督教,更加关注的是世俗世界。

马克思主义向世俗世界的跳跃,离不开黑格尔。然而,在麦金太尔看来,黑格尔的重要性在于他对历史的强调,但其最终仍然根源于神学上的概念。比如黑格尔著名的"自我疏离"概念,它指人类辜负了自己创造的道德法则,在人类社会中表现为以自我为中心的利己主义。在麦金太尔看来,这是有关人类堕落的基督教阐释。马克思对黑格尔"自我疏离"的阐释,直接转化为有关异化与疏离的观点。尽管马克思试图取代黑格尔的哲学,但是,"即使在他关于如何超越黑格尔的问题构想中,马克思依然是个黑格尔主义者。因为,当他将黑格尔主义哲学视作思想的最后体系,并与其对立面相对照时……他便开创了黑格尔自己的辩证法新阶段"②。如果说黑格尔的思想带有神学色彩,那么,在麦金太尔看来,马克思比黑格尔更忠实于福音书的精神。他认为马克思,"在具体性和他将无产阶级、穷人、有关真善和伪善的寓言中'最少的那些人',视为承担救赎的标志。这些远比黑格尔更加合乎圣经。在福音书中,财富标志疏离;占有财富的人被财富所主宰。……马克思所做的便是,将耶稣对所有贫富对立的审判转换成他那个时代的对资本主义社会的即时审判"③。

马克思在现代性图景下,对现代资本主义社会的批判,主要表现为对资本的批判。简而言之,马克思认为劳动是私有财产的根源。由于人们的需求,只有通过出卖劳动才能得到满足。因此,作为劳动报酬的金钱,不仅成为人类生

---

① 这五条社会政治原则从马太福音第 25 章第 31—35 页,从耶稣的最后审判中提取而来,这些原则是:第一,"在他面前,要把所有的国家都聚集起来"。不仅是个人,而且整个社会都要被救赎。第二,世界上有真正的邪恶力量,因为缺乏怜悯或同情,产生真正的痛苦和苦难。第三,由上帝去评判,而不是人在此去区分真善与伪善。第四,"我在牢狱中,你们来到我身边"。人类的任务是在实践中表达宽容。第五,在这个世界上,我们遇到神,他们以那些需要帮助的人的形式出现,我们永远无法知道我们何时会面对。在此,麦金太尔将马克思主义的相关主张与基督教相连,同时认为,在有关第三条和第四条原则中,马克思主义对基督教提出了最强烈的挑战。

② Karl Popper, *The Open Society and its Enemies*, Vol. 2, London: Routledge & Kegan Paul, 1966, p.39.

③ Peter McMylor, *Alasdair MacIntyre: Critic of Modernity*, p.13.

存的手段，而且成为自身的目的。结果，"金钱，人类疏离的抽象形式，统治了社会"①。在麦金太尔看来，这一观点和福音书对财富的理解趋于一致。但是，值得注意的是，福音书中提到的"占有财富的人被财富所主宰"，它并不是对资本主义社会私有财产的指控，而是对所有人的劝诫。福音书教人不要在意财富，不要刻意追求财富，人心在哪里，财富就在哪里。所以它说："不要积累财富在地上，地上有虫子咬，能锈坏，也有贼挖窟窿来偷，要积攒财富在天上，天上没有虫子咬，不能锈坏，也没有贼挖窟窿来偷，因为你的财富在那里，你的心也在那里。"其实，福音书劝诫人们不要被财富主宰的真实意图是要教人将自己的心、自己的信仰奉献给上帝，而不是迷失于财富之中。马克思对金钱的批判，显然与福音书抱持不同的立场。马克思对劳动异化、拜物教的批判是站在无产阶级立场，对现代资本主义社会的批判。马克思的最终诉求是克服异化，使人成为人本身。

即便如此，麦金太尔依然相信，关于人的异化、疏离与和解希望的问题，是马克思最初所关注的问题，也是宗教和形而上学体系所涉及的领域。这些问题在人类现实生活中表征为饥饿与欲望、痛苦和残酷、物质匮乏等。马克思主义与基督教的实践诉求都是解决上述问题，以获得人类的美好生活。然而，"马克思主义的目标是希望将形而上学的范围与自然科学的确定相结合"②。因此，马克思主义又不得不反对宗教。在当时的麦金太尔看来，马克思主义与基督教之间的这种张力是持续存在的。此外，面对马克思有关现代性的批判，麦金太尔十分强调马克思对黑格尔批判中的费尔巴哈元素，意即麦金太尔认为现代国家的错误在于没有将人的本质作为社会人。有关人的本质的概念将在麦金太尔后期有关现代性的批判中扮演重要角色。

（二）斯大林主义的自由主义批判与第三种道德立场

20世纪50年代末，麦金太尔在《新理性者》杂志上发表了题为《道德荒野笔记》的论文。该论文被广泛认为是其学术生涯的一个转折点。之所以称为转折点，原因在于，在这篇文章中，麦金太尔作为英国新左派思想家，在左派学

---

① Karl Popper, *The Open Society and its Enemies*, p.56.

② Peter McMylor, *Alasdair MacIntyre: Critic of Modernity*, p.16.

者们对斯大林主义进行普遍的道德批判的情境下,开始思考:左派唯一可行的选择是自由主义吗? 答案当然是否定的。

1957 年,以爱德华·汤普森为代表的英国新左派开启了对资本主义的规范性批判,其主要针对的是对斯大林主义的道德批判。汤普森写道:"这种斯大林主义的官僚体制是社会主义奋斗历程中的绊脚石,因此人们为巩固社会主义而进行的反抗变成了对斯大林主义的反抗。"①这种反抗是对意识形态和非人道的反抗。这种社会主义的人道主义思想,成为当时英国新左派对斯大林主义批判的主导思想。麦金太尔在推进汤普森对斯大林主义的人道主义批判中,进一步提出要与斯大林主义的战略遗产——改良主义,进行彻底的决裂。麦金太尔认为,道德批判家们对斯大林主义的批判依赖的是西方盛行的自由主义道德观。这种"自由主义传统的精华就在于道德被当做自主的。……道德原则不可能有非道德基础。我们对特殊道德问题的判断也许可由援引更一般的原则而得到支撑。然而,我们最一般的终极原则——它们能证明其他原则——却不是理性证明能够证明的。尤其是,它们无法由诉诸事实来证明,无论是历史事实还是别的事实"②。因此,一方面,斯大林主义判断何为道德的"应该",个体的道德立场被历史所预定,"应是"原则被历史的"是"所淹没;另一方面,道德批判家们将自身置于历史之外,"应是"原则完全被置于历史的"是"之外。③ 在麦金太尔看来,这种自由主义的精神代表了斯大林主义的另一面。之所以认为自由主义行不通,原因在于,自由主义是对道德原则的呼吁,"它们诉诸道德原则的脆弱性在于其对这种呼吁的任意性。用以判断和发现斯大林主义不足的标准从何而来,它们何以对我们拥有权威"④。意即,自由主义在道德判断上体现的是西方多元主义的任意性和抽象性。道德批判家们对斯大林主义的道德谴责所基于的价值标准因人而异,它们没有统一的原则,相互攻伐。它们所展示的只是一系列个人的价值。

麦金太尔在此建议,除了斯大林主义或与之相排斥的学说以外,对这种自

---

① E.P.Thompson,*Socialist Humanism*,*New Reasoner 1*,Summer 1957,pp.107-109.

② Alasdair MacIntyre,"Notes from the Moral Wilderness Ⅰ",*New Reasoner 7*,1958,pp.91-92.

③ Ibid.,p.91.

④ Ibid.,pp.90-91.

由主义道德的任意性的替代方案在于一个"更可靠的马克思主义的回归"①，
这也是麦金太尔所努力表明的"第三种道德"立场。所谓"更可靠的马克思主
义"，是指不接受广泛的斯大林主义版本的马克思主义。换言之，麦金太尔将
沿着汤普森的社会主义人道主义的方向，对斯大林主义进行更深层次的批判。
麦金太尔认为，斯大林主义对马克思的"经济基础与上层建筑"思想存在误
读。马克思并没有将社会的物质基础与文化的上层建筑严格区分开来，而是
认为这二者是同一活动过程。正如麦金太尔所指出的："社会的经济基础并
不是社会的工具，而是以对他们的使用而言，以必然性的方式合作使用那些特
殊工具的人们，以及由被这种合作形式所塑造的社会意识构成的上层建筑。
要理解这一点，就要谴责目的—手段式的道德观，因为以创造经济基础为手段
来形成社会主义上层建筑绝无可能。创造经济基础的过程，就是在创造上层
建筑。这里没有两种活动，只有一种活动。"②

麦金太尔在探寻更可靠的马克思主义的过程中，反对斯大林的历史进程
目的论，同时也不赞成康德的历史的绝对命令。麦金太尔将马克思主义理论
作为他的"第三种道德"立场。这种理论认为历史为标准提供了基础，但是历
史过程既不是道德至上的，也不是自主的，它没有从人类选择和承诺中转移。
在此，麦金太尔试图重新审视人的本质和道德观的传统问题，构建一种"我
是、我能是、我想是和我应该是之间的关系"③。

比照《道德荒野笔记》与《追寻美德：道德理论研究》，我们可以发现它们
的论点结构非常相似。麦金太尔在《道德荒野笔记》中主张"道德表达了人类
最永恒和最长远的欲望"④。这一观点在后期的《追寻美德：道德理论研究》
中得到发展，作为对"无知的人的本质"的引导，复苏德性是非常必要的。关
于道德与欲望的话题，无论是亚里士多德将哲学作为追求的观念，还是《圣
经》中，上帝满足人们的欲望，它们都认为道德生活与人对欲望的追求之间，
通过满足人的本质达成一致。然而，自由主义则打破了道德与欲望之间的联

---

① Peter McMylor, *Alasdair MacIntyre：Critic of Modernity*, p.20.

② Alasdair MacIntyre, "Notes from the Moral Wilderness Ⅰ", p.98.

③ Ibid., p.100.

④ Alasdair MacIntyre, "Notes from the Moral Wilderness Ⅱ", *New Reasoner 8*, Spring 1959,
p.90.

系。这一点对麦金太尔而言,道德与欲望之间的鸿沟需要搭建一座桥梁。人的本质可以成功完成这一诉求。问题是,人的本质改变是如何弥合道德与欲望之间的裂痕呢?

在此,麦金太尔提供了一种关于马克思历史观的片面认识。他认为,对大多数人类历史而言,长久的欲望无法得到实现和满足,人道主义亦无法理解它现实的、长期的需求与欲望。只有当消灭了阶级的社会和新的人类共同体出现时,欲望才又回到道德观中。这种马克思历史观认为,道德可以保护这些长远的欲望,这是人的本质的目的。但是,伴随着道德客观化,欲望发展成为野蛮的和无政府主义。同时,麦金太尔又对这种马克思历史观如何与道德有关,给出了一种同样具有片面性的理解:"资本主义提供了一种让人通过许多途径重新发现欲望的生活方式。他们首先发现,他们最想要的东西就是大多数他人想要的东西;除此之外,分享人的生活并不仅仅是实现他们想要的东西的手段,但他们分享生活的特定方式的确是他们最想要的。"①资本主义似乎加强了道德与欲望的区分,同时又创造物质条件来化解这种区分。"发现我们与他人共享的东西,重新发现共同欲望,就是在吁求新的道德立场。"②无论这种新的道德立场是否如麦金太尔所谓的"更可靠的马克思主义"那样,毫无疑问,对人的本质的强调是新道德立场的基础。它有可能成为解决自由主义问题的一个替代方案,也将承诺对自由主义发起最强大的挑战。

(三)情感主义的批判与回归亚里士多德

在麦金太尔的后期著作《追寻美德:道德理论研究》中,我们不难发现麦金太尔似乎对马克思主义理论解决道德困境丧失了信心。虽然自由主义是麦金太尔一以贯之加以批判的对象,但是在《追寻美德:道德理论研究》中,麦金太尔对自由主义的批判并没有继续坚持他的"第三种道德立场",而是在哲学和社会学方面继续深化和扩展他对自由主义的批判,通过探究过去的哲学和文化资源,试图寻求一种马克思主义的替代。他在《追寻美德:道德理论研究》的"序言"中,引用了他对修正主义共产党列斯泽克·柯拉柯夫斯基的批

① Alasdair MacIntyre,"Notes from the Moral Wilderness Ⅱ",p.95.
② Ibid.

判性评论："人们不能通过简单地采取斯大林主义的历史发展观并为之添上自由主义的道德，而在马克思主义的范围内复活道德的内容。"①并重申了他的观点，马克思主义肇端于对自由主义的批判，现在又重新转向自由主义对斯大林主义进行批判显然是不够的。那么，有非自由主义的替代吗？《追寻美德：道德理论研究》便是麦金太尔的回答。

《追寻美德：道德理论研究》开篇就为读者呈现了一幅现代性道德危机的景象：在现代自由主义社会中，道德基础碎片化，道德语言无序化。人们困惑的不是某个特殊的道德问题，而是丧失了道德原则的一贯性。因为，现代社会中，人们的道德语汇与情境相撕裂，剩下的只是道德谋划最初意义的碎片。这些道德语汇充其量分享的只是概念化的理解，以及最原初的意义和说服力。它们以碎片化的形式出现在日常生活中，使人们容易产生一个错觉，认为仍然存在一个总体性的道德框架。其实不然，在实践中，当人们面对某个特殊的道德问题时，很难依据统一的道德原则对其进行道德评价。人们总会不自觉地依据个人的偏好，找寻某个符合自身价值标准的论据进行陈述，"论证倾向于成为一种修辞"②，人们对道德立场的选择，更近乎一种情感的表达。于是，道德批判家以一种新的伪装粉墨登场：

"情感主义是这样一种学说：所有的评价性判断，尤其是所有的道德判断，就其具有道德的或评价性的特征而言，都无非是偏好的表达、态度或情感的表达。……事实判断或真或假；并且，事实领域存在着一些合理的标准，借此，我们可以确保在何者为真何者为假的问题上达成一致意见。……然而，表达态度或情感的道德判断既无真也无假；道德判断中的意见一致并不是由任何合理的方法来保证的（因为根本就没有这种方法）。……相反，它完全是由对持不同意见者的情感或态度造成某些不合乎理性的影响来保证的。我们使用道德判断，不仅表达我们自己的情感和态度，而且恰恰要对他人造成这样一种影响。"③

麦金太尔在这里并不是主张情感主义是一种被广泛接受的哲学理论，其

---

① ［美］阿拉斯戴尔·麦金太尔：《追寻美德：道德理论研究》，宋继杰译，译林出版社2003年版，"序"第2页。

② Peter McMylor, *Alasdair MacIntyre: Critic of Modernity*, p.24.

③ ［美］阿拉斯戴尔·麦金太尔：《追寻美德：道德理论研究》，宋继杰译，第12页。

实,在《伦理学简史》中,他就曾指出一些对情感主义进行有力批判的观点。对麦金太尔而言,情感主义是现代社会的产物,它与现代性的步伐一致。因此,对现代性的批判,无论如何也不能绕开情感主义的话题。换言之,麦金太尔对现代性的批判是在情感主义的语境下展开的。

首先,对现代社会内容和社会语境的考察,是麦金太尔的方法论核心,也是他对现代性进行批判的方式之一。这种考察为他的社会理论,甚至为情感主义都提供了一种辩护。正如麦金太尔所言:"任何一种道德哲学都特别地以某种社会学为前提,情感主义也不例外。因为每一种道德哲学都或隐或显地对行为者与其理由、动机、意向和行为的关系作出至少是部分的概念分析,而这种做法一般又预设这样一种要求:这些概念被具体化在现实的社会世界中。"①

具体而言,"情感主义必然抹煞操纵的与非操纵的社会关系之间的任何真正的区别"②,这是情感主义的社会内容的关键。麦金太尔在他的道德剧本中,拟定了三位关键人物:富有的审美者、管理者与心理医生。这三种特性角色,各自代表了三种我们这个时代特殊社会语境下的情感主义。其中,麦金太尔认为,作为管理学说创始者的韦伯是一个情感主义者,因此他对科层制的权威描绘也是一种情感主义式的描绘。他写道:"韦伯的思想所体现的恰恰是情感主义所包含的那些两歧性,所抹煞的恰恰也是情感主义必须视而不见的那些区别。目的问题就是价值问题,而在价值问题上理性是缄默不语的,各种互竞的价值之间的冲突不可能合乎理性地得到解决。相反,人们只能在不同的政党、阶级、国家、事业、理想之间进行选择。"③韦伯的情感主义成功地抹煞了权力与权威的对比,权威不过是成功的权力而已。在科层制体系中,管理者参与争夺稀缺资源的竞争,投身于预定目的的服务中。管理者必须尽可能有效率地使用他们的资源以达到他们的目的。

如果说管理者在组织层面抹煞了操纵与非操纵的区别,那么,心理医生则是在个人层面抹煞了这种区别。管理者将目标视为既定的,他关心技术;关心如何将资源在其支配下,转化为最终产品;关心投资如何转化为利润的效率问

---

① [美]阿拉斯戴尔·麦金太尔:《追寻美德:道德理论研究》,宋继杰译,第26页。
② 同上书,第26页。
③ 同上书,第29页。

题。同样的，心理医生也有既定目标，也关心技术。比如：如何将精神疾病患者转变为正常个体的效率问题；将挫折、不满等转化为"健康"的问题。但是，就管理者和心理医生作为特性角色而言，他们都不能意味深长地讨论目的的道德内容。

换而言之，在情感主义道德学家看来，所谓目的与手段的区分是虚假的。因为，作为评价性的道德话语，只能表达自己的情感或态度，或者转变他人的情感或态度。意即努力使一方的情感或态度、偏好和选择与自己相一致，这也是道德话语的唯一实在性。在情感主义道德学家眼中，"社会世界无非是各有一套自己的态度与偏好的个人意志的交汇处、一个满足其个人欲望的竞技场"①。

其次，如果韦伯是管理学说的创始者，那么，对麦金太尔而言，欧文·戈夫曼则提供了社会的治疗版本。与萨特将自我与任何特定社会角色截然分开不同，欧文·戈夫曼把自我消融在其角色扮演中，他争辩说，自我"只不过是角色之衣借以悬挂的一个'衣架'"②。然而，在戈夫曼那里，"我"并没有消失，而是站在那里，以反对每一个角色。无论是萨特的"自我是无"的自我发现，还是戈夫曼的幽灵般的"我"，他们之间看似分歧的表面下，有着某种深层的一致性，即他们都把自我与社会世界相对立。这就是情感主义的自我。它"可以是任何东西，可以扮演任何角色、采纳任何观点，因为它本身什么也不是、什么目的也没有"③。缺乏任何终极标准，是情感主义的关键特征。"不论情感主义的自我声言忠于什么标准、原则或价值，这些东西都要被解释为本身不受任何标准、原则或价值支配之态度、偏好和选择的表达，因为它们是基础，是先于对标准、原则或价值的一切信奉的。"④因此，情感主义的自我由于缺乏自我的连续性，因而它无法拥有任何合理的历史，也就不能回答人的生活统一性的问题。

麦金太尔进一步指出，情感主义自我是现代社会秩序中一个必不可少的组成部分。它将社会世界划分为两个领域，一个是强调管理者的组织效率的组织化领域；一个是强调治疗师的个人自由主权的私人领域。这两种特性角

---

① ［美］阿拉斯戴尔·麦金太尔：《追寻美德：道德理论研究》，宋继杰译，第28页。
② 同上书，第36页。
③ 同上。
④ 同上书，第37页。

色在麦金太尔看来,充分显现了"官僚个人主义"的文化特征。在此,道德争论变成无根据的断言;而角色的成功需要转换形式,而不是理性说服。这恰恰体现了情感主义的两歧性,而两歧性本身成为理解现代社会现代性特征的肯綮。

最后,麦金太尔认为情感主义的产生与现代性的宰制关系密切。现代性的进程与论证道德合理性的启蒙谋划密不可分。在前现代,道德的合理性是由各种形式的目的论所保障,比如基督教的上帝、亚里士多德的目的论等。启蒙运动兴起后,理性逐渐取代各种权威和任何目的论。比如,康德探寻任何个体都能接受的理性原则,同时,休谟与18世纪的思想家努力在人的激情中探寻道德基础。但是,对麦金太尔而言,他们思想的共识都带有某种消极特征。"和休谟一样,对于他来说,在物理学所研究的客观宇宙中,理性辨识不出任何本质性相和目的论的特征。因此,他们在人性问题上的分歧与这种显著而重要的认同并存,而他们所认同的东西也就是狄德罗、斯密和克尔凯郭尔所认同的。所有这些思想家都拒斥任何目的论的人性观、任何认为人具有规定其真正目的的本质的看法。"①这种对目的论的拒斥,解释了为什么在哲学上找不出宗教何以失败的原因。换言之,他们拒绝麦金太尔早先的马克思主义立场,拒绝将其作为一种克服自由主义和斯大林主义的替代品。

从本质上而言,麦金太尔似乎认为没有目的论的框架,我们被迫在自己的文化中,在个体中寻求道德基础。这种立场有可能会导致对尼采主义视角的接受,即主张个体道德与欲望由意志表现。但是,在《追寻美德:道德理论研究》中,麦金太尔试图将事实与价值重新连接起来,他所采取的路径便是,对亚里士多德主义形式的回归。

麦金太尔从亚里士多德主义那里得到两个灵感:第一,思维方式。亚里士多德主义思想至少能够为麦金太尔提供三种不同文化的知识基础,即古希腊、阿拉伯伊斯兰帝国和中世纪欧洲。第二,亚里士多德的目的论本质。亚里士多德从事实前提推导出目的和意图的概念,使事实与价值之间的差距得以愈合。由此,麦金太尔认为,如果将人类生活整体看作一种目的论的框架,那么,从事实到价值就会变得顺理成章。

---

① [美]阿拉斯戴尔·麦金太尔:《追寻美德:道德理论研究》,宋继杰译,第62页。

正如前文所述,麦金太尔一直将马克思的人性目的论作为自己计划的一部分,亚里士多德则是对其的补充和完善。虽然,麦金太尔拒绝亚里士多德的"形而上学生物学"①,但是,并不妨碍麦金太尔的以亚里士多德的形而上学为前提的马克思主义版本的再生。实际上,这种观点将会完成青年麦金太尔的承诺。

麦金太尔论证的核心是,亚里士多德避免了类似康德和新教传统中的抽象道德要求,它强调德性由实践获得,德性可以引导人们在人类实践中,获得实践的内在利益,追求美好生活。但是,麦金太尔的德性在哪些意义上表现为是亚里士多德主义的观点呢? 麦金太尔对此提出三点证明。

第一,麦金太尔认为,如果他自身的解释可靠,那么在有关对亚里士多德德性理论所要求的区分与概念的问题上,某种类似于亚里士多德的观点必须得到捍卫。

第二,麦金太尔认为他的解释能够容纳亚里士多德对愉快和快乐的看法。亚里士多德认为:"获得成就的活动与令人快乐的活动是同一种状态。"②因此,对成就的追求也就是对快乐的追求。但是,麦金太尔提出不能将特殊意义的快乐与某些种类的愉快混为一谈。因为,并不是所有种类的愉快都能等同于由成就获得的快乐,有的愉快仅仅是金钱、地位、权力等外在利益。因此,麦金太尔认为,如果用实践的内在利益和外在利益对愉快进行区分是最为恰当的。

第三,麦金太尔之所以认为他的解释是亚里士多德主义的,在于它对评价与说明的结合采用的是一种亚里士多德主义的方式。从亚里士多德主义的立场来看,对某些行为是否彰显德性的评价,还包含着"为了说明为什么产生了那些行为而非另外某些行为时所要采取的第一步"③。这意味着,现代社会科学的解释计划可能会失败。因为,现代社会科学遵循的方法论准则是将事实与价值相分离。所以,某人是否勇敢或正义的事实,在现代社会科学看来,它不会承认这是"一个事实"。关于这一点,麦金太尔提出的德性解释与亚里士多德的德性理论是趋同的。

---

① 麦金太尔在《依赖性的理性动物:人类为什么需要德性》一书中,重新接受了亚里士多德的"生物学目的论"。本章第三节有详述。

② [美]阿拉斯戴尔·麦金太尔:《追寻美德:道德理论研究》,宋继杰译,第223页。

③ 同上书,第225页。

总而言之,麦金太尔的德性实践概念,体现了亚里士多德的目的论,而没有所谓的形而上学的生物学。在麦金太尔看来,德性的角色也不仅仅是区分实践。德性在不同的情境和实践中,能够维系个体和共同体,能够帮助人们完成短期和长期的意图,并使单一生活统一化。这种单一生活的统一化,通过个体所分享的责任、角色和承诺,使个人生活的叙事成为公共叙事的一部分,实际上,也成为道德传统的一部分。在此情境下,麦金太尔不禁追问:"人类生活的目的是什么?"也就是在问,个体如何能离开生活的统一而活得更好,并达至圆满。因此,麦金太尔以个人和共同体的生活为叙事的探寻,主要表征为一种追求善的叙事探寻。关于何谓善的话题,麦金太尔建议人们在社会和道德的特性中去寻找善,这种特性表现为一种传统的承继。

至此,一个成熟的麦金太尔形象展现在人们面前。此时的麦金太尔吸纳了亚里士多德关于目的论和叙事统一的观点。麦金太尔的目的论框架视角是将人类生活、人类共同体作为一个故事。这是麦金太尔的优点,也可能是弱点。然而,正如麦金太尔所认为的那样,"官僚个人主义"的文化最大限度地减少了由追求实践内在善为指导的,叙事目的论结构的实践。与马克思主义的本质主义相比,这样一种结构,可能更易破碎。因此,麦金太尔将希望寄托在人类共同体的形成中。这将成为麦金太尔对现代性批判的最终诉求。

二、现代性的特征

(一)断裂的现代性

谈论现代性的概念,总是与"现代"密不可分。据考证,"现代"一词最早由基拉西厄斯(Gelasius)教皇一世用于区分先前教皇时代,用"现代"指称"当代",在当时并无比较现在与过去的优劣之意。在此,"现在与最近的过去属于一个连续体"①。当哥特人征服罗马帝国,建立新帝国,"现代"便代表了"一种根本性的分界,这种分界使得先前的经典文化有别于现代文化,而后者的历史任务在于对先前的文化进行再造"②。对于那个时期的知识人士而言,古人的文化是令人渴慕的,甚至有人因为无法超越古人而感到深深的忧郁。

---

① 王逢振主编:《詹姆逊文集:现代性、后现代性和全球化》第4卷,中国人民大学出版社2004年版,第13页。

② 同上。

但这种情形从文艺复兴开始，便有了不同。现在如何理解"现代"术语呢？德里达曾经说过："当我们要谈论时间时，总是太迟了。"①这意味着如果从时间模式谈论现代性，我们总会归于失败。

麦金太尔认为现代性作为一种历史分期，这是毋庸置疑的。但是这种历史分期却呈现一种断裂的趋向，"它标志了一种新的和根本性地不同的开始，并呈现了对人类生活的崭新的各种选择"②。但是"新的就是现代"的吗？或者换言之，现代的就必然是新的吗？在"新"的情形下，是不是就意味着"现在就是进步"呢？5世纪的知识人士认为现代文化只不过是对古人文化的再造，古人文化经典是无法逾越的。20世纪西方传奇政治哲学家列奥·施特劳斯认为当代西方各学术流派无不认为"现代必然胜过古代""未来必然胜过现在"，而这种观点是无法认识到现代性危机的。同样，麦金太尔也认为"现在未必就是进步"。正如斯威夫特所言：现代世界是小人国，而古典世界是巨人国。但也绝不能由此断言麦金太尔是具有怀旧主义的前现代思想家代表。毕竟在《追寻美德：道德理论研究》一书中，麦金太尔曾清楚明白地对女权主义、少数族群权利诉求等这些带有明显"现代"印迹的社会活动表示支持和理解。而且也找不到些微线索指向麦金太尔有倒退历史，回到前现代社会的倾向。麦金太尔所认为的"现在未必就是进步"，只不过是提醒人们，什么才是现代观念真正所需的，而不是号召人们要回到过去。因此，对于麦金太尔而言，现代性给人类及社会发展带来了各种可能性，现代性所代表的这种历史的断裂，可以被理解成某种错误。

现代性的断裂不仅将历史在时间概念上进行了分割，更为关键的是在历史承继上导致了传统的断代。在麦金太尔的语境中，传统谓指不断被重新建构的叙事。由于传统在历史承继上出现了断裂，现代社会便充斥着各种各样的传统。传统的多元，直接导致人们无法定义自身，无法在历史情境中找到自我的根源。这种自我认同的丢失，使得人们在面对纷繁的价值观时，无法在多元传统中找到自我确信的道德准则以指导自身行为。此时，传统的合理性便需要得到证明，即证明自身传统确实优越于其他传统。这也是麦金太尔对现

---

① 王逢振主编：《詹姆逊文集：现代性、后现代性和全球化》第4卷，第13页。

② ［美］马克·C.墨菲编：《阿拉斯戴尔·麦金太尔》，胡传顺、郭沙译，复旦大学出版社2013年版，第205页。

代性批判所贯之的一个核心线索，即对传统的追寻与复兴。

（二）否定的现代性

在《谁之正义？何种合理性？》一书中，麦金太尔讨论了有关不同理论之间的不可通约性特征，并且将造成这种不可通约性问题的多元主义视为现代世界的构成要素。麦金太尔认为要克服现代性危机，首先就要解决多元主义难题，这样就使得现代性具有了"否定"的特征。这种"否定"的现代性在黑格尔那里可以表达为"现代的自我意识形式"，"即一种现代怀疑，认为被我们当作稳固的永恒的事物也许只是一种对偶然的甚至任意的观点的假定，或者只是某种对隐藏的力量或利益的表达"①。这种现代怀疑表达了对现代自身的不满，对现代自身的不断否定与不断削弱。同时，也揭示了现代社会的一种根本的紧张关系，即黑格尔所描述的主观与客观不断冲突与和解的永恒产物。

罗伯特·皮平将黑格尔所强调的"绝对的知识"概括为"无尽的现代性"，这也恰恰是对现代生活基本的、不可消除的紧张关系的描述。这种"绝对的知识"，代表了某种极端，表达了一种被历史性限定的自我决定。然而，这种自我决定不具有自发性，它受到特殊的历史情境的制约。现代纯粹的个人主义便是深深植根于这种自我决定的历史境遇之中。麦金太尔认为，对现代性的批判必然牵涉其基础，即现代自由主义的个人主义。这种绝对的自我决定是现代个人主义失败的根源，因此，麦金太尔在《依赖性的理性动物：人类为什么需要德性》一书中强调了相互依赖的重要性，这是与绝对的独立性相对的。他强调只有通过相互依赖性，才有可能从根本上成为真正的独立的理性实践者。

麦金太尔将"现代的自我意识"视为现代性的"否定"特征，并用"依赖性"完成了对现代个人主义的批判。由此观之，尽管麦金太尔不断呼唤回到亚里士多德，但是并不代表他完全拒斥现代社会。麦金太尔对现代性的理解乃至批判都是立足于现代性自身之内的。

（三）冲突的现代性

自休谟以来，"事实"与"价值"的对立一直困扰着哲学家们。"应该"的

---

① ［美］马克·C.墨菲编：《阿拉斯戴尔·麦金太尔》，胡传顺、郭沙译，第221页。

道德判断被认为是祸害西方思想的根源。

麦金太尔在《追寻美德：道德理论研究》中，详细描述了荷马时期的"应该"式的道德判断。在荷马史诗中的社会，"社会的基本价值是既存的、先定的，一个人在社会中的位置以及随其地位而来的特权与义务也是既存的、先定的"①。M.I.芬莱关于荷马史诗中的这段社会描述表明，每一个个体在其社会中，都有一个既定的角色与地位。通过认识这些角色，明确自己是谁；通过这种认识，了解自己的义务与责任。换言之，每一个人都清晰地知道自己应该做什么，因为他的社会角色与地位已经规定了他的行为。事实上，麦金太尔也认为，一个人的责任是由社会结构所赋予的，它包括亲属结构和家庭结构。正是这些社会结构创造了各种角色，提供了必要的道德词汇，赋予责任以具体内容。这意味着，人们对于如何履行义务，如何付出责任，以及什么行为不被允许，都有一个清楚明晰的认识。正如赫尔曼·弗兰克尔对荷马史诗中的人物描述："一个人和他的行为是同一的，并且他使自己完全充分地表现在行为中；他毫无城府。……在史诗有关人物言行的记载中，人所具有的一切（或人所是的一切）都得到了表达，因为他们无非就是自己的言行与经历。"②因此，在英雄社会里，一个人的行为就是这个人本身。判断一个人的行为是否符合道德，只需看他在特定境遇中所表现的行为。由此，麦金太尔认为，英雄社会中的道德与社会结构是一回事，"评价的问题就是社会事实的问题"③。

18世纪的休谟打破了英雄社会中"应该"的道德判断模式。他指出："在我所遇到的每一个道德学体系中，作者们都从有关上帝或人性的陈述向道德判断跳跃，不再是命题中通常的'是'与'不是'的连接，相反，没有一个命题不是由一个'应该'或一个'不应该'联系起来的。"④据此，休谟提出了著名的"休谟之问"：如何能从"是"推导出"应该"？即从事实如何推导出道德结论？然而，到了康德那里，这不再以一个问题的姿态出现，而是成为一种申言，即"道德律的各种命令不能从任何有关人类幸福或上帝意志的陈述中推出"⑤。

① ［美］阿拉斯戴尔·麦金太尔：《追寻美德：道德理论研究》，宋继杰译，第136页。
② 同上书，第137页。
③ 同上书，第138页。
④ 同上书，第64页。
⑤ 同上。

这一主张被克尔凯郭尔运用于对伦理生活的解释之中。后来的哲学家们则走得越来越远,以至于他们将"事实"与"价值"截然分离开来,将"事实无法推出道德结论"的论点演变为一个"逻辑的真理"①。麦金太尔认为,"事实"与"价值"之间产生的鸿沟,在设计之初便被设定成对立的,而且也是无法消除的。"这不是一种普遍的逻辑现象,而是我们时代的一种历史独特性。"②

这种历史独特性的背后,呈现的是现代性的冲突特质。由于"事实"与"价值"被分离,道德实践行为被认为带有情感主义的特征,以致各种派别之间引发相互的诘难,它们在无法证明自身立场正确性的同时,也深知自身立场无法被决定性地驳倒。这种矛盾冲突在贾·加西亚看来,是"绝望"与"自以为是"的表现③。与此同时,情感主义的核心观点被明确提出:"任何宣称客观的、非个人的道德标准存在的主张都没有也不可能有任何有效的辩护。"④这种论调直接引发了现代社会各种互相冲突的论辩。相对主义应运而生,且不断蔓延。其实,麦金太尔对这种相对主义倾向早有察觉。他发现,虽然荷马时代的道德判断依据的是个人的行为,且个人行为依据的是社会所规定的角色与责任,但是一个个体可能会占有多种角色。比如,阿伽门农,作为希腊迈锡尼国王,作为墨涅拉俄斯的兄弟,他应该去帮助墨涅拉俄斯夺回海伦。但是,作为克吕泰涅斯特拉的丈夫,作为伊菲格涅亚的父亲,他应该去保护这个家庭,保护他的女儿。显然,这两种社会责任产生了冲突。如何判断阿伽门农的行为是否"应该",是否符合道德?贾·加西亚认为,"在荷马时代的道德性中……没有什么是阿伽门农应该做的,没有什么美德应该是他的,这是社会所创造与规定的,并且,这就实现了其目的。这就是麦金太尔把我们的大多数规范性话语,特别是在道德性上的践行当作情感主义的主要原因"⑤。因此,情感主义的盛行,必然使道德哲学陷入相对主义。各理论学派传统之间的这种不可公度性,使其各自的合理性无法得到证明。投射到现实社会,则表现为到处充斥着相互矛盾、相互冲突的价值判断标准,导致人们无法为自身行为的合

① [美]阿拉斯戴尔·麦金太尔:《追寻美德:道德理论研究》,宋继杰译,第64页。
② [美]马克·C.墨菲编:《阿拉斯戴尔·麦金太尔》,胡传顺、郭沙译,第115页。
③ 同上。
④ [美]阿拉斯戴尔·麦金太尔:《追寻美德:道德理论研究》,宋继杰译,第21页。
⑤ [美]马克·C.墨菲编:《阿拉斯戴尔·麦金太尔》,胡传顺、郭沙译,第114页。

理性做出明证。人们只能依靠自身的偏好，主观地做出道德判断。现代性的冲突展露无遗。

综上所述，麦金太尔认为现代性的特征表现为断裂、否定与冲突。这三种现代性的特质，映射的是现代社会中传统断裂、自我疏离、相对主义盛行的现代性危机。麦金太尔对现代性的这种解读，直接为现代性划定了问题域。本研究也将在此问题域中展开讨论。

第二节　彰显德性的传统

安斯康姆（Elizabeth Anscombe）于 1958 年发表了一篇题为《现代道德哲学》的文章，引起了道德哲学界的广泛关注。安斯康姆在文中提出，现代道德使用义务论术语进行评价和指导行为，这种表达是一种犹太教—基督教的神法伦理学的道德观。由此掀起了对现代伦理学的批判浪潮，并伴随着德性伦理学的兴起。麦金太尔也尝试沿着安斯康姆的线路，重建古代德性伦理学。他希翼着用古希腊的德性来反抗现代的规范，用传统抵御普遍主义，用善来对抗正当。因此，麦金太尔两面受敌：一方面，他要面临现代主义的挑战，批判现代道德哲学的规范伦理学及现代政治哲学的自由主义；另一方面，他还要反对后现代主义，对谱系学发起挑战。最后，麦金太尔提出第三条道路，即回到前现代，倡导亚里士多德的德性传统。

一、反对规范伦理学的传统

道德哲学关心两个问题：一个是关于伦理学概念与意义的抽象问题；另一个是关于道德规范的具体问题。然而，在 G.E.摩尔、黑尔和塞尔等著名的元伦理学家们的坚持下，元伦理学传统成为道德哲学领域研究的主流传统。它预设关于道德语言和道德论证的独特存在，认为道德哲学的首要任务便是探究道德特殊的语义特征和逻辑特征。道德哲学囿于元伦理学的研究范式，变得古板而僵硬。直到 20 世纪 70 年代，约翰·罗尔斯《正义论》的出版，才再次将道德哲学带回到规范伦理学的语境之中。

在罗尔斯《正义论》的影响下，元伦理学逐渐式微，规范伦理学回到道德哲学的舞台中心。康德主义和功利主义也随之得以复兴。麦金太尔的

《追寻美德:道德理论研究》在规范伦理学繁荣了近十年后,对其提出批评。依麦金太尔之见,由义务论和功利主义所宰制的规范伦理学是启蒙道德理论的退化,而不是进步。要想弄清楚麦金太尔是如何反对规范伦理学的传统,必须首先弄明白规范伦理学本身有哪些核心问题或是主要观点。规范伦理学将现实生活作为主要研究对象,通过探讨何为善、何为正当、是否应该的界限与标准,以论证道德价值、制定道德规范,从而指导人们的生活实践。大卫·所罗门将规范伦理学领域存在的核心且互竞的观点大致归为四种:第一种是义务论。该观点直接承继自康德的理性主义或某种形式的契约论,它承认权利优先于善,并将规则置于优先地位。第二种是广义的功利主义。该观点将利益最大化原则置于规范理论的核心。第三种是德性伦理。该观点认为规范伦理学理论的核心是关注德性和与之相关的人类幸福或良好秩序。第四种是反理论的伦理学。该观点怀疑任何抱有理论企图的观点,尤其是声称能够理性地证明人类善的生活本质的观点。[1] 麦金太尔虽然作为一个德性伦理的拥护者,却将规则置于中心地位,因而也不能与那些典型的理想化的德性论者相提并论。因此,麦金太尔的思想显然不能被划归到规范伦理学之列。

　　麦金太尔对规范伦理学的反对主要集中在对康德的义务论和功利主义的反对方面。换言之,他主要反对的是以康德主义和功利主义为代表的规范伦理学传统,他对这两种观点的批评基本上是围绕有关善的话题展开。

　　麦金太尔反对康德义务论的理由是义务论将规则等同于德性。尤其是在罗尔斯那里,规范伦理学逐渐转变成规则伦理学,规则成为道德的中心,德性的作用被遮蔽。麦金太尔认为,康德的义务论所探讨的道德问题都是围绕规则进行。在康德看来,人们所需要遵守的只有规则,而没有所谓的道德。罗尔斯将这种观点继续深化,将德性看作"依据正当的基本原则去行动的强烈的和正常有效的欲望",认为"德性就是感情,也就是说,它们是与有一种较高层次的欲望所规范的那些气质和性情相关联的,在这种情形中,行动的欲望就来自于相应的道德原则"。[2] 在此,德性意味着对规则的服从,也就意味着德性

---

　　① [美]马克·C.墨菲编:《阿拉斯戴尔·麦金太尔》,胡传顺、郭沙译,第150页。
　　② [美]阿拉斯戴尔·麦金太尔:《追寻美德:道德理论研究》,宋继杰译,第133—134页。

被规则所遮蔽,德性的作用被弱化、边缘化。

麦金太尔对功利主义的批判则是因为它是以道德主体的欲望为动机,从而使善被私人化。功利主义以人性理论为前提,认为人的行为动机来源于个人的欲望和偏好,因此,对欲望和偏好的满足便是善。在麦金太尔看来,这种对善的理解容易导致人们对"何为善"的问题的不可通约,而且这种对善的理解分歧也无法消解。于是,善被私人化了。麦金太尔认为,善的私人化,一方面表现为自由主义道德的基本特征。由于每个人的动机是相异的,从而每个人的善观念也是不同的。因此,人们无法在善观念的问题上达成一致。这种对善观念无法消解的分歧使得国家或政府在善的问题上始终保持中立,这种中立性是典型的自由主义道德特征。另一方面表现为人格的分殊。由于每个人拥有不同的善观念,因而在私人空间,每个人可以按照自己的意愿去追寻自己的善。然而,在公共空间,每个人应该服从一致的道德规则或规范,以维护每个人的自由和权利。因此,个人对善的追求被局限于私人空间,而在公共空间又不得不服从道德规则。长此以往,善的私人化不仅使善与道德规则相分离,而且还造成了人格的分殊。在麦金太尔看来,善的私人化是现代道德哲学的顽疾,而医治现代道德哲学顽疾的药方存在于古希腊之中。

二、反对谱系学的传统

麦金太尔认为现代道德哲学以规则遮蔽德性,使德性边缘化,从而"错误地排列了评价性概念的次序"[①]。因此,他提议应当有一个新的研究起点。这个起点应当首先关注德性,并且应该回到古典传统中去探究德性概念的历史。尼采和亚里士多德都是这个观点的积极拥护者。尼采甚至将"自己视为荷马时代贵族使命的最后继承者"[②]。然而,麦金太尔在选择传统的问题上,最终选择了亚里士多德,而不是尼采。

(一)拒绝起源的谱系学

谱系学是一种历史学方法,但又不同于传统的历史学方法,甚至是与传统

---

① ［美］阿拉斯戴尔·麦金太尔:《追寻美德:道德理论研究》,宋继杰译,第 134 页。
② 同上。

历史学根本对立的谱系研究方法,"即拒斥起源、否定总体历史线性发展、复归历史细节的真实谱系的效果史观"①。

尼采认为,传统历史的作用在于纪念、怀古和批判。"纪念的历史"具有榜样的作用,它总是努力削弱差异,抹平棱角,使之和谐。然而,如果历史真的能够提供这样一种榜样,那么,后续的历史总是会想方设法地对它进行修饰、篡改,甚至是虚构,以满足自身的野心需求。因为真实的历史会告诉人们,从来不会有绝对相同的命运在这个世界上发生,有的只是相似的历史,充其量也只是对历史的一种模仿。"怀古的历史"总是将过往塑造成高贵的起源,并使自己永垂不朽,以满足人们的保守与虔诚。在怀古的历史中,事物的价值从未被正确对待,而是随着后人的需要而改变。它视远古以高贵,视新物以鄙夷。它只懂得小心翼翼地呵护着远古,而对新物则毫无眷恋地摈弃。"批判的历史"恰恰相反。它总是带着一种谨慎、苛刻、审视的眼光看待历史,认为过去的一切都是有罪的。尼采认为这种"批判的历史"是相当危险的。因为,我们无法摆脱历史的总体链条,也无法否认一个事实:"我们来自它们。"②如果历史是有罪的,那么,作为历史承继者的我们也承继了它的罪过,成为有罪之人。事实上,并非如此。总而言之,无论是个人,还是国家或民族,都需要通过纪念、怀古和批判的历史以了解过去。这是我们无法摆脱的总体链条。但是,尼采提醒人们,在纪念、怀古和批判的历史中去回望历史,并非真实存在过的历史,它不过是对历史的再一次创造:剔除历史上的差异性,注入新的同一性;忽略那些偶然的、不规则的事物,重编历史的整体性和普遍性。

因此,尼采的谱系学并不关注传统历史学所关注的高贵起源,而是关注事物本身的出身(herkunft)和独特出现(entstehung)。在福柯看来,尼采的"出身"和"独特出现"并不能与起源等同,甚至是拒绝起源的。

首先,尼采的"出身"讨论的是事物和现象的来源(provenance),这与目的论的本真性起源不同。由于传统历史的纪念与怀古作用,使宏大历史中的叙事主角"我"无一例外地都具备高贵的血统。然而,通过对"出身"的思考,尼

---

① 张一兵:《谱系研究:总体历史链条断裂中显露的历史事件突现——福柯的〈尼采·谱系学·历史学〉解读》,《广东社会科学》2015年第4期。

② [德]尼采:《历史的用途与滥用》,陈涛、周辉荣译,上海人民出版社2000年版,第24页。

采发现这些自以为是的高贵血统,实际上都是历史的谎言。诸如历史上成功造反的统治主体,他们通常假以星象、托梦等伪构境制造意识形态故事。尼采的"出身"拒斥这种高贵血统的起源,它所关注的事件本身的来源是一些偶然的、无序的、杂乱的事件碎片。因此,尼采的谱系学不仅是对具体历史人物或事件在血统上的连续性的批判,也是对一切历史研究中有关社会、文化的宏大连续性的否定。他指出:"并不妄称要回溯,重建一个超越了被遗忘的事物的散布状态的宏大的连续性,这种宏大连续性正是建筑在无数被故意遗忘的真实事件的尸体堆上的!"①这意味着,"我"的血统同一性在尼采谱系学研究中被"出身"拆解。

其次,尼采的谱系学研究具有真正的"历史感"。相比传统的历史学,尼采的谱系学研究从实际出发,更关注实际历史本身。传统历史学通常认为存在"永恒真理、灵魂不朽以及始终自我同一的意识"②。然而,在尼采看来,历史并不注定承载所谓的伟大目标,也不必然具有永恒不变的总体性或连续性,它不过是某些独特的、偶然的历史事件本身所表现的实际历史效果而已。福柯认为,当非连续性的概念介入关于自身存在的思考之中时,这种实际的历史效果便已经斩断了历史的总体性和同一性。因而,谱系学研究关注的是历史事件的特殊性,拒斥的是抽象的普遍性。真正的历史,没有原初的坐标,也没有伟大的里程碑,有的只是无数混乱的事件碎片。

（二）麦金太尔反对尼采的谱系学

麦金太尔认为尼采的谱系学是作为对启蒙运动、康德主义等现代性方案失败的替代品而出现的。尽管尼采的谱系学敏感地捕捉到了启蒙运动、康德主义在处理现代性问题时的不足,也企图重新架构有关现代性的观点。但是,在麦金太尔看来,尼采的"超人"仍然没能解决现代性问题。关键在于尼采谱系学对历史总体性和同一性的否定,以及由此衍生的真理性问题。

麦金太尔对尼采谱系学的拒绝主要是从人格同一性的角度进行论述的。麦金太尔认为,人格认同的概念具有三个重要维度。第一,同一个肉体是成为同一个人的一部分;第二,作为共同体的一员,每一个人都需要使自己的人格

---

① 张一兵:《谱系研究:总体历史链条断裂中显露的历史事件突现——福柯的〈尼采·谱系学·历史学〉解读》,《广东社会科学》2015年第4期。

② 同上。

认同保持同一性,也就是要在肉体生活中成为同一个人。这要求每一个人能够在共同体内向其他成员解释其行为、态度和信念,并且使这种解释保持连续性和可靠性;第三,由于生活的目的论意义决定了每个人的生活追求是发现人生的真理。因此,每一个人的人生就具有一种"历史故事的统一性",每一个人的生活也就具有一种连续性和统一性的追求。总之,"肉体只有在作为可解释清楚的践履者、能够将自己的人生理解为一个整体时,才是有意义的"①。由此,麦金太尔完成了他关于人格认同的前提塑造,即将人生视为一个统一的叙事整体。

于是,麦金太尔借由人生的统一性和人格认同的同一性明确地拒绝了尼采对历史总体性和同一性的否定。而对尼采所关注的历史事件的特殊性解释则主要从百科全书派谈起。麦金太尔认为百科全书派是一种"有意的非个性化"②,意即它追求普遍性并崇尚权威,认为真理和合理性独立于特殊性和个体性之外。但是,随后百科全书派的这种非个性化的权威意识遭到谱系学的解构。最显明的标志是以福柯为代表的谱系学者对百科全书派的非个性质疑。谱系学者不承认真理和事物本身的无时间性概念,而是从视角主义出发,就事论事。不同于习惯在相对固定的历史情境中去理解文本的其他传统,谱系学传统更愿意提供解释的多样性。

在谱系学看来,无论是苏格拉底式的辩证模式,还是奥古斯丁式的忏悔模式,它们都不可能提供一种可信服的解释力。它们是自身"扭曲和压抑的表现",这"是非个性的强力意志的表现,这种意志症状是一种被掩饰的失意症状"③。然而,麦金太尔指出,谱系学在否定苏格拉底式的辩证模式和奥古斯丁式的忏悔模式的同时,也使那些可解释人格认同和连续性的先决条件成为不可能。④ 这就使谱系学陷入解释概念的资源匮乏之困境。因此,在谱系学的范畴内,它不可能提出可解释性的问题,或是关于人格认同、自我统一性和连续性的问题。这也使得谱系学面临一个更艰难的话题,即如何建构现在的

---

① ［美］A.麦金太尔:《三种对立的道德探究观》,万俊人、唐文明、彭海燕等译,万俊人校,中国社会科学出版社1999年版,第202—203页。
② 同上书,第210页。
③ 同上书,第212页。
④ 同上书,第213页。

自我与过去的自我之关系。麦金太尔认为，这不仅是谱系学的批评者对它的诘难，也是内在于谱系学自身的困难。"因为，当谱系学的支持者在对一个真正的起始行为概念产生怀疑时——只是后来发生的事才把一种行为理解为一个起始事件，在此基础上，谱系学的起始特征不属于它自己过去发生的事——在谱系学内总是存在着一系列的行为，既有起始的，又有后继的，这构成了同一生活之连续性的断裂。"[①]这是一系列否认的行为。通过这些否认行为，谱系学者将自己从与之对立的立场中分离出来，这就造成了谱系学者对过去自我的否认。因为在谱系学者看来，他们找不到关于人生统一性、连续性和人格认同的语词，找不到一个属于自己的过去。这意味着，谱系学者无论是在谱系学内部还是其外部，都无法找到自己的位置，无法逃脱人们的详细审查，也无法使他们自己成为最大的例外，也不能自我沉溺于所不知道的东西之中。[②]于是，谱系学者无一例外地被当作反对、颠覆、断裂的代言人。但是，滑稽的是，谱系学又不得不与那些它声称要与之对立的立场保持相互依赖，并从它所要抛弃的立场中汲取必要的生存条件。总之，正如谱系学利用其自身标准成功地质疑了百科全书派的立场一样，谱系学本身也将因其自身标准而归于失败。

正如麦金太尔所言，百科全书派、谱系学和托马斯主义传统的辩论战仍在持续，而他们之间的论战进程成为决定当前文化处境的肯綮。

三、倡导德性的探究传统

2016 年的诺贝尔文学奖颁给了鲍勃·迪伦。或许有人会质疑，鲍勃·迪伦作为一个伟大的歌手是毋庸置疑的，但是他的作品称得上是好文学吗？甚至有人将此称作与 1953 年诺贝尔颁奖给丘吉尔一样愚蠢。然而，从瑞典学院对鲍勃·迪伦的表彰词"在美国歌曲传统中创造了新的诗歌表达"中可见一斑。尽管音乐与文学的争论仍在持续，关于文学纯度及边界的问题也不是我们在此要关心的话题。但是，文学起源自音乐，这是不可否认，也是必须重视的关于吟游诗人和口述文学的传统。鲍勃·迪伦显然就是这种吟游诗人传统

---

① ［美］A.麦金太尔：《三种对立的道德探究观》，万俊人、唐文明、彭海燕等译，万俊人校，第 221 页。

② 同上书，第 222 页。

的出色的继承者。从这一点来看,鲍勃·迪伦获得诺贝尔文学奖是实至名归。回望学术界,对传统的重视同样必不可少。当今学界,学科越来越精细化,学科界限也变得越来越模糊,由此产生的争辩也愈发激烈。然而,任何问题归根结底都要诉诸一个本原,即回到它最初的模样。这样,才能在纷繁复杂、模棱两可的现代性迷雾中找到一条清晰的路向。这条路向就是回归古典哲学的探究传统。

在中世纪基督教哲学中,存在着两种相互对立的探究传统。一个是来自柏拉图哲学和新柏拉图主义的奥古斯丁主义,另一个是来源于亚里士多德主义的托马斯主义。这两种哲学探究传统始终处于理性与信仰的张力关系之中。麦金太尔在选择何种古典哲学探究传统的问题上,对亚里士多德和奥古斯丁分别所代表的探究传统进行了仔细的研读、比较与斟酌。最后,麦金太尔选择做一名托马斯主义者,这也意味着,麦金太尔选择了亚里士多德主义的哲学探究传统。通过对亚里士多德主义德性传统的倡导,麦金太尔将引导我们走出现代性的迷雾。

(一)亚里士多德与奥古斯丁:关联与互竞

13 世纪欧洲智识史的一个重要背景是亚里士多德的哲学与西方基督教神学的相遇。它们二者的相遇,除了融合,更多地表现为冲突。在麦金太尔看来,"拉丁语基督教的教条主义神学是由哲学的理论和结论广泛传播的,并且是在其自身对真理和合理性的奥古斯丁主义的理解之内得以落实的,但这种理解明显与迄今为止最好的注解者和释义者所表达的对亚里士多德的理解不一致。这样,一种哲学和另一种哲学遭遇,各自都有其评价哲学主张之真理性与合理性的标准,而且这两套标准明显不可公度、互不相容"[1]。这两种哲学立场的分歧表现为三个层面。

第一,关于基督教的核心教义的理解。亚里士多德认为,世界是永恒的,并且排除了个体灵魂的独立性与非物质存在。然而,基督教却设计了一个创世的开端,并且认为灵魂离开肉体仍能幸存。于是,在 13 世纪上半叶,亚里士多德的著作被宗教权威所禁止,被"有选择的阅读"[2]。由于当时对亚里士多

---

① ［美］A.麦金太尔:《三种对立的道德探究观》,万俊人、唐文明、彭海燕等译,万俊人校,第 106 页。

② 同上。

德作品的选择性阅读,导致亚里士多德的著作被独立地阅读,并未形成一个完整的思想体系。因此,那时的亚里士多德思想并未对当时占统治地位的奥古斯丁主义构成挑战。

第二,直到 13 世纪下半叶,随着人们对亚里士多德作品的认识逐渐完善,亚里士多德及其解释者们才开始逐步对奥古斯丁主义形成挑战。人们对已建立的探究组织和结构产生质疑,尤其质疑神学与这种组织和结构中的其他原理之间的关系。①

第三,当亚里士多德的著作被视为一个完整的思想体系引入课程设置中时,就会面临奥古斯丁主义的敌视,因为这将意味着神学要放弃对其他世俗科学和艺术的安排与指导。但是,如若同意将亚里士多德思想体系引入课程设置中,又会产生教学和知识结构的不一致。这被麦金太尔称为奥古斯丁式的两难困境。② 同时也是亚里士多德对奥古斯丁形成挑战的第三个层面。

如何化解这种两难困境,即如何引导一种有建设性的讨论,这就需要一套关于真理和合理性的标准。然而,亚里士多德主义和奥古斯丁主义是两套风格迥异的思想体系,它们各自都有自己的一套标准,不存在第三套中立标准。由此,亚里士多德主义和奥古斯丁主义的冲突也日渐明朗化③。

首先,关于心灵的认识。亚里士多德认为,心灵对其所有对象具有潜在的充分性。然而,奥古斯丁神学却认为,心灵面对其对象时的不充分性,是心灵对自身之无能性的发现。因而,在回答《美诺篇》的悖论④时,亚里士多德通过"致知",作为在理智中已呈现在潜能中的东西的实现。对心灵的刻画正在于对其所获知识的刻画;而奥古斯丁则认为心灵没有能力获得知识,只有依赖自身无法提供的外在来源,即神的光照才能为无能的心灵提供综合能力。

其次,关于真理的理解。亚里士多德和奥古斯丁对真理的刻画与理解同

---

① ［美］A.麦金太尔:《三种对立的道德探究观》,万俊人、唐文明、彭海燕等译,万俊人校,第 107 页。

② 同上书,第 108 页。

③ 同上书,第 108—110 页。

④ 《美诺篇》的悖论是指:"我们如何知道何之为何,如果预先未能具备认识这一问题之真实答案的能力,也就是说,如果预先不能以某种方式知道何之为何的话。"［美］A.麦金太尔:《三种对立的道德探究观》,万俊人、唐文明、彭海燕等译,万俊人校,第 109 页。

样是基于对心灵及其对象的关系之上。由于亚里士多德认为心灵对其对象具有充分性,因此,亚里士多德便是依据心灵与其对象的关系充分与否来理解并刻画真理的。然而,奥古斯丁却并不关心心灵与其对象的关系是否充分,而是认为"真理"比"真实的"的表达更为根本。因此,奥古斯丁是依据有限对象与真理的关系之来源来理解并刻画真理的。

再次,关于缺陷和错误的本质。奥古斯丁认为,任性的意志如果没有上帝的引导,就易于误导理智,这是产生错误的重要原因。因而,奥古斯丁主义者在神学和道德探究的问题上总喜欢假设所有的理智错误都源于道德上的缺陷。亚里士多德则不以为然。在亚里士多德的图式里,意志并不能作为解释错误的原因。因为,德性是实践教育和理论教育的结果。理智不需要通过意志就可以达至理论和实践的真理,追求实践和理论的生活之善。

最后,麦金太尔认为,亚里士多德主义的哲学家与奥古斯丁主义的神学家在关于真理和合理性的讨论中所诉诸的标准是不相共容的。但是,不可否认的是,关于人类生活之善,即对幸福的追求方面,哲学和神学都有其自己独特的理解和贡献。然而,这一温和的观点却在1277年受到谴责。无论是亚里士多德主义者还是奥古斯丁主义者,他们都认为上述观点容易导致曼东赖特的双重真理教义,即认为"在哲学上正确的,可能在神学上是错误的,反之亦然"①。麦金太尔指出,曼东赖特的双重真理教义虽然是错误的,但是却隐藏了一个非常重要的洞见:"如果一般意义上理解的亚里士多德主义与奥古斯丁主义之间的争论一定要得出结论的话,那么任何试图同时承认这两种教义的人,只能被迫达到非常类似于曼东赖特所发明的教义。而被迫这样做当然又意味着自相矛盾。"②显然,麦金太尔需要在亚里士多德主义和奥古斯丁主义之间做出一种选择。

(二)探究传统的选择:倡导亚里士多德的德性传统

麦金太尔在《三种对立的道德探究观》中,考察了百科全书派、谱系学及托马斯主义这三种道德探究模式。他认为,无论是百科全书派,还是谱系学,在用自身标准进行判断时都是不连贯的,也都是失败的。而这一点只有在托

---

① [美]A.麦金太尔:《三种对立的道德探究观》,万俊人、唐文明、彭海燕等译,万俊人校,第112页。

② 同上。

马斯主义的亚里士多德主义之框架内才能得以理解。① 与此同时，麦金太尔再次强调了他在《追寻美德：道德理论研究》中所表达的主题思想。并且，他现在仍然坚信，重视亚里士多德关于德性叙述的重要性，并吸收了亚里士多德所强调的人类目的论的概念。或许，麦金太尔在新近作品中所表达的对托马斯主义的偏好，会让人们怀疑他的道德理论是否开始倾向于相信上帝关于人类本性的观点。但是，在此真正需要关注的是托马斯主义背后的亚里士多德主义的思想本质。即使将天主教的相关教义加入亚里士多德的德性叙述中，也并不妨碍对亚里士多德人类目的论的概念理解。

在《三种对立的道德探究观》中，麦金太尔最后的焦点集中于阿奎那的作品之上。他试图努力表达这样一种观点，即基于传统的问询可能会带来理性的进步，并尝试解释是什么传统构成了这样的进步。正是由于理性进步的显著特征，麦金太尔最终选择了亚里士多德的德性传统，而这种传统在 13 世纪曾一度被中止。

在麦金太尔看来，百科全书派作为一种道德探究的样式已经覆灭，以同样的方式推论，后尼采主义的谱系术语业已消亡。当代文化排除了《百科全书》模式的文化，排斥谱系学的观点，建立了自己的文化模式。但这种当代文化模式在麦金太尔眼中可能也是错误的。迨至当代，道德和神学的真理问题已经变成了个人的忠诚问题。学术组织形式不是通过正式的禁令或禁止来排除一种传统，而是通过简化或歪曲的版本承认它，从而使它不可避免地成为对智慧和道德忠诚而言的无效竞争者。② 因为它们所信奉的教条令人难以置信或存有争议。这也是麦金太尔在《追寻美德：道德理论研究》中一直致力解决的问题：如何解释现代西方关于道德核心问题所存在的诸种互为攻伐、难以消解的分歧？

麦金太尔认为可以从两个方面解释这种分歧。原因之一，自 18 世纪启蒙运动以降，人们力图提供一种能获得广泛认同的德性解释，但是，该解释一直竭力诉求的理性概念却始终是一种不充分的概念。结果导致各种不同合理性证明标准的支持者们始终处于一种无法消解的矛盾冲突之中。原因之二，从

---

① ［美］A.麦金太尔：《三种对立的道德探究观》，万俊人、唐文明、彭海燕等译，万俊人校，第 237 页。

② 同上书，第 225—227 页。

中世纪到现代世界的过渡中,人们对一种古典道德传统的摒弃,瓦解了原本统一的道德图式。这种古典道德传统的核心便是亚里士多德的德性概念和人类善概念。于是,作为现代性特征的道德多元论顺应而生。而这种多元论的道德理论又极其容易使各派走向相对主义。

于是,麦金太尔在《谁之正义? 何种合理性?》中得到的结论是:"一种传统可以合理地表明它自己的正义解释优于另一种传统的正义解释,但不是诉诸于某种独立于传统之外的中立标准,而是通过展示一种向其他传统学习并理解它自身迄今为止的解释所存在的不充分性或错误这一优越能力,来证明这一点的,这种优越性是按照它自己的标准来判断的,也是以其他对立传统所提供的方式来达成的。"①紧接着,麦金太尔在《三种对立的道德探究观》中深化了此一论点。通过百科全书派、谱系学的失败,从而证明只有在托马斯主义的亚里士多德主义传统内部,才有可能使百科全书派和谱系学的各种对立主张得到最好的阐释。因为托马斯主义的亚里士多德主义充分体现了一种合理探究传统的重要性。这也回应了麦金太尔缘何在《追寻美德:道德理论研究》中不断强调要在现代社会追寻业已摒弃的亚里士多德主义的德性传统和人类善。

第三节　走向社会主义的地方性共同体设想

一、多元共同体观

麦金太尔的共同体概念尽管充满了许多的不确定性,但是,他仍然向人们展示了他心目中理想的共同体类型:一种是亚里士多德伦理学意义上的德性共同体;另一种是基督教修士的宗教共同体。

(一)亚里士多德式的德性共同体

亚里士多德时代的城邦(polis),一直以来都是麦金太尔心目中共同体的典范。麦金太尔在对西方传统德性的追根溯源中,表达了对古典传统丢失的痛惜,尤其对亚里士多德的"城邦"定义的消失无法释怀。对于亚里士多德而言,城邦既是生活的共同体,也是政治的共同体,而且还兼具德性共同体的特

---

① ［美］A.麦金太尔:《三种对立的道德探究观》,万俊人、唐文明、彭海燕等译,万俊人校,"中文版导论"第2页。

征。在亚里士多德时代，城邦的现实样态即指希腊城邦，一种是雅典的民主制的共同体；另一种是斯巴达的军事专制性共同体。① 这两种共同体形式都带有亚里士多德的德性共同体特征，即将德性视为维系共同体的纽带，而"善"则是共同体及共同体成员共同追求的目标。

为了揭示现代性所释放的道德灾难，麦金太尔在《追寻美德：道德理论研究》一书中追溯了西方政治传统德性的起源及其演化。亚里士多德成为麦金太尔抨击自由主义的主要批判武器，他不仅被麦金太尔"看做是一个单个的理论家，而且还视其为一个悠久传统的代表，阐明了许多先驱者与后继者在不同程度上也已阐明了的问题"②。因此，亚里士多德的德性伦理学成为麦金太尔理想共同体的理论基石，亚里士多德的德性理论理所当然地被麦金太尔赋予了核心地位。

麦金太尔认为，亚里士多德并没有"发明一种德性理论，而只是明确表述了一种隐含在有教养的雅典人的思想、言谈与行为中的德性观点"③。"善"是亚里士多德德性理论的核心概念。但是，在如何界定"善"的问题上，麦金太尔认为亚里士多德留下了太多的空白。因为在麦金太尔看来，"善"的概念具有宇宙性与普遍性。尽管城邦是亚里士多德所认为的能真正得以充分展现德性的唯一政治形式，但是，城邦是一个具有地方性与特殊性的概念。如果依据城邦的特征来对"善"加以定义，是否足以为这样一种普遍的"善"提供说明？ 敏锐的读者对于城邦与"善"之间的这种张力关系，在《尼各马可伦理学》中随时都能察觉得到。

麦金太尔继续追问，"善"对人类而言究竟意味着什么呢？ 亚里士多德没有简单地将"善"归之为金钱、荣誉与快乐，而是称其为"当一个人自爱并与神圣的东西相关时所拥有的良好的生活状态以及在良好的生活中的良好的行为状态"④。比如，幸福。他进一步指认："那构成对人而言的善的，是一种处于最佳状态的、完美的人类生活，诸德性的践行则是这种生活的必要的、核心的

---

① 参见龚群：《自由主义与社群主义的比较研究》，人民出版社 2014 年版，第 163 页。
② ［美］阿拉斯戴尔·麦金太尔：《追寻美德：道德理论研究》，宋继杰译，第 164 页。
③ 同上书，第 166 页。
④ 同上书，第 167 页。

部分。"①在此,亚里士多德的德性预设了一个至关重要的区分,即对于一个个体而言,在一个特定时刻,对他而言何为善,和对他作为一个人而言什么是真正的善? 麦金太尔辩解道:"正是为了获得这后一种善,我们才践行美德,并且,我们是通过选择用以获得那一目的的手段来做到这一点的。"②因此,德性的践行要求一种合宜性,即需要有能力判断何为合宜的时间、地点,以合宜的方式进行判断和做事情。这种德性实践并不是规则的常规应用。服从规则的道德,通常被视为服从城邦的法律。

因而,城邦作为一种共同体形式,具有两种组成要素,其一是德性,其二则是法律。要阐明德性与法律之间的道德关系,需要考察建立共同体所涉及的东西。麦金太尔列举了不同时代关于共同体筹划的例子。比如,古代世界的宗教团体、远征队或城邦的建立与发展;现代世界的医院、学校或展览馆的建立与发展。参与筹划共同体的人都默许两种不同类型的评价性实践。一方面,将益于实现共同体共同善的行为与品格视作德性,并加以赞扬;另一方面,将阻碍实现共同善的行为或危及共同体秩序的行为视作恶,是不可容忍的。关于德性的论述前文已经阐明,在此着重讨论第二种类型的评价性实践。

共同体成员之间以共同善为纽带进行联结。任何阻碍实现共同体共同善的行为都将视为对联结纽带的破坏。此类行为通常被视作违法行为。违法者对共同体纽带的侵犯,一旦得到共同体的确认,便会遭受惩罚。换言之,违法者在进行违法行为的同时,便已经将自己驱逐出共同体。一个共同体内总会存在个别成员不能担当其成员资格的角色。在麦金太尔看来,有两种角色使之无法成为共同体成员,即不够善的人与违法者。虽然,这两种角色都对共同体的共同善的实现产生了阻碍,但是,其阻碍的性质,或者说是产生危害的结果是截然不同的。对此,麦金太尔做了详细区分。麦金太尔认为,尽管不够善的人与违法者都在某种程度上对共同体造成了损害,但是,之所以对违法者的惩戒要比不够善的人力度要大,是因为没有行善与有意作恶具有本质上的区别。不够善的人,或许在德性方面有所缺失,以至于对达到共同体的共同善的贡献微不足道。或许正是由于他的某种德性缺失,致使他不会做违法的行为。

---

① [美]阿拉斯戴尔·麦金太尔:《追寻美德:道德理论研究》,宋继杰译,第167—168 页。
② 同上书,第169 页。

例如，他可能会因为胆小而不敢去行凶杀人。与之相反，违法者不仅阻碍共同体共同善的获得，而且还使共同体对善的共同追求的可能性减小，使共同体的共同筹划更加不可能。总而言之，这两种角色都是对共同体的破坏，都剥夺了共同体的共同善，都属于恶。①

从中我们不难发现，在亚里士多德看来，德性与法律并不是两个分离的领域。亚里士多德的德性理论正是因为有了法律的补充与说明，才使得其自身达致完整。一个共同体兴盛与否的社会前提也因此成为双重的，那就是只有真正拥有德性的人才有可能知道如何应用法律，而这种德性正是亚里士多德所强调的正义德性。然而，城邦的法律是普遍的。因此，在对待特殊案例时，人们应该如何应用法律，如何判断是否正义呢？亚里士多德提出"依据正确的理性"（kata ton orthon logon）②。麦金太尔认为，人们正是通过"依据正确的理性"，才将最初的天赋性情转变成品格德性，这种"依据正确的理性"判断便是亚里士多德的实践理智。在亚里士多德看来，实践理智与品格德性之间密切关联，以至于无法提供判断个体具体善恶的明确标准，但是却提供了另一种复杂的尺度。麦金太尔认为，城邦预设了对善及诸德性的广泛认同，也正是这种认同使得共同体的联结成为可能。这本质上就是城邦的镜像。麦金太尔接着指出："这种联结是友谊的联结，而友谊本身就是一种美德。"它"体现了对一种善的共同的承认与追求"③。麦金太尔在这种共享的公共生活中，定义了他的"共同体"概念。他的政治共同体显然是亚里士多德所言的城邦，它关注的是共同体的整体生活，关注的是人之为人的本身的善。亚里士多德所言的友谊也并不是局限于现代社会私人生活领域中所谓的友情，它是对共同筹划创建城邦与维系城邦生活的分享。"这种将政治共同体当做一项共同筹划的观念与现代自由个人主义世界格格不入。"④现代自由政治社会，在麦金太尔看来，只不过是"一群为了共同防卫而捆在一起的'乌有乡'公民的集合体而

① 参见［美］阿拉斯戴尔·麦金太尔：《追寻美德：道德理论研究》，宋继杰译，第171页。
② 参见同上书，第172页。麦金太尔在书中指出罗斯将此短语误译为"依据正确的规则"，它反映了现代道德哲学家对于规则的普遍的非亚里士多德式的成见。
③ 同上书，第175页。
④ 同上书，第176页。

已"①。在现代自由政治社会中生活的公民也不过是"乌有乡"的公民，是灵魂的流放者，是以互利为基础的低级友谊联结而成。麦金太尔所认为的理想的城邦公民间的关系典范是亚里士多德所谓的第三种友谊，即"对善的共同关切的友谊"②。只有对善的追求，才能使人获得理性沉思的自足。因此，最好的城邦，就是建立在正义与友谊之上，并且能够使其公民过上沉思的形而上生活的城邦。

尽管麦金太尔深受亚里士多德城邦概念的影响，但是，他仍然诚实地指出了亚里士多德城邦的不足。麦金太尔认为，首先，亚里士多德的德性理论背景是以古代雅典城邦为模型，那么，在没有古代城邦的现代世界里，是否还存在亚里士多德的德性呢？换言之，在缺乏城邦的现代社会语境下，亚里士多德的德性理论是否还能发挥其作用？其次，亚里士多德对冲突与对立的忽略，致使他没有认识到德性的重要来源和德性实践的重要环境。在亚里士多德看来，悲剧的发生是因为缺乏某种德性而产生的实践理智的缺陷。但是，这一观点在麦金太尔看来是亚里士多德对索福克勒斯的误解。按照索福克勒斯的观点，悲剧的产生，并不是由于人们缺乏德性。相反，大多数悲剧都是由于相遇的人们所表现出来的善与善的冲突而导致的。最后，麦金太尔引用约翰·安德生的告诫，为我们指明了何为一种好的社会制度。"对一种社会制度，不要问'它适合什么目的或目标？'而要问'它是什么冲突的舞台？'。"③正是冲突的存在，才让我们明白什么才是一个共同体存在的真正的目的和目标。

（二）基督教修士的宗教共同体

麦金太尔在分析了亚里士多德的德性共同体之后，发现亚里士多德的城邦概念是个非常理想的共同体模式，并以此为模型构建了自己的共同体理论。但与此同时，他也意识到在现代社会语境下，城邦已经消失，随之消逝的还有亚里士多德的德性传统。尽管回归亚里士多德的德性传统是麦金太尔拯救现代性的一条路径，构建地方性共同体是麦金太尔挽救现代性的一种方案。双

---

① ［美］阿拉斯戴尔·麦金太尔：《追寻美德：道德理论研究》，宋继杰译，第176页。
② 同上书，第178页。
③ 同上书，第184页。

管齐下,才是对现代性进行救赎的最好诠释。但是,如何在现代自由主义世界重回亚里士多德的德性时代、重拾亚里士多德的德性传统,已经成为我们不得不面对的现实困境。重建城邦已然不可能,还有谁是比戈多更值得期待的吗?麦金太尔在《追寻美德:道德理论研究》一书的结尾,以一种不无悲伤,却又满怀希望的声音告诉我们:"我们正在等待的不是戈多,而是另一个——无疑是非常不同的人——圣·本尼迪克特。"①这是继亚里士多德之后,麦金太尔为我们燃起的另一束希望火焰。

麦金太尔在《追寻美德:道德理论研究》中,将现代西方社会与罗马帝国相对照,意指二者都处于走向黑暗时代衰微的时期。如何拯救现代性,似乎可以从罗马帝国黑暗时代的救赎中管窥一二。罗马帝国时代的人们在那个野蛮与黑暗的时代里,通过建构与维系各种新的共同体形式,得以保存道德与文明,意即亚里士多德的德性传统。那么,在新的野蛮与黑暗时代,即现代性的毁灭中,麦金太尔认为最紧迫的任务便是"建构文明、理智与道德生活能够在其中历经已经降临的新的黑暗时代而继续维持下去的各种地方性的共同体形式"②。这种地方性的共同体形式之一便是历经罗马帝国的黑暗时代,由圣·本尼迪克特③创建的修道院。

圣·本尼迪克特创建修道院的背景正是麦金太尔所言的罗马帝国遭受蛮族入侵的时代。大概在公元1世纪到公元5世纪期间,农业地带北部的游牧与半游牧民族便陆续开始向西部迁移。这些民族包括匈奴、日尔曼、斯拉夫和阿伐尔人。由于黑海与乌拉尔山之间的门户洞开,他们很快进入欧洲,逼近罗马帝国边境。罗马人将这些处于原始社会末期的尚未开化的民族称为"蛮族"与"野蛮人"。④ 在"野蛮人"对罗马帝国的伺机进犯下,希腊道德与文明生活已是摇摇欲坠,社会局势动荡不安,民众纷纷转向宗教寻求心灵慰藉。基督教在这一时期得以广泛传播。

---

① ［美］阿拉斯戴尔·麦金太尔:《追寻美德:道德理论研究》,宋继杰译,第298页。

② 同上书,第298页。

③ 圣·本尼迪克特:Saint Benedict of Nursia,480—547年。又译圣本狄克或圣本笃,意大利天主教教士、圣徒,本笃会的创建者。他被誉为"西方修道院制度的创立者",于1220年被封为圣徒。

④ 参见陈曦文:《基督教与中世纪西欧社会》,中国青年出版社1999年版,第87页。

最初的隐修活动始自埃及。为了通往天国，隐修士往往选择离群索居的独修方式，在远离尼罗河的荒漠地区进行苦修。约莫在公元 315 年或 320 年左右，埃及人帕可米亚斯创建了第一所修道院。从此，隐修士告别独修，转而以群修的方式，在一起集体修行，并且遵守共同的宗教仪式。① 至此，群修逐渐成为基督教世界中主要的修行方式。公元 529 年，圣·本尼迪克特在卡西诺山的神庙遗址上创建了本笃会的第一所隐修院。这是一个有着共同的宗教价值目标——绝财、绝色、绝意的宗教共同体。圣·本尼迪克特为这个宗教共同体制定了严苛的院规，强调纪律和绝对服从，对善恶奖罚有着共同认可。虽然不提倡过分苦修，但是却格外重视体力劳动与读书。在圣·本尼迪克特看来，懒惰会腐蚀灵魂。因此，他倡导修士每天要有固定作息时间进行读书与劳作，以此方式进行灵修。许多珍贵的古希腊罗马及拉丁文献，都是当时的修士们手抄经典得以留存至今。美国基督教史学家布鲁斯·雪莱（Bruce Shelley）认为在罗马帝国衰落的末期，本笃会的修士们对古代文明在中世纪的延续做出了不可磨灭的贡献。他指出："由于本尼迪克会遍布欧洲乡村，中世纪将基督教和古代世界的大量精华部分保存下来了。正是因为它们，中世纪才有机会研习、在频仍的战火中保存与休养生息。"②麦金太尔同样认为，圣·本尼迪克特对古代传统的继承正是通过这样一种手抄与阅读的体验得以持续。

此外，圣·本尼迪克特创建的本笃会修道院制度对基督教隐修院的发展也产生了不容忽视的影响。布鲁斯·雪莱认为圣·本尼迪克特为西方的隐修制"提供了章程"③。首先，在圣·本尼迪克特的修道院中，修士不似东方隐修士那般远离社会、脱离现实，也不是独立的、孤寂的个体。本笃会修士有着共同的生活原则，共同劳作、生活，是一个自给自足的经济共同体，这样使得本笃会的院规在战火纷飞的年代也能得以传播与推广。其次，本笃会修士遵守严苛的宗教纪律，以约束个体行为。虽然摒弃了早先隐修士独行苦修的修行方式，但是仍然提倡体力劳动，并鞭策修士通过体力劳动使自己的灵魂得到修行。麦金太尔认为："僧侣生活的戒律，尤其是圣·本尼迪克特规则所重建的

① ［英］罗素：《西方哲学史》，马元德译，商务印书馆 1976 年版，第 462 页。
② ［美］布鲁斯·雪莱：《基督教会史》（第二版），刘平译，第 135 页。
③ 同上书，第 132 页。

僧侣生活的改革,提供了一种宗教理想。"①最后,本笃会修士有着共同的宗教信仰,即对基督教教义的信守。通过对善恶奖罚的广泛认同,以共同的宗教信仰为纽带将修士集合在一个宗教共同体内。这在麦金太尔看来与亚里士多德的德性共同体非常类似。在亚里士多德的德性共同体内,人们也是因由对善的广泛认同而集结在一起建立城邦。每个人都是城邦的一部分,每个人所追求的善与城邦的善是一致的。个体只有在城邦中才能确定自己的身份,脱离城邦生活的个体不是野兽,就是神祇。

麦金太尔认为,圣·本尼迪克特的本笃会修道院在罗马帝国的黑暗时代,主要就是通过以下两种方式继承了古代道德与文明传统。其一是通过修士对古代经典文献的阅读与手抄,保留了大部分古代世界的文明精华与传统;其二是圣·本尼迪克特创建的本笃会修道院及其组织化、制度化的院规,为基督教传统的发展提供了一种宗教理想,并且延续了亚里士多德的德性共同体的生活传统。这些都让麦金太尔看到了在现代性的黑暗中复兴亚里士多德德性传统的希望。而要想复兴亚里士多德的德性传统,就必须重建共同体。但是,麦金太尔也没有提供具体的共同体的政治理论。只是模糊地提到回归到圣·本尼迪克特。然而,这另一个圣·本尼迪克特是否值得等待呢?

（三）另一个圣·本尼迪克特的希望

麦金太尔在《追寻美德:道德理论研究》的结尾处,意味深长地提醒人们:"这一次,野蛮人不是远在边界上伺机进犯;他们已经统治了我们很长时间。"②因为,这次的"野蛮人"不是罗马帝国时代入侵的蛮族,而是西方社会的现代性危机,即自由个人主义。更为严峻的是,"我们对这一点缺乏意识,恰恰是我们陷入困境的部分原因"③。如何挽救现代性危机,摆脱现代性困境,麦金太尔为我们指明了一条路径,即等待另一个圣·本尼迪克特。换言之,麦金太尔将救赎现代性的希望寄托在地方性共同体的重建之上。这是现实的希望,还是乌托邦的幻想?

---

①　[美]A.麦金太尔:《三种对立的道德探究观》,万俊人、唐文明、彭海燕等译,万俊人校,第 95 页。

②　[美]阿拉斯戴尔·麦金太尔:《追寻美德:道德理论研究》,宋继杰译,第 298 页。

③　同上。

1. 自由主义批判与地方性共同体传统的回归

在麦金太尔看来,西方社会的现代性危机主要表现为自由主义与亚里士多德的德性传统之间的道德对立。现代自由主义打破了亚里士多德"人不能只追求个人的善或践行德性"的观念。现代自我在现代性的鼓吹下脱离共同体,变得愈加膨胀,并逐渐演变成为戈夫曼眼中的悬挂角色之衣的"衣架",以及萨特眼中的"自我是无"。在他们看来,自我与共同体之间已经没有了任何瓜葛。作为亚里士多德传统的最终对手,尼采试图解开来自现代道德语言的伪概念,然而,由于"超人"被共享活动的传统切断,尼采对亚里士多德传统的挑战也失败了。因为"它代表了个人主义想要避免其本身的各种后果的最后努力"①。麦金太尔认为,现代自由主义者,如罗尔斯和诺齐克等人的著作中,共同体的叙述被排除在外。他们都强调自由的个人主义,认为共同体不过是个人为了保障个体权益集合而成,忽视了存在于普遍社会实践的现存地方形式的丰富的共同体叙述。值得注意的是,后现代学者利奥塔等人,在寻求尼采和海德格尔的庇护下,也开始反抗启蒙运动的道德和政治霸权。麦金太尔虽然也跟随后现代反抗现代理性主义,反对现代政治秩序,但是,从某种意义上而言,他脱离了后现代,并且驳斥后现代主义者对所有古典传统和中世纪基督教伦理的谴责。相较而言,麦金太尔更关注自由的个人主义与亚里士多德传统之间的道德对立。

麦金太尔认为,现代性的道德危机不能依靠对"未知革命"的哭喊解决,只要承认现代性的"新黑暗时代",亚里士多德传统的复兴便是可能的,且必要的。因此,麦金太尔建议回归共同体的叙事,个人不再承载分离的自我,而是根据一个未来的某种共同概念而分享彼此的关系。换言之,自由主义的"权力政治"会被一种新的"共善政治"所取代。它与典型的马克思主义的社会主义共同体乌托邦不同,麦金太尔不相信一些过分热心的革命者能够一夜之间建起共同体。相反,麦金太尔建议共同体已然存在,只不过在现代世界的人类想象空间里罢了。在《追寻美德:道德理论研究》的结尾,麦金太尔发起向所谓自由的"野蛮人"的野蛮攻击,因为是他们合谋使不道德的资本主义社会秩序永存。值得注意的是,麦金太尔对当代自由秩序的拒绝不是后现代虚

① 　[美]阿拉斯戴尔·麦金太尔:《追寻美德:道德理论研究》,宋继杰译,第 293 页。

无主义的,而是植根于一个真正乐观的复苏,即尊重和保护仍存在于许多地方的各种小社区的旧道德概念。显然,麦金太尔瞄准了非暴力的共产主义社会者推翻占统治地位的多元主义意识形态。这种多元主义意识形态目前是自由共和党世界政治与社会制度的关键。为了击败自由的"野蛮人",麦金太尔寻求回归古典德性概念和一种源于亚里士多德哲学和雅典城邦的生活方式。他向人们描绘了这种传统的道德概念,并且相信这种传统既优越也可以替代现代秩序,而且对帮助重建世界提供了一种辩护。因此,当麦金太尔以一种充满激情的呼吁作为本书的结论时,人们毫不惊讶。因为按照麦金太尔的理解,现代世界的黑暗会迫使那些同意他观点的人们退出世界,从而进入更小的共同体,成为一个不同类型的特殊修道者。在那里,德性与善的概念的互相分享能够保持活力,并且逆转,直到现代世界摆脱自由主义道德秩序的邪恶。① 麦金太尔认为:"既然德性传统能够在从前的黑暗时代的恐怖中幸存下来,那么我们也不是完全没有根据地怀抱这种希望。"②只是,这一次,麦金太尔让我们等待的并不是戈多,而是援引了一种非常特别的圣·本尼迪克特的信仰。

2. 重建地方性共同体的可能性

另一个圣·本尼迪克特值得等待吗? 换言之,另一个圣·本尼迪克特能如麦金太尔所希望的那样"如期而至"? 麦金太尔的回答是肯定的。

首先,麦金太尔认为,即使现代社会与传统发生了断裂,但是有的传统,如亚里士多德的德性诸概念,仍然以碎片化的形式存在于现代性之中。"这一传统也还以一种相对完整、较少扭曲的形式,存活在某些与其过去保持牢固的历史联系的共同体的生活之中。"③这一古老的道德传统可以通过爱尔兰天主教徒、希腊正教徒和正统派犹太人辨识出来。由此,人们发现,"这些共同体都不仅通过他们的宗教,而且从他们的父辈在现代欧洲的边缘所赖以栖居的农庄和家庭结构中,继承了其道德传统"④。对这些信仰较小的共同体和亚文化,麦金太尔提议:"现阶段最要紧的,是建构文明、理智

---

① Ashwani Kumar, "Macintyre:Requiem for Modernity or Return to Monastic Community?", *The Indian Journal of Political Science*, Vol.67, No.4(OCT.-DEC., 2006), pp.927-938.

② [美]阿拉斯戴尔·麦金太尔:《追寻美德:道德理论研究》,宋继杰译,第 298 页。

③ 同上书,第 285 页。

④ 同上书,第 286 页。

与道德生活能够在其中历经已经降临的新的黑暗时代而继续维持下去的各种地方性的共同体形式。"①虽然，麦金太尔和汉娜·阿伦特都试图通过回归古典的德性诸概念以恢复共同体，但是，与汉娜·阿伦特不同，麦金太尔并不是通过强调个人的不朽来表现希腊怀旧的悲痛。麦金太尔认为，这种回归德性的共同体，将恢复当代道德和社会有关态度与承诺的可理解性与合理性。

其次，托马斯·阿奎那（Thomas Aquinas）对亚里士多德传统的继承与发展，让麦金太尔看到了重建地方性共同体的可能。阿奎那自 5 岁起开始在本尼迪克特隐修院接受教育，19 岁加入多明我会，并受教于多明我会的创始人之一——大阿尔伯特。在大阿尔伯特的影响下，阿奎那开始研习亚里士多德。当时的亚里士多德主义在路德的改造下，"只留下对道德成就和无偿恩赐的绝望"②，但是在阿奎那看来，这种充分修正了的亚里士多德主义对道德生活提供了丰富翔实的解释。因此，阿奎那对基本德性的阐述，一方面是运用《圣经》和奥古斯丁来超越亚里士多德和柏拉图的局限；另一方面，则运用亚里士多德来表达道德生活的某些细节局部，从而取得奥古斯丁无法达到的效果。③麦金太尔认为，阿奎那对道德生活的细节处理有两个重要的特征。其一，关于上帝的知识是道德探究发展的肯綮。对阿奎那而言，自然法包括古老法律，即摩西《十诫》的道德律令及如何看待上帝和在上帝面前应该如何行动的戒律。因此，"我们都既是拥有特殊圣史即以色列史和教会史的共同体成员，又是拥有世俗政治史的共同体成员"④。其二，阿奎那的政治维度。由于神圣共同体与世俗共同体的历史会有某些关键性的重叠，而且两种共同体的内在结构，即道德生活的冲突与现实社会生活的政治秩序的冲突有着密切关联。因此，在阿奎那构筑的共同体传统中，"个体的道德生活继承和拓展了传统，而传统则向它提供了反复挪用和拓展各种各样的往昔生活之教益的初始语境。因此，个体道德生活的探究与过去的传统一起延续，而这种生活的合理性既体现在

---

① ［美］阿拉斯戴尔·麦金太尔：《追寻美德：道德理论研究》，宋继杰译，第 298 页。
② ［美］A.麦金太尔：《三种对立的道德探究观》，万俊人、唐文明、彭海燕等译，万俊人校，第 142 页。
③ 参见同上。
④ 同上书，第 143 页。

传统之中，又通过传统来传承"①。阿奎那成功化解了奥古斯丁传统与亚里士多德传统的矛盾与冲突，并使亚里士多德关于善与共同体的理念得到传承与发展。这一切都让麦金太尔对回归亚里士多德的德性传统和重建地方性共同体充满了信心。

尽管圣·本尼迪克特和阿奎那使亚里士多德的德性传统得以继承与发展，并成功地筹划了共同体模式。但是，在现代社会重建地方性共同体并没有麦金太尔想象得那么乐观，至少目前看来依然是困难重重。

首先，麦金太尔之所以认为现代社会最紧迫的任务是建构各种地方性的共同体形式，而不是一个大共同体模式，恐怕正是因为他也意识到在现代社会回归亚里士多德的德性共同体是一件比较困难的事情，甚或是一种乌托邦的幻想。亚里士多德的德性共同体主要根植于"城邦"这片土壤，城邦概念本身就意涵小规模的政治共同体形式。因而，麦金太尔提倡在现代社会回归亚里士多德的德性共同体，也必然是暗指一种小规模的政治共同体形式。所以，才会有麦金太尔所认为的成功的共同体筹划，如圣·本尼迪克特与阿奎那。然而，在现代社会重建这些小规模的地方性的政治共同体是否符合现实？圣·本尼迪克特与阿奎那的共同体模式是否能在现代社会重新复制？这些都是有待商榷的。

其次，麦金太尔所谓的"成功的共同体筹划"，比如圣·本尼迪克特与阿奎那，他们虽然都成功地继承并发展了亚里士多德的德性传统，但是值得注意的是，他们都属于宗教共同体。宗教共同体在现代社会中并不属于主流共同体，而是边缘共同体。这就会导致一个问题，麦金太尔所企盼的亚里士多德的德性传统的回归与地方性共同体的重建无法适应现代社会的主流发展趋势，而只能在边缘化群体中徘徊。这种边缘共同体是否足以对抗现代自由主义的主流意识？因此，有学者宣称，麦金太尔在《追寻美德：道德理论研究》文末呼唤人们等待另一个与众不同的圣·本尼迪克特，并不是一种乐观的预言，而是一种无奈的希望。无论是戈多还是圣·本尼迪克特，都是人们对美好的一种希翼。这也隐喻了麦金太尔自知重建地方性共同体只是学理上的一种企盼，

---

① ［美］A.麦金太尔：《三种对立的道德探究观》，万俊人、唐文明、彭海燕等译，万俊人校，第143页。

而不是现实中真正的希望。无怪乎,斯蒂芬·霍尔姆斯称《追寻美德:道德理论研究》含蓄地表达了麦金太尔的悲观主义倾向。

尽管很多人质疑麦金太尔对亚里士多德的捍卫是"一项堂吉诃德式的事业,而且是自相矛盾的"①。但是,麦金太尔本人并不以为然。麦金太尔深知现代自由主义的顽疾根深蒂固,要想真正对其批判推翻不是朝夕之事。虽然,重建地方性共同体希望渺茫,但是,麦金太尔仍然觉得需要向此方向努力,并将此作为一种对自由主义的修正和值得期待的社会理想,继续坚守下去。

二、地方性共同体构想

对现代自由资本主义世界的现代性批判始终贯穿于麦金太尔的所有作品之中,成为他的一个独特性标记。麦金太尔认为,由于现代社会道德准则连贯性的缺乏和人们对生活意义目的感的缺失,导致没有任何真正意义上的共同体。与其他杰出的社群主义者,如桑德尔、沃尔泽一样,麦金太尔对自由主义共同体提出了强烈批判,他质疑罗尔斯"正义是社会制度的第一德性"的论点,倡导将对共同善的共识和追求作为社会生活的第一德性。通过对新亚里士多德的德性叙述,麦金太尔提出了一种不同于现代的社会生活方式。这种生活方式所强调的德性、人性的目的只有在地方性共同体内才能得以延续和实现。麦金太尔将此地方性共同体视为一种抵制自由资本主义的破坏性力量,通过构建地方性共同体,完成对现代性的救赎与重建。在麦金太尔的眼中,地方性共同体究竟是一种怎样的社会政治类型? 它是如何完成对现代性的救赎? 是否可以将其视为另一种社会主义呢?

(一)道德缺失的政治现实

麦金太尔认为,当今社会道德语言的混乱无序,使人们没有一个关于人类善的概念共识,因而也就无法一起追求共同善。实际上的情况可能更糟糕,生活在现代社会的大多数人认为没有什么共同善,也不可能存在共同善。这种社会的政治类型是怎样的呢? 麦金太尔认为:"政治上先进的西方现代社会是由寡头政治政府伪装成的自由民主国家。那些居住在这些国家的大多数人被排除在精英之外,这些精英们在哪些选民能被允许选择中间确定替代方案

---

① [美]阿拉斯戴尔·麦金太尔:《追寻美德:道德理论研究》,宋继杰译,第 314 页。

的范围，最根本的问题被排除在这一系列的替代方案之外。"①这个"最根本的问题"在麦金太尔看来，就是对于人类个体及将人类共同体作为一个整体而言，何为最好的生活方式，以及每一个人如何安排以便能够使他人得以实现幸福。显然，现代政治没有这样的话题空间。

2004年美国选举之际，麦金太尔在互联网上发表了一篇简文。他在文中指出，关于"最根本的问题"缺乏有意义的替代方案。鉴于此，他建议人们不要参与投票。原因在于，所有公民在思考何为最好的生活方式的问题时，都自觉或不自觉地参阅了现代性观念。换言之，现代公民普遍认为，现代政治关于这个根本问题没有达成共识，也没有能力解决这个根本问题，它必须留待每一个公民自己来决定。对于这种现代性观念，麦金太尔与其他自由主义的批判家们一样，认为这不过是情感主义的政治表现罢了。自由主义表面上声称对这"最根本的问题"保持中立，并将此问题的争论从公共领域转嫁到私人领域。他们声称国家对什么是好生活不应该持有立场。然而，这在麦金太尔看来，这种在中立名义下对国家及生活的影响，实际上是现代世界的另一种欺骗。因为自由主义声称，每一个个体有权利以自己的方式追求幸福，因而每一个个体所追求的幸福便会存在差异，甚至会互不相容。比如，对战争、堕胎、正义的理解，每一个人的道德倾向是不同的。② 这就是麦金太尔为什么会认为现代政治在道德上无法达成真正的共识。也正如麦金太尔所言，"现代政治是借助其他手段而得以展开的内战"③。

麦金太尔在《追寻美德：道德理论研究》的结尾，就曾告诫人们，在新的现代性的黑暗时代，野蛮人不像早期黑暗时代那样只是远在边界上伺机进犯，而是已经统治了我们很长时间。在麦金太尔看来，现代社会陷入困境的部分原因正在于我们对这种野蛮统治的毫不自知。道德与文明在新黑暗时代如何继续存活是摆在人们面前最紧迫的任务。在道德缺失的社会语境下，表现为恶习的事物也有可能会变成美德，这可能会导致社会道德语言体系的紊乱，使人们无法产生对美德的广泛认同。比如，麦金太尔视为最重要的美德之一——诚信。在当今

---

① Kelvin Knight, *The MacIntyre Reader*, University of Notre Dame Press, 1998, p.237.

② Cf.*Political and Philosophy of Alasdair MacIntyre*, http://www.iep.utm.edu/p-macint/, 2016年9月15日。

③ ［美］阿拉斯戴尔·麦金太尔：《追寻美德：道德理论研究》，宋继杰译，第287页。

社会,诚信常常在实践者身上产生消极后果,并且成为有效实现目标的阻碍。因此,人们不但不责备不诚信的人,反而赞美他们应形势所需的应变能力,并称之为"适应性"美德。在摆脱了道德的现代性社会中,政治不再是寻求真理,而是操纵他人以追求权力。如果政治是一种实践,在缺乏内在善与德性的可能性时,只具有外在善,就会产生问题。① 这让人不禁想起马基雅维利对君主的建议,即关于适应的需要和相关的标准是哪些成功或失败。列奥·斯特劳斯认为,马基雅维利的《君主论》使政治哲学与古希腊罗马传统发生了决裂,尤其是与亚里士多德发生了决裂,它表现了一种全新的特性。这种全新的特性在马克思看来,便是将政治学的基础由道德转向了权力。麦金太尔也同意这个观点,在他看来,现代世界的特征就是马基雅维利主义的权谋政治。

麦金太尔认为,如果现代政治不可能在道德上达成共识,那么,另一种美德也将被置换掉。这种美德就是爱国主义。因此,麦金太尔认为现代政治没有爱国主义,因为它没有祖国。尽管会有民族主义、沙文主义,但不可能有真正对国家或同胞有利的影响,因为我们缺乏将国家或同胞与我们联系起来的共享的筹划。按照麦金太尔的理解,"爱国主义作为一种美德,它现在或过去之被奠立,首先缚系于一个政治的或道德的共同体,其次才缚系于该共同体的政府"②。然而,在如今缺乏道德共识的社会中,政府并不代表公民的道德共同体,而是一系列制度安排,一个科层化的统一体——国家。这时,爱国主义的观念变得不再清晰和单一。一方面,现代社会的人们对国家有一种依恋。国家作为纯粹的工具,用来推进个人规划,使人们能够分享诸如安全秩序的公共利益。另一方面,国家需要人们这种爱国的依恋,因为它需要人们愿意担当士兵、警察和消防员以提供安全保障。甚至在需要的时候,还要他们为之献出生命。为了创造这样一种依恋,国家揭示了它自身的性质及其荒谬:"现代国家……的行为,有时候是指向那些服从它的人,就好像它无非是一个巨大的、垄断的公用事业公司;有时候,它好像是最神圣的守护者,是最值得重视的。一方面,它要求我们填写相应的表格一式三份;另一方面,它偶尔地又要求我

---

① Cf.*Political and Philosophy of Alasdair MacIntyre*, http://www.iep.utm.edu/p-macint/, 2016年9月15日。

② [美]阿拉斯戴尔·麦金太尔:《追寻美德:道德理论研究》,宋继杰译,第288页。

们为它而死。"①

现代政治的道德缺失，使其走向了权力的深渊。这在麦金太尔看来，其深层的原因在于以全球资本主义为特征的现代性。首先，现代社会过多强调追求个人偏好，强化情感主义特征，从而促进了虚假的幸福观。虚假的幸福观以金钱为生活的唯一目标。相较之下，真正的幸福观应该是麦金太尔所描述的依据传统德性的客观标准而生活，而不是简单的财富积累。金钱虽然在德性生活中也扮演着一种角色，比如慷慨。没有金钱不可能或至少非常困难地进行生活。但是，金钱不是生活的主要目的。对此，麦金太尔赞同马克思主义的观点，认为追求金钱的生活就是浪费生命。其次，资本主义作为一种意识形态，促进了人的工具性操纵。在商品生产活动中，资本主义管理者操纵他们的员工；在市场领域，操纵消费者，迫使他们去消费那些商品。自由市场经济"事实上，无情地施加市场条件，强行剥夺了许多工人的生产工作，迫使部分大都市国家和整个欠发达地区社会的劳动力陷入无法挽回的经济剥夺的境地，而且还扩大了财富和收入的不平等与分化，从而组织社会走向了竞争的和对抗的利益"②。资本主义对利益的这种竞争和对抗构成了现代政治，而金钱在现代政治中由于提供了维持政治权力的资源，成为现代政治的关键因素。然而，金钱及其对政治进程的弊端不会从政治中移除，除非人们选择追求内在善而不是外在善。因此，资本主义制度不仅仅对其本身有害，而且对政治也产生了不利影响。③ 这无疑传导出一个信息，即世界需要彻底改变。

（二）依赖性的理性动物

要改变世界，首先就要回答麦金太尔所提出的那个"最根本的问题"，即对于人类个体和共同体而言，何为最好的生活方式？在麦金太尔看来，雅典的城邦提供了一种好生活的参考，它以共同体对善与诸德性的广泛认同为前提，并被理所当然地认为每个人都参与了关于何为德性、为何需要德性的辩论。麦金太尔在《追寻美德：道德理论研究》中考察了四种关于这场辩论的声音：柏拉图、智者、索福克勒斯及亚里士多德。最终，麦金太尔选择了亚里士多德

① Kelvin Knight, *The MacIntyre Reader*, p.227.

② Ibid., p.249.

③ Cf. *Political and Philosophy of Alasdair MacIntyre*, http://www.iep.utm.edu/p-macint/, 2016年9月15日。

的德性立场。因为亚里士多德的"德性理论把古典传统建构成一个道德思想的传统"①。目的论则是亚里士多德哲学的核心。

按照亚里士多德的观点,人类是一种特殊的生物,其终极目的是依循德性而快乐地生活。这也是人类生活的本质目的。如果人类不通过有德性的行为追求幸福生活的终极目的,那么就不可能成为一个有德性的人。由此可见,目的论为事物的评价提供了标准规范。对那些分享终极目的的人,及其表达共享终极目的的共同体而言,道德具有语境与意义。作为人类,虽然不会一直倾向于过有德性的生活,致力于对德性的追寻。但是,这是一种应该倡导的生活。麦金太尔将此称作"偶然所是的人性"与"实现其目的而可能所是的人性"的区别。② 伦理学的作用就是将人们从前者转化为后者,教会人们如何克服人性的弱点,成为能够成为的样子,以及为什么这应该是人类的善。然而,现代世界的人们却不相信任何固定的终极目的;没有什么是注定要成为的,也没有什么与生俱来的目标是需要前行的。麦金太尔将霍布斯与"利维坦"视作这一哲学信仰的例子及其后果。

值得注意的是,麦金太尔在《追寻美德:道德理论研究》中,曾经反对亚里士多德的生物学目的论。而在他的后续作品《依赖性的理性动物》中,麦金太尔又重新接受了亚里士多德生物学目的论的观点。但是,与亚里士多德认为只有人类具有语言和理性的能力不同,麦金太尔认为,其他智能物种也具有这种能力,并且,我们可以从它们如何追求个体与集体的善之中学习有关人类如何追求共同善。麦金太尔指出,对人类而言,实现幸福的关键是成为独立的实践推理者。从嗷嗷待哺的婴儿成长为独立的实践推理者,包括三个维度。第一个维度,从拥有理由发展到能够评价理由,从而改变行动的理由,进而改变行动。在这种过渡中,伴随着各种危险与障碍,它包括身体上的疾病、饥饿,还有威胁儿童语言、理性评价等能力发展的因素,比如智障、自闭症和不安全感。第二个维度,涉及小孩欲望和激情的转变。麦金太尔认为,学会摆脱欲望,并评价它们,这是对行动理由进行合理推理的必要条件。在这一过渡的历史中,必须承认包括自己在内的所有人都处于能力欠缺的等级体系中,他者的出现

① ［美］阿拉斯戴尔·麦金太尔:《追寻美德:道德理论研究》,宋继杰译,第165页。
② 同上书,第60页。

与介入是至关重要的。第三个维度，从对当下的意识发展到对想象中的未来有所意识。作为实践推理者，需要想象自己有不同的可能未来，各种未来呈现了不同的好，以及实现幸福的不同方式。重要的是，对不同行为方式在未来产生的结果赋予或然性。此时，知识和想象力是肯綮。①

从以上三个维度，可以发现，从婴儿时期过渡到独立的实践推理者，人类的存在具有三重特征，即依赖性、理性与动物性。麦金太尔指出，人们尤其注重第二重特征——理性，却忽略了第一重和第三重特征。麦金太尔将关注点更多地集中在人类与非人类动物的联系之上，尤其是人类理性与非人类动物智能的可类比性。麦金太尔认为，人类以一种重要的方式保留他们的动物本性。事实上，"人类和一些非人类动物在相互陪伴和相互合作的过程中追求各自的好"②。因而，相比于人类的理性特征，麦金太尔更强调人类的依赖性与动物性。

麦金太尔认为，人类的依赖性贯穿人的一生。作为动物的我们，在面临困境与缺陷时，会表现出脆弱性。这种脆弱性的本能会驱使我们寻求他者的帮助。无论是为了生存还是实现幸福，对他者的依赖始终存在。人们在婴儿襁褓期，甚或孩提时代，这种依赖性体现得最明显，也最好理解。随着年龄的不断增长，到了老年时期，又会重新对他者产生身体上的依赖。然而，麦金太尔强调的依赖性并不仅仅指的是身体上的依赖，他更多意涵的是如何依赖他者，学习成为有理性、有道德的人。比如，父母需要教育儿童学习如何克制自己的欲望，明白在整个人生的语境下，什么对他们是最好的，而不是仅仅盯着眼前的利益和欲望。即便超越童年时代，我们也需要朋友的监督与提携。他们为我们提供了洞察力与自我理解力，使我们不断反思自己的动机与目的，以便能够以朋友理解的方式解释它们。于是，在他者的帮助下，我们的理性得以发展，也因此对他们产生依赖。总而言之，人无法凭借一己之力成为有理性者。同样，人们也会发现，他者在不同时期，以不同方式也依赖于我们。我们有义务帮助他们发展理性，形成德性，如同他们帮助我们一样。

---

① ［美］阿拉斯戴尔·麦金太尔：《依赖性的理性动物：人类为什么需要德性》，刘玮译，第60—63页。

② 同上书，第52页。

因此,每一个人自身作为共同体的一部分,接受他者的帮助,同时也给予他者以帮助,这是一个给予和接受的社会关系,也是一个责任与义务的关系网络。但是,这样一种给予和接受的社会关系也会存在系统性的缺陷和潜在的危险。正如马克思、福柯等人提醒的一样,"给予和接受的制度化网络也总是权力不平等分配的结构,这种精心设计的结构既是为了掩饰也是为了保护这些不平等的分配"①。只要参与这个社会关系网络,就会存在统治与剥削。但是,只有意识到这一点,才能真正发挥德性的作用。因而,只有在给予和接受的社会关系网络中,才有可能使人成为理性者,并拥有德性的行为。这种社会模式意味着它服务于一种共享的善,意即使人拥有德性,过上德性生活。这恰巧也符合麦金太尔所理解的城邦。

按照麦金太尔的理解,人类作为一种依赖性的理性动物,首先,要承认人的本质是一种特殊的动物;其次,要承认对他者的依赖性,依赖他者发展理性,成为独立的实践推理者;最后,人们需要运用自己的理性去帮助其他依赖者。如前所述,德性使人们参与到给予和接受的社会关系中,并帮助人们实现成为独立的实践推理者的目的。

先来看看给予的德性。给予的德性,预设了人的独立性。正义的慷慨是给予德性的核心,它贯穿于三种关系之中:其一是人们为共同体付出情感的共同关系;其二是超越共同体成员的长期关系,延伸到对陌生人的好客关系;其三是运用怜悯(misericordia)②的德性,扩展自己的共同关系,将那些对共同体成员提出迫切需要的人也包括其中。③ 麦金太尔认为,从某种意义而言,正义的慷慨是一种明智的计算。它要求人们在"获取时勤奋",这样就有能力去进行给予;在"储蓄时节俭",当他者有迫切需要时,有资源可以帮助;在"给予时明辨",将资源给予那些确实有迫切需要的人。④ 这些要求实际上反映了人们的节制德性。

---

① [美]阿拉斯戴尔·麦金太尔:《依赖性的理性动物:人类为什么需要德性》,刘玮译,第84页。
② misericordia,拉丁文。阿奎那说 misericordia 的出现伴随着恰当的理性判断,在这个意义上,它指的是一种德性而不是一种激情。它满足了共同生活本身需要超越共同生活界限的德性的要求。它使我们的给予关注于需要本身,而不是人际关系。(参见同上书,第102页)。
③ 同上书,第104页。
④ 同上书,第105页。

除了给予的德性外,还需要对接受的德性予以关注。接受的德性,包含着对依赖性的承认。麦金太尔认为,承认依赖性也是一种德性,正如独立是一种德性一样。承认依赖性的德性,重点是要学会运用接受的德性。比如,知道如何恰当地表达感激之情又不让它成为负担、对给予者的无礼还以礼貌、对给予者的不充分表示宽容。换言之,如果没有接受的德性,就不会承认自身的依赖性。这在麦金太尔看来是一种坏品格。然而,亚里士多德却对否认自身依赖性的人给予赞美,并将他们称作"豪迈的人"（megalopsychos）,对他们而言,"接受好处是可耻的,因为给予好处是优越的标志,而接受它们是低下的标志"①。豪迈的人只记得他所给予的东西,而擅于忘记他所接受的东西。这种对自身依赖性的否认产生了"自足的幻觉"②,使他们从共同体的共同关系中被排除出去。也正是由于亚里士多德对人类依赖性经验的否认,使麦金太尔从亚里士多德转向了阿奎那。阿奎那对人类终极目的与德性的论述包括共同体中的每一个成员,而不仅仅是亚里士多德所谓的一小部分精英。

因而,在麦金太尔看来,一方面,人们需要通过某些共同关系学会给予的德性与接受的德性;另一方面,人们需要这些德性来维持这些共同关系。承认依赖性的德性,就是承认个人在共同关系网络中得到认可,并且成为"思虑性共同体"（deliberative community）③的一员。那么,究竟何种类型的政治社会才能体现出给予和接受的共同关系,从而实现每一个人的善及共同体的共同善呢?

（三）社会主义的未来走向

麦金太尔在《追寻美德:道德理论研究》开篇便表明了自己著作的主旨是为了批判现代性,反抗现代世界,包括现代政治。他指出:"现代系统的政治观,无论自由主义还是保守主义,无论激进主义还是社会主义,从一种真正忠于美德传统的观点来看,都必须被拒斥,因为现代政治本身以其制度性的形式表达了对于这一

---

① ［美］阿拉斯戴尔·麦金太尔:《依赖性的理性动物:人类为什么需要德性》,刘玮译,第105页。

② 同上书,第105页。

③ 同上书,第106页。

传统的系统拒斥。"①因此,在该书结尾处,他表达了对理想中的社会类型——地方性共同体的期待,但是却没有对此政治理论做出具体的描述。取而代之的是一种模糊地、周期性地回归到圣·本尼迪克特。然而,这种回归却不足以解释"无尽的政治之海"②。或许当时的麦金太尔已经意识到,真正的共产主义政治的机会在目前现代性的结构中是没有指望的,因而他没有提供任何具体的共同体政治理论。在"回应共同体"的信中,麦金太尔表达了这种忧伤:"尽管有相反的传言,但我不是也从来不是一个社群主义者。因为我的判断是,这个国家先进现代性的政治、经济和道德结构,正如别处一样,排除了有实现任何有价值的政治共同体类型的可能性,它在过去的不同年代曾经实现过,即使是不完美的形式。"③正是基于这样的认识,麦金太尔有关地方性共同体的构建必须打破现代性的政治结构——资本主义,才有可能实现其政治诉求与价值目标。换言之,地方性共同体可能预示着另一种社会主义。④

关于这样一个共同体的社会究竟是何种政治社会类型,在时隔近二十年后的《依赖性的理性动物》一书中,麦金太尔为我们描绘了这种共同体蓝图的具象。在麦金太尔看来,现代政治的重建必须依靠地方性共同体。这种地方性共同体因其特有的气质与蕴涵承担起救赎现代性的重责。

第一,共同参与的需要。政治不应该是以某种内战的形式展开,它是一个共享的筹划,为所有成年人所共享,而不是局限于一小部分精英通过操纵获得权利,并且利用权利为自身谋取利益。政治不再是人们为一己之私争夺权利与金钱,而是"将政治活动当作每个有能力参与其中的成年人日常活动的一个方面"⑤。因此,"这种共同体的政治便不是现代国家政治中的那种竞争性

---

① [美]阿拉斯戴尔·麦金太尔:《追寻美德:道德理论研究》,宋继杰译,第 289 页。

② Ashwani Kumar,"Requiem for Modernity or Return to Monastic Community?", *The Indian Journal of Political Science*, Vol.67, No.4(OCT.-DEC.,2006), p.936.

③ Daniel Bell, *Communitarians and Critics*, Oxford:Clarendon Press,1993, p.17.

④ 本研究所讨论的"社会主义"特指以英国新左派为代表的有关社会主义的思想。麦金太尔作为英国新左派早期的代表人物,其关于社会主义人道主义等思想为后期新左派人物的社会主义思想发展奠定了道德基础。因而,在英国新左派的语境下讨论社会主义,有其历史的承继性与一贯性。

⑤ [美]阿拉斯戴尔·麦金太尔:《依赖性的理性动物:人类为什么需要德性》,刘玮译,第 117 页。

的利益关系"①。它体现更多的共享与共同参与。

第二，对"正义的慷慨"的德性关注。在地方性共同体中，特别关注"正义的慷慨"这种德性。因为它是给予和接受关系网络中的核心德性之一。马克思在《哥达纲领批判》中指出的社会主义社会的正义公式——按劳分配，是对独立的实践理性者而言的正义。但是，对那些有能力给予的独立者，尤其是需要接受的依赖者而言，更好的正义则是马克思所说的共产主义社会的正义公式——各尽所能，按需分配。尽管第二个公式的实现还需要一个漫长的未来，但是麦金太尔认为，在地方性共同体中，我们可以用有限的经济资源，以一种不完美的方式去应用它。这样既承认了实践推理者的独立性，又承认了人类的依赖性，从而实现对独立者与依赖者的正义。

第三，共同思虑的德性。每一个人必须"都可以在这些正义的规范所要求的共同思虑中拥有发言权"②。这是地方性共同体重要的政治诉求。政治作为一种实践存在，必将追求内在善，而非外在善。"通过给予和接受的网络构建起来的共同体之中必然会有某种共同的道德承诺，正因为有这些承诺，共同的思虑才有可能，对那种思虑以及它构成其中一部分的生活方式进行共同的批判性探究才有可能。"③当共同体成员共同思虑何为最好的生活方式时，就是在为共同体选择一个终极目的，即共善的政治。这种共善的政治将会反映所有共同体成员的需要，无论独立者，还是依赖者。麦金太尔强调共同思虑的德性，也就是要求共同体每一个成员对共同思虑都拥有发言权，尤其是如何保障依赖者的有效发声。他提出通过依赖者的代理人承担此角色。需要注意的是，麦金太尔认为代理人的角色并不是为了表达依赖者群体的特殊利益，而也应该是有关对共同体终极目的的共同思虑。

麦金太尔认为，对共同体的共同善的思虑，必然要求一种地方性共同体的社会政治模式，而不是现代国家，或是家庭。在麦金太尔看来，国家最大的政治职能是提供公共安全，但是公共安全的重要性也不能遮蔽一个事实，那就是"人们分享的现代民族国家的公共利益并不是一个真正的国家范围的共同体

---

① ［美］阿拉斯戴尔·麦金太尔：《依赖性的理性动物：人类为什么需要德性》，刘玮译，第119页。

② 同上书，第108页。

③ 同上书，第133页。

的共同善,而当民族国家将自己伪装成这种共同善的护卫者时,其结果必然是荒谬可笑的或灾难性的,也可能二者兼有之"①。换言之,公共利益与共同善不能混为一谈。承认依赖性的德性,要求对共同善有广泛的认同。尽管国家是实现某些人类目标的有效手段,比如制定并通过《未成年人保护法》,但是,现代国家的政治框架中由于缺乏"正义的慷慨"的德性,因而无法实现给予和接受的社会关系网络。此外,家庭由于缺乏自足性,因而也无法实现承认依赖性的德性所要求的对共同善的认同。因此,麦金太尔认为,通过承认依赖性的德性产生和维持的共同善,不能在国家和家庭这样的团体形式中实现,而只可能是某种形式的地方性共同体。尽管不是每一个地方性共同体都是良好的,但是一种良好的政治只有可能发生在地方性共同体之中。麦金太尔没有精确指定这种地方性共同体的规模,但是肯定它的规模将处于国家与家庭之间。

基于给予和接受的社会关系网络的地方性共同体,是麦金太尔对重建现代性的一种政治构想,并用以反抗现代资本主义制度的具体政治主张,其充分体现了对资本主义的批判。同时,他还认为:"人类已经经历了所有其他社会形态,社会主义则是他们将要生活于其中的社会形态。"②由此看来,如果在现行社会形态下无法实现地方性共同体,那么,在麦金太尔心目中,地方性共同体应该是某种社会主义的政治形式。这不仅仅因为地方性共同体是麦金太尔关于未来社会政治模式的筹划,而且还因为地方性共同体也确实蕴含社会主义的关键特质。

首先,推翻资本主义制度是社会主义的基本任务。乔瑞金教授在《英国新左派的社会主义政治至善思想》一文中指出:"推进政治解放运动,尤其是社会制度方面的变革,是迫切的任务。"③对此,新左派倡导:"必须恪守马克思主义的原则,即如果没有同制度的内在可能性结合起来的话,寻求社会变迁在实践上就没有什么作用。正是借助于该原则,马克思才使自己与乌

① ［美］阿拉斯戴尔·麦金太尔:《依赖性的理性动物:人类为什么需要德性》,刘玮译,第110页。原文译者将"common good"译为公益,笔者以为,"公益"在中文语境下所蕴含的意义与common good 表示的内涵有所偏差,容易引起误解。在现行的伦理学及政治学著作中,对此概念的理解更趋向于一种共同的善,故笔者将此称作"共同善"。

② 张亮、熊婴编:《伦理、文化与社会主义——英国新左派早期思想读本》,第84页。

③ 乔瑞金:《英国新左派的社会主义政治至善思想》,《中国社会科学》2014年第9期。

托邦主义鲜明地区别开来。"①结合制度,新左派设计了许多关于未来社会主义的理想模型。麦金太尔的地方性共同体可以看作这种制度预设的成果之一。

资本主义制度由于对共同善的忽视,削弱了任何类型的共同体。"市场关系如果要对整体的幸福有所贡献,而非像它们事实上经常的那样损害和腐蚀共同的纽带,那么市场关系的维系就必须内嵌于某些本地的非市场关系——即那种不加计算的给予和接受关系——之中。"②这种给予和接受的关系正是地方性共同体所具备的社会关系。在此关系中,人们生活的目的不再仅仅是获取财富,社会的福祉也不再仅仅由经济因素衡量。由于"美德传统与现代经济秩序的各主要方面——尤其是它的个人主义、它的贪得无厌和它的将市场价值观抬高到社会的核心地位——格格不入"③。因而,在麦金太尔的地方性共同体中,制度形式"并不推动经济增长,并且在很大程度上需要被隔离和保护起来,免于外部市场力量的冲击"④。地方性共同体的组织结构要尽可能限制竞争性利益关系的出现,关键在于缩小收入或财富的不平等。同样,分析的马克思主义者柯亨在平等主义的社会主义构想中也提出,"收入的巨大差别导致了社会缺陷的巨大差别,这些社会缺陷也就破坏了共同体"⑤。因此,麦金太尔在关于地方性共同体的经济体系重建的思考中,与其他的左派社会主义者一样都不再将资本作为第一要素。因为在麦金太尔看来,对财富的追求是对外在善的关注,而不是内在善。它不符合地方性共同体将共同善作为优先的生活方式原则。

其次,共享思想是社会主义的核心价值观。它体现了社会主义的共同体文化特征。在柯亨看来,共同体文化是一种互惠性文化,是非市场的原则。人们不是为了获取回报才提供服务,而是因为人们需要才进行的服务。⑥ 这一

---

① ［英］安东尼·吉登斯:《现代性的后果》,田禾译,译林出版社2000年版,第136页。

② ［美］阿拉斯戴尔·麦金太尔:《依赖性的理性动物:人类为什么需要德性》,刘玮译,第96页。

③ ［美］阿拉斯戴尔·麦金太尔:《追寻美德:道德理论研究》,宋继杰译,第289页。

④ ［美］阿拉斯戴尔·麦金太尔:《依赖性的理性动物:人类为什么需要德性》,刘玮译,第119—120页。

⑤ 乔瑞金:《英国新左派的社会主义政治至善思想》,《中国社会科学》2014年第9期。

⑥ 同上。

观点与麦金太尔所强调的给予和接受的社会关系相契合。在给予和接受的社会关系网络中,给予的德性要求人们不加计算地给予对方以帮助,而不是计算自己得到多少回报。接受的德性则暗含了人们对依赖性的承认,也就是承认了依赖者在共同关系网络中得到认可。独立性和承认依赖性的德性,使人们能够充分重视共同体每一个成员的需要。尤其是对那些依赖者需要的重视,使人们充分意识到这也有可能是他们将会遭遇的境况,从而形成对共同需要和共同善的认识。这也是地方性共同体的显著标志之一。

共享思想不仅体现在互惠性的共同体文化方面,而且还体现在共同参与的政治需求方面。麦金太尔所设想的地方性共同体不再是现代国家政治中竞争性利益关系的角逐场,而是每一个人都对共同思虑拥有发言权的政治共同体。简言之,地方性共同体是一个共享的筹划,共同体成员有着共同善的政治目标和平等的政治话语权。

最后,无论麦金太尔的地方性共同体构想是否是一种社会主义形态,它都是对未来美好社会的一种愿景。无论这种未来社会是社会主义还是共产主义,地方性共同体在性质上无疑是与资本主义社会迥异的,而且也非常不同于目前存在的各种社会主义社会。如果希望实现社会主义的美好愿景,麦金太尔建议人们从地方性共同体的筹建开始。因为面对自由资本主义制度,地方性共同体有能力保留实践与德性,使它们免受现代国家和现代资本主义制度的破坏。在《三种对立的道德探究观》中,麦金太尔提出通过修改大学及其课程,可以更接近于他所鼓励的共同体。

麦金太尔对资本主义制度的拒斥,受到马克思主义的影响。马克思主义对资本主义制度无情的批判,尤其是在资本主义私有制下,人们对财富赤裸裸追求的批判,让麦金太尔对现代资本主义社会失望至极。因此,他高声拥护亚里士多德的德性观,期待地方性共同体能够在现时代社会语境下重现亚里士多德的德性光辉。然而,对这样一种未来的社会愿景,许多学者都提出了自己的诘问。比如,麦金太尔对地方性共同体的经济体系规制为对市场关系的控制与限制。从亚当·斯密到哈耶克,再到冯·米塞斯,他们都曾认为,试图控制或限制市场将不可避免地成为试图控制和限制人类的结果,这种方式导致了古拉格(集中营,即极权政治),而不是德性。并且,麦金太尔通过抑制经济增长来缩小贫富差距的希望不仅不会实现,而且还会使穷人陷入持续贫穷的

境地并阻止整体生活水平的增进。与此同时,对那些为人们提供生活所需,又从中获利的人给予的是惩罚而不是鼓励。这些都会扼杀人们的主动性和创新性,从而导致社会发展的停滞。①

尽管麦金太尔的地方性共同体构想存在着上述种种不足,但值得欣慰的是,人们对共同体应该追求何种生活方式的讨论仍在继续。或许麦金太尔的地方性共同体无法照亮现实性的黑暗,但是也绝不像其他学者所言,麦金太尔对现代性的拯治方案,不过是在资本主义社会边缘进行修补而已。麦金太尔的目标是要努力说服人们改变对资本主义的忠诚,并且彻底改变资本主义,使人们相信还有一种更好的社会主义存在。

小　　结

麦金太尔坚持以自由主义批判为永恒主题,以对现代社会的道德批判和政治批判为思考路向,接受马克思主义的思想理念并吸纳亚里士多德的德性观,聚焦传统和共同体的思考,从而完成了对现代性的批判。在深刻理解麦金太尔对现代性批判的过程中,尤其要把握以下两点。

首先,历史主义的方法论。

麦金太尔作为一名典型的以史拓论的著作家,在对现代性的批判中,无论是指向社会的批判,还是面向个人的批判,都体现了明显的历史主义的思考逻辑。

麦金太尔对现代社会的批判始终置于历史的镜像之下。在他看来,现代性的道德危机症状起因于现代社会通常忽视了道德思想之起源,将现代与传统割裂,致使现代道德语言支离破碎。因此,麦金太尔反对传统的断裂,认为道德思想深深植根于历史之中,主张用连续性的概念思考道德,关注历史的总体性和同一性。这也形成了麦金太尔现代性批判的特色之一,即回望传统,解密现代性。需要指明的是,虽然麦金太尔推崇亚里士多德的德性传统,但是并不意味着回退历史。麦金太尔提倡回归亚里士多德,并不是真的号召人们回

---

① Cf.*Political and Philosophy of Alasdair MacIntyre*, http://www.iep.utm.edu/p-macint/, 2016年9月15日。

到亚里士多德时代的城邦模式,也无意复制亚里士多德时代的辉煌,他真正的意旨在于提醒人们现代社会对德性的缺失。他所希翼的是在现代社会能够将德性置于一个连贯的历史语境之下,唤起人们对德性的重新认识、重视和实践。

麦金太尔对现代性自我的批判同样运用了历史主义的方法。麦金太尔认为,对自我的完整把握需要将自我放置于一个完整的历史背景关联中来理解。如果将自我从历史的情境中剥离出来,那么,一个人的行为、生活及其目的将是不可理解的。因此,麦金太尔将自我的统一性嵌入一种叙事性的模式之中,用叙事性的自我抵御现代性的碎片化自我。这种叙事性的自我,不仅将自我的每一个行为片段与生活整体相联,而且还将自我的历史嵌入整个历史叙事背景之中。由此打造了一个具有同一性和连续性的自我。对麦金太尔而言,只有将人生视为一个统一的叙事整体时,才能构成同一性的人格,才能真正抵御现代性碎片化自我的侵蚀。

其次,共善的价值观。

麦金太尔的现代性批判思想中最引人注目的特色是对德性的彰显,表征为一种追求善的叙事探寻。面对传统的断裂,他主张回归亚里士多德的德性传统;面对自我的殊离,他主张凸显德性的实践;面对资本主义的异化,他主张构建德性的共同体。所有这些彰显德性的主张共同指向一个目标:共善。

共善的价值观是麦金太尔进行现代性批判的最终价值旨归。在他对现代性政治秩序重建的思考中,地方性共同体是核心。共善则是地方性共同体的价值诉求。在麦金太尔看来,共善的地方性共同体体现在筹划的共享、目标的同一和话语的平等。具言之,地方性共同体是一种"接受—给予"式的社会关系网络,人们需要通过某些关系学会给予的德性和接受的德性,同时也需要这些德性来维持这些共同关系。承认依赖性的德性,则使个人在共同关系网络中得到认可,并成为"思虑性共同体"的一员。在这样一种共同体内,每一个人的善与共同体的善是同一的,每一个人在向自己的目标前行的同时,也在促进整个共同体的目标达成。当共同体成员共同思虑何为最好的生活方式时,就是在为共同体选择一个终极目的,即共善的政治。麦金太尔尤其注重共同体成员对自身内在善的建塑。对麦金太尔而言,反抗资本主

义的革命实践动力来自共同体成员对自身内在善的追求,这种内在善同时也是共同体共善的表达,因此,只有从共同体成员的内在善建塑出发,才有可能真正实现共同体的共善,也才有可能实现未来的理想社会。这种未来的理想社会便是马克思所预言的由自由、全面发展的人联合起来的共产主义社会。

总而言之,麦金太尔对现代性的批判,不仅接受了马克思主义的思想理念,而且还吸纳了亚里士多德的德性观;不仅推崇德性的探究传统,而且还构想共善的社会主义模式。或许麦金太尔对现代性的替代方案还有待商榷,但是他对现代性批判的坚决不容置疑。麦金太尔并不是对资本主义社会进行边缘性的修补,而是要彻底改变资本主义,使人们相信还有一种更好的社会主义存在。或许麦金太尔的地方性共同体在现代社会中是否能够得以维存还存在争议,但是他对马克思主义的思想理念在当今社会的价值肯定,则值得人们学习与借鉴,他对实现人类美好生活的乐观憧憬仍然值得期待!

第五篇　社会发展研究

第十二章　安德森:守护经典社会主义

佩里·安德森(**Perry Anderson,1938—**)

佩里·安德森1938年出生于英国伦敦,幼年随父迁移,曾在中国、美国、爱尔兰、英国等地生活,1950年返回爱尔兰,在英国伊顿公学就读。1956年进入牛津大学伍斯特学院(Worcester College)学习,其兴趣从"现代三艺"(modern greats)即哲学、政治学和经济学转向了哲学、心理学和现代语言学(俄语和法语)。1962年,当老一代新左派退出《新左派评论》(*New Left Review*)时,年仅24岁的安德森接任其主编。1983年,他把主编位置传给他的长期合作者罗宾·布莱克伯恩(Robin Blackburn),随之转到加州大学洛杉矶分校的历史系任教。2000年,安德森重新执掌《新左派评论》。他不仅长期担任《新左派评论》的主编,而且主持和创办了"新左派书局"(New Left Books,后更名为Verso,左翼出版社)。在其任职期间,其出色的编辑工作使这份杂志在20世纪70年代中期成了英美新左派的重要理论刊物。

安德森发表过数部专著与论文,涉及历史学、社会学、政治学、哲学和文学在内的诸多领域,而且在每一领域都不乏独到之见。英国著名的文学评论家

特里·伊格尔顿把他赞誉为"英国最杰出的马克思主义知识分子"，更有学者称赞他是"当代最重要的马克思主义思想家之一"。同时，《纽约书评》（*New York Review of Books*）认为这是"一个令人敬畏的知识分子成就"，《伦敦书评》（*Lodon Review of Books*）认为他在欧洲公共知识分子中享有一种渊博的盛誉，《泰晤士报文学增刊》（*Times Literary Supplement*）评价他是"这个时代最杰出的政治、历史和文学评论家之一"。

安德森的著作和文章颇为丰富，从英国道路的例外论到欧洲的绝对主义，从拉美革命的政治学到西方马克思主义，从现代性到后现代性，等等，不胜枚举。首先，就其权威性的史学著作而言，《从古代到封建主义的过渡》（1974）和《绝对主义国家的系谱》（1974）于同年出版后便赢得了西方学术界的高度评价和普遍赞誉。近代史专家艾瑞克·霍布斯鲍姆在《新政治家》（*The New Statesman*）上评论说，它是十分杰出的、具有权威性的和透彻性的学识成就；也有学者将它称做"历史社会学的一个重大贡献"和"马克思主义的杰作"。其实，这两部著作仅仅是安德森计划书写的四卷本欧洲史的前两卷，后两卷将分别考察"从尼德兰起义到德国统一时期一系列重大的资产阶级革命"和"当代资本主义国家的结构"，后两卷本至今尚未付诸笔端。但从思维的一致性可见，安德森论述的视角并不仅仅局限于古代和中世纪，而是要追溯整个现代资本主义国家的起源和系谱，把握其历史与结构。其次，就有关西方马克思主义的著作而言，《西方马克思主义探讨》（1976）和《当代西方马克思主义》（1983）这两部著作对"西方马克思主义"进行了最为广泛的论述和评价，现已成为国内外学术界研究西方马克思主义的经典范本。正如林春在《英国新左派》一书中所高度评价的，安德森对西方马克思主义的总结可与雷蒙德·威廉斯在《文化与社会》一书中的成就相媲美。另一篇相关文章是《安东尼奥·葛兰西的自相矛盾》（*The Antinomies of Antonio Gramsci*，1976），他在文中对葛兰西的《狱中笔记》中有关政治国家与市民社会之间的关系进行了最具智慧的政治评论。再次，他于19世纪60年代发表了一系列有关英国历史、社会、政治和文化的文章，如《当代危机的起源》（*Origins of the Present Crisis*，1964）、《社会主义和伪经验主义》（*Socialism and Pseudo-Empiricism*，1966）、《国民文化的构成》（*Components of the National Culture*，1968），指出了英国经验主义文化与马克思主义文化之间的巨大鸿沟，并对英国马克思主义文化给予了一种否

定性的评价。最后,安德森对现代主义和后现代主义进行了广泛而深入的探讨,得出了自己对现代主义和后现代主义的解释,并把它们看做是社会的经济、政治和文化三种因素综合作用的结果。保罗·布莱克里奇(Paul Black-ledge)在《佩里·安德森、马克思主义和新左派》一书中如此评价道:"随着对现代主义富有创意的评论和同样重要的对后现代性本质的论述,他的全部作品从柏拉图到波洛克,从马克思到哈贝马斯,从亚历山大到路易十四。他简直可称做是一个奥林匹亚。"①

纵观其学术著作和学术成就,可以看到其中所隐含的一条核心主线就是他对马克思主义和社会主义始终如一的追求。他总是在马克思所开创的历史唯物主义视域之内对历史、现实与未来进行着唯物主义的解读和释义,使他对社会主义的向往和期盼获得了某种历史的根基和理论的支撑。在本章中,笔者将试图去剖析和研究安德森的这一经典的社会主义思想,从历史的、结构的和主体的角度进行探寻,厘清他与经典马克思主义、西方马克思主义和英国马克思主义之间的某种内在关联,从而凸显出安德森自己独特的马克思主义和社会主义的思想轨迹与本质特征。

第一节　经典社会主义的哲学态度

作为当代的马克思主义学者,安德森怀有一种独特的马克思主义情结,他对马克思、马克思主义和历史唯物主义有着自己独到的解读。他尊重马克思,但并不把他当做上帝来信仰;他尊敬马克思主义,但并不对它为首是瞻;他尊爱历史唯物主义,但并不认为它不可更改。他总是在马克思所开创的历史唯物主义视域之内对社会历史进行着一种独具特色的研究和探索,或者说,历史唯物主义已成了安德森社会主义思想中最核心的理论框架与话语体系。

一、对经典马克思主义的辩护
众所周知,马克思创立了历史唯物主义的学说和理论。对于"历史唯物

---

①　Paul Blackledge, *Perry Anderson*, *Marxism and the New Left*, London:The Merlin Press Ltd., 2004, p.x.

主义"这一术语，马克思本人从未使用过，他最初把它表述为"唯物主义的历史观"或"唯物主义的生产条件"。然而，无论哪种表述，至少有一点是可以肯定的，马克思所创立的唯物史观与之前的唯心史观不同，"它不是在每个时代中寻找某种范畴，而是始终站在现实历史的基础上，不是从观念出发来解释实践，而是从物质实践出发来解释各种观念形态"①。因此，马克思所作出的伟大步骤就在于对历史进行了一种唯物主义的说明和解释。对此，普列汉诺夫评价到，唯物主义历史观是"马克思的历史哲学"，是"说明人类历史的唯物主义哲学"②。

马克思在 1859 年的《〈政治经济学批判〉序言》一文中对历史唯物主义作了最为系统的概括和表述，明确提出了诸如生产力和生产关系、经济基础和上层建筑以及生产方式等唯物主义的基本概念和理论。然而，这样一些概念和理论却受到了非马克思主义者，甚至是马克思主义者的诸多质疑和责难。首先，这些概念和范畴存在一种空间性和结构性的隐喻，它只表述了一种静态的结构，而无法说明动态的历史；其次，在生产力和生产关系、经济基础和上层建筑的这一比喻中，又分别赋予了生产力和经济基础一种优先化和特权化的存在；再次，"决定论"的概念也充满了问题。这些问题就成为安德森所面临的一个理论困境，也成为他着手要解决的一个理论难题。

对于这种种的责难和批评，安德森并没有简单地拒斥或"修正"，而是对其进行了积极有力的辩护。首先，就生产力和生产关系而言，他不仅把这两个概念看做是历史唯物主义的理论基石，而且看做是历史变革的最深层动力。对此，安德森明确表述道："马克思的理论远远并不缺乏任何遗传类型的解释原则，它显然拥有一种原则——带有一种独特的清晰和力量始于 1859 年《序言》：生产力和生产关系之间的矛盾运动是长期历史变革最深层的动力。"③其次，就经济基础和上层建筑而言，他认为这一基础/上层建筑的比喻确实存在着一种唯经济决定论的倾向，但这一错误并不能成为取消这一理论的全部罪证，它在理论上仍具有一种必要性和合理性。他说道："构建一种可靠的有关社会'经济结构'的概念，并不会排除或危及对文化或政治'上层建筑'的历史

---

① 《马克思恩格斯文集》第 1 卷，第 544 页。

② 《普列汉诺夫哲学著作选集》第 2 卷，生活·读书·新知三联书店 1961 年版，第 510 页。

③ Perry Anderson, *Arguments within English Marxism*, London：Verso，1980，p.81.

研究,而是要促进它。"①再者,就生产方式的概念而言,他认为,尽管马克思在《德意志意识形态》中将其称为"物质资料的生产方式"或"现实生活的生产和再生产",并在《资本论》的写作中得出了一整套有关资本主义生产方式的抽象经济理论。但它并不仅仅是一个狭隘的经济学范畴,而是一个更广泛的历史学范畴,是区分一种历史结构和另外一种历史结构的重要依据和标准。正如他所说的:"首先应当足够清楚的是,马克思并没有阐述过作为政治经济学范畴的生产方式概念,甚至是对它的一种相反说明。这一概念的最初功能究竟是什么呢?设想一下社会经济形态和时代的多样性——就能提供给我们在人类进化中划分一种重要历史结构类型与另一种历史结构类型的方法。"②在此,生产方式就不单单指称一种经济结构,而是泛指一种社会形态(social formation)。

总体来看,在对历史唯物主义这些基本概念和理论的保卫与辩护中,安德森所遵循的不仅仅是一套抽象的历史理论和范畴,而是一种对历史的唯物主义的解释路径。无论是对生产力和生产关系作为动力因素的认识,还是对经济基础和上层建筑关系中对基础首要性的坚持,以及对生产方式的历史辨析,他都始终保持了这一唯物主义的视角和立场。

与此同时,英国的其他马克思主义学者也对历史唯物主义思想进行了种种的注释和理解,尤为明显的是主要集中于基础与上层建筑的理论模式,或者完全的拒斥,或者部分的改造。因为这一理论模式确实容易使人产生一种错误的倾向,把经济基础看做是唯一的、最终的和决定性的要素,认为一切都可以还原为经济的层面而获得最终的解释,这就明显带有一种经济决定论或还原论的思想。在对这一模式的改造中,作为历史学家的汤普森是最为极端的一个事例,由于这一模式侵蚀了历史的"过程意识",而把它看做一种"令人遗憾的形象"而简单地加以拒斥。而像沃斯利(Worsley)、萨维尔(Saville)和密里本德(Miliband)等马克思主义知识分子则严厉批评了这一比喻,但并不认为可以合法取消它。密里本德如此说道:"马克思主义著作中对于政治理论的忽视与基础/上层建筑的这一概念及其内涵相关……尽管马克思主义中仍

---

① Perry Anderson, *Arguments within English Marxism*, p.66.

② Ibid., p.64.

然存在对经济基础首要性的坚持，但如果把基础看做一个出发点，'一种首要的物质'，而非'最终的'决定性，那么将是更有意义和更为恰当的。"①对这一模式进行了更为有效改造的是英国文化唯物主义的代表人物雷蒙德·威廉斯。在他看来，如果把这一基础/上层建筑模式看做是一种不变的、静止的空间关系，那么它就是不可接受的，因为它是对社会存在决定社会意识这一最初命题的还原主义形式，把决定性的基础与被决定的上层建筑抽象为一种简单的反映和再现；如果把它看做是一种分散的动态过程，并把所有的重点都放到实践方面，那么它就是可以接受的，因为经济基础由于远离了一种抽象的固定的经济技术概念而走向了一种现实的社会经济实践活动；上层建筑由于远离了一种反映的再现的，尤其是依赖性的内容而形成了一系列相关的文化实践；决定论也由于远离了一种可预测和可控制的内容而成为一种"有限要素的排列"和"压力的释放"。② 这样，威廉斯就把这一模式从决定性的结构改造为构成性的过程，赋予了实践性的内涵与特征。因此，如果说其他马克思主义学者对于历史唯物主义的经典立场和原则持有某种否定或质疑的态度，那么安德森则给予了一种坚决的保卫和辩护。

二、与英国马克思主义的对话

对于英国的马克思主义者而言，无论是以汤普森为代表的老一代的马克思主义者，还是以安德森为代表的年轻一代的马克思主义者，他们都宣称在历史唯物主义的原则和视角之下进行历史的分析和研究。然而，由于两派对欧陆理性主义文化和英国经验主义文化的不同坚持，从而形成了对历史的两种阐释路径和方法。

众所周知，英国国家文化的主导模式是经验主义，正如汤姆·奈恩所指出的："英国的孤立性和地方性；英国的向后性和传统性；英国的宗教性和道德

---

① Lin Chun, *The British New Left*, Edinburgh: Edinburgh University Press Ltd., 1993, p.130.

② 1973 年，雷蒙德·威廉斯为《新左派评论》撰写了《马克思主义文化中的基础与上层建筑》("Base and Superstructure in Marxist Culture")一文。由此，他在 1963 年的《文化与社会》一书中所提出的一种难以驾驭的非此即彼(either or)的理论难题就在这一文章中得到了某种修正，他重估了马克思主义，也重估了基础/上层建筑这一比喻模式，从而进行了一种有效改造。

性;微不足道的'经验主义'或对理性的本能的不信任……"①这一特征发端并盛行于洛克和培根的时代,随后这一方法代代相承,并渗透到英国马克思主义的各个学派当中,尤其是以汤普森为代表的英国历史主义学派,在对历史问题的研究中带有一种明显的经验主义气质。尽管他们宣称在历史唯物主义的原则下进行研究,但历史唯物主义仅仅是其研究的一个始发站;尽管他们承认历史唯物主义揭示了历史发展的一般规律,但并没有把它作为面对历史的抽象教条;尽管他们认为历史发展受生产力和生产关系的制约,但并不存在任何抽象的规律性和必然性,历史总是由具体的历史的人的实践活动所构成的。这一点在汤普森对历史学科的认知中得到了较为明确的展现。在他看来,历史无法成为一门科学,"把历史命名为'科学'的尝试总是无益而混乱的"。理由在于,首先,就历史对象而言,历史事件本身是多变的和易变的,这一瞬息万变的历史过程妨碍了历史概念的建立;其次,就历史概念而言,它们是"期待而非规则",具有一种"特殊的弹性","必要的概括性和灵活性","机动的系数";最后,就历史知识而言,它总是"临时的、不完美的和近似的"。② 这就表明,以汤普森为代表的英国历史主义学派在对历史的认知中蕴涵着一种深层的经验主义的意识,认为历史是由纷繁复杂、杂乱无章的历史事件所构成的,根本谈不上什么所谓的历史规律,因此,历史的研究无须理论的分析和阐释。更为极端的是,他们反对任何理论性的概念,正如汤普森所著的《理论的贫困》一书对理论本身所表达的轻蔑那样。

然而,安德森对此表达了相反的立场。在他看来,历史可以成为一门科学,这是确定无疑的。一方面,历史事件的多变和易变并不会妨碍历史概念的建立;另一方面,科学本身就是不精确的,暂时性、选择性和可证伪性构成了科学事业自身的本质。③ 因此,历史知识的不精确并不会妨碍历史本身成为一门科学,确切地说,尽管历史是由无数的偶然的历史事件所构成的,但历史有其规律性,因而需要理论的分析和阐释。可见,安德森一方面肯定了历史的偶然性和或然性,另一方面也肯定了历史的规律性和必然性,正如他所明确指出

① Antony Easthope, *British Post-structuralism since* 1968, London and New York: Routledge, 1988, p.1.

② Cf.Perry Anderson, *Arguments within English Marxism*, pp.9—11.

③ Cf.Ibid., p.12.

的："历史学科法庭所允许的诉求形式是双重的，'证据的'和'理论的'。"①

基于对历史学科的不同理解，安德森与汤普森形成了两种完全不同的历史研究路径和研究方法。在汤普森看来，由于历史的发展没有什么抽象的规律性和必然性，它总是由具体的历史的人的活动所构成的，因而形成了一种专注于民众的自下而上（from below）的书写历史的方法。这一方法是鲜明而独特的，它使历史主义学派在 20 世纪 70 年代赢得了国际撰稿人的地位，并成为当今史学界一支独特的学术劲旅。然而，这一方法的优越性并不能掩盖它自身所固有的缺陷。正如安德森严肃指出的："今天，当'自下向上看的历史'（history from below）已经变成无论马克思主义还是非马克思主义学术界的一句口号，而且在我们对过去的理解中产生了重大成果之时，十分有必要重提历史唯物主义的一个基本原理……'自上向下看的历史'（history from a-bove）——阶级统治的复杂机制的历史，其重要性不亚于'自下向上看的历史'；实际上，没有前者，后者最终只是片面的历史（即使是较重要的一面）。"②可见，安德森形成了一种专注于国家的自上而下的书写历史的方法。当然，安德森所希望的并非是用"自上而下的历史"来取代"自下而上的历史"，而是认为两种历史方法都同样重要，只有这两种方法相互补充，才能形成丰富的马克思主义的全部史学。

通过上述争论可以看出，在汤普森的思想中，历史唯物主义与历史编撰学无异；在安德森的思想中，历史唯物主义更类似于一种历史哲学，它不仅仅是对过去的历史事件或历史事实的编撰和整理，而是试图从复杂多变的历史事件或历史事实中找出其中所隐藏的规律和必然。然而，安德森没有单单囿于规律的归纳和总结，而是认为历史的经验工作也同样重要。正如他真诚表达的："事实上，理应一清二楚的是，马克思主义编史工作中的进展，对马克思主义理论的发展有着潜在的极端重要性。"③因此，在安德森的历史唯物主义话语中，历史和理论就构成了不可或缺的两极，在历史中来考证理论，在理论中

---

① Perry Anderson,*Arguments within English Marxism*,pp.9-12.

② ［英］佩里·安德森:《绝对主义国家的系谱》,刘北成、龚晓庄译,上海人民出版社 2001 年版,"前言"第 5—6 页。

③ ［英］佩里·安德森:《西方马克思主义探讨》,高铦等译,人民出版社 1981 年版,第 138 页。

来阐释历史，把历史的考证和理论的阐释熔为一炉，正如他明确指出的："现在，理论就是历史，具有它过去未曾有过的严密性；历史同样也是理论，在描述所有历史事变时，都以一种它过去极力回避的理论方法。"①

三、与西方马克思主义的相遇

英国的马克思主义学派——无论是历史主义的马克思主义，还是文化主义的马克思主义，由于历史的遗留，他们都不可避免地带有一种经验主义的倾向。这一悠久的历史遗产成为英国思想家们的首选，甚至是引以为傲的东西，从没有人质疑过这一思想文化，也从没有人意识到其中所潜藏的危机。当1968年法国爆发了震惊世界的"五月风暴"，随之，世界上主要的资本主义国家也爆发了前所未有的革命形势：在美国，学生的反抗运动与公民权利的斗争相结合；在法国、德国和意大利，工人举行了罢工示威和侵占工厂……然而，作为世界上最古老的资本主义英国却没有产生任何革命的迹象，这一当代危机使安德森产生了极大的困惑，这一结果究竟是如何发生的？在20世纪60年代，安德森发表了一系列的相关文章，诸如《当代危机的起源》《社会主义和伪经验主义》以及《国民文化的构成》来探讨这一问题，最后得出结论：这是英国经验主义文化自身的问题。在他看来，英国之所以没有产生革命的运动，就在于没有革命的理论，而革命的理论往往依赖于革命的文化。然而，"英国资产阶级社会的文化是由一个缺乏的核心构建起来的———一种有关自身的总体理论，经典的社会学，或者是本土的马克思主义"②。也就是说，对于英国工人阶级而言，他们不仅缺乏任何革命的政治学，而且，更为重要的是，他们缺乏任何革命的马克思主义文化。正如安德森大胆宣称的："实际上，英国享有一种'脆弱的'和'肤浅的'马克思主义传统。它在20世纪没有产生过一位重要的马克思主义思想家，而且，在本世纪也从未存在过一种马克思主义文化……一种真正的、自主的马克思主义前提并不存在。"③这一独特的文化就对工人阶级构成了一种深层的阻碍和极具毁灭的力量，从而使他们形成了一种妥协与合作的阶级意识和行为。因此，要想使英国呈现出一种革命主义的意识和

---

① ［英］佩里·安德森：《西方马克思主义探讨》，高铦等译，第28页。

② Perry Anderson, "Components of the National Culture", *New Left Review*, I/50, 1968, p.56.

③ Perry Anderson, "Socialism and Pseudo-Empiricism", *New Left Review*, I/35, 1966, p.26.

行为，就必须引入欧陆理性主义的马克思主义文化来弥补本国经验主义的马克思主义文化的缺憾。

基于这一理性的分析，以安德森为代表的年轻一代马克思主义者以《新左派评论》为基地，大量译介了西方马克思主义的理论著作。正如他在 2000 年的《更新》一文中所回顾的：“在智性上，《新左派评论》奉献了极大的能量对西方马克思主义思想不同学派的介绍和批判性吸收，占领这份宏大事业达十年之久。结构主义、形式主义，还有心理特征的权威文本或资料，往往首次在该杂志的书页中问世。”①当然，安德森对于西方马克思主义的译介并非囫囵吞枣，而是批判地吸收和引进，首先是进口大陆理论，即翻译和介绍这些理论；其次是批判这些理论，揭示这些理论的弱点；最后是在研究实践中应用这些理论。

在这些被引入的欧陆马克思主义思想当中，阿尔都塞的结构主义的马克思主义作为一种理性主义和科学主义的马克思主义就对安德森产生了一种强烈的吸引。在对阿尔都塞有关社会结构与社会主体的解读中，安德森最终创立了英国结构主义的马克思主义学派。

那么，作为结构主义者的阿尔都塞如何来解读社会结构与社会主体之间的关系呢？对于社会结构，他认为它是由经济的、政治的和意识形态的实践所构成的，其中，每一实践在其具体有效性上都是积极的，而且，每一实践又是其他实践存在的必要条件，而非充分条件，从而这些实践就构成了一种分散的、不均匀的和移心化的结构。经济实践不再具有一种优先权，它只在归根到底的意义上起决定作用，然而，“无论在开始或在结尾，归根到底起决定作用的经济因素从来都不是单独起作用的”②。最终，一元决定论的思想就丧失了有效性而形成了一种多元决定论的思想。社会结构不再由经济因素所唯一决定，而是由经济、政治和意识形态等实践所共同决定，从而使马克思最初为我们设计的基础与上层建筑的结构模式获得了一种多元而复杂的存在，“基础”不再是“真正的基础”而无须承担超出自身的分量和意义，同样，上层建筑也不再是“基础”的直接附属物而获得了一种相对的独立性和有效性。

---

① Perry Anderson,“Renewals”,*New Left Review*,II／1,2000,p.8.
② ［法］路易·阿尔都塞：《保卫马克思》，顾良译，商务印书馆 2006 年版，第 103 页。

对于社会主体,他提出了"历史过程无主体"的著名论断。在他看来,由于社会结构是一种分散的、不均匀的和移心化的结构,因而,社会主体不再是人本主义者所赋予的统一的、先验的原因,而是一种分散的、异质的结果。这样,它就生活在层层包裹的社会结构之内,毫无能动性和积极性可言。就其客观结构而言,社会主体仅仅只是生产关系的承担者。对此,阿尔都塞表述道:"生产关系的结构决定由生产当事人所占据的位置和所承担的功能,就他们是这些职能的'承担者'(support/Trager)而言,他们从来也只是这些位置的占据者,所以真正的'主体'……并非天真的人类学'所予'的'明显性',不是'具体的个人'、'实在的人'——而是这些位置和职能的规定与分配。"①就其主观结构来说,社会主体是由意识形态所构建的。阿尔都塞在《意识形态和意识形态的国家机器》一文中指出,主体是通过一种内在的"召唤"(interpellation)过程自由地进入他所承担的位置的,"在唯一的和绝对的主体名义下把个体质询为主体的所有意识形态结构……是推测性的,即一种镜像结构"②。这就是说,我们每个人都是在意识形态的召唤下进入社会,总是在主观上把自己想象成为一个自由的主体。其实,我们只是社会位置的一个占据者和承担者,始终无法逃出社会所强加给我们的结构,无论是客观的,还是主观的,所谓的主体都仅仅只是一种假想和幻象。

总体来看,阿尔都塞由于对社会结构的极端强调和对社会主体的过度抹杀而滑向了一种"极端的结构主义"。对此,安德森用严厉的口吻批评道:"如果结构单独在一个超越所有主体的世界中得到公认,那么什么能确保它们的客观性呢?极端的结构主义也绝不会比它所宣告的人类的毁灭再刺耳了。"③然而,对于社会结构这一概念,安德森却表示了极大的认可和接受。在他看来,在阿尔都塞之前,"社会结构"的概念几乎很少或没有在马克思主义之内出现过,它是阿尔都塞在《保卫马克思》一书中作为对"社会"概念的替代而引入的。这一"社会结构"的术语是一种不同于黑格尔的"表述总体"(expressive

---

① Louis Althusser, *Reading Capital*, trans.by Ben Brewster, London: New Left Books, 1970, p.39.

② Louis Althusser, *Lenin and Philosophy and other Essays*, New York and London: Monthly Review Press, 1971, p.180.

③ [英]佩里·安德森:《当代西方马克思主义》,余文烈译,东方出版社 1989 年版,第68 页。

totality）的概念，而是一种"结构总体"（structural totality）的概念，它说明了社会结构的一种复杂多元的存在。更为重要的是，阿尔都塞提出了著名的"多元决定"（overdetermination）的概念，这就使复杂的社会结构变得足够清晰和明确。对于社会主体，安德森认为，阿尔都塞没有为社会主体的自主性和独立性提供任何空间，它完全笼罩在生产关系和意识形态的包围中，永远处于结构之内，而无法超越于结构之外。由此，安德森走向了历史学家爱德华·汤普森对于社会主体的更富意义的解读。

作为英国老一代的马克思主义历史学家，汤普森对社会主体进行了有力的辩护和宣称。他认为，历史不是一个无主体的过程，而是一个"无法掌控的人类实践"，其中，每一小时都是"一个形成的时刻，一个选择可能的时刻，一个前代人与后代人较量的时刻，一个对立（阶级）形成和斗争的时刻，或者是一个'欺骗'的时刻"①。因而历史成为主体不断进行实践活动的过程。这里需要明确的是，在汤普森的概念中，社会主体特指作为集体的阶级，而非作为个体的个人。因此，历史就是阶级之间相互较量和相互斗争的过程。那么，汤普森对于阶级这一社会主体又如何解释呢？在他看来，阶级意识是阶级形成的一个重要标志。他在《英国工人阶级的形成》一书中这样表述道："作为共同经验（继承的或共享的）的结果，当某些人感到并表述他们之间的利益身份，并与其他人的利益身份不同（通常是对立）时，阶级就产生了。"②时隔十五年，他在《理论的贫困》中同样说道："当处于决定性的生产关系中的人们意识到他们的对立利益，并开始以阶级的方式进行斗争、思考和评价时，阶级就产生了。"③因此，在对阶级的探寻中，他没有强调阶级形成的客观标志，而只是关注了阶级形成的一些主观因素，诸如意识、经验、文化、道德和情感等，并把这些主观因素看成是社会历史变革的一种内在因素。对此，汤普森明确表述道："历史的'结果'不是通常所认为的无数相互冲突的个人意志总和的无意识产物，因为这些'个人意志'有其'特殊的生活条件'，一直受阶级方式的制约，如果历史结果被看做是对立阶级的利益和力量冲突的结果，那么，我

---

① Perry Anderson, *Arguments within English Marxism*, p.17.
② Ibid., p.39.
③ Ibid., pp.39-40.

们也许就会明白人类代理人如何产生一种无意识的结果。"①然而,作为社会主体的阶级是一种集体的存在,阶级意识也是一种集体的意识,如果我们进一步追溯阶级意识的话,就会回到个体意识的问题上。对于个体意识的作用问题,恩格斯著名的平行四边形理论(parallelogram of forces)提供了一种卓越的分析:"历史是这样创造的:最终的结果总是从许多单个的意志的相互冲突中产生出来的,而其中每一个意志,又是由于许多特殊的生活条件,才成为它所成为的那样。这样就有无数互相交错的力量,有无数个力的平行四边形,由此就产生出一个合力,即历史结果。"②这里显然存在一个问题,有意识的个体意志如何产生无意识的历史结果？汤普森的回答是,如果我们用阶级意志取代个体意志的话,那么这一问题就会迎刃而解。但在安德森看来,无论是个体意志还是集体意志,两者之间总是存在一种无限的回归和循环,个体的男男女女受到阶级的制约,同时,阶级又是由个体的男男女女所构成,即使汤普森用阶级意志取代了个体意志,这依然是一种唯意志论的解释。对于社会主体的问题,我们不应该从主体意识层面而应该在其客观的所有制关系中加以构建,或者从根本上来说,正是这一阶级的客观位置才产生了阶级的意识和行为,此处无须进一步的解释。

在社会结构与社会主体的这一理论博弈中,安德森试图在两者之间进行某种协调和架构。对于阿尔都塞和汤普森分别对社会结构与社会主体的极端强调,安德森总结道:"对于历史结构必要性的义无反顾的强调,阿尔都塞更加忠实于历史唯物主义的核心信条,同时相应于对历史的科学研究的经验总结——但也付出了代价,它掩盖了现代劳工运动的创造性并削弱了革命社会主义的使命。另一方面,对人类代理人塑造集体生活条件的潜能的强烈意识,汤普森更加接近于马克思和恩格斯在其时代的政治品性——但倾向于把历史看做是一个统一的整体,蔑视了必然王国中自我决定的千年否定。"③因此,他所面临的这一理论难题就是如何把意志主义和结构主义这两种要素结合为一种可行的历史唯物主义的解释。在《英国马克思主义的内部争论》中,

①　Perry Anderson, *Arguments within English Marxism*, p.50.

②　《马克思恩格斯文集》第 10 卷,第 592 页。

③　Perry Anderson, *Arguments within English Marxism*, p.58.

他明确表述道,所有社会变革机制的最根本因素是由生产力和生产关系之间的矛盾,而不是由生产关系所产生的阶级冲突和对立所引发的,前者包含了后者。当然,两者并不完全等同,生产方式的危机并不等同于阶级的冲突,但在某个历史时刻,它们也许可以结合,也许无法结合。一方面,任何重大的社会经济危机,无论是封建主义的还是资本主义的都典型地吸收了所有无意识的社会阶级;另一方面,这一危机的解决一直是长期阶级斗争的结果。也就是说,在社会秩序的维持和颠覆中,生产方式和阶级斗争总是相互作用的。[1] 在此,安德森遵循了历史唯物主义的经典解释,把历史的变革机制置于唯物主义的基础之上,认为一种生产方式向另一种生产方式的过渡总是生产力和生产关系之间相互冲突的结果,当冲突发展到一定阶段时,社会中的人们就会通过阶级斗争来变革社会关系。因此,这一解决就是一种深层结构主义基础之上的折中主义和调和主义的办法,一方面,他强调了社会结构的首要性和深层性,坚持用生产力和生产关系之间的矛盾运动来阐释历史的根本变迁;另一方面,他强调了社会主体,尤其是阶级斗争的重要作用来阐释历史的最终变迁。这样,安德森就在解决社会结构与社会主体的二元论难题中回到了经典马克思主义的地形学。

四、与新社会运动实践的交融

对于安德森而言,历史唯物主义不仅仅是一套有关历史的科学理论体系,也不仅仅是有关历史规律的科学归纳与总结,同样也是对未来社会发展的科学预言。正如他在《英国马克思主义的内部争论》中所认为的:"对于创始人而言,历史唯物主义也是'科学的社会主义',换言之,它是理解当前和把握未来的事业——一项带有无产阶级革命理念的政治工程。"[2]因此,社会主义运动的出现也是安德森所一直期待和向往的。

自从第二次世界大战以来,马克思主义理论与社会主义运动的结合似乎成了一种不可想象的事情,马尔库塞曾如此描绘道:"工人和老板享受同样的电视节目,漫游同样的风景胜地,打字员同他雇主的女儿打扮得一样漂亮,连

---

① Cf.Perry Anderson,*Arguments within English Marxism*,pp.55-56.

② Perry Anderson,*Arguments within English Marxism*,p.84.

黑人也有了高级轿车。"①然而，令人意想不到的是，1968 年法国爆发了一场轰轰烈烈的"五月风暴"，并引发了世界范围内的革命运动。尽管这一由青年学生和工人阶级组成的激进运动很快便偃旗息鼓，但它对于那一代的新左派知识分子而言却是鼓舞人心的，因为它意味着一种全新的社会主义革命。对此，安德森认为："一种革命的文化不是明天的，在今天，文化之内的革命是可能的和必要的，学生斗争就是其最初的形式。"②同样，其他新左派知识分子也表达了同一观点和看法。保罗·布莱克里奇认为："1968 年改变了一切，再一次，一种革命的工人阶级运动出现了在西欧的议程之中。"③哈曼也认为："1968 年标志着战后历史的一个分水岭，因为社会主义进步从 20 世纪 20 年代以来似乎首次在全世界范围内出现了。"④

那么，这些新社会运动的性质和特征是什么？它们与传统的社会主义运动有何不同？它们在反资本主义的运动中又扮演着怎样的角色？"五月风暴"作为战后资本主义发生的最为重要的实践形式，它是 20 世纪 70 年代以后新社会运动的真正预演。安德森评价说："1968 年法国五月暴动标志着这方面的一个深刻的历史转折点。近五十年来第一次在发达的资本主义制度下——在和平时期，在帝国主义繁荣和资产阶级民主的条件下——发生的一场大规模的革命高潮。"⑤尽管这一革命形式最终只是昙花一现，但随后，以反核运动和女权运动为开端的新社会运动风起云涌，各种主题的抗议运动层出不穷，千千万万的欧美民众走上街头，示威浪潮席卷了西方各主要资本主义国家，包括民族解放运动、生态运动、妇女运动、同性恋权利运动、动物权利运动……他们围绕着种族、环境、性别、民权等问题形成了强烈的政治认同，组成不同的团体和协会，表达了对当代资本主义的不满和抗争。尽管这些形式的社会运动在历史上并不新鲜，但它们所表示的不满却是全新的，它们以多元化主体和多元化目标为特征，它们偏离了社会主义运动的预定轨道，不再把工人

---

①　[美]赫伯特·马尔库塞：《单向度的人：发达工业社会意识形态研究》，刘继译，上海译文出版社 2006 年版，中译者"序言"。

②　Perry Anderson,"Components of the National Culture",p.57.

③　Paul Blackledge,*Perry Anderson,Marxism and the New Left*,p.61.

④　Ibid.,p.68.

⑤　[英]佩里·安德森：《西方马克思主义探讨》，高铦等译，第 121 页。

阶级作为唯一的主体,也不再把推翻资本主义国家机器当做主要目标,它们质疑了当代资本主义的民主制度,挑战了资本主义的社会权力结构。正如萨特所认为的,这是一场"没有政治革命的文化革命",革命的参加者"什么也不要求,至少不要求政府让渡给他们任何明确的东西,同时他们要求一切:要求自由;他们不要求政权,他们没有试图夺取政权,因为今天对于我们来说,需要消灭的是使权力成为可能的那个社会结构本身"①。在此意义上,这些新社会运动就对当代资本主义社会构成了一种潜在的威胁和挑战。

同时,安德森意识到,这些新社会运动对传统的马克思主义理论和实践也构成了一种巨大的挑战,提出了一个崭新的时代课题——"自然和历史的问题"。在《当代西方马克思主义》一书中,他说道:"同样的问题在历史唯物主义的传统内容和概念的典型领域几乎一再碰到,在这些领域内,超出其传统范围的新的政治运动或事件现在已不可避免。这方面的三个最明显的例子是妇女问题、生态学问题和战争问题。"②与历史唯物主义中主体与结构的问题相比,这一"自然与历史的问题"构成了一个更大的难题。对于社会主义理论而言,这些有关性别、生态、和平等问题如何在马克思主义有关阶级斗争的理论中系统化? 对于社会主义运动而言,这些拥有不同的斗争主体、斗争目标和斗争手段的新社会运动如何与传统的社会主义运动相结合? 在安德森看来,尽管这些新社会运动不能被完全囊括,甚至完全不能被囊括到社会主义实践的内涵之中,但作为对当代西方资本主义民主制度的一种积极而有效的多元反抗力量,它们构成了社会主义运动的"天然同盟军"。他写道,妇女运动和生态运动"分别提出了人们所能想象得到的既最深远又最根本的问题——性之间的关系和人与自然的关系,它们与马克思主义主要关心的阶级之间的关系相交叉而不是其中的一个方面,但是马克思主义却可随时与它们结合,实现短期的目标"③。因此,在安德森看来,社会主义运动并没有丧失任何的有效性,也不可能被新社会运动所取代,实质上,社会主义运动是最为根本的运动,只有社会主义实现之后,其他社会运动所提倡的性别、生态、和平等问题才能得到真正的实现。

---

① 参见徐崇温主编:《西方马克思主义理论研究》,海南出版社2000年版,第30页。
② ［英］佩里·安德森:《当代西方马克思主义》,余文烈译,第116页。
③ 同上书,第148页。

总之,由1968年"五月风暴"所引发的世界范围内的新社会运动对于安德森本人的影响是不言而喻的,他信心十足地预言了马克思主义理论和马克思主义实践的结合,"在马克思主义理论和群众实践之间,以工业工人阶级的实际斗争为导线,重新开辟一条革命路线的机会已大大增加,理论和实践这样一种重新结合的结果,将改造马克思本身——重新创造出曾在当年产生历史唯物主义奠基人的那些条件来"①。同时,他预言了西方马克思主义的终结和托洛茨基主义的重生。在他看来,托洛茨基主义的马克思主义既没有受东欧斯大林主义的马克思主义的污染,也没有受西欧大陆"西方马克思主义"的玷污,它将在今后反资本主义的社会主义实践中发挥作用。他意识到,运动是托洛茨基主义思想的生命之血,"自列宁逝世以来,托洛茨基毕生致力于实际的和理论的斗争,以使国际工人运动从官僚政治的统治下解放出来,使工人运动能在世界范围内重振声威,胜利地推翻资本主义"②。由此,安德森走上了托洛茨基主义的轨道,成了英国革命马克思主义的典型代表,并试图为西方资本主义社会中的工人阶级提供一种"革命的政治学"。

第二节 结构主义的存在哲学

对于"革命的政治学"而言,安德森一方面采纳了列宁主义意义上的经典工程,认为向社会主义的过渡必须推翻资本主义的国家机器;另一方面坚持了葛兰西的观点,认为东西欧国家由于不同的社会结构而需要采取不同的社会主义策略,因此,分析和研究资本主义国家的结构以发展出一种社会主义的策略就成为安德森所面临的一个重大理论任务。对于这一理论任务,安德森计划通过书写四卷本的欧洲史来描绘,前两卷本主要是勾画出从古代到封建主义再到绝对主义的欧洲史,第三卷本主要是分析西方的资产阶级革命,第四卷本主要是说明现代资本主义国家的社会学轮廓。不幸的是,他仅仅出版了前两卷本,后两卷本始终未能付诸笔端,而这一未出版的后两卷本就使已出版的前两卷本成为了最有影响同时也是最具缺陷的作品。正如保罗·布莱克里奇

---

① [英]佩里·安德森:《西方马克思主义探讨》,高铦等译,第122页。

② 同上书,第122—123页。

所指出的，这些著作的核心焦点不是学术的，而是政治的，他本来想勾画出一种初步的和全新的西方国家理论来实现一种革命的社会主义计划。然而，由于后两卷本的未完成而剥夺了前两卷本存在的理由和目的，尽管前两卷本也触及了革命社会主义的战略问题，但它们没有能够清楚地阐明现代西方国家与1917年俄国国家之间的真正区别。① 尽管如此，安德森还是通过对封建主义和绝对主义的系谱学追溯部分完成了有关东西欧国家之间社会结构的对比任务。当然，这一任务是在历史唯物主义的经典视角之下进行的，正是在这一视角之下，他形成了对于社会形态的整体主义的解释。

一、社会型构的整体主义

对于社会历史而言，首先需要回答的一个问题是，历史是什么？作为历史唯物主义的创始人，马克思和恩格斯表述道："历史什么事情也没有做，它'不拥有任何惊人的丰富性'，它'没有进行任何战斗'！其实，正是人，现实的、活生生的人在创造这一切，拥有这一切并进行战斗。并不是'历史'把人当做手段来达到自己——仿佛历史是一个独具魅力的人——的目的。历史不过是追求着自己目的的人的活动而已。"②简单来说，所谓历史，就是一部有关人类的社会史，它是由具体的历史的人的实践活动所构成的。那么，历史有无本质，其本质是什么？历史有无动力，其动力又源自何处？在安德森看来，有关社会结构的问题是历史研究中最根本和最重要的一个问题，只有对其结构进行深入挖掘，才能充分了解社会的真实存在。在此，历史唯物主义就为安德森提供了一种基本的阐释框架，认为社会历史正是在生产力和生产关系、经济基础和上层建筑这些结构性要素的相互关联和相互作用的模式下来前进和发展的。

对于生产力和生产关系这一最基本的结构而言，安德森认为，生产力和生产关系总是共处于一个统一体中，它们相互关联、相互作用和相互影响，任何一方都不能脱离另一方而单独存在，而且，生产力相对于生产关系来说不再享有任何的优越性和优先权，而生产关系相对于生产力来说则获得了一种相对的独立性。

---

① Cf.Paul Blackledge, *Perry Anderson, Marxism and the New Left*, p.168.
② 《马克思恩格斯文集》第1卷，第295页。

在对生产力和生产关系的传统解读中,生产力的作用总是积极主动的,而生产关系的作用总是消极被动的。首先,生产力的这一积极作用是由科学技术的发展加以保障的,这就在某种意义上赋予了生产力一种完全的自主性和能动性,它可以在脱离生产关系的状态中自行发展。然而,安德森却提出了一种不同的观点,认为生产力的发展不是单纯技术进步的结果,而是在生产关系的保驾护航中运行的。他详细考察和对比了奴隶制生产方式和封建制生产方式中的生产力问题。可以说,在新的劳动分工的基础上,奴隶制社会和封建制社会都不可避免地出现了生产力的极大发展和进步,诸如奴隶社会中的旋转碾磨机、螺旋压榨机、吹玻璃技术、供暖系统、收割机、植物学知识、土地灌溉技术……封建社会中用于耕地的铁犁,用于牵马的挽具,用于改良土壤的泥炭肥料,使用机械动力的水磨,以及三田轮作制等。但是,这些作为生产力标志的技术革新在奴隶社会和封建社会中却得到了截然不同的使用,前者是个别而局限的,后者是普遍而广泛的。原因何在?在安德森看来,生产力的发展并不单单是由科学技术的进步来保障的,而是由社会的生产关系加以保障的,正如他所指出的:"不应该将它们孤立地看做这个时代经济史中的神灵和决定性的变量。事实上很清楚,这些改进的单纯存在并不能保证它们的广泛利用……只有当一个发展了的封建主义在农村完全形成之后,它们才能被广泛运用。是生产模式本身的内部的动力,而不是作为其物质表现之一的一种新技术的出现,才是应当寻求的农业进步的基本原动力。"①也就是说,生产关系对生产力的发展起着至关重要的作用,正如奴隶制生产关系没有使生产力获得更高水平和程度的发展,而封建制生产关系却确保了它的全面发展和普遍进步,生产力和生产关系作为两个最基本的社会结构要素,它们始终相互交织和缠绕在一起。

其次,生产力的这一积极作用又被赋予了一种优先化和特权化的地位,当然,这一生产力的优先化和特权化首先是马克思在1859年的《〈政治经济学批判〉序言》中所赋予的。他说道:"社会的物质生产力发展到一定阶段,便同它们一直在其中运动的现存生产关系或财产关系(这只是生产关系的法律用

---

① [英]佩里·安德森:《从古代到封建主义的过渡》,郭方、刘健译,上海人民出版社2001年版,第194—195页。

语)发生矛盾。于是这些关系便由生产力的发展形式变成生产力的桎梏。那时社会革命的时代就到来了。"①然而，在对封建主义总危机的考察中，安德森观察到，当时生产力基本上处于一种停滞和退步的状态：一方面，农村生产力受到了极大的限制，封建农业的极度扩张超过了土地和社会结构自身的客观限制，开垦的荒地未得到相应的保护，肥沃的土壤被消耗殆尽，洪水和沙尘变得肆无忌惮；另一方面，城市生产力也受到了客观限制，诸如采矿、银矿和金属业等技术面临着重重障碍；此外，接踵而来的黑死病、鼠疫等外在因素的爆发又引发了劳动力的严重匮乏，所有这些因素都最终加剧了生产力自身的结构性危机，从而引发了封建主义的总危机。因此，安德森得出结论："一种生产方式中的危机的特有'形象'，不是有活力的（经济的）生产力胜利地冲破落后的（社会的）生产关系，迅速地在它们的废墟上建立一种更高级的生产活动和社会；相反，生产力经常趋于停滞和退步于现存的生产关系之内，到它们自身在新的生产力能够创造出来之前必须激烈地变化和重组，并结合为一种全球性的新生产方式。换言之，在转变时代，生产关系的总的变化是发生在生产力之前，而不是相反。"②这就意味着，在社会变革时代，当生产力与生产关系发生矛盾时，并不总是先进的生产力首先冲破落后的生产关系，而是生产关系的变革发生于生产力之前，或者说，生产关系的变革并不是由生产力中决定性的进步所引起的，而是由生产关系自身因素的衰落或崩溃所导致的。

　　这就表明，生产力和生产关系这一最基本的结构既是一个历史时间的问题，同时也是一个逻辑秩序的问题。或者换言之，生产力和生产关系都共同享有一种独立性和自主性，更为重要的是，两者在历史上从来不是单独起作用的，而是共同起作用的。对于安德森来说，其最核心的思想是，生产方式本身的矛盾运动，或者说，生产力和生产关系之间的矛盾运动是历史变革最根本的动力，"尽管马克思的理论缺乏一种遗传学类型的解释原则，但它显然拥有一种观点——带有一种独特的清晰和力量始于 1859 年《〈政治经济学批判〉序言》：生产力和生产关系之间的矛盾是长期历史变革最深层的动力"③。可见，安德森的这一"修正"并没有背离马克思有关生产力和生产关系的基本阐释

---

①　《马克思恩格斯文集》第 2 卷，第 591—592 页。

②　［英］佩里·安德森：《从古代到封建主义的过渡》，郭方、刘健译，第 216 页。

③　Perry Anderson, *Arguments within English Marxism*, p.81.

框架,两者是相一致的,正如林春在《英国新左派》一书中所评价的:"安德森的修正与马克思的总体框架是完全一致的。"①

对于经济基础与上层建筑这一结构而言,却遭到了许多马克思主义者的质疑和批判,他们或者完全拒绝或者部分拒绝。作为一名经典的马克思主义学者,安德森并没有简单地拒斥或"修正",而是在对封建主义到资本主义的历史考察中对其进行了一种积极有力的论证和说明。总体来看,安德森首先坚持了经济基础的首要性和决定性,但并没有把它降格为一种粗俗的经济决定论或经济还原论;其次还原了上层建筑的一种多元存在,文化、政治、法律和意识形态都享有一种充分的自主权和主动性。因此,对于任何一种社会结构而言,它都是一种多元要素的组合,除经济要素的决定作用之外,还存在各种上层建筑要素的主导作用,这些要素并非只是经济因素的副产品或附属物,它们也是社会结构中本质的和决定性的要素。可见,安德森在对经济基础与上层建筑这一结构模式的解读中形成了一种整体主义的思维范式。

在对封建主义生产方式的考察中,安德森指出,传统马克思主义者在对封建主义生产方式的经典界定中,把封建主义生产方式看做是"大土地所有权同小农生产相结合,剥削阶级用超经济强制的习惯方式——劳役、实物贡赋、货币地租——来压榨直接生产者的剩余……这种复合体被认为是封建主义的经济核心,它可以存在于许多各式各样的政治外壳之下,换言之,基于一种不变的生产核心,法律体制和政治体制是可选择的和外在的人工产物。这样,政治和法律上层建筑就同经济基础结构脱离了,后者单独构成了这种实际的封建生产方式"②。这一界定就把封建主义生产方式仅仅简化为一种经济性的要素,认为只要存在着农奴制,就存在着封建主义,因而,诸如中国、印度、土耳其、波斯和埃及等也常常被划入封建主义之列(其本质特征是专制主义而非封建主义)。在这一唯物主义的解释中,封建主义就成了世界范围内的一种普遍现象,涵盖了欧洲、亚洲和非洲各国。然而,这一解释却存在一个难题:为什么只有欧洲和美洲的外延自动发展出了资本主义生产方式? 安德森认为,其原因就在于欧洲封建主义的独特性之中,即典型的封建主义不仅仅包括农

① Lin Chun,*The British New Left*,p.129.
② [英]佩里·安德森:《绝对主义国家的系谱》,刘北成、龚晓庄译,第431页。

奴制这一要素,同时包括采邑分封制、臣属等级制和主权分裂制等上层建筑要素,正是这些上层建筑要素使资本主义生产方式得以在欧洲封建主义生产方式内部诞生。因此,封建主义不单单是由农奴制这一经济因素所构成的,而是由经济、政治、法律、军事、司法、财政和意识形态等因素共同构成的,其完整的定义应该是由一个贵族组成的社会阶级对农民依法实行的农奴制和军事保护;这个贵族阶级享有个人权威和财产,垄断着法律和私人司法权;其政治架构是主权分裂和纳贡制度;有一种赞美田园生活的贵族意识形态。也就是说,封建主义生产方式是经济和政治的有机统一体,尽管农奴制为整个剩余价值的榨取提供了一个初步的基础,但这种领主的土地所有权和农民的生产活动是在一种分割的主权和层级的财产所有权的竖向体系中得以存在的。它是财产权和统治权的一种混合,一方面,有条件的私人土地产权和个人的司法权相联系;另一方面,土地的所有权与等级制的主权分裂相结合,从而形成了一种独特的双边契约关系,宣誓效忠和分封行为束缚着双方。这种独特的封建主义只诞生于欧洲的地理空间和历史空间的范围之内,正如安德森所指出的:"在地理上看,这种'充分'的封建复合体诞生在西欧大陆,即原卡罗林帝国的领土。它从那里缓慢地、不平衡地向外扩展,先是扩展到英国、西班牙和斯堪的纳维亚,然后不太彻底地扩展到东欧。"①

然而,这里依旧存在一个问题,亚洲的日本也存在过封建主义,那么,两者有何区别呢? 在安德森看来,日本社会与西欧社会确实存在着相似的封建主义,但其起源、本质和结局都存在明显的差异。就其起源来看,欧洲的封建主义是在原始公社制和古代奴隶制两种要素的冲突和融合中形成的,而日本的封建主义则是在中央集权帝国的长期衰落中形成的;就其本质而言,尽管欧洲的封建主义与日本的封建主义都存在着"效忠—封地—豁免权"混合而成的采邑制度,但两种采邑制有着极大的差异,前者的契约关系是相互的、平等的,而后者是更为单向的,义务更广泛,权利更武断;就法制而言,欧洲承袭了罗马法律,而日本源自亲缘关系。可见,欧洲封建主义和日本封建主义由于上层建筑领域的显著差异最终使欧洲自动走上了资本主义,日本则由于外来侵略而被迫走上了资本主义。

---

① ［英］佩里·安德森:《绝对主义国家的系谱》,刘北成、龚晓庄译,第 440 页。

因此,上层建筑要素并非封建主义可有可无的特征,而是其最为本质的特征,"如果说从大西洋到太平洋所有地区有一个共同的封建主义经济基础,其差别仅仅是法律和政体形式,但却只有一个地区产生了工业革命并最终导致了一切地方的所有社会的改造,那么,其超越性成功的决定因素就应该在其独特的政治和法律上层建筑中寻找"①。同样,对于所有的前资本主义社会而言,这些上层建筑要素也构成了其不可或缺的本质参量。对此,在他看来,前资本主义生产方式不可能脱离其政治、法律和意识形态等上层建筑来加以界定,因为这些法定的依附关系、产权和主权的具体形式决定着前资本主义的社会形态,它们构成了前资本主义社会中占主导地位的决定性生产方式的主要参数。

总之,对于社会结构而言,安德森始终遵循着马克思在《〈政治经济学批判〉序言》中所创立的历史唯物主义的经典思想,使生产力和生产关系、经济基础和上层建筑等理论话语在结构主义的深层意识和历史主义的经验发展之中得到了更为有效的佐证。需要说明的是,这一结构主义意识源自阿尔都塞的"结构总体"(structural totality)和"多元决定"(overdetermination)的思想,他不仅赋予了生产力和生产关系、经济基础和上层建筑要素各自的独立性和自主性,而且强调了要素之间的相互作用和影响,更为重要的是,他始终把生产力和生产关系、经济基础和上层建筑作为一个整体来看待,这就包含一种整体主义的思想意识。这一历史主义的意识则源自英国经验主义的传统,在具体的历史情境中使这些结构化的要素获得了一种历史性的内涵,从而使这一社会结构成了历史的真实再现和反映,而非理智的纯粹而任意的构造。

二、社会存在的拓扑空间

对于世界历史的发展而言,马克思在《〈政治经济学批判〉序言》中为我们提供了一种科学的唯物主义的解释和说明:"大体说来,亚细亚的、古希腊罗马的、封建的和现代资产阶级的生产方式可以看做是经济的社会形态演进的几个时代。"②这是人类历史发展的一条基本规律。然而,对于世界历史的实际发展道路的诠释而言,这一规律却缺乏足够的效力,因为世界上不同地区和

① 〔英〕佩里·安德森:《绝对主义国家的系谱》,刘北成、龚晓庄译,第432页。
② 《马克思恩格斯文集》第2卷,第592页。

不同国家发展的道路千差万别、各有千秋：欧洲、美国和日本最终走向了资本主义道路；亚洲的中国、朝鲜、越南、老挝以及美洲的古巴在没有经历资本主义阶段就走上了社会主义道路；苏联和东欧国家的发展道路更加艰难曲折，社会主义之后又转向了资本主义……因此，要想为世界历史的差异性和多样性版图提供一种行之有效的解释，我们就不能对这一规律做简单化的理解。安德森明确指出："必须坚决抛弃任何简单的进化概念，即认为一种较低的生产方式被一种较高的生产方式所包摄，一种生产方式完全是通过一种有机的内在连续过程而自发地产生于并取代另一种生产方式。"①因此，如何为世界历史的这种差异性和多样性提供一种行之有效的解释，就成为安德森所面临的一大理论难题。

在生产方式和社会结构这一双重概念和理论框架下，安德森详细探索和思考了历史上的不同社会形态，诸如封建主义、绝对主义和资本主义之间的过渡与变迁，认为这些基本的社会形态是在不同生产方式之间的相互冲突、碰撞、接受和融合下形成的，同时认为每一社会形态又在不同地区和国家中衍生出了不同的社会结构，它们拥有各自独特的属性和特征，从而形成了两种主要的类型学，即"封建主义的类型学"和"绝对主义的类型学"。

就封建主义的起源来说，传统的解释一直是，封建主义生产方式是奴隶制生产方式内部矛盾运动的结果，是奴隶制向封建制的简单位移。然而，安德森认为这一解释过于笼统和简单，它并没有说明奴隶社会向封建社会转变的真正机制。在他看来，封建主义生产方式是同时代的两种结构性要素，即古典古代的奴隶制生产方式和原始部落的公社制生产方式在相互的冲突和碰撞中，经过不同比例的重组或融合而形成的。正如他说的："两种瓦解中的先前生产方式，即原始的方式和古代的方式的灾难性碰撞，最终产生了遍布整个中世纪欧洲的封建秩序，西方封建主义是罗马和日耳曼传统的融合的特有结果……"②这就意味着，原始部落制和古典奴隶制之间不仅存在一种时间上的先后关系，同时也存在一种空间上的结构关系，它们同时存在于同一时代的不同区域。正如原始部落制是当时北欧的社会制度，而古典奴隶制是当时希腊、

---

① ［英］佩里·安德森：《绝对主义国家的系谱》，刘北成、龚晓庄译，第449页。
② ［英］佩里·安德森：《从古代到封建主义的过渡》，郭方、刘健译，第130页。

罗马的社会制度,在不断的扩张与征服中,两种生产方式产生了一种不可避免的摩擦和冲突,正是在这种"灾难性"或"灾变性"的碰撞中("灾难"一词是相对于古希腊、罗马文明而言),才最终形成了欧洲历史上独特的封建主义社会。

那么,在这一"历史综合体"的封建主义社会中,先前存在并促其产生的原始生产方式和奴隶制生产方式的命运如何? 它们是否会随着封建主义生产方式的产生而自动消失? 安德森的答案是否定的,它们不会自动消失,而是与封建主义生产方式相伴始终。换言之,所谓封建主义社会,是指封建主义生产方式居主导地位,而其他生产方式居从属地位,它们以某种或明显或隐蔽的方式存在。正是由于封建社会中不同生产方式的共同存在和相互作用,才产生了安德森所说的"封建主义的类型学"。什么是"封建主义的类型学"? 在这里,首先需要明确的是,封建主义这一社会形态仅仅局限于欧洲地区,它是欧洲所特有的现象,不能随意把它扩展到欧洲以外的地区,当然,亚洲的日本也存在过封建主义社会,但其特征具有显著的差异(在此暂不作讨论)。其次,尽管封建主义专属于欧洲地区,但并不是欧洲所有的地区和国家都存在完全一致的封建主义类型,这种封建主义的程度或深或浅,成分或多或少,差异或大或小。因此,安德森进一步区分了两种不同的类型学:一种是"地区的类型学",一种是"国家的类型学"。

就"地区的类型学"而言,安德森认为,由于日耳曼人的原始部落制生产方式和罗马帝国的奴隶制生产方式之间所发生的不同比例和不同程度的碰撞和融合,从而产生了欧洲三种基本的"类型学"。正如他所指出的:"事实上,欧洲封建主义的核心地区是在罗马与日耳曼因素'均衡综合'产生的地方;基本是北部法兰西和与其相邻的地带,即加洛林帝国的故土。在这个地区的南方,在普罗旺斯、意大利或西班牙,蛮族和古代生产方式的瓦解和重新组合在古代遗产占统治地位的条件下发生。相反地,在这个地区的北方和东方,在德意志、斯堪的纳维亚和英格兰,在那里罗马的统治从未到达,或只是扎根很浅,在蛮族遗产的本地因素占主要地位的条件下,向封建主义的转变则是缓慢的。"①也就是说,在欧洲地区的三种类型中,只有西欧才产生了真正典型的封

---

① 〔英〕佩里·安德森:《从古代到封建主义的过渡》,郭方、刘健译,第159—160页。

建主义,而在北欧、东欧和南欧,只是一种不太完全或不太彻底的封建主义,或者蛮族遗产占主导地位,或者古典遗产占主导地位。

就"国家的类型学"而言,其结构更为复杂,我们需要暂时撇开原始部落制生产方式和古典奴隶制生产方式的从属地位和影响,从这一居支配地位的封建主义生产方式的内部结构来进行分析和考察,从而显示出不同国家封建主义的层次和水平。正如安德森所详细划分的,在西欧和南欧的国家中,其封建主义可能是完整的,或较为完整的:法兰西拥有一种典型的全面封建等级制和多层的采邑分封制;英格兰的封建主义主要是由诺曼的军事入侵所造成的,并且形成了一个有限的采邑分封制的封建主义;德意志的大多数地区仍然存在着自由的自主地农民和独立的封建贵族的联合,始终都没能建立一种充分的封建主义;意大利的封建主义由于受古典罗马文明的影响而相对薄弱,从没有建立起真正的封建金字塔;在西班牙,收复失地的运动是其最基本的决定因素,采邑分封制和领主司法权在几个世纪中一直存在着严重分裂,因而也没有结合成一种正式的封建采邑制;葡萄牙是西欧最后一个封建主义的国家,其最显著的标志是高度集中的封建财产,而隶属的农奴制却是相对缺乏的。在北欧的一些国家中,其封建主义的进程开始较晚,进展缓慢,结构残缺:丹麦由于受德意志人入侵的影响晚至17世纪农民阶级也没有完全农奴化;挪威则保留了更为传统的农村结构;瑞典的农奴制从未完全建立,领主司法权完全不存在。在东欧,其农奴化时间之短,程度之浅是显而易见的:俄罗斯的封建主义在11世纪的军事征服中达到顶峰;捷克和波兰的农奴制和贵族制主要受到了德意志人的影响。①

通过这一"类型学"的历史分析和考察,我们看到,封建主义是欧洲的一种普遍现象,它是在同一时代不同区域的两种生产方式,即古典古代的奴隶制生产方式和日耳曼人的原始部落制生产方式的相互冲突和融合下所形成的一种独特的封建主义生产方式,这是世界上任何其他地区和国家所未曾经历的历史事件和历史现象。尽管封建主义生产方式是由古典奴隶制和原始部落制结合而产生的,但它一经产生就会形成一种既不同于古典奴隶制,也不同于原始部落制的一种全新的生产方式、一种全新的社会形态,它具有自身独特的本

---

① ［英］佩里·安德森:《从古代到封建主义的过渡》,郭方、刘健译,第161—162页。

质属性和特征。更为重要的是,安德森把封建主义看做是由经济、政治、法律、文化以及意识形态等要素相互结合和共同作用而构成的一种整体存在,并且,由于这些要素相互作用的不同程度,从而产生了不同的封建主义类型,并最终形成了一种封建主义的拓扑空间。

从封建主义向资本主义的过渡中,存在一个特殊的历史阶段,即绝对主义时期。然而,对于中国的大多数学者而言,这一绝对主义的概念或许是陌生的,我们经常谈论原始社会、封建社会、资本主义社会和社会主义社会,而很少或根本不涉及绝对主义社会。在安德森看来,从历史时期来看,绝对主义产生于封建主义之后,资本主义之前;从地域上来看,绝对主义是欧洲地区所特有的产物。那么,绝对主义到底是一种怎样的社会? 它存在着怎样的结构? 其性质如何来界定? 安德森考察了欧洲绝对主义国家的发展轨迹,最终得出结论:"从本质上讲,绝对主义就是:经过重新部署和装备的封建统治机器,旨在将农民再度固定于传统社会地位之上……换言之,绝对主义国家从来也不是封建贵族与资产阶级之间的仲裁者,更不是新生资产阶级反对贵族的工具,它是受到威胁的贵族的新政治盾牌。"①本来,按照安德森的最初计划,他试图界定出这一既不属于封建主义也不属于资本主义,而是处于两者之间的独特社会形态及其特征,然而,他却得出了绝对主义社会具有极大封建性的结论。

那么,这一结论存在着怎样的依据呢? 安德森通过对经验主义的考察认为绝对主义的各个国家机器,诸如军队、官僚机器、外交等总是服务于战争主义的逻辑和宿命。首先,就军队而言,尽管绝对主义国家首创了职业化的军队,但与现代资本主义国家的军队相比,它们不是在全国范围内征募来的军队,而是经常由外国雇佣军起主导作用的一群乌合之众。正是这一非现代性的职业化军队,发动了一次又一次的战役。其次,绝对主义国家的其他机器,包括官僚、税收、贸易和外交等都蕴涵着战争主义的逻辑。正如安德森所注意到的,文职官僚的买卖和农民的双重赋税的直接目的是为了战争;重商主义的原则不是为了国家间的平等互利贸易,而是强调了战争的必要性和合理性;作为外交关系最高形式的联姻,也往往只是外交的一种和平镜像,它常常又会引起战争。因此,从这些国家机器来看,绝对主义国家具有极大的封建性,其最

---

① ［英］佩里·安德森:《绝对主义国家的系谱》,刘北成、龚晓庄译,第6页。

为明显的特征就是战争,战争本身成了绝对主义国家的一种原始本能和社会属性。正如他表述的:"战争不是诸侯的'健身运动',而是他们的宿命。除个人爱好以及性格上有限的差异之外,整个等级的社会需要在无情地召唤着他们。"①然而,这一界定却遭到了诸多学者的反对和批判。英国左派学者密里本德认为,这一定义低估了绝对主义社会相对于封建主义社会的独立性,"由于安德森强调了这一国家的封建性而付出了独立性的代价,因此,他也没有能够说明这一绝对主义国家的新奇结构"②。有学者则认为,这一定义忽视了绝对主义社会的资产阶级性质,"实际上,绝对主义必然参与了资产阶级化的过程,因为统治者日益需要资产阶级提供给他们资金用于战争和进行管理……当马克思把'具有军队、警察、官僚、僧侣和法院等普遍机构的集权化国家权力描述为为早期资产阶级服务'时,他就比安德森所认为的更接近真理"③。

无论这一界定是否正确,重要的是他对这一绝对主义时期进行了翔实而细致的经验考察。与封建主义相类似,绝对主义在欧洲不同地区和不同国家之间也存在着不同的变体,分属于不同的系谱,因而存在一种"绝对主义的类型学"。

就"地区的类型学"而言,东西欧的绝对主义国家存在着完全不同的经济基础:在西欧,封建主义的生产关系已趋于消亡,资本主义生产关系已开始萌芽,形成了一种自下而上的私有产权;在东欧,封建主义的农奴制才逐步形成,资本主义的生产关系尚不存在,它是西欧农奴制的一种再版。然而,东西欧之间却存在着相同的政治上层建筑,都存在着一种自上而下的公共权力,一种绝对强化和集中的王权。安德森认为,西欧的绝对主义国家是接受了代役租的封建阶级经过调整的政治机构,它是对农奴制消亡的补偿;相比之下,东欧的绝对主义国家是刚刚抹杀了穷人的传统公社自由的封建阶级的镇压机器,它是巩固农奴制的手段。然而,这里存在一个疑问,为什么东欧在完全不具备经济基础的条件下就出现了绝对主义的政体?原因就在于它所面临的内忧外患。从内因来看,东欧的一个显著特征是地广人稀,劳动力天然缺乏,而且极具流动性,与此同时,劳动力由于中世纪频繁的战争而被极度削弱,因而东欧绝对主义最基本的国内原因在农村,其复杂的镇压机器主要和首先是对付农

① ［英］佩里·安德森:《绝对主义国家的系谱》,刘北成、龚晓庄译,第17页。
② Paul Blackledge,*Perry Anderson,Marxism and the New Left*,p.74.
③ Betty Behrens,"Review:［untitled］",*The Historical Journal*,Vol.19,No.1,1976,p.249.

民的。从外因来看,东欧绝对主义主要是由于国际政治体系的压力所决定的,它受到了西欧军事主义入侵的严重威胁,在这种毫不留情地争夺领土的战争文明中,封建主义发展的不平衡迫使它们在还没有达到与西欧相似的资本主义经济基础时就必须赶上西欧的国家结构。因此,东西欧地区的绝对主义类型存在着极大的差异。

就"国家的类型学"而言,在西欧的英国、法国、瑞典和意大利,产生了典型的绝对主义,"自下而上强化了的私有财产与自上而下强化了的公共权威竞相发展,君主的专断权力则是后者的具体体现"①。在东欧的俄国、普鲁士和波西米亚,农奴制的确立和绝对主义的确立紧密联系在一起;而在波兰,这个"农奴制再版"的典型地区没有出现任何的绝对主义国家。由于绝对主义国家在不同地区和国家之间的不同变体,因而最终导致了不同的结局:"在西欧,西班牙、英国和法国君主国被自下而上的资产阶级革命所击败或推翻;意大利和德意志的诸公国则被姗姗来迟的自上而下的资产阶级革命所消灭;在东欧,俄罗斯帝国最终被无产阶级革命所摧毁。"②

绝对主义之后出现了资本主义的社会历史形态。那么,资本主义又是如何源起的? 在安德森看来,它是封建主义生产方式和古代生产方式共同作用的结果,其中,古代生产方式在其中发挥了至关重要的作用。他认为,对于资本主义生产方式在欧洲的兴起,只有打破历史时间总体直线发展的观念才能获得解释,通向资本主义的历程不是展现了一种循序渐进的编年史,而是显示出在一种生产方式占主导地位的时代另一种生产方式遗产的存留效应,以及这种遗产的符咒在向第三种生产方式过渡时的活化作用。这里,所谓"一种生产方式居主导地位的时代",即指封建主义生产方式居主导地位,而"另一种生产方式遗产的存留效应",即指奴隶制生产方式的残留作用和影响。简言之,古典遗产的文艺复兴对资本主义的产生发挥了极其巨大的作用。古代生产方式和封建生产方式的联结必然在欧洲产生出资本主义生产方式——这种关系不仅是一种历时系列,而且在某个阶段也是一种共时组合。在封建主义的现在中,古典的过去再次苏醒,帮助资本主义的未来兴起,它既比想象的

① [英]佩里·安德森:《绝对主义国家的系谱》,刘北成、龚晓庄译,第13页。
② 同上书,第460页。

更远离后者，又令人惊讶地更接近于后者，可以说，资本主义的诞生必然伴随着古代的再生。① 如果按照历史主义的看法，古代文明在前，封建文明在后，封建文明要比奴隶文明更加先进，但从文艺复兴对于古典遗产的重新唤醒来看，奴隶文明丝毫不逊色于封建文明；如果按照结构主义的说法，资本主义的产生是封建主义生产方式的内部矛盾运动的结果，这样就排除了文艺复兴对资本主义生产方式产生的实际影响。安德森明确指出，他的这一理解既不同于历史主义的主张，也不同于结构主义的观点，因为资本主义是在奴隶主义和封建主义的时间交叉和空间交错中产生的，它们既是一种历时序列，同时也是一种共时组合。

在对一系列社会历史形态问题的探讨中，安德森着重追问了两大问题，一个是封建主义的起源，一个是资本主义的兴起，当然，他还界定了介于两者之间的绝对主义。在他看来，这些社会形态是欧洲地区所独有的，而非世界范围内的普遍现象，封建主义是古代奴隶制和原始部落制综合作用的结果，资本主义是古典奴隶制和封建制相互影响的结果，正是在这些要素的空间交叉和时间交错中才形成了人类历史上独特的封建主义、绝对主义和资本主义社会。在此意义上，安德森实质是在追溯整个资本主义的独特性，通过其独特的起源和系谱来探究资本主义的真正本质和特征。在这一追溯中，安德森又详细对比分析了欧洲不同地区和不同国家之间社会结构的多样性和差异性，形成了一种基于"地区的类型学"和"国家的类型学"的"类型学"阐释模式，不仅说明了社会形态的多元存在和发展模式，而且使历史唯物主义获得了更为有效的诠释力。

第三节　理性主义的意识形态批判

马克思在《共产党宣言》中呐喊道："全世界无产者，联合起来！"②按照马克思的理解，诞生于工业革命中的工人阶级，由于在资本主义社会中受到的剥削和压迫最深重，因而也是最坚决和最彻底的革命阶级。他们是资本主义的

---

① 参见［英］佩里·安德森：《绝对主义国家的系谱》，刘北成、龚晓庄译，第451页。
② 《马克思恩格斯文集》第2卷，第66页。

掘墓人和社会主义的天然代表,肩负着消灭剥削阶级和剥削制度的伟大使命,并最终建立一个无阶级、无剥削的社会主义或共产主义社会。或许这一断言在马克思生存的那个年代来说是天经地义的,但是,当资本主义自身经历了结构性的调整,工人阶级身份经历了复杂转变之后,那种一下子改变一切的"伟大之夜"似乎变得不再可能,更多的情况是,工人阶级生活于资本主义所谓的"民主制度"之下,丧失了内在的批判性和革命性。难道资本主义已经尽善尽美了么?难道工人阶级已经被资本主义收买了么?难道他们不再可能成为改造资本主义社会的主体了么?恐怕并非如此。正如解构主义者德里达在《马克思的幽灵》一书中所指出的,资本主义所谓的新秩序,仍然和马克思主义生前一样,依然千疮百孔。无论资本主义如何改头换面,但其根本性质丝毫未变。因此,如何唤醒沉睡中的工人阶级的革命意识和革命行为就成为全世界马克思主义者最为关心的话题之一。

一、对英国工人阶级的经验主义意识形态的批判

作为英国经典的马克思主义学者,安德森对本国工人阶级的阶级意识和阶级行为给予了核心的关注和思考。本来按照马克思的设想,作为最古老的资本主义英国早该爆发一场反资本主义的革命,然而,当20世纪60年代末欧洲大陆的革命风起云涌之时,英国却迟迟没有任何革命的迹象。原因何在?在《当代危机的起源》一文中,安德森对英国社会阶级结构的历史演变进行了深入细致的考察,目的在于系统勾勒出"一种阶级结构的总体演变……当代英国社会主义理论的停泊处"[1]。在他看来,这一当代危机与英国社会的整个历史系谱有着密切的关联,它最初源自于英国资产阶级革命的特殊性。首先,英国的革命发生尚早,它没有像法国资产阶级那样彻底推翻封建贵族的统治;其次,英国的资产阶级没有鲜明而独立的身份特征,以致诞生于工业革命时代的工人阶级找不到可以明确反对的阶级,同时被封建贵族和工业资产阶级的联合策略所击败;最后,由于英国资产阶级革命发生于1640—1688年间,而非1789年的启蒙运动之后,因而其主导的意识形态形成了一种经验主义而非理

---

① Perry Anderson, "Origins of the Present Crisis", *New Left Review*, I/23, January/February 1964, p.28.

性主义。因此，尽管英国工人阶级"发展了、独立了，但却从属于显然不可动摇的英国资本主义的结构之内，尽管它存在着巨大的优越性，但却未能改变英国社会的基本结构"①。尤为重要的是，由于资产阶级和封建贵族的特有融合，英国主导的意识形态是以"传统主义和经验主义为特征，前者来自贵族统治，后者来自未成熟的资产阶级，当传统主义把现在和历史相连时，经验主义又把现在和未来相连，所有这些都使英国陷入了过去之中"②。相应地，在这一主导意识形态的支配下，英国工人阶级的首要意识形态就是合作与妥协，从没有发展出任何普遍的革命的意识形态，抑或说，劳工主义而非马克思主义成了英国工人阶级自身的一种真实写照和有机表述。正如安德森所指出的："革命的意识形态遗产几乎为零……从政治上来说，清教徒主义是一种无用的热情。"③同样，另一位左派学者汤姆·奈恩在《英国的工人阶级》一文中也作出了相应的判断，认为工人阶级"被迫形成了一种存在和意识的合作模式。阶级不是在社会中而是在它自身中创造出了自己的价值、组织和生活方式，这显然有别于其周围的整个文明"④。而且，"英国工人阶级未受无阶级理论的影响，由于其全部的历史经验，它需要无阶级的理论，现在依旧如此"⑤。

从表面来看，这是安德森对英国工人阶级的一种无情批判，也就是说，在英国经验主义文化的熏陶中，工人阶级所接受的历史文化遗产可能更多的是妥协与合作的改良思想，而非坚决和彻底的革命意识。他们的革命意志是极其脆弱的，革命活动也是极易被瓦解的，他们始终没能成为反抗资本主义的强大力量。因此，安德森得出结论，认为仅仅把希望寄托在本国工人阶级的自发觉醒上是行不通的，英国工人阶级无法自己解放自己。这就修改了马克思有关工人阶级自我解放的经典表述，而与卢卡奇有关阶级意识与阶级行为的论述达成了一致。从深层来看，这是安德森对英国马克思主义文化和社会主义工程的一种全盘否定。在他看来，由于英国的经验主义文化留给工人阶级的

---

① Perry Anderson, "Origins of the Present Crisis", p.39.

② Paul Blackledge, *Perry Anderson, Marxism and the New Left*, p.21.

③ Perry Anderson, *Origins of the Present Crisis*, p.30.

④ Tom Nairn, "The English Working Class", *New Left Review*, I/24, March/April 1964, p.52.

⑤ Ibid., p.57.

遗产仅仅是一种改良主义而非革命主义的意识形态,从而进一步否认了革命马克思主义文化的存在。他在《国民文化的构成》一书中明确阐述道,英国缺乏一种"总体性的理论",它既没有产生任何阶级的社会学,也没有产生任何本土的马克思主义;既没有产生像韦伯、涂尔干和帕累托等经典的社会学家,也没有产生像列宁、卢卡奇和葛兰西等马克思主义的社会理论家。当欧陆马克思主义在 20 世纪五六十年代蒸蒸日上之际,英国却只是孤芳自赏,这在主要的西方国家中是独一无二的。英国不仅缺乏革命的马克思主义文化,而且也没能出现真正的社会主义运动和实践。对此,安德森说道:"我们不想为了一个更进步或可替代的传统再去挖掘本国的过去,与英国的文化经验主义和政治宪政主义弹冠相庆。对我们而言,一个核心的历史事实是,英国是 20 世纪欧洲主要国家中唯一一个没能产生任何广泛的社会主义运动或重要的革命政党的国家,这样的事业似乎总是被秘密取消或作最低估计的。"①

然而,这样的论断在许多马克思主义者看来是令人惊讶的。难道英国的工人阶级正像安德森所描述的那样萎靡和消沉么?难道他们自身就没有值得称道的品质么?艾萨克·多伊彻(Isaac Deutscher)把安德森最初表述这一思想的《当代危机的起源》一文称作是"国家虚无主义"的作品,认为他为了克服新左派的策略缺陷而毫无根据地取消了英国的社会主义遗产。作为《国际社会主义》组织的一名成员,詹姆斯·欣顿(James Hinton)也对安德森的这一立场给予了批判,他说道:"在安德森和奈恩对政治和意识形态要素的首要宣称中,他们不仅拒绝了那些或多或少的工人阶级团结的社会经济运动,而且……他们忽视了 19 世纪 90 年代社会主义复兴内部霸权阶级意识的增长,并且几乎完全没有提到 1910—1926 年之间的革命运动。这就是左派着手评价他们自身遗产的奇怪方式。"②更多的指责来自英国老一代的历史学家汤普森。首先,他对《当代危机的起源》一文的方法论给予了激烈批判,认为"这一文章的图式结构是一种无法宽恕的罪行,如果就其义章的全部本质而言,它掩盖了向唯心主义的深层转变,过去不单单是通过现在之境来看待,而且是通过缺乏精确的意识形态来构建。因此,安德森的这一图式方法就导致了一种'还原主

---

① Perry Anderson, *Arguments within English Marxism*, pp.148-149.

② Paul Blackledge, *Perry Anderson, Marxism and the New Left*, p.40.

义'，产生了一种'历史逻辑的差错'，由此政治或文化事件可以按照行为者的
阶级关系来加以解释"①。其次，他批判安德森完全取消了英国的社会主义传
统，认为英国并非没有社会主义传统，只是比较薄弱而已，尽管劳工主义在英
国工人阶级居主导地位，但这一领导权是可以改变的。正如汤普森在《英国
工人阶级的形成》一书中所极力肯定和褒扬的：第一，英国工人阶级受到了历
史上激进传统的塑造，如新教意识不服从国教者的反抗传统，民众自发的反抗
传统，贯穿于全社会的生而自由的精神遗产，在法国大革命影响下形成的雅各
宾主义思想，等等。第二，工人阶级并不会随着资本主义工厂制度的出现而自
动诞生，只有当工人阶级意识到自己的阶级利益并明确表达出来时，阶级意识
和阶级觉悟才能形成，自为的阶级才能真正形成。正如他所表述的："阶级是
由处于决定性生产关系中的男男女女认识到他们的对立利益，并开始以阶级
的方式斗争、思考和评价时才会出现。因此，阶级形成的过程也是自我形成的
过程，尽管是在'特定的'条件下。"②也就是说，阶级意识是阶级形成的一个
前提和标志。因此，汤普森对英国工人阶级作出了乐观的预言，认为由于其特
殊的历史构成，他们能够形成自己的阶级意识，并以合法的经济斗争和政治斗
争赢得革命的胜利。

假如这些批评是正确的，革命的社会主义文化确实在英国的某些历史时
刻获得了发展，那么，这里需要回答的问题就不是英国有无社会主义工程，而
是这些社会主义工程为何没有赢得工人阶级的领导权。在安德森看来，所谓
英国不存在马克思主义文化是指英国不存在真正鲜活的自主的马克思主义文
化，或者说，英国的马克思主义文化是极其薄弱的，因而无法承担起武装那一
代工人阶级激进分子的任务。据此，安德森认为，必须引入一种革命的马克思
主义思想和文化，以促进本国工人阶级的革命意识和革命行为，借此，欧陆理
性主义马克思主义的文化就为安德森提供了一种可资借鉴的理论资源。

然而，我们要问的是，为什么安德森对于英国文化的构建必须是马克思主
义的？这一构建的结果如何？更确切地说，欧陆马克思主义文化在塑造英国
工人阶级的革命意识和革命行为方面究竟能够发挥多大的作用？正如我们所

---

① Paul Blackledge, *Perry Anderson, Marxism and the New Left*, p.37.

② Perry Anderson, *Arguments within English Marxism*, p.17.

了解的,这一理论的引入并没有带来英国工人阶级运动的良好记录。尽管英国工人阶级在1974—1976年爆发了由煤矿工人所引发的全国大罢工,但最终以失败收场,这之后基本上没有产生任何大规模的群众性运动,可以说,理性主义的马克思主义在推动英国工人阶级的运动方面来说作用也是微乎其微的。正如英国的右翼学者罗杰•斯克鲁顿(Roger Scruton)所质疑的:"如果一种健康的文化仅仅只能由一种'总体理论自身'加以担保的话,那么,密涅瓦的猫头鹰已在黎明中翱翔了。"①后来,安德森也冷静地承认了自己早期的许多努力已经失败,并且写道:"由于创作于反叛的时代,在极端(outrance)的精神下,对所选目标进行了猛烈抨击,这一总体拒斥的代价就是对本国的简化或误解,批判的夸大同时伴随着理疗的过度自信——一种理论的必胜信念并无助于所倡导的激进替代。"②当然,这其中也包含"西方马克思主义"理论自身的原因,正如安德森在对西方马克思主义的总体评价中所指出的,它缺乏一种切实可行的革命策略,即便对欧陆工人阶级的指导也是极为有限的,更何况把这一理论应用于对英国工人阶级的指导。

安德森的这一理性主义构建之所以没有成功作用于英国工人阶级,可能存在以下几个原因:

首先,就英国工人阶级自身而言:第一,其社会结构已经从金字塔形变成了橄榄形,不仅有蓝领,还出现了白领,而且后者的数量已远远超过了前者的数量,工人阶级的自我身份认同已不再完全一致;第二,资本主义的文化或意识形态统治对工人阶级施加了某种无形的、潜移默化的影响,使他们心甘情愿地接受资产阶级的统治;第三,从工人阶级的意识层面来看,尽管他们在资本主义的民主体制内感受到了诸多的矛盾和痛苦,但他们并不愿意采取直接行动的革命手段推翻资本主义,而更愿意以和平的手段达到对资本主义的改造,因为革命可能更多地代表流血和牺牲,如果通过和平的手段可以解决问题,岂不是两全其美之策。因此,在目前的情况下,如果以某种庸俗化的改造世界的要求来衡量工人阶级,必然会削弱反资本主义的部分力量,如果竭力集聚反资本主义的所有力量,必然会最终实现对于资本主义的社会主义改造。

---

① Lin Chun, *The British New Left*, p.90.

② Perry Anderson, "A Culture in Contraflow-I", *New Left Review*, I/180, March/April 1990, p.41.

其次，就其策略视角而言，安德森为我们提供的策略仅仅只是政治的，既非经济的，也非文化的，这样就低估了经济和文化的政治尺度。对于经济斗争，基尔南表述道，在今天的发达资本主义社会中，阶级斗争应聚焦于经济层面而非政治层面，"'有关先令或美元的争吵，它完全远离了幻象或理念'，工人的要求更多的是集中于工资调整而非任何政治问题"①。同样，对于文化斗争，霍布斯鲍姆认为当前斗争应集中于文化领导权而非政治领导权的夺取，"葛兰西把其关注聚焦于领导权的斗争而非作为核心革命策略的压迫是正确的，在这些国家中，统治的关键在于大众的服从（和分裂）地位。因此，领导权的问题不是革命者如何掌握权力，而是他们如何被接受为指导者和领导者"②。

最后，就其组织问题而言，英国老一代的新左派存在一种普遍的倾向，他们拒绝构建一种独立的党派或组织。汤普森就认为，新左派不会主动提供一种可替代的党派或组织，社会主义知识分子的工作最好不是通过联合任何组织来完成，同时认为把工党转变为社会主义进步的代理人是可能的，因为"工党正在停止提供一种管理现存社会的可替代方式，并开始寻找一种可替代的社会"③。然而，这一和平的改良计划却在1961年工党的斯卡伯勒会议上失败了。对于这一会议的失败，威廉斯回忆道："1961年核裁军选举的逆转是一个令人震惊的打击。"④同样，彼得·塞奇威克（Peter Sedgwick）也说道："1961年的失败标志着第一代新左派作为一种政治运动的终结。"⑤面对这一危机，作为年轻一代的新左派，安德森试图把英国的社会主义策略思想置于一种更加坚实的理论基础之上，但在具体的社会主义党派或组织的构建方面也没有提出任何策略性的建议，甚至在《英国马克思主义的内部争论》中也没有任何地方提到这些问题。实际上，安德森认为，英国的社会主义者既不应该联合工党，也不应该联合任何革命组织，它应该等待大众来发言。

总之，对于社会主义运动是否需要构建独立的社会主义党派或组织的问

---

① Lin Chun, *The British New Left*, p.112.

② Ibid., p.113.

③ Paul Blackledge, *Perry Anderson, Marxism and the New Left*, p.13.

④ Ibid., p.14.

⑤ Ibid.

题,安德森基本上是持否定态度的,或许是因为这一党派可能导致某种官僚化。正是由于党派或组织的缺乏,安德森的革命社会主义思想和策略就失去了最重要、最现实的武器依托,始终停留于理想的王国,而没有走向现实的王国。正如卢卡奇所认为的,组织是理论与实践之间的中介,任何一种思想或理论都必须直接产生出一种组织的武器。布莱克里奇也评价道:"事实上,由于与党派构建行为的分离,安德森的思想从未从抽象走向具体。"[1]

二、对西方马克思主义"批判的武器"的批判

由于对英国马克思主义文化的一种否定诊断,安德森远离了英国经验主义的狭小视界而走向了欧陆理性主义的广阔视域,并采用了一种理性主义的马克思主义文化和理论资源。他在《英国马克思主义的内部争论》一书中谈到这一国际主义立场时说道:"这些年来,《新左派评论》所追求的国际主义讨论包含两种尺度:在采用了一种广泛的国外马克思主义理论资源的意义上而言,它是文化的,作为一种民主社会的因果解释原则而言,它是政治的。"[2]这表明,安德森不仅希望用欧陆理性主义的马克思主义文化来武装英国工人阶级的社会主义意识和行为,同时,他期待着世界工人阶级运动的蓬勃发展。在此意义上,安德森就坚持了一种社会主义的国际主义的立场和原则,正如马克思所一贯坚持的:"无产阶级只有在世界历史意义上才能存在,就像共产主义——它的事业——只有作为'世界历史性的'存在才有可能实现一样。"[3]

在对欧陆理性主义的马克思主义的援引和借鉴中,安德森把这一具有种种倾向的马克思主义思潮和流派统一置于"西方马克思主义"的术语之下,并对它进行了一种最为全面的概括和论述。对于西方马克思主义的产生,安德森说道:"在这个改变了的世界上,革命的理论完全起了变化,这种变化产生了今天可以称为'西方马克思主义'的理论。"[4]安德森把马克思主义与经典马克思主义进行了对比,认为西方马克思主义完全颠倒了经典马克思主义从

---

①　Paul Blackledge,*Perry Anderson,Marxism and the New Left*,p.103.

②　Perry Anderson,*Arguments witnin English Marxism*,p.149.

③　《马克思恩格斯文集》第1卷,第539页。

④　[英]佩里·安德森:《西方马克思主义探讨》,高铦等译,第36页。

哲学到政治经济学的研究路径，而从政治经济学走向了哲学、美学和文化等上层建筑，他们既没有提供有关资本主义经济的科学而透彻的分析，也没有发展出有关资产阶级国家的政治探讨，更没有专注于对社会主义策略问题的讨论。然而，他们却在文化和意识形态的上层建筑领域取得了不可思议的成就，获得了令人难以想象的深度，最突出的是，在艺术和意识形态这个传统的相当大的特权领域，一个接一个的思想家在这个领域里以历史唯物主义前所未有的丰富想象力和严谨研究而声名显赫。正如安德森所详细列举的，葛兰西的领导权理论，法兰克福对人与自然关系的看法，马尔库塞有关性欲的分析，阿尔都塞关于意识形态的理论，萨特有关匮乏的讨论，所有这些都构成了西方马克思主义最重要的主题创新。同时，他指出这些主题却包裹在一种古怪的、密码式的语言中，"西方马克思主义理论的古怪深奥，是形形色色的：卢卡奇的语言烦琐难解，充满学究气；葛兰西则因多年遭到监禁而养成使人绞尽脑汁的支离破碎的深奥文风；本杰明爱用简陋而迂回的格言式语言；德拉·沃尔佩的语句令人无法捉摸，并喜欢反复地自我引证；萨特的语言则犹如炼金术士的一套刻板的新奇词汇的迷宫；阿尔都塞的语言则充满女巫般的遁词秘语"①。有人批评说，这一深邃的语言风格钝化了西方马克思主义的批判精神。其实不然，古怪的语言往往与深邃的思想结伴而行，无论语言多么晦涩难懂，它终究掩藏不住思想自身的批判性和革命性，正如马克思主义在19世纪充当了工人运动的"圣经"，同样，西方马克思主义在20世纪60年代末70年代初也充当了反叛学生和工人运动的"圣经"。

尽管西方马克思主义的研究主题和形式在历史唯物主义的轨迹中发生了极大的转变，但其中有一点是与经典马克思主义内在一致的，西方马克思主义也享有一种毫不妥协的批判精神，并作了最为深刻的诠释和演绎。尤其是法兰克福学派，高举马克思的批判旗帜，深入到科学技术、日常生活、通俗文化、社会心理等领域，对资本主义社会中物欲奴役人、机器操纵人的现象进行了毫不妥协的批判，并创立了一种系统的"社会批判理论"。从某种意义上说，这一社会批判理论实质上是一种深层的意识形态批判，因为所有现象中所蕴涵的不是人民大众的自下而上的利益诉求，而是资产阶级的自上而下的意识形

---

① ［英］佩里·安德森：《西方马克思主义探讨》，高铦等译，第71页。

态统治,而且,这一统治更加的隐蔽和细致,它不是由某种外在的力量所强制实施的,而是通过民众内心的一致同意来运行的。法兰克福学派代表人物哈贝马斯认为,科学技术本身就是一种意识形态,"技术与科学今天具有双重职能,它们不仅是生产力,而且也是意识形态"①。另一位法兰克福成员马尔库塞认为,在发达的工业社会中,由于丧失了内在的批判性和革命性,人变成了一种"单向度的人",社会成了一种"单向度的社会"。作为心理学家的弗洛姆则对自由进行了尖锐批判,认为现代人一方面渴望自由,另一方面又逃避自由,人越自由就越孤独。总之,当代资本主义社会中所鼓吹的自由、平等、博爱等意识形态具有极大的欺骗性和虚假性,是对这个颠倒了的世界的颠倒了的反映,它们掩盖了社会中的真实矛盾和冲突,从而使民众不自觉地维护了资本主义的统治。

此外,安德森进一步指出,西方马克思主义首要的最根本的特点是:它在结构上与政治实践相脱离。作为第一次世界大战后欧洲资本主义先进地区无产阶级革命失败的产物,西方马克思主义是在社会主义理论和工人阶级实践之间日益分离的情况下发展起来的。他们既不满资本主义的统治,同时也看不到变革资本主义的希望,最终陷入了改良主义的窠臼和悲观主义的泥潭而无法自拔。正如安德森所认为的:"谈方法是因为软弱无能,讲艺术是聊以自慰,悲观主义是因为沉寂无为;所有这一切都不难在西方马克思主义的著作中找到。"②尽管他们对资本主义进行了毫不妥协的意识形态批判,但这一"批判的武器"并没有带来大众对资本主义"武器的批判"。究其原因,安德森认为"发达国家的左派普遍缺乏现实的战略思想,即不能阐明超越资本主义民主过渡到社会主义民主的具体可行的前景。继西方马克思主义之后的马克思主义同其先辈共有的东西是'战略的贫困',而不是'理论的贫困'"③。因此,他们拥有一种革命的理论,但却缺乏一种革命的策略,因而没能引起革命的行动。

总体来看,在对西方马克思主义的质疑和批判中,安德森似乎远离了西方马克思主义而走向了更为经典的马克思主义。其实,无论是经典马克思主义,

---

① 参见陈学明:《"西方马克思主义"命题词典》,东方出版社 2004 年版,第 299 页。

② [英]佩里·安德森:《西方马克思主义探讨》,高铦等译,第 118 页。

③ [英]佩里·安德森:《当代西方马克思主义》,余文烈译,第 30 页。

还是西方马克思主义,都是安德森社会批判所不可或缺的理智资源,前者为其提供了一种政治经济学的批判视角,后者为其提供了一种文化和意识形态的批判视野。在此,文化批判和政治批判彼此关联,理论批判和实践批判内在统一,其核心是实践的批判,改变现存的世界,改变现存的社会,从而形成了一种整体主义的社会批判理论。

三、安德森"武器的批判"

在西方马克思主义者当中,葛兰西是唯一一位对当代资本主义国家的权力结构进行了独特分析的学者;同样,在英国新左派知识分子当中,安德森也是唯一一位对葛兰西的策略思想进行了深入批判的学者。实际上,葛兰西的这一理论遗产成了安德森社会主义战略思想的一个出发点。在《葛兰西的自相矛盾》一文开篇,安德森就表达了对葛兰西的敬意:"当今,古典时代之后的马克思主义思想家没有一个像安东尼·葛兰西那样受到西方如此普遍的尊敬。也没有一个术语像他所使用的领导权那样被如此自由而多样地引用。60年代早期葛兰西的荣誉在意大利之外还是地区的和边缘的,10年之后这一荣誉就成了世界性的。"[1]在安德森看来,葛兰西对社会主义理论最为重要的贡献之一是"领导权"的概念。这一概念最初被俄国的社会主义者用来解释在反专制独裁的阶级联盟中无产阶级的政治主导,后来被葛兰西用来解释西方资本主义民主制中资产阶级的政治主导。在这一解释中,安德森发现了葛兰西在《狱中笔记》中所隐含的三大矛盾:第一,葛兰西有时把西方的政治国家仅仅看作是资产阶级领导权的一个"外部壕沟",而市民社会才是真正的"内部堡垒",这就导致了某种改良主义的幻象;第二,葛兰西宣称领导权是在政治国家与市民社会的相互平衡中来发挥作用的,这就掩盖了压迫仅仅存在于前者而不存在后者这一事实;第三,葛兰西把市民社会淹没于政治国家中,这就导致了一种极左主义的问题。总之,所有这些论述都是有问题的,对于社会主义者来说,第一种论述和第三种论述是最具毁灭性的,第二种论述是更为根本的,因为它不仅涉及东西欧国家之间不同社会结构的问题,而且也涉及西方国家中领导权位置的问题。

---

① Perry Anderson, "The Antinomies of Antonio Gramsci", *New Left Review*, I/100, 1976, p.5.

　　对于第二种论述，葛兰西表述道："在东方，国家就是一切，市民社会是初生的和凝结的。在西方，国家和市民社会有一个适当的关系，当国家不稳定时，市民社会的坚固结构就显露出来了。国家仅仅是一条外部的壕沟，在它后面耸立着一个强有力的堡垒和土木工程系统……"①可见，这一表述所涉及的第一个问题是有关东西欧地区不同社会结构的问题。在葛兰西看来，在东欧，尤其是俄国，国家的政治领导权比文化领导权发挥着更为核心的作用；相反，在西欧，文化领导权比政治领导权发挥着更为根本的作用。对此，安德森认为，葛兰西强烈意识到了西方资产阶级国家的新奇结构，但却没有意识到俄国的绝对主义是一种性质完全不同的封建国家机器；与此同时，他认为列宁认识到了俄国的绝对主义是封建主义的国家机器，但却始终没有提出西方议会制国家与东方独裁制国家之间的区别。那么，东西欧地区之间究竟存在着怎样的结构差异呢？安德森对此提出了一种富有启发性的思考。如果欧洲东西部之间的差异仅仅是地理空间上的，那么两者之间的对比就是一个谬论；如果它们之间的差异同时包含了时代的历史谱系，那么两者之间的对比就是正确的。因此，对欧洲封建主义不均衡发展的理解就是其必要的前提，封建主义之后产生了绝对主义，这就可以使社会主义者清楚地看到俄国独裁制与西方民主制之间的巨大差异。当然，这些思考在安德森所写的《从古代到封建主义的过渡》和《绝对主义国家的系谱》两卷本历史著作中已部分完成了。同样，他在1976年发表的《资产阶级革命的概念》(*The Notion of Bourgeois Revolution*)一文中也明确指出了东西欧国家之间的结构差异，前者是沙皇专制的封建主义国家，后者是资产阶级的议会民主制国家。这就使东西欧之间的社会结构获得了一种真正的区别，这种区别不仅是地理上的，同时也是历史上的。

　　与此相关的第二个问题是西方资产阶级民主制国家的领导权问题。葛兰西把西方资产阶级国家看做是"政治社会"与"市民社会"的总和，并把政治社会看做是一个外部壕沟，而把市民社会看做是内部堡垒。②也就是说，葛兰西突出强调了市民社会的文化领导权，认为在通常情况下，资产阶级是通过市民社会的文化或意识形态来进行统治的。就其所依托的国家机器而言，大众并

---

① Perry Anderson, "The Antinomies of Antonio Gramsci", p.10.

② Ibid., p.32.

不是在法庭、监狱、军队、警察等"强制性的国家机器"中被迫地接受统治，而是在家庭、学校、教会、法律、文化、工会等"意识形态的国家机器"中自愿地接受和认同这一统治。这一统治对于大众来说更加难以抵抗，因为它以一种潜移默化的形式从内心深处来塑造我们，使我们不知不觉认同了这种统治的合理性和合法性。因此，在西方资产阶级的民主社会中，文化领导权就比政治领导权更为根本。对于这一解释，安德森认为葛兰西过多强调了"市民社会"的文化统治，而相对忽视了"国家"的政治统治。他说道："这一权力在同意和强制作用的分配上总是存在一种结构的不对称。意识形态被市民社会和国家所共享；暴力仅仅适用于国家。"①

那么，安德森如何来解释当代资本主义社会的这一现象呢？在他看来，西方的资产阶级确实实施了一种成功的"领导权"。所谓"领导权"，就是"一个社会集团对另一个社会集团的统治，它不单单是通过武力或财富，而是通过一种社会权力，其最终的实施和表述就是一种深刻的文化霸权"②。也就是说，资产阶级的文化和意识形态统治对工人阶级产生了巨大作用，使他们在诸如周期性选举、言论自由和集会自由这些具体的民主制度当中相信能够对代议制国家实施一种自我管理，从而无法设想出一种完全不同的社会主义民主制度。正如他所表述的："代议制国家的一般形式——资产阶级民主——本身就是西方资本主义首要的意识形态核心。其特殊存在就剥夺了工人阶级作为一种不同类型的国家、交往方式和其他文化控制机制的社会主义理想，因而解决了核心的意识作用……议会制，作为每四年一届或五年一届的人民意志的统治表述，反映了国家回归人民的虚假的统一，好像它是他们自己的政府。"③然而，这一文化或意识形态的统治具有极大的欺骗性和虚伪性，它掩盖了资产阶级对于工人阶级的政治统治，"所有意识形态的形态上的结构毫无例外都是对社会形态和其中的个人之间真正关系的颠倒；因为任何一种意识形态的关键性机制，总是要把个人当做是社会的想象的'臣民'——自由首创精神的中心——以此来保证他们作为社会的盲目支持者或牺牲品而真正隶属于这个

---

① Perry Anderson，"The Antinomies of Antonio Gramsci"，p.112.

② Perry Anderson，"Origins of the Present Crisis"，p.39.

③ Perry Anderson，"The Antinomies of Antonio Gramsci"，p.28.

社会秩序"①。简言之，安德森认为这一文化统治总是伴随着古老的政治统治，教堂、学校、报纸等"意识形态的国家机器"仅仅是确保了大众的认同，而真正确保资本主义制度稳定的是"强制性的国家机器"。进一步说，安德森一方面采用了葛兰西有关"领导权"、"国家"和"市民社会"的概念来说明资产阶级的议会民主制的权力结构，认为其结构是双重的：一种是由暴力所实施的"压迫"（coercion）的阶级统治方式；另一种是由自愿所实施的同意（consent）的阶级统治方式。另一方面他采用了阿尔都塞有关决定（determinant）与主导（dominant）的概念区分，认为文化统治在当代资本主义国家权力结构中居主导地位，而政治统治居决定地位。

对于资本主义的民主权力结构，安德森试图给出自己的诠释和理解，然而，对于资产阶级民主结构的具体问题，资产阶级的民主结构具有多大程度的灵活性和局限性，不同欧洲国家之间的民主结构的差异如何来衡量，假如未来排除了资产阶民主结构，那么是否必然意味着社会主义的民主结构。对此，安德森并没有提供任何进一步的说明，也没有写出任何专门性的著作，本来计划书写的有关资产阶级国家权力结构的第四卷本始终没有完成。尽管安德森没有说得更多，但其同事却给出了一些有价值的论述。布莱克伯恩（Blackburn）认为，当今世界的左派应免于一种极左主义的标语，在进行社会主义斗争时应重视资产阶级民主目标的重要性。戈兰·瑟本（Goran Therborn）提出，资本主义的显著特征是经济与政治的分离，资本主义民主正是在这一分离的过程中由资本主义自由经济所促进的。欧内斯特·曼德尔（Ernest Mandel）认为，西方国家确实存在着这样一种倾向，即大众把自由民主制同资产阶级民主议会制相等同，为了确保工人阶级不会从粉碎国家的革命要求中退缩，革命者应积极反对这种极左说法，并向工人表明社会主义革命的成功并不意味着自由民主的结束。诺曼·盖拉斯（Norman Geras）则认为，资产阶级民主在大众中创造出了一种幻想，认为大众和其他人一样管理着这一民主国家。

因此，基于对西方资本主义国家权力结构的分析和思考，安德森就为西方资本主义社会中的工人阶级提供了一种不同于葛兰西的改良主义的革命社会

---

① ［英］佩里·安德森：《西方马克思主义探讨》，高铦等译，第108页。

主义的战略。在他看来，"葛兰西是西方马克思主义传统中体现了理论和实践之间革命统一的唯一一人，但其策略公式并没有整合经典马克思主义有关暴力推翻资本主义这一最终的目标，最终陷入了改良主义，因而无法为西方工人阶级的未来提供一种政治的解决"①。可见，安德森的这一战略思想包含了列宁主义的经典工程，即向社会主义的过渡必须推翻资产阶级的国家机器。他所希望的就不仅仅是对资本主义的修修补补式的改良，而是脱胎换骨式的革命。这一革命社会主义的思想就与经典马克思主义的实践精神存在着极大的契合，正如马克思在《关于费尔巴哈的提纲》中所宣称的："哲学家们只是用不同的方式解释世界，而问题在于改变世界。"②

那么，安德森的这一革命社会主义策略对当代资本主义社会的改造存在多大的有效性？它是否能够实现社会主义理论与社会主义实践的结合？对于资本主义改造的传统论述通常分为两种系谱：革命主义和改良主义。严格来讲，革命主义并不排除资本主义框架内的社会和经济改革，它们仅仅是社会主义这一更大工程的一部分，实际上，这些改革可以为社会主义斗争的组织和教育工作提供一种更为有利的条件，马克思本人在有关美国、英国和荷兰等资本主义国家向社会主义过渡的文章中就曾肯定过这一改良主义的方式，他说道："在我们有可能用和平方式的地方，我们将用和平方式反对你们，在必须用武器的时候，则用武器。"③但安德森认为，马克思低估了和平主义的英国、荷兰和美国的压迫性力量。对于安德森而言，他所寻求的是资本主义制度的根本变革。然而，他所提供的这一总体革命策略并没有带来对资本主义的社会主义的激进改造。从根本上来说，安德森并没有提供任何实质性的革命策略。他并没有明确指出未来社会主义是什么样的，公有制抑或其他所有制？社会主义民主的政治形式，全民普选制抑或人民代表制，还是其他？他只是高举社会主义的旗帜，一味地批判资本主义，批判新自由主义，高呼民主、平等和正义。这一激进的、理想的社会对处于物质丰富和精神痛苦的大众来说确实存在着极大的吸引，但对于唤醒他们的实际行动来说还存在一定的差距。马克思主义理论和社会主义实践相结合的伟大时刻并没有按照安德森所设想的到

---

① Lin Chun, *The British New Left*, p.112.
② 《马克思恩格斯文集》第1卷，第506页。
③ 《马克思恩格斯全集》第17卷，人民出版社1963年版，第700页。

来，"各尽所能、按需分配"的共产主义欲求也只是一种"乌托邦"而已。或许，对于资本主义的变革，英国当代的马克思主义者密里本德给我们提供了一种更为有效的策略，不仅是革命的，同时也是改良的，因为这一改良的策略不仅能够确保对资本主义真实而有效的改造，而且能够为工人阶级创造出一种更为有利的条件，从而最终实现对于资本主义的革命诉求。

第四节　社会主义革命的政治学

安德森革命诉求的真正落脚点是一个理想的王国，一种科学的社会主义。他试图通过对当代资本主义的批判使资本主义社会过渡到社会主义社会，从"必然王国"走向"自由王国"，从而实现马克思所设想的人的真正自由而全面的发展。正如他在《英国马克思主义的内部争论》一书中明确表达的："理解过去的核心目的是提供一种有关历史过程的因果解释，它能为当代充分的政治实践提供基础，目的在于把现存的社会秩序转变为一个期望的、民众的未来。"①

一、对资本主义意识形态的祛魅

最初，资本主义是以自由、平等、博爱、人权等宣言深得人心的，但是，这样的宣言在当代已经破败不堪。然而，令人惊奇的是，自由主义的意识形态并未枯竭，当资本主义在 1974 年经历了严重的经济危机之后，自由主义并未随之衰落，而是再次以一种更加激进的"新自由主义"的面貌出现，并成为当今资本主义国家的施政纲领。以撒切尔和里根为首的英美资本主义国家率先实施了新自由主义的纲领和政策，随之，这一模式几乎成了当今世界上所有国家效仿的模式，不仅仅在资本主义国家，在苏联和东欧等后社会主义国家，以及社会主义的中国都取得了无法想象的成功。安德森形象地描述道："新自由主义，不管实践中有多少局限性，都是迄今为止世界历史上最成功的意识形态。从北京，到布宜诺斯艾利斯、法兰克福、旧金山，处处都有它的信奉者和实践者。它的核心信条——纯自由市场及附加其上的美德——影响之广甚至超过

---

① Perry Anderson, *Arguments within English Marxism*, p.85.

世界上任何一种传统宗教,因为传统宗教无一例外是地区性的……"①新自由主义从诞生到现在一路过关斩将,最终赢得了世界范围的胜利,这是引人注目的事实。从短期来看,这一新自由主义的意识形态并不会枯竭,它具有极大的能动性和自主性;但从长远来看,这种纯自由主义的市场经济体系和价值对于社会的平等和民主而言并不是最为有效的,实际上,在新自由主义美好价值的背后隐藏着巨大的不平等和不民主,新自由主义并非是不可战胜、无懈可击的,它具有极大的改造空间。正如安德森在《更新》一文中所说的:"一个十年并不造就一个时代,新自由主义 90 年代的胜利也并非永恒实力的保障。"②因此,他满怀希望地宣称要"超越新自由主义",超越资本主义。

从历史和现实来看,尽管资本主义拥有诸如自由、民主、平等、博爱等美好的价值,但这些价值是否真正实现了呢? 安德森的回答是否定的。首先,就其民主的政治结构而言,资本主义民主已经被工具化了,但在官方的话语里却总是带有太多的遮掩和修饰。例如,作为最典型的资产阶级社会,"美国有着世界上实行得最古老的民主制度,但是,实际上,在今天美国的政治制度生活中,只有不到一半的成年人参加选举,国家中另一半的人完全被排斥在这个政治体制之外,而在政治制度之内的这一半人中,能够选上的官员,要么自己极度的富有,要么从大公司那里得到了贿赂,极度的腐败,因为竞选需要很高额的资金,至少几百万美元。这是一个非常明显的事实"③。其实,不仅仅是美国的民主,包括其他资本主义国家的民主,也都不是一个至高无上的价值,因为存在于民众中的民主依然很少,我们需要更多的、更广泛的民主。对此,安德森认为:"民主制——就它现在的情况而言——不是一个偶像,不能把它当做人类自由的尽善尽美的表现来崇拜。这是一个暂时的、不完善的形式,是可以重新塑造的。但是根本的方向应当和新自由主义者所指出的方向相反——我们需要更多的民主。"④其次,新自由主义所强调的自由只是经济层面的自由,而不是社会和政治层面的自由,它极大地忽视了社会的平等和公平这些更为美好的价值。如果在公平和效率之间进行抉择的话,那么新自由主义者们的

---

① 甘琦:《向右的时代向左的人》,《读书》2005 年第 6 期。

② Perry Anderson, *Renewals*, p.15.

③ [英]佩里·安德森:《三种新的全球化国际关系理论》,《读书》2002 年第 10 期。

④ [英]佩里·安德森:《新自由主义的历史和教训》,费新录译,《天涯》2002 年第 3 期。

可能选择就是效率优先、兼顾公平。安德森认为，自由和平等、效率和公平这两种价值并不是一种非此即彼的对立关系，而是一种彼此相容的和谐关系。平等并不意味着均一化，而是意味着多样化，注重社会的公平，并不会带来经济的低效率，相反可能会带来经济的高速度。安德森如此说道："不公平同样可能带来低效率，而不平等因素最少的社会，却可能是最有效率的社会。斯堪的纳维亚半岛的国家就做得很好，瑞典、丹麦、芬兰取得了非凡成就，比美国、英国都要好很多，那里的生活品质很不一样。"①因此，资本主义所宣扬的那些美好价值也仅仅只是统治者愚弄人民的一种意识形态工具而已，其结果只能是一种有局限的存在：尽管资本主义的财富在不断增长，但社会的贫富分化却日趋严重；尽管公民拥有经济上的竞争自由和法律上的消极自由，但其政治上的积极自由却没有什么更大的进步；尽管性别之间的不平等得到了极大改善，但社会的不平等却依旧在上演。

其实，这种不平等现象不仅存在于资本主义国家的内部，同样也存在于国际关系当中。安德森在谈到多国关系时认为，国家与国家之间的不平等"是所有不平等当中最严重的。过去一百年间，国家间的不平等已经达到前所未有的程度，而且，全球范围内还在不断增加"②。在资本主义的全球扩张中，不仅仅是经济的扩张，同时也是文化和政治的扩张，更为重要的是，这一扩张本身在很大程度上往往会诉诸暴力的手段，因为文化不仅仅是一种信仰体系，同时也是一种权力体系。然而，作为超级大国的美国却把这一侵略行为加以神圣化，并把它宣扬为一种民族主义的情感和责任，总是能找出各种冠冕堂皇的理由和借口来发动所谓"正义的战争"：有时是为了控制前现代国家中诸如屠杀之类的行为，如南斯拉夫战争；有时是为了限制大规模杀伤性武器，如伊拉克战争；有时是为了打击恐怖主义的基地组织，如塔利班战争。其实，这一战争本身就是非正义的，无论找什么样的借口。安德森毫不讳言地把这一政策看做是一种"新帝国主义"的表现，实质上，这一侵略扩张策略是由资本主义的内在本性所驱动的。几百年前，马克思就对这一资本主义的本性进行了生动描述，现代资产阶级社会"把一切民族甚至最野蛮的民族都卷到文明中来

---

① 施雨华、杨子：《我们的支持和反对——对话安德森》，《南方人物周刊》2007 年第 3 期。
② 同上。

了。它的商品的低廉价格,是它用来摧毁一切万里长城、征服野蛮人最顽强的仇外心理的重炮。它迫使一切民族——如果它们不想灭亡的话——采用资产阶级的生产方式;它迫使它们在自己那里推行所谓的文明,即变成资产者。一句话,它按照自己的面貌为自己创造出一个世界。"①在今天,所谓现代的文明社会,依旧如此,在这种普世主义的文化价值背后所隐藏的是一种帝国主义和霸权主义的侵略行径。

随着20世纪70年代末80年代初英美政府对新自由主义政策的实施,资本主义已经超越了地区性的范围,进行了一种全球性的扩张。尤其是苏东剧变之后,资本主义"好像一个不知困倦的资本主义巨无霸,在几乎全球的范围内建立起同质的政治化的经济统治后,又无情地向残余的文化异质性进发,并进而把它们并吞到其意识形态机构中去……"②与此同时,安德森也把这一新自由主义的世界描述为一个后现代主义的世界,认为:"后现代主义是这样一种资本主义的文化逻辑,它没有介入战斗,而是空前地自鸣得意。实际上,只有在气势上压倒这个制度,才能开始抵制。"③后现代主义世界是第一个极具北美色彩的全球风格,它表现出了一种霸权主义的性质和特征。然而,后现代主义的世界依然是充满冲突和斗争的场所,尽管这些冲突和斗争不再仅仅局限于阶级之间,而是出现了诸如性别、种族、生态、宗教等新的对立,构成了对当代资本主义新的挑战和威胁。作为一名反资本主义的坚定斗士,安德森在《文明及其内涵》一文中发出了"要资本主义还是要文明"④的呐喊。

二、反资本主义的多元潜能

然而,面对着全球的资本主义霸权,多样的民族文化在抵抗这一霸权运动中能够提供多少有价值的东西呢? 它们是否坚守住自己的阵地就会万无一失呢? 对于民族文化的分析,安德森依旧遵循着传统马克思主义对于文化的阶级界定,认为一个整体的民族文化无法逃避或超越社会的阶级。它不是居于

---

① 《马克思恩格斯文集》第2卷,第35—36页。
② [英]佩里·安德森:《文明及其内涵》,《读书》1997年第11、12期。
③ [英]佩里·安德森:《后现代性的起源》,紫辰、合章译,中国社会科学出版社2008年版,第124页。
④ [英]佩里·安德森:《文明及其内涵》,《读书》1997年第11、12期。

各阶级之上的一套共同价值,而是体现了特定社会中所有阶级的生活经验。这一民族文化是各阶级力量之间对比和较量的结果,大致可以划分为统治阶级的文化和被统治阶级的文化,但是,这两种结构要素在其社会总体中却占据着不同的位置。安德森认为,一般来说,剥削阶级控制民族文化中大多数艺术和智慧的成就,他们占据了不同于劳工的优越位置,享有闲暇和知识,在劳工阶级中则逐渐产生了许多日常生活中非正规的习俗和实践,而国家暴力和精英势力总是通过支配权的残忍手段而使那些地位较低者逐渐驯服于地位较高者的习惯做法。可见,在一个民族文化中,统治阶级的文化居主导地位,而工人阶级的文化居从属地位。因而,工人阶级的革命历史也常常以失败告终,"如果认为今天的民众运动必须总是优先运用它们的民族文化中从下层经验派生出来的资源,那将是错误的。这些经验中有可能沉淀着太多的失败,或者消极忍耐的记录太长,从而不能为今天情绪高昂的动员所利用"①。就其外部而言,在多国资本主义的强大进攻面前,民族文化在其全球化的过程中并不能一味地保持其民族性,而要借鉴其他民族的优秀文化资源,共同对抗资本主义的全球扩张。因为,没有哪一种民族文化的内部拥有所有必需的资源,可以成功地抵御用卫星通信武装起来的多国资本主义,也没有哪一个民众运动能够占有全部国际资源——它们都潜在地源于世界各地的文化。无论是从民族文化中工人阶级的存在状况来看,还是从资本主义的国际联合来看,我们都不能一味地使民族文化保持其民族性,而应保持一种向外的积极态度。

当然,资本主义的全球扩张并非一帆风顺,相应地,它也带来了一种反全球化的运动,其中最为显著的事例就是妇女运动和生态运动,《更新》一文中说道:"发达世界中的女权主义和生态运动所取得的成就是真实而受欢迎的,它是过去 30 年中这些社会中人类进步的最重要的因素。"②尽管与传统的社会主义运动相比,这些形形色色的新社会运动拥有截然不同的斗争主体和斗争目标,但有一点是共同的,那就是与资本主义的抗争。正是在这些新的反资本主义因素的不断增长中,安德森看到了资本主义终结的希望,并信心十足地宣称道:"不是资本主义终结了乌托邦,而是对于资本主义的乌托邦式的观

---

① ［英］佩里·安德森:《文明及其内涵》,《读书》1997 年第 11、12 期。

② Perry Anderson, *Renewals*, p.16.

念，即把资本主义视为一种平和的稳定的秩序的概念，在这里终结了。"①

三、革命的乌有之乡

资本主义之后是一种怎样的世界？在安德森的构想中，未来的社会应该是一种性质上完全不同于当前资本主义的社会。这种社会的全景是：就其经济而言，我们将拥有一种控制经济和财富的各种社会形式，而不只是控制一切生产资料的资本主义私有制；就其政治而言，我们将拥有一种更加多样的选举机制，而不只是具有象征意义的每四年一届或五年一届的选举制度；就其文化而言，我们将拥有一种更加丰富和更具创造的文化实践，而不只是单调机械的美学实践。这就是安德森所构想的一种未来乌托邦，它将是社会主义的一种伟大工程。

在安德森看来，社会主义是一种完全的集体的民众的工程，首先，它不同于一般的个人工程，如制订计划、婚姻选择、技能培训、家庭供给等，因为这些工程对个人而言是极有目的的事业，但却刻写在现存的社会关系之中；其次，它不同于一些集体的或公共的工程，如宗教运动、政治斗争、军事冲突、外交事务、商业探险和文化创造，因为它们无论多么崇高和悲壮，在很大程度上都局限于一种自发的范围，追求着某种局部的目的；再者，它也不同于这样一些集体工程，如早期的政治殖民、宗教异端或文学乌托邦。严格来讲，这一工程的典型代表是法国革命和美国革命，它们始于一种自发的反抗，止于一种政治司法的重建。然而，它们仍不同于一种完全的民众的代理人的运动，即现代的工人阶级运动。所谓真正的社会主义运动，是伴随其创始人称之为科学社会主义而出现的一种试图变革现存社会关系的集体性工程，这一工程就与一种可预想的未来相连，其最典型的标志是 20 世纪初俄国的社会主义革命。② 尽管最终的结果与最初的设想之间存在极大的差距，但社会主义工程的创立是不可更改的，或者说，社会主义是民众可欲求的、可实现的工程。

安德森坚持经典马克思主义的议程，试图开创一种"革命的政治学"，认为社会主义的代理人依旧是工人阶级，社会主义的策略依旧是革命主义。然

---

① ［英］佩里·安德森：《文明及其内涵》，《读书》1997 年第 11、12 期。

② Cf.Perry Anderson, *Arguments within English Marxism*, pp.19—20.

而,这一革命的战略依据在哪里呢? 可以肯定地说,它就是历史。那么,历史提供给我们的核心内容是什么? 我们从历史中又能学到怎样的经验教训? 安德森说道:"从封建主义向资本主义的经济转变仅仅是从一种私有制过渡到另一种私有制,从私有制向公有制转变的这一更巨大的历史变革将必然使对权力和财富的剥夺更加剧烈,那么,它会承担更少伤害的政治形式么?"①历史向我们证实,社会主义需要革命。对于"革命"一词,安德森遵循古典的定义,即一种政治革命。在他看来,"革命"一词最初使用于 17 世纪晚期,它是指在政治上推翻旧的国家秩序并创建一种新的国家秩序。1640 年的英国内战仍被简单地称做"伟大的反抗";1688 年的英国资产阶级革命获得了一个永久的名称"光荣革命";1789 年的法国革命爆发时,连路易十六本人都知道这是一场革命而不是一次暴动。从时间上看,"革命"是非延续的、有着明确的边界;从概念上看,它始于一个社会的危急时刻,也止于一个社会的危急时刻,它是指来自下层民众的对国家秩序的一种政治推翻和取代。因此,对于社会主义革命来说,它就"意味着一些更艰难、更明确的东西:现存资本主义国家的解体,从生产方式上对有产阶级的没收;一种新的国家和经济秩序的建立,其中,相关的生产者首次对其工作生活和政治政府实行直接的管理和支配"②。因此,安德森的这一政治革命就不是一种具有政治精神的社会革命,而是一种具有社会精神的政治革命,因而与马克思的革命精神相一致。正如马克思在《评"普鲁士人"的"普鲁士国王和社会改革"》一文中所指出的:"如果说具有政治灵魂的社会革命不是同义语就是废话,那么具有社会灵魂的政治革命却是合理的。一般的革命——推翻现政权和废除旧关系——是政治行动。但是,社会主义不通过革命是不可能实现的。社会主义需要这种政治行动,因为它需要破坏和废除旧的东西。但是,只要它的有组织的活动在哪里开始,它的自我目的,即它的灵魂在哪里显露出来,它,社会主义,也就在哪里抛弃政治的外壳。"③在他看来,社会主义革命的前提是政治革命,没有这种革命,资本主义的生产关系和社会关系就得不到根本的变革,真正的社会主义也无法实现。

当代资本主义世界,这些革命的理想似乎被证明是一种不切实际的幻象,

① Perry Anderson, *Arguments within English Marxism*, p.195.

② Ibid., p.194.

③ 《马克思恩格斯全集》第 3 卷,人民出版社 2002 年版,第 395 页。

几乎没有什么现实性和可操作性。然而，这一革命对于安德森来说却是"最科学的社会主义"，也是一种最深刻、最彻底的社会主义。在安德森的视野中，所谓科学的社会主义，也是一种理性的社会主义，与道德的社会主义不同，它不是从道德和欲求的角度对资本主义进行的一种道义批判，而是从历史和知识的角度对资本主义进行的一种理性批判，从而使人们确信社会主义是可欲求的更美好的社会，它将比资本主义更加自由、民主和平等。另一方面，安德森并没有完全拒绝道德主义，而是认为任何一种可行的社会主义需要一种道德的想象，一种道德的现实主义，从而使革命的社会主义思想获得工人阶级的真正认同和接受，因而，也是一种道德的社会主义。总之，这种科学的和理性的社会主义是可行的，作为社会主义代理人的工人阶级能够打破并推翻资本主义的国家机器，正如安德森所表达的："'科学社会主义'的重大进步就在于打破这种僵局，确定植根于历史的具体的经济生产形式之中的特定社会力量的地位，作为能使旧制度得以推翻的'阿基米德点'——由资本主义的产生所造就的产业工人阶级的结构地位。"①然而，安德森的这一革命社会主义策略却始终停留于一种"理论实践"的范畴中，从未能从理论的斗争走向实践的斗争，或许恰恰是因为构建了一种革命的乌托邦而成了一种真正的乌托邦。

对于安德森的这一革命社会主义策略，保罗·布莱克里奇作出了一种辩证的评价，他说道："假如安德森的视角是正确的，那么一个社会主义者所采取的唯一主要立场就是对于资本主义的坚决反对。然而，假如安德森的视角是错误的，那么，诸如1995年的法国罢工，1999年西雅图的反资本主义示威游行，2002年阿根廷的革命动乱，都反映了工人和其他人联合反资本主义的潜能，并且通过这些斗争发展出种种意识和组织，从而必然开启大众的国际反新自由主义并为社会主义斗争的过程。那么，社会主义者必须使自己参与到这一运动中，并保持革命的社会主义方向。实际上，一旦拒绝任何的方程式，无论如何批判斯大林主义和社会主义，我们也许会看到，历史在当前形势下发生转变的参数要比安德森的评价所允许的更加广泛。"②无论这一策略能否实现，但对于马克思主义和社会主义的执着信念是安德森思想中的一个绝对视

---

① ［英］佩里·安德森：《当代西方马克思主义》，余文烈译，第133页。

② Paul Blackledge, *Perry Anderson*, *Marxism and the New Left*, p.171.

阈。或许这一信念在当代资本主义猖狂的世界上是微不足道的,但他毫不妥协的批判声音却给我们带来了些许希望的曙光。"当今西方世界,向右的潮流浩浩荡荡,有人选择向左,等于选择向胜利者发出不和谐声。事实上,越是对时代敏感的人,在和时代相处时越趋于选择两端;或者顺流而下,或者逆流而上。"①而安德森就是向右潮流中的向左之士,一位逆流而上的社会主义勇士。

安德森是英国20世纪60年代成长起来的马克思主义知识分子,他始终怀有一种经典的马克思主义情结。这一情结是在与经典马克思主义、西方马克思主义和英国马克思主义的争论、对话和交融中逐步形成和发展的。

安德森对马克思所创立的历史唯物主义进行了一种科学的保卫和辩护。他始终遵循着马克思本人在《〈政治经济学批判〉序言》中所提出的有关生产力和生产关系、经济基础和上层建筑、生产方式和社会形态的基本概念和理论,开启了一种"类型学"的全新研究范式。这是一种既不同于历史主义,也不同于结构主义,同时又包含有历史主义和结构主义的某些因素和成分的阐释方法。就历史主义方法而言,安德森试图深入到资本主义之前的封建主义和绝对主义的实际历史之中,探寻出资本主义真正的根源和系谱、起因和动力,从而使历史唯物主义获得丰富而细腻的历史内涵;就结构主义方法而言,这是安德森"类型学"方法中更为深层的一种认识范式。他不仅研究了社会结构的静态要素和关系,而且研究了社会形态在欧洲不同地区和国家之间的历史变迁,得出了两种不同的类型学,即"地区的类型学"和"国家的类型学"。正是在历史主义和结构主义这两种方法的相互融合和贯通之下,安德森最终形成了自己独特的"类型学"的唯物史观。当然,这一"类型学"的唯物史观最鲜明地体现在安德森的两部史学著作《从古代到封建主义的过渡》和《绝对主义国家的系谱》中,其中,经验主义和理性主义并行不悖,历史主义和结构主义相得益彰。在这一"类型学"的唯物史观中,安德森回到了经典马克思主义的地形学,对种种现象进行着唯物主义的解读和阐释。

安德森通过《新左派评论》、新左派书局和左翼出版社对欧陆理性主义的

①　甘琦:《向右的时代向左的人》,《读书》2005年第6期。

马克思主义进行了全面系统的翻译和出版。这一翻译和出版一方面影响了安德森自己的马克思主义，使他在法国阿尔都塞的结构主义的马克思主义影响之下形成了以他为首的结构主义的马克思主义学派，并与以汤普森为首的历史主义的马克思主义学派之间进行了长期而持久的论战；另一方面也影响了英国整整一代左派学者对于"西方马克思主义"的理解和认识，形成了一种多元的英式马克思主义文化，出现了以汤普森为代表的历史主义的马克思主义，以安德森为代表的结构主义的马克思主义，以柯亨为代表的分析主义的马克思主义，以威廉斯和霍尔为代表的文化主义的马克思主义等不同的思想流派。在安德森看来，作为欧陆理性主义的马克思主义，西方马克思主义颠倒了经典马克思主义的学术路线，从政治经济学走向了哲学、美学和上层建筑领域，尤其是作为第一次世界大战后欧洲工人运动失败的产物，其最为重要的一个特征就是理论和实践的脱节。在这样的分析和判断中，安德森终结了"西方马克思主义"而走向了经典马克思主义，并对其进行了必要的保卫和辩护，期待着理论和实践的伟大结合。然而，这一坚守仅仅是理论层面的，而没有走向实践层面，他既未参加过任何有关工人阶级和社会主义的实践运动，也没有参加过任何社会主义的政党或组织，甚至没有提出过任何党派或组织的构建问题，因而他从未从理论走向实践，只是在理论的堡垒中从事着反资本主义的斗争。

当安德森把欧陆理性主义的马克思主义引入英国经验主义的马克思主义之中时，两者之间发生了激烈的冲突和碰撞，尤其是以安德森为代表的结构主义学派与以汤普森为代表的历史主义学派进行了长达近20年的对峙和交锋。总体上，他们进行了三次交锋：第一次是随着汤普森《英国工人阶级的形成》（1963）一书的出版，安德森和奈恩分别在《当代危机的起源》（1964）和《英国的工人阶级》（1964）两文中作出了回应；第二次是随着汤普森《英国的特殊性》（1965）一书的出版，安德森随之在《社会主义和伪经验主义》（1966）中作出回应；第三次是时隔12年之后，汤普森出版了《理论的贫困》（1978），安德森再次在《英国马克思主义的内部争论》（1980）中作出了回答。直到此时，两派之间的争论才达成某种初步的和解，正如安德森自己所总结的："抛却旧的争吵，共同探讨新的问题将是有益而无害的。"①就其争论范围而言，他们就有

①　Perry Anderson, *Arguments within English Marxism*, p.207.

关经验和理性、历史与结构、民族与国际、文化与政治、改良与革命，以及马克思主义和社会主义等问题进行了广泛而深入的探讨和论述，从而使社会主义议程成了英国新左派知识分子关注的核心焦点。

总之，安德森的马克思主义是经典马克思主义、西方马克思主义以及英国马克思主义的一种内在逻辑延伸。然而，他对这些马克思主义有着自己独到的解读。这种解读不是刻板的、教条的，而是灵活的、多样的，他总是在"最大的清醒"中保持着对马克思主义的"最大的敬意"。在某种意义上说，安德森是一位经典的马克思主义学者，历史唯物主义是其思想的理论立脚点，而社会主义则是其思想的最终落脚点。在他看来，"如果马克思主义的确切称号是历史唯物主义，它就必须首先是历史的理论，然而引人注目的是，历史就是过去。现在和未来当然也是历史的，而这正是马克思主义内实践作用的传统格言所不自觉地提到的"①。也就是说，历史唯物主义既是一套理性的话语体系，同时也是一种有关历史的发展理论，更是一项反资本主义的伟大工程，其目的在于实现一种真正的民众的社会主义。这一社会主义既是一种理性的和历史的论证所得出的一种科学结果，同时也是一种道德的和意志的坚定所企盼的未来结果。无论这一社会主义的未来构想是否会成为一种乌托邦，关键在于这一社会主义信念背后所渗透的是一种深沉的为穷者代言，为贫者立命的人本主义情怀。他试图揭示出资本主义自由价值精神背后所隐藏的种种冷漠和丑恶，反对一切资本主义国家的帝国主义和霸权主义的侵略行径，支持一切世界范围内的工会、环保、女权、和平等正义的声音和行为。这就是安德森作为马克思主义知识分子的一种良知和责任，正是这份良知和责任，值得我们去深入思索和探究。

---

① ［英］佩里·安德森：《西方马克思主义探讨》，高铦等译，第136页。

第十三章 吉登斯:创建自我认同的生活政治社会

安东尼·吉登斯(Anthony Giddens,1938—)

安东尼·吉登斯 1938 年 1 月出生于伦敦北部的埃德蒙顿。1956 年进入赫尔大学学习社会学和心理学。1959 年进入伦敦经济学院攻读硕士学位。1964—1969 年间,曾先后任教于莱斯特大学、加拿大西蒙·弗雷泽大学和美国加利福尼亚大学洛杉矶分校。1969 年受聘于剑桥大学国王学院。1976 年获剑桥大学博士学位。1986 年被聘为剑桥大学社会学教授。1997—2003 年出任伦敦经济学院院长。2004 年被授予"终身贵族"称号,现任英国上议院议员。

作为新左派最杰出的代表人物,吉登斯时刻关注现代社会的发展变迁,其思想被誉为是"站在巨人的肩膀上"[1],而其本人也被认为是和当今政治结合最为紧密的学者之一。他通过前期对马克思、涂尔干和韦伯社会思想理论的梳理,结合当代欧洲社会的发展变迁,综合创造出了自己独特的社会变迁理论,而对现代性问题的研究则是其全部思想理论的核心。与齐格蒙特·鲍曼和乌尔里

---

[1] Jon Clark, Celia Modgil & Sohan Modgil(eds.), *Anthony Giddens: Consensus and Controversy*, Lodon, New York, Philadelphia: The Falmer Press, 1990, p.13.

希·贝克一起被称为"欧洲社会理论的三驾马车"。吉登斯、赫尔德（David Held）和汤普森（John Thompson）共同创办了英国政体出版社（Polity Press），该出版社已成为社会科学方面的主要出版机构。

吉登斯是一位多产的思想家，从其思想脉络来看大致可分为前后两个阶段，即对西方社会思想界各种理论学派的批判性总结和对现代社会的创造性论述。前一阶段的理论成果主要集中在20世纪70年代，有《资本主义与现代社会理论》（1971）、《涂尔干的著作选读》（1972，译作）、《发达社会的阶级结构》（1973）、《实证主义与社会学》（1974）、《社会学方法的新规则》（1976）、《涂尔干》（1978）、《社会理论的中心论题》（1979）等大量的专著。这些作品的主要主题是对早期社会理论家思想的分析和评述，主要集中于对马克思、韦伯和涂尔干思想的研究。20世纪80年代以来，吉登斯的研究旨趣从梳理早期思想家的理论转到了当代社会理论，并且在整合早期理论思想的基础上对当代社会的发展提出了新的见解，对西方社会政治变迁和生活变迁作了深入的思考。这些特点主要表现在他的历史唯物主义三部曲中，如《民族——国家与暴力》（1985）和《超越左与右》（1998），以及后来出版的《现代性的后果》（1990）、《现代性与自我认同：现代晚期的自我与社会》（1991）、《亲密关系的转变》（1992）、《失控的世界》（1999）、《第三条道路——社会民主主义的复兴》（2000）等著作当中。

吉登斯认为，长期以来在理论界存在着两种理论争端：社会决定论和方法论的个人主义。前者认为社会行为要受到社会规范的制约，社会规范产生于人，又强加在人的身上。方法论的个人主义则认为，所有的社会整体结构都可以还原为个人的逻辑堆砌，即社会整体是处于某种社会联系中的个人的集合体。为了摆脱这种"二元"困境，吉登斯提出了"结构的二重性"理论。"结构化理论的主要目的：一是确认行动概念在社会科学中具有实质的重要性，因此，社会科学必须能够令人满意地解释有能力的、可理解的人类能动者。二是避免陷入主观主义，而且要把握和理解比我们存在更久的社会制度的结构性组成。"[①]因此，我们可以认为，在吉登斯所表达的社会结构中，人是具有能动

---

① ［英］安东尼·吉登斯：《失控的世界》，周红云译，江西人民出版社2001年版，第133—134页。

性的，但同时也是受到客观存在制约的，我们在受制约中创造了一个制约我们的世界。

现代性是吉登斯理论关注的核心，吉登斯对社会变迁的考察实际上一直是围绕着现代性来展开的。他通过对现代性的起源、本质、特征的分析，走向了现代性的批判性超越。同时，吉登斯更加关注现代性的负效应，正像他所指出的，由于历史条件的限制，经典社会学家并没有充分意识到问题的严重性。"现代性是一种风险文化，在某些领域和生活方式中，现代性降低了某些领域的风险性，但它同时也导入了一些先前年代所知甚少或者全然不知的新的风险参量。"①吉登斯把现代性的风险同民族国家的权力运用联系了起来，指出了现代政治的极权主义倾向。为了克服这种潜在的威胁，吉登斯提出了乌托邦的现实主义。我们不仅要面对现实，同时也要在内心保持乌托邦式的理想以及对道德的追求，这样才能清楚地勾画出美好社会的轮廓。"一种重新焕发生命力的批判理论要把乌托邦主义和现实主义同等看待并且结合起来。"②

第一节　民主主义的社会批判

"现代性"是一个具有相当争议的话题，它通过启蒙运动开始了理性化的进程，但是它又常常把我们推入一个大旋涡中，那里是永久的崩溃与更新。波德莱尔在他的《现代生活的画家》中这样描述道："现代性，意味着过渡、短暂和偶然；它是艺术的一半，另一半则是永恒和不变。"现代性是矛盾的化身，它从产生的那一天就对现实充满着仇恨，它的批判性的内在特征赋予了这个时代变革的力量。正如大卫·哈维所说的，现代性对过去毫无尊重之意，事物的短暂性使它很难保存任何意义上的历史连贯性。吉登斯对现代性也持有类似的看法。他强调现代性的断裂，并认为在研究历史变迁中，找到断裂比连续更具有重要的意义。吉登斯以独特的视角展开了对现代性的研究和批判，努力从乌托邦的世界中回归现代性的合理性，这是一种民主主义的社会批判，也是对未来社会的理性化构建。

---

① ［英］安东尼·吉登斯：《现代性的后果》，田禾译，译林出版社2000年版，第6页。
② 这是吉登斯为《当代历史唯物主义批判》第二版所写"前言"中的一句话。

一、现代性的内涵及其特征

吉登斯在《现代性的后果》中描述道:"现代性指社会生活或组织模式,大约 17 世纪出现在欧洲,并在后来的岁月里,程度不同地在世界范围内产生着影响。"①现代性大略等同于工业化的世界,只要我们认识到工业主义并非仅仅是在其制度维度上。在《现代性——吉登斯访谈录》一书中,他又说:"在其最简单的形式中,现代性是现代社会或文明的缩略语。比较详细的描述,他涉及:(1)对世界的一系列态度,关于实现世界向人类干预所造成的转变开放的想法;(2)复杂的经济制度,特别是工业生产和市场经济;(3)一系列政治制度,包括国家和民主。"②从吉登斯对现代性内涵的表述中可以看到,吉登斯首先把现代性限定在一定的时间范围内,认为它是一种特有的生活模式。现代性的实质是一系列复杂的完全不同于传统社会的工业体系和运作制度,它有复杂的经济制度、政治制度和民主制度等诸多因素。现代性发端于欧洲,又不仅仅限于欧洲,伴随着全球化的发展,现代性遍布了全球。

吉登斯认为,现代性不同于以往任何社会,它是一种新制度模式,具有如下特征:

(1)断裂性特征。所谓断裂,"是指现代的社会制度在某些方面是独一无二的,其在形式上异于所有类型的传统秩序"③。吉登斯不赞成社会进化论,他认为历史并不像许多社会理论家们所描述的那样,具有内在一致的逻辑性、合目的性,相反,历史具有非延续性。断裂性是现代性的基本特征,现代性毁灭传统又重塑了传统。吉登斯指出,"人类历史没有一幅进化论的'外观',而如果硬要将人类历史塞入这样一种'模式'中,我们就不能准确地理解这一历史"。现代性以前所未有的方式,把我们抛离了所有类型的传统社会秩序的轨道,从而形成了新的生活形态。在外延和内涵两个方面,现代性卷入的变革比以往任何时代的绝大多数变迁特性都更加意义深远。在外延方面,它们确立了跨越全球的社会联系方式;在内涵方面,它们正在改变我们日常生活中最熟悉和最具个人色彩的领域。所以,"生活于现代世界的人们与生活于先前

① [英]安东尼·吉登斯:《现代性的后果》,田禾译,第 1 页。
② [英]安东尼·吉登斯、克里斯多弗·皮尔森:《现代性——吉登斯访谈录》,尹宏毅译,新华出版社 2001 年版,第 69 页。
③ [英]安东尼·吉登斯:《现代性的后果》,田禾译,第 3 页。

各种社会和各历史时代的人们之间的差异，同使他们与久远的过去得以联结起来的那些联系相比，意义更为深远"①。另外，吉登斯所使用的断裂首先抛开了历史的宏大叙事，没有受制于将人类历史描述成一个整体的观念。他说，尽管历史发展的各个阶段都存在着断裂现象，如部落社会向农业国家的过渡，但是，他所关心的不是前现代社会的各种传统式的"断裂"现象，而是特别强调与现代时期有关的现代性的"特殊断裂"。那么，如何理解这一"特殊断裂"呢？吉登斯解释道："首先是现时代到来的绝对速度，较之于传统文明，现代性条件下的变迁更加迅速；断裂所体现的范围已经席卷到了全球的层面，它使各个角落都与其他地区发生了相互的联系；第三个方面是现代制度的固有特性，如民族国家政治的形成以及现代城市的崛起。"②

（2）全球化特征。吉登斯指出："全球化可以被定义为：世界范围的社会关系的强化，这种关系以这样一种方式将彼此相距遥远的地域连接起来，即此地所发生的事件可能是由许多英里以外的异地事件而引起，反之亦然。"③全球化使在场和缺场纠缠在一起，让远距离的社会事件和社会关系与地方性场景交织在一起。全球化必须理解为一种辩证的现象，在一种时空分延关系中，一极的事件会在另一极上产生不同甚至相反的结果。全球化既是现代性的特征又是现代性的后果，"现代性内在就是全球化的"，"现代性的根本性之一是全球化"。吉登斯指出，现代性正在内在地经历着全球化的过程，这一过程体现为相互关联的四个维度：

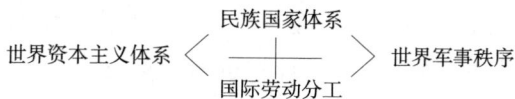

$$\text{世界资本主义体系}\left\langle\begin{array}{c}\text{民族国家体系}\\\text{———}\\\text{国际劳动分工}\end{array}\right\rangle\text{世界军事秩序}$$

（3）双重性特征。吉登斯指出："正像每个生活在 20 世纪末的人所见到

---

① ［英］安东尼·吉登斯：《现代性的后果》，田禾译，第 37 页。
② 同上书，第 5 页。
③ 同上书，第 56 页。

的那样,现代性是一种双重现象。同任何一种前现代体系相比较,现代社会制度的发展以及它们在全球范围的扩张,为人类创造了数不胜数的物质财富。但是现代性也有其阴暗面,这在本世纪变得尤为明显。"①看到现代性既有"阳光"也有"黑暗"不是吉登斯的独创,许多现代性理论家都认识到了这一点。区别在于吉登斯更加关注现代性的阴暗面,他认为,由于历史条件的局限,经典社会学家并没有充分地意识到问题的严重性,或者在他们的那个年代,风险性还不是那么的明显。现代性充满了不确定性和不可预测性,"现代性是一种风险文化。在某些领域和生活方式中,现代性降低了总的风险性;但它同时也导入了一些先前年代所知之甚少或者全然不知的新的风险参量"②。在现代性制度下,人们面临着与前现代社会完全不同的风险环境,我们生活于其中的世界是一个可怕而危险的世界。吉登斯重点指出了现代性所导致的具有严重后果的四种风险:经济崩溃、极权主义、生态危机和核战争风险。

二、现代性的多维制度分析

吉登斯的多维制度理论得益于三大社会理论家。他认为,马克思把资本主义作为变革现代社会的主要力量。"对那些受到马克思影响的学者们来说,影响现代世界的主要变革力量是资本主义……现代性所呈现的社会秩序,在其经济体系和其他制度方面都具有资本主义的特征。"③涂尔干则更多地强调,资本主义的发展依赖于工业社会和工业秩序的兴起,正是工业技术的大量应用,导致了社会分工的专业化,它在满足人们需要的同时,也促进了社会的发展,因而他把现代性的机制归因于"工业主义"。韦伯强调"合理性",合理的资本主义,即技术在人类社会组织中以"官僚制"那样的形式出现和发挥作用。吉登斯认为,大多数社会学理论都寻求对现代社会做某种单一因素主导的制度性解释,这在某种意义上具有还原论的色彩。"我们无法提出一种单一的绝对的机制来解释社会变迁;没有什么钥匙可以解开人类社会发展的所有奥秘,也不能将这些奥秘简化为单一的程序,哪怕是用这种方式来分析两种

---

① [英]安东尼·吉登斯:《现代性的后果》,田禾译,第6页。

② [英]安东尼·吉登斯:《现代性与自我认同:现代晚期的自我与社会》,赵旭东、方华译,生活·读书·新知三联书店1998年版,第4页。

③ [英]安东尼·吉登斯:《现代性的后果》,田禾译,第9页。

不同的社会类型之间的根本变化。"①吉登斯吸收和借鉴了三大社会理论家的理论成果，并加以综合创造，形成了自己多元的社会分析维度。他认为现代社会，尤其到进入民族—国家阶段，社会制度及其发展是复杂而深刻的，而影响其发展的因素是多元的，这些因素之间是不能相互代替的。因此，吉登斯提出了现代性的四维度理论，即资本主义、工业主义、监控和军事暴力。

资本主义指的是一个商品生产的体系，它以资本家对资本的私人占有和无产者出卖劳动力为核心，这种关系构成了阶级体系的主轴线。可以看到，吉登斯借鉴了马克思的观点，在资本主义社会，最本质的劳动力已经成为商品，对劳动者的控制已经从直接的暴力控制过渡到了间接的经济控制以及对自由的控制，你可以自由地选择把自己的劳动力出卖给谁，但是出卖是必需的，从而这种阶级的对抗得以形成。

工业主义是指在商品生产过程中对物质世界的非生命资源的利用，这种利用体现了生产过程中机械化的关键作用。工业革命开启了现代世界工业化前进的阀门，正如马克思所说的，"工业是一把打开近代史的钥匙"。正是机器的大规模运用及分工的专业化，极大地推动了现代社会的前进。

吉登斯把监督作为现代性的第三个制度性维度。它指的是：在政治领域中，对被管辖人口的行为指导，尽管是以行政权力为基础，但监督的重要性绝不仅仅限于政治领域。监督可以是直接的，但更重要的特征是，监督是间接的，并且建立在对信息控制的基础之上。

军事暴力作为现代性的第四个维度，主要是指对暴力工具的垄断与控制。与传统国家相比，现代性国家或者民族国家获得了明确的领土界限和主权，并且绝对控制着领土范围内的军事权力。

资本主义在全球的发展是一个逐渐膨胀的过程，伴随着资本的扩张，工业化的程度不断加深、范围不断扩大，直接推动着现代社会的发展。吉登斯详细地比较了资本主义和工业主义，他认为："工业主义具有如下的一些特点：1.在生产或影响商品流通的流程中运用无生命的物质能源；2.生产和其他经济过程的机械化；3.虽然工业主义意味着制造业的普遍推广，但我们必须对如何理

---

① ［英］安东尼·吉登斯：《社会的构成：结构化理论大纲》，李康、李猛译，生活·读书·新知三联书店1998年版，第360页。

解'制造业'这一问题持谨慎的态度;4.正是在生产流程的这一正规化制度部件中,我们发现了它同人们从事生产活动的集中化工作地点之间的关系。"①资本主义作为在一特定社会中居支配地位的生产体制,其基础是"经济"和"政治"的结合,这种结合是通过私有财产和工资劳动的商品化得以实现的。②

　　对于第三个制度性维度,我们需要做进一步解释。在传统社会中,政治监督也是存在的,例如,东方国家中帝王对臣子、主人对奴仆的监督与控制就是一个突出的例证,但这比起现代国家来说,是不可同日而语的。随着国家主权的确立和明确边界的划定,国家的政治监督进一步得到了扩展和强化,这主要体现在对知识和信息的控制方面,由直接的政治监督变为间接地对知识和信息的控制。当军事和工业化生产已结合起来的时候,战争的危险就已经很临近了,因为没有一个传统国家,即使是欧洲或东方在鼎盛时期的大帝国,拥有像现代国家这样的军事实力。对暴力工具的控制和掌握影响着统治者对主权国家的控制。很显然,监控和军事在一定程度上似乎已经分工,一个主要负责对内的统治,而另一个则转向了国家之间的制衡。

三、现代性的动力机制

　　吉登斯认为,在现代性的四个制度性维度后面,存在着三种动力来源:"现代性的动力机制派生于时间和空间的分离和他们在形式上的重新组合,正是这种新组合使得社会生活出现了精确的时间—空间的'分区制',导致了社会体系(一种与包含在时—空分离中的要素密切联系的现象)的脱域;并且通过影响个体和团体行动的知识的不断输入,来对社会关系进行反思性定序与再定序"。③

　　(1)时间与空间的分离。时间和空间的关系在前现代社会与现代社会具有根本不同的模式。在传统社会,时间一直是与空间相联系的,什么时间总是与什么地点相联系,或者是由有规律的自然现象来加以区别;在现代社会里时间和空间是分离的,现代性的降临,通过对"缺场"的各种要素的孕育,日益把

---

　　①　[英]安东尼·吉登斯:《民族—国家与暴力》,胡宗泽、赵力涛译,生活·读书·新知三联书店1998年版,第172页。

　　②　参见上书,第175页。

　　③　[英]安东尼·吉登斯:《现代性的后果》,田禾译,第14页。

时间从地点中分离出来。吉登斯指出，时—空分离是脱域过程的初始条件，时—空分离及其标准化了的、"虚化"的尺度的形成，"凿通"了社会生活与其"嵌入"到在场情境的特殊性之间的关节点，使被脱域了的制度极大地扩展了时空延伸的范围。同时，时—空分离为现代社会生活的独特特征及其合理化组织提供了运行的机制，它使现代组织能够以传统社会中人们无法想象的方式把地方性和全球性的因素连接起来，而且通过两者的经常性连接，直接影响着千百万人的生活。同现代性相联系的时间和空间的各种模式，具有鲜明的历史性特征，而这些模式对以前的文明形式来说是不可能的。

（2）脱域机制。"所谓脱域指的是社会关系从彼此互动的地域性关联中，从通过对不确定的时间的无限穿越而被重构的关联中'脱离出来'。"①吉登斯主要区分了两种脱域机制的类型，象征标志和专家系统，它们都内在地包含于现代社会制度的发展之中。象征标志指的是人们相互交流的媒介，它能将消息传递开来，用不着考虑任何特定场景下处理这些信息的个人或团体的特殊品质，象征政治合法性的符号；专家系统指的是由技术成就和专业队伍所组成的体系，正是这些体系编织着我们生活于其中的物质与社会环境的博大范围，如律师、建筑师等。吉登斯认为，这两种脱域机制都把社会关系从具体情境中直接分离出来，通过跨越延伸时—空来提供预期的"保障"，而信任则是促成这一预期的中介。

（3）知识的反思性运用。吉登斯承认，反思性是所有人类活动的基本特征，人们总是惯常地与他们所做的事情保持着联系。然而，在前现代社会和现代社会中，反思性有着根本的区别。在前现代的文明中，反思在很大程度上仍然被限制为重新解释和阐明传统，以至于在时间领域中，"过去"的方面比"未来"的方面更为重要。现代性的反思性指的是多数社会活动以及人与自然的现实关系依据新的知识信息而对之作出的阶段性修正的那种敏感性。② 随着现代性的出现，反思具有了不同的特征，它被引入到系统的再生产的每一基础之内，致使思想和行动总是处在连续不断的彼此相互反映的过程之中。③ 社

---

① ［英］安东尼·吉登斯：《现代性的后果》，田禾译，第18页。

② 参见［英］安东尼·吉登斯：《现代性与自我认同：现代晚斯的自我与社会》，赵旭东、方华译，第22页。

③ 参见［英］安东尼·吉登斯：《现代性的后果》，田禾译，第33页。

会实践不断地受到关于这些实践本身的新认识的检验和改造，从而在结构上不断改变着自己的特征。在现代性的反思性中，吉登斯特别强调社会科学，尤其是社会学在其中扮演的角色。必然性的知识和必然性的知识体系在现代性的反思中受到了挑战和修正，正如波普尔所说："所有的科学都建立在流沙之上"①，对现代性的反思使社会科学重新置于它的分析情境之中去了。

四、现代性的国家权力

在对现代性的分析中，吉登斯特别重视国家这一实体。在他看来，现代性的进程与国家形式的演变是同一过程。而且，国家作为当今最大的权力组织，在现代社会的演变过程中的权力运用，直接决定了现代性的发展方向。应当说，吉登斯对现代性国家权力有着独特的理解，他从社会史的角度把国家的发展区分为传统国家、绝对主义国家和现代民族国家。从时间和内涵两个方面来划分，吉登斯所讲的国家的前两个阶段均属于传统国家的阶段。现代性国家权力作为吉登斯关注的核心，是关系现代民族国家发展的重要因素，对其作客观的分析将有助于准确理解吉登斯的思想脉络。

虽然吉登斯不断否认"社会进化论"所强调的历史发展趋势，但他并没有忽视历史发展所具有的连贯性。传统国家权力的众多表现形式均在现代民族国家阶段有了新的发展，这一点是毋庸置疑的。

在详细考察了马克思关于阶级社会的分析之后，吉登斯指出在阶级分化的社会，统治阶级严重地左右着国家机器。他们在国家机器中任职，而国家拥有无限的权力，它经常"专横"地操纵着民众的命运。② 但是，他认为"阶级冲突"并非是传统社会权力冲突的核心和社会变迁的根源，"我以'阶级分化'来指称传统国家，这是因为，尽管统治阶级和民众在财富和特权方面都有着巨大的差异，但阶级冲突却并非集团格局的主轴，而且，也并非是造成社会变迁的重大转型力量之根源"③。阶级形成并非由国家权力来决定，国家权力同样也并非统治阶级的表现。

吉登斯进而指出，在权力形成中的基础和核心应当是监控。事实上，这一

① Karl Popper, *Conjectures and Refutations*, London：Routledge Press, 1962, p.34.
② 参见［英］安东尼·吉登斯：《民族—国家与暴力》，胡宗泽、赵力涛译，第82页。
③ 同上书，第83页。

概念在吉登斯的社会理论中始终处于核心位置。在传统社会中,最初的监控形式就是书写文本的产生。吉登斯从语言学的角度入手分析了书写的最初目的,认为书写在诞生初期,并不是作为言语的同型表征,而是作为行政记法,被用于保存记载或记录的。尽管是最简单意义上的,但书写文本有助于对行政目标需要的信息进行核对和整理,从而使权威性资源得以集中起来,监控为组织的形成和初步发展提供了基础,使组织的行政力量得以建立起来。

传统国家权力的特征还体现在对领土权的模糊认识和意识形态控制的有限性。传统国家的政治中心均集中在有保护的城市或城堡,正如吉登斯所说:传统城市是权力的集装器。一切关于行政的号令均从这里产生。之所以说阶级分化社会的领土权是模糊的,是因为传统国家从来没有明确的疆域界限。这全都根源于传统国家行政力量控制的有限性。"传统国家的存在依赖于权威性资源和配置性资源的产生,而这些资源的产生之所以成为可能是因为城乡之间的相互交织关系,监控能力的发展是作为组织的国家所创建的行政力量的基础。可是,传统国家本质上是裂变性的,其国家机器可以维持的行政权威非常有限。"①传统国家对其所属的领土边远地带的统治基本上是虚有的或象征性的。

传统国家权力在意识形态领域的表现同领土权一样也具有相当的有限性。"凡是阶级分化的社会均有多种'国教';君主或统治阶级中的某些集团,在不同程度上,积极地将这些国教建成其权力支柱;在现代资本主义诞生以前,文化的各个层次都弥漫着宗教的成分。"②传统社会的意识形态离不开宗教意识的浸渍,但并不是必然,它们的共同之处均在于传播和控制的有限性。无论是对领土权的意识,还是用于政治统治的意识形态,都基本上是被客观地限制在了统治者和国家机构的上层精英体系之内。

军事力量也是传统国家权力的典型形式之一。军事力量即战争在推动历史演变中的重大作用并没有在社会理论中得到应有的重视。与历史唯物主义相关联或受其影响而对社会变迁所做的各种解释通常认为,技术创新通过其对生产的直接影响导致了社会转型。但更为准确的观点应该是强调技术进步

①　[英]安东尼·吉登斯:《民族—国家与暴力》,胡宗泽、赵力涛译,第63页。
②　同上书,第94页。

在武器中的运用。吉登斯考察了战争史的演变,也认识到了战争在传统国家所具有的普遍特征。战争是传统国家的一项重要活动,对军事的控制也充分体现了国家权力的运用维度。但同领土权和政治意识形态的认识一样,由于监控技术的单一和行政力量的有限,国家对军事武器的控制始终处于不完备的阶段,中央集权控制的暴力工具同地方军阀或各种造反领袖控制的地方军事力量,两者之间具有变化莫测的紧张关系。

总的来说,吉登斯认识到监控在权力形成中的作用,并把这一概念置于权力研究的核心是有重要意义的。他也准确地评述了传统国家权力的表现形式。正如他所描述的,传统国家本质上是裂变性的,中央和地方之间的关系很多时候都是松散的。马克思运用阶级分析的方法研究传统社会及其演变,其立足点是生产力,这是马克思研究历史变迁的钥匙。吉登斯在批评阶级分析法的时候,并没有看到社会存在的根基。阶级冲突只是生产力和生产关系矛盾激化的激烈表现,阶级的形成是私有制发展的直接结果,这便是权力产生的根源。

吉登斯虽然粗略地区分了国家组织的不同形态,并把第二个阶段称为绝对主义国家。但他仍然认为,如果必须作出明确的划定,绝对主义依然属于传统国家的范畴。但是为了区别与马克思或者部分进化论者,吉登斯从国家发展的历史中区分出了这一阶段。他指出:"就绝对主义的某些特征而言,它依然是阶级分化的社会。不过,在其他方面,它又具有在其他类型的社会中几乎根本就无法见到的特征。"[1]吉登斯在《民族—国家与暴力》一书的开篇指出,他试图对社会史作出非连贯性的解释,在他看来,找出其中的差别比可指明的连续性更富有启发意义。的确,绝对主义作为国家发展的一个独立阶段,除了因循和发展了传统国家权力的部分方面之外,又表现出了众多不同于传统国家的特征,这些特征就为现代民族国家权力的形成提供了程度不一的启示和条件。

吉登斯总结了绝对主义国家权力的三个普遍特征:行政力量的集中和扩张;新的法律机构的发展;财政管理模式的运用。

在前文的论述中提及了行政力量的产生与控制的有限性。在这里,我们并不想选用"更高级"之类的词来形容行政力量的发展。在绝对主义国家阶

---

[1] [英]安东尼·吉登斯:《民族—国家与暴力》,胡宗泽、赵力涛译,第116页。

段,行政力量的集中与扩张首先依赖于绝对主义国家体系的形成。绝对主义国家体系的形成标志着国家主权的进一步强化,更重要的是国家之间的权利得到了相互的认可,而国家主权理论的发展则为建立反思的予以监控的国家体系提供了理论基础;另外,则得益于统治阶级内部加强王权和皇权所采取的有效行动。历史学家安德森认为,绝对主义国家“从未成为贵族和资产阶级之间的仲裁,更不用说成为初生的资产阶级用以反抗贵族的工具”①。绝对主义国家行政力量的集中依赖于统治阶层试图处理变迁的无意识后果,其后果是上层人士的更替相当程度地强化了中央集权的皇权机构。绝对主义国家体系初步彰显了“主权”的理念,把个人拥有无上的权力同国家权力的更普遍化的解释糅合在了一起。这就在一定程度上模糊了王权和国家权力的关系,为权力形式的转化提供了契机。

在国家权力的巩固过程中,法律制度的构建起了重要作用。特别是法典的编撰成为权力普遍化的必要基础。吉登斯分析了法律演变的几个阶段及其作用。首先是针对不同等级社会成员的法规的增多,这在法律的发展方面具有重要的意义,也表明了统治阶层的权力运用的创新。在绝对主义国家中,中央集权机构以外的组织只有遵守或听从法律规定的权利。由此,中央集权的力量不仅得到了程式化的增强,也促进了民众法律意识的觉醒。另一方面是在法律内容所支持的私有财产方面的变化,它最明显的作用体现在使绝对主义行政的形式化努力对随后的政治和经济发展产生了至关重要的影响。当然,其重要作用绝不仅限于此。在吉登斯看来,法律特性的变化,既有助于支撑传统封建阶级的全面统治,又有助于保证日益强大的商业资本和产业资本。法律机制的第三个方面的变化在于刑法和国家机器所运用的制裁方式的变化。法律机制在这方面的变化使惩罚的形式具有了现代的意义。刑法所具有的普遍意义正在于使社会戒律正规化,从而对“越轨”有了新的理解,法律机制的变化为监控提供了新的形式,也预示着监控方式的转变。

战争对于绝对主义国家的重要性同传统国家一样,只是伴随武器技术的改进,战争在形式和规模上日趋复杂化。因而,与之相关的财政资源的管理也就采取了相对复杂的形式。依据吉登斯对绝对主义典型国家考察所得出的结

---

① Perry Anderson, *Lineages of the Absolutist State*, London: New Left Books, 1974, p.18.

论,财政收入的大部分消耗都用在了战争方面。这就需要一个稳定且庞大的经济来源和严密的管理体系,财政管理的重要性不仅体现在现代意义的理财方面,更重要的在于源源不断地开辟收入来源和巩固收入渠道,这对于财政资源的管理至关重要。可以肯定的是,吉登斯把握住了绝对主义国家阶段不同于传统国家阶段的新的权力特征,而这些特征正好是民族国家权力的演化条件。

吉登斯把国家发展的第三个阶段称做民族国家阶段,并认为民族国家的产生同国际关系的形成是同一过程。"民族国家存在于民族国家所组成的联合体之中,它是统治阶级的一系列制度模式。他对业已划定边界(国界)的领土实施行政垄断,他的统治靠法律以及对内外暴力工具的直接控制得以维护。"①从吉登斯对民族国家的界定已经看出民族国家在权力运用方面的端倪。我们有必要强调的是,吉登斯的"民族国家"并不是泛指意义上的,而是特指"西方"或者"欧洲"意义上的国家,至于全球化体系下的民族国家的发展则属于前者直接或者间接影响的延伸。关系性权力观学者认为,民族国家在国际关系中处于行为体的位置,具有影响行为体偏好和预期及其行动策略的强制性因素。②

民族国家存在于其联合体之中,这一联合体正表现为一定形式的国际关系。民族国家的确立最典型的特征之一是"国界"的确立,这不仅意味着国家内部行政力量控制范围的延伸和程度的增强,更标志着不同国家之间的相互承认和国家主权的确立。作为行为体行动能力的权力不是行为体属性,它不能被权力关系中的任何一方所占有、保存或聚敛。③ 通过两次世界大战结束后的一系列会议的召开,国家之间的关系得以进一步确立,协调国家之间关系的组织也逐步地建立了起来,国际联盟和联合国便是典型的见证。在这一方面,国际关系现实主义学派的理解是不无裨益的,在现实的国际关系中国家面

---

① Giddens, *A Contemporary Critique of Historical Materialism*, Vol. 1, London: Macmillan Press Ltd., 1981, p. 190.

② 参见马骏:《国际关系中的"权力"问题——关系性权力观的视角》,《国际政治研究》2007年第4期。

③ 参见[法]埃哈尔·费埃德伯格:《权力与规则——组织行动的动力》,张月等译,上海人民出版社2005年版,第109页。或参见马骏:《国际关系中的"权力"问题——关系性权力观的视角》,《国际政治研究》2007年第4期。

临的根本问题，不是在生存和灭亡之间作出选择，而是在不可能掌握关于未来和变化结果的完全知识的前提下，怎样以尽可能小的安全成本获取尽可能大的安全收益，并减轻对其他价值的减损，这是应对不确定性与风险性的最佳策略。① 民族国家是拥有边界的权力集装器，是现代时期最为杰出的权力集装器。它的行政力量的扩张不仅有赖于内部绥靖的发展，更依赖于工业和军事技术的完美结合。因而，作为现代社会最具实力的组织实体，现代民族国家在权力运用方面表现出了许多不同于以往国家阶段的特征。

有必要明确指出两点，通过对前文的梳理，可以看到吉登斯所谓的现代性国家权力的核心是指"民族国家"权力，它是民族国家在演变的过程中表现出的诸多权力特征的总称；另外，针对当前许多学者提出的关于"民族—国家"权力的式微或终结的说法，吉登斯也提出了自己的观点。吉登斯指出，我并不否认全球化对民族国家主权等多方面所带来的冲击，甚至在某些方面还表现得甚为明显。但是，有一点其他学者却没有给予足够的重视，而这一点对现代民族国家的地位和权力运用至关重要。这就是民族国家基本上控制着全球大多数的暴力工具，事实已经证明，这一点从根本上影响了国家在众多组织中的地位。同时，民族国家控制着全球所有居住的地区，既然众多集团公司或大型非政府组织需要在某个地方落脚，他们最终必然或者夺权或者臣服。我们认为，吉登斯对国家阶段的区分是在有意回避马克思的历史唯物主义，它夸大了权威性资源对于社会演进的作用，所以它也不可能认识到阶级斗争的经济本质，因而也不可能理解阶级斗争在人类历史发展中的直接作用。②

五、现代性与后现代性

吉登斯也研究了后现代性问题，他认为，如果说我们正在进入后现代性阶段，那就意味着，社会发展的轨迹正在引导我们日益脱离现代性制度，并向一种新的不同的社会秩序转变。那么，后现代性通常指什么？吉登斯进一步论述道，除了在一般意义上指经历着与过去不同的一段时期外，还包括多种含

---

① 参见[美]弗兰克·H.奈特：《风险、不确定性与利润》，安佳译，商务印书馆2006年版，第234页。

② 参见钟明华、范碧鸿：《吉登斯结构化理论对马克思社会历史观的"解构"与误解》，《马克思主义研究》2008年第1期。

义:既然所有过往认识论的"基础"都显得不可靠,那么我们发现没有什么东西能够被确定无疑地加以认识;"历史"并不是有目的性的,因此所有关于"进步"的看法都不能得到合理的支持;随着生态问题和更一般意义上的新生活运动的重要性日益增加,一种新的社会—政治议程逐渐形成。但是,吉登斯并不认为我们已经进入后现代的社会,他借助尼采和海德格尔的"虚无主义"评论道,他们的共同点在于能把被认识的"历史"作为一种知识更改的基础,同现代性联系了起来,却抛弃了处于现代性核心的"批判性超越"。但当我们把现代性看做后现代性的过渡时,便会遇到这样的障碍:把后现代性看做现代性的过程,而这一观点所诉求的,正是被公认为不可能的:确立历史的连续性并确定我们在其中所处的位置。与其说我们进入后现代性,不如说它为我们提供了一种内在于现代性本身的反思性的更为全面的理解,我们正处在晚期现代性或者超越现代性。吉登斯论述道,现代性是如此的动荡不定,它最显著的特征——历史进化论的终结,历史目的论的隐没,对现代一以贯之的结构性反思的认识,以及西方之特权地位的消亡——把我们带入了一个全新而纷乱的情境之中。① 现代性已经把我们置于风险之中,超越了现代性又将是什么?吉登斯提出了乌托邦的现实主义:我们必须正视可供选择的未来,将严重后果的风险降到最低点,我们需要做的就是创造出乌托邦现实主义的模式来。

第二节　极权主义的现代政治

目睹了"法西斯暴行"的一代西方知识分子,都会对极权主义有着深刻的认识,他们怀着痛苦和绝望在黑暗中寻找光明,汉娜·阿伦特便是其中之一。吉登斯虽没有经历过第二次世界大战的洗礼,但他对极权主义的认识也相当深刻,他以对西方发达工业社会的技术分析为基础,指出了现代政治具有极权主义的非理性形态。正如马尔库塞所评价的那样:"极权主义更是一种非恐怖主义的经济—技术的协调方式,具有不合理的合理特点。"②而这一现代政治的核心便是国家。吉登斯从四个方面论述了现代政治中民族国家权力运用

---

① 参见安东尼·吉登斯:《现代性的后果》,田禾译,第46页。

② [美]赫伯特·马尔库塞:《单向度的人:发达工业社会意识形态研究》,张峰、吕世平译,重庆出版社1988年版,第9页。

所具有的极权主义倾向以及所造成的潜在威胁。

一、工业主义与军事化的结合

战争在吉登斯看来始终是推动历史演变的主要动力之一。作为军事手段,战争是国家构建和改造权力关系的极端形式。战争是权力关系中断的结果,同时也是交战双方在新的基础上重建权力关系意愿的表达。[①] 现代军事暴力与以往战争形式的不同在于现代军事与工业主义的完美结合。大量的科学技术应用于军事化生产,便捷的交通和通信方式,职业化军人的产生,使陆海空协同作战成为可能。军事的工业化大大提升了战争的机动性和破坏力,两次世界大战的历史已经证明了这一点。

工业技术在战争中的应用首先依赖于通信技术的发展。通信技术的发展使远距离的信息传输成为可能,大大扩展了时空距离,为战争的空间调度和对敌情的迅速掌握提供了可能。机械化的发展不仅提高了武器生产和运输的能力,更增加了其破坏力。19世纪的欧洲,蒸汽动力已经装备到了舰艇并充当动力工具。从这里开始,工业技术同军事目的大规模地结合起来运用于武器生产,并逐渐普及战争的方方面面。马克思认为,战争和扩张是由于资本主义对金钱贪婪的本性使然,而吉登斯认为,资本主义只是为军事工业化提供了手段,民族国家的权力争夺才是军事工业发展的根源。战争或军事暴力从来都是国家活动的主要权力之一,任何国家组织都在试图努力抓住或扩充它。两极对峙时期的全球格局充分说明了这一点,即使美苏两国在经济方面成就卓越,但最具威慑力的仍然是双方的军事实力,尤其是核武器数量的较量。

吉登斯在分析了马克思、韦伯和涂尔干的社会理论后认为,这三位思想家均对社会演变的动力提出了独到的见解。但吉登斯也指出,即使是最权威的思想家也没有把战争在推动社会变迁方面的作用放在核心位置。吉登斯对战争史进行了考察,他认为传统战争和现代战争无论在规模上还是在破坏力上都不可同日而语。事实上,关于这一点,马克思在对暴力警察的论述中早已指

---

① 关系性权力观的这一观点是新颖的,为我们提供了重新理解战争动机和战略平衡的契机,两次世界大战在这方面表现得较为鲜明。

出："警察是由武装人员组成的，是用暴力或以暴力为后盾专门维持秩序的有组织人员。""文明国家的一个最微不足道的警察，都拥有比氏族社会的全部机构加在一起还要大的'权威'。"①正如丘吉尔在第一次世界大战的记录中说到的：我们从中过来的大战与所有古代战争都不一样，他在密集的战斗力方面及可怕的破坏力方面与古代相异，在其战斗之极端残忍性方面，也与所有现代战争相别。一切时代的恐怖都会合而来，不只是军队而是所有人员都投入洪流之中。②

这种统一式规模的战役的发起依赖于职业化军人的形成。亨廷顿指出，19世纪以前的军官团是商人和贵族子弟的逐利行为或英雄寻梦。在那时，军队尚未成为现代类型的反思性监管组织，即使有些监控技术已经在军事领域中开拓出来。到19世纪下半期，欧洲国家，包括美国和苏联均建立起了正规的训练军官的学校。③ 与此同时，普遍的兵役制的实行，使军队从"业余"向"职业"方向发展，普遍的职业化军人不仅提高了反思性监控，而且大大提升了军队的战斗力，再加上先进、机动的火力武器，马上使战争具有了现代化的色彩。

民族国家是相互承认边界和主权的权力实体。随着内部行政力量的扩张，军事暴力和政治逐步脱离，并使其职能逐步转向专职对外。回顾19世纪，民族国家的发展处在一个相互联系的有机整体之中。国家之间充斥着矛盾争端和利益纷争，国家组织在不断协调这些矛盾、争取利益的过程中必然依赖于军事技术作为强大的后盾，哪怕是潜在的威慑力。现代科技已经创造了高效、快捷且具有极大破坏力的武器系统，加上训练有素的职业化军人，配备上先进灵活的运输系统和通信设备，发动一次全方位的战争应当说是甚为容易的。运用汪民安教授的解释就是，空间障碍在战争技术上不断被克服，战争就是为了突破空间上的界限。④ 吉登斯认为，从军事力量方面来考察并不存在第三

---

① 《马克思恩格斯文集》第4卷，第191页。

② Cf.Raymond Aron, *The Century of Total War*, London: Verschoyle Press, 1954, p.96.

③ Cf.Samuel P Huntington, *The Soldier and the State*, Cambridge: Harvard University Press, 1957, p.29.

④ 参见汪民安:《全球化、空间与战争》,《马克思主义与现实》2007年第2期。作者在该文中认为全球化意味着空间障碍的不断被克服，而战争是克服空间障碍的主要形式。

世界。① 认真分析这一观点会得出两个结论,相比较传统社会,吉登斯的论述是准确的,但如果研究现代世界各国的军力发展,这个观点未免存在为西方大国辩护之嫌。

吉登斯在论述军事工业化时提出一个重要的问题:军事具有如此大的威力,却为何没有主宰政府力量? 我们说军事力量的发展依赖于强有力的国家权威的支持,但军事力量已不再是内部行政化了的国家权威的基础;另一方面,军队永远无法像以前那样"选择退出"政治体系。这是因为,政府控制着一切领土权和现代化的生产设备,即所谓的配置性资源和权威性资源。但是,现代军事力量是如此之强大,它对现代政治的威胁并没有消除,如一些现代民族国家的军政府统治以及经常发生的军事政变便说明了这一点。民族国家要么完全控制军队,要么承受军队所带来的威胁,即公民权利的消解、集中特定类型的监控活动以及基于国家对暴力工具的垄断来全面运用武力,这三方面都暗示出现代民族国家在极权主义方面的威胁。

二、行政力量的全面扩张

行政力量对于不同类型的国家来说都是统治的必要手段。相对于传统国家,民族国家本身就是一个权力集装器,它的行政范围正好与领土边界相对应,这是以往任何国家不曾达到的。

在分析军事发展的过程中,我们曾重点论述过科学在其发展中的重要性。同样,行政力量的扩张也有赖于科学技术的大力支撑。马克思指出:"统治阶级的思想在每一时代都是占统治地位的思想。"②吉登斯认为,在阶级分化的社会,国家体系的整合主要集中在统治的上层精英和其他行政官僚。统治阶级的思想意识很少传播到下层和边缘地带,这主要是因为阶级分化的社会缺乏那种用以阐明普遍化政策以及把这些政策同信息的系统化整合为一体的话语领域。罗素曾在关于权力的论述中指出了人对权力的欲望,统治集团也不例外。统治阶级总是充满了维护统治和增强控制力的欲望,只是在不同国家阶段可资利用的条件不同,从而所能达到的程度也有所不同。

---

① 参见[英]安东尼·吉登斯:《民族—国家与暴力》,胡宗泽、赵力涛译,第 342 页。
② 《马克思恩格斯文集》第 1 卷,第 550 页。

在民族国家阶段,科学的发展为行政力量的扩张提供了必要的条件。运输方式的机械化,电子媒体的发明,远距离的信息传输等这些现代工具的出现,极大地扩张了时空的距离,提供了阶级分化社会所没有的用以急剧扩大时空伸延范围的新手段。通过这些手段,国家的行政控制力量得以侵入以往未曾达到的任何地方。这里有必要提出的一点是,行政力量和另一个权力的维度监控之间有着密切的关联。监控作为现代西方国家权力的突出特征之一,在行政力量的扩张及其他方面至关重要。关于这一点将在下文予以讨论。

吉登斯论述了行政权力产生的根源,提出了权威性资源。他认为,权威性资源是指对人类自身的活动行使支配的手段。① 行政力量通过操纵它得以产出的情景,对人类行为实施管理和协调。行政力量的特性已经从整体上改变了人类的生活方式和行为模式,也改变了统治阶级维护统治的形式。关于这一点我们可以从暴力手段在职能方面的转变来看,在前文中已经指出,军事工业复合体前所未有地提升了战争的威力,也潜藏着大规模战争的危机。自古以来,军事都是统治阶级维护统治和对外征伐的主要力量。但直到现代民族国家阶段,这种对内的职能才有了根本性的转变,行政力量的强化使军事暴力的职能转向了专职对外。

国家机构严格地控制着财政和税收,并形成一套完善的运行系统以保证国家的各项用度开支。另外,国家对人口实施有效的管理,并逐步建立起反思性的监控体系,可以对人口实行系统化的管理。通过监狱、劳教所等诸多机构,不但缓和了暴力手段所带来的严重冲突,更使控制变得细致入微。常规治安警察的产生从职能上解放了军队,使军队从介入国内的秩序中分离了出来。还有一种更为重要的控制是劳动领域中"契约"的产生。马克思在考察资本主义经济体系时认为,无产阶级或者劳动者之所以被牢牢地束缚在工作场所,并不断地劳作,承受资本主义的残酷剥削,是因为生产资料完全掌握在资本家手中。普通大众为了维持生计和生活,必须出卖劳动力,从而使劳动力商品化。劳动契约使"政治"和"经济"相分离,使"隐晦的经济压迫"和监控成为可能。

吉登斯曾归纳了民族国家的普遍特性,其中之一就是行政力量的急剧膨

---

① 参见[英]安东尼·吉登斯:《民族—国家与暴力》,胡宗泽、赵力涛译,第8页。

胀。吉登斯解释道,我已经证明了民族国家的一个主要特征,只有权威性资源得到了扩展,生机勃勃的现代经济所依赖的配置性资源的集中才成为可能。民族国家之高度的行政力量不仅对于巩固国内统治是必要的,而且对于应付国际政治体系中的其他国家也是必要的。

三、监控的集中化

监控是吉登斯国家权力理论中的一个核心概念,也是现代性制度维度中的一个独立丛结。① 吉登斯认真研究了马克思和韦伯的观点。他认为马克思把"独裁权力"的产生解释为阶级之间的"势均力敌",因此国家机器才达至强化。韦伯的科层制虽然包含了专家和专门化官员这两个方面的监控形式,但始终没有把其置于内容分析的核心位置。监控也许与阶级统治有多方面的相互作用,但它绝对不是来自阶级统治。在吉登斯看来,监控是国家权力的核心概念之一,马克思和韦伯忽视了监控在权力形成中的作用,他指出"对于监控作为权力中介的无比重要性,自由传统或者社会主义传统的政治理论都没有充分把握"②。监控不仅是其他权力产生的媒介,也是权力的表现形式之一。

吉登斯在论述极权主义的时候指出:"极权主义首先是监控的极端集中,大致表现在(a)国家对其管辖的人口实行的各种建档分类方式——身份证、许可证和其他官方文件,它需要所有成员照准执行,即使是最鸡毛蒜皮的事情也要遵守成规;还有(b)由警察或他们的线人对这些活动进一步监视的基础。"③与传统国家不同,现代国家极权主义的监控手段随着科学技术的发展及其应用已日臻完备,已从单一的文本扩展到了以电子方式对信息的储存、核计和传播。通过对社会成员的 DNA 取样,建构起了庞大的基因图库;知识的大众化已不同于传统的权威化,其对个体的影响更胜一筹;国家掌握着教育工具,决定着知识的生产、分类和传播。时空的分离和重组渗透进了日常生活的细枝末节,日益改变着最为私密的个人行动与个人关系,并逐渐消融了个体的自主性选择。"在现代的、和平的国家里,信息控制连同极其迅速的通讯、交通体系以及复杂的隔离技术,能够直接用于监视人的一举一动,因而产生出高

---

① 参见［英］安东尼·吉登斯:《现代性的后果》,田禾译,第 2 页。
② ［英］安东尼·吉登斯:《民族—国家与暴力》,胡宗泽、赵力涛译,第 358 页。
③ 同上书,第 354 页。

度集中的国家权力。"①当然，我们并不能把极权主义国家中的监控等同于现代民族国家中的监控，但从现实及其发展趋势来看，这二者之间的距离并不遥远。在论述传统国家权力时，吉登斯也提到了监控，但相比较现代国家，这种差异还是相当明显的。民族国家在监控的最大化方面与传统国家有着根本的差别，监控的最大化与国内绥靖一道创造了一个拥有确定边界的行政统一体。

联系现代性国家权力的前两个表现特征会清楚地看到，无论是暴力工具职能的转化，还是行政力量的扩张，都在很大程度上借助了监控的发展。吉登斯在论及西方现代国家极权主义的起源时认为，极权主义是20世纪的特殊现象，若要理解其起源，就要分析政治的巩固，而这种巩固产生于监控技术与工业化战争技术的合流发展。由此可以看出，监控和暴力工具以及行政力量之间有着密切的关联，其中任何一项均不能还原为其他两种方式。

监控在现代国家具有普遍性，并和公民权利的实现联系在了一起。吉登斯分析马歇尔对公民权利的划分时把公民权利同不同的监控形式联系起来。他认为，马歇尔所指出的权利的三个阶段，实际上是权力斗争的三个舞台。公民权利相对于政治方面的监控，政治权利相对于国家行政力量的反思性监管方面的监控，以及经济权利相对于生产"管理"方面的监控。从考察民生和维护公民合法权利方面来讲，监控是实现群众权利的有效途径。它通过对公民信息的系统性掌握和控制，使国家意识渗入到了人民的生活领域，改变了个体生活的私密空间。但同时也隐含着对大众自由的威胁，正如后现代主义者对现代理性的批判一样，如果一切都运用理性去衡量，那么生活从此也就失去了光彩。对于监控来说，如果人的一切行为都纳入到了国家权力的监控范围，那么人的一切权力将从此消失。

四、极权主义的政治后果

马克思从阶级动力学的角度出发把历史变迁的力量归结为无产阶级和人民大众。在吉登斯看来，这是一个极富魅力的观点。马克思看到了被压迫阶层所具有的强大的反抗性，他们结合无特权阶层构成了人类社会整体利益的代表。但无论在任何时候，我们都不能回避处于人民大众当中的特权阶层或

---

① ［英］安东尼·吉登斯：《民族—国家与暴力》，胡宗泽、赵力涛译，第360页。

者权力阶层。权力阶层掌握着权力的使用权（这种权力有时代表着大多数人民的利益，有时又与之相对），这种权力通常是以组织的形式表现出来的，国家组织便是最为集中、最为突出的代表。关于这一点，国家发展的历史已经给予了证明。吉登斯的确从马克思那里获得了重要的启示，现代民族国家从不同方面操纵着国家最有力的权力机构和部门，并左右着社会的发展。尤其这些权力组织和权力阶层之间的不断联合，使权力的触角延伸到了世界的每一个角落、每一个个体的生活之中，它们无孔不入、无处不在。

在现代性理论中，吉登斯曾归纳了现代性的不同维度，并论述了相应的后果。那么我们究竟应该如何理解这些现代性的后果呢？实际上，当我们从源头上细细考量现代性的后果时就会发现，无论从哪个层面来讲，它们都离不开国家组织对权力的运用，或者和权力运用有着莫大的关联。现代性国家权力的延伸使人类生活的一切几乎全部纳入了权力监管和运作的范围之内（无论是在直接还是在间接意义上）。正如前文所指出的，如果一切都纳入权力的范畴，那么人的权力将不复存在，更何况有很多风险是我们个人根本无法驾驭和逃避的。

吉登斯还指出，由于存在未预期的后果和社会知识的反思性特性，影响了我们对未来社会发展图景的认识。历史的发展并不能被掌握，也不会遵循于人类所设定的既定目标或方向前进。但是，作为主体的人类却不能因此而陷入悲观和绝望。正如控制辩证法所带来的启示，面对现代国家在权力方面所带来的风险性后果，我们同样可以从中发现驾驭风险的方式和途径。"这并不意味着我们应该（或者我们能够）放弃驾驭那头猛兽的努力，将具有严重后果的风险降到最低点超越了所有的价值和所有相互排斥的权力分化。"①

吉登斯在论述战争工业化时，特别提到伴随工业化而来的战争的威慑力和破坏力。暴力工具与工业主义之间存在着特殊的关联，这使得军事组织与武器之间能任意地渗透。"战争的工业化"急剧地改变了战争的性质，使其进入了"全面战争"以及核战争时代。我们知道，军事权力从来都是国家组织的重要权力之一，尤其现代民族国家已经掌握了军事力量的支配权。回顾 20 世纪的战争灾难，我们不得不对军事力量在未来的发展存在担忧。不同区域国

---

① ［英］安东尼·吉登斯：《现代性的后果》，田禾译，第 135 页。

家之间的军备竞赛，超级大国之间为了权力的制衡所进行的源源不断的武器输出，为争取地区资源而进行的局部战争，并由此带来的恐怖主义的蔓延。美国及其联盟对伊拉克所采取的全方位的打击，使这个曾经富有的国家变得支离破碎，成为了灾难和死亡的地域。这从另一个方面显示了军事武器和强权政治结合的威力，也是当今世界的特征之一。

　　极权主义对生活于 20 世纪早期的人来说并不陌生，甚至是有一大部分人经历并参与到了其中。英国哲学家波普就是其中之一，他提出限制国家权力无限扩张的主张，认为过度的干预有极大的危险，它可能导致国家和官僚权力的膨胀。① 雷蒙·阿隆也是一位对政治保持高度敏感性的政治哲学家。他曾总结了极权主义统治的特征：党对政治活动的垄断变为国家的官方真理，并使党具有一种绝对权威的意识形态；对传媒工具及暴力工具的全面控制；政治、经济间的界限被取消，经济与职业活动的统一与意识形态的确定的、由党来实现的各项目标；从意识形态角度对社会的"一般观念"的重建。② 我们无意于对现代西方国家极权主义的起源做深入的探讨。在吉登斯看来，极权主义的威胁主要来源于行政力量的极度扩张，而监控技术与军事工业化的发展则为其提供了条件。

　　众所周知，现代国家区别于传统国家最明显的地方就在于控制力方面，"国界"取代了"边陲"。这就意味着行政力量延伸到了国家的边缘地带，政府的政治意识渗透到了边远地区的民众当中。随着这种权力的不断渗透和加强产生了两个风险性的后果：极权统治的兴起和自我认同的危机。后者将在稍后加以论述。吉登斯认为极权主义在现代民族国家具有普遍的倾向，正如他指出的"在当代世界没有哪个民族国家能与潜在的极权统治完全绝缘"③。

　　资本主义商品经济是资本主义经济体系中的核心。20 世纪的发展证明了资本主义商品经济在创造财富方面的巨大作用。西方资本主义国家的相继

---

　　① 参见［英］卡尔·波普尔：《开放社会及其敌人》第一卷，陆衡等译，中国社会科学出版社 1999 年版，第 320 页。

　　② 参见［意］萨尔沃·马斯泰罗内：《当代欧洲政治思想（1945—1989）》，黄华光译，社会科学文献出版社 1996 年版，第 32 页。

　　③ Giddens, *Central Problems in Social Theory*, London：Macnillan Press, 1979, pp.143-144.

复苏，并跨入强国的行列，这体现了资本主义商品经济在推动社会发展方面的巨大作用。就连马克思也肯定了资本主义生产形式对社会进步所做的重要贡献，他看到了在资本主义体制下生产能力极大释放的现实性。人类谋求美好未来的畅想似乎在资本主义发展的初期得到了验证，再加上苏联社会主义阵营的土崩瓦解，更是让一些盲目乐观的西方学者欢呼出了资本主义的全面胜利。然而，吉登斯深刻地认识到了资本主义体系所具有的弊端。资本主义商品经济的发展并没有给社会大众带来普遍利益和社会的稳定繁荣，反而是使阶级对立更加矛盾，贫富分化更加悬殊（体现在不同国家以及同一国家内部的不同阶层），局部暴力冲突不断。另外，在资本主义条件下，工业产品不仅仅是"商品"表现的唯一形式，劳动力也是商品的一种类型。大量的劳动力在市场中被交易，劳动力商品化与资本主义制度下普遍的商品生产发展成为同一过程。人们只有出卖劳动力才能获得必要的生活资料，而劳动契约则使这种交易具有了不断发展的惯性。资本主义的发展使商品市场极大丰富是一个不争的事实，但束缚在生产领域的劳动异化和劳动者自由权力的丧失则是他们命运的真实写照。

同时，资本追求利润的特性和商品经济的扩张使社会生态与可持续发展陷入了危机，资本的全球化更使这种危机得以加剧。现代资本主义大型企业的扩张往往是伴随着资本的大量转移，从发达国家到发展中国家，哪里的资源、土地和劳动力有利可图，可以获得最大利润，他们便选择去哪里投资。但资源的有限性与需求的无限性矛盾日趋激烈，由经济发展带来的全球性生态危机已经威胁到了人类的生存。如 2009 年哥本哈根世界气候峰会就被称为拯救地球的最后一次机会。我们知道，经济全球化的发展使资本和商品的全球流动成为可能。这在带来大量的信息交流和金融发展的同时，也带来了全球性的金融危机和风险。

现代性国家权力的另一个典型后果是个体自我认同的危机。个人认同的危机同全球化的扩张、行政力量的渗透有关，也是监控的直接后果。现代性的反思性已延伸到自我的核心部位。在现代性的后传统秩序中，以及在新型媒体所传递的经验背景下，自我认同成了一种反思性的组织起来的活动。自我的反思性投射（首尾一贯但又持续修正的个人经历的维系）发生于经过抽象系统的过滤的多元选择的场景中。行政力量和全球化愈扩张，愈消解着传统

的认识。依据地方性与全球性交互辩证影响的日常生活愈被重构，个体也就愈会被迫在多样性的选择中对生活方式的选择进行讨价还价。

吉登斯曾提出本体性安全和存在性焦虑，在他看来，本体性安全是时间上的连续和有序的感受，这包括那些并非直接是在个体感知环境中的感受。实践意识是本体性安全感的认知和情感依托，而本体性安全感又是所有文化中大部分人类的特点。存在性焦虑是有关人的生活以及物质世界的基本存在维度的问题，是对存在问题的普遍担忧，这是所有人在他们日常生活活动情境下都要"回答"的问题。对本体安全感的缺失与存在的忧虑正是个人认同与归属感缺失的直接表现。

现代国家权力以监控为媒介，把个体活动的一切都纳入其中，从而引发了权利的危机。极权主义是一种典型的强权，但除此之外，吉登斯还联系监控区分了几种权利，即经济权力、政治权力和公民权利。"现代西方国家的监控运作在某些方面是公民权利的实现所不可缺少的，然而，监控的扩大又将千辛万苦赢来的权利置于威胁之下。"①因而全面争取公民权利的斗争必然对极权主义的监控形成制约。公民权利的争取与强化必然是自由、公正与正义等民生目标得以最大限度实现的途径；公民权利是政府权力的有效监督形式，一个健康的公民社会可以保护个人免受过于强大的国家权力的侵害；公民权利是国家权力运行的基础，国家权力的运行不能损害公民权利。现代性充分彰显了主体意识，然而主体的完全膨胀却又使其陷入了自身设置的陷阱之中，从而使国家权力陷入了一种两难的境地。发扬它们还是限制它们，还是我们别有选择，人类必须认真地思考。

五、社会运动的兴起

现代西方国家权力经历了蓬勃的发展，并显示了其特征。但是，资本主义的内在特性又使这种权力陷入了两难的困境中。在充分发挥它的作用的同时，却不经意间彰显了其魔鬼般的一面。启蒙运动在抱着实现美好未来设想的同时也开启了通往罪恶的大门。幸运的是人类还拥有足够的理智，还能够理性地认识和面对这样的事实。人类绝不能因此而放弃他们的追求，更不能

---

① ［英］安东尼·吉登斯：《民族—国家与暴力》，胡宗泽、赵力涛译，第369页。

对这种威胁视而不见,为此,吉登斯提出了控制辩证法效应。控制辩证法指出,居于支配位置的个人或群体所运用的全部控制策略,均在居于从属地位的个人或群体那里唤起了反对的策略。① 一个有效的政府需要得到大多数民众的积极默认,国家的专门化行政和民众参与都要涉及多元的控制辩证法。现代国家权力同民众息息相关,在经历了契约协商之后,国家权力都不同程度地和民主黏合在了一起。因而,在实施的过程中,必然不同程度地影响到各个阶层和团体。国家权力的扩张必然引起相应的社会运动予以回应,这是一种相对而非相符的权利运动。吉登斯提出了超越这种权力危机的构想,以此来对抗它所带来的消极方面。

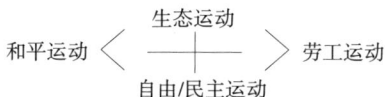

$$\text{和平运动} < \begin{array}{c} \text{生态运动} \\ \text{————} \\ \text{自由/民主运动} \end{array} > \text{劳工运动}$$

和平运动并不是现代国家的产物,追求和平一直都是世界人类的共同梦想。只是把它置于现代战争和核威胁的情况下具有了特别的意义。我们已经认识到,现代武器和现代战争在破坏生命力方面的巨大威力,正如吉登斯指出的,如果从现代武器工业的发展现状来看,任何一个民族国家都不是第三世界,都具备发动现代战争的条件。

和平运动旨在宣扬这样的理念:祥和有序的社会活动应该摒弃有组织地使用暴力,应该更进一步地消解暴力的存在,冲突与不和平状态的根本原因在于暴力的存在,以及引发这些冲突的利益纷争。因此,和平运动的兴起不仅以反对战争为目的,更应该从平衡利益和预防战争冲突方面着手。从消解核武器、常规武器和裁军方面,进一步避免战争的发生和冲突的升级。从历史上来讲,和平运动曾发挥了重要的作用,如发生在美国侵略越南期间的反战和平运动。在战争发生之初,罗伯特·罗素就指出:"我们曾经管希特勒叫坏蛋,因为他要杀光犹太人,但是肯尼迪和麦克米伦要比希特勒坏得多——他们是人类中最邪恶的败类,我们有责任竭尽全力反对他们。"②随着战争的进一步升

---

① 参见[英]安东尼·吉登斯:《民族—国家与暴力》,胡宗泽、赵力涛译,第11页。
② [美]威廉·曼彻斯特:《光荣与梦想——1932—1972年美国实录》第四册,朱协译,商务印书馆1980年版,第1338页。

级,和平运动的规模也在不断壮大,成功地发动了包括工人、学生等广大民众的积极参与,他们游行、请愿、罢工,甚至和政府发生激烈的武装冲突。通过这些努力,促使了越南战争早日结束,反映了人们强烈的和平愿望,昭示了和平运动的强大力量。因此,有人就把这场来自民间的自发组织称为"美国有史以来最大规模、最成功的和平运动"①。现代和平运动的意义还在于反对战争对环境的破坏方面。现代战争能瞬息之间将一片山岭夷为平地,原本充满活力的生命源地顷刻之间寸草不生、尸横遍野。这就是许多学者把和平运动和生态运动结合在一起的重要原因,它们具有内在的关联性。吉登斯就认为:"生态运动与和平运动在其目标与成员方面毫不奇怪地有所吻合。"②

　　除了直接意义上的现实生态危机之外,生态运动还具有丰富的内涵。吉登斯指出:我用"生态运动"来指与重塑人工环境有关的那些运动,它们最关心的主要是工业在现代世界的作用。生态运动发展的重要时期可追溯到19世纪,当西方资本主义国家在欢呼工业主义的成果时,它们也正经历着工业主义所带来的资源浪费与环境污染。1962年卡尔松《寂静的春天》的出版,使自然保护过渡到了环境保护。环境保护比自然保护拥有更加丰富的内容,它除了关心人类对自然环境的影响外,还关心城市环境以及环境问题对健康、生活质量和社会体系的影响,并且开始同人权运动、学生运动、劳工运动等联系了起来。环境运动为生态运动的形成和兴起奠定了重要的基础,正如吉登斯所强调的,生态运动开始重新思考人与自然的关系,并且改变了"以人类为中心"的价值观。生态运动不仅从宏观上关心从地方到国家再到全球的生态问题,而且进一步深入到了关心其他物种的生存状态和生态系统的演化,他以可持续的发展观来综合考虑全球性的生态发展。

　　生态运动同和平运动一样,在消解国家权力的危机方面有重要的作用。生态运动的兴起有利于抑制资本主义商品经济体系的无限扩张,它同和平运动共同对抗战争对自然的生态破坏,同时,以重塑人工环境为目的,又为现代劳工运动注入了活力。

　　吉登斯在倡导生态运动的同时,认为生态运动具有反文化的(因为他对

　　① Tom Wells, *A War within American's Battle over Vietnam*, Berkeley: University of California Press, 1994, p.579.

　　② [英]安东尼·吉登斯:《民族—国家与暴力》,胡宗泽、赵力涛译,第336页。

现代社会的主流制度与技术基础都产生了质疑）倾向，这一倾向将同劳工运动发生冲突。首先，从局部领域来看，出于生态考虑而迫使某个工厂关闭的确会影响到部分工人的暂时利益，但从长远来看，环境改善和保护真正受益的又是这些工人群体。其次，从根本意义上来讲，劳工运动以争取利益与权利为目的，生态运动是以实现人与自然环境及其他的和谐为目的，因此，这二者之间本身并不冲突。

劳工运动是吉登斯提出的超越国家权力困境的又一种方式，目的在于争取平等、自由和权利。众所周知，马克思主义者所提倡的阶级斗争以无产阶级为核心，工人阶级又是无产阶级的先锋队。工人在资本主义工厂工作，靠出卖自己的劳动力维持生计，因为工人没有生产资料，只能承受资本家的剥削。所以马克思认为，工人阶级在反抗资本主义的斗争中最坚决、最彻底。一些学者认为，现代劳工的历史地位已不同于马克思所描述的，因而赋予劳工运动以改变历史的使命已没有意义。这是有一定道理的，一方面，由于资本主义企业进行了局部的调整，同时也有赖于经济和技术的发展，在工人阶级内部已形成了不同的阶层，这从一定程度上影响了工人的凝聚力；另一方面是资本主义企业和政府的沆瀣一气，他们共同压制工会及工人运动，这也使现代工人运动处于历史发展的低潮。但是，我们应当清楚地认识到，资本主义经济结构的调整，只是改变了剥削的形式，资本主义经济体系却没有根本的变化，劳工受剥削的地位也没有根本改变。所以，劳工运动仍然是劳工争取权利、自由，对抗国家资本主义剥削的主要形式。

劳工运动是和资本主义联系在一起的，劳工运动是斗争性的联盟，它直接起源于企业的剥削和扩张。劳工运动已深深地根植于资本主义经济体系之中，它通过工会制度对工作场所进行防卫性控制或通过社会政治组织去影响或左右国家权力。劳工运动作为劳工争取言论自由和民主权利的主要斗争形式，在影响国家经济权力方面的作用都不容忽视。[1] 正是基于这样的认识，吉登斯指出，由于劳工运动内在的阶级特性，它在资本主义社会中仍能享中心地位。

言论自由和民主运动的目的不同于劳工运动，虽然劳工为了维护其工作

---

① 参见［英］安东尼·吉登斯：《现代性的后果》，田禾译，第140页。

场所而进行的斗争包含有争取民主权利的意味,但言论自由和民主运动却直接根源于现代国家所实施的监督。我们已经知道,监督同行政权力之间有着密切的关联,它们二者共同维系了国家及其组织对组织和个人的控制,并深入影响了个人的自我认同和公民权利的发展。言论自由和民主运动正是针对这种威胁的努力,这又必须回到监控这一权力范畴。马克思曾正确地指出,冉冉升起的企业主群体所信奉的理想部分是意识形态的。然而,控制辩证法所带来的反作用又使监控成为迈向民主参与的必要条件,因为现代政治所要求的多元化本身就是民主得以实现的形式之一。

这里的一个关键问题在于,个体在争取言论自由及相关权利方面,能够在多大程度上影响到现代政府的决策和权力运用。民主运动并不是一个追求权力的过程,而是在多大程度上能积极促进国家权力在运用中趋于合理化和增加透明度,从而尽量避免走向极权主义的深渊。雷蒙·阿隆在《民主与极权主义》中阐释道:任何制度在一定程度上都是寡头统治的。“政治的实质是,决定是‘为了’集体而不是‘由’集体作出的,决定不可能由大家作出。人民主权并不意味着公民大众自己直接作出有关公共财政或外交政策的决定。把现代民主制度比做人民自己管理自己的一种不可实现的理想制度,是荒谬的。”①因此,波普才认为民主的构建更应该是制度的构建问题,这种制度构建的目的更多的不是为了满足(往往是虚伪的而不是有效的)参与政权的要求,而是为了创造出各种手段以便使对统治者的监督变得切实有效,并使人们不使用暴力便能实行改革。需要补充的是,究竟我们应该如何看待西方国家所推行的民主化运动? 正如杰克·斯奈德所指出的,布什和上届美国总统都在声称推动全球的民主化,却在全球引起了讽刺性的波折。② 这实际是强调了民主化的实质和方式问题,即什么是真正的民主,以及民主方式如何推行。民主化是值得赞赏的,我们也相信,随着公民意识的不断觉醒,历史发展的趋势会有越来越多的国家向民主体制转型,但无论如何也不是强权意义上的民主,而应当是尊重国家主权和公民权利的民主。

吉登斯对现代性国家权力后果的分析是比较中肯的,这是一种现代性的

---

① ［意］萨尔沃·马斯泰罗内:《当代欧洲政治思想(1945—1989)》,黄华光译,第24页。

② 参见［美］杰克·斯奈德:《民主化、民族主义与战争》,周陶沫译,《国际政治研究》2007年第4期。

灾难,是不可预测和不能确定的人造风险,它已然威胁到了自然和人类社会自身的安全。吉登斯提出的超越风险的社会运动在一定意义上具有现实性,广泛的社会运动是引起社会关注和理解其意义的重要方式。但我们必须看到在资本主义社会条件下,这种社会运动所具有的历史局限性和阶级虚伪性。西方国家政府一方面标榜自由、民主和平等,另一方面却竭力把社会民众的行为纳入政府的监控范围,民主选举变成了金钱的通行证,而平等则成为他们运用武力强权牟取利益的遮羞布。

第三节　商品化的资本主义本性

在西方马克思主义和新左派的众多话语形式中,从"商品化"入手来理解现代性概念及其特征,理解资本主义的本质与现实状况,吉登斯不仅是最早的思想家,也是最有成果的学者之一。对现代性问题的讨论,构成吉登斯一生学术思想的核心,其思想被誉为是站在"巨人的肩膀上"①。吉登斯把马克思的思想作为自己理论探索的基础性思想源泉,尤其是马克思的"两种商品化"思想更是他分析当代资本主义的起点和指导性纲领。他自认为"一生完成了社会理论的三部曲,所关注的都是历史唯物主义与当代世界之间的关联"。"马克思的著作对于理解影响现代世界之塑造的那种无所不在的力量至关重要。"②事实上,在《资本主义与现代社会理论》这部对其思想具有奠基性意义的著作中,吉登斯从马克思的商品化思想入手,总结、概括和提炼马克思的思想,结合对现代性问题的讨论,形成了自己对资本主义本质和现实的认识。

一、资本主义社会存在的基点

吉登斯首先考察了韦伯和马克思对资本主义的理解。在韦伯的著作中,资本主义同"经济行动"联系在一起,他把资本主义同政治和军事区别开来,并提出了现代资本主义同前资本主义的几个差别:1. 具有固定资本的理性的

---

① Jon Clark, Celia Modgil and Sohan Modgil(eds.) , *Anthony Giddens: Consensus and Controversy*, p.12.

② [英]安东尼·吉登斯:《民族—国家与暴力》,胡宗泽、赵力涛译,第1页。

资本主义企业。① 固定资本不仅指企业选址于确定的场所,而且还指企业控制着定量的生产设备和投资原料。"理性"则是指生产工具和手段的运用。这在可以获得配置性资源的情况下是达到既定目标的最有效手段。2. 存在着大量的自由工资劳动者。3. 商业组织中形成明确界定且相互协调的任务。4. 市场经济条件下单个资本主义企业之间的相互联系。5. 主要由资本主义生产方式来满足所有人员的需要。② 在韦伯看来,工业主义或多或少都是资本主义的结果。工业主义最本质的特征不是在生产过程中使用动力传动的机器,而是工厂所有权、生产工具、能源和原材料都集中到了企业家手中。

马克思虽然同意韦伯的关于资本主义起源的论述,但他却从不愿用"资本主义"这一概念指称欧洲以外的其他地区。马克思认为,资本和工资劳动的结合既提供了可用以揭示出资本主义起源的历史线索,又成为资本主义阶段体系的主轴。吉登斯认为,马克思对产品市场得以稳定和扩张的必要条件没有给予足够的重视,而是十分关注与劳动力特性向商品化转变相联系的生产过程。他指出,马克思的政治经济学批判的基本成分就是"所谓的原始积累"的主要形成因素在于对农民的剥夺而非企业主本身所取得的特定成就。③ 马克思认为,资本主义很显然并不是针对通过交换关系来追求利润,而是用剥削"抽象劳动力"来积累利润。绝大多数人不仅仅是生产的,而且为了谋生就必须在劳动力市场上出卖自己的劳动力。根本的问题在于,劳动力开始从劳动者的其他特定性或特征中"抽离"出来,于是同技术结合了起来。④ 这儿的一个核心要件便是劳动生产过程中形成的"契约",正是劳动契约的形成使劳动力成为了商品,并形成稳定的工作关系,从而为持续的利润生产和剥削提供了可能。

吉登斯在吸收和批判马克思和韦伯的基础上提出了自己的观点。他认为资本主义是一种经济企业模式,他同样牵涉了商品生产。吉登斯总结了资本

---

① 参见[德]马克斯·韦伯:《新教伦理与资本主义精神》,彭强、黄晓京译,陕西师范大学出版社 2002 年版,第 17—53 页。或见于 Weber,Economy&Society(Vol.1),第 165 页。

② 参见[英]安东尼·吉登斯:《民族—国家与暴力》,胡宗泽、赵力涛译,第 161 页。

③ 参见上书,第 163 页。

④ 参见上书,第 164 页。

主义的特征:1.由于各种原因,并非以前存在过的所有社会中都存在商品化的过程。2.劳动力商品化是与资本主义制度下普遍的商品生产发展相伴随的基本过程。由此,我们可以解释资本主义商品经济这一概念。无论如何,资本主义都是以生产和追求利润为目的的,由于生产资料私有制,形成的劳动力市场和商品交换市场并相互交织在一起。资本主义商品经济所体现的权力,正是通过劳动契约对劳动者的控制和以生产商品为目的的利润榨取,而得以实现的,进而控制了其他方面。

资本主义是一种经济模式,是一种全面的社会秩序。在这一制度下,经济的发展在社会动力方面居支配地位。但我们必须明白,吉登斯所谓的经济动力并不同于马克思所谓的生产力的发展。在马克思那里,生产力的根本作用和地位不容动摇。而吉登斯则不同,在分析社会演进的过程中,他归纳了现代性的四个维度:工业主义、资本主义、军事和监控。其中资本主义的发展是伴随着民族国家和工业主义的发展而兴起的。因而,归纳起来,我们不仅可以理解韦伯对资本主义不同阶段的分析,而且可以确证现代资本主义的特征。正如吉登斯所言,资本主义社会具有以下几个重要特征:(1)"资本主义"作为一种经济制度形态,是一个社会所有成员赖以生存的产品生产和劳务生产的主要基石。(2)分立的"经济"领域造成了"政治"和"经济"的相互分离。(3)政体和经济分离的前提是生产工具和私有产权制。(4)国家与私有财产以及与独立的"经济"在制度上的联合,强烈地左右着国家"统治"模式的性质。(5)"资本主义国家"可以被看做"资本主义社会的同义词"。

我们认为,之所以把资本主义商品经济看做国家权力的特征,是因为生产资料私有制促成了政治和经济的分离,并赋予了经济以独立的权力。资本主义庞大的生产体系以生产商品和劳务为根本,这种商品经济体系的形成伴随民族国家的发展强烈地左右着国家的政治统治。马克思曾精辟地作出经济基础决定上层建筑的论断。在吉登斯那里,经济因素虽不如马克思所说的如此重要,但经济与政治的分离却恰恰是经济权力增强的重要表现。

吉登斯在《资本主义与现代社会理论》中特别重视马克思《1844年经济学哲学手稿》(以下简称《手稿》——作者注),认为它有两个重要性,其一是它"在马克思整个著作体系中具有突出重要性",是马克思在政治经济学领域进

行批判的最早尝试。① 其二是马克思在那里明确处理了一些在他以后的著作中不再成为直接关注的对象的问题,如宗教分析和异化等。吉登斯认为,从马克思层面来说,相对于对现代资本主义进行理论批判这一最高目标而言,这些问题已经得到圆满解决。吉登斯把异化问题作为马克思《手稿》的"核心",认为"尽管异化概念很少出现在1844年以后的著作中,但它无疑是成熟著作的根基。在这以后,马克思把《手稿》中异化概念所包含的各条线索分别梳理出来。异化概念,由于它所具有的马克思不愿再卷入的抽象和哲学性质,从而也就成为多余的了。然而,《手稿》对异化所做的直接研究提供了一条宝贵线索,它使我们能够窥透潜蛰在马克思后期思想中的最重要主题"②。考虑到马克思后期的思想主要集中在以《资本论》为代表的一系列揭示资本主义现实矛盾和社会发展规律的著作中,很显然,吉登斯不仅把异化问题作为马克思早期思想的重要内容,同样也把它作为成熟时期马克思思想的基石。因为在他看来,所有对马克思著作做精确划分的做法都是主观的,"实际上,在对黑格尔的批判、1844年的《手稿》和马克思的成熟思想之间还是存在明显的连贯线索"③。这样一来,吉登斯对马克思思想的理解就自然地开始于对异化问题的理解。

吉登斯认为,马克思的《手稿》从对当时流行的国民经济学的两个错误的批判入手,从而使他能够在关于政治经济的中心论题上发表看法。国民经济学的第一个错误是"假设资本主义特有的生产条件可以适应于所有经济形式","利己主义和追逐利润是每个人的天性";第二个错误是"假设经济关系是纯粹抽象的关系"。关于第一点,马克思认识到资本主义是特定历史条件下的一种生产制度,它也不会是最后的一种;对于第二个错误,马克思认为"资本"、"商品"、"价格"等并不是独立于人的媒介之外的存在,而是特定经济关系中的存在。吉登斯非常同意马克思的看法,认为每一种经济的现象同时也就是一种社会的现象,特定类型的经济同时预设了特定类型社会的存在。

马克思的批判直接引发出一个至关重大的问题,即国民经济学犯这些病症的原因在哪里? 吉登斯认为马克思找到了这个原因,即他们"把工人视为

① 参见[英]安东尼·吉登斯:《资本主义与现代社会理论——对马克思、涂尔干和韦伯著作的分析》,郭忠华、潘华凌译,译文出版社2007年版,第12页。
② 同上书,第13页。
③ 同上书,第23页。

资本家的成本，因此也就等同于其他成本开支。国民经济学声称把社会中的人作为分析对象的观点是不合适的；正是出于这一原因，经济学家得以掩蔽他们对资本主义生产方式的阐释中的实质性的东西；资本主义建立在以无产阶级或工人阶级为一方，以资产阶级为另一方的基础之上。在工业生产的成果分配方面，两个阶级处于根深蒂固的斗争之中"①。

吉登斯认为，马克思对资本主义生产中异化现象的研究，以一个当前的经济事实作为出发点：资本主义越向前发展，工人就变得越贫困。这一出发点同样是其阐述的主题，而后在《资本论》中得到详尽分析。资本主义生产方式所创造出来的巨大财富都被土地和资本所有者所占有。劳动者与劳动产品的分离并不仅仅是一个产品剥削的问题。通过对马克思所分析的产品与劳动者分离思想的研究，吉登斯蛮有把握地说，马克思研究所关注的基点是，在资本主义社会中，劳动者所生产出来的产品与劳动者一样被同等对待。诚如马克思所说："工人生产的财富越多，他的生产的影响和规模越大，他就越贫穷。工人创造的商品越多，他就越变成廉价的商品。物的世界的增值同人的世界的贬值成正比。劳动生产的不仅是商品，它还生产作为商品的劳动自身和工人，而且是按它一般生产商品的比例生产的。"②这就是吉登斯所说的马克思的两种商品化的思想或理论，即产品的商品化和劳动者的商品化，吉登斯把它看成是马克思研究活动的基点，同样也成为吉登斯理解资本主义的思想基点。

马克思在《手稿》中对异化劳动的讨论，确实是从"商品化"这一资本主义社会的典型现象入手的，涉及劳动积累与资本积累、扩大分工与劳动力的市场化、工人之间的竞争与劳动力价格的贬值、资本家之间的竞争与劳动过程的异化、工资的提高与工人自己的精神和肉体摧残等。马克思的结论是那种表观上看起来："对工人最有利的社会状态，即财富正在增加、增长的状态所产生的后果。然而说到底，这种正在增加的状态终究有一天要达到自己的顶点。"③马克思在《手稿》的起点中所表达的两个商品化的思想，深深地影响了其后期的作品，例如在《资本论》中，马克思就是从商品开始讨论问题，以此为

---

① ［英］安东尼·吉登斯：《资本主义与现代社会理论——对马克思、涂尔干和韦伯著作的分析》，郭忠华、潘华凌译，第14页。
② 《马克思恩格斯文集》第1卷，第156页。
③ 同上书，第121页。

切入口,在作为商品的产品和作为商品的劳动力的关系中理解经济关系所包含的社会关系。

在吉登斯看来,资本主义的现代形式是所谓现代性的社会存在状态,"它意指包含竞争性的产品市场和劳动力的商品化过程中的商品生产体系"①。由于马克思早已确立了资本主义是商品化的经济与社会的思想,就此而论,吉登斯对马克思思想的认识,为其形成现代化社会是商品交换社会的总体思想,提供了一个有效的认识论基础。诚如陈炳辉在《西方马克思主义的国家理论》中所说的那样,吉登斯把马克思对于资本主义生产机制的分析,作为理解现代社会的巨大转变的理论核心。②

二、资本主义劳动的必然特征

在马克思主义经典作家那里,劳动被赋予了人的现实存在的本质规定,恩格斯曾明确指出,劳动以及在劳动过程中所产生的语言是确立人的地位的根本力量,马克思恩格斯早在《德意志意识形态》中就充分肯定了劳动对于人的根本性意义,认为"全部人类历史的第一个前提无疑是有生命的个人的存在。因此,第一个需要确认的事实就是这些个人的肉体组织以及由此产生对其他自然的关系"。"可以根据意识、宗教或随便别的什么来区别人和动物。一当人们自己开始生产他们所必需的生活资料的时候(这一步是由他们的肉体组织所决定的),他们就开始把自己和动物区别开来。人们生产他们所必需的生活资料,同时也就间接地生产着他们的物质生活本身。人们用以生产自己必需的生活资料的方式,首先取决于他们得到的现成的和需要再生产的生活资料本身的特性。这种生产方式不仅应当从它是个人肉体存在的再生产这方面来加以考察。它在更大程度上是这些个人的一定的活动方式、表现他们生活的一定形式、他们的一定的生活方式。个人怎样表现自己的生活,他们自己也就怎样。因此,他们是什么样的,这同他们的生产是一致的——既和他们生产什么一致,又和他们怎样生产一致。因而,个人是什么样的,这取决于他们进行生产的物质条件。这种生产第一次是随着人口的增长而开始的。而生产

① [英]安东尼·吉登斯:《现代性与自我认同:现代晚期的自我与社会》,赵旭东、方华译,第16页。

② 参见陈炳辉:《西方马克思主义的国家理论》,中央编译出版社2004年版,第285页。

本身又是以个人之间的交往为前提的。这种交往的形式又是由生产决定的。"①劳动是人的本质特征，这是马克思主义哲学关于人存在的基本规定，然而，在资本主义制度下，人的劳动却被异化了、被扭曲了，这意味着人的存在本质被扭曲了。异化劳动就是资本主义社会劳动的基本特征。关于这一点，吉登斯认为，马克思在《手稿》中已经解决了对资本主义劳动本质特征的认识，解决过程正是在讨论两种商品化中实现的。

吉登斯认为，马克思所说的"两种商品化"作为资本主义劳动的基本形式，对资本主义存在特征的表现，首先在于特殊的生产过程的对象化，体现为对象的丧失和被对象奴役的形式。吉登斯认可马克思的观点，即在资本主义经济中，当劳动者的生产能力随着资本主义的扩展而不断提高，但他却越来越不能控制其生产出来的产品时，异化现象也就产生了。不仅在经济领域，在政治以及宗教等领域，也形成相应的异化。"工人的劳动作为一种与他相异的东西并成为同他对立的独立力量；意味着他给予对象的生命是作为敌对的和相异的东西同他相对立"。因此，"资本主义的对象化与异化是一回事，它是资本主义劳动所具有的必然特征，都涉及将劳动力置换到它所创造出来的对象上去。换言之，劳动产品外在于工人，不仅是就其本体论意义而言，而且还有更深层、更特定的意义，即凡是成为他的劳动的产品的东西就不再是他自身的东西"。②

"两种商品化"体现出资本主义市场经济的核心原则，即生产出来的商品必须用来交换，作为商品的产品和作为商品的劳动力，都体现出交换的特征。吉登斯认为，在资本主义生产中，商品的交换和分配完全受自由市场的支配，工人也像商品一样在市场上被买卖，他当然无权决定其产品的命运。市场的运作就是以牺牲工人的利益为代价来提高资本家的收益。这意味着劳动者不仅无权处置其产品，他生产的产品都为别人所占有。而且，工人生产得越多，他能够消费得越少；他创造价值越多，他自己越没有价值、越低贱。

劳动或工作只是手段而不是目的本身。按照马克思的观点，在异化劳动

① 《马克思恩格斯全集》第3卷，第24页。
② [英]安东尼·吉登斯：《资本主义与现代社会理论——对马克思、涂尔干和韦伯著作的分析》，郭忠华、潘华凌译，第15页。

的状态下,劳动的产品只是以外化的形式存在,生产本身必然是能动的外化,或活动的外化、外化的活动。这意味着在资本主义劳动状况中,劳动者在劳动或工作本身中被异化。工作并不会使工人产生内在的满足感,使工人自由地发挥自己的体力和智力,劳动仅仅被外在的环境所强加。如同马克思所说,只要肉体的强制或其他强制一停止,人们就会像逃避瘟疫一样逃避劳动。

两种商品化的结果使在资本主义社会中的人际关系被化约为市场机制,货币成了衡量社会关系的准则。吉登斯按照马克思的逻辑作出的推论是:"既然所有经济关系同时也就是社会关系,那么,劳动的异化也就必然带来直接的社会后果。""这直接印证了货币在人类关系中所具有的意义,货币促进了人类关系的理性化,因为它提供了一种抽象的准则,使那些即使性质完全不相同的东西都可以进行比较,或相互化约。"①这意味着以两种商品化为基点的资本主义劳动把一切关系都货币化了,人变成了金钱的奴隶。

不仅如此,在商品生产的驱使下,对象化的活动也使人与自然的关系疏离,自然也商品化了。吉登斯认为:"人类生活在一个与自然界积极交互的关系当中,技术和文化既是这种交互关系的结果和表现,也是人类区别于动物的主要特征。"然而,在资本主义生产劳动中,异化劳动把人类的生产活动降格为一种适应性行为,而不是一种积极主动的征服自然的行为。这使个体与其类存在相分离,与作为有别于其他动物的人类生命相分离。吉登斯非常赞赏马克思超越费尔巴哈,在人的具体存在性上、在人类劳动的全面性和积极主动性上来看待人与自然的关系,来批评资本主义劳动的异化性,批评其对人性的蔑视。

吉登斯坚持马克思关于人的异化的社会存在的看法,认为"在资本主义社会,人以各种特定的方式与赋予他们人性的社会形成疏离"②。其表现首先是异化劳动使"类生活和个人生活异化",其次是"把抽象形式的个人生活变成同样是抽象形式和异化形式的类生活的目的"。吉登斯认为,马克思对资本主义的分析表达的是人与其类存在异化的含义,而且相当程度上,这种异化是不对称的,也就是说,异化效应透过阶级结构而表现出来,为无产阶级所集中体验。同时,马克思不认为异化仅仅只限于雇佣劳动者身上,从私有财产和

---

① ［英］安东尼·吉登斯:《资本主义与现代社会理论——对马克思、涂尔干和韦伯著作的分析》,郭忠华、潘华凌译,第16页。

② 同上书,第16、17页。

金钱支配了其自身存在这一规律而言,资本家自身也受役于资本。这意味着,在资本主义时代,人的社会关系完全被异化了,这是资本主义商品化的一个必然结果。

三、资本主义社会权力关系的本质

在吉登斯思想发展的高峰,他以对当代资本主义社会的民族—国家与暴力之关系的揭示引发广泛的思想争论,取得了重要的理论进展。吉登斯的这一理论被称为"新左派的国家理论",意欲阐明"资本主义会被未来社会转型之唯一目标的社会主义所超越"[1]的可能性。

吉登斯推进了马克思在《手稿》中所阐述的经济关系是社会关系的思想,提出社会关系体现权力关系的看法。在他看来,当代资本主义国家已经发展成民族—国家,其基点在于行政集中以及由此而来的业经改变的控制所具有的辩证法特性。吉登斯认为,人是能动的存在,要成为人就意味着成为能动者,而要成为能动者也就要掌握权力。在这种高度抽象的意义上,权力即指改造能力,它是指能够对一系列既定的事件进行干预以至于通过某种方式来改变它们。只有把权力与资源联系起来才能认清权力本身。资源是能动者为完成其所做的一切事务而在其活动过程中予以运用的,它们内嵌于社会体系的再生产过程之中。所谓行政控制在本质上是对资源进行控制,资源包括配置性和权威性两种。配置性资源是指对物质工具的支配,这包括物质产品以及在其生产过程中予以利用的自然力;权威性资源则指对人类自身的活动行使支配的手段。[2] 权力就是对资源的支配和控制。

吉登斯认为,马克思主义在对社会构成以及对社会变迁所做的解释中,配置性资源被赋予首要地位,这一点在马克思的思想中是一贯的。配置性资源控制作为物质生产活动其实就是对商品化生产的控制,这是传统资本主义权力控制的核心。尽管吉登斯并不认为在现代资本主义国家中对配置性资源的控制起决定性作用,而是要在社会体系的构成和社会变迁的动态过程中,考察两种资源的各种关系,但配置性资源控制仍然处在核心位置上。换句话说,对

---

① ［英］安东尼·吉登斯:《民族—国家与暴力》,胡宗泽、赵力涛译,第6页。

② 参见上书,第58页。

商品生产过程的控制仍然是基本的。

诚如吉登斯所说,就资本主义而言,动力源泉是显而易见的。资本主义企业通过生产由市场出售的商品来追求利润,追求足以保证充分的再投资所需的利润,就是经济转型和扩张的长期动力。这种动力源泉恰恰是现代性的不连贯性的主要特征之一。吉登斯指出,在资本主义社会,对配置性资源的控制具有特别重要的意义。劳动力的商品化是资本主义社会阶级体制的基础,在以往的阶级统治中,剥削阶级的形式是占有剩余产品。在这一状况下,大多数人被剥夺了对其生存手段的直接控制权,劳动者的劳动处于企业主或管理者的直接监管之下。与此同时,劳动力的商品化不仅使得,而且也需要劳动力成为顺应于雇佣者组织指令的抽象劳动。这就是说,资本主义是这样一种社会组织形式,其社会权力的核心在于监管,包括了多样性的监管形式,但目标本身还在劳动产品和劳动力的商品化方面。

在现代社会中,监控措施的发展并不限于资本主义的工作地点,它的起源也不限于此。由于独立的经济领域为其他制度领域注入了动力,监控在工作地点的扩大和巩固强烈地左右着其他地点所发生的事件。吉登斯认为:"资料足以证明,这与劳动力的商品化有关。"①吉登斯充分肯定马克思关于商品生产与资本主义权利监控相关联的思想,认为马克思对产品的商品化(集中体现为货币资本)以及劳动力的商品化(集中体现为抽象劳动)所做的分析,揭示了制度之间的联系,正是这种联系构成了资本主义社会阶级体制的核心。基于马克思的商品化思想,吉登斯进一步推论到,资本主义制度下的私有财产将契约自由权和资本的全面转化能力统合于商品和劳动力的买卖之中,而这正是现代货币经济的与众不同的特征。商品和劳动力的买卖,包含了最大的利益对抗和长期的斗争,这些阶级冲突是资本主义生产中的固有成分,也是资本主义社会的内在成分。从工作地点的监控而扩大的社会控制形式,以模式化的方式,发展成了工业资本主义兴起的一项主要特征。监控是权力的媒介,不管这种权力同私有产权具有什么联系,它都并非直接导源于监控。这一观点也同样适用于对暴力工具的控制。

在社会发展理论方面,吉登斯以其现代化理论和民族国家理论著称。他

① ［英］安东尼·吉登斯:《民族—国家与暴力》,胡宗泽、赵力涛译,第179页。

在分析资本主义的扩张与现代国家的巩固之间的关系时明确指出,我们必须对资本主义发展的两个连续的阶段给予估价。第一阶段为 16 世纪至 18 世纪晚期,它牵涉绝对主义的发展和工业以及资本主义企业的早期传播问题。第二阶段就是民族国家和工业资本主义发展得以联合的阶段。吉登斯认为:"资本主义的成熟过程,一方面包括土地和产品的商品化,另一方面包括劳动力的商品化。尽管这两方面在发展过程中并不是完全独立的,但第一方面主要与绝对主义国家的发展交织在一起,而第二方面的大规模发展依赖于民族—国家的形成。"①

从上面的讨论可以看出,在吉登斯看来,作为现代资本主义社会存在的典型形式,民族—国家包含了复杂的权力结构,"它存在于民族国家所组成的联合体之中,它是统治阶级的一系列制度模式。它对业已划定的边界(国界)的领土实施行政垄断,它的统治靠法律以及对内外暴力工具的直接控制得以维护"②。这种以权力控制的形式对资本主义社会的维护,既产生于早期对土地、产品和劳动力的商品化的维护过程中,同时也是对现实的商品化活动的监控和对其制度的坚持。权力关系扎根于经济和社会关系之中,而其基础是产品的商品化和劳动力的商品化关系。

第四节　自我认同的社会哲学

吉登斯对现实资本主义社会的认识,以研究现代性问题作为切入点,进而深入到资本主义社会的内在构成、运行机制以及尖锐矛盾之中。在现代性的研究中,吉登斯特别重视了"自我认同"问题,甚至认为自我认同"塑造着现代性的制度本身"③。

一、自我认同的基本特征

吉登斯把"自我"看成是与人的身体密切关联的具有反思性特征的个体

---

① [英]安东尼·吉登斯:《民族—国家与暴力》,胡宗泽、赵力涛译,第 185 页。

② Giddens, *A Contemporary Critique of Historical Materialism* (Vol.1), p.190.

③ [英]安东尼·吉登斯:《现代性与自我认同:现代晚期的自我与社会》,赵旭东、方华译,第 2 页。

的存在内容。他认为:"自我,当然是由其肉体体现的。对身体的轮廓和特性的觉知,是对世界的创造性探索的真正起源。"①人们对自己身体的真正的领会,主要是依据与客体世界及其他人的实践性参与活动而实现的,因此,人或自我是通过日常实践来把握现实的。这样,身体就不仅仅是一种实体,而且如梅洛-庞蒂所指出的那样,它被体验为应对外在情境和事件的实践模式。自我是身体的,因而它是个体性的,这种个体性在日常互动情景中以身体的惯例化控制表现出来。一方面,身体的惯例化控制是主动的,反映出人的能动本质;另一方面,它又受制于他者,因而,是主我和宾我分化的普遍的品质。作为个体表现的自我,正是以主我和宾我内在统一和分化的形式而存在。其实,吉登斯并不喜欢"自我"这个概念,他在《社会的构成》中明确指出,传统上所使用的自我概念是一种拟人化的用法,意指含糊不清,因此,他更愿意用"主我"这个词来代替"自我",甚至更愿意使用"话语意识"这个词,意指行动者在日常社会接触中的定位过程。② 本文对吉登斯所用"自我"的概念,同样是在行动者的实践的"话语意识"的意义上来理解。

吉登斯结合不同研究者的观点,对自我的内容和最基本的构成元素作了全面探索。在我们看来,他关于自我内容的分析,可以概括为自我的三种基本特性,反映了自我的整体规定性,即他塑性、传承性和主体能动性等。

其一,"自我可看成是个体负责实施的反思性投射"③。就我们自己来说,我们原本并不是现在的样子,现在的状况是由自我塑造出来的。吉登斯认为,自我并不是内容空洞的东西,自我塑造的心理过程和心理需要为自我的重组提供了参数,个体的变化也总是被自我时刻感悟到。通过建构与重构连贯的认同感,自我意识到了自身的存在。这意味着自我是塑造的结果,是被现实存在的外在环境所塑造,因而,自我是社会的产物。

吉登斯认为,自我的社会性是一种自我形塑,它表征了自我从过去到可预期的未来的成长轨道。在他塑性中,实际上蕴涵了组织化的影响,即体现着社

①　[英]安东尼·吉登斯:《现代性与自我认同:现代晚期的自我与社会》,赵旭东、方华译,第62页。

②　参见[英]安东尼·吉登斯:《社会的构成:结构化理论大纲》,李康、李猛译,第68页。

③　[英]安东尼·吉登斯:《现代性与自我认同:现代晚期的自我与社会》,赵旭东、方华译,第86页。

会的意义。因此,自我的轨道具有连贯性,它源于对生命周期的种种阶段的认知,甚至预期。自我塑造过程的反思性是持续的,也是无所不在的。在每一时刻,至少在有规则的时间间隔内,个体依据正在发生的事件被要求实现自我质问,诸如我正在想什么、我正在做什么,等等,这样就使反思与最原初的行为联系在一起,有了最基本的自我认同特征。

其二,作为连贯的现象,自我认同设定一种叙事,把自我叙事改变成鲜明的记述,即个体为了维护完整的自我感,利用文字或非文字的自传形式记录下来。自我的这种特性是其本质的表现形式,它不仅意味着自我的稳定存在、自我的发展历程、自我的文化习得性,而且表现出自我与他者的根本性区别。

自我是具有内在参照性的发展线路的,作为连贯的现象的自我认同叙事,它把生命轨道自身整体展现出来了。那种可信自我成就的个人完整性,来源于自我发展的叙事内对生活经验的整合,即创建一种个人信仰体,从而把自我与他我区别开来,来自内部的这种自我叙事,提供了认识自我的基本信息。

其三,"自我实现蕴涵着对时间的控制"①,即建立起个人的时区,和时间保持对话,这成为自我实现的真实基础,从而使生命趋于圆满。自我作为反思性的投射,它也拓展至身体,使身体成为行动系统的一部分,而不是被动的客体,这样,自我实现就可理解为机遇和风险之间的平衡,使个体从压迫性的情感习惯中解放出来,让过去逝去,促使自我发展的无限可能性,这是自我的主体性与能动性的表现。

自我所具有的他塑性、传承性和主体能动性在自我实现中以不同的形式表现出来,从而扩大了自我在认同过程中的作用与意义,达到自我实现的高度。

所谓自我实现,可理解为机遇和风险之间的平衡。吉登斯认为,使个体从压迫性的情感习惯中解放出来的成长技术有很多种,这些技术让过去逝去,促发自我发展的无限可能性。个体在这无限的可能性中面临多种多样的机遇,因为世界充满着生活和行动的无限潜在方式。然而,任何机遇本身就意味着风险,二者是并存的。吉登斯强调,不能认为只有心理解放的人才正视风险,而更为传统的自我却并非如此。实际上,至关重要的乃是关于风险的世俗意

---

① ［英］安东尼·吉登斯:《现代性与自我认同:现代晚期的自我与社会》,赵旭东、方华译,第 87 页。

识,即内在于人们的一般思考之中的对风险的估计。

个体不得不时时面对新的危险性,包括那些可能愈益恶化的风险,那些能打破确定的行为形式的因素。其实,所谓面对风险,就是掌握机会。这样,人就必定超脱自己的常规,结识新人,探索新观念,尝试陌生的路径。就是进入未知领域和未知地带,在那里,语言不通,习惯不同,而你必须依靠自身。风险意味着我们必须放弃所有感到安全的依靠去信任朋友、配偶或能有益于我们的工作。真实的个人安全不是来自出世,而是来自入世。当我们真正安全的时候,我们必定把我们所有的信任投向自身。如果我们拒绝承担自我成长的风险,就会不可避免地困扰在自身的情境之中,就为自身的个人成长设定了限度,切断了与有助于高度自我价值的行动的联系。

所谓自我实现,也意味着可信性,即对自己的诚信。吉登斯认为,个人成长依从于对情感障碍和紧张的征服,而这些情感障碍和紧张防止我们真正地了解我们自身。能够可信的行动,不仅仅是依据尽可能有效和完善的自我知识的行动,它也意味着使真实的自我脱离虚假自我的困扰。

可信性具有道德性的特征,它回避了任何普适的道德准绳,存在于亲密关系的领域中。对自身真实和对自己诚信,意味着去发现自身,这是自我认同的道德性因素,是自我建构的主动过程,因此,它必定贯通于所有的目标,尤其是从依从性中解放出来的目标和实现抱负的目标。可信性也是一种感受,作为一种道德现象,它意味着对自己的论断,即断定自己是一个"有价值的个人",或断定当提升自身的自我价值时,感受到自己是一个更为完整、诚实,更有同情心、精力和爱心的人。假如个体在自我认同的行为中缺乏对自身的真实或缺乏对自己的诚信,就会对一切加以排斥,就会丧失个体道德性的基础,认同的链条就会断裂。

尽管自我可以分化为主我和宾我,但只有在反思性的投射中才能够确立起来,才能够形成自我认同。吉登斯认为,关于自我认同很难给出一个确切的定义,因为自我是某种紊乱的现象,因此,"自我认同不能仅仅指涉其在时间上的某种连续性"[①]。自我认同并不仅仅是被给定的,或者说是作为个体动作

[①] [英]安东尼·吉登斯:《现代性与自我认同:现代晚期的自我与社会》,赵旭东、方文译,第58页。

系统的连续性的结果,而是在个体的反思活动中必须被"惯例性地创造和维系的某种东西"。自我认同其实是"个人依据其个人经历所形成的、作为反思性理解的自我",它是"作为行动者的反思解释的连续性"。① 在个人认同活动中,虽然存在一些对所有文化都是共同的因素,但个人的理解却依文化的改变而改变,这里涉及主我在不同话语场域中的转换。然而,尽管存在文化的差异性和话语场域的转换性,个人总还是能够拥有合理稳定的自我认同感,会感受到能反思性地掌握个人经历的连续性,能有效地同他人沟通,能够建立起信任关系,能排除在实际行动中威胁到自我完整性的因素,维持活生生的自我感。

二、自我认同与现代性

自我认同是在自我完善和自我实现的过程中达到的,它不仅是对自我的肯定和维系,同时也是对自我的超越。由于自我认同活动的场域是不断变化的,个体的自我存在较大差异性,因而,自我认同的内容也会随着社会和文化的改变而改变。如果说自我认同是对自我存在的肯定,是对自己身体的肯定,那么,这种肯定性的活动必然同现实的社会密切关联在一起。

吉登斯认为,之所以要研究自我以及自我认同问题,并不在于理解什么是自我本身,而在于充分认识自我认同这种个体性的活动与其话语场域之间的关系,或者说,在于理解自我认同与现代性社会之间的关系,因为自我"是由现代性制度所塑造的,同时也塑造着现代性的制度本身"②。在现代性的场域中,自我的话语深度,或者说自我所表现出来的那些特征,与现代性社会的内在特质是密切相关的。因此,对自我的认识同对现代性社会的特征的理解具有内在一致性,而这就涉及如何理解现代性。

在吉登斯看来,现代性社会是由交织在一起的两个轴架构起来的,其中一个轴是工业化的世界,意指蕴涵于生产过程中的物质力和机械的广泛应用所体现出来的社会关系,它是现代性的制度轴。另一个轴是资本主义,它意指包含竞争性的产品市场和劳动力的商品化过程中的商品生产体系。基于这两个轴所架构起来的现代性社会,表现出自身一系列的特征,这些特征都与自我或

---

① ［英］安东尼·吉登斯:《现代性与自我认同:现代晚期的自我与社会》,赵旭东、方华译,第58页。

② 同上书,第2页。

自我认同密切关联在一起。

现代性社会的最显著特征是民族—国家的形成。这样的国家具有特定形式的领土性和监控能力，并对暴力手段的有效控制实行垄断，在地缘政治的范围内遵循协调的政治和计划。[①] 这就是说，自我首先是在民族国家的监控之下存在的。

现代性社会的另一个重要特征是它意味着现代社会生活。吉登斯认为，人的现代社会生活是与三个基本动力因素密切关联在一起的，包括时空分离、社会制度的抽离化以及内在的反思性。时空分离是一个基本的标志。在前现代社会中，每种社会文化都具有自己已经定型的时间和空间标准，对多数人以及对日常生活的大多数活动来说，时间和空间通过地点连接在一起，实践的标尺不仅与社会行动的地点相连，而且与这种行动自身的特性相连。但在现代性社会中，时间首先被虚空化了，存在通用的计时系统和全球标准化的时区，空间也作为一种全球规划而存在。时间和空间被分离了，这为协调社会生活提供了时空重组的坚实基础，从而不仅使现代社会生活逐渐脱离传统的束缚，而且成为全球化的。

社会制度的抽离化显示出一种独特的日常生活状况，即在前现代社会中以松散的形式组织起来的活动模式，随着现代性的出现，变得更为专门化和更为精确，社会关系从地方性的场景中被挖出来并使之在无限的时空地带中再联结。所谓"挖出来"就是"抽离化"，它以符号标志和专家系统得到表现，以信任和信念作为生活的基本品质。如各种货币或具有权威性的专家，它深深影响着我们的自我认同。

内在的反思性意指人们在现代性的社会生活中，通过反思过程，定期地把知识应用到社会生活的情境上，并把这作为制度组织和转型中的一种建构要素。"反思性是对所有人类活动特征的界定。"[②]内在的反思性提供了一种信任机制，使得信任与安全、风险与危险以种种具有历史独特性的方式而互相并存。

吉登斯认为，现代性社会在本质上是反思性的，这种反思性与自我的反思性如出一辙，因而，正是反思过程，自我和社会贯通在一起。因此，现代性社会

---

① 参见［英］安东尼·吉登斯：《现代性与自我认同：现代晚期的自我与社会》，赵旭东、方华译，第17页。

② ［英］安东尼·吉登斯：《现代性的后果》，田禾译，第32页。

的基本特质在自我的特质中得到充分体现。

现代性社会与自我的深度关联，不仅为理解自我提供了可能，更重要的是它为理解自我认同活动及其意义提供了条件，从而使人们能够在辩证的高度理解人存在的意义和自我解放的本质，推进对社会的改造，提升人适应社会的能力，完善人的品格。

由于现代性社会一般特征的存在，自我在其反思性的投射活动中，处在两极的状态中，一方面，它必须生活于现代性社会的预设情境中，甚至被这种情景所塑造；另一方面，它的主体性和文化的稳定性，又使它顽强地展现着自己以及传统。这是一种巨大的矛盾，使自我认同总是处在尖锐的内在冲突中。由于现代性的反思性已延伸到自我的核心部分，而现代性的那些基本特征总是在自我认同中起作用，如社会监控、时空分离、抽离化以及在反思活动中所形成的机制，因此，个体生活的变换在心理上产生不以主体意志为转移的重组，产生了各种各样认同方面的问题，使得"焦虑和不安全感总是折磨着我们"，人生活在高风险的状况中，总是感到迷失和孤立无援，那种在传统中保存下来的信任机制被普遍的怀疑和不信任所取代。民族—国家普遍加强了所谓集体性的社会监控，民族冲突和文化矛盾日益加剧。普遍的社会质询、社会角色的紊乱，本能上的畏惧和焦虑直抵我们那种活在世上的连贯性感受的深处及自我在认同中正在遭受磨难。现代性的剥夺是无法抗拒的。

三、自我认同的反思性超越与解放的政治

面对自我认同的现实困境，吉登斯并不像后现代主义那样，试图从根本上解构现代性，采取虚无主义和相对主义的态度，而是尝试从两个方面来消除自我认同活动中自我与现代性之间的断裂，进而探询良好的社会发展模式。

一方面，吉登斯从自我与现代性本身都内在拥有反思性这一特征入手，寄希望于所谓"压抑的回潮"，即诉求于心灵的召唤，"在富有命运特征的时刻，个体可能被迫去考虑一般被反思性秩序的抽象系统的良好运作排除在意识之外的问题"[①]，诸如生和死、道德和存在、仪式和宗教等问题，采取反隔离的方

---

① ［英］安东尼·吉登斯：《现代性与自我认同：现代晚期的自我与社会》，赵旭东、方华译，第 237 页。

式,回归身体的本真,重构传统,复苏宗教信仰和习俗,推进社会运动的新形式。显然,吉登斯的这一诉求在于在反思性活动中人的思想观念的变化。"压抑的回潮"不是简单地回归过去,它可以被看成是在现代性基础上对传统的新感受。

另一方面,吉登斯尝试在回到马克思政治解放的意义上,结合生活政治,形成政治解放与生活政治内在统一的道德重建,从制度上解决问题。他认为:"我们必须恪守马克思主义的原则,即如果没有同制度的内在可能性结合起来的话,寻求社会变迁在实践上就没有什么作用。正是借助于该原则,马克思才使自己与乌托邦主义鲜明地区别开来。"[1]吉登斯认为,我们应该比马克思做得更好,必须用一种比马克思所处的时代更有说服力的方式,使乌托邦的理想与现实保持平衡。那么,如何才能做到这一点呢? 那就是必须把解放的政治与生活的政治结合起来。把解放的政治(即不平等的政治)同关于生活的政治(即同关于自我实现的政治)结合起来,关键在于正确理解二者及其关系。所谓关于解放的政治,吉登斯是指激进地卷入到从不平等和奴役状态下解放出来的过程。然而,解放的政治不可能是事情的唯一的一面。生活的政治指的是激进地卷入到进一步寻求完备和令人满意的生活可能性的过程中。解放的政治和生活的政治之间的关系,构成对现代性社会自我认同的一根轴线,而另一根轴线则是地方化与全球化之间的联系。在全球化关系的不断影响下,解放的政治和生活的政治二者都必然要与这些联系发生关联。由于现代性社会中自我实现对自我认同具有极为重要的意义,因此,把那些业已牢固建立起来的公正与平等的解放政治的理念,同作为"个人伦理"的生活政治的基本特征辩证地结合起来,将十分有助于消除现代性社会中那些影响自我认同的紧张。

吉登斯认为,自文艺复兴和启蒙运动以来,政治解放就成为现代制度的动力学,它包含了三种主义,即激进主义(包括马克思)、自由主义和保守主义。吉登斯选择了马克思的思想作为思想基础,认为它是一种力图将个体和群体从对其生活机遇有不良影响的束缚中解放出来的观点,打破过去的枷锁,克服非合法性统治。在吉登斯看来,马克思政治解放的实质是人性的解放,这要通过无阶级秩序的实现来获得,包括正义、平等和参与等必须履行的责任,消除

---

[1]　[英]安东尼·吉登斯:《现代性的后果》,田禾译,第 136 页。

剥削、不平等和压迫的社会关系，而马克思的著作提供了一个特征鲜明的绝好例子。吉登斯认为，过往的政治解放思想对于解决现实的自我认同问题"显得太粗略了"，因此，应该发展出生活政治。"如果说解放政治是一种生活机遇的政治，而生活政治便是一种生活方式的政治。"①生活政治是一种由反思而调动起来的秩序，是一种自我实现的政治，这就是晚期现代性的系统。借助于这种反思性，能够把自我、身体与全球范围的系统连接在一起。

在生活政治的诉求中，首先体现出的是生活决策的政治，尤其是那些影响到"自我认同本身的决策"②，其核心思想是从"私人生活中的情绪民主有可能向外延伸为全球性秩序中的对话民主"③；其次是建立一种在道德上无可厚非的生活方式；再次是提出关于"我们应该怎样生活"的问题伦理。吉登斯试图在解放政治与生活政治的联结中找到一种真正实现自我认同的模式，并认为马克思在《论犹太人问题》中已经给出了一个模式，即在把犹太人从压迫中解救出来的过程中也使全人类获得解放。吉登斯认为，马克思的模式可以进一步提升，即"凭借倡导相互容忍的态度最终能够使每一个人受益的做法，使得这种解放受压迫群体的斗争也能够有助于使他人获得自由"④。吉登斯希冀在一种对解放政治的重大重构和对生活政治事业不懈追求的过程中，真正实现自我认同。

通过如上对吉登斯关于自我、自我认同、现代性的特征、现代性与自我认同的关联、自我认同的磨难以及解放政治与生活政治在反思性投射基础上的整合，可以看出，吉登斯试图以马克思的思想为基点，以马克思在分析资本主义社会矛盾过程中所确立的一些基本原则为指导，在深化生活政治的过程中，建立一种既有利于现代性社会的发展，又有利于人的自我认同实现的社会运行模式。吉登斯这样一种对问题的思考方式以及这些思想本身，对于我们认识自我及自我与社会的关联是有启发意义的。

---

① ［英］安东尼·吉登斯：《现代性与自我认同：现代晚期的自我与社会》，赵旭东、方华译，第251页。

② 同上书，第253页。

③ ［德］乌尔里希·贝克、［英］安东尼·吉登斯、［英］斯科特·拉什：《自反性现代化：现代社会秩序中的政治、传统与美学》，赵文书译，商务印书馆2014年版，第134页。

④ ［英］安东尼·吉登斯：《现代性与自我认同：现代晚期的自我与社会》，赵旭东、方华译，第270页。

处于历史变革的十字路口，面向未来的理论之严重反事实性质，吉登斯提出了自己乌托邦现实主义的构想。"我们必须正视另外可供选择的未来，传播他们实际上会有助于实现他们，我们需要做的，只是创造出乌托邦现实主义的模式来。"①

吉登斯解释说，马克思把解释世界和改变世界在实践活动中联系了起来，使价值理性和工具理性紧密地结合在一起。因此，"我们必须恪守马克思主义的原则，即如果没有同制度的内在可能性结合起来的话，寻求社会变迁在实践上就没有什么作用"②。我们认为，马克思之所以能超越空想社会主义正是因为他把理想同现实联系了起来，从而使自己的思想既具有理论的先导性，又具有实践的价值性。哈贝马斯认为，乌托邦蕴涵希望，体现了一个与现存完全不同的向往，为开辟未来提供了精神动力。安德森认为："对乌托邦主义的兴趣和对抱有希望或乐观主义的要求都迫使我们谨慎地思考激进思想促进美好未来的责任。"③乌托邦并不是幻想意义上的乌有之乡，它应当具有一种唯物主义精神。它是生命的过程，因而能够成为客观想象的关联物，并拥有一种前景。④ 詹姆逊则把乌托邦归结为方法或未来的用途，"不仅仅把乌托邦解释为不可达到的想象，而是把它当做自然发生的、与现实相对的东西——一种隐约出现的乌托邦未来形态，我们必须把它作为一种机遇及时抓住，以便充分地进行乌托邦的想象，而不是把它作为进行道德化的批判或倒退的怀旧的所在"⑤。

吉登斯的乌托邦的现实主义，事实上是一种对现实和理想进行有机结合的有益尝试，是在乌托邦与现实之间寻找新的平衡。运用胡伟希的话说，就是要求政治范导性原理和政治构成性原理在现实中的结合。⑥ 因而，吉登斯提出了乌托邦的现实主义维度：

---

① ［英］安东尼·吉登斯：《现代性的后果》，田禾译，第 135 页。

② 同上书，第 136 页。

③ ［英］本·安德森：《乌托邦主义与希望精神》，乔春霞、吕增奎译，《马克思主义与现实》2007 年第 2 期。

④ Cf.E.Bloch, *The Principle of Hope*, Oxford：Basil Black Well Press，Vol.3，1986，p.223.

⑤ ［美］弗雷德里克·詹姆逊：《乌托邦作为方法或未来的用途》，王逢振译，《马克思主义与现实》2007 年第 5 期。

⑥ 参见胡伟希：《作为政治哲学的儒家社会乌托邦——兼对〈礼记·礼运〉的分析》，《哲学研究》2007 年第 7 期。

$$\text{全球的政治化} \quad \left\langle \begin{array}{c} \text{生活的政治} \\ \rule{3cm}{0.4pt} \\ \text{解放的政治} \end{array} \right\rangle \quad \text{地方的政治化}$$

实际上,吉登斯并没有对乌托邦的现实主义维度进行详细的阐释,但我们从吉登斯勾勒出的乌托邦现实主义的维度中,可以清楚地看到两条线索:一是地方的政治化和全球的政治化;二是解放的政治和生活的政治。

在现代性的风险环境下,所有的努力旨在降低这些风险给我们带来的危害。构建乌托邦的现实主义,是吉登斯的政治理论尝试,是对"甜蜜理性"破裂的社会现实的正视。他指出:社会批判理论应当保持高度的社会敏感性,即对内在的制度转变保持警惕;必须意识到道德的承诺和"良好的信念"本身具有的潜在危险性,权力的危险性必须通过政治的方式加以控制,而且它也不应该受到民族国家范围的限制。

吉登斯的全球化理论认为:"全球化所具有的辩证性质之一,表现在以下两种倾向之间的相互'推—拉':一方面是由诸国家体系的反思性自身所固有的权力集中化倾向;另一方面却是各特定国家所具有的维护其主权的倾向。"[①]全球的政治化和地方的政治化正是全球化影响下所表现的宏观权力走向,随着国家间的合作的不断加强,国家联盟等世界性组织越来越多;另外是地方主义的兴起,地方要求自治和获得更多权力的倾向性突出。地方政治并不是现代性的产物,只是到了现代性阶段,在全球化的冲击下,地方政治的表现日趋活跃。全球化必须理解为一种辩证的现象,在一种时空分延的关系中,一极的事件会在另一极上产生不同甚至相反的结果。在这里,我们必须提到一个连接地方和全球的纽带——现代性的风险,运用本书的解释就是现代国家权力运用中所形成的风险。因为事实已经证明,当民族国家把触角伸向全球每一个角落的时候,任何决定及其后果都不能同其脱离干系,而这一切又都与国家权力有直接或间接的关系。

吉登斯指出,至少就某些抽离化机制的后果而言,全球化意味着没有人能"逃避"由现代性所导致的转型:如核战争或生态灾难所造成的全球性风险。现代制度的许多其他方面,包括在小范围上起作用的方面,也会影响到生活在

---

① ［英］安东尼·吉登斯:《现代性的后果》,田禾译,第64页。

高度"发达"地区之外的那些较为传统情境下的人们。而在那些发达地区,在日常生活的本质中,地方和全球之间的联结已被束缚在一组更深刻的演变中了。①

地方的政治化的另一种突出表现是原教旨主义的兴起,这是一种典型的对抗全球化的地方式政治表现。全球化消解着地方认同,它要么引起地方政治的结构性重组,要么表现出强烈的敌对态度。地方的政治和全球的政治是现代性下直接延伸的两种倾向。全球化的触角在某些地方激起了相应的对抗,或表现为文明的冲突,在这种意义上,地方政治问题突现出来,这是一个相互的过程,也是当今世界政治演化的主要倾向之一。

解放政治同生活政治构成了乌托邦现实主义的另一条线索。先来看解放政治,在我们的观念中,解放首先是要从传统与宗教的教条专制中解放出来。人们认为,把理性理解运用到科学和技术领域以及人的社会生活中,人的活动就会从先前存在的束缚中解脱出来。吉登斯认为,解放政治就是一种力图将个体和群体从其对生活机遇有不良影响的束缚中解放出来的一种观点。解放政治包含了两个主要的因素:一个是力图打破过去的枷锁,因而,也是一种面向未来的改造态度;另一个是力图克服某些个人或群体的非合法性统治。依据这种观点,马克思主义者把阶级作为解放的代理人和推动力,人性的普遍解放要通过一种无产阶级秩序的实现来获得。而对于非马克思主义的学者来说,受到解放政治的影响的方面还很多,像族性和性别的区分,统治与服从群体的区分,富国与穷国的区分,现代的一代与未来的一代的区分。但有一点他们是相同的,即解放政治的目标,都是把无特权群体从他们所不幸的状况中解脱出去,或者是要消除它们之间相对的差别。

从吉登斯对解放政治的分析中可以看出,解放政治包含着三个方面的内涵:(1)把社会生活从传统和习俗的僵化生活中解脱出来;(2)减轻或消灭剥削、不平等或压迫,所关心的是权力与资源的差异性分配;(3)服从于由正义、平等与参与的伦理所具有的独断。解放政治是启蒙精神的现实追求,解放意味着通过让个体能够在某种意义上拥有在其社会生活的环境中自由和独立行动的能力,来把集体生活组织起来。

---

① 参见[英]安东尼·吉登斯:《现代性与自我认同:现代晚期的自我与社会》,赵旭东、方华译,第24页。

那么,解放政治将如何过渡到生活政治呢？吉登斯得益于马克思的启发。马克思主张,那些为把犹太人从宗教压迫与残害中解放出来而作的斗争,都纯粹是为争取获得局部的利益而作的斗争。因为在把犹太人从这种压迫中解放出来的过程中,他们也将会使全人类获得解放。吉登斯认为,马克思已经含蓄地指出了解放政治与生活政治之间的某种联系。"从马克思的讨论来看,这是一种从宗教的束缚中摆脱出来的普遍性自由,但还可以进一步概括这一原则,凭借倡导相互容忍的态度最终能够使每一个人受益的做法,使这种解放受压迫群体的斗争能够有助于使他人获得自由。"①

事实上,在吉登斯对未来社会的勾画中,生活政治是其总的构想。在晚期现代性到来之际,人类需要面对的是启蒙与现代性共同作用的社会现实。他们共同取得了丰硕的成果,也带来了前所未有的灾难。晚期现代性的特征之一是高度的反思性。随着全球化的深入,这种影响已经深入到了个体的反思性生活之中,个体及其组织在作出选择时不得不深刻地反思自己的过去及其未来,生活政治的提出正是这种自我选择的尝试,它是一种生活方式。解放政治是一种生活机遇的政治,而生活政治便是一种生活方式的政治。生活政治是一种由反思而调动起来的秩序,这就是晚期现代性的系统,它在个体和集体的层面上都已极端地改变了社会活动的存在性参量。吉登斯给生活政治的定义是:它关涉的是来自于后传统背景下,在自我实现过程中所引发的政治问题。在那里全球化的影响深深地侵入到自我的反思性投射中,反过来自我实现的过程又会影响到全球化的策略。生活政治也包含三个方面的内涵:(1)从选择性的自由和产生式权力(作为转化性能力的权力)中得来的政治决策;(2)在全球化背景下创造能够促进自我实现的道德上无可厚非的生活方式;(3)在一种后传统秩序中提出有关"我们应该怎样生活"这样的问题伦理,并抗拒存在性问题的背景。我们理解解放政治是一种凭借权力的等级概念来运作的,而生活政治则是一种生活决策的政治。生活政治关心的是,从自我认同的反思性投射中产生出来的争论和角逐。他们想要表明的,就是靠日常生活方式的转变,来反抗和影响国家权力的行为。

---

① ［英］安东尼·吉登斯:《现代性与自我认同:现代晚期的自我与社会》,赵旭东、方华译,第270页。

　　生活政治的兴起,来自晚期现代性中核心的自我反思性投射,并与现代性的内在参照系统扩展的矛盾性相伴随。[①] 吉登斯在选择生活政治作为应对未来的方案中,加入了更多的现实成分。当全球化和现代性风险让人类产生了存在性危机之后,我们面对现实生活和未来,都必须进行深刻的反思。在反思中认识和重塑生活,这对于每个人来说不仅是一种挑战,而且是应对危机的方式。启蒙精神和马克思主义都在追求人类存在意义上的自由平等,尤其是马克思主义,把这种追求寄托于变革现实的革命之上,主张通过彻底的制度解放来实现人类解放。吉登斯也在追求人的解放,只是他把理想的实现寄托于资产阶级公民内部的自我意识的反思和觉醒上。因此,我们并不能怀疑吉登斯对构建未来所怀有的美好动机,但其理想的现实性则值得我们商榷。

---

　　① 参见[英]安东尼·吉登斯:《现代性与自我认同:现代晚期的自我与社会》,赵旭东、方华译,第270页。

第十四章　奈恩：融入马克思主义的民族主义研究

汤姆·奈恩（**Tom Nairn**，1932—　）

1932 年 6 月 2 日，奈恩出生于英国苏格兰法夫郡，他独特的民族身份注定了他对民族主义的研究热情，在《苏格兰的问题》一文中他写道："我从来没有隐瞒这样一个事实，即我自己的两难困境和古怪是源于我自己的国家——苏格兰——的国情。这无疑解释了很大一部分我的学术热情和所关注的问题。"①20 世纪 60 年代的时候，苏格兰民族主义情绪高涨，奈恩对苏格兰民族主义有非常肯定的回应，他的主要学术声誉与他对苏格兰民族主义的支持有关，1968 年他在《新左派评论》上发表了自己第一篇关于苏格兰民族主义的论文《苏格兰民族主义的三个梦想》，由此开启了他跨越半个世纪的民族主义研究。有人这样评价道："汤姆·奈恩，是他这一代人中最具影响力的苏格兰政治思想家。"②

奈恩在牛津念大学的时候主修的是哲学，但他主要的兴趣则落在美学，对意大利美学哲学家克罗齐的传统尤其着迷。牛津毕业后，他到意大利比萨的师范学校念书，在曾是克罗齐弟子的拉吉安提的指导下修习美学。在这里奈恩从他的意大利同学处第一次接触到葛兰西的著作，并且透过葛兰西认识了马克思。在 1968 年之前，他就彻头彻尾地变成了一个葛兰西式的马克思主义

---

① Tom Nairn, *Faces of Nationalism: Janus Revisited*, London and New York: Verso, 1997, p.180.

② Jamie Maxwell, "The Big Interview: Tom Nairn", http://www.heraldscotland.com/news/14818711.The_big_interview_Tom_Nairn/.

者,毫无挂碍地运用这一派的语言来诠释当代政治及社会。奈恩是第一个在葛兰西还没有走红的时候就把握了葛兰西思想的外国人,从意大利回到英国后,奈恩通过拉尔夫·密里本德结识了佩里·安德森与罗宾·布莱克本,他们一伙人着手进行《新左派评论》的复刊。奈恩把葛兰西这个来自萨丁尼亚的革命家介绍给他的新同事们一起讨论,他对葛兰西思想进行了颇具创造性的运用,用来分析英国工人运动和英国社会。通过分析和翻译,他同安德森一致认为,应当把安东尼奥·葛兰西的作品介绍和引入以英语为母语的文化,特别是"霸权"的概念,从那时起他就已经在政治和文化研究领域有了重大的影响。其最大成果就是产生了一套关于英国历史的新提法,即"奈恩—安德森论题"。"奈恩—安德森论题"(Nairn-Anderson thesis)或"安德森—奈恩论题"(Anderson-Nairn thesis)两种说法都存在,可见二人在这一问题上的贡献是相当的,然而国内对安德森的关注远高于奈恩,这是十分可惜的。奈恩与安德森关于这一论题的论文主要包括:奈恩的《英国政治精英》、《英国工人阶级》、《工党的性质(一)》、《工党的性质(二)》以及安德森的《现代危机的起源》等。这一论题用来解释为什么英国没有一个"正常"的发展方式,即"英国缺乏革命的文化传统,因此不可能自发地形成革命的理论"①。正是因为这一论题对英国衰退的阐释和对"为什么英国是西方工业化国家中唯一一个贵族专制统治的国家"这一问题的回答,而使奈恩被人们所广泛认识。这个论题挑战了传统马克思主义的认知,也招来了第一代新左派社会史巨擘汤普森的赫斯之怒,两代之间的对话是英国新左派知识辩论的范例之一,达到了许多人未能企及的高度。

　　20世纪60年代,奈恩在各种机构教学,其中1965—1966年在伯明翰大学教学,1967—1970年在弘赛艺术学院教学并在其职业运动中变得很有声望,之后因为对学生运动的支持而被解雇。正是在弘赛艺术学院,奈恩与安琪楼·夸特罗其一起写出了《法国1968:终结的开始》一书,彼时,夸特罗其在巴黎街堡里写作,一部分一部分地寄给在伦敦的奈恩,两人热情洋溢地分析了法国1968年所发生的大事件:一个西欧强权在第二次世界大战之后首度到达人

---

　　①　张亮:《汤普森视域中的民族性与马克思主义》,《福建论坛》(人文社会科学版)2008年第7期。

民革命的临界点。全书洋溢着如火山爆发般的热情，抒发对未来的希望和乐观，奈恩笃信法国的五月事件是一个新世界的前锋，五月革命是对一个真正有开创性的历史发展所做的测试以及丈量，革命的实践是通往社会主义的必要手段。从这本书的分析当中我们看到早期的奈恩坚定地秉持马克思主义的观点，其视域聚焦于英国工党及社会主义革命，这也为其马克思主义的分析立场奠定了坚实的哲学基础。20世纪60年代是奈恩学术研究锋芒初现的时段，也是他的政治理论开始萌芽的时段。在这一时期，他的思想有两条主线：一是对英国、工党以及法国五月风暴的分析关注；二是对苏格兰民族主义的支持与阐释。可以说，这两条主线一直贯穿于奈恩思想发展的脉络之中，奠定了他近半个世纪的学术研究重点。

20世纪70年代起，奈恩的思想逐渐成形，三十年间他分别在阿姆斯特丹跨国研究所、中欧大学、爱丁堡大学、杜伦大学任教，出版了他最具影响力的几部著作，标志着他民族主义思想体系构架和理论旨归的成熟。奈恩以他广博的知识分析描绘了英国社会的诸多方面，包括工会的性质、君主制的象征意义和在布莱尔治下的英国现实。他一直是下放权力给苏格兰议会和威尔士议会的倡导者，不仅批评了布莱尔工党政府没有给这些机构足够的权利，还详尽分析、批判了英国的君主立宪政治体制。

1977年《不列颠的瓦解》一书，作为发表在《新左派评论》中文章的一个选集，是奈恩关于民族主义主题最有名的著述，是世界范围内出现的对民族主义的马克思主义视角的解释。格里·哈桑和安东尼·巴内特这样写道："他最伟大的《不列颠的瓦解》一书是对女王25周年加冕纪念的强烈反对，是一个有效而持久的挑战。"[1]基本上，奈恩认为，来自中心国家——西欧资本主义发达国家——的帝国主义在外围民族——欧洲相对不发达地区、非洲、亚洲等——中激发起了外围精英去动员他们被剥削的大众的热情。外围的知识分子在浪漫主义和平民主义两者的激励下，根据当地的民族文化和地方事件，以民族情感和民族认同呼吁大众的觉醒，民族主义随之产生。《不列颠的瓦解》强调了在不列颠帝国君主立宪制的表面下，民族主义对政治构造的改变，它已

---

[1]　Gerry Hassan, Anthony Barnett, "Tom Nairn at 80, a World Scot", http://www.openDemocracy.net, 25 March 2012.

经开始瓦解不列颠帝国不民主的大厦。奈恩以敏锐、细腻的笔触讲述了苏格兰、威尔士、爱尔兰与英国政府的缓慢分离,并承认欧洲维度和全球化在这些群岛的影响。因为对资本主义不列颠帝国的不可持续性及其可能分裂成许多不同的共和国的预测,奈恩的《不列颠的瓦解》一书备受关注,这一文本是民族主义研究领域的核心参考文献,并在世界各地数以百计的大学课程中使用。奈恩先验性地预测了不列颠联合王国的瓦解,也恰恰与现实相呼应,虽然2014年苏格兰独立公投以苏格兰未独立告终,但是2017年3月28日苏格兰地方议会表决通过了将进行第二次独立全民公投的决议,无论结果如何,我们都看到了资本主义不列颠帝国瓦解的倾向,而这一点奈恩却早我们四十年就看到了,可谓一语成谶。

十年后,奈恩把他的目光投射在了英国君主制的主题上,并把对葛兰西的不竭热情施展到他的一些作品之中,如1988年《迷人的玻璃》一书,可谓恰到好处。他把英国君主制度解剖开来,展现这个制度如何塑造日后整个联合王国的文化。奈恩认为,英国的君主立宪制是一个落后的、浪漫的、前现代的创造,是民主共和主义和现代民族主义之前的时代产物,因此,没有在政治维度实现全面的民主。他猛烈抨击一些知识分子目光短浅地相信改变可以通过议会主权和英国例外论来获得,指出在20世纪80年代左派应该在欧洲寻找出路。这本书是最早的、从废除主义视角出发的、严肃的、现代的对不列颠君主政体进行研究的书籍之一。在这本书中奈恩正式提出了一个术语"Ukania",用来表明不列颠君主立宪政体的不合理的和理想王国的性质。借由这本著作,奈恩被视为当今民族主义和民族国家研究的世界顶级权威之一。

《不列颠的瓦解》一书的研究重点是民族主义和资本主义的不均衡发展,而其20年之后的另一民族主义理论巨著,1997年出版的《民族主义的面孔:重回贾纳斯》一书则建立了争论的领域,此时,奈恩在爱丁堡大学教授研究生民族主义的相关课程。在这本书中我们同样看到了奈恩对葛兰西市民社会理论的运用,即市民的和世俗的民族主义是现代性的一个重要特征,而不是对此的一个过时的反应。这是他普遍贡献的一部分,即从根本上重新思考"自下而上的民族主义"的地位,更标志着奈恩民族主义理论的最终成熟。这里,我想引用两个评论来总结这一时期的奈恩,一是,"奈恩虽然一直被误认为是纯

粹的苏格兰政治民族主义的发声，但是他无疑是其最有说服力的、世界级的捍卫者"①；二是，"1980 年代在显著的撒切尔主义的阴影下长大的一代人，即成长为学者、记者、艺术家以及偶尔的政治家的一代新左派的、激进的、焦急的民族主义者和地方自治论者，实际在思想理智上能够被视为是汤姆·奈恩的孩子"②。

　　进入 21 世纪之后，近十多年来，奈恩的关注点转变为全球化与民族主义之间的关系问题。在一个更加国际化的总体形势下，广泛地贡献了民族主义和全球化的研究，他反对当前全球的"资本的超级帝国"，并继续关注了左派和欧洲的主题。这一时期，奈恩备受赞誉的书籍《不列颠之后》（2000 年）和《贱民：不列颠王国的不幸》（2002 年）两本书延续了《不列颠的瓦解》中的争论，且主要集中在与布莱尔主义的结构性冲突。2001—2010 年，奈恩受邀在澳大利亚墨尔本皇家理工大学任民族主义和文化多样性创新教授，此时他已经把他的注意力转移到了民族主义与全球化之间的关系上来，标志为《全球矩阵》和《全球民族》的出版。来到澳大利亚之后，奈恩以自身独特的个人魅力和广泛的学术影响力将自己的学术精神长久地驻扎在了墨尔本皇家理工大学，在奈恩回到英国之后这里仍长期举行"汤姆·奈恩讲座"（The Tom Nairn Lecture），许多著名学者都在此进行了讲座，足见奈恩的学术影响力和号召力。此外，从 2001 年开始，奈恩便在"公开民主网"上长期担任供稿人，发表了众多文章。该网站这样介绍奈恩："苏格兰最伟大的思想家，一位世界级的学者。"③奈恩在古稀、耄耋之年仍笔耕不辍，"一个人一生都在剖析民族传统的神秘、夸张和伪装"④，从未曾停止过对苏格兰、英国、欧洲乃至世界的民族主义研究，虽然他的著述很多、涉及领域庞杂，但却总有一个核心词汇居于其思想核心，这是难能可贵的。

　　在过去的半个世纪，汤姆·奈恩的民族主义研究取得了突出的成就，同时

---

　　① Perry Anderson, Stephen Howe, Juliet Mitchell, Anthony Barnett, Christopher Harvie, Aviel Roshwald, Pat Kane, David Hayes, "The World and Scotland too: Tom Nairn at 75", http://www.open-Democracy.net, 1 June 2007.

　　② Gerry Hassan, Anthony Barnett, "Tom Nairn at 80, a World Scot".

　　③ Ibid.

　　④ Ibid.

对政治学理论的普及也作出了显著的贡献。综观其学术著作和思想成就，奈恩不仅促进了欧陆马克思主义在英国的传播、交流和融合，丰富了英国新左派理论的多元发展和繁荣，而且从马克思主义的角度对民族主义做出阐释，极大丰富了马克思主义哲学、民族学的理论构成，是英国新左派思想家当中至关重要的一位。我们不禁会认同这一评述，"这一代最好的政治评论家？ 这一标签又过于限制，因为他已远不止如此"①。

第一节　基于唯物史观的民族主义理论

早在 170 年前，马克思和恩格斯就在《德意志意识形态》中明确认识到，随着资本主义的发展，民族问题将会同人的解放问题融为一体，将会同社会生产力的发展和人们交往方式的改变密切关联在一起，成为世界历史的重要组成部分。事实证明，马克思和恩格斯的这一论断，在当今国际社会得到越来越充分的体现。当社会生产力得到巨大发展，社会交往方式变得极其复杂，民族解放运动风起云涌，人们追求自由和正义的革命斗争，构成世界历史的重要现实的时候，民族问题的复杂性、紧迫性、民粹性和整体性，以及民族问题在国家治理和国际政治中的核心地位被凸显出来。因此，如何正确认识当代民族问题的实质，形成有效解决民族问题的理论和方法，成为我们时代的重要主题。正因为如此，近几十年来，世界范围内的民族理论层出不穷，各种主义粉墨登场，使人们的认识陷入极度混乱之中。然而，真理只有一个，只有基于唯物史观的科学认识才能拨开迷雾，形成真正科学的、行之有效的民族理论。

一、民族主义的形成是社会斗争的产物

汤姆·奈恩作为英国新马克思主义的领军人物之一，其关于民族主义主题的理论著述，凸显了马克思主义对于民族、民族国家以及民族主义的新的认识。自 20 世纪 70 年代以来，奈恩就从民族主义的视域对英国以及资本主义

---

① Perry Anderson, Stephen Howe, Juliet Mitchell, Anthony Barnett, Christopher Harvie, Aviel Roshwald, Pat Kane, David Hayes, "The World and Scotland too: Tom Nairn at 75".

世界的前景作出唯物史观的阐释。与本尼迪克特·安德森、安东尼·史密斯和厄内斯特·盖尔纳一起，是当今世界有关民族主义最广泛引用的四个学术权威。[①] 尼尔·阿舍森 2000 年在《伦敦书评》中写道，奈恩已经"整整二十年，作为英国权威的政治哲学家，并对 1968 年之后整个西欧的一代人在思想观念上有巨大的影响"[②]。其民族主义理论展现出马克思主义的解释性、创造性和活力，为我们着眼现代世界、解答一系列关于民族的现实问题提供了重要的理论视角和价值坐标，对把握英国、欧洲乃至世界局势是不可多得的宝贵资源。

当今社会，对"民族主义"一词的使用非常混乱，人们要么认为它是一种集体性自私主义，要么界定它为一种集体性扩张主义，这使得"民族主义"已变成一个贬义词，与令人肃然起敬的"爱国主义"一词形成鲜明的对照。作为一个对民族主义充满同情的理论家，奈恩认为，现代社会民族主义的形成机制非常复杂，"历史本身为变化逐渐创造了真正的、新的条件。正是这些条件，从而使我们更好地了解历史的命运，并为理论重构准备了一个远比过去更健全的基础方式"[③]。民族主义的形成与现代世界历史进程息息相关，是特定历史情况下多重因素的产物，具有鲜明的现代主义维度。奈恩以唯物史观思想为基础，以对全球历史的回溯来理解民族主义的动力机制，把现代历史作为一个整体进行民族主义的重新诠释，在工业化的生产方式现代化的世界经济和多元化的国际政治机制之下，突出了民族主义是一种反帝国主义的意识形态及运动。

从生产力是社会发展的动力思想入手，奈恩认为，工业化是民族主义意识形态萌芽的温床。在他看来，人类在进入近现代社会之后永远绕不开的一个主题就是工业化，其为资产阶级带来巨大经济财富的同时，也给人民带来了剥削和压迫，苦难的人民为了实现自由、民主、解放，自然会以民族共同体来进行反抗，民族主义意识形态由此萌发。随着机器大工业的进程，人类翻开了现代

---

① 参见英国杜伦大学网站，"Professor Tom Nairn"，https://www.dur.ac.uk/ias/fellows/0809fellows/nairn/。

② Neal Ascherson，"On with the Pooling and Merging"，*London Review of Books*，Vol.22，No.4，2000，pp.8-9.

③ Tom Nairn，*The Break-up of Britain: Crisis and Neo-Nationalism*，London: NLB，1977，p.360.

化的新篇章,进而促进了民族主义意识形态的进一步发展。社会经济变化的影响赋予了现代化和民族主义新的意义,把它们变成了改革的工具。资本主义工业和农业的出现,改变了中产阶级和工人阶级的全部社会状况。民族作为现代性社会中人民大众最重要的身份认同范式,逐步走向了国家和社会的中心。"民族是现代化环境下最适合的和占支配地位的身份识别方式,这种民族认同表现出对工业化'天气'行之有效的顺应。"①现代意义上的民族认同是伴随现代化的进程不断发展的,社会经济的现代化给予了民族主义生长的养料,使其在世界范围内不断播洒下意识形态的种子。

生产力的工业化和社会的现代化必然会带来经济的全球化,而全球化又促使民族主义意识形态在世界范围内进行更广泛的传播。对奈恩来说,民族主义与全球化的关系是相辅相成的,民族主义和民族国家的历史发展伴随着全球化进程,"从十八世纪到十九世纪,民族国家伴随着典型的现代全球化一同兴起和发展……名为'民族国家'的政治实体的形成是由全球化工业和商业革命构架的"②。全球化不仅仅是资本与文化的流动,还是人类解放的过程,他这样写道,"一个伟大的解放过程已经被启动,它的名字是'全球化'"③。其主要内容有两项:第一,民主的扩展;第二,共同命运意识的增强。民主和民族是手拉手的。人性需要有差异的身份认同,而身份认同又需要边界,如果把边界给抹去,结果会是灾难性的。民主政治的目标之一,就是保护共同的民族身份认同。

在工业化背景中,民族主义形成的真正客观诱因是发展的不均衡性。奈恩指出,民族主义"真正的起源……是在世界政治经济机制,而不在大众和个人对某种完整性或身份认同的压抑的激情"④。虽然民族主义体现出一种工业社会中身份认同的强烈情感,但是其真正的、内在的客观诱因是世界政治经济机制。"资本主义工业社会一天比一天复杂"⑤,民族主义并不是简单地作

---

① Tom Nairn, *Faces of Nationalism : Janus Revisited*, p.4.

② Tom Nairn, Paul James, *Global Matrix : Nationalism, Globalism and State-Terrorism*, London and Ann Arbor, MI : Pluto Press, 2005, p.5.

③ Tom Nairn, Paul James, *Global Matrix : Nationalism, Globalism and State-Terrorism*, p.90.

④ Tom Nairn, *The Break-up of Britain : Crisis and Neo-Nationalism*, p.335.

⑤ [意]安琪楼·夸特罗其、[英]汤姆·奈仁:《法国1968:终结的开始》,赵刚译,生活·读书·新知三联书店2001年版,第152页。

为工业化的必然伴随物出现的，而是与这一过程有着更具体的特性关联。现代世界政治经济机制的特质主要表现为自18世纪以来历史发展的不均衡性。"这种不均衡，是一个物质的事实；有人可能会认为这是关于现代历史最严重的物质事实。"①事实上，在现代社会的历史发展中，不均衡的政治经济机制存在着客观物质事实的问题，导致了民族主义与政治经济不均衡发展的对立与斗争，因此，民族主义是一种以发展为本质诉求的意识形态，它在工业主义政治经济机制不均衡发展压力下快速成形并发展，民族主义的意识形态实际上是过去两个世纪人们对物质追求的客观产物。从这个意义上说，"制定一个民族主义'理论'的任务是理解不均衡发展的破坏机制和矛盾"②。正是这些处于工业化不均衡发展过程中的民族共同体，产生了民族主义形成的完整历史潜能。所以说，民族主义是政治经济机制的一个合乎逻辑的后果，是"一个社会政治组织的自治方式"。③

民族主义本身并不是什么邪恶的意识形态，它一方面是民族主体促进社会政治经济工业化、现代化转型发展的产物，另一方面也是对抗政治经济机制不均衡发展过程的工具。奈恩认为，民族主义的动力机制除了工业化的世界政治经济机制，还有边缘地区对核心地区的反帝国主义意识形态及运动。对此，奈恩运用马克思提出的资本主义"不均衡发展"的观点进行解释，用马克思自己的话来说："实际社会关系本身内部的不平衡"发展是"应该在这里提到而不该忘记的"。④ 工业革命的巨大变革给世界带来了史无前例的影响，一方面带来了生产力、物质、资本的极大丰富，另一方面也带来了资本的原始积累、殖民扩张、区域划分等帝国主义侵略。帝国主义作为"发达对不发达地区不可抗拒的、变形的冲击，是核心地区对全世界农村的冲击"⑤。民族主义作为对这一冲击的"抵抗"进而形成，"在本质上是对强制执行的'不发达'困境的一种反应"⑥。

---

① Tom Nairn, *The Break-up of Britain：Crisis and Neo-Nationalism*, p.335.

② Ibid., p.357.

③ Ibid., p.347.

④ 《马克思恩格斯选集》第2卷，人民出版社1995年版，第27页。

⑤ Tom Nairn, *The Break-up of Britain：Crisis and Neo-Nationalism*, p.342.

⑥ Tom Nairn, "Scotland and Europe", *New Left Review*, I/83, January-February 1974, p.69.

民族主义是反帝国主义的政治运动,它首先表现为在不均衡发展下追求均衡发展的理想和愿景。奈恩这样写道:"不均衡发展是均衡发展的反义。这一反义是词语的、不真实的,因为自工业革命以来人类社会被迫通过的所有的真实'发展'都是不均衡的。然而,均衡发展的理念和愿望是如此强大,我们应该从它出发。"①强大的均衡发展的美好愿景及真实的不均衡发展的现实场景两者的碰撞,激起了边缘地区的反帝国主义意识形态及运动。进而,奈恩解释了反帝国主义意识形态及运动为何总是必然地诉诸民族主义的形式,或者说,对帝国主义的反抗是通过怎样的逻辑进而成为民族主义形成的主观动因。不均衡发展总是会产生中心对边缘的帝国主义,"'已发展国家'把幸福建立在'低度发展'世界的痛苦上"②,对于这种压迫和剥削,边缘地区寻求对它的立即反抗,并希望以某种方式接管其物质、工业、技术力量为自己所用。而这只能用一种方式实现,即一种带有"理想主义"色彩的政治和思想动员——民族主义——作为基础来斗争和反抗。奈恩把从19世纪初到现在的广义的边缘不发达地区的民族解放斗争称为"反帝国主义的"民族主义运动,它们虽然"可能有畸变和过激行为,但是民族主义主要伴随的是进步的天使。……因为如果民族主义的反应没有发生,那么帝国主义只会加剧"③。所以,民族主义的产生是反抗帝国主义的积极因素,是不发达边缘地区对资本主义核心地区剥削、压迫的斗争反应。

通过反帝国主义的理论维度,奈恩将民族主义与历史发展的更广泛状况联系了起来,结合其强大的实践和政治冲动,把民族主义视作个体团结的情感与共同体对不发展的斗争。"反帝国主义理论释放了不均衡发展的真正逻辑,因为它放开了过程的整体性。"④而自这种历史整体性观之,现代社会边缘地区政治经济机构正是运用这一民族主义的反帝国主义武器去寻求发展和解放,因此,"民族主义的产生显然是作为边缘国家的一种补偿性的反应"⑤。边

---

① Tom Nairn, *The Break-up of Britain:Crisis and Neo-Nationalism*, p.336.

② [意]安琪楼·夸特罗其、[英]汤姆·奈仁:《法国1968:终结的开始》,赵刚译,第144页。

③ Tom Nairn, *The Break-up of Britain:Crisis and Neo-Nationalism*, pp.341-342.

④ Ibid., p.342.

⑤ Ibid., p.343.

缘民族国家对反帝国主义民族主义的强化，十分符合其物质现实的缺乏状况，正是发展的缺乏以及想要得到发展的渴望，使民族主义的补偿性意识形态具有了一种必要性。因此，从历史发展的宏观角度来看，民族主义不可避免地在边缘地区反帝国主义意识形态和运动中产生，在资本主义工业化时代，"全球扭曲为广泛的不均衡发展，在那里必须争取生存和身份"①。当这些边缘地区努力重新整理自己的民族性力量以争取生存和身份以面对来自西方帝国主义列强的威胁时，民族主义形成了。

二、民族主义的核心特征是地域性

奈恩认为，如果不对民族及其衍生概念有所理解，就无法理解最近两个世纪的全球历史，因此有必要去反思民族主义对近现代以来人类历史发展的深刻影响。根据奈恩的观点，各种民族主义都是在"现代化"转型过程中产生的，是现代工业时代的必然社会现象。在现代化之下显现的民族主义，既不是一个巧合，也不是蓄意的产物。基于现代主义范式的社会经济视角，奈恩拒绝和批判了原生主义范式的民族主义理论。在他看来原生主义者认为民族是"原生的"，它们存在于时间的第一序列，并且是以后一切发展过程的根源。奈恩认为原生论者只是指出了某种解释方向，但是在其中却很难找到对不同种类文化共同体，以及对这些共同体随着时间而发生变化所作的历史的或社会学的解释，因而是片面的，含有固定不变、本能主义的含义。与原生主义者相反，奈恩聚焦于社会，看到社会经济变化的影响赋予了现代化和民族主义新的意义，现代性必然需要民族的形式，就像它不可避免地要造就民族主义的意识形态和运动一样。奈恩从边缘地区和核心地区民族主义的产生、发展作出了一种具有地域性特征的解释。

民族主义的地域性首先体现为它在现代民族国家的普遍存在。奈恩认为，民族主义在现代社会中具有一种必然的普遍性，"民族主义的概念作为所有社会发展的一个普遍必要阶段，对于唯物主义和唯心主义哲学都是普遍的。这些后来的理论构想社会必须经历这一阶段。这些理论也同意把这一阶段的原因归因于在相关的社会结构中固有的特定力量或冲动。民族主义因此是一

---

① Tom Nairn，Paul James，*Global Matrix：Nationalism，Globalism and State-Terrorism*，p.6.

个内在决定的必需品,马克思主义者把其与一个民族市场经济和一个切实可行的民族资产阶级的创造联系在一起;唯心主义者把其与共同体的内在精神联系在一起,一个必须表现为历史发展的普遍特性"①。

民族主义的普遍性特征还在于对核心地区民族主义的理解。前面我们已经探讨过边缘民族主义产生的不可避免,表明边缘民族主义只是所有民族主义意识形态和运动的出发点。在奈恩看来,"核心地区的民族主义是与边缘民族主义一样不可避免的;而且可能会更有效"。② 在他看来,核心发达地区的民族主义是在边缘民族主义的发展、影响、冲击下产生的,是一种因果性的存在。发达资本主义国家看到了民族主义的巨大力量,并借用这一力量,欺骗大众情感,以实现自身利益扩张和资本积累的丑恶目的。核心发达国家和经济体"接管"了他们本来并不需要的民族主义学说,这些具有丰富人力、物质资源的社会,为了保证自身永久处于世界核心地位和其资本主义以邻为壑的丰饶,把对不发达的恐惧和民族情感认同两个因素结合起来,有效地动员和灌输他们的人民大众,锻造出一种比边缘地区民族主义更具效力的民族主义。可见,民族主义普遍存在于世界边缘与核心区域,这种普遍存在的特征,"使得民族主义成为一种世界规则,一种先进的工业化国家的标准,以及那些觉醒中的国家的标准"③。

民族主义的地域性具有两面性。从某种意义上讲,当今社会在很大程度上歪曲和丑化了"民族主义"的概念,将其与种族主义、分离主义、法西斯主义相等同,指责民族主义造成了战争、侵略、暴力冲突、对外扩张、民族分裂、恐怖主义等极具破坏性的影响,使得民族主义声名狼藉。然而,这些并非民族主义本身的特征,作为一种意识形态的民族主义对普罗大众有着极其深远的影响,正确健康的民族主义可以激发起强烈的民族自豪感、自信心和凝聚力,对民族国家的发展产生积极的作用。④

奈恩始终辩证地看待民族主义,这点清晰地表现在他的《现代贾纳斯》一文中。贾纳斯是古罗马的两面神,他站在门槛上,一面望向未来,一面回望过

① Tom Nairn, *The Break-up of Britain: Crisis and Neo-Nationalism*, p.333.
② Ibid., p.345.
③ Ibid., p.343.
④ 参见刘烨:《试论汤姆·奈恩民族主义理论的系统建构》,《系统科学学报》2015年第4期。

去,作为一个十分形象的意象表现出民族主义生而具有两面性。"民族主义是现代性的一个现象,在边缘和中心地区有着不同的表现剧目。就像贾纳斯一样,它具有现代性进步和退步的两方面。"①这一双关性的基本态度,既不是简单的反对,也不是简单的赞成,而是致力于理解它的前因后果。"民族主义既是原因又是结果,既是民主的又是极权主义的,而且并列于人类发展与人性之中。"②奈恩指出,民族主义具有一种普遍的含混不清的性质,它站在人类通往现代性的通道上,有着平民主义、政治自决与经济自主的诉求,任何民族主义都具有两面性。他并不佯称所有的民族主义都是完全合乎道德的,而是认为它最终都具有同样的矛盾本质,"民族主义的大多数形式都有着一种巨大的含糊、一个矛盾的心理"③。

民族主义能够引发激烈且巨大的忠诚,这种忠诚是一种对身份的认同和对边界的捍卫,人们为了保护祖国的尊严和发展甚至可以放弃生命。这一令人肃然起敬的民族共同体信念,主要体现为现代世界历史进程中的民族解放斗争,如第一次世界大战后亚非的民族解放运动、第二次世界大战后的反法西斯斗争、第二次世界大战后亚非国家的民族独立运动等。基于这种积极的、具有历史延续性的民族认同建立起的民族共同体,无疑是大众意志的表达,我们有义务继续维护和珍惜祖先呕心沥血为我们建立起的民族国家。这种以民族自由、解放意志为主导的民族主义是一种社会正义的框架,是民族主义积极的一面。但是,一旦对民族主义的运用超出一定的伦理道德范畴,对其加以滥用,民族主义就会从争取合法利益的诉求变为资本主义的强取豪夺,成为沙文主义、法西斯主义。民族主义的内在困境实际上正是由民族主义的两面性特质所决定的,"关键是,作为最基本的比较分析显示,所有民族主义都既是健康的又是病态的。进步与退步两者从一开始就刻在其基因密码中。这是关于它的一个结构性的事实。而且这一事实没有例外:在这个意义上,说民族主义在本质上是矛盾的,是一个准确的(而非修辞的)表述"④。

通过分析,奈恩得出了民族主义具有两面性特点这一结论,他认为,民族

① Edward A.Tiryakian,"Book Reviews",*Social Forces*,Vol.78,No.1,1999,p.385.

② Jeffrey S.Lantis,"Book Reviews",*The Journal of Politics*,Vol.62,No.4,2000,p.1231.

③ Tom Nairn,*The Break-up of Britain:Crisis and Neo-Nationalism*,p.339.

④ Ibid.,pp.347-348.

主义的实质本身总是道德的、政治的、人性的模棱两可。这就是为什么对这一现象的研究仅从道德的角度出发来建设总是失败的原因。许多学者只简单地抓住民族主义这一事物的一面或另一面，而不承认有一个共同头颅连接着他们。因此，我们必须抓住这一两面性特征，并鼓励那些主要的、进步的、积极的、健康的民族主义，抵制那些派生的、衰退的、非理性的民族主义。

民族主义的地域性有时也显现出暴力的"非理性"特征，尽管它并非所有民族主义的特性，但是，一旦走向民族暴力，必定会造成严重的后果。奈恩认为："虽然民族主义的主要动力是进步的，但是它的这些滥用的版本是后退的，而且倾向于鼓励社会和心理的返祖现象，利用无谓的恐惧和偏见，并因此走向暴力。"①对民族主义的滥用会导致非理性的暴力。这恰恰与马克思的民族理论相契合，"民族的意志，正如个人的意志一样，不能超越理性规律的范围。非理性的民族则根本谈不上有什么合乎理性的国家组织"②。这一论述表明民族意志不能够超越一定的范畴，民族主义这一意识形态作为民族意志的一部分更加不得滥用，否则就会造成非理性的民族国家共同体。那么，民族主义与非理性暴力之间的关系究其根本是怎样的呢？为何苏格兰民族主义历史中少有暴力发生，而在未实现现代化的地区却时有惨绝人寰的暴力冲突发生呢？对此，奈恩在民族主义与种族民族主义之间作了区分，认为是后者激发暴力，而不是前者。苏格兰民族主义发生在生产力十分发达的现代化地域，是苏格兰民族对不列颠帝国主义和资本主义的反抗，苏格兰民族希望借由和平的手段，以一种与时俱进、解放而又革命的民族主义来实现苏格兰民族的自决。与此相反，种族民族主义在本质上则是沙文主义的一个变形，表现出不合理的、过分的、盲目的、危险的、极端的民族情感。奈恩主要以农民沙文主义和大国沙文主义的民族主义两者为例分析了种族民族主义的非理性特征。

农民沙文主义的民族主义发生在农业主导的地区，在那些地区，民族冲突往往十分强大、激烈，奈恩以红色高棉为例，解读了农民沙文主义的民族主义恶果。20世纪70年代的柬埔寨基本没什么工业，红色高棉运动动员起农民，试图重新塑造一个民族，对外与民族敌人越南人进行战争，对内则是对异质民

---

① Tom Nairn, *The Break-up of Britain: Crisis and Neo-Nationalism*, p.347.
② 《马克思恩格斯全集》第1卷，人民出版社1956年版，第316页。

族进行清洗,完全中止了城市化并且强行重组农业社会,最终造成了毁灭性的后果。究其原因,红色高棉的民族主义并不是现代化的结果,而是"农民沙文主义"的结果。农民沙文主义的民族主义在本质上是农民阶级的变形。奈恩指出,那些民族主义冲突最强的地区,往往也是农业主导的地区。那些被用来动员生活在现代化威胁之下的农民人口地域的民族主义意识形态和运动最容易失控,最易造成现代历史中巨大的灾难性后果。他也以此解释了柬埔寨和卢旺达的大屠杀。因此,在农业为主导的边缘地区,对民族主义的运用必须要以正确、健康的民族认同为先导,使其向着健康积极的方向发展,而不是落入沙文主义的旋涡当中。"'沙文主义'的真实故事表明现代化需要通过像一个巨大水渠的通道,其中有一个许多代的斗争,试图解决农村的过去和城市工业的未来两者间的矛盾。"[①]由此,我们可以得出这样的结论,只有在边缘地区解决农业与工业之间发展的矛盾,才有可能在根本上避免和消解农民沙文主义的民族主义。

与农民沙文主义民族主义不同,大国沙文主义的民族主义一般发生在已经实现工业化的区域,奈恩以对德、意、日三国的大国沙文主义民族主义为例分析了这一现象。他指出,这三个社会都有一个相对(比对英法)的"落后"经验,他们不是处于真正的边缘地区,而是半边缘地区。对于这种突然被剥夺和虚弱的困境,这三个国家以特别强烈的、补偿性的意识形态机制应对,即民族主义的信念和情感,在此基础上,以实质性的民族国家权力实现高速工业化和国家强制的社会严格控制。"这样,这些社会就能够以前所未有的力量去实现'民族主义'的意识形态。……本世纪上半叶,所有这三个国家都面对这样一个事实,或者直接的可能性,即,瓦解。对他们来说,这意味着贬谪:永久地限制在二流水平、半边缘的位置、被排除在核心地区的'日不落之地'之外。物质的与道德的失败,内部崩溃的威胁,或者(在他们看来)继续或再度被核心帝国主义力量所侵略——这些动机,促使他们进入一个更加强化的民族主义动员的形式。"[②]毫不奇怪,此时,强大的大国沙文主义民族主义意识形态出现了,并被迅速挪用于帝国主义的真正资源力量之上,最终造成了法西斯主义

---

①　Tom Nairn, *Faces of Nationalism : Janus Revisited*, p.104.

②　Tom Nairn, *The Break-up of Britain : Crisis and Neo-Nationalism*, p.346.

的可怕后果。正如马克思的民族理论所揭露的，"资产阶级的沙文主义只不过是一种虚假的装饰，它给资产阶级种种无理性要求穿上一件民族的外衣"①。与马克思的这一论断不谋而合，奈恩这样感叹道："大国沙文主义，或'反动的民族主义'，是一个都市统治阶层的阴谋，它借用了世界民族解放斗争的思想和情感，并雇佣他们来欺骗无产阶级。遗憾的是，这似乎常常是奏效的。"②

可以看出，奈恩从民族主义的地域性特征入手，不仅区分了民族主义与非理性的种族民族主义的差异，还洞悉了非理性特征所带来的不同政治经济区域的暴力问题。在认识了这种非理性特征的基础上，我们在采取民族主义意识形态及运动以实现自由和解放时，应该仔细分辨其中的各种因素究竟是平民主义的诉求还是沙文主义的阴谋，是谋求发展的斗争还是帝国侵略的暴力，是民族的解放还是资本的侵蚀，以避免退化为沙文主义的民族主义。

三、民族主义的理想是民族的自我解放

奈恩认为，政治自决和经济自主是民族主义的根本理想，其实质就是民族的自我解放。"民族"一词向来就具有强烈的政治色彩，民族主义更是如此。从唯物史观出发，奈恩提出了民族主义是人类命运的命题，究其原因，是因为他看到了民族主义对政治自决和经济自主理想的追寻。

所谓政治自决，就是人民能够自由决定其政治地位。奈恩为民族国家所寻求的政治自决承袭于马克思的民族自决权。早在19世纪60年代马克思就明确提出了"民族自决权原则"③，希望借此原则来使一切民族都有权"自己决定自己的命运"并"自由决定自己的国家归属问题"④，使遭受殖民统治的被压迫民族有权在政治上自由、自治，建立独立的民族国家。西方工业化的发展过程是不均衡的，先发展的核心地区剥削边缘地区，使得两者的差异持续拉

---

①　中国社会科学院民族研究所编：《马克思恩格斯论民族问题》（上册），民族出版社1987年版，第479页。

②　Tom Nairn, *The Break-up of Britain: Crisis and Neo-Nationalism*, p.347.

③　《马克思恩格斯全集》第19卷，人民出版社1963年版，第164页。

④　中国社会科学院民族研究所编：《马克思恩格斯论民族问题》（下册），民族出版社1987年版，第851页。

大。工业化不仅瓦解了传统社会，而且使其不均衡地瓦解。边缘地区的知识分子出于对这种差异扩大的敏感，就要寻求民族国家独立自主的发展。但在边缘地区往往没有核心地区那样具有现成的整合性政治框架，所以他们只能够诉诸民族主义来进行动员，并在民族主义的旗帜下运用民族的革命实践来实现平等、自由和解放。因而，要实现社会主义的理想只能诉诸民族主义。

奈恩反对资产阶级的民族主义，因为对于资产阶级来说："不管单个资产者进行多么激烈的斗争，资产者作为阶级是有共同利益的：这种共同性，正像它在国内是针对无产阶级的一样，在国外是针对其他国家的资产者。这就是资产者所谓的他的民族性。"[1]所以，资产阶级民族性下产生的民族主义必然是压迫的、剥削的、不平等的。奈恩认为苏格兰社会主义者必须发展出他们自己的民族主义形式，只有发展出自己社会主义的民族主义形式才能够实现真正的政治自决。正确的、社会主义的民族主义是对民族文化、民族经济利益、民族国家自治和独立的保护，是民族平等的政治体制结构，而非资产阶级所滥用和利用的、狭隘的、利己主义的民族主义。

所谓经济自主，就是一国之全体人民在不受外来干预的情况下，自由谋求其经济发展的权利。奈恩十分重视民族经济的发展，认为不均衡是资本主义发展的条件，因此要实现社会主义必须要打破这种不均衡，以经济自主来带动民族国家的发展，只有摆脱经济上的落后和依附状态，民族国家才有可能真正地独立。民族主义的情感与理想是被现代国家中不同地域、不同阶级间相较之下的贫困与剥削，不发达的边缘地区与发达的核心地区之间相对的剥削与被剥削，以及核心区域的精英与边缘地区的精英之间相比之下的剥夺与被剥夺而唤醒的。发展必须在某处开始以打破这种不均衡和剥削状态。

马克思认为，"每一个社会的经济关系首先是作为利益表现出来"[2]，因此经济的自主发展不仅仅是民族情感和理想的内在要求，还是人类追求自身利益的自然属性。奈恩写道："'历史唯物主义'的古雅信条认为基本的社会经济条件'决定'了事件的总体方向，包括什么样的观念和领导人可能获得国家和政治运动的控制权。在《1780年以来的民族和民族主义》一书中，这一信条

---

[1] 　中国社会科学院民族研究所编：《马克思恩格斯论民族问题》（上册），第62页。
[2] 　《马克思恩格斯全集》第18卷，人民出版社1964年版，第307页。

似乎在很大程度上已经消失。这是很奇怪的,而且也很可惜:由于对民族主义的研究,首先,应该要说服人们关于这一点仍然有很多可谈的。"①可以看出,奈恩十分重视历史唯物主义对民族主义的解释,认为社会经济对于民族主义和民族国家的发展走向有着决定性的作用。民族主义是社会工业化经济进步中所不可分割的。普遍的社会经济环境滋养了"资本主义世界市场的形成,新工业生产方式的扩散传播,以及随之而来的所有的社会生产关系——特别是,以资本为基础的资产阶级和无产阶级,建立普遍的现代阶级结构"②,奈恩看到了工业化、现代化、全球化对社会经济的巨大作用,它们共同引发了资本的不均衡发展,反过来只有在不发达地区实现经济的工业化、现代化、全球化才有可能缩小这种发展的不均衡。

奈恩写道:"任何一个有理性的人都不会否认全球经济日益相互依存,大型的生产单位和市场的经济原理,国家干预的增多,跨国公司的作用,或任何其他的对物质的崇拜。"③在这样的大背景下,市场经济可以说是实现民族国家经济自主的途径之一。面对 1989 年以来的东欧剧变以及随后苏联的解体,奈恩认为,这是"计划经济失败所产生的一个逾期的反应,像先前的其他事件一样,它必然呈现出一种民族主义的形式。换句话说,民族主义现在没有,过去也从来没有,异常或意外地违反什么是'应该发生的'。它不是逆流或侧涡,或妨碍进步的磅礴的奔流:民族主义就是主流,现在是应该承认这一事实的时候了"④。计划经济是行不通的,一个自由的市场才是自由的主体条件。作为世界意识形态最磅礴的主流,民族主义必须以其巨大的导向作用引导民族的觉醒和发展,以人民大众的民族身份认同来促进经济发展和政治民主,实现民族国家的繁荣兴盛和民族主义政治自决和经济自主的根本理想,最终实现社会主义。

在奈恩看来,社会主义是民族主义的未来。虽然民族主义在今天仍然保持其重要性,但是随着政治经济的发展,民族主义必定会让位于理性的社会组织化——社会主义。正如列宁所指出的,"一切民族都将走向社会主义,这是

---

① Tom Nairn, *Faces of Nationalism : Janus Revisited*, pp.49-50.

② Ibid., p.26.

③ Ibid., p.27.

④ Ibid., p.48.

不可避免的"①。对此，奈恩做了三点重要论证：

首先，奈恩以对人类社会发展阶段的解读，指出为何民族主义在抵抗现代西方资本主义不均衡发展中有重要价值，以及资本主义为何不可能获得世界的最终支配权。在他看来，"民族主义是一个内在决定的社会必需品，一个'生长的阶段'，位于传统的或'封建的'社会和一个未来之间，在那里，民族性的因素将变得不那么突出"②。因此，民族主义是传统社会向未来社会发展的必经阶段，是资本主义向社会主义过渡的理论和实践工具。民族主义并不是偶然地出现在历史舞台上，从工业革命爆发开始，它就已经伴随着帝国主义对资本积累的普遍追求，附着在物质、工业、技术、生产力的广泛蔓延之上，在其所到之处播撒下要求民族政治经济自由和社会正义的种子。无论资本主义的力量多么强大，却总是压抑不住世界上被剥削、压迫地区的民族主义革命斗争和解放运动。奈恩指出："资本主义确实统一了人类的历史并使世界成为一个整体。但是，它是以令人惊奇的不均衡为代价而实现的，通过仍远未完成的近乎灾难性的对抗和社会政治分裂的过程。"③资本主义不可避免地造成了现代世界绝大多数不均衡、不民主、不公正的部分，它无法避免自己内在的侵略性、破坏性本质。因此，可以说以民族解放和实现现代化为根本目标的民族主义力量是资本主义发展的重要抵抗力，民族主义的民族解放运动和斗争保证了资本主义不可能是一个不可超越的社会历史阶段，而只是通往社会主义的一个前期幼稚阶段，"历史终结论"仅仅是西方资本主义理论家自大的臆想，是一个不可能真正统治现实的理论谬断，"社会主义以一个远比其创始人所想象的更快速的节奏在世界范围内扩散"，因为，"资本主义不可能，最终，统一世界"。④

其次，奈恩探寻了民族主义与国际主义之间的转化和联系的过程，并特别聚焦于民族主义对于国际主义观念、结构建立的铺垫作用。国际主义是马克思创立的关于指导世界社会主义运动的一条基本原则，即"全世界无产者，联合起来"。国际主义是实现社会主义的条件，只有达成了国际主义才有进一

---

① 《列宁专题文集　论社会主义》，第398页。
② Tom Nairn, *The Break-up of Britain: Crisis and Neo-Nationalism*, p.333.
③ Ibid., p.356.
④ Ibid., p.357.

步实现社会主义的可能，同时，国际主义也是社会主义的特征，一个社会主义社会必定具有国际主义的博大关怀。在一定程度上，"马克思主义者所秉承的国际主义就是指社会主义或共产主义的运动和理想"①。"国际主义是世界精神的更高和谐"②，只有在民族界限消失的国际主义社会中才能进一步实现社会主义。民族主义是如何带来国际主义的演进和发展的呢？奈恩的答案是，民族主义"这一社会演变过程是之后更加令人满意的状况的必要先决条件，即'国际主义'。"③他不止一次地分析过资本主义的发展阶段，认为只有在工业化、现代化达到完全的成熟，社会才会发生本质上的变革，只有在实现了民族主义认同、统一和自主的民族国家中，社会中的民族性因素才会不再是最主要的社会特征，只有人们达到了真正的自由和解放，民族共同体间不再存在压迫与反抗，民族国家的边界才会模糊，这时，国际主义便会取代民族主义成为主流意识形态，"真正的国际主义无疑应当以独立的民族组织为基础"④，然而要达到这一理想我们还有很长的路要走。

再次，奈恩从马克思主义唯物史观的角度，把民族主义置于世界历史发展的背景中，理解它与社会主义之必然联系，揭示出民族主义对于实现社会主义的重要功能和意义。民族主义作为一个社会过渡阶段，除了对资本主义的发展壮大有着抵抗性的积极作用外，更重要的是，对社会主义的形成、实现、发展的有力促进。我们所要实现的社会主义理想社会，必定是以独立自主的民族国家共同体的形成为先导。我们应当手执民族主义的利剑直指现代资本主义社会普遍的不均衡发展和剥削压迫现象，这一意识形态和运动将带来民族国家自下而上的社会控制和现实生活中的民主。

毫无疑问，民族主义是一个历史的建构，尽管民族主义的发展偶尔会绕弯路，甚至倒退，但是奈恩坚信民族主义的总趋向是发展、解放和自由，随着这一理想的实现，社会主义的美好社会就是一个水到渠成、收因结果的政治构架。奈恩写道："社会主义，对于世界的一大部分，可能代表了某天治愈的必要状

---

① 彭涛、尹占文：《毛泽东的国际主义思想研究》，《毛泽东思想研究》2014 年第 1 期。

② Tom Nairn, *The Break-up of Britain: Crisis and Neo-Nationalism*, p.333.

③ Ibid.

④ 侯发兵：《论马克思恩格斯关于民族性的思想》，《理论月刊》2012 年第 8 期。

况。"①社会主义作为对资本主义社会的治愈情况,必定需要民族主义历史与现实的目标和程序,这样才是一个社会发展的完整过程。奈恩在马克思主义唯物史观的视野里,找到了解释民族主义与社会主义两者的重要桥梁,在他看来,民族主义不仅是一种必然性的历史现象,也是人类社会发展、进步得以实现的基本形式。如果没有民族主义,那么就既没有资本主义的终结,也没有国际主义、社会主义的到来。

四、现代主义思维范式的民族主义理论的价值讨论

英国新马克思主义思想的着眼点在于,在资本主义社会如何实现社会主义,如何克服人的现实异化与社会异化,从而实现人的解放。② 奈恩作为新马克思主义的重要政治理论家,其对民族主义的思考秉承发展了这一本质诉求。他从唯物史观的科学方法出发认识民族主义,并指出,民族主义对于现代历史产生了深刻的影响,导致了一场世界范围内的巨大变革,民族主义的新浪潮为21 世纪政治体制改革提供了新的替代原理。在现代资本主义社会的大背景下,奈恩唯物史观视域下的民族主义理论在英国新左派中开辟了一条新的道路,从社会、经济、政治、历史等方面作出了现代主义范式的民族主义阐释,顺应了当代世界形势,看到了以邻为壑的资本主义丰饶注定会导向民族革命,民族主义对政治改革、经济发展、民主运动和政权建立起着决定性作用,只有发展出社会主义的民族主义形式才能够真正实现人的解放。

尽管奈恩的现代主义范式的民族主义理论在英国新左派中是引人注目和影响深远的,但是我们必须看到这一理论本身有其客观局限性和主观片面性。首先,动态感极强所导致的前后矛盾。奈恩是一位比较有动态感的理论家,其理论覆盖面比较广,内部也有比较多的变化。这种动态性虽然使得奈恩的思想总是保持着高度的新鲜感和时代性,但也有着极大的不稳定性和矛盾性。其次,后期对马克思主义的远离所导致的理论局限性和片面性。早期和中期的奈恩从唯物史观出发探讨民族主义,并运用马克思主义的"资本的不均衡发展"定律来解释民族主义之兴起并预测帝国主义之崩解。然而,随着苏联

---

① Tom Nairn, *The Break-up of Britain：Crisis and Neo-Nationalism*, p.359.
② 参见乔瑞金：《英国新左派的社会主义政治至善思想》,《中国社会科学》2014 年第 9 期。

的解体,奈恩的马克思主义立场发生了动摇,这也使得他之后的思想逐渐走向了修正、局限和片面,逐渐失去了马克思主义科学社会解释的光彩,不得不说这一转变是一种倒退和妥协,表现出了奈恩知识分子气的软弱。

虽然与马克思主义科学思想相比,奈恩的民族主义理论仍有许多缺陷,但是无论怎样,他实现了一种马克思主义式的现代主义民族主义理论的延伸,为我们重新理解现代社会发展提供了新的思路和理论分析的方法。面对现代资本主义社会的现实状况,奈恩以唯物史观为基础深入考察了资本主义发展下反帝国主义的民族主义意识形态和运动形成的动力机制,揭露了资本不均衡发展和帝国主义的运行逻辑,较为科学地解释了民族主义与现代工业社会的关系,尝试建立唯物史观嵌入现代民族主义的模式。奈恩对民族主义核心特征的分析使我们对民族主义问题有了更加清晰的认识,他对民族主义的现代主义整体论证使我们对现实世界民族主义的作用有了更多的思考,在认识论和方法论上给予人们一个完整、统一的框架。他对于民族主义是实现社会主义的必然阶段和途径的解读,揭示出现代民族主义与社会主义的内在必然联系,给出了一个兼顾社会意识形态与现实实践的系统解释,使民族主义具有了新的完整性和开放性,体现了民族主义超越帝国主义和资本主义的总体诉求,为人类实现社会主义社会提供了希望和路径,这是难能可贵的。

第二节　植根民族进步的技术批判分析

汤姆·奈恩以其独特的"民族进步"的技术批判维度,考察了工业革命对民族国家建立的关键作用,他把技术进步和工业发展看作是民族国家成型的动力基础,阐释了技术进步是现代民族国家身份认同的核心动力以及工业发展是实现利益共享和民族进步的根本原因。其以技术批判为基础的民族国家理论,深刻地阐释了民族国家的合法性、民族身份认同的内在性、民族共同体利益共享诉求的主导性和民族进步需求的必然性。他秉承马克思主义的技术批判精神,并以此深入社会现实、拓展学术视野、建构理论内核。与英国新左派其他学者从文化、社会、政治以及经济等视角展开技术批判的方式不同,奈恩从民族国家发展与社会制度建设的视角入手,以唯物史观为基础,以人的解

放为诉求,深入思考技术进步与民族进步之间的关系,阐释了一系列重要的民族主义哲学思想,借此揭示现代民族国家的产生过程,剖析资本主义社会中的异化问题,形成了一种以技术批判为基点的民族国家理论,产生了重要影响,赢得了世界的尊重。本节尝试就奈恩民族国家理论的技术批判思想作出初步分析和解读,厘清现代民族国家的根本问题及本质内涵,拓展民族问题哲学研究的视野。

一、工业革命是现代民族国家成型的动力基础

工业革命是现代民族国家成型的动力基础,这是奈恩对民族国家进行技术批判过程中得到的一个最基本的结论。在奈恩看来,民族性、民族国家、民族主义等现象,都是伴随工业革命和资本主义发展形成的现代社会的重大主题。所有这些,不仅在人类历史发展的时间顺序上是新的,而且在本质上也是新的。现实社会结构的复杂性和历史客观性表明,工业革命是现代民族国家成型的动力基础,生产力的发展、工业的变迁、技术的进步是主导民族进步、社会发展、体制构架的最关键因素。民族国家作为国际政治的基石,已经存在了至少一个多世纪。现代民族国家是一种复杂的存在,它不仅使我们的政治、经济、文化、生活具有多样性和创造性的发展,同时也制造了许多难以克服的问题与障碍。

我们知道,英国作为现代工业文明的发祥地和最早的资本主义民族国家,一直以来都具有浓厚的技术批判传统。英国著名社会人类学家厄内斯特·盖尔纳认为:“民族主义首先是一条政治原则,它认为政治的和民族的单位应该是一致的”[1];“民族和国家注定是连在一起的;哪一个没有对方都是不完整的,都是一场悲剧”[2]。根据盖尔纳的看法,各种民族国家和民族主义都是在现代化转型过程中产生的,是现代工业化时代的必然社会现象。英国新左派历史学家埃里克·霍布斯鲍姆也对民族国家的形成发展、历史演化和建构方式进行了深刻探讨,形成了其独特的民族国家史学思想,他指出:“现代性诚

---

[1] ［英］厄内斯特·盖尔纳:《民族与民族主义》,韩红译,中央编译出版社 2002 年版,第 1 页。

[2] 同上书,第 9 页。

为现代民族国家的基本特征"①;"马克思主义者口中的'民族问题',实则是一个牵涉到政治、科技与社会转型的大问题。民族,并不光只是领土国家或民族情操的产物,同时也深受科技与经济发展的影响"②。政治学家本尼迪克特·安德森从历史分析的角度出发,强调民族、民族国家和民族主义的现代社会建构特征,认为"民族是一种想象的政治共同体——并且,它是被想象为本质上是有限的,同时也享有主权的共同体"③。奈恩在接受现代主义思想范式的基础上,着重以唯物史观为指导,把技术批判作为分析和诠释现代民族国家的基础,把民族国家的起源追溯到技术、工业问题之上,剖释了现代民族国家成型的动力基础以及造成现代民族国家困境的技术、工业因素。他写道:"鉴于工业化的巨大压力和力量的种类和强度……在现代历史中非理性的出现并不令人惊讶。"④在他看来,工业化的巨大压力是现代历史非理性因素的根源,现代意义上的帝国主义、工业主义、资本主义都是工业革命的产物,现代民族国家的形成、民族解放运动的兴起、民族主义意识形态的扩张都与工业技术发展休戚相关。

奈恩运用马克思主义技术观的社会、经济分析方法,结合现代主义理论范式来解释民族以及民族国家的成型问题,"自工业革命以来人类社会被迫通过的所有的真实'发展'都是不均衡的"⑤。在这种真实的不均衡发展中,"民族是现代化环境下最适合的和占支配地位的身份识别方式,这种民族认同表现出来对工业化'天气'行之有效的顺应"⑥。在他看来,民族是现代共同体最重要的身份识别因素,民族认同是工业化的后果,是一个与政治、经济、科学技术、社会转型等密切相关的问题。就民族国家而言,奈恩以马克思主义经典作家的"不均衡发展"思想为出发点,认为随着现代化从西欧心脏地带向外扩展,工业化将世界分割为不平等的区域,在不同的时间、程度和深度上冲击后

---

① [英]埃里克·霍布斯鲍姆:《民族与民族主义》,李金梅译,上海人民出版社2006年版,第17页。

② 同上书,第10页。

③ [美]本尼迪克特·安德森:《想象的共同体——民族主义的起源与散布》(增订版),吴叡人译,上海世纪出版集团2011年版,第6页。

④ Tom Nairn, *The Break-up of Britain:Crisis and Neo-Nationalism*,p.349.

⑤ Ibid.,p.336.

⑥ Tom Nairn,*Faces of Nationalism:Janus Revisited*,p.4.

进的区域,世界范围的民族国家也由此产生。他写道:"发展更喜欢更大的有
竞争力的实体结构,即民族国家单位。"①也就是说,"在新的模式下,通过发展
的压力和限制,民族国家成型了,换句话说,这些确保了只有实体超过一定规
模的临界值,才有生存的机会,或获得独立"②。奈恩特别强调技术工业发展
造就了民族国家的成型与建立。在现代社会的生存层面,民族国家具有特别
重要的意义。资本主义工业、技术改变了一切社会状况,并产生了现代民族国
家机制和现代民族主义政治。奈恩以资本主义发展的普遍规律来把握民族主
义,指出民族主义是资本主义工业化边缘地区对来自先进地区剥削的一种反
应,是对反抗极端不发展这一令人不快的事实的一种动员,"民族主义是世界
历史的现代资本主义发展的一个关键的、公平的核心特征"③。他把民族主义
与工业革命相联系,指出:"'民族主义'在其最普遍的意义上来讲,是由世界
政治经济的某些特性决定的,在法国和工业革命与现在的时代之间。我们仍
然生活在这个时代中。"④可见,民族主义广泛地存在于工业革命之后的时间
与空间里,是一种工业、技术发展的必然,"是把'主义'注射进入民族的反
应"。⑤ 而借由民族主义的意识形态和运动,社会才能够逐渐推动自身工业、
技术的发展,进而实现民族进步,他这样写道:"事实是,通过民族主义,社会
尝试推动他们自己向某种目标前进(工业化、繁荣与其他民族平等,等
等)。"⑥只有通过民族主义,落后的边缘地区的民族才能够以统一的共同体载
体去对抗工业革命之后形成的帝国主义殖民压迫,奈恩指出:"民族主义是在
分离的更深层次的工业化和经济社会现代化的过程。远非是发展的一个非理
性障碍,对于大多数社会它是在发展竞赛中唯一切实可行的道路——在这唯
一的道路上他们可以竞争而不被殖民或消灭。"⑦

在对民族国家的技术批判分析中,奈恩十分同情不发达地区的民族解放
斗争,批判帝国主义、资本主义、霸权主义、殖民主义对不发达地区的侵略扩

---

① Tom Nairn, *Faces of Nationalism : Janus Revisited*, p.147.

② Ibid. , p.144.

③ Tom Nairn, *The Break-up of Britain : Crisis and Neo-Nationalism*, p.331.

④ Ibid. , p.332.

⑤ Tom Nairn, *Faces of Nationalism : Janus Revisited*, p.3.

⑥ Tom Nairn, *The Break-up of Britain : Crisis and Neo-Nationalism*, p.348.

⑦ Tom Nairn, *Faces of Nationalism : Janus Revisited*, pp.65-66.

张,认为只有通过认识现代工业发展并理解不同民族国家的历史形成过程与机制,才能解决资本不均衡发展所带来的问题,体现出现代主义民族国家解释范式中工业、技术问题的理论维度。"与民族国家紧密相连的,是在西方国家中所爆发的工业革命,以及此后大规模进行的成功的工业化和现代经济增长,以及与经济增长相连的史无前例的经济繁荣。"①可以说,民族国家作为政治、经济、文化、科技的外化载体是现代性向人类社会的投影,现代民族国家成型的动力基础即是技术、工业。"马克思主义技术哲学是一个开放的体系,它随着技术进步和社会发展的历史进程,不断研究新的问题,不断产生新的思想,使自身的思想内核得以巩固,理论系统逐步得以完善,其时代性和现实性也得以展现。"②奈恩将马克思主义技术批判传统嵌入到民族国家的解释框架之中,体现出马克思主义技术哲学的生命力和创造力。他以唯物史观视域解读民族国家,着眼其成型的动力基础,指出工业革命对民族、民族国家、民族主义的巨大作用,推进了现代主义范式认知,形成了技术批判嵌入民族国家理论母体的新理念,展示出其理论的特殊性。

二、技术进步是现代民族国家凝聚力的内在力量

技术进步是现代民族国家凝聚力的内在力量,这是奈恩对民族国家进行技术批判过程中得到的第二个重要结论。奈恩认为,在近两个世纪的现代世界历史进程中,民族性诉求开始逐渐获得政治支配地位,民族认同、民族自决问题在世界范围内凸显出来。国家的边界划在何处,谁被包括在这一边界中,是什么让人归属于这一边界,变得越发重要。"人们愈来愈坚定、愈来愈有组织地在肯定自己的历史、文化、宗教、族类和领土之根。换句话说,就是人们在重新肯定自己的特殊认同。"③民族国家作为近代工业革命以来世界范围内主导的政治实体形式,为民族共同体的政治主权、经济利益、身份认同提供了合

---

①　[德]汉斯-乌尔里希·维勒:《民族主义:历史、形式、后果》,赵宏译,中国法制出版社2013年版,第159—160页。

②　乔瑞金、师文兵:《从人的解放看马克思主义技术哲学传统的多重意蕴》,《科学技术哲学研究》2011年第3期。

③　[西]胡安·诺格:《民族主义与领土》,徐鹤林、朱伦译,中央民族大学出版社2009年版,第27—28页。

法性边界,使共同体成员联结在一起共同维护、发展民族国家。奈恩从现代民族国家的产生场域进行审视,阐释出身份认同是现代民族国家的核心凝聚力,而这一凝聚力的内在力量就是工业发展下的技术进步。

　　民族是现代性社会中人民大众最重要的身份认同范式,这是奈恩基于现代工业社会发展作出的重要论断。奈恩把工业化、现代化、全球化之下的身份认同看作是现代民族国家的运行基础,并为建立、巩固和发展现代民族国家提供了最核心的凝聚力。现代民族国家的身份认同就是要对民族身份进行政治的肯定和保护。什么是民族身份呢? 奈恩指出,"'身份'是一个非常当代的词,关涉令人困惑的和政治的重大意义"。[1] 现代民族国家中的"身份"是一个具有政治合法性的概念。"民族性一直都有身份。但现在在看来,他们必须拥有它。不再是想当然的,身份必须符合一定的标准。"[2]在现代共同体的运行和建构过程中必须拥有民族性的身份,这种民族身份是现代社会的一个政治标准,是社会群体位置的信念。寻求身份认同是人民区分自身与其他群体的表现,是证明其独特性和价值性的来源,奈恩写道:"民族或人民现在可以被描述为正在寻找……'他们自己的身份',这些东西使得他们是不同的和有价值的,或者,至少是独特的。"[3]奈恩认为,国家对民族身份的肯定和保护起着至关重要的作用,"国家通常被认为是现代机构的关键"[4],它作为共同体运作的最重要的机构,为身份认同提供了政治保护,是人类多样性存续发展的关键,是民族凝聚力的载体。

　　奈恩主张:"'人类的生物多样性,需要被探索,而不是被否认'。然后,多样性为了生存,需要一些新的政治保护。"[5]在他看来,国家这一政治机构对肯定和保护民族身份的重要作用:每一个群体都寻求确认自己的身份,正是国家为民族身份提供了认同的合法性边界和组织。接下来,奈恩就要回答在现代民族国家中如何实现身份认同? 奈恩把对这一问题的解答放在工业化、现代化、全球化的场域之中进行解释,指出工业化、现代化、全球化之下的技术进步

① Tom Nairn, *Faces of Nationalism: Janus Revisited*, p.183.
② Ibid.
③ Ibid.
④ Ibid., p.194.
⑤ Ibid., p.121.

是现代民族国家凝聚力的内在力量。他认为,正是工业化使得民族得以存续,也正是伴随着工业化,民族与国家这两个紧密联系的范畴逐渐结合并成为现代社会中最主要的政治性组织,他写道:"在工业化之前这种消失常常发生:文化、民族、传统被时间所湮没,足够幸运的话也许会留下令人费解的一砖半瓦。"①技术作为现代民族国家工业发展的决定性因素,对于对象世界的统治愈来愈快、愈来愈全整,可以说,在现代社会,技术不仅把一切存在归纳于生产过程之中,而且通过资本主义工业化以及随之而来的现代化、全球化把民族国家也划归在这一场域之中。现代民族国家正是科学、技术、资本飞速发展的结果,并为其成员提供了一个"归属",即为民族身份认同、民族意识、民族凝聚力提供了一个合法性边界。

工业化对民族凝聚力有决定性影响,它带来了民族国家思想与意识层面的身份认同。"认同之所以可能,就在于人需要归属感。"②民族国家成为人的归属和带来民族凝聚力的关键场域就是工业化。"资本主义的趋势'在某种程度上,统一世界上最遥远的地方,通过他们能够减轻彼此的需要,增加彼此的享受,并促进彼此的工业'"③,工业的飞速发展带来了文明程度的提高,同时也"导致了新世界的奴隶制度"④,带来了一部分人对另一部分人的剥削和压迫,工业化改变了世界的政治体制,使得自尊的民族意识到应该拥有自决的身份认同和自治的政治机制。奈恩写道:"决定性的身份认同模式是被'迫'或在帮助下显现的,它似乎是自然的决定而非个人的意愿。"⑤正是资本主义工业化为身份认同提供了这一"逼迫"和帮助。在工业社会,工业生产规模越庞大、资本主义市场越发达,身份危机、认同心理和民族凝聚力越强烈,民族国家越发能够发挥其在工业秩序中的控制效应。"资本主义的'世界市场'——所谓的现代政治文化的基质,和此后的民族国家——碰到并剧烈震动了农业世界。"⑥在这一背景下,民族身份的特殊性展现出它在对抗工业化冲击上的

---

① Tom Nairn, *Faces of Nationalism: Janus Revisited*, p.5.
② 徐迅:《民族主义》,东方出版社 2015 年版,第 34 页。
③ Tom Nairn, *Faces of Nationalism: Janus Revisited*, p.148.
④ Ibid., p.9.
⑤ Ibid., p.4.
⑥ Ibid., p.16.

重要作用，"民族是现代化环境下最适合的和占支配地位的身份识别方式；它表现出来对工业化'天气'的行之有效的顺应。这一'天气'本质上是一个十分猛烈的风暴，即从 20 世纪 40 年代核武器创造以来摧毁了社会文化自身。对抗这种状况需要构建一个大规模的、坚固的、文化上有凝聚力的以及政治上装甲的防波堤；在多数情况下民族性可以提供以上这些需求，而别的团结的方式却不能"①。可见，工业化风暴严重冲击了人类社会的文化与政治，面对此种冲击，人类必须要构建一种团结的共同体来对抗，而民族身份恰恰可以提供这样一种凝聚力，为共同体提供意识形态层面的身份认同。

现代化进一步带来了民族国家政治与制度层面的身份认同。现代化科学技术发展引发了越来越多的民族性政策，民族性政策反过来又需要依托国家的现代化建设。"'现代化'本身永远只是另一个单词——工业化的发展过程，通过这一过程最后一定会产生更伟大的人和文化的多样性。"②这种多样性需要一个边界，需要特定的共同归属感与认同感，由此必须要有民族性的政治结构来提供集体认同的身份，培养共同的忠诚，满足共同体成员道德上和情感上的认同。奈恩写道："有意识的、集体的'身份'……只有在共同的目的和行动出现时，他们的意义才可以是完整的。"③民族身份认同是在共同的意愿和行为下发生的，只有身处公众的目的和行动中，才会是有意义的和全整的。奈恩相信"科学引领的技术发展可能引发一系列我们称之为'现代化'的可能性的变化"④；"社会学的现代化哲学的积极输入，似乎是科学和工业所带来的新的变化动荡的冲击"⑤。可见，科学、技术的巨大工业化变革带来了资本主义现代化发展，如此，科学技术才会与现代化建立联系，现代化进程才会与民族国家政治制度建立联系，民族身份才会得到认同、肯定和保护，并逐渐形成民族国家政治与制度层面身份认同的共识。奈恩写道，"现代性召唤我们出示身份的通行证"⑥，伴随着现代化的深入，民族国家的归属意识越来越清晰，

---

① Tom Nairn, *Faces of Nationalism: Janus Revisited*, p.4.
② Ibid., p.164.
③ Ibid., p.184.
④ Ibid., p.7.
⑤ Ibid., p.10.
⑥ Ibid., p.190.

民族国家这一政治共同体结构承载着人类在多元社会中的凝聚力。奈恩认识到了民族国家与现代化的辩证关系,"现代化理论曾注意到并解释了为何工业现代化是民族性政策中不可缺少的条件"①,民族性政策离不开工业的现代化,现代化同样离不开民族国家的身份认同,两者相互促进、共同发展,以一种互为因果的方式构成了现实社会。

全球化最终带来了民族国家体制与建构层面的身份认同。全球化与国际竞争正在全方位地包围人类社会,民族国家正是最适合这一环境的结构单位。奈恩指出:"民族性不在基因中;但是,它在现代世界的结构中,比起在古代更加突出和不可避免。"②民族性是现代世界的结构性需求,民族身份认同在共同体体制结构和建构中的作用是显而易见的和无法规避的。"自从巨大的多民族对法国侵略的反抗以来,政治民族性原则已经出现和重新显现了,显然是作为几乎所有新的国家和国际民族聚居地不可避免的形式。"③民族国家是反抗侵略压迫、追求自由解放必不可少的共同体单位,这一政治合法性边界的稳定和发展是民族进步的前提。人类在历经第一次世界大战、第二次世界大战之后,这样一个事实愈发清楚明显:在全球化与国际竞争的环境中,民族国家对于化解很多后殖民时代的问题是十分重要的,人类社会和世界秩序的政治稳定、经济繁荣必须依赖这一单位。"民族身份保护'自己人',以集体文化精神的联系来排斥和抵抗异己的力量。对于个体而言,没有民族及国家作为其存在的依托,一个人是无法发展的。"④

民族国家是共同体成员具有合理性和合法性身份认同的现代政治体系。"民族国家认同……在很大程度上正在变为全球化条件下各个国家捍卫自身利益的最为重要和有效的武器。"⑤奈恩感叹道:"无论涉及到什么情况,'身份'都是一个问题的答案。在一个大的和增长的典型的现代情况下,'你是谁?'必然是一个集体的而非个体的疑问。"⑥基于唯物史观的科学分析,奈恩

---

①　Tom Nairn, *Faces of Nationalism: Janus Revisited*, p.6.

②　Ibid., p.206.

③　Ibid., p.28.

④　房宁、王炳权:《论民族主义思潮》,高等教育出版社2004年版,第22页。

⑤　翟金秀:《解读西欧后民族主义:传统与后现代语境下的多维视角》,山东大学出版社2012年版,第212页。

⑥　Tom Nairn, *Faces of Nationalism: Janus Revisited*, p.206.

看到了工业化、现代化和全球化带来了民族国家的身份认同，而这种身份认同凝聚力的内在力量就是技术进步，从本质上揭露出技术对民族国家的合法性和民族身份认同的内在性的深层社会效用，就像他所写到的，"保持完整，或者获得一个新程度的社会和文化凝聚力，是由于工业化而变得必要——甚至（在很多情况下）由于遥远的希望，即工业化前进的影子。而民族提供了确保这一凝聚力和共同目的的唯一途径"①。

三、工业发展是现代民族国家实现利益共享的主导因素

奈恩对民族国家进行技术批判过程中得到的第三个重要结论是工业发展是现代民族国家实现利益共享的主导因素。在奈恩看来，在发达资本主义工业社会中，科学技术作为一种最具操控性的社会统治力量，对个体、对民族国家的压制已经强化到了前所未有的地步，伴随其广泛的发展和应用，已然成为全面的统治力量，导致了发达资本主义社会对技术落后区域的剥削和压迫。"通过'工业'不幸的入口"②，人类进入了一个异化社会，作为其载体的民族国家则要在农业社会向工业社会变迁中寻找其根源，奈恩把这一根源视为一种因应于资本主义体制下不均衡发展模式而出现的政治体制形态。在现代民族国家的不均衡发展下，为了"让'每个人'达到最大的利益"③，奈恩从技术批判维度出发对工业发展这一主导因素作出了多重解读。

其一，奈恩解释了民族国家为何要寻求利益共享，以及民族国家利益共享的诉求和民族主义为何总是在边缘地区发生。每个民族共同体都有利益共享的积极诉求和美好愿景，每个民族国家都为了尽可能实现自己的民族利益而大力发展科学技术，并对资本的不均衡发展进行反抗和斗争。每个民族共同体都应该拥有自己适合的政治体制，这套政治体制在本质上是为了民族国家的利益而服务。资本主义工业发展的不均衡性主要体现在边缘地区，资本的不平衡波动形成了边缘地区寻求利益共享的推动力。奈恩写道，"不均衡在边缘发生，寻求找齐"④。资本主义带着帝国主义的"脚镣"来到边缘地区，资

---

① Tom Nairn, *Faces of Nationalism: Janus Revisited*, p.66.

② Ibid., p.5.

③ Ibid.

④ Tom Nairn, *The Break-up of Britain: Crisis and Neo-Nationalism*, p.337.

产阶级在西方列强的帮助下对殖民地进行剥削。"中心地区往往以边缘地区的牺牲为代价来获取利益。……它一味追求征服,绝不是寻找一个均衡状态。"①美国著名历史学家杜赞奇也指出:"现代国家与全球资本主义劳动分工的要求有着密切的联系,后者为了使资源非匀称性流动,必然在资本主义的核心区域缔造强大国家,而在边缘区域缔造弱小国家。"②面对这一状况,被殖民化的边缘地区人们十分无助,他们没有枪炮、没有财富、没有技术来与这些帝国主义者抗衡,只能在不发达的真实状况下,求助于一种能大量提供团结力量的民族主义意识形态和民族国家共同体来寻求发展、找齐和利益共享。因为,"从来没有时间或社会学上的空间提供给均衡发展"③,所以,民族国家"共识和共同利益"④的诉求总是在边缘地区发生,边缘地区的人民必须认清工业发展的不均衡现实,并在此基础上以民族国家的合力来实现利益共享和民族进步。

其二,奈恩探寻了如何在"不均衡发展"的环境下寻求利益共享。"工业的现代性发展无法避免总的不均衡性。"⑤西方工业化的发展过程是不均衡的,先发展的核心地区剥削边缘地区,使得两者的差异持续拉大。奈恩特别聚焦于不发达地区的利益共享问题,"在历史上从来没有任何政府希望去推迟利益"⑥,因此,在不均衡发展的世界资本运作环境下,民族国家政府为了寻求利益共享必须看到资本主义社会发展的本质,并寻求克服之道。工业化不仅瓦解了传统社会,而且使其不均衡地瓦解。边缘不发达地区的知识分子出于对这种差异扩大的敏感,就要寻求民族国家的利益共享和独立自主的发展。就资本主义的发展而言,"不均衡是资本主义发展的条件"⑦。这种不均衡发展是从何处起源,又带来了什么样的后果呢? 奈恩的答案是:"'发展'(工业

---

① [美]乔治·索罗斯:《开放社会:改革全球资本主义》,王宇译,商务印书馆2001年版,第189页。

② [美]杜赞奇:《从民族国家拯救历史:民族主义话语与中国现代史研究》,王宪明等译,江苏人民出版社2009年版,第6页。

③ Tom Nairn, *The Break-up of Britain:Crisis and Neo-Nationalism*,p.338.

④ Ibid.,p.185.

⑤ Ibid.,p.169.

⑥ Ibid.,p.202.

⑦ Ibid.,p.40.

化和相关的现代性社会结构）在特定的地方开始：在欧洲而不是亚洲或非洲，而且是在欧洲的某些区域而不是其他区域。这些区域获得了一个多种形式的压倒性的优势。这种不同方式的帝国带来了一种新型的隶属——一个进步世界、一个普遍运动的省份或殖民地，它们迟早都会被迫加入而非邀请加入这一世界和运动。"①可见，工业化和现代性社会结构构成了资本主义的条件，工业发展在英法等民族国家开始，并逐渐显露出其与生俱来的不均衡性，在世界范围内掀起了一场帝国主义殖民运动，进而通过这一不均衡发展的资本运作和利益追逐引起了整个时代、社会的突变。因此，为了实现"'落后的'文化和人民占用现代性的权力和利益供他们自己使用"②，达成不发达地区的民族进步和利益共享，必须要诉诸民族国家生产力、科学技术的发展和民族主义意识形态及运动对帝国主义侵略、资本主义压迫的反抗。

其三，奈恩结合不均衡发展的资本发展逻辑，认识民族国家彼此之间的关系，分析了利益共享为何总是会指向革命战争和社会演化。"'不均衡发展'是一种辩证关系。"③奈恩对不同发展程度的民族国家进行了分析，"不均衡发展不仅仅是贫穷国家的不幸故事。它也牵扯到那些富有的国家"④。他以英、法与德、意、日为例，虽然"新的发展力掌握在英法资产阶级的'肮脏的物质利益'手中"⑤，但是在19世纪末，本属于发展边缘地区的德、意、日的工业化程度逐渐追赶上了英、法这两个老牌帝国主义国家，由此引发了世界范围内更为广泛的殖民主义和世界大战。可见，不均衡发展的双方是对立统一的辩证关系，两者不断地改变对方，边缘不发达地区伴随着民族国家的发展政策有可能会发展成为新的中心发达地区，而发达地区为了维持自身利益会与之产生矛盾，在两者相互影响和斗争之中世界局势也会随着改变。因此，不同地域民族国家的发展都是一个辩证法，必须要理解、把握以及合理利用"不均衡发展"这一辩证关系，在不均衡发展的常态下追逐合理、合法的利益共享。在资本主义社会中，人类对工业发展有一种非理性的渴求，利益是这一渴求的内核，然

---

① Tom Nairn, *Faces of Nationalism : Janus Revisited*, p.50.

② Ibid., p.71.

③ Tom Nairn, *The Break-up of Britain : Crisis and Neo-Nationalism*, p.344.

④ Ibid., p.344.

⑤ Ibid., p.338.

而工业发展注定是不均衡的,必定会把人们推向战争和演变的边缘。面对这种情况,奈恩指出了两条出路,一是在不发达地区以民族解放斗争实现民族进步和利益共享,即以知识分子群体为核心、以广大人民群众为革命主体的自下而上的、平民主义的民族解放斗争来争取"确定的既得利益"①;二是在资本主义发达地区以社会的自然演变来克服帝国主义非理性的利益需求,奈恩以英国为分析基点,提出"通过欧盟的演化"来实现"政治组织想要自治的利益",这种和平的社会演化方式"没有武装的沙文主义、没有鲜血与祖国的纳粹口号的思想意识",是全球化新环境下的一种"探索与发展国家的机会,而非在帝国的论争、战争和种族痴呆的古代苦难之下"的"进入未来的共同方式"②,是通过民族国家公正、理性的政策来逐渐达成国际主义、社会主义演变的一种有机、和谐、平衡的利益共享状态。尽管英国在 2016 年 6 月的脱欧公投中最终以退出欧盟为结束,但是不可否认的是,"欧盟的建立是欧洲民族国家寻求自我保护的现实途径。在欧盟的框架下,各民族国家的经济被纳入地区经济中,共同的经济政策使各成员国得以保持密切的合作关系。尽管国家的本质是私利的,但在武力不再起主要作用的前提下,各国有可能通过协商合作的方式来解决利益冲突或者促进共同的利益"③。作为历史的创造者,英国人在脱欧之后要如何继续寻求民族进步和国家发展将是未来的一个重要课题。

四、辩证批判的民族国家观的意义解析

从如上讨论不难看出,首先,奈恩作为一个马克思主义者,他不仅把民族国家理论与马克思主义相结合,而且为民族国家相关问题的解决,努力探寻有效的解释方法和解决途径,这是值得肯定的。他把技术批判作为理解民族国家的工具,把民族进步看作科学技术发展的结果,揭示出蕴含在民族国家之中的工业技术因素。可见,技术的社会功能不仅在于社会的现代化、生产的工业化和物质的资本化,还在于民族国家的合法性、民族身份认同的内在性、民族共同体利益共享诉求的主导性和民族进步需求的必然性。这种技术批判的思想理路为民族国家研究提供了一个马克思主义的研究视角和方向,展现出独

---

①　Tom Nairn, *Faces of Nationalism: Janus Revisited*, p.187.

②　Ibid., p.180.

③　翟金秀:《解读西欧后民族主义:传统与后现代语境下的多维视角》,第104—105页。

特而深邃的哲学反思，体现了英国新马克思主义对于现代社会分析的本质特点，值得给予特别的关注和研究。

其次，奈恩民族国家理论的焦点是对工业和技术以及由此引发的社会政治的思考，这是对经济的深层次理解。他认为："哲学思考的真正基础是围绕经济发展的复杂问题。"①在现代社会经济领域内，不均衡发展把民族国家间的现实状况带入到了资本主义的显像之中，使一系列复杂问题与之相联系，并继续影响和支配这些问题的发酵和展现。技术批判不仅是解释资本不均衡发展的工具，还是对民族国家进行哲学思考的手段。奈恩民族国家理论的核心概念即是"不均衡发展"，他站在批判的视域上分析发达资本主义的社会状况，结合严谨的马克思主义政治经济学分析，理性地阐释出现代民族国家实现利益共享和民族进步的主导因素即是工业发展，说到底民族共同体利益共享诉求的主导性和民族进步需求的必然性实则都是技术的社会功能之产品。

再次，奈恩基于现代社会生产力发展和科学技术进步，聚焦民族问题、民族国家问题的思考，把握住了工业革命后资本主义社会发展的核心问题。马克思主义认为："技术在社会进步和文明发展中居于首要地位，这种首要性不是逻辑推论的结果，而是一个事实存在。"②列宁在《关于民族问题的批评意见》中指出："发展中的资本主义在民族问题上有两种历史趋势。民族生活和民族运动的觉醒，反对一切民族压迫的斗争，民族国家的建立，这是其一。各民族彼此间各种交往的发展和日益频繁，民族隔阂的消除，资本、一般经济生活、政治、科学等等的国际统一的形成，这是其二。"③奈恩的民族国家理论以唯物史观的基本立场和马克思主义技术批判的分析维度，探讨现代民族国家与工业技术之间的关系，分析工业、技术对现代民族国家形成、发展的重要作用，提供了民族国家理论的初步框架。表明在工业化、现代化和全球化的浪潮中，为了克服不均衡发展、追求利益均衡以及实现民族进步和解放，民族主体要以身份认同、利益共享为目标，以技术进步、工业发展为诉求，才能达成民族国家的充分发展。其思想说明，工业发展和技术进步既是民族国家成型的基本动力，也是引发重大社会问题的根源，因此，必须在为实现人类共同理想和

---

① Tom Nairn, *The Break-up of Britain : Crisis and Neo-Nationalism*, p.358.
② 乔瑞金、牟焕森、管晓刚主编：《技术哲学导论》，高等教育出版社 2009 年版，第 134 页。
③ 《列宁全集》第 24 卷，人民出版社 1990 年版，第 129 页。

民族解放斗争的意义上，有效控制和发展科学技术，使之成为人类解放的真正力量。

最后，在马克思主义看来，"物质生活的生产方式制约着整个社会生活、政治生活和精神生活的过程"①。奈恩以真实的社会发展史、生产发展史为基础，深入分析了工业、资本、技术发展对现代民族国家的作用，阐释了现代民族国家成型的技术、工业的根本属性，从而深化了人们对民族、民族国家、民族主义内涵的深刻理解，对于正确认识和解决当前人类发展过程中面临的诸多问题，不失启迪意义。美国学者安德森认为，关于民族主义的性质和起源的一般性论题，"真正的公开辩论要等到 1977 年，当苏格兰民族主义者兼马克思主义者汤姆·奈恩出版了他那本打破因袭成见的《不列颠的瓦解》之后才出现"②。他对奈恩的这一评价是恰如其分的，我们应该对其民族国家观的技术批判维度进行把握和探研。

第三节　阐释全球化时代人民、民族与阶级的主体问题

马克思主义者对民族国家主体的认识经历了一个从"工人无祖国"到"祖国之歌是如何唱起"的发展实践过程，奈恩正是这一发展的践行者，他在继承马克思主义的人民观、援用马克思主义的民族观以及发展马克思主义的阶级观的基础上，创新性地探索了人民、民族与阶级三者间的辩证关系。他以对世界政治经济局势的分析，阐释了人民大众与民族主义的相互依存关系；以对列宁民族思想的把握，解决了传统马克思主义关于是否要支持民族主义的争论；以对历史的回顾、民族的转向，将阶级意识与民族意识进行了融合和统一，全面解释了全球化时代的民族主体问题，建构了一种新马克思主义语境下的民族主义哲学分析，彰显了马克思主义的现实价值与时代意义。奈恩的民族主义思想对苏格兰、英国、欧洲乃至整个世界产生了深远的影响，其民族主义理论直接来源于对马克思主义的继承与发展，在此基础上深化运用马克思主义

---

① 《马克思恩格斯文集》第 2 卷，第 597 页。

② ［美］本尼迪克特·安德森：《想象的共同体：民族主义的起源与散布》，吴叡人译，第 205 页。

的人民观、民族观和阶级观分析民族主义的产生、发展。从20世纪70年代的《不列颠的瓦解》到90年代的《民族主义的面孔》，再到21世纪的《全球矩阵》，过去50年间，奈恩的民族主义研究取得了突出的成就，在纷繁复杂的民族主义研究中独树一帜，产生了广泛的影响。社会理论家保罗·詹姆斯这样评价道："汤姆·奈恩，他本人可能是当代最具影响力的马克思主义的民族理论家。"①究其根本，就是他把马克思主义注入到了民族主义的机体当中，并以此构建起系统、客观的理论框架。奈恩在坚持、信奉和援用马克思主义基本原理的基础上，以现代世界的真实历史为参照，结合当前的社会发展现实，对马克思主义的相关理论进行了基于全球化背景的时代审视和一定程度的新发展、新探索，形成了新马克思主义的民族主义理论。

一、全球化舞台上的民族主义主体

从20世纪中后叶到21世纪初，我们在讨论民族主义之时，不能不注意到全球化这一世界性的历史发展潮流。众所周知，所谓全球化，是指世界经济、政治、文化诸方面一体化的趋势；而民族主义则是一种民族共同体寻求政治自决和经济自主、强调民族国家政治和区域边界的情感认同、利益诉求、政治效忠、精神意识和实践运动。两者看似是截然不同、相互对立的社会发展趋势，但是有意思的是，全球化的发展并未使民族主义被淡化或抑制，相反，在全球化浪潮风起云涌的时代，民族主义也在强化和活跃。可以说，伴随着全球化的逐步推进，民族主义的意识形态和运动也从不同纵深波及世界各地。换句话说，正是全球化浪潮对国际政治经济的涤荡，刺激了民族意识的觉醒、促成了民族主义的勃兴。作为英国新左派当中最具时代感和敏锐性的民族主义理论家，奈恩面向社会的新发展和新状况，对全球化舞台上的民族主义进行新的探索，得出了新的分析。

在与保罗·詹姆斯合著的《全球矩阵：民族主义、全球主义和国家恐怖主义》一书中，奈恩指出，"全球化是高度现代性的最后时刻"②；"全球化像自由

---

① Paul James，"National Formation and the 'Rise of the Cultural'：A Critique of Orthodoxy"，*Philosophy of the Social Sciences*，Vol.19，No.3，1989，p.276.

② Tom Nairn，Paul James，*Global Matrix：Nationalism，Globalism and State-Terrorism*，vii.

一样是我们这个时代的主流意识形态之一"①。可见,在历史发展进程当中,伴随着资本主义扩张的是世界范围内广泛激荡的全球化和国际竞争,这种社会进程,是现代社会发展的最新、最具主导性的概念之一。中国台湾学者罗志平也指出,"民族主义研究的困难,最大的症结就在于'时代性'"②。因而,要研究现代社会民族主义的相关问题,必然要在全球化的背景中进行基于新的时代特点的分析。

全球化肇始于西方资本主义的蔓延,与民族主义呈现出一种交织叙事、互促发展的特征。奈恩从唯物史观角度认识两者的复杂关系,指出"历史上,民族、民族主义和民族国家的不同阶段可以被认为是一连串(伴随着全球化进程)的时刻"③。对于奈恩来说,所谓全球化,就是民族、民族主义、民族国家的发展阶段。他接着写道,"多样性仍是一个引人注目的结构,而不是一个姿势、一个可选的展示。全球化可能会给它更多的空间,而不是更少"④。不难看出,全球化并不意味着同质化,在新的时代,全球化给予了民族主体更多的空间,而非反之。

奈恩进而给出了全球化与民族主义、民族国家和民族性的辩证分析:一是民族主义与全球化。他指出:"民族主义开始于现代帝国全球化的起飞阶段,其支持者和批评者都期待一个新的世界性的和人性化的世界。"⑤全球化改变了世界的社会经济政治状态,人们对世界性和人性化的新社会越来越渴望,而民族主义能够为不同地域和共同体的差异性和多样性提供保护和凝聚力,因此,在全球化启动之初民族主义就作为伴生物存在了。二是民族国家与全球化。他指出:"民族国家和传统现代全球化是一起长大的……名为'民族国家'的政治实体的形成是由全球化工业和商业革命构架的。"⑥换句话说,全球化工业与商业革命正在全方位地包围人类社会,民族国家正是为了适应全球化环境而设定的边界。人类在历经第一次世界大战、第二次世界大战之后,这

①　Tom Nairn, Paul James, *Global Matrix: Nationalism, Globalism and State-Terrorism*, Ⅷ.

②　罗志平:《民族主义:理论、类型与学者》,(台北)旺文社股份有限公司 2005 年版,第510 页。

③　Tom Nairn, Paul James, *Global Matrix: Nationalism, Globalism and State-Terrorism*, p.10.

④　Ibid., p.53.

⑤　Ibid., p.4.

⑥　Ibid., p.5.

样一个事实愈发清楚明显：在全球化与国际竞争的环境中，民族国家对于化解很多后殖民时代问题是十分重要的，共同体的政治稳定和经济繁荣必须依赖于民族国家建设的合法性权威。三是民族性与全球化，他指出："在全球化舞台上，民族性政治学的复兴变得更容易理解。"①在全球化环境中，民族共同体间的差距越来越明显，等级差别愈发凸显，繁荣的发达国家和落后的发展中国家的格局形成，面对这种差距、分化的世界格局，民族性政策必是政治的、经济的选择。奈恩感叹道："在现代全球化的风暴中——六千种（或八千种）语言、宗教信仰的冲突、形形色色的人种、发散的和不可调和的风俗习惯——才是关键。"②可见，在复杂多变的全球化形势中，不同民族共同体之间的语言、信仰、族裔、习俗的多样性仍主导着社会历史发展的方向。

毋庸讳言，在新的全球化时代，对民族主义的研究必须要结合新的社会特点，面对现代世界的新发展，给出与时俱进的新释论。奈恩很好地诠释了这一点，他将马克思主义的基本原理进行了丰富，将马克思主义的人民观、民族观与阶级观放在新的时代背景中进行运用和发展，详尽分析了民族主体的全球化新意。

二、对马克思主义人民观的继承与坚持

在马克思主义的视域下，人民群众是历史的创造者和社会变革的决定性力量，《神圣家族》中这样写道："历史什么事情也没有做，它'并不拥有任何无穷尽的丰富性'，它并'没有在任何战斗中作战'！创造这一切、拥有这一切并为这一切而斗争的，不是'历史'，而正是人，现实的、活生生的人。"③奈恩继承与坚持了马克思主义的人民观，并将对人民群众巨大力量的笃信和恪守放在对民族主义的分析当中。在他那里，人民群众不仅是民族主义的核心力量，还是其中枢主体和斗争武器。他从对世界政治经济状况的分析路径出发，指出，一方面民族主义离不开人民大众这一主体，另一方面民族主义也为人民大众提供了新的承载物。

工业发展和技术进步作为现代社会的基本特征，让民族国家间的交往和

---

① Tom Nairn, *Faces of Nationalism*: *Janus Revisited*, p.11.

② Ibid., p.8.

③ 《马克思恩格斯全集》第 2 卷，人民出版社 1957 年版，第 118 页。

联系变得空前紧密,"工业化在遥远偏僻的部落爆发,并传播开来,通过战争和破坏达到最终的伟大的世界统治权。意外事件、不均衡性以及冲突并非'发展'所固有的,但是他们无疑构建了发展的道路"①。在全球化时代,资本、生产力、科学技术、物质材料、信息观念等在国际市场中流转,区域自给自足的壁垒被打破,而世界资本主义政治经济破坏性的机制却无法打破民族之间的藩篱,并直接导致了民族主义的生发与扩展。对于民族主义的产生发展来说,人民大众的主导性和本源性是不容置疑的。

人民大众是奈恩民族主义理论构建和解析中重要的主体向度。在他看来,人民大众的集体情感和认同对于民族主义是十分关键的,民族主义的扩散过程是一个不言自明的发展,它"从西欧的本源出发,在动荡和反应的同心圆中扩散:经过欧洲中部和东部、拉丁美洲,然后穿过其他大洲。1880—1945年多样的统一的帝国主义是这个更大历史中的一个插曲,其派生物是反殖民主义战争和'去殖民化'。我们都研究了始终伴随它的现象:民族历史的'重新发现'或发明,城市知识分子唤起了农民的优点……"②一百多年来,伴随民族主义的是反殖民主义、民族性因素的复兴和知识分子对下层阶级力量的唤醒。"国家被丢进发展的比赛中,没有时间让必要的机构和干部成熟。因此,他们被迫用其他方式调动起来。掌管那里的知识分子和士兵需要一个丰富肾上腺素的意识形态来实现他们的目标,并在一个速记版本的西方民族精神中发现它。这是基于血液的民族性,人民和国家的一个英雄的和排外的膜拜,建立在习俗、语言、信仰、肤色、烹饪和其他发现可用于包装的东西。"③可见,在全球化的发展竞争中,"群众的民族主义在一定程度上是很好的"④,精英阶层必须要重新学会从民族性中发现那些能够动员人民群众的因素,借由这些因素不仅能够实现人民大众的民族身份认同,更重要的是能够激起他们的民族主义热望,可以说,"精英和知识分子是民族主义运动的领导者"⑤。在分析如何激发和唤醒人民大众的民族主义意识形态和运动时,奈恩指出,在中产阶级知识

---

①　Tom Nairn, *Faces of Nationalism: Janus Revisited*, p.3.

②　Tom Nairn, *The Break-up of Britain: Crisis and Neo-Nationalism*, p.340.

③　Tom Nairn, *Faces of Nationalism: Janus Revisited*, p.59.

④　Tom Nairn, *The Break-up of Britain: Crisis and Neo-Nationalism*, p.351.

⑤　徐迅:《民族主义》,第62页。

分子调动人民的民族性因素的过程当中，必须要诉诸人民群众或下层阶级能够理解的语言和形式，"民族主义的新中产阶级知识分子不得不邀请群众进入历史；而且请柬必须用他们能够理解的语言书写"①。可见，民族主义离不开人民大众这一主体，如果民族主义失去了人民大众的支撑，那么必定无法达成其诉求。

在新的时代背景中，人民大众不仅是民族主义的主体和载体，还是边缘不发达地区反抗帝国主义剥削压迫、寻求发展解放的核心力量。奈恩这样写道："社会结构中包含的能量也远远大于先前所理解的，民族主义动员的出现把他们从旧的模式中激起并释放了出来。"②足见人民大众的力量之大，及其在民族主义当中的重要作用。奈恩在民族主义的解释范畴中继承、坚持了马克思主义的人民观，认为人民大众是民族主义的基础，民族主义烙印着深刻的平民主义维度，在他看来，"（民族主义）在前景上未必是民主的，但是它总是平民主义的。大众是基础：在真的很贫穷或'欠发达'地域的典型情况中，民族主义者都可能或多或少地寻求人民群众的帮助"③。

在分析了人民大众对于民族主义的重要性之后，奈恩进一步阐论了人民大众在新的时代也必然地需要民族主义这一意识形态和运动。当今社会，"大部分人仍然生活在其民族共同体的情境中，并继续在那个政治框架中看待过去和未来"④，因此"民族主义是与典型的内部运动、人员和人们相联系。这些以相似的方式表现并且怀抱非常相似的感觉。……他们表达了他们人民的本土特性，以一种广泛类似的方式——大概是因为人的灵魂需求"⑤。可见，民族主义是人民大众的"灵魂需求"，具体来说有以下两个方面。

一方面，民族主义将人民大众引入到了政治生活之中。民族主义使得"政治也改变了其特性，它变成一个非精英的大多数人都关心的事；'代表'成为了或者说假装成为了平等主义者，直到现代民主政体得以确立。'主义'是

---

① Tom Nairn, *The Break-up of Britain：Crisis and Neo-Nationalism*, p.340.

② Ibid., p.349.

③ Ibid., p.340.

④ David Cannadine, "Penguin Island Story", *Times Literary Supplement*, No. 4693, 12 March 1993, p.4.

⑤ Tom Nairn, *The Break-up of Britain：Crisis and Neo-Nationalism*, p.335.

一种效力,这种效力必定会大规模的实现"①。民族主义的平民主义特性改变了社会政治的原本参与者,让政治从"精英""代表"关注的事务,扩展到了广大人民群众当中去,可以说,民族主义扩大了参与政治的主体,让下层阶级民众参与到了政治生活当中,这种赋予人民大众政治权利的行为正是民族主义的伟大作用。正如塞缪尔·亨廷顿所指出的:"民族主义是凝结革命联盟的水泥,是革命运动的引擎"②。奈恩接着写道:"物质文明和大众文化的一个均衡的和进步的发展想法……对于那个时间和地点的精英,它自然反映了一个向前的视野。……进步的新信念对野蛮人的前景更有利:给以时间和帮助,他们可能能够迎头赶上。这种救赎被构想为一种既向外又向下的稳定的文化适应的过程。即从中心向外围区域,以及社会学的由上向下,从教化的阶级到服务员和劳动人民。"③可见,人民大众在民族主义的刺激下逐渐地觉醒,他们相信假以时日能够达成进步与文明,而这种想法从上至下扩展到了人民大众当中,并使人民大众开始行使"用政治行动改变自己的生活的权力"④。

　　另一方面,民族主义还为文化提供了新的容身之所。全球化浪潮带来的民族文化危机,不仅是一个民族衰微、败落的征兆,更孕育着国家、族群的危机。因此,对于现代民族国家来说,建立和维持民族文化认同是十分重要的。作为社会主体的人民大众不仅需要吃喝,需要安全感和自由,更加需要归属于某一群体的认同感。正如赫尔德所说:"乡愁是一种最高贵的痛苦感。"⑤假如社会主体没有了归属感,没有了特定的文化认同,那么他们就没有了习俗、生活方式和共同的记忆,这是十分可怕的。全球化给原本相互隔绝、独立的民族带来了同化与侵略,摧毁地域上的乡土状况,入侵精神上的自留地,使得民族主体必须要以民族主义来抵抗破坏。奈恩指出,"通过民族主义唤醒逝去的东西,重点是这是其第一次真正的觉醒。这些逝去的人和事纠缠着所有的文化并把他们安放到另一个世界。民族主义给文化在这个世界提供了新的容身

---

①　Tom Nairn, *Faces of Nationalism: Janus Revisited*, London and New York: Verso, 1977, p.2.

②　[美]塞缪尔·P.亨廷顿:《变化社会中的政治秩序》,王冠华、刘为等译,生活·读书·新知三联书店1989年版,第278页。

③　Tom Nairn, *The Break-up of Britain: Crisis and Neo-Nationalism*, p.336.

④　Tom Nairn, *Faces of Nationalism: Janus Revisited*, p.116.

⑤　转引自[英]厄内斯特·盖尔纳:《民族与民族主义》,韩红译,第167页。

之所。通过这个机构过去不再是'远古的'：它主动加入了当下并赢得了一个未来。这是第一次意味深长地规划未来的前景"①。依照奈恩的解释，资本主义世界从来不缺乏经济的急速更新、政治的剧烈变革，如果民族的共同历史经验与主体间的纽带尚不够强大，不足以抵抗外部的侵袭和支撑内部的认同感觉，那么自身传统的生活模式就会遭到冲击，失去文化认同的农民、小业主、知识分子和各个领域中的专业人员必须要重新夺得文化领导权，找到新的容身之所，民族主义在这时恰如其分地出现了，它无论是作为象征还是现实都是最能够重组文化、唤醒认同的手段，只有民族主义能够最具效力地把人民大众凝聚成一股力量，为资本主义打击下支离破碎的、奄奄一息的文化认同提供新的家园和住所，可以说，对于保持人民大众文化的同一性、符号性和神圣性，民族主义是无与伦比的力量。

不难看出，民族主义与人民大众两者是辩证联系、相互需求的。我们知道马克思在对历史的研究中发现了人民群众的作用，认为历史的活动和思想都是群众的思想和活动，"历史活动是群众的活动，随着历史活动的深入，必将是群众队伍的扩大"②。奈恩继承、发展了马克思主义的人民观，科学地解释了人民群众与民族主义的相互依存，通过辩证、客观、理性的分析，巧妙地把马克思主义人民观与民族主义相融合来解释全球化时代的民族主义主体，为进一步分析奠定了基础。

三、对马克思主义民族观的援用与发展

在奈恩的思想体系中，民族主义具有民族独立和解放的目标，因此决不能缺少社会主体力量的革命行为，这个主体力量就是人民群众、无产阶级和民族主义的结合体。换言之，"无产阶级的阶级意识关于斗争的神圣职责"③和民族主义的结合，构成了新时期强大的革命主体。奈恩通过追溯和援用传统马克思主义民族观当中关于无产阶级是否要同民族主义结合的思想争论，讲清了自己的看法。

奈恩指出，1914 年前，马克思主义者关于无产阶级和民族主义的关系问

---

① Tom Nairn, *Faces of Nationalism: Janus Revisited*, p.4.

② 《马克思恩格斯文集》第 1 卷，第 287 页。

③ Tom Nairn, *Faces of Nationalism: Janus Revisited*, p.26.

题有一次具有重大影响力的争论,这一争论在某种意义上塑造了马克思主义左派的民族主义观点。① 争论是在罗莎·卢森堡与列宁之间进行的。当时在第二共产国际内部,一种普遍的信念是,全面的无产阶级革命会很快到来,而且会在最先进的资本主义国家当中进行。当它到来时,它在性质上将迅速成为国际的,虽然它会出生在一个民族中,但在其他地方,革命也是不可抗拒的,而且在这种扩散中,无产阶级的国际团结将成为久经考验的现实。因此,革命运动的基本任务在于为这个过程做准备。1914 年,情势发展到顶点,它不仅被标记为阶级斗争的发展和有组织的社会主义的增长,同样也是欧洲内外民族斗争的成熟。在欧洲内部,那些成熟的民族国家,如奥匈帝国和沙皇俄国,都发生着不同民族推翻帝国统治的斗争;而在其他大陆,也出现了民族主义的革命,矛头直指新近的欧洲帝国主义。如何把这两种反抗或斗争关联在一起,构成了第二国际内部争论的一个关键问题,并形成了两种非常不同的民族思想乃至斗争。

一方面,以罗莎·卢森堡为代表的一方认为,民族主义斗争明显处在次要的地方。在一些地方,虽然民族主义具有积极的功能,如简单的反殖民主义战争,但是无论在哪(如在她的家乡波兰)似乎都存在着工人和知识分子可能需要在民族斗争和阶级斗争之间做出选择的紧迫问题。前者永远不应该被优先考虑,尤其在革命的中心,如德国(当时大多数马克思主义者视其为未来革命的中心),有义务必须放弃"狭隘的民族主义"的愿望。对于整个领域来说,民族主义变得不合时宜。另一方面,列宁则批评和限制了卢森堡的反民族主义思想。列宁主张,在欧洲,甚至在更接近大都会革命的现场,民族主义有着更积极的意义。民族主义的社会力量和激情是如此强大,以至于不能真正地"放弃"。而且无论如何,民族主义和无产阶级都致力于推翻旧的王朝,并因此培养了有利于社会革命的普遍条件。为了瓦解旧的国家机器,马克思主义者有必要努力争取这些改变的条件。② 列宁支持"一切反对现存任何社会制度的革命运动,支持一切被压迫的民族、被迫害的宗教、被贱视的等级等等去

---

① Tom Nairn, "The Twilight of the British State", *New Left Review*, I/101-102, January-April 1977, p.54.

② Ibid., pp.55-56.

争取平等权利"①。他有这样的论述："帝国主义时代民族压迫的加剧不会使社会民主党放弃为争取民族分离自由而进行的'空想的'（象资产阶级所说的那样）斗争，而是相反，会使社会民主党加紧利用正是在这种基础上产生的各种冲突，作为发动群众性行动和反资产阶级的革命行动的导火线。"②民族主义是一种强有力的"动员剂"，就被压迫民族对抗压迫者的民族主义而言，"我们在任何时候、任何场合都加以支持，而且比任何人都更坚决，因为我们反对压迫是最大胆最彻底的"；"每个被压迫民族的资产阶级民族主义，都有反对压迫的一般民主主义内容，而我们无条件支持的正是这种内容"。③

对于以上争论，奈恩站在了列宁的一方，他"谴责罗莎·卢森堡作为马克思主义者对民族问题有着最大数量的错误答案"④，认为列宁的思想表现出一种务实的精神，在民族解放斗争中，民族主义应该得到鼓励，至少在无产阶级夺取政权的那一刻，这种鼓励是必要的和正当的。在奈恩看来，"列宁曾经阐述的这些观念，无论对于不列颠群岛或其他地方，都是马克思主义者对新民族主义问题可以采取的唯一令人满意的态度。而无论是奥地利的马克思主义还是卢森堡主义，都不能提供这一可能性"⑤。列宁谨慎地承认作为具有双面性现象的民族主义应该位于革命战略的核心，他"根据新的历史时代的特点以及殖民地半殖民地民族解放运动的发展情况，并结合十月革命的经验，将无产阶级革命与解决民族问题的实践结合在一起，探索社会主义解决民族问题的理论与实践，在一系列全新的问题上，进一步丰富和发展了马克思主义民族理论"⑥。这种思想具有双重的积极意义，既是马克思主义思想在民族主义上的一个基础性的理论发展，也提供了一种实用策略。列宁关于无产阶级和民族主义结合的思想，并没有被后来革命的发展所否证，而是进一步表明了他对于

① 《列宁全集》第 2 卷，人民出版社 1984 年版，第 434 页。

② 《列宁全集》第 27 卷，人民出版社 1990 年版，第 257 页。

③ 《列宁全集》第 25 卷，人民出版社 1988 年版，第 240 页。

④ Tom Nairn, Paul James, *Global Matrix*: *Nationalism*, *Globalism and State-Terrorism*, London and Ann Arbor, MI: Pluto Press, p.76.

⑤ Tom Nairn, "The Twilight of the British State", *New Left Review*, I/101–102, January-April 1977, p.57.

⑥ 詹真荣、熊乐兰：《论列宁关于民族问题的基本观点》，《马克思主义研究》2006 年第 12 期。

认识和解决问题的更务实的态度,表明其思想并不是一个直到革命来临时才适用的临时性的或战术性的构想,而是具有永久性的意义。这种意义,不仅体现在理论上,更体现在对世界的改造上。

然而,列宁的民族观不仅没有得到有效的贯彻和发展,而且还被错误地修正甚至放弃。首先,自 1917 年之后,列宁一直致力于应对这个问题,伴随十分苦闷的过程,列宁认识到,即使在革命胜利以后,这个问题都无法得到令人满意的解决,甚至使复兴中的俄罗斯成为民族主义的受害者。"锁在一个被单一民族性所左右的欠发达地区,很可能使革命本身成为一种'狭隘的民族主义'。"①其次,列宁之后的几代实用主义者僵化地对待这个问题,尤其是斯大林主义,完全改变了列宁主义的基本内涵,这是一个灾难性的后果。最后,预期中的欧洲无产阶级大革命以失败告终,资本主义得以延续和发展,世界经济的不均衡发展越来越突出。在欧洲,某些民族运动的结果却是形成独裁政权,并与保守主义或法西斯主义的复苏连接起来,人们仍然生活在资本主义的世界中。现代资本主义就像一扇门,罗马神贾纳斯站在那扇门上,注视着过去和未来,对于世界的大多数人来说,"这一现代性的入口,只是一个旷日持久的、黑暗的通道,而且已经占据了 20 世纪的大部分时间"②。

奈恩认为,列宁关于无产阶级和民族主义结合的思想,以及民族主义剧变可能导致社会主义革命的看法,在今天仍然是重要的和有意义的,但需做两方面的发展:其一是对于多民族国家和社会(包括苏联)的本质要有新的认识,在这些国家和社会,民族主义的复兴很可能成为一个关键问题;其二是把民族主义放置在历史发展的马克思主义中,要对其概念进行新的认识,形成新的理论。这两方面的新认识,绝不能像过去所做的那样,仅仅对列宁主义做幽灵似的考古学和文本的缄默引用,而是要联系历史和现实加以发展。奈恩深信,通过适当的援用和发展,人们一定能创造出与列宁所讲的大致相同的情况。"事实上,在英国,新民族主义不仅已经成为旧国家的掘墓人,而且像在英格兰以及一些小国,这一主要因素已经促进了某种政治革命……从英国宪政主

———————
① Tom Nairn,"The Twilight of the British State",*New Left Review*,I/101-102,January-April 1977,p.57.

② Ibid.,p.56.

义的似乎无止尽的迷雾中解脱出来。"①奈恩强调，完全不需要为新民族主义做更进一步的辩护，如果一个进步的"二次革命"没有发生，那么保守的反革命就将发生。对于苏格兰、威尔士，甚至北爱尔兰（阿尔斯特）的独立运动来说，新民族主义将使其获得推进进步的动力和光泽，这是一种自我拯救，是凯尔特人政治美德的凸显。②

奈恩以列宁的思想为基础，强调民族主义的革命意义，他把目光转向对民族主体、民族性力量的肯定，重视以民族主体对抗资本主义的压迫，动员以无产阶级为主导的整个民族群体的广泛联合，并在无产阶级与民族主义结合的基础上形成强大的力量，推进社会的革命运动，这与马克思主义是一脉相承的。这一思想不仅为传统马克思主义民族观当中一直以来所争论的问题给出了答案，而且在援用传统马克思主义民族观的基础上做出了新的发展，无疑是重要的。接下来，奈恩就要对民族主义与阶级进行分析了。

四、对马克思主义阶级观的探索与创新

民族与民族主义是现代世界不容忽视的内在推动力，奈恩敏锐地洞见到了这一点，他在坚持马克思主义的基础上发展了传统的阶级观，创造性地对民族和阶级的关系进行了新探索。马克思主义认为人是历史的主体，阶级是推动当下历史运动的主体，阶级是作为"无产者"和"资产者"出现在马克思主义学说中的。奈恩在此基础上提升了民族主体与民族主义在马克思主义中的位置，他认为，无产阶级的工人、农民等首先是"德国人""古巴人""爱尔兰人"等，民族主义在现代民族国家发展中必定有一种功能，而且有可能是一种比阶级意识和这一阶段中单个民族国家的阶级形式更重要的功能。奈恩对世界发展进程进行了历史回顾和现实展望，重点分析了民族与阶级的作用和关系，形成了一种因应于全球化时代的新马克思主义的民族主义理论。

（一）回归历史唯物主义的正确认识与转向民族主体的支配地位

奈恩讨论的主题是民族主义，他从真实的历史事实和现实状况着手分析，

---

① Tom Nairn, "The Twilight of the British State", *New Left Review*, I/101-102, January-April 1977, pp.59-60.

② Ibid., p.60.

不仅回归了历史，还以此方式转向了对民族主体、民族性力量的肯定。他将民族主义的产生看作世界历史发展的必然，是工业、技术、生产力的产物，"从一个历史唯物主义的角度来看，存在一个长时间的、有趣的不均衡和合并的发展，对于帮助我们理解全球化的政治复杂性，被证明更加富有成果"①。针对这种不均衡发展，奈恩指出，"发展只能是不平衡的；这种不均衡只能产生一个持续的反应，这种政治的推动动员了那些被排除在外的、'落后的'、殖民统治的或被判决的（主体）……这样的动员主要是沿着民族的线路而不是阶级的线路。虽然在概念上，声称是普遍的，但是在实践中，中心地带的进步的马达已经假设了有力的民族状况"②。也就是说，落后的、外围、边缘地区必定会以民族为单位来对抗来自资本主义发达地区的压迫。毋庸置疑，动员的对象一定是整个民族群体，而非其中特定的某一阶级。只有把所有阶层的人民以民族主义的热情和民族身份的认同广泛地联合在一起，才能形成有效的对抗。正如布莱恩·特纳所述，"与许多马克思主义者和社会学家一样，奈恩认为意识形态或民族文化的主要作用是通过合并所有的阶级在一个共同的文化中来整合社会体系"③。

由此出发，奈恩把对民族主义的理解回归到了全球化社会真实的发展领域之中，引出了对民族的转向。资本主义全球化不仅第一次把人类社会发展统一成一个整体，同时也造成了一个危险的和骤发性的新的社会分裂。"资本主义对世界社会的这种快速植入的社会历史的成本就是'民族主义'。"④奈恩"用一种马克思主义的正统方式将民族主义视为起源于经济因素——但以一种新奇的方式：民族主义是资本主义不均衡发展的结果。就不发达社会的上层阶级意义而言，其来源是跨民族的，经济发展的不均衡性最直接地打击了他们，并成功地把他们与殖民社会的其他阶级扫到了民族解放运

---

①　Ronaldo Munck, "Marxism and Nationalism in the Era of Globalization", *Capital & Class*, Vol. 34, No.1, 2010, p.52.

②　Tom Nairn, *Faces of Nationalism: Janus Revisited*, London and New York: Verso, 1977, pp.50–51.

③　Bryan S. Turner, "State, Civil Society and National Development: The Scottish Problem", *Journal of Sociology*, Vol.20, No.2, 1984, p.173.

④　Tom Nairn, *The Break-up of Britain: Crisis and Neo-Nationalism*, p.341.

动当中"①。简言之，资本主义不均衡发展造成了民族主义的生发，并使得上层阶级与其他阶级联合到一起进行民族主义运动，寻求民族解放。可以说，"在社会阶层之间，每个地方的无产阶级和资产阶级本质上是相同的——这两个世界性的阶级，可谓，被困在同样的战斗中"②。因此，是民族主义促进了阶级之间的联合，使它们以一种共同的民族身份来进行斗争，由于相同的"不发达"困境，民族成为现代社会主导性的群体单位，奈恩这样写道："一个激进的、阶级间的共同体的有意识的形成……意识到自己的独立身份是与统治的外部力量所相对的。"③从第一次世界大战、第二次世界大战所激起的两个波次的民族国家的大量建立和民族解放运动的广泛发生，到东欧剧变、苏联解体引致的民族运动的复兴，无数现代历史事件表明，在全球化时代，民族共同体能够实现真实而富有成效的抵抗和防御。

除此之外，奈恩还解释了民族和民族主义作为历史动力的原因。"民族和民族主义是世界历史的资产阶级时代的方面。在这个时代，它有两类正当理由作为历史的动力。首先，作为逃离封建的或其他原始体系的一个必要手段，民族主义不可能是经济和社会进步的一个障碍。在这个意义上说，民族主义是现代社会形成的先决条件，而整个资产阶级文明一直在这样一个重要的先决条件的模具中浇铸；并且直到现在才开始打破它。其次——主要在 20 世纪——民族主义一直作为一个类似的工具，为了让非欧洲社会从另一个体系中逃脱，这对他们构成了一个同样难以逾越的发展障碍，即西方帝国主义。在这里没必要尝试去讨论这些问题的复杂性。但是，可以肯定的是，很显然，在这两种情况下，民族主义有一个双重积极的作用：在外部，作为一种扫除陈旧的或掠夺的社会形态的手段，而在内部，作为一种为了社会经济发展的动员民众的手段。"④也就是说，民族与民族主义一方面是社会摆脱落后走向进步的手段；另一方面，又是逾越帝国主义剥削、掠夺的工具。因此，对于奈恩来说，

---

① Shlomo Avineri，"Marxism and Nationalism"，*Journal of Contemporary History*，Vol.26，No.3，1991，p.647.

② Tom Nairn，*The Break-up of Britain：Crisis and Neo-Nationalism*，p.341.

③ Ibid.，p.340.

④ Tom Nairn，"The Three Dreams of Scottish Nationalism"，*New Left Review*，I/49，May-June 1968，p.12.

"民族似乎是历史的超级主体，有着机构和行动的属性：他们'动员'、'期望'、'推动他们自己向前'和'做出反应'"①。

显而易见，奈恩认为民族是现代社会当中占支配地位的主体，"随着资本主义发展蔓延，它创造的不是一个均衡的世界秩序，而是一个以不均衡发展、不平等性和压迫为特质的世界秩序。在这样一个世界秩序中，民族主义对于阶级的优势因此内刻在了结构上"②。马克思主义理论家霍勒斯·戴维斯也共享了类似的观点，他认为，"普遍的民族运动是有助于解放的……在某些情况下，民族的斗争并不具有阶级的成分（如非洲某些无阶级的部落社会），而在其他情况中，民族斗争则是所有阶级的斗争（如在卡斯特罗）"③。可见，当涉及新的全球化时代的民族国家时，应当强调民族主义与社会发展、人类解放的关系，现代民族国家必须要设法团结所有的内部阶层来争取独立和寻求国家地位。在新的社会状况中，扩展传统马克思主义的阶级意识并转向民族主体具有重要的实践和理论旨趣。

（二）拓展阶级意识的范畴、展望民族主义主体的向度及注重二者的相互融合

《现代贾纳斯》一文是奈恩民族主义理论的奠基之作，此文开启了奈恩对传统马克思主义阶级观念的发展。他认为，在现代资本主义政治经济机制下，民族主义的解放斗争是更为关键和内在的意识形态和运动。在新的现实状况下，马克思主义者不应只关注阶级矛盾而忽视民族矛盾，不能够只看到阶级的意识形态，更要将其扩展到民族主义的意识形态和运动当中去，这样才能够真正地解释现代历史发展并指导被压迫民族的解放斗争。在此，我们可以引用政治学家琼·科克斯教授的一段评价来做出一定的说明："奈恩把民族形成和民族冲突放置在现代历史的中心……从欧洲到世界上所有地方，资本在历史中作为原动力改变了传统世界，奈恩坚持，现代经验的最令人震惊的方面是由这一过程造成的文化政治的瓦解和重新整合。资本主义入侵世界的最重要产品是民族国家：'相对单一文化的、均质的、单一语言的实体，最终取代所有

---

① Henry Patterson, "Neo-Nationalism and Class", *Social History*, Vol.13, No.3, 1988, p.344.

② Ibid.

③ Shlomo Avineri, "Marxism and Nationalism", *Journal of Contemporary History*, Vol.26, No.3, 1991, p.646.

其他形式的文化和政治共同体'。……无限的资本积累的逻辑对其入侵的世界有震动的影响,并产生了一个世界体系,其特点是深刻的分裂和不平等。最引人注目的分裂和不平等存在于区域和次区域,这通常意味着最具戏剧性的对抗在于民族整体之间。民族主义运动是对这些不平等现象的反应和对这些对立的表达。民族主义的产生是为了统一和煽动资本主义的边缘或半边缘的人民对抗核心地区的人民,从更实质性的强有力的核心国家中刺激民族主义的反应。奈恩从而降低了资本理论中占主要位置的阶级冲突。"①奈恩从三方面实现了对传统马克思主义阶级观的拓展和对民族主义主体向度的展望。

一是阶级意识的扩展与阶级斗争的突破。在对世界历史与现实的阐释中,奈恩认为,相对于民族主义,阶级划分已经不是最能够激发人们团结起来对抗帝国主义、资本主义入侵的意识形态,为了团结人民,现代精英们必定会以民族主义的热情来团结人民,因为"相对阶级意识的高度理性主义,民族主义在大众水平上成功了,因为它提供给'大众真实的和重要的东西'"②。我们知道,阶级问题一直是马克思主义理论中最核心和关键的主题,传统的马克思主义信仰是:"在历史中阶级总是更重要……阶级斗争是总是历史变革的发动机,民族性仅仅是它的一个附带现象。因此,后者使得前者黯然失色这简直是不可思议的。"③对此,奈恩指出,随着 1914 年 8 月第一次世界大战的全面爆发,以及第二国际、第三国际的相继失败,民族意识的形成、民族主义观念的勃发、民族解放运动的兴起和民族国家的建立纷至沓来,事实证明,民族已然成为与阶级同样重要的核心主体。布莱恩·詹金斯和金特·明纳普也认为,马克思主义者现在必须承认民族主义的解放力量并不仅仅是阶级斗争的附属物,"在政治解放的领域里,民族国家实际上代表着人类发展的高峰"④。在新的社会状况中,单一地探讨阶级划分和阶级斗争不足以应对复杂的社会现实,马克思主义者必须要扩展阶级意识的范畴,适时地做出顺

① Tom Nairn,Paul James, *Global Matrix:Nationalism,Globalism and State-Terrorism*,p.76.

② Ibid.

③ Tom Nairn,*The Break-up of Britain:Crisis and Neo-Nationalism*,p.351.

④ Brian Jenkins, Günter Minnerup, *Citizens and Comrades—Socialism in a World of Nation States*,London:Pluto Press,1984,pp.144–145.

应时代潮流的调整和发展。正如政治学家亨利·帕特森所指出的,"(奈恩)显然积极地提出了一种认识民族主义的必要,它打破了一个阶级还原主义"①。

二是民族主体的充分性和民族主义向度的有效性。奈恩指出,"'物质'必须以不同的方式去理解。不单单是资本主义经济和阶级斗争,而是需要一些更深层次的和旧的物质因素来理解民族主义的世界"②。在新的全球化时代,我们必须要认识到不同发展状况的民族国家间的深刻矛盾,现代社会真正的、基本的矛盾不仅在阶级斗争中,还在民族解放的斗争中,在充分体现群体意志的民族主体中,在有效动员大众情绪的民族主义向度当中。由此出发,奈恩进一步分析了民族性因素的核心作用。资本主义的蔓延打破了旧的社会形态,而旧社会形态的崩溃总是更加倾向于以民族主体发生,而不以阶级单位展现。从这个意义上讲,"民族主义能够起作用,因为它确实为群众提供了真正的和重要的东西——那是假定在一个狭隘的唯智论者模式中的阶级意识永远也提供不了的东西……是更大、更易接受、更贴近于大众现实的东西。……它在现代发展中必须有一个功能,或许是比这一时期各个民族国家内的阶级意识和形成更重要的一个功能"③。因此,在资本主义的全球化时代,"只要世界经济的主要矛盾"仍占据主导,那么"民族性的地位仍将越来越强大"④。奈恩的这一认识恰恰发展了恩格斯的民族理论,即"只有真正成为国家的民族时,才更能成为国际的民族"⑤。随着社会历史和形势的新发展,人们必须认识到真实的发展环境和主要任务,在现代民族国家主导的国际舞台上,只有实现了民族的解放才能够实现无产阶级的解放。

三是阶级意识与民族意识的融合与统一。奈恩虽然提高了民族在世界历史当中的位置,但并不意味着他要用民族主体完全替代阶级主体,恰恰相反,他十分重视阶级意识与民族意识的结合,并探讨了民族主体内部阶级的关系

---

① Henry Patterson,"Neo-Nationalism and Class",*Social History*,Vol.13,No.3,1988,p.347.

② Tom Nairn,Paul James,*Global Matrix*:*Nationalism*,*Globalism and State-Terrorism*,p.98.

③ Tom Nairn,*The Break-up of Britain*:*Crisis and Neo-Nationalism*,p.354.

④ Ibid.,p.355.

⑤ 《马克思恩格斯文集》第10卷,第473页。

及功能划分，他写道，"阶级对民族主义的理解是至关重要的这显然是真的"①，"这两者有着千丝万缕的困惑，在那里一个民族性的上层阶级统治另一个民族性的农民和工人。但关键是混乱只能根据民族性调节，而不以阶级调节。作为一种动员手段，民族主义更加优于包含在仍然未成熟的阶级意识中的东西"②。可见，奈恩十分认同在现代民族主体中阶级划分和阶级斗争的重要作用，在当今全球化的新形势下，民族国家间的矛盾、问题和混乱首先要以民族共同体为单位进行解决，在还未实现国际主义的、以民族国家为主导的世界，民族性的调节应该先行于阶级性的调节。奈恩并未把民族与阶级二者放在一个相互矛盾的状况当中，而是进行了融合和统一，他指出，"民族性属性与无产阶级或社会主义的国际主义的属性之间并没有真正的矛盾：前者是只是在去后者（等等）路上的一个阶段而已"③。马克思和恩格斯也多次论述道："被奴役民族具有民族独立和民族自决的历史权利。"④可见，民族主体与阶级主体在被压迫主体中是契合的，他们具有相同的诉求和愿景。

  同为英国新左派思想巨擘的埃里克·霍布斯鲍姆是传统马克思主义的坚定捍卫者，虽然不尽赞同奈恩的观点，并认为马克思主义者不能够超越某些概念的边界，但他也不得不承认："马克思主义者……必须正视民族主义的政治事实，并确定他们对民族主义具体表现的态度。自马克思以来，这在很大程度上是必要的，它不是一个理论原则的问题，而是在不断变化的环境中做出的实际判断。"⑤此外，在理论层面上，奥地利马克思主义者奥托·鲍威尔和卡尔·伦纳也试图用一种复杂的历史方法将阶级结构与民族问题联系起来，他们以捷克为例进行分析，指出捷克民族在被德国哈普斯堡王朝征服后，经由大屠杀和文化同化失去了他们的上层阶级，这些民族精英的消失意味着捷克民族仍然是一个由农民构成的民族，即没有社会和政治领导，没有文化精英，在经济上依赖讲德语的地主。捷克农民出身的无产阶级发现自己受到了经济和文化

---

① Tom Nairn, *The Break-up of Britain: Crisis and Neo-Nationalism*, p.354.

② Ibid., p.353.

③ Ibid., pp.354–355.

④ 中国社会科学院民族研究所编：《马克思恩格斯论民族问题》（下册），第 505 页。

⑤ Eric Hobsbawm, "Some Reflections on 'The Break-up of Britain'", *New Left Review*, I/105, September-October 1977, p.9.

应时代潮流的调整和发展。正如政治学家亨利·帕特森所指出的,"(奈恩)显然积极地提出了一种认识民族主义的必要,它打破了一个阶级还原主义"①。

二是民族主体的充分性和民族主义向度的有效性。奈恩指出,"'物质'必须以不同的方式去理解。不单单是资本主义经济和阶级斗争,而是需要一些更深层次的和旧的物质因素来理解民族主义的世界"②。在新的全球化时代,我们必须要认识到不同发展状况的民族国家间的深刻矛盾,现代社会真正的、基本的矛盾不仅在阶级斗争中,还在民族解放的斗争中,在充分体现群体意志的民族主体中,在有效动员大众情绪的民族主义向度当中。由此出发,奈恩进一步分析了民族性因素的核心作用。资本主义的蔓延打破了旧的社会形态,而旧社会形态的崩溃总是更加倾向于以民族主体发生,而不以阶级单位展现。从这个意义上讲,"民族主义能够起作用,因为它确实为群众提供了真正的和重要的东西——那是假定在一个狭隘的唯智论者模式中的阶级意识永远也提供不了的东西……是更大、更易接受、更贴近于大众现实的东西。……它在现代发展中必须有一个功能,或许是比这一时期各个民族国家内的阶级意识和形成更重要的一个功能"③。因此,在资本主义的全球化时代,"只要世界经济的主要矛盾"仍占据主导,那么"民族性的地位仍将越来越强大"④。奈恩的这一认识恰恰发展了恩格斯的民族理论,即"只有真正成为国家的民族时,才更能成为国际的民族"⑤。随着社会历史和形势的新发展,人们必须认识到真实的发展环境和主要任务,在现代民族国家主导的国际舞台上,只有实现了民族的解放才能够实现无产阶级的解放。

三是阶级意识与民族意识的融合与统一。奈恩虽然提高了民族在世界历史当中的位置,但并不意味着他要用民族主体完全替代阶级主体,恰恰相反,他十分重视阶级意识与民族意识的结合,并探讨了民族主体内部阶级的关系

---

① Henry Patterson, "Neo-Nationalism and Class", *Social History*, Vol.13, No.3, 1988, p.347.

② Tom Nairn, Paul James, *Global Matrix: Nationalism, Globalism and State-Terrorism*, p.98.

③ Tom Nairn, *The Break-up of Britain: Crisis and Neo-Nationalism*, p.354.

④ Ibid., p.355.

⑤ 《马克思恩格斯文集》第 10 卷,第 473 页。

及功能划分,他写道,"阶级对民族主义的理解是至关重要的这显然是真的"①,"这两者有着千丝万缕的困惑,在那里一个民族性的上层阶级统治另一个民族性的农民和工人。但关键是混乱只能根据民族性调节,而不以阶级调节。作为一种动员手段,民族主义更加优于包含在仍然未成熟的阶级意识中的东西"②。可见,奈恩十分认同在现代民族主体中阶级划分和阶级斗争的重要作用,在当今全球化的新形势下,民族国家间的矛盾、问题和混乱首先要以民族共同体为单位进行解决,在还未实现国际主义的、以民族国家为主导的世界,民族性的调节应该先行于阶级性的调节。奈恩并未把民族与阶级二者放在一个相互矛盾的状况当中,而是进行了融合和统一,他指出,"民族性属性与无产阶级或社会主义的国际主义的属性之间并没有真正的矛盾:前者是只是在去后者(等等)路上的一个阶段而已"③。马克思和恩格斯也多次论述道:"被奴役民族具有民族独立和民族自决的历史权利。"④可见,民族主体与阶级主体在被压迫主体中是契合的,他们具有相同的诉求和愿景。

　　同为英国新左派思想巨擘的埃里克·霍布斯鲍姆是传统马克思主义的坚定捍卫者,虽然不尽赞同奈恩的观点,并认为马克思主义者不能够超越某些概念的边界,但他也不得不承认:"马克思主义者……必须正视民族主义的政治事实,并确定他们对民族主义具体表现的态度。自马克思以来,这在很大程度上是必要的,它不是一个理论原则的问题,而是在不断变化的环境中做出的实际判断。"⑤此外,在理论层面上,奥地利马克思主义者奥托·鲍威尔和卡尔·伦纳也试图用一种复杂的历史方法将阶级结构与民族问题联系起来,他们以捷克为例进行分析,指出捷克民族在被德国哈普斯堡王朝征服后,经由大屠杀和文化同化失去了他们的上层阶级,这些民族精英的消失意味着捷克民族仍然是一个由农民构成的民族,即没有社会和政治领导,没有文化精英,在经济上依赖讲德语的地主。捷克农民出身的无产阶级发现自己受到了经济和文化

---

① Tom Nairn, *The Break-up of Britain: Crisis and Neo-Nationalism*, p.354.
② Ibid., p.353.
③ Ibid., pp.354-355.
④ 中国社会科学院民族研究所编:《马克思恩格斯论民族问题》(下册),第505页。
⑤ Eric Hobsbawm, "Some Reflections on 'The Break-up of Britain'", *New Left Review*, I/105, September-October 1977, p.9.

的双重剥削,面对这种社会状况,他们只有通过民族主义的政治和文化运动才能挽救捷克下层阶级的贫困文化圈,从而使捷克的工人在经济和文化上都获得权利。① 可见,在新的全球化时代,马克思主义者必须要关怀民族与民族主义的方方面面,将阶级范畴与民族范畴相联系,这样才能符合实际的历史发展走向、适应真实的现代社会状况、有效动员切实的主体力量。奈恩以历史为参照、以现实为依据解释民族主义,在客观分析社会经济政治变迁的基础上,创造性地发展了马克思主义的阶级观,探索了关于民族和阶级的新认识,这是值得肯定的。

五、民族主体维度的时代价值与意义

以色列政治学家梭罗莫·艾维尼里有这样一个评价:"汤姆·奈恩……也许是新左派思想家中关于民族主义最激进的思想家。在许多出版物中,他呈现了一幅复杂的——也许令人困惑的——把民族主义融入马克思主义的图景。"②奈恩既继承、坚持了马克思主义对人民群众伟大力量的肯定,又探索性地发展了传统马克思主义阶级观的整体框架,创新性地提升了民族在现代社会发展当中的主体地位,确立起了新马克思主义语境下的民族主义理论,给予人们新的解释范式,具有重要的时代价值与意义。

第一,奈恩的思想是英国新左派从马克思主义视角解释民族主义的重要理论创新。民族主义是现代人类历史发展的必然意识形态和运动,然而由于不同民族国家发展水平、历史状况、偶然事件等多方面的差异,各民族国家在民族主义的意识形态和运动上表现出不同的面相。对于民族主义所呈现出的多样性,众多学者从人类学、社会学、政治经济学等不同角度做出了解读,作为当代最具时代感、创新性的民族主义大师,奈恩将马克思主义经典的人民论、民族论和阶级论浇筑到民族主义的理论结构中,这一极具创造性、开拓性的理论方法,打破了传统意义上马克思主义与民族主义的解释障碍,实现了马克思主义与民族主义的对话,具有时代进步性。

第二,奈恩新马克思主义的民族主义思想充分继承和汲取了传统马克思

---

① Shlomo Avineri,"Marxism and Nationalism",*Journal of Contemporary History*,Vol.26,No.3,1991,p.652.

② Ibid.,p.647.

主义对人民与民族范畴的思考，是植根于马克思主义的理论构建。我们知道，构建马克思主义范式的新民族主义思想体系的实质就是坚持马克思主义的科学性和真理性，奈恩不仅以历史发展的内在逻辑揭示了人民群众与民族主义彼此之间的依赖，而且以列宁的思想为基础洞悉了民族主义的革命意义及其对抗资本主义压迫的属性，形成了正确的认识。可以说，马克思主义作为奈恩分析民族问题最坚实的思想支撑、最牢固的原则立场和最不可或缺的精神食粮，从根本上确立了其民族主义思想的逻辑依据和方法论路径，这种与传统马克思主义相契合的价值取向蕴含着丰富的理论智慧，值得我们探研。

第三，奈恩新马克思主义的民族主义思想发展了传统马克思主义阶级意识的范畴，赋予了马克思主义新的活力。作为历史产物的马克思主义是马克思、恩格斯对当时社会状况的科学、理性、客观的分析，阶级分析与阶级斗争的观点作为革命策略的重要组成部分，带来了人类解放事业的胜利，而伴随人类社会的发展，民族已然成为人类解放的又一超级主体。通过把民族置于社会历史的中心，奈恩对经典马克思主义阶级斗争观念进行了发展与创新，体现出马克思主义的科学发展，是一种适时的、与时俱进的、非绝对论的理论探索。我们看到，只有在坚持马克思主义思想的基础上，徐行徐立，寻求传统与现实的平衡联结点，才能真正实现马克思主义的科学发展。而从整体观之，奈恩的这一新马克思主义的民族主义理论确为现代人类社会当中民族国家政治经济矛盾的解决提供了一条新颖的思路。

第四，当民族国家处于发展水平落后、资本主义盛行的环境下，民族主体诉诸民族主义就具有历史必然性和合理性。世界范围内被压迫民族逐渐认识到应当以民族共同体来反抗资本主义、帝国主义的剥削，并借由民族主义来变革社会体制，以发展进入社会主义阶段。在新的全球化时代，奈恩新马克思主义的民族主义思想在一定程度上影响和指导了世界范围内民族国家的解放和反抗。作为苏格兰裔的新左派思想家，奈恩在苏格兰地区具有极高威望，他的民族主义思想直接影响了苏格兰民族运动，推动了苏格兰独立公投的进程，体现出苏格兰对不列颠帝国主义、资本主义的反抗和不满。虽然 2014 年秋天的苏格兰独立公投最终未能打破不列颠资本主义帝国的统一，但是这一历史性事件无疑在世界历史的舞台上留下了浓墨重彩的一笔。很明显，资本主义的政治模式已逐渐失去其能量，民族主义的社会革命势在必行。可见，奈恩的思

想不仅是一个学术性的理论分析,更是一个指导实践、影响现实的在地策略。

结　　语

"重新发现马克思一直是新左派的追求。"①作为其中最重要的政治理论家之一,奈恩完成了他对传统马克思主义的继承与发展,做出了把马克思主义融入民族主义的探索,形成了独特的新马克思主义语境下的民族主义理论。政治学家琼·科克斯的一段评论十分中肯:"有充分理由表明,《不列颠的瓦解》是一个新马克思主义的,而不是反马克思主义的文本。奈恩对传统马克思主义的看法,不是因为他为了其他一组原则抛弃历史唯物主义,而是因为现代资本主义的经验主义的历史与它不符合。奈恩相信马克思主义在理解西方资本主义的起源中是正确的,相信马克思主义作为现代世界决定性力量的绝对优势是正确的,相信马克思主义作为控制和发展的矛盾体系之特性是正确的,也相信马克思主义永恒发展的动态性是正确的。他期待着马克思主义成为'一个真正的世界理论……建立在整个世界的社会发展之上'。他暗示这种发展将走向社会主义,尽管他所希望的社会主义的沉淀剂和形式是完全不清楚的。在《不列颠的瓦解》中,奈恩把民族主义带到了舞台中心,解释它、维护它,但并不相信它。他把民族主义视为是理性上的错误但是历史上的正确,这就造成了错综复杂的政治含义;但能够成为民族主义者并不是他的愿望之一。"②

不难看出,奈恩的思想是英国新马克思主义探索解释民族问题和人类解放的重要理论创新。在他看来,民族主义一方面激发了民族群体对帝国主义、资本主义的拒斥,凝聚了被压迫民族救亡图存的思想观念;另一方面,也有激化非理性暴力冲突的倾向,以及畸变为极端沙文主义、种族主义的可能。对于民族主义所呈现出的多样性,必须从唯物史观的视角来进行辩证剖释,将马克思主义的方法论渗透到对民族问题的认识当中,提倡以新民族主义意识形态和运动走向社会发展和民族解放。民族主义的解放运动是人民群众应对现代

---

① 乔瑞金、李文艳:《英国新左派的思想革命与政治诉求——以斯图亚特·霍尔的分析为中心》,《南京大学学报》(哲学·人文科学·社会科学版)2016年第4期。

② Tom Nairn,Paul James,*Global Matrix:Nationalism,Globalism and State-Terrorism*,p.79.

资本主义不均衡发展的关键,是反抗帝国主义剥削压迫、寻求发展解放的核心力量和实现社会主义的重要基础。民族性的现代化事业是实现社会主义的根本保证,只有在民族国家内完成经济、政治体制的现代化,结合人民群众对现代资本主义和帝国主义的抵抗,才能真正推进社会主义的革命和发展。人民群众是实践和认识的主体,因此,融入民族解放运动的阶级意识,不仅是民族解放的载体、社会变革的决定力量,更是实现社会主义的强大动力。奈恩秉持马克思主义的思想传统,尤其是继承了列宁关于把无产阶级革命与民族解放运动相融合的思想精华,在分析资本主义和世界民族独立与解放之现实的基础上,提出民族解放和无产阶级革命、社会主义具有内在一致性,尝试赋予马克思主义新的活力和时代性,这不仅是难能可贵的,而且是马克思主义在21世纪反帝国主义和反资本主义运动中如何发挥作用的重要理论和实践尝试。通过分析民族在社会历史中所起的作用,奈恩把民族解放看成在高度发达的资本主义实现社会主义跨越的必要途径,把社会主义思想看作引导民族解放的指南,充分肯定了马克思主义的价值和意义,体现出马克思主义与时俱进的思想品格,这一具有创造性的理论方法,对于正确认识马克思主义、社会主义与民族主义的结合,具有一定的理论价值和实践意义。

可以说,奈恩新马克思主义的民族主义理论是对马克思主义基本原理的深化运用,是以新时代特点为转移的发展和创新,是对历史唯物主义的具体问题具体分析,是关于人民、民族、阶级三者的辩证法,是一种融合民族解放运动于社会主义认识框架内的理论阐释,为现代民族、国家、社会问题的解答构建了一个新颖的、正确的、辩证的、发展的新马克思主义式的解释体系,这种新的解释范式,无论对于社会主义革命,还是对于民族国家的建设,都是有意义的。马克思主义能够保持长久的生命力,根本原因就在于能够适应多种理论与实践的碰撞。奈恩正是在民族主义与马克思主义两者的碰撞之中,不断发展、不断探索,做出了极具时代感、实践性和创造性的思考,他以自身融入马克思主义的民族主义理论研究证明了"马克思的整个世界观不是教义,而是方法。它提供的不是现成的教条,而是进一步研究的出发点和供这种研究使用的方法"①。

---

① 《马克思恩格斯选集》第4卷,人民出版社2012年版,第664页。

第十五章　佩珀:重塑主体的生态社会主义

戴维·佩珀是英国牛津布鲁克斯大学地理系名誉教授,他于1963年在利物浦开始读大学,在那里他获得地理学学位,后去牛津圣约翰学院学习农业学,后又在伦敦大学国王学院获自然地理学博士学位。1969年,他进入刚刚建成的牛津大学理工学院(牛津布鲁克斯大学的前身)开始教学和科研工作,多年来在很多领域都有建树。佩珀的主要研究方向是绿色政治,探讨各种绿色思想的历史根源和哲学来源。面对环境问题愈发严重和此起彼伏的国际不公正现象,他坚持马克思主义的基本立场,积极投身于对当代社会问题的研究中。他曾与人合编《和平与战争之地理学》(1985)和《危机中的核能》(1987),主要著作包括《现代环境主义根基》(1984)、《生态社会主义:从深生态学到社会正义》(1993)、《现代环境主义导论》(1996)等。

戴维·佩珀(**David Pepper**,1940—　　)

　　佩珀是英国生态学马克思主义思想研究的重要代表人物。当生态学马克思主义在全球范围内广为流行的时候,佩珀作出的理论贡献也在其中,并且,他的思想在众多的生态学马克思主义理论当中显得更加激进。佩珀对马克思的思想给予高度评价,认为马克思主义理论对西方社会的影响之大,以至于实

际上每一个人都是不同程度的马克思主义者，因为在西方人的思维方式中，或多或少都受到马克思主义思想的影响。

生态学马克思主义孕育于欧洲大陆，诞生于北美，发展交融于欧美之间，后又波及全球，它是马克思主义理论与生态运动的一次成功结合。一般认为，德国法兰克福学派的批判理论是其产生的理论基础。法兰克福学派的创始人霍克海默和阿多诺在他们的合著《启蒙辩证法》中指出，启蒙运动虽然把人们从恐惧和迷信中解放出来，但它的目的是要让人类统治自然，在实现这一目的的过程中，科学成为统治者的工具，由此产生了极权主义。所以，科学技术就成为他们批判的对象之一。这样，霍克海默和阿多诺为人们正确认识科学技术的作用提供了新思路。马尔库塞是生态学马克思主义产生的奠基人，他把法兰克福学派对科学技术的批判转到对资本主义制度的批判上来。他提出科学技术本身并没有错，错只在于技术的资本主义使用，所以，应当受到谴责的是资本主义制度。在资本主义制度下，技术的使用产生了虚假的需求。资本主义在虚假需求的幌子下，利用人们对虚假需求无法停止的追求，乘机剥削人们并剥削自然，所以，社会亟须认清资本主义的本质，把人类从被控制与被剥削中解放出来。

1972 年，加拿大学者威廉·莱斯在《自然的控制》中深刻地论述了资本主义制度下技术的使用对人和自然关系、人和人关系的作用。他认为，科学知识本身并不导致对外部自然的控制，科学知识只是控制的工具，但控制的真正对象不是自然而是人。由此，他提出，控制自然的观念必须以一种新的方式来解释，即它的主旨应该在于伦理或道德的发展，而不是科学和技术的革新。在1978 年出版的《满足的极限》中，莱斯指出，在后资本主义时期，由于需要和供应之间的关系在"高强度市场机制"下变得困惑了，所以，马克思主义者应该更进一步关注自然和社会之间的关系，提供更有意义的"高强度市场机制"的替代品。

"生态学马克思主义"一词首次出现于加拿大学者本·阿格尔的代表作《西方马克思主义导论》中。作者在书中进一步发挥了威廉·莱斯的思想，指出"生态学马克思主义"是西方马克思主义在当代的最新发展阶段。阿格尔从考察马克思的经济危机理论开始，认为马克思所讨论的经济危机并没有毁灭资本主义制度，而在资本主义生产的控制下，一种"异化消费"已产生，正是这种"异化消费"使人们在追求物质补偿的同时陷入了对消费的"虚假需求"

的控制,人们为了满足这种已被异化了的"需求"而疯狂购买自身并不需要的商品。但是,资本主义并不是总能满足人们的需求,这就出现了"期望破灭的辩证法",这些都是生态危机的表现,所以,阿格尔认为应该以生态危机理论取代经济危机理论。关于未来生态社会主义的建立,阿格尔提出要实行"分散化"、"非官僚化"和"稳态经济"模式。

美国学者詹姆斯·奥康纳在他的名著《自然的理由》中提出了"资本主义的双重矛盾理论"。奥康纳认为资本主义生产力与生产关系之间的矛盾是资本主义的第一重矛盾,在这一矛盾中,产生了资本主义对劳动的剥削,从而造成经济危机,但这是远远不够的,因为在资本主义生产力和生产关系与生产条件之间也存在着矛盾,在生产条件的变化中,出现了资本主义的"不充分发展",这正是生态危机产生的根本原因所在。由此,奥康纳认为他为马克思主义理论提供了一种补充。

与奥康纳持不同观点的是美国另一位学者贝拉米·福斯特。奥康纳认为马克思主义思想中并无生态意识,我们必须建构一种历史唯物主义文化观,通过文化维度来建立人与自然的关系,而福斯特则认为只要我们真正理解了自然这个概念,就能处理好人与自然的关系。在《马克思的生态学》这部著作中,福斯特提出了"物质交换裂缝理论"。他认为,马克思在《资本论》中用"物质交换"这一概念表达了人与自然的相互关系是个过程,在这个过程中,人通过自身行为调解和控制人与自然之间的物质交换,但在资本主义的生产方式下,人与自然之间的物质交换过程出现了一个裂缝,人与自然已极不协调,并造成了自然的异化及人与自然关系的异化等,比如土地肥力的下降、气候变化、珍稀动植物的消失等等,这些都是资本主义生产方式运行的后果,由此,福斯特展开了对资本主义制度本身的抨击。在《反对资本主义的生态学》中,福斯特全面论述了资本主义制度下生态危机产生的原因、规模,并进一步探索解决危机的途径。

美国的另一位学者霍华德·帕森斯也曾对马克思的生态学思想作出了阐释,他是一位较早也是一位较坚定的生态学马克思主义者。在《马克思恩格斯论生态学》中,他一再坚持马克思著作中有非常明显的生态学思想。他指出,马克思早已论述过关于人、自然以及它们之间的关系,这其实就是今天所说的"生态学"的内容。马克思的生态思想要早于德国动物学家海克尔所创

造的"生态学"（1869）这个词，更要早于"生态危机、能源危机"等术语的出现，他编写这本书的目的就是要突出展示马克思有关的生态学立场及对资本主义生态政策的批判。并且，帕森斯认为，马克思和恩格斯是关于人类社会的最早的重要的科学家，因为他们通过辩证法已把人与自然之间的关系解释得非常清楚，那就是：人改变自然的同时也被自然改变。

法国学者安德烈·高兹是激进的生态社会主义者，著有《作为政治学的生态学》《资本主义、社会主义、生态学》《经济理性批判》等。高兹在《经济理性批判》中指出，资本主义实行的是经济理性，而经济理性与生态理性是内在矛盾着的，如果按照经济理性进行生产控制，则必然会带来生态问题，所以资本主义本身决定了它是绝不可能解决生态危机的，要解决生态危机，就必须进行社会主义的生态重建。而高兹是极力反对现实的社会主义的，他认为苏联模式的经济仍然实行的是经济理性操作，所以不可避免也会带来生态问题，真正的社会主义生态重建要求经济理性服从生态理性，同时必须限制资本主义的积累和对利润的追求，这是生态重建的关键之处。

英国学者对生态学马克思主义思想的研究极大地推动了欧美在这一领域的发展。1989年，泰德·本顿在《新左派评论》中发表《马克思主义与自然极限》一文，提出要在考虑自然对人类和社会发展的限制的基础上来重建马克思的历史唯物主义并使其"绿化"。对于这一观点，德国左翼理论家瑞尼尔·格仑德曼作出了积极回应，他于1991年也在《新左派评论》上发表《生态学对马克思主义的挑战》一文，阐述了他与本顿的不同观点与立场。他指出，生态问题并不是由人类想要控制和支配自然的行为引起的，私有制也不是生态危机的主要原因，生态问题产生的关键因素在于人类对待自然的特殊方式，危机不是单一原因造成的，而是一系列因素造成的，其中包括非目的后果、技术、经济增长、市场和外化、导致集体非理性行为的个体理性行为等。此外，他赞扬了马克思关于对自然征服和改造的态度，要求回到"人类中心主义"的立场，并批判了"生态中心主义"。

在此基础上，英国学者戴维·佩珀也加入到对生态学马克思主义思想研究的讨论中来，他的加盟使这一研究的领域更加宽广，也使这一思想更具前沿。佩珀于1984年出版他的第一部关于生态问题的著作《现代环境主义根基》，其目的是要阐释当代环境主义的历史根源和哲学根源，并把马克思主义

引入到当代环境议题中来。佩珀认为,针对当前的生态危机,我们只提出一些危机的事实和数据是远远不够的,重要的是要改变人们头脑中由于种种原因形成的对环境问题所持的态度。人们如果想要改变已成形的观点,就必须深入考察他们的观点是如何形成的,即观点形成的根源所在。为此,佩珀探讨了当代环境主义包括技术中心主义和生态中心主义观点形成的种种来源。他指出,技术中心主义的形成要追溯至培根的经典科学时代,正是培根时代形成的对科学的崇拜导致人们产生了想要征服自然的欲望,科学越进步,人类的野心就越强烈,人与自然之间的关系被撕裂。而生态中心主义的形成来源分别为18世纪的欧美浪漫主义理念和马尔萨斯—达尔文科学理论,其宗旨是自然界万物平等并要求对人口的增长和人类活动进行限制,这无疑非常不利于人的向前发展。不论是技术中心主义还是生态中心主义,都反映了人对自然所持的态度,这些态度或理念随着历史的发展而形成或改变。那么,我们到底应该怎样与自然相处,也即我们应该确立何种人对自然的态度,我们又该如何理解历史的发展与社会的变化等问题。佩珀提出,我们应该从马克思主义理论中找答案,所以他又把研究重点转向了马克思主义理论研究,这成为他的《生态社会主义:从深生态学到社会正义》的主要内容。

《生态社会主义:从深生态学到社会正义》一书使佩珀声名鹊起,也使他成为生态学马克思主义思想研究的领军人物,他的核心理念大都集中于这本书中,这本书其实是佩珀对马克思主义理论在新时代的解读。经过深入的分析和研究,佩珀指出,当前生态危机产生的根源就在于资本主义生产方式,资本家的本性是要获得高额利润,为达到目的,他们使生产收益内在化的同时使成本外在化于自然资源,他们不停地剥削自然、剥削人,其后果就是造成环境问题、人的异化问题以及社会不公正等问题。但佩珀指出,根据马克思的历史唯物主义理论,资本主义终将退出历史舞台而让位于社会主义,所以我们当前的任务就是要积极推动生态社会主义运动向前发展。目前西方流行的主要是由生态主义者倡导的绿色运动,绿色运动关爱生命、关爱地球,反对资本主义对自然资源的肆意掠夺,要求为人类后代着想,这是可取的。但这种绿色运动深受无政府主义影响,带有浓厚的后现代主义政治色彩,他们不能看到生态危机产生的真正根源,而是一味强调人类行为对自然的破坏性后果,所以,佩珀提出必须改进当前绿色运动,以符合生态社会主义的要求,也就是说,要真正

解决生态危机,就必须以建立生态社会主义制度为政治目标。首先,要消除绿色无政府主义中阻碍社会前进的消极因素而保留其合理因素,把绿色运动中的后现代主义思潮排除出去,代之以马克思主义的"红"色理论;其次,使"红绿"联盟,推动生态运动接近于生态社会主义运动;最后,佩珀就生态社会主义原则作出了一些要求,并为实践生态社会主义社会提供了可行性方案,但他也强调,要真正实现生态社会主义,仍然需要依靠工人阶级。

《现代环境主义导论》一书出版于1996年,此书详细、周密地阐述了当代环境主义形成的历史、哲学和社会根源,其中有部分内容与《现代环境主义根基》重叠,但正如佩珀所言,自《现代环境主义根基》出版之后,由于有关环境方面的材料、数据又有很大突破,各种环境运动也有很大变化,所以他的目的是更详尽地为读者展示这些最新变化;并且,此书在语气上也较委婉,少了一些强硬口吻,而更多的是对别人观点的综合与解释。本书以"人与自然的关系"为中心线索,全面而深刻地论述了有关生态伦理、科学技术、社会变革、未来社会等一系列问题,所谈内容极其广泛,囊括许多知识,几乎涵盖了此方面的所有内容。有读者认为,这本书不仅仅是一个导论,而实际上更适合研究生研读。

佩珀的生态学马克思主义思想属于一种较激进的社会改革思想,在这里,他首先要求重塑人类主体,把人放在一切价值的核心地位;在此基础上,社会不公正问题与环境问题就成为他批判现实资本主义的主要内容;而且,极为重要的是,对于未来生态社会主义社会的建设方案,他并没有停留在理论的陈述层面,而是从实践的、极富可行性的,甚至是已存在的生活地域视角来使人们相信,生态社会主义并不是遥不可及。

佩珀要求把马克思主义理论引入到目前的绿色运动。他认为,马克思主义学说建立的是经典理论,在当今有很多问题的时代,它不但没有过时,反而应该更加被人们关注,因为它所包含的方法和理论极具现实意义。佩珀运用马克思主义理论对当代的生态问题作出了一系列有意义的探索。

第一节　辩证的生态观

对于马克思是否有生态思想,学者们态度不一。有学者认为马克思不是而且永远不会是生态学家,因为马克思传承了培根、笛卡尔的"用科技征服自

然"的理念,如德国的格仑德曼就持这样的观点;甚至有人认为马克思不仅不会关爱自然,他的思想可能是引起现代环境问题的根源,因为他曾提出了"我们要征服世界和改造世界"的观点;相反,也有学者认为在马克思思想中早已蕴含了深刻的生态理念,马克思是最早的生态思想家,持这种观点的有美国学者帕森斯等人。对于这些争论,佩珀采取了折中态度,在他看来,我们大可不必追究马克思是不是生态学家,我们要做的应该是努力从马克思思想中挖掘出有利于解决当代各种环境问题和社会问题的理论和方法,并且用于指导我们的行动。佩珀认为,从马克思对人与自然关系的论述中和对历史唯物主义的解释中,我们完全能看到马克思对生态问题所持的态度。

一、人与自然的辩证关系

人与自然的关系在远古时代就为人们所关注,那时普遍认为地球是宇宙的中心,人与自然是一体,一切由神来控制。到了启蒙时代,在培根的"知识就是力量"的号召下,人们雄心壮志,锐意进取,把自然作为人类征服的对象,并且结果也令人满意,从此人与自然被截然分开。而如今,历经几百年的这种征服活动,其潜在的灾难性后果已开始显现,在人类物质生活水平不断提高的情况下,地球也遭到巨大的破坏,满目疮痍,越来越不适合人类居住。于是,很多激进环保主义者要求限制人类行动,保护地球家园,如何看待人与自然的关系再度被人们重视起来。

佩珀指出,马克思早已用辩证法论述了人与自然二者之间的真正关系,即"第一,马克思主义者认为,在自然和人类之间没有分离,它们彼此是对方的一部分——矛盾的对立面……第二,它们在一种循环的、互相影响的关系中不断地相互渗透和相互作用"①。不难看出,所有人与自然的关系已被包含在这两点中。

人与自然不可分,它们是一个整体,无论何时,人与自然不能脱离另一方独立存在;人类的行为是自然的,而自然也是社会的,彼此就是对方。人本是自然的产物,其本身就是一种自然,而自然之所以有意义,就在于它已被融入

---

① ［英］戴维·佩珀:《生态社会主义:从深生态学到社会正义》,刘颖译,山东大学出版社2005年版,第155页。

社会中；同时，二者又不断相互改造和相互转化。帕森斯在他编写的著作《马克思和恩格斯的生态思想》的"序言"中强调："人与自然的辩证关系是人的本性之中最基本的，在这种关系中人转化自然同时也被自然所转化。"①自然被定义为以物质和环境之力创造了人并反过来被人创造，而人则被定义为与环境互动的自然创造者。从这些方面来说，帕森斯认为，马克思对于生态学的理解要早于德国动物学家海克尔，更远远早于当前所提出的"生态危机"、"能量危机"等生态意识。

佩珀指出，劳动是人转化自然并使自然对人有用而采取的形式，在大多数情况下，自然并不提供现成的物质资料，人也并不直接占有自然资源，人必须转化自然，而在这种转化过程中，人类在塑造自然的同时也塑造了自身。"这种转化过程是一种社会过程，人以特殊方式与其他人组织在一起，所以在改变自然的过程中已介入了各种社会组织形式，这导致了人们之间的特殊关系。"②社会（即人与人的各种关系）是人在改变自然的过程中形成的，马克思和恩格斯是最早的人类社会学的科学家，因为他们发展了一种社会的或人类的科学，"他们不仅希望与机械唯物主义、超自然主义和唯心主义所带来的保守性后果作斗争，而且，作为激进分子，他们期望肯定人类在塑造历史和自然中的创造性作用"③。对于自然科学来说，科学被抽象地感知和实践，也即与人的一般需要和困惑相分离，而对于马克思和恩格斯来说，科学从一开始就是一种人类的事业，即在自然中去创造性地人化自然。

自然被人类转化，第一自然成为第二自然。马克思认为，只要有人类足迹的地方，就已不存在第一自然，第二自然已是一种社会的自然，而人类社会改变自然，被改变的自然又影响着社会进一步地改变它。佩珀指出："马克思也认识到一种'外部'或'第一'自然的预先存在，是它产生了人类。但人类在'第一'自然中又创造了'第二'自然——社会的物质创造和它的制度、思想及价值观。"④而格仑德曼认为，第二自然已包括了所有人类意志的产物和文化，历史和社会都属于第二自然。他指出："马克思认为，人类把自然转化得越

---

① Howard L.Parsons, *Marx and Engels on Ecology*, London：Greenwood Press, 1977, Preface.

② David Pepper, *The Roots of Modern Environmentalism*, London：Croom Helm, 1984, p.162.

③ Howard L.Parsons, *Marx and Engels on Ecology*, p.9.

④ ［英］戴维·佩珀：《生态社会主义：从深生态学到社会正义》，刘颖译，第156页。

多,他就越能理解自然的法则和规律。"①在这里,黑格尔认为第二自然的存在是人类理性的展示,而马克思认为,第二自然以一种"自然"的方式作用于人,这仍是一种不被理解的方式,所以它不能被认为是人类理性的展示,而只能是一种扭曲的表达。

从辩证法来看,既然人与自然处于运动中,它们就不会静止,或只能是暂时静止,这时矛盾就会产生,即人与自然对立,有时二者的对立会如此紧张以致难以调和,但"难以"并不是"不能",如果认真分析二者之间关系的规律,人类采取合理行动,人与自然就会趋向平衡,而此时,技术的巧妙应用就显得非常重要。

佩珀指出,马克思关于人与自然关系的论述是唯物主义的,这种唯物主义是建立在人与自然统一的基础之上的。自然是物质的,人也是物质的,在具体的劳动实践中,人体验到了存在与真实。这种唯物主义坚决反对唯心主义,反对神秘化和宗教性,并拒绝把自然视为人类意识的产物。马克思用辩证法论述人与自然关系时,确实承认人类意识的发展,但这种意识首先是由物质决定的,并随着物质的发展而发展,是人类发展了自身的主观意识,它不可能先于自然而存在,其中,劳动是自我创造的过程。"这一物质过程是人类塑造历史的第一因素,而人类解释这种行为的理论和概念是第二位的"②,所以,历史变化和社会管理可能(或不能)从一种舆论中得出什么是善和什么是恶,而只能说明为什么一些观念是善而另一些是恶,这只能由我们的物质组织方式,即生产方式来解释,我们根本不能与这个物质世界分离,静坐以待观念按照我们的理性流进或流出我们的意识。马克思的唯物主义意味着要从生产的物质条件来理解人,但这并不是说,马克思相信这个世界仅仅是由物质组成,相反,马克思认为人的精神和非物质存在也很重要,人类意识对物质起一定的反作用。

佩珀明确指出,马克思关于人与自然关系的论述是有机的和一元论的,"马克思的绿色批评者有时把他看做是笛卡尔主义者或机械论者。然而,在现实中,马克思的社会—自然辩证法看上去是有机的和一元论的"③。有机论

---

① Reiner Grundmann, *Marxism and Ecology*, Oxford:Clarendon Press,1991,p.94.

② David Pepper,*The Roots of Modern Environmentalism*,p.148.

③ [英]戴维·佩珀:《生态社会主义:从深生态学到社会正义》,刘颖译,第157页。

不同于机械论，因为它把社会自然看成一个有机体，彼此之间有互动并且相互影响，而不是如经典科学那样，把世界看做一部机器，死板地不停运转。人与自然有机互动，这在一定程度上也符合现代生态学和系统论。佩珀认为马克思接受了培根的观点，即自然只能通过遵从它的规律来利用，也即在利用自然的过程中，人类必然遵守自然规律，必须通过斗争与自然合作，这样才能有目的地驾驭自然、控制自然。

佩珀还谈到了自然的异化问题，他指出，自然在资本主义生产方式下被异化了，正如前面所提出的，自然是一个社会的概念，它只有在被人类社会重塑和解释中才有意义，但在资本主义社会中，自然被利用，人类的野蛮与不计后果的粗俗行为使自然处于一种"危险"状态，自然暂缓了与人类的互动过程，它已不能很好地为人类服务而逐渐脱离人类社会。这把人类自身也带入了一种窘迫当中，同时，这也是深生态学对当前环境状态强烈不满的原因所在。但深生态学没有找到现象之后的真正根源。从马克思主义角度来说，克服自然的异化意味着通过消除它虚假的外部性和控制与规范它对整个社会的用处来坚持自然的人性，所以，要使自然摆脱异化，恢复与人类的和谐发展，就必须恢复自然的社会性，这在资本主义社会中是达不到的。

二、历史唯物主义对社会进程的解释

佩珀通过对马克思历史唯物主义基本原理的深刻剖析，展示了其内涵的生态思想，从而为理解历史和解释生态危机（包括环境问题和社会问题）找到有效的方法。

佩珀指出，马克思的历史观是唯物主义的，他解释社会演变的方法是唯物主义的，这种唯物主义首先从"生产"这一社会基础开始。"生产是社会进程的中心环节……当生产方式作为社会的经济基础发生变化时，人们的生活方式也会改变。"[1]这已明确表明，生产与社会二者不可分：生产是社会存在的基础，社会随生产方式的改变而改变。在生产中，人们必须通过对原材料的利用与自然打交道，正是在与自然的这种沟通中形成了社会存在的一切关系。对此，佩珀举了一个例子进行说明：如果想把原油变成塑料或燃料从而使它们对

---

① David Pepper, *The Roots of Modern Environmentalism*, p.149.

于人类有用，就必须把人们组织起来，通过社会和集体的方式做到这点，因为我们个体是不能把原油生产成一个塑料碗的，所以，我们在开采和利用原油的这点上决定了我们会形成一种特定的组织关系。同时，生产力是一切社会变化的主导因素，生产力的变化通过社会中人与人之间联系方式的变化而表现出来，也即通过生产关系表现出来。

在工业革命时期，随着新的生产力的出现，一个新工业阶层发展起来并逐渐取代了旧的、地主贵族统治的社会秩序，新的阶级由资本家组成，他们的主要目的是通过生产商品和提供服务并以高于投入商品中的劳动数量的价格出卖来积累资本。在这里，佩珀对交换价值、使用价值、劳动价值和剩余价值作了区分，因为这对于理解资本家剥削工人的内在原因有重要作用。他指出，交换价值是资本主义生产方式下商品的价值，通过这一价值，资本家把商品转换为货币；使用价值来源于商品的社会有用性；劳动价值源于把自然转变为有用物所凝结的劳动数量，通过劳动价值可以看出维持一个劳动者和他的生活所需要的花费，但在交换价值和劳动价值之间会有一个空隙，这就是剩余价值的存在。剩余价值随着经济条件而变化，而通过剩余价值可以看出劳动者做了多少额外工作，同时，剩余价值也体现了资本家对工人剥削的程度。佩珀指出，资本家之所以能剥削工人是因为他们拥有生产工具、生产分配和交换权，而工人一无所有，只有出卖自己的劳动，他只能在市场中出卖他自己，这样就形成了一种资本主义的生产关系——一种由市场控制的金钱关系，也即工人和资本家之间由金钱联结的关系。而其实在工人之间和资本家之间也是一种金钱关系，因为前者彼此在争取工作上竞争，而后者彼此为了争夺更多资本和控制生产而竞争，这种金钱关系逐渐取代了旧的封建生产关系。

这样，"生产力决定生产关系"就已经表现得很明显，而对于"经济基础决定上层建筑"，佩珀也作了详细解释。他指出，资本家为了完成积累资本的任务，想方设法追求剩余价值率的提高并同时极力压低工人工资。他们努力投入更多财力以便更多地控制生产，由此产生两种对立阶级，即资产阶级和无产阶级，前者拥有财产而后者只能出卖劳动。从其产生可以看出，两个阶级的关系由经济事实控制，这种经济基础产生的各种关系被各种社会制度来解释，包括政府、当局、合法制度以及各种政治、教育体制。这种制度和观念体现了社会的经济（阶级）划分，并进一步保护和加强了那些拥有生产的阶级的经济利

益,这些制度和观念组成社会的上层建筑。所以,一个社会的主导观念,一定是在经济上占绝对优势的主导阶级的观念,这种观念为主导阶级的经济发展服务。此时,佩珀指出,马克思主义认为,在这种经济基础与盛行的价值、道德、观念及其在社会制度中(政府、法律、教育)的嵌入即上层建筑中存在着一种一致的对应关系,这种对应关系意味着上层建筑的变革,包括观念与价值的激进变化,不可能很快地或内在一致地发生,也即任何上层建筑的变革必须由基础变革来引起,但这种基础变革必然会涉及阶级冲突,因为资产阶级当然不会放弃他们对生产工具的控制。其实,这正是马克思看待社会变革的基础,即如果想改变一些观念,就必须同时改变这些观念得以在其中运作的基础;如果要推翻资本主义社会,必须首先废除支持其运作的私有制经济,只有那些一无所有、极度贫穷的无产阶级才是最现实的依靠力量。

经济基础和上层建筑之间也是一种辩证的、灵活的互动关系,上层建筑也会反作用于经济基础。佩珀也比较赞成葛兰西的观点,认为二者之间也存在着斗争,这种斗争不仅是为了占有生产资料,而且是为了控制意识形态这一上层建筑,即对大众意识的垄断。此时,争夺对大众意识的控制就显得很重要了,因为,资产阶级为了巩固其统治地位,必然会对大众意识进行多方宣传和引导,而知识分子也会以行动来影响大众意识。

马克思的历史唯物主义反对仅仅作为观念进步的历史观,因为后者把历史放在一种独立于物质生活的普遍人类意识或精神之中,所以,马克思已拒绝了黑格尔的唯心主义,拒绝了黑格尔关于历史的进程就是观念的实现过程这一观点。同时,马克思认为历史是一个进步过程,但历史并不是一个必然过程。有批评者指责马克思是历史决定论者或是经济决定论者,对此,佩珀给予了驳斥。他引证德阿塞和希伯朗的观点指出,历史唯物主义是一个辩证的过程,它包含了许多内容,经济或许是历史的一个最终决定因素,但并不是唯一因素。同时,在这个过程中,旧秩序和逐渐形成的新秩序之间不断有矛盾斗争,进而产生一个新的合题,"这就是历史中的辩证过程——一个对立面之间交换意见和相互作用的过程,矛盾的因素促使我们通过社会变革有望达到一种终极状态——共产主义——那里将没有阶级冲突"。①

---

① [英]戴维·佩珀:《生态社会主义:从深生态学到社会正义》,刘颖译,第109页。

佩珀指出,马克思的辩证法和历史唯物主义方法在各方面都产生了重大影响,过去是,现在仍是。正是因为这样,帕森斯认为马克思、恩格斯是关于人类社会的最早的重要科学家,因为他们早已通过辩证法把人与自然的关系解释得非常清楚,所以他坚持认为马克思、恩格斯是最早的生态思想家;而格仑德曼通过考察马克思论人与自然的关系后指出,马克思欲对自然进行改造和征服的决心是无可指责的,目前出现的生态问题,只是说明人类还没有真正认识自然并控制自然,而只有进入共产主义社会,人类才能不受自然束缚而获得自由。

第二节　帝国主义的生态灾难

资本主义从自由竞争阶段发展到垄断帝国主义阶段,经济危机尚未解决,生态危机就已登场。列宁指出,帝国主义是资本主义的最高阶段,它具有一般资本主义的基本特性,所以,帝国主义的生态灾难是资本主义危机的持续表现。现代生态危机的出现,使许多人体味到一种挫折,同时对现代化生产和生活产生怀疑。人类从愚昧和落后到科学和进步,资本主义起了巨大的促进作用,它把人类社会带入了理性与文明;科学技术迅猛发展,为人类生活带来切实利益,人们享受了现代化生产所带来的各种成果。但是,在资本主义高速发展了两百多年后的今天,另一种危机——生态危机已显现在人类面前。目前,人类的生活环境质量由于人类的破坏行为而日渐下降,并已对人类生存造成挑战,探索生态危机产生的原因及其解决途径成为生态学马克思主义学者们关注的焦点。佩珀从马克思主义理论与方法入手,把生态危机的根源直指资本主义内在生产方式,但佩珀指出,生态问题并不仅仅是指环境问题,它还包括由环境危机所带来的一系列社会问题,对于这些问题的研究是佩珀思想的一个主要内容。

一、生态危机产生的原因

许多生态学马克思主义者都对资本主义生态危机产生的原因作了深入的分析,虽然他们从不同侧面考察了这个问题,但大都把原因归结为资本主义生产方式,佩珀也是如此。他指出,生态矛盾来自于其他矛盾,后者主要是指经济矛盾。资本主义经济矛盾随着资本主义生产方式产生并表现出来,它导致

资本主义世界经济危机的不断发生,而在当代,它的存在产生了一种新的危机,即生态危机。佩珀列举了德塞对资本主义特征的界定,其中一点即生产的目的是为了销售而不是直接消费已预示了其存在的矛盾。既然产品不是直接用于消费,而是为了销售,那么使销售收入最大化就成为资本家的最终目的。为了获得高额利润,资本家采取的最有效的方法就是降低生产成本和加强对劳动力的剥削,而这也就成为当代生态危机产生的根本原因。

原因之一:资本主义生产收益内在化而成本外在化于自然资源。马克思在《资本论》中指出,利润是整个资本主义经济活动的出发点和核心,而成本价格是资本家的盈亏点,是资本家经营企业赚钱还是亏本的一个标志,"在其他条件不变的情况下,原材料价格上涨,生产成本提高,预付总资本增加,利润率就下降;原材料价格下跌,生产成本降低,预付总资本减少,利润率就提高"①。这是资本主义生产的一般规律。佩珀指出,到了当代,为了把生产成本一再降低,资本家则设法把各种自然资源、公共资源无偿地作为成本投入到生产中,从中获取的利润归自身所有,却把利用资源造成的后果推向外界,让整个社会甚至后代为他们埋单,由此,环境问题产生并越发严重起来。所以,佩珀一再强调,现代生态危机的直接原因就在于这样一个事实:收益内在化而成本外在化于自然资源。

成本外在化首先表现在资本家对自然资源的过度开发和利用上,把这些原本属于公共所有的资源直接或间接投入生产中以增加利润,造成的严重后果就是破坏了未来生产力。因为资源是有限的,如果滥采,就会给未来的发展留下空缺而无法弥补,所以,佩珀指出,开采资源以获取它们的价值而不考虑对未来生产力的影响,这是资本主义经济中一种不可扭转的趋势,这实际上是将成本部分地外在化于未来,也就是说,后代必须为今天的破坏付出代价。

成本外在化还表现在资本家对空气、水、土地等资源的污染中。马克思曾指出,资本主义农业是不合理的,因为它为了追求眼前利益而造成土壤沙化和退化,这同样也对其他资源有效。森林被毁、湿地排干,最终导致沙漠化和土地下陷,工业废水、废物污染了清洁的空气、水,大量石油的使用增加了二氧化碳的浓度,在海洋中的作业严重威胁到海洋生物的生存。但是,很明显,恢复

---

① [德]卡尔·马克思:《资本论》,曾令先等编译,商务印书馆2007年版,第281页。

环境健康需要投入资金,而资金对于资本家来说是要命的东西,他们要用资金来获得进一步的利润,满足更大规模生产,他们即使有时会有治理环境的行为,也是迫于舆论压力或是为了今后能持续获利才进行的。

佩珀明确指出,英国每年都有无数私人公司公开地或秘密地使社会与环境成本外在化的例子,比如,"国家电力"公司的所作所为。1991年,电力公司私有化后立即决定关闭位于黑泽海德的全国最大的酸雨研究实验室,这一行动全然不顾政府早先的承诺,即政府曾保证电力私有化将不会损害环境保护工作。一名工党能源部发言人声称,去发现他们的工业给环境造成的影响不是电力公司的商业利益所追求的。从这个例子完全能看到,商业资本家为了自身利益,肆意剥削和破坏环境,全然不顾后果对民众健康的损害以及由此而付出的代价,这是资本主义本质特征的直接体现。

原因之二:对劳动力的剥削造成严重社会问题。如果说剥削自然是环境问题产生的直接原因,那么剥削人则是社会问题产生的最终根源。正如前文已述,资本家为了榨取剩余价值可以不择手段,他们一方面剥削自然资源以缩小成本,另一方面则加紧对劳动者的剥削造成社会不公平现象从而形成深层的生态问题。

马克思指出,在封建主义生产方式下,劳动者被依附在土地上,不能自由买卖,而到了资本主义社会,劳动本身成为一种商品,可以像其他任何商品一样在市场上买卖,但这恰恰成为资本主义剥削产生的来源。对此,佩珀进行了深入分析。他指出,马克思已区分了投入商品中的劳动价值和劳动力价值,劳动力价值是资本家付给工人的工资,它要少于投入到这种商品生产中的劳动的价值,二者之间的差额代表了利润或剩余价值。也就是说,劳动者得到的工资仅仅是他们整个劳动价值中的一部分,他们工作日中全部价值的一部分得到偿付,其余部分即剩余价值被资本家榨取或占有,所以,工人不可能被支付足够的工资,如果可能的话就不会有剩余价值存在。靠着这种剥削,资本家日益积累财富,财富的增多使得他们更有力地控制了生产和工人,而工人只能是一无所有。

马克思指出,资本一经产生,其目的就是赚取剩余价值,为了达到这一目的可以不择手段。佩珀认为,早期资本主义不是明确地通过生产而是通过买卖封建自足经济中的剩余物以及从海外剥削和殖民地的成果中获得的。到了

18 世纪工业资本主义时期,资本家把生产力物质地转变为商品,商品生产不是为了直接使用,而是为了在交换中获利。矛盾由此展开,对利润的追求会导致过度生产,而过度生产则已破坏了自身市场,实际上造成利润率的下降,但资本家还是得继续采取这样的方式来进行竞争以期望通过占有更大的市场份额来抵消较低的利润率。而马克思在《资本论》第 3 卷中告诉我们,平均利润率的下降,并不意味着资本家利润量的减少,也不意味着工人受剥削程度的减轻,它实际上是资本主义积累一般规律的一种特殊表现,资本家利用种种方法来阻止利润率的下降,其结果是使资本主义基本矛盾日益尖锐化。

随着科技的不断进步,资本家为了在竞争中立于不败之地,不断地把技术应用于生产中,表现在对剩余价值的进一步剥削和对生产成本的进一步利用上。由于加重对剩余价值的剥削,劳动者之间产生激烈竞争,技术产生失业,劳动力更加廉价。

生态危机如此明显,它使资本家进一步加强了扩张动力和对劳动力和资源的剥削,以试图解决危机,但结果适得其反,危机更加扩大化了,它已成为资本主义的一个必然的组成部分。佩珀指出,资本主义制度不但需要通货膨胀、萧条、供需不平衡、环境退化等危机存在,而且,它们还是这一制度不可避免的结果。在资本主义制度下,正是人类对自然界的干预导致如此严重的环境后果。马克思曾强调了引起环境退化的物质生产过程中的动力机制,"它还使我们认识到,对自然的态度是如何在资本主义发展过程中具体形成的,并以这种方式促进了剥削"[1]。所以资本主义内在地对环境不友好,即资本主义制度内在地倾向于破坏和贬低物质环境所提供的资源与服务,而这种环境也是它必须依赖的,这是其自身无法克服的矛盾。其实,正如佩珀所指出的,资本主义的生态矛盾使可持续的绿色的资本主义成为一个不可能的梦想,因而是一个骗局。

生态危机的出现使得资源日渐稀缺,有学者尤其是绿色分子认为,自然资源是有限的,由于人类的滥用,资源已不够维持人类的需要,这就产生了马尔萨斯所说的"人口过剩"现象,但佩珀此时提出疑问:谁是剩余的人? 他的回答则是:当然不是我们(西方发达国家的人),因而必定是他们——移民、工

---

① 〔英〕戴维·佩珀:《生态社会主义:从深生态学到社会正义》,刘颖译,第 133 页。

人、少数种族、第三世界的饥民等。实际上,资源稀缺不是真正稀缺,我们完全可以利用新技术发明创造替代品,问题在于分配不公的存在,人口过剩不是真正过剩,而是一些人剥削另一些人的后果。他认为,剩余人口之所以不能购买食物,仅仅是由于一种经济制度无力或不愿创造足够多的工作以增加收入或对那些工作的人支付充分工资的结果,这一点完全能用"工业预备军"来加以证明。大量的"工业预备军"可以在竞争激烈时缓解资本家的难题,但在经济平稳时期,他们就超过了需求。他们不能购买足够的东西,对他们来说,资源是稀缺的,财富已积累在富人手中,正因为如此,马克思指出,必须以历史的观点来看待人口数量问题,而不仅仅是表面的人口过剩。佩珀也对此作了肯定,他认为在社会能够改变和管理它的环境的地方,什么样的社会关系更多地决定可以维持的人口数量限度。在资本主义制度下,财富分配极其不均,贫穷和饥饿是不可避免的,而只有共产主义社会,大家才能享受真正公平的、富裕的物质生活。

二、生态帝国主义肆虐

上文已提到,生态危机使社会不平等现象凸显出来,佩珀在其著作中一再强调,环境问题令人痛心,但比环境问题更糟糕的是近年来日益严重的社会不公正问题。他明确指出:"我认为,社会正义或它在全球范围内的日益缺乏是所有环境问题中最为紧迫的。地球高峰会议清楚地表明,实现更多的社会公正是与臭氧层耗尽、全球变暖以及其他全球难题作斗争的前提条件"[1]。环境问题带来的灾难不是平等地影响每一个人,富人比穷人更容易逃避灾难,无数事实证明,阶级依然存在。社会不公正现象存在于资本主义国家内,它使穷人与富人的差距越来越大,但社会不公正现象更多地表现在对外国的侵略与掠夺中,即生态帝国主义肆虐所带来的后果中。佩珀严厉斥责了生态帝国主义的不法行径。

生态帝国主义指西方发达资本主义国家为了扩大生产规模、赚取超额利润、解决资源不足问题而采取的对全球生态资源进行"帝国主义"式的掠夺行为,它造成全球发展极不平衡状态和第三世界国家极度贫穷的后果。列宁曾

---

[1]　[英]戴维·佩珀:《生态社会主义:从深生态学到社会正义》,刘颖译,第一版"前言"。

在《帝国主义是资本主义的最高阶段》一书中，揭示了"帝国主义"的基本特征，即生产集中和垄断，形成金融资本和金融寡头，资本输出，资本家同盟分割世界，列强分割世界等，从中可以看出，生态帝国主义完全是列宁笔下帝国主义在当代社会的表现。

第一，生态帝国主义加紧了对海外资源的侵略与掠夺。生态矛盾的出现，使得资本家忙于解决矛盾，手段之一就是加大了对海外生态资源的掠夺，而垄断集团为这一行动提供了便利和优势条件，他们利用早已建立起来的特权，加紧对发展中国家和第三世界国家的掠夺。生态帝国主义采用殖民式掠夺，破坏了那里的生态资源，比如砍伐被侵略国家的森林，强迫外国土地使用适应本国市场，等等，甚至有时借着"援助不发达国家经济"、"履行国际义务"的幌子来掩饰他们的罪恶行径。这种直接或间接的剥削更加深了落后国家的贫穷，使得当地的经济发展极度不平衡。有些第三世界国家为获得一点点收入而放弃了传统农业，结果，随之而来的干旱区沙尘暴、沙漠化、热带雨林被毁等现象使得本国经济更加落后，贫穷和饥饿如影相随。

第二，生态帝国主义不断向海外销售和秘密处理本国有毒垃圾。有毒垃圾是当今世界的一大公害，有毒垃圾在发达国家的处理费用多达 400—1000 美元/吨，而出口只需 10—40 美元/吨，于是有些发达国家就把有毒垃圾运往国外处理。有些经济欠发达国家，为了促进当地发展，政府竟然默许有毒垃圾流入。从短期看，这也许会给当地居民带来经济上暂时的发展，但从长远来看，环境保护的费用大大高于暂时的经济收入，环境的破坏还将贻误后代，但经济落后国家显然无力与之抗衡，只能牺牲自身。佩珀指出："既然环境质量与物质贫困或富裕相关，西方资本主义就逐渐地通过掠夺第三世界的财富而维持和'改善了'它自身并成为世界的羡慕目标。因而，它新发现的'绿色'将能通过使不太具有特权地区成为毁坏树木与土壤的有毒废物倾倒地而实现。"[①]此外，有些西方大国为了逃避可能出现的对本国的环境污染，选择了把带有有害物质的工厂设在国外，这样一方面可以缓解来自本国的压力，另一方面也可借"资本的国际化"来掠夺别国财富，欺压别国人民，而丝毫不考虑他们的行为给当地居民带来的危害。生态帝国主义用心险恶，但经济落后国家

---

① ［英］戴维·佩珀：《生态社会主义：从深生态学到社会正义》，刘颖译，第 140 页。

无力与之抗衡,这又是造成世界不平衡发展的一个原因。

第三,生态帝国主义利用早已建立起来的特权,控制了世界贸易,比如,佩珀指出,跨国公司已经控制了茶叶、咖啡、可可、棉花、木、烟草、铜、铁和铝矿贸易的80%—90%,但它还想控制得更多。佩珀相信,资本的国际化是资本主义内在矛盾的反映,国际货币基金组织、世界银行和关贸总协定都是为了保护帝国主义国家在世界贸易中长期处于有利地位而建立起来的,他们绝不会真正去帮助第三世界国家。

第四,运筹建立世界新秩序。第二次世界大战后,以美国为首的战胜国积极推动建立一种政治经济新政序,即所谓的世界新秩序,而事实证明,世界新秩序仅仅是一种对人和自然剥削的新秩序,仅仅是为了获得更多的廉价劳动力和原材料而进行的一种新的世界性安排,生态帝国主义实际上妄图以更隐蔽的方式来欺侮、蹂躏其他国家。

生态帝国主义的本质仍然是资本主义的本质,即在竞争中追求最大利润,只是它把剥削的对象扩大到海外,而佩珀认为,这对于被侵略地居民来说从特定政治、经济或社会政策或制度上已间接地产生了暴力。农民被卷入了资本主义世界的生产市场,帝国主义国家的生态压力也被带到了当地国家中,资本主义的渗透是一种必然,农民之间被迫产生竞争,失去土地而进入城市成为工人的劳动者之间也逐渐展开竞争,为帝国主义积累财富辛苦劳作。而侵略者也在不断扩展这种市场以控制更多的销售与收入,从而在竞争中占据有利地位。佩珀指出,它并不是一个非理性的过程,因为它受作为自我扩展价值的资本的支配,但它导致不平等发展的非合理性,这个过程也没有导致对当地人们的健康和福利的关心。资本主义经济的一个显著特征是"过度生产","过度生产"破坏了当地经济原来发展的过程,有时甚至形成了对西方国家的巨额债务,这对于本国人民及其后代来说是一种侵略,生态帝国主义就是依靠这种侵略而存在。

生态危机造成生态帝国主义产生,而生态帝国主义的行为又加剧了生态危机,使得人与全球自然环境严重对立。前文已谈到,马克思曾辩证论述过人与自然的关系,他认为二者是相互依赖、彼此作用的整体,只有二者相互协调,人类才能顺利发展。资本主义由于其自身不可调和的生产方式的矛盾,引发了其对自然资源的过度开采,从而导致自然界的报复,引发生态危机,人与自然的相对平衡状态被打破。而生态帝国主义为了摆脱危机,反而对自然界变本加

厉，其结果只能是引发更深层的生态危机，人与地球的矛盾迅速尖锐起来。美国著名生态学马克思主义者奥康纳在其代表作《自然的理由》中明确指出："全球变暖、生物多样性及臭氧层的消失、酸雨、海洋污染、森林砍伐、能源及金属矿藏量的衰竭、土壤流失以及其他一些主要的生态变化，都是近两个或者更多的世纪以来工业资本主义（以及前国家社会主义）经济的快速增长所导致的。"①

生态帝国主义不仅加剧了环境问题，而且更加重了社会不公正性。生态帝国主义国家对第三世界和经济欠发达国家的人民进行野蛮剥削，无情欺诈，全然摒弃了人道主义精神，在国际上造成严重的不平等性，同时，西方大国凭借雄厚的经济实力，在国际事务中处处维护自身利益，贬损别国正当要求。1992 年的地球高峰会议在保护全球环境资源方面并没有取得建设性的政策颁布，原因之一就在于美国拒绝有关方面的提议，对于美国来说，保护其经济发展是首位重要的，它绝不会为保护环境而作出丝毫的、有损自身利益的让步。其实，正如佩珀所说的，环境威胁对于每一个人来说不是同样严重的，生态危机对富人和穷人所造成的后果是极其不同的，很明显，富人比穷人更易于逃避生态灾难。资本主义的剥削性、侵略性在现代突出地以生态帝国主义的形式表现出来，对于全球环境问题和社会不公正现象，他们应负大部分责任。生态帝国主义是为了缓解本国生态危机而产生的，但它的出现不仅没有解决危机，反而使危机扩大化：一方面，它把本国的生态矛盾后果带给别国，影响了别国环境和社会的发展；另一方面，它的任意妄为也给别国带来更多的生态矛盾，使别国陷入一种危险状态。目前，生态帝国主义随着经济全球化和一体化而更加扩展开来，它使原本就存在的不公正现象更加尖锐起来，所以，抵制生态帝国主义是当前刻不容缓的任务。

三、虚假意识控制了人类

在如今环境问题严重、社会不公正现象频现的资本主义社会中，人的精神问题也显现出来。马克思在其著作中曾深刻地论述过资本主义工业化时期工人阶级的异化问题和心灵问题。佩珀认为，在当代，不仅是贫穷的劳动者，而

①　[美]詹姆斯·奥康纳：《自然的理由——生态学马克思主义研究》，唐正东、臧佩洪译，南京大学出版社 2003 年版，第 292 页。

且包括资本家和普通民众都陷入了异化。也就是说,随着明显在工厂劳作的劳动者数量的减少而新的中间阶层人数的增加,异化已成为一种普遍现象,它以虚假意识的形式表现出来。

虚假意识成为异化核心。马克思的辩证法明确指出,人与自然是相互依存、相互影响的一个整体,在人与自然打交道的过程中,由于人类的无知与自私,破坏了自然原有的平衡,自然被异化,无法与人类正常互动,环境问题出现,由此而带来的另一个问题则是人的异化。马克思指出,人被异化,意味着人与自我生产的东西的分离,也即我生产出了产品却不能占有它,并由此而遭受一种精神痛苦。在资本主义工业化时期,异化产生于资本主义的生产关系和生产过程中,在这一过程中,工人被依附在机器上,靠出卖劳动为生,但他们不能享受自身劳动产品;产品被资本家无情榨取,他们只能得到一点微薄的工资糊口以维持今后的劳动;他们被不断地欺骗和剥削,实际上在某种程度上已被客体化了,降到了物的地位。在糟糕的环境里工作,他们已陷入麻木状态,心灵已被扭曲,而劳动者的劳动供养了资本家,使他们巨富起来。到了当代资本主义阶段,由于科学技术的不断更新与社会文明的不断进步,工人阶级的状况得到极大改善,其数量也趋向减少,但异化并未消失,反而以扩大化的趋势渗入到社会各个阶层中,并且有了新的变化形式,也即"虚假意识"的产生。

虚假意识源于虚假需要,马尔库塞指出:"为了特定的社会利益而从外部强加在个人身上的那些需要,使艰辛、侵略、痛苦和非正义永恒化的需要,是'虚假的'需要。"①在这里,马尔库塞把虚假需要的产生看做是资本主义社会对人的一种抑制性的表现,因为它有效地窒息了那些要求自由的需要,资本主义社会正是在控制了人的新的需求后才得以控制了人。在此基础上,佩珀指出,福利国家催生了虚假意识,它使人们的感官迟钝,无法意识到这个制度给人们带来的不利影响,此时,虚假意识成为异化核心。佩珀指出,虚假意识使你相信,与你自己利益相对立的一系列前提是真实的、自然的或不可避免的,虚假意识已牢牢控制了民众的心理,尤其是在当代消费领域。在虚假意识的支配下,人们开始疯狂购买超出自身支付和消费能力的产品,而资本家为了进

---

① [美]赫伯特·马尔库塞:《单向度的人:发达工业社会意识形态研究》,刘继译,上海译文出版社2006年版,第6页。

一步控制市场,频繁利用各种高科技手段不断扩大生产规模并不断推出各种新产品,用各种方式刺激民众去不停消费,甚至用虚假广告欺骗大众,对于普通百姓来说,深渊越陷越深。

在生产过程中,为了竞争,资本家极力垄断创造资本的过程和资源,他们相互之间尔虞我诈,冷漠无情,常常把竞争对手作为一种客体来对待,长久下去,彼此之间缺乏人情关爱,往往在竞争中身心俱毁跌入深渊,这是资本主义社会无法超越的现实。而且,资产阶级也陷入了自身打造的虚假意识当中,他们无法逃避自己设下的圈套,他们似乎已深信自己编造的谎言,即借助于满足虚假需求来面对自身在竞争中的挫折与失败。

虚假意识难以继续维持。虚假意识在如今占据了普通民众的心理,这种精神异化使劳动者背离了自身,实际上已不能按照自然的本性行动而陷入了金钱的追逐中,也就是说,人们已被带入了市场中。佩珀指出,当人们通过劳动力市场把自身变为可以被买卖的商品时,价值主要根据在市场中的价值来衡量,而日常词汇也表明了人们生活的所有方面已被扭曲成市场交换的观念。在市场中,人们通过商品出卖自己的劳动,人作为劳动者,最自然的事就是通过生产活动获得满足,而当代资本主义经济已把我们推向一种虚假的需求当中,人们只有通过消费来满足自身或是企图麻痹自己,在这一过程中,产生了一系列的精神、心灵等问题。这些问题不容忽视,因为,一种关系中主观的、情感的、精神性方面往往使人们作出非理性的事情,而且,对劳动的逃避最终会毁灭人类。马克思不赞成在资本主义条件下通过金钱交易关系使人客体化的异化,在社会主义生产下,我们通过创造有用的或舒适的产品来满足其他人的需要,这完全不同于满足一个消费社会中被创造出来的"需求",所以,对"真实意识"的追求已产生。

佩珀认为,哈贝马斯已看到资本主义异化所面对的一个难题,因为理性已通过历史的影响而扩大,人类已趋向于技术理性的价值,所以,维持虚假的意识越来越难,人们已准备向虚假意识挑战。佩珀对虚假意识与真实意识作了比较,从中批判了虚假意识而赞扬了"真实的意识":

1.虚假意识是资产阶级的意识,它维护资产阶级利益。在资本主义生产中,资本家为了控制劳动者的反抗意识而编造了一个所谓的"经济规律"。在这种规律的支配下,劳动者只能遵守而毫无办法,如自身劳动产品被转化为使

用资本,劳动成果可以转化为机器或技术,或被神秘化和神圣化,又如撒切尔的"经济核心规律"暗示着现在的经济和社会制度有着像物理规律一样不可改变的、普遍的地位。而佩珀指出,真实的意识将会认识到,这些规律并不存在这样的地位,而只有承认在资本主义经济的前提下,这种规律才能存在,但这种前提是意识形态产生的,不同社会制度下的不同意识形态将拥有不同的经济前提,社会主义是绝对不存在资本主义经济规律的。

2.虚假意识在商品拜物教中比在其他任何地方都更容易发展。如前所述,劳动者产品已被陷入商品交易市场中,其价值来源于交换价值,产品的有用性被掩盖,其真正价值被物化,人们不得不沉溺于对各种需求的满足中,而这种满足是"虚假"的,它以一种自我欺骗的方式存在。但真实的意识会重新肯定商品的真正价值,还原体现生产者社会性的一种真实表达,并且,真实的意识能使人类在劳动中实现自由的创造,它是一种对真正需求的满足。

3.虚假意识由资产阶级福利国家催生,国家保护资本家的利益而反对工人阶级的利益,尤其是当资本家把资本渗透到国家的各项运行当中时。国家的福利政策驱散人们对现实的不满并使他们相信自己生活在一个无阶级的社会中,而实际上,当二者发生冲突时,工人阶级的利益被公开或秘密地抛在一边。真实的意识将会清醒地看到这一切,它使人们相信国家是从人民那儿获得了权力却又脱离人民,由此,对资产阶级国家的反对将持续进行,对国家的改进或废除成为真实意识的另一目标。

通过对比,佩珀肯定了"真实意识"的存在与未来发展,认为它是对"虚假意识"这种异化形式的反抗,也是对未来人类心灵的一种解放的追求。马克思指出,异化由我和我的社会产生,它是一种社会的产物,佩珀也指出,虚假意识作为晚期资本主义异化的核心已越来越难以维持,真实的意识终将还原人类的自然本性,因为它得以产生的那种观念已由日益严重的生态危机而引发人们重新思考,人们不得不再次投入到对劳动及其成果的探究中来。

第三节　人类中心主义和人道
主义的理论意指

前文已提到,马克思曾深刻地论述过人与自然的辩证关系,指出人与自然

既对立又统一,历史唯物主义也已证明社会和自然处于一种相互作用和相互渗透的连绵不断的过程中,那么,人类到底应该对自然持一种什么态度? 人类又该如何行动以保证二者和谐发展呢? 事实上,从人类早期文明开始,人类就已经在不断提出、思考和回答这些问题,虽然从今天科学技术和人类文明发展的高度来看,有些答案是错误的,但至少为后人提供了进一步思考的可能。到了当代,由于环境问题的出现与日益紧迫,人们不得不重新审视人与自然的关系,再次论述人类对自然应该持有的态度,以期待人类纠正自己的错误行为,并为人与自然和谐共处创造条件。因为,毫无疑问,对于今天的环境问题,人类负有无法推卸的责任。佩珀站在马克思主义的立场,在深入考察了现代技术中心主义和生态中心主义的起源与实质后指出,技术中心主义欲以野蛮、自私的方式征服自然,但却造成环境破坏、资源匮乏的局面;生态中心主义提倡生物道德,要求万物平等并限制人类的行为,实际上已阻碍了人类的发展,所以,佩珀相信最好的立场应该是坚持新时代的、发扬人道主义的人类中心主义。他明确指出,他自己是一名人类中心主义者,他的观点是马克思主义的,因为对马克思来说,人类对自然合理的控制将是人类获得自由的重要表现。

一、技术中心主义摧毁了人与自然和谐共处的纽带

技术中心主义的出现与发展。所谓技术中心主义,佩珀这样写道:"它承认环境问题,但相信社会通过技术完全能解决这些问题并达到无限的物质增长(丰饶论),或者更保守地说,它认为通过细致的经济和技术管理,这些问题可以被协调(适应论)。但不论哪种情况,它都对经典科学、技术和传统经济理性以绝对的信任。同时,一般大众不能参与决策制定,一切由以技术精英为顾问的政治家们决定。"①很明显,技术中心主义认为人类应该利用不断进步的科学和技术来控制和利用地球上的资源和其他生物以为人类的发展服务,人是地球的主宰者,技术中心论者对未来充满信心,而对于目前的生态问题,他们则确定通过科技的进一步完善,人类完全能解决这些问题。那么,佩珀是如何看待技术中心主义的呢? 他首先对技术中心主义的出现和发展作了较详

---

① David Pepper, *Modern Environmentalism: An Introduction*, London and New York: Routledge, 1996, p.336.

细的回顾。

　　技术中心论起源于经典科学时期，始于哥白尼的《关于天堂轨道的革命》。哥白尼的太阳中心说推翻了地心说，颠覆了旧的价值理念，但也出现了许多新问题，如宇宙不能被分为完满与不完满两部分，白天和黑夜也不是由于行星和太阳绕地球转而是地球自转形成，等等。对于这些问题，开普勒给出了解释，在努力探索行星的运动之后，他提出了太阳是终极原因的观点。开普勒认为太阳与行星之间有一种磁力，这种磁力会使行星围绕太阳转，太阳就如同一架机器的驱动力一样，这实际上已开启了科学的机械论概念，因为机器之所以工作是由它的结构和过去的配置而决定了现在的行为。后伽利略又发展了他的学说，认为自然这本书是由数学写成的，应该通过数学方式进行阅读和理解，是上帝通过数学原理对一切进行了安排，这样自然就由数学原理操纵和预测，使其像一部机器一样工作。由此，经典科学哲学得到的一条原则即是：真实的存在是数学的、可测的，不能被测的不是真实的存在。伽利略又进一步区分了第一属性和第二属性，其中第一属性具有形状、大小、运动和数量等可测的特征，它们是客观存在并不可挑战的；第二属性具有气味、感觉或颜色等特征，它们是不可测的、可变的并仅仅存在于人的意识中。如此一来，由于有了"真正存在"与"只存在于心灵中"的区分而逐渐开始了自然与人之间的分离。

　　佩珀认为，明确在人与自然两者之间作出划分的是近代哲学的开创者之一笛卡尔。笛卡尔认为物质就是广延，此外，别无他物，它不包括像硬度、重量或颜色等感觉性的东西而只是宽度、长度和深度的延伸。那么，人与自然其他物到底如何区别呢？笛卡尔通过其著名的"我思故我在"这一论断实际上已在人和自然其他物包括人自己的身体之间作出了划分，即：自然由人之外的客观物组成，这些客观物拥有第一属性，可被还原为原子，它们像机器一样工作，这是普遍一致的，可由数学原理来解释；而人被认为是一种理性思考物、可观察客观物，它是主观的，属于第二属性。此时，佩珀指出，虽然笛卡尔本人并没有明确说明自然是为人类而创造的，但有人认为这种二元论思想已体现出了人优于自然的观点。

　　佩珀认为，培根是科学革命时期把人和自然关系的意义作为新科学的原则揭示出来的首位科学家。中世纪宇宙论认为人与自然是整体，笛卡尔的二元论把二者分开，而培根提出了"科学知识就是统治自然的力量"，培根如笛

卡尔一样把人与他的研究对象即自然区分开来。他认为人的主观性会对自然知识的获取有阻碍，因为人必须通过情感和经验来解释自然，由此他提出了一种新的科学的方法，即要求用归纳法来证明知识的有效性。他指出，科学家应该首先观察自然事物，然后归纳出它们彼此之间的关系，这样，通过观察而建立起来的假设就可通过收集更多的数据而被检验和核实，而一旦被核实，这些假设就会成为自然法则。更多的观察和试验将会建立起范围更广的更具普遍性的法则，直到获得能够解释宇宙所有现象的唯一法则。所以，科学只能是不断进步的，而人控制自然的能力也是不断提高的。

牛顿把笛卡尔的演绎法和培根的归纳法综合起来，牛顿的成就表明宇宙的复杂性是可理解的，它的真实性不在于表面的混浑现象，而在于内部本质的和谐和简单性上，这是可以通过理性和经验获得并通过数学原理表达出来的。社会也是如此，它似乎是不公正、非人道的，但科学告诉我们真实情况不是这样，理性和经验会使我们透过表象看到社会生活和谐的自然原理，去发现这些原理是新的科学的任务，只要能掌握这些原理，有理性的人就会以这种方式纠正社会以及人类的行为，使社会运作符合自然法则，这是一种使社会走向公正、道义的过程。从此之后，科学与社会的联系日益紧密。

技术中心论在经典科学之后，逐渐成为官方的意识形态，成为影响政府决策的主导因素，而这又与孔德的逻辑实证主义密不可分。孔德的逻辑实证主义被用来分析或破解有关世界的基本命题和那些能用事实检验的假设，那些不能被核实的知识如直觉或情感不能像能被核实的知识那样有效或有意义。由此，基于科学推理的客观判断要优于主观判断，价值、情感、直觉等不能通过观察和测量而被逻辑证明，所以它们应该被排除在有效知识之外。一种广泛流传的科学态度是，科学方法、科学理性、应用科学成果等作为科学革命之子，对社会进步提供了方法或指示了社会进步，这是很重要的，这已说明科学性和由科学产生的事物远比非科学有效得多。这些观点源于孔德的逻辑实证主义，并由"维也纳小组"发展的逻辑经验主义形成。

此后，技术中心论进一步证明了自身的实力，科学技术突飞猛进，卫星通信、器官移植、核试验成功，等等，人类在自然科学方面所取得的成就满足了人类的野心，至此，人类社会与自然之间的鸿沟似乎已难以跨越。

在回顾了技术中心主义的发展情况后，佩珀指出，技术中心主义是一种官

方的、代表权威和精英的论调,它维护的是资产阶级的统治,但它自身已显示出了不确定性、推诿和错误倾向,所以,技术中心主义在西方意识形态占据两百多年的统治地位后,在今天已越来越遭到人们的质疑。

佩珀指出,技术中心主义的精英主义倾向由培根开始。培根本人就曾是效力于英国女王的大臣,在他的时代,他曾提出科学的新方法即归纳法,并要求国家全力支持。在建立新的科学的过程中,科学逐渐成为一种社会行为,科学工作者已开始成为一种职业,有许多生态中心论者认为,此时,科学已成为一种宗教,科学家已成为牧师,而这也符合培根的观点。培根用民主、谦虚、热情、诚实、无私、高贵、奉献等赞美的词来描述科学家,有这些词修饰的科学家可以取代宗教牧师的地位。由于科学所取得的巨大成就,科学家的地位也被不断提高,科学家由于具有客观、公正的特征而得到信任,到后来,科学家甚至成为社会和环境问题的裁判者。这时人们已普遍认为,决策制定应该是科学牧师的领域,因为如果科学知识是优于其他知识的话,那么精于优越知识的人在决定时会有更多的发言权。

培根相信科学是中立的,但佩珀指出,经典科学之后的科学已不再中立,它已被资产阶级掌握和利用。在科学社会化的同时,社会结构也发生了变化,封建主义衰落而资本主义出现,资产阶级与科学结盟,资产阶级拥有了技术就以为他们拥有了一切,对自然征服的野心也愈来愈强烈,他们当然认为环境问题可以由技术的进步而得到解决,而这其实也显示了资产阶级剥削自然的内在要求。

从技术中心主义的起源可以看出,经典科学逐渐形成了官方意识形态关于社会和环境等关系的大部分内容,这种意识形态已经是非常"技术中心的"。现代科学传承了经典科学所建立起来的科学方法、科学理性和科学实践等,科学与非科学之间有了明显划分,科学知识比其他知识更可靠、更优越。佩珀认为,科学自实证主义之后,就成为官方的、技术中心论的,这是孔德等一批科学家极力推崇科学的结果,因为他们只承认事实和观察到的现象,而拒绝形而上学和神学论。

孔德在1830—1840年宣传了科学的优越性,他一直在寻求一种自然法则,希望通过自然法则来确定科学的真实性。现象和自然法则之间的关系通过一般的和可重复的观察方法建立,所有科学分支使用标准方法,一步一步去

积累知识并形成理论。科学的对象是去制定如法则般的普遍性，这样，科学就是普遍的、由法则控制的，而不是个人的、独特的并不可重复的。建立法则是为了能预测发生什么，尤其是在特殊环境下，并预测将如何控制。而且，孔德相信人类社会可通过社会科学而得以修正来达到预测和控制，这种观点缘于洛克的科学用于社会的提议，这在西方文化中的社会科学的发展中可以看到。

由此，一些技术中心论者认为科学家最适合控制社会，科学和社会之间关系的问题不仅是确定性问题，而且也具有一种客观性，科学家必须是一个孤独的观察者。而且，科学的精英们会尊重"潜在的灾难"，因为对于现代科学和技术的普罗米修斯任务，他们认为把自然屈服于人的意志并作为永远的结果，就一定会成功。他们认为经济增长是在增加人们想要的和希望的，技术和科学的发展是令人满意的，并且改变环境的力量也构成了一种进步。人们不可能去停止进步，那样做是非常不合理的。有些技术乐观中心论者很乐观，他们反对对经济增长的限制，认为只有增长才能带来社会进步，由科学提高带来的技术进步与社会进步相似，如现代工业和技术的世界性能力和世界性绿色革命，通过开采和开发技术带来大量的矿业和能量预备，环境质量方面有选择的进步等，这些观点符合培根和洛克等人的观点，他们都坚信通过理性的进步，人类能控制自然，科学就等于进步。如果说这种进步现在带来了不希望的环境后果，那也不应该抛弃科学，问题出于经济方面，我们应乐观面对并更大程度地去利用科学。

佩珀指出，基于经典科学的技术中心论关于自然和社会的观点，在过去二三百年间，已渗透到西方的普遍意识当中。这种关于社会的科学观是一种非情感的、分离的观点，它也引起很多批评。有人通过浪漫主义、反理性主义、反机械主义而指责科学理性，他们拒绝把自然看做机器的比喻，拒绝笛卡尔二元论和实证主义所谓的第二性。他们认为科学是花岗岩的和冷血无情的，他们提倡的是一种高度情感的"反文化"；他们拒绝还原主义而希望把人和自然看做一个整体，并且物质和精神的关系是一种辩证关系；他们认为科学是与阶级相连的，它符合资本主义的发展需要，而不是大多数人的需要，科学并不能被信任而给出关于人和自然的正确的关系。

有人指出现代科学和科学家的缺陷，一般说，科学家缺乏一种社会责任感或意识，同时，科学被指责为越来越狭隘而不能更宽泛地应用于社会语境中。

这些批评在过去的 20 年间由对科学的不信任流行浪潮引起,如在环境运动中这种潮流表现出了对技术中心乐观论的质疑。这种潮流不仅存在于非理性情感中,而且存在于很多理性的关于技术中心的科学是否能带来益处的问题中。污染和资源枯竭,核战争威胁和大量失业现象,按照技术中心理论,通过更多的科学和管理,这些现象应该减少,但问题反而越来越严重,有人甚至认为它们源于科学和技术,这样,科学和进步之间的等号开始被划去,能干、无私的牧师形象已开始褪色。

二、生态中心主义阻碍了人与自然的共同发展

关于生态中心主义,佩珀这样写道:"它认为人类应该遵守生态原则和系统论原则。它不是以人类为中心(人类中心)的而是以自然生态系统为中心的,其中人类是这个系统的一个组成部分。由于自然存在自身权利(生物伦理)以及实用的原因,人类应该极度尊敬自然。生态中心论者对现代大规模技术和社会缺乏信心,对技术的、当政的、经济的和政治的精英缺乏信心。"①

佩珀指出,生态中心主义的出现与欧美浪漫主义运动和马尔萨斯—达尔文理论密切相关,其中前者是其产生的非科学根源,后者是其产生的科学根源。

18 世纪在欧洲出现的浪漫主义首先被用来描述艺术和智力运动,一般在文学、音乐、绘画和戏剧中表现出来。浪漫主义不能仅仅被看做是与物质无关的简单思想,因为很明显,它是反对社会的物质变化的。这种物质变化首先发生在 18 世纪工业资本主义的出现和扩张以及随之而来的商业和农业资本主义的建立之中。在这一过程中,生产越来越集中于城市,城市以史无前例的速度增长。由于资本家对利润的追求,城市环境被不断破坏和降低质量,同时,社会等级也在发生变化,新的资产阶级正在取代地方贵族的地位。浪漫主义分子与旧贵族有很多割不断的联系并且他们不喜欢工业化,认为工业化把原本很美的地方丑化;他们拒绝金钱贸易并把自身定位于不同于资产阶级也不同于无产阶级的群体,自认为是有价值的智力的劳动者;他们把感情赋予作品,并认为他们的劳动成果独一无二。欧洲的浪漫主义运动展现了对个人自

---

① David Pepper, *Modern Environmentalism: An Introduction*, p.329.

由的追求，他们希望通过个人精神、情感和激情来表达自由，这与科学理性是相对的，科学理性期望寻找法则来控制自然和社会，而浪漫分子则认为在这点上，人是不自由的，因为科学只是在重复同样的行为。

在浪漫者赋予作品以感情的同时，他们对自然也赋予了意义。笛卡尔二元论认为，颜色、尊敬等是第二位的，它们不是真实的存在，它们只是人类心灵之物且只在人的眼睛中，而浪漫者完全否认这点，他们认为自然有其自身的东西，颜色、美等不是第二位的，而应与形状、大小和运动处于同等地位，它们也是首位的或内在的特征。因此，从这点上说，浪漫者已把自然存在作为一种具有内在价值的存在，即不依赖于人的存在而存在，他们认为自然有其自身的整体性，人可以和自然亲密接触，但如果离开，自然仍是它本身。

欧洲的浪漫主义运动也影响到美国，很快在美国出现了大规模保护原始环境的运动。荒野、高原和低洼等地一度被视为是野蛮、落后之处，但随着资本主义生产规模的进一步扩大以及城市人口的剧增，欧洲国家开始对野生之地进行征服。在征服的过程中，他们开始享受自然、迷恋自然，以至于许多浪漫主义者都曾拜访过美国的野山等荒凉之地，并对之极力赞美。这一风气很快在美国流行起来，他们普遍认为野生之地极具审美价值并开始对野生地的逐渐丧失关注起来，进而要求对其进行保护，如森林、河流、野生动植物等。这些浪漫主义者认为自然应该被尊重，因为它有自身的生存权利，而不应考虑它是否对人类有经济实用性，并且，他们认为，野生自然就是上帝的展示，与野生自然接触能净化人类的心灵，能在自然中实现一种精神完满，并恢复人的体力和精力；同时，自然是一个整体，它不能用科学来发现，因为部分的相加并不是自然整体，而应该用艺术来表现自然整体。他们提出，如果你近距离地系统地观察自然，就会感到快乐而有收获，因为自然会向你展示无穷无尽的变化，复杂而深邃。所以他们更愿意放弃金钱而居住在野生之地，远离一切社会尘嚣而享受孤独。此时，佩珀指出，这种观点与现代生态中心论中的深生态学已经很接近了。

生态中心论出现的科学根源是马尔萨斯论和达尔文理论。到18世纪末，由科学和技术支持的工业资本主义达到了一个新点，人们也越发关注科学到底为人类社会进步带来多大的作用。马尔萨斯此时提出了"人口论"以反对人类进步与科学进步是同步的观点。他指出，人口增长如果不控制的话将超

过食物供应的水平。他是这样解释的:农业产量的增长最多以算术比例增长,而物质供应的增长即使是在对人的工业最有效的方式下也不可能超过算术比例增长,所以,假设农业生产能被很好保证的话,那么人口的数量以 1、2、4、8、16、32、64、128、256……增长,而物质供应以 1、2、3、4、5、6、7、8、9……增长,两个世纪以内人口与物质供应之比是 256∶9,四个世纪内是 4096∶13,这样 2000 年以后将无法计算。他指出人口增长最终会超过物质供应的数量,因为农业生产是以数学方式增长而人口则是以几何方式倍增,另外,马尔萨斯还怀疑农业产品是否能持续增长,因为需求在增长而土地是有限的。很明显,这种情况不会使人快乐。新马尔萨斯论发展了马尔萨斯理论,提出了地球承载力法则。其理论认为,在一个给定的生态系统中,人口以几何方式倍增,一直到食物和其他资源出现了限制,导致人口不增长或缓慢增长,这些限制表明了生态系统具有一定的承载力,所以人口增长不能超过承载力或至少是与之平衡,要做到这点就必须有意识地控制人口数量。很明显,这已为现代生态中心论中有关限制人口的理论奠定了基础。

达尔文"生存之网"的提出对现代生态中心论有深刻影响。19 世纪,生态系统的观念和系统理论已对社会产生了很大作用,而在达尔文的《物种起源》中已能找到这些概念的基本框架。达尔文在《物种起源》中表达了生物之间存在着竞争、为生存而战以及自然选择等观点。他认为,从长期来看,自然界力量是平衡的,保持着统一,但是最微小的改变就会导致一种有机体战胜另一种有机体。植物和动物虽然看似遥远,但它们由复杂的关系之网联结在一起,比如在猫和花之间,它们似乎毫不相干,但猫会影响一个地区的地鼠,地鼠会影响蜜蜂的数量,因为他们破坏蜂巢,而蜜蜂通过花粉会控制花的生存状态。人与其他动植物一样生存在复杂的关系网中,他们互相依赖、互相影响,并且,人与自然界其他物种有同样的起源,人仅仅是自然界系统的一部分,人的行为不能超过平衡点,否则人类对自然的行为必定会反馈到人类,伤害人类,所以一定要限制人类的发展以保持生态平衡。到此,生态中心论对人类发展的限制、对增长的限制的观点已经形成。

从生态中心主义的起源来看,它是从反对"科学"开始的,它认为科学并不能充分解释人所面对的所有现象,这些现象应该用直觉、本能和情感等特征来理解,因为这些特征是人的根本特征。他们期望用艺术来表达主观知识和

艺术的统一,认为这要优于客观的、冷漠的科学。他们谴责理性,认为它把社会复杂化,而社会应该是简单的,简单与诚实相等。他们甚至认为人本来是善的,但文明毁坏了他。可以看出,生态中心主义颠覆了启蒙时代建立起来的一切价值体系和道德观念,它已表现出了后现代主义思潮。生态中心论者实际上是以一种想象、怪诞和压抑来宣泄对现代生活的不满,他们只能用艺术作品来展现他们真实的存在,而且,他们所表达的对上层精英的不满实际上已体现出了希望自身能被社会承认并分享政治权力,但他们的颓废和压抑对于他们理想的实现毫无作用,他们的政治只能是一种不连贯的、杂乱无章的想象。

欧美的浪漫主义传统深刻影响了生态中心主义的深生态学。深生态学提倡"生物圈平等主义",它认为人只是生态系统的一个组成部分,人与其他万物平等;而且,自然界其他物具有"内在价值",这种价值不以人的存在而存在,人应该尊敬自然万物而不能为了自身利益去破坏自然。目前对"生物圈平等主义"和"内在价值"仍存在着不同理解,但它们显然已成为生态中心主义的基本要旨,正是在这种观念的支配下,生态中心主义要求检讨人类的行为,为世界万物的生存与发展提供空间。

现代生态中心主义表现出了一种唯心主义,他们讨厌喧嚣的城市,认为那是一切罪恶的发源地,他们希望能回到自然回到初始,他们欣赏阳光、洁净的空气、河流、大山、森林以及在野生地独处的机会。佩珀指出,对野生自然看法的改变是当时一个意义深远的事件。如前文所述,18世纪前,野山、荒凉与贫瘠之地是被谴责的,那些规则的、有对称结构的土地由于可被用来耕作、种植、圈养和其他操作而被人们选择,但到18世纪后,这种情况改变了,野生之地不再被讨厌而成为精神恢复的源泉。人们用崇高、敬畏来描述山脉,人们对自然的尊敬已成为一种宗教,自然不仅美丽而且可为人类精神起到治疗作用,所以人们会放弃物质而去追求精神的平静。他们认为自然就是上帝的展示,去接近自然就是去接近上帝。

生态中心主义中的保守势力来自于反城市运动者。反城市运动是浪漫主义运动的一个特征,他们对农村态度的改变也反映了对城市态度的改变。在远古和中世纪,城市是宗教的象征,它表达了对上帝的敬仰,同时它也是人的最高文化和技术的一种反映。随着工业化的发展,这种观念被倒过来了,野生之地成为神圣之地,而城市被认为是亵渎了神灵的肮脏之地。到了19世纪,

由于城市环境的恶化，农村已经被认为比城市更美了。20世纪初，人们为了逃避城市创建了郊区，选择居住在城市周围的农村。这种人数量很大，以至改变了农村的状况，这些人后来成为环境运动的先驱。他们希望保护原始的风景，他们怀念乡村的生活，他们想要恢复精神而发起了"野生运动"，这些都使得英美国家公园的最终建立。公园选择建在高山和荒野之地，目的是保留壮丽的野生之处，是为了保护而不是旅游。同时法律也开始保护濒危物种，而一些生态中心论者仍在为争取动植物的生存权利而斗争。

浪漫主义运动由于强调其他性并且反物质、反科学、反理性，所以受过良好教育的新浪漫主义者被认为是一个新秩序的先驱。但他们也招致诸多批评，比如有人认为他们肤浅和虚伪，因为当时有比环境问题更严重的问题，如种族歧视、战争等，他们实际上是试图把理性和物质主义割裂以创造一个情感和个人的世界。

生态中心论提出，在每一个系统中，只有有限的能量在支持系统存在，而现代工业化发展已严重污染了生态系统，其能量已被消耗殆尽。新马尔萨斯论者成为当代环境主义者，他们提出了承载力这一生态法则，他们认为在一个给定的生态系统中，人口将以指数形式增长（与马尔萨斯的几何级增长相同）直到由食物和其他供应引发限制，这时，人口就会增长缓慢甚至不增长。这些限制表明生态系统有自身的承载力，人口数量不能超过承载力，如果出生率超出死亡率，人口增长超出承载力，那么，"环境抵抗"就会很快发生作用来阻止人口的增长。一些新马尔萨斯者还提出了另一个人口过度增长的严重后果：环境质量由于污染而恶化。这种污染来自过度的经济活动，因为大量人口为寻找高生活质量而不断破坏环境，这样获得的同时也在失去，我们已污染了自然，而这也成为19世纪70年代早期人口控制运动的主题。

生态中心主义把地球看做一个大的系统，其中人与其他物种一样只是一个部分，人必须与其他物种相互依赖以达到共存，也只有这样，整个系统才能正常运行。在达尔文的《物种起源》中就有生态系统观点和一般系统理论概念，他继承培根的经验观察法、归纳法并亲自从航海业获得知识，他用各种事实表明了为了生存各种动植物之间产生的复杂关系，这其中有互相联结和互相依赖以及平衡关系而不只是竞争和生存之战。有学者认为，达尔文的突出贡献在于他把人类包括进"生存之网"中去，他的革命性理论是人与自然界其

他物种有共同的起源。从 1910 年左右始，"人类生态"被用来研究人与环境共存的状态，其核心理念不是认为人由环境决定，而是建议人不能离开自然。在这之后，地理学家开始研究自然环境与人类的活动和分布之间的关系。

由此，系统的方法应用于自然环境，这种方法强调自然环境的每一部分之间是相互联系的，其中有 5 个子系统，分别是气候、水、土地、土壤、生物，它们是更大生态系统的一部分，整体要大于部分之和。这种对自然的理解显然不同于培根式科学，后者主张把机器拆分成部分去研究，而他们是研究部分如何共同作用，无论是生物还是非生物都是一个统一体。

达尔文的"自然界平衡"的观点是激进绿色分子的行动纲领，他们认为由于人类的滥行，地球资源已被破坏而出现了各种资源污染和枯竭现象，这将会导致地球生态失衡，退一步讲，这也会对人类生活产生有害影响。所以，他们要求限制人类经济增长，采取小规模分散化经济，并有选择地利用科技。

三、坚持人类中心主义

人类中心主义对技术中心主义和生态中心主义提出了挑战。佩珀认为："人类中心主义是这样一种世界观，它把人类放在所有生物的中心地位，这种世界观'理所当然被大多西方人接受'。它认为人类是所有价值的来源（也就是说，是人类赋予了自然界其他物以价值），因为价值这一概念本身就是人类所创造，所以它反对生态中心主义和生物伦理。"[1]可见，佩珀所指的人类中心主义主要是反对生态中心主义的，但它也绝对不同于被资本主义利用的、旧式的人类中心主义，即技术中心主义。

技术中心主义把人和自然截然分开，把自然作为实现人类欲望和野心的目标，把对自然的控制与对人的控制连在一起，这样做只能给人和自然带来巨大灾难，这是一种资本主义的、短期的、个人的且仅仅以经济角度考虑的人类中心主义；而新的、生态社会主义的人类中心主义是一种长期的、集体的人类中心主义，它反对对自然的践踏与破坏而提倡对自然进行理性的、合理的支配和利用，也就是说，它要求对自然进行积极的和有计划的干预而不是企图占有和掠夺自然。

---

[1]　David Pepper, *Modern Environmentalism：An Introduction*, p.328.

佩珀认为，激进生态中心主义以自然界具有"内在价值"而反对一切对自然界的破坏，他们要求人类尊重万物与万物平等，这对于人类来说是不可能的，因为有人类活动的地方，人类永远处于主导地位。对于自然界的"内在价值"，有些深生态学者也感到了其内在的逻辑矛盾，因为如果承认它，就意味着承认有一个客观存在的价值，而这个客观存在的价值明显是不存在的，而只能由人类赋予价值理念。深生态学只承认其他物种是道义的、中立的，而不承认人类也是属于自然的。他们把人类看做是道德的破坏者，但事实是，宇宙的变化是自身运动的结果，它与物种及其环境的演化紧紧相连，只把人类看做宇宙中最大的邪恶破坏者是根本站不住脚的。并且，深生态学认为所有生物应该被允许以自己的方式发展，但人类却没有被包括在内，也就是说，大象完全有理由选择那些满足大象利益的东西，而人类却不能，这其实也是一种不平等。

有人认为，现代环境问题完全是由于人类企图征服自然、占有自然而造成的，甚至马克思也被作为批评对象，因为他曾提出人类的任务是征服自然、改造世界以为人类服务。对于这种观点，佩珀也给予了驳斥。他支持帕森斯的观点，即认为，马克思主义关于先进社会的控制自然的思想并不是一种主仆关系，而是给予人类在追求合法需要过程中明智地改变自然能力的一种技巧和才智。并且，统治和支配存在着区别，统治意味着征服和破坏，而支配没有这种倾向。佩珀也肯定，支配意味着人类对他们与自然关系的集体的、有意识的控制，这是一种管理关系而不是破坏。格仑德曼也曾指出，支配不是引起生态问题的原因，相反，生态问题的出现恰恰说明这种支配力的缺失。他说："我认为，很明显，马克思持一种人类中心的世界观，他并没有为探索自然建立道德上的障碍。"①也就是说，这种观点并不是形成剥削自然行为的原因。他进一步解释说，"控制"总是与行为人的利益相连，假想一个音乐家有精湛的演奏技巧，我们可以说他是控制了他的乐器，在这个意义上我们说控制了自然，但并不是说不计后果地去对待它，就像音乐家用锤子来对待小提琴一样。也就是说，人不能专横地对待自然，控制也不意味着对之施以暴行。

---

① Reiner Grundmann, *Marxism and Ecology*, p.58.

佩珀认为，我们应该发扬人道主义的人类中心主义。人类中心主义首先意味着人对自由的追求。马克思指出，劳动者和自然都受阶级统治的剥削，因而他们将随着从阶级统治中解放出来而获得自由。资产阶级为了自身的利益，对自然和人进行奴役和剥削，导致二者产生异化并毁坏了二者互动发展的条件，这是自然的灾难也是人类的灾难，所以二者的同时解放是被压迫者斗争的目标。而实际上，人的解放终会导致自然的解放，而自然的解放也就意味着人的解放。关于人与自然之间的关系，佩珀赞同格仑德曼对马克思主义共产主义的自由的理解，即真正的人类自由只可能存在于第二自然中，因为第一自然被越多地转化为第二自然，自然规律就被了解得越多，人类就越能从它的规律中解脱出来。所以，人类的自由还意味着人类能够控制他们在自然环境中的一切活动。

人类中心主义是不同于深生态学的，后者认为人是整体系统的一部分，人类不应改变行星的生态系统，因为生态系统对人类来说复杂而难以理解，人类的最终目标和乐趣是思考而不是改变自然。但佩珀指出，人类中心主义主张通过人类劳动和科学创造，通过强调资源保护、无污染、再循环和优质风景的、民主的、集体的、有计划的生产来满足物质上有限的、日益丰富的人类需要，而且，这是一种可持续的发展。有些深生态学者认为，人类中心主义把人类和自然分离并在此基础上为人类的道德优先性辩护，对此，佩珀指出，人类的确应该有优先性，即使我们不想把人类置于优先自然的地位，当各种冲突到来时，我们不可避免会使人类优先，同时，我们没有证据证明非人物种之间会相互理解，所以我们只能从人的角度来论证人优先于其他价值。并且，佩珀指出，如果授予非人自然以特权，这很可能会将人类引向一个危险的滑坡，即导致精英主义或厌世主义。精英主义会使中间阶级一味强调自然保护，对人的发展却不管不顾，而厌世主义则会形成政治冷淡主义和幼稚倾向等，所以，正确的、合理的人类优先是一种更积极的态度。

深生态学指责人类中心主义只认为自然界具有"工具价值"而不是"内在价值"，对此，佩珀称，自然界确实具有"工具性"价值，但这种工具性价值不仅仅意味着经济或物质价值，它还包括自然界审美、科学和道德价值的源泉，它们是人类的价值而不是从具有它们自己神秘而不可接近的目的的一种外在的、被崇拜的自然中解放出来的想象的内在价值。"内在价值"根本无法被证

明它的真实存在性,那也许只是能力不被认可的中间阶级的一种想象。

　　当然,人类中心主义是绿色运动最为反对的一种人类行为方式,他们认为"以对非人世界的关心为代价的对我们自己的关心被认为是环境退化和潜在灾难的基本原因"①。对此,多布森也发表了看法,他区分了弱和强的人类中心主义,前者意指"以人类为中心的",而后者指"人类工具性的",二者有不同含义。他认为,前者是人类生存状态下的一种不可避免的特征,而后者包含着一种存在于对非人世界工具性使用中的非正义和非公正的观念,很多人会把二者混为一谈,但实际上是不同的。另外,关于内在价值,他说:"这种探索是人类的探索,并且,尽管它在价值意义上将人类移开中心舞台方面也许是成功的,但人们将总是会发现人类处在这一过程的核心。如果没有人类,将不会存在像内在价值这样概念化的东西,而且是否会存在像内在价值这样的东西也是一个值得讨论的问题。就此而言,任何人类活动包括绿色运动本身都是(弱)人类中心主义的。"②此外,他还援引1983年绿党宣言中的内容"我们为了在其中的生存必须停止对自然的侵犯"来证明自己的观点,并进一步提出:可持续难道不可为人类着想吗?其实,他始终坚信,"对于生态哲学家而言,关心非人自然世界的原因至少是和关心本身一样重要的"③。多布森赞同马克思关于实践的理论,提倡生态哲学走向实践化,批评生态哲学将理论与实践分裂化,即生态哲学没有对人们之间及人与环境之间的实践关系给予充分重视,以至于它在实践上是不可行的。而马克思的关于社会生活本质上是实践的观点是非常正确的,面对如今的环境危机,实现充分理解的关键就在于对社会生活及其带来问题的实践的理解,危机的解决方案将依赖于社会实践的改变,而不是神秘化。

　　人类中心主义是生态社会主义的人类中心主义,是一种发扬人道主义,关爱自然万物生存的人类中心主义,它把人类和自然万物的共同发展作为目标,但无论何时,它绝不放弃人类的主体性地位。

---

　　①　[英]安德鲁·多布森:《绿色政治思想》,郇庆治译,山东大学出版社2005年版,第65页。

　　②　同上书,第70页。

　　③　同上书,第74页。

第四节　生态主义的社会主义

资本主义制度的不可调和的矛盾在现代社会已由生态矛盾明显表现出来，它的危害不仅在于当前日益严重的环境问题，更为重要的是，由环境危机引发了更深刻的社会危机，所以，在运用马克思主义的方法和理论对资本主义现实进行猛烈批判之后，佩珀要求建设一种生态社会主义社会，即一种包括"真正基层性的广泛民主；生产资料的共同所有；面向社会需要的生产；面向地方需要的地方化生产；结果的平等；社会与环境公正；相互支持的社会—自然关系"①等原则的社会主义。佩珀相信，生态社会主义一定是绿色社会主义，但目前由激进绿色分子推动的生态绿色运动缺乏一种内在连贯性，它的政治目标是模糊的，它采取的行动方式是错误的，它的理想方案也是不可实现的，因为它深深地被无政府主义和后现代主义思潮影响，这对于生态运动的发展极其不利。所以，佩珀在对马克思主义、无政府主义和生态主义进行一系列分析和比较后指出，目前的生态运动必须注入马克思主义的方法，同时排除运动中无政府主义和后现代思潮的消极影响，这样，红绿联盟，最终把生态运动推进到生态社会主义运动中来。

一、对极端绿色分子的批判

佩珀认为，生态社会主义的建立，必须消除无政府主义的不利影响。无政府主义以自由、平等、废除国家和等级制度为其原则，源起于对人类社会关系的关注，其内部又有很多意见不同的分支，后有一部分无政府主义者开始研究社会和自然关系的演变，逐渐形成一支生态无政府主义力量。

无政府主义自认为他们的意识形态是"自然"的，"自然"对他们来说是一个至关重要的概念，因为他们推崇自然，认为自然知道得最多，自然是天赐的美丽，只要符合自然，一切就好。他们认为他们的理念和可以观察到的自然秩序相一致，所以他们的原则是最正确不过的了。同时，自然就是社会的模型，所以，他们向往的社会当然也是自然的一部分，而且只能是自然的一部分。在

---

①　［英］戴维·佩珀：《生态社会主义：从深生态学到社会正义》，刘颖译，中译本"前言"。

那里,人们平等、独立、平均分配财产,过最自然的生活;在那里,人性是合作的而不是竞争;并且,那里不需要国家和管理,因为国家是非自然的;那里不需要进步和增长,也不需要宗教和国际贸易,一切顺随"自然"而活。他们认为人类在第二自然中生活,生物自然和人类自然永远不能被当做是孤立的、分离的实体,第一自然不应被认为仅仅是第二自然的延伸,或者第二自然也不能被认为仅仅是第一自然的延伸,因为第一自然的有机物流入第二自然是生物重组为社会现实的过程。他们声称自身是主张"一元论"的,他们要求顺从自然规律,因为他们相信,在生存链条中,每一生物都有它自己的位置,只要遵循它自身的本性,一切都会处于良好的状态,但如果有物种偏离了这个链条,灾难就会降临。

非常明显,这种对"自然"的理解和对"社会—自然"关系的解释已深深影响了生态中心主义者,尤其"美就是自然"的信条大大鼓舞了生态中心论者。而实际上,无政府主义的许多消极因素已渗入到生态运动中,对此,佩珀称,我们要保留无政府主义原则中积极的因素,但对于消极因素,则一定要予以消除。

1.无政府主义最基本的原则就是自由主义,但马克思主义者深信,极端的自由主义就是个人主义,个人主义非常不利于集体行动和集体管理。由于信奉自由主义和个人主义,无政府主义憎恨一切形式的政府和国家,他们认为政府是大多数社会困境的来源,正是由于存在政府和国家才造成了社会上不平等的压迫和奴役,所以,国家和管理制度必须被废除。而佩珀认为,根据马克思的观点,国家在一定程度上还可以继续保留,因为许多社会内部事务依旧需要国家管理,虽然在真正进入共产主义社会后,国家将不再存在,但在达到之前还应继续接受国家管理。并且,无政府主义所主张的个体的自由必须在真正的共产主义社会才能实现,在那里,个体既能表达独特性,又能表达社会性。

2.许多无政府主义者都讨论过关于人性的问题,如克鲁泡特金认为在人与人之间存在合作和相互帮助的自然趋向,这一点被贯穿在许多现代生态中心主义理论中,还有一些其他无政府主义者也有类似的观点。但也有一些无政府主义者承认,这些关于人性的论点其实包含着矛盾,对此佩珀援引了布朗的观点来说明:"如果人类从本性说是合作的,那么,为什么他们违背他们的

本性行动而建立了国家呢？如果他们从本性上说是社会的，那么，为什么他们要违背他们的本性而建立了财产制度？如果是社会的，为什么他们已建立了反社会的宗教和教会呢？如果是没有负罪感的，为什么我们已建立了一个要求我们感到有罪的制度（资本主义制度）呢？如果是自由的和没有等级的，为什么我们已建立了等级制度呢？总之，为什么我们一直违背我们自己的本性行事呢？"①

3.无政府主义者厌恶现在的资本主义社会，主张要推翻它从而建立一个自由、平等、独立的社会，但在选择革命的具体手段和方法上，却陷入了唯心主义。早期的无政府主义者也曾认为工人阶级是社会的主要阶级力量，为革命而结成的工会或工人组织是必需的，它们可以帮助工人管理、罢工、破坏机器等，但这一观点已在走下坡路。更多的人主张绕过国家，依靠个人的生活态度和方式影响现行的生活方式，这是一种意识形态的发展。它强调个体，主张以公社、合作社、公众占用区、地方货币以及类似事情来预示未来生活之路，但他们反对阶级斗争、工人运动和传统政治。佩珀在这里指出，他们的目的是树立一种健康的更好的生活方式范例来破坏资本主义，但这毕竟是一些想象的方式，事实上，这种生活方式很难实现并将最终失败。还有一些无政府主义者极力推崇新社会运动，他们也反对阶级斗争而赞成新社会运动，尤其认为绿色运动和女权主义运动是今日激进主义的真正储藏地，并把合作社作为反抗资本主义和应对工业化影响的方式，但佩珀认为他们实际上并没有了解他们所反对的资本主义经济的性质，合作社并不一定能真正预示无政府主义社会，那也许只是另一个资本借以摆脱其社会与共同体责任的一种设计。

4.无政府主义在政治上是难以理解的，它有时看似如社会主义那样希望平等、公正，有时又表现出了自由主义和个人主义。它拒绝传统政治而支持一种不同的新文化政治学，但实际上，它的政治体现的是一种保守主义。佩珀说："亨特、克拉克和其他的社会生态学家为了获得'共同的生态价值观'和相应的健康的社会行为而渴望建立'社会秩序'，是他们'传统'社会的理想化的一部分。这种理想化是它本身包含的一种浪漫保守主义的形式。总之，为什

---

① ［英］戴维·佩珀：《生态社会主义：从深生态学到社会正义》，刘颖译，第262页。

么我们一直违背我们自己的本性行事呢?"①

佩珀指出,无政府主义是一个流动的和持续的转变观念与实践的系统,他们一方面显示出了后现代主义倾向,另一方面却又希望回到原始社会,因为他们认为原始人是健康的而城市人充满疾病,如果不放弃迪斯科和交响乐,就不能摆脱贫穷、战争和不快乐,但实际上他们推崇的是一种简单社会,那毕竟是一种倒退。有些绿色分子承认他们的无政府主义根基,而有些绿色分子则并不承认,不管怎样,无政府主义和生态中心主义的结合是一种中间阶级中被疏离和相对无权者的哲学,它反对资本主义、反对等级制、反对一切形式的大规模主义,这是其存在的积极因素,但它的基本要旨即认为自然是社会的一个模型,却导致了其方向性上的错误,而马克思主义认为自然不是社会的模型,在自然中并不存在道德价值,人只能存在于一种把自然包含在内的社会关系中。

绿色后现代主义无力进行生态重建。生态运动大部分受无政府主义影响,但在政治上却受后现代思潮影响。后现代主义是一种颓废、停止不前、自相矛盾、没有明确政治目标的思想,它对于解决当前的生态危机没有任何积极影响,反而会把生态运动引入歧途。

后现代思潮产生于 20 世纪四五十年代,它首先对启蒙运动提出质疑,并进而反对由启蒙运动所带来的科学和理性等一系列引领社会进步的观念。佩珀指出:"现代主义蕴涵着一个不断破坏过去存在的过程,追求那些被认为是有利于普遍人类利益的一般性原则,例如,来自物质需要的自由和积累财富的自由。许多人把这一过程视为创造性的,但也一直存在着一个反文化的潮流。后者强调现代主义的破坏性,质疑它的进步观念,并悲叹它如何贬低和抑制了其他文化、价值体系和立场。"②可见,后现代主义产生于现代主义,却把现代主义产生的一切成果作为批评的对象,转而欣赏一种表面性的、短暂的东西。后现代主义是非理性的,它的世界是离散化的,明显地缺少秩序和方向感。通过对后现代特征的考察,佩珀认为如今的绿色政治与后现代主义有许多相似之处,后现代主义以其所谓的新政治而影响了当前的绿色政治运动,但这种"绿色政治通常缺乏结构与内在连贯性、拒绝权威和支持文化相对主义——

①　[英]戴维·佩珀:《生态社会主义:从深生态学到社会正义》,刘颖译,第 257 页。

②　同上书,第 80 页。

尽管它们自相矛盾地期望所有社会与普遍的生态学超级理论相一致,即承载力的自然法则"①。所以,绿色后现代看似复杂、怪诞,但实际上内容空洞。

后现代思潮通常在以下三个方面影响生态运动:(1)唯心主义倾向。后现代主义是唯心主义的,它夸大了意识在社会变革中的作用,认为世界可以通过我们对它的思考而被改变,这直接影响了绿色分子,它使绿色分子始终相信,人们的行动将随着意识的改变而改变,比如,有人曾提出,如果人们能认识到核电站引起的环境污染和遗留在食物中杀虫剂的危害,他们就不会容忍核工业或化学工业的继续存在,但事实是,仅有这种"意识"的清醒是远远不够的,因为要改变特定经济环境中的人们的行为就必须要改变特定的社会和经济关系。(2)经济上倡导建立分散化生产和小规模生产,并提供更小安全和更离散的就业模式和经验。现代主义的最高发展形式是福特主义,它以大规模的、集中的、生产线的以及机械化表现出来,但受"后工业主义"模式的影响,绿色分子追求一种"灵活"的资本主义积累形式,他们否定福特主义,主张自立的、地方区域的、实现自我的工作,反对专门化和过多的劳动分工。而佩珀指出,正如哈维所说的那样,这些后现代趋势其实是资本主义发展的特征,这实际上是一个现代主义的概念。(3)对现代政治的拒绝而提倡多元化政治。现代政治集中于阶级与经济领域中的批评和现代主义行为,而后现代主义往往把所有的社会冲突放在文化领域而不是经济领域中。许多绿色分子都支持后现代政治,他们质疑工人阶级能否作为社会变革的代理人,他们怀疑普遍主义政治而认为现实中存在着无限多的政治秩序模式,因为每一种模式都产生于一个相对自主的和地方化的实践方式系统,所以他们拒绝寻求绝对真理或普遍主义政治。

绿色后现代政治标榜它是一种不同于传统政治的新政治,生态主义是关于一个世界新秩序和一种新的生活政治的运动,而佩珀认为,除了其内涵的"生物平等主义"是一个"新"的向度外,其他都是旧政治,如人性、决定主义或自由意志、唯心主义或唯物主义、个人主义或集体主义等等,尤其在关于社会变革理论方面,它要求排除马克思的"阶级革命"论而代之以新社会运动。它认为社会冲突存在于文化领域而不是经济领域,斗争的目标不是控制国家机

---

① ［英］戴维·佩珀:《生态社会主义:从深生态学到社会正义》,刘颖译,第82页。

构而是反对国家,但佩珀指出,阶级依然存在,阶级斗争依然是推翻资本主义制度的主要革命方式,即便这点在西方由于表面的无产阶级人数的减少而显得有些过时,但从全球来看,第三世界无产者正为基本的环境资源如能源、水、食物和居住地斗争。所以,国家政治议题仍未解决,阶级对抗的双方依然存在,旧政治依然是社会主题。

佩珀指出,后现代政治要求进行生态重建,实现其"生物平等主义"目标,他们表面声称反对资本主义的东西,但实际上却屈从于资本主义。他们期望建立一种遵从"自然秩序"的社会,在这样的社会中万物平等,但这种道德秩序对政权没有任何反抗,而只是相对无权者希望权力重新分配的一种体现。在经济方面,它否认马克思的劳动价值论,认为马克思低估了自然价值在生产中的作用,并且,他们虽然反对大规模经济,但依然遵从拜物教的支配。他们否定福特主义,主张全球分散化和小规模生产,但实际上,那些依然是资本主义的积累形式,实行的也是消费主义并对现实的贫富两极视而不见,所以,仍摆脱不了资本主义的框架。

一些评论者把后现代主义标识为虚无主义的、愤世嫉俗的和缺少道德方向的,但还不仅仅是这些,绿色后现代政治充满了矛盾、急迫性与杂乱性。它期望建立一种生态社会,但它空洞的理论与不切实际的纲领使它不能完成任务,而要想建立一种真正意义上的生态社会即生态社会主义社会就必须坚持马克思主义理论,把更多的马克思主义注入到生态运动中来,这样,才能最终实现目标。

二、推动马克思主义对生态社会主义政治的建设

如前文所述,佩珀的绿色目标是建立一个公正、和谐的生态社会主义社会,他当下的任务就是把生态运动推向一个新的高潮。在这个过程中,有两件重要的事情,一是消除影响生态运动前进的不利因素(上一节内容),二是把马克思主义引进到生态运动中来,因为佩珀始终相信,马克思主义理论及其方法是非常实用的,它曾创造了许多神话,今后,它仍会继续发挥积极的作用。

佩珀认为:"马克思主义是一种受到马克思激发但由许多其他学者发展起来的西方知识传统。它试图分析社会如何'运作'以及如何改变。它尤其

感兴趣的是从封建主义向资本主义的转变,资本主义如何运转和如何将可能停止运转,并让位于社会主义及最终实现'真正的共产主义'。"①马克思主义分析的各个方面已被证明是有用的和有效的,以至于它在西方国家拥有大量的追随者,他们甚至在一定程度上都是马克思主义者,因为在他们思考的方式中,已经明显吸收了马克思主义观点的许多成分,尤其是其中的辩证法和唯物主义观点。但是,也有许多人认为马克思主义已经过时,它的很多理论已被证明是错误的,针对这些诘难,佩珀总结了五点并——予以驳斥。

（1）认为马克思理论中没有讨论需求和货币而只有生产。佩珀指出,需求是马克思理论的内在组成部分,货币也被包含在内,并且马克思已在货币和货币资本之间作出区分并对二者作了详尽论述。（2）批评马克思认为劳动是所有财富的来源。佩珀明确指出,马克思在《资本论》中已写明,商品和劳动一样都是使用价值的来源。（3）认为马克思错误地预测了工人阶级的贫困化。佩珀指出,现实已表明,被资本控制的整个社会财富的比例持续上升,而工人阶级依然处于贫困状态,并且贫困也不仅仅表现在物质方面,它还包括文化方面。（4）认为马克思错误地预测了利润率的持续下降。对于这一点,佩珀指明,马克思讨论的是利润率下降的趋势。（5）认为抽象劳动理论预言资本主义将会崩溃,但它并没有崩溃。关于这一点,佩珀指出,抽象劳动理论并没有主张这一观点,而是指明资本主义易于产生危机,一个危机的解决导致另一个危机的产生,并且,资本主义始终存在着生产的社会化与私人占有之间的根本矛盾。

马克思主义现如今有许多版本或者不同侧重点的研究学派,佩珀对此也作了一些分析并且指出,其中一些学派对生态中心论有着直接或间接的影响。第一,马克思指出,19世纪的环境问题已逐渐成为社会问题。它们主要是由日益与城市和资本主义工业化(包括农业工业化)相关的经济剥削而产生,对于马克思来说,遭受生态破坏的主要是工厂和工人居住地,工会主要是为改善生活条件、生产条件和争取工资而设立的,而目前,第三世界国家居民仍在为寻求能源、水、食物和居住地而斗争,所以,一些环境主义者已把这些问题作为其核心问题来考察。第二,马克思主义把世界的状态,包括自然以及我们与它

---

① ［英］戴维·佩珀:《生态社会主义:从深生态学到社会正义》,刘颖译,第89页。

的关系,不是看做静止或固定不变的,而是视为与具体时间和地点中特定社会的具体文化和经济特征相连的,马克思过多地关注人类生活和劳动而不是自然,并不是出于过度人类中心主义考虑,而是对时代最紧迫问题的一个反应;并且,随着新的问题和实践的出现,辩证知识也是不断添加新信息和不断更新的。所以,完全有理由相信,马克思在今天是一定会明确阐明有关环境问题的议题的。第三,马克思有关社会变革的观点为生态中心论提供了两个十分有用的视角:1.社会变革的关键不在于如何精确地预测革命何时发生,而在于提醒不要忽视社会的物质组织变革的重要性。社会变革是完全可以实现的,集体行动可以创造一个生态的未来。2.马克思主义对资本主义经济的分析揭示了历史表层下隐藏的社会关系,这个关系包括人与人之间以及人与自然之间的关系,从中可以看出,这个全球性蔓延的经济体制对环境的干预已达到了一个威胁我们继续存在的程度,只有这样,我们才会进一步思考如何切实保护环境。

佩珀指出,有许多绿色分子认为马克思主义是与现实世界失去联系的且有着过时的、陈腐思想观点的学说,但从上述讨论已能看出,马克思主义的许多观点对生态中心论,即对绿色分子提出的环境关爱、资源保护等一系列思想非常有益,所以生态中心论应更加深入地接受马克思主义而不是一味地拒绝。同时,针对生态中心论本身所具有的缺陷,马克思主义也给予了批评,这包括:(1)政治冷淡主义。佩珀认为生态中心论坚决地拒绝了阶级政治是极其错误的,因为阶级依然存在,现代环境问题对每一个人来说并不是同样严重的,富人比穷人更能找到摆脱困境的出路,所以依旧需要旧政治,即通过阶级斗争改变世界秩序。(2)唯心主义和个人主义。绿色政治是幼稚的,它强调了个体价值观的信仰、态度和关注点并认为这些变化都会显现为社会所有方面的变化而拒绝对政治的关注,这是极其可笑的;而且,个体被作为社会变革的主要行为者,如果有哪方面出现错误,则责任都在个体身上。(3)非历史主义。生态中心论未能在一个历史唯物主义的背景下根据与变化中的生产方式的关系来讨论问题,所以它不可能真正找到“危机”产生的原因而只是归难于工业化生产,但如果通过正确的社会主义制度来组织生产则会避免危机,它对此犹豫不决;并且,技术上也存在着非历史主义,它未能把技术与特定的生产方式或资本主义关系或任何其他的生产方式相联系,却仅仅是夸大了表面的技术的

危害作用。（4）共同体所有制和国家。生态中心论者虽然渴望建立一个生态健康的绿色社会，但谁拥有生产资料对他们来说是个次要的问题，他们并不明白马克思所说的生产资料公有制在整个生产中占有多么重要的位置，他们对利润的获取也不反对，而只是对国家的中央控制反感，这就造成了矛盾，因为他们的经济实际上是需要国家进行管理的。（5）反人类主义。生态中心论没有看到生态危机出现的真正原因，即资本主义生产方式的内在矛盾，而只是一味地强调人类对自然和地球的破坏是万恶之源，人是贪婪的浪费者，而实际上，这种理解导致了神秘主义和厌世主义，不利于人类健康发展。（6）不一致性、太平盛世和乌托邦主义。生态中心论在意识形态上是多样化的，他们并没有一个统一的、坚定的对社会状况的分析，他们只是把旧观念如马尔萨斯论、无政府主义、一元论和中世纪主义融于生态考量中而声称是"新颖"的，这种新颖性和生态太平盛世主义是他们宣称的所有的主要统一因素，而这遭到了马克思主义的传统的批判，即由于缺少一种唯物主义的历史观和一种阶级分析法而被认为是乌托邦的。（7）生态中心论者的阶级利益。很明显，绿色分子保护的是资产阶级的利益，他们强调人作为消费者的权利而不是生产者的权利，主张保护资产阶级核心风景区和价值观，同时，资产阶级也就是保护他们地理和意识形态领域的统治阶级。他们受过良好教育但不是特别富有，他们被排除在政治协商之外，所以，他们就成为一个要争取与他们的社会地位相匹配的政治经济权力而斗争的亚阶级。

佩珀认为，当今社会变革的力量仍是无产阶级。传统马克思主义认为，阶级斗争是推翻资本主义社会建立社会主义社会的革命形式，无产阶级是革命的行动者、先锋队组织，是帮助革命胜利的必不可少的先进组织。但随着社会的发展及新情况的出现，无产阶级的队伍似乎正在缩小，于是当前流行的绿色运动拒绝了无产阶级的革命方式，甚至包括一些新马克思主义者也认为应该把革命的方式转变为新社会运动，并依靠那些正在壮大的中间阶层。对此，佩珀一再申明，阶级依然存在，富人和穷人的差距还在拉大，无产阶级的人数并未减少，所以革命仍要靠无产阶级来完成。多布森也曾指出，阶级理论是有道理的，虽然生态危机将会针对地球上的每一个人，这就长期而言也许是真的，但在近期来说，这未必是一个筹划政治战略的最好观点，因为在很多方面，人们已看到环境退化并没有使每一个人平等地受害，并且，"贫穷与环境退化之

间的联系被美国的环境正义运动强烈地表达出来"①。为了更深入地说明此点，他又引用了安德鲁·萨兹的观点指出，穷人或者中等收入的工作者往往是有害物质的牺牲品，他们的环境难题是与自身的经济条件不可分割的。由此可见，阶级理论依然在发挥着作用，无产阶级依然需要紧密团结起来，为自己的利益而斗争。

马克思曾在《共产党宣言》中号召全世界无产者联合起来，因为他坚信，无产阶级是受苦受难的大众，只有无产阶级才是最可依靠的力量。要推翻势力强大的资产阶级及其国家，无产者必须紧密团结起来，并以工会为组织采取暴力手段取得胜利，建立社会主义国家并最终进入共产主义社会。佩珀指出，新马克思主义者与此观点相去甚远，例如，高兹认为，历史发展到今天，马克思的阶级理论已经过时，也就是说，马克思所说的那种只为劳动条件改善而斗争的工人阶级已经不存在，现在存在的是"非工人的工人阶级"。他们指的是从传统大机器操作中解放出来的那些没有固定工作而有大量随机性的后工业的新无产阶级，这种无产阶级是社会主义运动的新承担者，但他们必须与"新社会运动"结盟来扩大革命领域，只有这样革命才能成功。佩珀指出，高兹实际上在用无政府主义代替社会主义的分析方法，因为他认为劳动人民已成为机器，工人阶级已意识不到他们的革命潜能或他们已没有能力去创造社会主义，由此他转而相信一个所谓的"新无产阶级"。但实际上这种"新无产阶级"并没有打算推翻资产阶级，同时也没有对未来有更多的设想。除高兹外，还有许多新马克思主义者放弃了无产阶级意识是革命中坚的观点，他们认为无产阶级存在的是虚假的意识形态或认知的不一致性，他们根本无力担此重任。无产阶级不再是解放的传送者，而是用一个过剩群体来代替无产阶级。对此，佩珀批评道："新马克思主义者或其他一些人主张的选择性代理人，例如，失业者和新社会运动分子，甚至更加难以令人信服的'革命者'——后者更倾向于自由主义而不是社会主义的传统和思想。"②哈贝马斯则认为斗争并不仅仅存在于社会的经济中，还存在于文化的意识形态的上层建筑中，所以对资本主义的"意识形态的霸权"的争夺将成为主要的斗争形式，对于此点，佩珀没有发

---

① ［英］安德鲁·多布森：《绿色政治思想》，郇庆治译，第205页。

② ［英］戴维·佩珀：《生态社会主义：从深生态学到社会正义》，刘颖译，第338页。

表意见，但他在其他地方则坚信，阶级斗争仍是主要的斗争形式。此外，还有其他一些倾向如与无政府主义妥协等，这些都是唯心主义的，它们实际上已背离了马克思主义而不是坚持马克思主义。

绿色无政府主义也期待着一场社会革命，他们曾经寄希望于工人和工会组织。但正如前文所述，无政府主义是一个持续的流变的系统，它如今已把信心寄托于新社会运动中，认为新社会运动才能实现其目标。他们主张绕过国家并建立示范性的分散化公社和致力于截然不同的生活方式的群体的传统，对于这些，佩珀都给予了坚决的回击。他指出，试图使资本主义边缘化的无政府主义的预示性战略，听起来是充满诱惑的，但经验表明，它往往导致反文化的边缘主义者自身的边缘化，因为它的信奉者忽视或低估或拒绝对抗现行的资本主义意识形态霸权的物质基础。因此，生态无政府主义者和主流绿色分子通常是那些轻视工人无产阶级的持续存在或革命性潜能的人，但是，并不存在一个先验的原因使得生态主义应与政治保守主义或自由主义相连，而不是与工人运动和社会主义相连，所以，生态主义对阶级行动的需要仍是可信的，也就是说，革命的任务依然需要无产阶级来完成。

佩珀认为，在生态重建的激烈的思想斗争中，红色代表了马克思主义，绿色代表了无政府主义。红绿是两条不同的河流，它们彼此争吵，但它们又是朝向同一个方向发展，故又有交融的基础，所以推动红绿联盟，必然会给当前的生态运动带来一个全新的面目。

佩珀指出，在生态运动中，绿色分子不相信或放弃了马克思主义和社会主义，这种思维应当被扭转，应当把马克思主义的分析带入生态主义的主流中。也就是说，红绿之间虽有本质不同，但它们也有许多共同的要素，在这些共同的基础上，红绿交融已成为可能。其中，无政府共产主义和无政府工联主义是与马克思主义的社会主义最为一致的形式，它们都有一个可以共同接受的目标，要把红色和绿色运动团结起来，就必须有效地把社会主义和无政府主义联合起来，因为无政府主义是比其他任何传统政治都更强烈地影响绿色运动的一个主义。正如前文所述，佩珀认为，无政府主义不论是在思想上还是在行动上都深刻地影响了生态运动的发展，它包含了一些有利因素和不利因素，对于有利因素应该予以保留，而对于不利因素则要予以排除，否则它会造成生态社会主义社会方向的偏离，所以这是一项必须的工作。而欲推动社会主义和无

政府主义联合,首先要弄清二者的内在区别而不是视而不见或故意隐瞒,只有这样才能扫清前面的障碍。为此,佩珀首先对二者的不同作了详细阐述:

1.对社会不公正和环境退化根本原因诊断的不同。佩珀指出,社会主义者认为问题的根源在于阶级的存在,阶级关系是经济、社会和政治剥削的来源,而且这些又导致生态掠夺和破坏,只要阶级存在,各种问题就不可能解决;而无政府主义者认为,问题的根源在于人们之间的等级制的存在,这种等级制先于阶级存在,它导致了人们之间权力的支配关系,这是一些社会和环境问题产生的关键原因。

2.革命变革的战略不同。佩珀认为,社会主义者遵循的是二元论哲学,一方面,依靠劳工,尤其是在普遍罢工中,这被看作是革命的关键;另一方面,社会主义者也倾向于接纳国家的“民主制”形式,并且社会主义者仍然把无产阶级作为革命的主要行动者;而无政府主义者倡导“直接行动”,包括个人生活方式的改变、建立公社和合作社、罢工和抵制等,它要求以自发性来组织革命并以“新社会运动”者为主要的革命行动者。

3.对国家需要的态度不同。社会主义者认为在革命过程中和后革命社会中,国家仍是需要的,应该努力使国家民主化而不是取消国家,否则一切政治和经济预想都不能实现;而无政府主义者断然拒绝国家的继续存在,他们把国家看做是权力的集中代表,他们要求在革命的起始阶段就必须废除国家。

以上是社会主义和无政府主义之间的重要的不同,为了更清楚地看到红绿之间的区别,佩珀又作了进一步的说明,他说:“红色的河流接受对人类需要的限制和这些需要都能够被满足,而绿色的河流接受对增长的限制;红色的赞成一个修改后的‘启蒙结果’和现代主义,而绿色的主要是后现代主义的;红色的是绝对主义的——赞成社会主义的发展,而绿色的是自然绝对主义和社会相对主义的混合物;红色的对自然和社会的观点是一元论的,而绿色的承认一元论但在实践中是二元论的;等等。”[1]由此可见,社会主义和无政府主义具有本质的区别,二者之间一直存在着紧张关系,但如今面对如此多的社会和环境问题,二者也有了和解与联合的尝试,这时,佩珀指出,优先考虑社会公正性成为二者联盟的最根本的基础。因为只有首先实现了社会的和重新分配的

---

① 　[英]戴维·佩珀:《生态社会主义:从深生态学到社会正义》,刘颖译,第371页。

公正并使之成为实现生态中心论者所希望的那种与自然关系类型的核心性问题，那么要求获得权力分享及万物平等的绿色分子的愿望才会实现。而且，退一步讲，把社会公正真正置于优先地位也是为了使绿色运动受挫但重新振作的一种战略选择。所以，佩珀坚持绿色分子应该放弃那些更接近自由主义及后现代政治的无政府主义倾向而更好地与红色协调，而红色分子应该坚持社会主义传统，如非集中主义、社会自然辩证法及唯物主义和对生产力的强调等并以此来与绿色分子协调。红绿联盟是现实可行的，推动红绿联盟将意味着推动生态运动向生态社会主义发展。

勾画生态社会主义蓝图。推动红绿联盟就是推动生态主义到生态社会主义，生态社会主义社会的实现已成为可能，那么，生态社会主义到底是一种什么样的社会，佩珀也给我们作了一番解释。

佩珀指出："生态社会主义是对环境主义进行社会主义分析和应对的一种激进的、以人类为中心的（而不是生态中心主义的）应用。"①生态社会主义首先是以社会主义模式为基础的，它强调要用社会主义的观点来指导环境运动和绿色运动，所以生态社会主义首先包括了社会主义的基本原则：平等、消灭资本主义和贫穷、根据需要分配资源和对我们生活与共同体的民主控制，同时，这也是基本的环境原则。对于生态社会主义来说，环境包括了大多数人的关切，所以，他们以城市为基础，因此，他们的环境难题包括街道暴力、交通污染和交通事故、内部城市的衰败、缺少社会服务、共同体和乡村可接近性的丧失、健康和工作安全，而最重要的是失业和贫穷。

同样，佩珀指出，这种生态社会主义一定是以人类主体为中心的，它不可能接受自然界其他物存在"内在价值"的观点，也不会把人放在与其他物平等的位置上；同时，人并不像其他物种一样受到自然极限的约束，而是能通过智力巧妙地处理与自然的关系，这其中包括管理、利用和保护，也就是说，"它拒绝生物道德和自然神秘化以及这些可能产生的任何反人本主义，尽管它重视人类精神及其部分地由与自然其他方面的非物质相互作用满足的需要"②。当然，它并不是在超越自然限制和规律的意义上支配或剥削自然。

---

① ［英］戴维·佩珀：《论当代生态社会主义》，刘颖译，《马克思主义与现实》2005年第4期。

② ［英］戴维·佩珀：《生态社会主义：从深生态学到社会正义》，刘颖译，第354页。

　　生态社会主义也一定是绿色的和可持续的,它建立在对每个人的物质需要的自然限制这一准则基础上,社会主义发展过程中人们持续地把他们的需要发展到更加复杂的水平,但不一定违反这个准则。在这样的社会中,人们吃更加多样和巧妙精美的食物,使用更加艺术化建构的技术,接受更好的教育,正如佩珀所想的,拥有更加多样性的休闲消遣,更多地追求和具有更加能实现的各种关系,等等,并且,它可能需要更少而不是更多的地球承载力。所以,生态社会主义是人类获得自由的一个过程,在这个过程中,人们会逐渐体会到美与善。

　　佩珀认为,在生态社会主义社会,生产和分配将被合理地计划,或许由一个有能力的国家来完成,但总的来说,国家将不存在,而代之以共同体。生产和工业本身不会被拒绝,由于资本主义已阻碍了社会生产的发展,它必须被一种社会主义生产所代替,这种生产将建立在自愿劳动的基础上,人们通过创造而发挥各种才能。在生产中要强调生产的能力和控制力,同时,技术的应用适应所有自然和人而不会造成各种破坏。在生态社会主义社会中,将按照多样化路线重新界定财富,所有人都拥有合理的物质富裕生活的底线。在共同体中生活,个人与共同体保持精神一致,人与人将和谐相处共创财富。

　　关于未来社会主义建设,马克思主义是反对乌托邦的,因为乌托邦的观念可能会成为当代强加到后代身上的一种模式,可能因为一个蓝图而限制后代的自由思想,所以乌托邦理念是被马克思拒绝的。但佩珀认为,在西方环境运动中,也即在追求生态社会主义社会中,存在着一种生态乌托邦倾向,这种乌托邦倾向在追求现实的过程中会引起许多方面的张力、悖论和矛盾,主要表现在:(1)与社会变革相关的;(2)与普遍原则和极权主义话语相关的;(3)与现代性与后现代性相关的;(4)以及与地理范围相关的等四方面。这些张力会影响理想目标的实现,正如佩珀所说:"如果生态乌托邦成为一幅静态的蓝图,或者使现代社会返回原始主义的布道者,它将不会促进社会进步性的变化。如果它不能容忍竞争性的话语,它将可能鼓励'绿色'独裁统治的逆流。"①显然,佩珀相信,在生态乌托邦进程中存在的这些矛盾或张力是必要

　　① ［英]戴维·佩珀:《生态乌托邦主义:张力、悖论和矛盾》,张淑兰译,《马克思主义与现实》2006年第2期。

的，因为它能激发环境主义的"超越"性潜力，所以，这种乌托邦也是有益的。正是在这一过程中，人们通过对这些矛盾问题的思考和解决才得以使人们跨越当今社会的藩篱，走向一个生态与社会真正持续发展的新社会。

佩珀的生态学马克思主义思想虽然是 20 世纪 90 年代的理论成果，但它体现了马克思主义与生态运动的较为成功的结合，因为它使马克思主义再现活力，为马克思主义在新时代的发展提供了新思维；并且，更为重要的是，它用马克思主义学说来分析和应对当代严重的生态危机，为危机的解决增加了新的可选择的方案，所以，研究佩珀生态学马克思主义非常有现实意义。

佩珀的思想是对马克思主义的继承和发扬。在佩珀的著作中深深地体现出了一种人文主义关怀情结，他所关注的主题都是马克思思想中基本的主题，比如人的异化及发展问题、人的解放问题、资本主义政治经济问题、社会发展问题，等等。也就是说，他的思想并没有离开马克思思想这一最终港湾，而且，他的思想是与马克思思想高度一致的。同时，他并没有仅仅停留于马克思主义的一系列理论成果上，因为他知道，马克思所针对的是马克思本人那个时代的问题，而佩珀的理想是把当今时代的问题融入到马克思主义理论中去并试图寻找新的解决之路。

佩珀充分肯定马克思主义的方法论意义。佩珀非常赞赏马克思主义的方法论，尤其是其中的辩证法和历史唯物主义方法论，他甚至认为西方大多数人都或多或少地受马克思主义方法论的影响，因为在每个人的现实生活或思考方式中，已在自觉或不自觉地应用马克思的辩证观点和唯物观点，这是极其明显的。在关于自然、社会和人的发展等各种问题的态度方面，马克思主义方法论已深深地渗透在人们的意识当中，有些西方环境主义者或绿色分子不承认这点，对此，佩珀已用大量的论据证明了上述内容。

佩珀认为，不论马克思本人是不是生态思想家，在他的著作中完全能看到其潜在的生态思想。在对待人与自然的关系上，马克思坚持对立又统一的观点，即人与自然是共同体，人是自然的人，自然是人的自然，二者共存无法分离，但在其相互作用的过程中，矛盾对立又时时出现，这种对立引领着二者共同前行，平衡与不平衡交替发展。

佩珀坚持人类中心主义立场，不放弃人的主体性地位。马克思坚信，在人与自然其他物之间，人具有优先性。在自然与人的发展过程中，不可避免地要

出现人与其他物之间的矛盾,但在自然与人之间,人绝对具有主动性,人对自然界应该采取管理的态度,随时协调人与自然界的各种矛盾,以使得一切能顺利发展。当然,这种管理要体现出人道主义精神,而不是专横、霸道地对待自然界,不计后果地剥削自然界,否则自然界必定会报复人类,给人类带来灾难。佩珀是反对生态中心主义思想的,他认为,绿色运动应该是保护环境、关爱人类健康发展的运动,如果这一运动受到"自然权利论"和"自然价值论"的主导控制,那么,自然环境也许可以得到改善,自然界其他物迅速发展,但人类不仅不会继续发展,反而会倒退,人是有权利发展自我的,人类应该具有优先性。重塑人类主体是佩珀思想的核心,只有理解了这一点才能真正理解他所指的生态意义上的社会主义。

佩珀从生态层面论证了资本主义发展的不可能性,对资本主义进行了尖锐的批判即生态批判。在马克思的时代,经济危机是社会的重大问题,所以马克思在通过分析和揭露资本主义生产方式的内在矛盾后指出资本主义是自己的掘墓人。时代出现了新的发展变化,生态危机的出现无疑是当代世界的难题之一,佩珀运用马克思主义的分析方法,从生态矛盾与经济矛盾的关系入手,直接指出生态矛盾来自于经济矛盾,经济矛盾并未消失,它与它所衍生出的生态矛盾共同控制了资本主义经济发展,正是资本主义生产方式本身固有的矛盾导致了生态危机,所以,资本主义是无法解决危机的。

佩珀继承马克思主义对社会主义社会的理想追求。马克思一百多年前就为我们展示了人类社会发展的方向,按照历史唯物主义的分析,人类在经历了资本主义社会后必定会进入社会主义社会,对于这一点,佩珀完全赞同,同时,他也做了一些补充。他认为,未来社会主义必定是绿色的、生态健康的社会主义,生态健康不仅仅意味着人与自然和谐发展与共存,还包括人与人之间公平、正义的实现,这是真正的社会主义。在这样的社会中,人类支配自然的能力将进一步加强,人们将过一种小规模的但很舒适的共同体生活。当然,要进入这样的社会,必须历经一场深刻的社会革命。

佩珀的思想为马克思主义理论注入了时代活力,同时他对现实问题进行了一些有价值的理论探索,但在他的思想中也表现出了一些偏见和不足:(1)对生态危机与经济危机关系的论述不够明确。佩珀在对资本主义生态危机进行分析时指出,生态矛盾来自其他矛盾,其他矛盾很明显是指经济矛盾,

但佩珀在对经济矛盾展开诸多论述后，并没有继续深入下去，把二者结合起来给出关于它们之间关系的深层分析，这不能不说是一个遗憾。（2）对社会变革方式持矛盾态度。佩珀称，他始终相信无产阶级仍是推翻资本主义的主要力量，因为现实社会仍是阶级社会，穷人和富人的差距在继续扩大，阶级矛盾将是革命的爆发点，但是，佩珀没有进一步指出应该用先进思想武装无产阶级头脑，采取暴力手段推翻资本主义，而是在论及未来社会主义时提出，生态社会主义要等到资本主义失败时才会到来。这表明佩珀对资本主义还抱有一些幻想甚至是同情。（3）对社会主义国家的认识存在诸多误解。佩珀在其著作中提到亚欧一些社会主义国家时，认为那是带有极权性质的国家而不是真正意义上的社会主义国家，这对于我们是不能接受的，佩珀毕竟是西方学者，他以资产阶级意识形态的眼光来看待其他国家，有时难免会有失公正。

研究佩珀思想无疑会给我国生态建设带来启示。佩珀指出，生态运动首先应该是一种政治运动，即推动生态社会主义的建立，虽然他所构想的生态社会主义蓝图与我国现实的社会主义有所不同，但我们毕竟已是社会主义国家，对我们来说，进行生态建设要相对容易，当然我们也要看到，在我们现实社会主义社会中仍存在很多问题，需要我们进一步思考和应对。

研究佩珀思想也有助于我们正确认识经济建设与环境保护之间的矛盾。新中国成立后，由于经济落后，政府加快了经济建设的步伐，实行工业化建设，几十年来，成就辉煌，我国从一穷二白的状况发展为工业大国并日益显示出强大的综合国力，但是，在经济发展的同时，由于缺乏生态保护意识，致使我国的生态环境遭到严重破坏，发生在资本主义社会的环境问题在我国也出现了，如水土流失严重，洪涝灾难频繁，肆意采煤、采矿，致使地层结构改变，坍塌事件时有发生，工业排放废气、废水严重污染空气、水源，百姓生活环境质量下降，资源日趋枯竭，等等，所以，经济发展与环境保护之间的矛盾已成为不容忽视的问题。佩珀的生态学马克思主义思想为我们展示了资本主义经济发展与生态环境破坏的问题，这实际上也存在于我们社会主义国家，我们已意识到这一点，如何看待与解决这一问题，是我们现阶段要面对的重大问题。为了追赶世界强国，我们必须大力发展生产力，因为经济实力是综合国力的重要因素，同时经济发达也会给百姓带来切实利益，但经济发展必须以破坏生态资源为代价吗？如果是这样，我们是应该先破坏后治理，还是应该以保护生态环境为第

一？我们目前是在寻求一种双赢道路，至少在头脑中已有了保护环境的理念，这就是一种进步。

生态问题不仅仅是环境问题，也包括人与社会的发展问题，生态和谐的社会不仅是人与自然的和谐发展，而且更重要的是人与人的和谐共处。在我国经济大步发展的过程中，也出现了一些社会问题，如贫富分化不断扩大，收入、住房、医疗、教育不平等等问题。在这些问题的影响下，一些人心理失衡，表现出极端行为，给社会发展带来负面影响。所以，纠正这些社会不公平现象，杜绝官僚腐败是我们现实的任务，我们必须以公正、公平、合理的原则切实解决这些问题，从而把我国建设成为高度民主的国家，让人民真正享受到社会主义民主生活。研究佩珀的思想将有助于对这些问题的正确认识和解决。

第十六章 哈维:开启历史—地理唯物主义

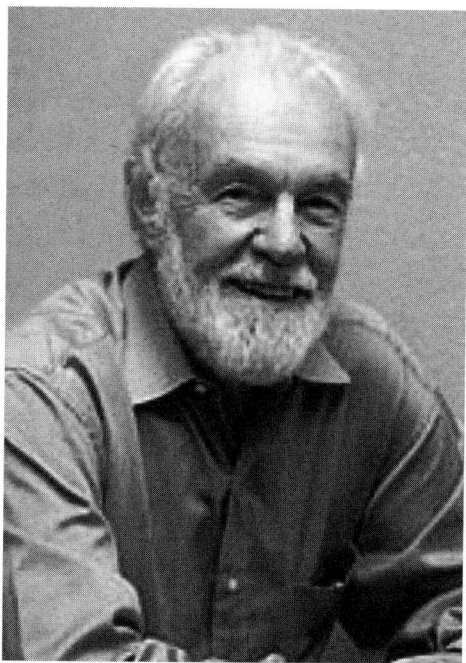

大卫·哈维(**David Harvey**,**1935—**)

1935 年,哈维出生于英国肯特郡古灵厄姆小镇的一个工人家庭。他的童年经历了英国历史上最严重的经济大萧条和第二次世界大战。因为父亲工作的关系,在很小的时候他就对海洋、航海、军事等问题有了感性的认识,这些背景和经历对其后的学术创造产生了深远影响。20 世纪 50 年代中期,哈维就读于剑桥大学圣约翰学院,并于 1961 年在剑桥圣约翰学院获得博士学位。当时的剑桥地理学主要是以描述区域和国家差异为主,德里克·格雷戈里(Derek Gregory)被称之为"时空中的唯一或单一的星群"①,从哈维的博士论文《论肯特郡 1800—1900 年农业和乡村的变迁》(1961)就可以发现这一特征。获得博士学位后,哈维随即赴瑞典乌普萨拉大学访问进修。1963 年,哈维回国在布里斯托尔大学地理系任教,主要教授地理学方法论。布里斯托尔大学地理系是当时英国地理学改革的一个中心,聚集着一批世界著名的地理学新派人物。

---

① Derek Gregory, Troubling Geographies, in Noel Castree & Derek Gregory (eds.), *David Harvey:a Critical Reader*, Oxford:Blackwell, p.4.

　　大卫·哈维无疑是当代著名的马克思主义地理学家,美国纽约城市大学(City University of New York)研究院人类学讲座教授,曾任约翰·霍普金斯大学地理系教授,以及牛津大学霍福德·麦金德(Halford Mackinder)讲座地理学教授。他以广博的视野、积极的姿态介入到当下资本主义世界中。《文库杂志》(*Library Journal*)称他为"二十世纪后期最有影响力的地理学家之一",也是当今引用率很高的学者之一。

　　20世纪60年代,地理学中掀起了"空间科学热"(哈维是倡导者之一),这与传统的区域描述地理学不同。传统地理学更多的是选择特定区域进行分析和研究,而这种新的"地理学"则在本体论方面强调世界是在空间的秩序中存在,在认识论和方法论上,则强调世界秩序是依据科学方法理性地展现的,它以描述、解释,甚至预测不同程度的空间格局为主。1969年,哈维出版了具有里程碑意义的著作《地理学中的解释》(*Explanation in Geography*),就是这一想法的全部呈现,这本著作也被称为新地理学的"圣经"。在书中,哈维基于实证主义思想,从宏观上讨论了地理学理论,试图解决地理学内部的科学方法论之争。然而,正如查理德·皮特所言:"逻辑实证主义有助于强化地理学作为空间科学的观念,而反对地理学作为对独特区域描述的观念。但空间科学只是在空间事物之空间因果关系的严格意义上进行概念化,其科学讨论的语言是几何学而不是辩证法。正是这个概念化,很快遭到人文主义地理学家和马克思主义地理学家的反对。最大的讽刺是,大卫·哈维领导了这场来自马克思主义阵营内部的反对实证主义的运动。"①的确,在出版了《地理学中的解释》之后,哈维对实证主义的地理学产生了怀疑,这是伴随着人文主义地理学的兴起展开的。人文主义地理学是针对逻辑实证主义批判的一系列理论中最为成熟的理论,它反对逻辑实证主义排斥价值、单纯追求中立科学的做法,"地理学现代人文主义的一个主要目标是协调社会科学和人之间的关系,容纳知性与智慧,客观与主观,以及唯物主义和唯心主义"②。在对地理学进行研究的过程中,哈维认识到,地理学不应仅仅局限于自然科学之中,还应该面对社会历史实践,开拓更为广阔的领域。这一见解也与当时他所处的现实状

---

① [美]理查德·皮特:《现代地理学思想》,周尚意等译,商务印书馆2007年版,第38页。
② 同上书,第41页。

况有关。1969 年,他从布里斯托尔移居到巴尔的摩,在约翰·霍普金斯大学新组建的地理学和环境工程系工作,在这里主要是把社会科学家和环境科学家聚集在一起研究水污染和城市烟雾等诸如此类的现实问题。同时,他还遇上了一群热衷于阅读马克思的学生和同事。这一历史契机使哈维重新审视自己的学术之路,并开始走上了阅读马克思《资本论》的艰辛之路(这一阅读长达40 年之久),这也为他发现和填补马克思主义理论空白奠定了良好的理论基础。

1973 年出版的《社会正义和城市》(Social Justice and the City)正是这一艰辛阅读的阶段性成果,标志着哈维从一个实证主义地理学家走向了人文地理学家,从一个逻辑实证主义者走向了马克思主义者。许多评论家称这一转变为"重要的逆转",造成了"青年"哈维和"成熟时期"哈维的分裂①,体现了他对逻辑实证主义"科学方法"的失望与发现马克思主义理论的兴奋。这本书与美国社会中的批判思潮、激进思潮相呼应,产生了超出人文地理学界的广泛影响。

哈维除系统地阅读《资本论》之外,他还阅读了森岛通夫的《马克思的经济学》和保罗·斯维奇的《资本主义发展论:马克思主义政治经济学原理》。1982 年,他出版了《资本的限度》(The Limits to Capital),这本书使他实现了一个"惊人的跳跃"②,即从空间角度重构马克思主义经济学。他提出了一些马克思不曾遇到的问题,从而形成较为精致的解释当代城市化和空间问题的框架。这本书可以说是他之后工作的基础和出发点。哈维认为必须从资本主义历史、地理演化的两个基本矛盾入手来解释空间。第一个矛盾是"空间只能通过空间生产来克服";第二个矛盾是"资本主义的内在矛盾能够通过固定资本加以克服,但是这样做的时候,资本主义将其矛盾转移到更广阔的空间中,并使它的范围大大地拓展",不理解固定资本就无法理解城市问题。这本书不仅涉及马克思晚期作品的分析的局限性,而且涉及资本主义作为生活方式的有限性。然而,《资本的限度》出版之后并没有受到应有的重视。这主要是因为 20 世纪 60 年代的那场政治运动只持续了十年,但这却使哈维转

---

① Cf.Eric Sheppard,David Harvey and Dialectic Space-time,in Noel Castree & Derek Gregory (eds.),*David Harvey:a Critical Reader*,Oxford:Blackwell,p.121.

② Cf.David Harvey,*Spaces of Capital:Towards a Critical Geography*,Edinburgh:Edinburgh University Press,2001,p.10.

向了马克思主义;其次,哈维地理学家的身份,使这本书被局限在地理学的范围内。①

紧接着,在 1985 年,他出版了《资本的城市化》(*The Urbanization of Capital*)与《意识与城市经验》(*Consciousness and The Urban Experience*),这两部著作均致力于运用马克思主义的批判方法揭露资本主义社会中政治经济与城市地理、城市社会弊病之间的关联性。在他看来,城市不是一个物,而是一个过程,它与资本生产密切相连;城市化研究必须关注资本积累;劳动力、商品以及货币资本的流动;生产的空间组织和空间关系的变革;以领土为基础的阶级联盟之间的信息和地理的冲突等问题。在这个意义上,地理成为"第二自然",是在资本的控制下产生,并体现了政治权力。

在 20 世纪末,后现代主义思潮影响着西方学术界,学者们莫不把关注焦点对准后现代主义,哈维也不例外。1989 年,他出版了《后现代的状况——对文化变迁之缘起的探究》(*The Condition of Postmodernity*)一书。这部著作被认为是对后现代社会秩序与非秩序性的精彩阐述。这一时期,他借助空间范畴来建构他的理论体系。相比较以前的论述,他对空间的理解更加游刃有余,以一种更加开阔的视野和深刻的历史底蕴把地理学想象植入到社会理论之中,从而为现代化事业提供一种可靠的方案。他指出,后现代主义城市反对现代主义的那种理性规划,而倾向于个性化的美学追求,"空间属于一种美学范畴"。这本书的出版标志着他开始以一种积极的姿态介入当代政治话语的论争过程中。

1996 年,哈维出版了《正义、自然和差异地理学》(*Justice, Nature, and the Geography of Difference*)一书,试图探讨社会正义和环境正义,以一种新的方法对城市化的未来进行思考,并确立对一些基本概念(如空间、时间、位置、自然等)的理解。书中还描述了地理上的差异是如何产生的,并且如何彰显政治性的。可以说,这本著作具有很强的实践性和政治性,关注了当今社会很多重大的社会和政治问题。

在 2000 年,他又出版了另一本讨论后现代性的著作《希望的空间》

---

① Cf. Noel Castree, David Harvey: Marxism, Capitalism and the Geographical Imagination, *New Political Economy*, Vol.12, No.1, March 2007, p.100.

（*Spaces of Hope*）。哈维强调后现代性是一种新的对时间与空间的经验方式，即对时间与空间的高度"压缩"，生活变得急促而空虚。他从地理学家特有的角度提醒人们，地理考察是认识人与人差异的重要起点。哈维仍然以批判的视角，指出迪斯尼乐园、郊外封闭小区等是一种"变质的乌托邦"（degenerate utopias），这些貌似欢乐、闲雅的人造小区使人忘记了外面的充满麻烦的真实世界。2001 年，他出版了《资本的空间：批判地理学》（*Spaces of Modernity*）。2003 年，他出版了《新帝国主义》（*The New Imperialism*）和《巴黎，现代性之都》（*Paris, Capital of Modernity*）。2005 年，哈维出版了《新自由主义简史》（*A Brief History of Neoliberalism*）。2006 年，他出版了《全球资本主义的空间》（*Spaces of Global Capitalism：Towards a Theory of Uneven Geographical Development*）。通过这些著作，哈维实现了地理学知识、政治力量与资本主义空间生产的有机结合，促使资本主义向人性化的方向发展。最近，他的兴趣回到了原点：对资本的研究，并出版了《资本之谜》一书，对发生在当下的经济危机进行了深入的分析和研究。他试图回答：为什么资本主义主宰世界，为什么会造成金融危机。随着理论思想的逐渐成熟，哈维把关注的焦点对准现实社会，剖析和解决当前社会中存在的问题和症结，这也为他赢得了广泛的声誉。

1972 年，英国皇家地理学会授予哈维"吉尔纪念奖"（Gill Memorial Award），以表彰他"对理论地理学的诸多贡献"。1982 年，他获得了美国地理学家联合会荣誉奖，嘉奖他在发展人文地理学分析方法和行为研究的哲学基础方面，以及在应用古典政治经济学原理对城市地理现象提供新的解释方面所作的杰出贡献。1989 年，哈维获瑞典人类学暨地理学社颁赠的安德斯瑞特祖斯（Anders Retzius）奖章。1995 年，他又获得了地理学上的诺贝尔奖："瓦特林·路德国际地理学奖"。2007 年，哈维当选为美国艺术与科学学院院士。

总之，哈维地理学家的身份使他在研究活动中莫不依赖于空间批判理论，并据此深入探索社会问题，同时把触角伸入到建筑学、城市规划理论、哲学、社会理论、政治经济学等多种学科。

如果说时间概念是人类文明发展的经度，那么空间概念则是人类文明发展的维度，时间和空间构成了人类文明的整个发展脉络。人类文明在时间和空间交织的语境中不断创新、嬗变和维系。然而，从 19 世纪到 20 世纪上半叶"历史"（时间）始终作为一种时代精神占据主导地位。维科、黑格尔、克罗齐、

汤因比等人的历史哲学雄踞人类思想的舞台。这一时期,思想家们往往沉湎于历史的想象之中,而漠视空间的存在。社会理论在达尔文进化论的原则指导下,注重时间性,强调线性进化,这是一个空间观念奇怪缺失的历史时期。正如福柯所言:"空间在以往被当做是僵死的、刻板的、非辩证的东西。相反,时间却是丰富的、多产的、有生命力的、辩证的。"①空间的重要性被淹没在了历史(时间)之中,是何种原因造成了这一时期"空间纬度"的缺失? 退一步说,假设空间并没有消失,它以怎样一种隐秘的形式存在着?

直到20世纪中期,随着资本主义经济的飞速发展、城市化进程的加快、全球化浪潮的兴起,空间才开始从历史的阴霾中走出,登上了时代的舞台。思想家们开始重新思考空间的价值和意义。尤其是后现代思潮的兴起,空间被提上了议事日程。用麦克尔·迪尔的话说:"后现代思想的兴起,极大地推动了思想家们重新思考空间在社会理论和构建日常生活过程中所起的作用。空间意义重大已成普遍共识。"②但是,这里所说的空间与传统意义上的空间是否等同? 如果不同,发生了怎样的变化? 空间是以怎样的形式彰显? 面对这些问题,哈维作为当代空间理论的集大成者走进了我们的视野。

第一节　历史—地理唯物主义的空间哲学

在《意识与城市经验》一书中,哈维第一次提到:"历史唯物主义必须升级为历史—地理唯物主义。"③这一观点的提出具有厚重的历史使命和鲜明的时代特质,是对20世纪中后期"空间"问题崛起的回应与反思。

一、新"空间"理念的崛起

埃里克·谢泼德(Eric Sheppard)曾经这样评价哈维:"他关于时空的思考

---

① [美]爱德华·W.苏贾:《后现代地理学——重申批判社会理论中的空间》,王文斌译,商务印书馆2004年版,第15页。

② [美]迈克·迪尔:《后现代血统:从列斐伏尔到詹姆逊》,季桂保译,载包亚明主编:《现代性与空间的生产》,上海教育出版社2003年版,第84页。

③ David Harvey, *Consciousness and The Urban Experience*, Oxford: Basil Blackwell and New York: Johns Hopkins University Press, 1985, p.xiv.

具有连续性；对时空进行建构性和相关性解读；思考时空如何被经验、认识及想象；以及对西方古典哲学的继承。"①笔者非常赞同埃里克·谢泼德的分析和理解。哈维提出历史—地理唯物主义并不是偶然的，而是基于空间问题的崛起之上的。

在传统的马克思主义研究中，大多数学者重视时间，而忽视空间。一些人认为，马克思继承了黑格尔对"时间"的重视，历史唯物主义思想的形成说明马克思、恩格斯重视历史科学。如安东尼·奥罗姆所言，马克思、恩格斯的目光似乎主要集中在"社会阶级产生和消亡的研究。马克思十分关注阶级的本质以及任何促进社会历史发展的因素……在马克思的著作中占有绝对主导地位的概念是时间而不是空间，更不是地点。历史更多的是按照时间序列展开的，不是空间或地点"②。

表面上看，马克思像其他的社会理论家一样，给予了时间和历史优于空间和地理的地位。然而，这并不意味着马克思、恩格斯忽视空间问题。事实上，他们从宏观角度揭示了资本主义工业文明发生背景下社会空间发生变革的必然性。他们通过对地理大发现、资本原始积累过程的概括，揭示了人类文明空间结构由分散孤立到整体发展的演化趋向。"美洲的发现、绕过非洲的航行，给新兴的资产阶级开辟了新天地。东印度和中国的市场、美洲的殖民化、对殖民地的贸易、交换手段和一般商品的增加，使商业、航海业和工业空前高涨，因而使正在崩溃的封建社会内部的革命因素迅速发展。"③这种空间改变的内在逻辑也可表述为资本主义"按照自己的面貌为自己创造出一个世界"。"它使未开化和半开化的国家从属于文明的国家，使农民的民族从属于资产阶级的民族，使东方从属于西方。"④可见，对于马克思来说，现代性实际上是有强制性空间扩张趋势的资本主义的同义语。资本主义兴起和发展的过程，实际上也就是其占有空间、重组空间的过程。空间，作为人类经验的维度，在马克思、

---

① Noel Castree and D. Gregory (eds.), *David Harvey : a Critical Reader*, Oxford：Blackwell, 2006，pp.120-122.

② ［美］安东尼·M.奥罗姆、陈向明：《城市的世界——对地点的比较分析和历史分析》，曾茂娟、任远译，上海人民出版社2005年版，第11页。

③ 《马克思恩格斯文集》第2卷，第32页。

④ 同上书，第36页。

恩格斯那里,虽然没有以专门的方式展开,却是他们理解资本主义的中轴。

一些学者认为,马克思主义所强调的是一种线性发展观,过分强调总体性这种宏大叙事,不符合当代社会发展的需要。同时,资本主义社会出现了工人阶级被整合的趋势以及"超稳定"局面,资本主义发展进入了"后资本主义时期"。马克思所预言的资本主义灭亡前的种种征兆在"后资本主义"社会已不复存在,资本主义的阶级性质已发生改变,马克思主义已经过时了,历史唯物主义已经失去了市场。"'后马克思主义'已经让位于对后现代主义的崇拜,让位于后现代主义的偶然性、破碎性和异质性,让位于对所有整体性、系统、结构、过程和'宏大叙事'的敌意。"[1]

从全球化的时代背景来看,较之马克思时期,当今最显著的两大特征是全球化和城市化。社会历史条件在世界规模上已发生了极大的变化。随着科学技术的发展,全球化的浪潮迅速席卷了整个世界。今天,无论愿意与否,你都不得不承认,我们正在"被全球化着"。世界上所有国家都被卷入到了全球化的浪潮中,以交通、通信为核心的技术革命,带来了人员、资金、信息在全球规模上的高度流动,生产、技术、资本、劳动力在全球空间中重新布局。"全球化"向人们描述了这样一种历史趋势:人类社会生活开始由摆脱地域性的界限而真正卷入到一个复杂的全球决定机制中,民族国家的经济、文化边界变得含糊不清。人们对交通、通信和信息技术的态度已经发生了很大变化。20世纪,资本主义在世界范围内从工业社会转向都市社会,"据估计,1800年,世界人口中只有3%的人生活在城市;1900年,上升到14%,到1975年,上升到41%;预计到2025年将有60%的人生活在城市。除了都市人口的急剧增长以外,都市化在资本主义经济体制中所产生的作用也越来越巨大,因为空间及都市社区资源都可以用来产生利润"[2]。全球化与城市化进程改造着我们对空间的体验,也深化了对空间理解的视域。空间不再简单地以地理学、自然科学的方式存在着,而是包含更为广阔的理论视野。空间从来没有像今天这样深深地牵连着经济、政治和文化领域的实践活动。尤其是后现代思潮的兴起,空间被提上了议事日程。福柯也在《其他空间》中说,空间成为理论关注的对

---

① ［加］艾伦·梅克森斯·伍德主编:《民主反对资本主义——重建历史唯物主义》,吕薇洲等译,重庆出版社2007年版,第1页。

② Allan G.Johnson, *The Blackwell Dictionary of Sociology*, Oxford:Blackwell,1999,p.307.

象,并不是一件新鲜事,因为我们时代的焦虑与空间有着根本关系。可以说,20 世纪末,在社会理论中,出现了"空间转向"。

因此,作为时代精神精华的马克思主义,就必须适时调整策略和内容,充分彰显出马克思恩格斯文本中丰富的空间思想。哈维正是以此为出发点,把在传统马克思主义理论研究中被忽视的空间发掘出来。他始终认为,在当代西方资本主义社会"后现代"的语境之中,马克思主义作为理论批判的武器并没有丧失其有效性和锋芒,历史唯物主义依然可以用来解剖各种从表面上看来令人眼花缭乱和争论不休的现象。因为马克思主义是关于资本主义的理论,只要资本主义存在,马克思主义就具有理论价值和意义。更具体地说,资本主义并没有放弃掠夺的本性,只是以隐形的方式,实施着它的掠夺,它以全球化的方式展开着它对全球的殖民扩张,"全球化这个术语是帝国主义的代名词"①。在此基础上,哈维提出了历史—地理唯物主义,他以空间为切入点,重新定义和塑造马克思主义的当代价值和意蕴,并凝练出以空间为中心的新的思维范式,明确提出了这一思维范式的四重原则。

二、历史—地理唯物主义的四重原则

在哈维看来,在历史唯物主义的传统中,空间的重要性一直被时间的维度所遮蔽,这使得康德哲学中的时空双维世界成为只强调时间的单维世界,只有强调历史—地理的双重含义才能完整地表达资本主义社会。

在《后现代的状况》一书中,哈维认为,新左派放弃了对历史唯物主义的信任,转而向文化政治上推进,某种程度上,这脱离了批判观点,从根本上说,也就脱离了马克思主义。这是因为一些人对历史唯物主义的误解造成的。正如艾伦·梅克森斯·伍德在《民主反对资本主义——重建历史唯物主义》一书的"导言"中指出,在马克思主义的发展史中,一直存在着两种历史理论。一种认为,历史唯物主义根植于对政治经济学的批判,并在马克思主义史学研究成果中达到了高峰。另一种历史理论则偏好技术决定论和生产方式机械替代的单线发展理论。这种理论意味着生产力是一个从低级向高级的发展过程,

---

① ［美］萨米尔·阿明:《资本主义、帝国主义、全球主义》,载［美］罗纳德·H.奇尔科特主编:《批判的范式:帝国主义政治经济学》,施杨译,社会科学文献出版社 2001 年版,第 217 页。

很难把它与社会进化论区别开来,这种理论在苏联时期占据重要地位。同时,也因为苏联的影响使这种理论在马克思主义中占据统治地位,从而忽视了马克思主义的第一种理解。可以说,西方很多学者对历史唯物主义的批判是站在后一种观点上展开的。如哈贝马斯曾指出,历史唯物主义存在三个方面的问题:第一,不加反思的历史客观主义;第二,从存在和意识的关系上批判资产阶级的规范内容时,同时否定资产阶级的规范和价值中内在的有用因素;第三,忽视道德规范结构在社会进化中的重要意义。这种对历史唯物主义的片面理解,是根据斯大林的历史唯物主义展开批判的。

在哈维看来,马克思主义最根本的特征就是批判性,是对资本主义政治经济生活的批判,历史—地理唯物主义就是为了全面地实现这种批判性,它是一种社会—空间的动态批判原则,含四重方法论原则:差异性原则、象征性原则、内在性原则与开放性原则。

(一)差异性原则

差异性原则是指在进行社会批判时,必须考察事物间的多元性特征,它由空间的异质性和关系性特征决定,"空间一直是个性化和社会差异的基本手段"①。的确,传统的马克思主义强调宏大叙事,用大而全代替了差异和区别。在交通、通信等技术高度发展的今天,世界已成为一个整体被囊括起来,同时,阶级、生态、种族、国家等问题发生着深刻的变革。因此,必须以一种差异的方法把握社会历史,这就需要把空间引入社会批判之中。

空间中存在着冲突和矛盾,集中体现就是区域间的不平衡发展。哈维认为,历史—地理唯物主义正是以动态的社会—空间分析原则强调了不平衡发展。不平衡地理发展首先跟资本的两个倾向有关:第一,资本的流动性倾向。资本倾向于向可以获得最多利润和好的环境流动;第二,固定资本障碍。对固定资本的投资为未来的资本循环制造了障碍。哈维把这一问题分为两个部分:空间规模的生产与地理差异的生产。

空间规模的生产意味着人们总是预先设定空间规模的等级,比如,全球、洲际、国家、区域、地方、个人,等等,这就预先制造了不平衡的地理发展。接着

---

① David Harvey, Between Space and Time: Reflections on the Geographical Imagination, *Annals of the Associate of American Geography*, Vol.80, No.3, 1990, p.419.

资本本身运行的两个倾向，更加剧了这种不平衡。在这其中，哈维还指出，人类并不会坐以待毙，虽然自然上存在着天然的差异，但是并不意味着这种差异不可改变。空间规模永远不是固定的、不变的，它会根据内容、程度、需求而不断改变和重新定义。在哈维看来，"地理差异远远大于纯地理的遗产。它们总是不断地被当前发生的政治—经济和社会—生态过程所再生、维持、破坏和重构"①。当代社会的一切变化，都从地理的角度打上了深深的烙印，而且这也是显而易见的，所有大都市都在地理角度上发生了巨变。

不平衡地理发展就是要把空间规模的生产和地理差异的生产结合起来，只有这样的理解才不会陷入行动上的错误中去。同样，"正是通过对不平衡地理发展的了解才使得我们能够更加充分地认识当前资本主义全球化轨迹中的激烈矛盾。这有助于重新定义政治行动的可能领域"②。

（二）象征性原则

象征性原则是空间分析所内含的原则之一，它强调"地理学想象"，是指对场所、空间和景观在构成和引导社会生活方面的重要性的一种敏感。在哈维看来，地理学想象力"能够使……个人去认识空间和地区在他们自己经历过程中的作用，去协调与他们看得见的周围空间，去认识个人之间和组织之间的事物关联是如何受到分离他们的空间的影响……去评价发生在其他地区的事件的关联性……去创造性地改变与使用空间，以及去正确评价由他人创造的空间形式的意义"③，着眼于解释社会生活的基础部分。在哈维看来，社会生活中，存在着大量的空间问题，比如静坐抗议、街头游行、巴士底狱暴动、柏林墙的拆除，等等。我们不能只是根据现象本身的状况分析问题，还应发掘其背后所蕴含的象征意义，这就需要合理而正确地运用历史—地理唯物主义的象征性原则。

哈维把地理学想象与社会理论密切地结合在一起，他赞同布迪厄、莫尔等人的观点：不同的社会性质产生不同的时空观。这主要是因为时空的社会定义是根据客观事实决定的，同时还揭示了社会再生产的全部过程。时空观和

---

① ［美］大卫·哈维：《希望的空间》，胡大平译，南京大学出版社2006年版，第74页。

② 同上书，第77页。

③ ［英］R.J.约翰斯顿主编：《人文地理学词典》，柴彦威等译，商务印书馆2004年版，第253—254页。

社会是一个双向互动的过程。社会事实决定着时空观,同时时空观也反过来影响和造就社会事实。尤其是在当代,这一现象更加明显地影响着人类的社会生活。可以说,一个社会空间往往内在地象征着,"一个社会空间结构的分配,表明了不同的角色、行为的范围和这个社会秩序下的权利路径"①。

　　空间包含了社会的象征性。时空体验的不同构成了现代主义和后现代主义的分水岭。对于当代资本主义社会的主要特征,哈维使用"时空压缩"来描述,时空压缩是指"资本主义的历史具有在生活步伐方面加速的特征,而同时又克服了空间上的各种障碍,以至世界有时显得是内在地朝着我们崩溃了"②。"资本主义卷入了一个长期投资于征服空间的难以置信的阶段。铁路网的扩展,伴随着电报的出现、蒸汽轮船的发展、修建苏伊士运河、无线电通信以及自行车和汽车旅行在那个世纪末的开始,全部都以各种根本的方式挑战时间和空间的意义。"③这只是空间的自然属性,从根本上讲,时空体验的变化造成了社会的变革,同时,这种变革又影响着时空体验。只有运用历史—地理唯物主义的象征性原则才能拨开层层迷雾,还原空间的社会含义。

（三）内在性原则

　　内在性原则是指在理解社会问题时必须从结构性的角度出发。哈维深受法国结构主义者阿尔都塞的影响,把社会批判中的诸种因素吸收进来,这表明人们所理解的空间,并不仅仅是指空间本身,而是包含时间的空间。

　　在思想史上,一直存在着时间和空间对立的看法(早在康德那里就已经蕴含了时空二分的思想)。一些理论家只强调空间,他们对现代主义的线性时间大多嗤之以鼻。他们认为,"线性时间"是令人生厌的技术的、理性的、科学的和层系的。现代性注重时间,这就从某种程度上剥夺了人类生存的欢乐。另外,他们认为,时间是人们的一种发明创造,是语言的一项功能,因此它是随意的和不确定的。只有空间,才能更好地表达时代的特征和意蕴。借用昆德拉在《笑忘录》中的一段话可以很好地表达后现代主义者的这种理解:

　　　　在历史依然缓慢前行的时代,不多的事件很容易铭刻在记忆之中,编

---

①　David Harvey, *Between Space and Time: Reflections on the Geographical Imagination*, p.419.

②　[美]戴维·哈维:《后现代的状况——对文化变迁之缘起的探究》,阎嘉译,商务印书馆2003年版,第300页。

③　同上书,第329页。

织成一个无人不晓的背景，其前台上演着令人牵肠挂肚的私人生活的诸多传奇。今天，时间在大步前进。历史事件一夜之间即被遗忘，晨光降临便如闪烁的朝露般飘逝，因此也就不再是叙事者故事中的背景，而是过于稀松平常的私人生活背景前上演的一幕出人意外的传奇。历史正从人们的记忆中消失。①

然而，有另外一种态度，"重新将历史的构建与社会空间的生产紧密地结合在一起，也将历史的创造与人文地理的构筑和构形结合在一起。从这种富有创造性的结合中正生成出各种新的可能性"②。哈维就是这种态度的代表。他认为，时间和空间是两个不可分割的范畴，这可能与他地理学家的身份有关。绝大多数地理学家都把时间和空间作为现实的基础。各种各样的重要的存在是与它的概念密切联系在一起的。简单回顾一下地理学发展史，在20世纪50年代和60年代，学者们试图从一个描述科学到预言性科学来重塑地理学，这为地理学的时间—空间思考进程提供了一个清晰的界限。在地域性的描述的地理学传统范式上，时间和空间是二分的。预言性的地理学使这种二分发生了转变，从描述和解释地理模型到理解地域动态经济和人类社会行为的本性。因此，从关注纯粹的空间形式到时间和空间中的客体运动和事件变迁，把城市发展和其他的一些现象作为空间扩散的过程。

哈维试图把空间和时间结合在一起。空间经验的变化总是涉及时间经验的变化，反之亦然，尤其是在解释相对的空间时，哈维说道："无法独立于时间之外来解释空间。"③这一观点也贯穿于其学术研究的始末，在《地理学的解释》一书中，他思考如何使时间和空间平衡。在《后现代的状况》一书中，他思考资本主义是如何重塑空间和时间的。更为重要的是，从《地理学到解释》开始到《正义、自然和差异地理学》，他试图以空间—时间取代时空二分法。因此，哈维所说的空间是包含了时间的空间，是更为广泛意义上的空间。

（四）开放性原则

历史—地理唯物主义是一种无限制的和辩证的探究方法，而不是一种封

---

① ［捷］米兰·昆德拉：《笑忘录》，王东亮译，上海译文出版社2004年版，第12页。

② ［美］爱德华·W.苏贾：《后现代地理学——重申批判社会理论中的空间》，王文斌译，第17页。

③ David Harvey, *Spaces of Neoliberalization*: *Towards a Theory of Uneven Geographical Development*, Weisbaden: Franz Steiner Verlag, 2005, p.95.

闭的和固定的理解实体,这也是马克思主义哲学最鲜明的特征之一,"我们的理论是发展着的理论,而不是必须背得烂熟并机械地加以重复的教条"①。显而易见,当今的资本主义社会发生了根本变化,"客观的时空必须发生变化以适应社会再生产这一崭新的物质实践"②。

一提及空间,立刻就会想到封闭性,然而这是对空间的狭隘解读。在哈维看来,这种空间是牛顿、笛卡尔所说的绝对空间。他把空间分为:绝对空间、相对空间和关系空间。在社会生活中,关系性空间发挥更多的作用和影响,其最大的特征就是开放性。"关系性的空间观点认为,在界定空间或时间的过程中,没有空间或时间这样的东西存在(如果上帝创造了世界,那么也是在许多种可能性之中,选择要创造特殊类型的空间和时间)。"③关系空间主要包括内在关系的观念,也就是说,理解一个事物时,不可能仅仅依靠事物本身来理解,还取决于环绕着那个点而进行的一切其他事物。关系空间可以表达更多的内容和含义,可以驾驭更为丰富的内容,"唯有在最后这一种架构里,我们才能开始掌握当代政治的许多方面,因为那是政治主体性和政治意识的世界"④。历史—地理唯物主义正是借助于关系空间实现对资本主义社会的政治解读。

资本主义社会是不断发展变化着的,这也是社会再生产和转化的内在需求。作为解释其内涵的方法论,历史—地理唯物主义也必定是开放和发展的,只有这样才能从本质上理解资本主义,而不是仅仅局限在一定时期。

历史—地理唯物主义是哈维重新构建马克思主义的元理论。差异是无所不在的和基本的社会的辩证法。象征性与内在性是社会生活的基础部分,开放性则是社会再生产和转变的基础,这四个方法论原则相互牵制、互相影响,共同构成了解释资本主义世界的总方法。质言之,历史—地理唯物主义实现了地理学与唯物主义研究的结合,地理学与马克思主义的结合,实现了时间与空间的双向互动,正如苏贾所言:"这种历史地理唯物主义并不仅仅是在空间

---

① 《马克思恩格斯文集》第10卷,第562页。

② David Harvey, *Between Space and Time：Reflections on the Geographical Imagination*, p.419.

③ David Harvey, *Spaces of Neoliberalization：Towards a Theory of Uneven Geographical Development*, p.96.

④ Ibid., p.100.

上对经验结果的追溯，也不仅仅是在时间上对社会行为在空间上的诸种制约与限制进行描述，而是振聋发聩的呼喊，呼吁对总体上的社会批判理论……以及对我们审视、定义、阐释事物的许多不同的方法，进行一次彻底的改革。"①

三、历史—地理唯物主义的解释学意蕴

空间，作为人类经验的维度，长期被忽视和淡忘。直到列斐伏尔出版了《空间生产》一书，才开始了对马克思主义空间理论的重新解读。之后，随着福柯、卡斯特、鲍德里亚等人的关注，空间逐渐走出了阴霾。在这些人之中，哈维是独具特色的。他没有完全拘泥于对理论的解读，一方面他把自身的理论逻辑严格地限制在马克思主义的传统中；另一方面，则试图以空间的视角来整合各种新社会运动，并提出新型的实践旨趣。他提出历史—地理唯物主义是把空间作为一种新的范式，将历史叙事空间化，实现了思维范式的革命，从空间角度推动了历史主义的进一步发展，实现了对资本主义的现实关注，具有深刻的解放旨趣和政治意识，从一个新的角度回答了马克思所说的"哲学家们只是用不同的方式解释世界，而问题在于改变世界"。空间思维范式的形成，在解释学上具有重要的方法论意义。

从某种意义上讲，哈维的空间理论已经形成了一种新的思维范式。我们知道，每一种科学、每一个社会发展阶段，都有它关注的问题和讨论的主题。受列斐伏尔等人的影响，再加之当代社会的独特语境，哈维认为，当代社会最为重要的就是一种空间的思维方式。空间不再是一种"自然的常态、一种外生变量"，一种外在性的存在，而成为"我们理解社会结构和历史变迁的关键所在"②，成为本体性的存在。哈维赞成和继承了列斐伏尔所说的，不是在空间中生产，而是空间生产。在这个基础上，空间具有了本体论和方法论双重意蕴。

无论是分析资本主义经济学，还是寻找替代性方案，哈维莫不是从空间出

---

① ［英］爱德华·W.苏贾：《后现代地理学——重申批判社会理论中的空间》，王文斌译，第68—69 页。

② ［英］约翰·哈萨德编：《时间社会学》，朱红文、李捷译，北京师范大学出版社 2009 年版，第 1 页。

发,运用社会—空间方法,去展现当代资本主义社会运行的全面图景的。把空间作为一种新的思维方式是时代的要求。"在历史唯物主义以及更广泛的批判理论框架引入空间,这并不仅仅是简单的增量变化,即将另外一种新颖的变项或模式并入那些古老且未受质疑的重要的叙事。"①正如恩格斯所说:"一切社会变迁和政治变革的终极原因,不应当到人们的头脑中,到人们对永恒的真理和正义的日益增进的认识中去寻找……不应当到有关时代的哲学中去寻找,而应当到有关时代的经济中去寻找。"②从没有一个时代像当今时代一样强调社会的格局和时空变换,也从没有一个时代如当今时代一样被充分置于时空之中。全球化、城市化的浪潮席卷而来,这是一个空间的时代。把空间作为一种新的思维方式是理论的选择。受进化论的影响,以往的社会理论总是把社会当做一个"过程",强调其线性发展和对规律的把握,忘记了社会区别于自然的空间的复杂性,这种局限性无法解释社会生活中所面临的一些新问题。这就需要从理论上引进"空间",重新把握社会的复杂性。

第二次世界大战后,许多唯物主义者开始关注空间的价值。哈维不仅加入这一对空间关注的时代潮流中去,而且,通过自己的研究,尝试推进历史唯物主义的革新,认为"历史唯物主义需要升级为历史—地理唯物主义"。苏贾也指出,法国理论家列斐伏尔对于历史—地理唯物主义的出现给予了强有力的理论支撑。列斐伏尔最著名的作品是《空间生产》,他的一生,主要是反对结构主义的马克思主义者阿尔都塞。列斐伏尔把空间当做动态的物质力量来促进社会生活。把空间从马克思主义中彰显出来是其自身的一场革命。这是因为今天的时代较之马克思时代,发生了很大的变化。对马克思主义哲学的理解,也应随之发生变化。马克思主义不是僵化的、封闭的体系,而是开放的、丰富的理论学说。马克思主义为了实现自身的使命,必须调整政治策略和理论结构。

因此,哈维对历史—地理唯物主义的理解和阐释是对发展马克思主义的一种新的尝试和突破。他试图借助空间来实现对资本主义社会的分析和批判,他的主题在经验层面上具有指导意义,体现着理论和实践的结合。总之,

---

① ［英］爱德华·W.苏贾:《后现代地理学——重申批判社会理论中的空间》,王文斌译,第69页。

② 《马克思恩格斯文集》第3卷,第547页。

空间思维范式的进展是马克思主义哲学自身发展的一场深刻变革，它以时空为出发点，全方位地思考当今资本主义社会的方方面面。

在马克思主义以及西方马克思主义庞大复杂的理论中，内含着一个不变的主题，即对资本主义社会的批判，批判性是蕴藏其中的逻辑线索。今天，我们不得不接受资本主义全球化所带给我们的时空改变。哈维所做的努力对于我们理解资本主义作出了重要的贡献，他呈献给我们的一系列概念回答了为什么资本主义把它自身的历史和地理连接在一起的问题。

资本主义的发展并不是简单的历史和地理的变化，相反，资本主义是囊括一切的空间性和时间性。时空是资本主义的 DNA，是资本主义的运行硬盘。哈维以马克思的方法为依据，借助空间从三个方面实现了对资本主义的解读。第一，经济性。"我在这里只是要声明，关于空间和时间的新心理概念和物质实践的结构，是资本主义作为一种特殊的社会经济学体系兴起的基础。"①他还认为："空间关系和全球空间经济的建构和再建构，正如亨利·列斐伏尔（Henri Lefebvre）敏锐地指出的那样，是资本主义能够存活到 20 世纪的主要手段之一。"②第二，文化性。空间可以很好地表现当代资本主义文化的主要特征，尤其是时空压缩对后现代主义所言说的碎片化、差异、毁灭的深入诠释。第三，政治性。全球化把世界压缩在一个"村子"里，我们的身份也因此发生根本变化，我们究竟是谁？我们属于哪个空间/地方？我们是世界的公民还是国家的或地方的公民。因此，"坚持某种时空观是一个政治决定"③。

总之，在四十多年的研究中，哈维以其独特的"历史—地理的唯物主义"视角为分析当代资本主义作出了重要的理论贡献，并在此基础上提出了空间批判理论，以此从经济生活、文化生活、政治生活三个角度实现了对人的解放命题的深度思考。他不仅成为马克思主义空间研究最杰出的代表，而且为"现代性"、"全球化"、"后现代主义"、"文化研究"等多个论域提供了重要的理论资源，并成为占据这些论域的一个重要左派旗手。所有这一切，都与他坚持和发展马克思主义的空间思想相关联，都与他把空间思维发展成一种科学范式相一致。

---

① 孙逊、杨剑龙主编：《都市空间与文化想象》，上海三联书店 2008 年版，第 12 页。

② 同上书，第 13 页。

③ 同上书，第 23 页。

第二节　有机论的资本理论

马克思一生大量的时间都在撰写《资本论》,他认为,资本引领人类走进了一个新的纪元,"资本一出现,就标志着社会生产过程的一个新时代"①,即资本主义时代。资本主义社会的最大特征是资本的运行,因此,分析与研究资本是把握资本主义社会的关键。在 1982 年,哈维出版了《资本的限度》(*The Limits to Capital*),正是这本书使他从一个实证主义地理学家走向了马克思主义者。他从空间角度切入重构了马克思主义经济学。然而这本哈维付出艰辛和寄予厚望的书,在当时却没有引起广泛关注。直到 2001 年,《资本的空间》一书的出版,才使他获得很大的声誉。

一、马克思的资本积累理论

早在 19 世纪下半叶,达尔文进化学说兴起,随之在人文社会学科中,把人类社会等同于生物有机体的社会理论也应运而生。他们认为,社会是一个有机体,具有修复功能,可以自发调节自身的矛盾和缺陷。然而,伴随资本主义的不断发展,亚当·斯密、大卫·李嘉图等人初步发现了资本的运作原理,使社会有机理论受到了前所未有的挑战。

正是在这一背景下,马克思经过对资本主义的深入研究和分析,形成了社会批判理论,提出资本主义必然灭亡的论断。从此,这一论断成为萦绕在资本主义社会上空的幽灵。正如斯蒂芬·贝斯特、道格拉斯·科尔纳所说的:"对马克思说来,资本主义代表一种历史的断裂,代表中世纪被一个根据商品的生产、分配和消费组织起来的从根本上世俗化的现代世界所推翻。"②但同时,资本也让人们走向了支离破碎,走向了异化,"一切固定的存在都烟消云散"。具体而言,在资本主义的世界中,发生了几个层面的颠倒,主客体的颠倒、交换价值对使用价值的颠倒,等等。在资本主义制度中,客体是支配主体的,人发生了异化。工人沦落为一种商品,并确实成为最受扭曲的商品。在资本主义

---

① 《马克思恩格斯文集》第 5 卷,第 198 页。

② [美]斯蒂芬·贝斯特、道格拉斯·科尔纳:《后现代转向》,陈刚等译,南京大学出版社2002 年版,第 63 页。

社会中,人的地位没有提高,反倒是下降了、弱化了。商品开始支配人,最终走向了商品拜物教,人不再是康德所谓的"目的",而成了"手段"。交换价值对使用价值的颠倒是指,以前生产的目的是为了满足需要,而现在,生产的目的是为了实现交换。在当今资本运行中,对概念的炒作就能很好地说明了这个问题。商品生产是为了交换价值,创造利润。商品的胜利,使货币成为支配社会的力量和价值。"随着交换价值肆虐而来的,社会性——社会的需要、价值和关系——就不再是生产的目的和相关物。资本主义的功能是满足私人个人的贪婪欲望,而不是保证社会大多数人的需要。"①"当资本逻辑的发展超出工厂而渗透一切文化和人际的关系时,就产生深远的破坏和扭曲的影响。这个发生于经济之中进而影响到整个社会生活的颠倒直接进入文化的和个人的领域,使之商业化和充满了商品的幻想,最后本身成为商品,其个性与幸福实现于纸醉金迷的消费和对名望的崇拜之中。"②

在马克思看来,资本主义虽然把人类社会带入到前所未有的文明,但同时也暗含了它的结局。"在金融资本主义社会,钱能生钱;利润的创造通过抽象物增殖,而与商品世界并无明显联系,商品世界本身已往是社会关系和活动的抽象,受投机和贸易的无政府状态支配。因此,资本主义经济内在地隐藏着危机,因而可能会崩溃。"③资本主义内在地隐藏着的危机是什么？马克思认为,这就是资本追逐利润的本性,"为积累而积累,为生产而生产"。资本积累是与资本主义生产方式不相容的,这是资本主义自身所固有的、不可调和的矛盾,也是资本本身的逻辑。在资本主义制度中,资本家不断地扩大资本来实现利润的最大化,扩大资本只能靠不断地积累来实现。这就是他的资本积累理论,也被称为再生产理论。积累的实现是通过榨取更多的利润实现的,资本家通过不断地改革技术,提高生产效率,同时支付给工人更少的工资实现了最大化生产,生产过剩,市场中出现了大量剩余,但缺乏充足的购买力,这是由过度积累造成的,是过度积累的同一表现。于是经济危机爆发,整个资本主义走向了衰退期,失业、资本过剩、利润率下降、缺乏投资机会、市场中有效需求减少。经济危机是周期性的,是由于过度积累造成的,资本主义只要存在就不可能逃

---

① [美]斯蒂芬·贝斯特、道格拉斯·科尔纳:《后现代转向》,陈刚等译,第67页。
② 同上书,第69页。
③ 同上。

离这一命运。这是资本主义本身无法解决的疾症。当然,马克思也提出了世界市场的思想,提出了资本主义经济危机通过地域转移实现对过度积累的克服,但是在马克思看来,资本主义只要存在,过度积累就没有办法根本克服。

可以说,马克思对资本主义积累理论的分析是一种历史的分析,他强调资本主义经济危机是一个周期性的过程,虽包含了通过空间转移的方式暂时缓解经济危机的方法,但诚如哈维所言,马克思的积累理论告诉了我们地理性扩张和集中的必要性,但他并没有告诉我们何时、何地、如何实现地理性扩张和集中。①

在马克思之后,马克思主义理论家对马克思的积累理论都有发挥,比如列宁在提及"帝国主义"时对资本积累的看法。帝国主义,就是为划分世界,为了争夺殖民地,争夺经济领土。把世界囊括到资本主义经济体系是资本主义的本质追求,在帝国主义那里,地理扩张必然发生。在资本的原始积累时期,英法两国曾制定了"无主财产"原则,即:未被占有和开发使用的土地可以由那些使它产生丰厚的人合法夺取。这条原则极大地鼓舞了一些封建主和一些英国人、法国人漂洋过海去占有土地。卢森堡提出了"第三市场"的观点。她认为,随着资本主义市场中需求的饱和,使积累无法继续下去,因而必须找到资本积累的出口,也就是要在市场中寻找有效需求。有效需求源自何处? 源于非资本主义的经济模式中。非资本主义的经济模式,即"第三市场",只有在这里,才能够实现资本积累的继续。

这些观点中已经包含了空间的含义,但是他们并没有明确指出,这是因为长久以来,空间被认为是从属于时间的,不是主词,是次级意义上的,它的重要性被忽视了。直到20世纪60年代,空间范畴才被理论家们重新提及,并在社会科学理论中发起了一场"空间转向"。当然,转移到空间上并不是偶然现象,而是现实和理论发展的必然。尤其在资本主义经济大行其道的当代,对外贸易、殖民压迫、帝国主义等问题,都迫使理论家们不得不重新思考空间在当代的意义。其中哈维的观点是极具独特性的,他把马克思主义与空间在资本的逻辑中,巧妙地结合在一起,实现了对马克思主义的重新阐释和再发展。像

---

① Cf. David Harvey, "The Geography of Capitalist Accumulation: A Reconstruction of the Marxian theory", *Antipode*, Vol.7, No.2, September 1975, pp.9-21.

列斐伏尔一样,哈维因把空间整合到马克思主义政治经济学的核心而备受赞誉。[1]

二、对资本积累理论的改造

20世纪70年代,伴随着马克思主义地理学的兴起,哈维的影响力也越来越广泛,跨越了地理学范围,延伸至整个人文社会科学。从1971年起,哈维开始了对马克思《资本论》认真而深度的研读,并得出结论:第一,马克思对资本主义生产方式的分析是一种空间分析。马克思揭示了资本、阶级等都是一个过程、一种构造,因此,必须从资本积累的动力机制来理解资本主义的空间过程。第二,必须把物质生产本身当做一般范畴来考察。在这一点上,哈维认为,恩格斯把物质当做马克思主义哲学的中心范畴有失偏颇,它是一定的历史的形式,只有根据生产关系的一定的历史结构才能够理解。相反,必须把资本积累作为核心范畴加以考察,因为,资本主义的逻辑是资本运作的逻辑,全部资本主义的历史是资本的历史。可以看到,在对资本主义进行分析时,哈维把焦点对准了空间和资本。

1975年,哈维发表了题为《资本主义积累地理学:马克思主义理论的重建》一文。在此文中,他明确指出,在资本主义生产方式中,马克思积累理论的空间维度一直被人们所忽视,这主要是因为马克思对于这一问题的思考是零星的和粗略的,但是仔细阅读马克思的著作会发现,马克思认为资本积累是在地域中发生的,并随之产生了特定的地理结构。马克思进而提出了区位理论,证明了经济增长过程与空间结构结合在一起的可能性。[2] 哈维从积累理论、运输关系和空间一体化、对外贸易、帝国主义理论、资本积累五个层面阐释了积累理论与空间结构之间的关系。

在哈维看来,马克思资本积累论的核心是资本的积累,这是经济增长的动力,也不断地、持续地重塑着我们的生活世界。但是,资本积累却与资本主义的生产方式矛盾重重,频繁爆发的经济危机就是最好的证明。但这并不是说,经济危机就是资本主义的灾难,恰恰相反,经济危机具有一个重要功能——使

① Cf.Noel Castree,"The Spatio-temporality of Capitalism",*Time Society*,Vol.18,No.1,2009,p.28.

② Cf.David Harvey,*Spaces of Capital:Towards a Critical Geography*,p.237.

资本主义经济发展朝着有序化和合理化方向运行,它是资本主义进一步积累的可能。每一次经济危机,都伴随着经济的重组、技术的革新、财富的集中,这把积累过程转移到了一个更高的平台上。"资本渗透到了新的领域;创造了新的社会需要;使人口增长速度与长期积累相协调;从地理学视角,扩大了新的领域,增加了对外贸易扩大了出口,朝着世界市场发展。"①在这四项中,最后一项是资本积累带来的必然的空间有序化和集中化,这也是资本积累最为重要的一个后果。

接下来,哈维考察了在资本流通中,资本积累与空间结构之间的关系。承载流通的重要环节是运输和通信,在资本积累中,运输和通信是必不可少的,资本积累蕴含着克服空间障碍的需要,如何能够克服空间障碍,最直接的方式就是通过运输和通信。"工农业生产方式的革命,尤其使社会生产过程的一般条件即交通运输手段的革命成为必要",因此,它们"逐渐地靠内河轮船、铁路、远洋轮船和电报的体系而适应了大工业的生产方式"②。资本的特性是这样的,这已是资本积累的本质,"资本一方面要力求摧毁交往即交换的一切地方限制,征服整个地球作为它的市场,另一方面,它又力求用时间去消灭空间……资本越发展,从而资本借以流通的市场,构成资本流通空间道路的市场越扩大,资本同时也就越是力求在空间上更加扩大市场,力求用时间去更多地消灭空间"③。于是,资本积累被限制在了空间范围内来讨论,生产过程是依赖于交通工具和通信手段。生产可以更自由地在地域中展开,不再过度依赖于特殊环境和位置。但是,哈维认为,这却最终阻碍了资本积累的进一步进行。具体说,运输和通信属于固定资本,它们的建立不仅需要大量的资金,同时还需要一定的空间,并会形成特殊的地理景观,来促进资本的不断积累,但这恰恰也变成了资本积累的牢笼,从另一个层面限制了积累。资本主义的发展不得不在保存过去资本所投资的景观和摧毁这些建筑来创造新的空间之间作出艰难的抉择。

哈维认为,通常人们认为马克思所讲的对外贸易是一个历史性的概念,它被描述成资本主义生产方式的一个属性和资本主义社会形态研究的历史现

①　David Harvey, *Spaces of Capital: Towards a Critical Geography*, pp.241-242.

②　《马克思恩格斯文集》第5卷,人民出版社2009年版,第441页。

③　《马克思恩格斯文集》第8卷,第169页。

象。对外贸易是资本积累的前提和市场扩张的结果。哈维的认识却相反,他在阅读马克思的著作中注意到,对外贸易带来了地理位置和空间的变动。资本积累的实现必须通过扩张才能逃脱自身的矛盾。这种扩张既包含自身的强化(社会需求、人口总量等),也包含地域扩张。如果资本主义要继续存在,就必须产生和创造新的空间。最为极端的方式就是殖民扩张,政治上的表现形式就是帝国主义,当然对于这一问题,在哈维那里也是通过空间角度来考察。哈维认为,帝国主义是历史的产物,马克思的资本主义生产方式理论显然并没有产生一个历史的、具体的帝国主义理论。但通过前面的分析,资本积累理论和地理规模的重组构成了马克思的帝国主义理论。

如果说《资本主义积累地理学:马克思主义理论的重建》是浅尝辄止,零星地论述了资本积累与空间之间的关系,那么《资本的限度》则是全面而深入地从空间角度重建了马克思主义的资本积累理论。书中,哈维对马克思主义资本理论的重建是建立在对马克思的经济危机理论分析的基础上的,他把经济危机分为三个阶段:

第一阶段,资本家通过支付给工人少于他劳动价值的工资获得利润。同时,资本家还通过研发节约劳动力的技术来增加生产率,从而减少劳动力。这些手段加速了积累,使市场上出现越来越多的商品,但是因为工人工资的减少,无力购买这些商品,市场上出现大量商品。迟早这种过度积累的趋势会导致现实的危机(商品卖不出去,意味着投资无法收回利润)。资本创造了更多的资本,但却不创造机会,解决的途径是暴力事件。"一方面,资本不断要求降低劳动力成本,而另一方面则需要不断扩大消费,这就要求人们有足够的购买能力,这两者之间存在着不可克服的矛盾。这也是资本主义不能解决的众多矛盾之一。但总的来说,全球资本从不平衡的发展中获益,至少,在短期内如此。"[1]

第二阶段是一个补救阶段。通过信贷、投资等手段来缓解积累中断所带来的崩溃。这种倾向成功地通过剩余资本在信用系统中的取代和寻找一个"空间修复"来缓解第一阶段的情况。但哈维认为这种方式是潜在的和虚假的,并不能从根本上改变危机状况。

① ［加］埃伦·M.伍德:《资本的帝国》,王恒杰、宋兴无译,上海译文出版社 2006 年版,第102 页。

第三阶段,金融和信贷是积累必要资源实现大规模购买的重要机构,并且投资与收益之间存在一个缓慢过程。通过这些手段使资本从获利较少的地区流向获利较多的地区,这就从空间上缓解了过度积累和货币贬值。这一阶段真正实现了延缓危机。因为只有通过空间的方式才能从根本上来延缓危机的发生。"通过入侵新领土的地理扩张和空间关系的全新建构,来吸收剩余资本(有时是劳动力)。"[①]

在哈维看来,真正解决经济危机的是第三阶段。具体来说,通过从空间上转移来实现对危机的解决。在这里,他提出了四种空间方法。第一种,土地市场。它有助于改造建筑环境并使它变得具有灵活性,通过直接投资土地达到"最好和最高"的使用。对固定资产的投资和建筑环境的投资源于经济危机。这种类型的投资是劳动力密集型的,需要大量的资金和较长的周转时间,这能够极大程度上缓解过度积累的产生。第二种,从地理学角度划分生产位置和消费位置。生产位置是资本用来投资,消费位置则是产生投资利润、创造不确定性并且减缓资本积累:这种空间对利润的阻碍可以通过发展通信技术来加速商品和资本的运动缓解。第三种,资本主义全球化,也就是通过寻找新的投资市场来缓解过度积累的问题。第四种,领土管理组织。这有利于缓解当地资本积累,这是从空间角度延长资本的运行。

某种程度上说,经济危机时期是一个"时空修复的时期"。时空修复,简单地解释就是:特定地点因为过度积累产生了劳动盈余和资本盈余,需要通过时间和空间两种方式来解决这种过度积累的危机。总之,过度积累诱使资本家通过"时空修复"来销毁过时的固定资本和超额资本来投资建成未来生产的环境。《资本的界限》是要表达资本主义生产条件下存在着一个界限,"这不是一般生产的限制,而是以资本为基础的生产界限",或者更直接地说,"资本生产的真正限制是资本本身"。哈维的总体含义是指整个资本主义的生产、交换、分配、消费是一个整体,它构成了一个完整的空间构型,却包含着一个内在的矛盾。正如在《新帝国主义》一书中,哈维指出:"空间关系的生产和重新配置即使没有为资本主义危机提供一种潜在的解决方法的话,至少也推

---

① David Harvey, *Between Space and Time: Reflection on the Geographical Imagination*, p.425.

迟了危机的产生。"①这样，哈维就实现了对马克思主义的当代解释。

三、资本与"空间修复"

保罗-巴兰和保罗·斯威齐一致认为，现代资本主义社会的主要问题不是实现剩余价值的问题，而是处理"经济剩余"的问题。对于这一观点，哈维是赞同的。如何实现资本积累，并不在于获得更多的剩余价值，而在于使"经济剩余"再生产。当然，通过上面的分析发现，哈维认为，通过"空间修复"可以实现。

在这里，不得不重提卢森堡的"第三市场"。按照她的观点，要想实现资本主义的积累，就必须寻找一个"第三市场"，它是非资本主义的经济体，表面上，这可以说是对马克思主义积累理论的空间修正，但也正如哈维所认为的，这是对马克思的错误解读，因为资本主义的发展依赖于其他的生产方式，依赖于其他手段来创造积累的新空间。如果这种非资本主义经济体演化成资本主义，那么资本积累就终结了，资本主义也就终结了。事实上，她忽视了资本主义自身可以创造新的空间，这是资本主义本身所具有的能力。

很多人认为，哈维的资本主义积累理论与卢森堡的理论有异曲同工之妙，但事实上，这是一种误读。在哈维看来，资本积累理论的根源在于资本主义生产方式的"内在"逻辑，资本主义生产方式"内在"地创造着空间，而不是向外寻找，这才是空间维度的本质含义。

因此，在理解哈维的解读时，必须注意以下两点：

第一，总体的观念。和马克思一样，哈维也认为，资本主义生产体系是一个完整的体系，是生产和销售的流通过程，这个过程本身要求积累和扩大。然而，在后工业社会或者说都市社会，人们日益生活在空间的牢笼中，被空间因素所决定。这是不难理解的，在网络发达的今天，人们可以足不出户工作、聊天、交友、购物，等等，传统意义上的空间已经不存在，取而代之的是全新的生产、生活方式。虽然生活方式发生了变化，但资本主义生产方式本质上并没有改变，它是一个完整的体系，要以一种总体的观念来对待。

---

① ［英］大卫·哈维：《新帝国主义》，初立忠、沈晓雷译，社会科学文献出版社 2009 年版，第 73 页。

第二,空间与时间是密切结合在一起的。提出空间维度并不是不顾时间,相反,哈维认为,只有理解资本主义的历史性特征才能理解资本主义的地理学,反之亦然。对于资本积累而言,空间和时间是同等重要的,最为重要的是把空间和时间密切结合起来,而不是用空间来超越时间。哈维认为,空间和时间是不可分割的,而不是一者优越于另一者。可以用一个术语来表达他的这种思想,就是历史—地理唯物主义,它是重建资本主义积累理论的思想表达。资本积累是在资本主义历史中存在的,脱离了资本主义的历史背景,根本不存在资本积累。

艾伦·伍德也认为:"紧随其后的是一个我们称之为'全球化'的时期,也就是资本的国际化时期,其内容包括资本在全球范围内的自由、快速流动和最具掠夺性的金融投机。这与其他许多事情一样,不是对资本主义成功的反应,而是对其失败的反应。美国动用了自己对金融与商业网络的控制机制从而推迟了它的国内资本的清算日,使其得以将压力转嫁别处,并使到处寻求获利机会,疯狂进行金融投机的剩余资本的流动得以从容。"[1]这与哈维的观点很相似。只是,在哈维那里,以一种积极的姿态看待资本的这种流动。在伍德的观念中,这是帝国主义变相的掠夺。"从商业帝国到领土帝国的转化似乎是与资本主义本身具有以经济剥削形式和经济法则向超经济力量影响范围之外扩张来取代超经济形式趋势的观点唱反调。然而,从另外一个角度着眼,英帝国在印度的充满矛盾的发展进程是对该命题的一种反映,而并非反驳。"[2]

总而言之,在全球化浪潮席卷的今天,深入解读哈维从空间角度对马克思资本理论的重建,这为思考当代经济发展的脉络提供了新的思路和方法,尤其是如何以积极的态度、科学的方法、正确的行动应对资本主义国家以"空间"这种更为隐秘的形式对我们的剥削,尤显重要。

第三节　整体主义的社会批判

文化是人类生活的反映、活动的记录、历史的积沉,是人们对生活的需要

---

① [加]埃伦·M.伍德:《资本的帝国》,王恒杰、宋兴无译,第100页。
② 同上书,第86页。

和要求、理想和愿望，是人们的高级精神生活。关于文化较为确切的定义是"人类学之父"英国人类学家 E.B.泰勒给出的，他在《原始文化》"关于文化的科学"一章中说："文化或文明，就其广泛的民族学意义来讲，是一复合整体，包括知识、信仰、艺术、道德、法律、习俗以及作为一个社会成员的人所习得的其他一切能力和习惯。"

20 世纪下半叶，西方社会正经历着后现代主义的剧烈的文化变革。后现代主义是对自柏拉图以来的理性主义的彻底颠覆，无论是福柯还是巴特，不管是德里达还是利奥塔，他们像一群会打洞的老鼠在"五月风暴"之后把康德、黑格尔以来建立起来的辉煌巍峨的哲学殿堂给掏空了，自此，西方哲学的理性殿堂似乎在一夜之间轰然倒塌。不可否认，后现代主义是当代西方社会经济发展的必然产物，它反对基础主义、本质主义、人类中心主义等总体性的思维模式，开启了人类新的认识。哈维在其学术活动中，也自觉不自觉地卷入到这一文化变革的浪潮中去，尝试以马克思主义的基本立场和观点，分析这种文化变革的深层原因，借此展开对资本主义的批判。

一、后现代主义是另一种视角

后现代主义，作为 20 世纪 60 年代以来西方社会最为流行的文化思潮，引起了无数思想家对其追问、反思和探讨，据英国学者斯特里纳蒂的统计，1980—1983 年，英国尚未出版与后现代主义有关或者论述后现代主义的图书，但 1987—1991 年间，这类书籍就已达 241 种，这还不包括旁涉后现代主义的书籍以及报刊中的有关文章。这一数据充分证明了后现代主义的喧嚣和热闹，也因其强调差异、多元，反对总体、统一，便形成了丰富和多元的样态。比如：德里达、福柯、巴尔特等后结构主义哲学家企图消解和否定整个西方体系哲学；以伽达默尔为代表的哲学释义学把理解当作一种具有历史性的主体间的视界融合，以此取代和超越建立在主客二分基础上的传统哲学的认识论；奎因、罗蒂等则企图通过重新构建实用主义来批判和超越近现代西方哲学的传统。[①] 然而，这些丰富多样的后现代主义表现形式，都是以传统西方哲学为对象来研究当下的社会文化，并没有去追问，究竟是什么原因推动这一文化思

---

① 参见刘放桐等编著：《新编现代西方哲学》，人民出版社 2000 年版，第 615 页。

潮,其更为确切的表现形式是什么。

哈维正是注意到了这一问题,他以马克思主义的政治经济学方法为出发点,在整体主义的立场上,从空间角度深入探讨了当代资本主义文化。他认为,20 世纪中叶,时空体验的不同,构成了现代主义和后现代主义的严格界限。

后现代主义者针对柏拉图以降的理性主义空间理念阐释传统,把以前给予时间和历史的重视转移到了空间上来。"现代性=时间,后现代性=空间",几乎成为后现代思想家的共识。但是哈维并不像后现代主义者那样片面重视空间而忽视时间的意义。早在《地理学中的解释》一书中,他就试图寻找空间、时间之间的平衡,着力克服二者的对立与分裂,这也成为他一以贯之的学术主张。尤其是在其影响深远的著作《后现代的状况——对文化变迁之缘起的探究》中,通过建构时空体验与资本主义生产方式之间的密切关系,哈维在现代主义和后现代主义转变的语境中,揭示和探讨了空间、时间危机之下的深层含义,并找寻推动时空发生新转换的原动力。

进入现代社会,时空二元对立的倾向开始趋于明显。尤其是在 19 世纪,时间的价值被哲学家们充分地表达出来。现代主义者深受达尔文进化论的影响,强调一种面向未来的时间意识。他们首先相信历史是一个进步过程,人类朝着美好未来努力。时间则代表这样一个线性过程,与技术、理性、科学等范畴密切联系在一起。正如齐格蒙特·鲍曼在《作为时间历史的现代性》一文中所说的:"时间历史始于现代性……现代性是时间有历史的那段时间。"[1]一言以蔽之,现代主义是关于时间的。苏贾认为,直到 19 世纪中期,在批判理论当中历史性与空间性还是大致保持平衡的,但是随着第二次、第三次现代化的发展,历史决定论跃然升起,而空间观念相应湮没,历史理论"去空间化"的结果使空间的批判销声匿迹了将近一个世纪。然而,在 20 世纪 60 年代后期,随着第四次现代化的开始,这种持续已久的现代批判传统开始发生变化,人们重新对思想和政治行为的空间性产生了兴趣。[2]

对时间与空间体验的不同,构成了现代主义与后现代主义的分歧所在。然

---

[1]　Bauman, "Modernity as History of Time", *Concepts and Transformation*, Vol.4, No.3, 1999, p.230.

[2]　参见爱德华·W.苏贾:《后现代地理学——重申批判社会理论中的空间》,王斌斌译,第5—7页。

而，在新的时代背景下，时间就真如后现代主义者所言的那样一无是处吗？时间与空间是否实现了真正意义上的分离？彼得·奥斯本曾质疑道："假定现代性与时间经验的新形式有关，而'后现代性'则标明空间的革命，这已是老生常谈，而且也过于语焉不详。"①他认为，时间和空间"这两个维度是不可分割地系缚在一起的。空间经验的变化总是涉及时间经验的变化，反之亦然"②。哈维十分认同他的观点，并运用马克思主义的政治经济学，在历史唯物主义的框架内，把时间与空间密切结合起来，阐释全球化思潮下的时代变迁。

二、时空的社会性与整体性

20 世纪 80 年代以降，后现代主义思潮在西方世界达到了顶峰。哈维认为有必要对此事件给予回应，于是，1990 年，他出版了《后现代的状况——对文化变迁之缘起的探究》，这本著作为他带来了巨大的声誉，也使他的影响跨越了地理学界走向了社会理论的方方面面。在书中，哈维并不赞同后现代主义者简单地用空间来超越时间，彰显空间的当代意义，相反，他运用马克思主义政治经济学，提出了时空压缩，充分揭示了时间和空间在现代主义与后现代主义变迁中的辩证互动关系。

首先需要指出，哈维所论及的空间和时间是社会的空间、时间，这并不是说他不强调空间、时间的自然属性，而是说哈维的理论出发点是从社会实践的角度理解空间与时间的。他认为，社会生活的空间和时间具有两个特点：第一，时空的社会性定义是根据客观事实的全部力量来运转的，无论是个人还是公共机构都必须对此有所回应。第二，客观时空的定义深刻地蕴涵在社会再生产的过程中。这两个特征说明了空间、时间的双重作用，它们既受到社会实践的影响和制约，同时又反过来制约和影响社会实践。按照早期唯物主义的看法，主要是狄尔泰、涂尔干等人的观点，"时间和空间的客观概念必定是通过服务于社会生活再生产的物质实践活动与过程而创造出来的"③。这说明，既然我们的生活已经进入了资本主义时期，社会再生产的物质实践活动和过

---

① ［英］彼得·奥斯本：《时间的政治——现代性与先锋》，王志宏译，商务印书馆 2004 年版，第 33 页。

② 同上书，第 33 页。

③ ［英］戴维·哈维：《后现代的状况——对文化变迁之缘起的探究》，阎嘉译，第 255 页。

程发生了根本性变化,那么,对于时空存在的体验也会随之发生变化,但是狄尔泰、涂尔干等人却忽视了时空的反作用。

哈维充分认识到空间与时间的这种双重作用,试图通过对时空存在的体验的描述,来表达对资本主义社会的全新认识,以此为中介,在文化变迁和政治经济推动力之间构建起沟通的桥梁。哈维尝试把对社会生活中的空间和时间作为一个整体加以描述,以便突出政治—经济与文化过程之间的物质联系,探索后现代主义与经过空间和时间体验的中介而从福特主义向更为灵活的资本主义积累方式转变之间的联系。事实上,在社会理论中,如何表达空间和时间,会直接影响人们如何解释世界,以及如何对这世界采取行动。这是因为时间与空间已不再是传统意义上的客观范畴,时空体验已不再是纯粹物理意义和自然意义上的,它们真切地参与和影响着现代人的当下生活。尤其是"全球化",它作为一种改变现状的范式,已代替"现代化"成为当今的核心话语。当然,这个术语也向人们描述了一种历史趋势,即人类社会生活开始由摆脱地域性的界限而真正卷入一个复杂的全球决定机制中,民族国家的经济、文化边界变得含糊不清。全球化,最大程度地改造着我们的时空体验。时间、空间从来没有像今天这样深深地牵连着经济、政治和文化领域的实践活动。因此,对空间和时间的思考是对当代社会充分认识的关键。

哈维认为,从启蒙主义到现代主义是对时空体验危机的一种回应。通过对传统的分析,人们会发现,通常对于时间和空间的理解是分裂的。在各种社会理论中,时间优先于空间,通常要么设想有时间过程在其中运行的某种先于空间秩序的存在,要么以为各种空间障碍已经大为减少,以至于把空间表现成一种有关人类行动的附带方面而不是根本方面。在社会理论方面,焦点是社会变化、现代化和革命的过程。进步是它的理论目标,历史时间则是它的尺度。进步需要拆毁空间,最终通过时间来消灭空间。而在美学方面,则是要在流动和变化中找寻永恒不变的真理,关注"把时间空间化"。"创造一件美的物体就是用这样一种把我们从时间的专制之下拯救出来的方式,'使时间与永恒联系起来'。'使时间贬值'的冲动重新表现为艺术家通过创造'强大得足以使时间停止'的作品而进行拯救的意志。"①因而,社会理论与美学理论上

---

① 〔英〕戴维·哈维:《后现代的状况——对文化变迁之缘起的探究》,阎嘉译,第258页。

的分化必然会造成体验时空时的混乱。

　　哈维希望通过他的努力找寻到把社会理论和美学理论相结合的方法。他依托于对时间、空间性质和意义的重新解读，而且他相信，这种结合能够实现。在他看来，现代主义思想中最主要的矛盾是时间的"形成"和空间的"存在"之间的对立。从资本主义运行之始，时空压缩就存在了，时空压缩是伴随着资本主义的发展而进行的。哈维认为，是福特主义造成了这种"压缩"。时空压缩是指"资本主义的历史具有在生活步伐方面加速的特征，而同时又克服了空间上的各种障碍，以至世界有时显得是内在地朝着我们崩溃了"①。

　　时空压缩包含两个方面：加快生产的周转时间和削减空间的障碍。"对资本主义的现代化来说，与总体效果有很大关系的就是经济过程步伐的加速及加快，以及由此在社会生活方面的加速。"②加速的目标是为了加快资本的周转时间，生产时间加上交换流通时间，构成了资本周转时间的概念。现代化把世界变得越来越小。资本主义卷入了一个长期投资于征服空间的难以置信的阶段。铁路网的扩展，伴随着电报的出现、蒸汽轮船的发展、修建苏伊士运河、无线电通信，以及自行车和汽车旅行在那个世纪末的开始，全部都以各种根本的方式挑战时间和空间的意义。在现代主义中，空间和时间的最大特征是同时性，如经济危机越来越以全球性的形式展现。这个时期比以往任何时期都要分裂和更快地运动。虽然世界被统一在一起，但其内部暗流涌动。时空压缩的两条思路——国际主义和地方化在第一次世界大战中冲突明显，它缺少最佳的表达手段。但不可否认，在现代主义中，时空体验的含义已发生了根本变化，这需要人们重新理解文化生活中关于世界的表达。

　　正是这种变化的空间和时间，导致了新一轮的"时空压缩"，它不同于现代主义时期的"时空压缩"。1970年以来，时间和空间的体验发生了某种新的重要变化，这引发了后现代主义的转折。"最近这20年我们一直在经历一个时空压缩的紧张阶段，它对政治经济实践、阶级力量的平衡以及文化和社会生活已经具有了一种使人迷惑的和破坏性的影响。"③

　　在后现代主义那里，灵活积累使时空压缩体现出了不同于现代主义的特

---

① ［英］戴维·哈维：《后现代的状况——对文化变迁之缘起的探究》，阎嘉译，第300页。
② 同上书，第287页。
③ 同上书，第355页。

征,这一时期的变化主要出现在消费领域:第一是调动大众市场的时尚;第二是脱离商业消费,向着服务消费的转变。此时的时空压缩使永恒成为奢侈品。短暂性使致力于任何长期计划都变得极为困难,因为新的符号系统和意象快速产生了。于是,人们就生活在一个短暂的、被快速创造出来并快速改变的形象世界中。"正是爱好、时尚及这类东西的组织者们,正是积极地生产这种短暂性,才始终是现代性体验的根本。它成了一种社会手段,制造那种粉碎时间维度的感觉,这种感觉反过来又如此劲头十足地回馈它。"①短暂性使空间和时间消失,却使场所凸显出来,因为随着空间障碍重要性的锐减,资本对空间内部场所的多样性就越来越敏感。结果就是造成了在一个高度一体化的全球资本流动的空间经济内部的分裂、不稳定、短暂而不平衡的发展。可以说,新一轮的"时空压缩"造成了严重的政治问题,尤其是不平衡地理发展。

在后现代的语境中,如何对时空压缩进行回应? 哈维总结了四条路径:第一,撤退到一种患了炮弹休克症的、厌倦了享乐的或精疲力竭的沉默之中去,在压倒性地感受到一切外在于个人控制,甚至外在于集体控制的事物是多么巨大和难以对付之前就屈从。第二,自由旋转式地拒绝相信世界的复杂性,以及偏爱根据极为简单化的修辞学命题来进行表达。第三,为政治生活与知识生活找到一个中间位置,它摈弃宏大叙事,却真的培植出了有限行动的可能性。第四,试图通过建构一种能够反映并希望支配它们的语言和意象而骑上时空压缩的"老虎"。② 他认为,这只是一种一厢情愿,事实上,时空压缩是资本主义社会的一种必然状态,不可能消除。

资本主义的现代性和后现代性实际上是把空间和时间的客观品质"商品化"了:一方面是我们花费在跨越空间上的时间急剧缩短,以至于我们感到现存就是全部的存在;另一方面是将空间收缩成了一个"地球村"。这两种相互作用使我们在经济上、政治上、文化上相互依赖。由此让我们在感受和表达时空方面面临着各种新的挑战和焦虑,并引出了一系列新的回应。

---

① [英]戴维·哈维:《后现代的状况——对文化变迁之缘起的探究》,阎嘉译,第363—364页。

② 参见上书,第434—435页。

三、后现代主义社会批判的实质

双重时空压缩说明了现代主义与后现代主义在时空体验上的不同,但是究竟应该如何理解现代主义与后现代主义的关系必须进一步思考。

哈维依据对时空体验的分析,实现了对这些问题的回答。首先,他认为,在后现代主义思潮下的今天,现代主义仍然没有失去其鲜活的生命力。哈维赞同詹姆逊等人的看法,认为,后现代主义是一种晚期资本主义文化。当然,在詹姆逊、贝尔等人的作品中都有关于新的时空体验的内容,但是他们却没有一个人准确地表达了这些时空体验是依据什么而产生及它跟资本主义发展的政治经济关系,哈维弥补了这一缺陷。但他并不是简单地描述事物的现象,而是透过现象去发现事物发展的本质和规律。

通过对双重时空体验的阐释,不难发现从现代主义到后现代主义,其实是从福特主义到更为灵活的资本主义积累方式的转变。哈维认为,资本主义在文化上的现代主义和后现代主义都不过是社会生产方式转变的结果。从这个意义上看,现代主义和后现代主义在文化上的矛盾,表面上呈现为如何征服时间与如何征服空间之间的矛盾,实质上却是资本生产与积累之间的矛盾的反映,以及由此带来的政治上和文化上的后果。

哈维对空间和时间的定义依据的原则是历史—地理唯物主义。他认为,我们必须抛开个人经验,必须穿透由于商品生产和交换系统而围绕着我们的拜物教的面纱,去发掘后面隐藏了什么。在他看来,无论是现代主义所发生的时空体验的变革还是后现代主义的时空变革,其根本原因都是社会政治经济变革的结果。1848 年社会变革的时空体验的最主要特征是:资本主义政治经济的同时性。资本主义世界以无法想象的方式联结在一起,形成了一个新的、完整的统一体。1973 年所引起的时空体验的特征是:先进的资本主义世界被逼进了一场关于生产技术、消费习惯和政治经济实践的大革命里。决策的时间缩短了,而且生活方式的时尚快速变化。1848 年、1973 年代表了现代主义和后现代主义发展的两个时期。从对它们的时空体验的描述上不难发现,始终存在着资本主义世界的一个加速发展,即"使时间空间化"和"用时间消灭空间"。后现代主义是现代主义发展的一个新阶段,而不是完全脱离和与现代主义决裂的,它并不是一个神话。

"后现代理论需要面对的是它的思想根源——20 世纪后期资本主义政治

经济的转化。"①在这个意义上说，现代主义从来就没有离我们而去，它只是以一种新的形式展示出来。因此，哈维提出把历史唯物主义升级为"历史—地理唯物主义"。只要资本依然在社会生活中发挥作用，资本主义就会存在。正如伍德所说："紧随其后的是一个我们称之为'全球化'的时期，也就是资本的国际化时期，其内容包括资本在全球范围内的自由、快速流动和最具掠夺性的金融投机。这与其他许多事情一样，不是对资本主义成功的反应，而是对其失败的反应。美国动用了自己对金融与商业网络的控制机制从而推迟了它的国内资本的清算日，使其得以将压力转嫁别处，并使到处寻求获利机会，疯狂进行金融投机的剩余资本的流动得以从容。"②这与哈维的观点很相似。无论是现代主义还是后现代主义，不过是资本逻辑的文化形式，是资本造成了现代世界在时间和空间上的深刻转变。总而言之，社会再生产的基本过程深深地根植在转变的时空范围里，时空转变又深刻地根植在资本运行中。

第四节　乌托邦理想的政治诉求

雷米·埃斯教授在给列斐伏尔的著作《空间与政治》撰写序言时曾说：空间的政治维度是无法回避的。③空间最早只是被用作研究地理位置，直到最近，它才被纳入社会文化之中，它的重要性才逐渐凸显出来，"在过去的十年中，几乎在任何地方都可以肯定的是，或者在一定程度上可以肯定的是，作为对象的，尤其是作为科学的对象的，是空间，而不是时间"④。尤其是在当代社会，研究的对象是如此自觉地围绕着空间展开。但是，有一点十分明确，这一语境下谈及的空间，并不是自然意义上的，而是在社会意义上的，谈论的不再是"在空间中的生产"，而是"空间的生产"。

在哈维这里，空间也已不仅仅是一种背景性的存在，而是成为他寻求政治

① ［美］乔治·瑞泽尔：《后现代社会理论》，谢立中等译，华夏出版社 2003 年版，第235页。

② ［加］埃伦·M.伍德：《资本的帝国》，王恒杰、宋兴无译，第100页。

③ 参见［法］亨利·勒菲弗：《空间与政治》（第二版），李春译，上海人民出版社 2008 年版，第1页。

④ ［法］亨利·列斐伏尔：《对空间政治的反思》，载薛毅主编：《西方都市文化研究读本》第3卷，广西师范大学出版社 2008 年版，第51页。

解放的可能性的有力媒介和工具，这也是哈维的最终理论旨趣所在。他借助于马克思主义的理论资源，结合当代资本主义发展状况，以空间为视角，为我们勾画了一种新型的乌托邦模式。

一、空间的政治性

早在撰写《地理学的解释》时，哈维还是一个实证主义地理学家，但之后，随着人文地理学的兴起，哈维逐渐认为，地理学绝不应仅仅是中立的实证分析，相反，而是应该朝着社会生活思考更为宽泛的内容，它应具有价值倾向。这一思想在他随后的著作中充分地体现了出来。

最早提出空间是政治性的当属列斐伏尔。在《对空间政治的反思》一文中，他明确提出："空间是政治性的。空间不是一个被意识形态或者政治扭曲了的科学的对象；它一直都是政治性的、战略性的。"①空间是一种完全充斥着意识形态的表达，这是因为空间是社会的产物。他还强调了空间、自然与人的生存之间的关系。更为重要的是，他在人的存在层面上谈论空间。的确，伴随着高科技的发展，人们的生活越来越便捷、舒适，我们可以躺在沙发上，桌上的CD机播放着莫扎特的音乐，厨房的烤箱里正烹饪着香喷喷的佳肴。然而，事实上，并不是这样，科学技术在改变生活的同时也改变了我们的生活方式。

在资本主义的整个发展过程中，时刻伴随对空间的争夺，这一点充分说明了空间的重要性和政治性。例如，资本主义早期的殖民掠夺表明，资本主义从建立之初，就把对空间的掠夺纳入其重要的议程中。16世纪中期，奥地利公主凯瑟琳嫁给葡萄牙国王约翰三世，从而联合了16世纪欧洲最强大的两个皇室集团。在公主的嫁妆中，一组豪华的壁毯备受皇族的青睐，这组壁毯名为"球体"。在画作的第三幅《朱庇特与朱诺荫护下的地球》，画的中心是人类生活着的地球，画的两侧分别站立着不朽的朱庇特和朱诺。在作品中的地球上，展示了非洲全境、向东直达印度和"香料岛屿"摩鹿加群岛。其中，非洲和印度海峡、东印度群岛被精确地分隔开，分别插上属于葡萄牙势力范围的旗子，宣布这些地区归他们所有。可以说，这幅作品体现了西方资本主义原始积累

① ［法］亨利·列斐伏尔：《对空间政治的反思》，载薛毅主编：《西方都市文化研究读本》第3卷，第52页。

时期对世界空间的掠夺。在马克思和恩格斯的著作中，也有关于空间和政治关联的论述，尤其是关于殖民地掠夺。"美洲的发现、绕过非洲的航行，给新兴的资产阶级开辟了新天地。东印度和中国的市场、美洲的殖民化、对殖民地的贸易、交换手段和一般商品的增加，使商业、航海业和工业空前高涨，因而使正在崩溃的封建社会内部的革命因素迅速发展。"①这种空间改变的内在逻辑也可表述为资本主义"按照自己的面貌为自己创造出一个世界"。"它使未开化和半开化的国家从属于文明的国家，使农民的民族从属于资产阶级的民族，使东方从属于西方。"②可见，对于马克思来说，资本主义兴起和发展的过程，实际上也就是其占有空间、重组空间的过程。空间代表着权力，在题为《空间、知识、权力》的访谈中，福柯曾这样强调空间的重要性："空间是任何公共生活形式的基础。空间是任何权力运作的基础。"③

在哈维看来，空间是社会的空间，内含着政治性，可以透过空间实现对资本主义世界的政治批判，这体现在他关于不平衡地理发展的论述中。当然，不平衡地理发展首先跟资本的两个倾向有关：第一，资本的流动性倾向。资本倾向于向可以获得最多利润和好的环境流动；第二，固定资本障碍。对固定资本的投资为未来的资本循环制造了障碍。哈维把这一理论分为两个部分：空间规模的生产与地理差异的生产。

空间规模的生产是指人们总是预先设定空间规模的等级，比如，全球、洲际、国家、区域、地方、个人，等等，这就预先制造了不平衡的地理发展。接着资本本身运行的两个倾向，更加剧了这种不平衡。在这其中，哈维还论述了人类并不会坐以待毙，虽然自然上存在着天然的差异，但是这并不意味着这种差异是不可以改变的。空间规模永远不是固定的、不变的，它会根据内容、程度、需求而不断地改变和重新定义。地理差异的生产，在哈维看来，"地理差异远远大于纯历史地理的遗产。它们总是不断地被当前发生的政治—经济和社会—生态过程所再生产、维持、破坏和重构"④。当代社会的一切变化，都从地理的

①《马克思恩格斯文集》第2卷，第32页。

② 同上书，第36页。

③［法］福柯：《空间、知识、权力》，载包亚明主编：《后现代性与地理学的政治》，上海教育出版社2001年版，第13—14页。

④［英］大卫·哈维：《希望的空间》，胡大平译，第74页。

角度打上了深深的烙印，而且这也是显而易见的，不是被遮蔽的。所有的大都市都在地理角度发生了巨变。不平衡地理发展就是要把空间规模的生产和地理差异的生产结合起来，只有这样的理解才不会陷入行动上的错误中去。同样，"正是通过对不平衡地理发展的了解才使得我们能够更加充分地认识当前资本主义全球轨迹中的激烈矛盾。这有助于重新定义政治行动的可能领域"①。

在 1984 年发表的《地理学的历史与现状：历史唯物主义宣言》一文中，哈维认为，根据当前的状况，我们必须创造一种人民地理学，它并不是基于虔诚的普世主义、观念和好的意图，而是为了反映人民的利益、声音及他们所面临的意识形态和偏见。它忠实地反映了 20 世纪变动的社会和物理景观中的竞争、斗争和合作的复杂性。世界并不是按照我们希望的那样描绘、分析和理解，而是真实地体现和反映在社会再生产的强烈的冲突过程中人类的希望和恐惧中。

这样的人民地理学必须有一个群众基础。地理学的任务是建构一种常识性的语言、反映和理论理解的常识性的框架，在其中，相冲突的权利和宣言都能被恰当地表达。因此，必须做到：

1. 建立一种大众的地理学，远离偏见，反思真实的冲突和矛盾，同时可以打开新的交流和共同理解的新通道。

2. 建立一个应用的人民地理学，并不把它归于狭隘的和有势力的特殊利益，而是建立在其概念的广泛的民主性之上。

3. 接受科学的真实性和非中立性二元方法论观点。

4. 把地理学的敏感性与历史唯物主义传统中的一般社会理论结合起来。

5. 定义一个政治计划，它可以以历史地理的眼光观察资本主义到社会主义的转变。②

这也是哈维从政治视角批判资本主义的元理论，是其所有理论的出发点和终极目标。

二、人类解放的政治学

在哈维看来，建立人民的地理学，无非就是使人民在政治上得到解放，使

---

① ［英］大卫·哈维：《希望的空间》，胡大平译，第 77 页。

② Cf.David Harvey, *Spaces of Capital : Towards a Critical Geography*, p.120.

人成为真正的人。历史地看,人的解放首先是与人的身体的解放相关联的。在西方的学术思想史上,"身体"是一个古老而弥新的问题。笛卡尔是西方较早关注"身体"的哲学家,他提出"身心二分"的观点,身体处于相对弱势的地位,是"我思"的附属条件。而在当代的思想中,身体正成为人们研究的焦点,首先是借于当代对先前早已确立的范畴缺乏信心,这导致了向身体的回归,把它作为不可还原的理解基础;其次是源于对身体的研究为分析问题提供了多种可能性。

时空生产不可避免地与身体联系在一起。哈维首先从马克思的身体主体理论的角度理解身体。在他看来,依据马克思的观点,这是作为积累策略的身体,可以通过四个方面来分析,即生产性消费、可变资本的交换、消费环节和可变资本的循环。

第一方面,哈维认为,马克思所说的身体是"一种悲观主义基调,描述了身体是如何被资本循环和积累的外部力量所塑造,认为身体是承担某种特定述行经济角色的被动实体"。但正是这种悲观主义基调,激起了马克思对"人类抵抗、渴求改革、反抗和革命"①的考虑。在马克思那里,身体是一个经济活动的再现。

哈维认为:"马克思非常清楚地意识到,身体是根据历史、地理、文化和传统而由不同的物质生产能力和性质来区分和标记的。他还意识到,种族特征、种族划分、年龄和性别这些符号被当做外在标准用来衡量某一类劳动者能够或者被允许去做什么。"②

第二方面,马克思对资本主义批判的主要观点表明,资本主义是如此频繁地违背、损害、抑制、残害并消灭劳动身体的完整性。身体是通过价值与外界发生关系的。"价值是一个与众不同的时空结构,它依赖一大批时空实践的发展(包括通过财产权和国家形成而发生的地球表面的领土化,及地理网络的发展、货币及包括劳动力本身在内的全部商品的交换制度的发展)。对资本家来说,劳动力的价值本身视这些价值在社会构成的时空政治经济行为世界中的实现而定。"③

---

① [英]大卫·哈维:《希望的空间》,胡大平译,第98页。
② 同上书,第101页。
③ 同上书,第104页。

哈维依据马克思的论述，把身体放在"可变资本循环"中论述。为了获得可以用货币工资购买的商品的使用价值，工人用劳动力的使用价值来交换。这类交换通常具有高度的地域性和地方差异。劳动力在这里就是身体，它卷入到货币—商品—货币的循环中。

哈维还论述了两种时空体系共存的现象，即在不同地方实现的不同的身体特性和价值模式（包括对身体完整性和劳动者尊严所保持的尊重程度），通过资本循环被带入了空间上的竞争的环境中。

具体来说，就是削减规模而产生的失业、对技能及技能报酬的再定义、劳动过程和专制性监督系统的强化、精细分工愈益专制化、移民的卷入（或者，换句话说，资本向替代性劳动资源的转移），以及在不同的历史和文化条件下实现的不同身体实践和价值模式之间的强制的竞争性斗争。所有这些都促成了作为个人的劳动者的不平衡地理价值，对生活在可变资本循环之中的劳动者的身体所造成的明显的影响确实非常强大。

第三方面，消费环节。在这里，哈维认为，生产者同样存在于消费环节中并发挥作用。这个作用是"劳动者的可支配收入形成了资本主义生产有效需求的一个重要部分"，也就是说，劳动者进行消费的需求可以化解危机。"新需求的产生、确定不同生活方式和消费习惯的全新生产线的开辟被当成避免危机和解决危机的一种重要手段而推行。"①哈维认为，这是一种"理性消费"，是为了资本的积累。

第四方面，可变资本的总循环中劳动者的形象。在哈维看来，工人阶级在资本积累中始终处于资本的附属品的地位。"资本不断地努力按照它自己的需要来塑造身体，但是同时在其作用方式内使转变结果内在化，并且不断地展开劳动者身体欲望、需要、需求和社会关系（有时公开表现为集体阶级、共同体或以身份为基础的斗争）"，"人体是一个战场，冲突的社会生态评估和再现力量永远都运行在这个战场的内部和周围"②。

在论述了马克思的身体主体理论之后，哈维在当代资本主义发展的语境下，提出了身体政治学的思想。在他看来，身体是重要的。因为"资本只有通

---

① ［英］大卫·哈维：《希望的空间》，胡大平译，第107页。
② 同上书，第111页。

过劳动能力的'塑形之火'才得以生产"①，它是动态的、具有生命力和创造性的。在他看来，身体是与世界密切相连的。身体包含着丰富的政治内涵，比如个体、全体、自我、他者、居住、正义，等等。

然而，把政治身体阐述为身体政治学却是困难的。哈维阐述了身体的政治性，他借助马克思所说的"卷入可变资本循环之中的身体"，从作为积累的肉体的身体领域转换到作为政治行动者的劳动者概念。在哈维看来，如何能够实现从实体身体到政治身体的转换，首先必须理解"个人"、"人"或社会活动这样的概念在这个世界上要想做什么，或者能够做什么。马克思所做的正是把这些概念放置在资本积累的历史和地理条件中，并回答劳动中的人如何实现抱负和理想，获得尊严，等等。

人首先是集体中的人。他不是孤立的原子，他既是社会的动物又是政治的动物。哈维认同马克思的观点，认为积极的政治学的任务就是要寻求社会关系的变革，充分承认政治行动的出发点依赖于实际的历史、地理条件。

哈维批判了两种错误的观念："身体还原论"和"自由主义幻想"。身体还原论认为，身体是我们找寻替代政治学过程中唯一可以信赖的基本概念。"自由主义幻想"认为，在找寻关键概念时，"个人"这个概念被赋予了"道德自主权"是政治理论和政治行动的基础。究竟什么是基础概念，哈维接受马克思的观点，认为只有存在于与其他身体的关系之中的身体才是唯一可以信赖的基础。通过资本循环中的劳动者，可以看到政治学已经深深地根植到他（她）所处的位置和附带的潜力之中。这是因为，他（她）有着革命冲动，同时还希望在其中获得公平的待遇。通过这两点，可以清晰地看到，在资本空间中存在的劳动者只有在劳动中才能体现他们的政治性，也只有这样的身体才是可以信赖的。

如何才能够体现他们的身体价值，托马斯·霍布斯的观点是"人的价值就是他的价格"，然而在劳动价值与价格之间存在鸿沟，因为作为价值实体的劳动与作为商品被劳动者出卖给资本家的劳动力之间存在着差异，这一论述蕴涵着政治寓意。劳动力是一个复杂的概念，它包含着道德、社会、历史和地理情景。

---

①　[英]大卫·哈维：《希望的空间》，胡大平译，第112页。

哈维借助"争取最低工资的斗争"来说明这个问题。他以巴尔的摩这个城市为例,首先,资产阶级通过吸纳更多的外来人员降低工资标准,而他们的工资又低于当地的官方最低工资。为了生活,他们不得不增加劳动量,他们的身体常常处于疲惫状态。除此之外,他们在社会上无法受到尊重,身体健康状况日下,孩子的教育也成问题。因此,由身体问题就会引发政治冲突,从而形成一种新型的劳动组织。它包括两个策略:第一,一支强有力的工人骨干,他们能够发挥自身的潜能。第二,全力以赴创造一个强大的各种力量的联盟以改变可变资本循环的基线。

正如哈维所说的,最低生活工资问题从根本上说是一个阶级问题,贯穿于生产、交换和消费各个环节。身体问题是一个政治问题,对它的研究必须基于"对物质实践、再现、想象、制度、社会关系和政治经济力量主要结构之间的真正时空关系的理解"①,只有这样,"身体就可以被看做是一个连接点,解放政治学的可能性借此得以研究",②对未来的期许才有转变成现实的可能性。

我们知道,对当代资本主义社会问题进行研究和探讨,构成了西方马克思主义"资本主义观"的主要内容。的确,与马克思、恩格斯生活的时代相比,当代资本主义社会已发生了很大的变化,但掠夺、压迫的本性没有变,只是以一种更为隐秘的形式追逐着利润,实现着最大化的发展。以美国对伊拉克的军事行动为例,从表面上看,是为了维护世界和平,然而实际上,则是打着"反恐"的旗号,实现对中东的控制。在哈维看来,这些变化带来了一系列的威胁,有必要对其进行深入的研究,他使用"新帝国主义"这一术语来描述当代资本主义社会。

在《新帝国主义》的开篇,哈维就表明这本书的写作目的是"研究全球资本主义的现状,以及一个'新生的'帝国主义在其中可能将发挥的作用。我力求从长时段的视角和通过我称之为历史—地理唯物主义的镜头来实现上述目的"③。"新帝国主义"是相对于"帝国主义"而言的。早在1902年,英国经济学家霍布森在其出版的著作《帝国主义》中就阐述了帝国主义的观点。在1917年,列宁对作为资本主义特殊阶段的帝国主义也展开了系统的马克思主

---

① ［英］大卫·哈维:《希望的空间》,胡大平译,第123页。

② 同上。

③ ［英］大卫·哈维:《新帝国主义》,胡大平译,第1页。

义的理论分析。列宁认为:"如果必须给帝国主义下一个尽量简短的定义,那就应当说,帝国主义是资本主义的垄断阶段。"①列宁指出,帝国主义的主要特征是:"(1)生产和资本的集中发展到这样高的程度,以致造成了在经济生活中起决定作用的垄断组织;(2)银行资本和工业资本已经融合起来,在这个'金融资本的'基础上形成了金融寡头;(3)和商品输出不同的资本输出具有特别重要的意义;(4)瓜分世界的资本家国际垄断同盟已经形成;(5)最大资本主义大国已把世界上的领土瓜分完毕。"②

在哈维看来,列宁的帝国主义理论"是历史性的,而列宁使用'帝国主义'一词,是描述资本主义在发展的特定阶段,明确的说是 19 世纪后期和 20 世纪初期所呈现的现象形式的一般特征"③。列宁的分析是从历史唯物主义观点出发,"混合了历史分析和来自马克思理论的某些根本洞见"。总之,帝国主义这个词是"用于解释资本主义社会形构在世界舞台上的历史发展的"④。哈维对基于帝国主义的历史分析,提出了新帝国主义思想,从空间角度再现了当代资本主义政治社会的根本面貌。新帝国主义的最大特征就是运用历史—地理唯物主义的分析方法(社会—空间批判方法),以全新的视角回答了当代资本主义社会政治生活所展示出的新趋势、新变化及新特征。

新帝国主义与传统的帝国主义不同,不再是显而易见的殖民压迫,而是以资本的形式实现着其本来目的。在哈维看来,新帝国主义本质上就是资本帝国主义。它是"国家和帝国的政治"和"资本积累在空间中的分子化"这两种要素矛盾的融合。因此,可以看到,新帝国主义的两个主要特征分别是国家权力和经济权力。这两者是有机地联系在一起的,相互影响、相互作用。

空间扩张成为资本主义一种新的殖民形式。哈维给我们提供了一种从资本积累的角度来观察全球的社会关系变动的框架,这正是资本主义地缘政治学的依据。

---

① 列宁:《帝国主义是资本主义的最高阶段》,人民出版社 2001 年版,第 77 页。

② 同上书,第 78 页。

③ David Harvey, *Spaces of Capital: Towards a Critical Geography*, p.261.

④ Ibid., p.258.

三、未来社会的乌托邦规划

大卫·施韦卡特在《超越资本主义》一书中说，马克思已经给我们（人类）提供了对资本主义有力的令人信服的批判，但并没有提供任何可行的替代资本主义的具体方案。[①] 对于现代人而言，马克思所说的时代已经远去，我们要面对的是当下的生活。对于资本主义而言，最大的特征就是城市。

城市是人们寄居的最后的乌托邦。尤其对于现代人而言，城市生活成为生活的本质。早在 19 世纪，"马克思、恩格斯就通过一系列的著作，揭示出资本主义城市生活的状况。他们从城市现象入手探索城市的本质，认为城市既是资本主义罪恶最生动的体现，又是社会进步力量最充分发展的空间"[②]。"马克思不仅仅单纯关注城市本身，而是把城市看成资本主义最清晰地表现自身的空间。这正是马克思超越一般都市社会学的深刻之处，因为脱离了资本主义社会的整体进程，并不能真正凸显城市问题。"[③]齐美尔则富有创造性地将都市看成是"货币经济"的根据地，他认为都市生活既提供也阻碍了个人创造性的实现，在都市中个人虽然变得孤独、冷漠，却也因而增加并发挥了自治自主能力，并提升了个人自由与发展自我意志的机会。

对于城市问题，芝加哥学派给予了详尽的解释。他们认为，自第二次世界大战之后，世界上所有主要的大都市区域都经历了戏剧性的变化，它已经成为一个大变革、大动荡的转化场景，由昔日因危机生成的重建，转向因重建生成的危机。城市的巨大包容性使其自身展示了多元性的特征，它与各种社会现象结合。卡斯特指出："在晚期资本主义，城市的一个明显作用不是在于它的生产过程（像马克思主义者所强调的那样），而是在于它作为'集体消费'的中心这一特征上。集体消费指的是通常由国家集体提供的服务形式，如大众住房、交通、医疗设施，等等。因为集体消费是适应于居住在某一个空间区域中的人的，因此它就有了一个空间的所指对象。而且，提供这种服务业可以被看做是一种政治动员，因为它会引发旨在通过对集体消费的现存模式进行抵抗来改善都市条件的都市社会运动、抗议团体等。"卡斯特认为："因为这些抗议

---

① 参见［美］大卫·施韦卡特：《超越资本主义》，宋萌荣译，社会科学文献出版社 2006 年版，第 2 页。
② 包亚明主编：《现代性与都市文化理论》，上海社会科学院出版社 2008 年版，第 1—2 页。
③ 同上书，第 3 页。

与劳动力在生产联系在一起，所以如果它们与工人阶级运动联系起来，可能会具有革命性的潜在力量。"①"在现代城市中，存在着一种名副其实的空间的生产性消费，对交通工具、建筑、道路和公路的消费。其中投入了大量的劳动力，这些劳动力和那些用于维护器械、提供原料的劳动力一样具有生产性。"②

这样，城市问题就转变成政治问题。可以说，城市是最好的空间样态，是使空间问题由抽象到具体最佳的可能性方案。

哈维基于不平衡发展状况提出了他的城市化理论。"不平衡地理发展的概念获得了（a）在适当位置上历史地沉淀的社会生态关系的重写本；（b）多层且分级排序的社会生态构型的拼合图，以及安排空间的渴望；（c）社会生态流（特别是当代条件下资本流和移民流）的经常性混乱运动，随着时间的流逝，那种生态流产生、维持及分解着景观上的地理差异。城市化是不平衡的发展在某一规模上的表现。"他努力做的就是"打开一条道路，把城市过程理论化为阶级斗争和资本积累的历史地理的一个积极部分"。③

这是替代性方案的基础。哈维选择替代性的可能世界的观念，来对应他关于大规模的社会变革的悲观主义，他对空间进行的是更为乐观的和有希望的思考。

哈维的乌托邦思想深受20世纪之前的乌托邦思想和20世纪西方马克思主义的新乌托邦思想的影响，但是，他又根据马克思主义及其理论传统，结合当代资本主义的发展状况，提出了与传统乌托邦不同的思想，即"把历史的过程性与时空相对性联系起来，主张社会的开放性，从而把空间差异置于未来想象的焦点"④。

哈维认为，一个城市要想表现出乌托邦的气质就必须具有自由的气氛。"我们希望城市会是什么样的计划就是关于人类可能性、我们需要谁，或者甚至更加贴切地说，我们不希望成为谁这样的一些计划。"⑤因此，必须透过城市

① Mike Savage, Alan Warde and Ward Kevin, *Urban Sociology, Capitalism and Modernity*, Basingstoke: Palgrave Macmillan, 1993, p.28.

② ［法］亨利·勒菲弗：《空间与政治》（第二版），李春译，第135页。

③ David Harvey, *Justice, Nature and Geography of Difference*, pp.429-430.

④ 张一兵主编：《资本主义理解史》第5卷，江苏人民出版社2009年版，第409页。

⑤ ［英］大卫·哈维：《希望的空间》，胡大平译，第154页。

实现乌托邦计划,构建一种"空间形态的乌托邦",使社会稳定下来,借助于"空间秩序安排的无限可能性,为社会世界的无限可能性提供了前景"①。

哈维对退步的乌托邦(即一种理想的模型,比如迪斯尼乐园)和过程的乌托邦提出异议,针对前者,认为应该找寻一种能"在政治—经济生活中作为一种实际的社会力量发挥作用"②的乌托邦,而不是理想模型;针对后者,认为过程的乌托邦这种形式只会在资本无限的扩张中被摧毁,它必须与空间相妥协。在此基础上,哈维提出了一个替代性方案,即乌托邦的辩证法。他认为,"空间与时间的地理学,促使我们批判地反省我们是谁,以及我们为之奋斗的是什么? 我们试图建立的空间和时间概念是什么? 这些如何与资本主义条件下变化多端的时空的历史地理发生关联? 一个社会主义的或对生态负责的社会的空间和时间,看起来像什么样子?"③

他认为,空间的乌托邦形式,是一个理想的世界。而概念化的乌托邦作为一个时间性过程,却又无法认识这一过程,因为这一过程必须基于真实的地方和组织,它们必然是固定的形式,从而限制了乌托邦的发展。"乌托邦辩证法"是用来阐述空间和时间内在统一的维度的,从而避免空间和时间在乌托邦式的空间形式中和乌托邦的过程中的分离。"乌托邦辩证法"应该被当成一种在当代地理学的具体可能性的乌托邦思考中的指导性方法,虽然面临权威和覆灭的危险。哈维感到,辩证法使对乌托邦的思考回到现实,但消解乌托邦的不切实际性和在政治变革中的混乱,却是困难的。

哈维对于目前的可能性并不乐观。因为替代的地理想象要挑战资本主义世界中的"主流观点",即当货币与时空联系在一起,形成一个互不相容却合乎逻辑的体系时,它就必须克服地方的富有战斗性的单一主义和地方武装的特殊主义。在他看来,建立一个全球替代性的方案,要求资本主义在多样的特殊世界中找到协同性。这一点,在资本主义的现实体制下是不可能实现的。

毋庸置疑,大卫·哈维是当今世界上最伟大的马克思主义地理学家。根据社会科学引用索引及艺术和人文科学引用索引计算,在 1981—2002 年间,

---

① ［英］大卫·哈维:《希望的空间》,胡大平译,第 156 页。

② 同上书,第 162 页。

③ David Harvey, *Between Space and Time: Reflection on the Geographical Imagination*, p.432.

对哈维著作的引用高达 3508 次,其中《后现代的状况——对文化变迁之缘起的探究》一书达 1920 次,这一数据已超过了许多杰出的地理学家、社会理论家、思想家的引用率。他的著作被翻译为汉语、韩语、日语、俄语、德语、法语、意大利语、西班牙语、土耳其语,并在世界范围内产生了深远影响。他作为马克思主义者、地理学家、社会学家,以独创性的思维方式和学术活动,推动了当代西方人文社会科学理论和方法论的重大变革,不但为人文社会科学的发展本身开辟了广阔的前景,也使之更适应当代社会文化发展的需要。

哈维是当今英美世界最著名的马克思主义者之一。他通过坚持阅读马克思主义经典文本,结合西方社会发展的新状况,借助西方文化、哲学的传统,独辟蹊径地发展了马克思主义的空间维度,建构起马克思主义发展的多种可能性,这对推动当代马克思主义的不断深化功不可没。虽然哈维与詹姆逊和伊格尔顿等人一样坚持和捍卫马克思主义在当今资本主义世界的地位,但他对马克思主义的理解和批评并不仅仅停留在文化领域。恰恰相反,哈维的马克思主义具有独特性,是与众不同的。正如诺埃尔·卡斯特利(Noel Castree)所说的,哈维的研究主题、关注的焦点在马克思主义分析领域几乎是独一无二的。[1] 他的思想反映和彰显了时代的气息,并深深地影响着当代社会的发展。亚历克斯·卡利尼科斯(Alex Callinicos)曾在《戴维·哈维与马克思主义》一文中指出,作为马克思主义者,哈维的著作具有与众不同的四大特征。第一,哈维对马克思主义的解读建立在直接阅读马克思核心著作《资本论》的基础之上;第二,马克思在《资本论》中所忽视的内容是哈维的马克思主义的第二个特征,即,对空间维度的整合;第三,对后现代主义的同情;第四,对政治运动的关心。尽管我们并不完全同意这一论断,但它却较为真实地反映了哈维学术思想的特点。

早在 20 世纪 60 年代,哈维还是一位地理学家,专注于从实证主义角度解释地理学,试图打开地理学更为广阔的领域,《地理学的解释》就是这一时期的著作。此时,谁也不会想到,哈维会成为一名坚定的马克思主义者。但是,在研究工作中,哈维发现了这样一个问题,即哲学的终极问题:真理与价值、理论与实践之间的关系问题。他认为,无论自然科学多么精确地表达真理,它都

---

① Cf.Noel Castree, "David Harvey: Marxism, Capitalism and the Geographical Imagination", *New Political Economy*, Vol.12, No.1, March 2007, p.97.

无法回避价值判断,那么,选择怎样的一种价值才能够符合当今资本主义社会的现实状况呢? 哈维选择了马克思主义。

从1971年参加《资本论》阅读小组以来,哈维始终坚持高举马克思主义的旗帜,以空间理论为核心,在新的历史契机下,对马克思主义进行改造和升级,主要包括:建构历史—地理唯物主义。哈维吸收借鉴了拉奎斯特(Yves Lacoste)及其《希罗多德》杂志社同人倡导的历史地理学,提出历史唯物主义必须升级为"历史—地理唯物主义",这是对历史唯物主义发展的积极推进,展现了马克思主义的当代意义和价值。哈维把空间批判融合到历史唯物主义的核心理念中,这种融合本身就是对马克思主义的一种有意义的发展。推进政治经济学的发展。政治经济学一直是马克思研究的重点,他的一生大部分时间都在努力地进行研究。自第二国际以来,马克思的政治经济学就有被误解、误读和忽视的趋势,在西方马克思主义那里这种倾向更为严重。他们更为强调马克思主义的哲学方面而忽视马克思对经济学所作出的卓越贡献。但是,哈维却在长年累月阅读《资本论》的过程中,发现了马克思理论研究的真谛,与此同时,借助他地理学家的独特身份,从历史唯物主义基本原则出发,揭示了现代资本主义的弹性生产方式特征以及弹性生产与资本的全球空间规划之间的内在联系。正是在资本的全球空间规划中,地方性的差异才体现为资本逻辑的内在要求。他从空间角度深入分析资本主义的经济生活和问题,为推动马克思主义政治经济学的发展作出了积极贡献。

哈维的最大功绩就是把马克思主义与空间范畴巧妙地结合在一切。这种结合本身体现了马克思主义的开放性和包容性,同时,还赋予了马克思主义时代意蕴和内涵,并给予了马克思主义在新的历史时期新的生长点和跨学科特征。哈维正是从这一原则出发,积极发展马克思主义,适时地把空间思想融合到其中,从理论上对马克思主义进行系统化和完整化。哈维通过认真阅读马克思的著作,结合自己的地理学背景,对西方社会进行了全面的解读,提出如城市、城市化、资本、全球化、帝国主义、后现代主义、时空压缩、时空修复等理论,为马克思主义解决现实问题作出新的尝试和示范。

哈维积极开展空间批判理论与当代社会批判的结合,揭示资本主义的帝国主义本性,深化了对社会发展规律的理解。

西方马克思主义的逻辑发展与资本主义社会的现实变化具有高度的相关

性。在笔者看来,这是马克思主义对现实观照的本性的最好体现,也是马克思主义的批判精神的真实写照。如果要寻找一个词来归纳马克思主义,那就是"批判",尤其是对现实世界的批判。哈维秉承了马克思主义的这一传统精神,借助空间范畴实现了对当代资本主义社会的批判。

当代社会最大的特征莫过于全球化和城市化。今天,全球化的发展正影响着当下每个人的日常生活,尤其是经济全球化与经济一体化带来的全球新格局从政治角度改变着国家与国家、国家与个人、个人与个人的生存空间。同时,经济全球化及移动通信、互联网等科技的发展从客观上使空间日益缩小。正如哈维所言,世界以"时空压缩"的形式迅速变小,以"村落"的形式展现在我们面前。这些现实变化使"君住长江头,我住长江尾"的诗情画意在当今社会变得虚无缥缈。

同时,伴随着中国的改革开放,城市化进程不断深化。这一过程加剧着我国城市空间格局的变化,城乡二元分化、过度都市化带来了一系列的社会、经济、政治、文化问题。在这样的国际、国内新形势面前,从空间入手探讨人类生存的研究已变得尤为重要。哈维的空间理论不仅提供给我们一种视角,同时也提供给我们一种方法。因此,具有很强的现实意义和时代感。

空间批判理论表现出强大的社会解释力。哈维运用地理学理论为社会理论注入了新的维度,从而扩大了它的视角和作用范围,为反思社会理论本身提供了一种有益的思路。哈维秉承空间知识中由莱布尼茨、黑格尔、马克思等所代表的辩证思维传统,在这种辩证思维看来,空间或地理学想象不只是为社会理论增加了一个维度,更重要的是,它与其他要素之间的互动将会产生一种整体性效应,从而改变人们对社会理论实践的认知。一位理论家这样来定位当代左派政治:"倘若左派要重新组织有效的运动,那么它们不应该是跟上或适应资本主义变迁的步伐,而应该是发展自己进行广泛和有效动员的能力,以对抗竞争和利润的逻辑,从而使自己最终能够到别的地方去,也就是说,在资本主义之外另辟蹊径,建立一种平等、协作、民主的社会秩序。如果它们只是在资本主义的框架内发展,那么它们即使以两倍的速度前进,也根本无法到达别的地方。"①

---

① ［加］利奥·潘尼奇:《全球化与国家》,载［美］D.赫尔德、J.罗西瑙等:《国将不国——西方著名学者论全球化与国家主权》,俞可平等译,江西人民出版社 2004 年版,第 33 页。

哈维正是这样的一个左派，借用朱津（Sharon Zukin）在《资本的空间》的评论中所说的："这些有关近期的知识运动和政治战斗的睿智反思，说明了哈维为何会成为当代社会批判令人印象深刻的人物。他强烈的知识独立与同等坚持的道德准则，阐明了他对社会正义的关切，主要涉及经济，但也延伸到每个领域。当今没有任何其他学者，曾针对资本重塑空间和时间的力量探究得这么深刻，也没有如此令人信服地主张将这些过程安置在一切社会思想的核心。"

哈维把空间批判理论与人的全面自由发展内在地结合在一起，倡导人的解放的政治学。哈维通过空间理论不仅仅对当代西方社会、政治、经济等发展提出了卓有建设性的解释，而且也试图给出解决方案。在《希望的空间》一书中，他提出了一种新的乌托邦形式，即"辩证的乌托邦理想"，并使人们再次重新关注这样的可能性方案：设计一个与自然更加平等相处的工作和生活世界。他认为，如果任何一种政治意识形态或计划想要发挥作用，那它就必须考虑到我们人类的特性、与生俱来的能力和变化的动力。哈维以空间入手谋划"每一个作为类成员的人完整地享有尊严和尊重"的可能性。这为我们从理论上重新认识乌托邦提供了有益的资源。

哈维是一位充满激情的马克思主义者、社会学家和思想家。他在西方语境中独树一帜。他不同于哈贝马斯、魏尔默从捍卫启蒙理性的立场出发去批判后现代主义，也不同于詹姆逊等人把后现代主义看做是一种根本的社会转型，而是坚持走社会—经济分析与批判的道路。尽管他自认为对"灵活积累"和"时空压缩"的深入解释还需要建立更具说服力的理论，但他所做的大量艰苦探寻的工作，实际上已经为他所期盼的理论大厦奠定了一个坚实的基础。哈维是一位对未来充满期许的人。他说，我热切希望自己著作中的灼亮余烬，能获得年轻一代利用，在批判地理学中燃起一场火，持续燃烧，直到我们建立起一个比起我们迄今所经验到的更为正义、平等、生态健全和开放的社会。这个社会就是共产主义社会。

跋

英国新马克思主义是在全新的冷战时代两极对立的社会背景下滋生和发展起来的。1956年发生的一系列重大的国内和国际事件,是它的催生剂。赫鲁晓夫在苏共二十大上所作的揭露斯大林罪行的秘密报告,苏联出兵匈牙利镇压人民的起义,都产生了巨大的冲击波,使英国年轻的马克思主义者们心目中的圣碑顷刻倒塌。多年以来,英国的马克思主义者们,一直把苏联看作是理想的社会和发展目标,看作是马克思主义取得的巨大成功和胜利,认为苏联的社会发展模式极大地推动了社会生产力的发展,国家实行民主集中制的管理形式,人民有着巨大的生存自由,公民权利得到充分尊重和发挥。而赫鲁晓夫的秘密报告所揭露的那些不为人知的阴暗面,与他们在思想上存在着巨大的内在不一致性,是不可接受的。就在这一年,英法联合对埃及进行的军事打击、对苏伊士运河的无端占领以及英国国内巨大的社会差别,也使他们对西方福利资本主义社会的发展模式感到失望。在他们看来,西方福利资本主义具有极端的虚假性和迷惑性,人民真正的权利被国家垄断,在福利制度的外衣下,公民的人格被蹂躏,权利被剥夺,人更异化。所以,他们试图寻找第三条路,寻求英国式的马克思主义道路,要使马克思主义英国化。

马克思主义本土化理念的提出,是英国新马克思主义者们在思想上经受挫折的结果,预示着马克思主义在英国的重要发展。从马克思主义产生到今天,历史地看,如果一个国家能有效地使马克思主义本土化,那么马克思主义理论和包括基于马克思主义理论的社会实践就有可能取得巨大成功。这不仅会推进理论自身的发展,也会推进社会实践的发展。

英国新马克思主义是在多种因素影响下产生和发展起来的。其一,马克思早期手稿的发现和研究,尤其是马克思的早期著作如《1844年经济学哲学手稿》,促使他们提出"回到马克思"的口号,并推动了新历史主义的兴起。其

二,对西方马克思主义的重新译介、评价和研究。在批判斯大林主义的过程中,西方马克思主义的重要性得到重视,这极大地影响了英国马克思主义思想本身的内涵,英国新马克思主义在自身历史主义传统的基础之上,产生了结构主义的马克思主义等新思想,从而形成学术观点冲突和内部竞争的状况。在新历史主义和结构主义得到发展的同时,也产生了文化唯物主义。文化唯物主义基本上是对历史主义的坚持,但也略有不同,因为其思想内涵中还深刻地包含着葛兰西的哲学思想,尤其是在它们的后期。其三,苏联马克思主义的经验和教训。其四,自由主义和民粹主义的现实。

英国新马克思主义是在较为明确地要使马克思主义本土化的主体意识指导下结合多种因素共同作用的结果。首先,与英国历史、文化和现实相结合,全方位地反思、研究和发展马克思的思想和马克思主义。这一过程首先是在历史领域里进行的,一批杰出的历史学家,开创了把马克思的思想和英国本土历史结合的研究方法,产生了一批重要成果,奠定了思想基础。在历史研究的基础之上,进而把英国传统文化、现实政治和整体社会实践过程与马克思主义相结合,取得了进展。其次,将经典马克思主义、苏联形成的马克思主义、西方马克思主义以及英国人自己对马克思主义的理解整合在一起,把它们放在一个平面上进行思考,形成了具有英国特色的研究马克思主义的新范式。再次,开展了本土传统思想理念与马克思主义的对话。

这些工作表明,英国新马克思主义本土化的实质,就是强调马克思思想的现实性和实践性。历史主义学派从历史来反观现实,从现实来透视历史的研究方法,集中地表现了这一点。英国新马克思主义就是在这样的学术背景下滋生出来的,其产生和发展的过程就是对各种学术资源有效吸收、鉴别和处理的过程。他们打造了一种特殊的语境和话语平台,在这个话语平台上,产生了多种思想和观念。它们是历史的和现实的,也是抽象的和具体的。

英国新马克思主义深受经验主义知识论传统的影响,在哲学思想上也别具特色,主要表现为三个方面:其一,理性主义的历史观。英国人之所以能接受马克思的历史唯物主义思想,这不仅是因为马克思晚年一直生活在英国,英国人对他有感情,也是因为马克思的学术思想是以发生在英国的大量案例和经验事实为基本素材科学归纳的结果。这一点特别被英国人看重。其二,科学主义的知识观。英国新马克思主义对知识的尊重远远高于迄今为止的各种

各样的国外马克思主义者。其三,人文主义的价值观。这一方面体现在自文艺复兴、启蒙运动到工业革命的过程中,另一方面也体现在自由主义在当时英国的现实中。因为英国的高福利社会制度确实体现了英国自由主义的理念,而自由主义的这种思想理念在人文主义的价值关怀中,一直被认为是其学术思想传统中重要的内涵。

英国新马克思主义是一种经验主义的理性主义、关注现实与历史的历史主义、关爱人的个性自由与生存质量的人道主义以及建立在个体基础之上的和谐社会与社会良性发展的种群意识,表现出其独特的哲学理念。经验主义、理性主义、历史主义、话语分析方法、个案研究、结构主义以及乌托邦式的理论构造方法等,是其基本的研究方法。批判意识和建构意识并重,历史主义与结构主义从对立走向融合,技术批判与文化批判并行,政治批判与社会批判内在统一,构成英国新马克思主义的认识论与方法论特点,同样也是其价值论追求的深刻表现。英国新马克思主义内部没有形成像法兰克福学派或存在主义的马克思主义学派那样的学术群体,而是体现为个性化的和多样性的理解与表达,思想与看法比较分散与零星,但也包含了很多真知灼见。

追求马克思主义的科学性,把马克思的思想作为科学来处理,也显现出英国自身的特点。英国新马克思主义,不仅继承了经验主义的传统,也继承了自罗素和维特根斯坦以来的英国分析传统,并把它用来分析马克思的著作和思想。与此同时,他们也继承了马克思本人以技术、生产力为基础研究资本主义的科学方法,因而表现出强烈的分析主义的传统特色和以技术为社会发展动力的核心作用的功能表达。他们把研究的着眼点放在以技术批判为基础的文化批判和社会批判上,把目标定位在人的文化生存方式的改变与人的彻底的解放上。这样,其思想蕴涵就大大超越了经验主义,走向了结构主义的马克思主义、文化唯物主义、实践的马克思主义和分析的马克思主义等方面。

正是追求马克思主义的科学性和实践性,追求人的彻底解放和实现社会主义理想,促进了英国新马克思主义思维范式的不断转化和更新。这种转向首先在人道主义的马克思主义和文化唯物主义中表现出来。在批判斯大林主义的过程中,把马克思主义定义为人道主义和文化唯物主义,并从英国自身历史发展的时间序列中寻求根据。进而,以结构主义的马克思主义的诞生为标志,在空间层面来理解马克思主义的科学性和普遍性,尝试给出逻辑的证明。

当英国新马克思主义发展到哈维的时候，借助于历史和地理学，发展出一种时间和空间内在统一的整体论思维范式，这在马克思主义发展史上是一个新的尝试。英国新马克思主义的思维范式在不断地转换中，整体论的思想越来越突出，唯物的、辩证的和实践的特点也越来越鲜明。

英国新马克思主义是建构的马克思主义。他们面对复杂多变的社会历史状况，面对贫富悬殊、两极分化、危机四伏、生存环境恶化和腐朽堕落的资本主义现实，从多个角度对现代主义以及资本主义给予了批判，这包括文化批判、技术批判、政治批判和社会批判等方面，揭露了资本主义的腐朽本质。在诸多领域分析和批判的基础上，他们把马克思主义作为获得人的解放的理论指导和思想基础，把社会主义看作人类摆脱现实困境和实现美好未来的根本出路。因此，他们密切联系英国实际，构造了一个又一个美好的理想社会，预设了在高度发达的资本主义基础之上的未来社会主义制度的基本式样，聚焦于社会公平和正义、自由与人的尊严、文化生活方式的变革、社会整体的和谐、物质生产与精神生产的协调一致、人民的社会领导权建设、生态文明、消除极权主义、主体能动性的发挥，以及社会冲突的消除等与人的生存和发展密切关联的一些重大主题，在理论上颇有建树。这不仅对于英国，而且对于世界各个民族的社会主义革命和建设，均有一定的启迪作用。

然而，英国新马克思主义由于受自身经验主义哲学和西方马克思主义传统的深刻影响，在对马克思主义思想的理解方面也表现出很大的不足，如唯物主义方面的经验主义，政治立场上的妥协，对苏联马克思主义采取彻底否定的态度，具有抽象的人道主义的思想倾向以及从绝对个人主义甚至相对主义的立场来对待马克思的思想等，所有这些都是我们在研究英国新马克思主义者的思想时应以批判的态度时刻关注的。

英国作家杰里米·帕克斯曼在《英国人》一书中认为："有一句俗话：英格兰没有理论家。这也不符合事实。"①英国新马克思主义者们都是理论家，他们著书立说，展现理论的魅力；但他们也不是理论家，因为他们有着强烈的经验主义色彩，通过多种方式来践行他们的思想和理论。这是英格兰人解决问题的典型方法。正如帕克斯曼所说，英格兰人解决问题的典型方法"不是使

---

① ［英］杰里米·帕克斯曼：《英国人》，严维明译，上海译文出版社2000年版，第204页。

用一种空洞理论,而是像一条寻找地下菌块的狗那样绕着它嗅,确定关键所在再寻找答案。这种方法是经验主义的,符合实际的,只相信常识的。英格兰人不要思想,宁要实用的东西。正如爱默生说的,'他们喜欢撬棒、螺钉、滑轮、佛兰德役马、瀑布、风车,以及潮水动力磨;喜欢运送他们的货轮的大海和海风。'这你就明白了他们出了如此众多的大科学家的原因"①。或许,英国新马克思主义者们的践行远未达到他们的目的,但他们试图把理论创造和微观政治实践内在一致的英国风格,留下了诸多可资借鉴和值得批判的元素。

---

① [英]杰里米·帕克斯曼:《英国人》,严维明译,第209页。

附录：英国新马克思主义主要代表人物著作成果年表

一、汤普森著作成果年表

1955 年

《威廉·莫利斯：从浪漫主义到革命》(*William Morris：Romantic to Revolutionary*),伦敦：劳伦斯—威沙特出版社(Lawrence & Wishart)。

1963 年

《英国工人阶级的形成》(*The Making of the English Working Class*),伦敦：维克托·戈兰茨出版社(Victor Gollancz)。

1975 年

《辉格党与狩猎者》(*Whigs and Hunters：The Origins of the Black Act*),伦敦：艾伦·莱恩出版社(Allen Lane)。

1978 年

《理论的贫困及其它》(*The Poverty of Theory and Other Essays*),伦敦：梅林出版社(Merlin);纽约：每月评论出版社(Monthly Review Press)。

1980 年

《烛影随笔》(*Writing by Candlelight*),伦敦：梅林出版社。

1982 年

《别无选择》(*Zero Option*),伦敦：梅林出版社。

《超越冷战》(*Beyond the Cold War*),纽约：潘塞恩出版社(Pantheon)。

1985 年

《双重曝光》(*Double Exposure*),伦敦：梅林出版社。

《沉重的舞者》(*The Heavy Dancers*),纽约：潘塞恩出版社。

1988 年

《塞高文集》(*The Sykaos Papers*)，伦敦：布鲁姆斯伯里出版社(Bloomsbury)；纽约：潘塞恩出版社。

1991 年

《共有的习惯》(*Customs in Common*)，伦敦：梅林出版社。

1993 年

《"不同的景仰"：爱德华·汤普森与罗宾德拉纳特·泰戈尔》("*Alien Homage*"：*Edward Thompson and Rabindranath Tagore*)，牛津：牛津大学出版社(Oxford University Press)。

《见证野兽：威廉·布莱克与道德律》(*Witness Against the Beast*：*William Blake and the Moral Law*)，纽约：新出版社(The New Press)。

1994 年

《形成的历史：历史与文化文集》(*Making History*：*Writings on History and Culture*)，纽约：新出版社。

1997 年

《浪漫主义：革命年代的英国》(*The Romantics*：*England in a Revolutionary Age*)，伦敦：梅林出版社。

《跨越边境：失败的政治任务：保加利亚在 1944》(*Beyond the Frontier*：*The Politics of a Failed Mission*：*Bulgaria 1944*)，斯坦福：斯坦福大学出版社(Stanford University Press)。

2000 年

《汤普森作品选》(*The Essential E.P.Thompson*)，纽约：新出版社。

二、霍布斯鲍姆著作成果年表

1848 年

《劳工的转折：1880—1890》(*Labour's Turning Point*：*1880—1890*)，伦敦：劳伦斯—威沙特出版社(Lawrence & Wishart)。

1959 年

《原始的叛乱》(*Primitive Rebels*)，曼彻斯特：曼彻斯特大学出版社(Manchester University Press)。

《爵士风情》(*The Jazz Scene*)，伦敦：沃登菲尔德和尼科尔森出版社(Wer-

denfeld & Nicolson）。

1962 年

《革命的年代：1789～1848》（*The Age of Revolotion：Europe 1789～1848*），新西兰的奥克兰市：阿巴库斯出版社（Abcus）；纽约：维塔奇书局（Vintage Books）。

1964 年

《劳工》（*Labouring Man：Studies in the History of Labour*），伦敦：基础图书出版社（Basic Books）。

1965 年

《前资本主义的经济形成》（*Pre-Capitalist Economic Formations*），伦敦：劳伦斯—威沙特出版社。

1968 年

《工业与帝国》（*Industry And Empire*），伦敦：佩利肯出版社（Pelican）。

1969 年

《匪徒》（*Bandits*），伦敦：沃登菲尔德和尼科尔森出版社。

《斯温船长》（*Captain Swing*），伦敦：劳伦斯—威沙特出版社。

1973 年

《革命家》（*Revolutionaries*），伦敦：劳伦斯—威沙特出版社。

1974 年

《资本的年代：1848～1875》（*The Age of Capital：1848～1875*），伦敦：沃登菲尔德和尼科尔森出版社。

1982 年

《马克思主义的历史》（*The History of Maxism*），布莱顿：哈尔韦斯特出版社（The Harvester Press）。

1983 年

《传统的发明》（*The Invention of Tradition*），伦敦：剑桥大学出版社（The Cambridage Press）。

1984 年

《劳工的世界》（*Worlds of Labour：Further Studies in the History of Labour*），伦敦：劳伦斯—威沙特出版社。

1987 年

《帝国的年代：1875～1914》(*The Age of Ampire：1875～1914*)，伦敦：沃登菲尔德和尼科尔森出版社。

1989 年

《一个理性左派的政治》(*Politics For a Rational Left*)，伦敦、纽约：左翼出版社(Verso)。

1990 年

《民族与民族主义》(*Nations And Nationalism Since 1780：Programme，Myth，Reality*)，伦敦：剑桥大学出版社。

《马赛曲的回响：法国大革命二世纪后的回顾》(*Echoes of the Marseillaise：Two Centuries Look Back on the French Revolution*)，纽约：左翼出版社。

1994 年

《极端的年代：1914～1991》(*The Age of Exetremes：The Short Twentieth Century，1914～1991*)，纽约：维塔奇书局(Vintage Books)。

1997 年

《史学家——历史神话的终结者》(*On History*)，伦敦：沃登菲尔德和尼科尔森出版社。

1998 年

《非凡的小人物——反抗、造反及爵士乐》(*Uncommon People：Resistance，Rebellion and Jazz*)，伦敦：布朗出版社(Little Brown)。

2000 年

《霍布斯鲍姆：新千年访谈录》(*The New Century：In Conversation With Antonio Polito*)，伦敦：布朗出版社。

2002 年

《趣味横生的时光：我的 20 世纪人生》(*Interesting Times：A Twentieth-century Life*)，伦敦：艾伦·莱恩出版社。

2007 年

《霍布斯鲍姆看 21 世纪》(*Globalisation，Democracy and Terrorism*)，伦敦：布朗出版社。

2008 年

《关于帝国：美国，战争和全球霸权》（*On Empire：America，War，and Global Supremacy*），纽约：潘塞恩出版社。

三、威廉斯著作成果年表

1952 年

《戏剧：从易卜生到艾略特》（*Drama from Ibsen to Eliot*），伦敦：查托和温德斯出版社（Chatto and Windus）。

1954 年

《戏剧表演》（*Drama in Performance*），伦敦：弗雷德里克·富勒出版社（Frederick Fuller）。

1958 年

《文化与社会，1780—1950》（*Culture and Society，1780—1950*），伦敦、纽约：哥伦比亚大学出版社。

1961 年

《漫长的革命》（*The Long Revolutionary*），伦敦：查托和温德斯出版社。

1962 年

《传播》（*Communications*），伦敦：企鹅出版社（Penguin）。

1966 年

《现代悲剧》（*Modern Tragedy*），伦敦：查托和温德斯出版社。

1968 年

《戏剧：从易卜生到布莱希特》（*Drama from Ibsen to Brecht*），伦敦：查托和温德斯出版社。

1970 年

《英国小说：从狄更斯到劳伦斯》（*The English Novel from Dickens to Lawrence*），伦敦：查托和温德斯出版社。

1973 年

《乡村与城市》（*The Country and The City*），纽约：牛津大学出版社。

1974 年

《电视：技术与文化形式》（*Television：Technology and Cultural Form*），伦

敦：丰塔纳出版社（Fontana）。

1975 年

《关键词：文化与社会的词汇》（*Keywords：A Vocabulary of Culture and Society*），伦敦：丰塔纳出版社。

1977 年

《马克思主义与文学》（*Marxism and Literature*），伦敦、纽约：牛津大学出版社。

1980 年

《唯物主义和文化中的几个问题》（*Problems in Materialism and Culture*），伦敦、纽约：左翼出版社。

1982 年

《文化社会学》（*The Sociology of Culture*），纽约：斯科肯出版社（Schocken）。

1983 年

《走向 2000》（*Towards 2000*），伦敦：查托和温德斯出版社。

1989 年

《现代主义的政治》（*The Politics of Modernism：Against the New Conformists*），由托尼·平克尼（Tony Pinkney）编，伦敦、纽约：左翼出版社。

《希望的资源：文化、民主、社会主义》（*Resources of Hope：Culture，Democracy，Socialism*），由罗伯逊·盖伯编，伦敦、纽约：左翼出版社。

四、霍加特著作成果年表

1951 年

《奥登：散文导论》（*Auden：An Introductory Essay*），伦敦：耶鲁大学出版社（Yale University Press）。

1957 年

《识字的用途：工人阶级生活面貌》（*The Uses of Literacy：Aspects of Working-Class Life*），伦敦：查托和温德斯出版社（Chatto and Windus）。

1970 年

《彼此的言说》（第一卷：社会）；（第二卷：文学）（*Speaking to Each Other，Volume I：About Society，1970. Volume II：About Literature*），牛津：牛津大学出版社

（Oxford University Press）。

1972 年

《文化与媒体》（*On Culture and Communication*），牛津：牛津大学出版社（Oxford University Press）。

1978 年

《观念与它的仆人》（*An Idea and Its Servants*），伦敦：查托和温德斯出版社（Chatto and Windus）。

1982 年

《英国人的脾气》（*An English Temper*），伦敦：查托和温达斯出版社（Chatto & Windus）。

1988 年

《当地的住所（1918—40）》（*A Local Habitation*，1918—40），伦敦：查托和温德斯出版社（Chatto & Windus）。

1990 年

《一种装扮：生活和年代，1940—59》（*A Sort of Clowning*：*Life and Times*，1940—59），伦敦：查托和温德斯出版社（Chatto & Windus）。

1992 年

《一种想象的生活：生活和年代 1959—91》（*An Imagined Life*：*Life and Times* 1959—91），伦敦：查托和温德斯出版社（Chatto & Windus）。

1994 年

《人物的风景：英国城市的法纳姆肖像》（*Townscape with Figures*：*Farnham-Portrait of an English Town*），伦敦：查托和温德斯出版社（Chatto & Windus）。

1994 年

《生活的准则：时代和孤独知识分子的地方》（*A Measured Life*：*The Times and Places of an Orphaned Intellectual*），新不伦瑞克省：业务出版社（Transaction Publishers）。

1995 年

《现在我们的生活方式》（*The Way We Live Now*），伦敦：查托和温德斯出版社（Chatto & Windus）。

2002 年

《最初和最后的事情：晚年的作用》（*First and Last Things：The Uses of Old Age*），新不伦瑞克省：业务出版社。

2002 年

《两个世界之间：政治、反传统政治和非政治》（*Between Two Worlds：Politics，Anti-Politics，and the Unpolitical*），新不伦瑞克省：业务出版社。

2003 年

《日常语言与日常生活》（*Everyday Language and Everyday Life*），新不伦瑞克省：业务出版社。

2004 年

《大众社会的大众媒体：神话与现实》（*Mass Media in a Mass Society：Myth and Reality*），纽约：闭联出版社（Continuum）。

2005 年

《保持沉默：晚年所思》（*Promises to Keep：Thoughts in Old Age*），纽约：闭联出版社（Continuum）。

五、霍尔著作成果年表

1964 年

《流行艺术》（*The Popular Arts*），波士顿：灯塔出版社。

1975 年

《通过仪式抵抗——战后英国的青年亚文化》（*Resistance Through Rituals：Youth Subcultures in Post-War Britain*），伦敦：哈钦森出版社。

1978 年

《监控危机：抢劫、国家、法律和秩序》（*Policing the Crisis：Mugging，the State，and Law and Order*），伦敦：麦克米伦出版社（Macmillan Publishers Ltd.）。

1980 年

《文化、媒介、语言》（*Culture，Media，Language*），伦敦：哈钦森出版社。

1988 年

《艰难的复兴之路——撒切尔主义和左派危机》（*The Hard Road to*

Renewal-Thatcherism and the Crisis of the left），伦敦、纽约：维索出版社。

1992 年

《现代性和它的未来》（*Modernity and Its Futures*），伦敦：政治出版社和开放大学。

1992 年

《现代性的形成》（*Formation of Modernity*），伦敦：政治出版社和开放大学。

1997 年

《表征——文化表征与意指实践》（*Representation：Cultural Representation and Signifying Practices*），伦敦：赛奇出版社。

1999 年

《视觉文化：读者》（*Visual Culture：the Reader*），伦敦：赛奇出版社。

六、伊格尔顿著作成果年表

1966 年

《新左派教堂》（*The New Left Church*），伦敦、墨尔本：西德和沃德出版社（Sheed and Ward）。

1967 年

《莎士比亚与社会：莎士比亚戏剧中的批判研究》（*Shakespeare and Society：Critical Studies in Shakespearean Drama*），伦敦：查托和温德斯出版社。

《从文化到革命：倾向研讨会》（*From Culture to Revolution：The Slant Symposium*），与布莱恩·维克（Brain Wicker）合编，伦敦、墨尔本：西德和沃德出版社。

1970 年

《流亡与移民：现代文学研究》（*Exiles and Emigraion：Studies in Modern Literature*），伦敦：查托和温德斯出版社。

《作为语言的身体："新左派"理论概论》（*The Body as Language：Outline of A"New Left" Theory*），伦敦、悉尼：西德和沃德出版社。

1975 年

《权力的神话：关于勃朗特姐妹的马克思主义研究》（*Myths of Power：A Marxist Study of the Brontes*），伦敦：麦克米兰出版公司（Macmillan Publishers Ltd.）。

1976 年

《批评与意识形态：马克思主义文学理论研究》(*Criticism and Ideology：A Study in Marxist Literary Theory*)，伦敦：新左派书局。

《马克思主义与文学批评》(*Marxism and Literary Criticism*)，伦敦：梅图恩出版社(Methuen)。

1981 年

《瓦尔特·本雅明或走向革命的批评》(*Walter Benjamin，or Toward a Revolutionary Criticism*)，伦敦、纽约：左翼出版社。

1982 年

《克拉丽莎被强暴：塞缪尔·理查逊小说中的书写、性欲和阶级斗争》(*The Rape of Clarissa，Writing，Sexuality and Class Struggle in Samuel Richardson*)，明尼阿波利斯：明尼苏达大学出版社(Univesity of Minnesota Press)。

1983 年

《文学理论导论》(*Literary Theory：An Introduction*)，明尼阿波利斯：明尼苏达大学出版社。

1984 年

《批评的功能：从观察家到后结构主义》(*Function of Criticism：From the Spectator to Post-structuralism*)，伦敦、纽约：左翼出版社。

1986 年

《反谷物法：论文集 1975—1985》(*Against the Grain：Essays 1975—1985*)，伦敦、纽约：左翼出版社。

《威廉·莎士比亚：重读文学》(*William Shakespeare：Rereading Literature*)，牛津：布莱克威尔出版社(Blackwell Publisher)。

1987 年

《圣徒与学者》(*Saints and Scholars*)，伦敦、纽约：左翼出版社。

1988 年

《国家主义：讽刺与承诺》(*Nationalism：Irony and Commitment*)，德里：菲尔德·戴出版社(Derry：Field Day)。

1989 年

《圣·奥斯卡：一个先锋》(*Saint Oscar：A Forward*)，德里：菲尔德·戴出

版社。

《雷蒙德·威廉斯：一个批评视角》（*Raymond Williams：Critical Perspective*），波士顿：东北大学出版社（Northeastern University Press）。

1990 年

《美学意识形态》（*The Ideology of the Aesthetic*），牛津：布莱克威尔出版社。

《理论的意义》（*The Significance of Theory*），牛津：布莱克威尔出版社。

《国家主义、殖民主义和文学》（*Nationalism，Colonialism and Literature*），明尼阿波利斯：明尼苏达大学出版社。

1991 年

《意识形态导论》（*Ideology：An Introduction*），伦敦：新左派书局。

1993 年

《当代文化危机：一个就职演讲》（*The Crisis of Contemporary Culture：An Inaugural Lecture*），牛津：克拉伦敦出版社（Clarendon Press）。

《维特根斯坦》（*Wittgenstein*），伦敦、英格兰：英国电影研究所（British Film Insitute）。

1994 年

《意识形态》（*Ideology*），伦敦、纽约：朗文出版社。

1995 年

《希思克里夫和大饥荒：爱尔兰文化研究》（*Heathcliff and the Great Hunger：Studies in Irish Culture*），伦敦、纽约：左翼出版社。

1996 年

《马克思主义和文学：一个读者》（*Marxist and Literary：A Reader*），和德鲁·米尔尼（Drew Milne）合编，牛津：布莱克威尔出版社。

《后现代主义的幻象》（*The Illusions of Postmodernism*），牛津：布莱克威尔出版社。

1997 年

《圣·奥斯卡和其他戏剧》（*Saint Oscar and Other Plays*），牛津：布莱克威尔出版社。

《马克思与自由》（*Marx and Freedom*），伦敦：菲尼克斯出版社（Phoenix）。

1998 年

《疯狂的约翰和主教及其他有关爱尔兰文化的论文》（*Crazy John and the Bishop and Other Essay on Irish Culture*），圣母院：圣母院大学出版社（University of Notre Dame Press）。

1999 年

《19 世纪爱尔兰的学者和反叛者》（*Scholars and Rebels：in Nineteeth-Century Ireland*），牛津：布莱克威尔出版社。

《爱尔兰真相》（*The Truth about the Irish*），都柏林：新爱尔兰书局。

2000 年

《文化的观念》（*The Idea of Culture*），牛津：布莱克威尔出版社。

2001 年

《守门人：一个回忆》（*The Gatekeeper：A Memoir*），伦敦：艾伦·莱恩出版社。

2003 年

《甜蜜的暴力：悲剧的观念》（*Sweet Violence：The Idea of The Tragic*），牛津：布莱克威尔出版社。

《理论之后》（*After Theory*），纽约：基础图书出版社（Basis Books）。

2007 年

《人生的意义》（*The Meaning of Life*），牛津：牛津大学出版社。

2009 年

《理性、信仰与革命：反思关于上帝的论争》（*Reason，Faith，and Revolution：Reflections on the God Debate*）（耶鲁演讲集），纽约：耶鲁大学出版社。

2011 年

《马克思为什么是对的?》（*Why Marx Was Right?*），纽约：耶鲁大学出版社。

七、科亨著作成果年表

1978 年

《卡尔·马克思的历史理论——一种辩护》（*Karl Marx's Theory of History：A Defence*），牛津：克拉伦登出版社。

1988 年

《历史，劳动和自由：来自马克思的主题》（*History*，*Labour*，*and Freedom*：*Themes from Marx*），牛津：牛津大学出版社。

1995 年

《自我所有、自由与平等》（*Self-ownership*，*Freedom*，*and Equality*），剑桥：剑桥大学出版社。

2000 年

《卡尔·马克思的历史理论：一种辩护》（扩充版）（*Karl Marx's Theory of History*：*A Defence*，*Expanded Edition*），新泽西：普林斯顿大学出版社。

《如果你是平等主义者，为什么你这么富有？》（*If You're an Egalitarian*，*How Come You're so Rich?*），坎布里奇：哈佛大学出版社（Harvard University Press）。

2008 年

《拯救正义与公平》（*Rescuing Justice & Equality*），坎布里奇：哈佛大学出版社。

2009 年

《为什么不是社会主义？》（*Why Not Socialism?*），新泽西：普林斯顿大学出版社。

八、科琴著作成果年表

1980 年

《肯尼亚的阶级和经济结构的变革》（*Class and Economic Change in Kenya*），纽黑文：耶鲁大学出版社。

1983 年

《社会主义的再思考》（*Rethinking Socialism*），伦敦：梅图恩出版社。

1988 年

《卡尔·马克思与实践哲学》（*Karl Marx and the Philosophy of Praxis*），伦敦：劳特利奇出版社（Routledge）。

1989 年

《历史视野中的发达与不发达》(*Development and Underdevelopment in Historical Perspective*),纽约:劳特利奇出版社。

1994 年

《马克思主义和科学》(*Marxism and Science*),费城:宾夕法尼亚大学出版社(Pennsy lvania University Press)。

2001 年

《在全球化境遇下寻求社会正义》(*Seeking Social Justice through Globalization*),费城:宾夕法尼亚大学出版社。

2002 年

《马克思和维特根斯坦》(*Marx and Wittgenstein*),伦敦:劳特利奇出版社。

2003 年

《维特根斯坦与社会》(*Wittgenstein and Society*),伦敦:阿什盖特出版集团(Ashgate)。

2008 年

《理论困境》(*The Trouble with Theory*),莱昂纳茨:艾伦和昂温出版公司(Allen Unwin)。

九、密里本德著作成果年表

1961 年

《议会社会主义:工党政治研究》(*Parliamentary Socialism:A Study in the Politics of Labour*),伦敦:艾伦和安文(Allen and Unwin)。

1969 年

《资本主义社会的国家》(*The State in Capitalist Society*),伦敦:韦登费尔德和尼克尔森(Weidenfeld and Nicolson)。

1972 年

《议会社会主义:工党政治研究》(第二版,增加了附言部分),伦敦:梅林出版社(Merlin Press)

1977 年

《马克思主义和政治学》(*Marxism and Politics*),牛津:牛津大学出版社

（Oxford University Press）。

1982 年

《英国的资本主义民主制》（*Capitalist Democracy in Britain*），牛津：牛津大学出版社（Oxford University Press）。

1983 年

《阶级权力和国家权力》（论文集）（*Class Power and State Power*），伦敦：维索（Verso）。

1989 年

《分化的社会：当代资本主义的阶级斗争》（*Divided Societies：Class Struggle in Contemporary Capitalism*），牛津：牛津大学出版社（Oxford University Press）。

1994 年

《怀疑时代的社会主义》（*Socialism for a Sceptical Age*），剑桥：政治出版社（Polity Press）。

十、德赛主要著作年表

1974 年

《马克思的经济学理论》（*Marxian Economic Theory*），伦敦：格雷—米尔斯出版社（Gray-Mills Pub）。

1976 年

《应用计量经济学》（*Applied Econometrics*），牛津：P.艾伦出版社（P. Allan）。

1979 年

《马克思的经济学》（*Marxian Economics*），牛津：布莱克威尔出版社（Blackwell）。

1983 年

《测试货币主义》（*Testing Monetarism*），品特出版有限公司（Pinter Pub Ltd.）。

1984 年

《时间和收入的宏观经济分析》（*Time and the Macroeconomic Analysis of Income*），伦敦：F.品特出版社（F.Pinter）。

1988 年

《高级计量经济学讲座》(*Lectures on Advanced Econometric Theory*)，纽约：B.布莱克威尔出版社(B.Blackwell)。

1989 年

《列宁的经济学著作》(*Lenin's Economic Writings*)，伦敦：劳伦斯—威沙特出版社(Lawrence and Wishart)。

1995 年

《全球治理：世界秩序的伦理学和经济学》(*Global Governance : Ethics and Economics of the World Order*)，伦敦：品特出版社(Pinter)。

2002 年

《马克思的复仇：资本主义的复苏和苏联集权主义社会主义的灭亡》(*Marx's Revenge : The Resurgence of Capitalism and the Death of Statist Socialism*)，伦敦：左翼出版社(Verso)。

2004 年

《全球治理和金融危机》(*Global Governance and Financial Crises*)，伦敦、纽约：劳特里奇出版社(Routledge)。

2006 年

《万恶之路：埃兹拉·庞德的政治经济学》(*The Route of All Evil : the Political economy of Ezra Pound*)，伦敦：菲伯和菲伯出版社(Faber and Faber)。

2007 年

《反思伊斯兰教：新恐怖主义意识形态》(*Rethinking Islamism : the Ideology of the New Terror*)，伦敦、纽约：I.B.陶里斯出版社(I.B.Tauris)。

十一、麦金太尔著作成果年表

1951 年

《道德判断的意义》(*The Significance of Moral Judgments*)，曼彻斯特大学硕士学位论文，未出版。

1953 年

《马克思主义：一种阐释》(*Marxism : An Interpretation*)，伦敦：SCM 出版社(SCM Press)。

1955 年

《哲学神学新文集》(*New Essays in Philosophical Theology*)，(Edited, with Antony Flew)，纽约：麦克米兰出版公司(Macmillan)。

1957 年

《形而上学的信仰：三篇散文》(*Metaphysical Beliefs: Three Essays*)，(with Stephen Toulmin and Ronald W.Hepburn)，伦敦：SCM 出版社(SCM Press)。

1958 年

《无意识：一种概念分析》(*The Unconscious: A Conceptual Analysis*)，纽约：劳特利奇和基根·保罗有限公司(Routledge and Kegan Paul Ltd.)。

1959 年

《基督教信仰的困境》(*Difficulties in Christian Belief*)，伦敦：SCM 出版社(SCM Press)。

1965 年

《休谟伦理学著作》(*Hume's Ethical Writings*)，(edited)，纽约：柯林尔出版社(Collier)。

1966 年

《伦理学简史》(*A Short History of Ethics*)，纽约：麦克米兰出版公司。

1967 年

《世俗化与道德变迁》(*Secularization and Moral Change*)，牛津：牛津大学出版社。

1968 年

《马克思主义与基督教》(*Marxism and Christianity*)，纽约：斯科肯图书公司(Schocken Books)。

1970 年

《赫伯特·马尔库塞：阐述与争辩》(*Herbert Marcuse: An Exposition and a Polemic*)，纽约：维京出版社(Viking)。

1971 年

《反驳时代的自我形象》(*Against the Self-Image of the Age*)，美国印第安那州：圣母大学出版社(University of Notre Dame Press)。

1972 年

《黑格尔：批判散文集》(*Hegel：A Collection of Critical Essays*)，(edited)，英国：安卓出版社(Anchor Press)。

1981 年

《追寻美德：道德理论研究》(*After Virtue：A Study in Moral Theory*, 2nd ed.)，美国印第安纳州：圣母大学出版社(University of Notre Dame Press)。

1983 年

《修订：改变道德视角》(*Revisions：Changing Perspectives in Moral Philosophy*)，(edited with Stanley Hauerwas)，美国印第安纳州：圣母大学出版社(University of Notre Dame Press)。

1988 年

《谁之正义？何种合理性?》(*Whose Justice? Which Rationality?*)，美国印第安纳州：圣母大学出版社(University of Notre Dame Press)。

1990 年

《第一原则、终极目的和当代哲学问题》(*First Principles, Final Ends, and Contemporary Philosophical Issues*)，美国威斯康星州：马凯特大学出版社(Marquette University Press)。

1990 年

《三种对立的道德探究观：百科全书派、谱系学和传统》(*Three Rival Versions of Moral Enquiry：Encyclopaedia, Genealogy, and Tradition*)，美国印第安纳州：圣母大学出版社(University of Notre Dame Press)。

1998 年

《麦金太尔读本》(*The MacIntyre Reader*)，(ed.Kelvin Knight)，美国印第安纳州：圣母大学出版社(University of Notre Dame Press)。

1999 年

《依赖性的理性动物：人类为什么需要德性》(*Dependent Rational Animals：Why Human Beings Need the Virtues*)，芝加哥：公开法庭出版公司(Open Court Publishing Company)。

2006 年

《"哲学的任务"文选》(卷一)(*The Task of Philosophy：Selected Essays*, Vol-

ume 1)，剑桥：剑桥大学出版社（Cambridge University Press）。

《"伦理学与政治"文选》（卷二）（*Ethics and Politics*：*Selected Essays*，Volume 2)，剑桥：剑桥大学出版社（Cambridge University Press）。

十二、安德森著作成果年表

1965 年

《走向社会主义》（*Towards Socialism*），与罗宾·布莱克伯恩（Robin Blackburn）等合编，伦敦：科林斯出版社（Collins）。

1974 年

《从古代到封建主义的过渡》（*Passages from Antiquity to Feudalism*），伦敦：新左派书局（New Left Books）。

《绝对主义国家的系谱》（*The Lineages of the Absolutist State*），伦敦：新左派书局。

1976 年

《西方马克思主义探讨》（*Considerations on Western Marxism*），伦敦：新左派书局。

1980 年

《英国马克思主义的内部争论》（*Arguments Within English Marxism*），伦敦：左翼出版社。

1983 年

《当代西方马克思主义》（*In the Tracks of Historical Materialism*），伦敦：左翼出版社。

1992 年

《英国问题》（*English Questions*），伦敦、纽约：左翼出版社。

《交锋地带》（*A Zone of Engagement*），伦敦、纽约：左翼出版社。

1994 年

《西方左派图绘》（*Mapping the West European Left*），与帕屈克·卡米勒（Partrick Camillar）合编，伦敦、纽约：左翼出版社。

1997 年

《欧洲问题》（*The Question of Europe*），与彼得·高恩（Peter Gowan）合编，

伦敦、纽约：左翼出版社。

1998 年

《后现代性的起源》(*The Origins of Postmodernity*)，伦敦、纽约：左翼出版社。

2005 年

《思想的谱系：西方思潮左与右》(*Spectrum：From Right to Left in the World of Ideas*)，伦敦、纽约：左翼出版社。

2006 年

《与让-保罗·萨特的对话》(*Conversations with Jean-Paul Sartre*)，与罗纳德·弗雷泽(Ronald Fraser)等合编，伦敦、纽约、加尔各答：海鸥出版社(Seagull Books)。

2009 年

《新旧世界》(*The New Old World*)，伦敦、纽约：左翼出版社。

2017 年

《原霸·霸权的演变》(*The H-Word：The Perpeteia of Hegemony*)，伦敦、纽约：左翼出版社。

十三、吉登斯著作成果年表

1971 年

《资本主义与现代社会理论》(*Capitalism and Modern Social Theory，An Analysis of the writings of Marx，Durkheim and Max Weber*)，剑桥：剑桥大学出版社。

1973 年

《发达社会的阶级结构》(*The Class Structure of the Advanced Societies*)，伦敦：哈钦森出版社(Hatchinson)。

1976 年

《社会学方法的新规则：一种对解释社会学的积极批评》(*New Rules of Sociological Method：a Positive Critique of Interpretative Sociologies*)，伦敦：哈钦森出版社。

1977 年

《社会政治理论研究》(*Studies in Social and Political Theory*)，伦敦：哈钦

森出版社。

1978 年

《涂尔干》(*Durkheim*)，伦敦：丰塔纳出版社(Fontana Modern Masters)。

1979 年

《社会理论的主要问题：社会分析中的行动、结构和矛盾》(*Central problems in Social Theory：Action，Structure and Contradiction in Social Analysis*)，伦敦：麦克米兰出版公司。

1981 年

《当代历史唯物主义批判(卷一)：权力、财产与国家》(*A Contemporary Critique of Historical Materialism，Vol.1：Power，Property and the State*)，伦敦：麦克米兰出版公司。

1982 年

《社会学》(*Sociology*)，伦敦：麦克米兰出版公司。

《社会理论的模式和评论》(*Profiles and Critiques in Social Theory*)，伦敦：麦克米兰出版公司。

《社会阶级的分层》(*Social Class and the Division of Labour*)，吉登斯等人合编，剑桥：剑桥大学出版社。

1984 年

《社会的构成》(*The Constitution of Society*)，剑桥：英国政体出版社(Polity Press)。

1985 年

《当代历史唯物主义批判(卷二)：民族—国家与暴力》(*A Contemporary Critique of Historical Materialism，Vol.2：The Nation State and Violence*)，剑桥：英国政体出版社。

1990 年

《现代性的后果》(*The Consequences of Modernity*)，剑桥：英国政体出版社。

1991 年

《现代性与自我认同》(*Modernity and Self-Identity*)，剑桥：英国政体出版社。

1992 年

《亲密关系的转变：现代社会中的性、爱和爱欲》(*The Transformation of In-*

timacy：*Sexuality*，*Love and Eroticism in Modern Societies*），剑桥：英国政体出版社。

1994 年

《反思性现代化：现代社会规则中的政治、传统和美学》（*Reflexive Modernization*：*Politics*，*Tradition and Aesthetics in the Modern Social Order*），吉登斯等合著，剑桥：英国政体出版社。

《超越左与右：激进政治的未来》（*Beyond Left and Right*：*the Future of Radical Politics*），剑桥：英国政体出版社。

1995 年

《政治学、社会学和社会理论：古典和当代社会思想的冲突》（*Politics*，*Sociology and Social Theory*：*Encounters with Classical and Contemporary Social Thought*），剑桥：英国政体出版社。

1996 年

《为社会学辩护》（*In Defence of Sociology*），剑桥：英国政体出版社。

《涂尔干的政治与国家观》（*Durkheim on Politics and the State*），剑桥：英国政体出版社。

1998 年

《第三条道路：社会民主主义的复兴》（*The Third Way*：*The Renewal of Social Democracy*），剑桥：英国政体出版社。

1999 年

《失控的世界：全球化如何重塑我们的生活》（*Runaway World*：*How Globalization is Reshaping Our Lives*），剑桥：英国政体出版社。

2000 年

《活在全球资本主义的边缘》（*On The Edge Living with Global Capitalism*），吉登斯等合编，纽约：维塔奇书局。

《第三条道路及其批评》（*The Third Way and Its Critics*），剑桥：英国政体出版社。

《失控的世界》（*Runaway World*），伦敦：劳特利奇出版社（Routledge）。

2001 年

《第三条道路的全球争论》（*The Global Third Way Debate*），吉登斯编著，剑

桥：英国政体出版社。

2002 年

《新的劳工在哪里》(*Where Now for New Labour?*)，剑桥：英国政体出版社。

2003 年

《进步的宣言：中左派的新观点》(*The Progressive Manifesto：New Ideas for the Centre-Left*)，吉登斯编著，剑桥：英国政体出版社。

2005 年

《新平等主义》(*The New Egalitarianism*)，吉登斯编著，剑桥：英国政体出版社。

2006 年

《社会学》第五版(*Sociology*, Fifth Edition)，剑桥：英国政体出版社。

2007 年

《全球时代的欧洲》(*Europe in the Global Age*)，剑桥：英国政体出版社。

《交给你布朗先生：工党怎样能够再一次赢得胜利》(*Over to You, Mr Brown：How Labour Can Win Again*)，剑桥：英国政体出版社。

2009 年

《政治气候的变化》(*The Politics of Climate Change*)，剑桥：英国政体出版社。

《社会学》第六版(*Sociology*, Sixth Edition)，剑桥：英国政体出版社。

十四、奈恩著作成果年表

1968 年

《法国1968：终结的开始》(*The Beginning of the End：France, May 1968*)，与安琪楼·夸特罗奇(Angelo Quattrocchi)合著，伦敦：美洲豹出版社(Panther Books)。

1973 年

《左派反对欧洲》(*The Left against Europe*)，哈蒙兹沃思：企鹅出版社(Penguin)。

1977 年

《不列颠的瓦解：危机与新民族主义》(*The Break-up of Britain：Crisis and Neo-Nationalism*)，伦敦：新左派书局(New Left Books)。

1988 年

《着魔的玻璃：不列颠及其君主政体》(*The Enchanted Glass：Britain and Its Monarchy*)，伦敦：雷迪厄斯出版社(Radius)。

1997 年

《民族主义的面孔：重回贾纳斯》(*Faces of Nationalism：Janus Revisited*)，伦敦、纽约：左翼出版社(Verso)。

2000 年

《不列颠之后：新工党和苏格兰的回归》(*After Britain：New Labour and the Return of Scotland*)，伦敦：格兰塔出版社(Granta Books)。

2002 年

《贱民：不列颠王国的不幸》(*Pariah：Misfortunes of the British Kingdom*)，伦敦：左翼出版社(Verso)。

2005 年

《全球矩阵：民族主义、全球主义和国家恐怖主义》(*Global Matrix：Nationalism，Globalism and State-Terrorism*)，与保罗·詹姆斯(Paul James)合著，伦敦、安阿伯市：普鲁托出版社(Pluto Press)。

2006 年

《全球民族》(*Global Nations*)，伦敦：左翼出版社(Verso)。

《全球化与暴力第一卷：新旧全球化帝国》(*Globalization and Violence，Vol. 1：Globalizing Empires，Old and New*)，与保罗·詹姆斯(Paul James)合编，伦敦：塞奇出版社(Sage Publications)。

《戈登·布朗：不列颠的诗人》(*Gordon Brown：Bard of Britishness*)，卡迪夫：威尔士事务研究所(Institute of Welsh Affairs)。

十五、佩珀著作成果年表

1984 年

《现代环境主义根基》(*The Roots of Modern Environmentalism*)，伦敦：克鲁姆海尔姆出版社(Croom Helm)。

1985 年

《和平与战争之地理学》(*The Geography of Peace and War*)，与艾伦·詹肯

斯(Alan Jenkins)合编,牛津:布莱克威尔出版社。

1987 年

《危机中的核能》(*Nuclear Power in Crisis*),与安德鲁·布劳斯(Andrew Blowers)合编,伦敦:克鲁姆海尔姆出版社。

1991 年

《公社与绿色视点:反文化、生活风格和新时代》(*Communes and the Green Version：Counterculture，Lifestyle and the New Age*) , 伦 敦: 绿 色 出 版 社 (Basingstoke Greenprint) 。

1993 年

《生态社会主义:从深生态学到社会正义》(*Eco-socialism：From Deep Ecology to Social Justice*),伦敦、纽约:劳特利奇出版社。

1996 年

《现代环境主义导论》(*Modern Environmentalism：An Introduction*),伦敦、纽约:劳特利奇出版社。

十六、哈维著作成果年表

1969 年

《地理学中的解释》(*Explanation in Geography*),伦敦:爱德华·阿诺德出版社和纽约:圣马丁出版社(London：Edward Anold and New York：St Martin's Press) 。

1973 年

《社会正义与城市》(*Social Justice and the City*),伦敦:爱德华·阿诺德出版社和巴尔的摩:约翰·霍普金斯大学出版社(Johns Hopkins University Press) 。

1982 年

《资本的限度》(*The Limits to Capital*),牛津:布莱克威尔出版社和芝加哥:芝加哥大学出版社(Universtiy of Chicago Press) 。

1985 年

《意识与城市经验》(*Consciousness and the Urban Experience*),牛津:布莱克威尔出版社和巴尔的摩:约翰·霍普金斯大学出版社。

《资本的城市化》(*The Urbanization of Capital*)，牛津：布莱克威尔出版社和巴尔的摩：约翰·霍普金斯大学出版社。

1989 年

《城市经验》(*The Urban Experience*)，牛津：布莱克威尔出版社和巴尔的摩：约翰·霍普金斯大学出版社。

《后现代状况：对文化变迁之缘起的探究》(*The Condition of Postmodernity：An Enquiry into the Origins of Cultuer Change*)，牛津：布莱克威尔出版社。

1993 年

《工厂和城市：牛津考力汽车工厂工人的故事》(*The Factory and the City：The Story of the Cowley Automobile Workers in Oxford*)，布莱顿：曼赛尔出版社(Mansell)。

1996 年

《正义、自然和差异地理学》(*Justice，Nature and the Geography of Difference*)，牛津：布莱克威尔出版社。

2000 年

《希望的空间》(*Spaces of Hope*)，爱丁堡：爱丁堡大学出版社和伯克利、加州：加利福尼亚大学出版社。

《大都市讲座4：可能的城市》(*Megacities Lecture 4：Possible Urban Worlds*)，阿默斯福特：特温斯特拉·古德管理顾问公司(Twynstra Gudde)。

2001 年

《资本的空间：批判地理学导读》(*Spaces of Capital：Towards a Critical Geography*)，爱丁堡：爱丁堡大学出版社和纽约：劳特利奇出版社。

2003 年

《新帝国主义》(*The New Imperialism*)，牛津：牛津大学出版社。

《巴黎城记》(*Paris，Capital of Modernity*)，纽约：劳特利奇出版社。

2005 年

《新自由主义简史》(*A Brief History of Neoliberalism*)，牛津：牛津大学出版社。

《新自由主义的空间：不平衡地理发展理论导读》(*Spaces of Neoliberalization：Towards a Theory of Uneven Geographical Developmen*)，威斯巴登：弗朗茨斯坦纳出版社(Weisbaden Franz Steiner rerlag)。

2009 年

《世界主义和自由的地理学》（*Cosmopolitanism and the Geographies of Freedom*），纽约：哥伦比亚大学出版社。

2010 年

《马克思〈资本论〉指南》（*A Companion to Marx's Capital*），伦敦：左翼出版社。

《资本之谜：资本主义的危机》（*The Enigma of Capital：And the Crises of Capitalism*），伦敦：左翼出版社。

2012 年

《反叛的城市：从城市权力到城市革命》（*Rebel Cities：From the Right to the City to the Urban Revolution*），伦敦：左翼出版社。

参 考 文 献

一、中文著作

1.《马克思恩格斯选集》,人民出版社 2012 年版。

2.《马克思恩格斯文集》,人民出版社 2009 年版。

3.《马克思恩格斯全集》,人民出版社 1956—1982 年版、2009—2019 年版。

4.《共产党宣言》,中央编译出版社 1998 年版。

5.《资本论》(节选本),人民出版社 1998 年版。

6.《列宁专题文集》,人民出版社 2009 年版。

7.《列宁全集》,人民出版社 1956—1985 年版。

8.[英]E.P.汤普森:《英国工人阶级的形成》,钱乘旦等译,译林出版社 2001 年版。

9.[英]艾瑞克·霍布斯鲍姆:《极端的年代:1914～1991》,郑明萱译,江苏人民出版社 1998 年版。

10.[英]艾瑞克·霍布斯鲍姆:《革命的年代:1789～1848》,王章辉等译,江苏人民出版社 1999 年版。

11.[英]艾瑞克·霍布斯鲍姆:《资本的年代:1848～1875》,张晓华等译,江苏人民出版社 1999 年版。

12.[英]艾瑞克·霍布斯鲍姆:《帝国的年代:1875～1914》,贾士蘅译,江苏人民出版社 1999 年版。

13.[英]霍布斯鲍姆、兰格:《传统的发明》,顾杭、庞冠群译,译林出版社 2004 年版。

14.[英]埃里克·霍布斯鲍姆:《民族与民族主义》,李金梅译,上海人民出版社 2006 年版。

15.［英］埃里克·霍布斯鲍姆：《史学家——历史神话的终结者》，马俊亚、郭英剑译，上海人民出版社 2002 年版。

16.［英］艾瑞克·霍布斯鲍姆、［意］安东尼奥·波立陶：《霍布斯鲍姆：新千年访谈录》，殷雄、田培义译，新华出版社 2001 年版。

17.［英］艾瑞克·霍布斯鲍姆：《非凡的小人物——反抗、造反及爵士乐》，王翔译，新华出版社 2001 年版。

18.［英］雷蒙德·威廉斯：《文化与社会》，吴松江、张文定译，北京大学出版社 1991 年版。

19.［英］雷蒙·威廉斯：《文化与社会：1780—1950》，高晓玲译，吉林出版集团有限责任公司 2011 年版。

20.［英］雷蒙德·威廉斯：《电视：技术与文化形式》，冯建三译，台北远流有限公司 1992 年版。

21.［英］雷蒙德·威廉斯：《现代主义的政治——反对新国教派》，阎嘉译，商务印书馆 2004 年版。

22.［英］雷蒙·威廉斯：《关键词：文化与社会的词汇》，刘建基译，生活·读书·新知三联书店 2005 年版。

23.［英］雷蒙·威廉斯：《现代悲剧》，丁尔苏译，译林出版社 2007 年版。

24.［英］雷蒙德·威廉斯：《马克思主义与文学》，王尔勃、周莉译，河南大学出版社 2008 年版。

25.［英］雷蒙德·威廉斯：《漫长的革命》，倪伟译，上海人民出版社 2013 年版。

26.［英］特里·伊格尔顿：《马克思主义与文学批评》，文宝译，人民文学出版社 1980 年版。

27.［英］特里·伊格尔顿：《当代西方文学理论》，王逢振译，中国社会科学出版社 1988 年版。

28.［英］特里·伊格尔顿：《美学意识形态》，王杰等译，广西师范大学出版社 1997 年版。

29.［英］特里·伊格尔顿：《历史中的政治、哲学、爱欲》，马海良译，中国社会科学出版社 1999 年版。

30.［英］特瑞·伊格尔顿：《文化的观念》，方杰译，南京大学出版社 2003

年版。

31.［英］特里·伊格尔顿:《后现代主义的幻象》,华明译,商务印书馆2000年版。

32.［英］斯图尔特·霍尔编:《表征——文化表象与意指实践》,徐亮、陆兴华译,商务印书馆2003年版。

33.［英］斯图亚特·霍尔、托尼·杰斐逊编:《通过仪式抵抗:战后英国的青年亚文化》,孟登迎、胡疆锋、王蕙译,中国青年出版社2015年版。

34.［美］阿拉斯戴尔·麦金太尔:《追寻美德:道德理论研究》,宋继杰译,译林出版社2003年版。

35.［美］阿拉斯戴尔·麦金太尔:《谁之正义? 何种合理性?》,万俊人等译,当代中国出版社1996年版。

36.［美］A.麦金太尔:《三种对立的道德探究观》,万俊人等译,中国社会科学出版社1999年版。

37.［美］阿拉斯代尔·麦金太尔:《伦理学简史》,龚群译,商务印书馆2003年版。

38.［美］阿拉斯戴尔·麦金太尔:《依赖性的理性动物:人类为什么需要德性》,刘玮译,译林出版社2013年版。

39.［英］佩里·安德森:《西方马克思主义探讨》,高铦等译,人民出版社1981年版。

40.［英］佩里·安德森:《当代西方马克思主义》,余文烈译,东方出版社1989年版。

41.［英］佩里·安德森:《从古代到封建主义的过渡》,郭方、刘健译,上海人民出版社2001年版。

42.［英］佩里·安德森:《绝对主义国家的系谱》,刘北成、龚晓庄译,上海人民出版社2001年版。

43.［英］佩里·安德森、帕屈克·卡米勒主编:《西方左派图绘》,张亮、吴勇立译,江苏人民出版社2002年版。

44.［英］佩里·安德森:《交锋地带》,郭英剑、郝素玲等译,中国社会科学出版社2008年版。

45.［英］佩里·安德森:《后现代性的起源》,紫辰、合章译,中国社会科学

出版社 2008 年版。

46. ［英］佩里·安德森：《思想的谱系：西方思潮左与右》，袁银传、曹荣湘等译，社会科学文献出版社 2010 年版。

47. ［英］拉尔夫·密利本德：《马克思主义与政治学》，黄子都译，商务印书馆 1984 年版。

48. ［英］拉尔夫·密利本德：《英国资本主义民主制》，博铨、向东译，商务印书馆 1988 年版。

49. ［英］拉尔夫·密里本德：《资本主义社会的国家》，沈汉、陈祖洲、蔡玲译，商务印书馆 1997 年版。

50. ［英］G.A.科恩：《卡尔·马克思的历史理论——一种辩护》，段忠桥译，高等教育出版社 2008 年版。

51. ［英］G.A.科恩：《为什么不要社会主义？》，段忠桥译，人民出版社 2011 年版。

52. ［英］梅格纳德·德赛：《马克思的复仇——资本主义的复苏和苏联集权社会主义的灭亡》，汪澄清译，中国人民大学出版社 2006 年版。

53. ［英］安东尼·吉登斯：《现代性与自我认同：现代晚期的自我与社会》，赵旭东、方文译，生活·读书·新知三联书店 1998 年版。

54. ［英］安东尼·吉登斯：《社会的构成：结构化理论大纲》，李康、李猛译，生活·读书·新知三联书店 1998 年版。

55. ［英］安东尼·吉登斯：《民族–国家与暴力》，胡宗泽、赵力涛译，生活·读书·新知三联书店 1998 年版。

56. ［英］安东尼·吉登斯：《现代性的后果》，田禾译，译林出版社 2000 年版。

57. ［英］安东尼·吉登斯：《全球时代的民族国家：吉登斯讲演录》，郭忠华编，江苏人民出版社 2010 年版。

58. ［英］安东尼·吉登斯：《社会学：批判的导论》，郭忠华译，上海译文出版社 2013 年版。

59. ［德］乌尔里希·贝克、［英］安东尼·吉登斯、［英］斯科特·拉什：《自反性现代化：现代社会秩序中的政治、传统与美学》，赵文书译，商务印书馆 2014 年版。

60.［英］戴维·佩珀:《生态社会主义:从深生态学到社会正义》,刘颖译,山东大学出版社 2005 年版。

61.［英］大卫·哈维:《地理学中的解释》,高泳源等译,商务印书馆 1996年版。

62.［美］戴维·哈维:《后现代的状况——对文化变迁之缘起的探究》,阎嘉译,商务印书馆 2003 年版。

63.［美］大卫·哈维:《希望的空间》,胡大平译,南京大学出版社 2006年版。

64.［美］大卫·哈维:《巴黎,现代性之都》,黄煜文译,群学出版有限公司2007 年版。

65.［美］戴维·哈维:《新自由主义化的空间》,王志宏译,群学出版有限公司 2008 年版。

66.［美］戴维·哈维:《正义、自然和差异地理学》,胡大平译,上海人民出版社 2015 年版。

67.［英］大卫·哈维:《新帝国主义》,初立忠、沈晓雷译,社会科学文献出版社 2009 年版。

68.［美］大卫·哈维:《巴黎城记:现代性之都的诞生》,黄煜文译,广西师范大学出版社 2010 年版。

69.［德］黑格尔:《法哲学原理或自然法和国家学纲要》,范扬、张企泰译,商务印书馆 1961 年版。

70.［德］马丁·海德格尔:《存在与时间》,陈嘉映、王庆节合译,生活·读书·新知三联书店 1987 年版。

71.［英］以赛亚·伯林:《自由论》,胡传胜译,译林出版社 2003 年版。

72.［美］亚历克斯·卡利尼克斯:《平等》,徐朝友译,江苏人民出版社2003 年版。

73.［英］戴维·麦克莱伦:《马克思以后的马克思主义》(第 3 版),李智译,中国人民大学出版社 2004 年版。

74.［英］安德鲁·多布森:《绿色政治思想》,郇庆治译,山东大学出版社2005 年版。

75.［美］约翰·罗尔斯:《正义论》,何怀宏等译,中国社会科学出版社

1988 年版。

76.［美］约翰·罗尔斯:《政治自由主义》(增订版),万俊人译,译林出版社 2011 版。

77.［美］卡尔·米切姆:《技术哲学概论》,殷登祥、曹南燕等译,天津科学技术出版社 1999 年版。

78.［美］约翰·E.罗默:《在自由中丧失——马克思主义经济哲学导论》,段忠桥、刘磊译,经济科学出版社 2003 年版。

79.［美］詹姆斯·奥康纳:《自然的理由——生态学马克思主义研究》,唐正东、臧佩洪译,南京大学出版社 2003 年版。

80.［美］瑞查得·皮特:《现代地理思想》,王志宏等译,国立编译馆 2005 年版。

81.［美］爱德华·W.苏贾:《后现代地理学——重申批判社会理论中的空间》,王文斌译,商务印书馆 2004 年版。

82.［美］索杰:《第三空间——去往洛杉矶和其他真实和想象地方的旅程》,陆扬等译,上海教育出版社 2005 年版。

83.［美］安德鲁·芬伯格:《技术批判理论》,韩连庆、曹观法译,北京大学出版社 2005 年版。

84.［美］乔恩·埃尔斯特:《理解马克思》,何怀远等译,中国人民大学出版社 2008 年版。

85.［美］赫伯特·马尔库塞:《单向度的人:发达工业社会意识形态研究》,刘继译,上海译文出版社 2006 年版。

86.［加］罗伯特·韦尔、凯·尼尔森编:《分析马克思主义新论》,鲁克俭等译,中国人民大学出版社 2002 年版。

87.［加］威尔·金里卡:《当代政治哲学》,刘莘译,上海三联书店 2004 年版。

88.［加］艾伦·梅克森斯·伍德主编:《民主反对资本主义——重建历史唯物主义》,吕薇洲等译,重庆出版社 2007 年版。

89.［加］艾伦·伍德:《新社会主义》,尚庆飞译,江苏人民出版社 2005 年版。

90.［英］保罗·杜盖伊等:《做文化研究——索尼随身听的故事》,霍炜

译,商务印书馆 2003 年版。

91.[英]迈克尔·肯尼:《第一代英国新左派》,李永新、陈剑译,江苏人民出版社 2010 年版。

92.[英]约翰·斯道雷:《文化理论与大众文化导论》(第五版),常江译,北京大学出版社 2010 年版。

93.[英]丹尼斯·德沃金:《文化马克思主义在战后英国——历史学、新左派和文化研究的起源》,李凤丹译,人民出版社 2008 年版。

94.[英]克里斯·巴克:《文化研究:理论与实践》,孔敏译,北京大学出版社 2013 年版。

95.[英]安吉拉·麦克罗比:《文化研究的用途》,李庆本译,北京大学出版社 2007 年版。

96.[希腊]尼科斯·波朗查斯:《政治权力与社会阶级》,叶林、王宏周、马清文译,中国社会科学出版社 1982 年版。

97.[美]查尔斯·赖特·米尔斯:《权力精英》,王崑、许荣译,南京大学出版社 2004 年版。

98.[法]托克维尔:《论美国的民主》,董果良译,商务印书馆 2013 年版。

99.[美]西摩·马丁·李普塞特:《政治人:政治的社会基础》,郭为桂、林娜译,江苏人民出版社 2013 年版。

100.[法]雷蒙·阿隆:《阶级斗争——工业社会新讲》,周以光译,译林出版社 2003 年版。

101.[英]哈罗德·J.拉斯基:《欧洲自由主义的兴起》,林冈、郑忠义译,中国人民大学出版社 2012 年版。

102.[奥]熊彼特:《熊彼特:经济发展理论》,邹建平译,中国画报出版社 2012 年版。

103.[德]汉斯-格奥尔格·伽达默尔:《真理与方法(诠释学Ⅰ)》,洪汉鼎译,商务印书馆 2010 年版。

104.[德]汉斯-格奥尔格·伽达默尔:《真理与方法(诠释学Ⅱ)》,洪汉鼎译,商务印书馆 2010 年版。

105.[美]丹尼尔·豪斯曼编:《经济学的哲学》,丁建峰译,上海人民出版社 2007 年版。

106. ［法］蒙甘：《从文本到行动——保尔·利科传》，刘自强译，北京大学出版社1999年版。

107. ［美］E.D.赫施：《解释的有效性》，王才勇译，生活·读书·新知三联书店1991年版。

108. ［英］亚当·斯密：《国民财富的性质和原因的研究》，郭大力、王亚南译，商务印书馆1972年版。

109. ［英］大卫·李嘉图：《政治经济学及赋税原理》，郭大力、王亚南译，商务印书馆1962年版。

110. ［法］萨伊：《政治经济学概论：财富的生产、分配和消费》，陈福生、陈振骅译，商务印书馆1963年版。

111. ［英］米克：《劳动价值学说的研究》，陈彪如译，商务印书馆1963年版。

112. ［匈］卢卡奇：《历史与阶级意识——关于马克思主义辩证法的研究》，杜章智等译，商务印书馆1992年版。

113. ［德］马克斯·韦伯：《新教伦理与资本主义精神》，彭强、黄晓京译，陕西师范大学出版社2002年版。

114. ［美］柯文：《在中国发现历史——中国中心观在美国的兴起》，林同奇译，中华书局1989年版。

115. ［美］马克·C.墨菲编：《阿拉斯戴尔·麦金太尔》，胡传顺、郭沙译，复旦大学出版社2013年版。

116. ［意］安琪楼·夸特罗其、［英］汤姆·奈仁：《法国1968：终结的开始》，赵刚译，生活·读书·新知三联书店2001年版。

117. ［英］厄内斯特·盖尔纳：《民族与民族主义》，韩红译，中央编译出版社2002年版。

118. ［美］本尼迪克特·安德森：《想象的共同体　民族主义的起源与散布》（增订版），吴叡人译，上海世纪出版集团2011年版。

119. ［德］汉斯-乌尔里希·维勒：《民族主义：历史、形式、后果》，赵宏译，中国法制出版社2013年版。

120. ［西］胡安·诺格：《民族主义与领土》，徐鹤林、朱伦译，中央民族大学出版社2009年版。

121. [美]乔治·索罗斯:《开放社会:改革全球资本主义》,王宇译,商务印书馆2001年版。

122. [美]杜赞奇:《从民族国家拯救历史:民族主义话语与中国现代史研究》,王宪明等译,江苏人民出版社2009年版。

123. [美]塞缪尔·P.亨廷顿:《变化社会中的政治秩序》,王冠华、刘为等译,生活·读书·新知三联书店1989年版。

124. 乔瑞金:《现代整体论》,中国经济出版社1996年版。

125. 乔瑞金:《马克思技术哲学纲要》,人民出版社2002年版。

126. 乔瑞金:《技术哲学教程》,科学出版社2006年版。

127. 乔瑞金:《马克思思想研究的新话语——技术与文化批判的英国新马克思主义》,书海出版社2005年版。

128. 乔瑞金、牟焕森、管晓刚主编:《技术哲学导论》,高等教育出版社2009年版。

129. 乔瑞金等:《英国的新马克思主义》,人民出版社2013年版。

130. 衣俊卿等:《20世纪的新马克思主义》,中央编译出版社2001年版。

131. 俞吾金:《从康德到马克思——千年之交的哲学沉思》,广西师范大学出版社2004年版。

132. 俞吾金:《重新理解马克思——对马克思哲学的基础理论和当代意义的反思》,北京师范大学出版社2005年版。

133. 段忠桥:《重释历史唯物主义》,江苏人民出版社2009年版。

134. 曾枝盛主编:《国外学者对马克思主义若干问题的最新研究》,中国人民大学出版社2006年版。

135. 陈炳辉:《西方马克思主义的国家理论》,中央编译出版社2004年版。

136. 方珏:《伊格尔顿意识形态理论探要》,重庆出版社2008年版。

137. 马海良:《文化政治美学——伊格尔顿批评理论研究》,中国社会科学出版社2004年版。

138. 佘碧平:《现代性的意义与局限》,上海三联书店2000年版。

139. 赵世玲:《当代西方史学思想的困惑》,中国社会科学出版社1991年版。

140. 吕增奎编：《马克思与诺齐克之间——G.A.柯亨文选》，江苏人民出版社 2007 年版。

141. 王雨辰：《生态批判与绿色乌托邦——生态学马克思主义理论研究》，人民出版社 2009 年版。

142. 刘仁胜：《生态马克思主义概论》，中央编译出版社 2007 年版。

143. 郭剑仁：《生态地批判——福斯特的生态学马克思主义思想研究》，人民出版社 2008 年版。

144. 冯雷：《理解空间：现代空间观念的批判与重构》，中央编译出版社 2008 年版。

145. 孙江：《"空间生产"——从马克思到当代》，人民出版社 2008 年版。

146. 张亮编：《英国新左派思想家》，江苏人民出版社 2010 年版。

147. 张亮、李媛媛编：《理解斯图亚特·霍尔》，北京师范大学出版社 2016 年版。

148. 张亮、熊婴编：《伦理、文化与社会主义——英国新左派早期思想读本》，江苏人民出版社 2013 年版。

149. 陆扬主编：《文化研究概论》，复旦大学出版社 2013 年版。

150. 罗钢、刘象愚主编：《文化研究读本》，中国社会科学出版社 2000 年版。

151. 武桂杰：《霍尔与文化研究》，中央编译出版社 2009 年版。

152. 周宪主编：《文化现代性精粹读本》，中国人民大学出版社 2006 年版。

153. 陈越编：《哲学与政治：阿尔都塞读本》，吉林人民出版社 2003 年版。

154. 李鹏程编：《葛兰西文选》，人民出版社 2008 年版。

155. 徐崇温：《民主社会主义评析》，重庆出版社 1995 年版。

156. 中国社会科学院民族研究所编：《马克思恩格斯论民族问题》（上、下册），民族出版社 1987 年版。

157. 徐迅：《民族主义》（第二版），东方出版社 2015 年版。

158. 房宁、王炳权：《论民族主义思潮》，高等教育出版社 2004 年版。

159. 翟金秀：《解读西欧后民族主义：传统与后现代语境下的多维视角》，山东大学出版社 2012 年版。

160. 罗志平:《民族主义:理论、类型与学者》,台北旺文社股份有限公司 2005 年版。

161. 高国希:《走出伦理困境——麦金太尔道德哲学与马克思主义伦理学研究》,上海社会科学院出版社 1996 年版。

162. 秦越存:《追寻美德之路:麦金太尔对现代西方伦理危机的反思》,中央编译出版社 2008 年版。

二、英文著作

1. E.P.Thompson, *The Poverty of Theory and Other Essays*, New York: Monthly Review Press, 1978.

2. E.P.Thompson, *Out of Apathy*, London: Stevens & Sons Ltd., 1960.

3. Eric Hobsbawm, *Politics for a Rational Left*, London and New York: Verso, 1989.

4. Eric Hobsbawm, *Labour's Turning Point: 1880 – 1900*, London: Lawrence and Wishart, 1948.

5. Eric Hobsbawm, *Labouring Men*, New York: Basic Books, 1964.

6. Raymond Williams, *Culture and Society*, London and New York: Columbia University Press, 1958.

7. Raymond Williams, *The Long Revolutionary*, London: Chatto and Windus, 1961.

8. Raymond Williams, *Keywords: A Vocabulary of Culture and Society*, London: Fontana, 1976.

9. Raymond Williams, *Marxism and Literature*, Oxford: Oxford University Press, 1977.

10. Raymond Williams, *Politics and Letters: Inteviews with New Left Review*, London: New Left Books, 1979.

11. Raymond Williams, *Problems in Materislism and Culture*, London: Verso, 1980.

12. Raymond Williams, *Writing in Society*, London: Verso, 1984.

13. Raymond Williams, *Resources of Hope: Cultural Democracy and Socialism*,

London：Verso，1988.

14. Raymond Williams，*The Politics of Mondernism*：*Against the New Conformists*，London and New York：Verso，1989.

15. Raymond Williams，*Television*：*Technology and Cultural Form*，London：Routledge，1990.

16. Terry Eagleton，*Criticism and Ideology*，London：Verso，1976.

17. Terry Eagleton，*Marxism and Literary Criticism*，London：Methuen，1976.

18. Terry Eagleton，*Walter Benjamin，or Toward a Revolutionary Criticism*，London：Verso，1981.

19. Terry Eagleton，*The Function of Criticism*，London：Verso，1984.

20. Terry Eagleton，*Ideology*：*An Introduction*，London：Verso，1991.

21. Terry Eagleton，*The Illusions of Postmodernism*，Oxford：Blackwell，1996.

22. Terry Eagleton，*The Idea of Culture*，Oxford：Blackwell，2000.

23. Terry Eagleton，*Sweet Violence*：*The Idea of The Tragic*，Oxford：Blackwell，2003.

24. Richard Hoggart，*The Uses of Literacy*：*Aspects of Working-class Life*，London：Chatto & Windus，1967.

25. Richard Hoggart，*Speaking to Each Other*：*Volume One*：*About Society*，London：Penguin Book，1973.

26. Richard Hoggart，*Speaking to Each Other*：*Volume Two*：*About Literature*，London：Penguin Book，1973.

27. Richard Hoggart，*Only Connect*：*On Culture and Communication*，London：Chatto & Windus，1972.

28. Richard Hoggart，*An Idea and Its Servants*：*Unesco from Within*，Chatto & Windus（London），1978，New York：Oxford University Press，1978.

29. Richard Hoggart，*An English Temper*，New York：Oxford University，1982.

30. Richard Hoggart，*A Local Habitation*：*1918－1940*，London：Lawrence & Wishart Ltd.，1988.

31. Richard Hoggart，*Townscape with Figures*：*Famham-Portrait of an English Town*，London：Chatto and Windus，1994.

32. Richard Hoggart, *The Tyranny of Relativism*, London：Transaction Publishers, 1997.

33. Richard Hoggart, *First and Last Things*, New Brunswick：Transaction Publishers, 2002.

34. Richard Hoggart, *Between Two Worlds：Politics, Anti-Politics, and the Unpolitical*, New Brunswick：Transaction, 2002.

35. Richard Hoggart, *Everyday Language & Everyday Life*, London：Transaction Publishers, 2003.

36. Richard Hoggart, *Mass Media in a Mass Society*, London：Continuum, 2006.

37. Alasdair MacIntyre, *Paul Blackledge, Alasdair MacIntyre's Engagement with Marxism：Selected Writings, 1953-1974* (Historical Materialism Book Series), Haymarket Books, 2009.

38. Perry Anderson, *Passages from Antiquity to Feudalism*, London：New Left Books, 1974.

39. Perry Anderson, *Lineages of the Absolute State*, London：New Left Books, 1974.

40. Perry Anderson, *Considerations on Western Marxism*, London：New Left Books, 1976.

41. Perry Anderson, *Arguments within English Marxism*, London：Verso, 1980.

42. Perry Anderson, *In the Tracks of Historical Materialism*, London：Verso, 1983.

43. Perry Anderson, *English Questions*, London and New York：Verso, 1992.

44. Perry Anderson, *Arguments within English Marxism*, London：Verso, 1980.

45. G.A.Cohen, *Karl Marx's Theory of History*, New Jersey：Princeton University Press, 2000.

46. G.A.Cohen, *History, Labour, and Freedom：Themes from Marx*, Oxford：Oxford University Press, 1988.

47. G.A.Cohen, *Self-Ownership, Freedom, and Equality*, Cambridge：Cambridge University Press, 1995.

48. G. A. Cohen, *If You're an Egalitarian, How Come You're So Rich?* Cambridge, Massachusetts: Harvard University Press, 2000.

49. Giddens, *Central Problems in Social Theory*, London: Macnillan Press, 1979.

50. Giddens, *A Contemporary Critique of Historical Materialism*, London: Macmillan Press Ltd. , 1981.

51. Anthony Giddens, *Capitalism and Modern Social Theory*, Peking: Peking University Press, 2006.

52. Gavin Kitching, *Karl Marx and the Philosophy of Praxis*, London and New York: Routledge, 1988.

53. Gavin Kitching, *Marxism and Science: Analysis of Obsession*, Pennsylvania: The Pennsylvania State University Press University Park, 1994.

54. Gavin Kitching, *Rethinking Socialism: A Theory for a Better Practice*, London and New York: Methuen, 1983.

55. Ralph Miliband, *Parliamentary Socialism: A Study in the Politics of Labour*, London: Allen and Unwin, 1961.

56. Ralph Miliband, *Class Power and State Power*, London: Verso, 1983.

57. Ralph Miliband, *Divided Societies: Class Struggle in Contemporary Capitalism*, Oxford: Oxford University Press, 1989.

58. Ralph Miliband, *Socialism for a Sceptical Age*, Cambridge: Polity Press, 1994.

59. Meghnad Desai, *Marxian Economics*, Oxford: Blackwell, 1979.

60. Meghnad Desai, *Global Governance: Ethics and Economics of the World order*, London: Pinter, 1995.

61. Meghnad Desai, *Lectures on Advanced Econometric Theory*, New York: Blackwell, 1988.

62. Meghnad Desai, *Testing monetarism*, London: Pinter Pub Ltd. , 1983.

63. Meghnad Desai, *Marx's Revenge: the Resurgence of Capitalism and the Death of Statist Socialism*, London: Verso, 2002.

64. Meghnad Desai, *Global Governance and Financial Crises*, London, Rout-

ledge,2004.

65. Meghnad Desai, *Lenin's Economic Writings*, London: Lawrence and Wishart, 1989.

66. David Pepper, *The Roots of Modern Environmentalism*, London: Croom Helm, 1984.

67. David Pepper, *Eco-Socialism: From Deep Ecology to Social Justice*, London and New York: Routledge, 1996.

68. David Pepper, *Modern Environmentalism: An Introduction*, London and New York: Routledge, 1996.

69. Tom Nairn, *Faces of Nationalism: Janus Revisited*, London and New York: Verso, 1997.

70. Tom Nairn, *The Break-up of Britain: Crisis and Neo-Nationalism*, London: NLB, 1977.

71. Tom Nairn, *Paul James, Global Matrix: Nationalism, Globalism and State-Terrorism*, London and Ann Arbor, MI: Pluto Press, 2005.

72. David Harvey, *The Limits to Capital*, Basil Blackwell (Oxford) and University of Chicago Press, 1982.

73. David Harvey, *The Condition of Postmodernity*, Oxford: Basil Blackwell, 1989.

74. David Harvey, *Justice, Nature and the Geography of Difference*, Oxford: Basil Blackwell, 1996.

75. David Harvey, *Spaces of Hope*, Edinburgh: Edinburgh University Press, 2000.

76. David Harvey, *Spaces of Capital: Towards a Critical Geography*, Edinburgh: Edinburgh University Press, 2001.

77. David Harvey, *The New Imperialism*, Oxford: Oxford University Press, 2003.

78. David Harvey, *A Brief History of Neoliberalism*, Oxford: Oxford University Press, 2005.

79. Harvey J. Kaye, *The British Marxist Historians*, Cambridge: Polity

Press, 1984.

80. Harvey J. Kaye, *Keith McClelland*, *E. P. Thompson*: *Critical Perspectives*, Philadelphia: Temple University Press, 1990.

81. Bryan D. Palmer, *E. P. Thompson*: *Objections and Oppositions*, London: Verso, 1994.

82. Antony Easthope, *British Post-structuralism Since 1968*, London and New York: Routledge, 1988.

83. Lin Chun, *The British New Left*, Edinburgh: Edinburgh University Press Ltd., 1993.

84. Paul Blackledge, *Perry Anderson*, *Marxism and the New Left*, London: The Merlin Press Ltd., 2004.

85. Karl Popper, *Conjectures and Refutations*, London: Routledge Press, 1962.

86. Raymond Aron, *The Century of Total War*, London: Verschoyle Press, 1954.

87. Samuel P. Huntington, *The Soldier and the State*, Cambridge: Harvard University Press, 1957.

88. M. Foucault, *The Order of Things*: *the Archaeology of Human Sciences*, New York: Vintage Books Press, 1973.

89. Reiner Grundmann, *Marxism and Ecology*, Oxford: Clarendon Press, 1991.

90. Howard L. Parsons, *Marx and Engels on Ecology*, London: Greenwood Press, 1977.

91. David Morley, Kuan-Hsing Chen(eds.) , *Stuart Hall*, *Critical Dialoguesin Cultural Studies*, London: Routledge, 1996.

92. Helen Davis, *Understanding Stuart Hall*, London: Sage, 2004.

93. James Procter, *Stuart Hall*, London: Routledge, 2004.

94. Paul Gilory, *The Black Atlantic*: *Modernity and Double Consciousness*, Harvard University Press, 1993.

95. Paul Gilroy, Lawrence Grossberg, Angela McRobbie(eds) , *With out Guarantees*: *in Honour of Stuart Hall*, London: Verso, 2000.

96. Barker Chris, *Cultural Studies*: *Theory and Practice*, London: Sage, 2000.

97. Rojek, Chris, *Stuart Hall*, Blackwell: Polity, 2003.

98. Nicos Poulantzas, *The Crisis of the Dictatorships: Portugal, Greece, Spain*, London: Open Humanities Press, 1976.

99. Michael Newman, *Ralph Miliband and the Politics of the New Left*, London: the Merlin Press Ltd., 2002.

100. M. Dobb, *Political Economy and Capitalism*, Santa Barbara: Praeger, 1972.

101. Kelvin Knight, *The MacIntyre Reader*, Indiana: University of Notre Dame Press, 1998.

102. Mark C. Murphy, *Alasdair MacIntyre: Contemporary Philosophy in Focus*, Cambridge: Cambridge University Press, 2003.

103. Peter McMylor, *Alasdair MacIntyre: Critic of Modernity*, London: Routledge, 1994.

104. John Horton, *Susan Mendus, After MacIntyre: Critical Perspectives onthe Work of Alasdair MacIntyre*, Indiana: University of Notre Dame Press, 1994.

105. Christopher Stephen Lutz, *Tradition in the Ethics of Alasdair MacIntyre: Relativism*, Thomism and Philosophy, Lanham: Lexington Books, 2004.

106. Thomas D. D' Andrea, Tradition, *Rationality and Virtue: The Thought of Alasdair MacIntyre*, Farnham: Ashgate Publishing Limited, 2006.

107. Brian Jenkins, Günter Minnerup, *Citizens and Comrades—Socialism in a World of Nation States*, London: Pluto Press, 1984.

108. Eric Hobsbawm, *Identity History is Not Enough, in On History*, New York: The New Press, 1997.

三、相关论文

1. 乔瑞金:《我们为什么需要研究英国的新马克思主义?》,《马克思主义与现实》2011 年第 6 期。

2. 乔瑞金:《技术实践:马克思哲学思想的不竭源泉》,《吉林大学社会科学学报》2011 年第 3 期。

3. 乔瑞金、张秀武、刘晓东:《技术设计:技术哲学研究的新论域》,《哲学

动态》2008 年第 8 期。

4. 乔瑞金：《英国新马克思主义对文化概念的哲学分析》，《理论探索》2008 年第 3 期。

5. 乔瑞金：《英国新马克思主义的发展历程及其思想特征》，《当代国外马克思主义评论》2007 年第 00 期。

6. 乔瑞金：《论英国新马克思主义的思想特征》，《理论探索》2006 年第 4 期。

7. 乔瑞金：《马克思技术批判思想的精神实质简析——兼论西方马克思主义对马克思技术批判思想的一般认识》，《哲学研究》2001 年第 10 期。

8. 乔瑞金：《现代性批判的错置与重思》，《中国社会科学》2016 年第 2 期。

9. 乔瑞金：《英国新左派的社会主义政治至善思想》，《中国社会科学》2014 年第 9 期。

10. 乔瑞金、师文兵：《从人的解放看马克思主义技术哲学传统的多重意蕴》，《科学技术哲学研究》2011 年第 3 期。

11. 乔瑞金、师文兵：《马克思主义是社会历史的整体视界——英国新马克思主义的"事实"与"理论"之争及其启示》，《山西大学学报》（哲学社会科学版）2005 年第 4 期。

12. 乔瑞金、师文兵：《历史主义与结构主义——英国新马克思主义哲学探索的主导意识》，《哲学研究》2005 年第 2 期。

13. 乔瑞金、师文兵：《破解主体与结构关系之谜——英国新马克思主义关于阶级问题的争论及其启示》，《理论探索》2005 年第 2 期。

14. 乔瑞金、李华荣：《从历史发展动力看柯亨对马克思所做的辩护》，《自然辩证法研究》2009 年第 4 期。

15. 乔瑞金、许继红：《威廉斯传播技术的哲学解释范式研究》，《马克思主义与现实》2009 年第 6 期。

16. 乔瑞金、李小红：《佩珀批判生态无政府主义思想的几点启示》，《哲学动态》2012 年第 5 期。

17. 乔瑞金、李小红：《不可颠覆的主体——对佩珀理性主义生态哲学思想的思考》，《山西大学学报》（哲学社会科学版）2012 年第 3 期。

18. 乔瑞金、薛稷:《雷蒙德·威廉斯文化观念思想探析》,《晋阳学刊》2007 年第 5 期。

19. 乔瑞金、薛稷:《雷蒙德·威廉斯唯物主义文化观解析》,《马克思主义与现实》2007 年第 3 期。

20. 乔瑞金、李瑞艳:《试论安德森的"类型学"唯物史观思想及其意义》,《哲学研究》2011 年第 7 期。

21. 乔瑞金、李瑞艳:《英国新马克思主义的哲学探索》,《现代哲学》2007 年第 5 期。

22. 乔瑞金、马援:《试论霍加特文化生成的辩证法思想》,《哲学研究》2016 年第 6 期。

23. 乔瑞金、马援:《霍加特生活世界的文化生成与变革思想探析》,《学习与探索》2016 年第 4 期。

24. 乔瑞金、李文艳:《英国新左派的思想革命与政治诉求——以斯图亚特·霍尔的分析为中心》,《南京大学学报》(哲学·人文科学·社会科学)2016 年第 4 期。

25. 薛勇民、骆婷:《论麦金太尔的移情想象力》,《山西大学学报》(哲学社会科学版)2016 年第 5 期。

26. 薛勇民、骆婷:《麦金太尔的马克思主义革命观》,《马克思主义与现实》2017 年第 3 期。

27. 邢媛:《吉登斯"自我认同"的社会哲学思想探析》,《马克思主义与现实》2010 年第 3 期。

28. 邢媛:《评吉登斯对马克思的"两种商品化"理论的分析》,《现代哲学》2009 年第 3 期。

29. 管晓刚:《评加文·科琴对马克思实践哲学的分析》,《马克思主义研究》2012 年第 3 期。

30. 管晓刚:《语言分析并非游戏——关于科琴确立马克思实践哲学核心地位的几点思考》,《哲学研究》2011 年第 9 期。

31. 管晓刚:《加文·科琴对马克思革命观的释读》,《山西大学学报》(哲学社会科学版)2011 年第 5 期。

32. 管晓刚:《试论马克思技术之思的哲学意蕴》,《科学技术哲学研究》

2011 年第 4 期。

33. 管晓刚、吕立邦:《从技术批判看马克思的实践哲学》,《科学技术哲学研究》2010 年第 3 期。

34. 管晓刚:《加文·科琴分析马克思主义整体实践观的内涵》,《马克思主义与现实》2010 年第 2 期。

35. 管晓刚:《马克思技术哲学思想的系统整体特征》,《科学技术与辩证法》2005 年第 6 期。

36. 师文兵、乔瑞金:《英国新马克思主义历史学派的政治意识》,《哲学研究》2007 年第 3 期。

37. 师文兵:《汤普森社会批判理论中的经验范畴分析》,《马克思主义与现实》2011 年第 1 期。

38. 李华荣:《理论不能靠术语的多重定义来取胜——G.A.柯亨的分析哲学方法管窥》,《科学技术与辩证法》2009 年第 3 期。

39. 李华荣、乔瑞金:《柯亨平等观的实质及其对自由主义的批判》,《哲学研究》2008 年第 11 期。

40. 李华荣:《平等主义的良心——科亨思想的一种政治哲学考量》,《当代国外马克思主义评论》2008 年第 1 期。

41. 许继红:《威廉斯"文本"与"解码"的传播技术思想研究》,《科学技术与辩证法》2009 年第 3 期。

42. 许继红:《威廉斯技术的社会哲学思想研究》,《自然辩证法研究》2008 年第 12 期。

43. 薛稷:《雷蒙德·威廉斯的文化人道主义思想探析》,《马克思主义与现实》2011 年第 1 期。

44. 马俊红、乔瑞金:《试论吉登斯的民族国家权力思想》,《中共山西省委党校学报》2008 年第 2 期。

45. 马援:《技术理性对文化生成的遮蔽——论霍加特的文化实践思想》,《科学技术哲学研究》2015 年第 2 期。

46. 马援:《文化内涵的辩证法解读——论霍加特文化实践思想》,《系统科学学报》2015 年第 4 期。

47. 马援:《英国新左派现代性文化批判的政治诉求》,《哲学动态》2017

年第 4 期。

48. 马援:《语言哲学的现实功能——以英国新左派语言哲学四重奏特质为例》,《当代国外马克思主义评论》2017 年第 2 期。

49. 刘烨:《试论汤姆·奈恩民族主义理论的系统建构》,《系统科学学报》2015 年第 4 期。

50. 骆婷:《完善人格的建塑——麦金太尔人格教育理论微探》,《湖北社会科学》2009 年第 4 期。

51. 骆婷、薛勇民:《道德与现代性启蒙——基于英国启蒙运动的考察》,《理论探索》2017 年第 1 期。

52. 骆婷、韩东屏:《麦金太尔的地方性共同体思考》,《华中师范大学学报》(人文社会科学版)2018 年第 2 期。

53. 骆婷:《A.麦金太尔"受教的公众"教育思想的系统建构》,《系统科学学报》2019 年第 3 期。

54. 梁民愫:《史观取向与理论属性——霍布斯鲍姆整体社会史思想探论》,《史学理论研究》2005 年第 4 期。

55. 姜芃:《霍布斯鲍姆笔下的后现代思潮——读〈极端的年代〉》,《学术研究》2001 年第 8 期。

56. 马俊亚:《史学与史学家的社会功能——霍布斯鲍姆的〈史学家——历史神话的终结者〉读后》,《马克思主义与现实》2004 年第 1 期。

57. 刘为:《历史学家是有用的——访英国著名史学家 E.J.霍布斯鲍姆》,《史学理论研究》1992 年第 4 期。

58. 易克信:《霍布斯鲍姆论唯物史观》,《国外社会科学》1994 年第 7 期。

59. 傅德根:《走向文化唯物主义》,中国社会科学院研究生院博士学位论文,1998 年。

60. 赵国新:《情感结构》,《外国文学》2002 年第 5 期。

61. 张亮:《雷蒙·威廉斯"文化唯物主义"视域中的电视》,《文艺研究》2008 年第 4 期。

62. 张亮:《从激进乐观主义到现实主义——佩里·安德森与〈新左派评论〉杂志的理论退却》,《马克思主义研究》2003 年第 2 期。

63. 张亮:《马克思主义国家理论及其当代发展——柯林·海伊教授访谈

录》,《学海》2011年第2期。

64. 张亮:《如何正确理解斯图亚特·霍尔的"身份"?》,《学习与探索》2015年第7期。

65. 张亮:《社会危机、文化霸权与国家形式的转型——斯图亚特·霍尔的现代英国国家批判理论》,《河北学刊》2016年第6期。

66. 张亮:《斯图亚特·霍尔意识形态理论的中国省思(专题讨论)》,《河北学刊》2016年第5期。

67. 张亮:《汤普森视域中的民族性与马克思主义》,《福建论坛》(人文社会科学版)2008年第7期。

68. 张亮:《"英国马克思主义"的历史、理论道路与理论成就》,《马克思主义研究》2012年第7期。

69. 张亮:《拉尔夫·密里本德:在工党和马克思主义之间》,《文景》2010年第10期。

70. 张亮:《英国马克思主义的研究模式及方法》,《求是学刊》2006年第5期。

71. 张亮:《拉尔夫·密里本德国家理论的当代重访》,《求是学刊》2014年第5期。

72. 张亮:《汤普森的阶级斗争分析方法与阶级决定论》,《南京社会科学》2008年第8期。

73. 张伟:《论特里·伊格尔顿的审美文化理论》,《西北大学学报》(哲学社会科学版)2008年第6期。

74. 吴炫:《伊格尔顿批判——兼谈否定主义的文学观》,《学术月刊》2008年第7期。

75. 方珏:《美学意识形态和身体政治学——略论伊格尔顿美学意识形态理论》,《国外社会科学》2008年第3期。

76. 罗良清、格明福:《意识形态:从阿尔都塞到伊格尔顿》,《南京社会科学》2006年第8期。

77. 谢华:《文学文本作为审美意识形态生产——伊格尔顿意识形态观解读》,《江西社会科学》2006年第12期。

78. 段忠桥:《对安德森"扩大"西方马克思主义概念的说法的质疑》,《马

克思主义研究》2004 年第 2 期。

79. 王雨辰:《佩里·安德森的西方马克思主义观述评》,《长江论坛》2008 年第 1 期。

80. 鲁绍臣:《佩里·安德森对历史主义和结构主义的扬弃及其启示》,《当代国外马克思主义评论》2007 年第 1 期。

81. 鲁绍臣:《反思与重构——佩里·安德森的历史唯物主义"图绘"》,复旦大学博士学位论文,2006 年。

82. 鲁绍臣:《佩里·安德森:传统反思与理论重构》,《当代国外马克思主义评论》2008 年第 1 期。

83. 姜芃:《霍布斯鲍姆和佩里·安德森对唯物史观的理解》,《史学理论研究》2006 年第 3 期。

84. 郭方:《评佩里·安德森的〈从古代到封建主义的过渡〉》,《史学理论研究》2001 年第 2 期。

85. 段忠桥:《分析的马克思主义的一般特征及其三个代表性成果》,《教学与研究》2001 年第 12 期。

86. 段忠桥:《柯亨的政治哲学转向及其启示》,《哲学研究》2006 年第 11 期。

87. 魏小萍:《契约原则是否带来了自由和平等:国外马克思主义者与自由主义者的论战——雅克·比岱的元结构与罗尔斯的正义理论》,《哲学研究》2002 年第 3 期。

88. 魏小萍:《自我所有原则走向哪里:国外马克思主义者与自由主义者的论战——读科亨的〈自我所有、自由与平等〉》,《哲学研究》2001 年第 4 期。

89. 姚国宏:《平等的幻像——G.A.柯亨政治哲学初探》,《学海》2008 年第 2 期。

90. 山小琪:《吉登斯的现代性理论及其对当代中国的启示》,《马克思主义与现实》2005 年第 4 期。

91. 郭忠华:《吉登斯对历史唯物主义的反思与"重建"》,《现代哲学》2005 年第 4 期。

92. 胡颖峰:《论吉登斯的生活政治观》,《社会科学辑刊》2009 年第 4 期。

93. 王亮:《反思性、结构性与自我认同——对吉登斯的反思性与自我认

同思想的再思考》,《理论月刊》2010 年第 2 期。

94. 胡玉松、苏抒扬:《从"解放政治"到"生活政治"的逻辑——吉登斯现代性理论的困境与出路》,《理论界》2011 年第 10 期。

95. [英]戴维·佩珀:《生态乌托邦主义:张力、悖论和矛盾》,张淑兰译,《马克思主义与现实》2006 年第 2 期。

96. [英]戴维·佩珀:《论当代生态社会主义》,刘颖译,《马克思主义与现实》2005 年第 4 期。

97. 周穗明:《生态社会主义理论在英国》,《新视野》1997 年第 1 期。

98. 周穗明:《西方新社会运动与新马克思主义》,《广东行政学院学报》2006 年第 3 期。

99. 陈学明:《评生态学的马克思主义与后现代主义的对立》,《天津社会科学》2002 年第 5 期。

100. 陈学明:《评福山对中国发展模式的说三道四》,《当代国外马克思主义评论》2013 年第 00 期。

101. 陈学明:《20 世纪西方马克思主义哲学发展历程及主要特征》,《马克思主义与现实》2013 年第 2 期。

102. 曾文婷:《"生态学马克思主义"的生态危机理论评析》,《北方论丛》2005 年第 5 期。

103. 吴敏:《英国著名左翼学者大卫·哈维论资本主义》,《国外理论动态》2001 年第 3 期。

104. 刘元琪:《全球化和个体——评大卫·哈维的〈希望的空间〉》,《国外理论动态》2001 年第 5 期。

105. 程世波:《批判理论的空间转向——论戴维·哈维对空间问题的探寻》,《重庆师范大学学报》(哲学社会科学版)2005 年第 6 期。

106. 仰海峰:《弹性生产与资本的全球空间规划——从马克思到哈维》,《江海学刊》2008 年第 2 期。

107. 徐崇温:《阿尔都塞的反经验主义认识论和马克思主义》,《中国社会科学》1997 年第 3 期。

108. 张一兵、胡大平、张亮:《中国西方马克思主义哲学研究的逻辑转换》,《中国社会科学》2004 年第 6 期。

109. 胡大平:《从问题到模式——当代马克思主义哲学创新的理论自觉》,《天津社会科学》2006 年第 3 期。

110. 沈汉:《记杰出的英国马克思主义学者拉尔夫·密里本德》,《史学理论研究》1995 年第 1 期。

111. 程恩富:《现代马克思主义政治经济学的四大理论假设》,《中国社会科学》2007 年第 1 期。

112. 张惠娜、卢风:《共同体与道德——试析麦金太尔对共同体伦理传统的追求》,《社会科学》2010 年第 1 期。

113. 高国希:《麦金太尔:亚里士多德式的马克思主义?》,《马克思主义与现实》2011 年第 1 期。

114. 张言亮、李义天:《试论马克思对麦金太尔美德伦理学的影响》,《道德与文明》2012 年第 3 期。

115. 张晓:《麦金太尔早期的本土化马克思主义探索:历程与归宿》,《马克思主义与现实》2014 年第 5 期。

116. 陈真:《凡是现实的就是合理的吗? ——麦金太尔的美德伦理学批判》,《哲学研究》2015 年第 3 期。

117. 刘敬鲁:《论麦金太尔对管理的有效性主张的批判》,《哲学研究》2015 年第 5 期。

118. 姚大志:《麦金太尔的共同体:一种批评》,《哲学动态》2015 年第 9 期。

119. 彭涛、尹占文:《毛泽东的国际主义思想研究》,《毛泽东思想研究》2014 年第 1 期。

120. 侯发兵:《论马克思恩格斯关于民族性的思想》,《理论月刊》2012 年第 8 期。

121. 詹真荣、熊乐兰:《论列宁关于民族问题的基本观点》,《马克思主义研究》2006 年第 12 期。

122. [英]霍奇森:《经济学的重建:新古典理论还有一席之地吗?》,张群群译,《现代外国哲学社会科学文摘》1993 年第 12 期。

123. [英]保尔·布莱克雷治:《道德和革命:英国新左派中的伦理论争》,林育川、林清新、林菁箐译,《现代哲学》2007 年第 1 期。

124. ［英］玛德琳·戴维斯:《资本主义新变化与新左派的"丰裕社会"之争——论英国新左派在社会主义论战中的思想贡献》,《南京大学学报》(哲学·人文科学·社会科学版)2014 年第 1 期。

125. E.P.Thompson,"Socialist Humanism:An Epistle to the Philistines",*The New Reasoner*,No.1,1957.

126. E.P.Thompson,"Socialism and the Intellectuals",*University & Left Review*,No.1,1957.

127. E. P. Thompson, "Eighteenth-century English Society: Class Struggle Without Class?",*Social History*,No.3,1978.

128. E.P.Thompson,"Long Revolution I",*New Left Review*,No.9,1961.

129. E. P. Thompson, "The Peculiarities of the English",*The Socialist Register*,No.2,1965.

130. Eric Hobsbawm,"Some Reflections on' The Break-up of Britain' ",*New Left Review*,I/105,September-October 1977.

131. Raymond Williams,"Crisis in English Studies",in *Writining in Society*,London and New York:Verso,1984.

132. Raymond Williams,"The Idea of Culture",*John McIlroy and Sallie Westwood(eds.)*,Border Country: Raymond Williams in Adult Education Leicester,1993.

133. Perry Anderson,"Origins of the Present Crisis",*New Left Review*,No.23,1964.

134. Perry Anderson, "Components of the National Culture",*New Left Review*,No.50,1968.

135. Perry Anderson,"Renewals",*New Left Review*,No.1,2000.

136. Richard Hoggart,"Contemporary Cultural Studies:An Approach to the Study of Literature and Society",in *Centre for Contemporary Cultural Studies*,University of Birmingham,Occasional Paper,No.6,1978.

137. Meghnad Desai,"Some Issues in Econometric History",*The Economic History Review*,Vol.21,Issue 1,1968.

138. Meghnad Desai,"Growth Cycles and Inflation in a Model of the Class St-

ruggle", *Journal of Economic Theory*, Vol.6, Issue 6, 1973.

139. Meghnad Desai, "Globalization, Neither Ideology Nor Utopia", *Cambridge Review of International Affairs*, Vol.14, Issue 1, 2000.

140. Meghnad Desai, "Marxist Economics and Contemporary Developing Economies", in *Journal of Economics*, Vol.11, Issue 2, 1987.

141. Meghnad Desai, "The New International Economic Order: Ideology or Reality", in *Journal of International Development*, Vol.5, Issue 2, 1993.

142. Meghnad Desai, "Globalization, Poverty and Inequality", *Economica*, Vol.74, Issue 294, 2007.

143. Meghnad Desai, "Global Civil Society and its Limits", *Economica*, Vol. 73, 2006.

144. Meghnad Desai, "Rejuvenated Capitalism and no Longer Existing Socialism", *Political Economy and the New Capitalism*, London: Routlege, 2000.

145. Tom Nairn, "Scotland and Europe", *New Left Review*, I/83, January-February 1974.

146. Tom Nairn, "The Twilight of the British State", *New Left Review*, I/101-102, January-April 1977.

147. Tom Nairn, "The Three Dreams of Scottish Nationalism", *New Left Review*, I/49, May-June 1968.

148. Neal Ascherson, "On with the Pooling and Merging", *London Review of Books*, Vol.22, No.4, 2000.

149. Edward A. Tiryakian, "Book Reviews", *Social Forces*, Vol. 78, No. 1, 1999.

150. Jeffrey S. Lantis, "Book Reviews", *The Journal of Politics*, Vol.62, No. 4, 2000.

151. Paul James, "National Formation and the 'Rise of the Cultural': A Critique of Orthodoxy", *Philosophy of the Social Sciences*, Vol.19, No.3, 1989.

152. David Cannadine, "Penguin Island Story", *Times Literary Supplement*, No.4693, 12 March 1993.

153. Ronaldo Munck, "Marxism and Nationalism in the Era of Globalization",

Capital & Class, Vol.34, No.1, 2010.

154. Bryan S. Turner, "State, Civil Society and National Development: The Scottish Problem", *Journal of Sociology*, Vol.20, No.2, 1984.

155. Shlomo Avineri, "Marxism and Nationalism", *Journal of Contemporary History*, Vol.26, No.3, 1991.

156. Henry Patterson, "Neo-Nationalism and Class", *Social History*, Vol.13, No.3, 1988.

157. Nicos Poulantzas, "The Poulantzas Reader: Marxism", *Law and the State*, ed., J. Martin, London: Verso, 2008.

索　引

人名索引

主题词索引

918

J

激励论证　404，405，416

极端的年代　88，124，125，127—129，131，132，134

极权主义　17，25，43，146，546，547，758，761，771，772，774，776，777，779，781，785，822，868，917，974

技术革命　128，479，929

技术价值论　363，367，368，389，411

技术解释学　177

技术进步　143，369，434，463，474，478，719，766，831，832，835，836，840，844，848，894

技术决定论　5，179，180，185，367，375，382，384，395，930

技术批判　2，362—370，374，375，382，384，385，389，395，411，423，432—435，831—835，840，843—845，973，974

技术实践论　2，363，368

技术异化论　363，368

技术整体论　363，368，435

技术中心主义　871，890，892，893，900

价值理论　463，468，469，588，590—596，617

阶级斗争　7—9，11—14，21，35，58，66—68，75，76，89，90，95，96，98，99，116，171，177，260，266，267，308，315，341，355，356，383，448—450，454，485，505，507，508，512，522，525，535，537，538，544，551，552，566，628—630，714，716，736，770，784，853，860—862，864，906，909，911，912，914，965

阶级关系　157，235，272，280，334，337，357，512，535，541，614—618，627，628，630，734，915

阶级划分　133，446，537，538，541，860，862

阶级觉悟　54，58，70，74，536，734

阶级利益　176，274，286，306，334，336，337，535，734，888，912

阶级意识　9，12，22，50—52，58，67，68，70—75，77，79，81，97，110—113，133，157，161，211，219，239，250，251，266—268，273，298，300，301，303，307，308，343，364，366，461，505，534—537，539，610，611，615，616，709，712，713，731—734，845，852，856，859—862，864，866，913，920

结构主义的马克思主义　10，13，710，754，937，972，973

解放政治　803，804，807，808，962

经典科学　871，876，890—894

经典马克思主义　21，35，154，162—164，168，267，289，396，397，502，503，505，506，508，509，512，513，518，524，526，533，537，541，542，554，570，703，714，737—739，744，750，753—755，864，972

经济解释学　574，575，580，582，583，585，587—589，609，618，622，631—633

经济决定论　9，26，32，67，79—81，161—164，166—168，260，266，268，299，304，312，364，455，504，511，532，540，704，705，721，878

经济自主　822，825—827，846

经验主义的马克思主义　710，754

经院哲学　441，444

绝对剩余价值　471，473，475，476，622

绝对主义的类型学　724，728

均衡发展　608，819，841

K

科学的社会主义　37，714，745，752

后　记

这项编号为 05BZX021 的国家社会科学基金项目,经过几年的艰苦工作,终于要出版了。几年来,课题组成员围绕既定目标,查阅、收集、翻译、整理和研究了大量文献,创作了数十篇研究论文和五篇已通过博士学位答辩的论文,先后在《哲学研究》、《哲学动态》、《马克思主义与现实》、《自然辩证法研究》、《国外社会科学》、《现代哲学》、《当代国外马克思主义评论》、《科学技术哲学研究》、《山西大学学报》以及《理论探索》等刊物上发表三十多篇文章,参加国内马克思哲学论坛、国外马克思主义论坛、全国马克思主义哲学史年会、全国辩证唯物主义年会及各种学术活动数十人次,提交会议学术论文约二十多篇,同时,约请国内外相关学者十多人次来课题组作学术交流,组织相关学术研讨会及报告会三十多次。2011 年 10 月,承办了全国第六次国外马克思主义论坛,有上百位国内专家齐聚山西大学,展开相关讨论。通过这些研究活动,最后终于形成了这部《英国的新马克思主义》的著作,以供大家批判。

正如我们在本书的导论中所指出的那样,英国新马克思主义人物众多,所涉领域广泛,且均为当代学术大家,思想深邃,内容丰富,影响甚广。因此,梳理其思想演进过程,把握其精髓,展现其深刻内涵,并基于马克思主义的基本观点,作出恰如其分的分析和阐述,显然是一件难度颇大的工作。加之国内外关于英国新马克思主义综合系统的研究也颇为稀少,陡增了研究的难度。然而,国家哲学社会科学评审委员会的专家们,以国际的眼光和视野,有魄力立项并以巨大的信任,委托我们来完成此项艰巨任务,这对于我们来说,是莫大的鼓励。马克思曾在《〈资本论〉法文版序言》中指出,在科学上没有平坦的大道,只有不畏劳苦沿着陡峭山路攀登的人,才有希望到达光辉的顶点。尽管我们绝对不是已经到达了光辉的顶点,但我们确实不畏劳苦沿着陡峭山路作了攀登。我们自认不辱使命,只想为国家发展尽一点绵薄之力。大家在这里所

看到的就是我们想要做且努力做到的。基于我们今天的能力所及,目前,也只能做到这一步了。书中肯定存在这样或那样的瑕疵和不足,真诚希望有机会读到本书的各位专家、学者及大众,能以宽容和批判的精神,谅解我们所犯的错误,批判我们的失误,以为我们今后进一步做好相关工作,提供有益的帮助。

本项工作的完成是集体智慧的结晶。整体上由乔瑞金教授设计,各部分内容由课题组成员分别撰稿,最后,由课题组全体成员并聘请相关专家协助定稿。具体分工是:导论、结语(乔瑞金博士、教授);第一章(师文兵博士);第二章(曹伟伟博士);第三章(许继红博士、副教授);第四章(薛稷博士);第五章(李瑞艳博士);第六章(李华荣博士、教授);第七章(邢媛博士、教授;马俊红助教);第八章(管晓刚博士、教授);第九章(李小红博士);第十章(崔丽华博士)。在完成此项任务的过程中,得到全国哲学社会科学规划办公室、山西省哲学社会科学规划办公室、山西大学社会科学处、教育部人文社会科学重点研究基地——山西大学科学技术哲学研究中心等单位的大力支持与帮助,同时也得到学界诸多专家的关心、提携和建议,这为我们顺利完成此项工作,提供了良好的组织保证与学术支撑,在此表示衷心感谢。

在这部著作付梓之际,恰逢山西大学迎来建校110周年华诞。谨以此书献给母校,献给这片养育我们的土地!

乔瑞金

2012 年 10 月 8 日于山西大学

增订本后记

　　《英国的新马克思主义》增订本就要杀青付梓了,这无论是对于作者群体、编辑、读者,还是我国的马克思主义研究,都是一件有意义的事。不可否认,完成一部上百万字的书稿,且要做到百无一失,是颇有困难的。这就如同日常生活中的穿衣提线一样,哪怕一个扣子钉的不合适,也会影响观瞻,更不要说把握诸多不一样的思想于一体了。因此,疏漏和不妥之处实属难免,尽管我们尽力了,或许还会留下诸多遗憾和不足,敬请见到本书的读者能够谅解。

　　本书第一版的"后记"写于 2012 年 10 月 8 日,现在是 2020 年的初春,间隔差不多八年的时间了。俗话说,十年树木,想来这小树也成栋梁之材了。事实上,在作者群体中,当年最小的作者 30 来岁,正处于而立之时,现在也到不惑之年,而我自己也已是花甲之人了。然而,令人欣喜的是,这些作者几乎还都在"英国新马克思主义"领域中研究和思考,笔耕不辍,研究了不少有意义的问题,写出了不少有价值的作品,发表了不少颇有启发的观点,这是财富,也是精神,实属不易。更令人欣喜的是,新生代的学者们也逐渐成长起来,这增订本中新增的内容,就是青年才俊们的贡献,而更年轻的学者们现在做的工作,或许正在为本书再版(如果有机会出版的话)添砖加瓦。看来,不止十年树木,还有百年树人。善愿:青山常在,细水长流。

　　如同在本书初版时我在"后记"中所说,"本项工作的完成是集体智慧的结晶"。确实,正是集全体作者的辛勤劳作和智慧付出,才能完成这看上去不可能完成的工作,正所谓"人心齐,泰山移"。《英国的新马克思主义》增订本整体上仍由我设计,各部分内容由课题组成员分别撰稿,最后,由课题组全体成员并聘请相关专家协助定稿完成,李瑞艳作为出版秘书,做了大量相关工作。具体分工是:导论、跋(乔瑞金博士、教授);第一章(师文兵博士);第二章(曹伟伟博士);第三章(许继红博士、教授);第四章(马援博士);第五章(李

文艳博士）；第六章（薛稷博士）；第七章（李华荣博士、教授）；第八章（管晓刚博士、教授）；第九章（孙军英博士）；第十章（郭鹏博士）；第十一章（骆婷博士）；第十二章（李瑞艳博士）；第十三章（邢媛博士、教授，马俊红助教）；第十四章（刘烨博士）；第十五章（李小红博士）；第十六章（崔丽华博士）。在完成此项任务的过程中，仍然得到全国哲学社会科学规划办公室、山西省哲学社会科学规划办公室、山西省"1331 重点工程"、山西大学社会科学处、教育部人文社会科学重点研究基地——山西大学科学技术哲学研究中心、山西大学哲学社会学学院等单位和项目基金的大力支持与帮助，同时也得到学界诸多专家的关心和建议，在此一并表示衷心感谢。同时，我们还要特别感谢人民出版社的支持和编辑们的辛勤工作，尤其要感谢段海宝编辑，从初版到现在这一版，作为责任编辑，孜孜不倦，细致入微，一如既往，实属难得。

马克思曾说，在科学上没有平坦的大道，只有不畏劳苦沿着陡峭山路攀登的人，才有希望达到光辉的顶点。确实，真正的科学研究不是一件简单的事。我深深感受到，在科学研究的入口处正是走在"天坛"的门口，不是只有勇气和胆量就可以看到"神"或"上帝"，而是需要虔诚和智慧、修行和觉悟、净身和换骨。我也深深体会到，保卫和发展马克思主义是全人类的共同事业，是一种永无休止的探索，也是一场人类解放的伟大斗争。

乔瑞金

2020 年初春于山西大学

责任编辑：段海宝
封面设计：王欢欢

图书在版编目（CIP）数据

英国的新马克思主义/乔瑞金 等 著. —增订本.—北京：人民出版社，2020.5
ISBN 978－7－01－021775－8

Ⅰ.①英… Ⅱ.①乔… Ⅲ.①新马克思主义-研究-英国 Ⅳ.①D089

中国版本图书馆 CIP 数据核字（2019）第 299431 号

英国的新马克思主义
YINGGUO DE XIN MAKESI ZHUYI
（增订本）

乔瑞金 等 著

人民出版社 出版发行
（100706 北京市东城区隆福寺街 99 号）

北京汇林印务有限公司印刷 新华书店经销

2020 年 5 月第 1 版 2020 年 5 月北京第 1 次印刷
开本：710 毫米×1000 毫米 1/16 印张：67
字数：1055 千字

ISBN 978－7－01－021775－8 定价：220.00 元（上、下）

邮购地址 100706 北京市东城区隆福寺街 99 号
人民东方图书销售中心 电话（010）65250042 65289539